Knobloch 29,90 €

out. 02

Ernst Bizer, Rolf-Günther Nolden
Mitarbeit: Gerhard Clemenz, Peter Körner, Michael Krywalski

Betriebswirtschaftslehre
für Bürokaufleute und Kaufleute für Bürokommunikation

5. Auflage

Bestellnummer 7190

Bildungsverlag EINS – Stam

www.bildungsverlag1.de

Gehlen, Kieser und Stam sind unter dem Dach
des Bildungsverlages EINS zusammengeführt.

Bildungsverlag EINS
Sieglarer Straße 2, 53842 Troisdorf

ISBN 3-8237-**7190**-6

© Copyright 2002: Bildungsverlag EINS GmbH, Troisdorf
Das Werk und seine Teile sind urheberrechtlich geschützt. Jede Verwertung in anderen als den
gesetzlich zugelassenen Fälllen bedarf deshalb der vorherigen schriftlichen Einwilligung des Verlages.

Inhaltsverzeichnis

Erster Lernabschnitt
Berufsausbildung

1	**Notwendigkeit von Ausbildung**	**13**
2	**Duales Ausbildungssystem**	**14**
2.1	Lernorte	14
2.2	Lernort Berufsschule	14
2.3	Lernort Betrieb	15
3	**Berufsbildungsgesetz (BBiG)**	**16**
3.1	Ausbildungsordnung	16
3.2	Zuständige Stellen	17
4	**Berufsausbildungsvertrag**	**18**
4.1	Zustandekommen des Berufsausbildungsvertrags	18
4.2	Inhalt des Berufsausbildungsvertrags	19
4.3	Ausbildungsdauer, Probezeit	20
4.4	Beendigung des Ausbildungsverhältnisses	20
4.5	Zeugnis, Weiterbeschäftigung	20
5	**Jugendarbeitsschutz**	**22**

Zweiter Lernabschnitt
Grundlagen des Wirtschaftens

1	**Betriebliche Grundfunktionen**	**24**
1.1	Unternehmensziele	24
1.2	Betriebliche Funktionsbereiche	26
1.3	Beschaffungs- und Absatzmärkte	28
1.4	Sach- und Dienstleistungsbetriebe	31
1.4.1	Prozesse im Sachleistungsbetrieb	31
1.4.2	Leistungsprozesse in Dienstleistungsbetrieben	33
1.5	Entscheidungs- und Führungsprozesse	36
1.5.1	Entscheidungsanlässe, Führungsaufgaben	37
1.5.2	Controlling	38
1.5.3	Management- (Führungs-) Informationssystem	38
1.6	Der Betrieb als soziales System	41
1.6.1	Formelle und informelle Gruppen	41
1.6.2	Konflikte	42
2	**Wirtschaftliche Grundbegriffe**	**44**
2.1	Betriebswirtschaftliche Produktionsfaktoren	44
2.2	Volkswirtschaftliche Produktionsfaktoren	45
2.2.1	Volkswirtschaftliche Kapazität	45
2.2.2	Produktionsfaktor Arbeit	46
2.2.3	Produktionsfaktor Boden	48
2.2.4	Produktionsfaktor Kapital	52
2.3	Bedürfnisse, Bedarf, Nachfrage	58
2.3.1	Bedürfnisse	58
2.3.2	Bedürfnisarten	59
2.3.3	Bedarf und Nachfrage	60

2.4	Güter	62
2.4.1	Wirtschaftliche (knappe Güter)	62
2.4.2	Güterarten	63
2.5	Markt und Preis	66
2.5.1	Märkte	66
2.5.2	Preisbildung durch Angebot und Nachfrage	67
3	**Notwendigkeit wirtschaftlichen Handelns**	**70**
3.1	Ökonomisches Prinzip	70
3.2	Ökologisches Prinzip	71
3.3	Spannungsverhältnis Ökonomie – Ökologie	73
4	**Wirkung der Produktionsfaktoren im Wirtschaftsprozess**	**76**
4.1	Arbeitsteilung	76
4.1.1	Betriebliche Arbeitsteilung	77
4.1.2	Überbetriebliche Arbeitsteilung	78
4.1.3	Internationale Arbeitsteilung	80
4.1.4	Positive Auswirkungen der Arbeitsteilung	80
4.1.5	Negative Auswirkungen der Arbeitsteilung	81
4.2	Umweltorientierung der Wirtschaftsprozesse	82
4.2.1	Grundsätze umweltorientierter Prozesse	82
4.2.2	Staatliche Umweltmaßnahmen	84
4.2.3	Genehmigungspflicht von Anlagen	84
4.2.4	Haftungs- und Strafbestimmungen	85
5	**Wechselwirkungen und Abhängigkeiten im Wirtschaftskreislauf**	**86**
5.1	Einfacher Wirtschaftskreislauf	86
5.2	Einbeziehung von Sparen und Investieren in den Wirtschaftskreislauf	89
5.2.1	Entstehung des Inlandsprodukts	89
5.2.2	Verteilung und Verwendung des Volkseinkommens	91
5.2.3	Vermögensänderungen	91
5.2.4	Kreislaufmodell	92
5.2.5	Ex-ante-Betrachtung des Wirtschaftskreislaufs	93
5.3	Einbeziehung des Sektors Auslands in den Wirtschaftskreislauf	95
5.4	Einbeziehung des Sektors Staat in den Wirtschaftskreislauf	97
5.5	Ausgleich ungeplanter Größen durch den Staat	100

Dritter Lernabschnitt
Betriebliche Leistungsprozesse

1	**Leistungserstellung im Produktionsbetrieb**	**101**
1.1	Fertigungsverfahren	101
1.1.1	Fertigungstypen	101
1.1.2	Organisationstypen	104
1.2	Automation	109
2	**Leistungsprozesse in Dienstleistungsunternehmen**	**113**
2.1	Arten von Dienstleistungsbetrieben	113
2.2	Organisatorische Gemeinsamkeiten	113
2.3	Zentralisation und Dezentralisation	115
3	**Ökologische Probleme der Leistungserstellung**	**117**
3.1	Betriebliches Umweltmanagement	117
3.1.1	Umweltschutz unter kaufmännischen Aspekten	117
3.1.2	Umweltorientierte Unternehmensführung	118
3.1.3	Umweltschutz-Beauftragte	119
3.1.4	Ökobilanz (Umweltbilanz)	119
3.1.5	Öko-Audit (Umweltbetriebsprüfung)	120

Vierter Lernabschnitt
Absatzwirtschaft

1	**Absatz und Marketing**	**123**
1.1	Begriff des Absatzes	123
1.2	Marketing als Unternehmenskonzept	124
1.3	Marketing-Ziele	125
1.4	Absatzstrategien	126
1.4.1	Produktlebenszyklus	126
1.4.2	Portfolio-Matrix	127
1.4.3	Grundlegende Strategien	127
1.4.4	Customer Relationship Management (CRM)	129
1.5	Marketinginstrumente	130
2	**Marktforschung**	**133**
2.1	Methoden der Marktforschung	133
2.1.1	Sekundärforschung	134
2.1.2	Primärforschung	134
2.2	Bedarfsforschung	136
2.3	Konkurrenzforschung	137
2.4	Konjunkturforschung	137
2.5	Absatzforschung	138
2.6	Marktprognose	138
3	**Leistungspolitik**	**139**
3.1	Produktpolitik	139
3.1.1	Produktinnovation	140
3.1.2	Produktvariation	140
3.1.3	Produktgestaltung	140
3.1.4	Produktelimination	141
3.2	Sortimentspolitik	142
3.2.1	Sortimentsstruktur (Sortimentsaufbau)	142
3.2.2	Maßnahmen der Sortimentspolitik	143
3.3	Preis- und Konditionenpolitik	146
3.3.1	Aufgabe der Preis- und Konditionenpolitik	146
3.3.2	Auswirkungen des Preises auf Nachfrage und Umsatz	146
3.3.3	Kalkulation als Grundlage der Preispolitik	147
3.3.4	Kostenorientierte Preissetzung	149
3.3.5	Nachfrage- und konkurrenzorientierte Preissetzung	149
3.3.6	Preisuntergrenzen	159
3.3.7	Preisstellungssysteme	150
3.3.8	Preisstrategien	142
3.3.9	Konditionenpolitik	153
3.4	Servicepolitik	155
4	**Kommunikationspolitik**	**157**
4.1	Meinungswerbung (Publicrelations, Öffentlichkeitsarbeit)	157
4.2	Absatzwerbung	157
4.2.1	Ziele und Aufgaben der Absatzwerbung	158
4.2.2	Werbemittel und Werbeelemente	159
4.2.3	Werbegrundsätze	160
4.2.4	Elemente der Werbeplanung	161
4.2.5	Werbekampagne	164
4.2.6	Kontrolle des Werbeerfolgs	164
4.3	Verkaufsförderung (Salespromotion)	165
5	**Distributionspolitik**	**169**
5.1	Absatzorganisation und Absatzsysteme	169
5.1.1	Überblick: Absatzorgane	169
5.1.2	Werkseigener Absatz	170
5.1.3	Werksgebundener Absatz	174

5.1.4	Ausgeliederter Absatz	176
5.2	Absatzwege	181
6	**Absatzrechtliche Bestimmungen**	**184**
6.1	Unlauterer Wettbewerb	184
6.2	Gesetzliche Bestimmungen bezüglich der Preise	185
6.3	Gewerbliche Schutzrechte	185
6.3.1	Patent	186
6.3.2	Gebrauchsmuster	186
6.3.3	Geschmacksmuster	187
6.3.4	Geschützte Marken	187
6.4	Produkthaftung	188
6.5	Widerrufs- und Rückgaberecht bei Verbraucherverträgen	189
7	**Prozess der Auftragsabwicklung**	**191**
8	**Güterversand**	**194**
8.1	Eigenverkehr oder Fremdverkehr	194
8.2	Frachtvertrag	195
8.3	Nationaler Eisenbahngüterverkehr	196
8.4	Internationaler Eisenbahngüterverkehr	198
8.5	Güterbeförderung mit dem Lastkraftwagen	199
8.6	Güterbeförderung mit dem Binnenschiff	200
8.7	Güterbeförderung mit dem Seeschiff	201
8.8	Güterbeförderung mit dem Flugzeug	201
8.9	Güterbeförderung durch die Deutsche Post AG	202
8.10	Güterversand durch Paket- und Kurierdienste	203
8.11	Aufgaben des Spediteurs beim Güterversand	203
8.11.1	Traditionelle Aufgaben	203
8.11.2	Logistische Aufgaben des Spediteurs	205
8.12	Bestimmungsgründe für die Wahl der Beförderungsart	207
8.12.1	Wahl des Transportmittels	207
8.12.2	Entscheidung über Werkverkehr, Frachtverkehr, Spediteur	208
8.12.3	Wahl der Verpackung	209

Fünfter Lernabschnitt
Beschaffungswesen

1	**Beschaffungsplanung**	**212**
1.1	Bereiche der Beschaffungsplanung	212
1.2	Bedarfsermittlung im Handelsbetrieb	212
1.2.1	Artikeldatenbank als Grundlage der Bedarfsermittlung	212
1.2.2	Absatzstatistik als Grundlage der Bedarfsermittlung	213
1.2.3	Weitere Grundlagen der Bedarfsermittlung	214
1.3	Bedarfsermittlung im Industriebetrieb	214
1.3.1	Festlegung der Art des Bedarfs	214
1.3.2	Festlegung des mengenmäßigen Bedarfs	215
1.4	Zeitplanung	217
1.4.1	Notwendigkeit eines ausreichenden verfügbaren Lagerbestands	217
1.4.2	Bestellrhythmus- und Bestellpunktverfahren	218
1.4.3	Weitere Möglichkeiten zur Festlegung des Bestellzeitpunkts	219
1.5	Mengenplanung	219
1.5.1	Optimale Bestellmenge	219
1.5.2	ABC-Analyse	222
1.6	Bezugsquellenermittlung	223
1.7	Preisplanung	225
2	**Prozess der Einkaufsabwicklung**	**226**
2.1	Kauf ohne vorheriges Angebot	226

2.2	Kauf nach Einholung von Angeboten	229
2.2.1	Anfrage	229
2.2.2	Angebot	230
2.2.3	Angebotsvergleich	231
2.3	Vertragsabschluss	232
2.4	Online-Einkauf	234
3	**Rechtliche Grundlagen**	**236**
3.1	Rechtsnormen	236
3.2	Rechtsordnung	237
3.2.1	Öffentliches Recht	237
3.2.2	Privatrecht	238
3.3	Rechtssubjekte	239
3.3.1	Natürliche Personen	239
3.3.2	Juristische Personen	240
3.4	Rechtsobjekte	242
3.4.1	Sachen und Rechte	242
3.4.2	Eigentum und Besitz	242
3.5	Willenserklärungen	244
3.5.1	Rechtsgeschäfte	244
3.5.2	Einseitige und mehrseitige Rechtsgeschäfte	245
3.5.3	Bürgerliche Rechtsgeschäfte; Handelsgeschäfte	246
3.5.4	Form der Willenserklärungen	247
3.5.5	Nichtigkeit	248
3.5.6	Anfechtbarkeit	248
3.6	Kaufvertrag	250
3.6.1	Abschluss des Kaufvertrages	250
3.6.2	Inhalt des Kaufvertrages	253
3.6.3	Allgemeine Geschäftsbedingungen (AGB)	264
3.7	Erfüllung des Kaufvertrages	266
3.7.1	Erfüllungsgeschäft	266
3.7.2	Eigentumsvorbehalt	268
3.8	Erfüllungsstörungen	270
3.8.1	Nichteinhaltung des Liefertermins	270
3.8.2	Mangelhafte Lieferung	272
3.8.3	Annahmeverzug des Käufers	278
3.8.4	Zahlungsverzug und außergerichtliche Mahnverfahren	280
3.8.5	Gerichtliches Mahnverfahren	282
3.8.6	Klageverfahren	283
3.9	Verjährung von Forderungen	286
3.10	Weitere Vertragsarten im Überblick	288
3.10.1	Dienstvertrag	288
3.10.2	Werkvertrag	288
3.10.3	Werklieferungsvertrag	289
3.10.4	Leihvertrag	289
3.10.5	Mietvertrag	290
3.10.6	Pachtvertrag	290
3.10.7	Kreditvertrag	290

Sechster Lernabschnitt
Zahlungsverkehr, Finanzierung und Investition

1	**Zahlungsarten**	**292**
2	**Bargeldzahlung**	**292**
2.1	Risiko, Arbeitsaufwand, Quittung	292
2.2	Expressbrief, Postanweisung	293

3	**Girokonten und Girokreise**	**293**
3.1	Girokonten	293
3.2	Girokreise	294
4	**Halbbare Zahlung**	**295**
4.1	Zahlschein	295
4.2	Barscheck	296
4.3	Zahlungsanweisung zur Verrechnung (ZzV)	296
5	**Bargeldlose Zahlung**	**296**
5.1	Bankleitzahl	296
5.2	Überweisung	296
5.3	Lastschrifteinzugsverfahren	297
5.4	Belegloser Zahlungsverkehr	298
5.4.1	Datenträgeraustausch (DTA)	298
5.4.2	Datenfernübertragung (DFÜ)	299
5.4.3	Homebanking (Telebanking)	299
5.4.4	Telefonbanking (Direkt-Banking)	299
5.4.5	SB-Terminal	299
5.5	Verrechnungsscheck	300
5.6	Kreditkarte	300
5.7	Bankkarte	301
5.8	E-Payment	302
5.9	M-Payment (Mobile Payment)	302
6	**Zahlung durch Scheck**	**304**
6.1	Scheckverkehr; Bar- und Verrechnungsscheck	304
6.2	Gesetzliche Bestandteile des Schecks	305
6.3	„Kaufmännische" Bestandteile des Schecks	306
6.4	Inhaber- und Orderscheck	306
6.4.1	Wertpapiere	307
6.4.2	Orderscheck (Namensscheck)	307
6.4.3	Inhaberscheck	308
6.5	Vorlegungsfristen	308
6.6	Scheckrückgriff	308
6.7	Verlust eines Schecks	308
7	**Zahlung durch Wechsel**	**309**
7.1	Kreislauf des Wechsels	309
7.2	Handelswechsel und Finanzwechsel	311
7.3	Verwendung des Wechsels	312
7.4	Notleidender Wechsel	313
8	**Finanzierung und Investition im Unternehmenskreislauf**	**316**
9	**Die Bilanz als Spiegel von Investition und Finanzierung**	**318**
9.1	Passivseite (Finanzierungsseite)	318
9.2	Aktivseite (Investitionsseite)	319
10	**Investitionsplanung**	**321**
10.1	Einbettung in die betriebliche Gesamtplanung	322
10.2	Planungsprozess	322
11	**Ermittlung des Kapitalbedarfs**	**324**
11.1	Kapitalbedarf für das Anlagevermögen	324
11.2	Kapitalbedarf für das Umlaufvermögen	325
12	**Investitionsrechnungen**	**326**
12.1	Kostenvergleichsrechnung	327
12.2	Gewinnvergleichsrechnung	327
12.3	Rentabilitätsrechnung	328
12.4	Amortisationsrechnung	328
13	**Finanzplanung**	**330**
13.1	Ziele der Finanzplanung	330
13.2	Finanzierungsregeln (Finanzierungsgrundsätze)	331
13.2.1	Goldene Finanzierungsregel	331

13.2.2	Goldene Bilanzregel	331
13.3	Finanzierungskennziffern	332
13.3.1	Überblick	332
13.3.2	Anlagedeckung, Vermögensstruktur, Kapitalstruktur	333
13.3.3	Liquidität	334
13.4	Aufstellung von Finanzplänen	336
14	**Die Wahl der Finanzierungsart**	**339**
14.1	Entscheidungskriterien	339
14.2	Außenfinanzierung mit Eigenkapital	340
14.2.1	Mittelzuführung	340
14.2.2	Beurteilung der Außenfinanzierung mit Eigenkapital	341
14.3	Außenfinanzierung mit Fremdkapital (Kreditfinanzierung)	343
14.3.1	Kreditarten	343
14.3.2	Überprüfung der Kreditwürdigkeit	344
14.3.3	Rechtliche Sicherung von Krediten	344
14.3.4	Kreditsicherung durch Bürgschaft	345
14.3.5	Kreditsicherung durch Kreditleihe	346
14.3.6	Kreditsicherung durch Zession	347
14.3.7	Kreditsicherung durch Pfandrecht	348
14.3.8	Kreditsicherung durch Sicherungsübereignung	349
14.3.9	Kreditsicherung durch Eigentumsvorbehalt	350
14.3.10	Kreditsicherung durch Hypothek und Grundschuld	351
14.3.11	Kurzfristige Kreditfinanzierung	355
14.3.12	Langfristige Kreditfinanzierung	358
14.3.13	Factoring	360
14.3.14	Forfaitierung	361
14.3.15	Leasing als Finanzierungsalternative	361
14.3.16	Beurteilung der Kreditfinanzierung	364
14.4	Innenfinanzierung	368
14.4.1	Innenfinanzierung mit Eigenkapital	368
14.4.2	Innenfinanzierung mit Fremdkapital	370
14.4.3	Beurteilung der Innenfinanzierung	372
14.4.4	Kennziffern für die Finanzierungskraft der Unternehmung	373
15	**Zahlungsunfähigkeit**	**376**
15.1	Zahlungsschwierigkeiten	376
15.2	Verkauf der Unternehmung	376
15.3	Sanierung	376
15.4	Vergleich	377
15.5	Insolvenzverfahren	378
15.5.1	Aufgaben und Ziele des Verfahrens	378
15.5.2	Ablauf des Insolvenzverfahrens	379
15.5.3	Folgen des Insolvenzverfahrens	381
15.5.4	Restschuldbefreiung	383

Siebter Lernabschnitt
Rechtsformen der Unternehmen

1	**Kaufmannseigenschaft und Firma**	**386**
1.1	Kaufmann und Handelsgewerbe	386
1.2	Kleingewerbetreibende, Kannkaufleute	387
1.3	Handelsgesellschaften, Formkaufleute	387
1.4	Firma des Kaufmanns	388
1.5	Firmengrundsätze	389
2	**Handelsregister und Genossenschaftsregister**	**391**
2.1	Begriff des Registers; Eintragungen	391
2.2	Bedeutung der Handelsregistereintragungen	392

3	**Rechtsform der Unternehmung**	**394**
3.1	Einzelunternehmung	394
3.2	Gründe für die Bildung von Gesellschaftsunternehmungen	394
3.3	Grundmerkmale von Gesellschaftsunternehmungen	395
3.4	Personengesellschaften	398
3.4.1	Gesellschaft bürgerlichen Rechts (GbR)	398
3.4.2	Offene Handelsgesellschaft (OHG)	399
3.4.3	Kommanditgesellschaft (KG)	402
3.4.4	Stille Gesellschaft	404
3.5	Kapitalgesellschaften (Kapitalvereine)	406
3.5.1	Aktiengesellschaft (AG)	406
3.5.2	Gesellschaft mit beschränkter Haftung (GmbH)	412
3.6	Kommanditgesellschaft auf Aktien (KGaA)	416
3.7	Weitere Gesellschaftsunternehmungen	416
3.7.1	GmbH & Co. KG und ähnliche Konstruktionen	416
3.7.2	Genossenschaft (eG)	417

Achter Lernabschnitt
Wirtschaftsordnung

1	**Idealtypische Wirtschaftsordnungen**	**422**
1.1	Grundprobleme und Prinzipien der Wirtschaftsordnungen	422
1.2	Freie Marktwirtschaft	423
1.2.1	Liberalismus	423
1.2.2	Elemente der freien Marktwirtschaft	424
1.2.3	Aufgaben des Marktes	424
1.2.4	Vor- und Nachteile der Marktwirtschaft	425
1.3	Zentralverwaltungswirtschaft	426
1.3.1	Sozialismus	426
1.3.2	Elemente der Zentralverwaltungswirtschaft	426
1.3.3	Planungsprozess	426
1.3.4	Vor- und Nachteile der Zentralverwaltungswirtschaft	427
1.4	Kritik an den idealtypischen Wirtschaftsordnungen	428
2	**Die Wirtschaftsordnung der Bundesrepublik Deutschland: die „soziale Marktwirtschaft"**	**431**
2.1	Ziele der sozialen Marktwirtschaft	431
2.2	Elemente der sozialen Marktwirtschaft	432
2.3	Einkommens- und Sozialpolitik	432
2.4	Ordnungs- und Wettbewerbspolitik	434
2.4.1	Aufgaben und Ziele	434
2.4.2	Kartellverbot	434
2.4.3	Missbrauchsaufsicht gegenüber marktbeherrschenden Unternehmen	435
2.4.4	Fusionskontrolle und Unternehmenskonzentration	436
2.5	Vertragsfreiheit für Arbeitnehmer	437
2.5.1	Tarifvertrag, Tarifautonomie	437
2.5.2	Arten von Tarifverträgen	438
2.6	Ökologische Verpflichtungen	439
3	**Ziele der Wirtschaftspolitik**	**442**
3.1	Stabilitätsgesetz	442
3.2	Stabilität des Preisniveaus	443
3.3	Hoher Beschäftigungsstand	444
3.4	Außenwirtschaftliches Gleichgewicht	445
3.5	Angemessenes Wirtschaftswachstum	445
3.6	Zielkonflikte	447
4	**Gesamtwirtschaftliche Ungleichgewichte**	**449**
4.1	Entstehung von Ungleichgewichten	449

4.2	Unter- und Überbeschäftigung	450
4.2.1	Unterbeschäftigung des Produktionsfaktors Arbeit	450
4.2.2	Arten der Arbeitslosigkeit	451
4.2.3	Kennzeichen, Ursachen und Wirkungen von Über- und Unterbeschäftigung	452
4.3	Inflation und Deflation	452
4.3.1	Geldwert	452
4.3.2	Inflation	454
4.3.3	Deflation	457
5	**Probleme der Konjunktur**	**460**
5.1	Konjunktur, Trend, Saisonschwankungen	461
5.2	Beschreibung der Konjunkturphasen	462
5.3	Konjunkturpolitik	462
5.3.1	Konjunkturpolitische Maßnahmen der Bundesregierung	462
5.3.2	Geldpolitische Maßnahmen der Europäischen Zentralbank (EZB)	464
6	**Probleme des Wachstums**	**470**
6.1	Zielsetzungen der Wachstumspolitik	470
6.2	Wachstumspolitik	471
6.2.1	Voraussetzungen für Wachstum	471
6.2.2	Maßnahmen der Wachstumspolitik	471
6.3	Grenzen des Wachstums	474
6.3.1	Probleme des Wirtschaftswachstums	474
6.3.2	Ökologische Wachstumstheorie und Umweltschutz	474
7	**Probleme der Einkommens- und Vermögensverteilung**	**479**
7.1	Einkommensverteilung	479
7.1.1	Funktionelle und personelle Einkommensverteilung	479
7.1.2	Primärverteilung und Sekundärverteilung	480
7.2	Vermögensverteilung	482
7.2.1	Geld- und Produktivvermögen	482
7.2.2	Ansätze der Vermögenspolitik	483
8	**Nord-Süd-Problem**	**486**
8.1	Entwicklungsländer	486
8.2	Probleme der Entwicklungsländer	487
8.3	Bevölkerungsexplosion	488
8.4	Zerstörung von Lebensräumen	489
8.5	Möglichkeiten der Entwicklungshilfe	489
9	**Überstaatliche Zusammenschlüsse und Konferenzen**	**491**
9.1	Freihandel und Protektionismus	491
9.1.1	Freihandel	491
9.1.2	Protektionismus	492
9.1.3	Konvertibilität und Wechselkurs	493
9.1.4	Liberalisierung des Welthandels	494
9.2	OECD	494
9.3	Welthandelsorganisation (WTO)	495
9.4	Freihandelszonen	496
9.5	Europäische Union (EU)	496
9.6	Internationaler Währungsfond (IWF)	500
9.7	Organisation der Öl exportierenden Länder (OPEC)	502

Neunter Lernabschnitt
Steuern und Versicherungen

1	**Steuern**	**506**
1.1	Staatseinnahmen und Steuerarten	506
1.2	Steuergrundsätze und Steuergerechtigkeit	508
1.3	Einkommensteuer	510

1.3.1	Berechnungsschema für das zu versteuernde Einkommen	510
1.3.2	Ermittlung des Gesamtbetrags der Einkünfte	511
1.3.3	Ermittlung des Einkommens	513
1.3.4	Ermittlung des zu versteuernden Einkommens	516
1.3.5	Ermittlung der Steuerbeträge	517
1.3.6	Erhebungsverfahren der Einkommensteuer	520
1.4	Körperschaftsteuer	515
1.5	Umsatzsteuer	525
1.6	Gewerbesteuer	526
2	**Versicherungen**	**527**
2.1	Risiken	527
2.2	Risikoabdeckung	528
2.3	Versicherungsarten (Überblick)	528
2.4	Sozialversicherung	530
2.4.1	Zweige und Träger der Sozialversicherung	530
2.4.2	Grundlegende Merkmale	531
2.4.3	Unfallversicherung	532
2.4.4	Rentenversicherung	533
2.4.5	Krankenversicherung	535
2.4.6	Pflegeversicherung	536
2.4.7	Arbeitslosenversicherung und Bundesanstalt für Arbeit	537
2.4.8	Finanzierungsprobleme	539
2.4.9	Sozialgerichte	539
2.5	Individualversicherung	542
2.5.1	Wesen der Individualversicherung	543
2.5.2	Wichtige betriebliche Versicherungen	543
2.5.3	Wirtschaftliche Überlegungen beim Abschluss von Versicherungen	545

Abkürzungsverzeichnis	**550**
Sachwortverzeichnis	**552**

Erster Lernabschnitt
Berufsausbildung

1 Notwendigkeit von Ausbildung

Jeder Siebte ohne Ausbildung

Bonn (dpa). Jeder siebte junge Mensch im Alter zwischen 19 und 30 Jahren verfügt über keine Ausbildung und befindet sich weder in einer Lehre noch in einem anderen Bildungsgang. Insgesamt blieben in den vergangenen Jahren 1,7 Millionen Menschen dieser Altersgruppe ohne Qualifizierung, wie eine Auswertung des Essener Bildungsforschers Klemm ergab. Mit 14,4 Prozent liegt damit der Anteil der Ungelernten in dieser Altersgruppe weitaus höher als dies bislang in offiziellen Statistiken geschätzt worden war. Knapp drei Viertel von ihnen verfügten über keinen Schulabschluss oder höchstens über den Hauptschulabschluss. Frauen seien stärker betroffen als Männer. Bei ihnen liegt die Quote der Ungelernten bei 16,9 Prozent, in den vergleichbaren Geburtsjahrgängen der Männer „nur" 11,9 Prozent.

(Rheinische Post)

Jugendliche ohne Ausbildung haben offensichtlich schlechte Berufsaussichten!

- Unsere Industriegesellschaft ändert sich rasch, in den Betrieben setzen sich überall neue Techniken durch.
- Zukunftssichere Arbeitsplätze stellen deshalb hohe Anforderungen an die Qualifikation.
- Die Zahl der Arbeitsplätze mit geringen Anforderungen nimmt ab.
- Die neuen Techniken verlangen fast durchweg den Umgang mit Computern.
- Deshalb werden fachübergreifende Qualifikationen immer wichtiger. Die herkömmlichen Grenzen zwischen den Ausbildungsberufen werden verwischt.

Fachkompetenz	Qualifiziert sein heißt: Problemgerecht handeln können! Notwendig ist: **Handlungskompetenz** *Gewusst wie!*	Methodenkompetenz
Fähigkeit, sich fachlich selbstständig einzuarbeiten, systematisch und in Zusammenhängen zu denken		Fähigkeit zum Problemlösen bei sich ändernden Bedingungen
Sozialkompetenz		**Lernkompetenz**
Fähigkeit, in vielfältiger Form mit anderen zusammenzuarbeiten (u.a. Teamfähigkeit)		Fähigkeit zur Anwendung von Lerntechniken und Erschließung von Informationen

Nur die Bereitschaft zu lebenslangem Lernen wird in der Zukunft zu dieser vielfachen Kompetenz führen. Nur sie verschafft dem Beschäftigten einen sicheren Arbeitsplatz und dem Unternehmen einen attraktiven Mitarbeiter. Damit wird auch die berufliche Erstausbildung für die Unternehmen und die Beschäftigten immer wichtiger.

Arbeitsaufgaben

1. **Die Arbeitswelt befindet sich in raschem Wandel.**
   Schildern Sie hierzu Ihre persönlichen Erfahrungen

2. **Sie befinden sich bereits in der Ausbildung.**
   a) Wie beurteilen Sie Ihre Berufswahl?
   b) Wie schätzen Sie Ihre Zukunftschancen auf dem Arbeitsmarkt ein?

2 Duales Ausbildungssystem

2.1 Lernorte

> Martina Ebert hat ihre Ausbildung zur Kauffrau für Bürokommunikation begonnen. Dienstag besucht sie von 8:00 Uhr bis 12:15 Uhr die Berufsschule. Anschließend geht sie in den Betrieb. Freitags hat sie ihren zweiten Berufsschultag und Unterricht von 8:00 Uhr bis 13:00 Uhr. Weil sie noch nicht 18 Jahre alt ist, muss sie anschließend nicht mehr zur Arbeit. Montags, mittwochs und donnerstags arbeitet sie in ihrem Ausbildungsbetrieb.

Die Berufsausbildung für den Bürokaufmann/die Kauffrau für Bürokommunikation wird an **zwei Lernorten** durchgeführt: im **Ausbildungsbetrieb** und in der **Berufsschule**. Man spricht deshalb von einer dualen (zweigleisigen) Ausbildung.

Lernorte der beruflichen Ausbildung		
Ausbildungsbetrieb		**Berufsschule**
● Berufsausbildungsvertrag ● Ausbildungsordnungen ● Berufsbildungsgesetz des Bundes	**Grundlagen der Ausbildung**	● Schulpflicht ● Lehrpläne ● Schulgesetze der Länder
Fachpraktische Ausbildung: ● Heranführung des Jugendlichen an die Arbeit ● Eingliederung in das soziale System des Betriebes; Vermittlung von praktischen Kenntnissen und Fähigkeiten ● Einübung beruflicher Fertigkeiten Nur der Betrieb kann die Erzielung von Leistungen und deren Kontrolle an einem originalen Arbeitsplatz bieten.	**Aufgaben**	Theoretische Durchdringung des gesamten Lernstoffes: ● Vermittlung von theoretischen Fachkenntnissen und von Berufswissen ● Erweiterung und Vertiefung der Allgemeinbildung ● Erziehung zum kritischen und verantwortungsbewussten demokratischen Bürger
Kaufmannsgehilfenprüfung vor der Industrie- und Handelskammer	**Abschluss**	Abschlusszeugnis der Berufsschule

2.2 Lernort Berufsschule

Die Berufsschule ist eine Pflichtschule. Berufsschulpflichtig sind in Deutschland alle Jugendlichen nach dem Ende der allgemeinen Schulpflicht bzw. nach dem 10. Vollzeitpflichtjahr. Gesetzliche Grundlagen sind die Schulpflichtgesetze der einzelnen Bundesländer.

Beispiel: Nordrhein-Westfalen

Die Berufsschulpflicht dauert so lange, wie ein Berufsausbildungsverhältnis besteht, das vor Vollendung des 21. Lebensjahres begonnen wurde. Bei einem Ausbildungsbeginn nach dem 21. Lebensjahr ist der Auszubildende zum Berufsschulbesuch berechtigt.

Jugendliche ohne Berufsausbildungsverhältnis besuchen die Berufsschule bis zum Ablauf des Schuljahres, in dem sie das 18. Lebensjahr vollenden.

Der Unterricht wird als Teilzeitunterricht (ganztägig an ein oder zwei Tagen pro Woche) oder als Blockunterricht (mehrere zusammenhängende Unterrichtswochen in jedem Schuljahr) erteilt.

Die Unterrichtsfächer gehören einem berufsübergreifenden und einem berufbezogenen Bereich an:

Die **Fächer des berufsübergreifenden Bereichs** (Deutsch, Politik, Sport, Religion) vermitteln eine Erweiterung und Vertiefung der Allgemeinbildung.

Die **Fächer des berufsbezogenen Bereichs** vermitteln Berufswissen und fachtheoretische Kenntnisse. Sie unterscheiden sich je nach dem Ausbildungsberuf. Für Bürokaufleute (BÜK) bzw. Kaufleute für Bürokommunikation (KfB) sind es die Fächer Betriebswirtschaftslehre, Bürowirtschaft, Rechnungswesen, Wirtschaftsinformatik/Organisationslehre und Textverarbeitung sowie Kurzschrift (nur für KfB). Hinzu kommen Fächer des Wahlbereichs (z. B. Englisch).

Schüler, die die Berufsschule abgeschlossen haben – dies setzt mindestens ausreichende Leistungen in allen Fächern oder höchstens eine mangelhafte Leistung voraus – erhalten ein Abschlusszeugnis. Dieses Zeugnis weist eine Durchschnittsnote (Berufsschulabschlussnote) aus. Andere Schüler erhalten ein Abgangszeugnis.

Der Berufsschulabschluss ist – abhängig von folgenden Voraussetzungen – bestimmten anderen Schulabschlüssen gleichwertig:

Der Schüler hat vor Eintreten in den Bildungsgang der Berufsschule ...	Der Berufsschulabschluss ist gleichwertig ...
die Klasse 8 einer weiterführenden allgemein bildenden Schule durchlaufen oder die Klasse 9 der Schule für Lernbehinderte erfolgreich besucht	dem Hauptschulabschluss
den Hauptschulabschluss oder einen gleichwertigen Abschluss erworben und eine Berufsabschlussnote von mindestens 3,5 erreicht	dem Sekundarabschluss I (Hauptschulabschluss nach Klasse 10)
Den Sekundarabschluss I erworben, eine Berufsschulabschlussnote von mindestens 2,5 erreicht, die Berufsabschlussprüfung bestanden, die für die Fachoberschulreife notwendigen Englischkenntnisse nachgewiesen	Dem Sekundarabschluss I (Fachoberschulreife)

2.3 Lernort Betrieb

Wer für seinen Betrieb Auszubildende einstellt (Ausbildender), kann die Ausbildung selbst übernehmen oder einen Ausbilder bestellen. Das Berufsbildungsgesetz (BBiG) sagt hierzu:

Merke: Ausbildender, Ausbilder und Ausbildungsstätte müssen zur Ausbildung geeignet sein.

BBiG § 20 (Die persönliche und fachliche Eignung)

(1) Auszubildende darf nur einstellen, wer persönlich geeignet ist. Auszubildende darf nur ausbilden, wer persönlich und fachlich geeignet ist.

(4) Wer fachlich nicht geeignet ist oder wer nicht selbst ausbildet, darf Auszubildende nur dann einstellen, wenn er einen Ausbilder bestellt, der persönlich und fachlich für die Berufsausbildung geeignet ist.

> **BBiG § 22 (Die Eignung der Ausbildungsstätte)**
>
> (1) Auszubildende dürfen nur eingestellt werden, wenn
> 1. die Ausbildungsstätte nach Art und Einrichtung für die Berufsausbildung geeignet ist,
> 2. die Zahl der Auszubildenden in einem angemessenen Verhältnis zur Zahl der Ausbildungsplätze oder zur Zahl der beschäftigten Fachkräfte steht, es sei denn, dass andernfalls die Berufsausbildung nicht gefährdet wird.
>
> (2) Eine Ausbildungsstätte, in der die erforderlichen Kenntnisse und Fertigkeiten nicht in vollem Umfang vermittelt werden können, gilt als geeignet, wenn dieser Mangel durch Ausbildungsmaßnahmen außerhalb der Ausbildungsstätte behoben wird.

Persönlich nicht geeignet ist insbesondere, wer Kinder und Jugendliche nicht beschäftigen darf oder wiederholt oder schwer gegen das Berufsbildungsgesetz oder gegen die aufgrund dieses Gesetzes erlassenen Bestimmungen verstoßen hat.

Fachlich nicht geeignet ist, wer die erforderlichen beruflichen Fertigkeiten und Kenntnisse oder berufs- und arbeitspädagogischen Kenntnisse nicht besitzt.

Wenn die notwendigen Eignungsvoraussetzungen nicht vorliegen, lehnt die Industrie- und Handelskammer die Eintragung des Berufsausbildungsvertrages in das Verzeichnis der Berufsausbildungsverhältnisse ab.

Arbeitsaufgaben

1. Klaus Peters ist 19 Jahre alt, er hat die allgemeine Hochschulreife. Ulrich Hoch ist 21 Jahre alt. Er hat die Fachoberschulreife. Beide werden am 1. August des laufenden Jahres eine Berufsausbildung beginnen.
   a) Sind die beiden Auszubildenden berufschulpflichtig?
   b) Wann endet ggf. die Berufsschulpflicht?
2. Die Bundesrepublik Deutschland wird im Ausland vielfach um das System der dualen Ausbildung beneidet.
   a) Nennen Sie Vorteile der dualen Ausbildung gegenüber einer rein schulischen Ausbildung.
   b) Führen Sie andererseits Nachteile des dualen Ausbildungssystems auf.
3. **Ausbilden darf nur, wer persönlich und fachlich geeignet ist.**
   a) Erkundigen Sie sich bei ihrem Ausbilder, wie der Nachweis der betreffenden Kenntnisse zu erbringen ist, und berichten Sie schriftlich darüber.
   b) Aus welchen Gründen verlangt der Gesetzgeber auch den Nachweis berufs- und arbeitspädagogischer Kenntnisse?

3 Berufsbildungsgesetz (BBiG)

3.1 Ausbildungsordnung

Das Berufsbildungsgesetz von 1969 ist die Grundlage für die berufliche Bildung.

> **BBiG § 1 (Die Berufsausbildung)**
>
> (1) Berufsbildung im Sinne dieses Gesetzes sind die Berufsausbildung, die berufliche Fortbildung und die berufliche Umschulung.
>
> (2) Die Berufsausbildung hat eine breit angelegte berufliche Grundbildung und die für die Ausübung einer qualifizierten beruflichen Tätigkeit notwendigen fachlichen Fertigkeiten und Kenntnisse in einem geordneten Ausbildungsgang zu vermitteln. Sie hat ferner den Erwerb der erforderlichen Berufserfahrung zu ermöglichen.

Grundlage für eine geordnete Berufsausbildung sind die vom zuständigen Bundesminister (z. B. für Wirtschaft) in Übereinstimmung mit dem Bundesarbeitsminister anerkannten Ausbildungsberufe und die dafür erlassenen Ausbildungsordnungen. Jugendliche unter 18 Jahren dürfen nur in einem anerkannten Ausbildungsberuf ausgebildet werden.

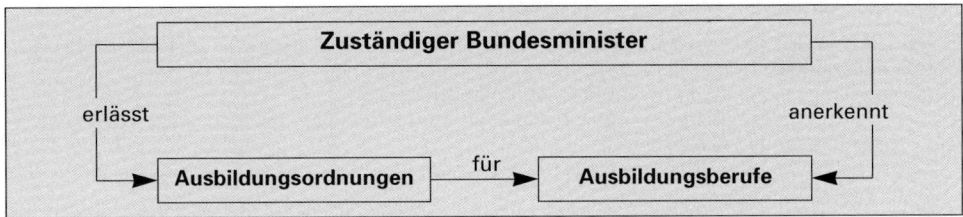

In anerkannten Ausbildungsberufen darf nur nach den dazu erlassenen **Ausbildungsordnungen** ausgebildet werden. Nach § 25 des Berufsbildungsgesetzes enthalten sie mindestens:

- **Bezeichnung des Ausbildungsberufes**
- **Ausbildungsdauer**
- **Ausbildungsberufsbild**: Fertigkeiten und Kenntnisse, die vermittelt werden sollen
- **Ausbildungsrahmenplan**: Sachliche und zeitliche Gliederung der Vermittlung der Kenntnisse und Fertigkeiten
- **Prüfungsanforderungen**

Der Ausbildende muss dem Auszubildenden die Ausbildungsordnung vor Beginn der Ausbildung kostenlos aushändigen.

3.2 Zuständige Stellen

Für alle Ausbildungsberufe gibt es zuständige Stellen, die die Berufsausbildung überwachen. Dies sind die Kammern.

Das Berufsbildungsgesetz weist den Kammern einen umfangreichen Katalog von Aufgaben zu:

- Führung eines Verzeichnisses aller Berufsausbildungsverhältnisse.
- Überwachung der Eignung von Ausbildungsstätten,
- Regelung und Überwachung der Berufsausbildung, Beratung der Betriebe und Auszubildenden,
- Bildung von Prüfungsausschüssen. Durchführung der Prüfung,
- berufliche Fortbildung und Umschulung.

Übrigens: Mit Fragen und Beschwerden können Sie sich an den Ausbildungsberater der Kammer wenden.

Arbeitsaufgaben

1. **Der Bundesarbeitsminister führt ein Verzeichnis der anerkannten Ausbildungsberufe, das jährlich zu veröffentlichen ist.**
   a) Erläutern Sie, was unter einem anerkannten Ausbildungsberuf zu verstehen ist.
   b) Welches Gesetz enthält die grundlegenden Vorschriften über die Berufsausbildung?
   c) darf eine Berufsausbildung ausschließlich in anerkannten Ausbildungsberufen erfolgen?

2. **Sie werden als Bürokaufmann/Bürokauffrau bzw. Kaufmann/Kauffrau für Bürokommunikation ausgebildet.**
   a) Handelt es sich einen anerkannten Ausbildungsberuf?
   b) Wie können Sie während Ihrer Berufsausbildung jederzeit feststellen, ob Sie vorschriftsmäßig ausgebildet werden?
   c) Berichten Sie über die Kenntnisse und Fertigkeiten, die Ihr Ausbildungsbetrieb Ihnen vermitteln soll.
   d) Welche zuständige Stelle ist für Ihren Ausbildungsberuf eingerichtet?
   e) Bei welchen Gelegenheiten treten Sie anlässlich Ihrer Berufsausbildung mit der zuständigen Stelle in Kontakt?

4 Berufsausbildungsvertrag

4.1 Zustandekommen des Berufsausbildungsvertrags

Der **Berufsausbildungsvertrag** für eine betriebliche Ausbildung begründet ein besonderes Vertragsverhältnis (Berufsausbildungsverhältnis) zwischen Arbeitgeber und Auszubildendem. Es liegt **kein Arbeitsverhältnis** vor, auch wenn der Auszubildende übliche Arbeiten im Betrieb ausführt.

Eine Berufsausbildung kann nur begonnen werden, wenn ein entsprechender Vertrag geschlossen worden ist. Dies kann formlos geschehen, jedoch hat der Ausbildende zum Schutz des Auszubildenden unverzüglich nach Vertragsabschluss, spätestens aber vor dem Ausbildungsbeginn, den wesentlichen Inhalt des Vertrags schriftlich niederzulegen. Der Bundesausschuss für Berufsbildung[1] hat als Empfehlung an die zuständigen Kammern ein bundeseinheitliches Muster beschlossen.

Vertragspartner sind der Auszubildende und der Ausbildende (derjenige, der einstellt). Bei Minderjährigen ist die Zustimmung der Erziehungsberechtigten erforderlich. Jeder Partei ist eine Vertragsniederschrift auszuhändigen.

Die zuständige Stelle trägt die Verträge in ein Ausbildungsverzeichnis ein. Die IHK führt auch am Ende der Berufsausbildung in Zusammenarbeit mit Betrieb und Schule die Abschlussprüfung durch.

---

[1] Vom Bundesarbeitsminister berufen. Je 6 Beauftragte der Arbeitgeber und Arbeitnehmer, 5 Beauftragte der Länder, 1 Beauftragter der Bundesanstalt für Arbeit. Berät die Bundesregierung in wesentlichen Fragen der Berufsbildung. Ist vor dem Erlass bestimmter Rechtsverordnungen zu hören und macht u.a. Vorschläge für die Ordnung, den Ausbau und Förderung der Berufsausbildung.

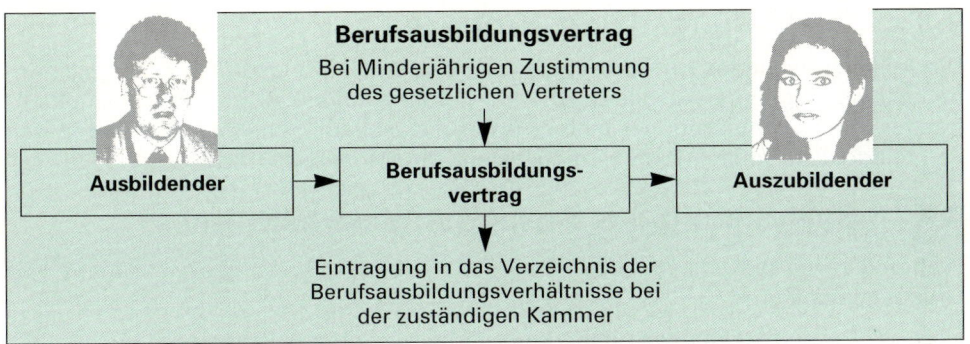

4.2 Inhalt des Berufsausbildungsvertrags

Nach BBiG § 4 muss die **Niederschrift des Ausbildungsvertrags** enthalten:

- Art, sachliche und zeitliche Gliederung, Ziel der Ausbildung
- Beginn und Dauer der Berufsausbildung
- Ausbildungsmaßnahmen außerhalb der Ausbildungsstätte
- Dauer der regelmäßigen täglichen Ausbildungszeit
- Dauer der Probezeit
- Zahlung und Höhe der Vergütung
- Dauer des Urlaubs
- Voraussetzungen für eine Kündigung

Die **Rechte und Pflichten** aus dem Ausbildungsvertrag sind in den §§ 6–9 des Berufsbildungsgesetzes geregelt und im **Anhang eines jeden Berufsausbildungsvertrags aufgeführt**.

Pflichten der Vertragsparteien	
Pflichten des Ausbildenden (§ 6 BBiG)	**Pflichten des Auszubildenden** (§ 9 BBiG)
■ dafür sorgen, dass die dem Ziel entsprechenden Kenntnisse und Fertigkeiten vermittelt werden ■ planmäßig, zeitgemäß und sachlich gegliedert ausbilden ■ selbst ausbilden oder einen geeigneten Ausbilder benennen ■ kostenlos Ausbildungsmittel bereitstellen ■ zum Besuch der Berufsschule anhalten und freistellen ■ charakterlich fördern und sittlich und körperlich nicht gefährden ■ nur Verrichtungen übertragen, die dem Ausbildungszweck dienen ■ die Berichtshefte kostenfrei aushändigen und regelmäßig abzeichnen ■ die Eintragung des Ausbildungsvertrages bei der Kammer unverzüglich nach Vertragsabschluss beantragen ■ den Auszubildenden zu Zwischen- und Abschlussprüfungen anmelden und dafür freistellen	■ im Rahmen der Berufsausbildung übertragene Verrichtungen sorgfältig ausführen ■ an Berufsschulunterricht, an Prüfungen und an Ausbildungsmaßnahmen außerhalb der Ausbildungsstätte teilnehmen ■ Weisungen im Rahmen der Berufsausbildung befolgen ■ Betriebsordnung beachten ■ Werkzeuge, Einrichtungen pfleglich behandeln und nur für übertragene Arbeiten verwenden ■ über Betriebs- und Geschäftsgeheimnisse Stillschweigen bewahren ■ das Berichtsheft ordnungsgemäß führen und vorlegen ■ von Fehlzeiten begründet und unverzüglich Nachricht geben; bei Krankheit und Unfall ärztliche Bescheinigung vorlegen

4.3 Ausbildungsdauer, Probezeit

Die **Ausbildungsdauer** wird durch die jeweilige Ausbildungsordnung vorgeschrieben. Sie beträgt für die Ausbildungsberufe Bürokaufmann/Kauffrau, Kaufmann/Kauffrau für Bürokommunikation 3 Jahre. Die Berufsausbildung beginnt mit der Probezeit von mindestens einem Monat und höchstens drei Monaten.

4.4 Beendigung des Ausbildungsverhältnisses

Während der Probezeit kann jede Partei den Ausbildungsvertrag ohne Angabe von Gründen kündigen.

Nach der Probezeit kann das Ausbildungsverhältnis nur gekündigt werden

- vom Auszubildenden mit einer Kündigungsfrist von 4 Wochen, wenn er die Berufsausbildung aufgeben oder sich für eine andere Berufstätigkeit ausbilden lassen will;
- fristlos aus wichtigem Grund.

> **Beispiele** (für wichtige Gründe):
> - Diebstahl   • mutwillige Zerstörung   • Tätlichkeiten   • Beleidigungen
> - unentschuldigtes Fernbleiben von Betrieb oder Berufsschule (nach erfolgter Abmahnung)

Im Regelfall endet die Ausbildung mit der Berufsabschlussprüfung vor der IHK.

Zur **Berufsabschlussprüfung ist zuzulassen**, wer

- die Ausbildungszeit zurückgelegt hat,
- an den vorgeschriebenen Zwischenprüfungen teilgenommen hat,
- die vorgeschriebenen Berichtshefte geführt hat.

Die Abschlussprüfung kann bei Nichtbestehen zweimal wiederholt werden.

Das Ausbildungsverhältnis verlängert sich auf Verlangen des Auszubildenden jeweils bis zur nächstmöglichen Wiederholungsprüfung, längstens aber um 1 Jahr.

4.5 Zeugnis, Weiterbeschäftigung

Der Ausbildende stellt dem Auszubildenden bei Beendigung des Berufsausbildungsverhältnisses ein Zeugnis aus. Es muss Angaben enthalten über Art, Dauer und Ziel der Berufsausbildung sowie über die erworbenen Fertigkeiten und Kenntnisse des Auszubildenden, auf Verlangen des Auszubildenden auch Angaben über Führung, Leistung und besondere fachliche Fähigkeiten.

Um jede Unsicherheit über eine Weiterbeschäftigung des Auszubildenden nach dem Abschluss der Berufsausbildung auszuschalten, werden die Vertragsparteien in einem angemessenen zeitlichen Abstand vor dem Abschluss gegenseitig erklären, ob nach der Beendigung ein Arbeitsverhältnis begründet werden soll oder nicht. Eine Vereinbarung, die den Auszubildenden verpflichtet, in einem Arbeitsverhältnis weiterzuarbeiten, darf aber erst innerhalb der letzten drei Monate des Berufsausbildungsverhältnisses erfolgen.

Wird der Auszubildende nach dem Abschluss der Berufsausbildung ohne besondere Vereinbarung weiterbeschäftigt, so wird hierdurch ein Arbeitsverhältnis auf unbestimmte Dauer begründet.

Arbeitsaufgaben

1. **Ein Berufsausbildungsverhältnis kommt durch den Abschluss eines Berufsausbildungsvertrags zustande.**
   Erläutern Sie die rechtliche Bedeutung, die dieser Vertrag für die Vertragspartner hat.

2. **Im Berufsausbildungsvertrag sind die Rechte und Pflichten der Vertragspartner aufgeführt.**
   a) Erläutern Sie die Pflichten des Ausbildenden und berichten Sie darüber, wie Ihr Ausbildungsbetrieb vorgeht, um diese Verpflichtungen zu erfüllen.
   b) Erläutern Sie andererseits ihre eigenen Pflichten und führen Sie Beispiele an.

3. **Der Ausbildungsvertrag kann unter bestimmten Umständen gekündigt werden.**
   a) Welche Kündigungsmöglichkeiten bestehen für die Vertragspartner?
   b) Was ist unter wichtigen Kündigungsgründen zu verstehen?
   c) Der Deutsche Industrie- und Handelskammertag (DIHK, Zentralorgan der IHKs) rät dazu, die vorgeschriebene Probezeit als „Bedenkzeit" zu nutzen. Was ist damit gemeint?

4. **Laut BBiG § 10 muss der Ausbildende dem Auszubildenden eine angemessene Vergütung gewähren.**
   Informieren Sie sich anhand Ihrer Vertragsniederschrift und machen Sie Angaben über
   ● die Höhe der Vergütung im Zeitablauf der Ausbildung,
   ● die Vergütung von Überstunden,
   ● den Zeitpunkt der Zahlung,
   ● die Fortzahlung der Vergütung.

5. **Im Ausbildungsvertrag ist die Pflicht zur Führung und zur Kontrolle eines Berichtsheftes verankert.**
   Welche Bedeutung hat das Berichtsheft und welche Sachverhalte sind einzutragen?

6. **Der Auszubildende Werner Klein erscheint am Montag nicht im Betrieb. Als der Ausbilder ihn am Dienstag nach dem Grund für seine Abwesenheit fragt, antwortet er, er sei am Wochenende „versumpft".**
   a) Welche Maßnahmen kann der Ausbildende ergreifen?
   b) Kann der Ausbildende die gleichen Maßnahmen ergreifen, wenn Klein an einem heißen Sommertag nicht zum Berufsschulunterricht, sondern ins Schwimmbad geht?

7. **Liegen in den folgenden Fällen Verstöße gegen die Bestimmungen des Berufsbildungsgesetzes vor?**
   a) Der Auszubildende Hans Schmeinck wird von seinem Ausbilder aufgefordert, zum Arbeitsende die benutzten Akten abzulegen und seinen Arbeitsplatz aufzuräumen.
   b) Edith Oder wird in einer Großwäscherei zur Bürokauffrau ausgebildet. Wegen Ausfalls mehrerer Arbeitskräfte (Krankheit, Urlaub) muss sie 4 Wochen lang einen Bügelautomaten bedienen.
   c) Ingrid Prüll wird in einem Industrieunternehmen ausgebildet. Im Verkauf erlangt sie Kenntnisse über die Kalkulation der Produkte. Ihrem Freund, Einkäufer bei einem Kunden des Unternehmens, teilt sie verschiedene Verrechnungspreise und Zuschlagsprozentsätze mit.
   d) Erich Bartel stellt 2 Monate vor der Berufsabschlussprüfung fest, dass er noch nichts in sein Berichtsheft eingetragen hat. Er erstellt rasch einige Aufsätze über Fachthemen, die in der Berufsschule behandelt wurden, und trägt sie ein. Als er das Heft seinem Ausbilder vorlegt, weigert dieser sich, es abzuzeichnen.
   e) Der Ausbildende Peters ist mit der Leistung des Auszubildenden Kramer zufrieden. Auch Kramer arbeitet gern bei Peters. Ein halbes Jahr vor der Berufsabschlussprüfung legt Peters ihm deshalb einen unbefristeten Arbeitsvertrag vor.
   f) Klaus Katze hat die Berufsabschlussprüfung mehr schlecht als recht bestanden. Am nächsten Tag erscheint er zum Arbeitsantritt in seinem Betrieb. Dort wird ihm eröffnet, er werde nicht in ein Beschäftigungsverhältnis übernommen, und man händigt ihm ein Zeugnis aus, in dem ihm ausreichende Leistungen in der Ausbildung bescheinigt werden.

5 Jugendarbeitsschutz

Der Jugendliche besitzt nur eine begrenzte Leistungsfähigkeit, weil seine körperliche und geistig-seelische Entwicklung noch nicht abgeschlossen ist. Deshalb schützt das **Jugendarbeitschutzgesetz** alle, die noch keine 18 Jahre alt sind und einer Beschäftigung nachgehen (z. B. Berufsausbildung, Arbeit ohne Berufsausbildung, Arbeit als Anlernling).

Die Beschäftigung durch die Eltern und andere Personensorgeberechtigten im Familienhaushalt fällt nicht unter das Gesetz. Ebenso: geringfügige Hilfeleistungen aus Gefälligkeit.

Das Mindestalter für eine Beschäftigung beträgt 15 Jahre. Wer nicht mehr der Vollzeitschulpflicht unterliegt, aber noch nicht 15 Jahre alt ist, darf nur 7 Stunden am Tag und 35 Stunden in der Woche beschäftigt werden.

Die Einhaltung des Gesetzes wird je nach Bundesland vom Gewerbeaufsichtsamt oder vom Staatlichen Amt für Arbeitsschutz (z. B. in Nordrhein-Westfalen) überwacht.

Schutzbestimmungen des Jugendarbeitsschutzgesetzes

Arbeitszeit
- täglich höchstens 8 Stunden, wöchentlich 40 Stunden.
  Ausnahme: 8,5 Stunden täglich, wenn an anderen Tagen der Woche weniger als 8 Stunden gearbeitet wird.
- Tarifverträge können auch in anderen Fällen längere Arbeitszeiten vereinbaren, wenn in einem Zeitraum von 2 Monaten ein Ausgleich dafür erfolgt.
- am Samstag und Sonntag: Beschäftigungsverbot. Ausnahmen: eine Reihe von Betrieben mit Samstags-/Sonntagsarbeit. Dafür Freistellung an einem berufsschulfreien Werktag. 2 Samstage im Monat sollen, 2 Sonntage müssen beschäftigungsfrei bleiben.

Ruhepausen
- bei 4 $\frac{1}{2}$ bis 6 Stunden mindestens 30 Minuten
- bei mehr als 6 Arbeitsstunden mindestens 60 Minuten
- erste Pause spätestens nach 4 $\frac{1}{2}$ Stunden
- Mindestdauer einer Pause 15 Minuten

Freizeit, Arbeitsbeginn, Arbeitsende
- täglich mindestens 12 Stunden Freizeit; keine Beschäftigung zwischen 20:00 und 6:00 Uhr. Ausnahmen: Jugendliche über 16 Jahre im Hotel- und Gaststättengewerbe, in Bäckereien, in der Landwirtschaft, in der Binnenfischerei, in Betrieben mit Schichtarbeit

Bezahlter Urlaub
Jugendliche, deren Alter zu Beginn des Kalenderjahres
- unter 16 (17) ((18)) Jahre liegt: 30 (27) ((25)) Werktage

Beschäftigungsverbot
- Arbeiten, die die Leistungsfähigkeit übersteigen (z.B. Akkord- und Fließbandarbeit mit vorgeschriebenem Arbeitstempo)
- gefährliche Arbeiten (Ausnahmen bei Jugendlichen über 16 Jahre zu Ausbildungszwecken)

Berufsschulbesuch
- Der Berufsschulbesuch wird auf die Ausbildungs- bzw. Arbeitszeit angerechnet und vergütet.
- Der Jugendliche muss für den Berufsschulunterricht freigestellt werden.
  Beschäftigungsverbot:
  – vor einem vor 9 Uhr beginnenden Unterricht,

*Dies gilt übrigens für **alle** Berufsschulpflichtigen, auch wenn sie älter als 18 Jahre sind!*

- an einem (nicht zwei!) Berufsschultag in der Woche mit mehr als 5 Unterrichtsstunden,
- in Berufsschulwochen mit planmäßigem Blockunterricht von mindestens 25 Stunden an mindestens 5 Tagen.

Ärztliche Untersuchung

- erste Untersuchung: vor Beginn der Beschäftigung (frühestens 14 Monate)
- Nachuntersuchung: in den letzten 3 Monaten des ersten Lehrjahres

Arbeitsaufgaben

1. **Das Jugendarbeitsschutzgesetz gewährt Jugendlichen unter 18 Jahren einen besonderen Schutz im Arbeitsleben.**
   a) Versuchen Sie einige durch die körperliche Entwicklung bedingte Eigenschaften von Jugendlichen anzugeben, die besondere Arbeitsschutzvorschriften notwendig machen.
   b) Nennen Sie Vorschriften des Jugendarbeitsschutzgesetzes, die für Sie persönlich von Bedeutung sind.

2. **Peter Harbert ist 17 Jahre, Erika Köhnen 19 Jahre, Franz Schumann 24 Jahre alt. Alle sind Auszubildende im 2. Ausbildungsjahr (Ausbildungsberuf Bürokaufmann/Kauffrau).**
   Beurteilen Sie, ob die folgenden Aussagen hinsichtlich des Jugendarbeitsschutzgesetzes richtig sind.
   a) Peter Harbert muss 25 Arbeitstage Urlaub erhalten.
   b) Erika Köhnen unterliegt nicht mehr den Bestimmungen des Jugendarbeitsschutzgesetzes.
   c) Franz Schumann hat dienstags 6 Stunden Berufsschulunterricht. Er ist an diesem Tag von der Arbeit freizustellen.
   d) Erika Köhnen darf, wenn der gültige Tarifvertrag dies zulässt, auch samstags beschäftigt werden.
   e) Peter Harbert soll heute bis 21:00 Uhr arbeiten. Im Ausnahmefall ist dies erlaubt.
   f) Für Erika Köhnen beginnt der Berufsschulunterricht donnerstags um 9:30 Uhr. Der Weg von der Ausbildungsstätte zur Schule beträgt etwa 15 Minuten. Der Ausbildende kann verlangen, dass Erika Köhnen bis 9:10 Uhr im Betrieb arbeitet.
   g) Die einzige Pause im Ausbildungsbetrieb ist die Mittagspause von 45 Minuten Dauer. Diese Zeitspanne ist für alle drei Auszubildenden ausreichend.
   h) Die drei Auszubildenden haben ein Jahr später, an einem Montag, ihre schriftliche Berufsabschlussprüfung. Sie sind am vorhergehenden Freitag von der Arbeit freizustellen.
   i) Peter Harbert hat an einem Mittwoch seine mündliche Abschlussprüfung. Er ist am Dienstag und Mittwoch von der Arbeit freizustellen.

Zweiter Lernabschnitt
Grundlagen des Wirtschaftens

1 Betriebliche Grundfunktionen

1.1 Unternehmensziele

> **Ausschnitt aus einem Interview der Zeitschrift *Industriekurier* mit einem der Geschäftsführer der *Motoren- und Getriebebau GmbH (MGG)*.**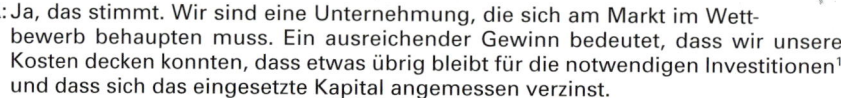
> IK: Herr Altmann, ist es richtig, dass Sie nach einem Jahr mit hohen Verlusten für das laufende Geschäftsjahr wieder auf einen Gewinn hoffen können?
> A: Ja, das stimmt. Wir sind eine Unternehmung, die sich am Markt im Wettbewerb behaupten muss. Ein ausreichender Gewinn bedeutet, dass wir unsere Kosten decken konnten, dass etwas übrig bleibt für die notwendigen Investitionen[1] und dass sich das eingesetzte Kapital angemessen verzinst.
> IK: Worauf führen Sie diese positive Entwicklung zurück?
> A: Nun, einerseits haben wir eine Senkung unseres Kostenniveaus um 5 % angestrebt. Durch erfolgreiche Rationalisierungsmaßnahmen[2] ist uns dies gelungen. Wir arbeiten heute bedeutend produktiver und wirtschaftlicher als noch vor drei Jahren. Auch haben wir etwas hinsichtlich unserer Sachziele getan. Unsere neu entwickelten Motoren bieten 20 % mehr Leistung, benötigen aber ein Drittel weniger Energie und sind fast emissionsfrei. Die Wartungsintervalle unserer Motoren und Getriebe konnten wir verdoppeln. Für unsere Kunden liegen wir wohl richtig, denn wir konnten unseren alten Marktanteil, der in den letzten Jahren um 20 % zurückgegangen war, fast wieder erreichen.
> IK: Sicherlich hat sich dies auch auf Ihre Liquidität und auf die Sicherung der Arbeitsplätze positiv ausgewirkt.
> A: Gewiss, das lässt sich ohne Einschränkung bejahen.

Die Motoren- und Getriebebau GmbH ist eine Unternehmung (oder: Unternehmen). So nennt man die Träger der Güterproduktion. Unternehmungen sind rechtlich selbstständig. Ihre Führungspersonen entscheiden über die Aktivitäten der Unternehmung. Die Produktionsstätten innerhalb der Unternehmungen sind rechtlich unselbstständig. Sie heißen Betriebe. Im praktischen Gebrauch – selbst in der Fachsprache – geht man allerdings etwas nachlässig mit diesen beiden Begriffen um: man sagt oft *Betrieb* und meint *Unternehmung*[3].

Die Betriebe erstellen Leistungen und verkaufen sie. Als Gegenwert erzielen sie **Erlöse (oder: Umsätze)**. Für die Leistungserstellung entstehen **Kosten,** weil Material, Maschinen, Arbeit eingesetzt und verbraucht werden. Nur wenn es gelingt, einen **Gewinn,** einen Überschuss der Verkaufserlöse über die Kosten zu erzielen, kann der Betrieb auf längere Sicht bestehen. Deshalb gilt:

Ein möglichst hoher Gewinn ist langfristig stets das oberste Betriebsziel. Man spricht auch vom Ziel der Gewinnmaximierung.

Das Gewinnziel ist ein Formalziel. Formalziele sind allgemeine Grundsätze, an denen der Unternehmer sein Handeln und seine Entscheidungen ausrichtet.

---

[1] Investition = produktive Anlage von Kapital
[2] Rationalisierung = vernünftige, zweckmäßige Gestaltung von Betriebs- und Arbeitsvorgängen
[3] So auch in diesem Buch. Man bedenke: Die Wissenschaft von Unternehmensführung heißt ja sogar **Betriebs**wirtschaftslehre!

Stark vereinfacht gilt:

> **Gewinn = Erlöse (oder Umsatz) – Kosten.**

Dem **Oberziel Gewinn** sind deshalb **Unterziele** zugeordnet:

- möglichst niedrige Kosten **(Ziel der Kostenminimierung)**,
- möglichst hohe Erlöse **(Ziel der Erlös-(Umsatz-)Maximierung)**.

Weitere Unterziele des Gewinnziels sind **hohe Produktivität** und **hohe Wirtschaftlichkeit**.

Ein anderes, sehr wichtiges Formalziel ist die ständige Liquidität: Wer liquide ist, kann die fälligen Schulden begleichen. Nachhaltige Zahlungsunfähigkeit bedroht die Existenz des Betriebes.

Zwischen dem Gewinnziel und dem Liquiditätsziel besteht ein **Zielkonflikt**: Das Streben nach Gewinn verlangt die produktive Anlage flüssiger Mittel. Angelegte Mittel können aber nicht mehr für fällige Zahlungen verwendet werden. Das Gleiche gilt auch umgekehrt.

Die Betriebe verfolgen i. d. R. noch andere Formalziele, die sie als bedeutsam für ihren Erfolg erkannt haben. Zum Teil stehen auch sie in einem gewissen Konflikt zum Gewinnziel.

Beispiele für andere Formalziele:
- **Identitätsziele**
  Handeln nach einem von Unternehmensführung und Mitarbeitern akzeptierten Leitbild (Eigenbild der Unternehmung)
- **Imageziele**
  Entwicklung und Pflege eines positiven Erscheinungsbildes nach außen (Fremdbild der Unternehmung)
- **Sicherheitsziele**
  – Sicherung des Vermögens, der Unternehmenssubstanz
  – Sicherung der Liquidität (siehe oben)
- **soziale Ziele**
  – sichere Arbeitsplätze
  – positives Betriebsklima
- **Machtziele**
  – Erzielung eines möglichst großen Marktanteils
  – Einflussnahme auf Menschen (Kunden, Lieferer, Politiker)
- **ökologische Ziele**
  – Treffen umweltbewusster Entscheidungen
  – umweltschonendes Handeln

Bei Zielkonflikten ist stets darauf zu achten, dass auf längere Sicht ein ausreichender Gewinn erzielt wird!

Alle Formalziele, und vor allem das Gewinnziel, werden sich langfristig nur erreichen lassen, wenn die Unternehmung bedarfsgerechte Leistungen (Sachgüter, Dienstleistungen) anbieten kann. Nur für solche Güter ist der Nachfrager bereit, den von der Unternehmung kalkulierten (berechneten) Preis zu zahlen. Nur sie garantieren die Einnahmen, die die Unternehmung für die Beschaffung und den Einsatz der Produktionsfaktoren benötigt.

Die Produktion nachfragewirksamer Leistungen ist das *Sachziel* der Unternehmung.

	Unternehmensziele	
Formalziele		**Sachziele**
Gewinnerzielung	andere Formalziele	Leistungserstellung zur Bedarfsdeckung

wichtige Unterziele:
- Kostenminimierung
- Umsatzmaximierung
- Produktivität
- Wirtschaftlichkeit

- Marktmacht
- Zahlungsfähigkeit
- sichere Arbeitsplätze
- gutes Betriebsklima
- gutes Image
- Erhaltung der Umwelt
  u. a. m.

wichtige Unterziele:
- Fertigung bestimmter Produkte in festgelegter Qualität
- Fertigung bestimmter Mengen
- Anwendung eines bestimmten Fertigungsverfahrens
- Beschaffung bestimmter Materialien
- Verkauf der Produkte

1.2 Betriebliche Funktionsbereiche

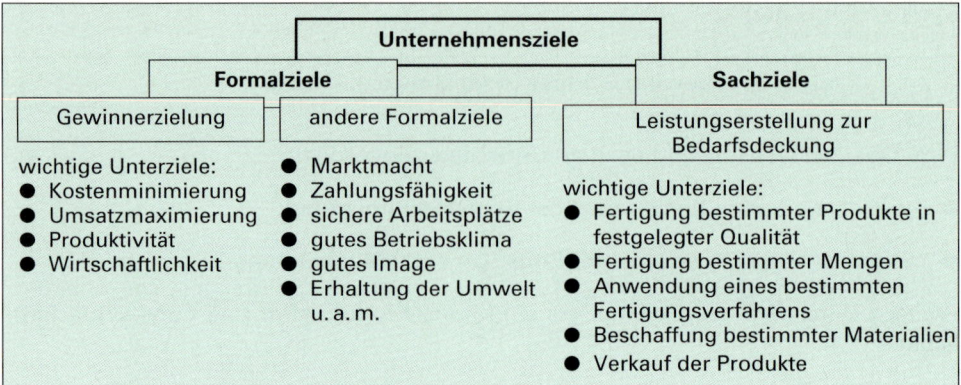

Organigramme (Organisationsschaubilder) zeigen den Abteilungsaufbau von Unternehmungen

Hier sehen Sie das Organigramm der Motoren- und Getriebebau GmbH.

L Geschäftsführung — Evertz, Altmann

- S1 Umwelt und Recht — Pappel
- S2 Qualitätswesen — Dr. Lutz
- S3 Finanzwirtschaft — Nachtigall
- S4 Kommunikation — Lange
- Z1 Informationssysteme, Controlling — Schultheis
- Z2 Personal- und Sozialwesen — Franzen

- MA Materialwirtschaft — Reichelt
  - MA 1 Einkauf Allgemein — Riese
  - MA 2 Einkauf Rohstoffe — Freitag
  - MA 3 Logistik — Guttenbach

- G Produktsparte Getriebe — Kunzmann
  - GP Getriebe Produktion — Bläser
    - GP 1 Entwickl. u. Konstruktion — Uhl
    - GP 2 Arbeitsvorbereitung — Frese
    - GP 3 Herstellung — Schiefer
  - GA Getriebe Absatz — Schäfer
    - GA 1 Verkauf Inland — Möllen
    - GA 2 Verkauf Ausland — Kolbe
    - GA 3 Produktmanagement — Ulschmitt

- M Produktsparte Motoren — Raabe
  - MP Motoren Produktion — Blass
    - MP 1 Entwickl. u. Konstruktion — Kluge
    - MP 2 Arbeitsvorbereitung — Rosen
    - MP 3 Herstellung — Kruske
  - MA Motoren Absatz — Pauls
    - MA 1 Verkauf Inland — Dünne
    - MA 2 Verkauf Ausland — Fetts
    - MA 3 Produktmanagement — Sager

- V Verwaltung — Hillebrand
  - V 1 Gebäudemanagement — Wagner
  - V 2 Archiv — Övermeyer
  - V 3 Buchhaltung — Wickel
  - V 4 Kostenrechnung — Coenen

Im Abteilungsaufbau der Motoren- und Getriebebau GmbH spiegeln sich grundsätzliche Aufgaben (Grundfunktionen) wider, die der Betrieb erfüllen muss, wenn er seine Ziele erfolgreich erreichen will. Das folgende Modell zeigt die Zusammenhänge:

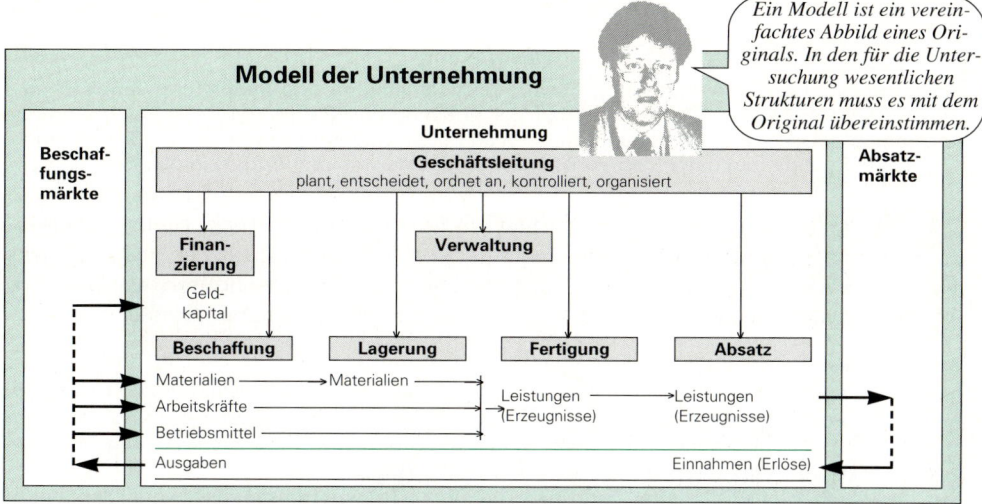

Ein Modell ist ein vereinfachtes Abbild eines Originals. In den für die Untersuchung wesentlichen Strukturen muss es mit dem Original übereinstimmen.

Grundlegende betriebliche **Funktionsbereiche** sind:
- Leitung,
- Beschaffung,
- Lagerung,
- Fertigung,
- Absatz,
- Verwaltung,
- Finanzierung.

Betriebliche Funktionsbereiche

Leitung
Es ist die Aufgabe der Geschäftsleitung, die Betriebsprozesse in Gang zu setzen und zu halten. Die Geschäftsleitung hat die Anordnungs-, Entscheidungs- und Kontrollbefugnis (**Führungsfunktion**); ihr obliegt die Gesamtplanung (**Planungsfunktion**); sie gibt der Unternehmung eine dauerhafte Struktur (**Organisationsfunktion**).
- Unabdingbare Aufgaben der Geschäftsleitung (die Gesamtunternehmung betreffend):
- Festlegung der Unternehmensziele und der Unternehmenspolitik,
- Koordinierung der großen betrieblichen Teilbereiche,
- Beseitigung außergewöhnlicher Störungen im laufenden Betriebsprozess,
- Maßnahmen von großer Bedeutung (z.B. Beteiligung an anderen Unternehmungen, Stilllegungen),
- Besetzung der obersten Führungsstellen.

Beschaffung
Arbeitskräfte, Betriebsmittel und Materialien und Geldkapital müssen beschafft werden. Im engeren Sinn bezeichnet man mit der *Beschaffung* die Versorgung mit Materialien.

Lagerung
Die beschafften Materialien können oft nicht sofort verarbeitet, sondern müssen erst gelagert werden; ebenso müssen halbfertige Produkte zwischengelagert und fertige Produkte vor dem Verkauf gelagert werden.

Fertigung
In der Fertigung wirken beim Sachleistungsbetrieb Arbeitskräfte, Betriebsmittel und Materialien zusammen, um die Materialien zu Erzeugnissen zu verarbeiten.

Absatz
Die erstellten Leistungen müssen verkauft werden. Vom Absatz lebt der Betrieb: Nur er bringt die Mittel herein, von denen die Ausgaben bestritten werden können.

Verwaltung
Verwaltungstätigkeiten sollen die Funktionsfähigkeit des Betriebes sichern. Dazu gehören z.B. die rechnerische Erfassung des Betriebsgeschehens (Rechnungswesen), die Aufbewahrung des Schriftguts, die Personalbetreuung, die technische Instandhaltung der Gebäude.

> **Finanzierung**
> Beschaffung, Lagerung, Fertigung, Absatz, Geschäftsleitung und Verwaltung verursachen Kosten und Ausgaben. Die Beschaffung der notwendigen Geldmittel heißt Finanzierung. Geldmittel fließen unter anderem durch Einlagen der Eigentümer, Kredite der Banken und Geschäftsfreunde und durch den Verkauf der Betriebsleistungen (Erlöse) in den Betrieb.

Die Motoren- und Getriebebau GmbH ist ein Sachleistungsbetrieb. Dienstleistungsbetriebe unterscheiden sich von Sachleistungsbetrieben grundsätzlich dadurch, dass sie keine Sachgüter in einem Fertigungsprozess zu neuen Sachgütern verarbeiten. An die Stelle der Fertigung tritt eine ganz unterschiedliche Leistungserstellung.

Beispiele:
Handelsbetriebe kaufen Waren ein und verkaufen sie unverändert oder mit leichten Veränderungen (Reifelagerung, Mischen, Umpacken, Abfüllen, Zuschnitt u. a. m.) weiter. Ihre Leistung besteht vor allem darin, dass sie Waren sammeln und zu einem verbraucher- bzw. verwendergerechten Gesamtangebot zusammenstellen.
Verkehrsbetriebe beschaffen Fahrzeuge, um damit Transportleistungen zu erstellen und zu verkaufen.
Kreditinstitute beschaffen von Anlegern Geldkapital auf Zeit und „verkaufen" es auf Zeit an Kreditnehmer.

Beschaffung, Leistungserstellung und Absatz sind wesentliche Funktionen eines jeden Betriebes. Vielfach müssen noch Waren, Materialien, Produkte oder Informationen gelagert bzw. gespeichert werden. Es ist ohne Schwierigkeit einzusehen, dass auch immer verwaltende, finanzierende und leitende Tätigkeiten hinzutreten müssen.

1.3 Beschaffungs- und Absatzmärkte

Jede Unternehmung bietet bestimmte Leistungen an. Wer Bedarf hat, fragt davon nach.

Das Zusammentreffen von Angebot und Nachfrage nach einem bestimmten Gut nennt man Markt. Jedes Gut braucht seinen Markt, um Absatz zu finden. Aus der Sicht der Unternehmung unterscheidet man zwei Marktgruppen: Beschaffungsmärkte und Absatzmärkte.

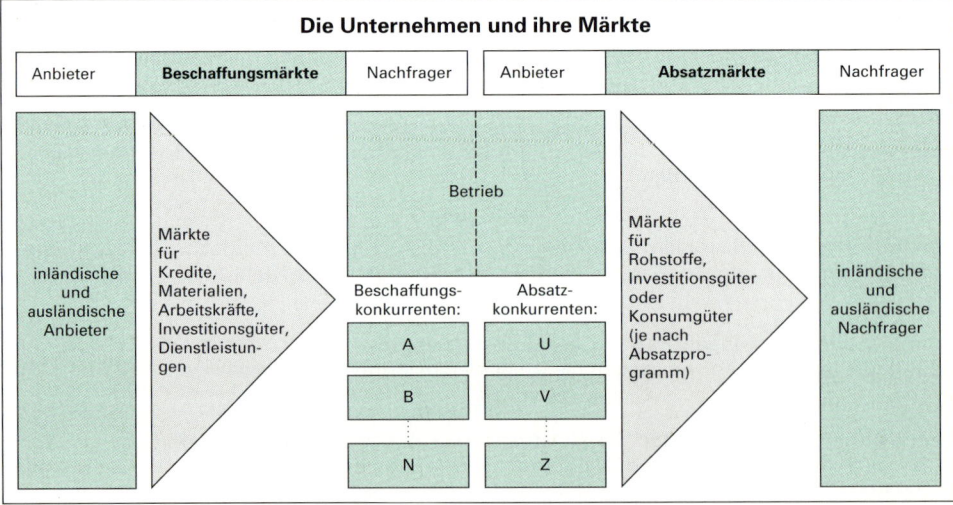

Auf den **Beschaffungsmärkten** versorgt sich die Unternehmung mit Produktionsfaktoren. Alle Mengenänderungen (z. B. Rohstoffverknappung, Preis- und Qualitätsänderungen sowie der Ausfall und das Hinzutreten von Lieferern haben Auswirkungen auf ihre eigene Leistungserstellung).

Auf den **Absatzmärkten** bietet die Unternehmung ihre Leistungen an. Dabei muss sie erkennen, dass sich die Situation in den letzten Jahrzehnten stark zu ihren Ungunsten verändert hat.

In der Zeit des Wirtschaftsaufschwungs in den Nachkriegsjahren hatte der Anbieter wegen des großen Gütermangels eine starke Stellung gegenüber dem Kunden und brauchte sich auch bei ungünstigem Preis, geringer Qualität und schlechtem Service oft keine Absatzsorgen zu machen. Es lagen sogenannte **Verkäufermärkte** vor.

Heutzutage stehen die Anbieter einem gesättigten, mit einer Fülle von Gütern aller Art versehenen Verbraucher gegenüber. Der Verbraucher ist meist sehr qualitäts- und preisbewusst, er verlangt hohe Lieferbereitschaft und zugleich eine große Auswahlmöglichkeit aus einem variantenreichen, aktuellen Produktionsprogramm. Dabei unterliegt die Nachfrage einem raschen Wandel.

Die Märkte von heute sind KÄUFERMÄRKTE.

Es ist deshalb nötig, die **Unternehmung vom Absatzmarkt her zu steuern**: Man muss systematisch Absatzmöglichkeiten aufspüren und dann Produktion, Beschaffung, Personalplanung, Finanzierung und Organisation konsequent auf die bestmögliche Befriedigung der Kundenbedürfnisse ausrichten.

Die **grundlegende Fragestellung** in einem Zusammenhang lautet: „Wie kann die Unternehmung sich unentbehrlich machen und den Kunden an sich binden?"

Die **Antwort** lautet: „Die Unternehmung muss das Leben des Kunden ‚mitleben', d. h. sie muss sich in die Lage des Kunden versetzen, seine Probleme erkennen und Lösungen für die Probleme anbieten."

Gegenüber ihren Lieferern ist die Unternehmung selbst Kunde. Um den genannten Qualitätsanforderungen entsprechen zu können, erwartet sie auch von ihnen höchste Qualität, bewertet sie, erarbeitet mit ihnen gemeinsam Lösungen für die Belieferung, veranlasst sie zu optimaler Anpassung an ihre Ansprüche. Sie arbeitet nur mit den besten Lieferern zusammen und geht mit ihnen aus Gründen der Sicherheit langfristige Bindungen ein.

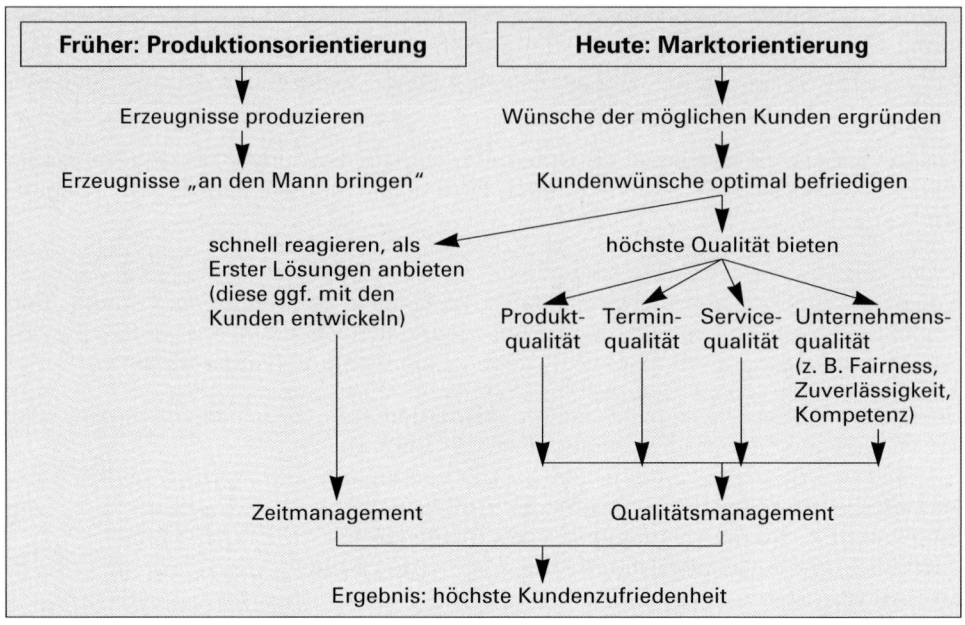

Arbeitsaufgaben

1. **Im Folgenden sind Unternehmensziele aufgeführt:**
   1.1 Beschaffung von vier Montagerobotern „Zampano".
   1.2 Umsetzung von 50 Arbeitskräften aus Halle 1 nach Halle 2.
   1.3 Kauf von 5 000 Schaltelementen XY zu maximal 50,00 EUR je Stück.
   1.4 Steigerung des Gewinnes von 950 000,00 EUR pro Jahr auf 1 200 000,00 EUR pro Jahr bei einem Umsatz von 16 Millionen EUR.
   1.5 Erhöhung des Marktanteiles von Produkt „Arkomix" in Deutschland auf 10 %.
   1.6 Verkleinerung des Lagerbestandes an Materialien um 50 %.
   1.7 Verkauf von 5 000 Stück Cetera-Produkten zum Stückpreis von 90,00 EUR. Der Werbeaufwand dafür soll 400 000,00 EUR betragen. Das Verkaufspersonal ist zu schulen.
   a) Prüfen und entscheiden Sie, welche der genannten Unternehmensziele Sachziele oder Formalziele sind.
   b) Ordnen Sie die Ziele den jeweiligen betrieblichen Funktionsbereichen zu, die diese Ziele in erster Linie erfüllen müssen.
   c) Formulieren Sie für die Schulung des Verkaufspersonals in Teilziel 1.7 ein konkretes Ziel, damit die Erfüllung des Zieles auch überprüft werden kann.

2. **Auf Seite 26 ist das Organigramm der Motoren- und Getriebebau GmbH abgebildet. Durch aufmerksame Betrachtung dieses Schaubildes erhält man bereits einen gewissen Einblick in den Aufbau der Unternehmung und ihre Aufgabenerfüllung.**
   a) Welche Grundfunktionen müsse in dieser Unternehmung erledigt werden, um bedarfsgerechte Güter an die Abnehmer liefern zu können?
   b) Geben Sie an, welche Stellen und Abteilungen für die Durchführung dieser Aufgaben jeweils verantwortlich sind.
   c) Welche Stellen sind mit Leitungsaufgaben befasst? Geben Sie eine detaillierte Beschreibung dieser Aufgaben.
   d) Welche Stellen befassen sich mit material-, produktions-, absatz-, personal-, finanzwirtschaftlichen Aufgaben?

3. „top (time optimized processes[1]), so heißt das Optimierungsprogramm bei Siemens. Alle Abläufe werden fortlaufend mit dem Ziel verbessert, schneller als bisher mit wettbewerbsfähigen Produkten auf dem Markt zu sein. Ganz oben steht in diesem Konzept die Zufriedenheit der Kunden. Ihre Wünsche sollen schneller, besser und kostengünstiger als bei jedem anderen Anbieter erfüllt werden."
(Aus Schneider/Böcker, Wie funktioniert die Industrie? München 1995)
   a) Noch vor wenigen Jahrzehnten dachte in den Betrieben niemand an Optimierungsprogramme wie bei Siemens. Was hat sich in der Wirtschaft geändert, so dass sie lebensnotwendig wurden?
   b) Andere Großunternehmen haben ähnliche Programme entwickelt – unter anderem Namen, aber mit ähnlichen Inhalten. Erläutern Sie den Grundgedanken derartiger Programme genauer.

1.4 Sach- und Dienstleistungsbetriebe

1.4.1 Prozesse im Sachleistungsbetrieb

Gewinnung, Verarbeitung, Veredelung

Alle Sachleistungsbetriebe stellen Sachgüter her. Der Weg vom Rohstoff zum Endprodukt verläuft dabei über mehrere Produktionsstufen. Dementsprechend unterscheidet man Gewinnungs-, Verarbeitungs- und Veredelungsbetriebe.

Sachleistungsbetriebe
Gewinnungsbetriebe
Gewinnungsbetriebe besorgen den Abbau der Naturschätze: Öl- und Gasgewinnung, Abbau von Braun- und Steinkohle, Erzen und Salzen.
Verarbeitungsbetriebe
Verarbeitungsbetriebe beziehen Werkstoffe von vorgeschalteten Betrieben und wandeln sie in einem Fertigungsprozess in Produkte um. Diese Produkte können ge- und verbrauchsfertige Waren für die Haushalte sein. Es kann sich aber auch um Maschinen und Werkzeuge handeln sowie um Güter, die in einer folgenden Produktionsstufe wiederum als Werkstoffe weiterverarbeiten werden. Werkstoffe können also nicht oder nur wenig bearbeitet sein (Grundstoffe), sie können auch bereits eine erhebliche Stoffumwandlung erfahren haben (Halbwaren) oder sie stehen als fertige Produkte für den Einbau in andere Erzeugnisse zur Verfügung (fertige Einbauteile).
Veredelungsbetriebe
Veredelungsbetriebe gehören grundsätzlich zu den Verarbeitungsbetrieben. Ihre Aufgabe ist jedoch nicht die Stoffumwandlung, sondern eine technische Veränderung (Form- und/oder Qualitätsverbesserung), die für eine zweckmäßigere Weiterverarbeitung oder – bei Fertigerzeugnissen – für einen individuell verfeinerten Geschmack wirtschaftlich bedeutungsvoll ist.[2] Es gibt z. B. Betriebe für Papier-, Glas-, Textil-, Kunststoff-, Kraftstoff-, Stahl- und Holzveredelung.

Geschäftsprozesse

Eine markt- und kundenorientierte Leistungserstellung erfordert ein reibungsloses Funktionieren der Arbeitsabläufe. Dafür müssen alle Tätigkeiten in den Geschäftsprozessen verzögerungsfrei verkettet werden.
Ein Geschäftsprozess ist eine logische Folge zusammengehörender Tätigkeiten.
Er beschreibt den Weg, auf dem ein gestecktes Ziel erreicht werden soll.

---

[1] (engl.) zeitoptimierte Prozesse
[2] Fachlich nicht haltbar und Anlass für Missverständnisse ist die in der Literatur bisweilen anzutreffende Ansicht, Veredelung sei jede Aufbereitung eines Urprodukts zu einem Zwischenprodukt.

Beispiel: Auftragsabwicklungsprozess

Die Vorgangskette zeigt, wie ein Kundenauftrag in den Betriebsbereichen Absatz, Fertigung, Materialwirtschaft und Verwaltung abgewickelt wird.

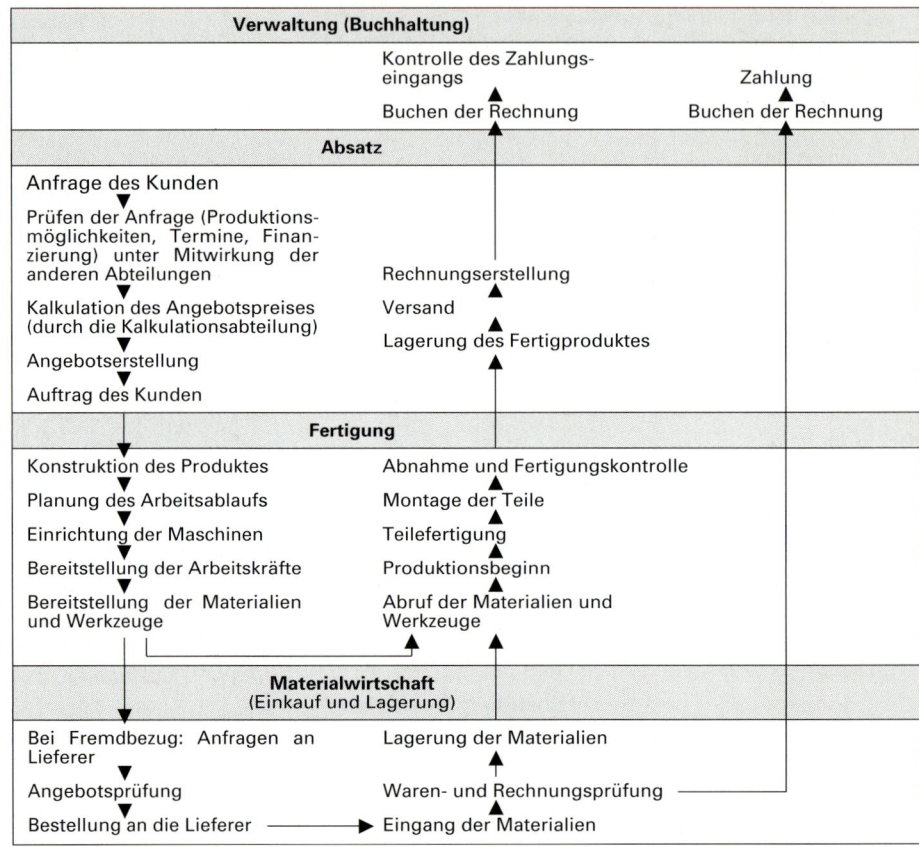

Die Betriebsbereiche bestehen – insbesondere in Großbetrieben – ggf. aus einer Vielzahl von Abteilungen (Haupt- und Unterabteilungen). Die starre Struktur einer solchen Aufbauorganisation ist einer zügigen Abwicklung der Geschäftsprozesse allerdings eher hinderlich:

Bis in die jüngste Vergangenheit war es üblich, dass jeder Stelleninhaber einen eigenen, fest abgegrenzten Arbeits- und Verantwortungsbereich hatte. Er erledigte nur kleine Teilvorgänge entsprechend dem Umfang seines Arbeitsbereichs, und über den Tellerrand seiner Stelle konnte er oft nicht blicken. Für Entscheidungen mussten außerdem häufig die vorgesetzten Abteilungsleiter eingeschaltet werden.

Natürlich suchte man die Arbeitsabläufe zu optimieren, aber dies beschränkte sich im Wesentlichen auf die Abläufe innerhalb der Stelle oder Abteilung. Folglich ging der Gesamtzusammenhang der Geschäftsprozesse in unerwünschtem Ausmaß verloren, die Produktivität litt, es kam zu nachteiligen Zeitverlusten.

Man orientiert sich deshalb bei der Abwicklung der Geschäftsprozesse heute nicht mehr so sehr an den abgegrenzten Arbeitsgebieten und Kompetenzen in den Abteilungen. Vorrangiges Ziel ist vielmehr die **Optimierung der Geschäftsprozesse** über Stellen- und Abteilungsgrenzen hinweg. Abteilungen und Stellen haben sich den Geschäftsprozessen unterzuordnen. Dies führt auch dazu, dass man den Abteilungsleitern Verantwortung wegnimmt und auf **Prozessverantwortliche** überträgt. Für komplexere Geschäftsprozesse, die nicht von einer Person bewältigt werden können, werden **Prozessteams** unter verantwortlicher Leitung gebildet. Sie bestehen aus Fachleuten aller beteiligten Bereiche. Diese Teams führen die betreffenden Prozesse selbstständig durch. Durch diese **geschäftsprozessorientierte Organisation** wird das langwierige Weiterreichen von Abteilung zu Abteilung, von Mitarbeiter zu Mitarbeiter stark reduziert.

Vorteile der Geschäftsprozessorientierung
- bereichsübergreifende Betrachtung
- absolute Zielorientierung
- Betonung der Teamarbeit
- ausgeprägtes Kosten-Nutzendenken
- Ausrichtung der Prozesse am Kunden

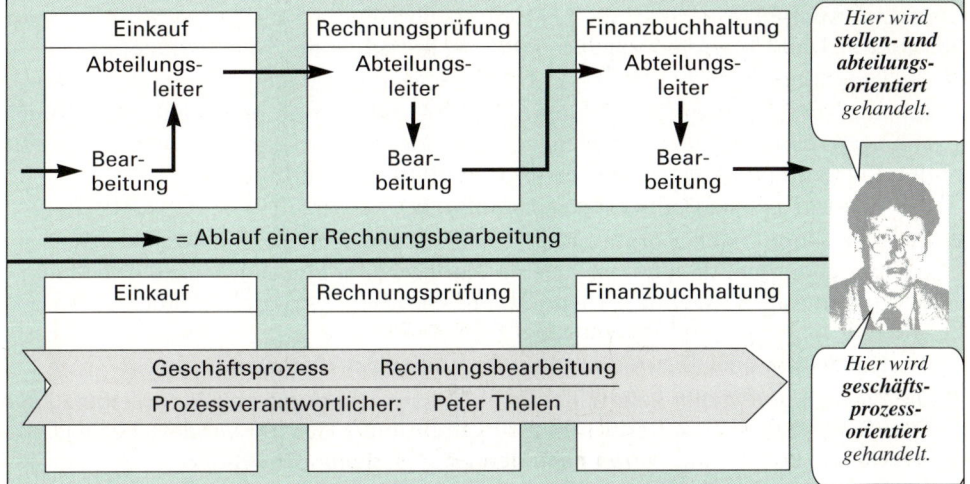

1.4.2 Leistungsprozesse in Dienstleistungsbetrieben

Handelsbetriebe

Die Kurt Weber KG ist eine Werkzeuggroßhandlung. Sie kauft Universal- und Spezialwerkzeuge von Herstellerfirmen und hält sie für ihre Kundschaft bereit. Auch hat sie die Vertretung von drei führenden Werkzeugherstellern übernommen. Herr Weber sagt dazu: „Betriebe wie der unsere erfüllen eine wichtige Aufgabe im Leistungsaustausch der Wirtschaft. Unsere Lieferer sind Produktionsbetriebe. Sie wären völlig überfordert, wenn sie ihre Kunden in ganz Deutschland und im benachbarten Ausland selber beliefern müssten. Wir kennen aufgrund unserer langjährigen Erfahrung sehr genau die Wünsche unserer Kunden – Handwerker, Verarbeitungsbetriebe, Einzelhandelsgeschäfte für Werkzeug- und Heimwerkerbedarf und in geringerem Umfang auch Privatkundschaft – im Umkreis von etwa 50 km. Wir halten alle Arten von Werkzeug für sie in den benötigten Kombinationen bereit und liefern auch das notwendige Zubehör sowie Lagereinrichtungen und Arbeitsmittel, wie z. B. Werkbänke. Mit anderen Worten: Wir erleichtern dem Industriebetrieb seine Absatzaufgabe und ersparen ihm und unseren Kunden Kosten, Zeit und Wege."

Handelsbetriebe kaufen und verkaufen Sachgüter. Hier unterscheiden sie sich nicht von den Produktionsbetrieben. Deshalb findet man bei ihnen die betrieblichen Funktionsbereiche Beschaffung, Lagerung und Absatz wieder. Die Geschäftsprozesse haben in diesen Bereichen viel Ähnlichkeit mit denen der Produktionsbetriebe. Der Fertigungsbereich fehlt, denn:

Handelsbetriebe sind Dienstleistungsbetriebe. Sie kaufen Sachgüter auf, um sie entweder unverändert oder mit leichten, handelsüblichen Veränderungen an Betriebe oder Haushalte weiterzuverkaufen.

Handelsübliche Veränderungen an Waren können z. B. sein:

- Warenveredelung (d. h. Qualitätsverbesserung) durch Lagerung,
- Anfertigung von Mischungen,
- Verpackung, Abfüllung, Umpackung, Umfüllung,
- Zuschnitt.

Man denke z. B. an Reifelagerung von Käse oder Whiskey, Kaffee- und Teemischungen, Holz- und Metallzuschnitte.

Die Dienstleistung der Handelsbetriebe besteht im Wesentlichen darin, dass sie die Warenströme in der gewünschten Art, Menge und Qualität an die Orte des Bedarfs lenken.

Der Handelsbetrieb erleichtert dem Fertigungsbetrieb die Aufgabe, seine Leistungen abzusetzen. Dabei ergeben sich verschiedene **Teilaufgaben** (Teilfunktionen):

- Die Lieferer der Kurt Weber KG, also die Werkzeughersteller, befinden sich in verschiedenen Gegenden Deutschlands. Der Handelsbetrieb **überbrückt die räumliche Entfernung** zwischen Hersteller und Verwender. Er leitet die Warenströme zu den Verwendern (gewerbliche Verwender oder auch Verbraucher).
  Der Handel hat eine *Raumausgleichsfunktion*.

- Die Werkzeughersteller produzieren ihre Erzeugnisse in großen Mengen. Die Verwender benötigen dagegen nur kleine Mengen oder einzelne Stücke. Der Handel übernimmt die **notwendige Mengenanpassung**: Er kauft große Stückzahlen auf und gibt sie in kleinen Mengen ab.
  Der Handel hat eine *Quantitäts-(Mengen)-Ausgleichsfunktion*.

- Die Werkzeughersteller liefern ihre Erzeugnisse nicht durchweg in derselben Qualität. Sie haben sich auf bestimmte Anforderungen der Verwender spezialisiert. Der Handel sortiert die Waren nach den **verschiedenen Qualitäten**.
  Der Handel hat eine *Qualitätsausgleichsfunktion*.

- Der Handel sammelt und sortiert die Werkzeuge nicht nur in geeigneten Mengen und Qualitäten, sondern stellt auch passende Arten, Ausführungen, Größen, Ergänzungs- und Zubehörteile zusammen. Er bildet so **verbrauchergerechte Sortimente**.
  Der Handel hat eine *Sortimentserstellungsfunktion*.

- Die Werkzeughersteller fertigen von wenigen Arten große Mengen und rüsten anschließend ihre Maschinen auf die Produktion anderer Artikel um. So können sich längere Lieferfristen für Produkte ergeben, die im Augenblick nicht gefertigt werden. Der Handel **überbrückt** solche **Zeiträume**, indem er größere Mengen aufkauft und für den Kunden auf Lager hält.
  Der Handel hat ein *Zeitausgleichsfunktion*.

- Die Kurt Weber KG besitzt geschulte Verkäufer, die von Zeit zu Zeit zu Lehrgängen der Hersteller geschickt werden. Sie besitzen detaillierte Warenkenntnisse und sind in der Lage, die Verwender über Anwendungsmöglichkeiten, Vor- und Nachteile und Zweckmäßigkeit der einzelnen Artikel zu beraten.
  Der Handelsbetrieb hat eine *Beratungsfunktion (Informationsfunktion)*.

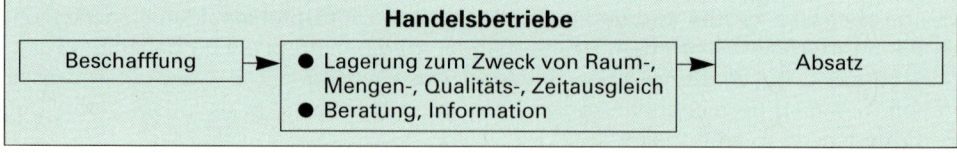

Kreditinstitute

Die Kreditinstitute – Banken und Sparkassen – nehmen von Haushalten und Unternehmen zeitlich befristete Einlagen entgegen (sog. **Passivgeschäfte** der Kreditinstitute) und vergüten dafür Zinsen. Die gesammelten Gelder gestatten es ihnen, ihrerseits Kredite an Kapital suchende Unternehmen und Haushalte zu vergeben (**Aktivgeschäft**). Damit ermöglichen die Kreditinstitute den volkswirtschaftlich wichtigen Prozess von Sparen und Investieren. Außerdem sind die Kreditinstitute der wichtigste Träger des halbbaren und bargeldlosen Zahlungsverkehrs: Sie leiten Überweisungen oder Einzahlungen an beliebige Empfänger weiter. Sie bedienen sich dabei heute modernster Technik, z. B. der Datenfernübertragung oder der automatischen Beleglesung.

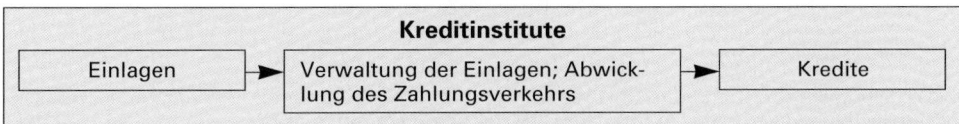

Neben diesen „klassischen" Hauptfunktionen übernehmen die Kreditinstitute heute auch Leistungen anderer Dienstleistungsunternehmen, wie z. B. den Abschluss von Versicherungsverträgen oder die Vermittlung von Kreditkarten. Diese Verbreiterung des Aufgabengebietes wird als „Allfinanz-Geschäft" bezeichnet.

Andere Dienstleistungsbetriebe

Die Leistungsprozesse weiterer Dienstleistungsbetriebe werden an späterer Stelle behandelt. Schlagen Sie dort nach:

- Versicherungsbetriebe: Seiten 530 ff.
- Frachtführer: Seiten 194 ff.
- Spediteur: Seiten 203 ff.
- Handelsvertreter: Seiten 176 ff.
- Kommissionär: Seiten 178 f.

Arbeitsaufgaben

1. **Für das Jahr 20.. plant der Vorstand der Werkzeugfabriken AG (WAG) einen Umsatz von 180 Mill. EUR.**
   Welche Rückwirkungen auf die betrieblichen Grundfunktionen können eintreten, wenn
   a) mehr Bestellungen als geplant hereingeholt werden,
   b) weniger Bestellungen als geplant hereingeholt werden,
   c) ein wichtiger Rohstofflieferant das Insolvenzverfahren beantragt,
   d) durch Maschinenausfall oder Streik die Produktion für 14 Tage stillsteht?

2. **Die Walzwerke AG hat einen Großauftrag für den Bau eines Walzwerkes erhalten.**
   Beschreiben Sie die Arbeitsabläufe, die durch die Erledigung des Auftrages in Gang gesetzt werden.

3. **An der Produktion eines Personenwagens ist eine große Zahl von Betrieben beteiligt.**
   a) Machen Sie eine Aufstellung über die beteiligten Betriebe. Geben Sie dabei auch jeweils an, zu welchen Produktionsstufen die betreffenden Betriebe gehören.
   b) Welche Aufgaben übernimmt in diesem Prozess der KFZ-Vertriebshändler?

4. **Fertigungsbetriebe können zahlreiche Aufgaben ausgliedern und von anderen Betrieben ausführen lassen.**
   Beurteilen Sie, ob ein Hersteller von Werkzeugen folgende Aufgaben selbst durchführen oder ob er gegebenenfalls auf die Hilfe anderer Betriebe zurückgreifen soll. Geben Sie an, welche Betriebe hierfür in Frage kommen.
   a) Zustellung eines Angebots an Kunden;
   b) Transport von 15 t Fertigungszeugnissen von Köln nach München;
   c) Absicherung gegen Unfälle der Arbeitnehmer, Maschinenausfälle, Feuer;

d) Übermittlung einer Zahlung von 20 000,00 EUR an den Lieferer in Mainz;
e) Beschaffung einer Summe von 500 000,00 EUR für den Kauf einer Maschine;
f) Verkauf von Werkzeugen an Heimwerker;
g) Beschaffung von Wolfram aus China.

5. **Handelsbetriebe erfüllen eine Reihe von Funktionen, für die sie besser geeignet sind als Fertigungsbetriebe.**
Welche Funktionen des Handels sind im Folgenden angesprochen?
a) Der Gemüsegroßhändler Kunz bietet Tomaten der Handelklassen Extra, I, II und III an.
b) Die genannten Tomaten stammen aus Italien und Holland.
c) Die Haushaltswarengroßhandlung Neubert bietet Töpfe in verschiedenen Arten, Größen und Ausführungen an.
d) Die Töpfe werden in großen Mengen eingekauft und in kleinen Mengen weiterverkauft.
e) Die Kunden der Firma Neubert erhalten ein Zahlungsziel von 30 Tagen.
f) Die Fernsehgroßhandlung Ebert gibt an einen Einzelhändler ein Werbeposter für ein neues Gerät weiter.

6. **Die Werkzeuggroßhandlung Kurt Weber beschäftigt 64 Mitarbeiter. Das folgende Organisationsschaubild zeigt den Aufbau ihrer Betriebsabteilungen:**

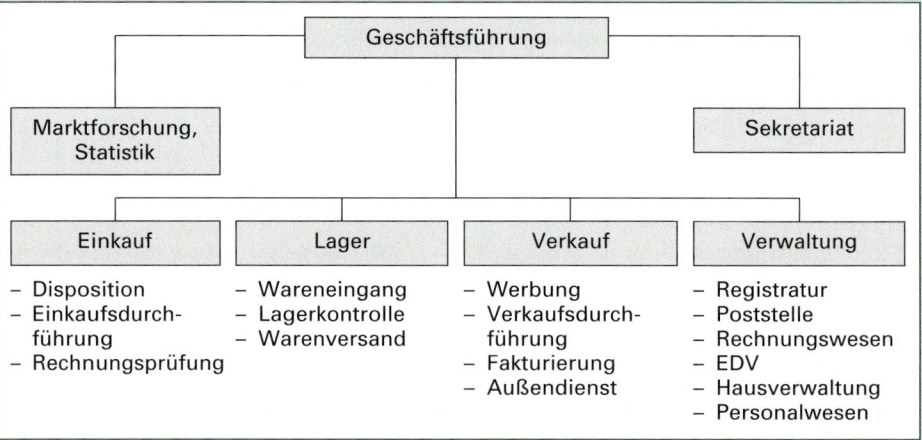

a) Welche Grundaufgaben müssen in dieser Unternehmung erfüllt werden, um bedarfsgerechte Leistungen erbringen zu können?
b) Geben Sie an, welche Stellen und Abteilungen für die Durchführung dieser Aufgaben jeweils zuständig sind.
c) Es geht die Anfrage eines Kunden ein. Schildern Sie, welche Tätigkeiten hierdurch in den einzelnen Abteilungen nacheinander ausgelöst werden.
d) Welche Tätigkeiten werden in den einzelnen Abteilungen durch eine Bedarfsmeldung des Lagers ausgelöst?

1.5 Entscheidungs- und Führungsprozesse

„Als Geschäftsführer meines Betriebes habe ich entschieden, wegen guter Absatzchancen einen Zweitbetrieb in Süddeutschland zu errichten. Auch unser leitendes Personal trifft Entscheidungen. Unser Verkaufsleiter zum Beispiel: Er hat kürzlich einer Verbrauchermarktkette, die wir als Kunden gewinnen konnten, einen Rabatt von 30 % eingeräumt. Und der Leiter eines Fertigungsleitstandes musste Arbeiter umsetzen, weil eine Maschine ausgefallen war."

1.5.1 Entscheidungsanlässe, Führungsaufgaben

Bei der Erfüllung ihrer Aufgaben sieht sich die Unternehmung ständig vor neue Probleme gestellt.

> **Beispiele:**
> - Der Gewinn bleibt hinter den Erwartungen zurück.
> - Der Umsatz in Hessen liegt unter dem Durchschnitt.
> - Der Preis für Bohrhämmer deckt die Kosten nicht.
> - Die Kunden verlangen technisch bessere Produkte.
> - Die Produktionsverfahren veralten.
> - Neue Wirtschafts-, Arbeits-, Umweltgesetze werden erlassen.
> - Lieferer halten die vereinbarten Liefertermine nicht ein.
> - Die eigene Zahlungsfähigkeit leidet, weil Kunden nicht zahlen.
> - Ein Großauftrag muss zusätzlich eingeplant werden.

Immer, wenn Probleme auftreten, müssen Entscheidungen gefällt werden.

Die Geschäftsleitung trifft die wichtigsten Entscheidungen, die die Gesamtunternehmung betreffen. Andere Entscheidungen werden an die höheren, mittleren und unteren Führungskräfte delegiert (übertragen). Damit wird jeder Entscheidungsträger auch Träger von **Führungsaufgaben**.

- **Initiativen ergreifen:**
  - Probleme aufdecken
  - Ziele setzen
  - planen
- **Entscheidungen treffen**
- **Anordnungen treffen**
- **kontrollieren**

Dies sind die wesentlichen Führungsaufgaben.

Initiativaufgabe[1]

Initiativ tätig sein **bedeutet: Prozesse in Gang setzen.**

Es ist die Aufgabe der Unternehmensleitung, die notwendigen Betriebsprozesse in Gang zu setzen und in Gang zu halten. Sie legt z. B. jährlich das Gewinnziel fest. Daraus ergeben sich alle Unterziele wie kostengünstiger Einkauf, knappe, aber ausreichende Lagerhaltung, möglichst hoher Umsatz, ausreichende Geldmittelbeschaffung. Alle Ziele sind möglichst genau zahlenmäßig festzulegen.

Auf den Zielsetzungen baut die betriebliche Planung auf.

Planung **ist vorausschauendes gedankliches Handeln. Sie legt späteres tatsächliches Handeln fest.**

Alle betrieblichen Teilaufgaben sind zu planen.

Entscheidungsaufgabe

Entscheiden **bedeutet: Zwischen mehreren alternativen Möglichkeiten (z. B. Planvorschlägen) auswählen.**

In ihrem abgegrenzten Verantwortungsbereich ist jede Führungsperson berechtigt, die notwendigen Entscheidungen zu treffen. So kann z. B. der Verkaufsleiter in bestimmtem Umfang über die Höhe des Rabatts für einen Kunden entscheiden.

---

[1] (frz.) initiative = Anregung; Vorschlag

Durchsetzungsaufgabe (Anordnungsaufgabe)

Durchsetzen **bedeutet: Die Mitarbeiter veranlassen, die getroffenen Entscheidungen auszuführen.**

Die Durchsetzung erfolgt auf den **Befehlswegen**. Sie sind in der Unternehmungsorganisation festgelegt. Deshalb muss die Organisation reibungslos funktionieren. Jeder Führende muss sich ihrer problemlos bedienen können.

Wer führt, muss auch motivieren, delegieren, koordinieren[1] können.

Kontrollaufgabe

Kontrollieren bedeutet: Sollwerte und Istwerte vergleichen.

Wer anordnet, muss auch die Ergebnisse kontrollieren. Dazu benötigt er Rückmeldungen seiner Mitarbeiter. Die Kontrolle ermittelt, wie nahe die erreichten Istwerte den als Ziel festgesetzten Sollwerten kommen. Der Soll-ist-Vergleich löst neue Entscheidungsprozesse aus: Entweder bestätigt er das bisherige Vorgehen oder er ist Grundlage für Korrekturen.

1.5.2 Controlling

Planung und Kontrolle müssen reibungslos funktionieren. Deshalb gibt es in größeren Unternehmen Koordinationsstellen für diese Aufgaben. Die Stelleninhaber heißen Controller, ihre Tätigkeit Controlling[2].

Controller tragen die Verantwortung dafür, dass systematisch geplant und kontrolliert wird. Weiterhin treffen und koordinieren sie oft alle Vorkehrungen zur wirksamen Durchführung von Planungen und Kontrollen.

Controller müssen dafür Sorge tragen,

- dass alle Ziele ausführlich und messbar festgelegt werden,
- dass alternative Planvorschläge (mit den erwarteten Ergebnissen) entwickelt und ausgewählt werden,
- dass die Einhaltung der Pläne laufend überwacht wird,
- dass bei Abweichungen die notwendigem Maßnahmen getroffen werden.

Der Controller muss auch die Suche und Auswahl **optimaler Alternativen** sichern. Er muss deshalb Machtmissbrauch, Gruppenegoismus, Informationszurückhaltung, das Unterlaufen und Manipulieren von Plänen verhindern. Deshalb befassen sich viele Controller in der Praxis intensiv mit dem betrieblichen Rechnungswesen und mit Management-Informationssystemen.

1.5.3 Management-(Führungs-)Informationssystem

> Rudolf Hertle freut sich heute schon auf den Tag, an dem in seinem Unternehmen das gesamte Betriebsgeschehen in einer Computerwelt abgebildet sein wird ... Dann kann das Management in einem integrierten System Daten beliebig verknüpfen, um ... die Fragen zu beantworten, die für die Unternehmenssteuerung interessant sind ...
> Um den Geschäftsprozess zu beschleunigen, wurde ein ... System entwickelt, das jeden Arbeitsschritt von der Kundenakquisition[1] über die Auftragsabwicklung bis hin zur zeitnahen

---

[1] motivieren = Ansporn geben; delegieren = Aufgaben übertragen; koordinieren = auf das Ziel ausrichten
[2] (engl.) to control a process = einen Vorgang so steuern, dass er planmäßig abläuft
[3] Kundengewinnung

> Auslieferung und Abrechnung der Waren unterstützt. Das System erfasst die Aufträge und führt automatisch die Preisprüfung durch, prüft den Bestand und gibt bei Bedarf online eine Bestellung an die Fertigung weiter ...
> Am wichtigsten ist für Rudolf Hertle, dass die auf mehrere Systeme verteilte Datenbank ihm exakte Informationen über Auftragsstand und Vertrieb liefert ...
> Die Einführung der Anwendungsmodule für die Materialwirtschaft ... sowie für die Fertigstellung mit der Überwachung der Herstellaufträge war ein weiterer Meilenstein auf dem Weg zu einer strikt vertriebsorientierten Auftragsabwicklung. Jeder Auftragseingang führt heute automatisch zu einer Bestandsprüfung und -ermittlung. Rohstoffe ... werden nur noch für die Ware bestellt, die man auch wirklich verkauft ...
> Wenn demnächst auch das Rechnungswesen in den DV-Verbund integriert ist, will er (Hertle) ein allgemeines Informations- und Planungssystem einführen.

Geschäftswelt 8/95 (hrsg. vom deutschen Sparkassenverlag, Stuttgart)

Jeder betriebliche Aufgaben- und Entscheidungsträger muss optimal mit Informationen versorgt werden. Sonst besteht die Gefahr, dass Entscheidungen falsch getroffen und Aufgaben falsch erfüllt werden.

Mithilfe der modernen Computertechnik können viele benötigte Informationen heute bequem bereitgestellt werden.

> **Beispiel:**
> - Bei jedem Kundenauftrag fallen in der Absatzabteilung Daten an
>   - über den Kunden: Kundennummer, Firma, eingeräumte Preisnachlässe, Umsatzhöhe, ...
>   - über die Artikel: Artikelnummer, Bezeichnung, Mengeneinheit, Preis, Lagerbestand, ...
>   - über den Kundenauftrag: Auftragsnummer, Kundennummer, Artikelnummer, Bestellmenge, Bestelldatum, ...
> - Bei einem Materialeinkauf fallen in der Beschaffungsabteilung entsprechende Daten über den Lieferer, das Material, den Lieferantenauftrag an.

- Die Daten werden vom Mitarbeiter eingegeben und in **Datenbanken** – großen Informationsspeichern – gespeichert.

- Die Daten können von dort durch unterschiedliche Programme erfasst und für unterschiedliche Zwecke verarbeitet werden.

- Die Datenbanken stehen allen berechtigten Benutzern zur Verfügung. So entstehen Informationssysteme für die einzelnen Betriebsbereiche.

> **Beispiel:**
> - Die bei den Kundenaufträgen anfallenden Daten können mit entsprechenden Programmen verarbeitet werden,
>   - um die Aufträge zu buchen,
>   - um Rechnungen und Mahnungen zu erstellen,
>   - um Absatz- und Umsatzstatistiken zu drucken ...
> - Die Mitarbeiter können diese Daten benutzen,
>   - um Erkenntnisse zu gewinnen:
>   ob ein Artikel sich gut oder schlecht verkauft,
>   ob es sich um einen bedeutenden Kunden handelt,
>   ob der Kunde kreditwürdig ist,
>   ob ein Vertreter ausreichenden Umsatz bringt ...
>   - um Entscheidungen zu treffen:
>   ob ein Fertigungsauftrag an die Produktionsabteilung ergehen soll,
>   ob ein Artikel aus dem Sortiment genommen werden soll,
>   ob eine Werbemaßnahme angebracht ist,
>   ob Preiszugeständnisse nötig sind ...

Die Daten aus allen Informationssystemen können wiederum ausgewertet und verknüpft werden. Damit entsteht ein umfassendes **Management-Informationssystem**[1]. Dieses kann vor der Unternehmensleitung für die Gesamtplanung und die Vorbereitung ihrer Entscheidungen benutzt werden.

Das Management-Informationssystem umfasst folglich ein Informationsnetz, welches die durchgängige Nutzung von einmal gewonnenen Datenbeständen ohne erneute Erfassung zulässt. Man spricht hier von **vernetzten Lösungen** (oder: verketteten Lösungen).

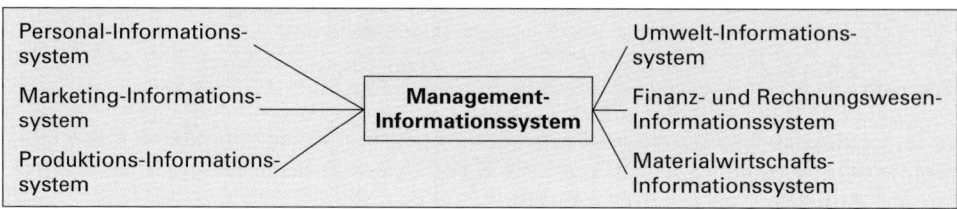

Arbeitsaufgaben

1. Ein Entscheidungsprozess bei der Top-Dress GmbH[2]

> Bei der Top-Dress GmbH werden monatlich die Zahlen der Buchführung statistisch ausgewertet. Dabei stellt sich heraus, dass der Gewinn im laufenden Jahr um etwa 40% hinter den Erwartungen zurückzubleiben droht.
> Eine genauere Untersuchung des Sachverhalts ergibt, dass der Gewinnrückgang auf die Geschäftsaufgabe einer größeren Anzahl von Boutiquen zurückzuführen ist, die nun als Kunden ausfallen. Trotz guter Kundenpflege und Bemühungen um neue Kunden kann dieser Ausfall nicht wettgemacht werden.
> In einer Direktionsbesprechung wird folgendes Ziel formuliert:
> „Maßnahmen ergreifen, um den Gewinn um 50 % zu steigern."
> Die Planungsabteilung wird beauftragt, entsprechende Pläne auszuarbeiten und vorzulegen. Sie sammelt Informationen über Kunden, Konkurrenten, die Aufnahmefähigkeit des Marktes, Produktions-, Einkaufs- und Finanzierungsmöglichkeiten und arbeitet zwei alternative Pläne aus. Sie zeigt auch Konsequenzen und Grenzen dieser Pläne auf.
>
> **Alternative 1:**
> Preiserhöhung und verstärkte Sicherung des Zahlungseingangs durch veränderte Zahlungsbedingungen.
> Diese Maßnahmen würden kurzfristig greifen. Sie würden keine zusätzlichen Ausgaben und Kosten verursachen. Der Erfolg ist andererseits verhältnismäßig ungewiss, da Kunden abspringen können und die Gewinnung neuer Kunden erschwert wird.
>
> **Alternative 2:**
> Ausweitung der Produktion auf Standardbekleidung. Dies bedeutet ein Vordringen auf einen neuen Markt mit entsprechenden Absatzmöglichkeiten. Andererseits ist ein Erfolg erst längerfristig zu erwarten, da zusätzliche Ausgaben und Kosten durch die notwendige Vergrößerung der Produktionsflächen und die Beschaffung neuer Maschinen entstehen.
> Die Geschäftsleitung studiert Inhalt und Auswirkungen der beiden Pläne. Sie entscheidet sich schließlich zu Gunsten von Alternative 2. Die leitenden Mitarbeiter in der Finanzierung, Beschaffung und Produktion werden angewiesen, die notwendigen Maßnahmen hinsichtlich Finanzmittelbeschaffung, Einkauf und Produktionssicherung vorzunehmen. Nach Ausführung der einzelnen Schritte werden die Ergebnisse sofort an die Geschäftsleitung zurückgemeldet.

Erläutern Sie den beschriebenen Entscheidungsprozess als Führungsprozess.

---

[1] Management = 1. Führung, 2. Führungspersonal
[2] Einzelheiten zur Top-Dress GmbH siehe S. 124

2. **Die Walzwerke AG hat einen Großauftrag für den Bau von Walzwerken erhalten.**
   Erläutern Sie die Führungs- und Entscheidungsprozesse, die sich aus dieser Problemstellung ergeben.

3. **So funktioniert (vereinfacht dargestellt) ein Management-Informationssystem.**

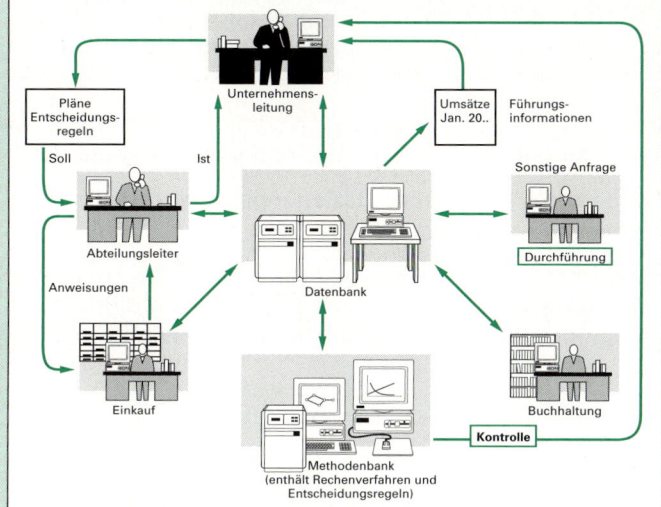

Erläutern Sie, was die Grafik aussagen will.

1.6 Der Betrieb als soziales System

1.6.1 Formelle und informelle Gruppen

In jedem Betrieb arbeiten Menschen zusammen. Folglich ist der Betrieb ein soziales Gebilde. Die Betriebsorganisation legt die Aufgabenverteilung und die Arbeitsabläufe dauerhaft fest. Sie fasst Stellen zu Abteilungen zusammen, bestimmt die Rangordnung und die Arbeits- und Kommunikationsbeziehungen. Es entstehen unterschiedliche ständige und nicht ständige Gruppierungen. Ständige Gruppierungen sind z. B. Abteilungen, Arbeitskolonnen, Arbeitsteams, nicht ständige Kommissionen, Ausschüsse, Konferenzen, Projektgruppen. Da sie aus der formellen Betriebsordnung erwachsen, nennt man sie **formelle Gruppen**.

In der formellen Organisation werden die Menschen zur Erfüllung der Betriebsziele eingesetzt. Insofern erfahren sie eine Vernachlässigung als Mensch an sich mit ihrem eigenen Grundbedürfnissen: Sie suchen psychische und soziale Befriedigung durch menschliche Nähe, Kontakte und Sicherheit. Deshalb bilden sich **informelle Gruppen**. Sie entstehen auf Grund gegenseitiger Zuneigung oder gemeinsamer Interessen, aufgrund außerbetrieblicher oder betrieblicher Kontakte.

Informelle Gruppen	
aufgrund außerbetrieblicher Kontakte	aufgrund betrieblicher Kontakte
z. B.: ● Bekanntschaft ● Mitgliedschaft im selben Verein ● gemeinsamer Weg zur Arbeit	z. B.: ● räumliche Nähe am Arbeitsplatz ● gleiche Rangstellung ● ähnliche oder ergänzende Tätigkeiten

In solchen informellen Gruppen bilden sich Führungspersönlichkeiten heraus, werden bestimmte Verhaltensmuster geprägt, werden Informationen ausgetauscht.

Von großer Bedeutung ist, dass die informellen Beziehungen die formellen Beziehungen positiv und negativ beeinflussen können.

Für die Unternehmensleitung ist es wichtig zu wissen, dass informelle Kontakte nicht grundsätzlich gegen den Betriebszweck gerichtet sind. Sie sollte allerdings bemüht sein, die informellen Strukturen den formellen anzunähern, um Konfliktursachen auszuschalten.

Einflüsse informeller Beziehungen	
Positive Einflüsse	**Negative Einflüsse**
● Informelle Kontakte können das Arbeitsklima verbessern und zu höherer Motivation führen. ● Betriebliche Informationen können auf informellen Wegen eventuell schneller weitergegeben werden. ● Auf informellen Wegen ist gegenseitiges Aushelfen möglich.	● Stärkere, kontaktfreudige Personen können stillschweigend Kompetenzen an sich ziehen und die gewollten Machtstrukturen verändern. ● Es können Gerüchte und Klatsch verbreitet werden. Vertraulichkeit ist nicht gewährleistet. Informationen können verzerrt werden. ● Die Kommunikationswege (z.B. das Telefon) können durch informelle Kontakte blockiert werden.

1.6.2 Konflikte

Konflikte im Betrieb können zwischen Arbeitgeber und Arbeitnehmer, zwischen Vorgesetzten und Mitarbeitern und zwischen Kollegen auftreten. Die Konflikte können persönlicher Natur sein. Dann werden sie auch persönlich bereinigt. Der Regelfall eines Konfliktes in der Arbeitswelt ist jedoch sachlich bedingt: Er ergibt sich aus Interessengegensätzen und aus Verstößen gegen Vereinbarungen, Vorschriften oder betriebliche Ordnung. Er kann auch durch die Organisation selbst oder durch unterschiedliche Auffassungen hinsichtlich der betrieblichen Ziele bedingt sein.

Ein schlimmer Fall persönlicher Konflikte: Mobbing. Die Betroffenen reagieren oft mit Krankheitssymptomen, verminderter Leistung, ja sogar Selbstmord. Die Schäden für den Betrieb können immens sein.

Mobbing ist Drangsalierung am Arbeitsplatz. Beliebteste Methoden: hinter dem Rücken reden, Gerüchte verbreiten, jemanden wie Luft behandeln.

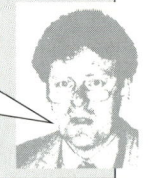

- Natürliche **Interessengegensätze** können z. B. die Höhe der Entlohnung, die Beförderung oder die Arbeitsbedingungen betreffen (z. B. Monotonie und mangelhafter Arbeitsinhalt bei Fließbandarbeit).

- Die **betriebliche Ordnung** kann z. B. gestört werden, wenn Arbeitsvorschriften nicht befolgt oder Dienstwege nicht eingehalten werden.
- **Vereinbarungen oder Vorschriften**, gegen die verstoßen werden kann, sind z. B. Betriebsvereinbarungen (zwischen Arbeitgeber und Betriebsrat), Tarifverträge, Arbeitsverträge, Ausbildungsverträge, Berufsbildungsgesetz, Bundesurlaubsgesetz, Kündigungsschutzgesetz, Arbeitssicherheitsgesetz.
- **Zielkonflikte** entstehen, wenn den Mitarbeitern die Ziele nicht genügend verdeutlicht werden („Montieren Sie die Schrankwand in der Mümmelgasse 23!" anstatt: „Montieren Sie die Schrankwand in der Mümmelgasse 23, 4. Etage, linke Wohnung!") oder unterschiedliche Zielauffassungen bestehen. (Der Produktionsleiter möchte große Serien des gleichen Artikels, der Absatzleiter ein breites Sortiment).
- **Organisationskonflikte** sind z. B. Kompetenzstreitigkeiten zwischen Kollegen oder Rollenkonflikte von Mitarbeitern, die mehrere Vorgesetzte haben und nicht wissen, wessen „Rolle" sie spielen sollen. Organisationskonflikte ergeben sich auch aus dem Bestehen informeller Gruppen im Betrieb.

Möglichkeiten der Konfliktregelung

Verhandlung zwischen den Betroffenen selbst
Beispiel: Arbeitgeber und Arbeitnehmer verhandeln z.B. über eine Gehaltserhöhung.

Verhandlungen von Vertretern
Beispiel: Arbeitgeberverbände und Gewerkschaften verhandeln im Auftrag von Arbeitgebern und Arbeitnehmern über Lohnerhöhungen.

Einschaltung vorgesetzter Stellen
Beispiel: Der Personalchef trifft eine Entscheidung bei einer Streitigkeit zwischen Ausbilder und Auszubildendem.

Einschaltung von Mitbestimmungsorganen
Beispiel: Ein Arbeitnehmer ruft den Betriebsrat wegen einer nach seiner Meinung sozial ungerechtfertigten Kündigung an.

Anrufung der Gerichte
Beispiel: Der entlassene Arbeitnehmer klagt beim Arbeitsgericht gegen seine Entlassung.

Eine alle Betroffenen befriedigende Konfliktregelung kann nur erfolgen, wenn der Konflikt offen zu Tage tritt und erkannt wird. Schwelt er nur unterschwellig, so suchen die Betroffenen oft individuelle, dem Gesamtbetrieb abträgliche Auswege, z. B. durch Kündigung, „Krankfeiern", Sabotageakte, mangelnde Mitarbeit. Es kommt zu einem unbefriedigenden Betriebsklima.

Arbeitsaufgaben

1. Neben der formellen Organisation bildet sich in den Betrieben stets auch eine informelle Organisation.
   a) Erläutern Sie wesentliche Unterschiede zwischen formellen und informellen Gruppen anhand der folgenden Grafik.
   b) Nennen Sie Konflikte, die durch die informellen Gruppen entstehen können.
   c) Die Bildung informeller Gruppen ist trotz möglicher Konflikte erwünscht. Versuchen Sie dies zu begründen, und geben Sie Beispiele für erwünschte informelle Gruppen an.

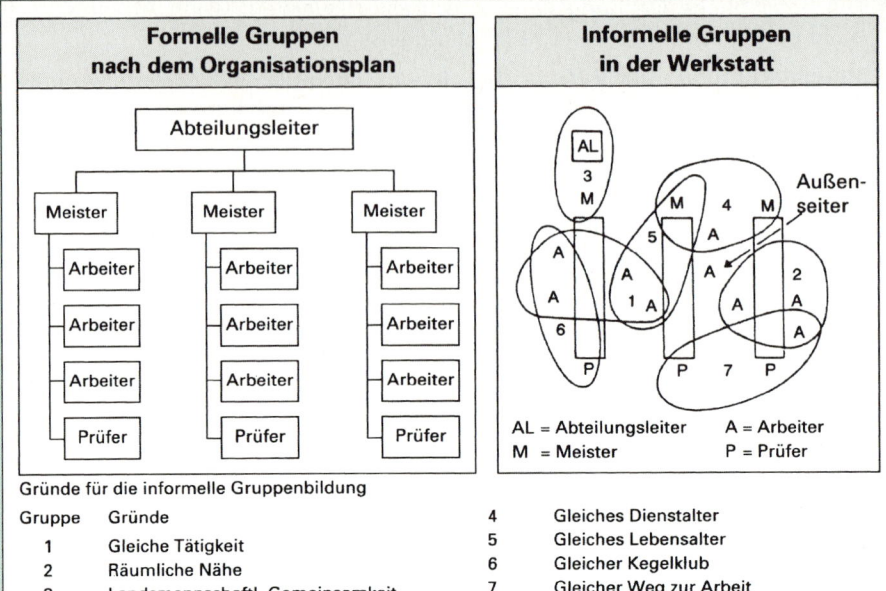

2. **Betriebliche Konflikte können unterschiedliche Ursachen haben.**
   a) Geben Sie Beispiele an für
      (1) persönlich bedingte Konflikte,
      (2) Konflikte aus natürlichen Interessengegensätzen,
      (3) Konflikte aus Verstößen gegen die betriebliche Ordnung,
      (4) Konflikte aus Verstößen gegen gesetzliche Bestimmungen und gegen Vereinbarungen,
      (5) Zielkonflikte,
      (6) Konflikte aus Kompetenzüberschreitungen,
      (7) Rollenkonflikte,
      (8) Konflikte durch Bildung informeller Gruppen.
   b) Nennen Sie Möglichkeiten, die genannten Konflikte zu lösen oder zu regeln.

2 Wirtschaftliche Grundbegriffe

2.1 Betriebswirtschaftliche Produktionsfaktoren

IK (Industriekurier): Herr Altmann, jeder BWL-Anfänger lernt zunächst, dass man unter Produktion die Kombination der betriebswirtschaftlichen Produktionsfaktoren versteht. Welcher Produktionsfaktor ist für Sie der wichtigste?
A: Um produzieren zu können, benötigen wir grundsätzlich Materialien, Betriebsmittel und Arbeitskräfte. Ihr Einsatz verursacht Kosten. Die Materialpreise steigen langsam, aber stetig. Wir können das kaum beeinflussen. Die Kosten für unsere Arbeitskräfte konnten wir in den letzten Jahren durch Rationalisierungsmaßnahmen – vor allem Automatisierung – stabil halten. Automatisierung führt dazu, dass der Leistungsfaktor Betriebsmittel immer mehr an Gewicht gewinnt und auch höhere feste Kosten verursacht. Wir müssen deshalb Sorge tragen, dass die Maschinen möglichst wenig stillstehen. Flexiblere Arbeitszeiten mit Ausweitung der Samstags- und der Nachtarbeit sind unzulässlich.
IK: Wie sieht es denn mit dem Führungspersonal aus, insbesondere mit der Geschäftsleitung? Versuchen Sie auch bei sich selbst einzusparen?
A: Nun, was wir für sehr wichtig halten, ist, die Entlohnung unseres Führungspersonals noch stärker als bisher vom erzielten Erfolg abhängig zu machen ...

Für die Gütererstellung benötigen die Unternehmen eine Reihe von Einsatzmitteln. Wer z. B. einen Industriebetrieb besucht, stellt fest, dass ganz bestimmte Arbeitskräfte an ganz bestimmten Maschinen unter Einsatz ganz bestimmter Werkstoffe die Produkte erstellen und dass das ganze Geschehen von leitenden Arbeitskräften gesteuert wird. Der Betriebswirt bezeichnet diese Wirkkräfte als die **betriebswirtschaftlichen Produktionsfaktoren**.

Betriebswirtschaftliche Produktionsfaktoren

Betriebsmittel
Betriebsmittel sind die Gegenstände, mit deren Hilfe Leistungen erstellt werden: Grundstücke, Gebäude, Maschinen, Vorrichtungen, Werkzeuge.

Werkstoffe (Materialien)
Werkstoffe sind die Gegenstände, die verarbeitet oder bearbeitet werden und aus denen Leistungen entstehen:
Rohstoffe werden Hauptbestandteile des Produktes.
Hilfsstoffe werden Nebenbestandteile des Produktes.
Fertige Einbauteile werden von außerhalb des Betriebes fertig bezogen.
Betriebsstoffe gehen nicht in das Produkt ein, sind aber für den Produktionsprozess notwendig (z. B. Treibstoffe für die Betriebsmittel).
Reparaturmaterial dient der Instandhaltung der Anlagen.

Ausführende Arbeitskräfte
Ausführende Arbeitskräfte sind die Beschäftigten, die mithilfe von Betriebsmitteln aus Werkstoffen Leistungen erstellen. Sie planen nicht die Tätigkeit anderer Mitarbeiter und geben keine Anweisungen.

Leitende Arbeitskräfte
Leitende Arbeitskräfte – an ihrer Spitze die Geschäftsleitung – kombinieren die anderen Produktionsfaktoren miteinander und ermöglichen so erst die betriebliche Leistungserstellung. Sie planen, entscheiden, ordnen an, kontrollieren und organisieren. Man bezeichnet sie auch als „dispositiven Produktionsfaktor[1].

2.2 Volkswirtschaftliche Produktionsfaktoren

2.2.1 Volkswirtschaftliche Kapazität

Der Wert aller Güter, die in einer Volkswirtschaft in einem Jahr erstellt werden, ist das **Inlandsprodukt**. Für Untersuchungen über die gesamtwirtschaftliche Gütererstellung empfiehlt sich eine gröbere Einteilung der Produktionsfaktoren als für betriebliche Untersuchungen. Der Volkswirt stellt fest, dass der Mensch Arbeit aufwendet, um die Kräfte der Erde (der Natur, des Bodens) zu nutzen, und dass er sich dabei heute vieler Produktionsgüter (Kapital genannt) bedient. Man sagt deshalb:

Das *Inlandsprodukt* entsteht durch das Zusammenwirken der drei Produktionsfaktoren Arbeit, Boden und Kapital.

Die Menge der zur Verfügung stehenden Produktionsfaktoren Arbeit, Boden und Kapital und ihre Qualität bestimmen in hohem Maße die Höhe und das Wachstum des Inlandsprodukts und damit den materiellen Wohlstand einer Volkswirtschaft. Das Leistungsvermögen der Produktionsfaktoren wird folglich von mengenmäßigen und qualitätsmäßigen Einflussgrößen bestimmt.

---

[1] Dispositiv bedeutet eigentlich abänderbar, wird aber in der BWL im Sinne von disponierend, d. h. leitend, benutzt.

Einflussgrößen des Leistungsvermögens der Produktionsfaktoren		
Mengenmäßige Einflussgrößen	**Produktionsfaktoren**	**Qualitätsmäßige Einflussgrössen**
● Gesamtzahl der Arbeitskräfte ● Anteil der Erwerbstätigen ● Dauer der Arbeitszeit	Arbeit	● Ausbildung und Wissen ● Eignung und Begabung ● Leistungswilligkeit ● Arbeitsbedingungen
● vorhandene Fläche für Land- und Forstwirtschaft und Gewerbe ● Umfang der Bodenschätze	Boden	● Klima, Bodenbeschaffenheit ● Bodenpflege ● Infrastruktur[1] ● Erschließung der Bodenschätze
● vorhandene Produktionsmittel (Werkstoffe, Werkzeuge und Anlagen)	Kapital	● Umfang der Erfindungen ● technischer Fortschritt ● Stand der Betriebsfähigkeit

Das Leistungsvermögen der volkswirtschaftlichen Produktionsfaktoren Arbeit, Boden und Kapital ist die *volkswirtschaftliche Kapazität*.

Arbeitsaufgaben

1. Die Zusammensetzung der eingesetzten Produktionsfaktoren bewirkt unterschiedliche Kostenverhältnisse. Man spricht von
   ● **anlageintensiven Betrieben**, wenn die Betriebsmittel den höchsten Anteil an den Kosten haben,
   ● **arbeitsintensiven Betrieben**, wenn die Arbeitskräfte den höchsten Kostenanteil verursachen,
   ● **materialintensiven Betrieben**, wenn der Kostenanteil der Werkstoffe am höchsten ist.
   Nennen Sie Beispiele für die drei Arten von Betrieben.

2. Erklären Sie Zusammenhänge und Überschneidungen zwischen den volkswirtschaftlichen und betriebswirtschaftlichen Produktionsfaktoren anhand der folgenden Gegenüberstellung:

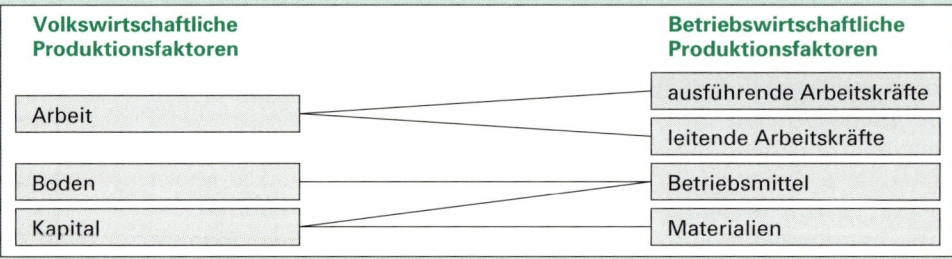

2.2.2 Produktionsfaktor Arbeit

● Herr Schramm ist Stahlgroßhändler. Er ist selbstständig und leitet seine Unternehmung selbst.
● Frau Kern ist Abteilungsleiterin in einem Warenhaus. Sie ist nicht selbstständig, hat aber ebenfalls eine leitende Tätigkeit.

---

[1] Als Infrastruktur bezeichnet man den wirtschaftlich-organisatorischen Unterbau eines Landes, der erst die Entfaltung der Wirtschaft ermöglicht: Versorgungseinrichtungen wie Wasser-, Gas und Stromleitungen; Straßen, Bahnlinien, Verkehrseinrichtungen, Flughäfen, Häfen; Krankenhäuser, Schulen, Sportstätten, Freizeiteinrichtungen usw.

- Herr Moser ist Stanzer. Er ist nicht selbstständig, hat eine ausführende Tätigkeit und verrichtet überwiegend körperliche Arbeit. Eine abgeschlossene Berufsausbildung benötigte er nicht, da seine Arbeit nur einfache, sich ständig wiederholende Vorgänge umfasst. Er ist ungelernt.
- Frau Schneider ist Designerin. Sie hat ihren Beruf in Fachschulen und in der Praxis gelernt. Sie ist nicht selbstständig, führt überwiegend geistige Verrichtungen aus und sieht sich ständig neuen Problemstellungen gegenüber.

Die Wirtschaftswissenschaften definieren den Produktionsfaktor Arbeit wie folgt:
Arbeit **ist jede Tätigkeit, die auf die Erstellung oder Bereitstellung wirtschaftlicher Güter gerichtet ist**.

Ohne Arbeit ist weder eine Nutzung der Naturkräfte noch eine Gütererstellung möglich. Da der Produktionsfaktor Arbeit von Natur aus zur Verfügung steht und nicht erst selbst produziert werden muss, nennt man ihn einen **ursprünglichen Produktionsfaktor**.

Weil der Mensch der Träger der Arbeit ist, gebührt ihr ein höherer Rang als Boden und Kapital. Die Arbeit sichert dem Menschen den Lebensunterhalt und kann ihm ein Stück Selbstverwirklichung geben. Fehlen diese Bedingungen, z. B. wegen Arbeitslosigkeit oder unbefriedigender Tätigkeit, so verliert der Mensch an Würde. Der entstehende Schaden trifft letztlich die gesamte Wirtschaft.

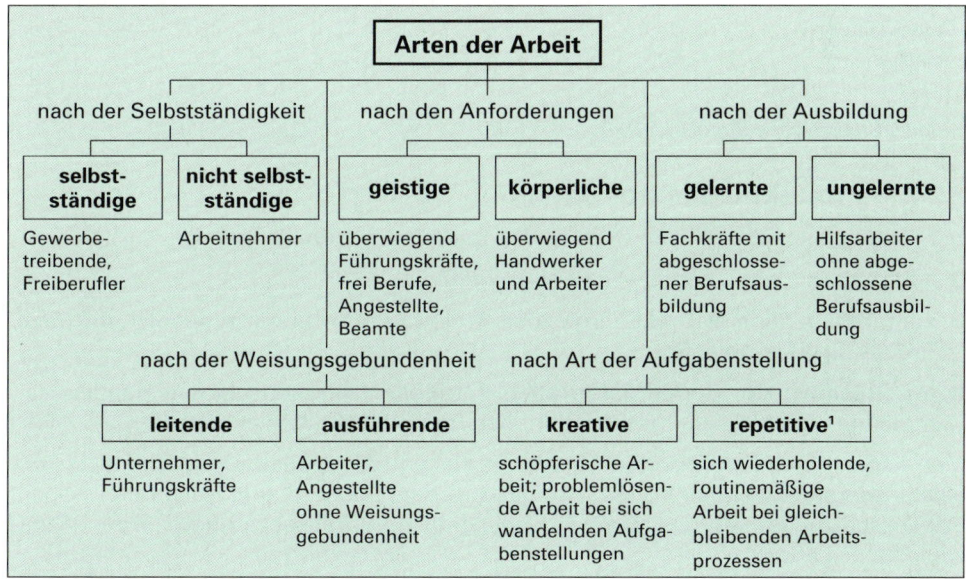

Arbeitsaufgabe

Wie viele und welche Güter in einer Volkswirtschaft produziert werden können, wie also das Sozialprodukt beschaffen ist, das hängt zum einen von der Menge, zum anderen von der Qualität des Produktionsfaktor Arbeit ab.

a) Deutschland ist ein rohstoffarmes, aber dennoch exportstarkes und auch wohlhabendes Land. Dieser Wohlstand gründet sich zu einem wesentlichen Teil auf der Leistung der Arbeitskräfte. Erläutern Sie diesen Zusammenhang.

b) Was kann (und muss) der Staat tun, um die Leistungsfähigkeit des Produktionsfaktors Arbeit zu erhalten?

c) Die folgende Tabelle zeigt, wie sich der Anteil der Selbstständigen und mithelfenden Familienangehörigen sowie der Anteil der abhängig Beschäftigten an der Gesamtzahl der Erwerbstätigen entwickelt hat. Beurteilen Sie, ob diese Entwicklung eher von Vorteil oder von Nachteil für die deutsche Volkswirtschaft ist.

---

[1] (lat.) repetere = wiederholen

Erwerbstätige nach ihrer Stellung im Beruf

	West							Ost	
	1950	1960	1970	1980	1990	1993	2000	1992	2000
	in 1 000								
Insgesamt	23 489	26 194	26 343	26 875	29 334	29 782	30 009	6 846	6 595
Selbstständige	3 412	3 308	2 811	2 316	2 850	2 746	3 089	348	554
Mithelfende Familienangehörige	3 253	2 599	1 809	924	578	473	305	11	17
Beamte	852	1 230	1 447	2 261	2 485	2 352	2 037	108	278
Angestellte	3 986	5 909	7 802	10 002	12 716	13 530	14 569	3 412	3 075
Arbeiter	11 986	13 148	12 474	11 372	10 975	10 681	10 008	2 923	2 610
Teilzeitbeschäftigte	–	–	2 001	2 637	3 934	4 396	5 717	465	761
	in %								
Selbstständige	14,5	12,6	10,7	8,6	8,8	9,2	10,3	5,7	8,4
Mithelfende Familienangehörige	13,8	9,9	6,8	3,5	2,0	1,6	1,0	–	0,3
Beamte	3,7	4,7	5,5	8,4	8,2	7,9	6,8	1,6	4,2
Angestellte	17,0	22,6	29,6	37,2	43,3	45,4	48,5	49,8	46,6
Arbeiter	51,0	50,2	47,4	42,3	37,4	35,9	33,3	42,7	40,5
Teilzeitbeschäftigte	–	–	8,7	11,1	15,0	16,5	21,5	7,2	12,6

(Quelle: Statistisches Bundesamt)

2.2.3 Produktionsfaktor Boden

Der Produktionsfaktor Boden (Natur) wird in dreifacher Weise genutzt:

- **zum Anbau:** Land-, Forst-, Weidewirtschaften
- **zum Abbau:** Mineral- und Energievorkommen werden einmalig genutzt, z. B. Erze, Erdgas, Erdöl, Kohle, Salze.
- **als Standort:** Der Boden liefert allen Betrieben (Landwirtschafts-, Handwerks-, Industrie-, Dienstleistungsbetrieben) den Raum für die Ansiedlung.

Man kann deshalb den Boden berechtigt als grundlegendes Einsatzmittel für die Leistungserstellung einer Volkswirtschaft ansehen. Ebenes Land, fruchtbarer Boden, Bodenschätze, gemäßigtes Klima sind wesentliche Voraussetzungen für den Wohlstand eines Landes.

Wie der Produktionfaktor Arbeit, so steht auch der Boden von Natur aus zur Nutzung zur Verfügung. Er ist ebenfalls ein **ursprünglicher Produktionsfaktor**.

Anbauboden

Der landwirtschaftlich nutzbare Boden ist die Grundlage für die Nahrungsmittelerzeugung. Dabei besteht das Hauptproblem darin, dass der Anbauboden knapp ist und folglich auch die Nahrungsmittelerzeugung nicht beliebig gesteigert werden kann. Der französische Nationalökonom Jacques Turgot hatte schon im 18. Jahrhundert erkannt, dass bei einem gegebenen Stand der Anbautechnik der Ernteltag bei zunehmendem Einsatz an Arbeit und Dünger zuerst zunehmend, später aber nur noch abnehmend steigt und schließlich sogar sinkt (**Bodenertragsgesetz**). Es bleibt deshalb langfristig das Problem, wie die wachsende Weltbevölkerung ernährt werden kann.

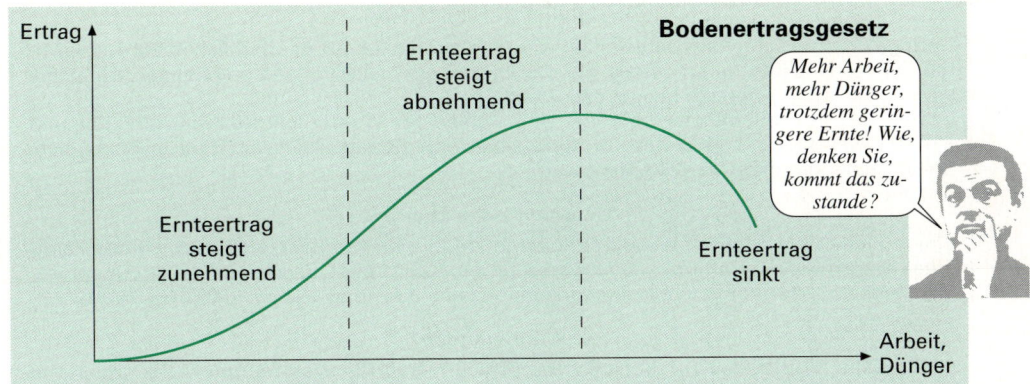

Abbauboden

Mineralvorkommen, fossile Brennstoffe (Kohle, Erdöl, Erdgas) und Kernbrennstoffe können nur einmal genutzt werden. Sie sind nicht reproduzierbar und folglich absolut knapp. Es ist absehbar, wann die bekannten Lagerstätten erschöpft sein werden.

Je knapper diese Rohstoffe werden, desto mehr steigt ihr Preis. Damit lohnen sich auch bisher unrentable Gewinnungsmethoden (z.B. Ölgewinnung aus Ölschiefer und Ölsand, Benzingewinnung aus Kohle).

Deutschland ist eines der größten Industrieländer der Welt, aber auch eines der rohstoffärmsten. Es besitzt nur große Stein- und Braunkohlevorräte. Deshalb muss jede Möglichkeit zur Sicherung und besseren Nutzung der Energie- und Rohstoffversorgung geprüft werden:

- die Erschließung regenerativer[1] Energiequellen (Sonne, Wind, Gezeiten, Erdwärme, Biomasse),
- sparsame Energienutzung,
- Rohstoffrückgewinnung (Recycling).

Die Nutzung der fossilen Energien ist unter Umweltaspekten sehr bedenklich: Die Verbrennung reichert die Atmosphäre mit Kohlendioxid, Methan und Fluorkohlenwasserstoff an. Die bewirkt eine Erwärmung (sog. „Treibhauseffekt") mit bedenklichen Klimaveränderungen und die Zerstörung der die Atmosphäre umgebenden Ozonschicht, die vor schädlicher Sonnenstrahlung schützt. Insofern ist eine Reduzierung des Verbrauchs an fossilen Energien sehr wünschenswert.

Arten regenerativer Energiequellen
Sonnenenergie
Die Direktumwandlung der Strahlungsenergie der Sonne in Elektrizität beschränkt sich zurzeit auf Sonderfälle (z.B. Versorgung von Satelliten mit Elektrizität). In unseren Breiten konzentrieren sich die Entwicklungsbemühungen der Industrie auf Warmwasserbereitung und auf die Heizung von Gebäuden durch Ausstattung der Dachflächen mit Sonnenkollektoren. Die Entwicklung wird durch das Bundesforschungsministerium gefördert.

---

[1] sich erneuernd

Wind- und Gezeitenenergie

Geringe Energiedichte und unterschiedliche Windstärke führen zu erheblichen Schwierigkeiten bei der Nutzung der Windenergie. Die elektrische Leistung entsprechender Versuchskraftwerke liegt im Bereich einiger Megawatt.

Für ein Gezeitenkraftwerk ist ein hoher Unterschied des Wasserstandes zwischen Ebbe und Flut Voraussetzung. Das einzige größere Gezeitenkraftwerk der Welt steht in Frankreich. Seine Leistung beträgt nur 250 Megawatt.

Geothermische Energie

Einige Stellen auf der Erde weisen Erdwärme auf, die für Kraftwerke genutzt werden kann. Eines der größten Geothermik-Kraftwerke liegt in Kalifornien. Es hat eine Leistung von ca. 400 Megawatt. (Moderne Großkraftwerke haben eine Leistung von ca. 1000 Megawatt!)

Wärmepumpe

Eine andere Möglichkeit zur Nutzung von Erdwärme ist die Wärmepumpe. Sie arbeitet in umgekehrter Weise wie ein Kühlschrank.

Über ein Rohrsystem entzieht sie dem Erdreich oder dem Wasser eines Kanals Wärme, verdichtet sie mit Hilfe von Kompressoren auf nahezu 100 Grad und gibt diese Wärme an eine Zentralheizung weiter. Die Stromkosten für Pumpe und Kompressor sind wesentlich geringer als die Kosten für die normalerweise benötigte Energie zum Heizen eines Hauses. Klima und Bodentemperaturen könnten, wenn alle eine Wärmepumpe benutzen, sich nachteilig verändern.

Biomasse

Biomasse sind Rohstoffe auf pflanzlicher Basis. Aus Pflanzen lassen sich brennbare Feststoffe (z. B. Holzkohle), brennbare Gase und Alkohole (als Kraftstoff nutzbar) herstellen. Allerdings ist der Flächenbedarf enorm und setzt der Nutzung enge Grenzen.

- **Erschließung regenerativer Energiequellen**

Regenerative Energien können den Energiebedarf nur zu einem kleinen Teil decken. Auch ist zu bedenken, dass Windkraftwerke große Flächen benötigen und die Landschaft verschandeln. Biomasse benötigt viel Anbaufläche. Die landwirtschaftliche Nutzfläche würde verkleinert. Zudem wäre eine Verkarstung der Landschaft und die Auszehrung des Bodens an Nährstoffen die Folge.

Der **Wirkungsgrad**, die Ausnutzung der eingesetzten Energie, ist bisher verhältnismäßig gering.

Nur ein Drittel des gesamten Einsatzes der Energie erfüllt wirklich den vorgesehenen Zweck; die übrigen zwei Drittel bleiben ungenutzt. Bei der Umwandlung von Rohenergie in Edelenergie – z. B. Rohenergie in Benzin, Kohle in Strom – gehen 27 % verloren. Noch größer ist der Verlust bei den Endverbrauchern, den privaten Haushalten, im Verkehr und in der Industrie. Dort gehen weitere 40 % zum Schornstein oder Auspuff hinaus.

Diese Energieverluste sind zugleich die größten potenziellen Energiequellen, die wir im eigenen Land besitzen. Gelänge es, die Energieverluste dem technisch-physikalischen Minimum anzunähern, könnte die Wirtschaft auch ohne Mehrverbrauch an Rohenergie wachsen.

Rationeller Einsatz von Energie bedeutet:

- keine Energieverschwendung,
- bei den Energieumwandlungen die größtmöglichen Wirkungsgrade erreichen,
- bei der Verwendung der Nutzenenergie Verluste verhindern,
- genutzte Energie teilweise wieder verwenden.

Beispiele:

Verschwendung: Unbewohnte Räume werden voll beheizt. Maschinen laufen leer.

Wirkungsgrad: Wegen schlechter Einstellung des Brenners einer Ölzentralheizung gelangen Abgase ins Freie, die noch brennbare Bestandteile enthalten. Wegen eines schlecht eingestellten Vergasers werden beim Autofahren bis zu 20 % mehr Treibstoff verbraucht.

Nutzenergie: Wegen einfach verglaster Fenster und schlechter Isolierung entweicht Wärme nach außen.

Energiewiederverwendung: Bei der Stromerzeugung in Wärmekraftwerken entsteht bei der Kondensation des Speisewasserdampfes Wärme, die bisher ungenutzt über die Kühltürme abgegeben wird. Man sucht Möglichkeiten diese Wärme wieder zu verwenden.

öko-Spar-Tipps[1]

- Durch sinnvollen Wasserverbrauch können Sie ohne Einschränkung Ihrer Lebensqualität 50 % einsparen. Das kann bei einer 4-köpfigen Familie bis zu 280 Euro im Jahr ausmachen. Außerdem sparen Sie bei der Abwassergebühr, denn die wird nach dem Wasserverbrauch berechnet.
- Bis zu 180 Euro in 10 Nutzungsjahren kann der Stromkostenunterschied zwischen Gefrierschränken gleicher Größe betragen. Mit diesem Betrag können Sie z. B. Ihren Heizkessel sanieren lassen. Ziehen Sie vor dem Kauf Vergleichstabellen heran.
- Wenn sie wirtschaftlich Auto fahren,
  – sparen Sie bis zu 300 Euro Kraftstoff im Jahr
  – vermindern Sie die Reparaturhäufigkeit von Motor, Bremsen und Kupplung.

Energie sparen kann jeder. Und jeder profitiert davon.

Der Staat fördert Maßnahmen, die der Energieeinsparung dienen.

● **Rohstoffrückgewinnung (Recycling)**

Recycling ist die Wiederaufbereitung von Abfällen. Dies ist ökologisch außerordentlich sinnvoll: Zum einen wird die Rohstoffknappheit verringert, zum anderen wird die Umwelt von Abfall und Müll entlastet.

Standortboden

Die Wahl eines günstigen Standortes ist für den Betrieb von entscheidender Bedeutung. Wer sich an der „richtigen" Stelle niederlässt, gewinnt Vorteile gegenüber seinen Konkurrenten, die sich letzten Endes auf seinen Gewinn positiv auswirken werden. Betriebe mit ungünstigem Standort haben entsprechende Nachteile. Darüber hinaus ist die Einrichtung eines Betriebes teuer. Ein einmal gewählter Standort kann nur mit großen Kosten korrigiert werden.

Standortfaktoren	
Ertragsvorteile	**Kostenvorteile**
● räumliche Nähe zum Absatzmarkt, zum Kunden ● hohe Kaufkraft im Einzugsgebiet ● verkehrsgünstige Lage ● fehlende oder schwache Konkurrenz	● natürliche Gegebenheiten (z. B. Vorhandensein von Rohstoffen, Nähe von Wasserwegen) ● Vorhandensein von billigen Arbeitskräften oder branchentypisch ausgebildeten Arbeitskräften ● günstiger Betriebsraum (z. B. niedrige Grundstückspreise, niedrige Gewerbesteuer, staatliche Subventionen) ● verkehrsgünstige Lage ● gute Infrastruktur (z. B. Vorhandensein von Gas-, Wasser-, Stromleitungen, Straßen, Bahnlinien, Verkehrseinrichtungen, Flughäfen)

---

[1] Quelle: Das umweltfreundliche Haus, hrsg. von der Stadt Grevenbroich, o. J.

Der Betrieb versucht seinen Standort an einem Ort zu wählen, der ihm den **größtmöglichen Nutzen** bringt. Ein solcher Nutzen besteht in gewissen Ertragsvorteilen und Kostenvorteilen. Diese Vorteile nennt man auch Standortfaktoren.

Die Standortwahl wird durch staatliche Beschränkungen (z.B. gültige Flächennutzungspläne, Umweltschutzbestimmungen) heutzutage stark eingeschränkt.

Arbeitsaufgaben

1. Ein Feld wird zunehmend mit Kunstdünger bestellt. Wie wird sich der Ertrag des Feldes entwickeln?
2. Robert Malthus[1] behauptete um 1800, die Bevölkerung steige wesentlich schneller als die Nahrungsmittelerzeugung an. Dies führe unausweichlich zu Hungerkatastrophen.
    a) Wie hat sich die Entwicklung tatsächlich einerseits in den Industrieländern und andererseits in den Entwicklungsländern vollzogen?
    b) Versuchen Sie Gründe für die unterschiedliche Entwicklung anzugeben.
3. Sie wollen (1) ein Stahlwerk, (2) eine Näherei, (3) ein Sägewerk gründen.
   Welche Anforderungen stellen Sie jeweils an den Standort?
4. Jeder Betrieb orientiert sich an bestimmten Standortfaktoren.
   Welche Standortorientierung ist bei folgenden Betrieben vorherrschend? Begründen Sie Ihre Aussage.
   Raffinerien, Mühlenbetriebe, Papierfabriken, Chemiewerke, Bergwerke, Stahlwerke, Brauereien, Nahrungsmittelbetriebe, Zulieferbetriebe, Maschinenbaubetriebe, Kaufhäuser, Verbrauchermärkte, Boutiquen.
5. Deutsche Betriebe haben in den letzten Jahrzehnten ihre Produktionsstätten teilweise ins Ausland verlegt.
   Welche Gründe könnten zu derartigen Verlagerungen des Standortes geführt haben?
6. Regenerative Rohstoffe können zwar erneuert werden, sind aber trotzdem knapp. Sparsame Nutzung und Recycling sind durchaus sinnvoll.
   Zeigen sie die weitreichende Bedeutung des Recyclings am Beispiel der Papierherstellung:
    a) Welche Rohstoffe werden für die Herstellung von Papier benötigt?
    b) Warum ist die Verwendung von bereits benutztem Papier als Rohstoff für die weitere Papierherstellung von besonderer Bedeutung für die Umwelt?
7. Die Förderung von Rohöl aus der Nordsee ist mit besonderen Gefahren für die Umwelt verbunden (z.B. aufgrund von auslaufendem Öl). Auch sind die Förderkosten erheblich höher als bei Lagerstätten auf dem Festland.
    a) Warum verursacht das Nordseeöl höhere Förderkosten?
    b) Nennen Sie Gründe dafür, dass die genannten Risiken eingegangen werden.
    c) Warum ist die Förderung von Nordseeöl trotz der höheren Förderkosten lohnend?

2.2.4 Produktionsfaktor Kapital

Volkswirtschaftlicher Kapitalbegriff

Jeder kennt die Geschichte von Robinson Crusoe, der als Schiffbrüchiger auf einer menschenleeren Insel strandete. Für sein Überleben standen ihm nur seine Arbeitskraft und die Güter der Natur zur Verfügung. Er konnte zwar die notwendigen Nahrungsmittel beschaffen, lebte aber immer nur von der Hand in den Mund. Dann knüpfte er eines Tages sein erstes Fischnetz. Während der Zeit, die er hierfür aufwenden musste, konnte er nicht jagen, Fische fangen oder Früchte sammeln. Vielleicht hungerte er sogar. Aber als das Netz fertig war, fing er mit einem Mal bedeutend mehr Fische, als er sofort verzehren konnte. Dadurch verblieb ihm Zeit, neue Jagdgeräte und Werkzeuge anzufertigen. Diese wiederum erlaubten ihm seinen Ertrag weiter zu steigern.

[1] englischer Nationalökonom

Arbeit und Boden allein reichen nicht aus, um die gewünschten Güter für die Bedürfnisbefriedigung zu erstellen. Dies galt für Robinson wie für eine moderne Volkswirtschaft. Der Mensch suchte deshalb schon früh, durch den Einsatz von Hilfsmitteln seine Arbeit zu erleichtern. Er erfand z. B. das Fischnetz, den Pflug, das Rad und die Waffen. Diese Werkzeuge waren das erste **Kapital** des wirtschaftenden Menschen. Mit ihrer Hilfe konnte er die Produktion beträchtlich steigern.

Kapital **im volkswirtschaftlichen Sinn sind Sachgüter, die produziert wurden, um ihrerseits wieder ertragsteigernd in der Produktion eingesetzt zu werden.**[1]

Der Volkswirt sagt: „Kapital sind produzierte Produktionsgüter."

Da Kapital der Güterproduktion dient, stellt es – ebenso wie Arbeit und Boden/Naturkräfte – einen Produktionsfaktor dar. Da es aber erst durch den ursprünglichen Einsatz von Arbeit und Boden entsteht, ist es ein **abgeleiteter Produktionsfaktor**.

Die Güterproduktion mit Hilfe von Kapital ist eine **Umwegproduktion**:

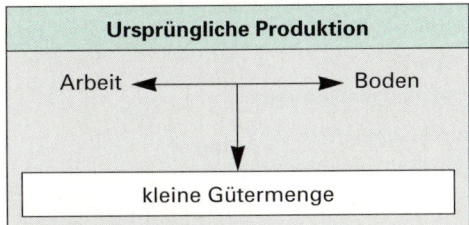
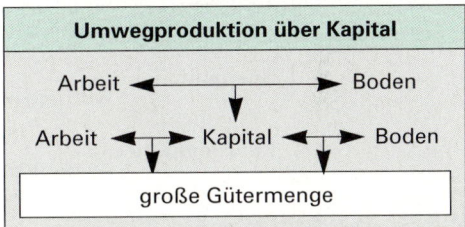

Kapitalbildung

Kapital in dem beschriebenen Sinne ist stets **Sachkapital** (Realkapital). In der modernen Wirtschaft handelt es sich um Maschinen, Anlagen und Vorräte an Rohstoffen und Produkten. Während dieses Sachkapital produziert wird, muss zwangsläufig auf die Produktion von Konsumgütern verzichtet werden. Dies zeigt schon das Robinson-Beispiel. Dies gilt aber auch in einer Volkswirtschaft. Hier erfolgt Konsumverzicht in Form von Sparen. Die Bildung des Sachkapitals erfolgt durch Investieren.

- *Sparen* **bedeutet Konsumverzicht in dem Sinne, dass die Haushalte Teile ihres Einkommens nicht für Konsumzwecke ausgeben.**
- **Gesparte Mittel, die für produktive Zwecke bereitgestellt werden, heißen** *Geldkapital*. **Teilweise bringen die Unternehmerhaushalte dieses Geldkapital selbst auf, teilweise wird es von den privaten Haushalten über die Banken zur Verfügung gestellt.**
- **Durch** *Investieren*[2] **erfolgt die produktive Anlage des Geldkapitals in Unternehmungen, d.h. seine Umwandlung in Sachwerte (Investition im geldwirtschaftlichen Sinn).**
Geldkapital ist also lediglich eine Vorstufe zum Kapital im volkswirtschaftlichen Sinn.

> **Beispiel:**
> Der Besitzer einer Tuchdruckerei will seinen Betrieb erweitern. Deshalb verzichtet er längere Zeit darauf, seinen gesamten Gewinn sofort wieder auszugeben. Er übt also Konsumverzicht, er spart.

---

[1] Es ist zu beachten, dass der Begriff Kapital betriebswirtschaftlich anders definiert ist: Danach sind Kapital die Mittel, die der Finanzierung des Vermögens der Unternehmung dienen. Vgl. hierzu S. 316.

[2] (lat.) investire = einkleiden. Beachte: Im betriebswirtschaftlichen Sinn bedeutet Investition lediglich die Anlage von Finanzierungsmitteln in Vermögensteilen. Vgl. S. 316.

Hat er eine gewisse Summe zusammen (Geldkapital), so kauft er das Nachbargrundstück, bezahlt Baumaterial und Arbeitskräfte für den Erweiterungsbau, schafft neue Maschinen und Werkzeuge an. Man sagt: Er investiert das gesparte Geldkapital in die Erweiterung des Betriebes.

Der Neubau mit seiner Maschinenausstattung bedeutet neues Sachkapital, neue Produktionsmittel. Jetzt können mehr Aufträge ausgeführt werden. Der Betrieb erzielt höhere Einnahmen und Gewinne.

Ergebnis: Der Umweg über Sparen und Investieren schafft für den Unternehmer – hier für den Besitzer der Tuchdruckerei – neue Produktionsmittel und damit höhere Gewinnmöglichkeiten.

Ziel	Weg	
Produktionssteigerung, Gewinnsteigerung	1. Sparen = Konsumverzicht Bildung von Geldkapital	2. Investition d. Geldkapitals Bildung von Sachkapital

——— ermöglicht ———

Die Sparquote und die Konsumquote geben an, wie viel Prozent des Haushaltseinkommens gespart/konsumiert werden. Nur eine hohe Sparquote ermöglicht die notwendigen Investitionen.

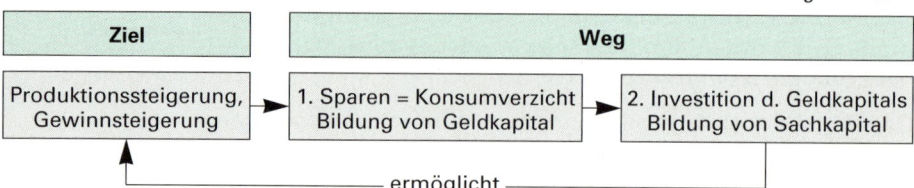

In der Bundesrepublik Deutschland liegt die Sparquote für den Durchschnitt aller Haushalte seit 1970 zwischen 12 und 14 %.

$$\text{Sparquote} = \frac{\text{Sparen}}{\text{verfügbares Haushaltseinkommen}} \cdot 100$$

$$\text{Konsumquote} = \frac{\text{Konsumausgaben}}{\text{verfügbares Haushaltseinkommen}} \cdot 100$$

Arten des Sparens

Ich habe ein Bruttogehalt von 2 300,00 EUR. Nach Abzug von Steuern und Sozialversicherung bleiben mir noch 1 345,00 EUR. Davon zahle ich monatlich 40,00 EUR auf einen Bausparvertrag, 40,00 EUR in eine Lebensversicherung, und 150,00 EUR gehen auf mein Sparkonto. Davon werden größere Anschaffungen und der Urlaub finanziert.

Sparen erfolgt in unterschiedlichen Formen zu unterschiedlichen Zwecken:

Arten des Sparens

nach dem Rückfluss des Gesparten in die Wirtschaft	nach der Sparbereitschaft	nach dem Zweck des Sparens
Sparen Gesparte Gelder werden direkt oder über die Banken der Wirtschaft wieder zur Verfügung gestellt. **Horten** Gehortete Gelder werden „im Sparstrumpf" aufbewahrt und fließen nicht in die Wirtschaft zurück. Sie sind volkswirtschaftlich sinnlos, das sie nicht für Investitionen zu Verfügung stehen.	**geplantes (freiwilliges) Sparen** ● auf Bankkonten, ● in Wertpapieren, ● bei Bausparkassen, ● bei Versicherungen aufgrund freier Entscheidungen der Haushalte. **ungeplantes Sparen (Zwangssparen)** Erzwungener Konsumverzicht aufgrund von ● Abgaben an den Staat (z. B. Steuern, Sozialversicherung), ● Güterrationierung, ● Preissteigerungen.	**Zwecksparen** zum Zweck späterer Konsumausgaben **Vorsorgesparen** zum Zweck der Zukunftsvorsorge („Notgroschen") bei Krankheit, Arbeitslosigkeit usw. **Vermögensbildung** durch regelmäßiges Sparen und Zinseinkünfte.

Arten der Investition

> Im Jahr 20.. kauft der Kleiderfabrikant Otto Gehlen Stoffe für 240 000,00 EUR ein. Davon gehen Stoffe für 230 000,00 EUR in die Produktion. Es bleibt ein Rest von 10 000,00 EUR. Es werden Kleider im Wert von 500 000,00 EUR produziert. Das sind für 50 000,00 EUR mehr, als sofort abgesetzt werden können. Aber Otto Gehlen rechnet mit einer steigenden Nachfrage zu Beginn des nächsten Jahres und produziert deshalb auf Lager.
> Durch den Produktionsprozess wird ein Teil der Maschinen abgenutzt und „abgeschrieben". Herr Gehlen kauft dafür neue Maschinen im Wert von 45 000,00 EUR. Da er mit steigender Nachfrage rechnet, will er darüber hinaus den Betrieb vergrößern und kauft weitere Maschinen für 30 000,00 EUR. Die neuen Maschinen haben eine bessere Qualität als die alten. Sie bewirken eine Erhöhung der Produktionsmenge um 10 %, obwohl die Arbeitszeit von 39 Stunden auf 37,5 Stunden pro Woche verkürzt wird.

Anhand dieses Beispiels lassen sich verschiedene Arten von Investitionen in Unternehmungen unterscheiden:

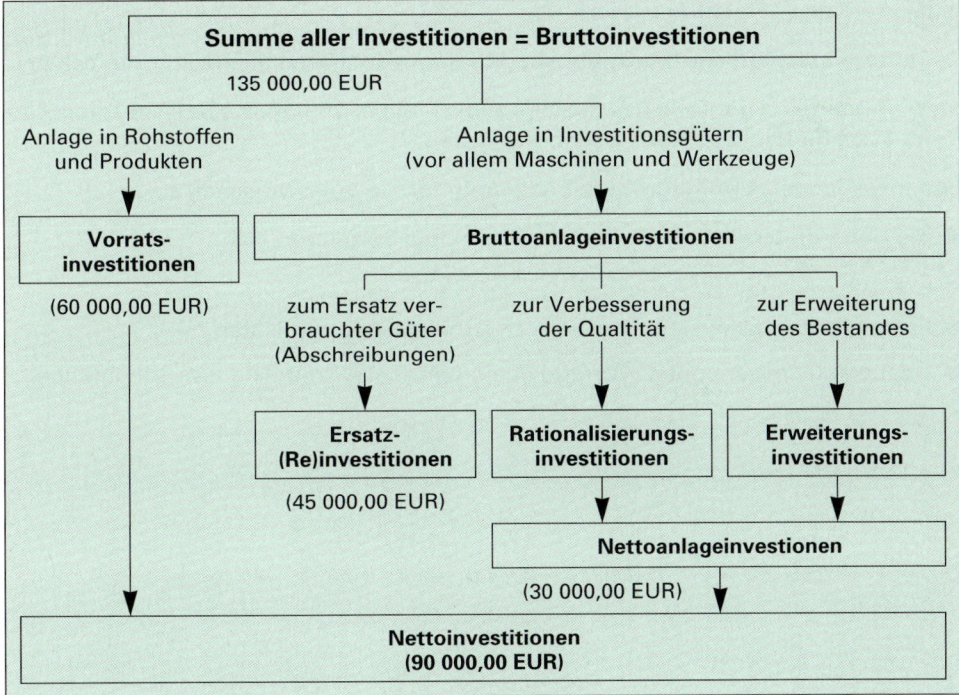

Anlageinvestitionen **sind Kapitalanlagen in Investitionsgütern (vor allem in Maschinen und Werkzeugen) in einer Wirtschaftsperiode.**

Der Teil der Anlageinvestitionen, der über die Ersatzinvestitionen hinausgeht, erhöht den Bestand an Investitionsgütern. Er dient einmal der **Kapitalneubildung** – **Erweiterungsinvestitionen** –, zum anderen der **Kapitalverbesserung** – **Rationalisierungsinvestitionen** –. Er gestattet eine Steigerung der Konsumgüterproduktion. Eine Erhöhung der gesamtwirtschaftlichen Produktion (des Sozialprodukts) heißt **volkswirtschaftliches Wachstum**; es begünstigt den allgemeinen Lebensstandard.

Vorratsinvestitionen **sind die Bestandserhöhungen an Werkstoffen und Erzeugnissen bei den Unternehmungen in einer Wirtschaftsperiode.**

Vorratsinvestitionen können von den Unternehmern beabsichtigt sein – **geplante Investitionen** –. Durch höhere Bestände an Werkstoffen sind die Unternehmen z. B. für eine Produktionssteigerung gerüstet, durch höhere Bestände an Fertigerzeugnissen für eine erwartete verstärkte Kundennachfrage.

Vorratsinvestitionen können auch unbeabsichtigt entstehen – **ungeplante Investitionen** –. Dies ist z. B. der Fall, wenn die tatsächliche Kundennachfrage niedriger als erwartet ausfällt. Die Unternehmungen „bleiben auf ihren Vorräten sitzen". Wenn sie zusätzlich in der nächsten Wirtschaftsperiode die Produktion einschränken, kann Arbeitslosigkeit die Folge sein.

Der Investitionsbegriff lässt sich nun auf zweierlei Weise festlegen:
Der **geldwirtschaftliche Investitionsbegriff** bezieht sich auf den Vorgang der Kapitalbildung:

Investition ist die Anlage von Geldkapital zum Zweck der Umwandlung in Sachwerte (Vorräte und Investitionsgüter).

Der **güterwirtschaftliche Investitionsbegriff** geht von diesen Sachwerten selbst aus:

Investitionen sind die Teile des Sozialprodukts, die *nicht unmittelbar Konsumgüterproduktion* für den laufenden Bedarf darstellen.

Den Investitionen kommt größere Bedeutung für die Volkswirtschaft zu:

- Sie sind Voraussetzung für das Wachstum des Sozialprodukts.
- Erweiterungsinvestitionen schaffen Arbeitsplätze.
- Rationalisierungsinvestitionen können Arbeitsplätze vernichten.
- Ungeplante Investitionen (Vorräte) beeinflussen die Produktionsentscheidungen.

Arbeitsaufgaben

1. „Kapital bilden bedeutet: Heute auf Konsum verzichten, um morgen mehr konsumieren zu können."
   Nehmen Sie zu dieser Aussage Stellung.
2. Die örtliche Sparkasse veranstaltet anlässlich des Weltspartages eine Informations- und Werbeveranstaltung, bei der sie ihre Kunden etwas näher über die Funktion des Sparens aufklären möchte. Am Ende können die Kunden bei einem Quiz Preise gewinnen.
   Testen Sie ihr Wissen! Nehmen Sie zu den folgenden Aussagen und zu der Grafik Stellung. Vielleicht hätten auch Sie gewonnen.
   a) „Das Horten, also das Ansammeln von Geldkapital „unter dem Kopfkissen", ist volkswirtschaftlich schädlich, wenn es in größerem Umfang geschieht."
   b) „Sparquote und Konsumquote stehen in einer direkten Wechselwirkung zueinander."
   c) „Investoren brauchen Banken und Sparkassen – und umgekehrt."

d) Welche Aussagen liefert die nachfolgende Grafik?

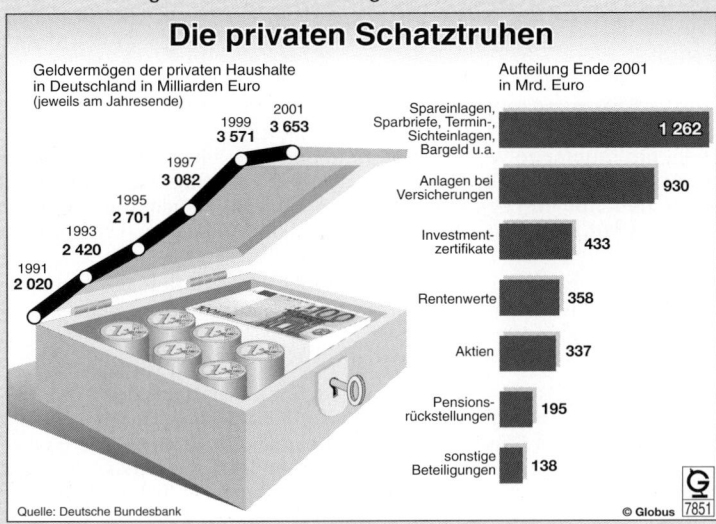

3. Der Begriff Zwangssparen bezieht sich unter anderem auf Steuern und Preissteigerungen. Erläutern Sie, wieso auf diese Erscheinungen der Ausdruck Sparen angewendet werden kann.

4. Die Bilanz einer Unternehmung weist folgende Bestände auf:

Aktiva		Bilanz (in EUR)	Passiva
I. Anlagevermögen		I. Eigenkapital	400 000,00
Maschinen	300 000,00	II. Fremdkapital	
Geschäftsausstattung	150 000,00	Darlehen	140 000,00
II. Umlaufvermögen		Verbindlichkeiten	150 000,00
Vorräte	90 000,00		
Forderungen	70 000,00		
Bankguthaben	80 000,00		
	690 000,00		690 000,00

Es vollziehen sich im Laufe des Jahres folgende Vorgänge:
(1) Kauf von Maschinen für 80 000,00 EUR gegen Rechnung
(2) Kauf von Geschäftsausstattung für 30 000,00 EUR gegen Rechnung
(3) Einkauf von Vorräten für 220 000,00 EUR gegen Rechnung
(4) Verbrauch von Vorräten für die Produktion für 215 000,00 EUR
(5) Verkauf von erstellten Produkten für 350 000,00 EUR
(6) Eingang von Kundenzahlungen für 330 000,00 EUR
(7) Bezahlung von Verbindlichkeiten 210 000,00 EUR
(8) Darlehenstilgung 10 000,00 EUR
(9) Abschreibung von Maschinen 30 000,00 EUR
(10) Abschreibung von Geschäftsausstattung 15 000,00 EUR
Errechnen Sie die Vorratsinvestitionen, Anlageinvestitionen, Ersatzinvestitionen, Nettoanlageinvestitionen und Nettoinvestitionen des Unternehmens.

2.3 Bedürfnisse, Bedarf, Nachfrage

2.3.1 Bedürfnisse

> Herr Schulz wacht pünktlich um 6:45 Uhr auf. Nach dem Aufstehen ist er noch sehr müde und möchte duschen, um munter zu werden. Während des Bades meldet sich der Hunger. Auf dem Tisch stehen schon die warmen Brötchen und der dampfende Kaffee bereit. Herrn Schulzes Interesse am heutigen Tag erwacht allmählich. Sein Blick sucht die Zeitung. Was dort auf der ersten Seite steht, ist wenig erfreulich: Die Zahl der Arbeitslosen ist immer noch recht hoch.
>
> „Gott sei Dank habe ich einen sicheren Arbeitsplatz", denkt Herr Schulz. „Mit 46 Jahren arbeitslos werden?" Die Folgen für seine Haushaltskasse und sein seelisches Gleichgewicht mag er sich gar nicht ausdenken.
>
> Die Zeit drängt. Schnell ins Auto!
>
> Die aufreizende Stimme im Autoradio verspricht aufregende Stranderlebnisse mit FERNA-Reisen. „Ja, Urlaub müsste man haben, drei Wochen Ruhe mit Sonne, Sand und Meer ..."
> „Da vorn ist doch schon wieder ein Stau! Immer dasselbe an dieser Stelle! Warum wird hier nicht endlich eine Umgehungsstraße gebaut? Danach besteht doch nun wirklich seit langem ein öffentliches Bedürfnis!"

Jeder Mensch verspürt täglich viele Anstöße, die unterschiedlichste Wünsche in ihm wecken.

Beispiele:

Anstöße:
- Ich habe Hunger und Durst.
- Ich bin verschwitzt.
- Mir ist kalt; ich bin müde.
- Ich lese eine Werbeanzeige.
- Ich bin erschöpft, suche Abwechslung, habe Fernweh.
- Ich habe Angst vor Krankheit, Alter, Unfall.

Wünsche:
- → Ich will essen und trinken.
- → Ich verlange nach Körperreinigung.
- → Ich brauche ein Bett und Kleidung.
- → Ich will mich informieren.
- → Ich will abschalten, Urlaub machen.
- → Ich wünsche eine finanzielle Absicherung und ärztliche Versorgung.

Solche und andere Anstöße bringen den Menschen gewissermaßen aus seinem Gleichgewicht, sie signalisieren ihm einen Mangel. Die Wünsche, die sie wecken, drängen ihn diesen Mangel zu beseitigen und das Gleichgewicht wiederherzustellen. Man nennt derartige Wünsche und Bestrebungen **Bedürfnisse**.

Ein Bedürfnis **ist in persönliches Mangelempfinden, das den Menschen drängt, den Mangel zu beseitigen. Bedürfnisse sind die Triebkräfte menschlichen Handelns.**

Kein Mensch hat genau die gleichen Bedürfnisse wie ein anderer. Jedem erscheint in seiner besonderen Situation etwas anderes mehr oder weniger erstrebenswert.

Als *persönliche Bedürfnisstruktur* wird die von Person zu Person unterschiedliche Zusammensetzung und Rangfolge der Bedürfnisse bezeichnet.

Auf die Bedürfnisstruktur wirken zahlreiche persönliche und äußere Bestimmungsgrößen (oder Einflussgrößen) ein. Sie ändern sich im Zeitablauf. Deshalb wandelt sich auch die Bedürfnisstruktur.

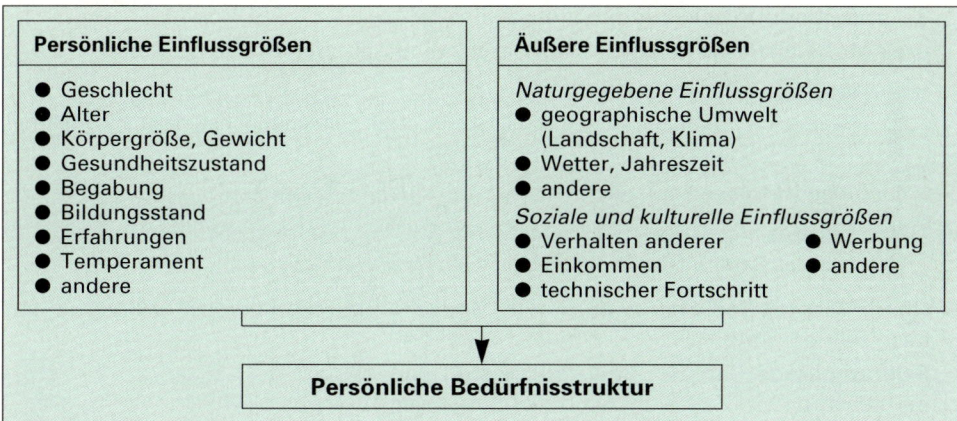

2.3.2 Bedürfnisarten

Wer optimale (bestmögliche) Befriedigung seiner Bedürfnisse anstrebt, d.h. einen möglichst großen Nutzen erzielen will, wird dieses Problem überlegt angehen. Es bietet sich an zunächst festzustellen, welche Arten von Bedürfnissen es überhaupt gibt.

Die Bedürfnisse lassen sich nach verschiedenen Merkmalen einteilen:

- **Materielle Bedürfnisse** sind auf Sachgüter gerichtet. Sie werden in der Regel durch die Wirtschaft befriedigt.

  Immaterielle Bedürfnisse können sich auf Dienstleistungen oder Rechte richten (z. B. auf eine Autoreparatur, auf Haareschneiden, auf ein Benutzungsrecht). Solche Bedürfnisse werden ebenfalls durch die Wirtschaft befriedigt. Aber auch geistige, seelische, sittliche oder ähnliche Belange können das Ziel von immateriellen Bedürfnissen sein (z. B. Zuneigung, Anerkennung, Brüderlichkeit). Derartige Bedürfnisse können nicht durch die Wirtschaft befriedigt werden.

- **Primär-**[1] **oder Existenzbedürfnisse** sind angeboren. Ihre Befriedigung ist lebensnotwendig.

    Beispiele:
    Bedürfnis nach Nahrung, Kleidung, Unterkunft usw.

---

[1] (lat.) primus = erster

Sekundärbedürfnisse[1] werden erst erworben:

– **Kulturbedürfnisse** kennzeichnen bereits eine gehobene Lebenshaltung.

> **Beispiele:**
> Bedürfnis nach einem Auto, nach Literatur, nach soliden Möbeln, nach angenehmer Körperpflege, nach sozialem Ansehen usw.

– **Luxusbedürfnisse** kennzeichnen einen exklusiven Lebensstil.

> **Beispiele:**
> Beispiel: Bedürfnis nach einer Luxusvilla, einer Weltreise usw.

- **Offene (akute) Bedürfnisse** sind dem Menschen bereits bewusst und verlangen nach Befriedigung.

  Schlummernde (latente) Bedürfnisse sind dagegen zu einem bestimmten Zeitpunkt noch nicht oder nur unbewusst vorhanden. Sie werden durch den technischen und gesellschaftlichen Fortschritt und durch Informationen geweckt.

  Dabei spielt heute die Werbung eine gewaltige Rolle.

- **Individualbedürfnisse** werden vom einzelnen Menschen selbst und in eigener Verantwortung befriedigt (z. B. Essen und Trinken, Reisen).

  Sozial- oder Kollektivbedürfnisse erwachen erst aus dem Zusammenleben der Menschen in einer gemeinsamen Kultur, Zivilisation, Gesellschafts- und Staatsordnung. Dazu gehören z. B. die Bedürfnisse nach guter Schul- und Berufsbildung, nach Verkehrssicherheit, nach Sicherheit vor äußerer Bedrohung, nach Gesundheitsfürsorge oder Alterssicherung. Die Befriedigung solcher Bedürfnisse übersteigt die Kräfte des Einzelnen. Sie werden deshalb von der Gemeinschaft, z. B. vom Staat und seinen Einrichtungen, befriedigt.

2.3.3   Bedarf und Nachfrage

> Wir haben geheiratet. Wir haben ein kleines Haus gekauft und planen nun die Einrichtung. Dabei wissen wir, dass wir nicht all unsere Wünsche sofort verwirklichen können. Wir setzen uns deshalb auch keine absolut komplette Einrichtung zum Ziel, wollen aber auf eine gute Qualität der Gegenstände nicht verzichten.

Wer seine Bedürfnisse befriedigen will, wird versuchen sie in eine Rangordnung zu bringen und das Gewünschte genau festzulegen: Aus den unbestimmten Bedürfnissen wird der Bedarf.

Der *Bedarf* stellt ganz allgemein diejenigen Bedürfnisse dar, die der Mensch in einer bestimmten Situation und zu einer bestimmten Zeit befriedigen *will*.

Wie viele Bedürfnisse und welche Bedürfnisse jemand befriedigen **kann**, hängt allerdings von seinen finanziellen Mitteln, von seiner Kaufkraft, ab. Nur dieser Teil des Bedarfs ist wirtschaftlich (ökonomisch) von Bedeutung. Deshalb gilt:

ökonomischer Bedarf = Bedürfnisse + Kaufkraft

---

[1] (lat.) secundus = zweiter

> **Beispiel:**
> Wer ein Haus kauft, dessen Mittel reichen vielleicht nicht mehr für eine Urlaubsreise. Die Mittel schränken den ökonomischen Bedarf ein.

Auch wer ökonomischen Bedarf hat, wird deshalb nicht immer sofort das Gewünschte kaufen wollen. Es gibt viele Gründe, aus denen man abwarten kann.

> **Beispiel:**
> Beim Möbelkauf wird man nicht sofort zugreifen, sondern sich zunächst bei verschiedenen Verkäufern umsehen, um gute Qualität zu günstigen Preis zu erwerben.

Bedarf ist folglich nur latente Nachfrage. Tatsächliche (effektive) Nachfrage entsteht erst, wenn eine Person gegenüber dem Anbieter ihren Kaufwillen äußert. Es gilt:

effektive Nachfrage = ökonomischer Bedarf + geäußerter Kaufwille

Nachfrage entsteht nicht nur, wenn Verbraucher ihren Kaufwillen äußern um ihre Bedürfnisse zu befriedigen. Vielmehr fragen auch Unternehmen diejenigen Güter nach, die sie für die Produktion neuer Güter benötigen[1].

Arbeitsaufgaben

1. Ein Meinungsforschungsinstitut führte eine Umfrage bei Personen unterschiedlicher Berufe, Einkommen, Wohnorte und unterschiedlichen Alters hinsichtlich ihrer individuellen Bedürfnisse durch. Außerdem sollten sie angeben, ob es sich aus ihrer Sicht um Existenz-, Kultur- oder Luxusbedürfnisse handelte.

   a) Die Aussagen der befragten Personen hinsichtlich ihrer Bedürfnisse und deren Zuordnung fielen erwartungsgemäß sehr unterschiedlich aus. Woran wird das nach Ihrer Einschätzung liegen?

   b) Stellen Sie eine individuelle Umfrage innerhalb Ihrer Klasse bezüglich eines Gutes an, das Sie sich wünschen oder besitzen, und stellen Sie fest, welche Abweichungen sich von Ihrer eigenen Meinung ergeben.

   c) Welchen Sinn sehen Sie darin, Bedürfnisse überhaupt zu ermitteln und nach unterschiedlichen Merkmalen einzuteilen?

   d) In einem zweiten Teil der Umfrage sollten die ausgewählten Personen Bedürfnisse zuordnen. Die Frage lautete: „Handelt es sich bei den folgenden Bedürfnissen Ihrer Meinung nach um Individual- oder Kollektivbedürfnisse?" Wie hätten Sie geantwortet?

   (1) Bedürfnis nach einer Rechtsschutzversicherung
   (2) Bedürfnis nach einer Kreditkarte
   (3) Bedürfnis einer Eigentumswohnung
   (4) Bedürfnis nach einem Mittagessen
   (5) Bedürfnis nach Sicherheit auf Fernstraßen
   (6) Bedürfnis nach einem Fortbildungskurs in Französisch
   (7) Bedürfnis nach einer guten Schulbildung
   (8) Bedürfnis nach einer intakten Umwelt

---
[1] Vgl. S. 64

2. Die Bedürfnisse wandeln sich im Laufe der Zeit.

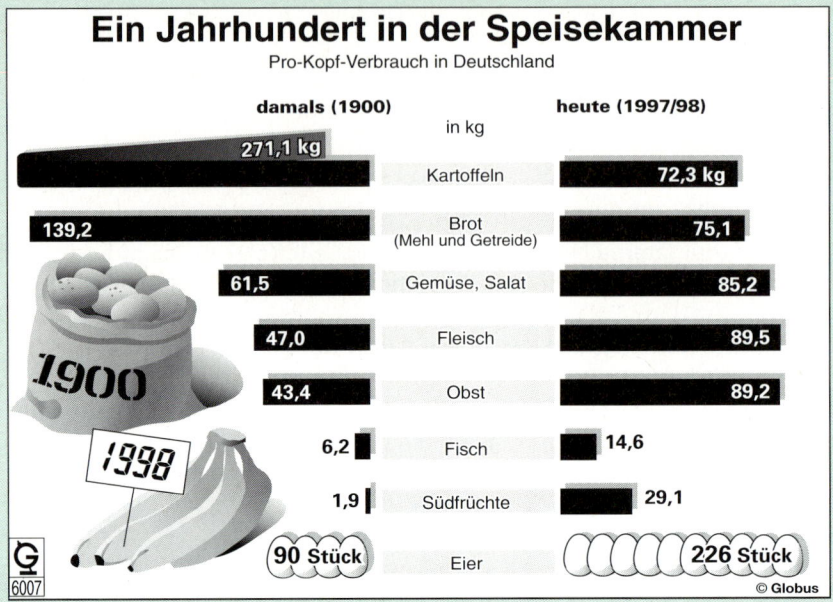

a) Vom „Volk der Kartoffelesser" zum „Volk der Obstesser"! Begründen Sie diese Behauptung.
b) Erläutern Sie, wie sich die Struktur der Bedürfnisse im Nahrungsmittelbereich gewandelt hat.
c) Nennen Sie Gründe, auf die dieser Strukturwandel zurückzuführen ist.

3. Wirtschaft, kurz und treffend?
   a) „information + VERFÜHRUNG = Werbung"
   b) „wollen + können + handeln = nachfragen"
   Erläutern Sie die Aussagen dieser „Mathematik".

2.4 Güter

2.4.1 Wirtschaftliche (knappe) Güter

Zur Befriedigung seiner Bedürfnisse benötigt der Mensch Güter.

Güter sind die Mittel der Bedürfnisbefriedigung.

Fast alle Güter sind knapp. Das bedeutet: Sie sind im Verhältnis zu den Bedürfnissen nicht unbegrenzt vorhanden. Folglich verlangen ihre Erzeugung und Verwendung wirtschaftliches Handeln. Darum nennt man sie **wirtschaftliche Güter**.

- „Knapp" darf nicht mit „selten" verwechselt werden. So sind faule Eier verhältnismäßig selten, aber nicht knapp. Es besteht ja kaum ein Bedürfnis danach.
- Wirtschaftliche Güter müssen in der Regel erst unter Einsatz von Arbeits- und Maschinenkraft hergestellt oder konsumreif gemacht werden.
- Der Anbieter wirtschaftlicher Güter kann einen **Preis** verlangen, weil diese Güter dem Nachfrager **Nutzen** bringen, das heißt, seine Bedürfnisse befriedigen.

Das Gegenteil von wirtschaftlichen (knappen) Gütern sind freie Güter (z. B. Sand in der Wüste, Tageslicht). Sie sind nicht Gegenstand wirtschaftlicher Tätigkeiten.

2.4.2 Güterarten

In der modernen Wirtschaft werden Millionen verschiedener Güter zur Befriedigung der verschiedensten Bedürfnisse produziert. Wenn man sie sinnvoll verwenden will, so wird man sich zunächst einmal über die verschiedenen Arten von Gütern Klarheit verschaffen müssen.

Güterarten nach dem Gegenstand des Bedürfnisses

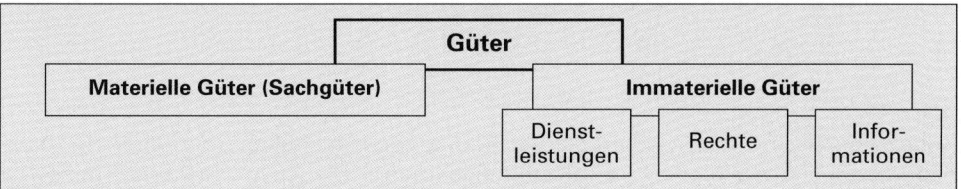

Materielle Güter (Sachgüter) befriedigen materielle Bedürfnisse. Es handelt sich um körperliche Güter (feste, flüssige oder gasförmige Körper).
Materielle Güter können aufbewahrt (gelagert) werden. Dies hat den Vorteil, dass einerseits die weitere Be- oder Verarbeitung, andererseits der Ge- oder Verbrauch zeitlich in die Zukunft verschoben werden kann.

Immaterielle Güter befriedigen immaterielle Bedürfnisse. Soweit sie durch die Wirtschaft befriedigt werden können, handelt es sich um Dienstleistungen, Rechte und Informationen.

- **Dienstleistungen** sind Handlungen, durch die ein nicht-körperlicher Wert oder ein Nutzen entsteht. Dazu gehören z. B. die Leistungen der Banken, Versicherungen, Verkehrsbetriebe, freien Berufe (Ärzte, Anwälte, Architekten usw.) und der Reparaturhandwerker.
  Dienstleistungen unterscheiden sich in dreierlei Hinsicht von Sachgütern:
  – Sie werden gleichzeitig produziert und konsumiert.
  – Sie können nicht gelagert werden.
  – Man kann kein Eigentum daran erwerben.

- **Rechte** sind Ansprüche und Befugnisse, z. B. Eigentumsrechte, Besitzrechte, Nutzungsrechte.

- **Informationen** sind Idealgüter. Sie beinhalten **zweckbestimmtes Wissen**. Deshalb sind sie von enormer Bedeutung für jede Art von Entscheidungsfindung. Ohne Information ist menschliches Handeln undenkbar, funktioniert keine Maschine. Je schneller verlässliche Informationen vorliegen (z. B. über Absatz- und Beschaffungsmärkte, Börsenkurse und Trends), desto schneller kann man reagieren (z. B. Wettbewerbsvorteile gegenüber den Konkurrenten erzielen).

Wie Sachgüter können Informationen für eine spätere Nutzung aufbewahrt (hier sagt man: gespeichert) werden. Sie können auch durch Verknüpfung mit anderen Informationen zu neuen Informationen weiterverarbeitet werden.

Zeitungen, Fachzeitschriften, Rundfunk und Fernsehen, Messen, Gespräche mit Geschäftspartnern, Datenbanken sind wichtige Informationsträger. Dabei birgt die lawinenhafte Informationsflut heute für alle Betroffenen die Gefahr der Überforderung. Hier kann die moderne Elektronik bei zweckmäßigem Einsatz helfen. So stellt z. B. der Zugriff auf Datenbanken heute einen wichtigen Faktor bei der gezielten Informationsbeschaffung dar.

Vergleichen Sie hierzu S. 39.

Güterarten nach dem Verwendungszweck und der Nutzungshäufigkeit der Güter

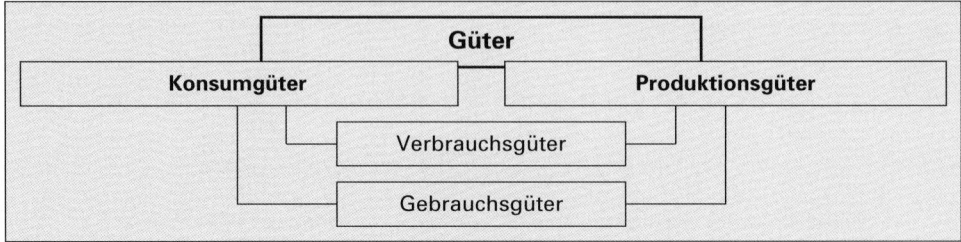

Konsumgüter sind Güter, die in die Verfügung von Haushalten übergehen. In Haushalten wirtschaften Menschen mit gemeinsamen Mitteln, um ihre Bedürfnisse zu befriedigen. Neben den Mehr-Personen-Haushalten gibt es jedoch auch den Ein-Personen-Haushalt. Haushalte sind die Stätten des Konsums, der Bedürfnisbefriedigung.

Produktionsgüter sind Güter, die in die Verfügung von Unternehmungen übergehen. Unternehmungen sind die Stätten der Produktion. Sie setzen Produktionsgüter (Maschinen, Werkzeuge, Werkstoffe) ein, um neue Güter zu produzieren. Von besonderer Bedeutung sind Investitionsgüter (Anlagegegenstände für die Produktionsausrüstung, z. B. Maschinen, Transportmittel, Elektronik).

Ob ein Gut als Konsumgut oder als Produktionsgut zu bezeichnen ist, hängt allein von seiner Verwendung ab, nicht von der Art des Gutes. Ein Kraftfahrzeug zum Beispiel ist bei Verwendung im Haushalt Konsumgut, bei Einsatz im Betrieb Produktionsgut.

Verbrauchsgüter können nur einmal zu Zweck der Bedürfnisbefriedigung bzw. der Produktion eingesetzt werden. Bei den Haushalten sind es z. B. Nahrungs- und Reinigungsmittel, bei den Unternehmungen Werkstoffe und Zwischenprodukte, d. h. Güter, die zu Endprodukten verarbeitet werden, sowie Brennstoffe und Energien, Dienstleistungen und bestimmte Rechte (etwa einmalige Nutzungsrechte).

Gebrauchsgüter können mehrmals genutzt werden und nutzen sich erst allmählich ab. Bei den Haushalten sind es z. B. Möbel und Kleidung, bei den Unternehmungen Investitionsgüter (d. h. im Wesentlichen Maschinen und Werkzeuge).

Güterarten nach der gegenseitigen Ersetzbarkeit der Güter

Substitutionsgüter[1] sind Güter, die sich bei der Güterverwendung (beim Konsum der Haushalte) oder bei der Gütererzeugung (bei der Produktion der Unternehmungen) gegenseitig ersetzen können. Aufgrund dieser Eigenschaft behindert die Nachfrage nach einem Gut grundsätzlich die Nachfrage nach dem anderen. Substitutionsgüter sind z. B. die Nahrungsmittel Butter und Margarine oder die Energieträger Erdöl und Erdgas.

---

[1] (lat.) substituere = ersetzen

Komplementärgüter[1] sind Güter, die sich beim Konsum oder bei der Produktion gegenseitig ergänzen. Folglich fördert die Nachfrage nach einem Gut grundsätzlich die Nachfrage nach dem anderen. Komplementärgüter sind z. B. Auto und Treibstoff, Spraydose und Treibgas, Schreibtisch und Schreibtischstuhl.

Güterarten nach der Gleichartigkeit der Güter

Homogene Güter[2] sind gleichartige Güter. Sie stimmen in Art, Aufmachung und Qualität vollkommen überein (z. B. gleiche Neuwagen).
Heterogene Güter[3] stimmen nicht überein (z. B. Gebrauchtwagen)

Güterarten nach der Dringlichkeit der Bedürfnisbefriedigung

Existenzgüter befriedigen Existenzbedürfnisse.
Kulturgüter befriedigen Kulturbedürfnisse.
Luxusgüter befriedigen Luxusbedürfnisse.

Güterarten nach dem Träger der Bedürfnisbefriedigung

Individualgüter sind Güter, mit denen der einzelne Haushalt selbst und eigenverantwortlich Bedürfnisse befriedigt. Sie werden von den Unternehmungen produziert und bereitgestellt.
Kollektivgüter sind Güter, die der Befriedigung der Sozial- oder Kollektivbedürfnisse dienen. Sie werden von der Gesellschaft, vom Staat bereitgestellt.

Arbeitsaufgaben

1. **Eine grundlegende Gütereinteilung unterscheidet zwischen wirtschaftlichen und freien Gütern.**
   a) Wodurch unterscheiden sich diese Güterarten?
   b) Nennen Sie wesentliche Eigenschaften wirtschaftlicher Güter.
   c) Versuchen Sie fünf freie Güter aufzuzählen.
2. **Ihr Ausbildungsbetrieb erstellt ganz bestimmte Leistungen.**
   a) Berichten Sie darüber, welchen Güterarten diese Leistungen zuzuordnen sind.
   b) Unterschiedliche Güterarten bedingen auch unterschiedliches Handeln. Geben Sie hierzu Beispiele an.
   c) Stellen Sie fest, welche Arten von Gütern in Ihrem Betrieb für die Erstellung der betrieblichen Leistungen eingesetzt werden.
3. **Herr Lindemann ist immer knapp bei Kasse. Ein Kollege erzählt ihm, mit Aktien könnte man viel Geld verdienen. Herr Lindemann nimmt sofort 10 000,00 EUR Kredit auf und kauft 50 Aktien der Industriebau AG zum Kurs von je 200,00 EUR. Nach drei Monaten will er wegen fälliger Schulden die Aktien verkaufen, muss aber feststellen, dass er statt des erhofften fetten Gewinns einen Verlust von 3 500,00 EUR „erwirtschaftet" hat.**
   a) Ohne Information ist sinnvolles Handeln nicht möglich. Erläutern Sie den verhängnisvollen Fehler, den Herr Lindemann gemacht hat.
   b) Warum lässt sich im vorliegenden Fall das Verlustrisiko keinesfalls völlig ausschließen?
4. **Dienstleistungen können nicht gelagert werden.**
   Welche grundlegenden Probleme entstehen hierdurch für einen Anbieter von Dienstleistungen (z. B. einen Spediteur) im Vergleich zu einem Anbieter von Sachgütern (z. B. einem Großhandelsbetrieb) bei einem vorübergehenden Nachfragerückgang?
5. **Eine Unternehmung stellt Fensterrahmen aus Kunststoff her.**
   a) Geben Sie Substitutionsgüter und Komplementärgüter für diese Produkte an.
   b) Welche Bedeutung hat die Kenntnis von diesen Gütern für den Fensterrahmenhersteller?

---

[1] (lat.) complementare = ergänzen
[2] homogen (aus dem Griechischen) = gleichartig
[3] heterogen (aus dem Griechischen) = andersartig

2.5 Markt und Preis

2.5.1 Märkte

> Der Teppichhändler in einem kleinen griechischen Gebirgsdorf und ein Tourist waren handelseinig geworden: Für 800 Drachmen wechselte der Schaffell-Teppich den Besitzer. Während die übrigen Reisenden die Pause bei Schafskäse und Wein genossen, hatten die beiden hartnäckig verhandelt. 1200 Drachmen wollte der Händler haben, 400 Drachmen hatte der Tourist geboten. Man einigte sich „auf halber Strecke". Der Tourist war allerdings nur so lange stolz darauf, den Teppich heruntergehandelt zu haben, bis er das gleiche Stück einige Tage später in der Plaka, der geschäftsträchtigen Athener Altstadt, fand: für 400 Drachmen – und damit 400 Drachmen billiger.[1]

Wer Güter verkaufen will, ist Anbieter; wer Güter kaufen will, ist Nachfrager. Wenn Käufe zustandekommen sollen, müssen Angebot und Nachfrage zusammentreffen.

Das **Angebot** an einem Gut wird stark beeinflusst durch

- den bestehenden Bedarf an dem Gut,
- die Ziele des Anbieters (z. B. hoher Gewinn, hoher Marktanteil),
- die Höhe der aufzuwendenden Kosten,
- den für das Gut erzielbaren Preis,
- die für andere Güter erzielbaren Preise,
- die längerfristigen Gewinnerwartungen.

Die **Nachfrage** nach einem Gut wird stark beeinflusst durch

- die Bedürfnisstruktur der Nachfrager,
- das verfügbare Einkommen der Nachfrager,
- den Preis des Gutes,
- die Preise anderer Güter,
- die Erwartungen betreffend die künftige Preisentwicklung.

Das *Zusammentreffen von Angebot und Nachfrage* nach einem bestimmten Gut nennt man Markt. Jedes Gut hat seinen eigenen Markt.

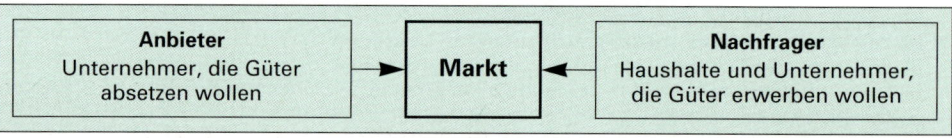

Nach der Art der gehandelten Güter unterscheidet man z. B. folgende Marktarten:

- Sachgütermärkte:
  Rohstoff-, Investitionsgüter-, Konsumgütermärkte
- Dienstleistungsmärkte:
  z. B. für Versicherungs-, Verkehrs-, Nachrichtenleistungen
- Kredit- und Kapitalmärkte:
  Märkte für kurz- und langfristiges Geldkapital
- Arbeitsmarkt;
  Markt für Stellensuchende und Stellenanbieter
- Immobilienmarkt:
  besonderer Sachgütermarkt für bebaute und unbebaute Grundstücke.

Sicherlich können Sie selbst noch weitere Marktarten nennen.

---

[1] Vgl. Schmacke/Weber: Der Schlüssel zur Wirtschaft. Düsseldorf 1976, Seite 92.

2.5.2 Preisbildung[1] durch Angebot und Nachfrage

Fast alle Güter sind knapp. Man fragt sie nach, weil man sich einen Nutzen davon verspricht. Der Anbieter kann deshalb einen Preis dafür verlangen.

Der Preis ist eine der wichtigsten Erscheinungen der Wirtschaft. Bei gegebenem Einkommen entscheidet er letztlich darüber, welche Güter der Einzelne kaufen kann und wie viel er davon kaufen kann, kurz: in welchem Umfang er seine Bedürfnisse befriedigen kann. Die Preise sind deshalb auch ein wichtiger Gegenstand der Wirtschaftspolitik, denn stark schwankende, unerschwingliche, aber auch zu niedrige Preise können schwere Störungen in der Wirtschaft hervorrufen.

Ist keine Konkurrenz vorhanden (Teppichverkauf im Gebirgsdorf), so ergibt sich der Preis nur aus Stärke und Verhandlungsgeschick der Marktpartner. Bei Konkurrenz (Athener Altstadt) richten sich Anbieter und Nachfrager dagegen an den Mitbewerbern aus: Sie vergleichen Preise und Qualität und wollen einander ausstechen. Der Markt wird „transparent". Eine solche Transparenz entsteht vor allem auf sog. **organisierten Märkten**, die zu festen Zeiten und an festen Orten stattfinden.

Zu den organisierten Märkten gehören z. B. Wochenmärkte, Großmärkte (wie Fisch-, Gemüse-, Blumenmärkte), Versteigerungen, Messen, Ausstellungen, Börsen.

Märkte können mehr oder weniger vollkommen sein.

Je vollkommener ein Markt ist, desto leichter lässt sich der Preisbildungsprozess durchschauen.

Ein vollkommener Markt erfüllt folgende Bedingungen:

1. Die angebotenen Güter sind in Art, Aufmachung und Qualität völlig gleich (sie sind **homogen**).
2. Die Käufer ziehen keinen Anbieter und kein bestimmtes Gut vor (sie haben keine persönlichen oder sachlichen **Präferenzen**).
3. Alle Marktteilnehmer haben gleich lange Wege (so genannter **Punktmarkt**).
4. Alle Marktteilnehmer sind über die gesamte Marktlage stets vollständig informiert (es besteht vollkommene **Markttransparenz**).
5. Alle Marktteilnehmer **reagieren** sofort auf jede Marktveränderung.

Es ist klar, dass solche Bedingungen kaum in der Wirklichkeit, sondern nur in Marktmodellen erfüllt sein können. Dazu gehört z. B. das **Modell der vollständigen Konkurrenz**. In diesem Modell sind noch weitere einschneidende Bedingungen festgelegt:

- Der Markt ist ein Polypol[2], d. h., er zählt sehr viele Anbieter und Nachfrager mit kleinen Marktanteilen.
- Die Marktteilnehmer stehen in Wettbewerb zueinander.
- Der Preis ist die einzige Bestimmungsgröße von Angebot und Nachfrage.

Wie vollzieht sich unter diesen Umständen die Preisbildung?

- Die Nachfrage ist bei hohen Preisen klein: Viele Nachfrager wollen oder können nicht kaufen. Bei fallendem Preis steigt sie immer mehr an. In einer grafischen Darstellung (Koordinatensystem) ergibt sich eine von links oben nach rechts unten **fallende Nachfragekurve**.
- Andererseits werden bei niedrigen Preisen nur wenige Verkäufer willens oder kostenmäßig in der Lage sein anzubieten. Mit steigendem Preis wächst das Angebot. Es verläuft entlang einer von links unten nach rechts oben **ansteigenden Angebotskurve**.

---

[1] Weitere Ausführungen zur Preisbildung, die über das Modell der vollständigen Konkurrenz hinausreichen, finden sich im Kapitel Preis- und Konditionenpolitik, S. 146 ff.
[2] griech.: pollos = viele

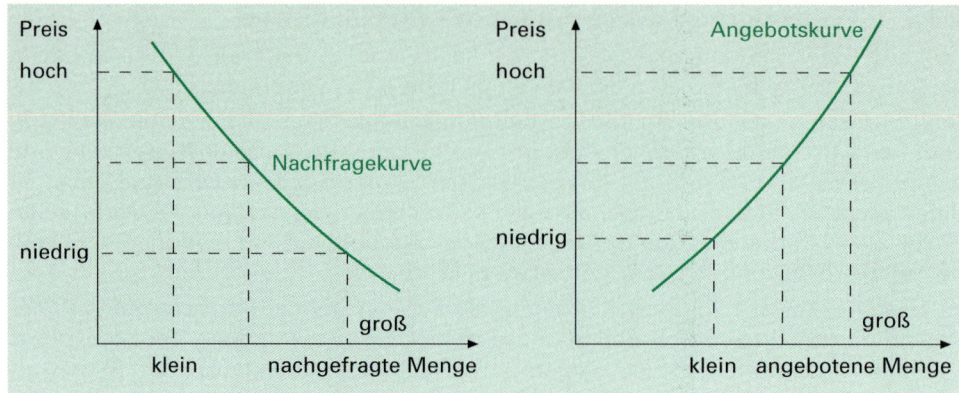

Vereinigt man beide Kurven in einem Diagramm, so könnten folgende Fälle eintreten:

- Bei einem hohen Preis (P_1) wäre das Angebot groß, die Nachfrage klein. Der **Angebotsüberhang** veranlasst die konkurrierenden Anbieter, die Preise herabzusetzen. Dabei treten neue Nachfrager auf, einzelne Anbieter scheiden aus. Schließlich pendeln sich Angebot und Nachfrage beim sog. „**Gleichgewichtspreis**" ein, bei dem das gesamte Angebot abgesetzt wird.
(Bei einem Angebotsüberhang sind die Käufer in einer stärkeren Position.) *Käufermarkt*

- Bei einem niedrigen Preis (P_2) herrscht dagegen ein **Nachfrageüberhang**. Der Wettbewerb zwischen den Nachfragern führt zu einem Preisanstieg, bis ebenfalls der **Gleichgewichtspreis** erreicht wird.
(Bei einem Nachfrageüberhang sind die Verkäufer in einer stärkeren Position.) *Verkäufermarkt*

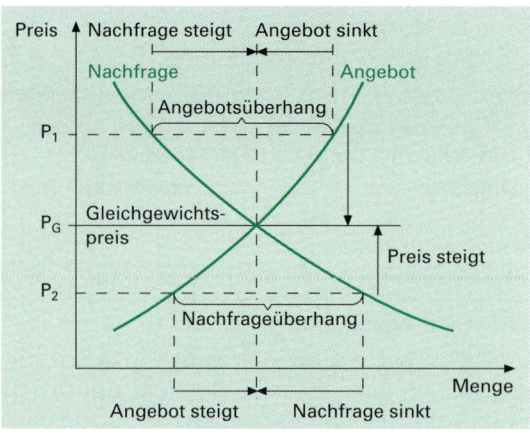

Bei *vollständiger Konkurrenz* bewegt sich der Marktpreis durch das Zusammenspiel von Angebot und Nachfrage – den so genannten Preismechanismus – auf einen *Gleichgewichtspreis* zu. Zum Gleichgewichtspreis wird das gesamte bei diesem Preis vorhandene Angebot nachgefragt und abgesetzt.

Der **Gleichgewichtspreis** hat folgende **Funktionen**:

- Der Gleichgewichtspreis erfüllt wesentliche Aufgaben um die Planungen der Wirtschaftssubjekte miteinander in Einklang zu bringen.

Ein hoher Marktpreis signalisiert z. B. den Unternehmungen, dass die Wertschätzung des Gutes bei den Nachfragern groß ist und dass hohe Gewinnchancen bestehen.

Der Gleichgewichtspreis erfüllt in einem funktionsfähigen Wettbewerb eine *Signalfunktion*.

- Dies führt in den Unternehmungen zu Produktionssteigerungen. Dazu werden neue (zusätzliche) Produktionsfaktoren benötigt. In der Regel kommen die zusätzlich benötigten Produktionsfaktoren aus den Bereichen, deren Güter weniger begehrt sind und folglich sinkende Preise aufweisen.
  Der Gleichgewichtspreis erfüllt in einem funktionsfähigen Wettbewerb eine *Lenkungsfunktion*. Er lenkt die Produktionsfaktoren an den Ort ihrer wichtigsten Verwendung.

- Anbieter, die bei sinkenden Preisen aufgrund ihrer Kostensituation nicht mithalten können, scheiden aus dem Markt aus. Andererseits lockt ein niedrigerer Preis zusätzliche Nachfrager an, so dass beim Gleichgewichtspreis der Markt immer geräumt wird.
  Der Gleichgewichtspreis erfüllt in einem funktionsfähigen Wettbewerb eine *Ausschaltungs- und Markträumungsfunktion*.

Arbeitsaufgaben

1. **Ein Fuhrunternehmer mit Sitz in Köln benötigt dringend zwei LKWs. Er versucht, sich die Fahrzeuge auf dem Gebrauchtwagenmarkt zu beschaffen.**
   a) Welche Überlegungen wird der Fuhrunternehmer anstellen und welche Probleme könnten für ihn auftreten?
   b) Auf dem Markt sei zur Zeit ein Angebotsüberhang gegeben. Erläutern Sie, welche Auswirkungen diese Situation auf Mengen und Preise haben kann.
   c) Es ist unwahrscheinlich, dass in dem dargestellten Fall ein wirklicher Gleichgewichtspreis zustandekommt. Woran liegt das?

2. **Herr Maier kauft sein Benzin stets bei einer Markentankstelle „um die Ecke", obwohl er es bei Einkaufszentren und freien Tankstellen bis zu 4 ct billiger bekommen könnte.**
   Welche Gründe könnten ihn hierzu veranlassen?

3. **Bei vollständiger Konkurrenz bilden sich die Preise durch Angebot und Nachfrage. Der Preis beeinflusst seinerseits Angebot und Nachfrage.**
   Erläutern Sie diese Aussage.

4. **Bei der Entwicklung der Erzeugerpreise für Schweinefleisch lässt sich ein stets wiederkehrender Kreislauf feststellen: Die Preise steigen und sinken abwechselnd, parallel dazu sinkt bzw. steigt die Zahl der am Markt angebotenen Schweine.**
   Versuchen Sie diesen „Schweinezyklus" zu erklären.

5.

Bei einem Preis (Kurs) von	werden nachgefragt	werden angeboten
101,00 EUR	38 000 Aktien	10 000 Aktien
102,00 EUR	23 000 Aktien	23 000 Aktien
103,00 EUR	15 000 Aktien	32 000 Aktien
104,00 EUR	7 000 Aktien	42 000 Aktien

   a) Wie groß sind der Angebots- bzw. Nachfrageüberhang bei den einzelnen Kursen?
   b) Wo liegt der Gleichgewichtskurs?
   c) Zeichnen Sie die Angebots- und Nachfragekurve und ermitteln Sie den Gleichgewichtskurs aus der Zeichnung.
   d) Der Markt für Aktien ist die Wertpapierbörse. Untersuchen Sie, inwieweit hier die Voraussetzungen für die vollständige Konkurrenz vorliegen.

6. **In und nach dem Zweiten Weltkrieg herrschte in Deutschland enorme Lebensmittelknappheit. Die Lebensmittelpreise wurden vom Staat festgelegt; gleichzeitig wurden Lebensmittelkarten ausgegeben, die Bezugsscheine für bestimmte Lebensmittel darstellten.**
   a) Welchen Sinn sollten diese Maßnahmen haben?
   b) Aufgrund der genannten Maßnahmen bildeten sich verbotene „schwarze Märkte", d. h., Anbieter verkauften die gewünschten Güter zu extrem hohen Preisen.
      Inwiefern kann man sagen, dass die schwarzen Märkte die tatsächlichen Marktverhältnisse widerspiegelten?

3 Notwendigkeit wirtschaftlichen Handelns
3.1 Ökonomisches Prinzip

Frau Kern hat ihr Monatsgehalt vom Konto abgehoben. Zunächst bezahlt sie die Miete. Anschließend kauft sie die notwendigen Lebensmittel ein und besorgt auch ein paar Toilettenartikel. Für ein Geschenk für ihre Freundin, die am Samstag eine Party gibt, legt sie 12,00 EUR beiseite. Es wäre auch noch eine neue Hose fällig, und außerdem müssen 100,00 EUR für den Urlaub angezahlt werden. Der Besuch beim Friseur kann noch aufgeschoben werden; er ist im Augenblick zu teuer. Das Gleiche gilt erst recht für den kleinen Gebrauchtwagen, von dem sie schon lange träumt und der ihr die Fahrt zur Arbeit erleichtern würde. Aber zur Not tut's ja auch die Straßenbahn!

Die Bedürfnisse der Menschen sind grundsätzlich unbegrenzt. Die meisten streben nach Existenzsicherung, dann nach Wohlstand und schließlich nach Luxus. Wachsende Produktion, perfekte Güter und allgegenwärtige Werbung fördern den Kaufreiz.

Leider sind die Mittel zur Befriedigung der Bedürfnisse meist begrenzt. Die Entscheidung für ein Gut bedeutet zwangsläufig den Verzicht auf ein anderes. Mit den knappen Mitteln muss gewirtschaftet werden.

Das *Wirtschaften* umfasst alle planvollen menschlichen Tätigkeiten, die darauf zielen, das Spannungsverhältnis zwischen den tendenziell unbegrenzten Bedürfnissen und der relativen Knappheit der Mittel (Güter) zu überwinden.

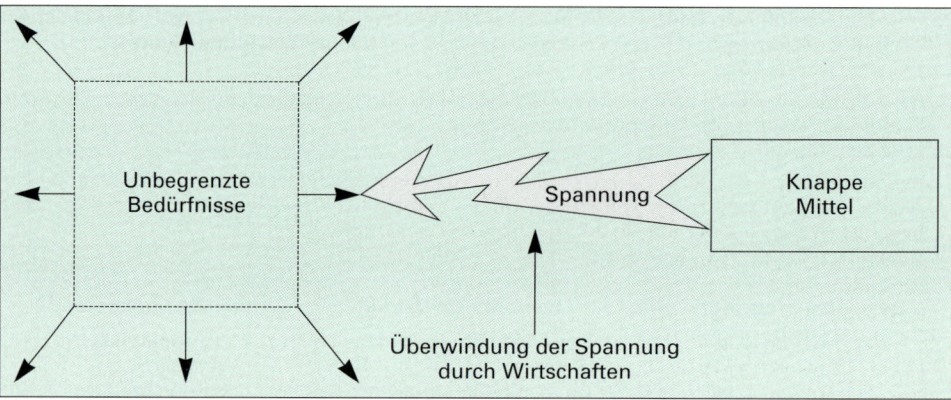

Die Knappheit der Mittel erfordert ökonomische (wirtschaftliche) Entscheidungen zugunsten der dringlichsten Bedürfnisse.

Ein rationales (wohlüberlegtes) Handeln, dessen Ziel ein größtmöglicher Erfolg ist, heißt Handeln nach dem **ökonomischen Prinzip** (wirtschaftlichen Prinzip). Es hat zwei Erscheinungsformen: Maximal- und Minimalprinzip.

1. *Maximalprinzip*: **Wirtschaftlich handelt, wer mit gegebenem Mitteleinsatz einen maximalen (möglichst großen) Erfolg erzielt.**
2. *Minimalprinzip (Sparprinzip)*: **Wirtschaftlich handelt, wer einen vorgegebenen Erfolg mit minimalem (möglichst geringem) Mitteleinsatz erzielt.**

Private Haushalte, Unternehmungen und auch der Staat müssen bei Ihren Entscheidungen das ökonomische Prinzip beachten.

Beispiele:

	Maximalprinzip	Minimalprinzip
Private Haushalte	Frau Kern verwendet ihr knappes Einkommen für den Kauf solcher Güter, von denen sie sich einen größtmöglichen Nutzen verspricht.	Frau Kern kauft auf dem Wochenmarkt ihren Salat beim günstigsten Anbieter.
Unternehmungen	Die Weberei Hendricks setzt ihre knappen Mittel (Arbeitskräfte, Maschinen, Werkstoffe) so ein, dass eine möglichst große Produktionsmenge zustandekommt.	Die Weberei Hendricks versucht eine festgesetzte Produktionsmenge mit geringstmöglichen Kosten zu produzieren.
Staat	Der Staat verwendet die knappen Steuereinnahmen für den Bau einer bestimmten Fernstraße, von der er sich die größte Verkehrsentlastung verspricht.	Der Kreis will ein Krankenhaus bauen. Der Auftrag wird öffentlich ausgeschrieben, um den günstigsten Anbieter zu ermitteln.

3.2 Ökologisches Prinzip

Bis 1996 konnte jeder seinen PC oder Fernseher über den Hausmüll entsorgen. Auf der Deponie gelandet, belastete das Gerät ggf. über den Boden das Grundwasser durch Schwermetalle, Öle oder Fette. Zudem gingen kostbare wieder verwertbare Rohstoffe verloren. Das Kreislaufwirtschaftsgesetz von 1996 setzt nun fest: Wer Güter produziert, vermarktet oder konsumiert, ist für die Vermeidung, Verwertung und umweltverträgliche Beseitigung der dabei anfallenden Reststoffe grundsätzlich selbst verantwortlich.

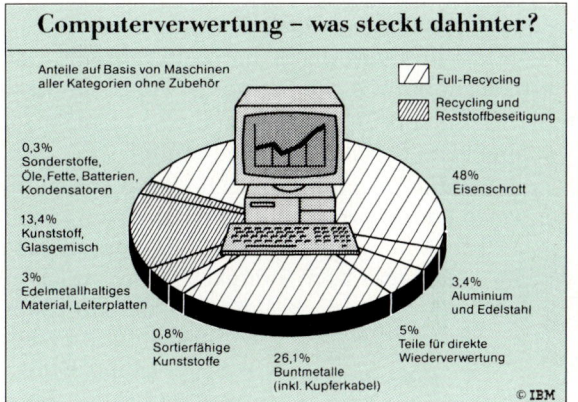

Mit der Richtlinie 2000/53/EG vom 18. September 2000 über Altfahrzeuge sieht die EU-Kommission ein von den Herstellern betriebenes Rücknahmesystem vor. Es besteht somit eine Rücknahmepflicht; die Kosten dafür sollen schon beim Verkauf der Produkte auf die Preise aufgeschlagen werden.

Die Rücknahmeverpflichtung zeigt bereits allgemeine Wirkung: Die Hersteller beginnen ihre Produkte von Anfang an so zu konzipieren, dass sie möglichst vollständig wieder verwertet werden können. So ist zu hoffen, dass in Zukunft Abfälle weitgehend vermieden und die begrenzten natürlichen Rohstoffbestände geschont werden.

Die Bereitstellung von Gütern und ihr Konsum vollziehen sich nicht im freien Raum, sondern in unserer natürlichen Umwelt. Dazu gehören der Boden, die Gewässer, der Luftraum sowie die Menschen und die gesamte Pflanzen- und Tierwelt. Die Erhaltung und Reinhaltung dieser Umweltelemente ist zu einem drängenden Gegenwartsproblem geworden. Entsprechende Bestrebungen sind ein besonderes Anliegen der Ökologie, der Wissenschaft von den Beziehungen der Lebewesen untereinander und zu ihrer Umwelt. Ihre Vertreter weisen eindringlich auf die Gefahren der zunehmenden Umweltverschmutzung hin.

> **Beispiele:**
> - Radioaktive Strahlungen durch Reaktorunfälle verursachen tödliche Krankheiten.
> - Verbrennungsvorgänge schädigen die Ozonschicht der Atmosphäre, welche lebensvernichtende Sonnenstrahlung absorbiert.
> - Mit Chemikalien belastete Abfälle verseuchen das Grundwasser.
> - Lärm schädigt die Nerven von Menschen und Tieren.

Man hat folgende Gefährdungsbereiche erkannt:
- die Erschöpfung der natürlichen Ressourcen (Rohstoffvorräte),
- die Verschmutzung der Umwelt,
- die Zerstörung ökologischer Kreisläufe und Systeme,
- die Belastung von Menschen, Tieren und Pflanzen durch schadstoffhaltige Produkte.

Umweltbelastungen treten in allen Phasen der Produktion und Konsum auf:
- bei der **Gewinnung** der Rohstoffe und Bodenschätze (z. B. Abbau nicht erneuerbarer Rohstoffe; Absenkung des Grundwasserspiegels durch Braunkohletagebau, Meeresverschmutzung durch Rohölgewinnung aus dem Meer);
- beim **Transport** (Luftverschmutzung; Verstopfung der Verkehrswege);
- bei der **Lagerung** (z. B. Wassergefährdung durch Lagerung gefährlicher Stoffe);
- bei der **Produktion** (z. B. hoher Energie- und Wasserverbrauch, Schadstoffausstoß, Produktionsabfälle);
- beim **Ge- und Verbrauch** der produzierten Güter (z. B. Freisetzung gesundheitsschädlicher Stoffe wie Formaldehyd, Lösungsmittel, Abfälle);
- bei der **Entsorgung** (z. B. Grundwassergefährdung bei Deponielagerung, Luftverschmutzung durch Müllverbrennung).

Die Industriebetriebe tragen teils direkt zu diesen Belastungen bei, indem sie Rohstoffe abbauen oder verarbeiten, Transporte zum Produktionsort und zum Kunden bewirken, Materialien, Halb- und Fertigprodukte lagern und Güter produzieren. Sie sind aber auch indirekt verantwortlich, indem sie durch die Produktion die für Gebrauch, Verbrauch und Entsorgung maßgeblichen Gütereigenschaften bestimmen.

Lösungsmittelfreie Klebstoffe machen mich nicht krank.

Und ich werfe keine wiederaufladbare Batterie weg.

Die *Ökologie* will die Belastungen der Umwelt durch wirtschaftliche Tätigkeiten minimieren oder gänzlich vermeiden.

Zunehmend bricht sich die Erkenntnis Bahn: Gleichberechtigt neben das ökonomische Prinzip muss das **ökologische Prinzip** treten:

Bei allen wirtschaftlichen Tätigkeiten ist so zu handeln, dass die *Umwelt* geringstmöglich belastet wird.

Alle Produzenten, Verbraucher und gewerblichen Verwender müssen das ökologische Prinzip beachten.

> **Beispiele:**
> **Sparsamer Umgang mit** nicht erneuerbaren **Rohstoffen** (einschließlich Wiederaufarbeitung von Abfällen: **Recycling**)
> Produktion **umweltfreundilcher Produkte**, die bei Gebrauch, Verbrauch und Entsorgung möglichst keine Schäden bei Mensch und Umwelt verursachen, sowie die Auswahl solcher Güter durch Verbraucher und gewerbliche Verwender (z. B. Recyclingpapier für den Schriftverkehr; solarbetriebene Taschenrechner; schadstoffarme Lacke und Wandfarben; Spray-

dosen ohne Fluorkohlenwasserstoffe (FCKW); Mehrwegflaschen; Produkte mit wenig aufwendiger Verpackung)

Anwendung **umweltfreundlicher („sanfter") Produktionstechniken**, die Boden, Wasser und Luft nicht belasten

Weitere **Maßnahmen der Produzenten** betreffend die Reinhaltung

- des **Bodens**: Sonderabfallbeseitigung (Altöle, Emulsionen, Lösungsmittel, sonstige Chemikalien und Konzentrate)
- der **Luft**: Absaug-, Filter- und Entschwefelungsanlagen (gegen Staub, Dämpfe, Gase und andere Schadstoffe), Lärmschutzvorrichtungen
- des **Wassers**: Kläranlagen (zur Enfgiftung, Entschlammung) und Brauchwasserrückführungsanlagen

Kraftfahrzeuge entwickeln Abgase und Lärm. Sie verstopfen immer mehr die Stadtzentren und Zufahrtsstraßen. Als **Verkehrsteilnehmer** müssen alle Wirtschaftssubjekte deshalb über den sinnvollen Einsatz ihrer Kraftfahrzeuge entscheiden.

3.3   Spannungsverhältnis Ökonomie – Ökologie

Interne und externe Kosten

Man erhält heutzutage kaum etwas umsonst. Das ist so, weil die meisten Güter nicht unbegrenzt vorhanden sind. (Der Volkswirt spricht von „knappen Gütern".) Wer Güter abgeben soll, verlangt einen Preis. Das gilt auch für die Produktionsfaktoren Arbeitskräfte, Betriebsmittel und Materialien. Der Betrieb muss sie einkaufen und die Kosten für ihre Nutzung tragen. Kosten, die vom verursachenden Betrieb zu tragen sind, nennt man interne[1] Kosten. Das Ziel der Gewinnmaximierung bedingt, diese Kosten genau zu erfassen – die Aufgabe der Kostenrechnung – und zu minimieren.

Einige wenige Güter – man denke an die Umweltgüter Luft, Grundwasser, Meer, fließende Gewässer – können nicht aufgeteilt werden. Kein Einzelner kann sie besitzen, jedermann kann sie nutzen ohne einen Preis zahlen zu müssen. Sie sind „freie Güter". Die Industriebetriebe nutzen die Umweltgüter durch die Emission[2] von Schadstoffen. Sie nehmen sie sozusagen unentgeltlich als Lagerraum für ihre Abfälle in Anspruch. Die Schadstoffe zerfressen Gebäude und Material, vergiften Lebewesen, Wasser und Luft. Die Kosten für Schadensbegrenzung und -beseitigung treffen nicht unmittelbar die verursachenden Betriebe. Sie sind für die Betriebe externe[3] Kosten. Sie belasten entweder die Geschädigten oder aber die Gemeinschaft, den Staat.

Jeder Betrieb steht in Wettbewerb mit seinen Konkurrenten. Kein Betrieb kann es sich leisten, seinen Gewinn zu gefährden. Deshalb wird grundsätzlich kein Betrieb freiwillig externe Kosten auf sich nehmen. Er wird auch keine Aufwendungen machen, um Umweltbelastungen von vornherein zu vermeiden. Es entstehen Umweltkonflikte.

Besser wär's ja, Rauchfilter einzubauen, aber dann müssen wir die Preise erhöhen.

Umweltkonflikte **treten immer dann auf, wenn Wirtschaftsteilnehmer sich zwischen mehreren Verhaltensweisen entscheiden müssen und wenn ein ökologisch sinnvolleres Verhalten ggf. mit individuellen Nachteilen verbunden ist.**

Solche Entscheidungen können z. B. betreffen:

- umweltverträgliche oder schädliche Rohstoffe,
- reichlicher vorhandene oder knappe Rohstoffe,
- umweltfreundliche oder umweltschädliche Produktionsverfahren,
- schadstoffreiche oder schadstoffhaltige Konsumgüter.

---

[1] intern = inwendig
[2] Emission = Abgabe, Ausstoß
[3] extern = auswärtig

Mit der Lösung solcher Konflikte im Sinne der Umwelt sind die privaten Wirtschaftssubjekte oft überfordert. Hier greift der Staat mit mehr oder weniger scharfen Maßnahmen ein.

Die **staatlichen Maßnahmen** umfassen:

- Einfluss auf die öffentliche Meinung durch Appelle zu umweltbewusstem Verhalten,
- die Gewährung von Subventionen bei Maßnahmen zur Verbesserung der Umweltsituation und zur Verringerung der Belastungsfaktoren,
- Gesetze und Verordnungen zum Umweltschutz,
- Steuern und Abgaben, die Verursacher von hohen Belastungen zu einer Verringerung veranlassen sollen.

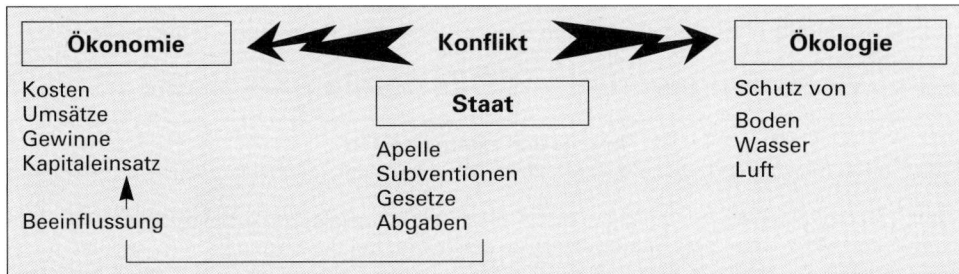

Arbeitsaufgaben

1.

„Also du kannst wählen: Entweder ein Baby oder ein neuer Mittelklassewagen..."

Das ökonomische Prinzip macht keine Aussage über den Sinn der Ziele, die Wirtschaftsteilnehmer sich gesetzt haben. Es sagt nur, wie man die gesetzten Ziele ökonomisch anstrebt.
Erläutern Sie dies am Beispiel der Karikatur.

2. Ein Planungsteam erhält von der Unternehmensleitung den Auftrag, ein Konzept für die Ausstattung der Büroräume mit modernen Geräten der Bürokommunikation zu erarbeiten.
Wie müsste die Vorgabe lauten, wenn das Team
   a) nach dem Maximalprinzip,
   b) nach dem Minimalprinzip handeln soll?

3. Durch den Ergiebigkeitsgrad lässt sich messen, wie gut das Maximalprinzip eingehalten wurde. Der Sparsamkeitsgrad zeigt das gleiche für das Minimalprinzip an.

$$\text{Ergiebigkeitsgrad} = \frac{\text{Istergebnis}}{\text{Sollergebnis}} \qquad \text{Sparsamkeitsgrad} = \frac{\text{Solleinsatz}}{\text{Isteinsatz}}$$

Ein Wert des Bruches von 1 (100 %) bedeutet höchste Wirtschaftlichkeit, ein Wert von 0 (0 %) höchste Unwirtschaftlichkeit.
In welchem der folgenden Fälle handelt es sich um das Maximalprinzip und in welchem um das Minimalprinzip?
   a) Mit einer Maschine lassen sich bei wirtschaftlicher Produktion monatlich höchstens 10 000 Plastikgefäße herstellen. Im Mai wurden 8 500 Gefäße hergestellt. (Ziel: möglichst viele Stücke herstellen!)
   b) Ein Betrieb berechnet für die Erstellung von elektronischen Geräten bei wirtschaftlichem Vorgehen einen monatlichen Sollverbrauch von 20 000 Stück eines bestimmten Schaltelementes. Aufgrund von Ausschuss wurden im Mai 23 000 Stück verbraucht. (Ziel: möglichst wenig Stück verbrauchen!)
Berechnen Sie in beiden Fällen die Wirtschaftlichkeit, einmal als Ergiebigkeitsgrad, einmal als Sparsamkeitsgrad.

4. Die Videoton AG benötigt ständig fremde Einbauteile, die in die eigenen Produkte (Geräte der Unterhaltungselektronik) eingebaut werden.
Welche Probleme könnten möglicherweise auftreten, wenn ein Einkäufer für Fremdbauteile die Anweisung hat, generell nach dem Minimalprinzip zu handeln?

5. In den Unternehmungen wird weitaus seltener gegen das ökonomische Prinzip verstoßen als in den Haushalten.
Versuchen Sie hierfür Gründe anzugeben.

6. Die Gemeinde Rübenach unterhält ein Hallenbad (Eintritt 3,00 EUR) mit angeschlossener Sauna (Eintritt 7,50 EUR). Die Preise decken die Kosten nicht. Für jeden Besucher legt die Gemeinde etwa 1,00 EUR bzw. 2,50 EUR zu. Eine private Sauna verlangt 11,00 EUR Eintritt und arbeitet mit Gewinn.
   a) Welche unterschiedlichen Wirtschaftsprinzipien spiegeln sich in den Preisstellungen wider?
   b) Warum kann die Gemeinde einen Verlust auf Dauer verkraften, der private Anbieter hingegen nicht?
   c) Überlegen Sie, ob von der Gemeinde und dem Privatunternehmen gleiche Leistungen angeboten werden.

7. Von Ihrem Abteilungsleiter hören Sie folgende Aussagen:
   a) Umweltverträgliche Güter sind oft teurer. Als Rohstoffe erhöhen sie die Kosten der Unternehmung, als Fertigprodukte erbringen sie unbefriedigenden Umsatz.
   b) Umweltverträgliche Güter genügen oft den Qualitätsansprüchen nicht (z. B. Recyclingpapier).
   c) Die Umstellung auf umweltverträgliche Fertigungsverfahren erfordert oft einen hohen Kapitaleinsatz und verursacht hohe Kosten, die den Gewinn schmälern.
   d) Höhere Produktionsmengen senken die Kosten pro Stück, führen aber zu höheren Schadstoffemissionen.
Nehmen Sie Stellung zu den angesprochenen Konflikten.

8. Ökologie beginnt z. B. am Arbeitsplatz ...
   a) Überprüfen Sie Ihren persönlichen Arbeitsplatz auf umweltverträgliche Arbeitsmittel.
   b) Überlegen Sie, ob ökologisch ratsame Änderungen zu Konflikten mit der Ökonomie führen können.

9. „Ökologische Probleme lassen sich wirksam nur durch staatliche Gebote und Vorschriften lösen."
Diskutieren Sie diese Aussage.

10. Konflikt Ökonomie – Ökologie
Erläutern Sie die Aussage des Bildes, und nehmen Sie kritisch Stellung dazu.

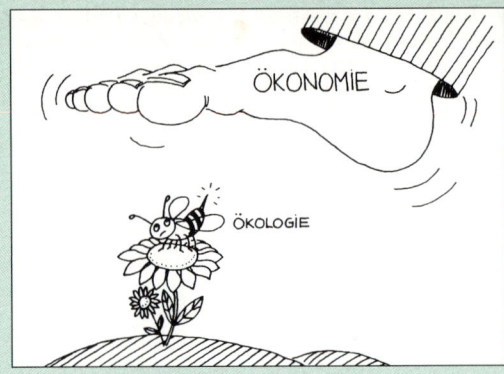

11. Umweltschutzinvestitionen sind nicht kostenlos zu haben.
Nehmen Sie Stellung zu der Ansicht, dass es möglich ist diese Kosten vollständig über die Produktpreise abzuwälzen.

4 Wirkung der Produktionsfaktoren im Wirtschaftsprozess

4.1 Arbeitsteilung

> Der schottische Nationalökonom Adam Smith (1723-1790) brachte in seinem Buch „Untersuchung über das Wesen und die Ursachen des Volkswohlstands (1776) folgende beiden berühmt gewordenen Beispiele:
> (1) Ein nicht in der Herstellung von Stecknadeln ausgebildeter Arbeiter wird an einem Tag nur sehr wenige Stecknadeln herstellen können. Bei der arbeitsteiligen Produktion in einer Manufaktur wird die Fertigung in 18 Einzeloperationen zerlegt, die in der Regel alle von verschiedenen Arbeitern ausgeführt werden (z. B. Draht abspulen, richten, schneiden, anspitzen, schleifen, Kopf schlagen). So produziert eine Manufaktur mit 10 Arbeitern pro Tag 48 000 Stecknadeln.
> (2) Wenn ein Schmied alle möglichen Schmiedearbeiten ausführt, so wird er für die Herstellung von Hufnägeln keine besondere Geschicklichkeit erwerben. Wenn ein anderer Schmied nur Hufnägel schmiedet, so wird er dem ersten an Geschicklichkeit weit überlegen sein.

Arbeitsteilung liegt vor, wenn die Arbeiten in einem Leistungsprozess auf verschiedene Träger verteilt werden. Arbeitsteilung bedeutet insofern Spezialisierung auf bestimmte Tätigkeiten.

Arten der Arbeitsteilung
Artteilung (vertikale Arbeitsteilung)
Die Träger des Leistungsprozesses führen verschiedenartige Tätigkeiten aus.
Mengenteilung (horizontale Arbeitsteilung)
Die Träger des Leistungsprozesses führen gleichartige Tätigkeiten aus.

Arbeitsteilung vollzieht sich in der modernen Wirtschaft
- in den einzelnen Betrieben (betriebliche Arbeitsteilung),
- zwischen den einzelnen Betrieben (überbetriebliche Arbeitsteilung),
- zwischen den Volkswirtschaften (internationale Arbeitsteilung).

4.1.1 Betriebliche Arbeitsteilung
Aufgabengliederung

In jeder Unternehmung muss eine Reihe grundlegender Aufgaben (Funktionen) erfüllt werden: Einkauf, Fertigung, Lagerung, Verkauf und andere mehr. Sie werden den betrieblichen Abteilungen zugeordnet. In den Abteilungen werden sie weiter aufgegliedert und auf Aufgabenträger verteilt.

Beispiel:

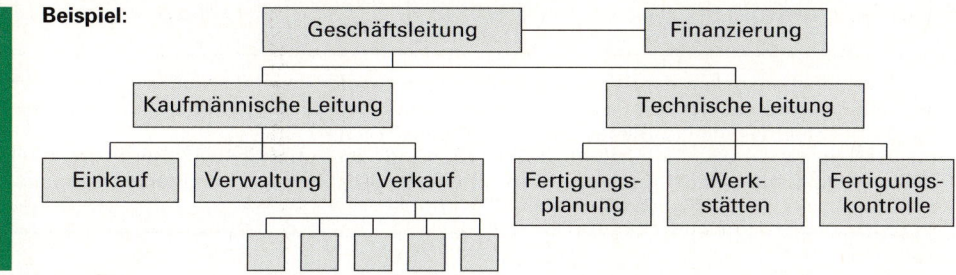

Zwischen mehreren Einkäufern mit der gleichen Tätigkeit herrscht Mengenteilung, zwischen Einkäufern und Verkäufern Artteilung. Gleiches gilt sinngemäß für alle anderen Tätigkeiten.

Arbeitszerlegung

Arbeitszerlegung **liegt vor, wenn eine Arbeit in Arbeitsvorgänge und weiter in Teilvorgänge zerlegt wird.**

Die Teilvorgänge werden heutzutage häufig weiter in Vorgangsstufen und sogar in Vorgangselemente zerlegt. Dadurch entstehen minimale unselbstständige Verrichtungen, deren Sinn im Gesamtzusammenhang der Arbeitende nicht mehr erkennt.

Beispiel:

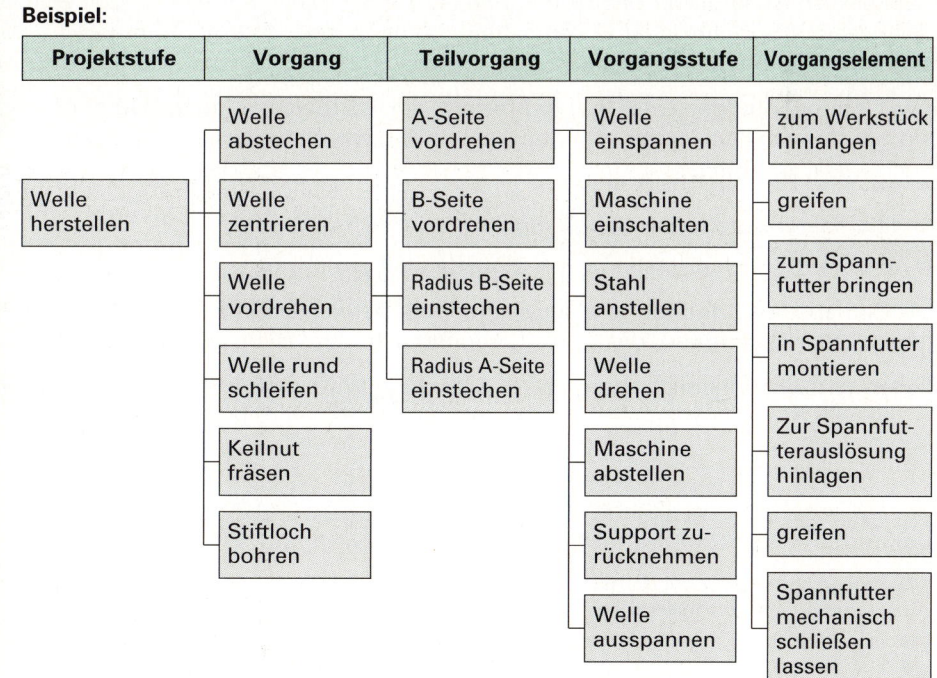

Mengenteilung ist z. B. gegeben, wenn viele Arbeiterinnen stets die gleichen Teilchen löten; Artteilung, wenn die Arbeiter am Fließband nacheinander unterschiedliche Handgriffe verrichten.

4.1.2 Überbetriebliche Arbeitsteilung

Produktionsteilung

> In den Produktionshallen der Automobilwerke werden in der Regel das Fahrwerk, die Achsen, der Rahmen, die Karosserie, der Motor, das Getriebe, die Kupplung und die Sitze gefertigt. Die Materialien hierfür aber werden von Lieferern bezogen.
> Das Gleiche gilt für viele bereits fertige Einbauteile, die im Automobilwerk nur noch montiert werden: Batterie, Lichtmaschine, Kabel, Reifen, Bordcomputer, Messgeräte, Lampen, Dichtungen, Federn, Scheiben usw.

Die einzelne Unternehmung fertigt fast nie ein Fertigprodukt allein, sondern bezieht vorbereitete Materialien und fertige Einbauteile von Lieferern. Dadurch kommt es zu einer Arbeitsteilung zwischen den betreffenden Unternehmungen. Sie heißt Produktionsteilung und ist eine aus betrieblicher Sicht überbetriebliche Arbeitsteilung.

Produktionsteilung **liegt vor, wenn Unternehmungen von anderen Unternehmungen Leistungen beziehen, die sie für ihre eigene Leistungserstellung benötigen.**

Volkswirtschaftliche Arbeitsteilung

Aus volkswirtschaftlicher Sicht kann man feststellen: Die Unternehmungen erstellen das gesamte Sozialprodukt in Arbeitsteilung, denn jede Unternehmung ist für eine spezielle Teilaufgabe zuständig.

Alle Unternehmungen einer Volkswirtschaft, die in Arbeitsteilung die Güter des Sozialprodukts erstellen, lassen sich drei großen **Wirtschaftsbereichen** zuordnen:

- **primärer Bereich (Urerzeugung),**
- **sekundärer Bereich (Verarbeitung),**
- **tertiärer Bereich (Erstellung von Dienstleistungen).**

Die Betriebe des primären und des sekundären Bereichs sind Sachleistungsbetriebe (sie erstellen Sachgüter), die des tertiären Bereichs sind Dienstleistungsbetriebe.

Jeden Wirtschaftsbereich kann man in **Branchen (Wirtschaftszweige)** untergliedern:

Vergleichen Sie hierzu S. 31 ff.

Wirtschaftsbereiche und Wirtschaftszweige

Primärer Bereich (Urerzeugung)

Die Unternehmungen der Urerzeugung besorgen den Abbau der Naturschätze und den landwirtschaftlichen Anbau:

- Landwirtschaft,
- Fischerei,
- Forstwirtschaft,
- Bergbau,
- Öl- und Gasgewinnung.

Sekundärer Bereich (Verarbeitung)
Industrie

Grundstoffindustrie	Investitionsgüterindustrie	Konsumgüterindustrie
Sie stellt wenig bearbeitete Erzeugnisse zur weiteren Be- oder Verarbeitung her; z. B. Eisen schaffende Industrie, Metallgießereien, Mineralölverarbeitung, chemische Grundstoffindustrie.	Sie stellt Güter her, die zur Produktionsausrüstung in anderen Betrieben bestimmt sind; z. B. Maschinenbau, Teile der Elektroindustrie, des Fahrzeugbaus.	Sie stellt Güter für den Ge- oder Verbrauch in Haushalten her; z. B. Schuh-, Textil-, Bekleidungs-, Glas-, Lederwaren-, Nahrungsmittel-, Genusswaren-, Möbelindustrie.

Handwerk
Kleine Bearbeitungs-, Verarbeitungs- und Reparaturbetriebe; z.B. Bäckerei, Fleischerei, Kunsthandwerk, Tischlerei, Schneiderei, Buchbinderei.

Tertiärer Bereich
(Erstellung von Dienstleistungen)
Handelsbetriebe
Sie übernehmen die Verteilung der Güter, sind also die Verbindung zwischen Produktion und Verbrauch. Ohne den Handel müsste sich jeder Produktionsbetrieb oft mit Tausenden von Verbrauchern in Verbindung setzen. Durch diese Mehrarbeit wäre es ihm oft kaum möglich, sich genügend auf seine eigentliche Aufgabe, die Produktion, einzustellen.

Großhandel	Einzelhandel
Der Großhandel kann große Bestellungen vornehmen. Erzeuger, Weiterverarbeiter und Einzelhändler können aufgrund langfristiger Vorbestellungen besser planen. Der Aufkaufgroßhandel kauft beim Erzeuger Rohstoffe an und verkauft sie an Weiterverarbeiter. Der Produktionsverbindungsgroßhandel versorgt zwei aufeinander folgende Produktionsstufen mit Fertigprodukten. Der Absatzgroßhandel hält die Waren für die meist kurzfristigen Bestellungen der Einzelhändler bereit.	Er kauft von verschiedensten Großhändlern und Produzenten und hält so eine unübersehbare Fülle von Bedarfsgegenständen in verschiedener Güte, Ausführung und Preislage jederzeit und in jeder Menge für den Verbraucher bereit.

andere Dienstleistungsbereiche

Kreditinstitute	Versicherungsbetriebe	Verkehrsbetriebe	Nachrichtenbetrieb
Banken und Sparkassen vermitteln den Zahlungsverkehr, nehmen Einlagen zur Verzinsung an und stellen der Wirtschaft Kapital zu Verfügung (Kreditgewährung).	Sie übernehmen gegen Prämien das Risiko und gleichen Verluste aus.	Eisenbahn, Post, Schifffahrt, Luftfahrt, Speditionsbetriebe sorgen für die Beförderung von Personen und Gütern.	Sie übermitteln Informationen: Rundfunk, Fernsehen, Zeitungs- und Zeitschriftenverlage.

Der Anteil der Beschäftigten in den drei Bereichen kennzeichnet die **Erwerbsstruktur** eines Landes. In den Entwicklungsländern z. B. sind die meisten Menschen in der Landwirtschaft beschäftigt, in entwickelten Volkswirtschaften dagegen in der Industrie und in den Dienstleistungsbereichen.

Betrachtet man die Beschäftigung in den verschiedenen Wirtschaftszweigen, so fällt auf, dass

- in der Landwirtschaft die Zahl der Erwerbstätigen ständig zurückgeht,
- im produzierenden Gewerbe nach einem starken Anstieg, bedingt durch die Industrialisierung, ebenfalls ein Rückgang eingesetzt hat,
- bei Handel und Dienstleistungen eine Zunahme zu verzeichnen ist, die sich auch in der Zukunft noch fortsetzen wird.

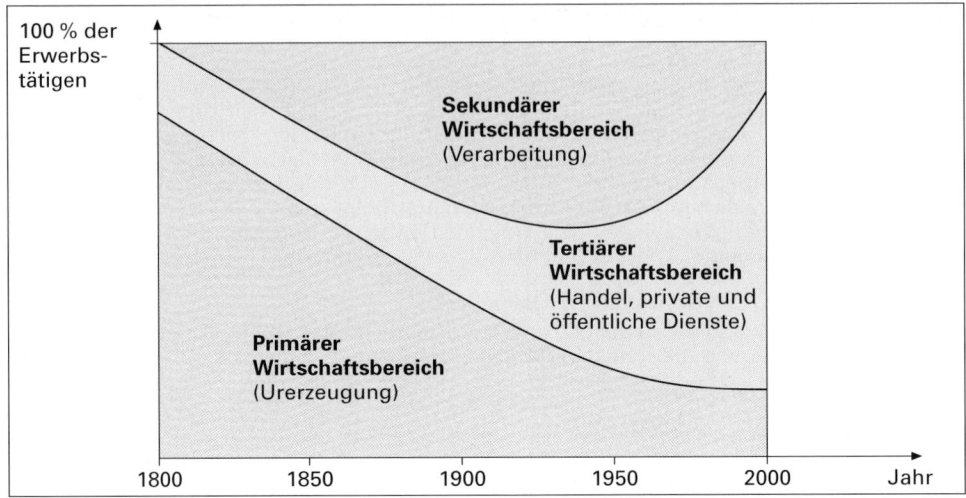

Der Grund für den Beschäftigungsrückgang in der Industrie ist vor allem in den fortschreitenden Rationalisierungsmaßnahmen in diesem Bereich zu suchen. Im Dienstleistungsbereich sind stagnierende[1] Branchen (vor allem Handel, Verkehr) und expandierende[2] Branchen (z. B. Softwareentwicklung, Telekommunikation) festzustellen.

4.1.3 Internationale Arbeitsteilung

Internationale Arbeitsteilung ist unabdingbar, wenn ein Land Fertigerzeugnisse herstellen will, aber nicht die notwendigen Rohstoffe oder Halbfertigerzeugnisse besitzt. Es muss diese dann aus dem Ausland beziehen. Darüber hinaus ist es aber auch günstig, beliebige andere Güter dort zu produzieren, wo sie die geringsten Kosten verursachen, und sie dann einzutauschen.

4.1.4 Positive Auswirkungen der Arbeitsteilung

Arbeitsteilung bedeutet **Spezialisierung**. Damit können jeder Arbeiter und jede Unternehmung Tätigkeiten übernehmen, für die sie das größte Wissen und die größte Erfahrung haben.

Spezielle Begabungen und Geschicklichkeiten lassen sich nutzen, und es wird große Übung und Routine erreicht.

Darüber hinaus ermöglicht die Arbeitsteilung eine **zweckmäßige Gestaltung der Arbeitsvorgänge (Rationalisierung)**[3]. Auch dies führt zu Routine und höherer Arbeitsgeschwindigkeit bei gleichzeitiger Kostensenkung. Durch den zweckmäßigen Einsatz von Maschinen wird diese Wirkung verstärkt.

Für die Volkswirtschaft ergeben sich bedeutsame Vorteile:

- Die Ergiebigkeit der Arbeit (Arbeitsproduktivität) wird gesteigert. Große Gütermengen werden an den Markt gebracht und führen zu einer reichhaltigeren Güterversorgung.
- Die Qualität der Güter steigt.
- Die Güter können preiswert angeboten werden.

---

[1] (lat.) stagnieren = stocken
[2] (lat.) expandieren = ausdehnen
[3] (lat.) ratio = Vernunft

4.1.5 Negative Auswirkungen der Arbeitsteilung

Arbeitsteilung ist verbunden mit stetiger Bemühung um Rationalisierung und Automation. Dabei kommen teure Produktionsanlagen zum Einsatz, die einen hohen Ausstoß an Erzeugnissen haben.

Solche Anlagen sind v.a. Fließbänder, CNC-Anlagen, Roboter, flexible Fertigungssysteme. Vgl. Seite 109 ff.

Wenn sich der Einsatz solcher Anlagen lohnen soll, so ist die Voraussetzung dafür eine starke Nachfrage nach den Erzeugnissen der Betriebe am Markt. Der Unternehmer muss sie erhalten und durch ständige Werbung noch zu vergrößern suchen. Sonst ist die Vollbeschäftigung seiner Arbeiter und der teuren Anlagen gefährdet. Bei Nachfrageänderungen (z. B. durch vermehrtes Sparen, Modewandlungen, Bevölkerungsabnahme, Geldwertschwankungen, Arbeitslosigkeit) werden die automatisierten Betriebe stark betroffen und mit ihnen viele abhängige Zulieferbetriebe.

Besondere Gefahren birgt die Arbeitszerlegung für den Menschen in sich:

Das Spezialistentum entwickelt die Fähigkeiten des Menschen völlig einseitig und lässt weite Bereiche anderer Fähigkeiten verkümmern. Die Arbeit wird eintönig, durch rasche Ermüdung einzelner Körperteile entstehen Schäden. Mit der fehlenden Einsicht in den Sinn der Arbeit gehen auch die Arbeitsfreude und die Leistungsbereitschaft verloren.

Auch die internationale Arbeitsteilung birgt Gefahren:

- Wenn die Produktion ins Ausland abwandert, weil dort kostengünstiger produziert werden kann, können im Inland Arbeitsplätze gefährdet werden.
- Die Beschäftigung in der Exportindustrie ist direkt von der Höhe der Auslandsaufträge abhängig.
- Es kann zu einseitigen Produktionsstrukturen im Inland kommen bei starker Abhängigkeit von der Preisentwicklung im Ausland.
- Verzichtet ein Land auf die Herstellung wichtiger Güter, so kann es bei Krisen Erpressungen des Auslands wehrlos ausgeliefert sein.

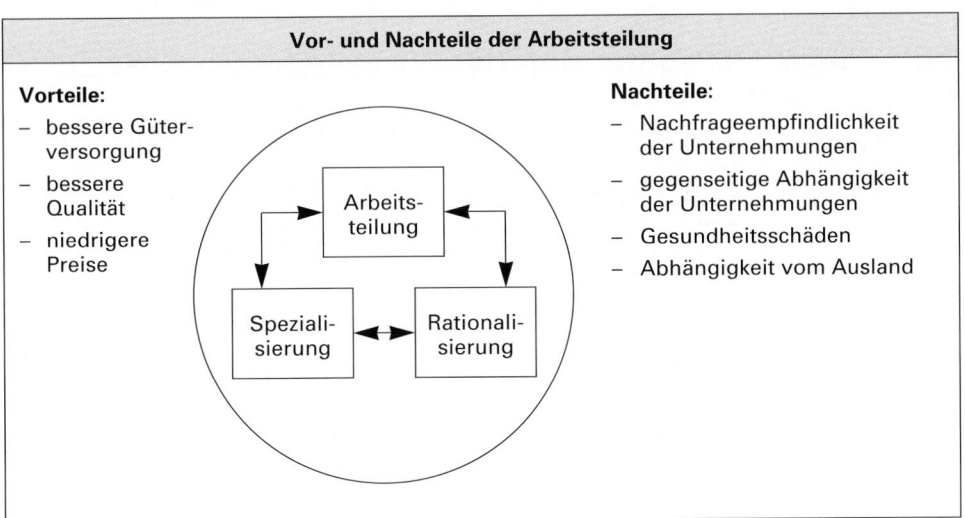

Arbeitsaufgaben

1. **Arbeitsteilung besteht im Betrieb, aber auch zwischen den Betrieben.**
   a) Erläutern Sie die Aufgabengliederung in Ihrem Ausbildungsbetrieb.
   b) Erklären Sie die überbetriebliche Arbeitsteilung am Beispiel der Herstellung eines Buches.

2. **Groß- und Einzelhandelsbetriebe übernehmen in hohem Maße die Absatztätigkeit für die Herstellerbetriebe.**
   Welche Schwierigkeiten würden für Produktionsbetriebe und Verbraucher auftreten, wenn es keine Groß- und Einzelhändler gäbe?

3. **Eine sehr weitgehende Arbeitszerlegung war noch in den Achtzigerjahren des 20. Jahrhunderts bei der Fließbandarbeit vorzufinden. Sie führte oft zu Problemen mit den Arbeitskräften.**

   „Nachmittagsschicht in einem deutschen Automobilwerk, Fertigungsstraße für ein 16 000 DM-Auto. Auf dem Band: Hinterachsen, die langsam vorwärts gleiten. Ein Arbeiter, gelernter Mechaniker, öffnet eine Plastikkappe am Differenzialgehäuse einer Achse, wirft eine Schraubenmutter zwischen die Zahnräder, schließt die Kappe wieder. Das Band zieht weiter, eine neue Hinterachse kommt, wieder wird eine Mutter ins Differenzial geworfen, ein Aggregat im Werte von 500 DM unbrauchbar gemacht.
   Ein paar Mal geht das so, dann wird ein Vorarbeiter Zeuge des Geschehens, nimmt den Arbeiter zur Seite, stellt ihn zur Rede. „Ich hasse diese Arbeit", sagt der Arbeiter. – „Wenn du noch einmal ... ", warnt ihn der Vorarbeiter. Kein Aufsehen, keine Meldung – der Vorfall wird vertuscht. Dem Vorarbeiter fehlen sowieso 3 Leute."

   (Quelle: ADAC-Motorwelt)
   a) Mit welchen Schwierigkeiten hat dieses Automobilwerk zu kämpfen?
   b) Nennen Sie Gründe für diese Schwierigkeiten.
   c) Beschreiben Sie Möglichkeiten, die Schwierigkeiten zu beseitigen.

4. **Die Zunahme des tertiären Sektors (Wirtschaftsbereichs) auf Kosten der anderen Sektoren wird oft als „Marsch in die Dienstleistungsgesellschaft" umschrieben.**
   Analysieren Sie Chancen und Probleme, die sich für Arbeitnehmer aus dieser Entwicklung ergeben.

5. **„Es kann für jedes Land nur vorteilhaft sein, wenn die internationale Arbeitsteilung so weit wie möglich fortschreitet."**
   Nehmen Sie Stellung zu dieser Aussage.

4.2 Umweltorientierung der Wirtschaftsprozesse

Der Schutz der Umwelt hat im Laufe der letzten 25 Jahre einen hohen Stellenwert im Bewusstsein der Menschen gewonnen. Mehr als 90 % der deutschen Bevölkerung meinen, dass Schutz und Erhaltung der Umwelt zur Sicherung unserer Zukunft notwendig sind.

4.2.1 Grundsätze umweltorientierter Prozesse

Folgende Grundsätze sind heutzutage bei der Gestaltung der Wirtschaftsprozesse zu beachten.

Diese Grundsätze sind zugleich die Zielsetzungen der staatlichen Umweltpolitik.

- **Allgemein: Handeln nach dem** *Vorsorgeprinzip* **und nach dem** *Verursacherprinzip.*

  Das **Vorsorgeprinzip** verlangt, durch vorsorgendes Verhalten Umweltschäden von vornherein zu vermeiden, anstatt entstandene Schäden mit hohen Kosten zu beseitigen (vorbeugender Umweltschutz).

Beispiel:
Vorbeugender Gewässerschutz durch betriebliche Kläranlagen

Das **Verursacherprinzip** besagt, dass der Verursacher von Umweltbelastungen die Kosten für die Schadensbeseitigung zu tragen hat.

Beispiel:
Wer Abwässer in Gewässer einleitet, muss Abwassergebühren bezahlen. Die Höhe der Gebühren hängt vom Ausmaß der Verschmutzung ab.

Nur wenn das Verursacherprinzip nicht anwendbar ist, soll die Allgemeinheit auf dem Wege der Besteuerung die Kosten tragen (**Gemeinlastprinzip**).

Beispiel:
Errichtung von Lärmschutzwällen an der Autobahn

- **Schonende Nutzung der Umweltressourcen (sog. „sustainable development" = dauerhafte, nachhaltige Entwicklung)**
  - Erneuerbare Rohstoffe (z. B. Holz) sollen nur in dem Umfang verbraucht werden, wie sie nachwachsen.
  - Nicht erneuerbare Rohstoffe (z. B. Rohöl, Erze) sollen nur abgebaut werden, wenn sichergestellt ist, dass für nachfolgende Generationen kein Mangel entsteht.
  - Durch konsequentes Recycling[1] ausgedienter Produkte und Verpackungen soll ein Rohstoffkreislauf, eine **Kreislaufwirtschaft**, entstehen. Formen des Recycling sind:
    - Wiederverwendung (z. B. Pfandflasche, Nachfüllflasche);
    - Weiterverwendung (z. B. Marmeladenglas als Trinkglas);
    - Wiederverwertung (z. B. Kupfergewinnung aus Kupferspulen);
    - Weiterverwertung (z. B. Herstellung von Karton aus Altpapier).

- **Erstellung umweltfreundlicher Produkte**
  - An Stelle umweltgefährlicher Roh-, Hilfs- und Betriebsstoffe sind umweltunschädliche Stoffe zu verwenden (z. B. chlorfrei gebleichtes Papier).
  - Die Produkte sind so zu erstellen, dass sie bei Transport, Lagerung, Gebrauch, Verbrauch und Entsorgung keine bzw. nur unvermeidbare Schäden für Mensch und Umwelt verursachen.

- **Anwendung umweltfreundlicher („sanfter") Produktionstechniken**
  Die Produktionsverfahren sollen so beschaffen sein, dass von vornherein möglichst wenig Schadstoffe an die Umwelt abgegeben werden (z. B. durch Brauchwasserrückführungsanlagen), möglichst wenig Rohstoffe und Energien verbraucht und Recyclingmöglichkeiten eröffnet werden.

- **umweltfreundliche Entsorgung unvermeidbarer Abfälle**
  - zur Reinhaltung des Bodens und Wassers: z. B. Sonderabfallentsorgung (Altöle, Emulsionen, Lösungsmittel, sonstige Chemikalien und Konzentrate), Kläranlagen (zur Entgiftung, Entschlammung);
  - zur Reinhaltung der Luft: z. B. Absaug-, Filter-, Entschwefelungsanlagen (gegen Staub, Dämpfe, Gase und andere Schadstoffe), Lärmschutzvorrichtungen.

- **umweltfreundliche Dienstleistungsgestaltung**
  Dienstleistungen sollen unter Berücksichtigung des vorbeugenden Umweltschutzes ausgeführt werden (z. B. bei Transporten: Energie-, Abgas-, Lärmreduzierung; grundsätzlich verlangt dies die Verlagerung der Transporte von Straße und Luft auf Schiene und Wasser).

---

[1] (engl.) wörtlich: In-den-Kreislauf-Zurückführen

4.2.2 Staatliche Umweltmaßnahmen

Staatliche Umweltmaßnahmen
Appelle, Verhandlungen Durch Appelle zu umweltbewusstem Verhalten soll Einfluss auf die öffentliche Meinung genommen werden. Verhandlungen mit Unternehmen sollen freiwillige Selbstverpflichtungen der Unternehmen bewirken.
Subventionen Unternehmen erhalten Subventionen für Maßnahmen, die die Umweltlage verbessern und Belastungsfaktoren verringern.
Rechtsvorschriften Gesetze, Rechtsverordnungen, Verwaltungsanordnungen, Satzungen, technische Regelwerke[1] schreiben zwingend ein umweltfreundliches Verhalten vor. Sie betreffen die Bereiche Naturschutz und Landschaftspflege, Immissionsschutz (Luftreinhaltung, Lärmbekämpfung), Abfallentsorgung, Gewässerschutz, Energie, Schutz vor gefährlichen Stoffen.
Steuern und Abgaben Die Verursacher hoher Umweltbelastungen sollen durch Steuern (Öko-, Energiesteuern) und Abgaben zu einer Verringerung der Belastungen veranlasst werden.

Wussten Sie, dass es in Deutschland 2001 etwa 11 000 Rechtsvorschriften zum Umweltschutz gab und dass große Unternehmen, z. B. Siemens, bis zu 400 Vorschriften zu beachten haben?

Beispiele:

- **Immissionsschutzgesetze von Bund und Ländern; Technische Anleitung zur Reinhaltung der Luft**: Personen und ihre Grundstücke sollen vor rechtswidrigen Einwirkungen durch Luftverunreinigung, Geräusche und Erschütterungen bewahrt werden.
- **Schallschutz-Verordnung; Fluglärm-Schutzgesetz; Technische Anleitungsverordnung Lärm**: Sie legen Grenzwerte und Maßnahmen zur Verhinderung oder Verminderung von Lärmemissionen fest.
- **Abwasserabgabengesetz; Wasserhaushaltsgesetz;** Bestimmung der Schädlichkeit der Restverschmutzung von Wasser. Benutzung und Schutz der oberirdischen Gewässer, des Grundwassers und der Küstengewässer.
- **Kreislaufwirtschaftsgesetz; Verordnung über die Vermeidung von Verpackungsabfällen**: Maßnahmen zur Minderung oder Beseitigung der Abfälle durch Deponierung, Abfallverbrennung, Kompostierung oder Recycling. Verpflichtung des Herstellers/Verkäufers zur kostenlosen Rücknahme von Verpackungen.
- **Waschmittelgesetz; Benzinbleigesetz**: Zulässige Zusammensetzung und Anwendung der Waschmittel. Höchstzulässiger Gehalt an Bleiverbindungen und anderen Metallen in Benzin und Diesel.

4.2.3 Genehmigungspflicht von Anlagen

Für neue Produktionsanlagen ist vor der Erteilung der Betriebsgenehmigung eine **Umweltverträglichkeitsprüfung** vorgeschrieben (Gesetz über die Umweltverträglichkeitsprüfung; dient der Durchsetzung des Vorsorgeprinzips). Sie soll sicherstellen,

---

[1] **Gesetze** = allgemein verbindliche, von der Volksvertretung erlassene Regelungen; **Rechtsverordnungen** = allgemein verbindliche Regierungsanordnungen auf Grund einer Ermächtigung im Gesetz. Sie dienen der detaillierten Ausgestaltung des Gesetzes; **Verwaltungsanordnungen (z. B. Erlasse)** = Rechtsvorschriften, die sich nur an die Behörden richten; **Satzungen** = allgemein verbindliche Vorschriften von Gemeinden und Kreisen; **Technische Regelwerke** = Richtlinien von Fachbehörden oder -verbänden, z. B. über den Stand der Technik.

dass alle Rechtsvorschriften eingehalten werden. Der Behörde sind Unterlagen zur Erörterung der zu erwartenden Umweltbelastungen und der geplanten Umweltschutzmaßnahmen einzureichen. Die Öffentlichkeit wird über das Projekt informiert. Bestimmte Interessenvertreter können versuchen, die Genehmigung zu verhindern. Andererseits können sachliche Argumente zu Verbesserungen führen.

Nach erteilter Genehmigung ist die Einhaltung aller behördlichen Auflagen sicherzustellen. Widrigenfalls droht der Entzug der Genehmigung. Damit ist ggf. die Existenz des Betriebes gefährdet.

Bei negativem Prüfungsergebnis können Millionenbeträge für die Entwicklung neuer Produkte in den Sand gesetzt sein!

4.2.4 Haftungs- und Strafbestimmungen

Jeder Betrieb haftet laut § 823 **BGB** für Schäden, die er nachweislich verschuldet (sog. Verschuldenshaftung). Er ist zum Schadensersatz verpflichtet. Es gelingt dem Geschädigten aber oft nicht, Schadensursache und Verschulden zu beweisen. Bei Verstößen gegen das **Wasserhaushaltsgesetz** muss er nur die Ursache, nicht das Verschulden beweisen (sog. Gefährdungshaftung). Für bestimmte, im **Umwelthaftungsgesetz** genannte Anlagen wird die Beweislast sogar umgekehrt: Es wird gesetzlich vermutet, dass eingetretene Schäden durch die Anlagen entstanden sind. Der Betreiber müsste beweisen, dass sie vorschriftsgemäß betrieben und kontrolliert wurden. Beweist der Geschädigte wiederum, dass der Schaden trotz ordnungsgemäßem Betrieb entstand, haftet der Betreiber trotzdem ohne Verschulden.

Verstöße gegen Umweltschutzvorschriften werden als Ordnungswidrigkeiten mit Geldbußen geahndet. „Straftaten gegen die Umwelt" werden mit höheren Geldstrafen und Freiheitsstrafen bestraft (StGB §§ 324–330d). Strafbar ist bereits Handeln oder Unterlassen, das zu Umweltschäden führen kann (Gefährdungsdelikte). Treten tatsächlich Schäden ein (Erfolgsdelikte), so ist die Strafe höher. Das strafrechtliche Risiko tragen vor allem die Geschäftsführer. Sie müssen ihren Betrieb so organisieren, dass keine Schäden entstehen können (Auswahl der Mitarbeiter, Arbeitsanweisungen, Kontrollen, keine Duldung von Schwachstellen ...). Solche Maßnahmen sind Bestandteile eines umfassenden **„Risiko-Managements"**.

Arbeitsaufgaben

1. Das Kreislaufwirtschafts- und Abfallbeseitigungsgesetz schreibt vor:
   (1) Abfälle sind in erster Linie zu vermeiden.
   (2) Nicht vermeidbare Abfälle sind vorrangig wieder zu verwerten.
   (3) Nur die verbleibenden Restabfälle sind ordnungsgemäß auf Deponien zu lagern, ggf. in Müllverbrennungsanlagen zu verbrennen. Für die Lagerung/Verbrennung sind Gebühren zu zahlen.
   a) Welche Umweltschutzprinzipien/-ziele kommen in diesen Vorschriften zum Ausdruck?
   b) Nennen Sie entsprechende Beispiele der Abfallbehandlung aus Ihrem Ausbildungsbetrieb.

2. „Das deutsche Ordnungsrecht ..., das zunächst wichtige Anstöße für den betrieblichen Umweltschutz gab ..., stößt heute ... an seine Grenzen. Viele Vorschriften erweisen sich als innovationsfeindlich und investitionshemmend[1]). Sie favorisierten den Einsatz kostenträchtiger End-of-Pipe-Techniken, die nicht selten lediglich Problemverschiebungen zwischen den Umweltmedien Luft, Wasser und Boden bewirkten, statt die Umwelt als Ganzes zu entlasten. Das Verhältnis zwischen Aufwand und Ergebnis könnte sich jedoch verbessern, wenn verstärkt neue Technologien und Produkte entwickelt würden, die Umweltbelastungen von vornherein vermeiden. Man kann sich daher leicht vorstellen, mit geringerem

---
[1] Innovation = Erneuerung; Investition = Anlage von Geldkapital im Betrieb

finanziellem Aufwand ehrgeizigere umweltpolitische Ziele zu erreichen, sofern die unternehmerische Eigeninitiative größeren Raum bekommt."
(Art. „Dynamischer Umweltschutz durch Öko-Audit", in StromTHEMEN, 11. Jg. Nr. 11, Frankfurt/M. 1994)
   a) Inwiefern liefert das Ordnungsrecht Anstöße für den betrieblichen Umweltschutz?
   b) Inwiefern können Ordnungsvorschriften innovations- und investitionshemmend wirken?
   c) Was könnte nach Ihrer Ansicht mit End-of-Pipe-Techniken gemeint sein?
   d) Unternehmer treffen ihre Entscheidungen grundsätzlich nach Kosten-Nutzen-Gesichtspunkten. Sind nach Ihrer Ansicht staatliche Maßnahmen wie Subventionen, Umweltabgaben, Energiesteuern, Einführung der Gefährdungshaftung geeignet, die Unternehmerentscheidungen zu Gunsten des Umweltschutzes zu steuern?
3. **Fortschrittliche Unternehmen tun gut daran, dynamischen Umweltschutz zu betreiben.**
   a) Was ist unter dynamischem Umweltschutz zu verstehen?
   b) Welche ökonomische Bedeutung hat in diesem Zusammenhang das Umweltmanagement für die Unternehmung?
4. **Auf einem bislang unbebauten Grundstück neben dem Einfamilienhaus von Studienrätin A errichtet Möbelfabrikant B ebenfalls ein Einfamilienhaus, das er ausschließlich mit Holzresten aus seiner Fabrik beheizt. Kurze Zeit darauf erkrankt Frau A so schwer, dass sie in den Ruhestand versetzt werden muss. Sie führt ihre Erkrankung darauf zurück, dass das von Herrn A verbrannte Holz mit Chemikalien verunreinigt ist. Sie will Schadensersatz erstreiten.**
   a) Auf welche Rechtsbestimmung kann Frau A sich berufen?
   b) Beurteilen Sie die Chancen von Frau A, tatsächlich Schadensersatz zu erhalten.
5. **Eine chemische Fabrik liegt an einem Fluss. Eines Tages versagt – unbemerkt von dem zuständigen Mitarbeiter – ein Gerät, sodass Lauge über einen vergessenen Schacht in den Fluss gelangt. 200 Meter flussabwärts betreibt die Gemeinde ein Wasserwerk. Nach Anzeige durch einen Anwohner lässt sie am nächsten Tag Wasserproben durch ein Institut untersuchen. Die Analyse ergibt eine erhöhte Konzentration von Chloriden und Phosphaten. Die Gemeinde will Ersatz für die Kosten des Gutachtens in Höhe von 3 000,00 EUR.**
   a) Welche Beweislasten muss die Gemeinde tragen, welche nicht?
   b) In welchem Umfang haften der Geschäftsführer und der zuständige Mitarbeiter des Betriebes?
6. **Kurze Zeit nach Inbetriebnahme einer neuen Anlage durch ein Unternehmen treten an den Gebäuden in der Nachbarschaft Schäden auf. Die Anlage gehört zu jenen Anlagen, die im Anhang 1 zu § 1 Umwelthaftungsgesetz aufgezählt sind. Der Geschädigte verlangt Schadensersatz.**
   a) Beurteilen Sie die Beweislast in diesem Fall.
   b) Kann der Geschädigte auch dann Schadensersatz beanspruchen, wenn sich herausstellt, dass die Anlage völlig ordnungsgemäß betrieben wurde?

5 Wechselwirkungen und Abhängigkeiten im Wirtschaftskreislauf

In Deutschland gibt es etwa 36 Millionen Erwerbstätige, davon 3 Millionen Selbstständige. Es gibt zigtausend Unternehmungen, die die verschiedensten Güter herstellen, und etwa 80 Millionen Verbraucher, die mit diesen Gütern ihre Bedürfnisse befriedigen. Jede Unternehmung, jeder Wirtschaftsteilnehmer plant, kauft ein, verkauft, nimmt und gibt Kredite, erzielt Einkommen, gibt es aus oder spart. Dann gibt es weiter die verschiedensten Länder, mit denen wir Handel treiben, und schließlich den Staat, der Steuern und Beiträge einzieht und andererseits vielfältige Leistungen gewährt.

5.1 Einfacher Wirtschaftskreislauf

Das Wirtschaftsgeschehen in einer Volkswirtschaft ist außerordentlich kompliziert. Wer grundlegende Erkenntnisse gewinnen will, sollte dies deshalb an einem einfachen Modell versuchen.

Na klar! Wer verreisen will, sieht sich ja seinen Weg auch zuerst mal auf der Straßenkarte an.

Aufbau des Modells:
- Die Volkswirtschaft besteht aus zwei **Wirtschaftssektoren**, in denen alle Wirtschaftsteilnehmer zusammengefasst sind: dem Sektor **Unternehmungen** (oder Unternehmen) und dem Sektor **Haushalte**. Er soll zunächst vernachlässigt werden, dass der Staat sich am Wirtschaftsleben beteiligt und dass Wirtschaftsbeziehungen mit dem Ausland unterhalten werden.

  Man spricht deshalb von einer geschlossenen Volkswirtschaft (d.h. ohne Ausland) ohne Staat.
- Die beiden Sektoren stehen in einem ständigen Tauschverkehr miteinander.
- Alle Sachgüter und Dienstleistungen, die in der Volkswirtschaft benötigt werden, werden im Sektor Unternehmungen produziert.
- Die Güter werden mit Hilfe der volkswirtschaftlichen Produktionsfaktoren Arbeit, Boden und Kapital erstellt. Alleinige Besitzer der Produktionsfaktoren sind die Haushalte.
- Die Haushalte konsumieren ihr gesamtes Einkommen. Sie sparen nicht.
- Alle im Unternehmenssektor produzierten Güter werden an die Haushalte abgesetzt.
- Die Produktionsmittel sind dauerhaft nutzbar.
- Gleichartige Transaktionen (Käufe und Zahlungen) werden zu Stromgrößen zusammengefasst.

Unter den genannten Voraussetzungen sollen sich am Ende eines Wirtschaftsjahres folgende Ergebnisse festgestellt werden:

① Die Haushalte haben den Unternehmungen die Produktionsfaktoren zur Verfügung gestellt (im Modell 100 Werteinheiten). Als Arbeitnehmerhaushalte leisten sie Arbeit. Als Unternehmerhaushalte stellen sie Kapital und Boden und leisten möglicherweise ebenfalls Arbeit in der Leitung der Unternehmungen.

② Die Unternehmungen haben Sachgüter und Dienstleistungen erstellt, die sie den Haushalten angeboten haben.
Der Wert aller Sachgüter und Dienstleistungen, die in einem Wirtschaftszeitraum in einer Volkswirtschaft produziert werden, heißt das *Inlandsprodukt*.

③ Für ihre Leistungen haben die Haushalte von den Unternehmungen Einkommen bezogen (100 Werteinheiten).
Die Summe aller Einkommen, die von den Haushalten für die Erstellung des Inlandsprodukts bezogen werden, nennt man das *Nationaleinkommen*.

④ Die Haushalte haben ihr Einkommen verwendet, um die von den Unternehmungen hergestellten Sachgüter und Dienstleistungen zu kaufen, die sie für die Deckung ihres Bedarfs benötigten. Bei diesen Käufen floss das Geld wieder als Erlöse von den Haushalten zurück in die Kassen der Unternehmungen (jeweils 100 Werteinheiten).

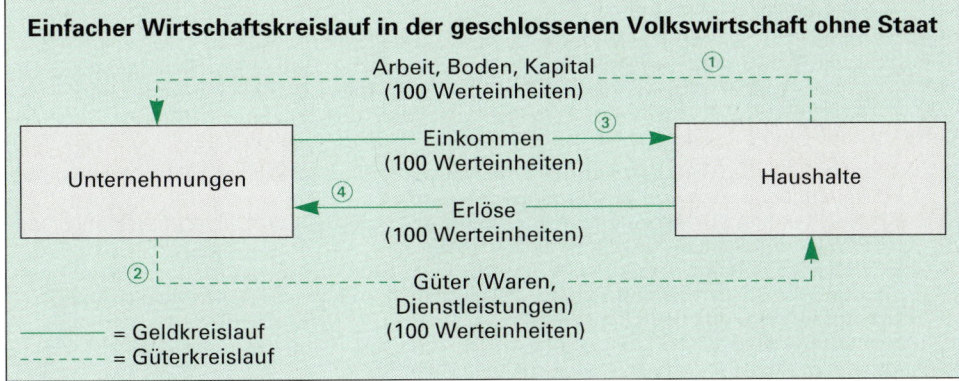

Einfacher Wirtschaftskreislauf in der geschlossenen Volkswirtschaft ohne Staat

Unternehmungen ← → Haushalte
- Arbeit, Boden, Kapital (100 Werteinheiten) ①
- Einkommen (100 Werteinheiten) ③
- Erlöse (100 Werteinheiten) ④
- Güter (Waren, Dienstleistungen) (100 Werteinheiten) ②

—— = Geldkreislauf
- - - - = Güterkreislauf

- Das Modell lässt einen vollständigen **Wirtschaftskreislauf** erkennen. Er besteht aus einem **Güterkreislauf** und einen **Geldkreislauf**. Da jedem Güterstrom ein Geldstrom von gleichem Wert entgegenläuft, entsprechen sich Güter- und Geldkreislauf wertmäßig. Der Kreislauf zeigt die ständige Wiederholung von Produktion (in den Unternehmungen) und Konsum (in den Haushalten).
- Das Inlandsprodukt ist eine wichtige Messgröße für den Umfang der Wirtschaftstätigkeit: Von seiner Höhe hängt es ab, wie viel Einkommen die Haushalte erzielen und wie viele Güter sie für die Befriedigung ihrer Bedürfnisse kaufen können.

> **Beispiel:**
> Wenn man sich vorstellt, dass in den westlichen Industrieländern das Sozialprodukt pro Kopf – d. h. das Inlandsprodukt dividiert durch die Zahl des Einwohner – etwa 18 000 EUR pro Jahr beträgt, gleichzeitig Länder wie Äthiopien oder Indien aber nur einen Wert von 200 EUR aufweisen, erkennt man, dass man diese Zahl als ein zumindest grobes Maß für den materiellen Wohlstand einer Volkswirtschaft benutzen kann.

- Da die Kreislaufgrößen wertmäßig übereinstimmen, kann man an drei Punkten ansetzen, um die Höhe des Inlandsproduktes zu messen (vgl. die Ziffern im Schaubild):
  - ② Man erfasst die Güterwerte dort, wo sie entstehen, indem man die Wertschöpfungen aller Unternehmen addiert (**Entstehungsrechnung**).
  - ③ Man erfasst die Geldwerte, die als Einkommen an die Haushalte verteilt werden (**Verteilungsrechnung**).
  - ④ Man erfasst die Zwecke, für die die Haushalte ihr Einkommen verwenden (**Verwendungsrechnung**).
- In dem Modell sparen die Haushalte nicht, sondern verwenden das gesamte Nationaleinkommen für Konsumzwecke. Folglich erstellen die Unternehmen auch nur Konsumgüter und keine Investitionsgüter. Da alle erstellten Güter restlos konsumiert werden, kann die Volkswirtschaft nicht wachsen.

> Merke: Eine Wirtschaft, die nicht wächst, heißt <u>stationäre Volkswirtschaft</u>.

Es gilt die Gleichung: **Nationaleinkommen = Konsum; kurz: $Y^1 = C^2$**

Arbeitsaufgaben

1. **Der einfache Wirtschaftskreislauf ist ein extrem vereinfachendes Modell.**
   a) Warum benutzt man für die Erklärung der Wirtschaft vereinfachende Modelle?
   b) Warum ist es sinnvoll und notwendig, zur Betrachtung des Wirtschaftskreislaufs die Wirtschaftssubjekte in Wirtschaftssektoren zusammenzufassen?
   c) Welchen Wirtschaftssektoren sind die Wirtschaftsteilnehmer zuzurechnen, wenn sie folgende Tätigkeiten ausführen?
   - Ein Unternehmer kauft Lebensmittel für seinen Lebensunterhalt.
   - Ein Unternehmer zahlt Löhne aus.
   - Ein Bäcker beliefert seine Kunden mit dem Lieferwagen.
   - Ein Bäcker fährt mit seinem Lieferwagen in Urlaub.
   - Ein Rentner vermietet als Hausbesitzer drei Wohnungen.

2. **In einer Modellvolkswirtschaft verfügen die Haushalte über 50 Werteinheiten Arbeitskraft, 15 Werteinheiten Boden und 20 Werteinheiten Kapital.**
   a) Lässt sich anhand dieser Angaben ein Modell des einfachen Wirtschaftskreislaufs erstellen? Wenn ja, zeichnen Sie den Wirtschaftskreislauf.
   b) Erläutern Sie anhand Ihres Modells die Begriffe Inlandsprodukt und Nationaleinkommen.
   c) Erläutern Sie einige Erkenntnisse bezüglich Inlandsprodukt und Nationaleinkommen, die sich aus Ihrem Modell gewinnen lassen.
   d) Nennen Sie wesentliche Mängel, die Ihr Modell aufweist und die umfassendere Erkenntnisse über die wirtschaftliche Wirklichkeit verhindern.

---

[1] Y von engl. yield = Ertrag, Ausbeute   [2] C von engl. consumption = Konsum

5.2 Einbeziehung von Sparen und Investieren in den Wirtschaftskreislauf

Der einfache Wirtschaftskreislauf soll nun erweitert werden. Dabei wird vereinfachend angenommen:

- Der Unternehmenssektor besteht nur aus einem Investitionsgüterbetrieb und einem Konsumgüterbetrieb. (Diese Betriebe können als stellvertretend für die Investitions- und Konsumgüterindustrie angesehen werden).
- Der Haushaltssektor besteht nur aus einem Unternehmerhaushalt und einem Arbeitnehmerhaushalt (stellvertretend für alle Arbeitnehmer- und Unternehmerhaushalte).
- Es liegt weiterhin eine geschlossene Volkswirtschaft ohne Staat vor.

5.2.1 Entstehung des Inlandsprodukts

Das Ergebnis der Wirtschaftstätigkeit von Unternehmungen wird in der Volkswirtschaftslehre auf so genannten Produktionskonten erfasst. Sie stellen die Wertzugänge und -abgänge gegenüber.

Inhalt der Produktionskonten
Wertabgänge
Wertabgänge sind die Zahlungen für Material-, Waren- und Anlagenkäufe, Abschreibungen, Löhne, Mieten, Zinsen und Gewinne.
Wertzugänge
Wertzugänge sind die Erlöse aus Umsätzen (Verkaufserlöse) sowie die Bestandserhöhungen an fertigen und unfertigen Erzeugnissen (Vorratsinvestitionen) und die Zugänge an gekauften und selbsterstellten Anlagen (Bruttoanlageinvestitionen).

Beispiel:

Auf den Produktionskonten des Investitionsgüterbetriebs und des Konsumgüterbetriebs wurden in einem Wirtschaftszeitraum folgende Wertveränderungen gebucht:

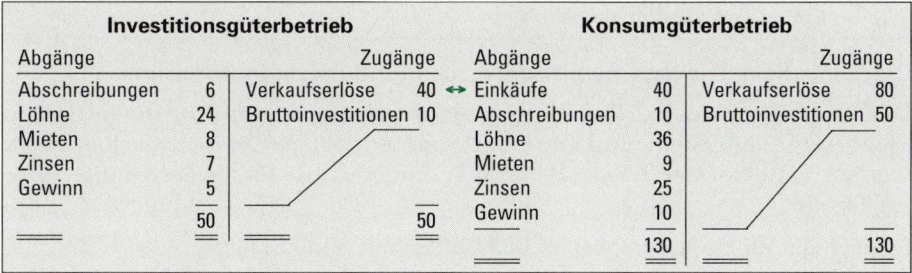

Indem man alle Produktionskonten der Volkswirtschaft zusammenfasst, erhält man das **gesamtwirtschaftliche Produktionskonto**. Dabei werden Posten, die auf beiden Seiten auftreten, ersatzlos gestrichen. Sie stellen **Vorleistungen** innerhalb des Unternehmenssektors dar.

Beispiel:

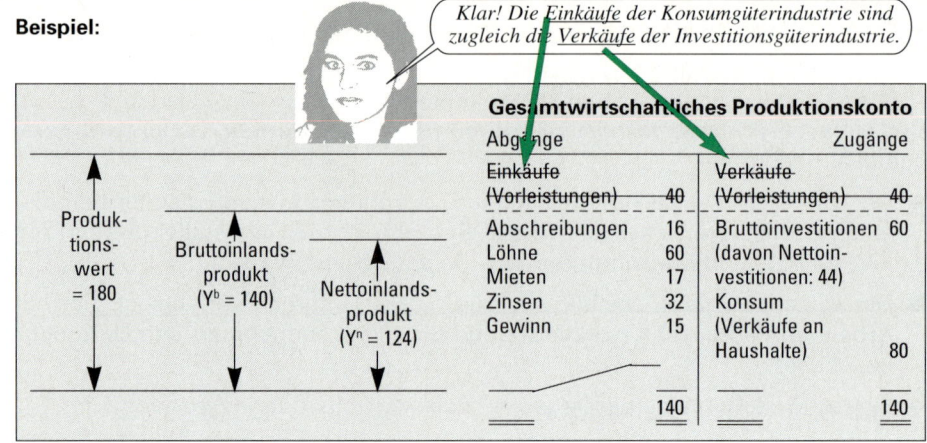

Die Gesamtsumme des gesamtwirtschaftlichen Produktionskontos einschließlich der Vorleistungen ist der **Produktionswert** der Volkswirtschaft. Nach Abzug der Vorleistungen erhält man das **Bruttoinlandsprodukt** (kurz: Y^b).

Das *Bruttoinlandsprodukt* stellt in der geschlossenen Volkswirtschaft ohne Staat den Gesamtzugang an Werten in der Volkswirtschaft in einem Wirtschaftsjahr dar.

Nach Abzug der Abschreibung (kurz: D)[1], also der Wertminderungen des Anlagevermögens, erhält man das **Nettoinlandsprodukt** (Y^n).

Das Nettoinlandsprodukt ist der Nettozugang an Werten in der Volkswirtschaft.

Das Nettoinlandsprodukt entspricht zugleich dem *Nationaleinkommen*. Sein Wert ist die Summe aller Einkommen (Löhne, Mieten, Zinsen, Gewinne), die von den Haushalten für den Einsatz ihrer Faktorleistungen bei der Erstellung des Bruttoinlandsprodukts bezogen wurden.

In einer geschlossenen Volkswirtschaft ohne Staat gilt also:

	Produktionswert		180
−	**Vorleistungen**		− 40
=	**Bruttoinlandsprodukt**	(Y^b)	140
−	**Abschreibungen**	(D)	− 16
=	**Nettoinlandsprodukt**	(Y^n)	124
=	**Nationaleinkommen**	(Y)	

Die Zahlen stammen aus dem abgebildeten gesamtwirtschaftlichen Produktionskonto.

Die rechte Seite des gesamtwirtschaftlichen Produktionskontos zeigt:

Das Inlandsprodukt wurde in Form von Investitionsgütern (I), die im Unternehmenssektor verbleiben, und von Konsumgütern (C), die an die Haushalte verkauft wurden, erstellt. Oder: Das Nationaleinkommen wurde für die Erstellung dieser Güter gezahlt.

Folglich gilt für die geschlossene Volkswirtschaft ohne Staat:

$$Y^b = C + I^b$$
$$\text{und } Y = Y^n = C + I^n$$

---

[1] D von engl. depreciation = Herabsetzung, Abschreibung

5.2.2 Verteilung und Verwendung des Nationaleinkommens

Die Einkommen der Haushalte werden auf Einkommenskonten erfasst. Sie zeigen auf der rechten Seite die Einnahmen (Verteilung des Nationaleinkommens in Form von Lohn, Miete, Zins, Gewinn), und auf der linken Seite die Verwendung des Einkommens. Das Einkommen kann für Konsumausgaben oder für Sparen verwendet werden.

Beispiel:

Arbeitnehmerhaushalt				Unternehmerhaushalt			
Ausgaben		Einnahmen		Ausgaben		Einnahmen	
Konsum	55	Lohn	60	Konsum	25	Miete	17
Sparen	17	Zinsen	12	Sparen	27	Zinsen	20
	72		72			Gewinn	15
					52		52

Indem man die einzelnen Einkommenskonten zusammenfasst, erhält man das **Einkommenskonto Haushalte**. Dabei wird angenommen, dass zwischen den einzelnen Haushalten keine Transaktionen stattfinden. Deshalb werden keine Größen gestrichen.

Beispiel:

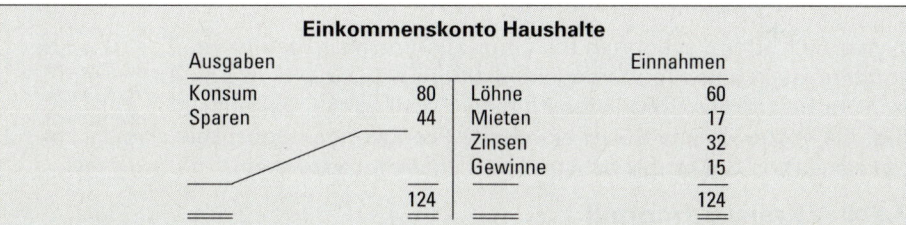

Einkommenskonto Haushalte			
Ausgaben		Einnahmen	
Konsum	80	Löhne	60
Sparen	44	Mieten	17
		Zinsen	32
		Gewinne	15
	124		124

Die Summe aller Einkommen auf dem Einkommenskonto Haushalte entspricht dem *Nationaleinkommen (Y)*. Das Nationaleinkommen wird für Konsumausgaben (C) und Sparen (S) verwendet.

Es gilt folglich die Gleichung:

$$Y = C + S$$

5.2.3 Vermögensänderungen

Durch das Sparen erhöht sich das Geldvermögen der Haushalte. Durch die Bruttoinvestitionen erhöht sich das Sachvermögen der Unternehmungen; durch die Abschreibungen vermindert es sich. Per Saldo steigt es um den Betrag der Nettoinvestitionen.

Man erfasst diese Vermögensänderungen auf dem **Vermögensänderungskonto**.

Beispiel:

Vermögensänderungskonto			
Vermögenszunahme		Vermögensabnahme	
Bruttoinvestitionen	60	Abschreibungen	16
		Sparen	44
	60		60

Das Vermögensänderungskonto zeigt auf der linken Seite die Bruttoinvestitionen und auf der rechten Seite ihre Finanzierung durch Sparen und Abschreibungen. Saldiert man die Bruttoinvestitionen und die Abschreibungen gegeneinander, so erhält man:

Vermögensänderungskonto			
Vermögenszunahme		Vermögensabnahme	
Nettoinvestitionen	44	Sparen	44

In einer geschlossenen Volkswirtschaft ohne Staat gilt damit stets: Ersparnis (S) = Nettoinvestition (I^n)

$$S = I^n$$

Diese Beziehung ergibt sich auch aus folgenden Gleichungen:

$Y^n = Y = C + I^n$ und $Y = C + S$
$124 = 80 + 44$ $\qquad$ $124 = 80 + 44$
$I^n = Y - C$ $\qquad$ $S = Y - C$
$44 = 124 - 80$ $\qquad$ $44 = 124 - 80$

$$I^n = S$$

Wenn die Nettoinvestitionen nicht nur aus Vorratsinvestitionen, sondern auch aus Nettoanlageinvestitionen bestehen, erhöht sich der Bestand an Produktionsmitteln (Sachkapital). Damit verfügt die Volkswirtschaft über erweiterte Produktionsmöglichkeiten als vorher. Sie kann wachsen und sich weiterentwickeln.

Es liegt keine stationäre Wirtschaft mehr vor, sondern eine evolutionäre [1] Wirtschaft.

5.2.4 Kreislaufmodell

Das Kreislaufmodell zeigt die Wirtschaftsbeziehungen zwischen Unternehmungen und Haushalten sowie ihre Vermögensänderungen.
Da jedem Güterstrom ein Geldstrom in gleich großer Höhe entgegenläuft, genügt es, nur die Geldströme in das Modell aufzunehmen.

Beispiel:

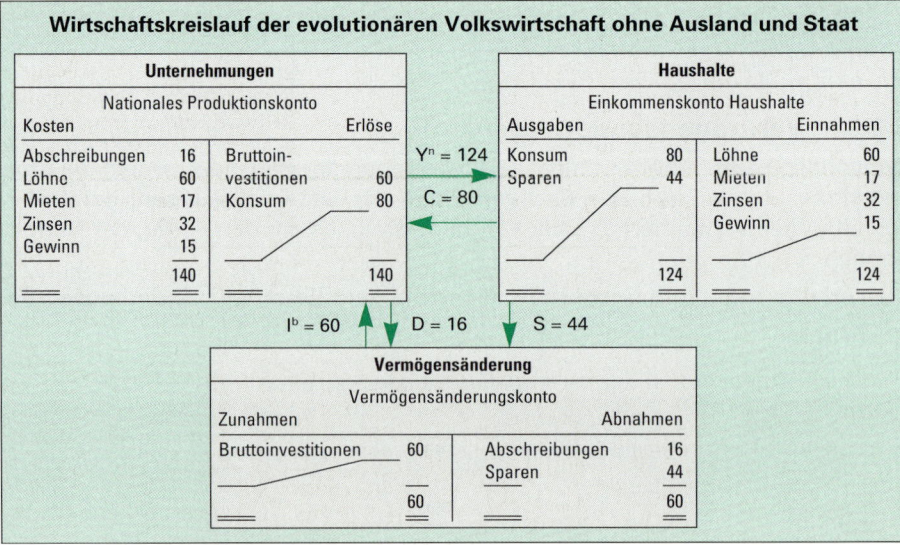

[1] sich entwickelnd

Das Kreislaufschema zeigt keine nacheinander ablaufenden Vorgänge. Es sagt nur aus, dass die gesamten Vorgänge im Laufe des Wirtschaftsjahres stattgefunden haben. Der Kreislauf ist ex post[1] immer geschlossen.

Beispiel:
Es wird ein Nettosozialprodukt von 124 Einheiten erstellt, welches als Nationaleinkommen an die Haushalte verteilt wird. Ein bestimmter Teil (z. B. 80 Einheiten) fließt für Konsumgüterkäufe an die Unternehmen, der Rest (44 Einheiten) wird gespart. Folglich ist zwangsläufig ein Teil der Güterproduktion in Höhe der Ersparnis nicht an die Haushalte abgesetzt worden, sondern als Nettoinvestition im Unternehmen verblieben.

5.2.5 Ex-ante-Betrachtung des Wirtschaftskreislaufs

Die Unternehmungen planen Art und Umfang ihrer Produktion selbstständig, die Haushalte Art und Umfang ihres Konsums. Es wäre reiner Zufall, wenn beide Planungen ex ante[2] übereinstimmten.

Merke: In der Regel gleichen sich das Güterangebot und die Güternachfrage nicht aus.

Beispiel:
Die Unternehmungen sollen am Anfang eines Wirtschaftsjahres mit einer wachsenden Nachfrage nach Konsumgütern rechnen. Sie planen deshalb eine Konsumgüterproduktion von C = 150, die sie am Markt anbieten. Weiter planen sie Nettoanlageinvestitionen von I^n = 30. Das so entstehende Nettoinlandsprodukt beträgt also Y^n = 180. Die Haushalte beziehen in dieser Höhe das Nationaleinkommen. Sie wollen aber nur Konsumausgaben von C = 130 tätigen, also S = 50 sparen. Nun gilt:

geplantes Sparen	>	geplante Investitionen
50	>	30

Die Lücke wird zuerst geschlossen durch ungeplante (ungewollte) Investitionen. Dies sind die Vorräte an Konsumgütern, die sich nicht absetzen lassen (Vorratsinvestitionen). Somit gilt:

geplantes Sparen	=	geplante Investitionen	+	ungeplante Investitionen
50	=	30	+	20

Solche Ungleichgewichte in den Planungen der Wirtschaftsteilnehmer führen zu gesamtwirtschaftlichen Störungen und Anpassungsmaßnahmen.

Beispiel:
Es ist möglich, dass die Unternehmungen aufgrund der unzureichenden Konsumgüternachfrage die Verkaufspreise senken. Dies führt zu Gewinneinbußen der Unternehmerhaushalte. Diese Haushalte können bei unverändertem Konsumverhalten ihre Sparpläne nicht verwirklichen. Die Gewinneinbuße bedeutet eine ungeplante negative Ersparnis:

geplante Investition	=	geplantes Sparen	−	ungeplantes Sparen
30	=	50	−	20

Die Gewinneinbußen können Rückwirkungen auf andere Märkte haben. Zum Beispiel können die Konsumgüterbetriebe weniger Arbeitskräfte nachfragen (Folge: Arbeitslosigkeit) und/oder weniger Investitionsgüter bestellen (Folge: Gewinnminderungen in der Investitionsgüterindustrie, Entlassung von Arbeitskräften). Beschäftigung und Nationaleinkommen sinken. Die Haushalte konsumieren wiederum weniger ... So setzen sich die Störungen fort.

Die geplanten Investitionen können natürlich auch größer sein als die geplanten Ersparnisse. In diesem Fall wollen die Unternehmungen weniger Konsumgüter pro-

---
[1] (lat.) aus der Rückschau, also vom Ende des Wirtschaftsjahres her gesehen
[2] (lat.) aus der Vorschau, also vom Beginn des Wirtschaftsjahres her gesehen

duzieren, als die Haushalte nachfragen wollen. Es bestehen folgende Anpassungsmöglichkeiten:

(1) Die Unternehmungen bauen Lagervorräte ab, um die größere Konsumgüternachfrage zu befriedigen (negative Vorratsinvestition):

> geplante Investition − ungeplante Investition = geplantes Sparen

(2) Reichen die Lagerbestände nicht, so müssen die Haushalte auf geplanten Konsum verzichten. Es kommt zu Lieferfristen. Die Haushalte sparen erzwungenermaßen (Zwangssparen):

> geplantes Sparen + ungeplantes Sparen = geplante Investition

(3) Die Unternehmungen erhöhen die Konsumgüterpreise. Auch in diesem Fall können die Haushalte nicht die geplanten Gütermengen kaufen und müssen zwangssparen.

Ungleichgewichte in den Planungen der Wirtschaftssubjekte führen zu ungeplanten Größen. Ex post gilt deshalb stets folgende Gleichung:

geplante Investition	+	ungeplante Investitionen	=	geplantes Sparen	+	ungeplantes Sparen
Investition			=	Ersparnis		

 *Kann man bei Störungen durch ungeplante Größen gegensteuern?*

 *Ja, es ist eine wichtige Aufgabe des Staates, wirtschaftspolitische Maßnahmen zur Beseitigung dieser Störungen vorzunehmen.*

Arbeitsaufgabe

Folgende Vorgänge sind gegeben:
Investitionsgüterindustrie:
Abschreibungen 10, Löhne 60, Mieten 15, Zinsen 20, Verkaufserlöse 90, Bruttoinvestitionen 30
Konsumgüterindustrie:
Abschreibungen 10, Löhne 60, Mieten 20, Zinsen 20, Verkaufserlöse 180, Bruttoinvestitionen 40
Unternehmerhaushalte:
Mieteinnahmen 35, Zinseinnahmen 25, Konsumausgaben 75
Arbeitnehmerhaushalte:
Alle Größen lassen sich errechnen.
(Errechnen Sie die fehlenden Größen auch bei den anderen Wirtschaftsteilnehmern).
a) Fertigen Sie anhand dieser Angaben das Kreislaufmodell einer geschlossenen Volkswirtschaft an.
b) Wie hoch sind der Produktionswert der Volkswirtschaft, das Bruttoinlandsprodukt, das Nettoinlandsprodukt und das Nationaleinkommen? Erläutern Sie diese Begriffe auch.
c) Erläutern Sie anhand des Kreislaufs folgende Gleichung: Sparen = Nettoinvestition.
d) Angenommen, die Unternehmungen hätten ex ante ein Konsumgüterangebot von 200, die Haushalte Konsumausgaben von 180 geplant. Welche Folgen können sich daraus ergeben?
e) Welche Folgen können sich ergeben, wenn umgekehrt die Haushalte Konsumausgaben von 200, die Unternehmungen hingegen ein Konsumgüterangebot von 180 geplant haben?
f) Inwiefern ist die Aussagekraft des dargestellten Kreislaufmodells für die Wirklichkeit noch stark eingeschränkt?

5.3 Einbeziehung des Sektors Ausland in den Wirtschaftskreislauf

Das Kreislaufmodell kann der Wirklichkeit weiter angenähert werden, wenn man berücksichtigt, dass auch Transaktionen mit dem Ausland getätigt werden. Diese werden auf dem Auslandskonto erfasst. Man spricht von einer **offenen Volkswirtschaft**.

Die für den Wirtschaftskreislauf maßgeblichen Wirtschaftsbeziehungen mit dem Ausland sind:

- Exporte und Importe von Waren und Dienstleistungen,

- Primäreinkommen (Löhne, Zinsen, Mieten, Gewinne) von Inländern aus dem Ausland und von Ausländern aus dem Inland.

Die Unterscheidung von In- und Ausland einerseits und In- und Ausländern andererseits hat zur Folge, dass Inlandsprodukt und Nationaleinkommen nicht mehr identisch sind. Es ist festgelegt:

Merke: Inländer ist, wer seinen Wohn-/ Geschäftssitz im Inland hat!

Bruttoinlandsprodukt (BIP)	Bruttoinlandsprodukt (BIP)
	+ Primäreinkommen von Inländern aus dem Ausland (P_A)
	− Primäreinkommen von Ausländern aus dem Inland (P_I)
	= Bruttonationaleinkommen (Y^b)
− Abschreibungen (D)	− Abschreibungen (D)
= Nettoinlandsprodukt (NIP)	= Nettonationaleinkommen (Y^n)

Das Bruttoinlandsprodukt gibt die Brutto-Leistungserstellung (durch In- und Ausländer) in den Grenzen des Inlands an. Es gilt als der geeignete Maßstab für das wirtschaftliche Wachstum, für die Entwicklung der inländischen Prduktion.

Das Bruttonationaleinkommen gibt die Gesamtheit der von Inländern aus dem In- und Ausland bezogenen Einkommen (vor Abzug der Abschreibungen) an. Es ist der geeignete Maßstab für die Einkommensverteilung und Einkommensverwendung.

Die Differenz aus Waren- und Dienstleistungsexporten (kurz: X) einerseits und Waren- und Dienstleistungsimporten (kurz: M) andererseits heißt *Außenbeitrag*

Außenbeitrag = X − M

Der Außenbeitrag ist positiv, wenn im Inland weniger Güter verwendet als hergestellt wurden. Die Überschüsse wurden dann exportiert. Die Auslandsnachfrage überstieg die Inlandsnachfrage.

Der Außenbeitrag ist negativ, wenn im Inland mehr Güter verwendet als hergestellt wurden. Der Bedarf wurde dann durch Importe gedeckt. Die Inlandsnachfrage überstieg die Auslandsnachfrage.

Das Kreislaufmodell sieht wie folgt aus:

Beispiel:
Das Beispiel von Seite 92 soll sich wie folgt ändern: Verkäufe an Haushalte (Konsum) 70, Exporte 40, Importe 30, Löhne (Inländer) aus dem Ausland 3.

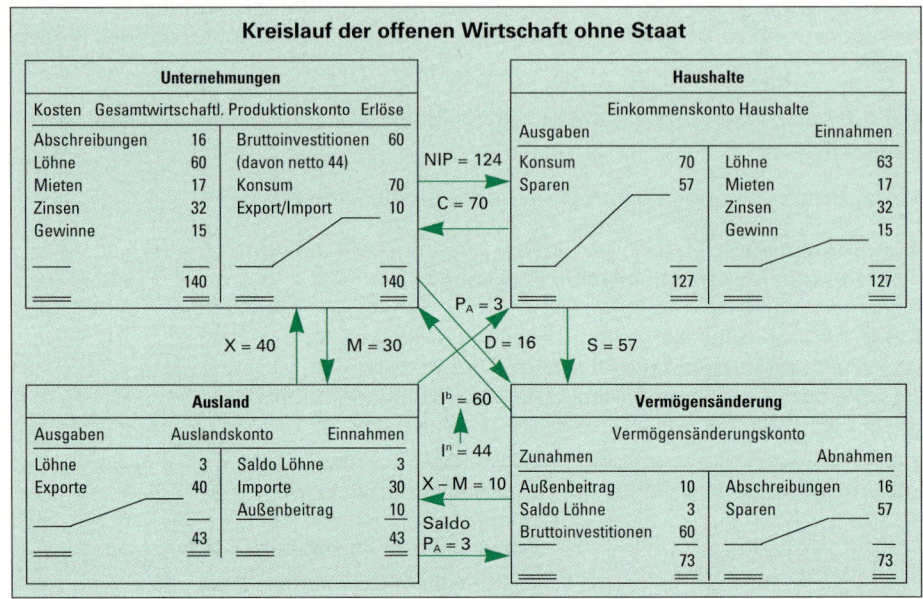

In der offenen Volkswirtschaft gilt nicht die Gleichheit von Ersparnis und Nettoinvestition:

Beispiel:

$Y^b = C + I^b + (X - M) + (P_A - P_I)$ $143 = 70 + 60 + (40 - 30) + (3 - 0)$
$Y^n = C + I^n + (X - M) + (P_A - P_I)$ $127 = 70 + 44 + \quad 10 \quad + \quad 3$
$Y^n - C = \quad I^n + (X - M) + (P_A - P_I)$

$\boxed{S \quad = \quad I^n + (X - M) + (P_A - P_I)}$ $57 = \quad\quad 44 + \quad 10 \quad + \quad 3$

In diesem Beispiel ist die Ersparnis (57) größer als die Nettoinvestition (44). Sie enthält insgesamt:

- Einkommensbestandteile aus inländischer Güterproduktion, die nicht für den Kauf inländischer Güter angegeben wurden ($I^n = 44$)
- Einkommen aus Exportüberschüssen ($X - M = 10$),
- Einkommen aus der Erstellung von Gütern durch Inländer im Ausland ($P_A - P_I = 3$).

Ist die Summe aus Außensaldo ($X - M$) und dem Saldo der Primäreinkommen mit dem Ausland ($P_A - P_I$) hingegen negativ, dann ist die Nettoinvestition größer als die Ersparnis.

In der offenen Volkswirtschaft können Ungleichgewichte zwischen geplantem Sparen und geplanten Investitionen gegebenenfalls durch den Außenbeitrag ausgeglichen werden.

> **Beispiel:**
> Geplante Investitionen: 30 Einheiten; geplante Ersparnis: 50 Einheiten; Primäreinkommen von Inländern aus dem Ausland: 7 Einheiten; Primäreinkommen von Ausländern aus dem Inland: 3 Einheiten.
> Ein Exportüberschuss (ausländische Güternachfrage) von 16 Einheiten kann den Mangel an inländischer Güternachfrage ausgleichen:
>
> $$S_{gepl.} = I^n_{gepl.} + (X - M) + (P_A - P_I)$$
> $$50 = 30 + 16 + (7 - 3)$$

In der Praxis führen aber sowohl positive als auch negative Außenbeiträge wiederum zu Störungen im Wirtschaftsleben. Sie behindern auch die Wirtschaftspolitik des Staates, die auf den Ausgleich von geplantem Sparen und geplantem Konsum gerichtet sein sollte. Deshalb sollte zumindest auf längere Sicht ein ausgeglichener Außenbeitrag angestrebt werden. Auf Einzelheiten kann an dieser Stelle nicht genauer eingegangen werden.

Arbeitsaufgabe

Man unterscheidet die offene und die geschlossene Volkswirtschaft ohne Staat.
a) In welchem dieser Modelle sind Sparen und Investieren gleich?
b) Ergänzen Sie den Wirtschaftskreislauf der Aufgabe von Seite 94 um Exporte 50, Importe 40, Saldo der Primäreinkommen mit dem Ausland 2.
 – Welche anderen Größen ändern sich damit im Wirtschaftskreislauf ebenfalls?
 – Wie wirken sich die Änderungen auf die Gleichheit von Sparen und Investieren aus?

5.4 Einbeziehung des Sektors Staat in den Wirtschaftskreislauf

Durch Einbeziehung des Staates erfasst der Wirtschaftskreislauf die Realität noch einmal genauer.

Wirtschaftlich gesehen, stellt der Staat einen öffentlichen Haushalt dar, der Einnahmen tätigt und diese für Investitionsgüter (z. B. Krankenhaus- oder Straßenbau) und Konsumgüter (z. B. Bezahlung von Arbeitskräften) verwendet. Außerdem verwendet er Einnahmen für Unterstützungszahlungen an private Haushalte (Transferleistungen[1]) und Unternehmungen (Subventionen).

Als staatlichen Konsum bezeichnet man alle Staatseinkäufe, die keine Investitionsausgaben sind.

Sein oberstes Ziel ist die bestmögliche Versorgung der Bevölkerung mit Kollektivgütern (Bedarfsdeckungsprinzip).

---
[1] z. B. Sozialhilfe, Kindergeld, Wohngeld, Bafög.

Das Kreislaufbild wird um den Sektor Staat erweitert.

Beispiel:
Folgende Geschäfte sollen getätigt werden:

a) Unternehmungen tätigen für 90 GE (Geldeinheiten) Abschreibungen.
b) Unternehmungen nehmen für 200 GE Bruttoinvestitionen vor.
c) Unternehmungen erhalten für 5 GE Subventionen und führen für 10 GE Produktions- und Importabgaben an den Staat ab.
d) Unternehmungen verkaufen für 410 GE Konsumgüter an die Haushalte und für 60 GE an den Staat.
e) Unternehmungen exportieren für 170 GE und importieren für 160 GE.
f) Unternehmungen zahlen Löhne, Miete, Zinsen für 485 GE.
g) Haushalte zahlen Einkommensteuern, Vermögensteuern und Sozialversicherungsbeiträge in Höhe von 85 GE.
h) Haushalte sparen 110 GE, der Staat 15 GE.
i) Staat zahlt Transferleistungen in Höhe von 15 GE an Haushalte.
j) Haushalte erzielen Gewinne aus dem Ausland von 5 GE.

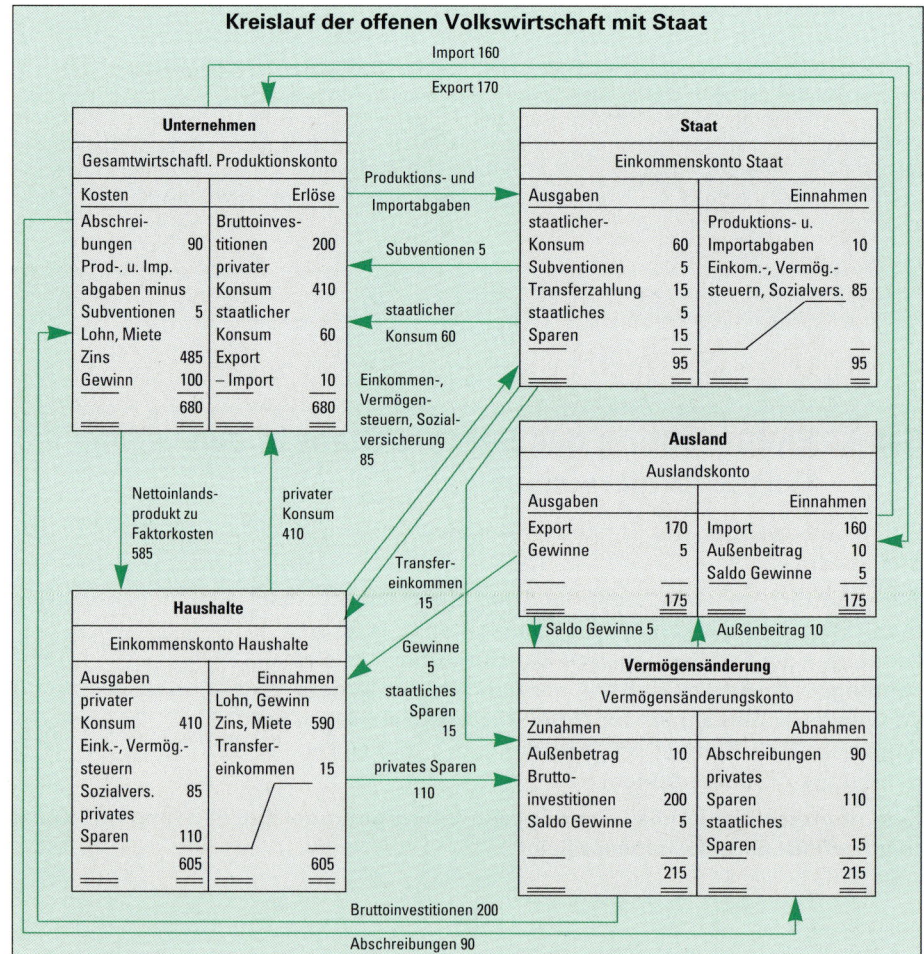

Die Betrachtung des nationalen Produktionskontos in diesem Kreislauf führt wieder zu einer Verfeinerung des Inlandsproduktbegriffs:

		Kosten	**Nationales Produktionskonto**		Erlöse
Bruttoinlandsprodukt zu Marktpreisen	Nettoinlandsprodukt zu Marktpreisen / Nettoinlandsprodukt zu Faktorkosten	Abschreibungen	90	Bruttoinvestitionen	200
		Prod.- u. Importabgaben – Subventionen	5	privater Konsum	410
		Löhne, Mieten, Zinsen	485	staatl. Konsum	60
		Gewinne	100	Export-Import	10
			680		680

(Aus Gründen der Zweckmäßigkeit saldiert man die Subventionen und die Produktions- und Importabgaben einerseits sowie die Importe und Exporte andererseits.)

Brutto- und Nettoinlandsprodukt sind zunächst zu Marktpreisen bewertet, d. h. zu den Preisen, zu denen die enthaltenen Güter am Markt ge- und verkauft wurden.

Bruttoinlandsprodukt zu Marktpreisen	680
+ Saldo der Primäreinkommen mit dem Ausland	5
= Bruttonationaleinkommen	685
– Abschreibungen	90
= Nettonationaleinkommen	595
– Produktions- und Importabgaben	10
+ Subventionen	5
= Volkseinkommen	590
– Einkommen-, Vermögensteuern Sozialversicherungsbeiträge	85
+ Transferleistungen	15
= verfügbares Einkommen der privaten Haushalte	520

Will man den Wert errechnen, der durch den Einsatz der Produktionsfaktoren entstanden ist und diesen als Einkommen (Löhne, Miete, Zinsen, Gewinne) zufließt, muss man die Produktions- und Importabgaben abziehen und die staatlichen Subventionen hinzurechnen:

Produktions- und Importabgaben sind Steuern und Zölle, die von den Unternehmen erhoben und auf die Preise aufgeschlagen werden, v. a. die Mehrwertsteuer und die Verbrauchsteuern (Mineralölsteuer, Tabaksteuer u. a.). Da der Staat sie vereinnahmt, stehen sie nicht für die Bezahlung der Produktionsfaktoren zur Verfügung. Die staatlichen **Subventionen** hingegen können zusätzlich für die Bezahlung der Produktionsfaktoren verwendet werden.

Das Ergebnis der Verrechnung ist das **Nettoinlandsprodukt, bewertet zu Faktorkosten**.
Durch die Einführung des Staates werden auch die Einkommensbegriffe verfeinert. Die Verrechnung der Produktions- und Importabgaben und der Subventionen führt hier zum **Volkseinkommen**. Dieses stellt das Einkommen aller Inländer dar, das diese aus dem Einsatz der Produktionsfaktoren im In- und Ausland beziehen. Es ist damit ein wichtiger Maßstab für die sog. **primäre Einkommensverteilung**[1].
Der Staat erhebt von den Haushalten Einkommen- und Vermögensteuern sowie Sozialversicherungsbeiträge. Andererseits gewährt er eine Reihe von Transferleistungen an die Haushalte. Dadurch nimmt er eine **Umverteilung** der Primäreinkommen vor (sog. **sekundäre Einkommensverteilung**). Ergebnis der Umverteilung ist das **verfügbare Einkommen der privaten Haushalte**.

---

[1] Vgl. S. 480

5.5 Ausgleich ungeplanter Größen durch den Staat

Wie schon gezeigt, stimmen die geplanten privaten Investitionen und das geplante private Sparen i. d. R. nicht überein. Störungen sind die Folge.
Kann der Staat hier positiv Einfluss nehmen?
In der offenen Volkswirtschaft mit dem Staat gilt für das verfügbare Einkommen von privaten Haushalten und Staat:

```
                            verfügbares Einkommen (Y_v)
                          = privater Konsum (C_pr)
                          + staatlicher Konsum
                          + private Nettoinvestition (I^n_pr)
        staatliche        + staatliche Nettoinvestition
        Ausgaben   ───────+ Außenbeitrag (X – M)
        (A_st)            + Saldo der Primäreinkommen
                            mit dem Ausland (P_A – P_I)
                          + Subventionen
                          – indirekte Steuern  ──────┐ staatliche
                          + Transferleistungen       ├─ Einnahmen
                          – direkte Steuern  ────────┘ (E_st)
```

Man kann also wie folgt zusammenfassen:

$$Y_v = C_{pr} + I^n_{pr} + (X – M) + (P_A – P_I) + (A_{st} – E_{st})$$
$$Y_v – C_{pr} = S_{pr} = I^n_{pr} + (X – M) + (P_A – P_I) + (A_{st} – E_{st})$$

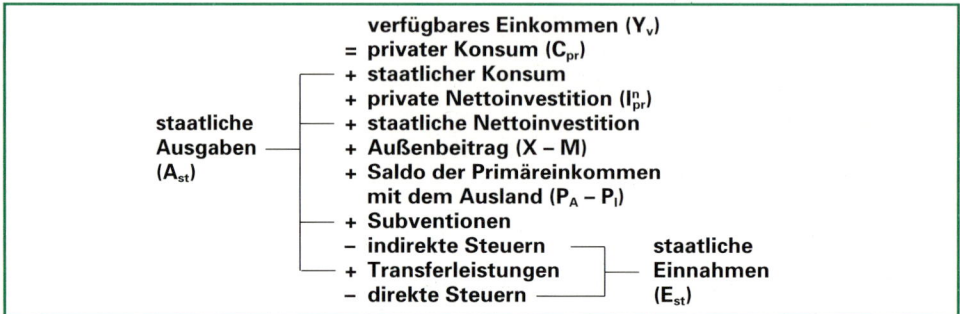

($A_{St} – E_{St}$) kann einen Ausgaben- oder einen Einnahmenüberschuss darstellen.

Ex post ist der Kreislauf immer geschlossen. Ex ante stimmen privates Sparen und private Investitionen meist nicht überein und auch der Außenbeitrag bringt oft keinen Ausgleich. Dann kann der Staat seinen Ausgaben-/Einnahmenüberschuss so dosieren, dass er zum erwünschten Ausgleich führt.

> **Beispiel:**
> Betragen die geplanten privaten Investitionen 35 Einheiten, die geplante private Ersparnis 50 Einheiten, der Außenbeitrag 5 Einheiten und der Saldo der Primäreinkommen mit dem Ausland 2 Einheiten, so kann ein staatlicher Ausgabenüberschuss von 8 Einheiten den Ausfall an inländischer und ausländischer Güternachfrage ausgleichen;
>
> $S_{pr(gepl.)} = I^n_{pr(gepl.)} + (X – M) + (P_A – P_I) + (A_{st} – E_{st})$
> 50 = 35 + 5 + 2 + 8

Arbeitsaufgaben

1. **Erstellen Sie anhand folgender Zahlen ein Kreislaufmodell und ermitteln Sie die Arten des Inlandsprodukts, das Volkseinkommen und das verfügbare private Einkommen.**

Einkommenszahlungen der Unternehmen an die Haushalte 400	Subventionen 10
Transferzahlungen des Staates an die Haushalte 160	Export der Unternehmen 170
	Import der Unternehmen 160
Steuerzahlungen der Haushalte an den Staat 85	Steuern an den Staat von den Unternehmen 190
Konsum der Haushalte 410	Abschreibungen der Unternehmen 90
Konsum des Staates 75	Primäreinkommen von Ausländern aus dem Inland 15
Investitionen der Unternehmen 200	Primäreinkommen von Inländern aus dem Ausland 10

2. **In der folgenden Situation liegt ein Ungleichgewicht vor.**

   $S_{pr(gepl.)} = I^n_{pr(gepl.)} + (X – M) + (P_A – P_I) + (A_{st} – E_{st})$
   60 = 70 + 4 + 1 + (–2)

   Wie kann es zu einem Ausgleich kommen?

Dritter Lernabschnitt
Betriebliche Leistungsprozesse

1 Leistungserstellung im Produktionsbetrieb
1.1 Fertigungsverfahren

- Die Maschinenfabrik Hellwig GmbH fertigt Werkzeugmaschinen, unter anderem Karusselldrehbänke. Nachfrager sind verhältnismäßig wenige Betriebe der Metall verarbeitenden Industrie. Die Fertigung erfolgt nur im Kundenauftrag. Dies bedingt eine so genannte Einzelfertigung mit immer neuer Konstruktion. Wegen der variablen Arbeitsabläufe können keine Fließbänder eingesetzt werden, sondern die Materialien durchlaufen bei der Bearbeitung verschiedene Werkstätten.
- Die Hochalp Käsefabriken GmbH ist auf die Herstellung von Weichkäse spezialisiert. Nachfrager sind letztlich alle Haushalte im Inland und benachbarten Ausland. Die Fertigung erfolgt auf Lager. Es liegt eine Massenfertigung immer gleicher Produkte vor. Die Portionierung und Verpackung erfolgt am Fließband. Im Durchschnitt alle zwei Tage wird die Produktion auf eine andere Sorte umgestellt.

1.1.1 Fertigungstypen

Einzelfertigung liegt vor, wenn mit einer Produktionsanlage zu einer gegebenen Zeit nur ein einzelnes Produkt von einer bestimmten Art gefertigt wird.

Mehrfachfertigung liegt vor, wenn auf einer Anlage gleichzeitig oder unmittelbar hintereinander mehrere Produkte der gleichen Art gefertigt werden. Bei der Mehrfachfertigung sind Serien-, Sorten- und Massenfertigung zu unterscheiden.

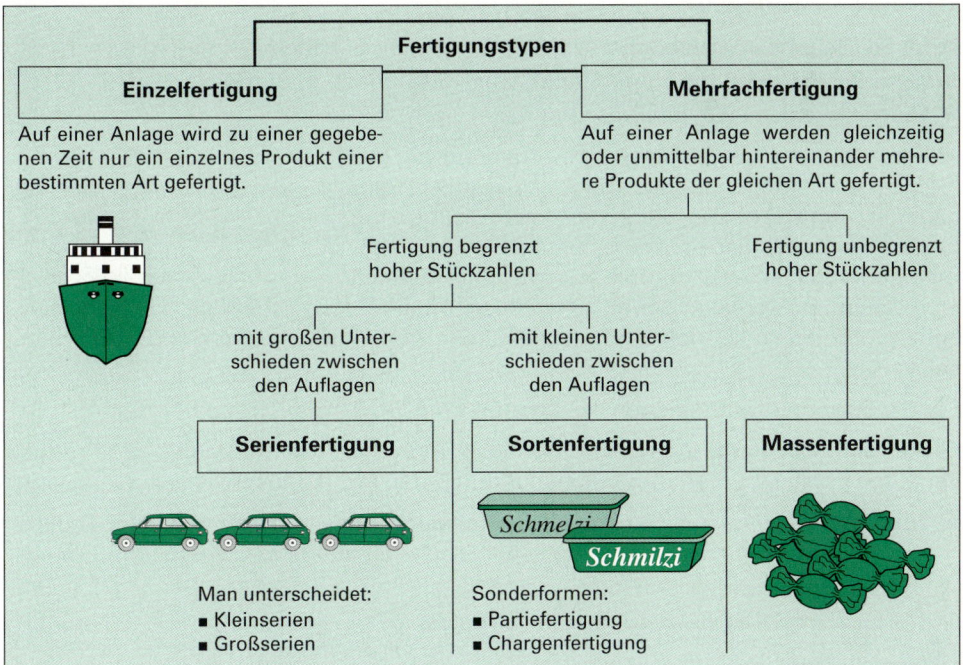

Einzelfertigung[1]

Die Artikel werden meist (nicht immer) auf *besonderen Kundenauftrag* hin gefertigt (Auftragsfertigung).

Zum Beispiel werden Schiffe, Spezial- und Schwermaschinen, Gebäude und Brücken in Einzelfertigung erstellt. Eine intensive Kundenbearbeitung ist notwendig, oft durch die Geschäftsleitung selbst. In der Regel werden im Betrieb mehrere Aufträge gleichzeitig bearbeitet. Die Produktion ist als Werkstättenfertigung organisiert. Die Arbeitsvorbereitung, Materialbeschaffung, Ablauf- und Terminplanung und letztlich die Kalkulation muss für jeden Auftrag getrennt erfolgen. Rationalisierungsmaßnahmen sind nur in sehr beschränktem Umfang möglich, z. B. Verwendung genormter Teile.

Serienfertigung

Eine *begrenzt hohe Stückzahl (Serie)* wird auf einer Anlage gleichzeitig oder unmittelbar nacheinander erstellt.

Die Produkte zweier Serien unterscheiden sich stark. Die Anlage muss deshalb für eine neue Serie mit hohen Kosten und großem Zeitaufwand umgerüstet werden.

Man unterscheidet Klein- und Großserien. Eine zahlenmäßige Abgrenzung ist produktabhängig. Viele technische Produkte (Fahrzeuge, Büromaschinen, elektronische Geräte usw.) werden in Großserien gefertigt. Sie werden auf Lager produziert (Lagerfertigung) und als Fließ- oder Gruppenfertigung organisiert.

Sortenfertigung

***Sortenartikel* sind Varianten des gleichen Grundproduktes. Sie unterscheiden sich nur bezüglich einzelner Merkmale.**

Merkmale können sein:

- Maße (Schuhe verschiedener Größen aus gleichem Leder),
- Material (Kleidung gleichen Schnitts aus verschiedenen Stoffen),
- Materialzusätze (z. B. bei Bier- und Käsesorten).

Im Gegensatz zur Serienfertigung werden nur geringfügige Umrüstungen nötig. Die Umrüstung erfolgt häufiger, und zwar dann, wenn der Vorrat groß genug ist, den Kundenwunsch auf eine bestimmte Zeit zu befriedigen. Auch ist es oft notwendig, vor dem Verkauf eine bestimmte Zahl von Serien zu erstellen, um ein entsprechendes Angebot vorlegen zu können (z. B. verschiedene Konfektionsgrößen bei Bekleidungsstücken).

Beispiel: Bei der Schmelzkäseproduktion ist als Umrüstungsmaßnahme die Kesselreinigung erforderlich.

Für die Sortenfertigung eignet sich ebenfalls die Fließ- oder Gruppenfertigung.

Partie- und Chargenfertigung sind Sonderformen der Sortenfertigung. Die Produktvarianten entstehen hier aber ungewollt durch den Prduktionsprozess.

- Eine **Partie** ist eine in sich einheitliche Rohstoffmenge, die sich von jeder anderen Partie in ihren Eigenschaften unterscheidet. So hat amerikanische Baumwolle eine

---

[1] In diesem und den folgenden Abschnitten wird eine Reihe von Fachausdrücken genannt, die erst an späterer Stelle erläutert werden können. Es wird empfohlen, diese Stellen anhand des Sachwortverzeichnisses aufzusuchen.

andere Faserlänge und Reißfestigkeit als ägyptische. Dann unterscheiden sich auch die Produkte.
- Eine **Charge** ist die Füllmenge für einen Produktionsvorgang (z. B. die Beschickungsmenge eines Hochofens, eines Backofens, eines Töpferbrennofens, einer Branntweindestillieranlage). Die Bedingungen des Produktionsprozesses werden in solchen Fällen nicht vollständig beherrscht. Dies führt zu unterschiedlichen Produktausfällen, wie hellem oder dunklerem Brot.

Massenfertigung

Bei der *Massenfertigung* werden unbegrenzt hohe Stückzahlen von so genannten Massenartikeln – vollkommen gleichartigen Produkten – produziert.

In Massenfertigung werden z. B. Zigaretten, Dragees und Elektrizität erstellt. Die Produktion ist weitgehend automatisiert, erfordert keine Produktionsumstellungen und erfolgt in der Regel als Lagerfertigung.

Gesetz der Massenproduktion

Für die Leistungserstellung müssen die Betriebe Sachgüter und Dienstleistungen einsetzen. Den Wert der in einem Wirtschaftszeitraum eingesetzten Güter bezeichnet man als **Kosten**.

Die Gesamtkosten des Betriebes setzen sich zusammen aus *variablen* und *fixen* Kosten.

Variable Kosten ändern sich mit der Ausbringungsmenge (Fertigungsmenge). Dazu gehören vor allem die Kosten für Material und Fertigungslöhne: Für jedes gefertigte Stück werden eine bestimmte Menge an Material und eine bestimmte Menge an Arbeitsstunden benötigt. Mit der Stückzahl steigen der Einsatz und damit die Kosten.

Fixe Kosten sind von der Fertigungsmenge unabhängig. Dazu gehören vor allem Gehälter, Mieten, Zinsen, Abschreibungen (Beiträge, die für die Wertminderung der Anlagen verrechnet werden). Sie fallen auch dann an, wenn gar nichts produziert wird.

Mit wachsender Ausbringungsmenge sinken die Stückkosten (die Kosten für das einzelne Stück) enorm ab, weil sich die fixen Kosten auf eine größere Stückzahl verteilen. Man nennt diesen Sachverhalt das **Gesetz der Massenproduktion**.

Beispiel:

Auf einer Anlage werden Kupplungen gefertigt. Die Anlage hat fixe Kosten von 25 300,00 EUR jährlich. Die Kupplungen haben pro Stück einen Materialwert von 50,00 EUR und verursachen Arbeitslöhne von 40,00 EUR; also entstehen variable Kosten von 90,00 EUR pro Stück.

produzierte Menge pro Jahr (in Stück)	fixe Kosten (EUR)	variable Kosten (EUR)	Gesamtkosten (EUR)	Stückkosten (EUR)
1	25 300,00	90,00	25 390,00	25 390,00
10	25 300,00	900,00	26 200,00	2 620,00
100	25 300,00	9 000,00	34 300,00	343,00
230	25 300,00	20 700,00	46 000,00	200,00
1 000	25 300,00	90 000,00	115 300,00	115,30

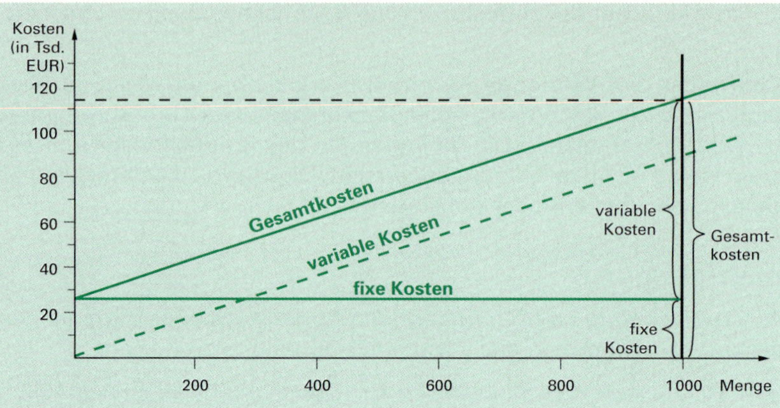

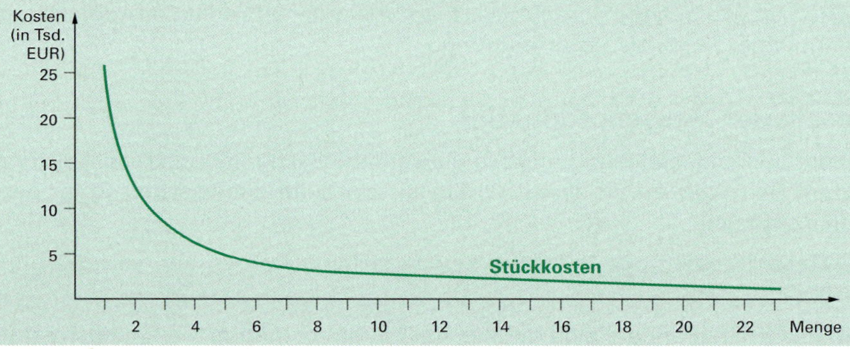

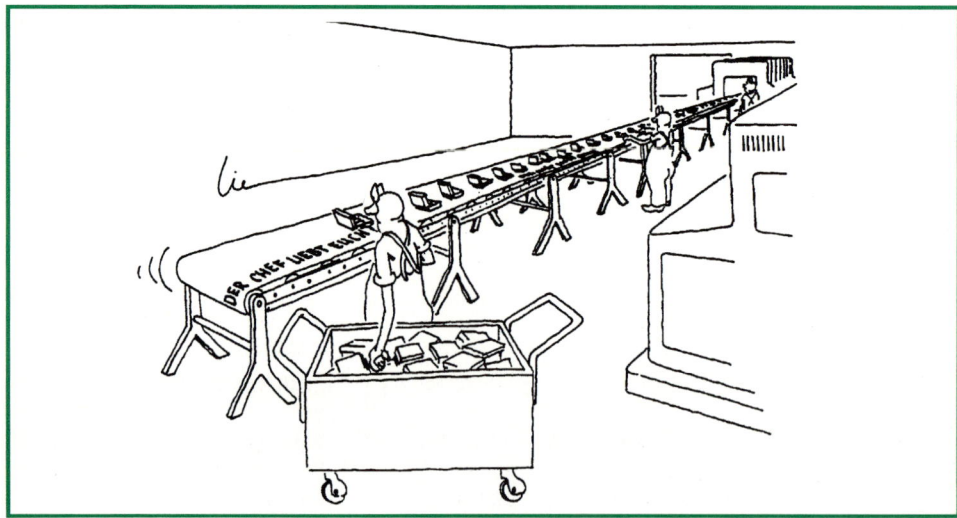

Es ist leicht einzusehen, dass der Betrieb die Produktion großer Stückzahlen anstrebt, um die Stückkosten zu senken. Die geeigneten Fertigungstypen hierfür sind die **Fertigung großer Serien** (vielfach auch bei der Sortenfertigung anwendbar) und die **Massenfertigung**, verbunden mit einer vorteilhaften Fertigungsorganisation in Form von **Fließfertigung** und **automatischer Fertigung**.

1.1.2 Organisationstypen

Je nachdem, wie die Betriebsmittel und Arbeitsplätze angeordnet und die Wege gestaltet sind, die die Produkte in der Fertigung durchlaufen, unterscheidet man verschiedene Organisationstypen:

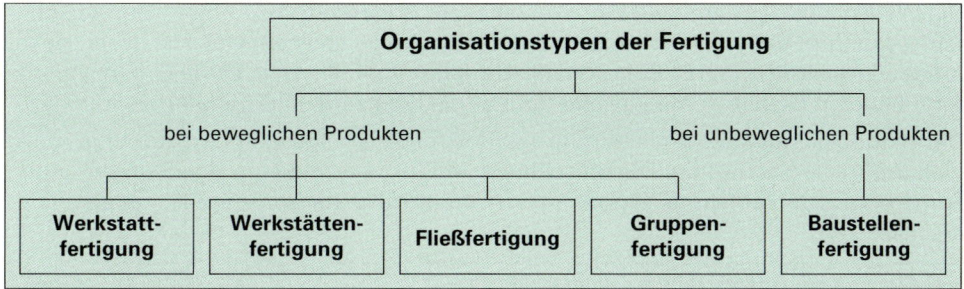

Werkstattfertigung

Eine *Werkstatt im handwerklichen Sinn* ist ein mit verschiedenen Maschinen ausgestatteter Raum, in dem Bearbeitungen vorgenommen werden.

Die Werkstücke werden in die Werkstatt gebracht und dort bearbeitet.

Die Werkstattfertigung ist typisch für handwerkliche Betriebe.

Werkstättenfertigung

> Herr M. ist Dreher bei der Schürmann GmbH, einer Werkzeugmaschinenfabrik, die Spitzen-, Plan-, Karussell- und Revolverdrehbänke und Bohrmaschinen auf Bestellung produziert. Kaum eine Maschine gleicht der anderen, jede muss eigens nach den Wünschen des Kunden konstruiert werden. Die Einzelteile werden in verschiedenen Werkstätten (Dreherei, Fräserei, Bohrerei, Schlosserei, Stanzerei, Schleiferei usw.) gefertigt und in den Montagehallen zusammengebaut. In der Dreherei befinden sich 12 Drehbänke. Die hier bearbeiteten Materialien werden anschließend in einer anderen Abteilung (Bohrerei oder Schleiferei) weiterbearbeitet.

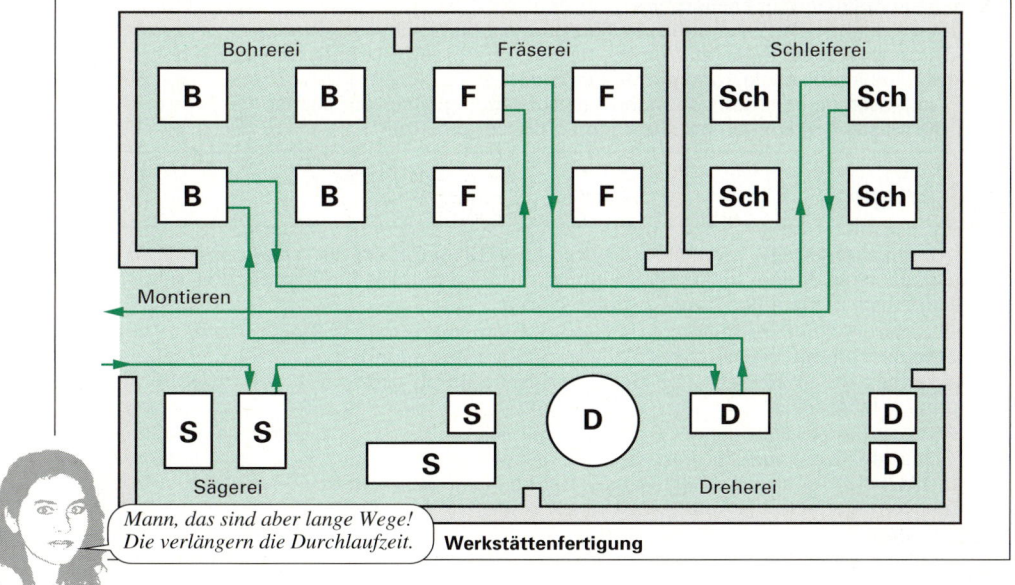

Eine *Werkstatt im industriellen Sinn* ist ein Ort, an dem Betriebsmittel mit *gleichartigen Verrichtungen* zu einer Gruppe zusammengefasst sind (Verrichtungszentralisation).

Die Werkstücke werden von einer Werkstatt zur anderen transportiert. Die Werkstättenfertigung ist dadurch gekennzeichnet, dass an verschiedenen Objekten stets gleichartige Verrichtungen (z. B. Bohrungen), vorgenommen werden. Diese Organisationsform findet in Betrieben mit Einzelfertigung und Kleinserienfertigung Anwendung.

Der Betrieb ist auf stets andersartige Kundenaufträge abgestellt. Er bearbeitet meist viele Aufträge gleichzeitig. Die Maschinen sind für verschiedenartige Bearbeitungen konstruiert (Universalmaschinen), die Arbeitskräfte dafür gründlich ausgebildet (Facharbeiter).

- Eignung der Arbeitskräfte für unterschiedliche Bearbeitungen
- Eignung der Maschinen für unterschiedliche Bearbeitungen
- Maschinenschäden und Erkrankungen wirken sich nur begrenzt aus
- niedrigere Investitionskosten für Universalmaschinen (im Gegensatz zur Fließfertigung mit vielen einzelnen Spezialmaschinen)
- hohe Anpassungsfähigkeit an Marktveränderungen und neuartige Aufträge (Marktflexibilität)

Vorteile der Werkstättenfertigung

Andererseits fallen bei der Werkstättenfertigung sofort die langen Transportwege auf. Sie verlängern die Durchlaufzeiten und machen teure Transporteinrichtungen erforderlich (z. B. Kräne, Elektrokarren, Hubroller, Gabelstapler).

- lange Transportwege, teure Transportmittel
- ständig teure Umrüstungen der Maschinen
- lange Materialliegezeiten
- lange Durchlaufzeiten wegen langer Transportwege und ständiger Umrüstungen
- keine Eignung für kostensparende Großserien
- Jeder Auftrag erfordert eine aufwendige Preiskalkulation
- Jeder Auftrag erfordert eine gut durchdachte Fertigungssteuerung
- hohe Lohnkosten für Facharbeiter
- Überblick über die Gesamtheit der Fertigungsabläufe schwierig; zahlreiches, teures Führungspersonal (Meister, Vorarbeiter) für dezentralisierte Entscheidungen nötig
- Probleme in der Auslastung der Werkstätten:
  – Die Maschinen können von mehreren Aufträgen gleichzeitig beansprucht werden.
  – Die Maschinen können mit Aufträgen unversorgt bleiben.

Nachteile der Werkstättenfertigung

Fließfertigung

Der Amerikaner Frederick Winslow Taylor (1856–1915) gilt als der Vater des Rationalisierungsgedankens. Indem er Arbeitsgänge in ihre Bestandteile zerlegte, fand er schnell die vorteilhafteste Bewegungs- und Grifffolge heraus.

Eine „außergewöhnliche Zeitersparnis und die damit verbundene Steigerung der Produktion lasse sich dann erreichen, wenn alle unnötigen Bewegungen ausgeschaltet, langsame Bewegungen durch schnelle und unökonomische durch ökonomische Handgriffe ersetzt werden...", fand Taylor.

Als Prototyp der arbeitszerlegten Produktion gilt das Fließband. 1873 wurde das Fließband in den Schlachthäusern von Chicago und Cincinnati eingeführt. 40 Jahre später stellte Henry Ford (1863–1947) die Produktion seiner Autos in Detroit auf Fließbandfertigung um. Effekt: Die Montagezeit verringerte sich je Auto von zwölf auf eineinhalb Stunden."

(Quelle: idw)

Die Nachteile der Werkstättenfertigung lassen sich vermeiden, wenn man die Maschinen in der Reihenfolge der Arbeitsgänge anordnen kann.

Wenn die Betriebsmittel und Arbeitsplätze in der Reihenfolge der auszuführenden Arbeiten angeordnet sind, liegt *Fließfertigung* vor. An jedem Arbeitsplatz nimmt man eine andere Verrichtung am gleichen Bearbeitungsobjekt vor *(Objektzentralisation)*.

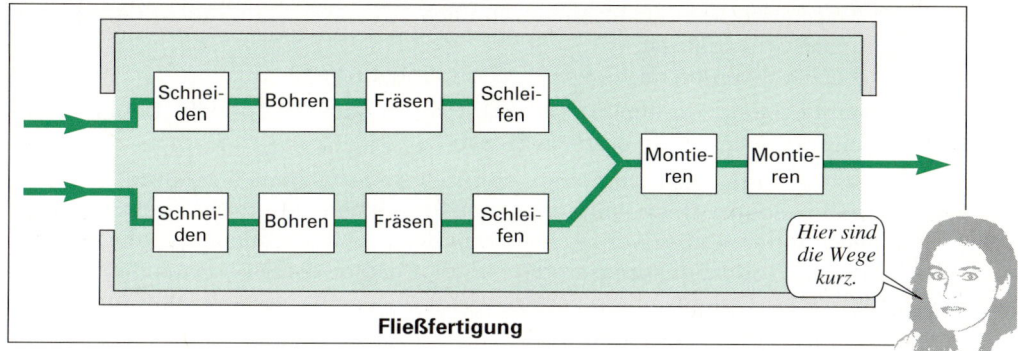

Fließfertigung

Die perfekteste Form der Fließfertigung ist die Fließbandfertigung: Die Werkstücke gleiten in einer für alle Arbeiten gleichen Taktzeit (= Zeitspanne vom Beginn eines Arbeitsganges bis zum Beginn des nächsten gleichartigen Arbeitsganges) gleichmäßig oder auch ruckweise an dem einzelnen Arbeitsplatz vorbei.

Die Fertigung ist in eine große Anzahl von kleinen, unselbstständigen Verrichtungen zerlegt **(Arbeitszerlegung)**[1].

- Es können schnelle Spezialmaschinen eingesetzt werden, vielfach sogar Automaten.
- Es können billige, angelernte Arbeitskräfte eingesetzt werden. Sie führen nur wenige Verrichtungen aus, sind darauf spezialisiert und arbeiten folglich schnell und fehlerfrei.
- Der Produktionsausstoß ist groß; das Gesetz der Massenproduktion wird voll wirksam; die Stückkosten sind niedrig, folglich auch die Absatzpreise.
- Eine intensive Fertigungsplanung wird nur einmal vor Beginn der Serie notwendig. Die Fertigungssteuerung beschränkt sich auf die rechtzeitige Materialbereitstellung und auf Störungen des Arbeitsablaufs.
- Da gleichartige Produkte erstellt werden, entfällt die aufwendige Preiskalkulation für jede einzelne Kundenbestellung.

- Die Arbeit ist monoton, die geistige Beanspruchung gering, die körperliche Beanspruchung einseitig. Arbeitsunlust, „Krankfeiern", bisweilen Sabotage, körperliche und seelische Erkrankungen sind häufig, ebenso Kündigungen der Arbeitnehmer. Hohe Kosten sind die Folge. Man hat deshalb versucht, die Arbeitsprozesse weitgehend zu automatisieren. Wo dies nicht möglich war, wurde die Fließbandarbeit durch eine Reihe von Maßnahmen humanisiert oder durch die Arbeit in Gruppen (Teams) ersetzt.
- Bei Ausfall einzelner Maschinen oder Arbeitskräfte steht ggf. der gesamte Produktionsprozess still. Teure Reparaturkolonnen und „Springer", die jede Arbeit übernehmen können, müssen stets bereitstehen. Heutzutage werden die Arbeitskräfte auch intensiv geschult, damit sie Störungen schnell selbst beheben können.
- Die gesamte Fertigungsanlage besteht aus teuren Spezialmaschinen, die sich nicht für die Fertigung gänzlich anderer Produkte eignen. Durch Nachfrageänderungen können die getätigten Investitionen deshalb schnell zu Fehlinvestitionen werden.

---

[1] Vgl. S. 77

Gruppenfertigung

Die Gruppenfertigung ist eine Organisationsform, die Elemente der Werkstättenfertigung und der Fließfertigung kombiniert:
- Für eine festgelegte Anzahl von Fertigungsvorgängen sind bestimmte Maschinen notwendig.
- Diese Maschinen werden in einer räumlich zusammenhängenden Fertigungsgruppe zusammengefasst.
- Die Maschinen werden nach dem Fließprinzip geordnet.

Die Gruppenfertigung kombiniert Teilabläufe nach dem Fließprinzip. Dadurch entstehen sog. Fertigungsinseln oder Fließinseln.

Man will so die Vorteile der Fließfertigung für diese Teilabläufe ausnutzen.
Viele Betriebe haben z. B. ein umfangreiches Produktionsprogramm und verhältnismäßig kleine Serien. Dabei werden weiterhin bestimmte Einzelteile für alle oder für viele Teile des Produktionsprogramms benötigt. Unter diesen Umständen ist eine Fließfertigung für den gesamten Fertigungsprozess nicht möglich, aber für die genannten Einzelteile lohnt sich die Einrichtung von Fließinseln. Andere Verrichtungen hingegen werden in getrennten Werkstätten vorgenommen. Ggf. gelingt es sogar, aus gleichen Bestandteilen (Bausteinen) unterschiedliche Produkte zusammenzubauen (Baukastensystem) oder erst von einem bestimmten Fertigungsstadium an eine gesonderte Bearbeitung in einzelnen Werkstätten durchzuführen.

Vorteile der Gruppenfertigung	
Vorteile gegenüber der Werkstättenfertigung	Vorteile gegenüber der Fließfertigung
– kürzere Transportwege – schnellerer Fertigungsdurchlauf – geringere Kosten für Zwischenläger – größere Übersichtlichkeit des Produktionsprozesses	– größere Anpassungsfähigkeit – vielseitigere Beschäftigung der Arbeitskräfte (weniger Monotonie, besserer Kontakt, eventuell sogar Austausch von Arbeitern) – geringere Störanfälligkeit

Baustellenfertigung

Bei der *Baustellenfertigung* wird das Fertigprodukt an einer Baustelle produziert. Das Produkt ist ortsgebunden, unbeweglich; Arbeitskräfte, Betriebsmittel und Werkstoffe müssen zur Baustelle transportiert werden (Raumzentralisation).

Baustellenfertigung betrifft in erster Linie die Erstellung von Großprojekten im Hoch- und Tiefbau, von Brücken und Schiffen.
Der Arbeitsablauf lässt sich nur in zeitlicher Hinsicht organisieren. Dazu werden Bauablaufpläne erstellt.
Für die Einrichtung der Baustelle und den Transport der Produktionsfaktoren entstehen hohe Kosten. Man bemüht sich deshalb, die Fertigung der Teile in Fabriken zu verlegen (Fertigteil-Bauweise, Normteile), so dass die Arbeit auf der Baustelle sich möglichst auf die Montage reduziert. Dabei spielt handwerkliches Können vielfach noch eine größere Rolle als bei den anderen Organisationsformen.
Wenn möglich, versucht man auch hier die Vorteile der Serienfertigung zu nutzen (z. B. Erstellung gleicher Häuser in größeren Bauabschnitten).
Ein Sonderfall ist die Fertigung nach dem Wanderprinzip. Dabei ist der Arbeitsgegenstand auch ortsgebunden, jedoch muss die Baustelle mit dem Arbeitsfortschritt abschnittsweise verlegt werden. Nach diesem Prinzip wird zwangsläufig im Straßen-, Kanal- und Gleisbau, bei Kabelverlegungen oder dem Bau von Pipelines verfahren.

1.2 Automation

In die Werkstatt-, Fließ- und Gruppenfertigung halten neue Technologien immer stärker Einzug. Sie führen zu einer Automatisierung der Arbeitsabläufe.

Automaten sind Maschinen, die ihre Arbeit selbst steuern und überwachen und dabei Fehler korrigieren.

Neue Technologien der Informationsverarbeitung am Arbeitsplatz
CNC-Anlagen   (computerized numerical control)   Von einem frei programmierbaren Computer gesteuerte Maschinen, die häufig vor Ort, d. h. am Arbeitsplatz programmierbar sind (Werkstattprogrammierung).
DNC-Anlagen   (direct numerical control)   Mehrere -von einem Zentralcomputer gesteuerte – CNC-Maschinen.
Industrieroboter   (Handhabungsautomaten)   Universell einsetzbare Automaten, deren Bewegungsfolge frei programmierbar ist. Ihre Bewegungsmöglichkeiten sind im Allgemeinen auf mehrere Arme und Gelenke (Nebenachsen) beschränkt. Die Steuerung erfolgt elektronisch oder durch Sensoren. Für ihre Arbeit sind sie mit Greifern, Werkzeugen, Messgeräten oder anderen Fertigungsmitteln ausgerüstet.
Flexible Fertigungssysteme   (FFS)   Ein gemeinsames Steuer- und Transportsystem verknüpft die Fertigungsanlagen miteinander. Sie dienen sowohl der automatischen Fertigung, können aber auch unterschiedliche Bearbeitungsaufgaben an einzelnen Werkstücken durchführen.

Das Wort Roboter stammt aus dem Slawischen und bedeutet dort: harte Arbeit

Die Automation ist nicht denkbar ohne den Einsatz von Computern. Sie kommen heute bereits in allen Bereichen der Unternehmung zur Anwendung. Das Ergebnis wird „Computer Integrated Manufacturing" sein.

Computer Integrated Manufacturing (CIM) **bedeutet computerintegrierte Fertigung. In dieser höchsten Automationsstufe sind alle Fertigungs- und Materialbereiche untereinander sowie mit der Verwaltung durch ein einheitliches Computersystem ver-**

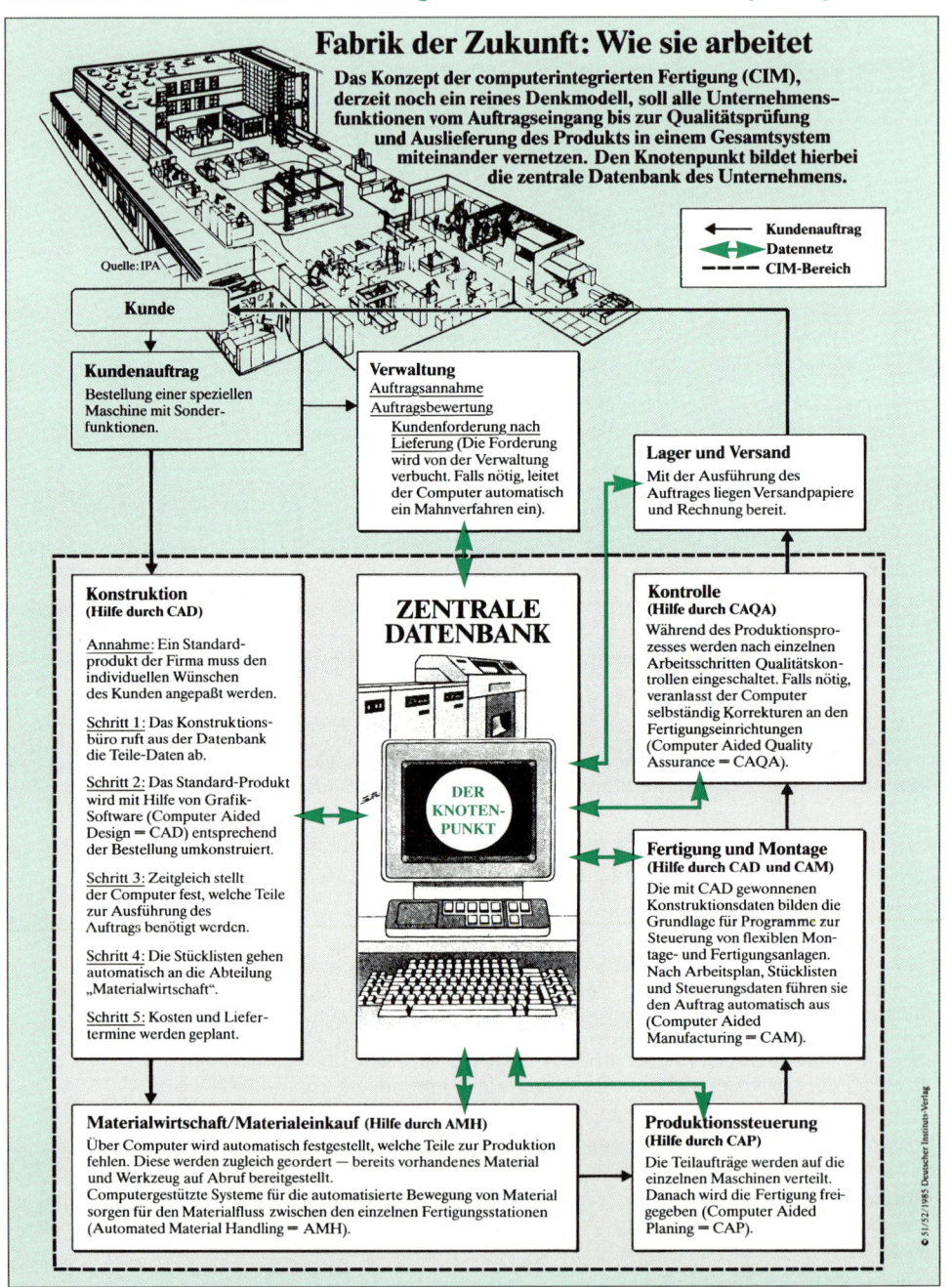

(Quelle: IW-Zusammenstellung; Institut der deutschen Wirtschaft iwd)

bunden, dem eine zentrale Datenbank angeschlossen ist. **Jeder berechtigte Benutzer kann die von ihm benötigten Daten aus der Datenbank abrufen und verwenden.**

CIM umfasst folglich ein Informationsnetz, welches die durchgängige Nutzung von einmal gewonnenen Datenbeständen ohne erneute Erfassung zulässt. Man spricht hier von **vernetzten** oder **verketteten Lösungen**.

Vernetzte Lösungen werden die traditionellen isolierten Lösungen ersetzen. Sie eröffnen folgende Möglichkeiten:

Stärkung der Marktstellung	Senkung der Kosten
● durch bessere Berücksichtigung von Kundenwünschen aufgrund flexiblerer Produktion ● durch größere Termintreue ● durch prompte Bereitstellung von Serviceleistungen	● durch kürzere Rüstzeiten der Anlagen ● durch kürzere Durchlaufzeiten der Produkte ● durch bessere Kapazitätsauslastung ● durch geringere Kapitalbindung (z. B. aufgrund niedrigerer Lagerbestände)

Arbeitsaufgaben

1. **Die industrielle Fertigung kennt unterschiedliche Fertigungstypen.**
   Welcher Fertigungstyp liegt vor bei
   a) einer Maschinenfabrik, die Großwalzwerke produziert,
   b) einem Automobilwerk,
   c) einer Schuhfabrik,
   d) einer Brotfabrik,
   e) einer Zigarettenfabrik,
   f) einer Brauerei,
   g) einem Hochofen?
   Stellen Sie jeweils fest, ob die Produktion auf Lager oder im Kundenauftrag durchgeführt wird. Geben Sie auch an, in welchen Fällen der Vorteil der Massenproduktion, also Kostensenkung durch große Stückzahlen, zum Tragen kommt.

2. **Folgende Abbildungen kennzeichnen zwei verschiedene Typen der Fertigungsorganisation.**

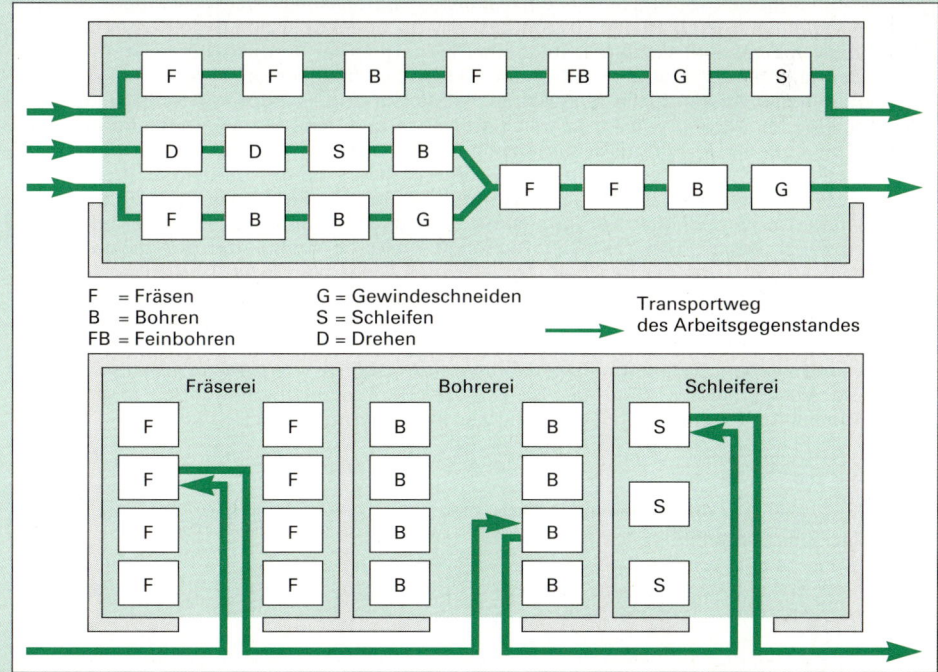

a) Charakterisieren Sie diese Organisationstypen.
b) Nennen Sie verschiedene Vor- und Nachteile dieser Organisationstypen.
c) Bei welchen Fertigungstypen kann man diese Organisationsformen antreffen?

3. **Gegeben seien folgende Fertigungsvorgänge:**
   (1) Bau von Überseefrachtschiffen auf der Werft
   (2) Abfüllen von Getränkeflaschen
   (3) Herstellung von Herrenkonfektion
   (4) Montage von Fernsehgeräten
   Welche Fertigungsorganisation ist jeweils sinnvoll? Beschreiben Sie die wichtigsten Vorgänge.

4. **Auf einer Anlage können in der Stunde maximal 120 Stück gefertigt werden. Zur Zeit werden im Durchschnitt 100 Stück produziert. Die Anlage läuft 320 Stunden im Monat. Die fixen Kosten der Anlage betragen im Monat 10 000,00 EUR. Der Materialverbrauch kostet pro Stück 1,00 EUR, der Arbeitslohn pro Stück 0,30 EUR. Das Stück wird zu 1,90 EUR verkauft.**
   a) Wie viel Euro betragen die variablen Kosten einer Monatsproduktion?
   b) Wie viel Euro betragen die Gesamtkosten einer Monatsproduktion?
   c) Wie viel Euro betragen die Stückkosten?
   d) Erläutern Sie anhand dieser Aufgabe das Gesetz der Massenproduktion.

5. „Die Fabrik der Zukunft".

> Die Produktivität, Produktionsgeschwindigkeit, Flexibilität, Qualität und Zuverlässigkeit der nächsten Generation unserer Fabriken wird ein Niveau erreichen, das auf der Grundlage konventioneller Produktionsstrukturen nicht realisierbar wäre. Die Fabrik der Zukunft ist rechnerintegriert und flexibel automatisiert. Sie ist weitgehend frei von geschriebener Informationsübermittlung, verfügt über einen kontinuierlichen Fertigungsablauf und ist materialtechnisch und informationstechnisch verknüpft. Eine große Vielfalt von Produkten wird in kleinen Losen oder in beliebiger Reihenfolge wirtschaftlicher als heute hergestellt werden können. Die Vorbereitungszeiten für die Einführung neuer Produkte werden stark verkleinert. Zwischenlagerbestände verschwinden fast vollständig, eine Endlagerung von Fertigprodukten zur Anpassung an schwankende Marktnachfrage ist kaum noch erforderlich ...
> In der Fabrik der Zukunft werden die Rahmenbedingungen wirtschaftlicher Produktion weitgehend verändert. Der Kapitalbedarf für Investitionen steigt erheblich und erhöht die fixen Kosten. Es werden hohe Investitionen in Softwareentwicklung, Rechnerprogrammierung, Instandhaltung sowie die Fähigkeit zu schnellen Reparaturen erforderlich. Die benötigten Summen können höher sein als die Investitionskosten der Maschinen. Der Anteil der variablen Kosten an den Gesamtkosten wird gegenüber den fixen Kosten kleiner. Den höheren Investitionskosten ... steht eine Steigerung der Produktivität, eine merkbare Verbesserung der Qualität, eine Erhöhung der Umstellfähigkeit, eine Verminderung der Lohnanteile, der Kosten für in Material, in Halbfertig- und Fertigprodukten gebundenes Kapital, eine Minderung von Ausschuss und Nacharbeit, eine schnellere Reaktionsmöglichkeit gegenüber. Die höhere Gesamtinvestition wird eine Umlage auf eine größere Zahl herzustellender Produkte erfordern. Die Flexibilität der Fertigungsmittel macht die Erfüllung dieser Bedingungen durch die Fertigung eines breiten Produktionsspektrums leichter als in der konventionellen Fertigungslinie. Bei flexibler Automatisierung sind die Kosten pro Stück eines Produkts zukünftig nicht mehr abhängig von der produzierten Stückzahl, sondern von der Bearbeitungszeit eines Teiles oder Produktes im Fertigungssystem. Die Kosten der Einzel- und Kleinserienfertigung ... nähern sich den bei Massenherstellung erreichten Durchschnittswerten. Die Fabrik der Zukunft wird daher in die Lage versetzt, die Zahl der hergestellten Produkte und Produktvarianten ohne Mehrkosten zu erweitern. Lebenszyklen von Produkten werden verkürzt und Neukonstruktionen häufiger. Der Verbraucher wird auf der Basis dieser Herstellungsbedingungen zunehmend hohe Qualität und individuelle Gestaltung des Industrieproduktes fordern.

(Quelle: D. Specht, Fabrik der Zukunft, in: Informationen zur politischen Bildung, Nr. 218, 1. Quartal 1988)

a) Die moderne Fabrik ist rechnerintegriert. Erläutern Sie, was dies bedeutet, und nehmen Sie dazu das Schaubild auf S. 110 zu Hilfe.
b) Die moderne Fabrik ist flexibel automatisiert. Was bedeutet dies?
c) Erläutern Sie das Verhältnis von fixen und variablen Kosten in der modernen Fabrik. Begründen Sie diesen Zusammenhang.
d) Es wird behauptet, dass die moderne Fabrik große Fertigungsmengen benötigt, dass aber trotzdem Einzel- und Kleinserienfertigung vorliegen wird. Klären Sie diesen „Widerspruch" auf.

2 Leistungsprozesse in Dienstleistungsunternehmen

2.1 Arten von Dienstleistungsbetrieben

Der Dienstleistungsbereich umfasst außerordentlich viele Arten von Betrieben. Die folgende Aufzählung kann deshalb nur unvollständig sein:

Art der Dienstleistung	Betriebsart
Handel mit Sachgütern	Groß-, Einzel-, Außenhandel
Handel mit Wertpapieren und Devisen	Banken
Beförderung von Sachgütern	Frachtführer, Verfrachter, Spediteure, Post, Paketdienste
Beförderung von Personen	Personenverkehrsbetriebe (Bahn, Bus, Taxi, Flugzeug, Schiff), Reisebüros
Beförderung von Zahlungen	Kreditinstitute (Banken, Sparkassen)
Beförderung von Nachrichten	Post/Telekom, Rundfunk, Fernsehen, Zeitungs- und Zeitschriftenverlage
Marktveranstaltung	Börsen, Messegesellschaften, Auktionshäuser
Finanzierung, Kreditvergabe	Kreditinstitute
Kapitalsammlung	Kreditinstitute
Abdeckung von Risiken	Versicherungen
Beratung	Rechtsberater (Anwälte, Notare), Unternehmensberater
Datenverarbeitung, Organisation, Verwaltung	Rechenzentren, Steuerberater, Wirtschaftsprüfer, Hausverwalter
Forschung	Forschungslabors, Marktforschungsinstitute
Vermittlung	Makler, Vermittler
Verkauf, Einkauf	Kommissionäre, Handelsvertreter
Lagerung	Lagerhalter, Spediteure
Bewachung	Bewachungsbetriebe
Sicherheit	Feuerwehr, TÜV, Dekra
Auskunfterteilung, Inkasso	Auskunfteien, Inkassoinstitute
Reparatur, Wartung	Werkstätten, Handwerksbetriebe
Gesundheitsdienste und Pflege	Ärzte, Psychologen, Pflegeberufe, Masseure, Krankengymnasten Krankenhäuser, Heime, Bäder, Kosmetiker, Friseure
Bildung, Schulung	Kindergärten, private und staatliche Schulen, Hochschulen
Beherbergung, Bewirtung	Hotels, Gasthäuser, Gaststätten
Sport, Freizeitgestaltung, Spiel, Kunst	Saunen, Freizeitparks, Spielhallen, Fitnesscenters, Eishallen, Kinos, Theater, Konzerthallen, Museen, Zoos, Zirkusse
Werbung	Werbeagenturen
Planung	Architekten, Ingenieurbüros, Planungsbüros, Engineering-Unternehmen
Interessenvertretung	Gewerkschaften, Verbände, Kammern

2.2 Organisatorische Gemeinsamkeiten

Alle Dienstleistungsbetriebe sind unterschiedlich organisiert. Dennoch kann man bei vielen – nicht allen – Betrieben einige Gemeinsamkeiten erkennen:

Die Organisation umfasst häufig eine **Kundenabteilung** und eine **Büroabteilung**. Zu diesen Abteilungen des **Innendienstes** kann ggf. noch ein **Außendienst** hinzutreten.

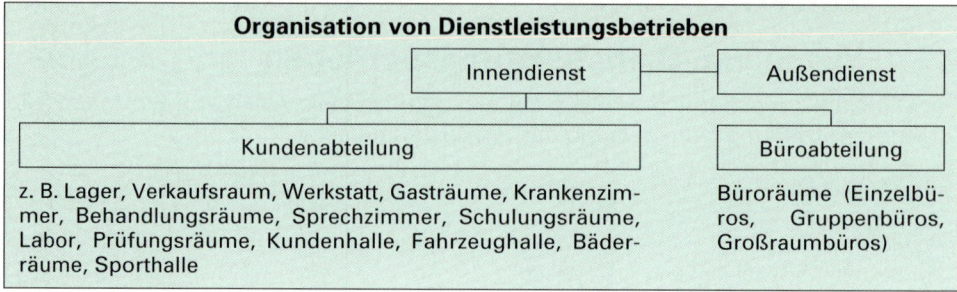

● Innendienst

– *Kundenabteilung*

Die Kundenabteilung umfasst den Teil des Betriebes, in dem Gegenstände für den Kunden bereitgehalten oder bearbeitet werden oder in dem der Kunde selbst beraten oder behandelt wird oder Tätigkeiten vornimmt.

> **Beispiele:**
> - Werkstatt im Reparaturbetrieb
> - Lager im Lagerhaus
> - Labor im Forschungs- und Prüfbetrieb
> - Geräteraum im Fitnesscenter

In vielen Fällen tritt dort der Kunde in direkten Kontakt mit dem Betrieb, um dessen Leistung in Anspruch zu nehmen.

> **Beispiele:**
> - Kundenhalle in der Bank
> - Gastraum in der Gastwirtschaft
> - Verkaufsraum im Handelsbetrieb
> - Schulungsraum in der Schule
> - Behandlungszimmer beim Arzt
> - Ausstellungsraum im Museum

Entsprechend den betriebsspezifischen Anforderungen ist die Kundenabteilung mit den notwendigen Geräten und Materialien sowie fachkundigem Personal ausgestattet.

– *Büroabteilung*

Verwaltende Tätigkeiten, Tätigkeiten ohne Kundenkontakt und leitende Tätigkeiten werden in der Regel in Büroräumen ausgeübt.

- **Einzelbüros** werden für Führungskräfte bereitgestellt, ansonsten nur für Personen, deren Arbeit erhöhte Konzentration oder Vertraulichkeit erfordert.
- **Gruppenbüros** lassen die für viele Arbeitsprozesse notwendige Kommunikation zwischen den Mitarbeitern zu. Bei Einzelbüros ist sie erschwert. Entweder stehen die Tische in einer Reihe hintereinander oder sind zu einem Block zusammengefasst. Letzteres ist der Fall, wenn eine enge Kommunikation zwischen den Mitarbeitern erforderlich ist.

Typische Reihenformen

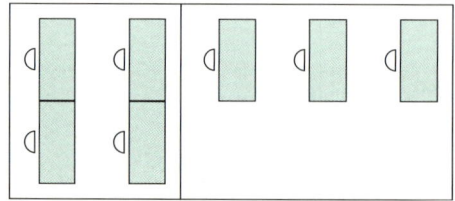

Typische Blockformen

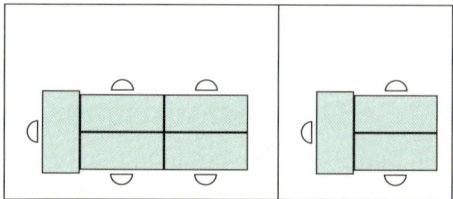

- **Großraumbüros** erlauben, wenn sie richtig geplant sind, eine zweckmäßige Anordnung der Arbeitsplätze bei beschleunigtem Arbeitsfluss und gutem Mitarbeiterkontakt. Gute Lichtverhältnisse, Wahrung der individuellen Atmosphäre durch geschickt eingefügte Trennwände und asymmetrische Möbelanordnung sowie ausreichende Schalldämmung sind einige Voraussetzungen für eine konfliktfreie Atmosphäre im Großraumbüro.

Großraumbüro

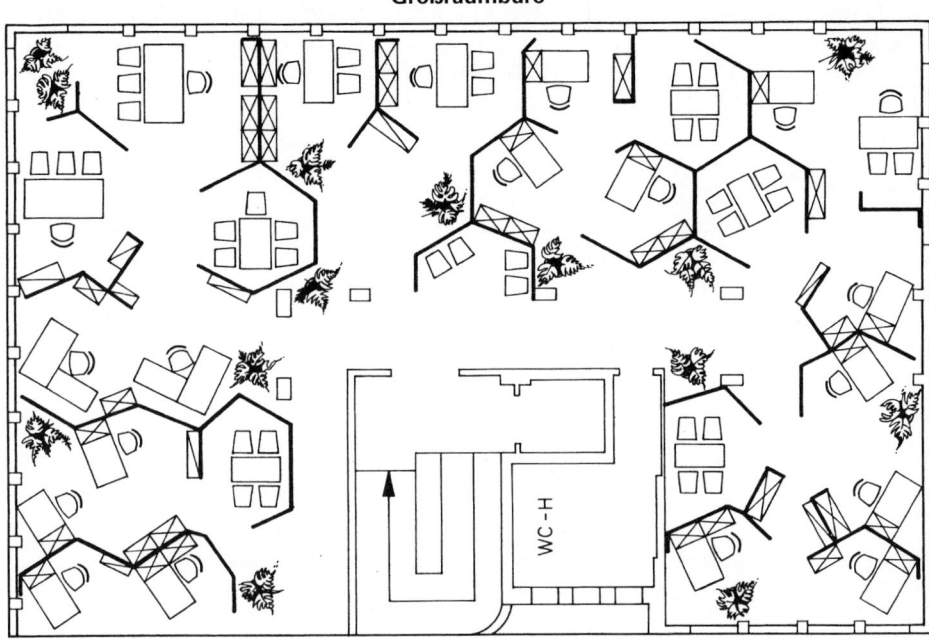

(Quelle: Wamper, Wirtschaftsinformatik, Köln 1990)

- **Heimarbeitsplätze** werden in der Zukunft wahrscheinlich zahlenmäßig zunehmen. Dies ist die Folge der wachsenden Computernutzung. Vernetzte Computer erlauben auch bei räumlicher Trennung den Zugriff auf alle notwendigen Daten sowie die Dateneingabe. Bei vielen Arbeiten wird deshalb die räumliche Anwesenheit des Mitarbeiters im Betrieb nicht mehr nötig sein. Sie können am Computer zu Hause erledigt werden.

- **Außendienst**

    Außendienstmitarbeiter stellen durch Besuche bei Kunden und Lieferern notwendige direkte Kontakte her. Als Reisende oder als selbstständige Handelsvertreter vermitteln sie Geschäfte oder schließen solche ab, beraten die Kunden, betreiben Kundendienst und Kundenpflege und berichten dem Betrieb über ihre Tätigkeit.

2.3 Zentralisation und Dezentralisation

Betriebsabteilungen werden durch Zusammenfassung (Zentralisation) bestimmter Aufgaben gebildet. Alle anderen Aufgaben werden von anderen Abteilungen erledigt (Dezentralisation).

Beispiele:

Die Werkstatt *Fräserei* im Industriebetrieb entsteht, indem man **gleichartige Verrichtungen** (Fräsen) an verschiedenartigen Objekten in einer Abteilung durchführt (**Verrichtungszentralisation**).

Ein Fließband entsteht als Anlage, mit der man an immer gleichartigen Objekten alle notwendigen Verrichtungen vornimmt (**Objektzentralisation**).

Abteilungen in Dienstleistungsbetrieben entstehen auf die gleiche Weise. Durch **Verrichtungszentralisation** entstehen z. B. die Abteilungen Einkauf, Verkauf, Lager.

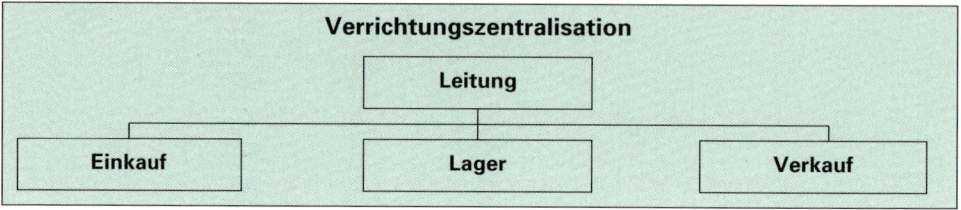

Wenn man bestimmte Kundengruppen, Warengruppen, Leistungsgruppen (z. B. Versicherungsarten), Absatzgebiete ausschließlich von einer Abteilung bearbeiten lässt, so liegt eine kunden-, artikel-, leistungs- oder gebietsorientierte **Objektzentralisation** vor.

Teilweise werden auch Verwaltungsaufgaben ausgegliedert und einer Abteilung zugeordnet (**Verwaltungszentralisation**). Auf diese Weise entstehen z. B. die Personalabteilung, die zentrale Buchhaltung, die zentrale Registratur, die zentrale Poststelle.

Arbeitsaufgabe

Dienstleistungsbetriebe erfüllen die unterschiedlichsten Aufgaben. Sie sind deshalb auch sehr unterschiedlich organisiert.
Berichten Sie über die Organisation Ihres Ausbildungsbetriebes:
a) Verfügt Ihr Betrieb über eine Kundenabteilung und über einen Außendienst, und welche Aufgaben sind diesen Abteilungen ggf. übertragen?
b) Welche Abteilungen Ihres Betriebes sind in Büros untergebracht?
c) ● Welche Mitarbeiter Ihres Betriebes sind in Einzel-, Gruppen- oder Großraumbüros beschäftigt?
   ● Erkundigen Sie sich, warum gerade diese Organisationsform gewählt wurde und ob sie eine effektive Arbeit und die Zufriedenheit der Arbeitsplatzinhaber fördert.
d) Untersuchen Sie, nach welchen Merkmalen die Abteilungen Ihres Betriebes gebildet sind und welche Zwecke mit dieser Organisation verfolgt werden. (Beachten Sie dabei: Eine Abteilung kann auch aus einer einzelnen Person bestehen.)

3 Ökologische Probleme der Leistungserstellung

3.1 Betriebliches Umweltmanagement

Wir schreiben das Jahr 2005
Sie konnten Ihre Vorteile als mittelständischer Unternehmer in den letzten zehn Jahren gezielt nutzen: Flexibilität, Marktnähe und schnelle Reaktionen auf die sich rasch wandelnden Märkte und Umfelder. Beispiel: das EG-Öko-Audit. Unmittelbar nach In-Kraft-Treten der EG-Verordnung über die „freiwillige Beteiligung gewerblicher Unternehmen an einem Gemeinschaftssystem für das Umweltmanagement und die Umweltbetriebsprüfung" im Jahre 1995 haben Sie die darin liegenden Chancen erkannt und gezielt genutzt.

Erfolgsbilanz Ihres Öko-Audits
Heute – im Jahre 2005 – haben Sie die Position Ihres Unternehmens entscheidend verbessert, denn Sie haben Ihre Umwelt entlastet. Daher ...
- präferieren Ihre Kunden und Endverbraucher Ihre Waren und Dienstleistungen,
- sind Ihr Ansehen und Ihre Glaubwürdigkeit bei Politik und Behörden, in der Öffentlichkeit und in der Nachbarschaft gestiegen,
- ist Ihre Wettbewerbsposition besser gesichert,
- können Genehmigungsverfahren leichter abgewickelt werden.

Heute – im Jahr 2005 – haben Sie Ihre Kosten gesenkt, weil Sie...
- ein funktionierendes Umweltmanagement installiert haben,
- Ihre Ressourcen effizienter einsetzen,
- bei geringeren Emissionen auch weniger Steuern und Abgaben bezahlen,
- Ihre Bonität[1] bei Finanzierungsentscheidungen verbessert haben,
- Haftungsrisiken kalkulierbar gemacht haben – und somit günstigere Versicherungsprämien zahlen.

Quelle: Das Öko-Audit..., Mittelstandbroschüre 15, hrsg. von der Deutschen Bank, Frankfurt/M. 1995

3.1.1 Umweltschutz unter kaufmännischen Aspekten

Wirksamer Umweltschutz bedeutet: Haushalte und Unternehmen müssen von sich aus immer neu die größtmöglichen Anstrengungen zur Vermeidung von Umweltschäden unternehmen.

Rechtsvorschriften sind dann nur Minimalanforderungen. Sie schaffen den notwendigen Ordnungsrahmen, motivieren aber nicht zum „Bessermachen". Sie können ja nur Grenzwerte festlegen, die nicht überschritten werden dürfen.

Tue ich als Unternehmer mehr als verlangt, habe ich aber höhere Kosten als die Konkurrenz. Das bedeutet Wettbewerbsnachteile und Gewinnminderung.

Im Gegenteil: Wer nicht die größtmöglichen Anstrengungen unternimmt, wird unter kaufmännischen Aspekten bald das Nachsehen haben.

- Die Umweltschutzvorschriften werden zunehmend schärfer.
- Die Abgaben für umweltschädliches Verhalten (z. B. Abwassergebühren) und die Kosten für die Vermeidung/Beseitigung von Umweltschäden steigen. Aus externen Kosten werden also zunehmend interne Kosten.
- Staatliche Subventionen für umweltfreundliche Investitionen verschaffen Kostenvorteile.
- Schärfere Haftungsvorschriften (Gefährdungshaftung) vergrößern das Kostenrisiko in der Folge von Störfällen und chronischen Belastungen.

---
[1] Ausdruck für makellosen Ruf, Zahlungsfähigkeit und -willigkeit

- Die Endverbraucher achten zunehmend auf umweltfreundliche Produkte. Die Umweltfreundlichkeit eines Produktes ist heute ein gängiges Verkaufsargument, bald wird sie unverzichtbare Voraussetzung für den Marktzugang sein.
- Gewerbliche Käufer verlangen von ihren Zulieferern umweltfreundliche Materialien und Fertigungsverfahren.
- Betriebe, die keine umweltfreundlichen Produkte und Verfahren entwickeln, koppeln sich vom technischen Fortschritt ab. Sie entziehen sich auf längere Sicht selbst die Lebensgrundlage. Sie können nicht gegen die wachsamere Konkurrenz bestehen.

3.1.2 Umweltorientierte Unternehmensführung

Fortschrittliche Unternehmen haben erkannt: Betrieblicher Umweltschutz muss dynamisch sein. Sie ersetzen staatliche Gängelung mittels Rechtsvorschriften durch eigenverantwortliches maximales Handeln und richten eine umweltorientierte Unternehmensführung (Umweltmanagement) ein.

Beispiel:

Dies sind die Leitsätze für die umweltorientierte Unternehmensführung eines deutschen Konzerns.

1. Organiatorische Anpassung
Wer im Betrieb das Sagen hat, muss etwas vom Umweltschutz verstehen. Wer etwas vom Umweltschutz versteht,   – kann Belastungen der Umwelt durch Produkte und Produktionsverfahren erkennen und bewegen,   – kennt Vermeidungs- und Minderungsmaßnahmen,   – hält die einschlägigen Umweltvorschriften ein.   Umweltschutz ist integrierter Bestandteil aller Entscheidungen im Unternehmen. Dies muss in der betrieblichen Organisation verankert sein.
2. Entwicklung von Produkten, Umwelttechnologien und Dienstleistungen
– Produkte sind zu entwickeln und herzustellen, die umweltverträglich zu verwenden, zu verwerten und zu entsorgen sind.   – Die Umwelttechnologien zur Vermeidung und Minderung von Umweltbelastungen sollen den Stand der Technik weiterführen.   – Dienstleistungen sind fachgerecht und unter Berücksichtigung des vorbeugenden Umweltschutzes auszuführen.
3. Verfahrensinnovation
Produktionsverfahren sind zu entwickeln, die energie- und rohstoffoptimiert durchgeführt werden können und zugleich Recyclingwege ermöglichen.
4. Stoffsubstitution
Schadstoffbefrachtete Roh-, Hilfs- und Betriebsstoffe sind durch umweltverträglichere Alternativen zu ersetzen.
5. Qualifikation der Mitarbeiter
Die Mitarbeiter sind zu qualifizieren und zu motivieren, damit sie im Bewusstsein für eine gesunde Umwelt kompetent und verantwortungsbewusst handeln.

Umweltorientierte Unternehmensführung
- richtet eine Umweltdatenbank und ein Umweltinformationssystem ein,
- berücksichtigt den Umweltschutz bei allen Betriebsprozessen und bei allen betrieblichen Funktionen,
- verankert den Umweltschutz auch in der Organisation des Betriebes und legt alle Kompetenzen, Aufgaben und Tätigkeiten in einem Umweltschutzhandbuch fest,
- dokumentiert ihre Umweltschutzbemühungen auch gegenüber der Öffentlichkeit, z. B. durch die Erstellung und Veröffentlichung von Ökobilanzen und durch die Teilnahme am Öko-Audit der Europäischen Union.

3.1.3 Umweltschutz-Beauftragte

Betriebe, deren Produktion die Umwelt beeinflussen kann, müssen Beauftragte für besondere Belange des Umweltschutzes bestellen.

In Deutschland nehmen zur Zeit etwa 4000 Personen solche Funktionen wahr.

Das Umweltrecht fordert die Betriebsbeauftragten für Abfall, für Gewässerschutz und Immissionsschutz sowie den Störfall-, den Gefahrgut- und den Tierschutzbeauftragten. Nach dem Gentechnik-Gesetz muss bei Vorliegen bestimmter Voraussetzungen auch ein Beauftragter für biologische Sicherheit bestellt werden.

Ihre Aufgaben sind in mehreren Gesetzen geregelt:

Aufgaben der Umweltschutz-Beauftragten

Kontrollfunktion
Der Beauftragte muss darauf achten, dass die umweltrechtlichen Bestimmungen im Betrieb eingehalten werden.

Initiativfunktion
Der Beauftragte hat in seinem jeweiligen Fachgebiet darauf hinzuwirken, dass umweltschonende Verfahren und Produkte eingesetzt werden.

Anhörungsrecht
Der Beauftragte muss vor Investitionsentscheidungen von der Unternehmensleitung gehört werden.

Informationsfunktion
Der Beauftragte soll die Betriebsangehörigen über die betriebliche Umweltsituation informieren.

Berichtsfunktion
Der Beauftragte hat einen Jahresbericht zu erstellen.

In vielen Unternehmen werden unabhängig von gesetzlichen Verpflichtungen Umweltschutz-Beauftragte bestellt – Ausdruck der Philosophie, den Umweltschutz von vornherein in die unternehmerische Strategie einzubinden. In den größeren Unternehmen rankt sich um die gesetzlichen Umweltschutz Beauftragten oft ein Netz von Spezialisten, die für das Umweltschutz-Know-how[1] der Unternehmen stehen.

> **Beispiel:**
> Die Immissionsschutz-, Abwasser- und Abfallbeauftragten tragen Verantwortung für Einzelanlagen. Sie berichten dem Betriebsbeauftragten für Umweltschutz auf der Werks- oder Betriebsebene, der die Geschäftsführung informiert. Auf der Konzernebene gibt es sogar zentrale Referate für Umweltschutz und technische Sicherheit.

3.1.4 Ökobilanz (Umweltbilanz)

Die Ökobilanz ist eine Übersicht über möglichst alle Stoff- und Energiemengen, die im Laufe eines Jahres in den Betrieb eingehen (Input[2]) und den Betrieb verlassen (Output[3]). Sie liefert grundlegende Informationen über die Auswirkungen der betrieblichen Tätigkeiten auf die Umwelt und damit für Entscheidungen hinsichtlich Beschaffung, Produktion und Absatz.

---

[1] Know-how (engl.) = „wissen, wie"; bezeichnet geistig-technische Spezialkenntnisse und Erfahrungen (z. B. über Fertigungsverfahren), die nicht rechtlich geschützt werden können und deshalb oft strenger Geheimhaltung unterliegen.
[2] (engl.) Eingang(sleistung), Zufuhr, Eingabe
[3] (engl.) Ausgang(sleistung), Abgabe

4-Stufen-Methode für Ökobilanzen

Dieses Vorgehen wird vom Umweltbundesamt vorgeschlagen.

(1) Bilanzierungsziel
Entscheidung, welche Größen für einen Produktionsprozess und welche Lebenszyklen eines Produktes berücksichtigt werden sollen. Energie- und Verkehrsdaten sind einzubeziehen.

(2) Sachbilanz (vgl. unten stehendes Beispiel)
Umfasst alle Elemente des Produktionsprozesses und des Produkt-Lebenszyklus, von der Gewinnung der Rohstoffe über den Gebrauch des Produkts bis hin zur Abfallbehandlung und Abfallentsorgung.

(3) Wirkungsbilanz
Die Daten der Sachbilanz werden auf ihre möglichen Umweltwirkungen, z.B. Klimaveränderungen, Abbau der Ozonschicht, Belastungen der Gewässer hin überprüft.

(4) Bilanzbewertung
Die Ergebnisse von Sach- und Wirkungsbilanz werden zu einer Gesamtbewertung zusammengefasst. Diese komplexe Aufgabe kann laut Umweltbundesamt zurzeit noch nicht geleistet werden.

Beispiel: Ökobilanz

Input	2001	Output	2001
1. Rohstoffe (kg)	2 992 575	**1. Produkte (kg)**	
2. Halb- und Fertigwaren (kg)	1 954 433	Beinbekleidung	4 432 403
3. Hilfsstoffe (kg)		Oberbekleidung	339 823
Farbstoffe	60 310	**2. Verpackungen (kg)**	
Chemikalien	1 071 012	Transportverpackung	735 196
Produktverpackungen	1 824 532	Produktverpackung	1 806 171
Produktzutaten	85 553	**3. Abfälle (kg)**	
4. Betriebsstoffe (kg)	1 325 893	Sonderabfälle	83 687
5. Energie (kWh)		Wertstoffe	1 472 895
Gas	13 870 996	Restmüll	171 040
Strom	26 663 766	**4. Energieabgabe**	101 635 998
Heizöl	36 214 053	**5. Abwasser**	
Fernwärme	8 102 143	Menge (cbm)	284 662
Treibstoff	14 585 040	Schwermetall (kg)	30
6. Wasser (cbm)		**6. Abluft**	
Stadtwasser	237 996	Menge (cbm)	23 715 924
Rohwasser (Brunnen/See)	135 622	Belastung (kg)	120 042 786
Luft (cbm)	84 556 546		
Bestand:			
Boden (qm)		Anlagen (Stück)	
versiegelt	56 329	Produktionsmaschinen	3 974
überbaut	118 611	Büro-/Kommunikationsmasch.	3 399
grün	412 613	Fuhrpark	279
Gebäude (qm)	158 058	technische Anlagen	302

3.1.5 Öko-Audit (Umweltbetriebsprüfung)

Die Europäische Union (EU) hat 1993 die Verordnung (EWG) Nr. 1836/93 „über die freiwillige Beteiligung gewerblicher Unternehmen an einem Gemeinschaftssystem für das Umweltmanagement und die Umweltbetriebsprüfung" erlassen (kurz: **Öko-Audit-Verordnung**). Sie will die Unternehmen über den Markt dazu drängen, sich selbst konkrete umweltpolitische Ziele zu setzen, die über das gesetzlich Geforderte hinausgehen, Maßnahmen zu ihrer Verwirklichung zu treffen und ein Umweltmanagement zu schaffen. Interne Betriebsprüfungen (Audits) und amtlich bestellte unabhängige Umweltgutachter sollen die Umsetzung prüfen. Die Teilnahme ist freiwillig. Die Ergebnisse sollen den zuständigen Behörden und der Öffentlichkeit mitgeteilt werden. Die erfolgreiche Teilnahme an dem Gemeinschaftssystem berechtigt dazu, ein **EU-Ökozeichen** zu führen.

> „Wenn Sie am Gemeinschaftssystem erfolgreich teilnehmen, sind Sie berechtigt, dieses Teilnahmezeichen zu führen. Dann stehen Sie beispielsweise bei Ihren Kunden und bei Ihren Anliegern, bei den Umweltbehörden, bei Banken und Versicherungen – und sicherlich auch bei Ihrer eigenen Belegschaft – besser da.
> Dieses Ökozeichen kann verwendet werden
> - auf den Umwelterklärungen des Unternehmens,
> - auf den Broschüren, Berichten, Informationsdokumenten des Unternehmens,
> - auf dem Briefkopf des Unternehmens,
> - für die Werbung des Unternehmens, sofern diese sich nicht auf spezielle Produkte oder Dienstleistungen bezieht.
>
> Mit anderen Worten: Die Teilnahmeerklärung darf weder in der Produktwerbung benutzt noch auf den Erzeugnissen selbst oder auf ihrer Verpackung angegeben werden."
>
> (Quelle: Das Öko-Audit ... a.a.O.)

Der Verfahrensablauf

1. Nach der EU-Verordnung beginnt das Öko-Audit auf der Grundlage vorformulierter Ziele betrieblicher Umweltpolitik mit einer ersten umfassenden Untersuchung der Umweltauswirkungen eines Betriebsstandortes.
2. Die dabei gewonnenen Erkenntnisse dienen der Aufstellung eines konkreten Umweltprogramms und dem Aufbau eines Umweltmanagementsystems.
3. Darauf aufbauend, führen Betriebsangehörige oder externe Einzelpersonen oder Beratungsunternehmen eine interne Umweltbetriebsprüfung durch.
4. Deren Resultat ist die standortbezogene Umwelterklärung, in der die Öffentlichkeit nicht nur über die Umweltschutzerfolge des Betriebes,

sondern auch über Unzulänglichkeiten und Verbesserungsmöglichkeiten informiert wird.
5. Ein offiziell zugelassener unabhängiger Umweltgutachter überprüft, ob die Betriebsprüfungsverfahren und die Umwelterklärung den Vorgaben der EU-Verordnung entsprechen.
6. Die (evtl. nachgebesserte) Umwelterklärung wird in ein Verzeichnis eingetragen. Dieses veröffentlicht die Europäische Kommission im Amtsblatt der EU.
7. Die Unternehmen dürfen die erfolgreiche Teilnahme am Öko-Audit-System (ausgewiesen durch das EU-Logo) für ihre Imagewerbung, nicht aber für die Produktwerbung verwenden.

Arbeitsaufgaben

1. Eine bundesweite Unternehmerbefragung zum Umweltschutz brachte folgende Erkenntnisse:

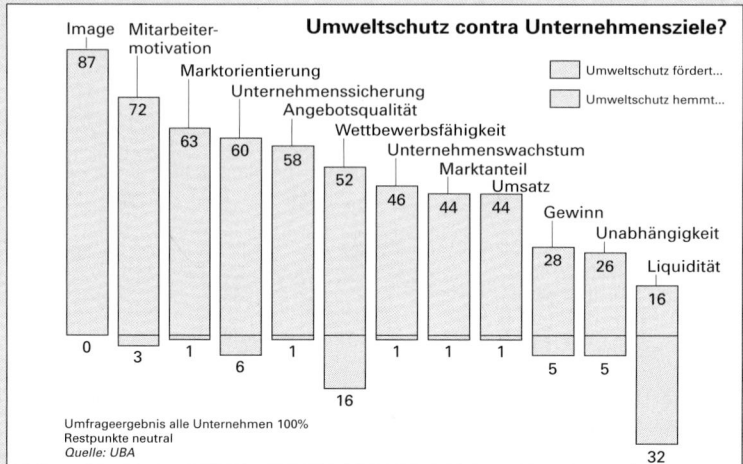

   a) Lassen sich die Unternehmensziele nach Meinung der Befragten mit der Schonung der Umwelt vereinbaren? Erläutern Sie die Aussagen der Grafik zu dieser Frage.
   b) Die beiden wichtigsten Unternehmensziele sind Gewinn und Liquidität (Zahlungsfähigkeit).
   - Erläutern Sie speziell das Ergebnis der Befragung zu diesen Zielen.
   - Versuchen Sie Gründe für die Zielkonflikte hinsichtlich des Zieles Liquidität anzugeben.

2. **Die Teilnahme am Öko-Audit der Europäischen Union führt zu hohen Kosten für den Betrieb: Honorare für externe Berater, Gebühren für die zugelassenen Gutachter, Gebühren für die Teilnahmeerklärung, Kosten für neu einzustellende Audit-Mitarbeiter, für die Schulung und Weiterbildung der Mitarbeiter, für die Öffentlichkeitsarbeit. Unter diesem Aspekt ergibt sich die Frage, ob sich die Teilnahme lohnt. Man sieht diese Frage heute auch vielfach in Verbindung mit dem Problem von Öko-Risiken.**
   a) Nennen Sie möglichst viele Öko-Risiken.
   b) Inwiefern ist das Öko-Audit geeignet, Öko-Risiken zu bewältigen?
   c) Welche zusätzlichen Vorteile kann das Öko-Audit bewirken?

Vierter Lernabschnitt
Absatzwirtschaft

1 Absatz und Marketing

1.1 Begriff des Absatzes

Unter *„Absatz"* (oder *„Vertrieb"*) versteht man die Tätigkeiten, die auf die Veräußerung der betrieblichen Leistungen gegen Entgelt gerichtet sind.

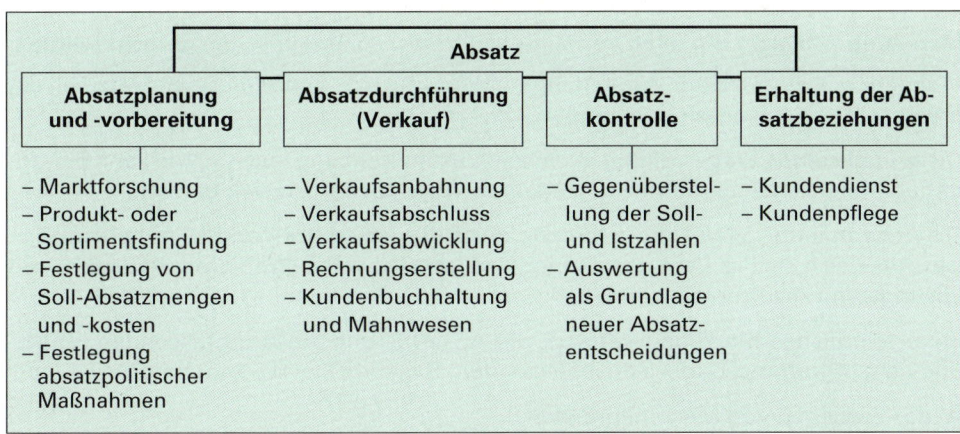

Der Absatz umfasst alle planenden, kontrollierenden und erhaltenden Tätigkeiten im Hinblick auf die Veräußerung der Leistungen. Er ist mehr als der bloße Verkauf.

1.2 Marketing als Unternehmenskonzept

> Die Top-Dress GmbH ist ein bedeutender Hersteller von Damen- und Herrenoberbekleidung. Der Absatz erfolgt über Boutiquen, mit denen die Top-Dress GmbH vertraglich verbunden ist. Top-Dress ist gleichzeitig die Marke, unter der etwa 70 % des Warenangebotes verkauft werden. Ganz bestimmte Überlegungen haben die Top-Dress GmbH veranlasst diesen Absatzweg zu wählen:
> - In der Bekleidungsbranche ist der Wettbewerb sehr intensiv. Die Verbraucher verlangen beste Qualität und dabei niedrige Preise. Sie haben einen guten Überblick über das gesamte Angebot auf dem Markt.
> - Marktforschungsergebnisse haben gezeigt, dass die Stellung des Anbieters gestärkt wird, wenn er exklusive, modische, qualitativ hochwertige Kleidung anbietet, die von Kunden mit höherem Einkommen bevorzugt wird.
>
> Voraussetzung ist, dass
> - der Kunde von der stetigen modischen Aktualität und der gleichbleibend hohen Qualität überzeugt werden kann,
> - die genannten Eigenschaften durch eine bekannte und repräsentative Marke nach außen sichtbar werden,
> - das Sortiment durch ein umfassendes Angebot an modischen Accessoires abgerundet wird,
> - das Personal ausreichend geschult ist,
> - ein ausgezeichneter Kundenservice gesichert ist.
>
> Die Top-Dress GmbH bestimmt das Sortiment der Boutiquen sowie die Gestaltung der Verkaufsräume. Sie übernimmt die Werbung, die Verkaufsförderung (insbesondere die Verkäuferschulung) und die Marktforschung.

Der Betrieb muss seine Leistungen gewinnbringend am Markt verkaufen. Er lebt vom Absatz. Dabei erfordert die Wandlung der Märkte von Verkäufer- zu Käufermärkten heutzutage eine konsequente Steuerung des Betriebes vom Absatzmarkt her. Aus dem reinen Verkaufen der betrieblichen Leistungen ist ein systematisches Vermarkten geworden: **Marketing**.

Lesen Sie unbedingt noch einmal auf Seite 29 nach. Wir wiederholen hier das Wichtigste.

Marketing bedeutet eine marktgesteuerte Führung des Unternehmens.

Marketing soll Märkte schaffen, vergrößern, erhalten.

Marketing will nicht nur allen vorhandenen Verbraucherwünschen gerecht werden.

Vielmehr will es geradezu Vorstellungen, Wünsche und Bedürfnisse und letztlich ein erwünschtes Kaufverhalten erzeugen.

Die **grundlegende Fragestellung** in diesem Zusammenhang lautet: „Wie kann die Unternehmung sich unentbehrlich machen und den Kunden an sich binden?"

Die Antwort lautet: „Die Unternehmung muss das Leben des Kunden ‚mitleben', d. h. sie muss sich in die Lage des Kunden versetzen, seine Probleme erkennen und Lösungen für die Probleme anbieten."

Ein erfolgreiches Marketing verlangt die Ausarbeitung eines umfassenden Marketing-Leitprogramms. Dabei sind insbesondere folgende Elemente zu berücksichtigen:

- das Festlegen von Marketing-Zielen
- die grundlegenden Absatzstrategien
- die Marketing-Instrumente (Maßnahmen zur Verwirklichung der Strategien)

1.3 Marketing-Ziele

Man unterscheidet Ziele der Bedarfsdeckung und marktbeeinflussende Ziele.

Ziele der Bedarfsdeckung sind:

- das einzelne **Produkt**. Es muss in Art, Qualität, Aufmachung, Verpackung, Anwendung, Menge und Preis bestmöglich den Kundenwünschen entsprechen.
- das Angebot eines **Systems**, d. h. von aufeinander abgestimmten Teilen.
- die **Präsentation** des Produkts. Sie muss den Bedürfnissen der Käufer entsprechen (z. B. je nach Art der Ware: Selbstbedienung oder Beratung, Möglichkeiten der Begutachtung, des Anprobierens, Ausprobierens usw.).
- gute **Service- und Garantieleistungen**.

Marktbeeinflussende Marketingziele	
ökonomische Ziele	**psychographische Ziele**[1]
Auf einen bestimmten ökonomischen Erfolg ausgerichtete Ziele.	Auf das Verhalten der Käufer ausgerichtete Ziele.
Wichtige Ziele sind:	Wichtige Ziele sind:

• Erzwingung des Marktzugangs in einem bestimmten Gebiet oder bei bestimmten Käufergruppen;
• Erreichen eines bestimmten Marktanteils;
• Halten eines bestimmten Marktanteils;
• Erreichen eines bestimmten Umsatzes.
	• Erhöhung des Bekanntheitsgrades
	  – eines Artikels,
	  – des Sortiments,
	  – des Betriebes;
	• Verbesserung der Kundeninformation über die Artikel;
	• Verbesserung des Images[2] von Artikeln, Sortiment und Betrieb;
	• Steigerung der Vorliebe der Kunden
	  – für einen Artikel,
	  – für das Sortiment,
	  – für den Betrieb.

Die ökonomischen Ziele sind zahlenmäßig zu formulieren. Bei den psychographischen Zielen ist dies nicht möglich.

Beispiele:

Ökonomische Ziele:

- Einführung der Marke XY bei 20 % der Einzelhändler der Region Z
- Steigerung des Marktanteils von Kaffee auf dem Teilmarkt A um 50 %
- Erzielung eines Umsatzes von 180 000,00 EUR bei Schreibwaren

Psychographische Ziele:

- Steigerung des Bekanntheitsgrades der Marke Top-Dress bei den Endabnehmern im Raum B
- Schaffung eines Markenbewusstseins und einer Markenidentifizierung der Endabnehmer im Raum B („Die elegante Frau trägt nur Top-Dress")

---

[1] Psychographie (aus dem Griechischen) = Beschreibung seelischer Tatbestände
[2] angestrebtes Wirkungsbild (engl., frz.: image = Bild)

1.4 Absatzstrategien

1.4.1 Produktlebenszyklus[1]

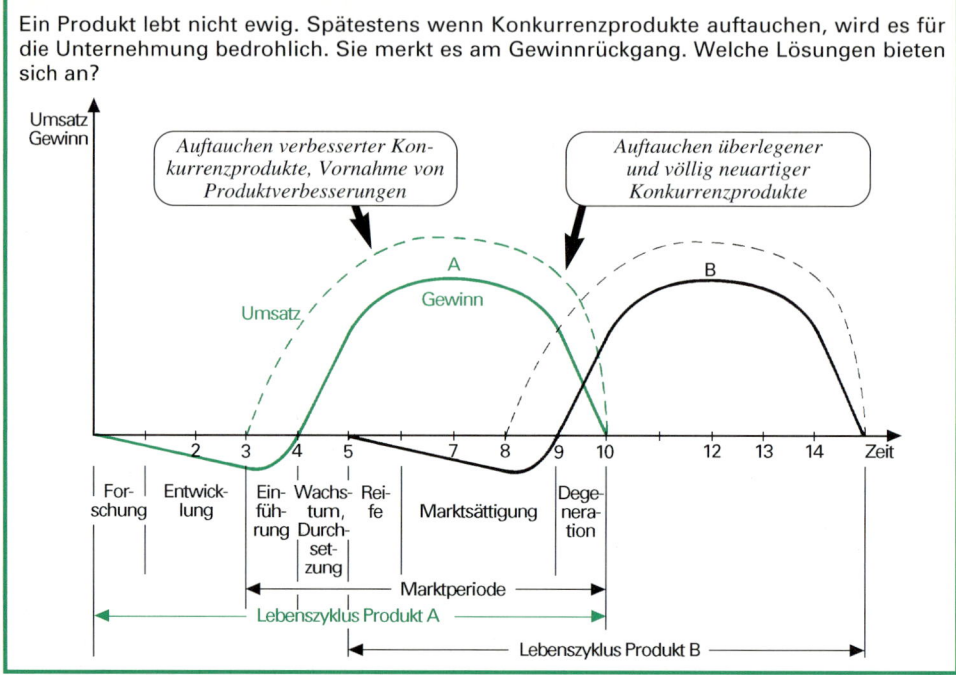

Der **Produktlebenszyklus** zeigt die unterschiedlichen Phasen im Leben eines Produktes:

- In der **Forschungs- und Entwicklungsphase** verursacht das Produkt noch keine Umsätze, sondern nur Kosten und damit Verluste.

- Auch in der **Phase der Markteinführung** werden meist noch Verluste erzielt, da die Kosten für die Werbung und Absatzförderung sehr hoch sind, andererseits aber die verkaufte Menge noch klein ist.

Die Wachstumsphase beginnt, wenn es der Unternehmung gelingt, die Marktwiderstände nach der Produkteinführung zu überwinden.

- Die **Reifephase** ist durch eine weitere, aber weniger starke Marktausdehnung gekennzeichnet. Die Zahl der Neukunden wird kleiner.

- In der **Phase der Marktsättigung** tauchen verbesserte Konkurrenzprodukte auf, die Käufer abziehen. Durch eigene Produktverbesserungen versucht die Unternehmung gegenzusteuern. Der Umsatz stagniert.

- In der **Degenerationsphase**[2] tauchen überlegene, neuartige Konkurrenzprodukte auf. Die Käufer wandern nun in starkem Umfang ab. Aufgrund rapide sinkender Gewinne nehmen einige Unternehmen ihre Produkte bereits zu Beginn der Degenerationsphase aus dem Markt, andere warten noch ab und steigern ihren Umsatz noch einmal mit Sonderangeboten. Schließlich geben aber auch sie das Produkt auf.

---

[1] (griech., lat.) Zyklus = Kreislauf
[2] (lat.) degeneratio = Entartung, Verfall

1.4.2 Portfolio-Matrix

Der Produktlebenszyklus zeigt nicht nur die Lebensphasen eines Produktes. Er macht vielmehr auch deutlich, dass der Betrieb Absatzstrategien (langfristige Konzepte zur Sicherung des Absatzes) entwickeln muss. Dazu ist es zweckmäßig, sich ständig ein Bild von der **aktuellen Wettbewerbssituation** der eigenen Produkte zu verschaffen. Ein Ansatzpunkt hierfür ist die sog. **Portfolio-Matrix**[1]. Sie teilt die Produkte ein in „Fragezeichen/Hoffnungen", „Stars", „Milchkühe" und „arme Hunde".

Strategische Planung legt langfristige Konzepte fest, taktische (operative) Planung betrifft die laufenden Geschäfte.

Portfolio-Matrix	niedriger Marktanteil in %	hoher Marktanteil in %
hohes Marktwachstum in %	„Fragezeichen/Hoffnungen" Produkte mit (noch) niedrigem Marktanteil, aber hohen Wachstumsraten **Maßnahmen:** beobachten und ggf. fördern	„Stars" Produkte mit bereits hohen Marktanteilen und zugleich hohen Wachstumsraten **Maßnahmen:** fördern
niedriges Marktwachstum in %	„Arme Hunde" Produkte mit niedrigem Marktanteil und niedrigen Wachstumsraten **Maßnahmen:** aus dem Markt nehmen	„Milchkühe" Produkte mit hohem Marktanteil, aber bereits niedrigen Wachstumsraten **Maßnahmen:** Position halten; melken

Jede Unternehmung sollte dafür sorgen, dass sie zu jedem Zeitpunkt über ausreichende „Hoffnungen", „Stars" und „Milchkühe" verfügt. Nur dann kann sie die „armen Hunde" verkraften, zu denen aufgrund des Produktlebenszyklus zwangsläufig alle Produkte einmal werden. Vor allem ist stets für genügend Produktnachwuchs, also für „Hoffnungen", zu sorgen.

1.4.3 Grundlegende Strategien

Die Betrachtung der Produktlebenszyklen und der Portfolio-Matrix gibt der Unternehmung Ansatzpunkte dafür,

- ob für die Zukunft die vorhandenen Produkte ausreichen oder ergänzt/ersetzt werden müssen,
- ob man bisherige Märkte beibehält oder neue Märkte erschließen soll.

Dementsprechend unterscheidet man folgende grundlegende **Absatzstrategien**:

Absatzstrategien	Beibehaltung der alten Produkte	Entwicklung/Aufnahme neuer Produkte
Weiterbearbeitung der bisherigen Märkte	**Marktdurchdringung**	**Produktentwicklung**
Erschließung neuer Märkte	**Marktentwicklung**	**Diversifikation**

---

[1] (engl.) portfolio = Mappe, hier im übertragenen Sinn eine „Mappe" mit dem Bestand an Produkten. Eine Matrix (lat.) ist ein rechteckiges Schema.

- Die **Strategie der Marktdurchdringung** will den Absatz vorhandener Produkte steigern. Ziele:
  - neue Kunden gewinnen
  - den Marktanteil erhöhen
  - Konkurrenten abwehren
  - ein Markenimage entwickeln
- Die **Strategie der Marktentwicklung** will mit vorhandenen Produkten neue Kunden (z. B. bisher wenig beachtete Zielgruppen) auf neuen Märkten erreichen.

  > **Beispiel:**
  > Neben Lebensmittelhändlern sollen künftig auch Großverbraucher, Kioske, Tankstellen und Imbissstuben beliefert werden.

  Mit dieser Strategie geht häufig eine Variation der Produkte einher (z. B. unterschiedliche Typen eines Grundmodells). Das Absatzgebiet wird vergrößert.
- Die **Strategie der Produktentwicklung** ist auf die Entwicklung neuer Produkte – Innovationen – gerichtet. Zum einen ist es möglich, Ersatzprodukte (Substitute) herzustellen. Zum anderen können komplette Systeme für Problemlösungen angeboten werden. Diese Komplettlösungen (z. B. Bausätze, Sets, Pakete, Kollektionen) beinhalten Produkte, die aufeinander abgestimmt sind.[1]
- **Die Strategie der Diversifikation**[2] bedeutet eine Hinwendung zu neuen, andersartigen Leistungsbereichen, d. h. andersartigen Produkten und neuen Märkten.

  Oft gründet man zu diesem Zweck Tochtergesellschaften, kauft andere Unternehmen auf oder schließt sich mit ihnen zusammen. Man kann das „Know-how"[3] der anderen Unternehmen ausnutzen und so eigene Kosten sparen. Diversifikation soll immer von lediglich einem Leistungsbereich unabhängig machen.

  Eine Programmerweiterung auf der **gleichen Wirtschaftsstufe** heißt horizontale Diversifikation.

  Eine Programmerweiterung auf **nachgelagerten Wirtschaftsstufen** heißt **vertikale Diversifikation**.

  Diagonale (oder: laterale) Diversifikation ist Diversifikation über unterschiedliche, nicht zusammenhängende Branchen und Produktionsstufen hinweg.

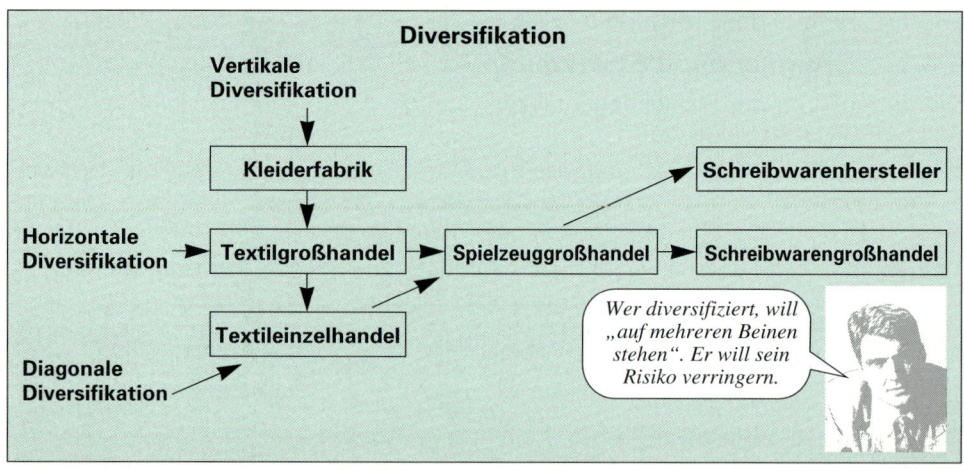

Wer diversifiziert, will „auf mehreren Beinen stehen". Er will sein Risiko verringern.

---

[1] Vgl. S. 125
[2] (lat.) diversus = entgegengesetzt, völlig verschieden
[3] (engl.) know-how = „Wissen wie"; geistig-technische Spezialkenntnisse und Erfahrungen, die nicht rechtlich geschützt werden können und deshalb oft strenger Geheimhaltung unterliegen

1.4.4 Customer Relationship Management (CRM)

> „Immer mehr Unternehmen setzen auf das Internet, um die Konsumgewohnheiten ihrer Kunden auszuforschen. Käufe, Alter und Hobbys – all diese Informationen wandern in Megadatenbanken und werden so miteinander verknüpft, dass ein genaues Kundenprofil entsteht. Wer alles über den Kunden weiß, so die Devise, macht die besseren, weil individuellen Angebote – und gewinnt im Wettbewerb."
> *(Quelle: Wirtschaftswoche, 2.3.2000)*

Ein modernes Marketing setzt voraus, dass bei allen Marketingstrategien der Kunde im Zentrum der Marketing-Aktivitäten steht. Aber erst in jüngster Zeit erlaubt der Fortschritt in Telekommunikation und Datenverarbeitung die Verwirklichung dieses Gedankens. Im Customer Relationship Management erfährt er seine praktische Umsetzung.

Customer Relationship Management fasst alle kundenbezogenen Prozesse in allen Betriebsabteilungen zusammen und stimmt sie aufeinander ab. Alle Kundendaten werden dazu in einer Datenbank gespeichert. Auf der Grundlage dieser Daten kann jeder Kunde automatisch individuell angesprochen und „bearbeitet" werden.

CRM-System

Eingabedaten:
Kundendaten aus dem Call-Center
Daten der Kundenkorrespondenz
Daten der Außendienstmitarbeiter
Daten der Internet-Nutzung
und andere

Kundendatenbank

Ergebnisse:
Sales Force Automation
Call-Center-Systeme
Online-Shops
Direktmarketingaktionen
Software zur Kundenbewertung

Customer Relationship Management bedeutet in etwa: Kundenbindungs- und Beziehungs-Management. Dahinter steht der Gedanke: Weg vom Massenmarketing hin zum Individualmarketing!

Sales Force Automation[1])
Dies sind Programme zur Unterstützung des Verkaufspersonals. Letzteres hat per Computer Zugang zu den Kundendaten der Datenbank und kann folglich die Kunden effektiver beraten.

Call-Center-Systeme
In einem Call-Center sitzen Sacharbeiter, die Kundenanrufe entgegennehmen. Auch sie können über Computer direkt auf die Kunden-Datenbank zugreifen. Das Center besteht aus Front-Office und Back-Office. Im Front-Office werden die Anrufe angenommen und die Kunden beraten. Das Back-Office wickelt anschließend die Aufträge ab. Die gewonnenen Daten werden in der Datenbank gespeichert.

Online-Shop
Ein Online-Shop entsteht, wenn das Unternehmen seine Leistungen im Internet anbietet. Die gewünschten Leistungen können sofort bestellt werden. Auch hier werden die gewonnenen Einkaufsdaten in der Kundendatenbank gespeichert.

Direktmarketingaktionen
Die gespeicherten Daten ermöglichen es, den Kunden gezielt anzusprechen und ihn mit Produkt- und Werbeinformationen zu versorgen (Direktmarketing).

Software zur Kundenbewertung
Hierunter versteht man Statistikprogramme zur Auswertung von Kundendaten.

---

[1] engl.: sales force = Verkäuferstab

Beispiel:
Die amerikanische Firma Amazon ist der weltweit bekannteste Buchhändler, der seine Verkäufe über das Internet tätigt. Die Daten jedes Kunden sind in der Kundendatenbank gespeichert. Dementsprechend kann der Kunde jederzeit mit Marketing-Maßnahmen bearbeitet werden. Hat der Kunde beispielsweise BWL-Bücher gekauft, so bekommt er beim nächsten Anklicken der Amazon-Adresse auf einer personalisierten Homepage neue BWL-Bücher angeboten.

1.5 Marketinginstrumente

Marketinginstrumente sind alle Maßnahmen, die zur Verbesserung der Bedarfsdeckung und zur Marktgestaltung (Marktbeeinflussung) eingesetzt werden können.

Möglichkeiten zur Verbesserung der Bedarfsdeckung lassen sich durch die **Absatzmarktforschung** herausfinden. Marktgestaltung erfolgt durch den gezielten Einsatz der **absatzpolitischen Instrumente**.

Die absatzpolitischen Instrumente lassen sich den Bereichen **Leistungspolitik**, **Kommunikationspolitik**[1] und **Distributionspolitik**[2] zuordnen.

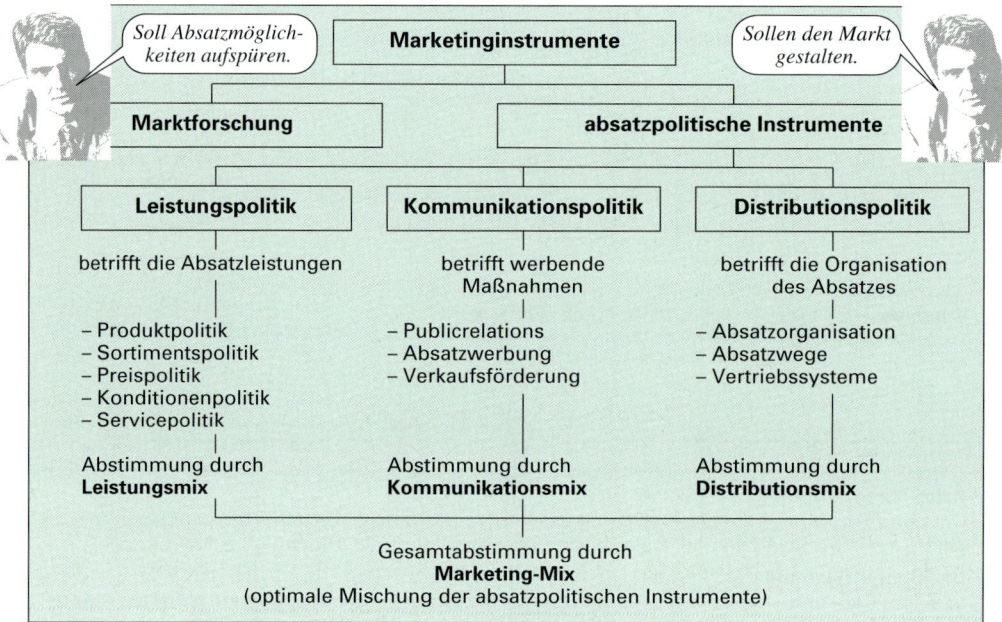

Die Marketingmaßnahmen dürfen nicht isoliert festgelegt, sondern müssen fein aufeinander abgestimmt werden. So soll eine möglichst absatzwirksame Mischung entstehen. Eine derartige Mischung von Marketingmaßnahmen heißt **Marketing-Mix**.

Die Verbreitung des Internets hat für die absatzpolitischen Instrumente völlig neue Einsatzmöglichkeiten eröffnet. Deshalb unterscheidet man heute **Offline-Instrumente** und **Online-Instrumente**. Letztere nutzen das Internet.

---

[1] (lat.) communicatio = Mitteilung
[2] (lat.) distributio = Verteilung

Offline-Instrumente sind in erster Linie Push-Instrumente[1]). Man könnte sagen, dass der Betrieb durch ihren Einsatz Druck aktiviert, um mögliche Kunden zu seinen Gunsten zu beeinflussen.

Online-Instrumente hingegen sind Pull-Instrumente[2]). Sie lösen sozusagen eine Sogwirkung aus: Der Internetnutzer wird seinerseits aktiv und sucht nach Informationen, Angeboten und Betriebsmaßnahmen, die ihn interessieren.

> **Beispiel:**
> Werbespots im Fernsehen gehören zu den typischen Offline-Instrumenten. Der Anbieter „pusht" die Werbebotschaft, der Zuschauer nimmt sie passiv auf.
> Beim Aufruf einer Internet-Seite hingegen wird der Internet-Nutzer aktiv: Er bestimmt selbst, welche Seiten er anschauen, wie lange er verweilen und welche Links er anklicken will.

Eine langweilige Website guck ich mir gar nicht erst an.

Das Netz bietet eine Reihe von Vorteilen:

- Die Betriebsinformationen sind unabhängig von den Geschäftszeiten nutzbar.
- Die Informationen können schnell aktualisiert werden.
- E-Mails ermöglichen eine schnelle Kommunikation.
- Das Netz kann den direkten Kontakt zum Betrieb herstellen (z. B. durch Beratungschats, Videokonferenzen).

Arbeitsaufgaben

1. **Das Produkt A befindet sich in der Lebensphase der Marksättigung. Der Hersteller arbeitet an der Neuentwicklung eines Nachfolgemodells, das in zwei Jahren auf den Markt kommen soll. Der Absatz von A ist stark gefährdet, da erste bessere Konkurrenzprodukte in Kürze herauskommen werden.**
   Welche Maßnahmen könnten ergriffen werden, um den Absatz von A bis zum Erscheinen des Nachfolgers bestmöglich zu stabilisieren?

2. **Produktlebenszyklus, Portfolioanalysen und Positionierungsanalysen sind Analyseinstrumente zur Einschätzung von Produkten.**
   Bilden Sie zwei Arbeitsteams.
   a) Team 1 erarbeitet Gemeinsamkeiten der Analyseinstrumente.
   b) Team 2 erarbeitet Unterschiede zwischen den Analyseinstrumenten.
   c) Wählen Sie Teamsprecher, die die Ergebnisse präsentieren.

3. **Eine Marktanalyse für die vier wichtigsten Produkte der Kufferath GmbH ergab folgende Daten (Beiträge in EUR):**

Produkte	Umsatz Jahr 1	Branchenumsatz Jahr 1	Umsatz Jahr 2	Branchenumsatz Jahr 2
Drahtgewebe	300 000,00	4 500 000,00	330 000,00	4 800 000,00
Kunststoffgewebe	110 000,00	260 000,00	115 000,00	280 000,00
Mischgewebe	30 000,00	210 000,00	36 000,00	90 000,00
Architekturgewebe	120 000,00	2 400 000,00	168 000,00	5 400 000,00

---

[1] (engl.) to push = drücken, stoßen
[2] (engl.) to pull = ziehen

a) Berechnen Sie den relativen Marktanteil und das Marktwachstum in Jahr 2 für alle Produkte.
b) Tragen Sie die berechneten Daten in eine Portfolio-Matrix ein. Der relative Marktanteil wird auf der x-Achse abgetragen. Die Grenze zwischen Quadrant 1 (Arme Hunde) und Quadrant 2 (Milchkühe) auf der x-Achse liegt bei 20 %. Das Marktwachstum wird auf der y-Achse abgetragen. Die Grenze zwischen Quadrant 1 (Arme Hunde) und Quadrant 3 (Fragezeichen) auf der y-Achse liegt bei 10 %.
c) Ist das Portofilo der Kufferath GmbH optimal? Nehmen Sie dazu Stellung.

4. **Viel Großunternehmen haben bereits das Customer Relationship Management in ihre Marketing-Aktivitäten integriert. Auch Ihr Ausbildungsbetrieb stellt entsprechende Überlegungen an. Das Thema ist u. a. Gegenstand des betrieblichen Unterrichts, und Sie werden mit einer Präsentation des CRM beauftragt. Als Teilthemen sollen auf jeden Fall berücksichtigt werden:**

- der Begriff des CRM,
- die Vorteile des Einsatzes des CRM,
- die wichtigsten Typen des CRM,
- CRM-Instrumente.

Als Informationsgrundlage erhalten Sie den folgenden Artikel. Außerdem werden Sie auf die Informationsbeschaffung aus dem Internet verwiesen.

CRM für den Mundo

Im Markt für Mittelklassewagen herrscht starker Wettbewerb. Neukunden können hier nur schwer gewonnen werden. Darum rückt der Autohersteller Moyota seine Kundenstammdaten und damit das Customer Relationship Management für den neuen Moyota Mundo in den Vordergrund seiner Marketingbemühungen.
Moyota formuliert als Ziele:
- Steigerung des Mundo-Absatzes durch Aktivierung von Moyota-Fahrern, die kurz- und mittelfristig einen Autokauf planen,
- Unterstützung der Händler durch ein verkaufsförderndes Programm,
- Aufbau einer umfangreichen, aktuellen Datenbank, um eine langfristige Bindung zwischen Moyota und Kunden zu schaffen.

Zusammen mit einer Agentur entwickelte Moyota ein Konzept:
Zuerst stellte die Agentur die Kaufinteressierten aus den Kundenstammdaten zusammen. Dafür bereitete die Agentur Listen vor, die an alle Moyota-Händler verschickt wurden. Die Händler sollten diese Listen aktualisieren, Neukunden darin aufnehmen und Nichtinteressierte streichen.
Das Ergebnis: 1 400 000 potenzielle Kunden.
Dann entwickelte die Agentur ein Mailing – einen Werbebrief –, das über die Einführung des neuen Mundo informierte. Eine Woche nach dem Versand wurden die Empfänger telefonisch kontaktiert. 1 150 000 potenzielle Kunden (91 %) konnten so erreicht werden. Die Kunden, die einen geplanten Kauf zeitlich vorzogen, erhielten automatisch über ihren Händler ein Bonuszertifikat.
Alle Interviewergebnisse wurden in einer CRM-Datenbank erfasst. Die Kunden, die Interesse am Kleinwagen Merlino äußerten, wurden den Händlern gemeldet.

Führen Sie die Präsentation durch.

5. **Zur Diversifikation des eigenen Angebotes ist die weltweite Produktsuche ein wirkungsvolles und kostengünstiges Instrument: Es muss nicht immer die eigene Produktidee sein, mit der ein eingeführtes Angebot sinnvoll ergänzt werden kann oder mit der angrenzende oder neue Märkte erschlossen werden können. Die Entwicklung neuartiger Produkte (Innovation) oder Dienstleistungsideen ist teuer. Deshalb ist neben der Eigenentwicklung die Suche nach guten Produkten und der Erwerb entsprechender Verwertungsrechte in vollem Gang.**
Entwerfen Sie eine Konzeption wie eine Unternehmung einen Suchprozess sinnvoll planen und durchführen kann.

6. **Die Spelter Elektro-Vertriebs-GmbH will aus Gründen der Diversifikation einen Großhandels-Baumarkt eröffnen.**
Entwickeln Sie Grundzüge einer möglichen Marketing-Konzeption, die einen guten Markterfolg garantieren soll.

2 Marktforschung

Die Möbelfabrik Wurm & Co. hat ihren Sitz in einer Stadt im Sauerland. Sie zieht in Erwägung, ein Zweigwerk im südlichen Ruhrgebiet zu eröffnen. Einen so weit reichenden Schritt wird die Unternehmung nicht unbedacht tun. Sie wird versuchen, sich möglichst gründlich Informationen über den örtlichen Markt zu verschaffen. Dazu gehören vor allem Informationen über die möglichen Endverbraucher, über die Bautätigkeit in dem betreffenden Gebiet, über die Struktur des Einzelhandels und über die bestehenden Konkurrenten, aber auch darüber, wie sich in der Zukunft die Preise und die Konjunktur entwickeln werden.

Marktforschung ist die Beschaffung von Informationen über die Märkte der Unternehmung. Im Absatzbereich ist die Marktforschung wichtige Grundlage für die Absatzplanung und die Absatzpolitik.

Oft grenzt man den Begriff Marktforschung enger ein und versteht darunter (im Gegensatz zur unsystematischen Markterkundung) eine systematisch durchgeführte Marktuntersuchung.

Markterkundung, Marktforschung, Marktprognose

Ziel

Beschaffung von Informationen über
- die tatsächlichen und möglichen Nachfrager (Bedarfsforschung);
- die Konkurrenz und die Entwicklung der Branche (Konkurrenzforschung);
- allgemeinwirtschaftliche Verhältnisse, also staatliche Maßnahmen und volkswirtschaftliche Entwicklungen (Konjunkturforschung);
- die eigene Stellung am Markt und die Wirkung der Absatzpolitik (Absatzforschung).

▼

Markterkundung	Marktuntersuchungen	Marktforschung
unsystematisches Sammeln von Informationen (Kundengespräche, Berichte des Verkaufspersonals, besonders von Reisenden und Vertretern, Marktberichte in Fachzeitschriften, Messebesuche).		systematisches Sammeln von Informationen (mit wissenschaftlichen Methoden vorbereitet und vom Betrieb selbst oder von Marktforschungsinstituten durchgeführt).

Marktanalyse: Untersuchung des Marktes zu einem bestimmten Zeitpunkt, etwa für die Einführung eines neuen Produktes (Zeitpunkt-Analyse).

Marktbeobachtung: Eine Kette von Marktanalysen über einen längeren Zeitraum hinweg, meist bei schon eingeführten Produkten (Zeitraum-Analyse).

▼

Verarbeitung der Ergebnisse zu einer
Marktprognose
Abschätzung und Vorausberechnung der zukünftigen Marktverhältnisse als Grundlage für den Einsatz der absatzpolitischen Instrumente.

2.1 Methoden der Marktforschung

1. Der Verkaufsleiter eines Getränkeherstellers will wissen, welche Umsätze der Verkaufsbereich Münster erzielt hat. Er wird zur betriebsinternen Umsatzstatistik greifen.
2. In einem anderen Fall will er wissen, wie groß der Getränkekonsum in den letzten 5 Jahren in der gesamten Bundesrepublik Deutschland war. Er wird externe Statistiken (z.B. Verbandsstatistiken) benutzen.
3. Er will drittens wissen, wie eine neue Limonadenmarke „Pepsosprit" von der Bevölkerung aufgenommen wird. Hierfür wird eine eigene Umfrage gestartet.

Marktforschung kann als *Primärforschung* oder als *Sekundärforschung* betrieben werden.

2.1.1 Sekundärforschung[1]

Die benötigten Informationen werden bei der Sekundärforschung an Hand von Quellenmaterial gewonnen, das schon für andere Zwecke erstellt wurde.

Sekundärforschung	
Innerbetriebliche Informationsquellen	**Außerbetriebliche Informationsquellen**
z. B.: – Umsatzstatistik – Verkaufsberichte – Schriftwechsel mit Kunden – Sammlung von Zeitschriftenartikeln – Reparaturlisten – Lagerbestandsmeldungen – Reisendenaufzeichnungen – Einkaufspreislisten	z. B.: – Statistische Jahrbücher – Statistiken und Berichte von IHK, Verbänden, Banken, Fachzeitschriften – Bilanzen und Geschäftsberichte anderer Unternehmen – Prospekte und Kataloge – Preislisten von Konkurrenzfirmen – Veröffentlichungen wissenschaftlicher Institute

2.1.2 Primärforschung[2]

Man erhält bei der Primärforschung die benötigten Informationen durch Erhebungen, die eigens für den bestimmten Zweck angestellt werden. Es handelt sich um Befragungen, Beobachtungen und Tests (Experimente).

Aber man kann doch nicht die gesamte Bevölkerung befragen!

Richtig! Deshalb arbeitet man mit Stichproben.

Eine Stichprobe ist eine **repräsentative Teilmasse**, die aus einer Gesamtmasse ausgewählt wird (z. B. 1000 Einwohner von 20 Millionen). Die Stichprobe muss in ihrer Struktur (z. B. im Hinblick auf Altersaufbau, Geschlecht, Ausbildung, Beruf, Einkommen) mit der Gesamtmasse übereinstimmen. Dies erreicht man durch zwei Verfahren:

- **Random-Verfahren** (= Zufallsauswahl)
  Hier muss jedes Element der Gesamtmasse die gleiche Chance haben ausgewählt zu werden. Man wählt z. B. jeden 100. Fernsprechteilnehmer aus dem Telefonbuch.
- **Quotenverfahren**
  Man bestimmt die Struktur der Gesamtmasse und stellt z. B. fest:
  50,3 % der Einwohner sind weiblich,   23,2 % sind zwischen 20 und 30 Jahre alt,
  24 %   leben in einer Großstadt,   55 %   verfügen über ein mittleres Einkommen.
  Die Stichprobe muss nun die gleiche Struktur aufweisen. Der Befrager erhält deshalb genaue Anweisungen, wie viele „weibliche Personen, wohnhaft in einer Großstadt, Alter zwischen 20 und 30, mit mittlerem Einkommen" er aufsuchen muss.

Die häufigste Untersuchungsmethode ist die **Befragung** durch **Fragebögen**. Um eine ausreichende Rücklaufquote zu erhalten, werden sie oft mit Anreizen (Preisausschreiben, Werbegeschenken) verbunden. Fragebögen haben ein festes Frage- und

---

[1] (lat.) secundus = zweiter; Sekundärforschung verwendet sozusagen Material „aus zweiter Hand".
[2] (lat.) primus = erster; Primärforschung verwendet sozusagen Material „aus erster Hand".

Antwortschema. Kontrollfragen sollen eine wahrheitsgemäße Beantwortung gewährleisten. Der Fragebogen ermöglicht die Erfassung großer Gruppen und eine schnelle Auswertung. Mündliche Befragungen – **Interviews** – haben diese Vorzüge nicht. Sie verlangen vom Interviewer große Fähigkeiten und sind zeitaufwendig, können aber andererseits genauere Aussagen bringen.

Die Befragung eines gleich bleibenden Personenkreises zu denselben Themen und in regelmäßigen Abständen über einen längeren Zeitraum heißt **Panel**. Es handelt sich um eine besondere Form der Marktbeobachtung. Je nach den untersuchten Gruppen unterscheidet man Handels- und Haushaltspanel.

Beispiel:
5000 repräsentativ ausgewählte Haushalte sollen fortlaufend alle ihre Einkäufe von Bohnenkaffee nach Datum, Menge, Ausgabe, Marke, Packungsart, Einkaufsstätte usw. registrieren.

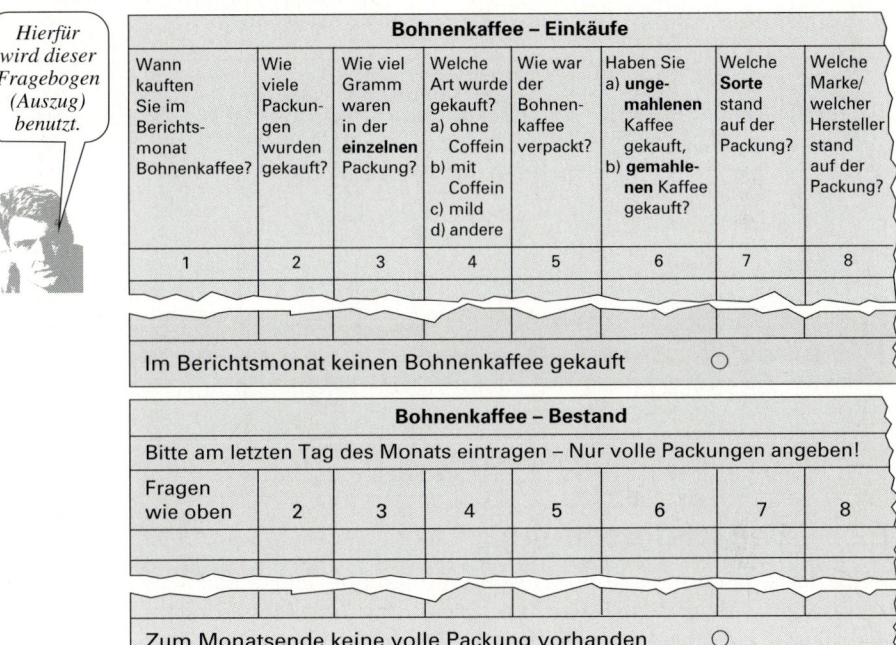

Ein Nachteil des Panels ist, dass die Befragten im Lauf der Zeit nicht natürlich reagieren, sondern ihr Verhalten den Fragen anpassen.

Beispiele:
- Tauchen auf dem Fragebogen, was häufig der Fall ist, neue Produkte auf, wird ein Panel-Haushalt leicht geneigt sein, diese Produkte auszuprobieren.
- Es ist möglich, dass billige Produkte gemieden werden, um den sozialen Status zu wahren.

Um Nachlässigkeiten und Verhaltenskorrekturen der Befragten auszugleichen, werden die Panel-Haushalte von Zeit zu Zeit systematisch ausgetauscht. Dadurch wird auch die Zusammensetzung auf den neuesten Stand gebracht. So kann man z. B. den „Alterungsprozess" durch Hinzunahme junger Haushalte auffangen.

Unter bestimmten Umständen kann man das Verhalten der Marktteilnehmer durch **Beobachtung** ermitteln. So kann man z. B. durch Kameras die Kundenreaktion auf eine bestimmte Schaufenstergestaltung festhalten oder man kann zählen, wie viele Kunden ein bestimmtes Produkt in die Hand nehmen oder mitnehmen.

Letztlich sind **Tests** ein beliebtes Mittel, um die Einstellung von Käufern zu bestimmten Produkten, zu einem neuen Produktnamen, zur Gestaltung der Verpackung, zur Höhe des Preises usw. zu ermitteln oder um festzustellen, ob sich bestimmte Werbemaßnahmen lohnen. Um die Absatzfähigkeit neuer Produkte zu überprüfen, wendet man häufig den Warentest oder das Testmarktverfahren an.

Warentest	Testmarktverfahren
Man stellt den Auskunftspersonen in Verbindung mit einer Befragung eine Ware zur Begutachtung zur Verfügung. So testet man insbesondere die Marktfähigkeit bestimmter Produktgestaltungen.	Man führt das Produkt auf einem regional begrenzten Teilmarkt, der in seiner Struktur dem Gesamtmarkt ähnlich ist, in Verbindung mit sämtlichen wesentlichen absatzpolitischen Maßnahmen ein und kontrolliert die Wirkungen. Berlin und das Saarland sind beliebte Testmärkte.

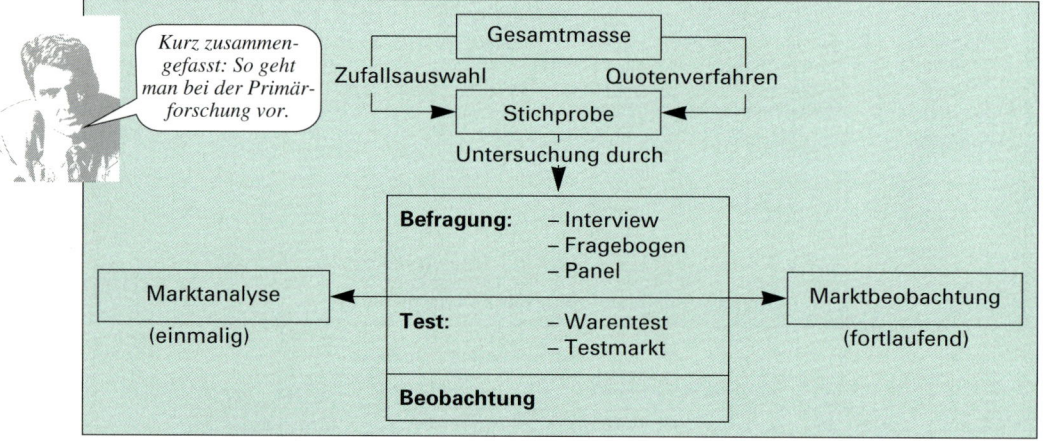

Kurz zusammengefasst: So geht man bei der Primärforschung vor.

2.2 Bedarfsforschung

Die Bedarfsforschung sammelt Informationen über die tatsächlichen und möglichen Nachfrager. Sie umfasst Tatsachen-, Meinungs- und Motivforschung. Ziel ist es herauszufinden, welche Absatzchancen für Produkte, Sortimente, Dienstleistungen oder Bündel von Dienstleistungen bestehen.

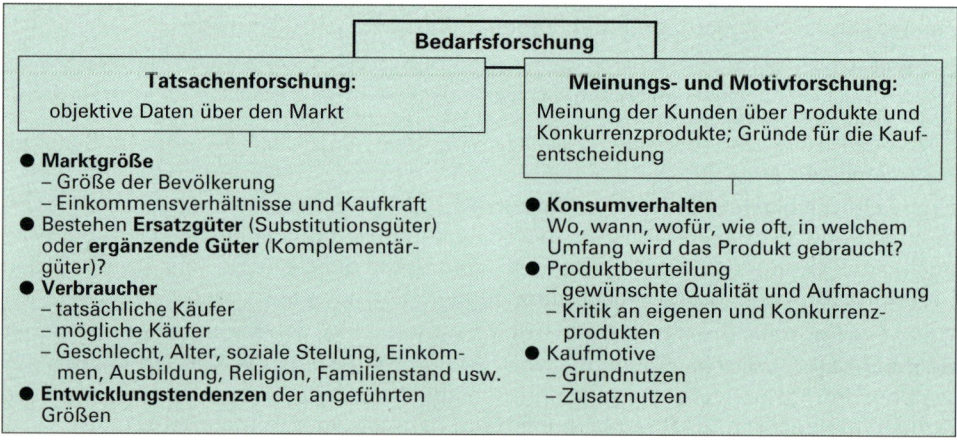

Über den **Grundnutzen** (Auto: Fortbewegung) hinaus ist oft auch der **Zusatznutzen** (Sportwagen: Gefühl der Männlichkeit, Sportlichkeit, Exklusivität) wichtig, den ein Gut stiften kann. Die Motive für den Zusatznutzen liegen oft im Unterbewusstsein. Kann man sie herausfinden, so werden sie meist durch gezielte, oft raffinierte Werbung angesprochen.

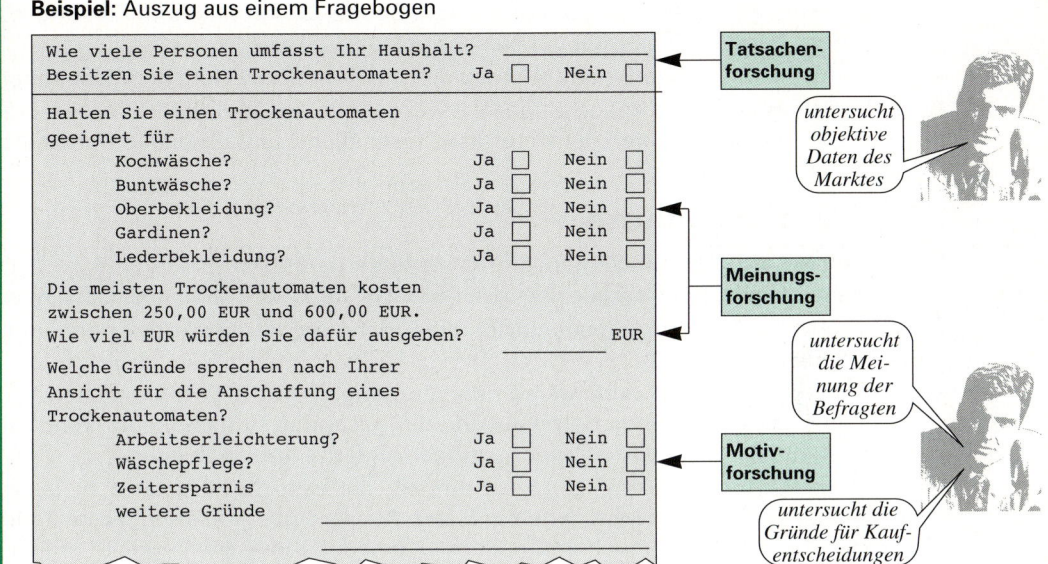

2.3 Konkurrenzforschung

Die Konkurrenzforschung sammelt Informationen über die tatsächlichen und möglichen Konkurrenten und die Branchenentwicklung.

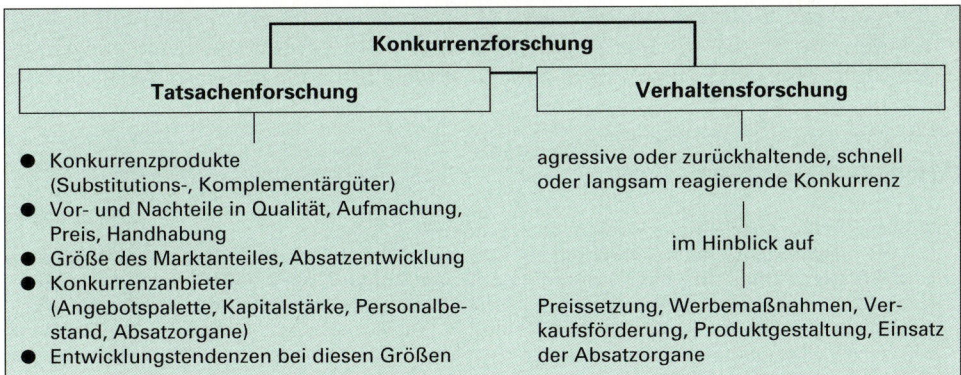

2.4 Konjunkturforschung

Hier kommt es vor allem darauf an Modeänderungen, Saisonschwankungen, Strukturveränderungen, Konjunkturschwankungen sowie rein zufällige Bewegungen, die sich langfristig nicht auswirken, und Trends (über lange Zeit wirksame Verschiebungen in einer bestimmten Richtung) zu erkennen und zu analysieren. Die Konjunkturforschung ist Sekundärforschung.

2.5 Absatzforschung

Die Absatzforschung sammelt Informationen über die eigene Stellung am Markt und über die Wirkung der eingesetzten absatzpolitischen Instrumente. Es ist herauszufinden,
- wie ein eingeführtes Produkt, eine Produktveränderung (etwa andere Aufmachung oder Fortfall eines Produktes) beim Kunden ankommen;
- wie der Kunde auf Änderungen der Preise, Rabatte, Lieferungs- und Zahlungsbedingungen reagiert (Elastizität der Nachfrage);
- in welchem Umfang Werbemaßnahmen den gewünschten Erfolg gebracht haben;
- ob die richtigen Absatzorgane eingesetzt wurden (Verkaufserfolg der Absatzabteilungen, Filialen, Reisenden, Vertreter usw. feststellen!) und ob die optimalen Absatzwege gewählt wurden.

2.6 Marktprognose

Die Ergebnisse der Marktforschung werden zu Marktprognosen verarbeitet.

Marktprognosen **sind Vorhersagen über den Absatz bestimmter Waren oder Leistungen.**

Zum Zweck einer Marktprognose müssen die Ergebnisse der Marktforschung interpretiert (gedeutet) werden:
- So bestimmt man aus **Zahlenreihen der Vergangenheit** (z. B. monatlichen Umsatzstatistiken des eigenen Betriebes und der gesamten Branche) den Trend (die Entwicklungstendenz) und extrapoliert (überträgt) ihn auf die Zukunft.
- Aus **Querschnittsanalysen** (Untersuchungen, die den Marktzustand zu einem bestimmten Zeitpunkt wiedergeben, z. B. den Absatz eines Artikels im Fachhandel, in Kaufhäusern, in Verbrauchermärkten, im Versandhandel usw.) schließt man auf den gewinnbringendsten Absatzweg.
- **Berichte von Außendienstmitarbeitern** werden ausgewertet. Die Berichte geben Aufschluss über die Absatzchancen von Waren und informieren über Stellungnahmen und Motive von Kunden. Auf diese Weise lassen sie Schlüsse auf die Zukunft zu.
- **Befragungen, Beobachtungen, Tests** gestatten ebenfalls Erkenntnisse über Meinungen und Motive der betreffenden Personen. Sie werden statistisch ausgewertet und geben z. B. Rückschlüsse über Durchschnitte oder Schwerpunkte.

Arbeitsaufgaben

1. **Aus einem Reisebericht des Handlungsreisenden Ralf Petersen:**
„... Die besuchten Werkstätten halten zur Zeit generell mit der Anschaffung von Maschinen und Geräten zurück. Sie begründen dies mit dem konjunkturell bedingten Auftragsrückgang ihrer Kunden. Gegenüber dem letzten Vierteljahr ist mein Auftragsvolumen wertmäßig um etwa 25 % von 815 000,00 EUR auf 607 000,00 EUR zurückgegangen. Andererseits konnte ich allgemein reges Interesse an unserer neuen Metallsäge MS-3 feststellen. Eine gezielte Informations- und Werbekampagne könnte sich hier lohnen.
Der verstärkte Hang zum Hobbywerker führte zu einer leicht ansteigenden Umsatztendenz bei Bohrmaschinen in Fachgeschäften, Warenhäusern und Verbrauchermärkten. Der Kauf von Zusatzgeräten scheint sich langsam von Kreissägen stärker auf Stichsägen zu verlagern. Die Konkurrenz (vor allem Black & Bauer) engagiert sich im Verbrauchermarkt- und Warenhausbereich mit Rabatten, die 10 % über den unsrigen liegen. Die Firma „Unipreis" ist nur bei einem Wiederverkäuferrabatt von 50 % bereit, unser Sortiment einzuführen ..."
   a) Zu welchem Bereich der Markterkundung gehört das Sammeln von Informationen aus einem solchen Bericht?
   b) Stellen Sie eine Übersicht über die Informationen und Rückschlüsse auf, die sich ergeben.

2. Die Rheinische Haushaltselektro GmbH hat Pläne für eine neuartige Küchenmaschine entwickelt. Sie versucht nun, sich einen genauen Überblick über den Markt zu verschaffen.
Welche Fragen muss die Unternehmung sich stellen?

3. Die Handelskette Poly vertreibt unter der gleichnamigen Handelsmarke eine Reihe von Produkten. Sie hat vor Jahresfrist mit der Markteinführung ihrer Autopolitur „Poly-Langglanz mit Langzeitwirkung" begonnen. Nach einem Jahr kostspieliger Werbung erwartete man einen Marktanteil von etwa 10 %. Der tatsächliche Verkaufserfolg liegt jedoch nur bei 3 %. Durch gezielte Marktforschungsmaßnahmen sucht man die Gründe zu erfahren.
   a) Entwerfen Sie einen Fragebogen für Autobesitzer mit bis zu 15 Fragen. Der Fragebogen soll erkennen lassen, welche Gruppen (Alter, Einkommen, Geschlecht usw.) die Politur „Poly-Langglanz" ablehnen und welche Gründe für die Ablehnung vorliegen.
   b) Entwerfen Sie eine Anweisung für die Beobachtung von Käufern von Autopolitur. Beobachtungsort sei ein Stand in einem Verbrauchermarkt, an dem eine geeignete Werbeaktion durchgeführt wird. Auch hier sollen Motive für und gegen „Poly-Langglanz" erforscht werden können.
   c) Denken Sie sich einen Test aus, mit dem die Einstellungen zum Produkt „Poly-Langglanz" erforscht werden können.

4. Eine Gruppe von Hausfrauen (3 000 Teilnehmerinnen) soll täglich auf einem Fragebogen ihre Einkäufe unter Eintragung von Produkt, Marke, Gewicht oder Menge und Preis festhalten. Der Fragebogen wird wöchentlich über eine längere Zeit hinweg an ein Marktforschungsinstitut geschickt.
   a) Handelt es sich hier um Primär- oder Sekundärforschung?
   b) Nennen Sie den genauen Namen dieser Marktforschungsmethode.
   c) Nach weichen Verfahren wurden die Hausfrauen ausgewählt?
   d) Handelt es sich um eine Marktanalyse oder um eine Marktbeobachtung?
   e) Versuchen Sie einige Informationen anzugeben, die mit Hilfe einer solchen Untersuchung gewonnen werden können.

5. Eine Handelskette, die No-name-Produkte vertreibt, möchte eine repräsentative Studie über das Waschverhalten in Nordrhein-Westfalen erstellen lassen.
Kann die Umfrage auf telefonischem Wege erfolgen?

6. Prognosen über zukünftige Marktentwicklungen sind immer etwas problematisch.
Versuchen Sie einige Probleme anzugeben, die damit verbunden sind.

3 Leistungspolitik

3.1 Produktpolitik

> In einer bedeutenden Automobilzeitschrift war unter der Schlagzeile **„Die Vereinigten Autowerke produzieren am Markt vorbei"** Folgendes zu lesen:
>
> „Seit über zehn Jahren produzieren die Vereinigten Autowerke den PKW vom Typ Traveller in fast unveränderter Form. Der Traveller war schon immer der Stützpfeiler im Absatzprogramm der Autowerke. Sein Erfolg beruhte auf Zuverlässigkeit, Sparsamkeit und Preiswürdigkeit. Dennoch ist man bei den Vereinigten Autowerken unzufrieden, da die Gewinnsituation sich drastisch verschlechterte. Es werden immer weniger Käufer für diesen Typ gefunden. Andere Automobilhersteller haben in der Zwischenzeit erheblich verbesserte PKW auf den Markt gebracht."

Die Produktpolitik betrifft Neuentwicklungen (Produktinnovationen), Produktvariationen[1] (z. B. Verbesserungen), Produktgestaltung und schließlich Produktaufgabe (Produktelimination[2]).

---

[1] lat.: innovatio = Neuerung, variatio = Abänderung, Abweichung
[2] lat.: eliminatio = Abschaffung, Aufgabe

3.1.1 Produktinnovation

Die ausgeklügeltste Werbung, die besten Verkäufer und die günstigsten Preise können auf die Dauer aus schlechten Produkten keinen Verkaufsschlager machen. Der Betrieb muss sich deshalb ständig um Neuentwicklungen (Innovationen) bemühen. Der **Vorgang der Innovation** beginnt mit dem Sammeln neuer Ideen.

Mögliche Quellen für Innovationsideen	
Betriebsexterne Quellen	**Betriebsinterne Quellen**
– Anregungen von Kunden – Anregungen von Unternehmensberatungen – Auswertung von Konkurrenzerzeugnissen – Nutzung fremder Forschungsergebnisse	– Berichte von Reisenden und Vertretern – Ideenwettbewerb der Mitarbeiter – eigene Forschung und Entwicklung

Neue Produkte sollen der Unternehmung einen Wettbewerbsvorsprung gegenüber der Konkurrenz verschaffen.

Logisch, dass deshalb strengste Geheimhaltung bei der Produktentwicklung nötig ist.

3.1.2 Produktvariation

Produktvariationen sind Änderungen von Produkteigenschaften. Sie werden in der Phase der Marktsättigung zur Abwehr von Konkurrenzprodukten nötig. Außerdem dienen sie bei der Strategie der Marktentwicklung der Ansprache neuer Zielgruppen (Teilmärkte, Marktsegmente). Ebenso wie Innovationen bedingen sie eine intensive Marktforschung und technische Forschung.

In manchen Branchen ist es kaum möglich, Güter mit neuem Grundnutzen auf den Markt zu bringen. So bleibt der Güternutzen in der Bekleidungsindustrie im Wesentlichen konstant. Hier kommt deshalb der Produktvariation um so größere Bedeutung zu. Sie hat die Aufgabe, den **Zusatznutzen** zu erfassen.

3.1.3 Produktgestaltung

Durch die Produktgestaltung sollen sich die Produkte von denen der Konkurrenz deutlich und positiv abheben. Deshalb ist auf Qualität, Aufmachung, Markierung und Verpackung zu achten.

Produktgestaltung
Produktqualität
● Ziel: Erfüllung der Ansprüche, Bedürfnisse und Erwartungen der Kunden. ● Betroffen: z. B. Fragen der Gebrauchstüchtigkeit, Langlebigkeit, Installations-, Bedienungs-, Wartungs- und Reparaturfreundlichkeit, Transportierbarkeit sowie Umweltfreundlichkeit (rohstoffschonende Verwendung und Entsorgung).
Produktaufmachung
Festlegung der äußeren Erscheinung (Design, Farbe, Größe)
Produktmarkierung
● Eindeutige Kennzeichnung des Produkts (durch einen Produktnamen, ein Markenzeichen, ein Markensymbol, ein charakteristisches Schriftbild). ● Ziel: Signalwirkung am Markt.

Produktverpackung
- Schutz des Produkts gegen äußere Einflüsse bei Lagerung, Transport, Verwendung.
- Werbewirksame Gestaltung der Verpackung.
- Umweltfreundlichkeit (Beschränkung auf das notwendige Mindestmaß, sonstige Anforderungen wie beim Produktmaterial).

3.1.4 Produktelimination

Das Erscheinen überlegener und neuartiger Konkurrenzerzeugnisse lässt die Gewinnkurve meist rasch sinken. Wirft das Produkt keinen Gewinn mehr ab, so stellt sich die Aufgabe, es im richtigen Augenblick aus dem Markt zu nehmen: **Produktelimination**.

Viele Erzeugnisse sind unmittelbar mit einem Produkt- oder Firmennamen verbunden (z. B. UHU, Tempo). Eliminiert man sie, so können treue Kunden verloren gehen. Man muss auch die Auswirkungen auf andere Produkte mitbeachten: Es ist durchaus möglich, dass ein an sich Verlust bringendes Erzeugnis den Absatz anderer Leistungen, z. B. von Komplementärgütern, fördert.

Arbeitsaufgaben

1. Die folgende Abbildung zeigt die Entwicklung von Produktinnovationen von der Innovationsidee bis zur Markteinführung.

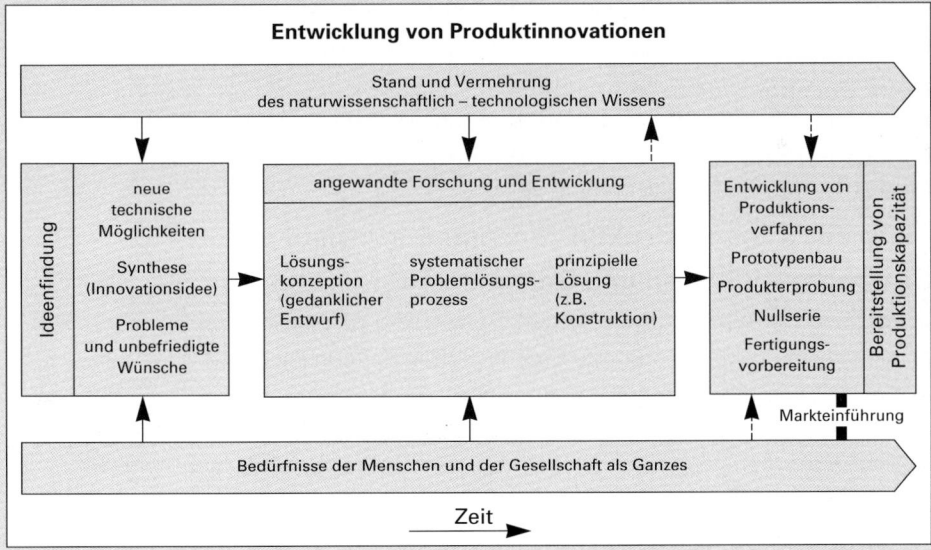

   a) Großunternehmen betreiben einerseits eine intensive Marktforschung, andererseits eine möglichst breite naturwissenschaftliche Grundlagenforschung. Sie ist nicht auf bestehende oder geplante Produkte des Unternehmens ausgerichtet, sondern dient nur der Vermehrung des Grundwissens. In welchem Zusammenhang stehen diese Aktivitäten mit der Findung von Innovationsideen?
   b) Beschreiben Sie anhand der Grafik den Weg von der Innovationsidee zum marktreifen Produkt.

2. **Die Portfolio-Matrix unterscheidet bei den Produkten zwischen „Fragezeichen", „Stars", „Milchkühen", und „armen Hunden".**
   a) Begründen Sie, bei welchen dieser Produkte wahrscheinlich eine Notwendigkeit für Produktvariationen besteht.
   b) In welchen Phasen des Produktlebenszyklusses befinden sich diese Produkte?
   c) Geben Sie am Beispiel eines PKW an, worin eine Produktvariation bestehen könnte.

3. **Produktvariationen sind besonders wichtig, wenn in einer Branche keine Güter mit neuem Grundnutzen entwickelt werden können. Die Produktvariation soll dann den Zusatznutzen erfassen.**
   a) Erläutern Sie den Unterschied zwischen Grundnutzen und Zusatznutzen.
   b) Nennen Sie Beispiele für derartige Branchen und ihre Produkte.

4. **Die Produktgestaltung soll die Produkte von Konkurrenzprodukten abheben und sie optimal an den Kundenbedarf anpassen.**
   Worauf ist nach Ihrer Meinung bei der Gestaltung folgender Produkte besonders zu achten?
   Schokolade, Waschmittel, Bohrmaschine, Waschmaschine, Oberbekleidung.

3.2 Sortimentspolitik

> Der Geschäftsleitung der Bekleidungsgroßhandlung Werner Baum OHG liegen in letzter Zeit verstärkt Anfragen nach Berufskleidung vor. Diese Warengruppe wurde bisher nicht im Sortiment geführt. Nun will man darüber entscheiden, ob Berufskleidung aufgenommen werden soll und gegebenenfalls für welche Berufssparten.
>
> Da die Nachfrage nach Trachtenkleidung immer mehr nachlässt, will man sie gegebenenfalls aus dem Sortiment nehmen.
>
> Außerdem steht die Frage zur Entscheidung an, ob das Sortiment um Nicht-Bekleidungs-Artikel erweitert werden soll. Man denkt dabei in erster Linie an verschiedene Stoffsorten.

Unter einem *Sortiment* versteht man die gesamte Palette von Waren und Leistungen, die ein Handelsbetrieb seinen Abnehmern anbietet.

Für den Handelsbetrieb hat die Sortimentspolitik eine ähnliche Bedeutung wie die Produktpolitik für den Fertigungsbetrieb.

3.2.1 Sortimentsstruktur (Sortimentsaufbau)

Sortimentseinheiten und Sortimentsdimensionen

Sortimentseinheiten sind die Artikel, Sorten und Warengruppen.

- **Artikel** sind durch bestimmte Eigenschaften gekennzeichnete Warenarten.
- **Sorten** sind verschiedene Ausführungen eines Artikels, die sich durch Merkmale wie Größe, Abpackung, Farbe, Form, Stärke usw. voneinander unterscheiden.[1]
- **Warengruppen** entstehen, indem man verwandte Artikel zusammenfasst.

> **Beispiel:**
> **Warengruppen:** Strumpfhosen der Marken „Modatex", „Bellaform", „Primadonna"
> **Artikel:** Strumpfhose „Moda 2" der Marke „Modatex"
> **Sorten:** 4 Farben, 4 Größen und 2 Stärken der Strumpfhose „Moda 2" ergeben 32 Sorten dieses Artikels

---

[1] Die Begriffe „Artikel" und „Sorte" werden auch umgekehrt verwendet.

Sortimentsdimensionen sind die Sortimentsbreite und die Sortimentstiefe.

- Ein **breites Sortiment** enthält verhältnismäßig viele Warengruppen, ein **enges Sortiment** verhältnismäßig wenige Warengruppen.
- Ein **tiefes Sortiment** enthält innerhalb der einzelnen Warengruppe viele Artikel und davon viele Sorten, ein **flaches Sortiment** wenige Artikel und Sorten.

Sortimentskombinationen

Breite und zugleich tiefe Sortimente verursachen insbesondere hohe Lagerkosten. Deshalb wird in der Praxis oft ein breites Sortiment mit einem flachen oder ein enges Sortiment mit einem tiefen kombiniert. Nur Großbetriebe können sich ein gleichzeitig breites und tiefes Sortiment leisten.

Eine mögliche Kombination besteht auch darin, ein enges, aber tiefes Sortiment als **Kernsortiment** zu führen. In diesem Bereich kommt man den speziellen Kundenwünschen weitestgehend entgegen. Ergänzend werden mehr oder weniger verwandte Bereiche als flaches **Randsortiment** geführt. Das Randsortiment sollte so zusammengesetzt sein, dass der Gewinn gesteigert wird.

Ein Baustoffgroßhandel könnte z. B. Werkzeuge, Arbeitskleidung, Sicherheitsmaterial (Schutzhelm, Arbeitshandschuhe, Sicherheitsschuhe, ...) als Randsortiment führen.

3.2.2 Maßnahmen der Sortimentspolitik

Die *Sortimentspolitik* umfasst alls Entscheidungen über die Gestaltung des Sortiments mit dem Ziel eines marktgerechten Sortimentsaufbaus.

Sortimentspolitik		
umfasst Entscheidungen über		
Sortimentsbildung	**Sortimentserweiterung**	**Sortimentsbereinigung**
Zusammenstellung eines Sortiments	– Verbreitung des Sortiments – Vertiefung des Sortiments – Diversifikation	Abbau oder Aufgabe unwirtschaftlicher Sortimentsteile

Sortimentsbildung

Bei der Zusammenstellung seines Sortiments kann der Handelsbetrieb verschiedene Gesichtspunkte berücksichtigen: Branchenbindung, Erklärungs- und Beratungsbedürftigkeit der Waren, jahreszeitlichen Umsatzausgleich, Preislage.

● Branchenbindung

Die ursprüngliche Branchenbindung im Handel beruhte auf der Materialherkunft der Waren (z. B. Eisen, Leder, Glas usw.). Bestimmte Betriebe sind in ihrem Sortimentsaufbau noch stark an der **Materialherkunft** orientiert (z. B. der Eisenwarengroßhandel, der Blechgroßhandel). Ein viel geringerer Grad an Branchenbindung besteht bei solchen Betrieben, die ihr Sortiment an den **Bedarfszusammenhängen** der Käufer ausrichten. So führt der Handel mit Sportartikeln Waren aus den unterschiedlichsten Materialien. Die Bedarfszusammenhänge können durch das Vorhandensein bestimmter Käufergruppen (z. B. beim Autozubehörhandel) bedingt sein.

- **Erklärungs- und Beratungsbedürftigkeit**

Man unterscheidet beratungsfreie (problemlose) Waren und beratungsbedürftige (problemvolle) Waren.
Typische Beispiele für beratungsfreie Waren sind die Verbrauchsgüter des täglichen Bedarfs, die den Konsumenten nach Art, Qualität, Verpackung, Verwendung, Preis usw. bekannt sind. Es bietet sich der Absatz im Selbstbedienungssystem geradezu an. Beratungswaren hingegen haben einen hohen Grad an Erklärungsbedürftigkeit. Im Mittelpunkt stehen die Waren des periodischen und aperiodischen Bedarfs, deren Absatz das Bedienungssystem erfordert.

- **Jahreszeitlicher Umsatzausgleich**

Das Sortiment soll möglichst so zusammengesetzt sein, dass saisonale Umsatzrückgänge bei einer Warengruppe (z. B. Spaten und andere Gartengeräte im Winter) durch Umsatzzuwächse bei anderen Warengruppen (z. B. Schneeschieber, Schlitten) ausgeglichen werden.

- **Preislage**

Oft wird das Sortiment nach dem Kriterium der Preislage gebildet. So gibt es Großhandelssortimente, die auf den Bedarf von Billigpreisgeschäften, von Fachgeschäften oder exquisiten Spezialgeschäften abgestellt sind.

Sortimentserweiterung

Die Sortimentserweiterung kann auf eine Vertiefung oder Verbreiterung des Sortiments abzielen.

- **Sortimentsvertiefung**

Sortimentsvertiefung ist angebracht, wenn Marktuntersuchungen des Betriebes darauf schließen lassen, dass durch ein differenzierteres Angebot bei einzelnen Warengruppen neue Kunden gewonnen werden können.

So könnte ein Textilgroßhandel durch Aufnahme von Spezialgrößen bei Damenbekleidung Spezialgeschäfte als Kunden gewinnen.

- **Sortimentsverbreiterung**

Sortimentsverbreiterung ist angebracht, wenn
- vorhandene Kunden veranlasst werden können, zusätzlichen Bedarf bei dem Anbieter zu decken,
- neue Kunden gewonnen werden können, weil sie ein umfassendes Angebot unter einem Dach vorfinden.

Sortimentsverbreiterung		
Die neuen Artikel sind mit dem bisherigen Sortiment verwandt.		Die neuen Artikel sind mit dem bisherigen Sortiment nicht verwandt.
Herkunftsorientierung	**Bedarfsorientierung**	**Diversifikation**
Die neuen Artikel sind mit den alten technisch verwandt.	Die neuen Artikel ergänzen sich im Hinblick auf den Kundenbedarf.	
Beispiel: Buchhandel: Erweiterung um Zeitschriften	**Beispiel:** Baustoffhandel: Erweiterung um Werkzeuge	**Beispiel:** Sanitärhandel: Erweiterung um Elektroartikel

Sortimentsbereinigung

Sortimentsbereinigung bedeutet den Abbau oder die Aufgabe unwirtschaftlicher Teile des Sortiments.

Sortimentsbereinigung schafft gleichzeitig Raum für die Aufnahme anderer, Gewinn bringender Artikel.

Für eine Sortimentsbereinigung kommen vor allem Artikel oder Warengruppen in Frage, die unter dem Einkaufspreis verkauft werden müssen.

Arbeitsaufgaben

1. **Als Sortimentseinheiten werden Warengruppen, Artikel und Sorten bezeichnet.**
   Ordnen Sie die folgenden Waren richtig zu:
   a) Schulschreibheft,
   b) Film KA, 36 Bilder, ISO 100,
   c) Fotoartikel,
   d) Heft A4, liniert, schwarz, ohne Rand,
   e) Schreibwaren.
   f) Film KB, 24 Bilder, ISO 200,
   g) Heft A5, kariert, rot, mit Rand,
   h) Kleinbildfilm Marke K.

2. **Das Sortiment eines Betriebes lässt sich durch die Gegensatzpaare „breit – eng; tief – flach" kennzeichnen.**
   a) Wie ist das Sortiment der folgenden Handelsbetriebe beschaffen?
      Gemischtwarengeschäft, Fachgeschäft, Kaufhaus, Spezialgeschäft, Warenhaus, Supermarkt, Verbrauchermarkt.
   b) Welche Käuferschichten werden durch das jeweilige Sortiment angesprochen?

3. **Bei der Zusammensetzung des Sortiments eines Betriebes kommen Gesichtspunkte wie Branchenbindung, Beratungsbedürftigkeit, jahreszeitlicher Umsatzausgleich, Preislage zum Tragen.**
   Beschreiben Sie, nach welchen dieser Gesichtspunkte (oder ggf. anderen Gesichtspunkten) das Sortiment Ihres Ausbildungsbetriebes gebildet ist.

4. **Im Folgenden finden Sie einige Aussagen über Sortimente.**
   Sind diese Aussagen richtig oder falsch?
   a) Randsortimente sind in der Regel tiefe Sortimente.
   b) Eine Sortimentsverbreiterung fördert den Spezialisierungsvorteil eines Sortiments.
   c) Bei der Diversifikation erweitert die Unternehmung ihr Sortiment um völlig andersartige Leistungsbereiche.
   d) Bei einer Sortimentsvertiefung werden neue Warengruppen aufgenommen.
   e) Eine Sortimentserweiterung lohnt sich, wenn die neuen Artikel eine Gewinnsteigerung erwarten lassen.
   f) Wenn ein Baustoffgroßhandel sich einen Elektrogroßhandel angliedert, so liegt vertikale Diversifikation vor.
   g) Wesentliches Ziel der Diversifikation ist die Risikostreuung.

5. **Ein Großhandelsbetrieb plant, die Warengruppe I aus dem Sortiment zu nehmen und dafür die Warengruppe II aufzunehmen.**
   Ist diese Entscheidung sinnvoll, wenn folgende Zahlen vorliegen?
   I: Einstandspreis 50,00 EUR, Verkaufspreis 60,00 EUR Absatzmenge 2 000 Stück.
   II: Einstandspreis 70,00 EUR, Verkaufspreis 85,00 EUR, Absatzmenge 1 300 Stück.

3.3 Preis- und Konditionenpolitik

Quelle: Wegweiser für Verbraucher, Preis- und Informationsamt der Bundesregierung

3.3.1 Aufgabe der Preis- und Konditionenpolitik

Für jede Unternehmung ist es wichtig, dass „die Preise stimmen".

Der Preis sollte kalkuliert sein, dass über den Erlös nicht nur die Kosten abgedeckt werden, sondern darüber hinaus noch ein Gewinn erzielt wird.

*Wenn die **Preise nicht stimmen**, werden die Kosten nicht gedeckt. Es entstehen **Verluste**.*

- Der Betrieb muss deshalb genaue Informationen über seine Kosten besitzen. Die Kosten bestimmen den Preis, der mindestens gefordert werden muss (Preisuntergrenze).
- Der Betrieb muss weiterhin über die Marktverhältnisse informiert sein, denn diese bestimmen, welcher Preis am Markt überhaupt zu erzielen ist und gefordert werden kann.
- In Kenntnis seiner Kosten und der Marktverhältnisse setzt der Betrieb seine Preise und Verkaufskonditionen fest.

Die *Preis- und Konditionenpolitik* muss darüber entscheiden, welche Preise und Konditionen (Verkaufsbedingungen) sinnvoll sind, um einen möglichst hohen Gewinn oder einen möglichst großen Marktanteil zu erzielen.

3.3.2 Auswirkungen des Preises auf Nachfrage und Umsatz

Niedrige Preise ziehen Käufer an, hohe Preise schrecken sie ab. Deshalb kann man grundsätzlich davon ausgehen, dass die Nachfrage bei Preiserhöhungen zurückgeht und dass sie bei Preissenkungen steigt.

- *Elastische Nachfrage* liegt vor, wenn die prozentuale Mengenänderung größer als die prozentuale Preisänderung ist.
- *Unelastische Nachfrage* liegt vor, wenn die prozentuale Mengenänderung kleiner als die prozentuale Preisänderung ist.

> **Beispiel:**
> Von zwei Waren werden bei einem Preis von jeweils 100,00 EUR in der Woche jeweils 200 Stück verkauft. Der Umsatz beträgt also 20 000,00 EUR je Ware. Nach einer Preiserhöhung von 20 % entwickeln sich Nachfrage (Absatzmenge) und Umsatz wie folgt:
>
> | | Preiserhöhung EUR | % | neuer Preis EUR | Absatzrückgang Stück | % | neue Absatzmenge Stück | neuer Umsatz EUR |
> |---|---|---|---|---|---|---|---|
> | Ware 1 | 20 | 20 | 120,00 | 20 | 10 | 180 | 21 600,00 |
> | Ware 2 | 20 | 20 | 120,00 | 60 | 30 | 140 | 16 800,00 |
>
> Bei Ware 1 (unelastische Nachfrage) führt die Preiserhöhung zu einer Umsatzsteigerung, bei Ware 2 (elastische Nachfrage) zu einem Umsatzrückgang.

- Bei *elastischer Nachfrage* bewirken Preiserhöhungen grundsätzlich einen Umsatzrückgang, *Preissenkungen* eine Umsatzsteigerung.

- Bei *unelastischer Nachfrage* bewirken *Preiserhöhungen* grundsätzlich eine Umsatzsteigerung, *Preissenkungen* einen Umsatzrückgang.

Verhältnismäßig unelastisch ist die Nachfrage bei existenznotwendigen Gütern, elastischer dagegen bei Gütern des gehobenen Bedarfs. Auch wenn sich Güter in ihren Eigenschaften stark von anderen Gütern unterscheiden (heterogene Güter, z. B. kunstgewerbliche Gegenstände), so ist die Nachfrage verhältnismäßig unelastisch. Bei homogenen Gütern, die sich kaum unterscheiden (z. B. Heizöl), ist die Nachfrage hingegen stark elastisch.

Um die Auswirkungen von Preismaßnahmen abschätzen zu können, sollte jeder Anbieter über die Preiselastizität der Nachfrage nach seinen Gütern hinreichend informiert sein.

3.3.3 Kalkulation als Grundlage der Preispolitik

Die Preiskalkulation bedeutet die **Berechnung des angestrebten Verkaufspreises**. Sie soll gewährleisten, dass die Kosten gedeckt werden und ein angemessener Gewinn erzielt wird.

Kosten **sind alle Werte, die in einer Wirtschaftsperiode eingesetzt werden, um betriebliche Leistungen zu erstellen. Für die Kalkulation unterscheidet man Einzelkosten und Gemeinkosten.**

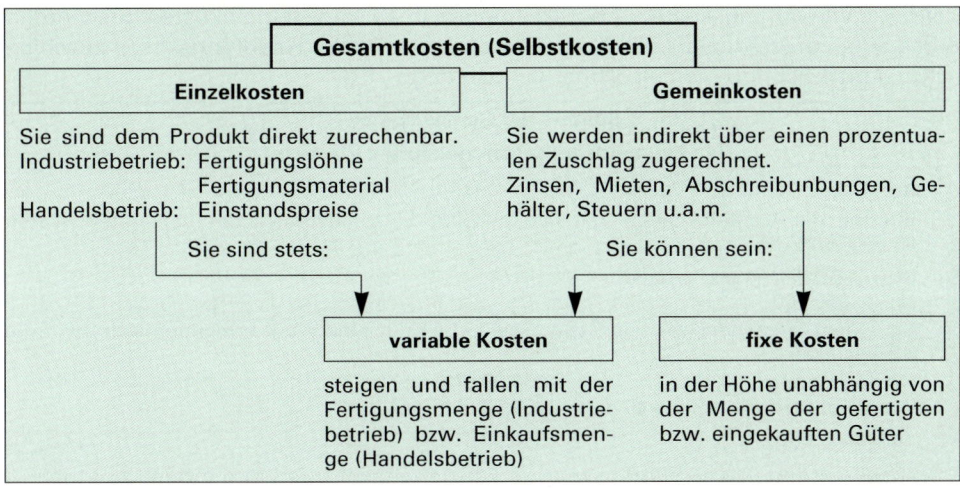

Beispiele:
- Leasinggebühr für geleaste Maschinen = fixe Gemeinkosten
- Schmiermittel = variable Gemeinkosten
- Verbrauch von Rohstoffen = variable Einzelkosten.

Auf die Selbstkosten wird ein angemessener Gewinnzuschlag verrechnet. Weiterhin müssen das branchenübliche Skonto und die Kundenrabatte einkalkuliert werden.

Beispiel: (Verkaufskalkulation eines Industriebetriebes):

Für eine Kleindrehbank kalkuliert eine Unternehmung folgende Kosten:

Einzelkosten: Fertigungsmaterial: 1000 kg Stahl = 1500,00 EUR
40 Stunden Fertigungslöhne à 30,00 EUR = 1200,00 EUR.

Gemeinkosten: Materialgemeinkosten = 20% vom Fertigungsmaterial; davon sind 50% fix und 50% variabel.
Fertigungsgemeinkosten = 83 $^1/_3$% von den Fertigungslöhnen; davon sind 50% fix und 50% variabel.
Verwaltungs- und Vertriebsgemeinkosten = 20% von den Herstellkosten; davon sind 100% fix.

	EUR	EUR
Fertigungsmaterial	1 500,00	
+ Materialgemeinkosten (20%)	300,00	
= Materialkosten		1 800,00
Fertigungslöhne	1 200,00	
+ Fertigungsgemeinkosten (83 $^1/_3$%)	1 000,00	
= Fertigungskosten		2 200,00
Herstellkosten (Material + Fertigungskosten)		4 000,00
+ Verwaltungs- und Vertriebsgemeinkosten (20%)		800,00
= **Selbstkosten**		4 800,00
+ Gewinnzuschlag (25%)		1 200,00
= **Barverkaufspreis**		6 000,00
+ Kundenskonto (4% vom Zielverkaufspreis)		250,00
= **Zielverkaufspreis**		6 250,00
+ Kundenrabatt (15% vom Listenverkaufspreis)		1 102,94
= **Listenverkaufspreis**		7 352,94

$\dfrac{6\,000 \cdot 100}{96}$

$\dfrac{6\,250 \cdot 100}{85}$

Die Kalkulation des **Handelsbetriebes** ist etwas einfacher: Einzelkosten sind die Einstandspreise. Alle anderen Kosten (Personalkosten, Raumkosten, Steuern, Abgaben, Beiträge, Verwaltungskosten, Abschreibungen u. a.) sind Gemeinkosten. Sie werden durch einen prozentualen Zuschlag (Gemeinkosten- oder Handlungskostenzuschlag (HKZ) berücksichtigt. Man errechnet ihn wie folgt:

$$\text{HKZ} = \dfrac{\text{Summe der Gemeinkosten}}{\text{Einstandspreise der verkauften Waren}} \cdot 100\,\%$$

Beispiel:

Summe der Gemeinkosten: 380 000,00 EUR; Einstandspreise der verkauften Waren 950 000,00 EUR

$\text{HKZ} = \dfrac{380\,000}{950\,000} \cdot 100 = 40\,\%$

Bei einem Einstandspreis von bspw. 950,00 EUR für eine Ware errechnen sich dann die Selbstkosten:

Einstandspreis	950,00 EUR
Handlungskostenzuschlag 40 %	380,00 EUR
Selbstkostenpreis	1 330,00 EUR

Die anschließenden Kalkulationsschritte vollziehen sich wie beim Industriebetrieb.

3.3.4 Kostenorientierte Preissetzung

Grundsätzlich versucht der Anbieter, von seinen Kunden den Preis zu verlangen, den er aufgrund seiner Kosten kalkuliert hat. Dies gelingt ihm aber nur, wenn er gegenüber dem Käufer eine starke Stellung hat, z. B. wenn die Nachfrage groß und das Angebot knapp ist (Verkäufermarkt).

Auch ein **Alleinanbieter** kann gegebenenfalls seine Preise durchsetzen. Allerdings sind Alleinanbieter heutzutage selten.

3.3.5 Nachfrage- und konkurrenzorientierte Preissetzung

Die heutigen Märkte sind in der Regel **Käufermärkte**: Das Güterangebot ist groß, die Bedürfnisse sind weitgehend gesättigt. Je nach Angebot und Nachfrage lassen sich einmal höhere, einmal niedrigere Preise erzielen. Dementsprechend setzt der Unternehmer seinen Preis fest – **nachfrageorientierte Preissetzung**.

Hinzu kommt oft noch eine starke Konkurrenz zwischen den Anbietern. Der Betrieb wird bei Preissenkungen der Konkurrenten mitziehen, nicht aber bei Preiserhöhungen. Manchmal richtet er sich auch nach den Preisen eines Konkurrenten mit besonders großem Marktanteil, des sog. **Marktführers**.

Wenn ich bei Preissenkungen nicht mitmache, gehen mir die Kunden verloren.

Diese **konkurrenzorientierte Preissetzung** hat zur Folge, dass die Unternehmung selbst den Preis nicht beeinflussen kann. Konkurrenzorientierte Preissetzung ist vor allem dann gegeben,

- wenn die Zahl der Anbieter klein ist (sog. **Oligopol**),
- die Güter verhältnismäßig gleichartig sind und
- die Nachfrager einen guten Marktüberblick haben.

3.3.6 Preisuntergrenzen

Die Preiskalkulation ist bei nachfrage- und konkurrenzorientierter Preissetzung nicht überflüssig. Vom gegebenen Verkaufspreis ausgehend, wird bei der Preiskalkulation geprüft, ob man zu diesem Preis gewinn- oder zumindest kostendeckend anbieten kann und welcher Preis die **Untergrenze** darstellt.

Dabei gilt grundsätzlich:

Die Selbstkosten bilden die *langfristige Preisuntergrenze*.

Auf das obige Industriebeispiel[1] bezogen, liegen die Selbstkosten (langfristige Preisuntergrenze) bei 4 800,00 EUR. (Handelsbetrieb: 1 330,00 EUR).

Begründung: Jeder Artikel sollte auf lange Sicht alle ihm zuzurechnenden Kosten decken. Dann entsteht zwar kein Gewinn, aber der Umsatz reicht aus um den Betrieb weiterzuführen.

Die Höhe der variablen Stückkosten ist die *kurzfristige (absolute) Preisuntergrenze*.

Auch in wirtschaftlich schlechten Zeiten müssen wenigstens die variablen Kosten über den Preis erstattet werden. Der größte Teil der variablen Kosten ist nämlich mit laufenden Ausgaben verbunden (z. B. Lohn- und Materialkosten). Deshalb bestimmt die Höhe der variablen Kosten die absolute Preisuntergrenze.

---

[1] Vgl. S. 148

Beispiel: (Fortsetzung des Beispiels von S. 148)

Fertigungsmaterial	1 500,00 EUR
+ variable Materialgemeinkosten	150,00 EUR
+ Fertigungslöhne	1 200,00 EUR
+ variable Fertigungsgemeinkosten	500,00 EUR
= **variable Kosten**	3 350,00 EUR

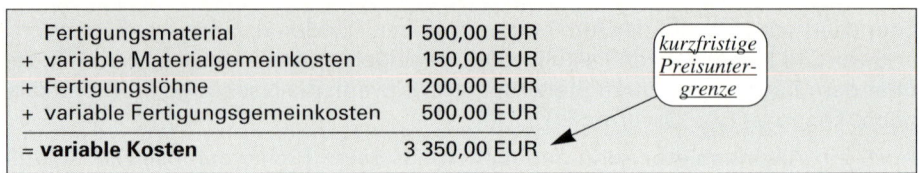

kurzfristige Preisuntergrenze

Beim Handelsbetrieb entsprechen die variablen Kosten im Wesentlichen dem Einstandspreis.

Die Differenz „Barverkaufspreis minus variable Stückkosten" zeigt an, in welcher Höhe die Gemeinkosten abgedeckt werden. Sie heißt *Deckungsbeitrag pro Stück*.

Bei jedem Verkauf zu einem Preis über den variablen Stückkosten entsteht ein positiver Deckungsbeitrag. Der Betrieb verbessert seine Lage. Bei negativem Deckungsbeitrag verschlechtert er sie.

Fortsetzung des Beispiels:

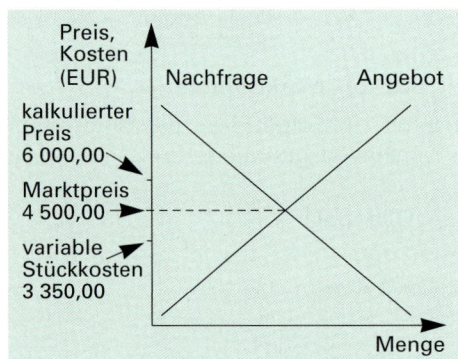

Marktpreis (Stückerlös)	4 500,00 EUR
− variable Stückkosten	3 350,00 EUR
Deckungsbeitrag je Stück	1 150,00 EUR

Der Marktpreis deckt nicht den kalkulierten Preis (6 000,00 EUR) und die Selbstkosten (4 800,00 EUR). Er deckt aber die variablen Stückkosten (3 350,00 EUR) und einen Teil der fixen Stückkosten in Höhe von 1 150,00 EUR.

Dieses Produkt kann kurzfristig angeboten werden.

Die über die Preisuntergrenzen gemachten Aussagen stimmen allerdings nur dann, wenn der Betrieb lediglich einen einzigen Artikel führt. Führt er mehrere Artikel, so kann er ggf. einen Preisnachteil bei einem Artikel durch einen Preisaufschlag bei einem anderen Artikel ausgleichen. Er betreibt eine **Mischkalkulation**.

3.3.7 Preisstellungssysteme

- Der Textilhersteller Top-Dress GmbH gewährt seinen Kunden bei Einkaufspreisen ab 10 000,00 EUR 5%, ab 15 000,00 EUR 10%, ab 30 000,00 EUR 15% und ab 40 000,00 EUR 20% Rabatt. Kunden mit einem jährlichen Gesamtumsatz von mindestens 100 000,00 EUR erhalten außerdem einen Bonus von 3%.
- Die Textil-Mode AG gewährt keine Rabatte, aber ihre Preise liegen durchschnittlich zwischen 10 und 20 Prozent niedriger als die Preise der Top-Dress GmbH.

Der Betrieb ist bestrebt seine Preise möglichst individuell auf die Käufer abzustellen, um viele Kunden zu gewinnen. Hierzu dienen ihm grundsätzlich zwei Preisstellungssysteme:

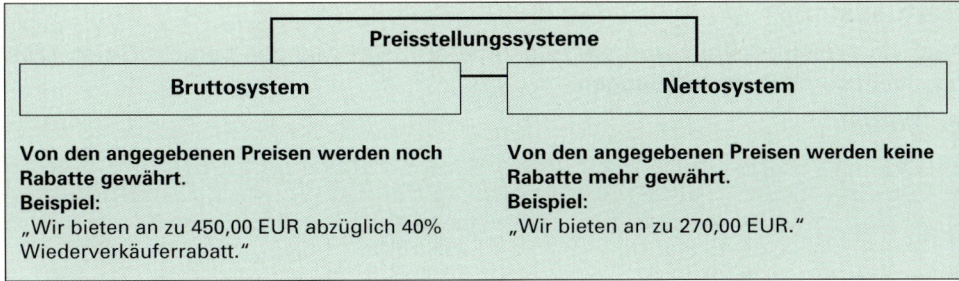

Bruttosystem

Durch *Rabatte* wird ein formell einheitlicher Angebotspreis gegenüber verschiedenen Abnehmern auf Grund bestimmter Bedingungen differenziert.

- **Mengenrabatt** soll den Kunden zum Kauf möglichst großer Mengen anregen. Meist bestehen Rabattstaffeln.

  > **Beispiel:**
  > Bei Abnahme von mindestens 100 Stück 10% Rabatt;
  > bei Abnahme von mindestens 300 Stück 15% Rabatt;
  > bei Abnahme von mindestens 500 Stück 20% Rabatt.

- **Treuerabatt** wird langjährigen Kunden gewährt. Er soll die Kunden an das Unternehmen binden und das Eindringen von Konkurrenten verhindern.
- **Umsatzbonus** ist eine Gutschrift, die dem Kunden gewährt wird, wenn er bis zum Jahresende einen festgelegten Gesamtumsatz erzielt hat. Je nach Vereinbarung wird er für alle getätigten Umsätze oder für die die Umsatzgrenze überschreitenden Käufe gewährt.
- **Skonto (Barzahlungsrabatt)** wird bei Zielverkäufen gewährt, wenn der Kunde die Rechnung vorzeitig (meist binnen 8 bis 10 Tagen) bezahlt. Das Rabattgesetz gestattet bei Verkäufen an den letzten Verbraucher höchstens 3% Skonto.
- **Funktionsrabatt:** Preisnachlass, den der Verkäufer gewährt, wenn der Kunde ihm bestimmte Arbeiten abnimmt (z. B. Werbung, Abfüllen, Zuschneiden, Sortieren).
- **Wiederverkäuferrabatt:** Rabatt, der für Waren gewährt wird, die mit empfohlenem Endverkaufspreis ausgezeichnet sind. Er soll die Kosten des Einzelhändlers abdecken und ihm außerdem einen angemessenen Gewinn sichern.
- **Sonderrabatte**
  - Personalrabatt (für das eigene Personal)   – Messerabatt (für Messeaufträge)
  - Weiterverarbeitungsrabatt (für Handwerker) – Behördenrabatt
  - Jubiläumsrabatt (anlässlich von Geschäftsjubiläen)

Den **Absatz von unrentablen Kleinmengen** sucht der Betrieb zu unterbinden durch:

- **Mindestabnahmemengen**
  z. B.: „Mindestabnahmemenge 10 Stück"
- **Mindermengenzuschläge** (Umkehrung des Rabatts)
  z. B.: „Bei Abnahme von weniger als 10 Stück berechnen wir einen Zuschlag von 15% auf den Listenpreis."
- **Frankogrenzen** (Übernahme festgelegter Fracht- oder Verpackungskosten von einem bestimmten Wert oder einer bestimmten Menge an)
  z. B.: „Bei einem Warenbezug ab 1000,00 EUR erfolgt die Lieferung frei Haus."

Nettosystem

Auch beim Nettosystem wird die Abnahme größerer Mengen berücksichtigt. Dies geschieht durch **Preisstaffelungen**.

Beispiel:

Bei Abnahme von	beträgt der Preis pro Stück
5–10 Stück	100,00 EUR
11–15 Stück	95,00 EUR
16–20 Stück	90,00 EUR
über 20 Stück	86,00 EUR

Auch Mindestabnahmemengen und Frankogrenzen kommen hier zur Anwendung.

3.3.8 Preisstrategien
Preisdifferenzierung

Preisdifferenzierung bedeutet:
Angebot des gleichen Produktes zu unterschiedlichen Preisen, um unterschiedliche Nachfragebedingungen auszunutzen und den Gewinn zu vergrößern.

Arten der Preisdifferenzierung	
Räumliche Preisdifferenzierung	**Sachliche Preisdifferenzierung**
Unterschiedliche Preise an verschiedenen Orten	Angebot desselben Produktes in unterschiedlicher Aufmachung zu unterschiedlichen Preisen.
Beispiele: Unterschiedliche Preise in Filiale A und B; höhere Preise an Autobahntankstellen	**Beispiele:** Angebot von Waschmitteln als Markenartikel und als No-Name-Ware
Zeitliche Preisdifferenzierung	**Persönliche Preisdifferenzierung**
Unterschiedliche Preissetzung zu verschiedenen Zeitpunkten	Preisbildung nach Personengruppen
Beispiele: Saisonrabatt, Jubiläumsrabatt, Sonderaktionen (z. B. Sonderangebote, Lockvogelangebote)	**Beispiele:** Behörden-, Weiterverarbeitungs-, Wiederverkäuferrabatt; Treuerabatt
Preisdifferenzierung nach dem Umsatz	
Unterschiedliche Preise bei unterschiedlichen Einkaufsumsätzen	
Beispiele: Mengenrabatt, Umsatzbonus, Mindermengenzuschlag, Preisstaffel	

Dynamische Preisgestaltung

Maßnahmen der dynamischen Preisgestaltung sollen die Preise flexibel den Marktverhältnissen anpassen. Bei der Produkteinführung bieten sich zwei Strategien an:

- **Hohe Einführungspreise (Abschöpfungspreise)**

  Man setzt hohe Einführungspreise, um zunächst die kaufkräftigste Käuferschicht anzusprechen. Anschließend senkt man den Preis. Mit dieser Preissenkung geht manchmal eine Verschlechterung der Ausstattung einher.

  Beispiel:
  Einführung eines Romans in gebundener Leinenausgabe, später als Taschenbuch.

● **Marktdurchdringungspreise**
Man setzt von vornherein einen niedrigen Preis, um möglichst große Käuferschichten zu gewinnen. Wenn das Erzeugnis nach einer gewissen Zeit gut eingeführt ist, hebt man den Preis vorsichtig an.

Wenn ein Produkt allmählich aus dem Markt genommen werden soll, hält man meist die Preise stabil und verzichtet auf alle kostenträchtigen Maßnahmen (wie Werbung). Zum Schluss versucht man, das Lager durch starke Preissenkungen in Verbindung mit einer Sonderwerbeaktion zu räumen.

Preispositionierung

Preispositionierung liegt vor, wenn der Betrieb gezielt ein bestimmtes Preisniveau für ein Produkt durchzusetzen versucht. Dies kann z. B. ein aggressiver Niedrigpreis sein oder auch ein gehobener Preis. Letzterer gilt besonders für Markenartikel, mit denen der Käufer eine gleich bleibende Qualität und ein Markenimage verbinden soll.

Zum Markenbegriff vergleiche Seite 187 f.

3.3.9 Konditionenpolitik

Günstige Verkaufskonditionen stellen für den Kunden u. a. einen zusätzlichen Preisvorteil dar. Sie können folglich die Kaufentscheidung beeinflussen.

Verkaufskonditionen	
Preisnachlässe	**Rückgaberecht**
Rabatte, Skonti, Boni	Kauf auf Probe
Zahlungsfristen	**Garantieleistungen**
● Der Lieferer gewährt ein Zahlungsziel. ● Der Lieferer vermittelt dem Kunden einen Kredit. ● Der Lieferer gewährt Abschlagszahlungen.	Abgabe einer Garantie über die Gewährleistungsfrist hinaus (u. a. bei technischen Geräten).
Übernahme der Verpackungskosten	**Übernahme der Transportkosten**
Lieferung „Preis netto einschließlich Verpackung"	● „Lieferung frei Haus" ● „Lieferung frei Empfangsstation"

Die Übernahme der Verpackungs- und Transportkosten wird oft von Frankogrenzen abhängig gemacht.

Ab 1 000,00 EUR Warenbetrag liefern wir frei Haus.

Preis- und Konditionenpolitik			
Preissetzung	**Preisstellung**	**Preisstrategien**	**Konditionen**
– kostenorientiert – konkurrenzorientiert – nachfrageorientiert **Besondere Probleme:** – Preisuntergrenze – Mischkalkulation – Lockvogelangebote	**Bruttosystem:** verschiedene Rabatte, ggf. Preiszuschläge **Nettosystem:** ggf. Preisstaffelung	– Preisdifferenzierung – dynamische Preisgestaltung – Preispositionierung	– Preisnachlässe – Zahlungsfristen – Verpackungskosten – Rückgaberecht – Garantieleistungen – Transportkosten

Arbeitsaufgaben

1. **Die Preis- und Konditionenpolitik ist ein wichtiges absatzpolitisches Instrument. Wenn die Preise nicht stimmen, kann eine Unternehmung rasch in die Verlustzone geraten.**
   Erläutern Sie in wenigen Worten die verschiedenen Elemente der Preis- und Konditionenpolitik.

2. **Ein Großhändler bietet eine Ware bisher zu 80,00 EUR an. Er setzt monatlich etwa 150 Stück um. Nach einer Preissenkung um 20 % steigt der Absatz auf 230 Stück.**
   a) Handelt es sich um eine elastische oder unelastische Nachfrage?
   b) Begründen Sie, ob sich die Preissenkung für den Betrieb lohnt.
   c) Wie beurteilen Sie die Aussichten dafür, dass sich die beschriebenen Ergebnisse einstellen, wenn ein Oligopol vorliegt und die Konkurrenten verhältnismäßig homogene Güter anbieten?

3. **Betriebe können zahlreiche Maßnahmen ergreifen, um sich bei ihren Kunden Präferenzen zu verschaffen.**
   a) Nennen Sie derartige Maßnahmen, die von Ihrem Ausbildungsbetrieb angewendet werden.
   b) Welche Vorteile bringen solche Präferenzen für den Betrieb?

4. **Die Vereinigte Maschinen- und Werkzeugfabrik AG (VMW) kalkuliert den Angebotspreis für eine Kleindrehbank.**
   a) Unter welchen Bedingungen könnte der Angebotspreis kostenorientiert festgelegt werden, unter welchen Bedingungen müsste er nachfrageorientiert festgelegt werden?
   b) Vom Listenverkaufspreis gewährt die VMW 20 % Rabatt und 2 % Skonto. Welches Preisstellungssystem wendet sie an?
   c) Welche Möglichkeiten der Preisdifferenzierung könnte der Anbieter nutzen?

5. **Für die Fertigung eines Bohrautomaten entstehen folgende Kosten:**
   Fertigungsmaterial: 5 000,00 EUR, Fertigungslöhne: 2 000,00 EUR. Die Materialgemeinkosten betragen 40 %, die Fertigungsgemeinkosten 120 %. Der Verwaltungs- und Vertriebsgemeinkostenzuschlagssatz beträgt 20 %. Von den Material- und Fertigungsgemeinkosten sind 40 % fix und 60 % variabel.
   Bestimmen Sie a) die langfristige und b) die kurzfristige Preisuntergrenze.

6. **Ein Werkzeuggroßhändler kalkuliert seinen Verkaufspreis für Rohrzangen: Listeneinkaufspreis 15,00 EUR; Liefererrabatt 10 %; Liefererskonto 3 %; Bezugskosten im Schnitt 4 % des Rechnungspreises; Wareneinsatz 1 000 000,00 EUR; Gemeinkosten 250 000,00 EUR, Gewinnzuschlag 10 %; Kundenskonto 2 %; Kundenrabatt 10 %.**
   a) Berechnen Sie den angestrebten Listenverkaufspreis.
   b) Die Konkurrenz bietet 100 Zangen zu 1 600,00 EUR an. Kann der Großhändler sich kurzfristig diesem Preis anpassen?
   c) Wo liegt kurzfristig die Preisuntergrenze des Großhändlers?
   d) Wo liegt langfristig die Preisuntergrenze des Großhändlers?
   e) Welche Maßnahmen können/müssen ergriffen worden, wenn langfristig höchstens ein Preis von 16,00 EUR pro Zange zu erzielen ist?

7. **Unternehmungen differenzieren ihre Preise häufig. Ordnen Sie nachfolgende Beispiele den vier behandelten Arten für Preisdifferenzierung zu:**
   a) Rentner bekommen Rabatt,
   b) Nachsaisonpreise sind günstiger,
   c) die gleichen Medikamente sind in England preiswerter als in der Bundesrepublik Deutschland,
   d) Markenartikelhersteller verkaufen ihre Marke auch als „No-Name-Produkt" beim Billigpreisanbieter.

8. **Die Konditionenpolitik steht in sehr engem Zusammenhang mit der Preispolitik.**
   Erläutern Sie dies.

3.4 Servicepolitik

Je mehr die Bedingungen eines vollkommenen Marktes[1] gegeben sind, desto weniger Möglichkeiten besitzt der Anbieter für eine eigenständige Preispolitik. Deshalb verlagert er den Wettbewerb stärker auf die Art und Qualität seiner Leistungen. Er stellt die Leistungen individuell auf den Käufer ab. Dadurch verliert der Markt an Übersichtlichkeit. Der Kunde entwickelt eine Vorliebe für einen bestimmten Anbieter. Er ist auch bereit, Preisänderungen in einem gewissen Umfang zu akzeptieren.

Besondere Leistungen des Anbieters können z. B. sein:

- ein besonders breites oder tiefes Sortiment
- komplette Systeme für Problemlösungen[2] (z. B. Hardware und umfangreiche Software)
- Garantieleistungen
- günstige Konditionen
- Serviceleistungen (z. B. Kundendienst über eine Hotline[3])

Der Kundenservice (Kundendienst) ist der Werbung verwandt. Er umfasst Dienstleistungen (Nebenleistungen), die freiwillig und zum Teil auch kostenlos erbracht werden. Er soll Stammkunden gewinnen und den guten Ruf des Unternehmens stützen. Die Servicepolitik legt die Art der Serviceleistungen fest.

Der Service kann entweder durch den Hersteller oder durch den Händler erbracht werden. Im letzteren Fall erfolgt der Ausbau der Kundendienstorganisation oft mit Unterstützung des Herstellers.

Die Serviceleistungen können kaufmännischer, technischer oder betreuender Art sein.

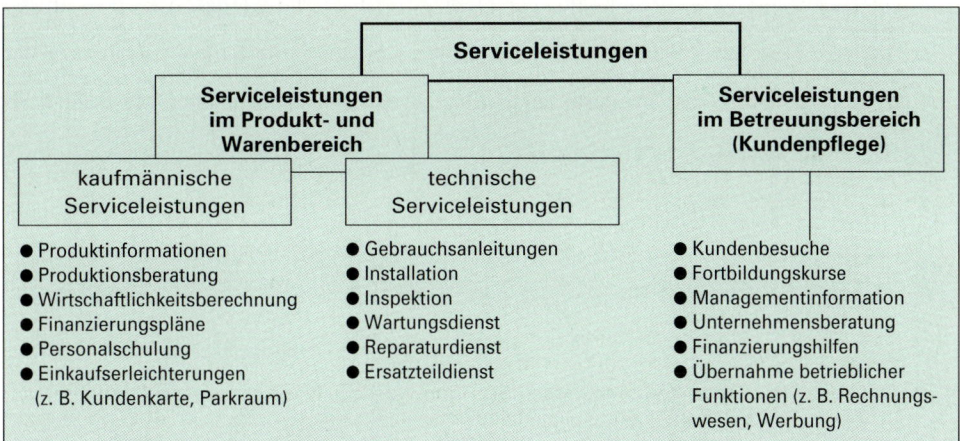

Der **kaufmännische Kundendienst** wird schwerpunktmäßig vor der Kaufentscheidung eingesetzt. Durch Beratung und Systemvorschläge werden dem Kunden die Vorteile und Verwendungsmöglichkeiten eines Erzeugnisses vor Augen geführt. Ggf. werden Wirtschaftlichkeitsberechnungen, Finanzierungspläne und Personalschulung angeboten.

---

[1] Vgl. S. 67
[2] Vgl. S. 125, 128
[3] Eine Hotline ist ein Telefon, das mit Service-Fachleuten besetzt ist. Der Kunde wird bei Anruf sofort beraten und kann somit kleine Störungen (z. B. an seinem PC) u. U. selbst beheben.

Der **technische Kundendienst** hat zwar auch Bedeutung für die Produktpräsentation, spielt aber nach dem Kauf eine größere Rolle, z. B. bei Montage, Änderungen und Reparaturen. Manchmal liegt der eigentliche Gewinn des Lieferers nicht einmal im ursprünglichen Abschluss, sondern im späteren Ersatzteil- oder Verbrauchsmaterialgeschäft (z. B. bei Kopiergeräten, Kameras, Unterhaltungselektronik).

Nach dem Verkauf muss der Kontakt zum Kunden weiter gepflegt werden, z. B. durch gelegentliche Besuche beim Kunden oder durch Kurse des Herstellers bzw. Händlers. Diese Aktivitäten gehören zur **Kundenpflege**. Ihr Ziel ist es den Kunden auch für künftige Einkäufe zu gewinnen.

Arbeitsaufgaben

1. Sie haben die Absicht,
   a) eine Spülmaschine,
   b) einen PKW zu kaufen.
   Welche Serviceleistungen erwarten Sie vom Verkäufer der Waren?

2. Die Gerber GmbH ist ein mittelständisches Unternehmen, das Dachgepäckträger und anderes Autozubehör herstellt. Die Verwaltung und die Produktionsstätten sollen mit einer neuen Computeranlage ausgestattet werden.
   Welche Serviceleistungen könnte die Gerber GmbH von den Computeranbietern erwarten?

3. Der Verbrauchermarkt SERVUS bietet seinen Kunden kostenlos:
   2 000 m² Parkraum, eine Kundeninformation im Eingangsbereich, eine Kinderspielecke, Zustellung von Großteilen ab 200,00 EUR Wert, Geschenkverpackung, Aufstellung von Möbeln, Anschluss technischer Geräte.
   a) Warum werden derartige Leistungen kostenlos erbracht?
   b) Die Leistungen verursachen selbstverständlich Kosten. Wie werden diese Kosten gedeckt?
   c) Andere Anbieter werben geradezu damit, dass sie bestimmte Serviceleistungen nicht kostenlos erbringen. So arbeiten Möbelhäuser oft mit so genannten „Abholpreisen". Wie ist es zu erklären, dass diese Anbieter trotzdem oft einen beachtlichen Marktanteil erzielen?

4 Kommunikationspolitik

4.1 Meinungswerbung (Publicrelations, Öffentlichkeitsarbeit)

> Im Stadtgarten steht eine Bank, auf der deutlich lesbar eine Plakette angebracht ist: „Geschenk der Firma August Schwabe KG".
> August Schwabe liebt die Fastnacht. Jedes Jahr stellt er für den Umzug einen Wagen. Dabei vergisst er auch das Geschäft nicht: Auf der Rückseite liest man: „Wagen der Firma August Schwabe KG".
> Herrn Schwabes Sohn geht noch zur Schule. Beim letzten Schulfest gab es kostenlos Erbsensuppe mit Würstchen. Im Programmheft war zu lesen: „Gestiftet von der Firma August Schwabe KG".

Die angeführten Maßnahmen stellen Werbung für das Unternehmen dar. Sie sollen es in der Öffentlichkeit bekannt machen. Jeder soll mit dem Namen August Schwabe KG eine positive Vorstellung verbinden. Das Ziel ist die Imagepflege.

Alle Maßnahmen, die dem Ziel der Imagepflege dienen, fasst man unter dem Begriff *Publicrelations*, d. h. Öffentlichkeitsarbeit, Meinungswerbung, Vertrauenswerbung, zusammen. Publicrelations ist noch nicht direkt auf den Absatz ausgerichtet.

Andere Publicrelations-Maßnahmen, die besonders von Großunternehmen angewandt werden, sind z. B.:

- Werksbesichtigungen durch Schulklassen oder Clubs;
- Tage der offenen Tür;
- Kontakte zu Film, Presse, Funk, Fernsehen;
- Berichte in Tageszeitungen und Zeitschriften;
- Herausgabe von Broschüren, Werks- und Kundenzeitschriften;
- Förderung des Gemeinwohls, z. B. durch Spenden.

Mit Publicrelations eng verwandt ist das **Sponsoring**. Der Betrieb wird als Förderer (Sponsor) von Personen, Vereinen und sonstigen Institutionen oder Organisationen – vor allem im Bereich von Kultur, Sport, Sozialwesen und Umweltschutz – tätig. Der Gesponserte übernimmt dafür Werbeleistungen (z. B. Trikotwerbung). Das psychologische Ziel von Sponsoring ist: Der Empfänger der Werbebotschaft soll das positive Bild, welches er vom Gesponserten hat, auf den Sponsor übertragen.

4.2 Absatzwerbung

„Blödsinnig, diese Werbung."

4.2.1 Ziele und Aufgaben der Absatzwerbung

Im Gegensatz zu Publicrelations bezieht sich die Absatzwerbung unmittelbar auf die betriebliche Leistungsverwertung am Markt.

Durch die *Absatzwerbung* versuchen die Anbieter neue Kunden zu gewinnen. Sie lassen ihnen ausgewählte Informationen zukommen, um sie direkt zu Gunsten der von ihnen angebotenen Güter zu beeinflussen.

Der Werbende gibt eine Werbebotschaft ab, der Umworbene nimmt sie auf. Wenn sie eine Kaufhandlung auslösen soll, muss sich anschließend im Umworbenen ein Informationsverarbeitungsprozess in **vier Wirkungsstufen** abspielen. Diese Stufen lassen sich zugleich als **psychologische Ziele der Werbung** ansehen.

Wirkungsstufen der Werbung (= psychologische Werbeziele)	
1. Stufe Bekanntmachung des Produktes	Die Bekanntmachung ist die Vorstellung, die Nennung des Produktes. Sie ist notwendig, weil ein Produkt nur dann gekauft werden kann, wenn der Käufer von seiner Existenz weiß.
2. Stufe Information über das Produkt	Der potenzielle Käufer muss Produktinformationen erhalten, die über die reine Bekanntheit hinausgehen. Sie beziehen sich in erster Linie auf den Nutzen, den das Produkt bringt.
3. Stufe Schaffung eines positiven Produktimages	Die Werbung soll bewirken, dass die gesamte Vorstellung von dem Produkt überwiegend positiv ausgeprägt ist. Dies setzt eine positive Bewertung der Produktinformationen voraus.
4. Stufe Schaffung einer Kaufdisposition bzw. Auslösung der Kaufhandlung	Das positive Produktimage soll dazu führen, dass das Produkt dem Umworbenen als wünschenswert erscheint. Die Folge soll eine Kaufdisposition (-neigung) sein (d. h. das Produkt soll bei Bedarf gekauft werden) oder das direkte Auslösen der Kaufhandlung (z. B. Bestellung aus einem Prospekt; Aufsuchen des Verkäufers).

Eine ähnliche Stufung findet sich in den folgenden Zielen:

Diese Ziele sind unter dem Namen „AIDA-Formel" bekannt geworden.

1. Aufmerksamkeit erregen (Attention) **A**
2. Interesse an der Ware wecken (Interest) **I**
3. Besitzwünsche wecken (Desire) **D**
4. Kaufhandlungen auslösen (Action) **A**

Die Werbung wendet sich teils an den Verstand des Menschen, teils sucht sie durch feine psychologische Methoden im Unterbewusstsein versteckte Wünsche, Sehnsüchte, Ängste zu aktivieren. Letzteres ist vor allem bei der Werbung für Konsumgüter im Fernsehen und in Zeitschriften der Fall.

Indem die Werbung Präferenzen für die Unternehmung schafft, bewirkt sie:

- die Verkürzung der Einführungsphase bei neuen Produkten,
- die Verlängerung der Lebensdauer eines Produktes.

Aufgaben der Werbung im Lebenszyklus des Produktes

Einführungswerbung
Sie soll neue Produkte bekannt machen und Verlangen danach wecken. Sehr häufig entstehen die Bedürfnisse erst durch die Werbung. Ein Mode- oder Geschmackswandel soll ausgelöst werden, neue Kunden sollen gewonnen, neue Märkte erschlossen werden.

Expansionswerbung
Bei schon eingeführten Produkten will man den Marktanteil erhöhen und eventuell von den Konkurrenten Kunden abziehen. Der Bekanntheitsgrad des Produktes soll erhöht werden.

Stabilisierungswerbung
Die Werbung soll aggressive Konkurrenten abwehren, die ihrerseits den Marktanteil vergrößern wollen, und die eigene Stellung am Markt stabilisieren.

Erinnerungswerbung
Sie soll Leistungen des Unternehmens bei bestehenden und früheren Kunden in Erinnerung bringen. Frühere Kunden sollen zurückgewonnen werden.

4.2.2 Werbemittel und Werbeelemente

Die Werbung versucht ihre Ziele durch den Einsatz verschiedenartiger Werbeelemente und Werbemittel zu erreichen:

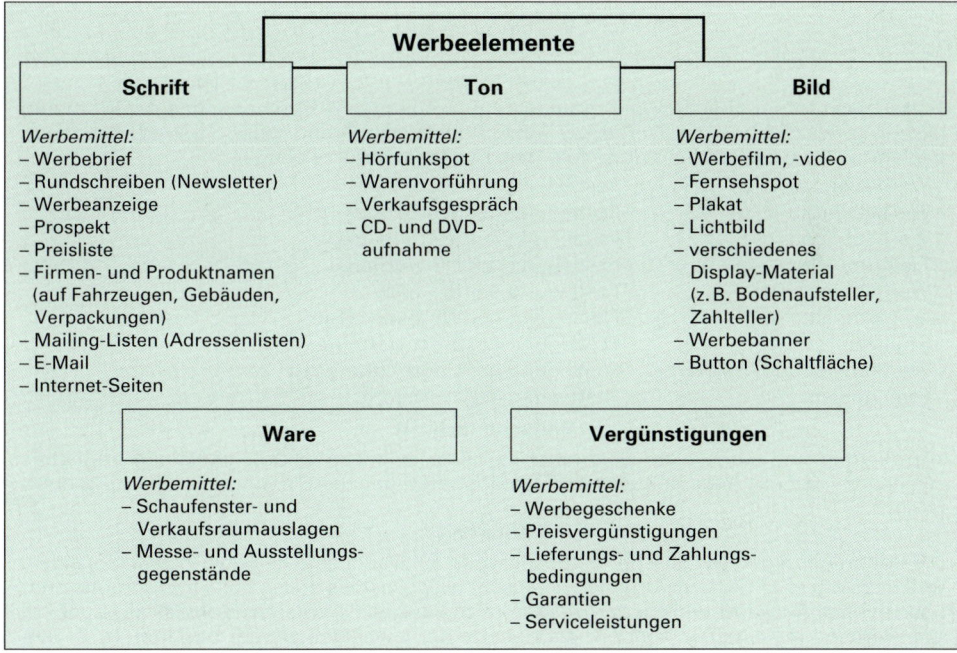

Zum Einsatz der Werbemittel bedient man sich verschiedener Medien (Werbeträger, Streumedien): Briefpost; Tages-, Wochen-, Sonntagszeitungen; Zeitungsbeilagen; Publikums- und Fachzeitschriften; Adressbücher; Hörfunk, Fernsehen, Kino; Internet; CD, Videokassetten, DVD; Plakatwände, Litfaßsäulen, Gebäude, Fahrzeuge, Verpackungen, Schaufenster, Geschäfts-, Messe-, Ausstellungsräume; Verpackungen u. a. m.

Werbeelement:	Schrift
Werbemittel:	Produktnamen
Werbemedium:	Pyramide (Gebäude)

Eine raffinierte Nutzung der Werbeträger erfolgt unter anderem durch das **Product-Placement** (Produktplatzierung). Dabei werden Produkte geschickt in die Handlung von Spielfilmen, Theaterstücken, Videos oder sogar Romanen eingebracht.

Beispiel: Aus einem Roman ...
„Ihm fiel sofort die eigenwillige Einrichtung des Wohnzimmers auf: eine Polstergarnitur in hellem Büffelleder, eine Schrankvitrine im Jugendstil und in der hinteren Ecke ein ultramoderner, superflacher Akai-Fernseher ..."

4.2.3 Werbegrundsätze

Die Unternehmung muss bei der Werbung die Grundsätze der Wirksamkeit, Wirtschaftlichkeit, Wahrheit und Klarheit beachten.

Werbegrundsätze
Wirksamkeit
Wirksamkeit ist der oberste Werbegrundsatz. Er verlangt eine Beschaffenheit der Werbung, die zur Verwirklichung der Werbeziele führt. Aus diesem Grund muss die Werbung genau geplant werden. Die Planung muss folgende Elemente berücksichtigen: – Werbeziele: Festlegung des Werbezwecks – Werbesubjekt: Festlegung des Werbenden – Werbebudget: Festlegung des Werbebetrags – Zielgruppe: Festlegung der Umworbenen – Werbeobjekte: Festlegung der Produkte – Werbeinhalt: Festlegung der Werbeaussage – Streuzeit: Festlegung der Werbetermine – Werbemittel und -medien: Festlegung der Übermittlungsart – Streugebiet: Festlegung der Werbeorte
Wirtschaftlichkeit
Werbeerfolg und eingesetzte Geldmittel sollen in einem möglichst günstigen Verhältnis zueinander stehen. Auch aus diesem Grund ist eine genaue Planung der Werbung unerlässlich.
Wahrheit
Die Erfahrung zeigt, dass falsche Werbeaussagen auf Dauer eine negative Wirkung erzielen, weil das Vertrauen der Umworbenen getäuscht wird. Deshalb sollen auch irreführende oder übertriebene Aussagen vermieden werden (z. B. „das beste Waschmittel, das es je gab!"). Die Werbung muss dabei nicht nur die Gesetze der jeweiligen Länder beachten (z. B. Hinweis auf Gesundheitsgefährdung bei Zigaretten), sondern soll auch mit dem moralischen und ästhetischen Empfindungen im Einklang stehen.
Klarheit
Zum Einen müssen die Ziele der Werbung klar formuliert werden, damit keine ungeeigneten Werbemaßnahmen ergriffen werden. Zum Anderen muss die Werbeaussage so klar formuliert bzw. dargestellt sein, dass keine Fehlinterpretationen möglich sind. Sie könnten zu verheerenden Umsatzeinbrüchen führen.

4.2.4 Elemente der Werbeplanung

In den einzelnen Elementen der Werbeplanung spiegeln sich die genannten Werbegrundsätze wider.

Werbeziele

Die Werbeziele[1] müssen konkretisiert werden.

> **Beispiele:**
> - Steigerung des Bekanntheitsgrades des Produktes um 50%
> - Erzielung eines positiven Images bei Männern bis zu 35 Jahren
> - Neutralisierung einer bestimmten Werbemaßnahme eines Konkurrenten

Werbesubjekt

Großunternehmen besitzen häufig **Werbeabteilungen**, die für die Planung und Durchführung der Werbung verantwortlich sind. In vielen Fällen aber – und dies gilt vor allem für kleinere Betriebe – setzt man selbstständige **Werbeagenturen** ein. Diese beschäftigen Spezialisten wie Werbeleiter, Kontaktleute, Marktforscher, Psychologen, Grafiker, Textgestalter, Layouter, Dekorateure, Fotografen. Oft ist es günstiger, hohe Kosten für diese Fachleute in Kauf zu nehmen, um einen größeren Werbeerfolg zu erzielen. Darüber hinaus unterscheidet man:

- **Einzelwerbung**
  Eine Firma wirbt für ihre eigenen Leistungen.

- **Gemeinschaftswerbung**
  Mehrere Firmen werben gemeinsam, ohne dass das einzelne Unternehmen mit dem Namen genannt wird.

- **Sammelwerbung**
  Mehrere Unternehmen verschiedener Branchen schließen sich zu einer gemeinsamen Werbeaktion zusammen. Sie werden namentlich genannt.

Werbebudget (Werbeetat)

Der Betrag, der in einem Jahr für Werbung ausgegeben werden soll, wird oft in Abhängigkeit vom Gewinn des Vorjahres festgelegt. Dabei ist unterschiedliches Vorgehen möglich:

- Mit steigendem Gewinn werden auch die Werbeausgaben erhöht, mit fallendem Gewinn gesenkt, weil entsprechend mehr/weniger Mittel zur Verfügung stehen **(prozyklische Werbung)**.

- Bei sinkendem Gewinn werden relativ mehr Werbeausgaben getätigt, um den Absatz anzuregen **(antizyklische Werbung)**.
  Dieses Vorgehen setzt ein gutes Finanzpolster voraus.

- Manche Betriebe setzen einen stets gleich bleibenden oder leicht wachsenden Betrag für die Werbung ein.

---

[1] Vgl. S. 158

Zielgruppe

Grundsatz: Wenn möglich, soll die Werbung nur die möglichen Käufer ansprechen (**Direktwerbung oder fein gestreute Werbung**).

> **Beispiel:**
> Werbung für Computer-Software für Großrechenanlagen im Fernsehen wäre Verschwendung, da nur ein geringer Prozentsatz der Fernsehzuschauer an diesen Produkten interessiert ist. Es bietet sich vielmehr die Werbung in Fachzeitschriften an.

Gegebenenfalls kann sich die Werbung auch an den Handel und andere den Absatz beeinflussende Personen richten.

> **Beispiele:**
>
> | | |
> |---|---|
> | Heimwerkzeuge | Zielgruppe: Hausbesitzer, Fachhandel |
> | Arzneimittel | Zielgruppe: Ärzte (nicht Patienten! Gesetzliches Verbot!) |
> | Waschmittel | Zielgruppe: Hausfrauen |
> | Süßigkeiten | Zielgruppe: Kinder (sog. „Bedarfsäußerer") |
> | Maschinen | Zielgruppe: Betriebe |

Fein gestreute Werbung (z. B. durch Werbebriefe, Messestände) ist sehr wirksam, aber, auf den einzelnen Adressaten bezogen, auch sehr teuer. Auch fehlt ihr die Breitenwirkung. Diese wiederum wird durch **Massenwerbung** oder **grob gestreute Werbung** in den Massenmedien erreicht: Zeitungen, Zeitschriften, Fernsehen, Rundfunk. Sie bietet sich bei Gütern des täglichen Bedarfs an, für die jedermann in Frage kommt. Sie ist auch immer dann nötig, wenn die möglichen Käufer nicht genau zu erfassen sind.

Werbeobjekte

Grundsatz: Es sind die Produkte zu bevorzugen, bei denen die Werbung die Werbeziele am besten erfüllen kann. Häufig wird über die Firmenwerbung gleichzeitig für die anderen Produkte des Betriebes indirekt mitgeworben.

Das Gard-Haarstudio informiert:...

Werbeinhalt

Jede Werbung ist eine Aussage über ein Erzeugnis, aber auch über die Unternehmung. Es ist genau festzulegen, welche Informationen die Werbemaßnahme enthalten soll:

- Die Werbung muss Aufmerksamkeit erregen.
- Sie muss die Werbebotschaft sofort erkennen lassen.
- Sie muss Vertrauen erwecken.
- Sie darf keine Verwechslung mit anderen Produkten bewirken.
- Sie muss einen Besitzwunsch auslösen.

Zu umfangreiche Texte langweilen den Umworbenen. Deshalb ist auf Originalität und Aktualität zu achten.

Der Werbeinhalt ist auch vom verwendeten Werbemittel und von der Zielgruppe abhängig.

Beispiele:
- Ein Plakat auf einer Plakatwand darf kaum Text enthalten, eine Anzeige in einer Zeitung bedeutend mehr.
- Massenwerbung im Fernsehen kann nur allgemein gehaltene Informationen enthalten, Werbung in Fachzeitschriften dagegen fachmännische Details.

Werbezeit (Streuzeit)

Grundsatz: Der Erfolg soll im gewünschten Zeitpunkt eintreten. Dabei ist die Zeitspanne zwischen Werbemitteleinsatz und Eintreten des Erfolgs zu beachten. So muss Weihnachtswerbung beispielsweise so frühzeitig einsetzen, dass sich der Verbraucher über die verschiedenen Angebote informieren kann und noch Zeit hat sich zu entscheiden. Eine verfrühte Werbung wird vergessen, auf eine verspätete kann man nicht mehr reagieren.

Bei saison- und konjunkturabhängigen Betrieben strebt man oft einen Ausgleich des Absatzes im Zeitverlauf an, um Kosten und Beschäftigungslage stabil zu halten.

Darüber hinaus stellt sich die Frage, an welchen Wochen- oder Monatstagen geworben werden soll. Samstagswerbung kostet z. B. mehr, ist aber oft wirksamer.

Werbemittel und Werbemedien

Grundsatz: Es sind die wirksamsten Mittel zu wählen, d. h. die Mittel, die
- die Zielgruppe möglichst exakt ansprechen,
- ihren Werbeinhalt durch die Art der Schrift, des Bildes, des Tons, der Farbe, der Bewegung am überzeugendsten ausdrücken.

Allerdings sind dabei wichtige Nebenbedingungen zu beachten:
- Ein niedriges Werbebudget schließt teure Medien automatisch aus.
- Ein kleines Absatzgebiet schließt weitreichende Medien aus (z. B. Fernsehen, überregionale Zeitungen und Zeitschriften).
- Fernsehwerbung benötigt lange Voranmeldungen (Anfang Herbst für das neue Jahr).
- Bei in etwa gleich wirksamen Medien ist das kostengünstigere zu wählen (Grundsatz der Wirtschaftlichkeit).

Wussten Sie, dass eine Werbeminute im Fernsehen über 40 000,00 EUR und eine Seite in einer überregionalen Zeitung über 75 000,00 EUR kosten kann?

Um die Kosten der Medien untereinander in etwa vergleichbar zu machen, berechnet man den **Tausenderpreis**. Dies ist der Preis für eine ganzseitige Anzeige oder einen 30-Sekunden-Spot, um tausend Leser (bzw. Fernsehzuschauer bzw. Rundfunkhörer) zu erreichen.

$$\text{Tausenderpreis nach verkaufter Auflage} = \frac{\text{Seitenpreis}}{\text{verkaufte Auflage}} \cdot 1000$$

Beispiele:

Zeitschrift	Verkaufte Auflage (Stück)	Brutto-Preis (EUR)	Tausenderpreis nach verkaufter Auflage (EUR)
Bunte	1 155 947	29 000,00	25,09
Neue Revue	1 148 248	21 000,00	18,29
Stern	1 419 581	44 800,00	31,56

Der Tausenderpreis beim Fernsehen liegt bei etwa 7,00 EUR.

Streugebiet

- Bei Einführungswerbung wirbt man oft zunächst auf einem Testmarkt (z. B. Berlin, Saarland), um dort den Erfolg zu testen.
- Bei konkurrenzorientierter Expansions- und Stabilisierungswerbung wirbt man am Ort des Wettbewerbs.
- Ansonsten hängt das Streugebiet oft von einer schon bestehenden Vertriebsorganisation, der Höhe der Werbekosten, dem Wohnsitz der Zielgruppe ab.

4.2.5 Werbekampagne

Im Zusammenspiel mit einer Werbeagentur läuft eine Werbekampagne wie folgt ab:

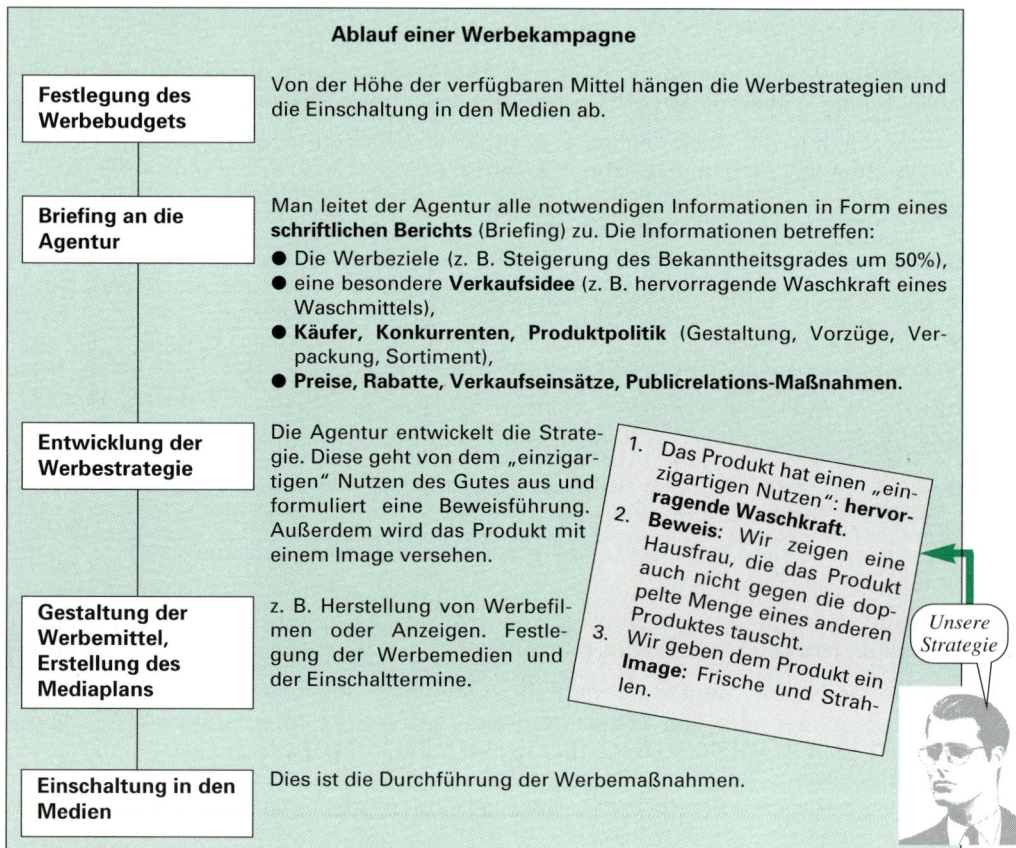

Ablauf einer Werbekampagne

Festlegung des Werbebudgets	Von der Höhe der verfügbaren Mittel hängen die Werbestrategien und die Einschaltung in den Medien ab.
Briefing an die Agentur	Man leitet der Agentur alle notwendigen Informationen in Form eines **schriftlichen Berichts** (Briefing) zu. Die Informationen betreffen: • Die Werbeziele (z. B. Steigerung des Bekanntheitsgrades um 50%), • eine besondere **Verkaufsidee** (z. B. hervorragende Waschkraft eines Waschmittels), • **Käufer, Konkurrenten, Produktpolitik** (Gestaltung, Vorzüge, Verpackung, Sortiment), • **Preise, Rabatte, Verkaufseinsätze, Publicrelations-Maßnahmen**.
Entwicklung der Werbestrategie	Die Agentur entwickelt die Strategie. Diese geht von dem „einzigartigen" Nutzen des Gutes aus und formuliert eine Beweisführung. Außerdem wird das Produkt mit einem Image versehen.
Gestaltung der Werbemittel, Erstellung des Mediaplans	z. B. Herstellung von Werbefilmen oder Anzeigen. Festlegung der Werbemedien und der Einschalttermine.
Einschaltung in den Medien	Dies ist die Durchführung der Werbemaßnahmen.

Unsere Strategie:
1. Das Produkt hat einen „einzigartigen Nutzen": **hervorragende Waschkraft**.
2. **Beweis**: Wir zeigen eine Hausfrau, die das Produkt auch nicht gegen die doppelte Menge eines anderen Produktes tauscht.
3. Wir geben dem Produkt ein **Image**: Frische und Strahlen.

4.2.6 Kontrolle des Werbeerfolgs

Ökonomischer Werbeerfolg

Zur Messung des ökonomischen Werbeerfolgs werden folgende Kennziffern genannt:

$$\text{Wirtschaftlichkeit der Werbung} = \frac{\text{Umsatzzuwachs}}{\text{Werbeaufwand}}$$

$$\text{Marktanteil} = \frac{\text{Umsatz}}{\text{Gesamtumsatz des Marktes}} \cdot 100$$

Die Messung des ökonomischen Werbeerfolgs ist wichtig, aber in der Praxis überaus problematisch. Denn eine Steigerung des Umsatzes oder eine Erhöhung des Marktanteils hängt vom Einsatz aller Marketinginstrumente und außerdem von der Konjunktur, der Wirtschaftspolitik, der Mode und weiteren Einflüssen ab. Auch kann eine Werbemaßnahme erfolgreich sein, obwohl Umsatz oder Marktanteil sogar zurückgehen. Dann hat die Werbung vielleicht eine noch schlechtere Entwicklung verhindert.

Einigermaßen zuverlässig lässt sich die ökonomische Werbeerfolgskontrolle nur auf einem **Testmarkt** durchführen, der in seiner Struktur mit dem Vergleichsmarkt möglichst übereinstimmen soll. Man wirbt auf dem Testmarkt und stellt fest, wie sich Marktanteil und/oder Umsatz im Vergleich zu den Nicht-Werbegebieten entwickeln.

Außerökonomischer Werbeerfolg

Wegen der Mängel der ökonomischen Erfolgskontrolle hat man Kennziffern entwickelt, die sich an den psychologischen Werbezielen orientieren. Sie zielen darauf, das Verhalten der Umworbenen auszuwerten und festzustellen, wie die Werbung auf sie einwirkt. Dementsprechend kann man die Wirksamkeit der Werbemaßnahmen überprüfen und die Werbemaßnahmen gegebenenfalls variieren.

Beispiele:

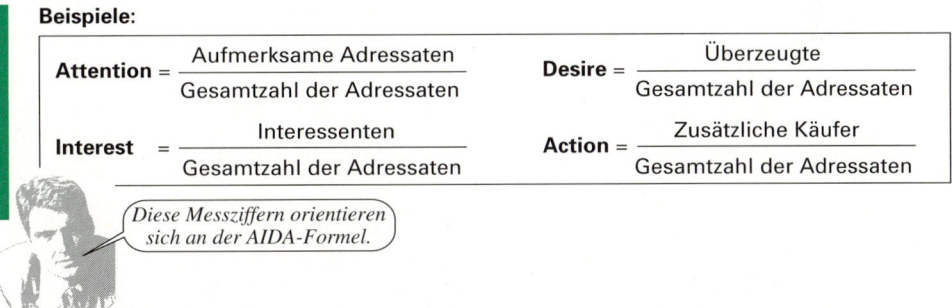

$$\text{Attention} = \frac{\text{Aufmerksame Adressaten}}{\text{Gesamtzahl der Adressaten}} \qquad \text{Desire} = \frac{\text{Überzeugte}}{\text{Gesamtzahl der Adressaten}}$$

$$\text{Interest} = \frac{\text{Interessenten}}{\text{Gesamtzahl der Adressaten}} \qquad \text{Action} = \frac{\text{Zusätzliche Käufer}}{\text{Gesamtzahl der Adressaten}}$$

Diese Messziffern orientieren sich an der AIDA-Formel.

Um solche Messziffern zu erhalten, nimmt man Beobachtungen (z. B. mit Blickbewegungs-Registriergeräten), Befragungen, Tests (z. B. Erinnerungstests, Tests über die Nachhaltigkeit von Werbemaßnahmen) vor. Fehler lassen sich dabei nicht vermeiden: Wer sich erinnert, muss deshalb nicht positiv berührt sein. Wer sich nicht erinnert, kann trotzdem positiv beeinflusst worden sein.

4.3 Verkaufsförderung (Salespromotion)

Die Haushaltselektro GmbH hat eine neuartige Küchenmaschine entwickelt. Das Gerät soll über die bestehende Absatzorganisation vertrieben werden. Die Preisstrategie ist festgelegt. Demnächst soll die Produkteinführung am Markt erfolgen, begleitet von einer Werbekampagne im Fernsehen und in fünf Publikumszeitschriften, davon zwei Frauenzeitschriften. Außerdem wurde bereits eine Reihe von Maßnahmen ergriffen, die das Verkaufspersonal, die Absatzmittler und den Handel auf das neue Produkt einstimmen sollen:
- Die Küchenmaschine wurde auf der Haushaltswarenmesse vorgestellt. Es erfolgten Demonstrationen und die Messebesucher (der Fachhandel) erhielten umfangreiches Prospektmaterial.
- Gebrauchs-, Bedienungs- und Reparaturanleitungen wurden erstellt. Das Verkaufspersonal wurde in einem speziellen Training damit vertraut gemacht, ebenso der Kundendienst.
- Der gesamte Außendienst wurde mit einem Muster zur Demonstration ausgestattet.
- Es wurde werbewirksames Display-Material in Auftrag gegeben, das in den Fachgeschäften und Warenhäusern der Warendemonstration dienen soll: Attrappen, Bodenaufsteller, Hinweisschilder, Vorführdias und ein Video-Vorführfilm.

Unter *Verkaufsförderung* versteht man alle Maßnahmen, die einerseits die Werbung über die Massenmedien und andererseits die Arbeit des Verkäuferstabes koordinieren, ergänzen und unterstützen.

Während die Werbung sich in erster Linie an die Letztverbraucher bzw. -verwender richtet, wendet sich die Verkaufsförderung vor allem an die Verkaufsorgane. Man könnte deshalb sagen:

Werbung ist direkte Verbraucherbeeinflussung. *Verkaufsförderung* ist indirekte Verbraucherbeeinflussung.

Mittel der Verkaufsförderung	
Sachliche Mittel der Verkaufsförderung	**Personelle Mittel der Verkaufsförderung**
Sie bereiten die Arbeit des Verkäufers vor, unterstützen, ergänzen sie.	Sie sind im Rahmen des Verkäufertrainings einsetzbar.
Schriftliche Mittel: – Verkaufs- und Werbebriefe – Prospekte – Kataloge – Listen – Produktbeschreibungen – Handbücher – Verfahrensbeschreibungen, Versuchs- und Laborberichte – wissenschaftliche Gutachten – Wirtschaftlichkeitsberechnungen und -vergleiche – Gebrauchs-, Bedienungs- und Montageanleitungen – technische Unterlagen (Diagramme, Zeichnungen, grafische Darstellungen) – Sonderdrucke aus Veröffentlichungen und vervielfältigte Vortragsmanuskripte – Referenzlisten – Musterbriefe (Formbriefe) – kundenbezogene Angebots- und Korrespondenzgestaltung **Demonstrative Mittel:** – Messen und Ausstellungen – Hausausstellungen – Produktvorführungen im Werk, beim Verwender oder beim Interessenten – Proben und Muster – Modelle, Attrappen ⎱ Display- – Fotos, Dias und Filme ⎰ Material – Gratisproben **Sonstige Mittel:** – Hauszeitschriften und Informationsdienste – Jubiläums- und sonstige Broschüren – redaktionelle Artikel – Betriebsbesichtigungen – Pressekonferenzen	**Schriftliche Mittel:** – Vertreterrundschreiben, Außendienstinformationen – verkaufsbezogene Druckschriften aller Art (Prospekte, Kataloge, Listen, Hauszeitschriften, Sonderdrucke, Referenzlisten etc.) – technische Unterlagen aller Art (Zeichnungen, Leistungsdiagramme, Schaltpläne, Tabellen, Versuchsberichte etc.) – Lehrbriefe, schriftliche Schulungskurse – Wettbewerbsvergleiche – Verkaufsargumentesammlungen – Einführungs- und Anmeldeschreiben für den Außendienst **Optische und akustische Mittel:** – Modelle und Muster – Zeichnungen, Fotos, (Dias, Filme, Tonbildschauen) – Fernsehaufzeichnungen (Videorecorder) **Verbale Mittel:** – Vorträge – persönliche Besprechungen, Konferenzen, Tagungen – Arbeitsgemeinschaften – Diskussionen, Gruppenarbeit, Aussprachen – Rollenspiel – Falldiskussionen – Brainstorming **Persönliche Mitarbeit und unmittelbares Erleben:** – Übungen an Maschinen und Geräten – Werkbesichtigungen – Volontärstätigkeit im Betrieb – Assistenz im Außendienst **Sonstige Mittel:** – Schulungskurse für Absatzmittler und Kunden – Beratung und persönliche Verkaufsunterstützung der Absatzmittler – Verkaufswettbewerbe und -prämien

Arbeitsaufgaben

1. Publicrelations ist heute in enger Verbindung mit der Corporate Identity zu sehen. Hinter diesem Begriff verbirgt sich eine Philosophie, derzufolge der Erfolg der Unternehmung wesentlich davon abhängt, ob es ihr gelingt sich eine „Identität" zu geben, sich als ein geschlossenes, unverwechselbares Ganzes zu präsentieren. Jeder Mitarbeiter soll sich mit den Zielen der Unternehmung identifizieren, ein positives Gefühl der Verbundenheit zu ihr entwickeln und sich entsprechend für sie einsetzen. Darüber hinaus soll die Unternehmung als Einheit von der Außenwelt erkannt und – mehr noch – anerkannt werden. Die werbewirksame Anbringung des Logos (Firmenzeichens) auf Geschäftspapieren, Gebäuden, Fahrzeugen, Kleidung, Anzeigen, Kundenzeitschriften u. a. m. ist als grundlegende Publicrelations-Maßnahme zu sehen. Desgleichen dient auch eine einheitliche Berufskleidung für die Mitarbeiter von immer mehr Firmen dazu, das Image nach außen hin zu prägen und das Selbstverständnis der Mitarbeiter nach innen zu stärken ...
   a) Erläutern Sie den Begriff „Publicrelations".
   b) Wodurch unterscheidet sich Publicrelations von der Absatzwerbung?
   c) Inwiefern können die oben genannten Maßnahmen als grundlegende Publicrelations-Maßnahmen bezeichnet werden?

2. Der Verkaufsdirektor der Firma Rheinische Haushaltselektro GmbH äußert sich in einer Mitarbeiterbesprechung über die Absatzlage:
   „Demnächst werden wir unsere neue Küchenmaschine „Super-Blitz" auf den Markt bringen, eine Neuentwicklung, die mixen, pressen, zerkleinern, schneiden, hacken, stampfen, sägen kann.
   Der Marktanteil unseres Trockenautomaten „Trocken-Blitz" liegt bei dem für uns niedrigen Wert von 6 %. Die Konkurrenz unterbietet unseren Preis bis zu 15 % mit Waren von geringer Qualität.
   Seit längerer Zeit ist der Absatz unseres seit 10 Jahren hergestellten Tauchsieders ‚Blitz-Koch' stark rückläufig."
   a) Welche Werbung ist bei diesen Produkten angebracht (Einführungs-, Expansions-, Stabilisierungs-, Erinnerungswerbung?
   b) Welche Aufgaben verfolgt diese Werbung jeweils?
   c) Welche Werbemittel könnte man hier sinnvollerweise einsetzen?

3. Aussagen zur Werbung:
   a) „Wahrheit, Klarheit, Wirksamkeit und Wirtschaftlichkeit sind die wichtigsten Grundsätze der Werbung."
   b) „Wirb oder stirb!"
   c) „Jedes Produkt ist nur so gut wie seine Werbung."
   Nehmen Sie zu diesen Aussagen kritisch Stellung.

4. Die GERRING FERTIGBAU GmbH ist ein industrieller Hersteller von Fertighäusern in Massivbauweise (zweischalige hinterlüftete Betonwand mit Styroporisolierung).
   Die in Dortmund ansässige Firma konnte wegen der hohen Transportkosten für die Betonelemente bisher nur Kunden in einem Umkreis von 150 km beliefern, ist jedoch im Begriff, ein Zweigwerk bei Aschaffenburg zu eröffnen. Im letzten Jahr konnten 964 Häuser (durchschnittlicher Preis: 120 000,00 EUR), davon 453 mit Keller (durchschnittlicher Preis: 25 000,00 EUR) ausgeliefert werden. Weitere Präzisierungen nehmen Sie bitte selbst vor.
   a) Arbeiten Sie einen Werbeplan für diese Unternehmung für das Jahr 20.. aus.
   b) Die Unternehmung unterhält an mehreren Orten Musterhäuser. Wie kann mittels dieser Häuser wirksam Werbung betrieben werden?
   c) An Bauwillige sendet die Fertighausfirma Werbebriefe mit dem notwendigen Informationsmaterial. Fassen Sie einen solchen Werbebrief ab. Beachten Sie: Die Werbegrundsätze (vgl. Aufgabe 3) müssen berücksichtigt werden. Hervorzuheben sind vor allem die technischen und Wohneigenschaften des Bauprogramms sowie die Zuverlässigkeit des Lieferers. Der Briefstil soll anziehend sein, vielleicht auch den einen oder anderen Werbegag enthalten, aber nicht übertreiben.

d) Vor und nach der Durchführung des Werbefeldzugs wurden folgende Zahlen ermittelt:

	vor der Werbung EUR	nach der Werbung EUR
Werbekosten		2 540 000,00
Umsatz	127 000 000,00	167 000 000,00
Gesamtumsatz des Marktes	1 905 000 000,00	2 438 000 000,00
Produktionskosten	80 000 000,00	106 000 000,00
Vertriebskosten	20 000 000,00	24 000 000,00

- Errechnen Sie geeignete Kennzahlen zur Ermittlung des ökonomischen Werbeerfolgs.
- Beurteilen Sie die Zuverlässigkeit der ermittelten Kennzahlen.

e) In der Zeitschrift Bausparrevue wurde ein Preisausschreiben veranstaltet. Das Preisausschreiben brachte folgende Zahlen und Resultate: Auflage der Zeitschrift: 10 000 Exemplare; Teilnehmer am Preisausschreiben: 6000; Anfragen auf Grund des Preisausschreibens: 500; Haushalte mit positiven Stellungnahmen nach Vertreterbesuch: 100; Käufer von Häusern: 32.

Errechnen Sie geeignete Kennziffern zur Ermittlung des außerökonomischen Werbeerfolgs.

5. Die Werbung wendet sich oft an das Unterbewusstsein und versucht dort z. B. Wünsche, Bedürfnisse oder Ängste zu aktivieren. Es werden Bereiche wie Ansehen, Prestige, Sex, Männlichkeit, Weiblichkeit, Mut, Jugend, Schönheit, Modern-Sein, Versagen u. a. m. angesprochen.
   Beispiele für entsprechende Werbeaussagen:
   (1) „Weite Einsamkeit, harte Männer auf wilden Pferden. Dazu gehört die Pamir-Extra, herb im Geschmack, stark im Aroma. Eine Zigarette für Männer. Selbstverständlich ohne Filter (Nikotinarm im Rauch)."
   (2) „Warum schreit das Baby? Es hat doch alles, was es braucht! Frische Windeln und ein duftiges Bettchen! Halt, habe ich etwa Flora-Sanft im letzten Spülgang vergessen? Sollte ich wirklich eine so schlechte Mutter sein?"
   (3) „Jugend, Frische, Schönheit! Auch Ihr Mund wird begehrenswerter mit dem Frische-Schock von Super-Weiß, der Zahncreme mit dem atemberaubenden Sexappeal. Nehmen Sie nicht zu viel davon! Ihr eigener Mann könnte Sie wieder küssen wollen."
   (4) „Endlich ist er da, der Wagen mit den schwarzen Rallye-Streifen auf den Flanken, 150 PS stark, mit Rennfelgen, Gürtelreifen, Überrollbügel serienmäßig. Von diesem Wagen werden die meisten Autofahrer nur das Heck sehen."
   a) Welche Bereiche werden durch diese Werbetexte angesprochen?
   b) Formulieren Sie eine Kritik an dieser Art von Werbung.

6. An der Werbung wird oft Kritik geübt. Dabei werden z. B. folgende Argumente vorgetragen:
   a) **Der Kunde verlangt Waren, die er braucht. – Werbung kann zum Kauf von Waren führen, die man nicht braucht.**
   b) **Der Kunde verlangt sachliche Informationen. – Die Werbung kann Unwahrheiten verbreiten.**
   c) **Der Kunde verlangt preisgünstige Waren. – Werbung verteuert die Waren.**
   Erläutern Sie diese Argumente näher. Formulieren Sie andererseits Gegenargumente.

7. **Auch Maßnahmen der Verkaufsförderung haben werbenden Charakter. Ihre Zielrichtung ist jedoch verschieden.**
   a) Erläutern Sie, wodurch sich Verkaufsförderung und Werbung unterscheiden.
   b) Nennen Sie Maßnahmen der Verkaufsförderung, die über den Bereich der Werbung hinausgehen.

5 Distributionspolitik

Die besten Leistungen, die raffinierteste Werbung und die günstigsten Preise nützen nichts, wenn die Leistungen ihre Kunden und Verwender nicht erreichen.

Die Distributionspolitik[1] betrifft die betrieblichen Entscheidungen über die optionale Verteilungsorganisation für die Betriebsleistungen.

5.1 Absatzorganisation und Absatzsysteme

5.1.1 Überblick: Absatzorgane

Der Absatz (Vertrieb) der Produkte wird von Absatzorganen übernommen. Diese können zentral oder dezentral tätig werden. Je nach ihrer Bindung an den Betrieb unterscheidet man das werkseigene, das werksgebundene und das ausgegliederte Absatzsystem (Vertriebssystem, Distributionssystem).

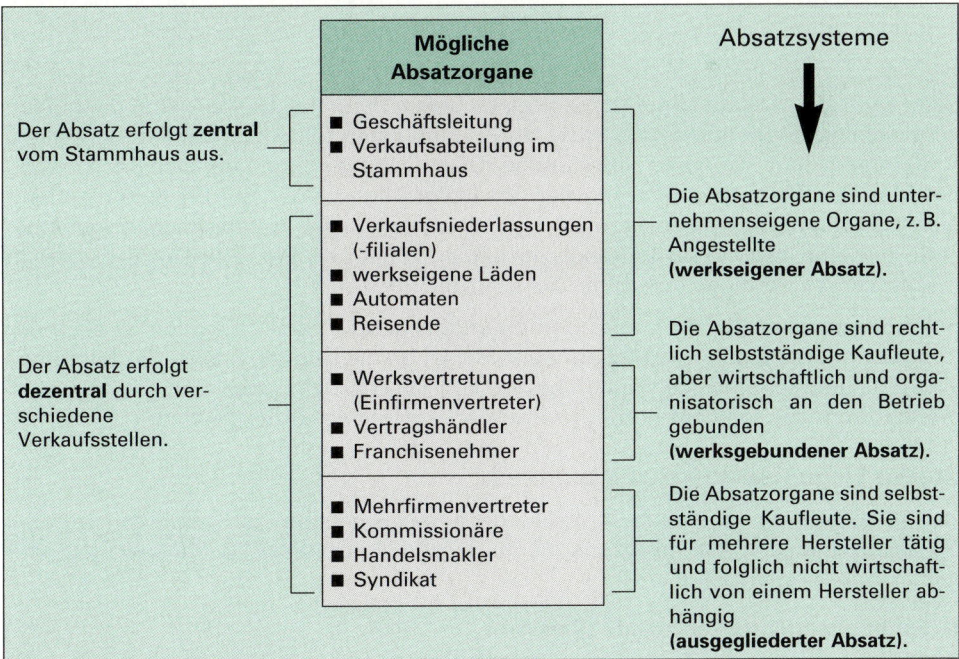

---
[1] (lat.) distribuere = verteilen

5.1.2 Werkseigener Absatz

Zentraler und dezentraler Absatz

Der werkseigene Absatz erfolgt durch die Geschäftsleitung oder durch Angestellte. Im letzteren Fall kann eine zentrale Verkaufsabteilung tätig werden oder die Kunden werden dezentral (von verschiedenen Orten aus) durch Verkaufsniederlassungen, eigene Läden oder Reisende bedient. Auch Verkaufsautomaten sind möglich.

Die Geschäftsleitung verkauft in kleineren Betrieben; ansonsten bei Großaufträgen.

Zentraler Absatz	Dezentraler Absatz
Absatz von einer zentralen Verkaufsstelle aus. Die Verkaufsstelle kann sich am Produktionsort befinden oder ausgegliedert sein.	Absatz von mehreren Verkaufsstellen aus, die räumlich getrennt sind.

Beim **zentralen Absatz** benötigt man relativ wenig Personal. Deshalb sind die Kosten vergleichsweise niedrig. Auch Sach- und Raumkosten für Verkaufsstellen entfallen. Andererseits fehlt die Nähe zum Kunden. Dies erschwert eine intensive Bearbeitung des Marktes. Deshalb ist ein zentraler Absatz im Allgemeinen nur bei einem verhältnismäßig begrenzten Absatzgebiet angebracht. Auch eine umfangreiche Produktpalette, die eine besondere Behandlung der einzelnen Kundengruppen erforderlich macht, verhindert einen ausschließlich zentralen Absatz.

Beim **dezentralen Absatz** ist der Betrieb „näher am Kunden". Folglich ist auch der Kontakt enger. Besonders gilt dies, wenn Reisende die Kunden besuchen. Allerdings sind die Personal- und Sachkosten bei diesem System viel höher. Will man dies vermeiden, so muss man auf betriebsfremde Absatzorgane zurückgreifen.

Innere Organisation des Absatzes

Der Absatzbereich kann nach unterschiedlichen Gesichtspunkten gegliedert werden. Die Gliederung kann z. B. funktionsorientiert, produktorientiert, kundenorientiert oder gebietsorientiert erfolgen.

- **Funktionsorientierter Absatz (Vertrieb)**

  Die einzelnen Tätigkeiten werden so auf die Mitarbeiter aufgeteilt, dass jeder Mitarbeiter stets gleichartige Aufgaben erfüllt.

Beispiel:

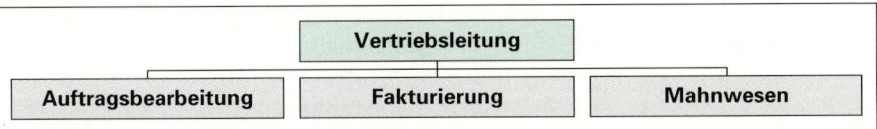

- **Produktorientierter Absatz (Vetrieb)**
  Bei einer großen Vielfalt von Erzeugnissen ist der Absatzbereich oft nach Erzeugnisgruppen gegliedert.

  Beispiel:

  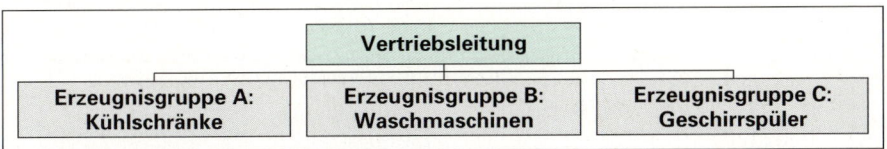

- **Kundenorientierter Absatz (Vertrieb)**
  Sind besondere Kenntnisse (z. B. Rechtskenntnisse) für bestimmte Abnehmergruppen notwendig, so empfiehlt sich oft eine Gliederung des Absatzbereichs nach diesen Gruppen.

  Beispiel:

  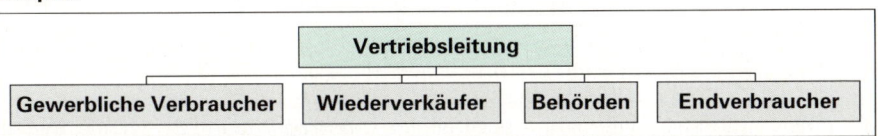

- **Gebietsorientierter Absatz (Vertrieb)**
  Bei einem weit verzweigten Absatzgebiet und unterschiedlichen Handelsgewohnheiten in diesen Gebieten (z. B. Ländern) ist oft die Gliederung des Absatzbereichs nach solchen Gebieten zweckmäßig.

  Beispiel:

  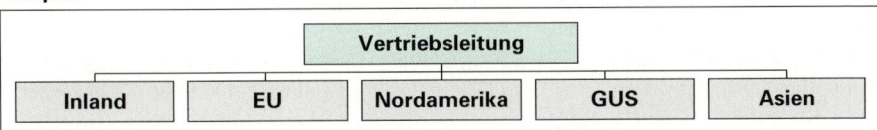

Handlungsreisender

> Die in Duisburg ansässige Haushaltselektro GmbH setzt für den Verkauf ihrer Produkte im Umkreis von 200 km neben ihrer zentralen Verkaufsabteilung und ihren fünf Verkaufsfilialen Reisende ein. Die Reisenden haben die Aufgabe, den persönlichen Kontakt mit den Kunden zu pflegen, alte Kunden zu besuchen, neue zu werben, ihre Kreditwürdigkeit zu überwachen, die Konkurrenz zu beobachten, Geschäfte zu vermitteln und Kaufverträge abzuschließen.

*Merke: Reisende sind Angestellte. Sie sind **nicht** selbstständig!*

Der *Reisende* ist ständig auf Grund seines Dienstvertrags damit beauftragt für seinen Dienstherrn Geschäfte zu vermitteln oder abzuschließen (HGB § 55).

Der Reisende hat die **Abschlussvollmacht**. Eine Bestätigung durch den Vertretenen ist nicht nötig. Die Vollmacht kann ihm allerdings durch ausdrückliche Erklärung der Geschäftsleitung genommen werden, etwa durch den Vermerk auf den Bestellformularen: „Die durch den Reisenden vermittelten Geschäfte bedürfen der Bestätigung durch die Geschäftsleitung".

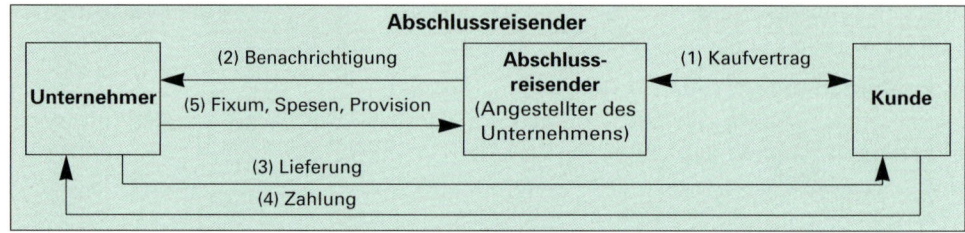

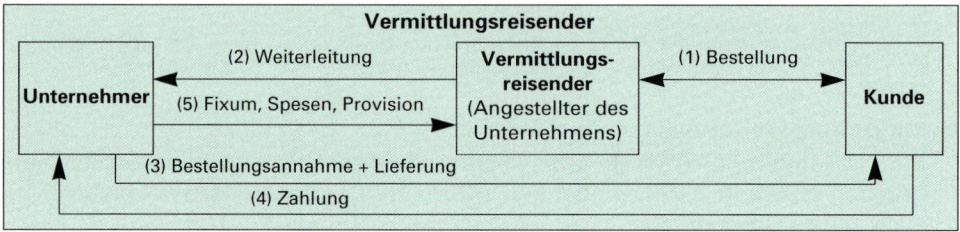

Die folgenden Beispiele zeigen weitere Einzelheiten.

Beispiele:

Reisender Klein unternimmt nach einem Kundenbesuch vier Wochen nichts mehr.	Vertragswidrig! Er hat die **Bemühungspflicht**: Er muss sich um Abschlüsse bemühen. Der Reiseplan wird ihm meist vorgeschrieben.
Die Haushaltselektro GmbH erfährt nichts von den abgeschlossenen Verträgen.	Vertragswidrig! Der Reisende hat die **Benachrichtigungspflicht**.
Klein teilt einem Reisenden einer anderen Firma beim Essen die genaue Kalkulation einer Küchenmaschine mit.	Vertragswidrig! Er hat die **Treue- und Verschwiegenheitspflicht**.
Klein arbeitet nebenbei noch für ein ähnliches Unternehmen.	Vertragswidrig! Er unterliegt wie jeder Angestellte dem **Wettbewerbsverbot**.
Ein Kunde erklärt, er wolle wegen eines Warenmangels einen Preisnachlass. Außerdem verlangt er eine längere Zahlungsfrist.	Der Reisende darf Mängelrügen und Erklärungen über die Zurverfügungstellung von Waren entgegennehmen. Er darf aber keine geschlossenen Verträge ändern, insbesondere keine Zahlungsfristen gewähren.
Herr Klein verlangt am Monatsende vom Arbeitgeber eine Provision und Ersatz seiner Auslagen.	Als Angestellter erhält der Reisende grundsätzlich ein Gehalt und Ersatz seiner Aufwendungen (Spesen). Oft wird das Gehalt (Fixum) niedrig angesetzt. Als Leistungsanreiz wird dann eine umsatzabhängige **Provision** gezahlt.
Ein Kunde will dem Reisenden eine fällige Rechnung bezahlen.	Zur Entgegennahme von Zahlungen benötigt der Reisende eine besondere **Inkassovollmacht**. Ihm steht dann eine zusätzliche Inkassoprovision zu.

Arbeitsaufgaben

1. **Der Absatzbereich kann nach unterschiedlichen Gesichtspunkten gegliedert werden.**
   a) Nach welchen Gesichtspunkten sind die Absatzabteilungen in folgenden (Teil-)Organigrammen gegliedert? Welches könnten die Gründe für die jeweilige Gliederung sein?

   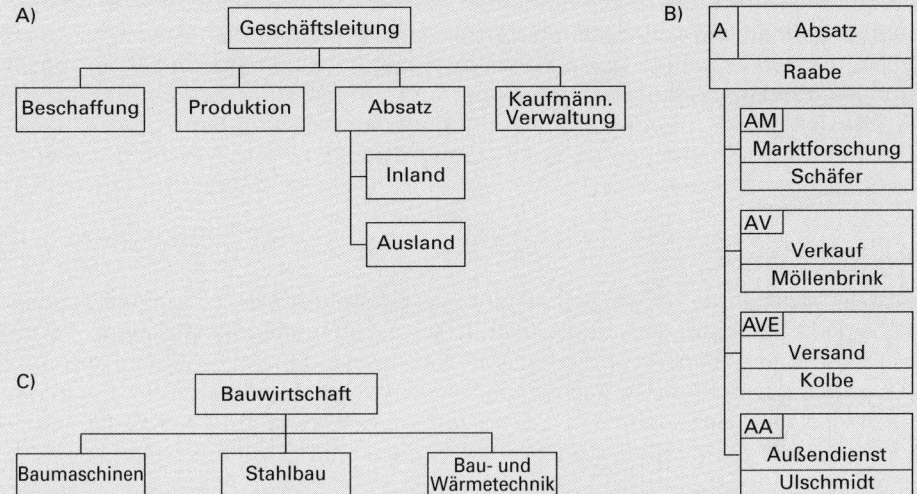

   b) Beschreiben Sie die Absatzorganisation in Ihrem Ausbildungsbetrieb und begründen Sie diese Organisation.

2. **Die Peter Oswald GmbH erzeugt und vertreibt elektronische Steueranlagen für den Werkzeug- und Gerätebau sowie für Großkühlanlagen. Der Vertrieb ist wie folgt gegliedert:**

   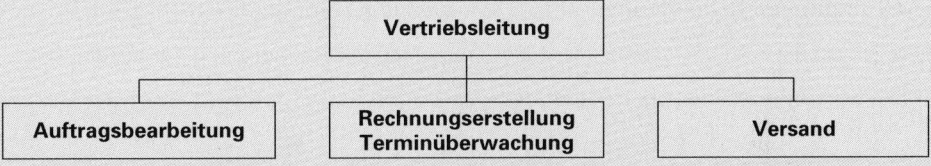

   Neuerdings wird der ausländische Markt immer wichtiger. Dabei treten vor allem Probleme mit dem direkten Kontakt zum Kunden auf, ferner ergeben sich Schwierigkeiten mit der Abwicklung der Exporte. Die Vertriebsabteilung soll deshalb neu organisiert werden.
   a) Wie würden Sie die Vertriebsabteilung bei zentralem Absatzprinzip neu organisieren?
   b) Wie würden Sie eine dezentrale Vertriebsorganisation aufbauen?

3. **Ein Reisender soll neu eingestellt werden. Es meldet sich Herr Patt, dem man bezüglich seiner Bezüge folgende Vorschläge macht:**
   (1) Ein Fixum von 1 000,00 EUR pro Monat zuzüglich 5% Provision vom jeweiligen Zielverkaufspreis.
   (2) Ein Fixum von 500,00 EUR pro Monat zuzüglich 8% vom jeweiligen Zielverkaufspreis.
   a) Von welchem Monatsumsatz an steht sich Herr Patt bei Vorschlag 2 günstiger?
   b) Herr Patt bringt es im Laufe der Zeit auf einen Monatsumsatz von durchschnittlich 50 000,00 EUR. Da überlegt sein Arbeitgeber, ob es nicht kostengünstiger wäre, ihn durch einen selbstständigen Handelsvertreter zu ersetzen, dem man nur 11% Provision zahlen müsste.
   (Beachten Sie, dass Herr Patt im Monat noch etwa 1200,00 EUR Spesen erhält und Personalnebenkosten von 2300,00 EUR verursacht.)
   c) Zählen Sie Vorteile auf, die der Betrieb auf jeden Fall hat, wenn er keinen Handelsvertreter, sondern einen Reisenden einsetzt.

5.1.3 Werksgebundener Absatz

Um die hohen Kosten eines werkseigenen Vertriebssystems zu vermeiden, bedient man sich häufig selbstständiger Kaufleute, die als Werksvertretungen (Einfirmenvertreter), Vertragshändler oder Franchisenehmer tätig werden. Sie sind wirtschaftlich und organisatorisch eng gebunden. Der Hersteller kann ihnen nämlich je nach dem mit ihnen abgeschlossenen Vertrag auch weitgehende Vorschriften machen, etwa im Hinblick auf die Gewährung von Rabatten, Zahlungs- und Lieferungsbedingungen und auf die Preissetzung, in der Zusammensetzung des Sortiments und der Größe des Lagers, in der Unterhaltung eines Kunden- und Reparaturdienstes usw. Die Verkaufsorgane tragen als selbstständige Kaufleute ihre Geschäftskosten selbst, verursachen aber andererseits hohe umsatzabhängige Kosten in Form von Provisionen.

Vertragshändler

Der Vertragshändler ist ein selbstständiger Kaufmann, der in eigenem Namen und für eigene Rechnung ein- und verkauft. Er ist durch einen langfristigen Vertrag an den Hersteller gebunden und erhält von diesem in der Regel das Alleinvertriebsrecht für seinen Bezirk. Weitere Rechte können sein: Recht auf Überlassung von Mustern und Ausstellungsstücken, Übernahme von Werbemaßnahmen durch den Hersteller, weitgehender Kundendienst und Reparaturdienst durch den Hersteller.

Dafür unterliegt der Vertragshändler weit reichenden **Bindungen**:
- der Sortimentsbindung,
- der Vertriebsbindung,
- Bindungen im Hinblick auf die Verkaufsmenge (Mindestverkaufsmengen),
- Bindungen bei der Lagerhaltung (Mindestlagermengen).

Beispiel: Opel-Vertragshändler (übernimmt jedoch Reparatur- und Kundendienst)

Die **Sortimentsbindung** schreibt dem Vertragshändler den Aufbau seines Sortiments vor.

Beispiele:
- Komplementärgüter anderer Hersteller sollen in das Sortiment aufgenommen werden. (Komplementärgüter sind solche, die sich gegenseitig ergänzen. Die Nachfrage nach einem Gut steigert folglich die Nachfrage nach dem anderen.)
z. B. Gartenstühle und Sonnenschirm
- Substitutionsgüter anderer Hersteller dürfen nicht aufgenommen werden. (Substitutionsgüter sind solche, die sich gegenseitig ersetzen können und folglich sich gegenseitig im Absatz behindern.)
z. B. Handrasenmäher, Motorrasenmäher; Butter, Margarine

Häufig dürfen nur die Waren des einen Herstellers geführt werden.

Die **Vertriebsbindung** schreibt dem Vertragshändler vor, welche Kunden er beliefern darf.

Beispiele:
- Vertrieb nur an Weiterverkäufer, nicht an Endverbraucher
- Vertrieb nur an Fachgeschäfte oder Warenhäuser mit Fachabteilungen
- Vertrieb nicht an Verbrauchermärkte, Discountgeschäfte, andere Billigpreisgeschäfte, Versandgeschäfte

Auf diese Weise betreibt der Hersteller Imagepflege seines Produktes. Dieses erscheint dem Kunden als Markenartikel mit einem bestimmten Qualitätsniveau. Dementsprechend kann der Hersteller auch bestimmte Preisvorstellungen durchsetzen.

Werksvertretung

Der Hersteller darf einem selbstständigen Händler nicht seinen Weiterverkaufspreis vorschreiben (Verbot der sog. „vertikalen Preisbindung" durch das Gesetz gegen Wettbewerbsbeschränkungen). Deswegen lassen viele Hersteller lieber selbstständige Handelsvertreter vertraglich für sich tätig werden. Wie der Name schon sagt, vertreten sie den Hersteller nur: Sie haben die Vollmacht, seine Waren für ihn zu verkaufen. Dafür erhalten sie eine Provision. Der Werksvertreter ist an die Weisungen des Herstellers gebunden. Von einer Werksvertretung spricht man, wenn im Vertretungsvertrag bestimmt ist, dass der Handelsvertreter keine andere Unternehmung vertreten darf (sog. Einfirmenvertreter).

Bei nur kleinen Umsätzen ist eine Einfirmenvertretung natürlich wirtschaftlich sinnlos.

■ **Beispiel:** Daimler-Benz Werksvertretungen

Franchising[1]

Das Franchising beruht auf einem Vertrag zwischen einem Franchisegeber und einem Franchisenehmer.

Der **Franchisegeber**

- besitzt eine Firma, einen Handelsnamen, ein Wortzeichen oder ein Symbol (eventuell eine Marke) für einen Produktions-, Handels- oder Dienstleistungsbetrieb sowie Erfahrungswissen (Know-how);
- verfügt über eine Produktgruppe oder eine bestimmte Art von Dienstleistungen sowie eine originelle Geschäftskonzeption. Diese Konzeption beruht auf eigentümlichen und erprobten geschäftlichen Techniken, die laufend weiterentwickelt und auf ihre Wirksamkeit hin geprüft werden;
- erteilt dem Franchisenehmer die Lizenz, die genannten Produkte bzw. Dienstleistungen rechtlich selbstständig herzustellen und/oder zu vertreiben, die Symbole usw. zu benutzen sowie die Geschäftskonzeption und das Know-how zu übernehmen;
- unterstützt den Franchisenehmer durch ein Paket von Serviceleistungen. Dieses Paket kann z. B. umfassen: Übernahme von Investitionsplanung, Standortauswahl, Personalwerbung, -schulung und -fortbildung, Einkaufsvermittlung, Qualitätsüberwachung beim Einkauf, Produktentwicklung, Publicrelations, Marktforschung, Werbung und Verkaufsförderung (z. B. Lieferung von Verkaufshilfen und Werbemitteln), Buchhaltung und kurzfristiger Erfolgsrechnung;
- kann dem Franchisenehmer gegebenenfalls Gebietsschutz erteilen.

Der **Franchisenehmer** verpflichtet sich,

- die genannten Leistungen des Franchisegebers zu übernehmen, Geheimnisse zu wahren und vertraglich vereinbarte Anweisungen (z. B. bezüglich Geschäftseinrichtung und Fortbildung) zu befolgen;
- zur Zahlung
  - einer einmaligen Eintrittsgebühr,
  - einer laufenden Gebühr, die meist vom Umsatz berechnet wird,
  - von Werbegebühren;
- ■ Kontrollen des Franchisegebers zuzulassen.

---

[1] „Franchise" stammt aus dem Französischen und bedeutet ursprünglich ein hoheitliches Privileg, das Kaufleuten und Handwerkern gegen Zahlung von Gebühren das Recht einräumte gewisse Tätigkeiten auszuüben (z. B. Messen zu veranstalten).

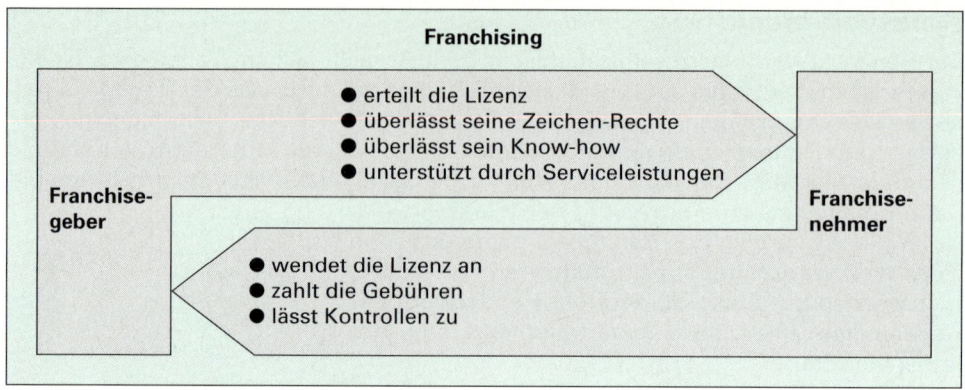

5.1.4 Ausgegliederter Absatz

Ausgegliederter Vertrieb liegt vor, wenn der Hersteller den Absatz seiner Produkte auf rechtlich und wirtschaftlich selbstständige Unternehmen überträgt.

Syndikat

Ein Syndikat liegt vor, wenn mehrere Firmen eine gemeinsame Verkaufsgesellschaft gründen, die die Kundenaufträge entgegennimmt und nach einem vereinbarten Schlüssel an die Unternehmen weiterleitet. Auch die Zahlung erfolgt an das Syndikat. Auf diese Weise wird der Absatz kostengünstiger zentralisiert. Die Produktionsbetriebe können sich ihrer ureigenen Aufgabe, der Herstellung, widmen. Hinzu kommt eine wichtige Finanzierungsfunktion. Das Syndikat kann die Bestellungen jeweils zwischenfinanzieren oder beschleunigt abwickeln.

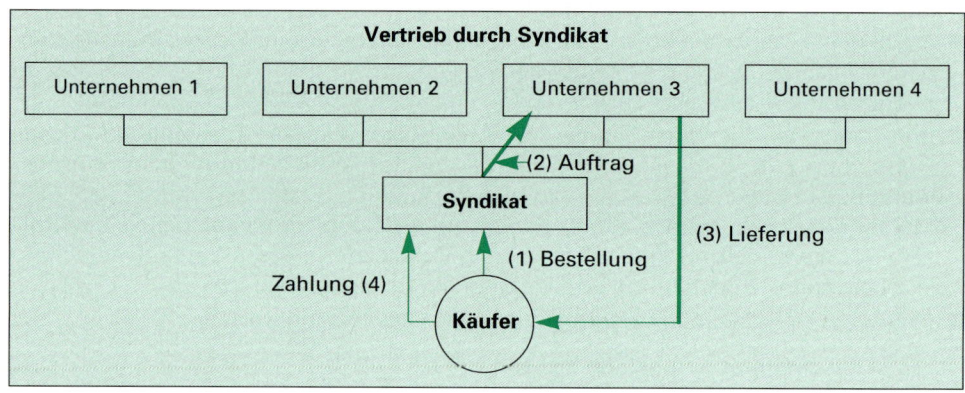

Handelsvertreter

Die Haushaltselektro GmbH hat sich bisher auf Norddeutschland konzentriert. Sie will nun in Süddeutschland Fuß fassen. Die Einrichtung von Verkaufsbüros ist zunächst zu teuer; auch Reisende bringen fixe Kosten und sind außerdem nicht ortskundig. Man sucht ein Verkaufsbüro, das seine Kosten selbst trägt, ortsansässig und ortskundig ist und nur für zu Stande gekommene Verträge bezahlt wird. In einem solchen Fall kann man einen Handelsvertreter engagieren.

Der Handelsvertreter ist als selbstständiger Gewerbetreibender ständig damit betraut, für einen anderen Unternehmer Geschäfte zu vermitteln oder in dessen Namen abzuschließen (HGB § 84).

Der **Handelsvertreter** wird auf Grund eines Agenturvertrags (Vertretervertrags) tätig. Er kann als Selbstständiger seine Tätigkeit frei gestalten und seine Arbeitszeit selbst bestimmen. Je nach Abschluss- oder Vermittlungsvollmacht unterscheidet man Abschluss- und Vermittlungsvertreter.

Man sagt: Der HV arbeitet in fremdem Namen und für fremde Rechnung.

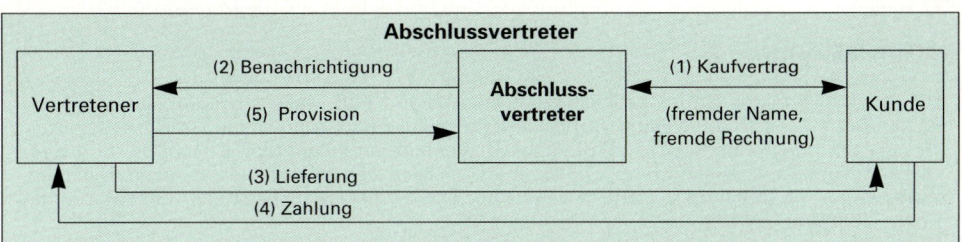

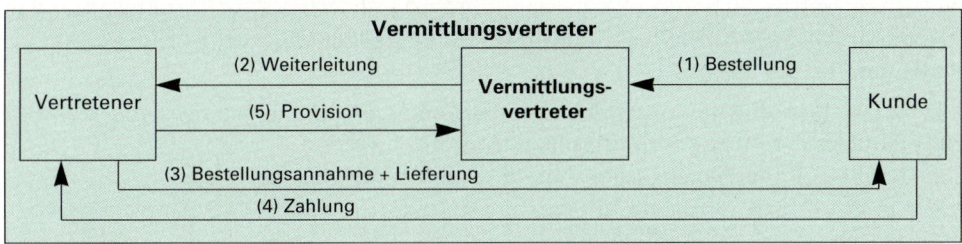

Der Handelsvertreter hat grundsätzlich die gleiche Tätigkeit wie der Reisende, mit den gleichen Rechten und Pflichten. Aus den folgenden Beispielen können Abweichungen und Zusätze erkannt werden.

Beispiele:

Der Vertreter möchte auch für andere Firmen tätig sein.	Das Wettbewerbsverbot gilt nur für den Fall, dass durch Vertretung von Konkurrenzfirmen das Interesse des Unternehmens leiden würde. Es gibt neben dem Einfirmenvertreter also auch **Mehrfirmenvertreter**.
Ein Kunde wünscht ein Muster von der zu bestellenden Ware.	Der Vertreter hat ein Recht auf **Überlassung von Unterlagen** für seine Tätigkeit.
Was erhält der Vertreter für seine Tätigkeit?	Er erhält lediglich eine **Provision**. Diese ist allerdings höher als beim Reisenden, weil sie alle Kosten decken muss.
Der Vertreter hat ein Geschäft abgeschlossen. Einen Monat später tätigt der Kunde eine Nachbestellung direkt bei der Firma.	Der Vertreter erhält auch hier die Provision. Er hat den Kunden geworben. Er hat auch ein **Recht auf Benachrichtigung** im Hinblick auf Annahme, Abänderung, Ablehnung aller vermittelten Geschäfte. Der **Bezirksvertreter** erhält sogar Provision für alle Geschäfte, die ohne sein Mitwirken in seinem Bezirk zu Stande gekommen sind.
Die Lieferfirma kennt viele der geworbenen Kunden nicht. Sie weiß nicht, ob sie kreditwürdig sind. Wenn sie aber kein Zahlungsziel einräumt, müsste sie auf manches Geschäft verzichten.	Der Vertreter erklärt sich bereit, die Haftung für den Zahlungseingang zu übernehmen. Als Entschädigung erhält er eine besondere **Haftungsprovision (Delkredereprovision)**.

Das Vertragsverhältnis zwischen dem Vertreter und seiner vertretenden Firma wird in beiderseitigem Einverständnis gelöst oder vom Unternehmer gekündigt. Die Firma hat jedoch durch die vom Vertreter geworbenen Kunden noch erhebliche Vorteile.	Der Vertreter erhält **nach dem Ausscheiden noch Provision** für alle Geschäfte, an deren Zustandekommen er nachhaltig mitgewirkt hat. Außerdem erhält er eine Abfindung (**Ausgleichsanspruch**) bis zur Höhe einer Jahresprovision aus dem Durchschnitt der letzten fünf Jahre.

Kommissionär

Die Haushaltselektro GmbH möchte auch im Ausland Fuß fassen. Niederlassungen und Reisende sind mit festen Kosten verbunden, ohne dass ein Erfolg sicher ist; Handelsvertreter arbeiten im Namen der Firma, die aber im Ausland unbekannt ist. Geschäfte mit Unbekannten, zumal mit Ausländern, schließt man – wegen der meist etwas anderen Rechtsbestimmungen im Ausland – nicht so leicht ab. Die Firma entschließt sich deshalb, einen Geschäftsfreund als Kommissionär einzusetzen.

Kommissionär ist, wer es gewerbsmäßig übernimmt, Waren oder Wertpapiere für Rechnung eines anderen (des Kommittenten) in eigenem Namen zu kaufen oder zu verkaufen (HGB § 383).

Es gibt also **Einkaufs- und Verkaufskommissionäre**. Sie können ständig oder von Fall zu Fall auf Grund ihres Kommissionsvertrags tätig werden.

Das folgende Schaubild zeigt den **Ablauf einer Verkaufskommission**:

Ablauf einer Verkaufskommission

Auftraggeber → (1) Waren → Verkaufskommissionär → (2) Kaufvertrag ↔ Kunde
Verkaufskommissionär → (3) Lieferung → Kunde
Kunde → (4) Bezahlung → Verkaufskommissionär
Verkaufskommissionär → (5) Abrechnung → Auftraggeber

(1) Der Auftraggeber (Kommittent) stellt dem Kommissionär Waren zur Verfügung. Diese bleiben Eigentum des Auftraggebers. (Erst mit der Eigentumsübertragung an einen Dritten verliert der Kommittent sein Eigentumsrecht.) Häufig richtet der Auftraggeber dem Kommissionär ein so genanntes **Konsignationslager** ein. Er übernimmt die Kosten für die Lagerung und alle anderen Aufwendungen (Maklergebühren, Zölle, Fracht, Vergütung für die Benutzung der eigenen Lagerräume und Beförderungsmittel).
(2) Der Kommissionär schließt **in eigenem Namen** mit dem Kunden Geschäfte ab. Er hat Abschlussvollmacht. Aber er hat auch eine Gehorsamspflicht. Er muss Weisungen des Auftraggebers befolgen, insbesondere in Bezug auf die Preise. Preisvorteile bei Verkauf über dem vorgeschriebenen Preis stehen dem Kommittenten zu.

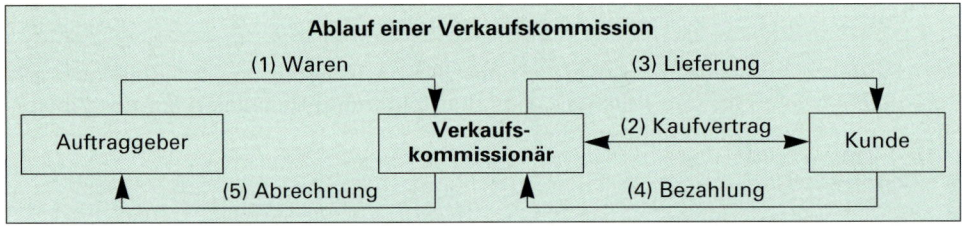

Gegenüber dem Kunden gilt der Kommissionär rechtlich als Verkäufer!!

(3) Der Kommissionär beliefert den Kunden und erfüllt damit den Kaufvertrag. Er hat dabei die Sorgfaltspflicht eines ordentlichen Kaufmanns und muss die Interessen des Auftraggebers wahren. Er trägt auch die Verantwortung für Verlust und Beschädigung des Kommissionsgutes in seinem Besitz.
(4) Der Kunde zahlt an den Kommissionär und erfüllt damit den Kaufvertrag.
(5) Der Kommissionär muss dem Kommittenten unverzüglich die Ausführung einer Kommission anzeigen. Sonst haftet er selbst für die Erfüllung der Geschäfte (Anzeigepflicht). Er muss dem Auftraggeber die **Kommissionsabrechnung** mit Belegen vorlegen und die eingegangenen Rechnungsbeträge überweisen. In der Praxis erfolgt dies bei ständiger Kommission oft halbjährlich. Die verdiente Provision und seine Kosten zieht der Kommissionär ab.

Wenn der Kommissionär die Haftung für den Zahlungseingang übernimmt, erhält auch er eine **Delkredereprovision**.

Der Verkaufskommissionär kann die Waren auch für sich selbst kaufen, der Einkaufskommissionär kann sie (wenn sie einen Börsen- oder Marktpreis haben) aus eigenen Beständen liefern. Er hat das **Selbsteintrittsrecht**.

Zur Sicherung seiner Forderungen hat der Kommissionär ein gesetzliches **Pfandrecht** am Kommissionsgut, solange er es noch im Besitz hat oder durch Lagerschein, Ladeschein oder Konnossement darüber verfügen kann.

Die **Vorteile** des Verkaufs durch Kommissionäre sind
- **für den Kommittenten:**
  Der Kommissionär kennt das Absatzgebiet, die Kaufgewohnheiten der Kunden und ihre wirtschaftlichen Verhältnisse. Er stellt dem Auftraggeber eine fertige Verkaufsorganisation zur Verfügung. Dafür verursacht er vergleichsweise niedrige Kosten.
- **für den Kommissionär:**
  Er kann sein Sortiment ohne Absatzrisiko vergrößern, da er nicht verkaufen *muss*. Die Kosten trägt der Kommittent. Da oft eine halbjährliche Abrechnung mit dem Auftraggeber stattfindet, verwaltet er in der Zwischenzeit große Summen, die ihm manchmal zinslos oder zinsgünstig zur Verfügung stehen.

Handelsmakler

Wer gewerbsmäßig für andere Personen, ohne von ihnen auf Grund eines Vertragsverhältnisses ständig damit beauftragt zu sein, die Vermittlung von Verträgen über Anschaffung oder Veräußerung von Waren oder Wertpapieren, über Versicherungen, Güterbeförderungen, Schiffsmiete oder sonstige Gegenstände des Handelsverkehrs übernimmt, hat die Rechte und Pflichten eines Handelsmaklers (HGB § 93).

Handelsmakler vermitteln also in fremdem Namen und für fremde Rechnung.

- **Warenmakler** vermitteln den An- und Verkauf von Waren,
- **Versicherungsmakler** vermitteln Versicherungen,
- **Befrachtungsmakler** vermitteln Charterungen von Seeschiffen,
- **Schiffsmakler** vermitteln Laderaum in der Binnenschifffahrt[1],
- **Effektenmakler** vermitteln den An- und Verkauf von Wertpapieren an der Börse als freie Makler und als amtliche Kursmakler.

Die Vermittlungstätigkeit besteht darin vertragswillige Partner, die sich sonst wahrscheinlich schwerlich finden würden und sich deshalb beim Makler melden, zusammenzuführen. Den Anspruch auf seine **Maklergebühr** (Courtage) erwirbt der Handelsmakler erst nach Abschluss des Geschäfts durch die Vertragspartner. Mangels anderer Abmachung ist sie von beiden Partnern zur Hälfte zu tragen. (Bei Versicherungsmaklern trägt sie stets der Versicherer.)

Der Makler hat folgende Pflichten:
- Wahrung der Interessen **beider** Partner (Neutralität),
- Ausstellen einer Schlussnote über den Vertragsabschluss für jede Partei,
- Führung eines Tagebuchs für die Eintragung aller abgeschlossenen Geschäfte in zeitlicher Reihenfolge,
- Auskunftspflicht aus dem Tagebuch,
- Haftpflicht gegenüber den Parteien für verschuldete Schäden.

---

[1] In der Seeschifffahrt sind die sog. „Schiffsmakler" hingegen in aller Regel Linienagenten, d. h. selbstständige Handelsvertreter einer Reederei mit Abschluss- und Inkassovollmacht. Gelegentlich gilt dies auch für die Binnenschifffahrt.

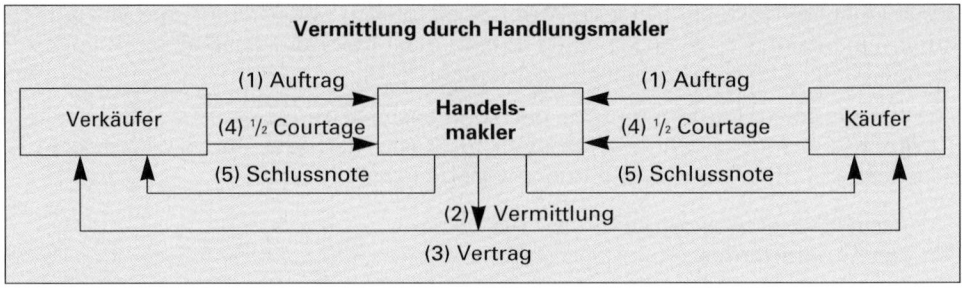

Anmerkung:
Alle anderen Makler, z. B. Haus- und Grundstücks-(Immobilien-) und Hypothekenmakler, Kredit-, Wohnungs-, Heirats- und Konzertvermittler, sind **Zivilmakler**. Sie werden nach den Bestimmungen von BGB §§ 652 ff. tätig und erhalten ihre Provision nur von ihrem Auftraggeber.

Arbeitsaufgaben

1. Der Vertrieb von Waren kann erfolgen
   - durch werkseigene, werksgebundene oder ausgegliederte Vertriebssysteme;
   - zentral oder dezentral.
   a) Welchen dieser Vertriebsformen sind die folgenden Absatzorgane zuzuordnen?
      (1) Verkaufsfiliale (2) Kommissionär (3) Werksvertretung
      (4) Mehrfirmenvertreter (5) Verkaufsabteilung (6) Franchisenehmer
      (7) Handlungsreisender (8) Verkaufsniederlassung (9) Vertragshändler
   b) Welche Vorteile und welche Nachteile hat ein zentraler Vertrieb?
   c) Welche Nachteile des zentralen Vertriebs werden durch ein dezentrales werkseigenes Vertriebssystem beseitigt?
      Welche Nachteile entstehen andererseits?
   d) Welche Vorteile bringt ein werksgebundenes Vertriebssystem?
   e) Wann ist ein ausgegliederter Vertrieb unumgänglich?
   f) Erläutern Sie wesentliche Unterschiede zwischen den beim werksgebundenen Vertriebssystem möglichen Absatzorganen (Werksvertretung, Vertragshändler, Franchisenehmer).

2. Elektrogeräte werden in aller Regel von den Herstellern über den Groß- und Einzelhandel abgesetzt. Ein bekannter deutscher Staubsaugerhersteller allerdings vertreibt seine Geräte durch eigene Angestellte direkt an der Haustür.
   a) Nennen Sie Argumente für die beiden entgegengesetzten Vertriebsformen.
   b) Welche Absatzorgane lassen sich beim Absatz an den Handel vorteilhaft einsetzen?
   c) Warum ist ein werksgebundenes Absatzsystem für die oben genannten Hersteller nicht empfehlenswert?

3. Das Franchisesystem wird gern als eine optimale Möglichkeit für unternehmungsfreudige Personen angesehen, die sich selbstständig machen wollen und über das notwendige Mindeststartkapital verfügen.
   a) Welche Nachteile bringt ein Gewerbe auf Franchisebasis zwangsläufig mit sich?
   b) Durch welche Vorteile werden diese Nachteile für einen Nachwuchsunternehmer mehr als aufgewogen?

4. Ein mittelständischer Hersteller von Wasserpumpen, ansässig in Bielefeld, vertreibt seine Produkte innerhalb Deutschlands durch seine Verkaufsabteilung. Im Radius von 300 km werden Reisende zur Förderung des Absatzes eingesetzt. Abnehmer sind der örtliche Großhandel, der die Geräte an Installateure weiterverkauft, und teilweise auch die Installateure selbst.
   Auf Grund von Marktuntersuchungen sieht die Unternehmung Chancen, den Absatz in Süddeutschland und in einigen EU-Ländern erheblich auszuweiten. Sie denkt dabei teils an den Einsatz von Handelsvertretern, teils an Kommissionäre.
   a) Warum lässt man die neuen Absatzgebiete nicht auch durch Reisende bearbeiten?
   b) Für Süddeutschland denkt man an Handelsvertreter, für das Ausland an Kommissionäre. Begründen Sie diese Entscheidung.

c) Oft werden Großhändler als Handelsvertreter oder als Kommissionäre für Fertigungsbetriebe tätig. Welche Vorteile bieten diese Beziehungen den Vertragspartnern?
d) Durch den Einsatz von Handelsvertretern und Kommissionären verliert der Fertigungsbetrieb an Einfluss auf den Kunden. Erläutern Sie dies genauer und geben Sie verbleibende Einflussmöglichkeiten an.
e) Wer trägt den Schaden, wenn der Kunde beim Verkauf durch Handelsvertreter oder Kommissionäre seiner Zahlungspflicht nicht nachkommt? Kann er das Risiko abwälzen?

5. **Ein Betrieb hat die Wahl zwischen dem Einsatz eines Reisenden und eines Handelsvertreters. Die Kosten verhalten sich wie folgt:**
Reisender: 800,00 EUR Gehalt, 6 % Provision vom Umsatz
Handelsvertreter: 8 % Provision vom Umsatz
Von welchem Umsatz an wird der Einsatz des Reisenden günstiger als der des Handelsvertreters?

5.2   Absatzwege

- Ein Schuhhersteller bemüht sich um die Produktion qualitativ hochwertiger Markenartikel. Er hat grundsätzlich die Wahl, seine Schuhe durch ein weit verzweigtes Netz eigener Läden oder über den Schuhgroß- und -einzelhandel an den Verbraucher zu verkaufen.
- Als alteingesessenes, finanzstarkes Unternehmen könnte dieser Hersteller durchaus im Laufe der Zeit eine starke Filialkette aufbauen. Er nimmt damit bewusst hohe fixe Kosten für Personal, Lager, Transporteinrichtungen in Kauf. Diese Kosten könnten durch ein ausgeklügeltes Belieferungssystem und durch die Einsparung hoher Rabatte für Groß- und Einzelhändler mehr als ausgeglichen werden. Außerdem kann der Hersteller seinen Absatzorganen sämtliche Aktivitäten vorschreiben: die Art der Werbung, der Raumgestaltung, des Sortimentaufbaus, des Personaleinsatzes sowie der Preisgestaltung und Lieferungsbedingungen. Durch Marktforschung kann er die Kundenwünsche erspüren und seine Läden zu entsprechenden Maßnahmen veranlassen. So geht der direkte Kontakt zum Kunden nicht verloren. Der Kunde kann am leichtesten im Sinn der Betriebsziele beeinflusst werden. Durch ein im ganzen Land gleichartiges, gut sortiertes Warenangebot und gleiche Preise erhält der Kunde den Eindruck von immer gleich bleibender Qualität und Gediegenheit.
- Ein anderer Hersteller von Qualitätsschuhwerk könnte den Verkauf durch Fachgeschäfte vorziehen. Er verliert damit die oben angeführten Einflussmöglichkeiten, muss aber auch nicht die hohen Kosten des direkten Vertriebs tragen. Ausgewählte Großhändler nehmen ihm diese Kosten ab. Durch langfristige Vorausbestellungen großer Mengen ermöglichen sie es ihm, seinen Produktionsplan langfristig aufzustellen und seine Kapazitäten gleichmäßig auszulasten. Auch die Lagerung übernimmt der Großhändler. Er leitet die Waren weiter, übernimmt teilweise Werbeaufgaben und gewährt den Einzelhändlern Kredite. Die Einzelhändler nehmen die Artikel in ihr Sortiment auf, runden das Sortiment nach allen Seiten mit den Artikeln anderer Hersteller ab, sodass eine größere Anziehungskraft entsteht.
- Ein dritter Hersteller stellt billigere Schuhe von geringerer Qualität her. Er vertreibt sie über Discount- und Versandgeschäfte, Supermärkte und Warenhäuser, weil er hier den preisbewussten Durchschnittskäufer findet. Fachgeschäfte berücksichtigen ihn höchstens im Rahmen von Sonderangeboten.

Direkter Absatzweg bedeutet: Der Hersteller vertreibt Leistungen an den Verbraucher/Verwender ohne selbstständige Absatzorgane und Handelsbetriebe einzuschalten. – Indirekter Absatzweg bedeutet: Der Hersteller vertreibt seine Leistungen über selbstständige Absatzorgane und/oder Handelsbetriebe.

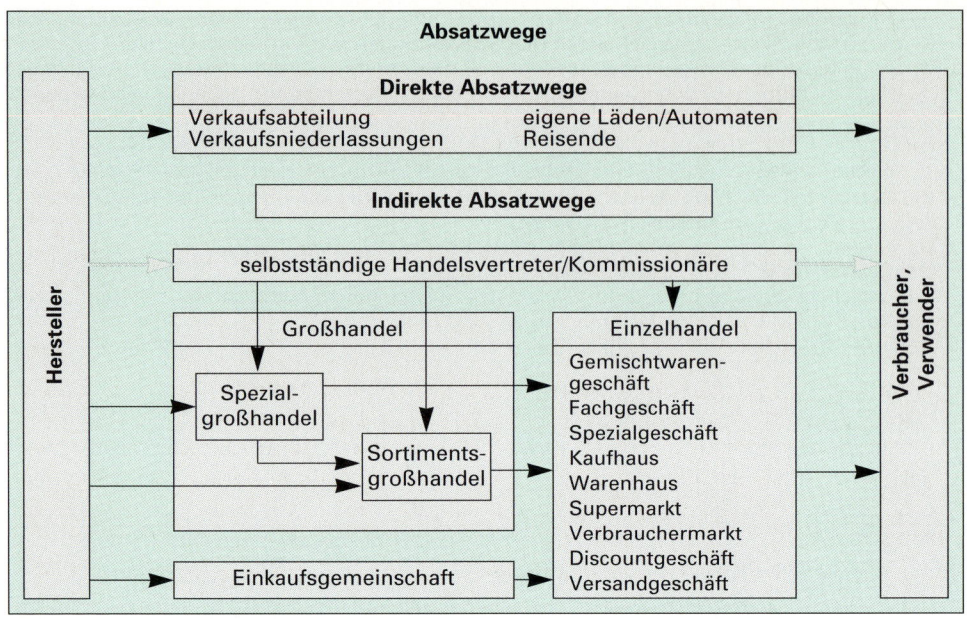

Vor- und Nachteile des direkten und indirekten Absatzes	
Vorteile des direkten Absatzes (= Nachteile des indirekten Absatzes)	**Nachteile des direkten Absatzes** (= Vorteile des indirekten Absatzes)
• unmittelbarer Kundenkontakt = unmittelbare Beeinflussung der Kunden • schnelle Reaktion auf Kundenwünsche • schnelle Belieferung der Kunden • schneller Kundendienst • Einsparung der Händlerkosten und -gewinne • direkter Einfluss auf alle Aktivitäten der Absatzorgane (Sortimentsgestaltung, Konditionen, Preise, Raumgestaltung, Werbung usw.)	• gegliederte und kostenintensive Absatzorganisation • hohe Kosten für Lagerung und Transport (mit hoher Kapitalbindung) • mangelhafte Anpassung an Nachfrageänderungen (Handel bildet auf Grund von Großbestellungen Puffer)

Der Hersteller wählt den optimalen Absatzweg unter Berücksichtigung der Kosten und der Absatzchancen aus. Die Eigenschaften des Produktes und die Besonderheiten des Absatzmarktes sind dabei zu berücksichtigen.

- Hochwertige Investitionsgüter (maschinelle Anlagen, Schiffe usw.) werden stets direkt abgesetzt. In aller Regel werden sie überhaupt erst im Kundenauftrag gefertigt. Der direkte Kontakt zum Kunden ist unerlässlich.

- Je mehr eine Ware den Charakter eines Konsumgutes hat, je weniger beratungsbedürftig sie ist, je geringer ihr Wert ist, desto eher bietet sich der indirekte Absatz an. Eine eindeutige Regel lässt sich jedoch nicht aufstellen. So werden Autos über werkseigene und werksgebundene Vertriebssysteme abgesetzt, teure Pelze dagegen über den Fachhandel. Die Größe und Finanzkraft der Betriebe sowie ihre Marktziele und die Größe ihres Absatzgebietes spielen hier eine bedeutende Rolle.

Der Handel hat typische Funktionen:
- **Raumüberbrückung** (Bereitstellung in der Nähe des Verbrauchers/Verwenders)
- **Zeitüberbrückung** (ausreichende Lagerhaltung)
- **Sortimentsbildung:**
  - **Mengenaufgabe** (Bereitstellung der benötigten Mengen)
  - **Qualitätsaufgabe** (Bereitstellung der richtigen Art, Qualität, Größe, Form, Farbe usw.)
- **Informationsaufgabe** (Kundenberatung)
- **Kreditaufgabe** (Gewährung von Zahlungszielen an den Käufer)

Handelsbetriebe sind auf diese Funktionen spezialisiert und können sie oft besser erfüllen als der Industriebetrieb. (Vgl. Seite 34)

Hersteller mit einer starken Marktstellung haben auch beim indirekten Absatz Einflussmöglichkeiten, besonders wenn der Artikel so bekannt ist, dass ohne ihn das Sortiment unvollständig wäre. Der Hersteller kann durch geschickte Gewährung von Rabatten und Boni das Geschäft ankurbeln, er kann mit den Händlern Verträge über die Größe der Verkaufsfläche, die Lagerhaltung und Zusammensetzung des Sortiments schließen (Sortimentsbindung). Auch eine Vertriebsbindung ist möglich.

Hinzu kommt das **Rackjobbing** (Regalmiete): Der Hersteller mietet Regale bzw. Verkaufsflächen im Geschäft an, füllt sie laufend mit seinen Sortimentswaren auf, zeichnet sie mit seinen Preisen aus und nimmt nicht verkaufte Ware wieder zurück. Das Einzelhandelsgeschäft verkauft die Ware für Rechnung und auf Gefahr des Herstellers und erhält eine Provision vom Umsatz. Großhändler betreiben ebenfalls Rackjobbing.

Ein ähnliches System ist der **Hersteller-Verkaufsstand**. Dabei erhält der Hersteller im Geschäft eine eigene Verkaufsfläche, wo er seine Waren auf eigene Rechnung und durch eigenes Personal verkauft. So entsteht ein kleiner Laden im großen Laden. Man spricht deshalb auch von „Shop in the Shop".

Die Marktform ist jedoch entscheidend für die Stärke der Beeinflussung. So tritt in der Praxis durchaus häufig der Fall auf, dass die Händler dem Produzenten ihre Bedingungen vorschreiben, weil sie große Mengen einkaufen und dabei die Hersteller gegeneinander ausspielen können. Eine solche Marktmacht haben oft

- Großversandhäuser (z. B. Quelle, Neckermann, Otto),
- Warenhäuser (z. B. Karstadt, Kaufhof),
- Verbrauchermärkte (z. B. Massa, Real),
- Einkaufsgenossenschaften (z. B. Rewe, Edeka),
- Großhändler, die sich mit einer Vielzahl von Einzelhändlern zu einer sog. „Kette" zusammengeschlossen haben (z. B. Spar).

Arbeitsaufgaben

1. **Die meisten Konsumgüter werden nicht vom Hersteller selbst an den Endverbraucher abgesetzt, sondern auf einem indirekten Absatzweg vertrieben.**
   a) Nennen Sie typische indirekte Absatzwege.
   b) Beschreiben Sie verschiedene Absatzwege, auf denen Konserven vom Hersteller an den Endverbraucher gelangen.
   c) Welche Aufgaben übernehmen dabei die zwischengeschalteten Betriebe?
   d) Welche Vor- und Nachteile ergeben sich folglich für den Hersteller?
   e) Warum findet man in der Investitionsgüterindustrie häufiger den direkten Vertrieb?
   f) Nennen Sie bekannte Firmen, von denen Sie wissen, dass sie Konsumgüter direkt vertreiben.

2. In Kaufhäusern und Warenhäusern finden Sie bei manchen Gebrauchsgütern (z. B. Nähmaschinen) nur eine Marke.
   Geben Sie hierfür mögliche Gründe an.
3. Großunternehmen des Einzelhandels fordern von Industriebetrieben, die als Lieferer Berücksichtigung finden wollen, oft ungewöhnliche Preisnachlässe und kostenlose Nebenleistungen, z. B. Preisauszeichnung der gelieferten Ware, Einräumen und Nachfüllen der Regale, Eintrittsgelder und Schaufenstermieten (obwohl vom Bundesgerichtshof verboten), Werbekostenzuschüsse, Gewinnausgleich, kostenpflichtige Warenrückgabe und Dutzende von Rabatten. In extremen Fällen werden für die gleiche Ware bis zu 17 verschiedene Rabatte gewährt.
   a) Aus welchen Gründen wählen die betroffenen Industrieunternehmen trotz der Nachteile den genannten Absatzweg?
   b) Welche Möglichkeiten müssen zwangsläufig in Anspruch genommen werden, um die Preis- und Kostennachteile auszugleichen?
4. Sie sind Hersteller folgender Produkte und müssen sich für einen Absatzweg entscheiden.

Hersteller	Produkt
(1) Fabrik für Hand- und Heimwerkermaschinen	elektrische Pressluftbohrmaschine
(2) Maschinenbauer	Klärschlammaufbereitungsanlage
(3) Gummiartikelhersteller	Pkw-Keilriemen

Welchen Absatzweg wählen Sie?

6 Absatzrechtliche Bestimmungen

Beim Absatz stehen die Unternehmen im Wettbewerb um die Nachfrage. Der Wettbewerb soll dafür sorgen, dass die vorteilhaftesten Angebote zum Zuge kommen. So wird einerseits der Markt bestmöglich mit Gütern versorgt; andererseits werden die Anbieter motiviert, ihre Leistungen ständig zu verbessern. Allerdings verlocken die Aussicht auf Gewinn und der ständige Druck auch dazu unfaire Methoden anzuwenden. Dadurch verschafft man sich unangemessene Vorteile und schädigt die Konkurrenten. Damit unredliches Verhalten unterbunden wird, greift der Staat mit verschiedenen Gesetzen zum Schutz des Wettbewerbs ein.

6.1 Unlauterer Wettbewerb

Das Gesetz gegen den unlauteren Wettbewerb (UWG) soll Handlungen verhindern, die gegen die guten Sitten im Wettbewerb verstoßen. Es verbietet u. a. irreführendes und sittenwidriges Verhalten.

Irreführendes Verhalten

- Irreführend können Angaben über Beschaffenheit, Ursprung, Herstellungsart, Preisbemessung einzelner Waren oder des gesamten Angebots, Preislisten, Bezugsart, Bezugsquellen, Besitz von Auszeichnungen, Anlass oder Zweck des Verkaufs oder Menge der Vorräte sein.

  Beispiele:
  - Durch Herausstellen einzelner Niedrigpreisartikel (ohne Kennzeichnung als Sonderangebot) wird ein preisgünstiges Gesamtangebot vorgetäuscht (Lockvogelwerbung).
  - Ein Kühlschrank ohne technische Spitzenausstattung wird als „Luxusausführung" gekennzeichnet.

- Als irreführend sind auch verboten:
  - der Hinweis auf die Eigenschaft als Hersteller oder Großhändler, wenn nicht deutlich angegeben wird, ob man an den Endverbraucher zu den gleichen Bedingungen wie an Wiederverkäufer verkauft;
  - die mengenmäßige Beschränkung von werbend herausgestellten Waren („Abgabe nur in haushaltsüblichen Mengen", „Abgabe nur 5 Stück pro Person") und der Ausschluss von Wiederverkäufern vom Kauf solcher Waren.

Sittenwidriges Verhalten

- Sittenwidrig ist z. B. das „Anreißen", die Belästigung durch aufdringliche Werbung. Es verhindert eine ruhige und sachliche Prüfung des Angebotes. Dazu gehören:
  - unerbetene private Telefonanrufe, um Geschäftsabschlüsse anzubahnen;
  - das Zusenden unbestellter Waren an Nichtgewerbetreibende. (Der Empfänger lehnt durch Schweigen das Angebot des Verkäufers ab, er muss die Ware nur eine angemessene Zeit aufbewahren und darf sie nicht in Gebrauch nehmen.);
  - das Ansprechen von Kunden auf der Straße.
- Sittenwidrig sind auch:
  - Bestechung (z. B. um Aufträge zu erhalten);
  - Anschwärzen und Verleumden von Mitbewerbern;
  - die unerlaubte Benutzung anvertrauter Vorlagen, Vorschriften, Modelle usw. zu eigenen Zwecken;
  - die Benutzung eines fremden Firmennamens, sofern eine Verwechslungsgefahr besteht;
  - vergleichende Werbung unter den im Gesetz genannten Bedingungen. (Vergleichende Werbung ist jede Werbung, die einen Mitbewerber oder die von ihm angebotenen Waren oder Dienstleistungen erkennbar macht.) Sie verstößt gegen die guten Sitten, wenn der Vergleich
    1. sich nicht auf Güter für den gleichen Bedarf oder Zweck bezieht;
    2. nicht objektiv auf wesentliche, nachprüfbare, typische Eigenschaften oder den Preis bezogen ist;
    3. im Geschäftsverkehr zu Verwechslungen zwischen Werbendem und Mitbewerber oder deren Waren oder Kennzeichen führt;
    4. die Wertschätzung eines Kennzeichens des Mitbewerbers in unlauterer Weise ausnutzt oder beeinträchtigt;
    5. die Waren, Dienstleistungen, Tätigkeiten oder persönlichen oder geschäftlichen Verhältnisse eines Mitbewerbers herabsetzt oder verunglimpft;
    6. eine Ware oder Dienstleistung als Imitation oder Nachmahnung einer unter einem geschützten Kennzeichen vertriebenen Ware oder Dienstleistung darstellt.

Ich gebe Ihnen privat 1 000,00 EUR, wenn ich den Auftrag kriege.

6.2 Gesetzliche Bestimmungen bezüglich der Preise

Die Verordnung über Preisangaben bestimmt:

Angebote an den Endverbraucher sind zum **Endverkaufspreis einschließlich Umsatzsteuer** abzugeben. Dabei sind bei Waren die handelsübliche Gütebezeichnung und die Verkaufseinheit (z. B. Stück, Liter, Kilo) anzugeben. Tankstellen müssen die Preise deutlich sichtbar anbringen, Dienstleistungsbetriebe (auch Gaststätten) müssen ein Preisverzeichnis aushängen bzw. auslegen.

Das **Gesetz gegen Wettbewerbsbeschränkungen (Kartellgesetz)** verbietet unter anderem die Preisbindung der zweiten Hand, d. h., der Hersteller darf einem Weiterverkäufer nicht den Weiterverkaufspreis vorschreiben.

6.3 Gewerbliche Schutzrechte

Nehmen wir an, Unternehmer Müller entwickelt eine besondere Fräsmaschine. Sowohl in das Produktdesign[1] als auch in die Entwicklung des Fräsmechanismus hat er viel Geld investiert. Er stellt sein Produkt erstmals während einer Fachmesse vor. Die Maschine findet dort großen Anklang. Ein halbes Jahr später eröffnet ihm aber ein Abnehmer, dass ihm eine gleichartige Maschine zu einem wesentlich günstigeren Preis angeboten wurde. All der Aufwand, den Müller in das neue Produkt investiert hat, erscheint umsonst. An die Anmeldung von Schutzrechten hatte Müller nicht gedacht.

Aus: „Abkupfern verhindern: Gewerbliche Schutzrechte nutzen!", IK Nr. 5 1996

---

[1] Festlegung der Erscheinungsform eines Erzeugnisses in Qualität, Form, Verpackung und Markierung, abhängig von der Produktart

Erzeugnisse, Formen und Marken können durch **Eintragung beim Deutschen Patent- und Markenamt** in **München** unter Androhung von Freiheits- oder Geldstrafen vor unbefugter Verwendung geschützt werden.

6.3.1 Patent

Patentgesetz § 1 (1): Patente werden für Erfindungen erteilt, die neu sind, auf einer erfinderischen Tätigkeit beruhen und gewerblich anwendbar sind.

§ 9: Das Patent hat die Wirkung, dass allein der Patentinhaber befugt ist, die patentierte Erfindung zu benutzen.

§ 16 (1): Das Patent dauert zwanzig Jahre, die mit dem Tag beginnen, der auf die Anmeldung der Erfindung folgt.

Neben Anmelde- und Prüfungsantragsgebühr sind ab dem 3. Jahr nach der Anmeldung ansteigende Jahresgebühren zu zahlen.

Das deutsche Patent hat nur nationale Wirkung. Für Schutzrechte in anderen Staaten sind deren Patentbehörden zuständig. Allerdings kann ein Europa-Patent für zur Zeit maximal 20 Vertragsstaaten und sechs sog. Erstreckungsstaaten beim **Europäischen Patentamt (EPA)**, ebenfalls mit Sitz in München, beantragt werden[1]. Die Gebühren sind beträchtlich höher. Sie hängen u. a. von der Zahl der Staaten ab, für die das Patent erteilt werden soll. Für mehr als drei Staaten kommt das Verfahren nach einer Faustregel des EPA billiger als Einzelpatente.

6.3.2 Gebrauchsmuster

Gebrauchsmustergesetz § 1 (1): Als Gebrauchsmuster werden Erfindungen geschützt, die neu sind, auf einem erfinderischen Schritt beruhen und gewerblich anwendbar sind.

Das Gebrauchsmuster ist dem Patent sehr ähnlich. Es betrifft im Wesentlichen die gleichen Objekte, allerdings keine Verfahren. Es eignet sich grundsätzlich mehr für geringere Erfindungswerte.

Wegen der Ähnlichkeit nennt man das Gebrauchsmuster oft „das kleine Patent".

Beispiele:

- Faltschachtel
- Schreibgeräte
- Archivkassetten

Die Anmeldung und die Schutzwirkung entsprechen denen des Patents. Die Schutzdauer beträgt aber nur 3 Jahre. Sie kann gegen Gebührenzahlung um 3, dann zweimal um 2 Jahre auf maximal 10 Jahre verlängert werden. Es besteht kein Europa-Gebrauchsmusterschutz.

Hinsichtlich der Neuheit wird nur verlangt, dass die Erfindung noch nicht schriftlich beschrieben oder **im Inland** öffentlich benutzt wurde. Die Neuheit wird auch nicht sachlich geprüft, sondern es erfolgt nur eine Registrierung! Eine Prüfung erfolgt erst,

---

[1] **Vertragsstaaten:** Belgien, Dänemark, Deutschland, Finnland, Frankreich, Griechenland, Großbritannien, Irland, Italien, Liechtenstein, Luxemburg, Monaco, Niederlande, Österreich, Portugal, Schweden, Schweiz, Spanien, Türkei, Zypern; **Erstreckungsstaaten:** Albanien, Lettland, Litauen, Mazedonien, Rumänien Slowenien (Stand 2002)

wenn jemand einen Löschungsantrag gegen ein eingetragenes Gebrauchsmuster stellt oder es zu einem Gerichtsverfahren wegen Verletzung des Gebrauchsmusterschutzes kommt. Gebrauchsmuster werden vom Patentamt in die Rolle für Gebrauchsmuster eingetragen.

6.3.3 Geschmacksmuster

Geschmacksmustergesetz § 1 (1): Das Recht, ein gewerbliches Muster oder Modell ganz oder teilweise nachzubilden, steht dem Urheber desselben ausschließlich zu.

Das Geschmacksmuster schützt das Design, die ästhetische Formgebung, wenn das betreffende Muster oder Modell gewerblich verwertbar ist.

Beispiele:
- Stoffmuster
- Tapetenmuster
- Formgebung von Verpackungen, Flaschen, Gläsern, Maschinen

Das Geschmacksmuster schützt keinen Geschmack. Die Bezeichnung Geschmacksmuster ist insofern missverständlich!

Der Schutz erfordert die Anmeldung beim Patentamt und die Eintragung in das Musterregister. Eine grafische Darstellung oder Fotografie des Musters/Modells müssen hinterlegt werden.

Auch beim Geschmacksmuster prüft das Patentamt nicht die Schutzwürdigkeit. Die Schutzdauer beträgt 5 Jahre. Sie kann bis auf höchstens 20 Jahre verlängert werden.

Dritte dürfen

- einzelne Motive des geschützten Musters zur Herstellung eines neuen Musters frei benutzen,
- Muster in einzelnen Stücken nachbilden, wenn keine gewerbliche Verbreitung oder Verwertung erfolgt,
- geschützte Flächenmuster in plastische Erzeugnisse umbilden und umgekehrt,
- Nachbildungen einzelner Muster in Schriftwerke aufnehmen.

6.3.4 Geschützte Marken

Unter einer Marke versteht man bestimmte Elemente, die zur Identifikation eines Produkts/einer Dienstleistung und zur Abhebung von Konkurrenten dienen: Markenname, Markenzeichen, Markensymbol oder eine Kombination davon. Grundsätzlich kann alles als Marke dienen, was sich grafisch darstellen lässt. Vielfach wird auch das Firmenzeichen (Logo) zur Kennzeichnung der Marke benutzt.

Beispiele:

Solche Marken sind allgemein bekannt. Der Abnehmer verbindet damit eine bestimmte Qualität. Dem Betrieb verschafft sie ein bestimmtes Image. Die Marke ist deshalb in der Lage, mehrere Funktionen zu erfüllen:

Das Image ist das Bild, welches ein Betrieb nach außen bietet.

> **Funktionen der Marke**
>
> **Herkunfts- und Unterscheidungsfunktion**
> Die Marke zeigt die Herkunft der Ware aus einem bestimmten Geschäftsbetrieb und unterscheidet sie von anderen Marken.
>
> **Gewährfunktion**
> Die Marke verbürgt eine gleich bleibende Qualität.
>
> **Werbefunktion**
> Bekanntheit der Marke und damit verbundene Qualitätsvorstellungen machen die Marke zu einem wichtigen Werbeelement.
>
> **Wertfunktion**
> Aus den genannten Gründen stellt die Marke für die Unternehmung einen schutzbedürftigen Wert dar. Das alleinige Recht, die Marke zu führen, steigert den Wert.

Markengesetz § 1: Nach diesem Gesetz werden geschützt:
1. Marken, ...

Nur der Inhaber einer Marke darf diese benutzen. Dritte dürfen auch kein identisches oder ähnliches Zeichen benutzen.

Grundsätzlich wird der Markenschutz durch Anmeldung beim Patentamt und Registereintragung erworben. Die Schutzdauer beginnt mit dem Tag der Anmeldung und läuft 10 Jahre. Sie kann stets wieder um jeweils 10 Jahre verlängert werden.

Schutz genießt aber auch ein Zeichen, das

1. im geschäftlichen Verkehr benutzt wird und innerhalb der beteiligten Verkehrskreise als Marke Verkehrsgeltung erworben hat,
2. als Marke notorisch[1] bekannt ist.

Allerdings müssten in diesen beiden Fällen Beweise geführt werden. Der Schutz einer eingetragenen Marke hingegen ist eindeutig.

6.4 Produkthaftung

Das Produkthaftungsgesetz regelt die Haftung für Folgeschäden an Personen und privat verwendeten Sachen aufgrund der Fehlerhaftigkeit von Produkten. Ein Produkt gilt nach dem Gesetz als fehlerhaft, wenn es nicht die Sicherheit bietet, die unter Berücksichtigung aller Umstände berechtigterweise erwartet werden kann.

> **Beispiel:**
> Herr Mader hat eine Haushaltsleiter aus Leichtmetall gekauft. Bei der Benutzung bricht die Leiter zusammen. Herr Mader bricht sich das Bein und hat aufgrund des Unfalls Kosten und Verdienstausfälle in Höhe von 4 000,00 EUR. Ein Farbeimer, der auf der Plattform der Leiter stand, ergießt seinen Inhalt über Schrank und Teppichboden. Der Sachschaden beträgt 9 000,00 EUR. Wer haftet für diese Schäden?

Der Hersteller eines Produktes haftet für die Folgeschäden aus einem Produktfehler, unabhängig davon, ob ein Verschulden vorliegt (Gefährdungshaftung). Sachschäden bis zur Höhe von 500,00 EUR muss der Geschädigte selbst tragen.

Für den Fehler, den Schaden und den ursächlichen Zusammenhang zwischen Fehler und Schaden trägt der Geschädigte die Beweislast.

Eine vertragliche Einschränkung oder ein Ausschluss der Haftung ist nicht möglich.

---
[1] offenkundig und allseitig

An Stelle des Herstellers haftet auch:
- ein Handelshaus das unter eigenem Markennamen Produkte vertreibt,
- ein Importeur, der Waren in den Europäischen Wirtschaftsraum[1] einführt.

Ein Schaden ist spätestens binnen 3 Jahren nach seinem Eintritt geltend zu machen (Verjährungsfrist). Der Anspruch auf Schadenersatz erlischt spätestens zehn Jahre, nachdem der Hersteller (Händler, Importeur) das Produkt auf den Markt gebracht hat. Der Hersteller (Händler, Importeur) tut gut daran, sich durch eine Produkthaftpflicht-Versicherung vor Schadenersatzansprüchen zu schützen.

6.5 Widerrufs- und Rückgaberecht bei Verbraucherverträgen

Verbraucherverträge sind Verträge zwischen einem Unternehmer und einem Verbraucher. Verbraucher ist, wer den Vertrag zu einem Zweck abschließt, der keiner gewerblichen oder selbstständigen beruflichen Tätigkeit zugeordnet werden kann. Besondere absatzrechtliche Bedeutung haben dabei:

- **Abzahlungsgeschäfte** (z. B. Kauf beweglicher Sachen mit Ratenzahlung);
- **Haustürgeschäfte** (Abschluss an der Haustür, am Arbeitsplatz, bei Freizeitveranstaltungen, in öffentlichen Verkehrsmitteln. Ausnahmen: 1. Auf Kundenwunsch geführte Verhandlungen; 2. Bagatellgeschäfte bis 40,00 EUR mit sofortiger Lieferung und Zahlung);
- **Fernabsatzgeschäfte** (Verkäufer und Käufer stehen sich nicht persönlich gegenüber: Geschäfte per Brief, Katalog, Telefon, Fax, Videotext, E-Mail, Teleshopping, Onlineshopping).

Der Käufer hat bei diesen Geschäften ein generelles, nicht begründungspflichtiges Widerrufs- und Rückgaberecht innerhalb einer Frist von 2 Wochen (BGB § 355). Die Frist beginnt erst, wenn der Käufer einer Belehrung in Textform über dieses Recht unterschrieben oder durch qualifizierte elektronische Signatur bestätigt hat. Bei Warenlieferungen beginnt sie erst mit dem Wareneingang. Gegenseitig erbrachte Leistungen sind zurückzuerstatten.

Bei Fernabsatzgeschäften verlängert sich die Frist auf 4 Monate, wenn der Verkäufer den Käufer nicht auf dauerhaftem Datenträger spätestens bei Lieferung über Firma, Ware, Preis, Konditionen unterrichtet. In dieser Frist darf der Artikel bestimmungsgemäß benutzt werden!

Arbeitsaufgaben

1. Frau Lochter findet im Briefkasten einen Satz Messer der Schnitter GmbH. In einem Begleitschreiben werden die „hervorragenden Eigenschaften" beschrieben und es wird ein „außerordentlich günstiger Preis" von 7,99 EUR angegeben. Allerdings hat Frau Lochter die Messer nie bestellt. Sie legt sie unbenutzt in eine Schublade. Nach 4 Wochen trifft von Schnitter eine Aufforderung ein, entweder sofort zu zahlen oder die Ware zurückzusenden. Frau Lochter unterlässt beides. Sie meldet den Sachverhalt der Verbraucherzentrale. Diese fordert Schnitter durch eine Abmahnung auf, derartige Handlungen zu unterlassen und droht widrigenfalls eine Klage an. Außerdem berechnet sie Schnitter 45,00 EUR Kosten. Dazu ist sie als Interessenverband berechtigt.
   a) Beurteilen Sie, ob Frau Lochter sich rechtlich einwandfrei verhält.
   b) Auf welche rechtlichen Bestimmungen wird die Verbraucherzentrale ihre Abmahnung stützen?
   c) Müsste Frau Lochter die Messer abnehmen und bezahlen, wenn sie sie probeweise benutzen würde?

---

[1] Europäische Union und Island, Liechtenstein, Norwegen

2. Wer Waren durch Werbung ankündigt, muss auch dafür sorgen, dass sie eine angemessene Zeit im Geschäft vorhanden sind. In einem Faltblatt (Zeitungsbeilage) gibt der Verbrauchermarkt MINIPREIS bekannt: „Unser Angebot für die Woche vom 15. März bis 20. März: 300 Hemden, Seide, 14,99 EUR ... Vollwaschmittel WEISSI, 4,5 kg-Trommel 3,79 EUR, Abgabe nur in haushaltsüblichen Mengen"
   a) Sind die genannten Werbeangaben zulässig?
   b) Einem Kunden, der am 19. März nach den Hemden fragt, wird gesagt, das letzte Hemd sei gestern verkauft worden. Liegt deswegen eine irreführende Werbung vor?

3. Verschiedene Anbieter nehmen folgende Handlungen vor:
   a) Ein Lebensmittelhändler stellt im Schaufenster besten Wein zu sehr niedrigem Preis aus. Er erklärt aber einem Kunden, es handele sich um einen Irrtum in der Preisangabe. Nach einer Woche steht die Flasche immer noch mit dem alten Preis im Schaufenster.
   b) „Im größten Teppichlager am Niederrhein führen wir Teppiche aller Preislagen und Qualitäten!" – Das Teppichlager ist in Wirklichkeit mittelmäßig groß.
   c) Ein Kaufmann behauptet einem Kunden gegenüber, sein Konkurrent X habe überhaupt keine kaufmännische Ausbildung und sei zur Führung eines Geschäftes nicht geeignet.
   d) Ein Kaufmann wirbt mit dem Schild „Räumungsverkauf – Alle Artikel stark reduziert!" Ein Kunde bemerkt, dass nach einer gewissen Zeit die geschmolzenen Bestände wieder aufgefüllt werden.
   e) Eine Waschmittelfirma wirbt für ihr Produkt: „Nichts wäscht reiner!"
   f) Ein Lebensmitteleinzelhändler bringt an seinen Waren keine Preisauszeichnung an.
   g) Ein Weinhändler bringt auf seinen Flaschen Medaillen für frei erfundene Qualitätsprüfungen an.
   h) Ein Tintenhersteller benutzt das fremde Markenzeichen „Pelikan".
   i) Ein Einzelhändler gewährt einen Barzahlungsrabatt von 3 % an alle seine Kunden.
   j) Zu Fischdosen erhält der Kunde von diesem Einzelhändler gratis einen Dosenöffner.
   k) Ein Hersteller von Zahnpasta liefert nur an Geschäfte, die sich verpflichtet haben die Ware nur zu dem vom Hersteller vorgeschriebenen Preis zu verkaufen.
   Beurteilen Sie, ob diese Handlungen zulässig sind. Geben Sie an, gegen welche gesetzlichen Bestimmungen sie gegebenenfalls verstoßen.

4. Das Recht an Erzeugnissen kann gegen die unbefugte Verwendung durch Dritte geschützt werden.
   a) Der Mediziner Dr. Schmelzer hat eine faustgroße künstliche Niere erfunden, die in den Körper eingepflanzt werden kann.
   b) Die Firma Herbert Pfiff hat ein Bohrergewinde für Steinbohrer entwickelt, welches die herkömmliche Bohrgeschwindigkeit verdoppelt.
   c) Die Getränkefirma Edith Durst GmbH hat für ihre Saftflaschen eine neue Form entwickeln lassen, die an eine Karaffe erinnert.
   Welche Möglichkeiten haben die genannten Unternehmen bzw. Personen die unbefugte Verwertung ihrer Arbeitsergebnisse durch Dritte zu verhindern?

5. Wer Produkte herstellt oder vertreibt, unterliegt Haftungspflichten.
   Erläutern Sie die wesentlichen Unterschiede zwischen der Gewährleistungspflicht für mangelhafte Waren und der Produkthaftung.

6. Herr Döser hat einen Fernseher gekauft, zahlbar in 12 Monatsraten à 80,00 EUR. Der Kaufvertrag wurde schriftlich geschlossen. Nach 10 Tagen merkt Herr Döser, dass er sich finanziell übernommen hat. Er liest den Vertragstext durch, um festzustellen, ob er den Vertrag widerrufen kann, findet aber keine diesbezüglichen Angaben.
   Kann Herr Döser den Vertrag dennoch widerrufen?

7. NIVEA ist eine seit vielen Jahrzehnten bekannte Marke.
   a) Erläutern Sie den Begriff der Marke.
   b) Beschreiben Sie die Elemente der Marke NIVEA.
   c) Warum ist die Herstellerfirma an einem Schutz der Marke interessiert?
   d) Wie kann die Herstellerfirma den Schutz der Marke erwirken?
   e) Nennen Sie mindestens 5 Beispiele dafür, wie ein Konkurrent gegen den Markenschutz verstoßen könnte.
   f) Inwiefern ist es möglich, dass der Markenschutz für NIVEA schon seit vielen Jahrzehnten besteht?

7 Prozess der Auftragsabwicklung

Die Sihl GmbH, Düren, produziert Medien für den großformatigen digitalen Farbdruck, Spezialprodukte für das technische Büro und flexible Datenträger. Am 16.11.20.. geht eine Bestellung der *Walter Bürotechnik KG, 44429 Dortmund,* per E-Mail ein.

Bestellung Unser Zeichen: L4011/K8362 Ihr Zeichen:	Bitte bei allen Schreiben angeben		
	Lieferanten-Nr. 80000001	Dokument-Nr 4011	Datum 20..-11-14
Artikel-Nr.	Bezeichnung	Einheit	Menge	Einzelpreis
51-6691	PICOPHAN 80/36/80 TT zu verschneiden in 9 Rollen von 13 cm x 100 cm	m²	1200	2,28 EUR

Die Verkaufsanbahnung stellt den individuellen Kontakt zum Kunden her: Kundenbesuche werden getätigt; es gehen Anfragen von Kunden ein; Bemusterung, Vorführungen, Beratungen werden notwendig. Den Abschluss bilden die Unterbreitung eines Angebots, die Bestellung durch den Käufer und ggf. die Bestellungsannahme.

Für die Auftragsabwicklung benutzt die Verkaufsabteilung folgende Daten aus der Kundendatenbank:

- **Auftragsdaten**
  Auftragsnummer, Kundennummer, Artikelnummer, Bestellmenge, Bestelldatum, Liefertermin, spezielle Vereinbarungen über Preise, Preisnachlässe, Konditionen
- **Artikeldaten**
  Artikelnummer, Artikelbezeichnung, Mengeneinheit, Preis, artikelabhängige Preiszuschläge und -abschläge (z. B. Mindermengen-, Veredelungs-, Legierungszuschläge), Lagerort, Mindest-, Melde-, Höchstbestand, Lagerbestand (fortgeschrieben), Umsatz (mengen- und wertmäßig fortgeschrieben)
- **Kundendaten**
  Kundennummer, Name/Firma, Anschrift, Kreditlimit, Vereinbarungen über Versandart, Verpackungsart, Preisabzüge, Lieferungs- und Zahlungsbedingungen, Debitorensaldo (fortgeschrieben), Umsatz (fortgeschrieben), Verteternummer
- **Auftragsbestandsdaten**
  Auftragsnummer, Kundennummer, Position, Artikelnummer, Termin, Menge
- **Außendienstdaten**
  Vertreternummer, Name, Provisionssatz, Umsatz (fortgeschrieben), Provision (fortgeschrieben)

Der Geschäftsprozess der Auftragsabwicklung berührt die Abteilungen Verkaufsinnendienst, Auftragsabwicklung, Einkauf, Lager, Versand und Buchhaltung.

Wir legen die oben abgebildete Bestellung zu Grunde. Die Sihl GmbH arbeitet mit dem System R/3 von SAP.

Prozess der Auftragsabwicklung
Verkaufsinnendienst
Auftragsprüfung *Plausibilitätsprüfung*: Gibt es das gewünschte Produkt? Wenn ja: Hat es die gewünschten Eigenschaften? *Kreditprüfung*: Auftragssumme errechnen, zum Debitorensaldo addieren und feststellen, ob das Kreditlimit überschritten wird. (Wenn ja: Soll trotzdem geliefert werden?) Umsatzhöhe errechnen (wichtig für Bonus).

Codierung
Der Verkaufssachbearbeiter notiert die Materialnummer, die Kundennummer, die Angebotsnummer zur Bestellung und den vereinbarten Einzelpreis EDV-gerecht auf einem Auftragsblatt. Der so entstandene Auftrag wird an die Abteilung Auftragsabwicklung weitergeleitet. Die Auftragsblätter werden in einer Kundenauftragsmappe („Opti-Plan-Mappe") gesammelt. Bestellt der Kunden erstmalig, wird ein Kundenstammsatz eingerichtet. Ggf. Auskünfte einholen, insbesondere, wenn Zahlungsziel gewünscht. Bei schlechter Auskunft Auftrag ggf. zurückstellen.

Auftragsabwicklung

Auftragseingabe
Der Auftrag wird mit Kundennummer, Angebotsnummer, Materialnummer, Menge und Warenempfänger (falls abweichend vom Besteller) in das System eingegeben.

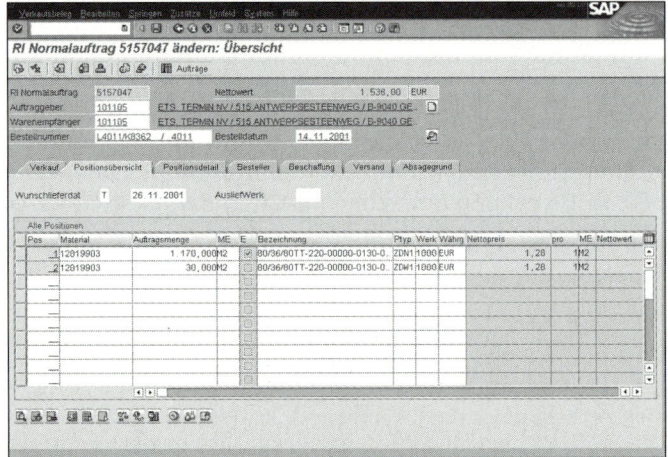

Verfügbarkeitsprüfung
Das System prüft, ob der Artikel als Fertigfabrikat verfügbar ist.

> Lagerbestand
> − Reservierung für andere Aufträge
> + erwartete Zugänge bis zum Liefertermin
> = verfügbarer Bestand
>
> Bestellte Menge reservieren, neuen verfügbaren Bestand errechnen!

Ist kein Fertigfabrikat vorhanden bzw. in Produktion, prüft das System, ob ausreichend Halbfabrikate für die Endfertigung vorhanden sind. Ist dies der Fall, wird unter Berücksichtigung der hinterlegten Durchlaufzeiten und der freien Kapazität der Maschinen ein Liefertermin für das Fertigfabrikat ermittelt.

Andernfalls prüft das System, ob genügend Rohstoffe zur Fertigung der Halbfabrikate vorhanden sind, ermittelt wiederum den Liefertermin und führt zwecks Terminüberwachung die Auftragsbestandsdaten fort.

Sind keine Rohstoffe vorhanden, so ermittelt das System aufgrund der hinterlegten Wiederbeschaffungszeiten die Lieferzeit für die Rohstoffe. Der Sachbearbeiter prüft diesen Prozess kontinuierlich und greift eventuell steuernd ein.

Bestellungsannahme
Ergebnis des Prozesses „Verfügbarkeitsprüfung" ist ein Liefertermin und somit eine verbindliche Bestellungsannahme für den Kunden. Diese wird per Post, E-Mail oder Fax verschickt.

Materialwirtschaft/Disposition

Bestellung
Aufgrund des Bedarfs an Rohstoffen werden Bestellanforderungen an die Abteilung Einkauf gerichtet. Der Einkauf bestellt die gewünschten Rohstoffe beim „besten" Lieferanten (Kriterien: Preis, Termin, optimale Bestellmenge usw.)

Maschinenbelegung
Der Sachbearbeiter gibt anhand des Bedarf Aufträge ins System ein. Der Auftrag wird einer Maschine zugeordnet. Entsprechend der Verfügbarkeit der Rohstoffe/Halbfabrikate und dem bestätigten Liefertermin wird im Auftrag ein Zeitfenster angegeben, in dem die jeweiligen Maschinen das Produkt herstellen sollen.

Auftragsabwicklung

Terminverfolgung
Drei Tage vor dem gewünschten Liefertermin nimmt der Sachbearbeiter der Auftragsabwicklung die jeweilige Kundenauftragsmappe und kontrolliert mit Hilfe des Systems, ob der Auftrag noch „im Termin" ist. Sollte sich der Auftrag „außerhalb des Zeitfensters" befinden, so veranlasst er, dass der Auftrag wieder auf Termin gebracht und der Artikel gefertigt wird.

Lager

Kommissionierung
Der gefertigte Artikel wird verpackt. Der neue Bestand wird automatisch gebucht. Die Bestandsbuchung löst automatisch die Erstellung eines „Liefersatzes" und der Kommissionierlisten aus. Diese Listen werden von den Mitarbeitern des Lagers „Fertigfabrikate" abgearbeitet. Die Kommissionierung wird auf dem Auftragsblatt bestätigt.

Versand

Erstellen der Versandpapiere und Warenausgangsbuchung
Nach der Kommissionierung werden die Versandpapiere erstellt (z. B. Speditionsauftrag, Frachtbrief, Beförderungspapier, Ausfuhrerklärung). Die Waren werden versandt. Der Warenausgang wird im Lager als Bestandsminderung gebucht. Die Auftragsbestandsdaten werden automatisch fortgeschrieben.

Finanzbuchhaltung

Rechnungserstellung und Buchung
In der Nacht nach der Warenausgangsbuchung wird die Rechnung gedruckt, in der Debitorenbuchhaltung als Forderung gebucht und am nächsten Morgen versandt. Auftragsbestätigung und Rechnung müssen nicht abgelegt werden, da sie jederzeit angezeigt und ausgedruckt werden können. Anhand der Rechnungsdaten werden die Vertreterumsätze und -provisionen berechnet und gebucht.

Arbeitsaufgaben

1. Der Haushaltswarenhersteller Franz Häuser KG erhält von einem Bezirksvertreter einen Bestellschein für den Einzelhändler Eduard Reisig über
   100 elektrische Kaffeemühlen,   Best.-Nr. 187, Stückpreis 25,00 EUR
   100 Handmixer,   Best.-Nr. 96, Stückpreis 20,00 EUR
   100 Küchenmaschinen,   Best.-Nr. 37, Stückpreis 60,00 EUR
   Rabatt 10%, Lieferung nach 20 Tagen als Stückfracht, ab Werk, Zahlungsfrist 30 Tage.
   a) Beschreiben Sie die Tätigkeiten, die bei der Franz Häuser KG nach Eingang der Bestellung ablaufen.
   b) Schreiben Sie Versandanzeige und Rechnung. (Benutzen Sie ein Textverarbeitungsprogramm.)

2. Nach einem Bestellungseingang liegen folgende Konstellationen vor:

	a)	b)	c)	d)
Erzeugnis ist verfügbar	ja	ja	nein	nein
Kunde ist kreditwürdig	ja	nein	ja	nein

Geben Sie sinnvolle Möglichkeiten für das weitere Vorgehen der Verkaufsabteilung an.

3. Eine Rechnung an einen Kunden enthält folgende Angaben:
   - Empfänger: Eduard Reisig
   - Kundennummer: 67 180
   - Auftragsnummer: 06 712
   - Bestellnummer: 6 789
   - Lieferung: frei Haus einschl. Verpackung
   - Artikelnummer: 034 567
   - Artikel-Bezeichnung: Kettensäge
   - Mengeneinheit: Stück
   - Bestellmenge: 100
   - Liefermenge: 100
   - Einzelpreis: 190,00 EUR
   - Rabatt: 40 %
   - Skonto: 2 %

   Welchen Datensätzen entnimmt man diese Angaben?

4. **Auf den vorausgehenden Seiten ist der Geschäftsprozess der Auftragsabwicklung am Beispiel der Sihl GmbH dargestellt. In der Praxis läuft dieser Prozess in jedem Betrieb etwas anders ab.**
   Präsentieren Sie den Ablauf des Prozesses in ihrem Ausbildungsbetrieb anhand eines Geschäftsfalles mit den verwendeten Belegen. (Benutzen Sie ggf. eine Präsentationssoftware.)

8 Güterversand

8.1 Eigenverkehr oder Fremdverkehr

> Die Motoren- und Getriebebau GmbH stellt den Kunden ihre Produkte nicht mit eigenen Fahrzeugen zu. Ein eigener Fuhrpark würde hohe Fixkosten für Fahrer, Fahrzeuge, eigene Werkstatt und Tankstelle bedeuten. Aufgrund zahlreicher Leerfahrten (Rückfahrten) wären die LKWs nicht hinreichend ausgelastet. Deshalb ist die MGG eine enge vertragliche Bindung mit einem Logistikdienstleister, der *Bücker KG Internationale Spedition*, eingegangen. Das Versandbüro der MGG spricht täglich mit Bücker die Posten ab, die in den folgenden 8 Werktagen voraussichtlich zum Versand anstehen. Änderungen und Korrekturen können dabei kurzfristig berücksichtigt werden. Die Spedition holt die Sendungen ab und besorgt aufgrund der Angaben der MGG selbstständig und umfassend den Versand zum Empfänger. Sie besorgt die nötigen Dokumente und/oder stellt sie aus, schließt Fracht- und Versicherungsverträge ab, beauftragt Unterspediteure, übergibt die Sendung dem Transportunternehmen oder transportiert sie mit eigenem Fahrzeug und erledigt bei Exporten alle Ausfuhrformalitäten.

Der Betrieb kann eigene Transportmittel einsetzen (Eigenverkehr) oder er beauftragt Transportunternehmen mit der Beförderung (Fremdverkehr). Es handelt sich bei diesen Unternehmen um

- **Frachtführer:**
  - die Eisenbahnen (Deutsche Bahn AG und lokale Bahnen)
  - Güterkraftverkehrsunternehmen. Sie betreiben
    a) nationalen Güterverkehr (Voraussetzung ist eine behördliche Erlaubnis);
    b) grenzüberschreitenden Verkehr mit Staaten der EU (Die nationale Erlaubnis berechtigt auch zum Bezug einer für das EU-Gebiet erforderlichen „Gemeinschaftslizenz");
    c) grenzüberschreitenden Verkehr mit Staaten außerhalb der EU, sog. Drittländern (Voraussetzung: Transportgenehmigungen unterschiedlicher Art).
  - Unternehmen der Binnenschifffahrt
    a) Einzelschiffer (Partikuliere)
    b) Reedereien (Großunternehmen mit zum Teil vielen Schiffen)
  - Fluggesellschaften

- **Verfrachter** (Transporteure in der Seeschifffahrt):
  a) Reedereien (Schiffseigentümer)
  b) Ausrüster (sie verwenden gecharterte Schiffe für Fremdtransporte)
- **die Post** (Deutsche Post AG)

Für Frachtführer, Verfrachter und die Post gelten unterschiedliche Rechtsvorschriften!

Die Frachtverträge mit den Frachtführern und Verfrachtern werden häufig von Spediteuren „besorgt". Vor allem im Güterverkehr werden die Spediteure auch selbst als Frachtführer tätig.

Großunternehmen (z. B. Hüttenwerke, Mineralölkonzerne, Automobilkonzerne) besitzen oft eigene Schiffe für den Transport ihrer Rohstoffe und Produkte. Auf der Schiene findet man auch private Waggons (v.a. Spezialwagen, die von der Bahn nicht angeboten werden). In den meisten Fällen aber stellt sich die Frage nach dem eigenen Fuhrpark beim Straßengüterverkehr.

Die Straßen-Güterbeförderung für eigene Zwecke heißt **Werkverkehr**. Sie ist in folgenden Fällen gestattet:

- Das Unternehmen als Kunde holt Transportgut mit eigenem Fahrzeug ab.
- Das Unternehmen als Lieferer stellt Transportgut mit eigenem Fahrzeug zu.
- Das Unternehmen befördert Transportgut mit eigenem Fahrzeug zwischen seinen Niederlassungen.
- Der Fahrer muss zum Unternehmen gehören.
- Die Beförderung darf nur eine Hilfstätigkeit im Rahmen der Gesamttätigkeit des Unternehmens sein.

Der Werkverkehr bedarf keiner Erlaubnis.

Der Einsatz eigener Fahrzeuge als Alternative zum Fremdverkehr ist nur sinnvoll, wenn er – gleiche Leistung und Zuverlässigkeit vorausgesetzt – kostengünstiger ist.

8.2 Frachtvertrag

Gewerbliche Transportunternehmen befördern Güter gegen Entgelt. Dazu schließen Absender mit ihnen Frachtverträge ab. Vereinbart und geschuldet wird der Beförderungserfolg.

Übrigens: Der Frachtvertrag ist eine Unterart des Werkvertrags. Siehe S. 288

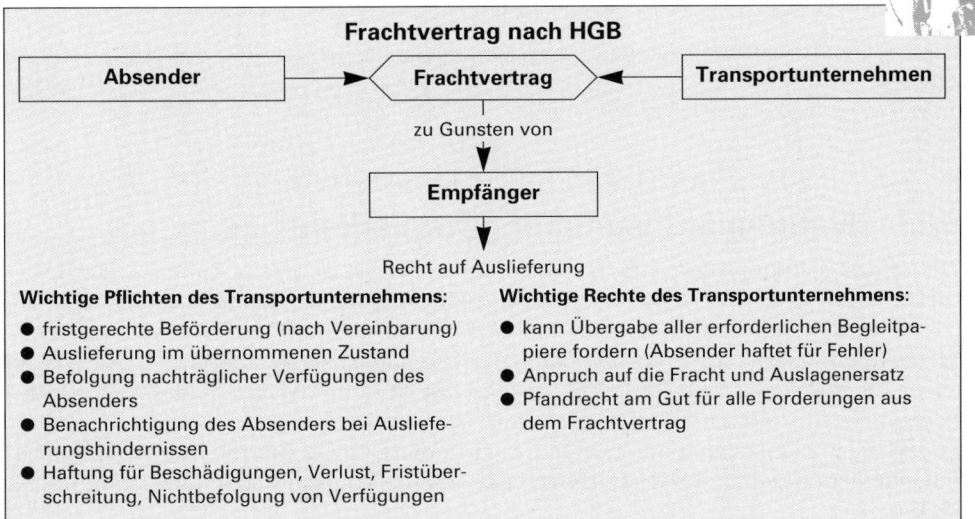

Das deutsche Frachtvertragsrecht ist grundlegend im HGB geregelt (HGB §§ 407 bis 452 d). Es gilt für die innerdeutschen Beförderungen zu Lande, auf Binnengewässern oder mit Luftfahrzeugen. Allerdings handelt es sich weitgehend um nachgiebiges Recht. Deshalb legen die meisten Transportunternehmen ihren Frachtverträgen eigene Allgemeine Geschäftsbedingungen zu Grunde.

Arbeitsaufgaben

1. **Werkverkehr ist jede Beförderung von Gütern für eigene Zwecke mit eigenen Kraftfahrzeugen.**
   a) Welche Vorteile bietet der Werkverkehr gegenüber der Beförderung durch Transportunternehmen?
   b) Geben Sie Beispiele für Unternehmen an, die Güter im Eigenverkehr befördern:
      (1) mit dem LKW
      (2) mit Binnenschiffen
      (3) mit Seeschiffen
      (4) mit Flugzeugen
   c) Die meisten Beförderungen erfolgen nicht im Werkverkehr sondern werden von Transportunternehmen gegen Entgelt durchgeführt. Die Gründe sind vor allem in niedrigen Kosten zu suchen. Erläutern Sie diesen Sachverhalt.

2. **Die Grünspan KG übergibt dem Güterkraftverkehrsunternehmer Hurtig in Essen eine Ladung Kupferrohre unfrei zur Beförderung an die August Tücke OHG in Erlangen.**
   a) Was ist unter „Güterkraftverkehr" zu verstehen?
   b) Darf jeder Lkw-Besitzer gewerblichen Güterkraftverkehr betreiben?
   c) Welches Dokument kann Grünspan an Hurtig übergeben?
   d) Kann Grünspan die Sendung vor Ablieferung an Tücke zurückverlangen oder an einen anderen Empfänger umdirigieren?
   e) Tücke lehnt bei Ankunft des Lkw die Annahme der Sendung ab und zahlt auch nicht die Fracht. Welche Pflichten und Rechte hat Hurtig nun?
   f) Können Grünspan und Hurtig sich über ihre Rechte und Pflichten aus dem Frachtvertrag ausreichend im HGB informieren?

8.3 Nationaler Eisenbahngüterverkehr

Träger des Bahngüterverkehrs in Deutschland sind die Deutsche Bahn AG (DB AG) – Geschäftsbereich DB Cargo – und eine Reihe regionaler Bahngesellschaften. Die DB AG wickelt nur die Ladungsverkehre selbst als Frachtführer ab. Alle anderen Leistungsangebote erfolgen durch ausgegliederte, rechtlich selbstständige Unternehmen (siehe die folgende Übersicht). Alle arbeiten mit unverbindlichen Tarifen und können deshalb im Einzelfall marktgerechte Preise vereinbaren. Sie legen ihren Frachtverträgen eigene Geschäftsbedingungen zu Grunde (z. B. DB Cargo: „Allgemeine Leistungsbedingungen (ALB)"; Bahntrans: „Allgemeine Deutsche Spediteurbedingungen (ADSp)").

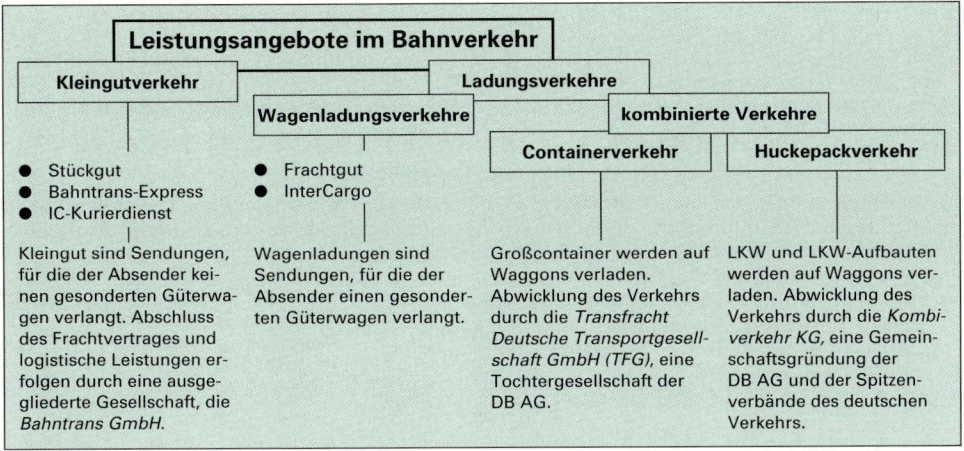

Güterverkehre der Bahn (Einzelheiten)

Stückgut

Ladeeinheiten in Form von Stückgütern (z. B. Kisten, Pakete, Säcke, Matten, Ballen, Flaschen, Kleinbehälter, Collico-Kisten, Paletten) können als Stückgut bei der Bahntrans aufgegeben oder von ihr abgeholt werden. Sie stellt die Sendung auch dem Empfänger zu. Berechnet wird die Schienenfracht sowie eine Hausfracht für Abholung und Zustellung. Es ist eine Zustellung binnen 48 Stunden (für ausgewählte Orte auch binnen 24 Stunden) garantiert. Beförderungspapier ist der 5-teilige Speditionsauftrag/Bahntrans.

Bahntrans-Express

Stückgüter können als Expressgut versandt werden. Sie werden beim Absender abgeholt oder bei der Bahntrans aufgegeben. Sie werden nachts befördert und dem Empfänger am folgenden Tag zugestellt. Selbstabholung ist möglich. Für die Abholung und Zustellung werden Zuschläge berechnet.

IC-Kurierdienst

Handliche Gegenstände bis zu 20 kg Gewicht können über Tag mit jedem Intercity- oder Eurocity-Zug zwischen den Haltebahnhöfen dieser Züge befördert werden. Die Sendungen werden bis 30 Minuten vor Zugabfahrt am Gepäckschalter oder in eiligen Fällen auch unmittelbar am Zug aufgeliefert. Der Empfänger kann sie unmittelbar am Zug oder 15 Minuten nach Zugankunft am Gepäckschalter abholen. Beförderungspapier ist die IC-Kurierdienstkarte.

Wagenladungsverkehre

Frachtgut: Ganze Güterwagen müssen für die Beladung auf einem Freiladegleis des Güterbahnhofs oder auf einem betriebseigenen Anschlussgleis bestellt werden. Wagenladungen werden grundsätzlich als Frachtgut befördert.

InterCargo: Zwischen den 18 bedeutendsten deutschen Wirtschaftszentren hat die Bahn InterCargo als beschleunigten Wagenladungsverkehr eingerichtet. Es handelt sich um die Zentren München, Franken, Stuttgart, Rhein-Neckar-Saar, Rhein-Main, Rhein, westliche Ruhr, östliche Ruhr, Hannover/Braunschweig, Bremen, Hamburg, Rostock, Berlin, Magdeburg, Halle/Leipzig, Erfurt, Zwickau/Chemnitz und Dresden. Die Güterwagen werden im Bereich vieler Bahnhöfe zwischen 16 und 18 Uhr abgeholt und dem Empfänger garantiert am nächsten Morgen bis 9 Uhr zum Entladen bereitgestellt. Mehrkosten entstehen durch InterCargo nicht. Beförderungspapier für den Wagenladungsverkehr ist der Frachtbrief (nach ALB) oder ein sog. „Beförderungspapier".

Die Transportverträge sind entweder sog. Leistungsverträge (schriftlich geschlossen, Laufzeit 12 Monate) oder Einzelverträge. Bei Einzelverträgen ist der Auftrag entweder der vom Kunden ausgefüllte Frachtbrief oder das Beförderungspapier. Letzeres kann auch per Telefax oder elektronisch an die Bahn geschickt werden.

Containerverkehr

Der Absender schließt mit der TFG den Frachtvertrag und übergibt ihr einen Formularsatz mit dem Übergabeschein und einem Container-Frachtbrief. Die TFG sorgt für die Zustellung von und zu den Containerumschlagbahnhöfen. Sie berechnet dem Absender einen Preis, der Containermiete und Fracht umfasst.

Huckepackverkehr

LKW-Unternehmer des Güterkraftverkehrs können ihre LKWs, Sattelauflieger oder Wechselaufbauten auf bestimmten Relationen auf Niederflurwagen der Bahn befördern lassen. Sie schließen mit der Kombiverkehr KG den Beförderungsvertrag für den Schienentransport.

Im Vertragsverhältnis zwischen dem LKW-Unternehmer und den Absendern der beförderten Güter gelten für den gesamten Transport die Geschäftsbedingungen des LKW-Unternehmers.

Huckepackverkehr ist, rechtlich gesehen, über die Schiene geleiteter Güterverkehr mit LKW.

Der Bahnfrachtbrief besteht aus vier Teilen, die im Durchschreibeverfahren beschriftet werden:

- Versandblatt: für den Versandbahnhof (siehe S. 199)
- Frachtbriefdoppel: für den Absender
- Empfangsblatt: für den Bestimmungsbahnhof
- Frachtbrief: für den Empfänger

Gegen Vorlage des Frachtbriefdoppels kann der Absender auch nach Auslieferung der Sendung noch nachträgliche Verfügungen treffen, z. B. die Sendung zurückverlangen. Gibt er das Frachtbriefdoppel aus der Hand (etwa an den Warenkäufer gegen Kaufpreiszahlung), so ist sein Verfügungsrecht gesperrt. Das **Frachtbriefdoppel** wird deshalb als **Sperrpapier** bezeichnet.

8.4 Internationaler Eisenbahngüterverkehr

Der Beförderungsvertrag wird im internationalen Bahnverkehr durch die „Einheitlichen Rechtsvorschriften für den Vertrag über die internationale Eisenbahnbeförderung von Gütern (ER/CIM)[1]" geregelt.

Im internationalen Verkehr können ebenfalls Stückgüter und Wagenladungen befördert werden. Versandpapier ist der internationale Eisenbahnfrachtbrief (CIM-Frachtbrief). Auch hier ist das Frachtbriefdoppel Sperrpapier. Oft ist im Kaufvertrag vereinbart: „Zahlung gegen Frachtbriefdoppel". Zahlt die Bank des Käufers dann gegen Übergabe des Frachtbriefdoppels, so kann der Käufer sicher sein, dass ihm die Sendung auch tatsächlich ausgeliefert wird.

Der Verkäufer seinerseits kann die Sendung umleiten oder zurückholen, wenn die Bank nicht zahlt.

Eiliges Kleingut kann mit einem internationalen Expressgutschein als Eurail-Express nach Frankreich, Großbritannien, Luxemburg, in die Niederlande, nach Österreich und in die Schweiz aufgegeben werden.

---

[1] CIM = Convention Internationale concernant le transport de Marchandises par chemin de fer (Internationales Übereinkommen über den Eisenbahnfrachtverkehr)

Beispiel: Bahnfrachtbrief (Wagenladung)

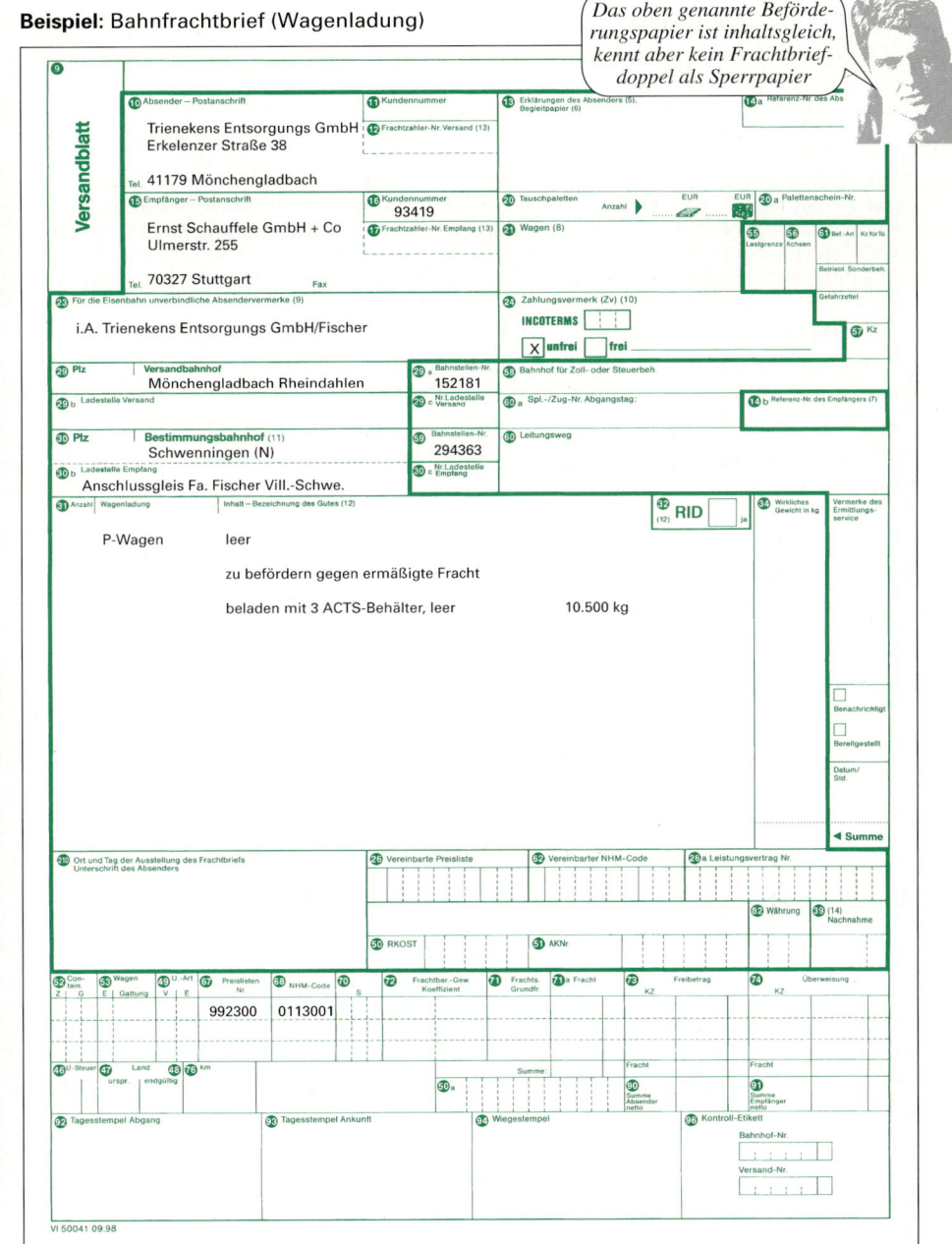

8.5 Güterbeförderung mit dem Lastkraftwagen

Güterkraftverkehrsunternehmen können nationalen und/oder grenzüberschreitenden Güterkraftverkehr betreiben.

- Der nationale Verkehr bedarf einer behördlichen Erlaubnis. Hierfür sind Zuverlässigkeit, finanzielle Leistungsfähigkeit und fachliche Eignung nachzuweisen.
- Für Transporte innerhalb der EU ist die sog. EU-Lizenz erforderlich.

- Für Transporte in/aus Nicht-EU-Staaten sind Transportgenehmigungen unterschiedlicher Art erforderlich.

Die Unterscheidung zwischen Stückgut und Ladung ist heutzutage allerdings nur noch theoretischer Natur: Stückgut wird so gut wie immer einem Spediteur übergeben. Dieser stellt die gesammelten Stückgüter mehrerer Versender zu einer LKW-Ladung (sog. **Sammelladung**) zusammen.

Die Frachten im Güterkraftverkehr können frei vereinbart werden.

Ein Frachtbriefzwang besteht nach HGB nicht. Jedoch arbeiten fast alle Güterkraftverkehrsunternehmen nach den VBGL/AGL[1]. Diese sehen die Ausstellung eines Frachtbriefs vor. Aus Gründen der Praktikabilität kann ggf. ein anderes Begleitpapier (z. B. Lieferschein, Rollkarte) verwendet werden. Der grenzüberschreitende Verkehr wird durch die CMR[2]) geregelt.

Diese schreibt die Ausstellung eines Frachtbriefs nach CMR-Muster vor.

Der Absender kann nachträgliche Verfügungen treffen. Dabei ist der CMR-Frachtbrief mit einer Sperrfunktion ausgestattet (wie der Bahnfrachtbrief). Im innerdeutschen Verkehr kann der Absender eine Sperrfunktion schaffen, indem er einen entsprechenden Vermerk in den Frachtbrief aufnimmt.

8.6 Güterbeförderung mit dem Binnenschiff

Binnenschiffe dienen der Beförderung von Massengut: Baustoffe, Öl, Erz, Kohle, Getreide, Futtermittel, Holz, Düngemittel, Eisen, Stahl, Chemieprodukte u. a. m. Im Stückgutgeschäft sind Binnenschiffe vor allem durch die Beförderung von Containern in die internationalen Transportketten eingebunden.

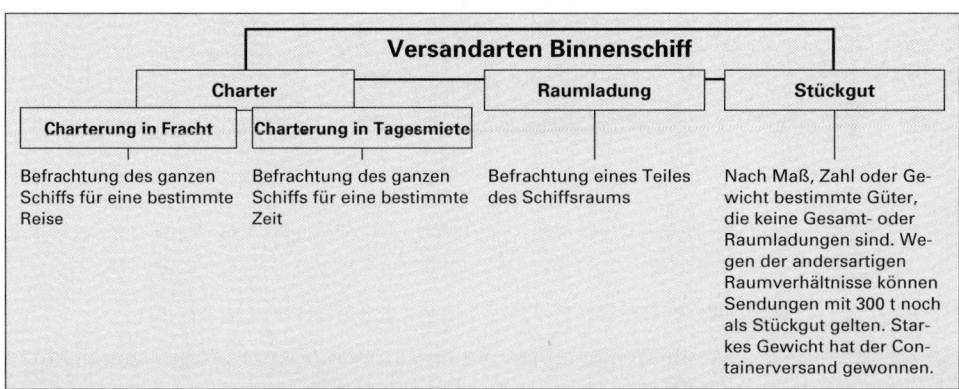

---

[1] Vertragsbedingungen für Güterkraftverkehrs- und Logistikunternehmer; zugleich Allgemeine Geschäftsbedingungen für den Güterkraftverkehrs- und Logistikunternehmer

[2] Convention relative au contrat de transport international de Marchandises par Route (Übereinkommen über den Beförderungsvertrag im internationalen Straßengüterverkehr)

Der Frachtführer **kann** vom Absender die Ausstellung eines **Frachtbriefs** verlangen. Dieser wird aber i. d. R. ersetzt durch einen **Ladeschein** (auch Fluss- oder Binnenkonnossement genannt). Anders als beim Frachtbrief muss der Frachtführer ihn ausstellen. Er hat die gleiche Bedeutung wie das Konnossement in der Seeschifffahrt. Die Frachten können frei vereinbart werden.

8.7 Güterbeförderung mit dem Seeschiff

Seeschiffe können wegen ihrer Größe so gut wie alle Güter befördern. Sie verkehren in der

- **Linienschifffahrt** nach einem festen Fahrplan auf festen Relationen. Sie sind dann auf den Stückgutverkehr ausgerichtet.
- **Trampschifffahrt** ohne feste Relationen. In diesem Fall werden die Schiffe gechartert.

Beim Schiffsversand werden meist Spediteure eingeschaltet, die alle Probleme des An- und Abtransports, des Umschlags und des Aus- bzw. Einfuhrverfahrens lösen.

Beförderungspapier ist in der Linienschifffahrt das **Konnossement**. In der Trampschifffahrt wird der Chartervertrag i. d. R. in einer sog. **Charterpartie** schriftlich niedergelegt.

Von italienisch „carta partita" = geteiltes Papier: Der Vertrag wurde früher im Zickzack in zwei Teile geschnitten. Wer dem Kapitän die passende Hälfte vorlegte, erhielt die Sendung ausgeliefert.

Im Konnossement bescheinigt der Verfrachter (Transporteur) die Übernahme der Ware und gibt ein Auslieferungsversprechen an den genannten Empfänger. Das **Bord-Konnossement** bestätigt die Verladung an Bord des genannten Schiffes, das **Übernahme-Konnossement** nur die Entgegennahme durch den Verfrachter.

Der Verfrachter darf die Sendung nur gegen Rückgabe des Konnossements herausgeben. Der Absender übergibt deshalb meist sofort nach der Verschiffung das Konnossement gegen Zahlung oder anderweitige Sicherstellung des Kaufpreises dem Empfänger oder dessen Bank. Dadurch gehen das Eigentum und das Verfügungsrecht über die Sendung auf den Empfänger über.

8.8 Güterbeförderung mit dem Flugzeug

Flugzeuge werden entweder gechartert (dann werden die Frachten frei vereinbart), oder die Güter werden im Linienverkehr der großen Fluggesellschaften befördert. Diese sind meist der IATA (International Air Transport Association) angeschlossen, welche einheitliche Tarife festgelegt hat. Unterschiedliche Beförderungsarten existieren nicht.

Das Beförderungspapier für den Lufttransport ist der Luftfrachtbrief (Air Way Bill, AWB). Sein drittes Original, das „Luftfrachtbriefdritt", dient als Sperrpapier. Der Absender kann damit über die Sendung verfügen, bis der Empfänger die Aushändigung des AWB oder der Sendung verlangt.

Da die Versendung häufig ins Ausland geht, werden auch beim Lufttransport in weit mehr als der Hälfte aller Versendungen spezialisierte Spediteure eingeschaltet.

8.9 Güterbeförderung durch die Deutsche Post AG

Sendungen bis maximal 20 kg können auch mit der Post versandt werden. Es sind zu unterscheiden: Warensendung, Päckchen, Paket, Express-Paket.

Versandarten (Post)	
Warensendung	**Höchstgewicht**
Verbilligter Versand von Proben, Mustern und kleinen Gegenständen mit der Briefpost. Einlieferung ohne Einlieferungsnachweis! Die Sendung darf nicht verschlossen werden. Besondere Versendungsformen sind nicht zugelassen.	500 g
Päckchen	
Warenversand mit Gebührenvorteilen gegenüber Brief und Paket. Beförderung mit der Paketpost. Einlieferung ohne Einlieferungsnachweis! Zwei Zustellversuche. Rücksendung bei Unzustellbarkeit.	2000 g
Postpaket	
Einlieferung freigemacht oder unfrei am Postschalter mit ausgefülltem Paketschein (zugleich Einlieferungsnachweis). Zwei Zustellungsversuche (Empfänger kann per Postkarte den zweiten Termin bestimmen). Rücksendung bei Unzustellbarkeit. Haftung der Post bis zum Höchstbetrag von 511,29 EUR).	20 kg
Express-Paket	
Zustellung am Tag nach der Einlieferung (gegen Aufpreis). Gegen weitere (hohe) Aufpreise sind auch Frühzustellung an Werktagen sowie Sonn- und Feiertagszustellung möglich.	20 kg

Besondere (gebührenpflichtige) Versendungsformen für Pakete	
Eigenhändig	Die Sendung wird nur dem Empfänger persönlich oder einem besonders Bevollmächtigten ausgehändigt.
Transportversicherung	Für Pakete mit Transportversicherung haftet die Post für den tatsächlichen Wert bis zur Höhe der Wertangabe (höchstens 25 564,59 EUR).
Rückschein	Der Rückschein ist eine Empfangsbestätigung des Empfängers, ohne die die Sendung nicht ausgeliefert wird. Die Post schickt den Rückschein an den Absender zurück.
Nachnahme	Nachnahmesendungen werden nur gegen Zahlung des auf dem Nachnahmepaketschein angegebenen Nachnahmebetrages an den Empfänger ausgeliefert. Der Betrag wird an den Absender überwiesen. Nachnahmehöchstbetrag: 3 579,04 EUR.

Beispiel: Paketschein

```
Absender
Angelika Sommer                    Raum für Identcode-Label
Dietrichstraße 56                  Bitte nicht beschriften!
60439    Frankfurt
(Postleitzahl) (Ort)
                                           Vorausverfügungen

      Raum für Klebezettel
      Bitte nicht beschriften!     Empfänger
                                   Karl Schmidt
Vermerke über Zusatzleistungen usw.

 ☐ Unfrei  ☐ Eigenhändig  ☐ Rückschein
                                   Ottostraße 5
 ☐ Sperrgut  ☐ Eingeschriebene     (Straße und Hausnummer)
             Blindensendung-Schwer
 ☐                                 80333    München
                                   (Postleitzahl)  (Bestimmungsort)

 6.95                              912-660-000
```

8.10 Güterbeförderung durch Paket- und Kurierdienste

Pakete können auch durch privatwirtschaftliche Paketdienste und Kurierdienste versandt werden. Rechtlich handelt es sich dabei um Frachtführer und Spediteure, die im Selbsteintritt befördern.

Bekannte Dienste sind: United Parcel Service (UPS), Deutscher Paketdienst (DPD), German Parcel-Paket-Logistik (GP), KN Parcel Service, EMS-Kurierdienst (eine Tochterunternehmung der Deutschen Post AG). Die **Paket**dienste nehmen keine Einmalkunden an, sondern sie schließen einen Dauervertrag. Auf Grund dieses Vertrages holt der Paketdienst jeden Werktag ohne besondere Aufforderung und unabhängig davon, ob Pakete versandfertig bereitstehen, Sendungen beim Absender ab und stellt sie binnen ein bis zwei Tagen zu. **Kurier**dienste hingegen nehmen einmalige Schnellbeförderungen zu hohen Preisen vor (vgl. IC-Kurierdienst der Bahn).

Die Paketdienste sind gegenüber der Deutschen Post AG im Vorteil: Sie unterliegen keiner Beförderungspflicht, konzentrieren sich auf Kunden mit Gewinn bringendem Massenversand und schließen ggf. individuelle Verträge. Der Deutschen Post AG verbleiben oft die unrentableren Sendungen.

8.11 Aufgaben des Spediteurs beim Güterversand

8.11.1 Traditionelle Aufgaben

Der Güterversand gestaltet sich schwierig, wenn mehrere Frachtführer eingeschaltet und die Güter von einem Transportmittel aufs andere umgeladen und vielleicht sogar eingelagert werden müssen. Dann fehlt häufig der Überblick über die Fülle der zu bewältigenden Formalitäten, über die günstigsten Transportwege und Umschlagmöglichkeiten. Hier hilft als Fachmann der Spediteur.

Spediteure besorgen für ihre Auftraggeber die Versendung von Gütern (BGB § 453). Sie müssen die Beförderung organisieren, insbesondere Beförderungsmittel und

-weg bestimmen, die Transportunternehmer auswählen, die nötigen Fracht-, Lager- und Speditionsverträge schließen und Schadenersatzansprüche des Versenders sichern (HGB § 454).

Der Spediteur befördert nach diesen Bestimmungen nicht selbst, sondern er besorgt den Transport durch Transportunternehmer. Mit dem Versender schließt er einen Speditionsvertrag, mit Frachtführern in eigenem Namen Frachtverträge ab. Gegenüber den Frachtführern gilt also er als der Absender. Den Güterumschlag lässt er durch Zwischenspediteure besorgen. Für seine Tätigkeit hat er Anspruch auf die vereinbarte Vergütung und auf Ersatz seiner Aufwendungen.

Die Spediteure legen ihren Geschäften i. d. R. nicht das HGB, sondern die Geschäftsbedingungen der Branche zu Grunde: die Allgemeinen Deutschen Spediteurbedingungen (ADSp).

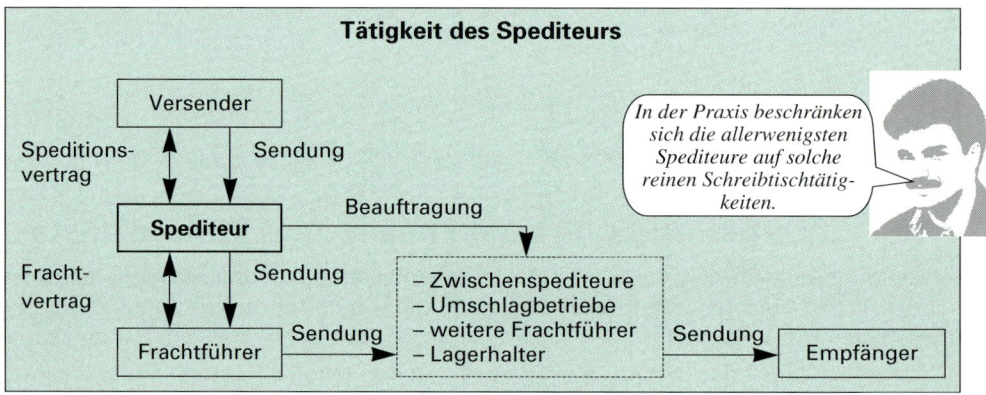

Das HGB räumt dem Spediteur erweiterte Rechte ein:

Erweiterte Rechte des Spediteurs

Selbsteintritt (HGB § 412)
Der Spediteur darf die Güterbeförderung selbst ausführen.

Speditionsübernahme (HGB § 413)
Der Spediteur kann mit dem Versender einen festen Preis für die gesamte Beförderung bis hin zum Empfänger vereinbaren. Dies geschieht besonders bei mehrstufigen Transporten (Transporte, bei denen die Sendung mehrmals von einem Verkehrsmittel auf ein anderes „umgeschlagen" wird).

Sammelladung (HGB § 460)
Der Spediteur kann die Versendung eines Gutes zusammen mit den Gütern anderer Versender bewirken.
Der Spediteur sammelt Stückgüter verschiedener Versender, die an denselben Empfangsort gerichtet sind, und gibt sie als Ladung auf oder befördert sie als Ladung im Selbsteintritt. Die Beförderung als Ladung ist bedeutend frachtgünstiger. Einen Teil seines Frachtvorteils gibt der Spediteur an den Versender weiter. Ein Empfangsspediteur verteilt die Sendungen an die Endempfänger.

Merke: In den 3 genannten Fällen hat der Spediteur, rechtlich gesehen, die Rechte und Pflichten eines Frachtführers!

Von diesen Rechten macht der Spediteur in der Praxis zum Vorteil seines Auftraggebers ausgiebig Gebrauch.

Beispiel:
Versand einer Kiste Maschinenteile an die George Brand Ltd., Pittsburgh, USA, ab Werk Düsseldorf bis Ankunft Schiff New York. Der Spediteur besorgt:

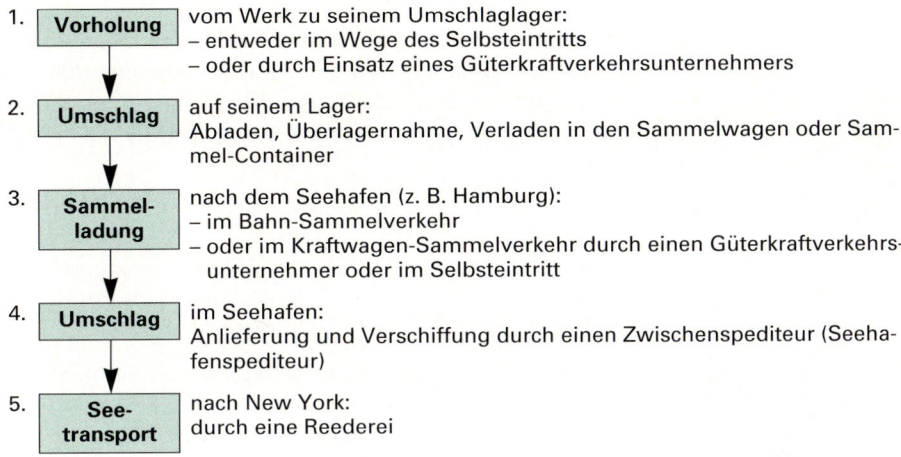

1. **Vorholung** — vom Werk zu seinem Umschlaglager:
   – entweder im Wege des Selbsteintritts
   – oder durch Einsatz eines Güterkraftverkehrsunternehmers
2. **Umschlag** — auf seinem Lager:
   Abladen, Überlagernahme, Verladen in den Sammelwagen oder Sammel-Container
3. **Sammelladung** — nach dem Seehafen (z. B. Hamburg):
   – im Bahn-Sammelverkehr
   – oder im Kraftwagen-Sammelverkehr durch einen Güterkraftverkehrsunternehmer oder im Selbsteintritt
4. **Umschlag** — im Seehafen:
   Anlieferung und Verschiffung durch einen Zwischenspediteur (Seehafenspediteur)
5. **Seetransport** — nach New York:
   durch eine Reederei
6. Evtl. Nebenleistungen: z. B. Besorgung von Haus-zu-Haus-Transportversicherung, ggf. Besorgung der Konsulatsfaktura oder Zollfaktura (für die Verzollung im Empfangsland) und der Akkredititv-Papiere, Geltendmachen von Schadenersatzansprüchen.

Auch der Empfänger in den USA kann den Spediteur in Anspruch nehmen: Er beauftragt seinen Hausspediteur (Empfangsspediteur). Dieser veranlasst den Seehafenspediteur die ankommende Sendung entgegenzunehmen, zu verzollen, zu prüfen und weiterzuleiten. Er nimmt die z. B. mit der Bahn anrollende Sendung in Empfang, kontrolliert die Verpackung, löst den Frachtbrief und gegebenenfalls eine Nachnahme ein und stellt dem Empfänger die Ware zu.

8.11.2 Logistische Aufgaben des Spediteurs

Der Spediteur übernimmt heutzutage nicht nur die Besorgung von Einzelversendungen. Er wird vielmehr in das Logistiksystem seiner Kunden eingebunden.

Logistik **sind alle Maßnahmen zur optimalen Gestaltung der Informations- und Güterbewegungen in der Unternehmung und mit ihrer Außenwelt.**

Ein modernes Logistiksystem ist das **Just-in-Time-System**.[1] Dabei liefern vorgeschaltete Betriebsstufen immer nur die Mengen, die von der nachgeschalteten Stufe benötigt und abgerufen werden:

Beispiel: Just-in-Time im Fertigungsbetrieb

Absatz
Der Absatz richtet sich nach dem aktuellen Kundenbedarf (besser: nach den Kundenbestellungen). Er „bestellt" deshalb seinerseits bei der Fertigung nur die benötigten Mengen und liefert sie kurzfristig ohne Zeitverzögerung aus.

Fertigung
In der Fertigung muss gewährleistet werden, dass vorgeschaltete Produktionsstufen nur die Mengen fertigen, die von der jeweils nachgeschalteten Stufe benötigt und von ihr abgerufen werden.

---

[1] (engl.) just in time = genau zur rechten Zeit

> **Beschaffung**
> Die Beschaffung muss gewährleisten, dass das Material gerade rechtzeitig vom Lieferer an den Fertigungsort geliefert wird. Die Anlieferung der Teile erfolgt oft so genau, dass die Teile nahezu sofort vom LKW in die Produktion gehen.

In der Folge können die Absatz-, Zwischen- und Beschaffungsläger konsequent reduziert werden. Damit schwindet die Gefahr, dass man auf hohen unverkäuflichen Vorräten sitzenbleibt. Zugleich entfallen auch die Kosten für die Lagervorräte. Allerdings können die Kosteneinsparungen bei der Lagerung durch häufigere kleinere Bestellungen wieder verloren gehen.

Dieser Gefahr kann man durch die vertragliche Einbindung von Spediteuren entgehen. Ein Spediteur kann z. B. in einem Lager die Lieferungen aller Zulieferer eines Einzugsgebietes bündeln. Er kann die täglich benötigten Güter zu kostengünstigen Ladungen zusammenstellen und schnell ausliefern. Er kann außerdem durch sein eigenes EDV-System die Fertigstellungstermine der Zulieferer überwachen.

Im Versandbereich kann der Spediteur ein **Auslieferungslager** unterhalten. Entweder füllt er dieses Lager selbst auf, indem er die Produkte direkt aus der Fertigung abholt, oder der Fertigungsbetrieb sorgt für die Auffüllung. Jetzt kann der Spediteur

- Lagerarbeiten übernehmen (z. B. Materialpflege und Qualitätsprüfungen),
- die Kommissionierung selbst vornehmen,
- Ladeeinheiten festlegen,
- die Ware verpacken,
- geeignete Lade- und Transportmittel bestimmen,
- die Versandpapiere ausstellen,
- alle Transport- und Umschlagsvorgänge besorgen oder die Ware im Selbsteintritt transportieren,
- alle erforderlichen Nebenleistungen erbringen,
- die Waren „Just-in-Time" ausliefern.

Der Industriebetrieb gliedert damit Tätigkeiten aus, die er früher selbst ausgeführt hat, und überträgt sie auf einen Dienstleister. Im Fachjargon der Logistik bezeichnet man eine solche Ausgliederung als **„Outsourcing"**. Maßgeblich für Outsourcing sind

- **Kostengesichtspunkte:** Einsparung von Personalkosten (bei Kommissionierung, Verpackung, Transport, ...), Investitionskosten (für Kommissioniersysteme, Lagerraum, Transportmittel, ...), Wartungskosten (für eigene Fahrzeuge),
- **Qualitätsgesichtspunkte:** Spezialisierte Logistikdienstleister mit großer Erfahrung können die Versandaufgaben oft schneller und fehlerfreier ausführen als der Industriebetrieb. Zufriedenere Kunden sind die erwünschte Folge.

Voraussetzung für das Funktionieren einer solchen Organisation ist ein störungsfreier Fluss der notwendigen Informationen zwischen Industriebetrieb und Spediteur (Fertigstellungs- und Abholtermine, Mengen, Kundendaten, Auftragsgrößen, ...). Dies bedingt eine weitgehende Vernetzung der beidseitigen Computersysteme. Entsprechendes gilt für große Handelsbetriebe.

Arbeitsaufgaben

1. In der Industrie setzt sich das Logistik-System Just-in-Time immer mehr durch.
   Welche Anforderungen an die Güterbeförderung treten damit immer mehr in den Vordergrund?
2. Die Bahn hat in den letzten Jahrzehnten immer mehr Marktanteile an den schnelleren Lkw verloren. Durch bestimmte Leistungsangebote will sie Marktanteile zurückgewinnen. zurückgewinnen.
   Um welche Leistungsangebote der Bahn handelt es sich? Nennen Sie Einzelheiten.
3. Die kombinierten Verkehre der Bahn sind insbesondere unter Umweltgesichtspunkten begrüßenswert.
   a) Welche kombinierten Verkehre sind zu unterscheiden?
   b) Erläutern Sie die Vorteile dieser kombinierten Verkehre für den Versender und für den Lkw-Frachtführer.
4. Sie wollen als Absender folgende Sendungen möglichst schnell befördern lassen:
   a) 10 kg Ersatzteile von Düsseldorf nach Stuttgart,
   b) 90 kg Ersatzteile von Düsseldorf nach Saloniki (Griechenland),
   c) 3 Kolli mit je 60 kg Damenkleidung von München nach Hamburg,
   d) 3 Kolli mit je 60 kg Damenkleidern von Kleinkleckersdorf (Lüneburger Heide) nach Oberwiesenthal (Erzgebirge). Beide Orte haben einen Personenbahnhof,
   e) 15 kg Medikamente von Erlangen nach Frankfurt/Oder,
   f) 20 t Lacke von Augsburg nach Potsdam.
   Für welche Transportmöglichkeiten entscheiden Sie sich?
5. Eine Stückgutsendung mit Autoersatzteilen soll von Frankfurt/M. nach Kairo transportiert werden.
   Beschreiben Sie alle Transportmöglichkeiten mit ihren Vor- und Nachteilen und entscheiden Sie sich für die Ihrer Meinung nach günstigste Alternative.
6. Die Post kennt verschiedene besondere Versendungsformen.
   Nennen Sie diese Versendungsformen und geben Sie an, unter welchen Bedingungen sie angezeigt sind.
7. Sie wollen ein Paket mit Fräsern mit einem Gewicht von 19 kg
   (1) mit eigenem Lkw   (3) durch die Bahn
   (2) durch die Post   (4) durch Ihren Spediteur
   nach Hamburg versenden.
   Welche Versandpapiere müssen bzw. können Sie jeweils ausstellen?
8. Angenommen, Sie sind als Akquisiteur (Reisender, Kundenwerber) bei einer bekannten Spedition beschäftigt. Der Geschäftsführer eines Betriebes äußert Ihnen gegenüber, er könne auf die Dienste eines Spediteurs gut verzichten.
   Versuchen Sie, ihn vom Gegenteil zu überzeugen.
9. Bestimmte Frachtpapiere werden als Sperrpapiere bezeichnet.
   a) Um welche Papiere handelt es sich?
   b) Erläutern Sie die Rechte, die diese Papiere verleihen.
   c) Beim Frachtbrief für den gewerblichen Güterkraftverkehr hat kein Exemplar automatisch eine Sperrfunktion. Welche Auswirkung ist damit verbunden?

8.12 Bestimmungsgründe für die Wahl der Beförderungsart

8.12.1 Wahl des Transportmittels

Wer Güter versenden will, wird das Transportmittel auswählen, welches
- den Eigenschaften des Gutes (flüssiger, gasförmiger oder fester Zustand, Schüttgut, Stückgut, Größe, Gewicht, Menge, Gefährlichkeit, Empfindlichkeit, Wert) am besten entspricht,
- im Hinblick auf Schnelligkeit, Sicherheit, Preis, Regelmäßigkeit, Pünktlichkeit und Umweltfreundlichkeit den Anforderungen in der vorliegenden Beförderungssituation am besten entspricht.

Beispiele:
- **Überseetransporte** sind mit dem **Seeschiff** oder dem **Flugzeug** möglich. Das Flugzeug eignet sich aber nicht für Massengüter, kennt Obergrenzen für Maße und Gewichte und darf bestimmte Gefahrstoffe nicht transportieren. Energieverbrauch und Abgasausstoß sind hoch. Die Frachten liegen deutlich über denen des Seeschiffs. Aber das Flugzeug ist schnell und als Transportmittel sehr sicher. Es erspart die teure seemäßige Verpackung und ist günstig hinsichtlich der Transportversicherung. Deshalb eignet das Flugzeug sich vor allem für eilbedürftige, hochwertige, empfindliche und schnell verderbliche Güter. Weiterhin gilt aber: Der Schiffstransport macht oft Anschlusstransporte ins Binnenland erforderlich. Dann kann die Summe der Frachten bisweilen höher sein als bei der Wahl des Flugzeugs.
Das Schiff ist ideal für Massengut sowie schwere umfangreiche Stückgüter, insbesondere auch für den Transport von Containern.
- **Binnentransporte** sind mit **Binnenschiff**, **Bahn** und **LKW** möglich. Das Schiff ist umweltfreundlich, eignet sich aber nur für Massengut. Hier ist es konkurrenzlos billig, denn es befördert große Mengen mit geringem Energieaufwand und muss Schifffahrtsabgaben nur für die Benutzung künstlicher Wasserstraßen zahlen. Es kann aber nur Orte an schiffbaren Wasserwegen anlaufen, ist langsam und von Vereisung, Hoch- und Niedrigwasser abhängig. Bei den meisten Kaufmannsgütern besteht deshalb die Wahl zwischen Bahn und LKW. Der Bahntransport ist umweltfreundlicher (weniger Energieverbrauch, weniger Umweltverschmutzung, keine Verstopfung der Straßen) und weniger witterungsabhängig (Wintertransporte!). Aber der LKW ist beweglicher: Er erreicht den kleinsten Ort ohne Umladen im Haus-Haus-Verkehr und ist deshalb in der Summe schneller (selbst wenn durch häufige Staus auf den Fernstraßen dieser Vorteil oft in Frage gestellt wird). Der Haus-Haus-Verkehr erspart oft Transport-, Verpackungs- und Umschlagskosten und ermöglicht eine individuellere Behandlung und Sonderwünsche. Nur zum Teil kann die Bahn diese Nachteile durch Anschlussgleise für Betriebe, durch große Containerumschlagbahnhöfe, durch die Möglichkeit des Huckepackverkehrs (Verladen von LKW und LKW-Aufbauten auf Züge) und durch garantierte Bereitstellungszeiten ausgleichen.

Die Entscheidung über die Transportmittelart ist oft grundsätzlich und längerfristig bindend; z. B. dann, wenn Regionalläger eingerichtet und ständig beliefert werden. Sie verlangt die genaue Kenntnis der Gütereigenschaften und der Beförderungssituation.

8.12.2 Entscheidung über Werkverkehr, Frachtführer, Spediteur

Der **Werkverkehr** erfordert eine hohe Auslastung der Fahrzeuge. Ein nicht ausreichend ausgelasteter Fuhrpark verursacht hohe Kosten in Form von Abnutzung, Fahrerlöhnen, Steuern, Versicherungen, Wartung usw. Diese Kosten lassen sich vermeiden, wenn sich ein **Transportunternehmer** einschaltet. Der **Postversand** ist dabei nur für Kleinsendungen bis 20 kg möglich. Als Alternative bieten sich Express-, Kurier- und Paketdienste an. Bei vielen Inlandstransporten macht es keinen Unterschied, ob man den Versand durch Transportunternehmer oder durch Spediteure vornehmen lässt, weil die meisten Spediteure ohnehin im Selbsteintritt befördern, also als Frachtführer tätig werden. Bei Stückgütern kann die Einschaltung des Spediteurs den Transport verbilligen (**Sammelladung**), bei gebrochenen Transporten (unter anderem Auslandstransporten) hilft der Spediteur durch seine Spezialkenntnisse, sucht selbst die geeigneten Frachtführer aus, sichert die Beachtung der häufig komplizierten Ein- und Ausfuhrbedingungen, besorgt die Gesamtbeförderung zu einem festen Preis, besorgt die notwendigen Versicherungen, erledigt die Zollformalitäten und wirkt bei der Zahlungsabwicklung mit.

Auf diese Weise trägt der Spediteur auch dazu bei das **Beförderungsrisiko** zu verringern, das mit jedem Warenversand verbunden ist. Diesem Ziel dienen auch eventuell notwendige Spezialbehandlungen des Gutes auf dem Transport (z. B. Kühlung),

Ausbesserungen der Verpackung und eine angemessene Bezettelung der Sendung. Für **Schäden**, die trotzdem durch die Speditionstätigkeit entstehen, tritt eine **Speditionsversicherung** ein, die der Spediteur auf Kosten des Auftraggebers abschließen muss.

Die Frachtführer, die der Spediteur einschaltet oder die vom Versender selbst beauftragt werden, haften für die ordnungsgemäße Beförderung der Sendung. Allerdings ist die betragsmäßige Haftung bei allen Beförderungsbetrieben stark eingeschränkt. Wer sich vollen Ersatz des Schadens sichern will, kann gegen eine Gebühr bei Bahn- und Luftversand einen Lieferwert angeben, bis zu dessen Höhe der Schaden ersetzt wird[1]. Im Übrigen kann der Versender vollen Schadenersatz durch den Abschluss einer **Transportversicherung** erlangen.

8.12.3 Wahl der Verpackung

Der Versender kann selber daran mitwirken, die Transportgefahren für die Güter zu verringern und Verpackungskosten zu sparen.

Die Verpackung muss eine Reihe logistischer Anforderungen erfüllen:

Logistische Anforderungen an die Verpackung

Die Verpackung soll schützen

- Schutz der Ware
  - vor Beschädigung durch Fall, Stoß, Druck, Schub, Rütteln, Schwingungen, Klimaeinwirkungen (Hitze, Kälte, Feuchtigkeit), Tiere (Schädlinge), Verunreinigungen;
  - vor Mengenverlusten (z. B. Auslaufen, Verdunsten);
  - vor Raub, Diebstahl.
- Schutz des Menschen (z. B. vor scharfen Kanten, Gift, Strahlung);
- Schutz des Transportmittels, anderer Packmittel und der Umwelt (z. B. durch auslaufende Flüssigkeit, Entzündung, Explosion, Geruch des Packguts).

Die Verpackung soll Lagerung, Laden und Transport rationalisieren

Die Verpackung soll bewirken, dass das Packgut
- Flächen und Raum sparend gelagert und transportiert werden kann, z. B. durch Stapelbarkeit. (Auch die leere Verpackung sollte stapelbar, ggf. ineinander schachtelbar oder faltbar sein.)
- mit mechanischen oder automatischen Umschlags- und Fördermitteln bewegt und gehandhabt werden kann. Liegt diese Eigenschaft bei einem Gut vor, so nennt man es eine Ladeeinheit.

Optimal ist:
Verpackungseinheit
= Lagereinheit
= Fördereinheit
= Fertigungseinheit
= Verkaufseinheit
= Ladeeinheit
= Versandeinheit!

Die Verpackung soll kostengünstig sein

Gefordert sind wenig Personaleinsatz, kurze Verpackungszeiten, preiswertes Material, geringes Gewicht (Einsparung von Lade-, Transport-, Umschlagkosten!), Wiederverwendbarkeit.

Die Verpackung soll umweltfreundlich sein

Die Verpackungsverordnung von 1998 legt fest:
- Verpackungen sind aus umweltverträglichen und die stoffliche Verwertung nicht belastenden Materialien herzustellen.
- Um Abfälle zu vermeiden, sollen Verpackungen auf das unmittelbar notwendige Maß beschränkt werden, wiederbefüllbar sein (falls möglich und zumutbar) und ansonsten stofflich verwertet werden.

Hersteller und Vertreiber von Waren müssen Transportverpackungen nach Gebrauch zurücknehmen und einer erneuten Verwendung oder einer stofflichen Verwertung außerhalb der öffentlichen Abfallentsorgung zuführen.

---

[1] Bei Bahnversand nur bei Wagenladungen

Diesen Anforderungen lässt sich heute am besten durch den Einsatz von **Lademitteln** entsprechen. Sie fassen kleine Einheiten wie Kartons, Kisten, Schachteln zu größeren Ladeeinheiten zusammen. Hier kann nur eine kleine Auswahl aus der enormen Vielfalt der Lademittel genannt werden.

Lademittel

Paletten

Genormte Ladeflächen aus Holz (1 200 x 800 mm), die von allen Seiten mit Gabelstaplern aufgenommen werden können. Außerdem: Gitterboxpaletten aus Stahlrohr mit Seitenwänden aus Stahldraht. Paletten werden meist Zug um Zug getauscht (beladene Palette gegen leere). Damit entfällt die Rückbeförderung.

Preßholzpaletten

Beim Stapeln Raum sparender als Flachpaletten. Auf den Paletten können große Kartons aus Wellpappe befestigt werden. Es entstehen sog. „Paltainer" oder „Welltainer".

Pliboxen

Zusammenlegbare Sperrholzkisten, die gefaltet geliefert werden und schnell auf der Palettenbasis montiert werden können. Stabil und für viele Gefahrgüter geeignet.

Collico-Kisten

Zusammenlegbare Aluminiumbehälter. Beim Bahnversand wird das Eigengewicht nicht berechnet. Der Rückversand zusammengelegter Kisten erfolgt frachtfrei.

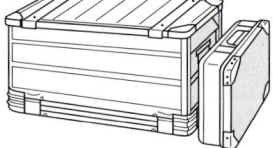

Kleinbehälter (Kleincontainer)

Rollbare, kranbare Behälter mit teilweise abnehmbaren Wänden; 1 m^3, 2 m^3 und 3 m^3 Fassungsvermögen. Bei der Bahn wird das Eigengewicht bei der Frachtberechnung nicht berücksichtigt, wenn ein festgelegtes Mindestgewicht erreicht wird. Es existiert auch eine „Großbox" mit 4 m^3 Fassungsvermögen.

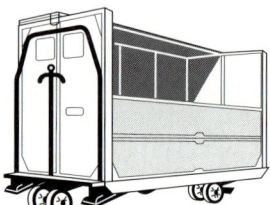

Großcontainer

Großcontainer sind 20, 30 und 40 engl. Fuß lange Großbehälter aus Metall in verschiedenen Ausführungen (z. B. Seitenwände mit Türen; Kühlcontainer). Man unterscheidet international genormte Container (ISO-Container; für den Seeversand können nur sie benutzt werden) und Binnencontainer (breiter und höher als ISO-Container, speziell für den innerdeutschen Verkehr entwickelt).
Container gestatten eine leichte Verpackung, schnelle Be- und Entladung, Haus-Haus-Verkehr der Ware in demselben Behälter, Verringerung der Umschlaggefahren.

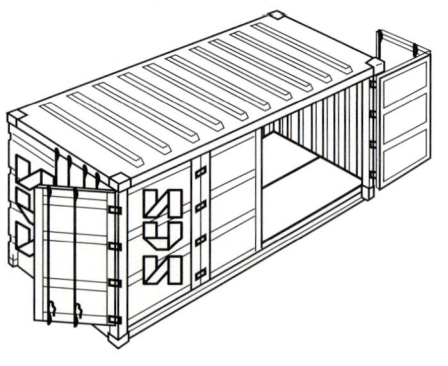

Arbeitsaufgaben

1. Ein Fertigungsbetrieb verschickt in 52 Wochen im Jahr an 5 Tagen in der Woche etwa je 4 t Güter. Die Summe der Entfernungen beträgt täglich im Schnitt 200 km. Der Versand im Selbsteintritt durch einen Spediteur kostet pro Tonne und Kilometer durchschnittlich 0,33 EUR. Man denkt daran, künftig die Sendungen im Werkverkehr zuzustellen. Das betreffende Fahrzeug würde jährlich an fixen Kosten verursachen: Abschreibungen 12 500,00 EUR, Versicherung 1 000,00 EUR, Steuern 250,00 EUR, Fahrerkosten 41 000,00 EUR. Variable Kosten entstehen wie folgt: Kraftstoff 14 l/100 km zu 0,85 EUR/l; Ölwechsel alle 15 000 km; 6 l à 8,00 EUR/l, zusätzlich 0,5 l Öl je 1 000 km; 4 Reifen à 250,00 EUR alle 25 000 km; Inspektionen und Reparaturen auf je 10 000 km etwa 250,00 EUR. Im Werkverkehr sind wegen Leerfahrten pro Tag etwa 300 km zurückzulegen.
   a) Ist die Einrichtung eines Werkverkehrs unter Kostengesichtspunkten sinnvoll?
   b) Ist Werkverkehr sinnvoll, wenn die Transportleistung um 25 % gesteigert werden kann? Erläutern Sie ggf. die Gründe.
   c) Könnte es Gründe geben, die für den Werkverkehr sprechen, auch wenn er geringfügig teurer sein sollte?

2. Die Wahl des Transportmittels ergibt sich aus den Eigenschaften der Sendung und den situationsbedingten Anforderungen an den Transport.
   a) Erläutern Sie die Eigenschaften der folgenden Sendungen und geben Sie geeignete Transportmittel an.
      - 15 000 t kanadischer Weizen von Montreal nach Köln
      - 1 Dieselmotor, Bruttogewicht 5 520 kg, Maße 2,40 x 1,80 x 1,18 m, von Kehl/Rhein nach Sydney
      - 800 g Schmuck, Wert 23 000,00 EUR von München nach Phoenix, Arizona
      - 400 kg hochexplosives Flüssiggasgemisch von Nürnberg nach Algier
      - 1 000 t Eisenerz von Kallak (Nordschweden) nach Duisburg
      - 40 kg Feinmessinstrumente (sehr empfindlich gegen Erschütterungen) von Hamburg nach Rom
   b) Ein Kühlaggregat (2 000 kg) soll von München nach Bombay befördert werden. Grundsätzlich eignen sich alle Verkehrsmittel für einen solchen Transport.
      - Warum werden in diesem Fall jedoch der durchgehende Bahn- oder Lkw-Transport höchstwahrscheinlich keine Berücksichtigung finden?
      - Nennen Sie wichtige Gesichtspunkte, die bei der Wahl zwischen Bahn/Lkw/Schiff einerseits und Flugzeug andererseits zu berücksichtigen sind.
   c) Wie sollte der Versender des in Aufgabe b) genannten Kühlaggregates vorgehen, um einerseits das Transportrisiko zu minimieren und um andererseits im Falle eines Schadens/Verlustes vollen Schadenersatz zu erhalten?

3. Die Produkte der MGG – viele verschiedene Arten von Motoren und Getrieben – sind sämtlich Einbauteile für die unterschiedlichsten Geräte und Fahrzeuge (für Nähmaschinen, Rasenmäher, feinmechanische Geräte, Aufzüge, Kräne, Gabelstapler, um nur wenige Beispiele zu nennen). Jedes Teil wird am Ende der Produktionskette automatisch in einen Karton verpackt. Leerräume werden mit Styroporformteilen ausgefüllt und stabilisiert. Die Kartons werden auf Pressholzpaletten gestapelt und mit Stahlbändern befestigt.
Etwa 75% der Produkte werden Just-in-Time geliefert. Diese Teile gehen täglich aus der Fertigung direkt an die Laderampe zur LKW-Verladung.
   a) Die Abnehmer der Produkte haben ihre Standorte sämtlich in Europa. Sie werden auf dem Landweg bedient. Gegen welche Gefahren müssen die Waren durch die Verpackung geschützt werden? Ist die gewählte Verpackung hierfür geeignet?
   b) Beurteilen Sie die gewählte Verpackung unter den Gesichtspunkten der Rationalisierung und der Kostengünstigkeit.
   c) Beurteilen Sie die gewählte Verpackung unter dem Aspekt der Umweltfreundlichkeit. Ziehen Sie dazu auch die Bestimmungen der Verpackungsverordnung heran.
   d) Würde die gewählte Verpackung auch optimal für einen Überseetransport sein? Begründen Sie ausführlich, wie die Verpackung beschaffen sein müsste.

4. Für den internationalen Güterversand setzt sich immer mehr der Einsatz von Containern durch.
   a) Welche Vorteile bietet der Versand in Containern?
   b) Ist es möglich auch kleinere Stückgutsendungen in Containern nach Übersee zu verschicken?
   c) In Containern werden einzelne Ladungseinheiten gern auf Paletten geladen. Welche Vorteile bietet die Palette?

Fünfter Lernabschnitt
Beschaffungswesen

1 Beschaffungsplanung

1.1 Bereiche der Beschaffungsplanung

Die Karikatur deutet an, welche Bedeutung die Beschaffung für den Erfolg der Unternehmung hat. Dies gilt für Industriebetriebe ebenso wie für Handelsbetriebe. Eine gute Planung und Vorbereitung der Beschaffung ist deshalb unerlässlich.

Umfang der Beschaffungsplanung		
Bedarfsermittlung	Ermittlung der benötigten Objekte nach Art und Menge	**Frage:** Was?
Zeitplanung	Festlegung des richtigen Beschaffungszeitpunktes	**Frage:** Wann?
Mengenplanung	Festlegung der notwendigen Beschaffungsmenge	**Frage:** Wie viel?
Bezugsquellenermittlung	Ermittlung der möglichen Lieferer	**Frage:** Wo?
Preisplanung, Angebotsvergleich	Ermittlung günstiger Einkaufspreise	**Frage:** Wie teuer?

1.2 Bedarfsermittlung im Handelsbetrieb

1.2.1 Artikeldatenbank als Grundlage der Bedarfsermittlung

Das **Sortiment** (die „Warenpalette") des Handelsbetriebs richtet sich in Art und Menge unmittelbar nach dem **Kundenbedarf**.
Alle bereits eingeführten Artikel sind in der EDV in einer *Artikeldatenbank* abgespeichert.
Die Artikeldatenbank enthält für jeden Artikel einen Datensatz. Er heißt **Artikelstammsatz**. Jeder Artikelstammsatz kann jederzeit auf dem Bildschirm sichtbar gemacht oder mit dem Drucker ausgedruckt werden. Auch eine Artikelstamm-Liste (Liste aller Artikelstammsätze) kann ausgedruckt werden.

Beispiel:
Bei einem EDV-Großhandel kann der Artikelstammsatz für den Artikel „Laserdrucker Stax SG-10" z. B. wie folgt aussehen:

```
C:\ARTIKELSTAMM                                              _ □ ×
Zeit: 14:12:29              ARTIKELSTAMM          Datum: 12. Aug.

Artikelnummer ................: 0000000000020
 1. Gruppennummer ..........: 02
 2. Bezeichnung 1...............: Stax SG-10
 3. Bezeichnung 2...............: Laserdrucker
 4. Bezeichnung 3...............: 8 Seiten
 5. Bezeichnung 4...............:
 6. Bezeichnung 5...............:

 7. Lagerbestand ................: 40
 8. Mengeneinheit ...............: 1
 9. Letzt/Durchschn. EK ......:    700,00      679,68    Letzter Zugang am :     30. Juli ..
10. Lagerwert .......................: 27187,20           Letzter Abgang am:     30. Juli ..
11. Mindestbestand ..............: 4                      Per. Umsatz EUR .....:   30 000,00
12. Bestellbestand ................: 12                   Per. Umsatz Menge:            30
13. Reservierter Bestand ....: 8                          Jahr Umsatz EUR ....:   120 000,00
14. Verkaufs-Preis ...............: 1000,00               Jahr Umsatz Menge:           120
15. Lieferanten-Nr. ...............: 1                    Vorj. Umsatz EUR .....:        0,00
16. Bestell-Nr. ......................: 123-456-78        Vorj. Umsatz Menge:             0

Feld-Nr.:  [    ]     << Esc >> = Ende      << L >> = Löschen
```

Der Artikelstammsatz enthält den **aktuellen Lagerbestand** des Artikels und den **Bestellbestand** oder Meldebestand (den Lagerbestand, bei dessen Erreichen eine Nachbestellung erfolgen soll). Durch Vergleich beider Zahlen (unter Berücksichtigung des reservierten Bestands) lässt sich jederzeit feststellen, ob der betreffende Artikel bestellt werden muss. Das EDV-System kann diesen Vergleich automatisch vornehmen und jeden Tag eine Liste der Artikel ausdrucken, die bestellt werden müssen.

1.2.2 Absatzstatistik als Grundlage der Bedarfsermittlung

Aus den Zahlen der Artikelstammdatei kann die EDV **Absatzstatistiken** erstellen. So ersieht man, ob die Artikel stark oder wenig gefragt sind, ob die Nachfrage im Zeitablauf steigt oder sinkt und ob zu bestimmten Zeiten Nachfragestöße oder Abschwächungen vorliegen.

Beispiel:

Absatzstatistik
Ausdruck des Monatsspiegels

Artikel: Besteckgarnitur CULTURA   Artikel-Nr.: 00000000150
Zeitraum: Jan. bis Dez. 20 ..

01	02	03	04	05	06	07	08	09	10	11	12
250	270	255	280	268	285	240	250	285	290	360	300

Gleitender Durchschnitt aus jeweils 3 Monatswerten:

| | 258 | 268 | 268 | 278 | 264 | 258 | 258 | 275 | 312 | 317 | |

Der gleitende Durchschnitt aus jeweils 3 Monatswerten zeigt einen ziemlich gleichmäßigen Verlauf der Nachfrage an. Ein leichter Abfall ist in der Hauptferienzeit, ein stärkerer Anstieg in der Vorweihnachtszeit zu verzeichnen.

1.2.3 Weitere Grundlagen der Bedarfsermittlung

Es ist nicht nur die Absatzentwicklung des vorhandenen Warensortiments zu berücksichtigen, sondern es ist ständig zu prüfen, ob das Sortiment nicht um neue, gewinnbringende Artikel ergänzt werden kann:

Berichte der Reisenden, der Handelsvertreter und der Verkäufer, Markt- und Messeberichte, Werbematerial von Herstellerfirmen und Fachzeitschriften müssen laufend studiert werden, um solche Artikel zu finden.

Auch Online-Datenbanken, die von gewerblichen Anbietern betrieben werden, ermöglichen eine gezielte Informationsbeschaffung. Das Archiv „Wer liefert was?" ist z. B. eine bekannte Datenbank für den Beschaffungsbereich. Der Zugriff auf die Datenbestände erfolgt mit Hilfe eines Personalcomputers über das öffentliche Kommunikationsnetz der Deutschen Telekom AG.

1.3 Bedarfsermittlung im Industriebetrieb

1.3.1 Festlegung der Art des Bedarfs

Der Industriebetrieb muss immer wieder neu die Materialien beschaffen, die bei der Produktion der Erzeugnisse verbraucht werden.

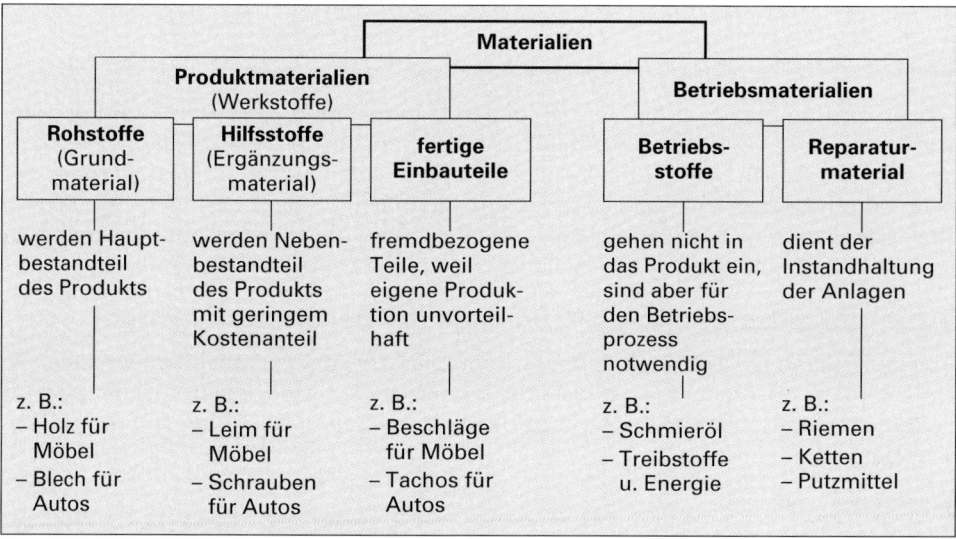

Die Produkte müssen fertigungsgerecht und funktionsfähig konstruiert werden. Dabei arbeitet die **Konstruktionsabteilung** von Anfang an mit der Absatz-, Fertigungs- und Einkaufsabteilung zusammen, um die bestgeeigneten, kostengünstigsten und am leichtesten beschaffbaren Materialien zu berücksichtigen. Das Ergebnis der Konstruktion sind **Zeichnungen** des Produktes. Anhand der Zeichnung werden Stücklisten erstellt. Das sind Verzeichnisse aller Einzelteile. Im Chemiebereich findet man anstelle der Konstruktionsabteilung das Betriebslabor und anstelle der Konstruktionszeichnungen und Stücklisten Rezepturen.

Industriebetriebe verfügen übe PPS-Systeme (Produktionsplanungs- und -steuerungs-Systeme). Dies ist eine Software, die eine optimale Planung und Steuerung des konkreten Produktionsgeschehens ermöglichen soll.

Das PPS-System enthält eine Datenbank, in der u. a. die Materialstammdaten (Teilestammdaten) gespeichert sind. Für jede Materialart (Teileart) besteht ein Materialstammsatz (Teilestammsatz). Er kann jederzeit auf dem Bildschirm sichtbar gemacht, geändert, ergänzt, gelöscht oder ausgedruckt werden. Auch eine Stammliste (Liste aller Stammsätze) kann ausgedruckt werden.

Ein Materialstammsatz kann folgende Daten enthalten: Materialnummer, Materialgruppe, Materialbezeichnung, Mengeneinheit, Gewicht/Volumen, Verpackungsart, letzter Einkaufspreis pro Mengeneinheit, durchschnittlicher Einkaufspreis pro Mengeneinheit, Verrechnungspreis, Lagerbestand (fortgeschrieben), Lagerwert (fortgeschrieben), Mindestbestand, Bestellbestand (Meldebestand), Höchstbestand, reservierter Bestand, ausstehende Bestellungen, ABC-Zugehörigkeit[1], Wiederbeschaffungszeit, Lieferanten-Nummer, Bestellnummer, mengenabhängige Rabattsätze, artikelabhängige Preiszu- und abschläge (z. B. andere Rabatte, Mindermengen-, Veredelungs-, Legierungszuschlag), Zu- und Abgänge im laufenden Jahr, letzter Zu- und Abgang (Datum), Verbrauchsmenge, Verbrauchswert.

1.3.2 Festlegung des mengenmäßigen Bedarfs
Verbrauchsgesteuerte Bedarfsermittlung (Verbrauchsverfahren)

Bei der *verbrauchsgesteuerten Bedarfsermittlung* richtet man sich nach den Verbrauchswerten der Vergangenheit, um den zukünftigen Bedarf festzustellen.

Das PPS-System entnimmt diese Werte den Absatz- und Verbrauchsstatistiken des Betriebes. Es berechnet den Trend (die Entwicklungstendenz) der Werte und macht dann Bestellvorschläge, die diesem Trend entsprechen. Auch Saisoneinflüsse (höherer oder niedrigerer Verbrauch zu bestimmten Jahreszeiten) können berücksichtigt werden.

Ein häufig angewandtes Verfahren ist die Ermittlung des **Trends als gleitender Durchschnitt** aus jeweils mehreren aufeinander folgenden Werten.

Beispiel: Verbrauchsgesteuerte Ermittlung des Bedarfs für den folgenden Monat

Die nebenstehende Verbrauchsstatistik zeigt den Monatsverbrauch eines Teils in den Monaten Januar bis Juni. Jeder zukünftige Monatsbedarf soll als Durchschnitt der jeweils letzten drei Monatsverbrauchswerte berechnet werden (gleitender Durchschnitt).

Machen Sie mal einen Bestellvorschlag für August, wenn der tatsächliche Juli verbrauch 191 Stück beträgt!

Verbrauchsstatistik Ölstutzen M16		
Monat	tatsächlicher Verbrauch	berechneter Bedarf
Januar	210	
Februar	189	
März	190	
April	199	197
Mai	192	193
Juni	200	197
Juli		198
August		

$\dfrac{210 + 189 + 190}{3}$

$\dfrac{189 + 180 + 199}{3}$

$\dfrac{199 + 192 + 200}{3}$

Das Verbrauchsverfahren wird angewandt, wenn das Fertigungsprogramm (die Palette der gefertigten Güter) nicht genau mengenmäßig festgelegt ist:
- Der Betrieb produziert stetig, solange Kundennachfrage gegeben ist.
- Der Betrieb muss sich schwankender Nachfrage (z. B. Saisonartikeln) anpassen.

Auch bei festgelegtem Fertigungsprogramm kann der Bedarf an Rohstoffen, die erfahrungsgemäß immer wieder benötigt werden, verbrauchsgesteuert ermittelt werden.

Plangesteuerte Bedarfsermittlung (Stücklistenverfahren)

Bei der *plangesteuerten Bedarfsermittlung* stellt man die für ein mengengemäß bestimmtes Produktionsprogramm oder für vorliegende Kundenaufträge benötigten

---
[1] Vgl. S. 221 f.

Werkstoffmengen genau fest. Ausgangspunkte hierfür sind die Konstruktionszeichnungen und Stücklisten.

Die **Konstruktionsstückliste** führt die einzelnen **Baugruppen und Teile auf**. Sie kann gleiche Teile an verschiedenen Stellen und in verschiedenen Baugruppen enthalten. Es ist festzustellen, wie oft jedes Teil insgesamt vorkommt. Dazu löst man die Baugruppen in die darin enthaltenen Teile auf **(Stücklistenauflösung)**. Gleiche Teile werden addiert und mit der Fertigungsmenge multipliziert. So erhält man den Bedarf an allen Teilen für ein Produkt. Addiert man den entsprechenden Bedarf in den Stücklisten aller Produkte, so ist das Ergebnis der Gesamtbedarf **(Bruttobedarf)** an allen Teilen für alle Produkte.

> **Beispiel:**
> Auszüge aus den Stücklisten zweier Produkte. Von Produkt 1 werden 100 Stück gefertigt, von Produkt 2 200 Stück. Wie viel Stück beträgt der Bedarf an dem Teil Sechskantschraube?
>
> | Pos. | Menge | Einh. | Benennung |
> |---|---|---|---|
> | 1 | 2 | Stck | Federring |
> | 2 | 2 | Stck | Sechskantschraube |
> | 3 | 1 | Stck | Gehäuseoberteil |
> | 4 | 1 | Stck | Gehäuseunterteil |
>
> | Pos. | Menge | Einh. | Benennung |
> |---|---|---|---|
> | 1 | 2 | Stck | Stirnrad |
> | 2 | 2 | Stck | Kugellager |
> | 3 | 6 | Stck | Sechskantschraube |
> | 4 | 3 | Stck | Passfeder |
>
> $2 \cdot 100 = 200$
> $6 \cdot 200 = 1200$
> $\overline{1400}$
>
> *Insgesamt werden 1400 Stück benötigt.*

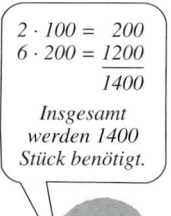

Der Bruttobedarf muss um Lagerreserven und um erwartete Zugänge (aus der Fertigung und aus ausstehenden Bestellungen) korrigiert werden. Das Ergebnis ist der **Nettobedarf**.

Arbeitsaufgaben

1. **Handelsbetriebe müssen Artikel zum Weiterverkauf beschaffen, Industriebetriebe Materialien für die Weiterverarbeitung. Dabei ergeben sich regelmäßig fünf Problemstellungen.**
   Nennen Sie und skizzieren Sie kurz diese Problemstellungen.

2. **Für den Handelsbetrieb ist es wichtig, in ausreichender Menge genau die Waren zu führen, die seine Kunden verlangen. Moderne Handelsbetriebe verfügen über computergestützte Warenwirtschaftssysteme. Sie erlauben die artikelgenaue Erfassung aller Warenbewegungen nach Art und Menge sowie die Auswertung der dabei anfallenden Daten. Der Verkauf eines Artikels löst z. B. folgende Vorgänge aus:**
   An der Kasse führt die Kassiererin den Artikel über den Scanner. Dieses elektronische Lesegerät liest die als Strichcode verschlüsselte Artikelnummer und ruft vom Rechner den Artikelpreis ab. Das EDV-System schreibt automatisch den Kassenbon bzw. die Rechnung für den Kunden. Weiterhin schreibt es den Warenabgang und den Umsatz in die Artikeldatei. Die Umsatzdaten werden zu den bisherigen Umsätzen addiert. Sie können ggf. für den Ausdruck von Absatz- und Umsatzlisten sowie von Sortimentsanalysen („Renner-Penner-Listen") verwendet und für Entscheidungen über Sortimentsveränderungen, Warenplatzierungen, Sonderaktionen u. a. m. herangezogen werden. Mit Hilfe der Abgangsdaten wird automatisch der Warenbestand fortgeschrieben. Beim Erreichen des Meldebestands gibt das System automatisch eine Bedarfsmeldung heraus und macht einen Bestellvorschlag.
   a) Welche Informationen enthält die Artikeldatei?
   b) Erläutern Sie die Bedeutung der Artikeldatei für die Bedarfsermittlung des Handelsbetriebes.
   c) Welche Bedeutung haben Absatz- und Umsatzlisten für die Bedarfsermittlung?
   d) ● Was ist unter „Renner-Penner-Listen" zu verstehen?

- Was kann der Händler unternehmen, wenn er Umsatzrückgänge bei einzelnen Artikeln feststellt?
- Was kann er unter Umständen bei Artikeln wagen, die gut im Rennen liegen?

e) Was versteht man unter dem Meldebestand?

f)
- Über welchen Bedarf kann das computergestützte Warenwirtschaftssystem keine Auskunft geben?
- Wie kann dieser Bedarf ermittelt werden?

3. **Ein Industriebetrieb soll drei Produkte A, B und C fertigen, die aus Baugruppen (Buchstaben) und Teilen (Ziffern) bestehen. Die Produkte und Baugruppen setzen sich wie folgt zusammen:**

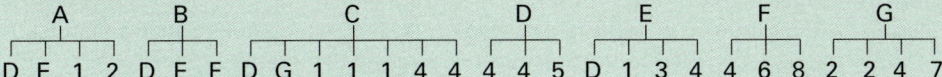

```
    A           B              C              D         E         F        G
  ┌─┴─┐      ┌──┴──┐      ┌────┴────┐      ┌──┴──┐   ┌──┴──┐   ┌──┴──┐   ┌─┴─┐
  D E  1 2   D E F D G    1 1 1 4 4 4 4 5  D 1 3 4   4 6 8    2 2 4     7
```

a) Ermitteln Sie den Bruttobedarf an Teil 4, wenn von Produkt A und B je 50 Stück und von C 80 Stück zu fertigen sind.

b) Erläutern Sie anhand dieses Beispiels den Begriff „plangesteuerte Bedarfsermittlung" und erläutern Sie den Unterschied zur „verbrauchsgesteuerten Bedarfsermittlung".

4. **In einer Fertigungsperiode werden 1 800 Spezialschrauben benötigt. Hinzu kommen 15 % Zusatzbedarf für Ersatzteile. Der Lagerbestand beträgt zu Zeit 1 500 Stück, davon sind 400 Stück reserviert und 150 Stück Mindestbestand. Aus Fertigungsaufträgen sind 400 Stück, aus ausstehenden Bestellungen 200 Stück an Zugängen zu erwarten.**
Berechnen Sie den Nettobedarf für diese Spezialschrauben.
Benutzen Sie dafür das folgende Schema:

Bedarf an Fertigungsmaterial	___
+ Zusatzbedarf für Ersatzteile	___
= Bruttobedarf	___
Lagerbestand .... ___	
– Mindestbestand .... ___	
– Reservierungen .... ___	
= Lagerreserve .... ___	
– Lagerreserve	___
– Zugänge aus bestehenden Fertigungsaufträgen	___
– Zugänge aus ausstehenden Bestellungen	___
= Nettobedarf	___

1.4 Zeitplanung

1.4.1 Notwendigkeit eines ausreichenden verfügbaren Lagerbestands

Einkäufe müssen so rechtzeitig erfolgen, dass immer ausreichende Bestände zur Verfügung stehen: im Handelsbetrieb für den Verkauf, im Industriebetrieb für die Fertigung, im Handwerksbetrieb ebenfalls für die Fertigung und für Reparaturen. Der an einem Termin x **verfügbare Lagerbestand errechnet sich wie folgt:**

>   gegenwärtiger Lagerbestand
> – Reservierungen (für erhaltene Bestellungen/Fertigungsaufträge)
> – eiserner Bestand (Mindestbestand)
> + ausstehende Zugänge bis zum Termin x
> ──────────────────────────────────
> = am Termin x verfügbarer Lagerbestand

Wenn ein Betrieb mangels ausreichender Waren- bzw. Erzeugnisbestände einen Kunden nicht beliefern kann, so wird der Kunde sich ggf. bei einem anderen Lieferer eindecken und – wenn er zufrieden ist – vielleicht bei diesem Lieferer bleiben. Dem lieferunfähigen Betrieb entgehen gewinnbringende Geschäfte.

Wenn bestehende Lieferverträge nicht eingehalten werden, können ggf. Vertragsstrafen oder Schadensersatzforderungen auf den säumigen Lieferer zukommen.

Aus Sicherheitsgründen wird für die einzelnen Materialien/Waren ein **Mindestlagerbestand (auch „eiserner Bestand" genannt)** festgesetzt. Er soll unter normalen Bedingungen niemals angegriffen werden.

Logisch! Der eiserne Bestand ist wichtig, wenn eine Lieferung sich verzögert oder wenn einmal mehr als gewöhnlich verbraucht wird.

Der eiserne Bestand soll Fehlmengenkosten (z. B. Kosten für Produktionsstillstand, Konventionalstrafen wegen verspäteter Lieferung) verhindern.

1.4.2 Bestellrhythmus- und Bestellpunktverfahren

Das Bestellrhythmus- und das Bestellpunktverfahren sind zwei grundsätzliche Möglichkeiten zur **Festlegung des Einkaufszeitpunktes**.

Beim *Bestellrhythmusverfahren* wird der Lagerbestand in festen Zeitabständen (z. B. wöchentlich oder monatlich) überprüft. Stellt man fest, dass ein Bedarf vorhanden ist, so wird entsprechend diesem Bedarf bestellt.

Im Industriebetrieb findet das Bestellrhythmusverfahren hauptsächlich bei plangesteuerter Bedarfsermittlung Anwendung.

Beim *Bestellpunktverfahren* wird der Lagerbestand nach jeder Entnahme überprüft. Dies geschieht automatisch durch das EDV-System. Erreicht der Lagerbestand einen festgelegten Meldebestand (Bestellpunkt, Bestellbestand), so wird die Einkaufsabteilung zur Bestellung aufgefordert.

Der **Meldebestand** ist so hoch anzusetzen, dass bei normalem Lagerabgang innerhalb der Lieferfrist der eiserne Bestand nicht angegriffen wird.

Wie berechnet man den Meldebestand?

> **Beispiel:**
> Jeden Tag werden im Durchschnitt 5 Ölsiebe eingebaut. Als Mindestlagerbestand ist ein Bedarf für 2 Tage, also 10 Stück, festgelegt. Es werden immer 45 Stück bestellt. Jede Bestellung benötigt 4 Tage Lieferzeit. Als Höchstbestand werden 55 Stück festgelegt (vorher 65).
>
> Unter diesen Umständen muss man natürlich bestellen, wenn noch 30 Stück (Meldebestand) auf Lager liegen. Denn während der Lieferzeit von 4 Tagen sinkt der Bestand um (5 x 4) Stück = 20 Stück auf den Mindestbestand ab und dann muss die neue Lieferung spätestens eingehen.
>
> $10 + (5 \times 4) = 30$

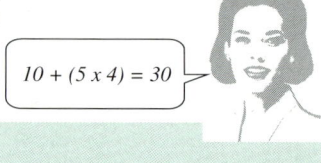

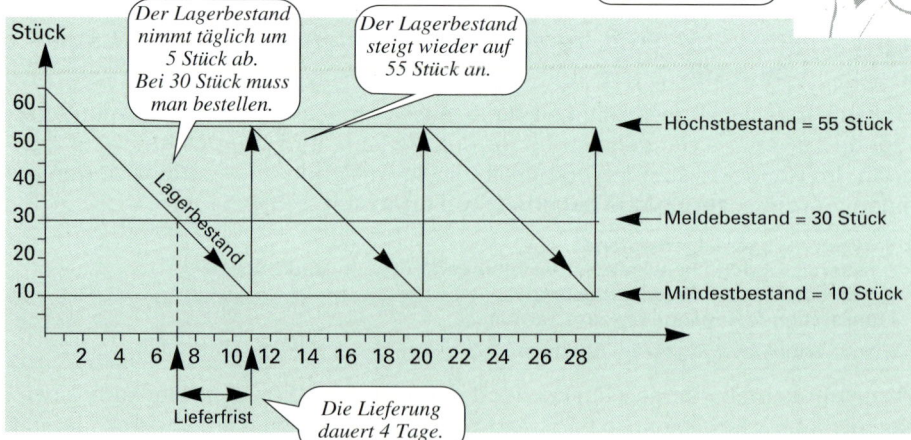

Es gilt deshalb:

> **Meldebestand** = eiserner Bestand + (durchschnittliche Tagesentnahme x Lieferzeit)

1.4.3 Weitere Möglichkeiten zur Festlegung des Bestellzeitpunkts

Der Zeitpunkt des Einkaufs ist aber nicht stets an den Meldebestand gebunden. Wesentlichen Einfluss haben:
- **Zeitpunkte, an denen Angebote vorliegen** (z. B. Messetermine, Erntezeitpunkte, Saisonwechsel),
- die **Preisentwicklung** (Einkauf **vor** erwarteten Preiserhöhungen),
- die **Lagerfähigkeit** der Waren (z. B. bei Obst, Gemüse, Frischfleisch).

Arbeitsaufgaben

1. Die Vereinigte Maschinen- und Werkzeugfabrik AG hat laufenden Bedarf an Rillenkugellagern. Der Bedarf wird verbrauchsgesteuert ermittelt. Aus der EDV sind folgende Lagerbewegungen der letzten Tage zu entnehmen:

Rillenkugellager 16002 – DIN 625							
Lager-Nr.: 2. 13. 45				Höchstbestand: 500			
Meldebestand: 100				Mindestbestand: 30			
Tag	Monat	Beleg	Zugang	Abgang	Bestand	Empfangende Kostenstelle	
4.	März	Übertrag			120		
5.	März	ME 2043		6	114	120	
6.	März	ME 2098		8	106	110	
7.	März	ME 3060		5	101	120	
8.	März	ME 3100		5	96	110	
9.	März	ME 3109		3	93	112	

An welchem Tag musste eine Bestellung vorgenommen werden? Geben Sie die Bestellmenge an. (Durchschnittlicher Tagesbedarf 5 Stück, Lieferzeit 14 Tage)

2. **Ein Materialstammsatz enthält unter anderem folgende Daten:**
Lagerbestand: 23, Meldebestand: 25,
Reservierter Bestand: 20, ausstehende Bestellungen: 60.
Mindestbestand: 14,
Der Einkäufer X. behauptet, dass unter diesen Bedingungen schon längst eine Bestellung hätte vorgenommen werden müssen.
Nehmen Sie Stellung dazu und erläutern Sie Herrn X., wann eine Bestellung erfolgen muss.

1.5 Mengenplanung

1.5.1 Optimale Bestellmenge

Die **Einkaufsmenge** hängt beim **Handelsbetrieb** vor allem von den Absatzerwartungen der Ware ab. Aus der Absatzstatistik kann man auf die Zukunft schließen, muss aber berücksichtigen, dass die Käufer ihr Verhalten ändern können.

Beim **Industriebetrieb** richtet sich die Einkaufsmenge nach dem durch die Fertigung bestimmten Bedarf.

Außerdem haben **Kostengesichtspunkte** Einfluss auf die Einkaufsentscheidung:

- Es kann vorteilhaft sein, größere Mengen zu kaufen, als kurzfristig benötigt werden. Mit wachsender Bestellmenge erhält man höhere Rabatte und kann Transport- und Verpackungskosten sowie Bestellkosten sparen. Selbst durchrationalisierte Unternehmen rechnen heute pro Bestellung mit 10,00 EUR Kosten für Schreibarbeit, Papier, Porto, Kontrolle, Ablage und Buchung.
- Andererseits ist zu berücksichtigen, dass die Lagerkosten ansteigen, wenn man größere Mengen einkauft.

> Merke:
> Kleine Mengen ≙ hohe Beschaffungskosten.
> Große Mengen ≙ hohe Lagerkosten.

Beschaffungskosten und Lagerkosten entwickeln sich gegenläufig. Die *optimale Bestellmenge* liegt dort, wo die Summe aus Beschaffungskosten und Lagerkosten ein Minimum erreicht.

Beispiel:
Ein Metallwarenbetrieb benötigt jährlich 1 800 Gussstücke mit einem Einkaufspreis von je 100,00 EUR. Die Lagerkosten pro Stück betragen im Jahr 30,00 EUR. Um jederzeitige Verfügbarkeit zu gewährleisten, wird ein eiserner Bestand von 10 Stück gehalten, der niemals angegriffen werden soll. Wir nehmen an, dass von den 1800 Stück täglich ziemlich gleichmäßig 5 Stück verbraucht werden. Bei jedem Kauf fallen feste Bestellkosten von 20,00 EUR an. Rabatte und Transportkosten sollen nicht berücksichtigt werden. Das Jahr wird mit 360 Tagen berechnet. In der folgenden Tabelle wird festgehalten, wie hoch die Kosten bei unterschiedlichen Bestellmengen sind:

Bestell-menge	Zahl der Bestellungen pro Jahr	Kosten pro Bestellung (in EUR)	gesamte Bestellkosten (in EUR)	durchschnittlicher Lagerbestand	durchschnittliche Lagerkosten (in EUR)	Gesamtkosten (in EUR)
1800	1	20,00	20,00	910	27 300,00	27 320,00
900	2	20,00	40,00	460	13 800,00	13 840,00
450	4	20,00	80,00	235	7 050,00	7 130,00
225	8	20,00	160,00	122,5	3 675,00	3 835,00
100	18	20,00	360,00	60	1 800,00	2 160,00
60	30	20,00	600,00	40	1 200,00	1 800,00
50	**36**	**20,00**	**720,00**	**35**	**1 050,00**	**1 770,00**
40	45	20,00	900,00	30	900,00	1 800,00
30	60	20,00	1 200,00	25	750,00	1 950,00

Bei 36 Bestellungen zu 50 Stück sind die Gesamtkosten am niedrigsten. Die optimale Bestellmenge beträgt deshalb 50 Stück. (Siehe hierzu auch die Grafik auf S. 219.)

In der Praxis begegnet die Planung einer optimalen Bestellmenge großen Schwierigkeiten, da die zu verarbeitenden Informationsmengen weitaus größer als in unserem Modell und teilweise unsicher sind:

- Rabatte und Transportkosten müssen einbezogen werden.
- Die Lagerkosten sind nicht allein mengen-, sondern auch wertabhängig (z. B. die Versicherungskosten).
- Meist liegt kein gleichmäßiger Lagerabgang vor.
- Kostenansätze und Verkaufsmengen ändern sich im Zeitablauf.

Beispiel (zu S. 220)

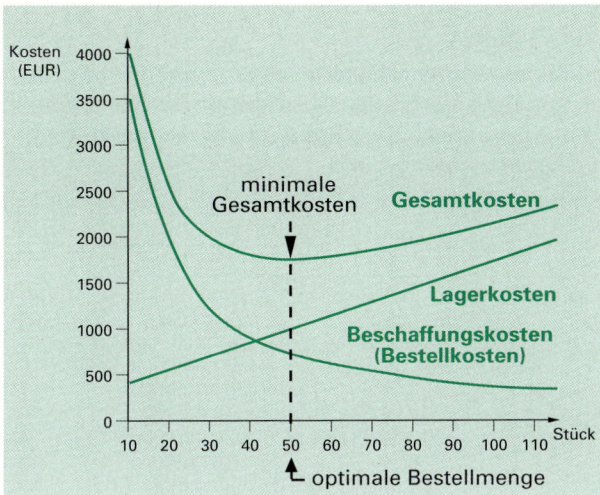

Will man alle Möglichkeiten und Änderungen berücksichtigen, so wird bei einer großen Zahl von Artikeln/Materialien die Planung der optimalen Bestellmenge weitaus höhere Kosten verursachen, als sie einzusparen hilft. Hinzu kommt, dass man in der Praxis die optimale Bestellmenge manchmal gar nicht realisieren kann, weil

- der Lieferer eine Mindestmenge vorgibt,
- die Ware nur in festen Verpackungseinheiten geliefert wird,
- Artikel nur beschränkt lagerfähig sind,
- es sich um Saisonartikel handelt.

Die Planung einer optimalen Bestellmenge lohnt sich deshalb nur bei Artikeln mit einem hohen Verbrauchswert, bei denen sich Kosteneinsparungen im Gesamtergebnis bemerkbar machen. Um diese Güter zu finden, nimmt man eine A-B-C-Analyse vor.

Arbeitsaufgabe

Ein Fertigungsbetrieb verbraucht pro Tag etwa 50 Profileisen mit einem Einstandspreis von je 20,00 EUR. Die Lagerkosten pro Stück betragen im Jahr 1,00 EUR. Als eiserner Bestand wurden 300 Stück festgelegt. Bei jeder Bestellung fallen fixe Bestellkosten von 9,00 EUR an. Die Lieferzeit beträgt 5 Tage (Das Jahr wird mit 360 Tagen berechnet.)
a) Berechnen Sie den Meldebestand. Wann ist spätestens zu bestellen, wenn der eiserne Bestand bei normalem Lagerabgang am 28. März erreicht wird?
b) Welche Stückzahl ist zu bestellen (optimale Bestellmenge)?
   Wie hoch ist folglich der Höchstbestand?

1.5.2 ABC-Analyse

Die Vidosonal AG, ein Hersteller von elektronischen Geräten, hat festgestellt, dass sie für die Fertigung ihrer Produkte rund 30 000 verschiedene Materialien benötigt.
Darunter befinden sich teure und billige, häufig und selten benötigte. Ein wichtiges Problem ist die Feststellung des mengenmäßigen Bedarfs an jedem einzelnen Material. Man kann bei der Bedarfsplanung sehr gründlich vorgehen. Eine gründliche Planung verursacht natürlich hohe Planungskosten (Zeitaufwand, Personaleinsatz, Rechnereinsatz, ...). Andererseits sind die Ergebnisse recht exakt. Eine oberflächliche Planung ist billig, aber auch ungenau. Es ist leicht einzusehen, dass eine teure Planung sich vor allem dann lohnt, wenn unexakte Ergebnisse noch teurer zu stehen kommen. Konkret gesprochen: Wird von Material A im Jahr für 1 Mill. EUR verbraucht, von Material B für 100,00 EUR, so macht ein Planungsfehler von 10% bei A 100 000,00 EUR, bei B 10,00 EUR aus. Für A lohnt sich deshalb eine gründliche Bedarfsplanung, für B kaum. Man erkennt leicht: Es hilft Kosten einzusparen, wenn man die Materialien nach ihrem Wert in Gruppen einteilt. Dazu bedient man sich der A-B-C-Analyse.

Eine wichtige Methode zur Schwerpunktbildung bei Mengenproblemen ist die A-B-C-Analyse. Sie teilt gegebene Mengen nach ihrer Bedeutung in A-Teile, B-Teile und C-Teile ein, bildet also drei Gruppen.

Wesentliche Merkmale für die Bedeutung von Materialien sind ihre Verbrauchsmengen und ihr Verbrauchswert. Aus dem Verbrauchswert ergibt sich der Rang eines Werkstoffs. Ordnet man die Materialien nach dem Rang und berechnet ihren Prozentanteil an der Gesamtverbrauchsmenge und am Gesamtverbrauchswert, so lassen sich die genannten drei Gruppen bilden.

Zur Vereinfachung sei angenommen, dieser Betrieb benötige nur 10 Materialien.

Beispiel:

Material	Verbrauchsmenge[1] (in Stück)	Wert pro Stück[2] (in EUR)	Verbrauchswert[3] (in EUR)	Rang des Artikels
M 1	6 000	4,00	24 000,00	4
M 2	1 000	200,00	200 000,00	1
M 3	500	20,00	10 000,00	7
M 4	2 000	10,00	20 000,00	5
M 5	3 000	5,00	15 000,00	6
M 6	1 000	100,00	100 000,00	3
M 7	200	5,00	1 000,00	10
M 8	3 000	50,00	150 000,00	2
M 9	1 000	2,00	2 000,00	9
M 10	8 000	1,00	8 000,00	8
	25 700		530 000,00	

Materialien nach Rang	Verbrauchsmenge (in %)		Verbrauchswert (in %)		
M 2	3,89		37,73		A-Teile
M 8	11,67		28,30		großes Wert-
M 6	3,89	19,45	18,87	84,90	Mengen-Verhältnis
M 1	23,35		4,53		B-Teile
M 4	7,78		3,77		kleines Wert-
M 5	11,67	42,80	2,88	11,13	Mengen-Verhältnis
M 3	1,95		1,89		C-Teile
M 10	31,13		1,52		sehr kleines
M 9	3,89		0,39		Wert-Mengen-
M 7	0,78	37,75	0,20	4,00	Verhältnis
		100,00		100,00	

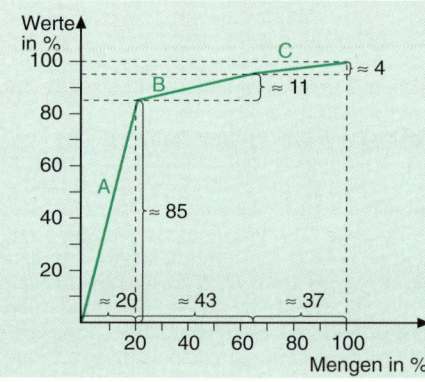

Wert-Mengen-Verhältnis

der A-Teile: $\frac{85}{20}$ = 4,25 (groß)

der B-Teile: $\frac{11}{43}$ = 0,26 (klein)

der C-Teile: $\frac{4}{37}$ = 0,11 (sehr klein)

---

[1] Bei Handelswaren: Absatzmenge [2] Bei Handelswaren: Verkaufspreis
[3] Bei Handelswaren: Absatzwert (Umsatz)

Ergebnis:
Nur knapp 20 % der verbrauchten Teile machen einen Verbrauchswert von knapp 85 % aus. Für diese A-Teile können folgende kostensparende Maßnahmen in Betracht gezogen werden:
- genaue Kontrolle der Lagerbestände zur Vermeidung von Verlusten,
- genaue Kontrolle von Materialentnahmen,
- optimale Planung der Bestellmengen und Lagermengen:
  - Senkung der Mindestlagerbestände
  - stattdessen langfristige Lieferverträge mit den Lieferern, wobei benötigte Mengen abgerufen werden.

Für C-Güter ist dagegen ein Abbau der kostenintensiven Kontrollen denkbar, gegebenenfalls sogar Selbstbedienung bei der Materialentnahme. Dies gilt häufig für Hilfs- und Betriebsstoffe. Bei B-Gütern ist nachzuprüfen, ob sie den A-Gütern oder den C-Gütern nahestehen.

Arbeitsaufgabe

Ein Betrieb benötigt die folgenden Materialien. Es liegen die angegebenen Zahlen vor.

Material	Verbrauch (Stück)	Wert pro Stück (EUR)	Material	Verbrauch (Stück)	Wert pro Stück (EUR)
M 1	10 000	0,40	M 11	4 000	0,30
M 2	6 000	0,90	M 12	1 000	10,00
M 3	2 000	3,80	M 13	1 000	1,20
M 4	8 000	0,50	M 14	1 000	3,10
M 5	3 000	5,20	M 15	9 000	0,10
M 6	7 000	0,20	M 16	5 000	2,40
M 7	1 000	0,30	M 17	5 000	0,40
M 8	500	0,20	M 18	500	1,00
M 9	500	4,00	M 19	500	2,00
M 10	5 000	1,90	M 20	6 000	0,15

1.6 Bezugsquellenermittlung

Ein Einkaufssachbearbeiter der Vidosonal AG erhält von einer Bedarfsstelle eine Bestellanforderung über 10 000 m Kabel NYM 3 x 1,5. Bevor er eine Bestellung erteilen kann, muss er geeignete Lieferer ermitteln.

Zur Ermittlung von Lieferern dienen dem Betrieb **interne** und **externe Bezugsquelleninformationen**.

Beispiel: Ermittlung von Bezugsquellen für Kabel NYM 3 x 1,5

Zunächst nimmt man als **interne Informationsquelle** die **Liefererdatenbank** zu Hilfe. Sie ist grundsätzlich nach Lieferern geordnet und enthält deren Angebotssortiment und Konditionen. Man kann auf die gespeicherten Daten entweder nach dem Merkmal *Material* oder nach dem Merkmal *Lieferer* zugreifen.

Zugriff nach dem Merkmal **Material**:
Nach Eingabe des Materialnamens oder der Materialnummer werden alle gespeicherten Lieferer dieses Materials angezeigt.

Lieferantenstamm: Material				
Materialnummer	643456	Materialnamen	Kabel NYM 3 x 1,5	
Lieferernummer	Lieferer	PLZ	Ort	
748	Meyer & Sohn	80995	München	
721	Gabert OHG	51109	Köln	
711	Olm KG	41561	Kaarst	

Zugriff nach dem Merkmal **Lieferer**:
Nach Eingabe des Lieferernamens oder der Lieferernummer werden alle gespeicherten Artikel des Lieferers angezeigt.

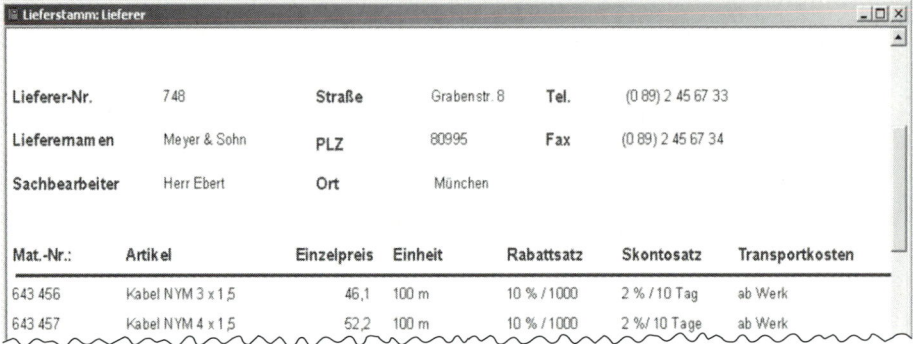

Sind keine Informationen über mögliche Lieferer gespeichert, greift man auf externe Informationsquellen zurück. Dazu gehören v. a.:

- Branchenadressbücher wie
  „Das Deutsche Firmen-Alphabet",
  „ABC der Deutschen Wirtschaft",
  „Wer liefert was?",
  „Einkaufs-1x1 der Deutschen Industrie",
  „Gelbe Seiten" (Branchentelefonbuch),
- Datenbanksysteme der IHKs,
- Recherchensysteme (mit Suchmaschinen) im Internet.

Durch Anfragen bei den Lieferern erhält man genauere Kenntnisse über die lieferbaren Materialien und über die Leistungsfähigkeit der Lieferer. Die erzielten Daten werden in die Materialbeschaffungsdatenbank und in die Lieferantenbank aufgenommen.

Aus den „Gelben Seiten"

Arbeitsaufgaben

1. **Ein Einkaufssachbearbeiter erhält von der Arbeitsvorbereitung eine Bestellanforderung betreffend Experimentiertrafos, Leistung 24 Watt VA, Spannungen 4, 6 10, 14, 16, 20 Volt, für Wechselstrom, maximal 6 Amp. Lieferzeit 4 Wochen.**
   Wie wird der Einkaufssachbearbeiter vorgehen, um geeignete Lieferer zu finden?
2. **Ein Einkaufssachbearbeiter der Motoren- und Getriebebau GmbH (MGG) sucht neue Lieferer für Präzisionsschrauben. Er schlägt in Branchenadressbüchern nach, z. B. in „Wer liefert was?". Dieses Verzeichnis enthält mehr als 105 000 Lieferer und ihre Produkte/Leistungen. Es liegt in Buchform und auf CD vor und kann auch im Internet abgerufen werden (www.wlw-online.de).**
   Suchen Sie mögliche Lieferer für Präzisionsschrauben mit Hilfe der genannten Quelle oder eines anderen Branchenadressbuches, das in Ihrem Ausbildungsbetrieb verfügbar ist, und referieren Sie über Ihr Vorgehen.

1.7 Preisplanung

Waren und Materialien sollten so preisgünstig wie möglich eingekauft werden. Deshalb gilt:

- **Den günstigsten Einkaufszeitpunkt suchen! (Viele Preise bewegen sich im Zeitablauf auf und ab.)**
- **Optimale Bestellmengen kaufen! (Man erzielt Rabatte, spart Transport-, Verpackungs-, Bestell- und Lagerkosten.)**
- **Skonto (Preisnachlass für vorzeitige Zahlung) ausnutzen!**
- **Auf günstige Liefer- und Zahlungsbedingungen achten!**

Allerdings ist es nicht in jedem Fall ratsam, wegen kurzfristiger Preisvorteile den Lieferer zu wechseln. Dies gilt insbesondere bei langfristigen Beziehungen mit Lieferern. Zu solchen langfristigen Beziehungen kommt es heute auch wie folgt: Viele Industriebetriebe sind auf konstant höchste Materialqualität angewiesen. Sie gehen deshalb feste vertragliche Bindungen mit bestimmten Lieferern ein. Der Lieferer entwickelt dann Materialien in enger Abstimmung mit dem Käufer und exakt nach dessen Wünschen. Er garantiert die Produktqualität und nimmt entsprechende Qualitätskontrollen vor. Der Preis wird in solchen Fällen von den Vertragspartnern genau ausgehandelt und verbindlich vereinbart.

Merke! Langjährige Bindungen an zuverlässige Lieferer mit guter Warenqualität und gutem Kundendienst wiegen schwerer als kurzfristige Preisvorteile.

Die Erzielung günstiger Preise und Konditionen ist oft eine Machtfrage. Großabnehmer sind im Vorteil. Sie können ihre eigenen Allgemeinen Einkaufsbedingungen und Preisvorstellungen durchsetzen.

Der für den Einkauf maßgebliche Preis ist der Einstandspreis.

Beispiel: Kalkulationsschema zur Berechnung des Einstandspreises

①	**Listeneinkaufspreis**	100 %			4 176,00 EUR
②	− Liefererrabatte	25 %		−	1 044,00 EUR
③	= **Zieleinkaufspreis**	75 %	100 %	=	3 132,00 EUR
④	− Liefererskonto		3 %	−	93,96 EUR
⑤	+ Einkaufskosten		2 %	+	62,64 EUR
⑥	= **Bareinkaufspreis**		99 %	=	3 100,68 EUR
⑦	+ Bezugskosten			+	365,00 EUR
⑧	= **Einstandspreis**			=	3 465,68 EUR

Erläuterungen:
- ① **Listeneinkaufspreis** = Preis laut Katalog oder Preisliste des Lieferers
- ② **Preisabschläge**, z. B. Mengenrabatt bei Bezug größerer Mengen
- ③ zahlbar innerhalb eines vereinbarten **Zahlungsziels** (Zahlungsfrist)
- ④ **Barzahlungsrabatt** für vorzeitige Zahlung (meist binnen 10 Tagen)
- ⑤ vom Zieleinkaufspreis berechnete **Provision** für einen vom Käufer mit dem Einkauf beauftragten Einkaufskommissionär oder Makler. Es bleibt der ...
- ⑥ ... **Bareinkaufspreis.**
- ⑦ Mangels anders lautender Vereinbarungen mit dem Verkäufer muss der Käufer alle Kosten der Abnahme tragen (BGB § 448). In der Kalkulation nennt man sie **Bezugskosten.** Sie umfassen v. a. Verpackungs-, Umschlags- und Transportkosten (einschl. Transportversicherung) sowie – beim Einkauf im Ausland – die Eingangsabgaben (Zoll, Verbrauchsteuern, Einfuhrumsatzsteuer).
- ⑧ Der **Einstandspreis (Bezugspreis)** enthält alle Kosten, die das Material/die Ware bis zum Eingang im Betrieb verursacht hat.

Arbeitsaufgaben

1. **Listenpreis des Lieferers 225,00 EUR;**
   Rabattstaffel: 10 Stück 10 % Rabatt, 20 Stück 15 % Rabatt, 50 Stück 20 % Rabatt
   Lieferung frei Bestimmungsbahnhof[1] einschließlich Verpackung, Zahlung binnen 30 Tagen netto oder binnen 10 Tagen mit 3 % Skonto.
   Wie viel Euro beträgt der Einstandspreis pro Stück bei einer Bestellung
   – von 5 Stück (20,00 EUR Hausfracht), – von 20 Stück (60,00 EUR Hausfracht),
   – von 10 Stück (36,00 EUR Hausfracht), – von 50 Stück (100,00 EUR Hausfracht)?

2. **Ein Industriebetrieb erhält von einem seiner Lieferer, von dem er – über das Jahr verteilt – etwa 1 000 Stück eines Teiles in 5 Teillieferungen bezieht, folgende Mitteilung:**
   – **Die Listenpreise werden ab 1. Juni um 5 % erhöht.**
   – **Bei Abnahmemengen ab 100 Stück wird der Rabatt von 10 % auf 13 % erhöht.**
   a) Wie viel Prozent beträgt die tatsächliche Preissteigerung für den Käufer?
   b) Begründen Sie, ob im vorliegenden Fall ein Käufermarkt oder ein Verkäufermarkt vorliegt.
   c) Das Einkaufsteil wird für die Fertigung eines Niedrigpreisproduktes benötigt, dessen Absatzpreis äußerst scharf kalkuliert ist und wegen starker Konkurrenz keine Erhöhung erlaubt. Nennen Sie möglichst viele Maßnahmen, die der Kunde ergreifen könnte, um der Preiserhöhung zu entgehen.

2 Prozess der Einkaufsabwicklung

2.1 Kauf ohne vorheriges Angebot

Ein Einkaufssachbearbeiter der Vidosonal AG erhält vom Lager eine Bestellanforderung[2]:

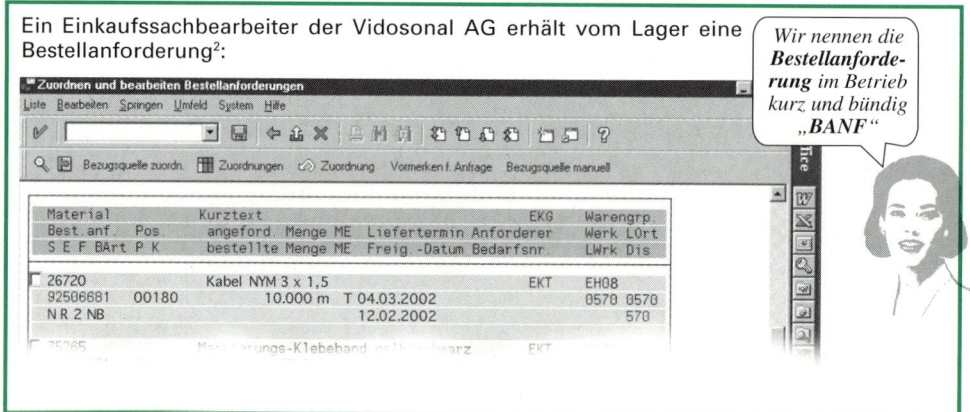

Wir nennen die Bestellanforderung im Betrieb kurz und bündig „BANF"

Der Einkauf läuft in folgenden Schritten ab:

- Die BANF erscheint auf dem Computer des Einkaufssachbearbeiters in einer BANF-Liste oder wird vom Einkäufer in den Computer eingegeben. Sie enthält alle benötigten Informationen über das zu bestellende Produkt, unter Umständen auch den Wunschlieferanten. Der Computer prüft die Richtigkeit der eingegebenen Daten, meldet Fehler und erlaubt die Korrektur der Eingabe.

- Der Einkäufer prüft die BANF. Er kann sie akzeptieren oder abändern (z. B. Menge, Termin). Dabei spielen Lieferfristen, Mindestbestellmengen, Rabatte und Sonder-

---
[1] Der Lieferer übernimmt die Transportkosten ab Werk bis zum Bestimmungsbahnhof.
[2] Die Abbildungen sind dem System R/3 der Firma SAP entnommen.

konditionen eine Rolle. Dann beantragt er per Mausklick die Freigabe der BANF beim Vorgesetzten. Nach der Freigabe ruft er eine Liste mit **Lieferantenvorschlägen** ab und wählt den gewünschten Lieferanten aus. (Er hat jederzeit direkten Zugriff auf alle relevanten Daten, z. B. Materialstammdaten und Lieferantendaten.)

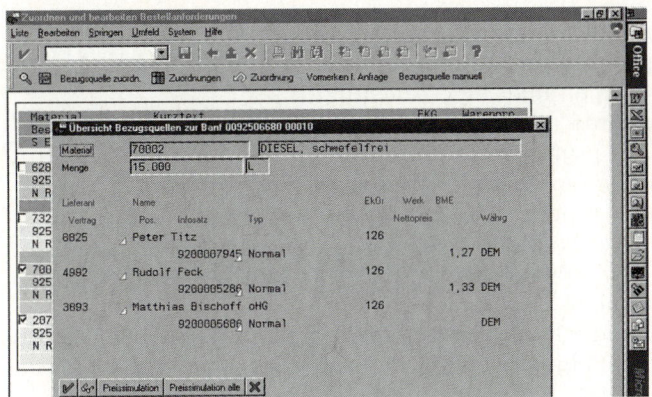

- Die Einkaufssoftware erstellt automatisch eine Liste der Artikel, die bei dem ausgewählten Lieferanten bestellt werden. Der Einkäufer wählt per Mausklick endgültig die zu bestellenden Artikel aus und speichert die Bestelldaten ab. Das System druckt die versandfertigen Bestellungen aus. Die Bestellung wird dem Empfänger per Brief, Telefax oder E-Mail zugesandt.

Der langsame und teure Brief wird immer mehr durch Telefax (Fernkopie) und E-Mail (elektronische Post) verdrängt. Beide können per Computer erstellt und übermittelt werden. Für den E-Mail-Versand müssen die Computer von Absender und Empfänger Zugang zum Internet haben.

Briefe müssen ausgedruckt, kuvertiert, frankiert, gesammelt und eigens zur Post gebracht werden!

Beispiel: Bestellung der Vidosonal AG

```
                                                              20..-10-23

Bestellung

Sehr geehrte Damen und Herren,

wir bestellen zur sofortigen Lieferung frei Haus einschließlich Verpackung an
die auf der Rückseite angegebene Versandanschrift.

200 Stück Erdklemme WPE4 Weidmüller.

Preis 1,60 EUR je Stück, zahlbar binnen 30 Tagen netto Kasse oder binnen
10 Tagen mit 3% Skonto.
```

- Zum Zweck der Terminüberwachung speichert das System die Daten.
- Bei **Bestellungsannahme** durch den Lieferer gibt der Einkaufssachbearbeiter mit der Bestellnummer die bestätigte Menge und den bestätigten Termin ein.
- Das System erfasst die ausgehenden Bestellungen in der Datenbank als „**ausstehende Bestellungen**". Damit können sie für die Lagerbestandsführung und -überwachung weiterverwendet werden.

- Die **Terminüberwachung** erfolg automatisch: Die fälligen Lieferungen werden täglich auf dem Bildschirm des Einkäufers angezeigt und ausgedruckt. Geht eine bestellte Sendung nicht pünktlich ein, so kann noch am selben Tag eine Mahnung ausgedruckt werden. Auch dies geschieht teilweise automatisch.

- Oft kündigt eine **Versandanzeige** des Lieferanten die Lieferung an. Größere Betriebe verfügen über eine Abteilung „**Warenannahme**" oder „**Materialannahme**". Dort prüft man in Gegenwart des Überbringers Anschrift, Absender, Anzahl und Gewicht, Verpackung der Packstücke. Der Empfang der Sendung wird auf den Warenbegleitpapieren (z. B. Lieferschein, Frachtbrief) quittiert.

Die sofortige äußere Prüfung ist wichtig! Sie klärt sofort:	
Anschrift:	Ist die Sendung für uns?
Absender:	Haben wir dort bestellt?
Verpackung:	Liegen äußere Schäden vor? Lassen sie evtl. auf Warenschäden schließen?
Anzahl, Gewicht:	Wird geliefert, was die Begleitpapiere behaupten?

Vom Überbringer lässt man sich festgestellte Mängel (z. B. Verpackungsschäden) schriftlich bestätigen. Eine Kopie der Begleitpapiere verbleibt bei der Material-/Warenannahme.

- In einem **Material-/Wareneingangsschein** werden Material/Ware und Lieferer genau bezeichnet. Der Einkauf erhält eine Ausfertigung. Er kann nun feststellen, ob Material/Ware und Bestellung übereinstimmen (Vergleich von Materieleingangsschein und Bestellung).

- Grundsätzlich ist unverzüglich eine **Material-/Warenprüfung** vorzunehmen:
    - Je nach Art des Gutes wird gemessen, gezählt, gewogen;
    - Art, Beschaffenheit, Aufmachung und Qualität werden untersucht und ggf. mit Proben und Mustern sowie mit den Angaben in Angebot, Bestellung, Bestellungsannahme, Versandanzeige, Rechnung und in den Warenbelegpapieren verglichen.
    - Bei größeren Mengen werden zumindest Stichproben entnommen.
    - Mängel werden unverzüglich gerügt.
    - Einwandfreie Güter werden ins Lager eingeordnet.

Unverzüglich bedeutet nicht sofort, sondern: ohne schuldhafte Verzögerung; also so, wie bei ordentlicher Organisation zügig zu verfahren ist. Zuerst eingegangene Güter sind z. B. auch zuerst zu prüfen.

- Den Eingang der Güter bucht man mengenmäßig in der Datenbank.

- Die eingehende Lieferantenrechnung erhält einen Eingangsstempel und gelangt in die **Rechnungsprüfung**. Dort erfolgt eine
    - **sachliche Prüfung** (Vergleich mit der Bestellung),
    - **rechnerische Prüfung** (Einzel- und Gesamtpreis, Rabatt, Fracht- und Verpackungskosten).

Danach bucht man sie als Verbindlichkeit. Sie wird rechtzeitig zur Zahlung angewiesen und am Fälligkeitstermin bezahlt.

Materialprüfung ist teuer: Sie verlangt den Einsatz von Personal und Prüfgeräten und kostet Zeit. Ein gutes Qualitätsmanagement erfordert heute oft, dass der Betrieb mit seinen Lieferern dauerhafte vertragliche Bindungen eingeht und mit ihnen gemeinsam optimale Maßnahmen zur Sicherung der Produkt- und Lieferqualität entwickelt. Eine Qualitätsprüfung beim Material-/Wareneingang kann dann entfallen.

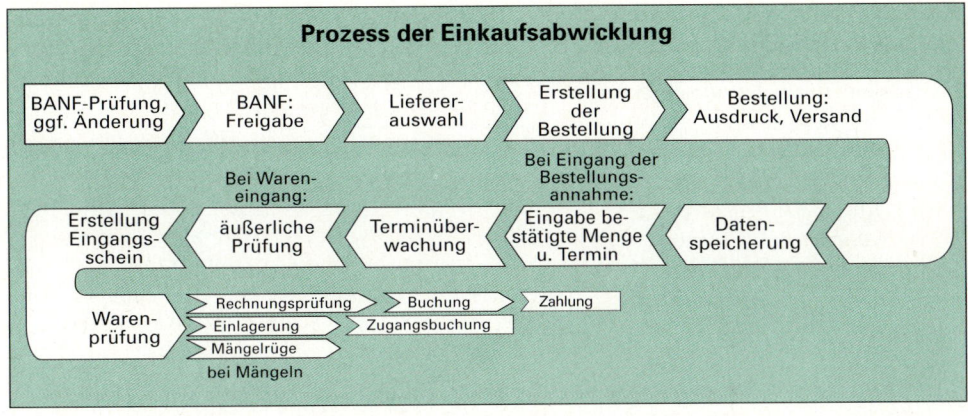

2.2 Kauf nach Einholung von Angeboten

2.2.1 Anfrage

Sind keine Lieferer in den Dateien erfasst, so werden über externe Informationsquellen Lieferer ermittelt. Dann bittet man per Anfrage um die Abgabe von Angeboten.

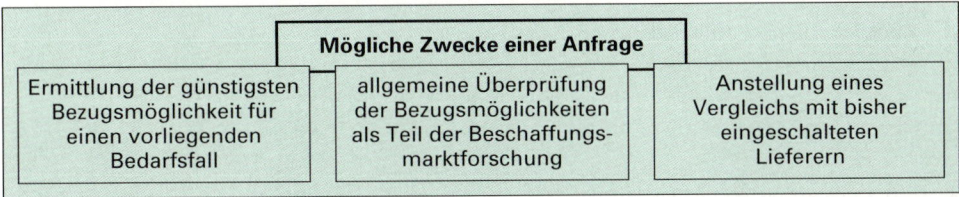

Die Anfrage sollte unbedingt enthalten:

- die möglichst genaue Warenbezeichnung (sofern nötig, Zeichnungen oder Muster beilegen!),
- die voraussichtliche Bezugsmenge (wichtig für Lieferfähigkeit, Lieferzeit, Rabatte, Höhe von Transport- und Verpackungskosten; ist die Menge noch nicht eindeutig bestimmbar, so sind Staffelpreise zu erfragen),
- die gewünschten Liefer- und Zahlungsbedingungen.

Nur bei einer klaren und eindeutigen Anfrage kann der Lieferer ein klares und eindeutiges Angebot abgeben!

Anfragen sind völlig unverbindlich. Sie verpflichten den Anfragenden zu nichts. Deshalb erfolgen sie – zumindest bei problemlosen Materialien – oft telefonisch. Dies geht schnell und Probleme lassen sich ggf. sofort besprechen. Kommt es auf Präzision und Vermeidung von Missverständnissen an, wählt man die Schriftform.

Die **Zahl der Anfragen** – i. d. R. mindestens drei – richtet sich nach dem voraussichtlichen Wert der Bestellung. Ausnahmen bilden

- Materialien, die nur anhand von Preislisten mit gegebenen Rabatten beziehbar sind,
- Kleinaufträge
- eiliger Bedarf,
- Material, das von weniger als drei zuverlässigen Lieferern angeboten wird.

Die Angebote sind kostenfrei und unter Setzung einer angemessenen Frist zu erbitten. Ihre Überwachung wird durch Eingabe in eine Anfragendatenbank ermöglicht.

Beispiel: Anfrage (Vidosonal AG)

```
                                                            20..-02-12

Anfrage

Sehr geehrte Damen und Herren,

wir benötigen dringend 10 000 m Kabel NYM 3 x 1,5 zur Lieferung innerhalb der
nächsten 3 Wochen.

Bitte übermitteln Sie uns innerhalb von 3 Tagen kostenfrei Ihr Angebot zur
Lieferung frei Haus und Zahlung binnen 30 Tagen netto Kasse oder binnen
10 Tagen mit Skonto.
```

2.2.2 Angebot

Auf die Anfrage der Vidosonal AG geht u. a. das folgende Angebot ein:

Beispiel: Angebot (Mielenz GmbH & Co. KG)

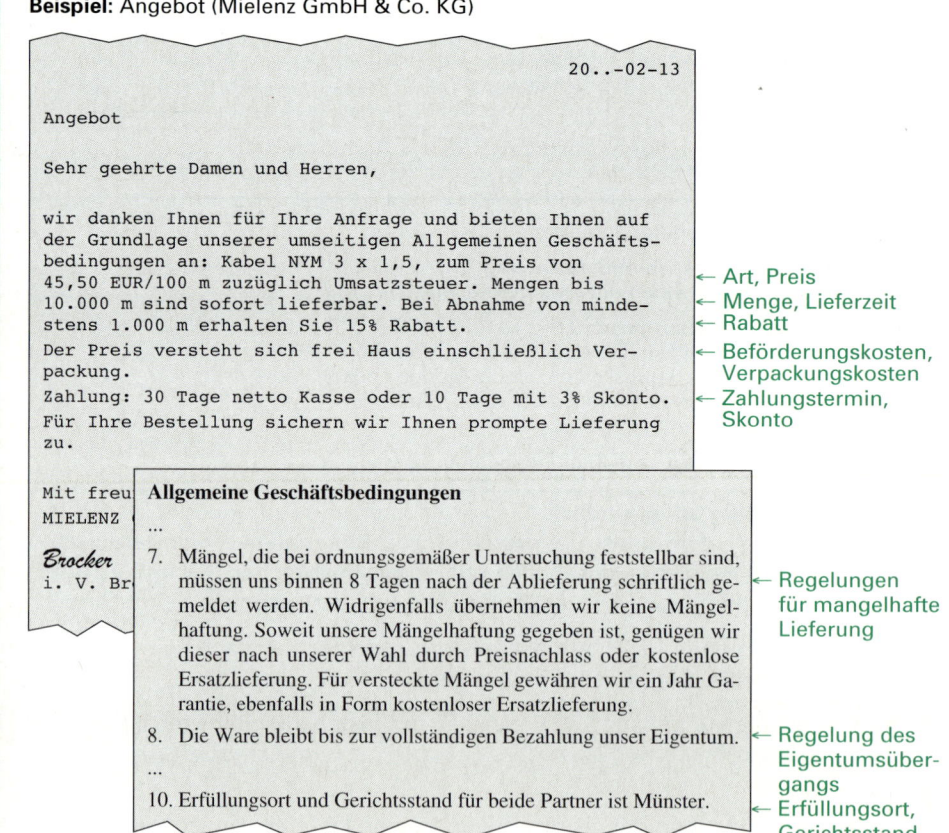

Die eingehenden Angebote binden die jeweiligen Anbieter, wenn sie nicht ausdrücklich „unverbindlich" abgegeben werden. Das bedeutet: Der Anbieter ist verpflichtet, bei ordnungsgemäßer Bestellung die im Angebot genannte Ware zu den aufgeführten Bedingungen zu liefern. Deshalb legt er in der Praxis – besonders bei hohen Warenwerten – folgende Punkte oft bis in alle Einzelheiten fest:

- Art, Beschaffenheit, Qualität der Ware,
- Warenmenge,
- Warenpreis und Preisnachlässe,
- Erfüllungsort,
- Gerichtsstand,
- Beförderungskosten,
- Verpackungskosten,
- Lieferzeit,
- Zahlungstermin,
- Eigentumsübergang,
- Regelung für Liefer-, Annahme- und Zahlungsstörungen sowie mangelhafte Lieferung.

Lieber vorher alles genau klären als hinterher streiten!

2.2.3 Angebotsvergleich

Eingehende Angebote müssen verglichen werden, um das günstigste Angebot herauszufinden. Entscheidungskriterien beim Angebotsvergleich sind:

- Warenqualität
- Liefermenge
- Lieferzeit
- Zahlungsziel
- Einstandspreis
- Garantie
- Zuverlässigkeit des Lieferers, z. B. pünktliche Lieferung, konstante Qualität, Reklamationsverhalten, Servicequalität
- Kooperationsbereitschaft
- Warenrücknahme, Entsorgung
- Umweltfreundlichkeit

Vom Kunden als unerlässlich betrachtete Kriterien müssen erfüllt werden. Andernfalls scheidet der Anbieter von vornherein aus. Alle anderen Kriterien sind Zusatzkriterien. Um sie vergleichbar zu machen, versieht man sie gern mit einer Gewichtungszahl. Der Lieferer erhält Noten, die man mit der Gewichtungszahl multipliziert. Den Zuschlag erhält der Lieferer mit der höchsten gewichteten Notensumme. Wenn alle anderen Kriterien in gleichem Maß erfüllt werden oder vernachlässigt werden können, ist für den Zuschlag der Einstandspreis maßgebend.

Beispiel: Angebotsvergleich
Der Einkauf hat von drei Anbietern Angebote über Kabel NYM 3 x 1,5 eingeholt: von der Gabert OHG, der Mielenz GmbH & Co. KG und der Franz Weiler GmbH. Das Angebot der Gabert OHG scheidet aus, weil die Lieferzeit 6 Wochen beträgt. Das Angebot von Mielenz ist oben abgedruckt, das von Weiler lautet wie folgt:

```
wir bieten Ihnen zur Lieferung an:
Bezeichnung:          Kabel NYM 3 x 1,5
Preis:                44,20 EUR je 100 m
                      10% Rabatt für Längen ab 1000 m
Lieferungsbedingungen:Lieferung frei Haus 3 Wochen nach Bestellungseingang.
                      Für die Verpackung berechnen wir 40,00 EUR
Zahlungsbedingungen:  30 Tage netto oder 10 Tage unter Abzug von 2% Skonto

Dieses Angebot erfolgt auf der Basis unserer umseitigen Allgemeinen Lieferungsbedingungen.
```

Die AGB von Mielenz und Weiler stimmen inhaltlich überein; allerdings gibt Weiler für versteckte Mängel 2 Jahre Garantie.

Der Angebotsvergleich wird entsprechend dem folgenden Schema vorgenommen.

Angebotsvergleich					
Artikel: Kabel NYM 3 x 1,5		Menge: 10 000 m			
Lieferer Unterlage	Franz Weiler GmbH Angebot vom 16. Febr. 20..		Mielenz GmbH & Co. KG Angebot vom 16. Febr. 20..		
		EUR			EUR
Mindestabnahme Listenpreis Rabatt	——— 100 m 44,20 ab 1000 m 10%	4 420,00 442,00	——— 100 m 45,50 ab 1000 m 15%		4 555,00 682,50
Zieleinkaufspreis Skonto	10 Tg./2%	3 978,00 79,56	10 Tg./3%		3 867,50 116,03
Bareinkaufspreis Verpackungskosten Transportkosten		3 898,44 40,00			3 751,47 ———
Einstandspreis		3 938,44			3 751,47
Gewichtung		Note	Wert	Note	Wert
Einstandspreis 10	3 938,44	9	90	3 751,47	10	100
Qualität 10	gleich			gleich		
Liefermenge 5	keine Beschränkung	10	50	keine Beschränkung	10	50
Lieferzeit 5	3 Wochen	7	35	sofort	10	50
Zahlungsziel 2	30 Tage	8	16	30 Tage	8	16
Garantie 4	2 Jahre	10	40	1 Jahr	6	24
weitere qualitative Kriterien 3	unbekannt			unbekannt		
Summe			231			240

Der Einstandspreis bei Mielenz ist günstiger, aber auch die gewichtete Notensumme ist größer. Die Bestellung geht deshalb an Mielenz.
Der Text der Bestellung könnte z. B. dem Brief auf Seite 227 entsprechen.

Das weitere Vorgehen entspricht den Ausführungen auf Seite 227 bis Seite 228.

2.3 Vertragsabschluss

Das Angebot des Lieferers ist ein Antrag an den Kunden zum Abschluss eines Kaufvertrages: Der Lieferer erklärt seinen Willen, die Ware an den Kunden entgeltlich zu veräußern. Der Kunde nimmt den Antrag durch eine inhaltlich übereinstimmende und rechtzeitig abgegebene Bestellung an. Mit deren Eingang beim Lieferer ist der Kaufvertrag geschlossen.
Bestellt der Kunde ohne vorausgehendes Angebot, so ist der Kaufvertrag geschlossen, wenn die Bestellungsannahme beim Kunden eingeht.

Der Kaufvertrag verpflichtet die Vertragspartner, ihre Leistungen – Lieferung bzw. Abnahme und Zahlung – entsprechend den getroffenen Vereinbarungen zu erbringen.

Einzelheiten über das Kaufvertragsrecht finden Sie ab Seite 250.

Der Betrieb will einerseits beim Einkauf hohe Rabatte erzielen, andererseits aber Lagerkosten sparen. Deshalb schließt er häufig **Rahmenverträge** mit seinen Lieferern. Diese Verträge kommen auf Grund eingehender Verhandlungen zu Stande. Ihr Inhalt mit allen Konditionen wird genauestens schriftlich festgehalten.

Der Rahmenvertrag beinhaltet den festen Kauf einer großen Menge. Diese wird jedoch innerhalb einer vereinbarten Gesamtfrist in Teilmengen geliefert.

- Die Teilmengen und Liefertermine können von vornherein festgelegt sein oder
- der Käufer kann variable Teilmengen zu ihm genehmen Zeitpunkten abrufen (**Kauf auf Abruf**).

Arbeitsaufgaben

1. **Der Einkaufssachbearbeiter erhält eine Bedarfsmeldung über Rillenkugellager 16002 – DIN 625. Er findet in der Materialbeschaffungsdatei und in der Liefererdatei die folgenden Angaben:**

Rillenkugellager 16002 – DIN 625									
Lieferer	Unterlagen	Preis EUR	je	Rabatt	Frachtkosten	Verpackung	Zahlungsbedingungen	Lieferzeit	Bemerkungen
Krüger & Sohn, Mainz	Angebot 18. Okt. 20 ..	25,00	Stck.	100 Stck. 10%	frei Haus	einschl.	30 Tg. netto, 10 Tg. 2%	sofort	Lieferung einwandfrei
Rollkugel GmbH, Münster	Preisliste 01. Dez. 20 ..	24,00	Stck.	200 Stck. 15%	ab Werk (98,00 EUR)	einschl.	30 Tg. netto, 8 Tg. 1%	sofort	
Fritz Peters OHG, Frankfurt	Angebot 13. Jan. 20 ..	23,70	Stck.	200 Stck. 10%	ab Werk (96,00 EUR)	ausschl. (40,00 EUR)	30 Tg. netto, 10 Tg. 2%	sofort, ab 400 Stck. 14 Tg.	

a) Führen Sie einen Angebotsvergleich für die drei Lieferer durch.
b) Beschreiben Sie den weiteren Ablauf des Einkaufs.
c) Schreiben Sie die Bestellung auf einen Briefbogen gemäß folgendem Formular. Benutzen Sie dafür auch Angaben und Ergebnis aus Aufgabe 1 auf Seite 219.

Bestellung
Unter Zugrundelegung der umstehenden Einkaufsbedingungen bestellen wir bei Ihnen für unser Werk zur Lieferung an die auf der Rückseite angegebene Versandanschrift:

Diese Bestelldaten sind in allen Schriftstücken, auch auf Frachtbriefen, Paketscheinen, Lieferscheinen usw., anzugeben		Tag	
Bestellung Nr.	Auftragsnummer	Kostenstelle	
Lieferanten-Nr.	Sachbearbeiter	Durchwahl	Lieferzeit:
Gegenstand	Zeichnungs- bzw. Waren-Nr.	ME* Menge	EUR

(Benutzen Sie ein Textverarbeitungsprogramm.)

---

* ME = Mengeneinheit

d) Überprüfen Sie die folgende Eingangsrechnung auf ihre sachliche und rechnerische Richtigkeit.

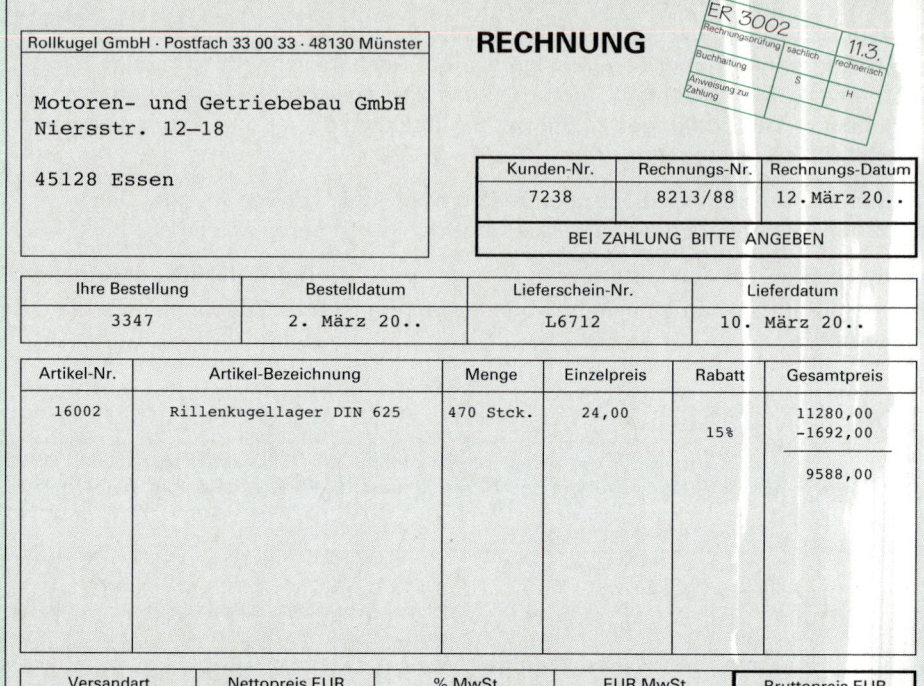

2.4 Online-Einkauf

Der Einkauf der Vidosonal AG hat bis vor einem halben Jahr alle Einkaufsgüter in traditioneller Form beschafft. Seitdem wickelt man einen Teil der Käufe im E-Commerce ab, dem „elektronischen Handel" im Internet: Die meisten C-Güter werden nun online eingekauft. Für A- und B-Güter bleibt es beim alten Verfahren.

Mit dem Internet hat das **E-Business** („elektronisches Geschäft") Einzug in die Betriebe gehalten. Dazu gehören **E-Commerce** (Handel) und **E-Procurement** (Einkauf) unter Einschaltung des Internets. Das Spektrum reicht von Online-Artikelinformation über Online-Artikelangebote bis zur vollständigen Abwicklung von Ein- und Verkauf.

Arten des E-Business sind:
E-Commerce (Ein- und Verkauf),
E-Procurement (Einkauf),
E-Payment (Zahlungsverkehr),
E-Logistic (Logistik),
E-Learning (Personalentwicklung),
E-Recruiting (Personalanwerbung).

Für das Angebot richtet sich der Verkäufer einen **Online-Shop** ein. Das ist ein virtueller (computersimulierter) Katalog, in dem die Artikel präsentiert, begutachtet und ausgewählt und aus dem sie online bestellt werden.

Grundlegende Elemente eines Online-Shops

Datenbank
Die Datenbank verwaltet alle Artikeldaten in Datensätzen. Ein Datensatz enthält z. B. Artikelnamen, Artikelnummer, Preis, Verfügbarkeit, Lieferungs- und Zahlungsbedingungen u. a. m.

Warenkorb
Der virtuelle Warenkorb hat die gleiche Aufgabe wie ein echter Warenkorb. Der Kunde kann Waren hineinlegen, wieder herausnehmen und mit dem Korb „zur Kasse gehen".

Zahlungssystem
Das Shop-System bietet i. d. R. mehrere Zahlungsmöglichkeiten an (vor allem Zahlung auf Rechnung, Zahlung per Nachnahme (d. h. Barzahlung an den Überbringer der Sendung), Zahlung per Kreditkarte. Günstig – aber von vielen Systemen nicht geboten – ist auch eine direkte Bonitätsprüfung[1].

Der Online-Einkauf wird für den Betrieb interessant, wenn er zu Rationalisierungen und Kosteneinsparungen führt. Dies ist v. a. unter folgenden Voraussetzungen der Fall:

- Mit dem Lieferer werden Rahmenlieferverträge geschlossen. Sie enthalten die Vertragsinhalte, auf deren Angabe man bei den laufenden Bestellungen verzichten kann.

- Der Lieferer passt seinen Artikelkatalog den Anforderungen des Kunden an. Zielsetzung ist ein „Standardkatalog".

- Die Artikeldatenbank des Lieferers wird der Materialstammdatenbank des Kunden angepasst.

- Die Zahlung wird vereinfacht (z. B. monatliche Abrechnung und Zahlung; monatliche Auswertung von Reklamationen und Berücksichtigung bei der Zahlung).

- Die Budgetplaner legen für jeden Online-Einkaufssachbearbeiter zu Beginn des Jahres fest, welche Artikel er aus den Online-Katalogen bestellen oder wie viel Geld er pro Monat und im Jahr ausgeben darf.

> **Beispiel:** Online-Einkauf
>
> Bei der Vidosonal AG sind die C-Güter festgelegt, die online beschafft werden dürfen. Die oben angeführten Voraussetzungen sind erfüllt.
>
> Der Einkaufssachbearbeiter bei Vidosonal öffnet per Mausklick am Computer den Katalog des Büroartikelanbieters *büro-orga GmbH*. Auf dem Bildschirm erscheinen die Daten der angebotenen Artikel. Der gewünschte Artikel wird angeklickt; ggf. werden weitere notwendige Daten eingegeben. Ein Tastendruck – und schon ist die Bestellung online auf dem Weg zum Lieferer. Kein Vorgesetzter muss den Einkauf abzeichnen, kein Controller die Rechnung überprüfen.
>
> Ist der Artikel eingegangen, wird der Katalogpreis dem Lieferer am Monatsende gutgeschrieben (ggf. als Sammelgutschrift, wenn weitere Artikel eingekauft wurden).
>
> Ergebnis: Die Bearbeitungsschritte beim Einkauf sind wesentlich reduziert

---

[1] Bonität bezeichnet den Ruf, die Zahlungsfähigkeit und -willigkeit eines Kunden und begründet folglich seine Kreditwürdigkeit.

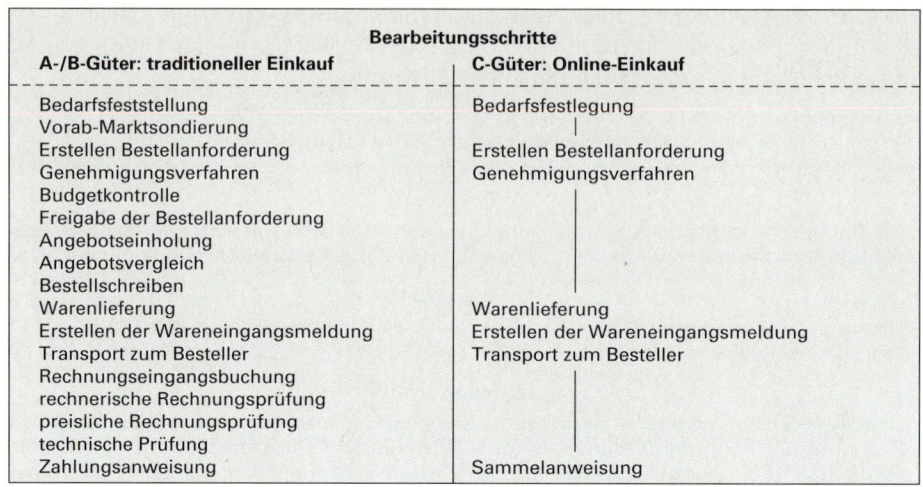

Arbeitsaufgaben

Viele große Unternehmen sind dazu übergegangen, Teile ihres Einkaufsbedarfs über Einkaufsauktionen im Internet zu decken. Diese werden von Firmen organisiert, die ihre Website als Handelsplatz anbieten. Dort gibt der Käufer sein Beschaffungsobjekt bekannt (sog. Ausschreibung), und interessierte Verkäufer können dort in einer festgelegten Frist ihre Angebote abgeben und ggf. im Wettbewerb miteinander korrigieren. So kann der Käufer den günstigsten Anbieter auswählen.

Der Sportartikelhersteller Puma AG schrieb über den Handelsplatz econia.com seinen Bedarf an Kartons für Schuhware im Rahmen einer Einkaufsauktion aus. Sowohl Altlieferanten als auch neue Lieferanten nahmen an der auf 16 Tage befristeten Ausschreibung teil und gaben ihre Angebote für die Einkaufsauktion ab. In Absprache mit Puma griff man dabei auch auf den Lieferantenstamm von econia zurück. Puma selbst brachte noch fünf Altlieferanten in die Auktion ein. Für produktspezifische Anfragen hatte Puma Produktmuster zur Verfügung gestellt, die den Interessenten zur Ansicht geschickt wurden. Von 25 potenziellen Lieferanten nahmen schließlich elf an der Auktion teil. Der Erfolg konnte sich sehen lassen: Die abgegebenen Angebote reduzierten den Einkaufspreis um 30 %. Das Gebot, das den Zuschlag bekam, lag um rund 78 000,00 EUR unter dem Höchstgebot. Puma sparte über 15 000,00 EUR an Kosten ein.

a) Einkaufsauktionen werden auch als „umgekehrte Versteigerungen" bezeichnet. Erläutern sie, was damit ausgesagt werden soll.
b) Nennen Sie möglichst viele Vorteile, die eine Einkaufsauktion im Internet dem Käufer gegenüber einem traditionellen Einkauf bietet.
c) Sind Internetauktionen nach Ihrer Ansicht für die Beschaffung von A-, B- oder C-Gütern geeignet?

3 Rechtliche Grundlagen

3.1 Rechtsnormen

Wir leben in einer staatlichen Ordnung. Rechtsvorschriften regeln unser Leben. Sie verleihen Rechte und erlegen Pflichten auf.

Rechtsvorschriften (Rechtsnormen[1]) sind Anforderungen, die dem Menschen ein äußeres Verhalten vorschreiben: ein Tun, Unterlassen oder Dulden. Der Staat kann ihre Einhaltung ggf. mit Zwangsmitteln durchsetzen.

---

[1] Normen sind Verhaltensregeln. Sie sollen dafür sorgen, dass man sich entsprechend herrschenden Wertvorstellungen verhält.

	Rechtsnormen	
Gewohnheitsrecht		**Gesetztes Recht**
entsteht durch langdauernde Gewohnheit, wenn Menschen die Überzeugung haben, ihr Tun sei rechtens Es bildet sich heutzutage vor allem durch: ● **Gerichtsbrauch** (Rechtssprechung, die sich allgemein durchsetzt) ● **Verkehrssitte** (tatsächliche Übung im Verkehr zwischen Vertragspartnern, ggf. örtlich verschieden) ● **Handelsbrauch** (Gewohnheiten unter Kaufleuten)		entsteht durch ausdrückliche staatliche Festsetzung (heutzutage in schriftlicher Form) Wichtige Normen des gesetzten Rechts sind: ● **Gesetze** (von der Volksvertretung erlassene Regelungen, die für alle in gleicher Weise gelten) ● **Rechtsverordnungen** (allgemein verbindliche Anordnungen der Regierung aufgrund einer Ermächtigung im Gesetz; dienen der detaillierten Ausgestaltung des Gesetzes und dürfen weder die Ermächtigung überschreiten noch dem Gesetz widersprechen) ● **Satzungen** (allgemein verbindliche Vorschriften von Selbstverwaltungskörperschaften wie Gemeinden, Kreisen, Universitäten zur Regelung ihrer eigenen Angelegenheiten)[1]

3.2 Rechtsordnung

● Bei Juwelier Reiche ist nachts eingebrochen worden. Die Polizei fahndet nach dem Einbrecher. Nach zwei Wochen wird ein Tatverdächtiger gefasst, der einen Teil der Beute im Pfandhaus absetzen wollte. Der Staatsanwalt erhebt Anklage. Durch Gerichtsurteil und Bestrafung des Täters soll das gebrochene Recht wiederhergestellt werden.
● Herr Kolb hat bei der Kfz-Werkstatt Sattler die fehlerhaften Bremsen seines Wagens reparieren lassen. Unmittelbar nach dem Verlassen der Werkstatt versagen die Bremsen von neuem. Herr Kolb verlangt kostenlose Nachbesserung, Sattler dagegen will nur gegen erneute Bezahlung reparieren. Herr Kolb besteht auf seinem Recht: Er lässt den Wagen in einer anderen Werkstatt reparieren und verklagt Sattler auf Erstattung der Kosten.

Die Gesamtheit aller rechtlichen Regelungen ist die *Rechtsordnung* – der Jurist sagt: das *objektive Recht*. Sie besteht aus den Teilbereichen öffentliches Recht und privates Recht.

3.2.1 Öffentliches Recht

Das öffentliche Recht regelt die Rechtsbeziehungen des Einzelnen zu den Trägern staatlicher Gewalt sowie das Verhältnis dieser Träger zueinander. Es wird vom Grundsatz der Ober- und Unterordnung beherrscht:

Ich muss z.B. pünktlich meine Steuern zahlen.

● Der Staat kann den Bürgern durch Gebote einseitig Pflichten auferlegen und ihre Rechte durch Verbote unabänderlich beschränken. Öffentliches Recht ist **zwingendes Recht**.

● Verstöße gegen Gebote und Verbote verfolgt der Staat durch seine Gerichte. Ggf. verhängt er Strafen.

Das öffentliche Recht umfasst vor allem: Staats-, Verwaltungs-, Straf-, Prozess-, Kirchen-, Völker-, Steuer-, Sozial- und Sozialversicherungs-, Wettbewerbsrecht sowie Teile des Arbeitsrechts (Arbeitsschutz- und Mitbestimmungsrecht).

---

[1] Auch Vereine, Kapitalgesellschaften und Genossenschaften regeln ihre Angelegenheiten durch Satzungen.

3.2.2 Privatrecht

Das Privatrecht regelt die Rechtsbeziehungen der Bürger untereinander. Es wird vom Grundsatz der Gleichordnung beherrscht:

- Die Beteiligten stehen sich gleichberechtigt gegenüber und können ihre Beziehungen abweichend von den gesetzlichen Regelungen vielfach frei gestalten: Privates Recht ist weitgehend **nachgiebiges Recht**. Das Gesetz bestimmt z. B., dass der Käufer die Transportkosten für zugesendete Waren tragen muss. In der Praxis übernimmt der Verkäufer häufig diese Kosten.

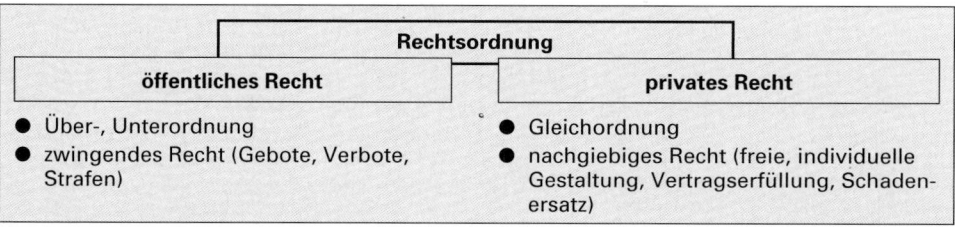
Ich kann z. B. selbstständig die Bedingungen aushandeln, zu denen ich meinen CD-Player verkaufe.

- Privatrechtliche Verhältnisse zielen nicht auf Strafen ab, sondern auf die Erfüllung von Verträgen, die Unterlassung schädigender Handlungen und Schadenersatz für angerichtete Schäden. Bei der Durchsetzung dieser Ansprüche können die Gerichte in Anspruch genommen werden.

Das Privatrecht umfasst vor allem:

- **Bürgerliches Recht**: die Vorschriften des Bürgerlichen Gesetzbuchs – BGB –, die die privatrechtlichen Beziehungen grundlegend regeln
- **Handelsrecht**: die Vorschriften des Handelsgesetzbuchs – HGB –, die die Rechtsbeziehungen der Kaufleute regeln, sowie das Gesellschafts-, Wechsel-, Scheck- und Wertpapierrecht
- **Urheberrecht**: begründet Ansprüche an Geisteswerken
- **Patentrecht**: begründet Ansprüche aus Erfindungen
- **Privatversicherungsrecht**

Rechtsordnung	
öffentliches Recht	**privates Recht**
• Über-, Unterordnung • zwingendes Recht (Gebote, Verbote, Strafen)	• Gleichordnung • nachgiebiges Recht (freie, individuelle Gestaltung, Vertragserfüllung, Schadenersatz)

Arbeitsaufgaben

1. In den folgenden Texten werden Aussagen über bestimmte Rechtsnormen gemacht.
   (1) Das Gewerbesteuergesetz ist ein Bundesgesetz über die Gewerbesteuer, die von Gewerbebetrieben zu zahlen ist. Die Gewerbesteuerdurchführungsverordnung regelt die Einzelheiten der Gewerbesteuererhebung bis hin zum sog. Steuermessbetrag. Dieser stellt sozusagen einen Grundbetrag für die Steuer dar. Die Gemeinden, denen die Steuer zufließt, legen den Hebesatz fest. Dieser gibt an, wie viel Prozent des Steuermessbetrags als Gewerbesteuer erhoben wird (z. B. 400 %).
   (2) In § 346 HGB wird ausdrücklich bestimmt, dass unter Kaufleuten auf die Handelsbräuche Rücksicht zu nehmen ist. So besteht unter Kaufleuten abweichend vom sonstigen Recht in bestimmtem Umfang ein Brauch, wonach Schweigen auf ein erhaltenes Schreiben als Zustimmung zu dem in dem Schreiben Gesagten gilt.
   a) Was versteht man unter Rechtsnormen?
   b) Welche Arten von Rechtsnormen werden in den beiden Texten angesprochen und zu welchen Obergruppen gehören sie?
   c) Welche der Rechtsnormen wurde vom Parlament verabschiedet, welche von der Regierung erlassen?

2. **Die beiden Einführungsbeispiele auf Seite 237 (Einbruch, Reparatur) betreffen einmal das öffentliche Recht, zum andern das Privatrecht.**
   Erläutern Sie wesentliche Merkmale des öffentlichen und des privaten Rechts anhand dieser Beispiele.
3. **Rechtsbedeutsame Vorgänge und Tatbestände sind entweder dem Bereich des öffentlichen Rechts oder dem Bereich des Privatrechts zuzuordnen.**
   Ordnen Sie die folgenden Sachverhalte richtig zu.
   a) Die Bundesrepublik Deutschland schließt mit der Volksrepublik China einen Vertrag über gegenseitigen Kulturaustausch.
   b) (1) Frau Schröder errichtet ein Testament, in dem sie den Hamsterzuchtverein Kleckshausen als Alleinerben einsetzt.
   (2) Frau Schröders Sohn Werner ficht nach dem Tod seiner Mutter das Testament an.
   c) Lebensmittelgroßhändler Mümmel benötigt eine ausgebildete Bürokauffrau. Er schließt einen unbefristeten Arbeitsvertrag mit Elke Geistreich.
   d) Herr Schmalhans erhält vom Finanzamt seinen Einkommensteuerbescheid mit der Aufforderung eine verbleibende Steuerschuld von 3 500,00 EUR nachzuzahlen.
   e) Ein Tourist wird bei der Einreise beim Kokainschmuggel gefasst und später zu einer Freiheitsstrafe verurteilt.

3.3 Rechtssubjekte

Rechtsvorschriften können sich nicht an Tiere und Sachen, sondern nur an Personen richten. **Personen sind Rechtssubjekte, Träger von Rechten und Pflichten.** Das Recht unterscheidet natürliche und juristische Personen.

3.3.1 Natürliche Personen

Natürliche Personen **sind Menschen. Sie sind rechtsfähig und – unter genau bestimmten Umständen – geschäftsfähig.**

- **Rechtsfähigkeit** ist die Fähigkeit Träger von Rechten (sog. subjektiven Rechten) und Pflichten zu sein.
- **Geschäftsfähigkeit** ist die Fähigkeit rechtsgültige Willenserklärungen abzugeben und Rechtsgeschäfte zu tätigen.

Die Rechts- und Geschäftsfähigkeit von Menschen hängt grundsätzlich von ihrem Alter ab.

Einfluss des Alters auf Rechts- und Geschäftsfähigkeit
Vollendung der Geburt
Alle Menschen sind mit Vollendung der Geburt rechtsfähig (BGB § 1).
■ Beispiel: Ein neugeborenes Kind kann Eigentümer eines Mietshauses sein.
unter 7 Jahren
Menschen unter 7 Jahren sind **geschäftsunfähig** (BGB § 104).
■ Beispiel: Das Kind kann sein Haus nicht verkaufen.
zwischen 7 und 18 Jahren
Menschen zwischen 7 und 18 Jahren sind **beschränkt geschäftsfähig**. Ihre Handlungen sind nur mit Zustimmung des gesetzlichen Vertreters rechtswirksam. Die vorherige Zustimmung heißt Einwilligung, die nachträgliche Genehmigung (BGB §§ 106–108).
■ Beispiele: – Ein Zwölfjähriger kauft mit der Erlaubnis seines Vaters ein Fahrrad. – Ein Sechzehnjähriger kauft ein Mofa. Sein Vater, der davon nichts wusste, erklärt nachträglich sein Einverständnis (ausdrücklich oder durch Schweigen).
ab 18 Jahren
Menschen ab 18 Jahren sind voll **geschäftsfähig**.
■ Beispiel: Ein Achtzehnjähriger nimmt bei einer Bank einen Kredit über 5 000,00 EUR auf.

Rechtsgeschäfte von Personen zwischen 7 und 18 Jahren sind voll wirksam, wenn

- das Rechtsgeschäft mit Mitteln erfüllt wird, die dem Minderjährigen von seinem gesetzlichen Vertreter oder mit dessen Zustimmung von einem Dritten zur freien Verfügung oder eigens für den betreffenden Zweck überlassen wurden („**Taschengeldparagraf**", BGB § 110);
- das Rechtsgeschäft dem Minderjährigen **nur rechtliche Vorteile** bringt (wie z. B. bei Geschenken ohne Belastungen) (BGB § 107).

Minderjährige können mit Zustimmung des gesetzlichen Vertreters ein **Arbeits-, Dienst- oder Ausbildungsverhältnis** eingehen. Für alle Rechtsgeschäfte aus einem Arbeits- oder Dienstverhältnis (nicht aber aus einem Ausbildungsverhältnis) gelten sie als voll geschäftsfähig. Sie können z. B. selbstständig ein Bankkonto einrichten, ja sogar ihr Dienstverhältnis kündigen und ein ähnliches eingehen (BGB § 113).

Das Gleiche gilt für alle Rechtsgeschäfte aus dem selbstständigen **Betrieb eines Erwerbsgeschäftes,** das der Minderjährige mit Ermächtigung des gesetzlichen Vertreters und der Genehmigung des Vormundschaftsgerichts betreibt (BGB § 112).

> **Beispiel:**
> Ein Vater überträgt wegen Krankheit sein Geschäft auf seinen minderjährigen Sohn.

Kann ein Volljähriger aufgrund einer psychischen Krankheit oder einer körperlichen, geistigen oder seelischen Behinderung seine Angelegenheiten ganz oder teilweise nicht besorgen, kommt die Bestellung eines **Betreuers** durch das Vormundschaftsgericht in Betracht. Die Geschäftsfähigkeit des Betroffenen wird dadurch nicht aufgehoben. Im Einzelfall kann das Gericht aber die Teilnahme des Betreuten am Rechtsverkehr einschränken (BGB §§ 1896 ff.). Dauernd Geisteskranke hingegen sind geschäftsunfähig (BGB § 104).

3.3.2 Juristische Personen

Bestimmte rechtliche Gebilde werden vom Recht ähnlich wie Menschen behandelt. Sie können wie Menschen Eigentum erwerben sowie klagen und verklagt werden. Sie sind also ebenfalls **rechts- und geschäftsfähig.** Ihre Rechte werden von ihren zuständigen **Organen** wahrgenommen. Diese Gebilde heißen juristische Personen (BGB §§ 21–89).

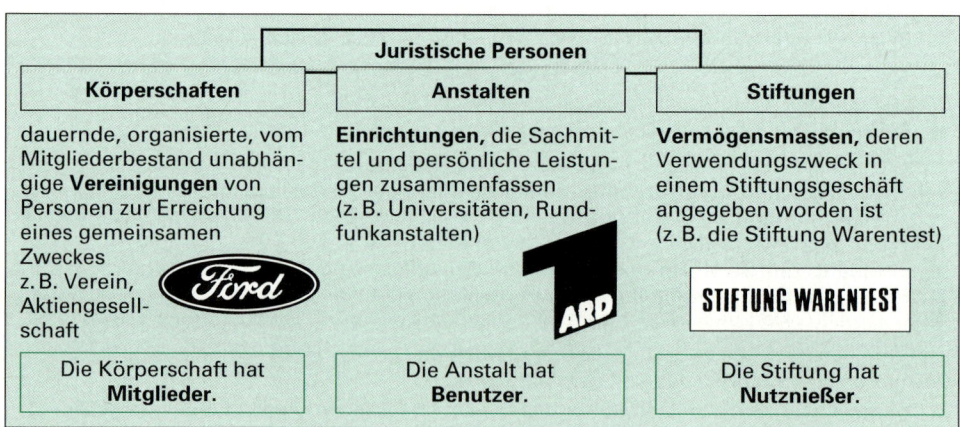

- **Juristische Personen des öffentlichen Rechts** sind z. B. Gemeinden, Kirchen, Rundfunkanstalten und Ortskrankenkassen. Sie erfüllen öffentliche Aufgaben.
- **Juristische Personen des Privatrechts** sind privatrechtliche Stiftungen und Körperschaften des privaten Rechts (rechtsfähige Vereine). Sie verfolgen private Zwecke.

Arbeitsaufgaben

1. Am Stammtisch wird über Rechtsfragen philosophiert. Walter Säusel krakeelt, sein Schwager sei eine juristische Person. Er sei nämlich Richter am Landgericht und als solcher – im Gegensatz zu den „normalen" Menschen – rechtsfähig. Er dürfe aber keine Unternehmung gründen, sei also leider – wieder im Gegensatz zu „normalen" Menschen – nicht geschäftsfähig. Walters Stammtischbruder Pitt Kluge schüttelt nur noch den Kopf über solchen Unsinn. Dann stellt er die Fehler richtig. Geben Sie seine Argumentation wieder.

2. Gegeben seien die folgenden Personen:
   (1) eine Aktiengesellschaft
   (2) ein ungeborenes Kind
   (3) eine hundertdreijährige Frau
   (4) ein vierjähriger Junge
   (5) ein ins Vereinsregister eingetragener Fußballklub
   (6) ein achtzehnjähriger Auszubildender
   a) Sind diese Personen rechtsfähig?
   b) Sind diese Personen nicht, beschränkt oder voll geschäftsfähig?

3. Bei der Eröffnung des Testaments des verstorbenen Herrn Selig ergibt sich, dass er seine sechsjährige Nichte Klara zur Alleinerbin eingesetzt hat. Das Erbe besteht aus 6 500,00 EUR Bargeld, Wertpapieren mit einem Kurswert von 7 600,00 EUR und einem bebauten Grundstück mit einem geschätzten Marktwert von 310 000,00 EUR, belastet mit einer Hypothek von 60 000,00 EUR.
   a) Ist Klara als Sechsjährige überhaupt erbfähig?
   b) Klara erklärt, dass sie die Erbschaft annehmen will. Ist diese Erklärung rechtswirksam?
   c) Wie muss sich die Annahme der Erbschaft vollziehen, wenn sie rechtswirksam sein soll?
   d) Klaras Eltern als ihre gesetzlichen Vertreter legen mit Einverständnis des Vormundschaftsgerichts das Bargeld auf einem Sparkonto an. Die Zinsen aus dem Sparkonto und den Wertpapieren verwenden sie für den Schuldendienst des Hypothekendarlehens. Einen Zinsüberschuss belassen sie auf dem Sparkonto. Als Klara 15 Jahre alt wird, beträgt das Restdarlehen noch 44 000,00 EUR. Klara beschließt, das Restdarlehen sofort vollständig zu tilgen. Klaras Eltern sind dagegen. Kann Klara ihren Willen durchsetzen?

4. Gegeben seien die folgenden Fälle:
   (1) Ein Sechsjähriger will am Kiosk für 20 Cent Bonbons kaufen.
   (2) Ein Siebenjähriger hat das Gleiche vor.
   (3) Ein Siebzehnjähriger will im Reisebüro eine Flugreise nach Las Vegas für 4 700,00 EUR buchen.
   (4) Ein dauerhaft Geisteskranker will ein Fahrrad kaufen.
   (5) Ein Dreizehnjähriger will zwei Geschenke annehmen: 800,00 EUR Bargeld und einen Dackel.
   (6) Ein Sechzehnjähriger will seinen Arbeitsvertrag kündigen.
   (7) Ein siebzehnjähriger Auszubildender will bei der Sparkasse ein Girokonto eröffnen.
   (8) Ein siebzehnjähriger Auszubildender will sein Ausbildungsverhältnis kündigen.
   (9) Ein Achtzehnjähriger will selbstständig einen Kredit über 75 000,00 EUR zum Kauf eines Motorboots aufnehmen.
   (10) Der Vorstand eines eingetragenen Vereins will ein Vereinslokal kaufen.
   Die jeweiligen Geschäftspartner kennen die genannten Personen persönlich und sind über ihre Verhältnisse (z. B. ihr Alter) informiert.
   Sind die oben dargestellten Willenserklärungen unter diesen Umständen rechtswirksam? (In dem einen oder anderen Fall ist die Rechtswirksamkeit von bestimmten Voraussetzungen abhängig, die Sie näher erläutern müssen.)

3.4 Rechtsobjekte

3.4.1 Sachen und Rechte

Rechtsobjekte sind die Gegenstände des Rechtsverkehrs. Es handelt sich dabei um Sachen und Rechte.

Sachen und Rechte sind der Rechtsmacht der Rechtssubjekte (Personen) unterworfen. Die Rechte von Personen werden deshalb genauer als *subjektive Rechte* bezeichnet.

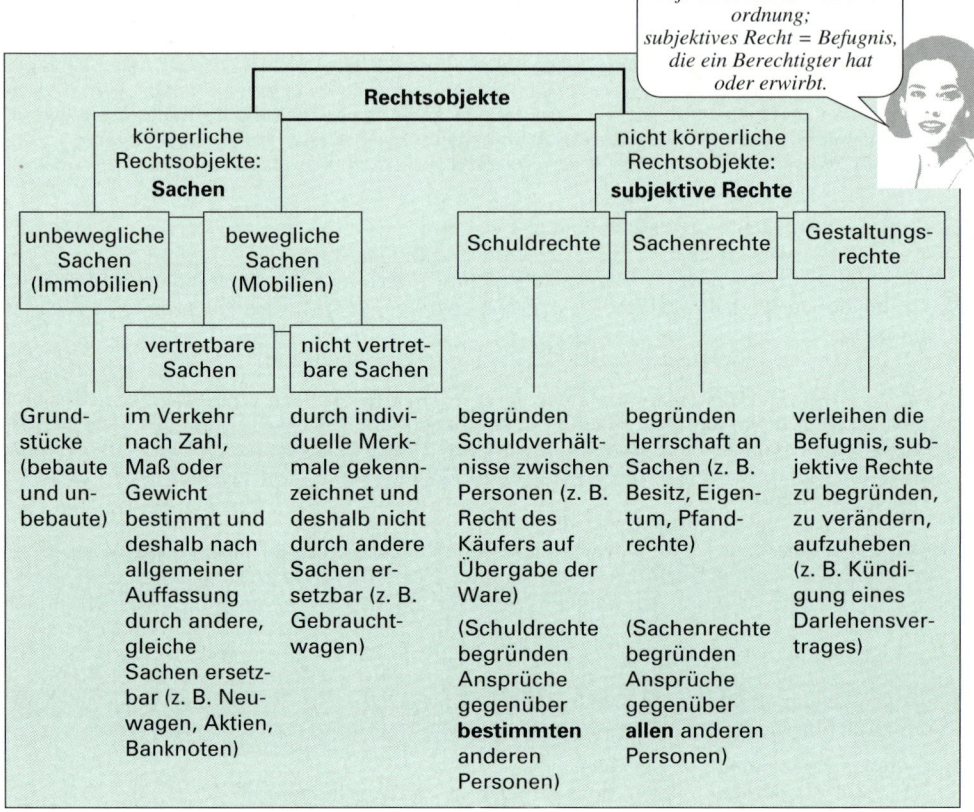

3.4.2 Eigentum und Besitz

Die wichtigsten und in der Praxis am häufigsten vorkommenden Rechte an Sachen sind Eigentum und Besitz.

- *Eigentum* (BGB §§ 903 ff.) ist die rechtliche Herrschaft über eine Sache.
- *Besitz* (BGB §§ 854 ff.) ist die tatsächliche Herrschaft über eine Sache.

> **Beispiel:**
> Herr Pratz ist Eigentümer eines Hauses mit Einliegerwohnung. Am 1. Febr. 20.. vermietet er die Wohnung an Herrn Lehmann. Eigentümer ist nach wie vor Herr Pratz, Besitzer hingegen ist nun Herr Lehmann: Er hat die tatsächliche Herrschaft über die Wohnung.

Der Eigentümer kann folgende **Besitzverhältnisse** zu seiner Sache haben:

- Der Eigentümer hat die Sache: Er ist **unmittelbarer Besitzer**.

- Der Eigentümer hat die Sache verliehen, vermietet, verpachtet usw. (freiwillige Besitzübertragung): Er ist nur noch **mittelbarer Besitzer**. Der Mieter usw. ist **unmittelbarer Besitzer**. Er darf nur im Umfang der Abmachungen mit dem Eigentümer über die Sache verfügen (z. B. eine zum Gebrauch gemietete Wohnung nicht weitervermieten).
- Dem Eigentümer ist die Sache abhanden gekommen (Verlust, Diebstahl usw. = unfreiwillige Besitzaufgabe): Er ist **nicht Besitzer**. Ein Dieb oder Finder, der die Sache nicht abliefert, ist **bösgläubiger Besitzer;** er kann nicht Eigentümer werden. Der Eigentümer verliert sein Recht nämlich nur bei freiwilliger Aufgabe.
- Der Eigentümer lässt seine Herrschaft über die Sache durch einen anderen in abhängiger Stellung ausüben (z. B. Lkw: Fahrer): Er bleibt **unmittelbarer Besitzer**. Der andere heißt **Besitzdiener**.

Der rechtmäßige Besitzer kann sich gegen jeden mit Gewalt wehren, der ihm den Besitz unberechtigt entziehen will. Dies ist sein **Selbsthilferecht**. Gegen jede Störung oder Verletzung seines Besitzes kann er klagen.

Der Eigentümer kann mit seiner Sache tun, was er will.

Beispiele:

Herr Meier hat einen Autoverleih.

Schutz des Eigentums:
Er darf seine Autos verkaufen, verleihen, vermieten, verschenken.

Verletzung der Rechte Dritter:
Er darf nicht ohne Erlaubnis das Nachbargrundstück befahren.

Verletzung der Rechte Dritter (Recht des Mieters auf Besitz):
Er darf einen Wagen, der für eine Woche vermietet wurde, nicht nach zwei Tagen zurückholen.

Verstoß gegen gesetzliche Bestimmungen:
Er darf seine Autos nicht unversichert vermieten.

Recht auf Besitz:
Er kann nach Ablauf der Mietzeit seinen Wagen zurückverlangen.

Selbsthilferecht:
Er kann sich gegen einen Dieb mit Gewalt wehren.

Die Übertragung von Eigentum und Besitz wird auf Seite 267 f. behandelt.

Arbeitsaufgaben

1. In einem Aufsatz lesen Sie unter anderem folgende Sätze:
   (1) Rechtssubjekte und Rechtsobjekte sind Träger von Rechten und Pflichten.
   (2) Häuser sind bewegliche Sachen, da man sie auf- und wieder abbauen kann.
   (3) Nagelneue 100-Euro-Scheine sind vertretbare Sachen, gebrauchte dagegen nicht.
   (4) Da ein Buch eine Sache ist, ist das Recht auf Rückgabe eines verliehenen Buches ein Sachenrecht.
   (5) Wenn Herr Jansen von Frau Schöne ein Moped kauft, so schuldet Frau Schöne ihm die Übergabe, durch die er Besitzer des Fahrzeugs wird. Das Besitzrecht ist folglich ein Schuldrecht.
   Nehmen Sie Stellung zum Inhalt dieser Sätze, und korrigieren Sie die Fehler.

2. Herr Decker nimmt bei der Bank einen Kredit auf und übergibt zur Sicherheit ein wertvolles Schmuckstück als Pfand, welches die Bank im Fall ausbleibender Zinszahlung und Tilgung versteigern lassen kann.
   Handelt es sich um ein Schuldrecht oder ein Sachenrecht

a) bei dem Pfandrecht der Bank an dem Schmuckstück,
   b) bei der Darlehens- und Zinsforderung der Bank?
3. Ein Rundfunk- und Fernsehgroßhändler überlässt einem Kaufinteressenten am 1. Aug. für eine Woche ein Fernsehgerät zum Ausprobieren. Als er es am 8. Aug. wieder abholen will, teilt ihm der Wohnungsnachbar mit, dass der Mann sei für 6 Monate ins Ausland verreist. Beim Gespräch erfährt der Großhändler, dass sein „Kunde" das Gerät am 4. Aug. an den Nachbarn verkauft hat, der glaubte, es gehöre ihm. Nun will der Nachbar es nicht herausgeben.
   a) Wer ist am 2. Aug. Eigentümer, wer Besitzer des Gerätes?
   b) Wer ist am 5. Aug. Eigentümer und Besitzer?
   c) Muss der Nachbar das Gerät herausgeben?
4. Gegeben sind die folgenden Tatbestände:
   (1) Herr Schöne hat ein Haus geerbt, das er seit zwei Jahren bewohnt.
   (2) Herr Schöne vermietet sein Haus an Familie Bender.
   (3) Frau Fies findet eine Geldbörse mit 600,00 EUR und dem Ausweis von Frau Bölle. Zunächst legt sie die Börse zu Haus in die Schublade. Nach einer Woche stellt sie fest, dass sie knapp bei Kasse ist, und verbraucht das Geld.
   (4) Herr Herborn lässt seine Ferienwohnung durch die Agentur Zaster verwalten.
   Kennzeichnen Sie die aufgeführten Personen durch die Begriffe unmittelbarer Besitzer, mittelbarer Besitzer, nicht Besitzer, bösgläubiger Besitzer, Besitzdiener.
5. Frau Weber trägt eine Uhr am Handgelenk. Frau Tücke sieht sie und behauptet, sie gehöre ihr. Wer muss im Prozessfall den Nachweis über das Eigentumsrecht führen?

3.5 Willenserklärungen

3.5.1 Rechtsgeschäfte

Geschäftsfähige Personen nehmen durch *Willenserklärungen* am Rechtsleben teil. Durch Willenserklärungen entstehen *Rechtsgeschäfte*. Diese ziehen gewollte Rechtswirkungen nach sich.

> **Beispiel:**
>
> *Fall...*
>
> Otto Krüger will seinem Prokuristen, Herrn Sause, einen Geschäftswagen stellen. Er schließt deshalb mit der Autohandlung Schröder einen Kaufvertrag ab. Der Wagen soll binnen 10 Tagen ausgehändigt werden. Inzwischen verunglückt Herr Sause bei einem Unfall tödlich. Krüger ist nun an dem Wagen nicht mehr interessiert. Er will ihn nicht abnehmen und auch den Kaufpreis nicht bezahlen. Er beruft sich darauf, dass er sich beim Abschluss des Kaufvertrages geirrt habe. Der Verkäufer erkennt dies nicht an und verklagt ihn auf Abnahme und Zahlung.
>
> *... und Beurteilung*
>
> Schröder und Krüger sind ein Rechtsgeschäft eingegangen. Darin haben beide rechtsverbindlich ihren Willen erklärt: Es soll ein Wagen geliefert und der Kaufpreis dafür bezahlt werden. Die Rechtssubjekte Schröder und Krüger treten durch ihre Erklärungen in bestimmte verbindliche Rechtsbeziehungen zueinander und zu den betroffenen Rechtsobjekten. So kann Krüger nicht die Lieferung ablehnen, weil sein ursprünglicher Beweggrund entfällt. Andererseits hat er ein Recht darauf, dass Schröder ihm vertragsgemäß das Eigentum an dem Wagen verschafft.

Willenserklärungen können **empfangsbedürftig** oder **nicht empfangsbedürftig** sein.

> **Beispiel:**
> – Ein Testament gilt auch dann, wenn die eingesetzten Erben keine Kenntnis davon haben. Das Testament ist eine nicht empfangsbedürftige Willenserklärung.
> – Eine Kündigung gilt erst dann, wenn sie dem Vertragspartner zugegangen ist. Die Kündigung ist eine empfangsbedürftige Willenserklärung.

Empfangsbedürftig sind Willenserklärungen, die an andere Personen gerichtet sind.

3.5.2 Einseitige und mehrseitige Rechtsgeschäfte

Man unterscheidet **einseitige** und **mehrseitige** Rechtsgeschäfte.

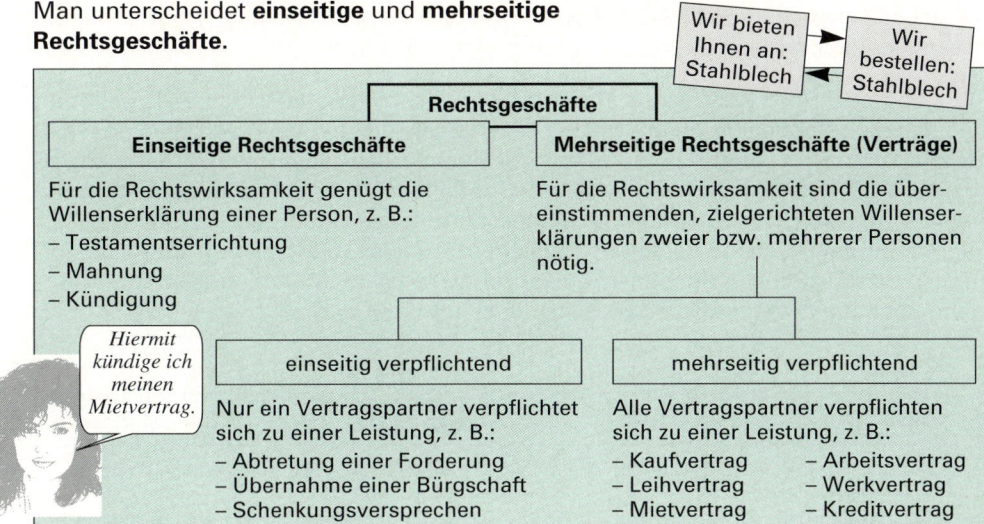

Was Verträge angeht, herrscht weitgehend Vertragsfreiheit:

- **Die Parteien können den *Inhalt der Verträge frei bestimmen,* ohne an die gesetzlichen Vertragstypen gebunden zu sein.**

- **Jedermann kann *frei darüber entscheiden,* ob er einen ihm angebotenen Vertrag abschließen will oder nicht.**

Logisch: Das Privatrecht ist ja meist nachgiebiges Recht!

Um Missverständnisse und Streitigkeiten zu vermeiden, legen die Vertragspartner den Vertragsinhalt oft bis ins Einzelne fest.

Wer einen gültigen Vertrag geschlossen hat, ist verpflichtet seine Leistungen genau entsprechend den getroffenen Vereinbarungen zu erbringen. Verträge heißen deshalb **Verpflichtungsgeschäfte**. Durch sie entsteht ein Schuldverhältnis.

Wer sein Fahrrad verkauft, bleibt noch so lange Eigentümer, bis er dem Käufer das Rad übergibt und so seine Verpflichtung erfüllt. Die Erfüllung stellt ein eigenes Rechtsgeschäft dar: das **Erfüllungsgeschäft**. Mit der Erfüllung erlischt das Schuldverhältnis und werden die Rechte an den betroffenen Sachen verändert.

Mehrseitige Rechtsgeschäfte	
Verpflichtungsgeschäfte	**Erfüllungsgeschäfte**
– begründen ein Schuldverhältnis – gehören folglich zum Schuldrecht	– verändern Rechte an Sachen – gehören folglich zum Sachenrecht

Beispiel:
Herr Krelle gibt bei Maler Pinzel ein Bild in Auftrag. Herr Pinzel verpflichtet sich zur Anfertigung des Bildes, Herr Krelle zur Bezahlung (Verpflichtungsgeschäft). Nach Fertigstellung übergibt Herr Pinzel das Bild, Herr Krelle den Kaufpreis (Erfüllungsgeschäft). Erst mit der Übergabe gehen Eigentum und Besitz am Bild auf Herrn Krelle, Eigentum und Besitz am Geld auf Herrn Pinzel über.

3.5.3 Bürgerliche Rechtsgeschäfte; Handelsgeschäfte

Die Rechtsgeschäfte von **Nichtkaufleuten** sind **bürgerliche Rechtsgeschäfte**. Für sie gelten die Vorschriften des BGB.

Alle Geschäfte eines **Kaufmanns,** die zum Betrieb seines Handelsgewerbes gehören, sind dagegen **Handelsgeschäfte** (HGB § 343). Für sie gelten die Vorschriften des HGB (Spezialrecht für Kaufleute). Nur wenn der Sachverhalt nicht im HGB geregelt ist, sind die BGB-Vorschriften heranzuziehen. Spezielles Recht geht immer vor allgemeinem Recht. Das HGB regelt die Rechtsgeschäfte teilweise anders als das BGB. Es trägt damit der Tatsache Rechnung, dass der Handelsverkehr eine größere Flexibilität als der bürgerliche Rechtsverkehr erfordert, dass man andererseits vom Kaufmann aber auch eine größere Sorgfaltspflicht erwarten darf.

Beispiel:

BGB	HGB
– Bürgschaften können nur schriftlich gegeben werden. – Unangemessen hohe Vertragsstrafen können durch Gerichtsbeschluss herabgesetzt werden.	– Bürgschaften können mündllich gegeben werden. – Unangemessen hohe Vertragsstrafen können durch Gerichtsbeschluss nicht herabgesetzt werden.

Weitere wichtige Unterschiede betreffen z. B. erweiterte Rechte und Pflichten des Kaufmanns im Fall von Störungen bei der Erfüllung von Verträgen.

Rechtsgeschäfte zwischen zwei Kaufleuten heißen **zweiseitige Handelsgeschäfte,** Rechtsgeschäfte zwischen einem Kaufmann und einem Nichtkaufmann **einseitige Handelsgeschäfte.** Letztere sind für den Kaufmann ein Handelsgeschäft, für den Nichtkaufmann ein bürgerliches Rechtsgeschäft. In diesem Fall gelten für beide Seiten die Vorschriften des HGB, wenn im HGB nicht ausdrücklich Ausnahmen davon bestimmt sind (HGB § 345). Solche Ausnahmen beziehen sich z. B. auf höhere Verzugszinsen und kürzere Rügefristen für Warenmängel, die lediglich für zweiseitige Rechtsgeschäfte gelten. Zu erwähnen ist noch, dass grundsätzlich alle Geschäfte, die ein Kaufmann tätigt, als Handelsgeschäfte gelten, wenn sich nicht aus den Umständen oder aus einer Erklärung des Kaufmanns eindeutig ergibt, dass er das Geschäft für seinen Privathaushalt tätigt (HGB § 344).

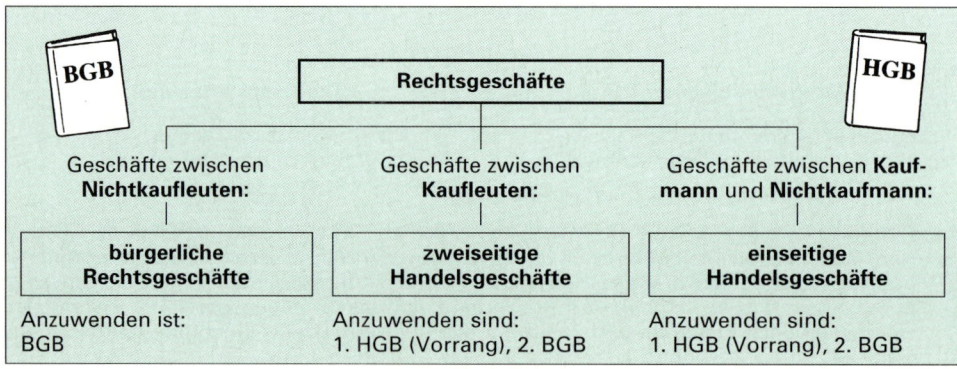

Arbeitsaufgaben

1. Gegeben sind die folgenden Begriffe:
   (1) einseitiges Rechtsgeschäft mit empfangsbedürftiger Willenserklärung.
   (2) einseitiges Rechtsgeschäft mit nicht empfangsbedürftiger Willenserklärung
   (3) mehrseitiges Rechtsgeschäft, einseitig verpflichtend
   (4) mehrseitiges Rechtsgeschäft, mehrseitig verpflichtend
   (5) bürgerliches Rechtsgeschäft
   (6) einseitiges Handelsgeschäft
   (7) zweiseitiges Handelsgeschäft
   (8) Verpflichtungsgeschäft
   (9) Erfüllungsgeschäft
   Geben Sie an, welche dieser Begriffe auf die folgenden Rechtsgeschäfte zutreffen.
   a) Frau Umsicht setzt ihr Testament auf.
   b) Herr Pfeiffer legt Einspruch gegen seinen Einkommensteuerbescheid ein.
   c) Der Verkäufer übergibt dem Käufer eines Lkws Fahrzeugbrief, Fahrzeugschein, Fahrzeug und Schlüssel.
   d) Spediteur Sause schließt mit der Handel GmbH einen Mietvertrag über die Anmietung einer Lagerhalle.
   e) Ein Großhändler kauft fünf Büroschränke, davon vier beim Kaufhaus und einen gebrauchten bei seiner Ehefrau.
   f) Die genannte Ehefrau verkauft ihren privaten Pkw an einen Angestellten ihres Mannes.
   g) Wohnungseigentümer Leenen zahlt seinem ehemaligen Mieter Franzen per Banküberweisung die geleistete Mietkaution zurück.
   h) Der als Bürokaufmann eingestellte Werner Breit kündigt seinen Arbeitsvertrag.

2. **Für bestimmte Rechtsgeschäfte sind vorrangig die Vorschriften des HGB (vor denen des BGB) anzuwenden.**
   Geben Sie an, welche Rechtsvorschriften vorrangig für folgende Geschäfte gelten.
   a) Elektrogroßhändler Blitz verkauft Kabel an Elektroeinzelhändler Stromer.
   b) Elektroeinzelhändler Stromer verkauft Steckdosen an Hausmann Werker.
   c) Da in Fall (b) Herr Werker nicht in der vereinbarten Frist zahlt, schickt Herr Stromer ihm eine Mahnung und berechnet darin Zinsen für die Verspätung (Verzugszinsen).
   d) Hausmann Werker verkauft seinen Pkw an Gebrauchtwagenhändler Rostig.
   e) Gebrauchtwagenhändler Rostig kauft bei einem Stadtbummel bei Elektroeinzelhändler Stromer eine Lampe für sein Wohnzimmer.
   f) Elektroeinzelhändler Stromer verkauft seinen Privatwagen an Herrn Schlupp.

3. **Herr Rose begibt sich in den Supermarkt BESTKA, nimmt aus dem Regal eine Flasche Moselwein und begibt sich zur Kasse. Er legt den Preis in Höhe von 3,40 EUR abgezählt hin. Die Kassiererin tippt den Preis ein, nimmt das Geld, übergibt den Kassenbon und schiebt die Flasche in die Warenablage der Kasse. Herr Rose nimmt die Flasche und verlässt das Geschäft.**
   Verträge stellen Verpflichtungsgeschäfte dar. Sie führen zu Erfüllungsgeschäften. Untersuchen Sie, wo in dem beschriebenen Fall diese beiden Arten von Rechtsgeschäften zu finden sind.

3.5.4 Form der Willenserklärungen

Willenserklärungen können im Allgemeinen in beliebiger Form abgegeben werden (**Formfreiheit**).

Grundlegende Formen für Willenserklärungen

- Schriftliche (auch fernschriftliche) Willenserklärung
- Mündliche (auch fernmündliche) Willenserklärung
- Stillschweigende Willenserklärung
  = schlüssige (konkludente) Handlung
  (z. B.: Lieferer sendet bestellte Ware)

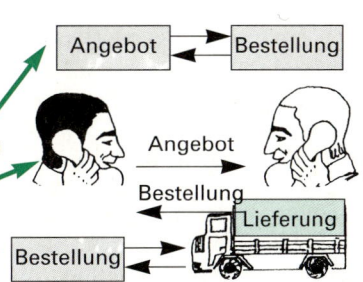

Bei Willenserklärungen, die mit dem Computer über das Internet als E-Mail versandt werden, erfolgt die Unterschrift durch eine sog. „qualifizierte digitale Signatur" (eine durch eine mathematische Funktion eindeutig verschlüsselte, fäschungssichere Datei).

Für eine Anzahl von Willenserklärungen ist die Einhaltung einer bestimmten Form vorgeschrieben **(Formzwang)**.

Vorgeschriebene Formen für Willenserklärungen
Schriftform mit handschriftlicher Unterschrift
z. B. Bürgschaftserklärungen von Nichtkaufleuten; Mietverträge über Wohnungen oder Grundstücke mit einer Dauer von über 1 Jahr; Abzahlungsgeschäfte; Verbraucherkredite; Schuldversprechen und -anerkenntnisse; Forderungsabtretungen. Die digitale Signatur ist nicht durchgehend zulässig (z. B. nicht für Bürgschaftserklärungen).
Öffentliche Beglaubigung
Die Echtheit der Unterschrift (nicht die Richtigkeit des Inhalts) unter einem Schriftstück wird von einem Notar beglaubigt, z. B. bei Anmeldungen und Anträgen zu öffentlichen Verzeichnissen (Handels-, Genossenschaftsregister, Grundbuch).
Öffentliche Beurkundung
Der Notar errichtet selbst eine Urkunde und bestätigt Inhalt und Unterschriften, z. B. bei Grundstückskaufverträgen, Schenkungsversprechen, Veräußerung von Erbschaften oder Erbteilen, Verträgen von Eheleuten über die Regelung ihrer vermögensrechtlichen Verhältnisse.

3.5.5 Nichtigkeit

Wird die gesetzlich vorgeschriebene Form nicht eingehalten, so ist das *Rechtsgeschäft* nichtig, d. h. von Anfang an unwirksam (BGB § 125).

Weitere Nichtigkeitsgründe
Verstoß gegen ein gesetzliches Verbot (BGB § 134), z. B. Rauschgifthandel, Schwarzarbeit
Verstoß gegen die guten Sitten (BGB § 138), z. B. Wucherzinsen, Ausnutzung von Notlagen, Unerfahrenheit, Leichtsinn

Abgabe der Willenserklärung durch Geschäftsunfähige (BGB § 104),
      bei Bewusstlosigkeit (BGB § 105),
      zum Scherz oder Schein (BGB §§ 117, 118),

In diesen Fällen fehlt der für die Gültigkeit des Rechtsgeschäfts notwendige Wille.

Zustimmungspflichtige Rechtsgeschäfte von beschränkt Geschäftsfähigen sind schwebend unwirksam, können aber durch die nachträgliche Genehmigung des gesetzlichen Vertreters wirksam werden.

Sie müssen das Moped zurücknehmen. Mein Sohn ist erst sechzehn.

3.5.6 Anfechtbarkeit

Willenserklärungen können angefochten werden, wenn sie nicht dem Willen des Abgebers entsprechen. Sie sind bis zur Anfechtung gültig, werden aber **durch die Anfechtung rückwirkend unwirksam** (BGB § 142).

Anfechtungsgründe
Arglistige Täuschung (BGB § 123)
Ein Mechaniker wird z. B. aufgrund gefälschter Zeugnisse eingestellt.
Widerrechtliche Drohung (BGB § 123)
Ein Angestellter droht z. B. seinem Chef mit einer Anzeige wegen gesetzeswidriger Chemikalienbeseitigung, wenn sein Gehalt nicht erhöht wird. **Anfechtungsfrist:** 1 Jahr seit Kenntnis der Täuschung bzw. Aufhören der Zwangslage, längstens 10 Jahre (BGB § 124) Hat der Getäuschte oder Bedrohte einen Schaden erlitten, so ist der Partner schadenersatzpflichtig (BGB § 823).
Irrtum
● **in der Erklärung** (BGB § 119): Man schreibt z. B. irrtümlich 12,00 EUR statt 120,00 EUR ins Angebot. ● **in der Übermittlung** (BGB § 120): Das Fax nennt z. B. einen anderen als den eingegebenen Preis. ● **in wesentlichen Eigenschaften der Person oder Sache** (BGB § 119): Der neu eingestellte, angeblich gut ausgebildete Kfz-Mechaniker ist seiner Aufgabe nicht im geringsten gewachsen. **Anfechtungsfrist:** unverzüglich (ohne schuldhafte Verzögerung) nach Entdeckung des Irrtums, längstens 30 Jahre (BGB § 121)
Wenn der Partner den Anfechtungsgrund nicht kennt oder kennen muss, so muss der Anfechtende ihm den Schaden ersetzen, den er im Vertrauen auf die Gültigkeit des Rechtsgeschäfts erleidet (BGB § 122). Das Gleiche gilt für die Nichtigkeit von Scherzgeschäften.

Herr Gilles, Sie haben niemals eine Meisterprüfung abgelegt!!!

Unachtsamkeit, Nachlässigkeit und Irrtümer im Beweggrund bewirken **keine Anfechtbarkeit.**

Beispiele:
– Der Kunde liest die Allgemeinen Geschäftsbedingungen des Lieferers auf der Rückseite eines Angebotes nicht genau durch, obwohl im Angebotstext darauf hingewiesen wird.
– In der Hoffnung auf einen Kursanstieg kauft Herr Huber Aktien. Die Kurse fallen jedoch.
– Ein Betrieb gibt aufgrund eines Kalkulationsfehlers ein Angebot ab, das die Kosten nicht deckt.

Arbeitsaufgaben

1. Gegeben sind die folgenden Rechtsgeschäfte:
   a) Herr Leichtfuß verbürgt sich gegenüber der Haushaltskreditbank für die Bankschulden seiner Tochter.
   b) Frau Sesshaft kauft von Herrn Leichtfuß ein Mietshaus.
   c) Frau Sesshaft lässt eine Hypothek auf das Mietshaus ins Grundbuch eintragen.
   d) Herr Leichtfuß kauft die gesamte Ernte des Weinguts Klaus Zuckerwasser auf.
   e) Herr Flachkopf kauft beim Möbelgeschäft Holzstich seine Wohnungseinrichtung und vereinbart Zahlung in 48 Monatsraten.
   Geben Sie an, in welcher Form diese Rechtsgeschäfte abgeschlossen werden müssen.

2. Gegeben sind die folgenden Vorgänge:
   (1) Hersteller Hastig hat dem Großhändler Rührig ein Angebot zu 3 300,00 EUR gemacht. Anschließend stellt er fest, dass er sich bei der Preisberechnung zu seinen Ungunsten um 980,00 EUR verkalkuliert hat. Rührig hat inzwischen das Angebot angenommen und sofort die Ware für 4 800,00 EUR weiterverkauft, was für ihn einen Gewinn 1 200,00 EUR bedeutet.
   (2) Der Dealer Graumann verkauft an den Süchtigen Hohlhirn 200 Gramm Kokain für 10 000,00 EUR. Der Preis erscheint Hohlhirn im Nachhinein doch reichlich überhöht.

(3) Der Getränkehändler Weinseel verkauft einem Kunden eine Flasche Bordeaux zum Preis von 13,00 EUR. Da er durch die Frage einer Verkäuferin abgelenkt wird, packt er dem Kunden eine daneben stehende Flasche alten Burgunder zu 26,00 EUR ein. Als der Kunde im Begriff ist, den Laden zu verlassen, bemerkt Weinseel seinen Irrtum.

(4) Peter Sause sitzt seit drei Stunden mit seinen Freunden Eberhard Durstig und Alex Fusel in der Kneipe. Nach einigen Körnchen und Bierchen ist er allmählich „sternhagelvoll". Seine Zunge wird immer lockerer. Als Freund Eberhard seine goldene Uhr bewundert, die 380,00 EUR gekostet hat, meint er: „Die gebe ich dir für'n Appel un'n Ei." Am nächsten Abend – Sause ist wieder bei Verstand – erscheint Durstig, legt einen Apfel und ein Ei auf den Tisch und will die Uhr abholen. Sause erinnert sich an nichts, aber Fusel bezeugt seine Worte.

(5) Irma Ladußse kauft von Eddi Windig einen Gebrauchtwagen der Marke Fauweh Paßa für 17 000,00 EUR. Sie hat sich schriftlich bestätigen lassen, dass der Wagen unfallfrei ist. Am nächsten Tag erfährt sie nach dem Volltanken von ihrem Tankwart, dass dieser vor drei Wochen das eingedrückte Heck des Wagens repariert hat.

   a) Welche der genannten Rechtsgeschäfte sind nichtig, welche anfechtbar? Begründen Sie jeweils die Nichtigkeit bzw. Anfechtbarkeit.
   b) Geben Sie bei den anfechtbaren Geschäften an, binnen welcher Frist die Anfechtung erfolgen muss.
   c) Nehmen Sie gegebenenfalls zur Problematik des Schadenersatzes Stellung.

3.6 Kaufvertrag

Der Abschluss, der Inhalt und die Erfüllung von Verträgen sollen im Folgenden ausführlich am Beispiel des Kaufvertrages erläutert werden.

3.6.1 Abschluss des Kaufvertrages

Übereinstimmende Willenserklärungen

Der Kaufvertrag ist ein zweiseitiges Rechtsgeschäft. Er beinhaltet die Veräußerung von beweglichen Sachen (Waren), unbeweglichen Sachen (Immobilien) oder Rechten (z. B. Lizenzen) gegen Entgelt (Gegensatz: Schenkung, d. h. unentgeltliche Veräußerung). Grundlegende Regelung: BGB §§ 433–480.

Jeder *Vertrag* kommt durch mindestens zwei übereinstimmende Willenserklärungen zustande. Sie heißen Antrag und Annahme.

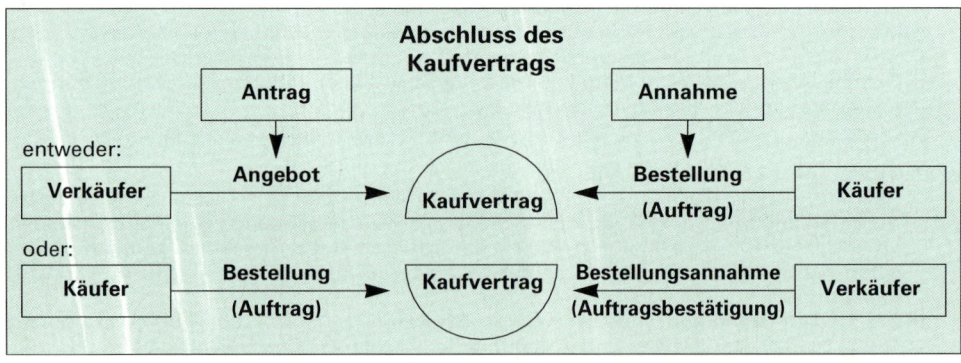

Bei Kaufverträgen über Waren sind diese Willenserklärungen nicht an eine bestimmte Form gebunden. Sie können z. B. mündlich, fernmündlich, brieflich, durch E-Mail oder Fernkopie (Telefax) abgegeben werden.

Antrag zum Kaufvertrag

Ein Angebot wird oft aufgrund einer **Anfrage** des Kunden abgegeben. Eine Anfrage ist kein Antrag zu einem Kaufvertrag, sondern eine völlig **unverbindliche Erkundigung** oder eine Aufforderung zur Abgabe eines Angebots.

Ein Antrag gilt nur als solcher, wenn er an eine bestimmte Person gerichtet ist.

Anpreisungen von Waren, die an die Allgemeinheit gerichtet sind, gelten deshalb nicht als Anträge (z. B. Werbebriefe, Schaufensterauslagen, Zeitungsanzeigen, Prospekte, Kataloge, Warenauslagen in Selbstbedienungsgeschäften). Sie stellen ebenfalls Aufforderungen zur Abgabe eines Antrags dar und verpflichten nicht.

Angebot, Bestellung und Bestellungsannahme hingegen sind *bindende Willenserklärungen (BGB § 145).*

Die Willenserklärungen sind **empfangsbedürftig**. Ein Angebot z. B. bindet den Verkäufer erst, wenn es beim Käufer eingeht. Es kann deshalb rechtzeitig widerrufen werden. Das ist der Fall, wenn der Widerruf spätestens mit dem Angebot selbst eintrifft. Mit dem Widerruf erlischt das Angebot. Das Gleiche gilt für Bestellung und Bestellungsannahme (BGB § 130).

Der Verkäufer kann sein Angebot (oder Teile davon) auch unverbindlich machen. Dazu fügt er so genannte **Freizeichnungsklauseln** ein.

Beispiele:

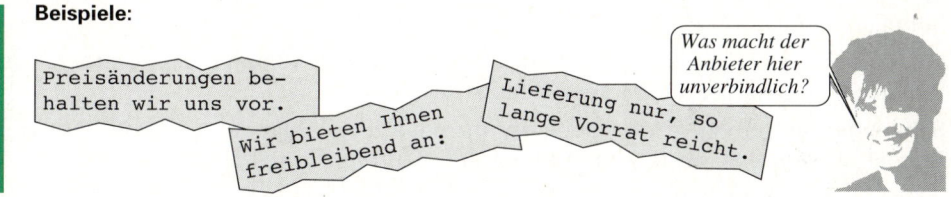

Ein Antrag zum Kaufvertrag ist auch die **Zusendung unbestellter Waren**. Wenn der Empfänger nicht Kaufmann, sondern „Privatmann" ist, stellt sie allerdings unlauteren Wettbewerb dar.

Annahme des Antrags

Ein *Antrag unter Anwesenden* muss sofort angenommen werden. Sonst erlischt die Bindung des Antragstellers. Dies gilt auch für einen Antrag per Telefon (BGB § 147 Abs. 1).

Ein *Antrag an einen Abwesenden* kann nur bis zu dem Zeitpunkt angenommen werden, in welchem der Antragende den Eingang der Antwort unter regelmäßigen Umständen erwarten darf (BGB § 147 Abs. 2).

„Unter regelmäßigen Umständen" bedeutet:

Der Antragende muss seinem Partner die Zeit für die Übermittlung des Antrages, eine angemessene Bearbeitungs- und Überlegungsfrist und die Zeit für die Übermittlung der Annahme zugestehen. Er kann dabei davon ausgehen, dass der Partner für seine Antwort ein mindestens gleich schnelles Kommunikationsmittel benutzt.

Beispiel:
Antrag: Telefax
Annahme: Telefon, Telefax, E-Mail

Im Hinblick auf die Bearbeitungszeit muss der Antragende gegebenenfalls saisonbedingten vermehrten Arbeitsanfall, Urlaub, Einholen notwendiger Auskünfte, Beschlussfassung durch das zuständige Organ im Betrieb des Empfängers berücksichtigen. Bei brieflichen Anträgen ist eine Frist von einer Woche angemessen.

Geht die Annahme des Antrags verspätet ein, so gilt diese als neuer Antrag (BGB § 150). Musste der Antragsteller erkennen, dass die Annahme rechtzeitig abgeschickt wurde und die Verspätung durch Transportverzögerung entstand (z. B. Fehlleitung durch die Post), so muss der Antragende seine Ablehnung dem Geschäftspartner unverzüglich nach Eingang der verspäteten Annahme mitteilen. Sonst gilt die Annahme als nicht verspätet (BGB § 149).

Bei einem **befristeten Antrag** ist der Antragsteller bis zum Ablauf der Frist gebunden. Danach erlischt der Antrag (BGB § 148).

Unser Angebot gilt bis zum 10. April.

Die **rechtzeitige Annahme** des Antrags ist Grundvoraussetzung für das Zustandekommen eines Vertrags. Außerdem muss der Antrag **unverändert angenommen** werden:

Eine *Annahme* unter Erweiterungen, Einschränkungen oder sonstigen Änderungen gilt als Ablehnung, verbunden mit einem neuen Antrag (BGB § 150 Abs. 2).

Wenn allerdings Käufer und Verkäufer in ihren Erklärungen jeweils auf ihre voneinander abweichenden Allgemeinen Einkaufs- bzw. Verkaufsbedingungen hinweisen, so bleibt der Vertrag wirksam und richtet sich in den sich widersprechenden Punkten nur nach dem Gesetz (BGB § 306).

Eine förmliche Annahme kann auch durch **schlüssige Handlung** ersetzt werden. (Der Kunde bestellt, der Verkäufer sendet die Ware zu.[1]

Schweigen auf einen Antrag bedeutet grundsätzlich Ablehnung des Antrags. Ein Sonderfall liegt vor, wenn eine Annahmeerklärung nach der Verkehrssitte nicht zu erwarten ist oder der Antragende auf sie verzichtet hat (BGB § 151). Dies kann z. B. der Fall sein, wenn in Vorverhandlungen bereits Einigkeit erzielt wurde. Dann bedeutet Schweigen Annahme.

Wer unbestellte Waren erhält und daraufhin schweigt (z. B. nicht zahlt), lehnt ebenfalls die Sendung ab. Er muss sie lediglich eine angemessene Zeit aufbewahren. Das Schweigen bedeutet nur dann Annahme, wenn der Empfänger Kaufmann ist und mit dem Absender in ständiger Geschäftsverbindung steht.

Eine **Bestellungsannahme** ist nur dann unerlässlich,
- wenn der Kunde ohne vorausgehendes Angebot bestellt,
- wenn das vorausgehende Angebot freibleibend war.

Sie kann jedoch durch sofortige Lieferung der Ware ersetzt werden. Trotzdem verwendet der Lieferer auch sonst gern die Bestellungsannahme, um
- Missverständnissen vorzubeugen,
- seinen Dank auszudrücken,
- sie zugleich als Rechnung und/oder Versandanzeige zu verwenden,
- seine allgemeinen Lieferungsbedingungen anzubringen.

---

[1] Vgl. S. 247.

Schiebt der Lieferer durch die Bestellungsannahme Vertragspunkte nach, die in Antrag und Annahme noch nicht geregelt waren, so muss der Käufer unverzüglich widersprechen, wenn er nicht einverstanden ist. Ohne Widerspruch besteht die Rechtsvermutung der Richtigkeit und Vollständigkeit.

Arbeitsaufgaben

1. Schneider & Co. erhalten von Nadeler & Söhne folgendes briefliches Angebot vom 16. Nov., welches am 18. Nov. eintrifft:
   „Gabardine-Stoff gemäß beigefügtem Musterkatalog. Preis gemäß Preisliste. Angebot freibleibend."
   Schneider & Co. bestellen am 19. Nov. 20 Ballen gemäß Musterkatalog und Preisliste mit 15% Rabatt. Der Brief geht am selben Tag zur Post und kommt am 21. Nov. an.
   a) Erläutern Sie die Bindung der Parteien an ihre Willenserklärungen.
   b) Erläutern Sie die Möglichkeit eines Widerrufs durch Schneider & Co.
   c) Begründen Sie, warum durch die beiden Willenserklärungen kein Kaufvertrag zustande kommt.
   d) Erläutern Sie ausführlich, wie Nadeler & Söhne vorgehen müssen, damit doch noch ein Kaufvertrag zustande kommt.

2. Untersuchen Sie die Schriftstücke auf Seite 230 und die Antwort auf Seite 227.
   a) Welche rechtliche Bedeutung hat die Anfrage?
   b) Beurteilen Sie, ob ein rechtsgültiger Kaufvertrag geschlossen wird.
   c) Bis wann müsste das Angebot spätestens angenommen werden?
   d) Bis wann könnte das Angebot noch widerrufen werden?
   e) Enthält das Angebot Freizeichnungsklauseln?
   f) Begründen Sie, ob für das Zustandekommen eines Kaufvertrags noch eine Bestellungsannahme erforderlich ist.
   g) Auch wenn keine Bestellungsannahme erforderlich sein sollte, kann sie doch von Nutzen sein. Erläutern Sie dies und fertigen Sie ein entsprechendes Schreiben an. (Benutzen Sie ein Textverarbeitungsprogramm.)

3.6.2 Inhalt des Kaufvertrags

Die Rechte und Pflichten von Verkäufer und Käufer ergeben sich aus dem Inhalt des Kaufvertrags. Deshalb legt man in der Praxis – besonders bei hohen Warenwerten – folgende Punkte oft bis ins Einzelne in Angebot und Bestellung fest:

- Art, Beschaffenheit, Qualität der Ware,
- Warenmenge,
- Warenpreis und Preisnachlass
- Erfüllungsort,
- Gerichtsstand,
- Beförderungskosten,
- Verpackungskosten,
- Lieferzeit,
- Zahlungstermin,
- Eigentumsübergang,
- Regelung für Liefer-, Annahme- und Zahlungsstörungen sowie mangelhafte Lieferung.

Vergleichen Sie mit Seite 231!

Für Sachverhalte, die nicht in Angebot und Bestellung selbst aufgeführt sind, verweisen gewerbliche Vertragspartner in der Regel auf die Gültigkeit ihrer Allgemeinen Geschäftsbedingungen[1] (AGB). Wird ein Sachverhalt auch in den AGB nicht geregelt, so gelten die gesetzlichen Bestimmungen. Für Punkte, in denen die AGB des Verkäufers und des Käufers einander widersprechen, gelten ebenfalls die gesetzlichen Bestimmungen.

---
[1] Vergleichen Sie hierzu das Beispiel auf S. 230.

Art, Beschaffenheit, Qualität der Ware

Die Art der Ware ergibt sich aus ihrem Namen. Beschaffenheit und Qualität können auf unterschiedliche Weise festgelegt werden: z. B. durch genaue Beschreibung, Abbildungen, Modelle, Muster, Proben, Marken, Güteklassen.

Was versteht man denn unter Marken und Güteklassen?

Marke: Elemente, die zur Identifikation eines Produkts oder einer Dienstleistung und zur Abhebung von Konkurrenten dienen: Markennamen, Markenzeichen, Markensymbol oder eine Kombination davon.

Güteklassen: Sammelbegriff für Handelsklassen, Typen und Standards. Sie werden von Handelsorganisationen (Fachverbänden, Börsen) oder vom Staat festgelegt.

- *Handelsklassen:* Güteklassen für Obst, Gemüse und andere landwirtschaftliche Produkte
- *Typen:* Güteklassen für Massenerzeugnisse der Industrie (z. B. Mehl)
- *Standards:* Einwandfrei festlegbare Durchschnittsqualitäten von bestimmten Metallen (Zinn, Kupfer, Blei, Zink) und landwirtschaftlichen Erzeugnissen (Baumwolle, Kaffee, Kakao, Kautschuk, Weizen, Hafer, Gerste, Mais, Zucker, Jute, Wolle, Ölsaaten, Sisal, Futtermitteln). Standards bewirken Fungibilität (gegenseitige Vertretbarkeit). Diese ermöglicht, dass die betreffenden Güter beim Kaufhandel nicht anwesend sein müssen und nach Zahl, Maß oder Gewicht gehandelt werden können. Dies geschieht auf eigens dafür geschaffenen Märkten, den Warenbörsen.

Es ist darauf zu achten, dass die Waren **genau bezeichnet werden.** Wenn nötig, sind Zeichnungen, Modelle, Muster Qualitätsbezeichnungen, Fabrikate mit Bestellnummern anzugeben.

Beispiel:
UV-Stablampe (Fabrikat Hanau), Bestell-Nr. 1770317.

Viele Teile und einfache Erzeugnisse sind genormt. Normen sind technische Beschreibungen als Grundlage für eine allgemein anerkannte Vereinheitlichung. Für die Normung sind zuständig: Deutsches Institut für Normung – DIN (für Deutschland), Comité Européen de Normalisation – CEN (für die Europäische Union), International Organization for Standardization – ISO (international). Für eine Bestellung genormter Güter genügt die festgelegte Norm-Bezeichnung.

*Sie wissen: **Normen** sind auch ein wichtiger Begriff im Recht. Vergleichen Sie!*

Beispiel: Flachrundschraube M 8 x 65 DIN 603

Je nach Festlegung von Warenart und -beschaffenheit unterscheidet man auch verschiedene Arten des Kaufvertrags:

Arten des Kaufvertrags nach der Festlegung von Warenart und -beschaffenheit
Stückkauf (Spezieskauf)
Die Vertragspartner haben die Kaufsache konkret bestimmt (z. B. ein bestimmter Pkw Renault Twingo). Sie kann vertretbar sein (bestimmter Neuwagen) oder nicht vertretbar (bestimmter Gebrauchtwagen).

> ### Gattungskauf (BGB § 243, HGB § 360)
> Die Vertragspartner haben die Kaufsache nur der Gattung nach bestimmt (d. h. anhand von ihnen festgelegter Merkmale, z. B. Typ, Sorte, Qualität). Der Verkäufer kann jede Sache liefern, die diese Merkmale aufweist. Meist sind die Sachen vertretbar (z. B. alle Neuwagen Typ Renault Twingo Liberty), bisweilen auch nicht (z. B. alle Gebrauchtwagen Renault Twingo Liberty, Baujahr 1999). Wenn die Sachen nicht wegen industrieller Produktion ohnehin völlig gleichartig sind, sind Sachen mittlerer Art und Güte zu liefern. Wichtig:
> Hat der Verkäufer die geschuldete Gattungssache bereitgestellt, so wird sie zur Stückschuld und er muss nur noch sie liefern.
>
> ### Bestimmungskauf (Spezifikationskauf) (HGB § 375)
> Gattungskauf, bei dem der Käufer das Recht hat Einzelheiten der Kaufsache (z. B. Länge, Farbe) erst später zu bestimmen (zu spezifizieren). Versäumt er den Termin, so kann der Verkäufer eine angemessene Nachfrist setzen und nach ihrem Ablauf selbst die Spezifikation vornehmen.
>
> ### Kauf nach Besicht
> Der Käufer besichtigt/prüft die Kaufsache vor Vertragsabschluss, um etwaige Mängel festzustellen und kauft sie dann „wie besehen". Der Verkäufer haftet nicht für später festgestellte Mängel.
>
> ### Kauf zur Probe
> Der Käufer kauft fest eine Probemenge. Bei Zufriedenheit stellt er ggf. weitere Käufe in Aussicht.
>
> ### Kauf nach Probe (nach Muster)
> Der Käufer kauft eine Sache, die einer Probe/einem Muster oder einer früheren Lieferung entsprechen muss.
>
> ### Kauf auf Probe (zur Ansicht) (BGB § 454)
> Kauf mit Rückgaberecht innerhalb einer vereinbarten Frist nach Lieferung.
>
> ### Kauf in Bausch und Bogen (en bloc, tel quel; Ramschkauf)
> Kauf einer Sache zu einem Pauschalpreis in „Bausch und Bogen". Eine besondere Qualitätszusicherung für einzelne Teile wird nicht gegeben.

Warenmenge

Die Menge wird in der Regel in einer gebräuchlichen Maßeinheit (z. B. in Stück, m, m^2, m^3, kg, l) angegeben. Ohne Mengenangabe im Angebot ist der Lieferer verpflichtet jede handelsübliche Menge zu liefern.

Wird die Menge gewichtsmäßig angegeben, so sind folgende Größen zu unterscheiden:
Bruttogewicht – Verpackungsgewicht (Tara) = Nettogewicht

Warenpreis

Der Preis ist in der vereinbarten Art und Menge zu zahlen. So kann z. B. die Zahlung in inländischer, aber auch in ausländischer Währung vereinbart werden (BGB § 244).

Die Angabe kann als Gesamtpreis oder als Preis pro Einheit (z. B. pro Stück, Paar, Dutzend, Liter, 100 kg) erfolgen.

Ist der Preis auf das Gewicht bezogen, so gilt:

Ohne besondere Vereinbarung bezieht sich der Preis der Ware auf das Nettogewicht. Vom Bruttogewicht ist also das Verpackungsgewicht für die Preisberechnung abzuziehen Die Preisstellung lautet: „Preis netto".

Der Vertrag oder der Handelsbrauch des Erfüllungsortes können bestimmen, dass der Kaufpreis sich auf das Bruttogewicht bezieht (HGB § 380). Die Preisstellung lautet: „Preis brutto".

Manchmal werden Verträge ohne Preisangabe abgeschlossen, wenn der Lieferer den Preis erst nach Beschaffung oder Herstellung ermitteln kann. Dieses Verfahren setzt natürlich gegenseitiges Vertrauen voraus.

Durch Preisnachlässe (Rabatte) und Preiszuschläge werden an sich einheitliche Angebotspreise gegenüber den Kunden differenziert. Einzelheiten dazu finden Sie auf Seite 151 f.

Ein Rabatt liegt auch vor, wenn der Lieferer Waren „drauf" (50 Stück bestellt, 60 geliefert) oder „drein" gibt (50 Stück bestellt, 40 berechnet): sog. Naturalrabatt.

Erfüllungsort (Leistungsort)

Der Erfüllungsort ist der Ort, an dem der Schuldner die geschuldete Leistung auf seine Kosten und Gefahr vertragsgemäß bereitstellen muss. Dadurch wird er von seiner Verpflichtung frei. Die späteren Kosten und Gefahren muss der Vertragspartner tragen. Warenschuldner ist der Verkäufer, Geldschuldner der Käufer.

Wir haben die Ware in Berlin für Sie bereitgestellt.

*Was? Erfüllungsort ist laut Vertrag **Köln**!*

An **Kosten** können z. B. auftreten: Verpackungs-, Wiege-, Prüf-, Versicherungs-, Transport-, Umschlagskosten.

Das Tragen der **Gefahr** wird auch als **Gefährdungshaftung**[1] bezeichnet: Der Schuldner muss bis zur Übergabe am Erfüllungsort für einen zufälligen (d. h. unverschuldeten) Untergang und eine zufällige Verschlechterung der Leistung einstehen. Übergibt er die Leistung an einem anderen Ort, so trägt er ebenfalls die Gefährdungshaftung bis zur Übergabe (BGB § 446).

Für ein Verschulden haftet der Schuldner natürlich in jedem Fall (sog. **Verschuldenshaftung**). Ein Verschulden liegt vor, wenn der Schuldner vorsätzlich handelt (d. h. den Schaden willentlich herbeiführt) oder fahrlässig handelt (d. h. die erforderliche Sorgfalt außer Acht lässt). Grobe Fahrlässigkeit bedeutet ein in besonderem Maße unsorgfältiges Verhalten.

Der Verkäufer muss z. B. sorgfältig sein in der Auswahl der Verpackung, des Spediteurs bzw. Frachtführers, des Transportweges und des Transportmittels. Er darf auch nicht ohne dringenden Grund von besonderen Anweisungen des Käufers über die Art der Versendung (z. B. Spezialverpackung, gewünschter Spediteur) abweichen (BGB § 446 Abs. 2).

Arten des Erfüllungsorts		
vertraglicher Erfüllungsort	**natürlicher Erfüllungsort**	**gesetzlicher Erfüllungsort**
Durch vertragliche Vereinbarung festgelegter Erfüllungsort. (Diese Vereinbarung kann auch stillschweigend erfolgen. So gilt bei den Zuschickungskäufen des täglichen Lebens oft die Wohnung des Käufers stillschweigend als Erfüllungsort für die Warenschuld vereinbart.)	Erfüllungsort, der sich aus den Umständen, insbesondere der Natur des Schuldverhältnisses ergibt. So gilt bei der Lieferung von Baumaterial die Baustelle, bei der Lieferung von Heizöl an den Endverbraucher der Ort des Heizkessels als natürlicher Erfüllungsort.	Für alle anderen Fälle ist in BGB §§ 269, 270 der Erfüllungsort gesetzlich festgelegt: Es ist der Wohnsitz (bei Gewerbetreibenden des Geschäftssitz) des jeweiligen Schuldners. Beim Platzgeschäft (Kauf mit Zusendung der Leistung innerhalb der politischen Gemeinde) ist es seine Adresse.

---

[1] Haftung ist die Pflicht für verursachte Schäden und Mängel einzustehen. Verschuldenshaftung setzt ein schuldhaftes Herbeiführen des Schadens voraus, Gefährdungshaftung nicht.

Ist einem Geschäft der gesetzliche Erfüllungsort zugrunde zu legen, so gilt Folgendes für Warenschuld und Geldschuld:

Warenschuld	Geldschuld
● Erfüllungsort ist der Ort des Verkäufers. Der Käufer muss die hier vertragsgemäß bereitgestellte Ware auf seine Kosten und Gefahr abholen (sog. **Holschuld**) ● Versendet der Verkäufer auf Verlangen des Käufers die Ware nach einem anderen Ort als dem Erfüllungsort (sog. **Versendungskauf**), so muss der Verkäufer die Ware zwar abschicken; Kosten und Gefahr des Versands liegen aber ab Übergabe der Ware an den Spediteur, Frachtführer oder sonstigen Beförderer beim Käufer (BGB § 446, sog. **Schickschuld**). Dies gilt auch, wenn der Verkäufer den Transport selbst ausführt oder durch eigenes Personal ausführen lässt. Jedoch haftet er dann nach herrschender Meinung für durch ihn oder sein Personal verschuldete Schäden[1].	● Erfüllungsort ist der Ort des Käufers. Hier muss er das Geld am Fälligkeitstag abschicken, z. B. überweisen (sog. **Schickschuld**). Im Unterschied zur Warenschuld als Schickschuld beim Versendungskauf besteht allerdings eine Besonderheit: Der Käufer muss die Kosten der Übermittlung (z. B. Überweisungskosten) und die Verlustgefahr tragen. *Merke: Warenschulden sind grundsätzlich Holschulen; Geldschulden sind Schickschulden.* 

Die stärkere Vertragspartei (z. B ein Alleinanbieter, ein Großabnehmer) kann oft ihre Allgemeinen Geschäftsbedingungen durchsetzen und ihren eigenen Sitz als Erfüllungsort für beide Parteien erzwingen. Die andere Partei muss ihre Leistung dann vertragsgemäß (kostenfrei, pünktlich, fehlerfrei) an diesen Ort bringen. Dafür haftet sie. Ihre Schuld wird zu einer sog. **Bringschuld**.

Beispiel (zum Erfüllungsort):

Verkäufer	Elektro GmbH, Essen	Über den Erfüllungsort ist keine Vereinbarung getroffen. Der Käufer hat Versand durch die Spedition Erler, Essen und Nürnberg, vorgeschrieben.
Käufer:	Haushaltcenter, Nürnberg	
Ware:	40 Kühlschränke	
Preis:	7 600,00 EUR, zahlbar am 10. Aug. 20..	

Erfüllungsort des Verkäufers ist Essen. Er muss die Ware transportsicher verpacken und ordnungsgemäß dem Spediteur Erler übergeben. Handelt er fahrlässig, so dass die Ware z. B. auf dem Transport wegen mangelhafter Verpackung beschädigt wird, so haftet er dem Käufer. Das Risiko für zufälligen Verlust, Beschädigung oder Untergang auf dem Transport trägt dagegen das Haushaltcenter als Käufer. Es muss auch Ersatzansprüche gegen den Spediteur geltend machen, wenn dieser einen Schaden verursacht.
Erfüllungsort des Käufers ist Nürnberg. Von dort muss er pünktlich am 10. Aug. 20.. den Kaufpreis überweisen. Verzögert sich die Überweisung, so haftet er nicht. Andererseits muss er die Überweisungskosten tragen. Geht der Überweisungsbetrag verloren, so muss der Käufer noch einmal zahlen. Wegen Schadenersatzes kann er sich gegebenenfalls an sein Kreditinstitut halten.

Gerichtsstand

Der Gerichtsstand ist der Ort des für Rechtsstreitigkeiten zuständigen Gerichts.

Für Streitigkeiten aus einem Vertragsverhältnis gilt: Der Gegner ist an dem Ort zu verklagen, an dem er die streitige Verpflichtung erfüllen muss. Das ist grundsätzlich der

---
[1] Vgl. Palandt, Bürgerliches Gesetzbuch, 55. Auflage, S. 506 f.

natürliche Erfüllungsort, in Ermangelung dessen der gesetzliche Erfüllungsort. Nur bei Kaufleuten[1] ist ein vertraglicher Erfüllungsort auch zugleich Gerichtsstand (ZPO § 29).

Kaufleute können untereinander auch einen anderen Gerichtsstand vereinbaren, unabhängig vom Erfüllungsort (ZPO § 38). Dabei wird jeder versuchen den eigenen Ort als Gerichtsstand durchzusetzen.

Ein fremder Gerichtsstand geht in die Kosten: Anfahrtswege, Zeitaufwand, fremde Anwälte...

Beförderungskosten

An Beförderungskosten treten im Wesentlichen auf: Rollgeld (Hausfracht) für An- und Abfuhr, Lade- und Entladegebühren, Fracht.

Der Verkäufer muss die Ware auf seine Kosten am Erfüllungsort bereitstellen. Alle weiteren Beförderungskosten trägt der Käufer. Im Kaufvertrag wird die Übernahme der Beförderungskosten aber häufig gesondert geregelt.

Man beachte: Eine solche Regelung für sich allein verändert keinesfalls den Erfüllungsort!

Einige gängige vertragliche Regelungen hinsichtlich der Beförderungskosten						
Abmachungen	Rollgeld Hausfracht	Ladegebühr	Fracht	Entladegebühr	Rollgeld Hausfracht	
„ab Werk"	Käufer trägt alle Kosten					
„unfrei" „frei Bahnhof hier" „ab Versandstation"	Verkäufer	Käufer				
„frei Waggon" „frei Schiff"	Verkäufer		Käufer			
„frei" „franko" „frei Bahnhof dort" „frei Empfangsstation"	Verkäufer				Käufer	
„frei Haus"	Verkäufer trägt alle Kosten					

Großbetriebe, die ihre Kunden häufig von verschiedenen Werken aus beliefern, vereinbaren oft eine **Frachtbasis**, d. h. einen Ort, von dem aus die Fracht berechnet wird.

> **Beispiel:**
> Lieferung nach Frankfurt, „Frachtbasis Essen" bedeutet: Der Kunde zahlt Fracht für die Strecke Essen–Frankfurt, auch wenn er von Hannover oder Mannheim aus beliefert wird.

Wenn der Käufer aus bestimmten Gründen erst nach Vertragsabschluss den Empfangsort bestimmen will, so vereinbart man oft eine **Frachtparität**, d. h. einen Ort, bis zu dem der Verkäufer höchstens die Fracht übernimmt.

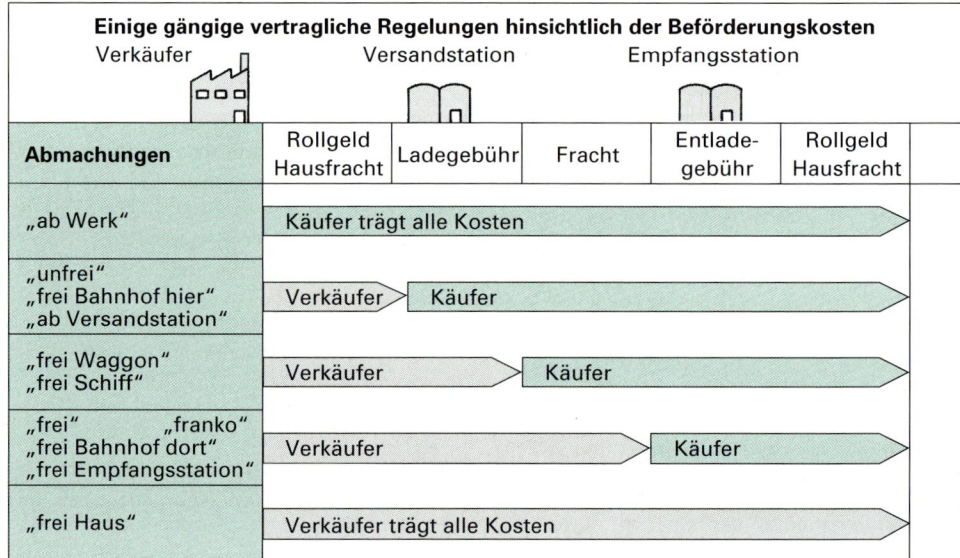

[1] Vgl. S. 386

> **Beispiel:**
> Lieferung von Frankfurt aus „Frachtparität Essen" bedeutet: Bei Lieferung nach Hannover trägt der Verkäufer die Kosten bis Essen, bei Lieferung nach Mannheim bis Mannheim, auch wenn der Versand nicht über Essen erfolgt.

Es gibt darüber hinaus im Innen- und Außenhandel eine große Zahl weiterer möglicher Vereinbarungen.

Verpackungskosten

Der *Verkäufer trägt* nach BGB die Kosten der Aufmachungsverpackung (z. B. Papiertüten). Sie sind *Kosten der Übergabe*.

Der *Käufer* trägt die Kosten der Schutz- und Versandpackung (z. B. Kartons, Kisten) nach einem anderen Ort als dem Erfüllungsort. Sie sind *Kosten der Abnahme* (BGB § 448 Abs.1). Die entsprechende Klausel heißt: „Preis ausschließlich Verpackung".

Übernimmt der Verkäufer vertraglich die Kosten der Versandverpackung, so lautet die Klausel: „Preis einschließlich Verpackung".

In der Praxis werden die Regelungen über die Verpackungskosten meist mit den Preisstellungen **„Preis netto"** bzw. **„Preis brutto"** verbunden. Man erhält dann folgende Möglichkeiten:

Vereinbarungen über Verpackungskosten		
Preis netto einschließlich Verpackung		
Der Käufer zahlt:	Nettogewicht	z. B.: 100 kg à 2,00 EUR = 200,00 EUR
Preis netto ausschließlich Verpackung		
Der Käufer zahlt:	Nettogewicht + Verpackungskosten	z. B.: 200,00 EUR 30,00 EUR 230,00 EUR
Preis brutto einschließlich Verpackung (kurz: bfn = brutto für netto)		
Der Käufer zahlt:	Nettogewicht + Tara (Verpackungsgewicht)	z. B.: 100 kg à 2,00 EUR = 200,00 EUR 5 kg à 2,00 EUR = 10,00 EUR 105 kg à 2,00 EUR = 210,00 EUR
Preis brutto ausschließlich Verpackung		
Der Käufer zahlt:	Nettogewicht + Tara + Verpackungskosten	z. B.: 200,00 EUR 10,00 EUR 30,00 EUR 240,00 EUR

Bei den Preisstellungen „Preis brutto..." muss der Käufer das Gewicht der Verpackung genauso bezahlen wie die Ware selbst.

Häufig wird vereinbart, dass der Kunde teures Verpackungsmaterial frachtfrei gegen Gutschrift der Kosten oder eines Teils der Kosten zurücksenden kann.

Lieferzeit

Wenn nichts anderes vereinbart oder aus den Umständen zu entnehmen ist, kann der Gläubiger die Leistung sofort verlangen, der Schuldner sie sofort bewirken. Ist eine Zeit festgelegt, so darf im Zweifel[1] der Schuldner schon vorher leisten (BGB § 271).

---

[1] „Im Zweifel" bedeutet: wenn nichts anderes vereinbart oder aus den Umständen zu entnehmen ist.

Diese Vorschrift gilt sowohl für die Lieferung als auch für die Zahlung.

Ist sofort zu liefern, so liegt ein **Sofortkauf** vor, ist später zu liefern, ein **Terminkauf**. Werden bei einem Terminkauf z. B. die Ausdrücke „Lieferung Anfang Juni", „... Mitte Mai", „Ende August" verwendet, so sind darunter der 1., 15. und Letzte des Monats zu verstehen (BGB § 192).

Neben dem Sofortkauf und dem Terminkauf sind folgende nach der Lieferzeit unterschiedene Kaufarten von besonderer Bedeutung.

Kaufarten (nach der Lieferzeit unterschieden)

Fixkauf

Es ist vereinbart, dass die Lieferung zu einem genau bestimmten Zeitpunkt oder innerhalb einer fest bestimmten Frist erfolgen muss (BGB § 323 (2) 2).

Der Kaufvertrag steht und fällt mit der Einhaltung des Termins bzw. der Frist. Dazu ist allerdings erforderlich, dass man den diesbezüglichen Willen der Vertragspartner an einer eindeutigen Fixklausel erkennen muss.

Beispiele:
- „Lieferung am 20. Oktober 20.. fest" („fix", „exakt", „genau", „präzis", „prompt", „spätestens")
- „Lieferung bis 20. Oktober 20.., spätestens bis 18 Uhr"

Kauf auf Abruf

Es wird eine Frist vereinbart, innerhalb derer der Käufer Teilmengen zu ihm genehmen Zeitpunkten abrufen kann.

Vorteil für den Kunden: Die Lagerung wird auf den Verkäufer abgewälzt.

Vorteil für den Verkäufer: Größere Aufträge werden gesichert, die Kapazität wird ausgelastet.

Teillieferungskauf

Die Lieferung erfolgt in Teilmengen:
- entweder **auf Abruf** (siehe oben)
- oder als **Fixkauf** („Lieferung fix Mitte jedes Monats")
- oder **gegen Andienung**: Der Verkäufer kann innerhalb einer bestimmten Frist die Lieferzeitpunkte wählen. Dies ist z. B. der Fall, wenn der Lieferer die Ware erst herstellen muss und fertig gestellte Teilmengen an den Kunden ausliefert.

Vorteil für den Lieferer: Lagerung beim Kunden

Vorteil für den Kunden: Zahlung erst nach vollständiger Lieferung

Zahlungstermin

Ohne anderweitige Vereinbarung kann der Lieferer sofortige Zahlung bei Übergabe der Ware verlangen (BGB § 271): Barkauf mit Zahlung „Zug um Zug". Gebräuchliche Formel: „Zahlung netto" oder „netto Kasse".

Häufige Zahlungsvereinbarungen

Vorauszahlung, Anzahlung

Üblich bei Großaufträgen (z.B.: „10% bei Produktionsaufnahme, 30% bei Montagebeginn, 40% bei Übergabe, 20% drei Monate nach Übergabe"). Der Käufer trägt einseitig das Risiko des Leistungsausfalls.

Vergleichen Sie zum Skontoabzug unbedingt Seite 357!

Zahlung mit festgelegter Frist nach der Lieferung (Zielkauf)

Hier trägt der Lieferer einseitig das Risiko des Leistungsausfalls. Er prüft deshalb die Kreditwürdigkeit des Kunden und sichert den Zahlungseingang, etwa durch Eigentumsvorbehalt. Den Zinsverlust durch die Kreditgewährung kalkuliert er in den Kaufpreis ein und gestattet bei vorzeitiger Zahlung den Abzug von Skonto.

Ratenkauf und Abzahlungskauf

Eine Sonderform des Zielkaufs ist der Ratenkauf. Der Käufer leistet dabei den Kaufpreis in mindestens zwei Raten (Teilzahlungen).

Ist der Käufer Nichtkaufmann und ist der Kaufgegenstand eine bewegliche Sache (Ware), so spricht man von einem Abzahlungskauf. Der Käufer wird dann durch BGB § 501 ff. geschützt:
- Der Kaufvertrag muss schriftlich geschlossen werden. Er muss den Barzahlungspreis, den Teilzahlungspreis, den effektiven Jahreszins sowie Anzahl, Höhe und Fälligkeit der Raten enthalten.
- Der Käufer kann binnen 2 Wochen ab Warenlieferung den Kaufvertrag ohne Begründung und Schadenersatzverpflichtung widerrrufen. Dieses Widerrufsrecht muss im Kaufvertrag erwähnt und vom Käufer besonders unterschrieben werden. Andernfalls beginnt die Widerrufsfrist erst mit erfolgter Unterschrift zu laufen.
- Gerichtsstand ist immer der Wohnort des Käufers.
- Das Gesetz gilt auch für sonstige Verträge über gleichbleibende Leistungen, z. B. bei Zeitschriftenabonnements.

Beim Versendungskauf erfolgt die Barzahlung oft als Nachnahme: Der Überbringer (Post, Frachtführer, Spediteur) darf die Ware dem Käufer nur gegen Zahlung herausgeben.

Weitere Vertragsinhalte

Die Vertragspunkte Eigentumsübergang, Gewährleistung für Mängel sowie Regelungen für Liefer-, Annahme- und Zahlungsstörungen sind meist Bestandteile der **Allgemeinen Geschäftsbedingungen (AGB)**. Diese sind auf den Geschäftspapieren abgedruckt, gegebenenfalls auch in den Geschäftsräumen ausgehängt. Wenn der Vertragspartner den AGB nicht widerspricht, unterwirft er sich ihnen, und sie werden für das betreffende Geschäft gültig.

Arbeitsaufgaben

1. Die Maschinenfabrik Klemm GmbH in Köln erhält das folgende Angebot.

Pelzer GmbH & Co. | PB | **Betriebseinrichtung**

Pelzer GmbH & Co. · Berliner Straße 2 · 47138 Duisburg

Maschinenfabrik
Klemm GmbH
Nordstraße 11

50733 Köln

Ihre Zeichen/Ihre Nachr. vom	Unsere Zeichen/Unsere Nachr. vom	Datum
pd-se	pr-ge	12. Juni 20..

Angebot

Sehr geehrte Damen und Herren,

wir danken Ihnen für Ihre Anfrage und senden Ihnen unseren Katalog. Von dem auf Seite 110 abgebildeten Scheren-Hubtisch können wir Ihnen sofort bis zu 10 Stück liefern. Für größere Stückzahlen müssen wir einen Termin vereinbaren.

Für Bestellungen ab 15 000,00 EUR gewähren wir Ihnen 5 % Rabatt. Ansonsten gelten unsere umseitig abgedruckten Geschäftsbedingungen.

Wir würden uns freuen bald von Ihnen zu hören.

Auszug aus dem Katalog:

Kleine Plattform, Doppel-Schere		fahrbar
Plattform-Länge x Breite		**800 x 600 mm**
Traglast		**300 kg**
Bauhöhe		350 mm
Nutzhub		800 mm
Hubzeit		24 sec.
Gewicht ca.		135 kg
Wechselstrom-motor 220 V	**Bestell-Nr.** **Preis EUR**	112928 H **3 495,00**
Drehstrom-motor 380 V	**Bestell-Nr.** **Preis EUR**	112986 H **3 620,00**

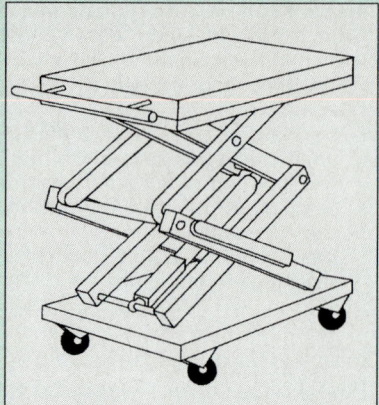

Geschäftsbedingungen (Auszug)
1. Für unsere Verkäufe gelten mangels abweichender schriftlicher Vereinbarung die nachstehenden Bedingungen.
...
3. Angaben über die Lieferzeit führen zum Fixkauf nur bei ausdrücklicher schriftlicher Bestätigung. Für Überschreitung der Lieferzeit haften wir darüber hinaus nicht.
...
5. Für alle Lieferungen, auch für solche innerhalb des Erfüllungsorts oder mit unseren Fahrzeugen oder den Fahrzeugen unserer Werke, richtet sich die Gefahrtragung nach den für Versendungsverkäufe maßgebenden gesetzlichen Bestimmungen.
6. Die Preise verstehen sich ab Werk oder Lager (sofern nicht anders vermerkt), ausschließlich Montage, zuzüglich der Verpackung, die nicht zurückgenommen wird. In den Preisen ist die Mehrwertsteuer nicht enthalten.
7. Unsere Rechnungen sind 10 Tage nach Rechnungsdatum unter Abzug von 2 % Skonto oder nach 30 Tagen netto zur Zahlung fällig. Ein Skontoabzug ist nur vom Warenwert möglich. Barvorlagen unsererseits für Montage und Fracht sind immer sofort ohne jeden Abzug zur Zahlung fällig. Hiervon abweichende Vereinbarungen sind schriftlich zu treffen.
...
9. Erfüllungsort und Gerichtsstand – soweit gesetzlich zulässig auch für Ansprüche aus Wechseln oder Schecks – ist Duisburg.

```
                                                        14. Juni 20..
Bestellung

Sehr geehrte Damen und Herren

wir bestätigen Ihnen unsere telefonische Bestellung von heute Morgen,
betreffend 5 Scheren-Hubtische, Best.-Nr. 112928 H, zur sofortigen
Lieferung abzüglich 5 % Rabatt.

Mit freundlichen Grüßen


      ppa.               i.V.
```

a) ● Zählen Sie die wichtigen Vertragsbedingungen auf, die in den Willenserklärungen von Käufer und Verkäufer enthalten sein sollten.
  ● Warum werden diese Vertragsbedingungen im Text des vorliegenden Angebots und der nachfolgenden Bestellung nicht sämtlich erwähnt?
b) Wie sind die Art, die Beschaffenheit und die Menge der Ware festgelegt?
c) ● Welchen Preis muss Klemm zahlen
  – 30 Tage nach Rechnungsdatum,
  – 10 Tage nach Rechnungsdatum? (Rechenschema → folgende Seite)

- Entsprechen die Vereinbarungen über den Zahlungstermin den gesetzlichen Bestimmungen?
d) Stellen Sie sich vor, Klemm verfügte erst 30 Tage nach Rechnungsdatum über genügend Geld zur Bezahlung der Rechnung. Für Zahlung binnen 10 Tagen müsste das Bankkonto überzogen werden. Dies würde 15 % Jahreszins kosten. Stellen Sie durch eine geeignete Rechnung fest, ob die Zahlung binnen 10 Tagen trotzdem günstiger wäre.

So wird gerechnet:
```
  Listenpreis                       ... EUR
– Rabatt (...% vom Listenpreis)    ... EUR
  Zielpreis                         ... EUR
– Skonto (...% vom Zielpreis)      ... EUR
= Barpreis                          ... EUR
```

e) ● Wo befinden sich die Erfüllungsorte für die Warenschuld und für die Geldschuld?
   ● Handelt es sich dabei um den gesetzlichen, natürlichen oder vertraglichen Erfüllungsort?
   ● Liegen insofern Hol-, Schick- oder Bringschulden vor?
f) Gesetzt den Fall, die Hubtische würden auf dem Transport zum Kunden beschädigt. Wer trägt dann den Schaden, und müsste Klemm die Waren trotzdem bezahlen?
g) An welchem Ort müssten Klemm und Pelzer wegen ihrer Ansprüche gegen den Vertragspartner jeweils klagen?
h) Wer trägt die Kosten für den Transport der Ware und für die Verpackung?
i) Fertigen Sie eine schriftliche Bestellungsannahme für den vorliegenden Fall an. Kündigen Sie darin zugleich den Warenversand mit den nach Ihrer Meinung notwendigen Angaben an (sog. Versandanzeige). (Benutzen Sie ein Textverarbeitungsprogramm.)

2. **Gegeben sind folgende Kaufvertragsarten:**
   (1) Kauf auf Probe   (3) Kauf zur Probe   (5) Fixkauf   (7) Stückkauf
   (2) Kauf nach Probe   (4) Kauf auf Abruf   (6) Gattungskauf   (8) Spezifikationskauf
   Welche dieser Kaufvertragsarten werden durch die folgenden Aussagen beschrieben?
   a) Der Vertragsgegenstand ist durch gemeinsame, von den Vertragspartnern festgelegte Merkmale bestimmt.
   b) Mit der Einhaltung des Liefertermins steht und fällt der Kaufvertrag.
   c) Der Lieferzeitpunkt kann vom Käufer bestimmt werden.
   d) Der Vertragsgegenstand muss genau einem Muster entsprechen.
   e) Es wird eine bestimmte Menge gekauft; der Käufer kann später noch Merkmale wie Maße, Formen, Farben selbst bestimmen.
   f) Der Käufer kann den Kaufgegenstand zurückgeben, wenn er nicht seinen Erwartungen entspricht.

3. Eine Unternehmung bestellt 10 Stück einer Ware. Der Lieferer gewährt 10 % Rabatt und 3 % Skonto.
   a) Wie viel Prozent beträgt die gesamte Preisermäßigung?
   b) Statt des Geldrabatts könnte der Käufer auch eine Drauf- oder Dreingabe von einem Stück nach seiner Wahl erhalten. Welcher der beiden Naturrabatte ist günstiger für ihn?

4. **Gegeben sind die folgenden Sachverhalte:**
   (1) Sitz des Verkäufers: Essen. Sitz des Käufers: Köln.
   Lieferung von Schränken von Essen nach Köln.
   Erfüllungsort für die Lieferung ist Essen.
   Erfüllungsort für die Zahlung ist Essen.
   (2) Sitz des Verkäufers: Essen. Sitz des Käufers: Köln.
   Lieferung von Baumaterial an eine Baustelle in Wuppertal.
   Erfüllungsort für die Lieferung ist Wuppertal.
   Erfüllungsort für die Zahlung ist Köln.
   (3) Sitz des Verkäufers: Bonn. Sitz des Käufers: Neuss.
   Lieferung von Lebensmitteln von Bonn nach Neuss.
   Erfüllungsort für die Lieferung ist Neuss.
   Erfüllungsort für die Zahlung ist Neuss.
   In welchen dieser Fälle handelt es sich um a) den vertraglichen, b) den natürlichen, c) den gesetzlichen Erfüllungsort?

5. Schneider & Co. erhalten von Gebr. Faden das folgende briefliche Angebot vom 16. April:
   „Jeans-Stoff zu 6,50 EUR je Meter. Lieferung als Frachtgut ab Bahnhof hier."
   Schneider & Co. bestellen am 19. April 20.. Ballen zu 6,00 EUR je Meter bei Lieferung frei Haus fest bis spätestens zum 30. April im Werk eingehend. Gebr. Faden liefern daraufhin am 24. April ohne besondere Bestellungsannahme.

a) Um was für einen Kauf handelt es sich hier hinsichtlich der Lieferzeit?
b) Welcher Preis ist der Lieferung zugrundezulegen?
c) Wer muss die Transportkosten tragen?
d) Wer muss die Kosten für die Versandverpackung tragen?
e) Wann ist die Zahlung fällig?

6. Auf eine Anfrage von Einzelhändler Willi Wolle, 20123 Hamburg, vom 4. Aug. schreibt die Klaus Krause KG, 40597 Düsseldorf, am 6. Aug. ein Angebot mit folgendem Inhalt:
„Gartenstühle, Rohrgestell mit Tuchbespannung, zusammenklappbar, gemäß beiliegendem Prospekt. Abgabe nur in Packungen von jeweils 5 Stück. Stückpreis 10,00 EUR zuzüglich Mehrwertsteuer bei Abnahme von mindestens 30 Stück. Bei Abnahme von mindestens 50 Stück 5 % Rabatt.
Lieferungsbedingungen: Bahnversand frei Bahnhof dort, Verpackungskosten pro Paket 2,00 EUR. Preis netto ausschließlich Verpackung. Lieferung 14 Tage nach Eingang der Bestellung. Zahlungsbedingungen: Zahlungen binnen 30 Tagen nach Rechnungsdatum netto Kasse oder binnen 10 Tagen mit 2 % Skonto."
Wolle nimmt durch Bestellung von 50 Stück am 8. Aug. das Angebot an. Versandtag der Ware und Rechnungsdatum sind der 24. Aug.
a) Wer trägt das Risiko für Schäden wegen mangelhafter Verpackung?
b) Wer trägt das Risiko für den Verlust des Zahlungsbetrages nach erfolgter Banküberweisung?
c) Ab wo trägt der Käufer das Risiko für die zufällige Verschlechterung der Ware?
d) Wie muss der Käufer vorgehen, um seiner Zahlungspflicht zu genügen?
e) Welchen Betrag muss der Kunde binnen 10 Tagen nach Rechnungsdatum überweisen?
f) Welche Transportkosten muss der Käufer übernehmen?
g) Wo befindet sich der Gerichtsstand für eine Klage
   ● des Verkäufers gegen den Käufer?
   ● des Käufers gegen den Verkäufer?

3.6.3 Allgemeine Geschäftsbedingungen (AGB)

Theoretisch gibt die Vertragsfreiheit jedermann die Möglichkei, frei von Zwang diejenigen Rechtsgeschäfte abzuschließen, die ihm den größten Nutzen bringen. In der Praxis setzt jedoch meist die wirtschaftlich stärkere Partei ihre Interessen durch. Diesem Zweck dienen u. a. ihre AGB, die sie allen Verträgen zugrunde legt. Theoretisch kann die schwächere Vertragspartei sie ablehnen oder auf Änderung dringen, tatsächlich aber setzt sie sich damit kaum durch. Ausweichmöglichkeiten auf andere Geschäftspartner sind meist auch versperrt, weil ganze Branchen oft gleich lautende AGB verwenden.

Zum Schutz wirtschaftlich schwächerer Vertragspartner nimmt das **BGB** Einschränkungen hinsichtlich der freien Vertragsgestaltung vor. Es schreibt vor:

- Überraschende Klauseln werden nicht Vertragsbestandteil (§ 305c (1)).
  Überraschende Klauseln sind so ungewöhnlich, dass man nicht damit rechnen muss (z. B.: Gebr. Müller kaufen eine Werkzeugmaschine und verpflichten sich aufgrund der AGB des Herstellers zur monatlichen Wartung der Maschine durch den Hersteller mindestens für 10 Jahre.)
- Individuelle Abreden gehen vor AGB (§ 305 b).
- Auslegungszweifel gehen zu Lasten des Verwenders der AGB (§ 305 c (2)).
- Widersprechen sich die AGB zweier Vertragspartner, so bleibt der Vertrag gültig und richtet sich in den widersprüchlichen Punkten nach dem Gesetz (§ 306 (2)).
- AGB-Bestimmungen sind unwirksam, wenn sie den Vertragspartner entgegen Treu und Glauben unangemessen benachteiligen (wenn z. B. durch die Einschränkungen der Vertragszweck gefährdet wird oder wesentliche Grundgedanken der gesetzlichen Regelung nicht damit vereinbar sind) (§ 307).

Für Geschäfte mit Verbrauchern und zu deren Schutz enthält das AGB-Gesetz eine Anzahl weiterer Einschränkungen:

- AGB können nur Vertragsbestandteil werden, wenn ihr Verwender bei Vertragsabschluss ausdrücklich darauf hinweist. Der Vertragspartner muss von ihnen Kenntnis nehmen können (z. B. Aushang im Geschäft; ausreichend große und deutliche Schrift) und mit ihrer Anwendung einverstanden sein (§ 305 (2)).
- Der Verwender darf sich keine unangemessen lange Zeit zur Annahme des Vertrages bzw. zur Lieferung vorbehalten (§ 308, 1).
- Klauseln über Preiserhöhungen sind nur erlaubt, wenn die Lieferung später als nach 4 Monaten erfolgt (§ 309,1).
- Der Verwender darf die zugesagte Leistung nicht ändern, wenn dies für den Vertragspartner nicht zumutbar ist (§ 308, 4).
- Das Leistungsverweigerungs- oder Zurückbehaltungsrecht darf nicht eingeschränkt werden (§ 309, 2).
- Es darf keine Vertragsstrafe vereinbart werden (§ 309, 6).
- Der Verwender darf das Recht des Vertragspartners nicht einschränken, sich bei schuldhaften Pflichtverletzungen des Verwenders, die keine Mängel der Sache sind, vom Vertrag zu lösen (§ 309, 8.a).
- Der Verwender darf die gesetzlichen Gewährleistungsansprüche des Vertragspartners nicht völlig ausschließen. Letzterem steht zumindest ein Recht auf Nacherfüllung zu. Alle damit zusammenhängenden Kosten muss der Verwender tragen. Er muss in den AGB den Vertragspartner darauf hinweisen, dass ihm bei Nichtgelingen der Nacherfüllung wahlweise das Recht auf Preisminderung oder Vertragsrücktritt zusteht (§ 309, 8.b).

„... gute Frau, hier steht doch ganz klar und deutlich..." (Horst Haitzinger, München)

Arbeitsaufgaben

1. Allgemeine Geschäftsbedingungen eines Unternehmens der Elektroindustrie:

> **1. Angebote**
> Unsere Angebote sind grundsätzlich freibleibend (Preise, Lieferfristen und Liefermöglichkeiten).
>
> **2. Aufträge**
> Mündliche oder telefonische Vereinbarungen, Absprachen oder Zusagen sowie schriftliche Vereinbarungen mit den Vertretern sind für uns erst nach schriftlicher Bestätigung durch uns rechtsverbindlich. Durch die Erteilung des Auftrages anerkennt der Besteller unsere Verkaufsbedingungen. Einkaufsbedingungen des Bestellers sind auch ohne unseren ausdrücklichen Widerspruch für uns nicht verbindlich, wenn sie im Widerspruch zu unseren Verkaufsbedingungen stehen. Verstöße gegen unsere Lieferbedingungen oder den Vertragsinhalt berechtigen uns alle Lieferungen sofort einzustellen, auch soweit es sich um von uns bereits bestätigte Bestellungen handelt.
>
> **3. Preise und Zahlung**
> Unsere Preise verstehen sich ab Werk ausschließlich Verpackung. Sie sind freibleibend, sofern nicht ausdrücklich eine andere Vereinbarung getroffen worden ist. Wir berechnen in der Regel die am Liefertag gültigen Preise.
> Tritt bis zum Liefertag bzw. vor Bezahlung des Rechnungsbetrages eine Erhöhung der Rohstoffpreise oder anderer Kalkulationsgrundlagen ein, so sind wir berechtigt, den sich daraus ergebenden jeweiligen Tagespreis zu errechnen.

4. Beanstandungen und Gewährleistung
Reklamationen irgendwelcher Art anerkennen wir nur innerhalb von 7 Tagen nach Erhalt der Ware.
Für nachweisbar durch unser Verschulden entstandene Mängel infolge von Material- oder Fertigungsfehlern leisten wir Gewähr für die Dauer von 12 Monaten bei normalem Gebrauch innerhalb des Haushaltes, bzw. 6 Monaten bei gewerblichem Einsatz zum Beispiel in Pensionen, Kantinen, Hotels u. Ä.
Die Garantieleistung erstreckt sich auf eine kostenlose Instandsetzung bzw. nach unserer Wahl auf die Lieferung eines einwandfreien Austausch-Gerätes bei frachtfreier Rückgabe des fehlerhaften Stückes. Darüber hinausgehende Ansprüche können nicht gestellt werden.

a) Stellen Sie fest, welche Rechte der Verkäufer sich über die gesetzlichen Rechte hinaus einräumt und welche Rechte des Käufers eingeschränkt werden.
b) Welche Bestimmungen sind nach dem BGB gegenüber Nicht-Gewerbetreibenden und Nicht-Selbstständigen nicht wirksam?

2. **Das BGB setzt der Vertragsgestaltung durch AGB Grenzen.**
Beurteilen Sie unter diesem Aspekt das Verhalten des Verkäufers und die Rechte des Kunden in folgender Karikatur.

(Quelle: test; Die Zeitschrift für den Verbraucher)

3. Herr Decker hat beim Autohaus Kunert & Co. einen Diesel-Pkw zum Preis von 14 450,00 EUR gekauft. Der Wagen hat 8 Monate Lieferzeit. Bei der Lieferung verlangt der Verkäufer einen Preis von 14 950,00 EUR und verweist auf seine AGB.
Beurteilen Sie, ob die Preiserhöhung rechtlich zulässig ist.

4. Familie Berger kauft eine Stereoanlage. Der Verkäufer im Geschäft verspricht die Lieferung rechtzeitig vor Weihnachten. Andernfalls bestehe keine Pflicht zur Abnahme. Tatsächlich wird nicht vor Weihnachten geliefert. Als Familie Berger jedoch den Kauf rückgängig machen will, weist das Radiogeschäft auf seine AGB hin. Darin steht, das mündliche Absprachen mit den Verkäufern nicht verbindlich sind.
Nehmen Sie zu dem Fall Stellung.

3.7 Erfüllung des Kaufvertrags

3.7.1 Erfüllungsgeschäft

Im Kaufvertrag legen Verkäufer und Käufer ihre Pflichten fest. Sie begründen auf diese Weise Schuldverhältnisse. Der Kaufvertrag ist folglich ein Verpflichtungsgeschäft. Die Vertragspartner verpflichten sich darin, ihre Leistungen entsprechend ihren Vereinbarungen zu erbringen.

Das BGB und das HGB enthalten hierzu eine Reihe von Vorschriften. Im Rahmen dieser Vorschriften gilt:

Der Schuldner ist verpflichtet die Leistung so zu bewirken, wie Treu und Glauben mit Rücksicht auf die Verkehrssitte es erfordern (BGB § 242).

Die bedeutet so viel wie ein ehrbares, rechtschaffenes, faires Verhalten unter Berücksichtigung der herrschenden, gegebenenfalls örtlich unterschiedlichen Gepflogenheiten.

In der Erfüllung der eingegangenen Verpflichtungen besteht das Erfüllungsgeschäft. Es verändert die Rechte an den betroffenen Sachen und bringt das Schuldverhältnis zum Erlöschen (BGB § 362).

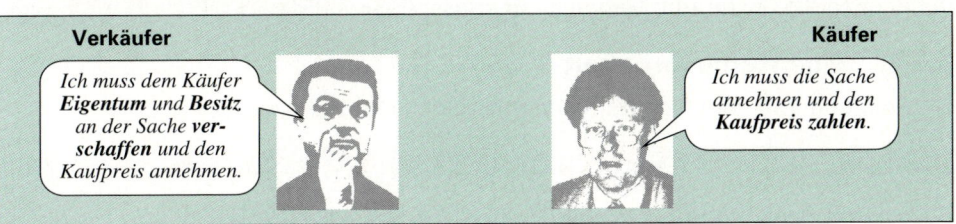

Das Erfüllungsgeschäft besteht aus den Schritten **Einigung** und **Übergabe**.

Bestandteile des Erfüllungsgeschäftes (BGB § 929)
Einigung
Käufer und Verkäufer müssen sich darüber einig sein, dass das Eigentum auf den Käufer übergehen soll.
Der Käufer darf folglich eine gekaufte Sache auch nach Ablauf der Lieferfrist nicht eigenmächtig gegen den Willen des Verkäufers an sich nehmen! Dies wäre verbotene Eigenmacht. Er kann aber auf Herausgabe klagen.
Übergabe
Mit der Übergabe verschafft der Verkäufer dem Käufer das Eigentum, d. h. die rechtliche Verfügungsgewalt, und den Besitz, d. h. die tatsächliche Verfügungsgewalt.

Beispiel:
- **Verpflichtungsgeschäft:**
  Ein Kunde kauft in der Baustoffhandlung 50 m² Fliesen.
- **Erfüllungsgeschäft:**
  - **Einigung:** Der Verkäufer gibt dem Kunden einen Auslieferungsschein für das Lager.
  - **Übergabe:** Der Lagerarbeiter übergibt dem Kunden die Ware nach Vorzeigen des Auslieferungsscheins.

Wenn ein Dritter die Sache im Besitz hat, so kann die Übergabe dadurch ersetzt werden, dass der Eigentümer seinen Herausgabeanspruch an den Käufer abtritt (BGB § 931).

Beispiel:
Der Großhändler Moser hat einen Posten Reis in einem Lagerhaus eingelagert und für die Einlagerung einen Lagerschein erhalten. Er verkauft den Reis an die Firma Speiser. Das Eigentum kann an Speiser übertragen werden, indem
- Moser den Reis abholt und Speiser zustellt,
- Moser den Lagerschein auf Speiser überträgt und damit seinen Herausgabeanspruch an Speiser abtritt.

Die Übergabe kann auch durch die Vereinbarung ersetzt werden, dass das Eigentum auf den Käufer übergeht, der Besitz aber beim Verkäufer bleiben soll (**Besitzkonstitut**; BGB § 930).

Grundstücke kann man einem Erwerber nicht wie bewegliche Güter übergeben. Deshalb wird die Übergabe durch die **Eintragung** in das Grundbuch durch den Grundbuchbeamten ersetzt. Die Einigung trägt hier die Bezeichnung **Auflassung**. Sie muss wegen der Bedeutung dieses Rechtsgeschäftes durch einen Notar beurkundet werden.

Das *Eigentum* an einer unbeweglichen Sache wird erworben durch Einigung (Auflassung) und Eintragung in das Grundbuch (BGB § 873).

Der Besitz an einer unbeweglichen Sache wird erworben, indem der alte Besitzer dem neuen die Sache zum Gebrauch überlässt (BGB § 854).

3.7.2 Eigentumsvorbehalt

Die Einigung über den Eigentumsübergang fehlt beim Eigentumsvorbehalt.

> Die Waren bleiben bis zur vollständigen Bezahlung Eigentum des Verkäufers.

Bei einem solchen Vermerk im Angebot oder in der Bestellungsannahme (nicht erst in der Rechnung!) wird der Käufer bei der Übergabe der Sache nur ihr Besitzer. Der Verkäufer bleibt Eigentümer! Der Eigentumsvorbehalt gibt ihm das Recht, dem mit der Zahlung säumigen Käufer eine angemessene Nachfrist zu setzen und nach deren Ablauf vom Vertrag zurückzutreten und die Rückgabe der Kaufsache zu verlangen (BGB § 449).

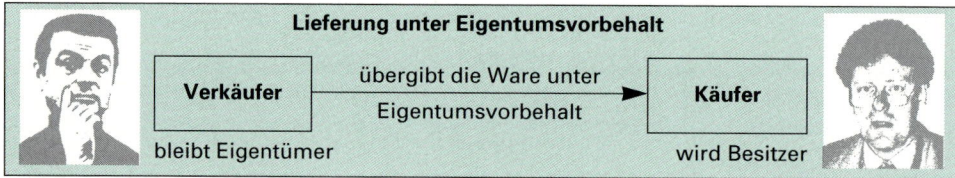

Lieferung unter Eigentumsvorbehalt

Verkäufer — übergibt die Ware unter Eigentumsvorbehalt → Käufer

bleibt Eigentümer — wird Besitzer

Bei Pfändung der Sache durch Dritte kann der Verkäufer durch eine Widerspruchsklage ihre Freigabe erlangen. Im Insolvenzverfahren hat er das Aussonderungsrecht: Er kann sein Eigentum aus der Insolvenzmasse herausnehmen (Insolvenzordnung § 47).

Allerdings nützt der Eigentumsvorbehalt dem Verkäufer nicht immer:

Der Eigentumsvorbehalt erlischt, wenn die Sache ...	Beispiele
■ ...untergeht	Totalschaden eines Rades durch Unfall
■ ...mit einem Grundstück fest verbunden wird (BGB § 946)	Einbauschrank
■ ...mit beweglichen Sachen zu einer Einheit verbunden oder vermischt wird (BGB §§ 947, 948)	Einbau eines Sportlenkrads ins Auto
■ ...verarbeitet wird (BGB § 950)	Verarbeitung von Blech zu Kühlschränken
■ ...von einem gutgläubigen Dritten erworben wird (BGB § 932)	Kauf eines Fernsehers durch einen Kunden, dem die Lieferung unter Eigentumsvorbehalt nicht bekannt ist

> Übrigens: Muss der Verkäufer erkennen, dass der Käufer eine Person ist, die die Sache zum Zweck des Weiterverkaufs erwirbt, so gibt der Verkäufer trotz Eigentumsvorbehalts die Einwilligung zum Verkauf. Die Einwilligung kann allerdings vertraglich ausgeschlossen oder auch widerrufen werden.

Der Verkäufer kann versuchen sich besser abzusichern, indem er den Eigentumsvorbehalt erweitert. Die einzelnen Formen des erweiterten Eigentumsvorbehalts können auch miteinander kombiniert werden.

Erweiterter Eigentumsvorbehalt

Weitergeleiteter Eigentumsvorbehalt
Der Käufer darf die Sache nur in der Weise weiterveräußern, dass der Verkäufer Vorbehaltseigentümer bleibt. (In der Praxis ungebräuchlich geworden).

Nachgeschalteter Eigentumsvorbehalt
Der Käufer darf die Sache nur unter seinem eigenen Eigentumsvorbehalt weiterveräußern. Dies ist im Zwischenhandel üblich.

Verlängerter Eigentumsvorbehalt
Der Käufer darf die Sache verarbeiten oder weiterverkaufen. Als Ersatz für den untergegangenen Eigentumsvorbehalt soll der Verkäufer sicherheitshalber das Eigentum an dem hergestellten Gegenstand oder an der Forderung aus dem Weiterverkauf erhalten.

Kontokorrentvorbehalt
Der Eigentumsvorbehalt erlischt erst, wenn der Käufer alle oder einen bestimmten Teil der Forderungen aus der Geschäftsverbindung beglichen hat.

Der so genannte **nachträgliche Eigentumsvorbehalt,** der erst im Lieferschein oder in der Rechnung angebracht wird, ist vertragswidrig. Er gilt trotzdem, wenn diese Papiere spätestens mit der Sache eintreffen, weil er die fehlende Einigung über die Eigentumsübertragung ausdrückt. Da er nicht Vertragsinhalt ist, kann der Käufer ihm widersprechen und Eigentumsübertragung verlangen.

Arbeitsaufgaben

1. **Betrachten Sie das Angebot auf S. 230 und die Bestellung auf Seite 227.**
   Erläutern Sie, wie die ordnungsgemäße Erfüllung des Kaufvertrags vonstatten gehen muss.

2. **Herr Berger hat Herrn Müller in einem schriftlichen Kaufvertrag die Lieferung eines Mopeds für den 5. Mai zugesagt, hält aber den Termin nicht ein und verweigert am 6. Mai die Herausgabe, als Herr Müller bitterböse bei ihm erscheint.**
   Beurteilen Sie, ob Herr Müller sich das Moped, das bei Herrn Berger im Hof steht, einfach wegnehmen darf.

3. **Herr Lochmann hat seine Bohrmaschine an Herrn Krummwerker verliehen und vereinbart, dass er sie bei Bedarf jederzeit zurückfordern kann. Herr Basteler kauft die Bohrmaschine von Herrn Lochmann.**
   Welche Möglichkeiten bestehen für Herrn Lochmann, Herrn Basteler Besitz und Eigentum am Kaufgegenstand zu verschaffen?

4. **In den Allgemeinen Geschäftsbedingungen einer Aktiengesellschaft steht:**
   „Der Liefergegenstand bleibt bis zur Bezahlung unserer sämtlicher, auch der künftig entstehenden Forderungen gegen den Besteller unser Eigentum. Der Besteller tritt bereits jetzt seine Forderungen aus einem Weiterverkauf der Vorbehaltsware in Höhe des Lieferpreises zuzüglich 10 % Inkassozuschlag zur Sicherheit an uns ab, wenn er vor der Zahlung des Lieferpreises die Ware veräußert."
   a) Welche Sicherung liegt hier vor?
   b) Welche Rechte hat der Verkäufer bei ausbleibender Zahlung des Käufers?
   c) Nennen Sie Fälle, in denen der Lieferer durch die obigen Klauseln nicht abgesichert ist.

3.8 Erfüllungsstörungen

Wenn die Vertragspartner ihre Leistungen nicht vertragsgemäß erbringen, ist die Erfüllung des Kaufvertrags gestört.

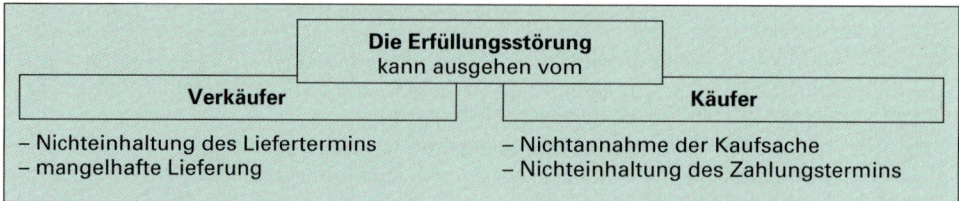

3.8.1 Nichteinhaltung des Liefertermins

Wird bei Fälligkeit nicht geliefert, können dem Käufer Schäden entstehen: Produktionsausfall, teurer Ersatzkauf, Kundenverlust, Schadensersatzforderungen von Kunden. Deshalb sollte der Käufer den Verkäufer umgehend durch eine Mahnung zur Lieferung auffordern.

Durch die Mahnung kommt der Verkäufer in Lieferungsverzug (BGB § 286). Der Verzug beginnt mit dem Zustellungstag der Mahnung.

„Verzug" ist ein juristischer Begriff. Wer im Verzug ist, hat eine Reihe von Nachteilen zu tragen.

Auch ohne Mahnung kommt der Verkäufer u. a. in Verzug, wenn

- der Liefertermin nach dem Kalender bestimmt ist,   →   „Lieferung der Spinde bis Ende Mai."
- der Verkäufer die Leistung ernsthaft und endgültig verweigert.

Der Verkäufer kommt allerdings nicht in Verzug, solange die Leistung infolge eines Umstandes unterbleibt, den er nicht verschuldet hat.

Die Haftung des Lieferers erweitert sich während des Verzugs auf den Zufall, d.h. unverschuldete Verschlechterung und unverschuldeten Untergang (Verlust) der Kaufsache (BGB § 287).

Bei rechtzeitiger Lieferung hätte der Zufall ja nicht wirksam werden können.

Rechte des Käufers bei Nichteinhaltung des Liefertermins

bei Lieferungsverzug
(Liefererverschulden vorausgesetzt)

- **Schadensersatz wegen Verzögerung der Lieferung verlangen** (BGB § 280), z. B. wegen Produktionsausfalls oder Schadensersatzforderungen eigener Kunden, und bis zur Lieferung die **Zahlung verweigern**

  oder

- **angemessene Nachfrist setzen. Nach erfolglosem Ablauf: Schadensersatz statt der Lieferung verlangen** (BGB § 281); z. B. wegen Produktionsausfalls, Mehrkosten für einen Ersatzkauf (sog. Deckungskauf), Gewinnentgangs, Schadensersatzforderungen eigener Kunden.

  Fristsetzung entbehrlich, wenn
  – der Verkäufer die Lieferung ernsthaft und endgültig verweigert,
  – besondere Umstände die sofortige Geltendmachung des Schadensersatzes rechtfertigen (auch dies ist v. a. beim Zweckkauf der Fall),
  – ein Fixhandelskauf vorliegt (HGB § 376)

auch ohne Lieferungsverzug
(kein Liefererverschulden vorausgesetzt)

- **angemessene Nachfrist setzen. Nach erfolglosem Ablauf: vom Vertrag zurücktreten** (BGB § 233).

  Fristsetzung entbehrlich wenn
  – der Verkäufer die Lieferung ernsthaft und endgültig verweigert,
  – ein Fixkauf vorliegt,
  – besondere Umstände den sofortigen Rücktritt rechtfertigen

  Beispiele:
  1. Zweckkauf (Brautkleid nicht rechtzeitig zur Hochzeit, Osterartikel nicht rechtzeitig vor Ostern)
  2. Unmögliche Lieferung (als unfallfrei zugesicherter Gebrauchtwagen erleidet Unfall vor Lieferung)

Eine Nachfrist ist angemessen, wenn der Verkäufer die Sache liefern kann, ohne sie erst zu beschaffen oder anzufertigen.

Auf Erfüllung kann der Käufer hier nur bestehen, wenn er dies dem Verkäufer sofort nach Fristablauf anzeigt.

Hinsichtlich des Schadensersatzes spricht man von

- „konkreter" Schadensberechnung, wenn die Höhe des Schadens genau nachgewiesen wird (z. B. als Preisunterschied beim Deckungskauf),
- „abstrakter" Schadensberechnung, wenn ein genauer Nachweis nicht möglich ist (z. B. Ansatz eines entgangenen Gewinns auf Grund vermuteten Kundenausfalls).

Um Streitigkeiten bei der Berechnung des Schadenersatzes zu vermeiden, vereinbart man im Kaufvertrag häufig die Zahlung einer **Konventionalstrafe (Vertragsstrafe)**. Sie ist auch dann in voller Höhe zu zahlen, wenn kein Schaden eingetreten ist.

Beispiel

„Erfolgt die Lieferung nicht spätestens am 20. Mai 20.., so ist für jeden Tag der Verspätung eine Vertragsstrafe von 500,00 EUR zu zahlen."

Arbeitsaufgaben

1. Am 18. Juni 20.. schreibt die Gebr. Reinhards OHG an ihren Lieferer:

```
In Ihrer Auftragsbestätigung vom 16. Mai 20.. sagten sie uns verbindlich
zu, unsere Bestellung innerhalb eines Monats ab Datum der Bestellung aus-
zuführen. Die Ware ist bisher nicht bei uns eingetroffen. Anlässlich un-
serer telefonischen Anfrage vom 15. Juni 20.. teilten Sie uns mit, dass
Sie aufgrund unerwartet zahlreicher Auftragseingänge zurzeit generell
nicht in der Lage seien pünktlich zu liefern.
```

> Wir können diese Erklärung nicht akzeptieren und setzen Ihnen eine Nachfrist bis spätestens zum 23. Juni 20.. Eine Aufstellung über unseren Schaden aus der verspäteten Lieferung lassen wir Ihnen noch zugehen. Nach Ablauf der Nachfrist müssen wir die Annahme der Ware ablehnen. Wir behalten uns für diesen Fall alle weitergehenden Rechte vor.

Beurteilen Sie, ob Gebr. Reinhards rechtlich einwandfrei vorgehen.

2. Das Chemiewerk Elegius GmbH hat aufgrund eines Angebots vom 20.08 der Peter Pfister OHG am 22.08 32 Schutzanzüge bestellt.

Bestellung Nr.: 3245

Lfd. Nr.	Menge	Gegenstand	Größe	Einheit	Preis je Einheit	Zu liefern bis
1	je 4	Schutzanzüge Katalog-Nr. 36	44, 46 52, 54	Stück Stück	56,00 EUR 59,00 EUR	14 Tage nach Eingang der
2	je 8	„	48, 50	Stück	56,00 EUR	Bestellung

Zahlungsbedingungen:
10 % Rabatt; Zahlung 30 Tage nach Lieferung netto Kasse oder binnen 10 Tagen mit 2 % Skonto

Lieferungsbedingungen:
Unfrei einschließlich Verpackung

Am 15. September ist die Ware noch nicht eingetroffen.
a) Welche Schritte wird Elegius nun unternehmen?
b) Von welchem Tag an befindet sich der Lieferer in Lieferungsverzug?
c) Muss den Lieferer in diesem Fall ein Verschulden treffen, damit er in Lieferungsverzug gerät?
d) Schreiben Sie einen Brief von Elegius an den Lieferer sowie das Antwortschreiben auf diesen Brief. (Benutzen Sie ein Textverarbeitungsprogramm.)
e) Nachdem die Pfister OHG in Lieferungsverzug versetzt wurde, schickt sie die bestellten Waren ab. Diese werden jedoch auf dem Bahntransport teilweise beschädigt.
– Kann der Lieferer trotzdem den vollen Kaufpreis vom Käufer verlangen?
– Wer muss Ersatzansprüche bei der Bahn geltend machen: der Verkäufer oder der Käufer?

3. Stellen Sie sich vor, es handle sich bei dem Geschäft zwischen Elegius und der Pfister OHG um einen Fixkauf, bei dem „Lieferung fix am 13. September" vereinbart wurde.
In welchen Punkten unterscheiden sich nun die Rechte und Pflichten des Käufers gegenüber dem „normalen" Kauf?

3.8.2 Mangelhafte Lieferung

■ **Mängelarten**

Der Verkäufer muss dem Käufer die Kaufsache (Ware) frei von Mängeln übergeben. Grundsätzlich lassen sich folgende Mängelarten unterscheiden:

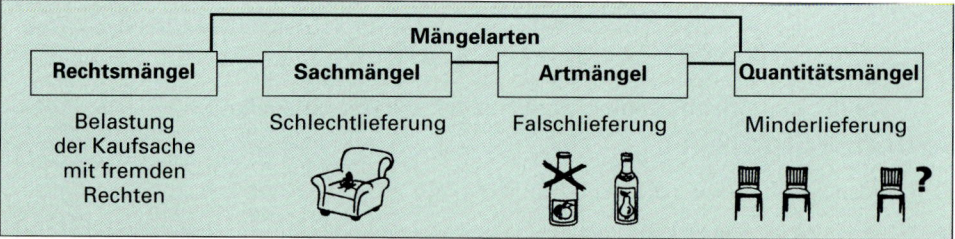

■ **Rechtsmängel**
Die Sache ist frei von Rechtsmängeln, wenn Dritte in Bezug auf die Sache keine Rechte gegen den Käufer geltend machen können, die nicht im Kaufvertrag vereinbart sind (BGB § 435).

Solche fremden Rechte sind z. B. fremdes Eigentum, fremde Besitzrechte, fremde Pfandrechte, fremde Nutzungsrechte.

Beispiele:
- Die verkaufte Sache ist verliehen. Der Besitzer gibt sie nichts heraus.
- Die verkaufte Sache ist an einen Kreditgeber verpfändet. Dieser gibt sie nicht heraus.
- Die verkaufte Sache ist zur Sicherheit an einen Kreditgeber übereignet. Dieser gibt sein Recht nicht auf.

■ **Sachmängel**

Verkäufer und Käufer können Vereinbarungen über die Beschaffenheit der Kaufsache treffen. Dann begründet jede Abweichung von diesen Vereinbarungen einen Mangel:

Die Sache ist frei von Sachmängeln, wenn sie bei Gefahrübergang die vereinbarte Beschaffenheit hat. (BGB § 434 (1))

Beispiele:
Vereinbarungen über die Beschaffenheit:
- Die Sache muss genau einer Probe oder einem Muster oder einer früheren Lieferung entsprechen (Kauf nach Probe/Muster).
- Die gekaufte Gebrauchtwagen muss unfallfrei sein.
- Die gekaufte Wandfarbe ist schadstofffrei.

In der Praxis trifft man im Kaufvertrag oft keine besonderen Vereinbarungen über die Beschaffenheit der Kaufsache. Vielmehr werden die meisten Sachen so gekauft, wie der Hersteller oder Händler sie im Geschäft oder Katalog oder Internetshop anbietet. Dann gilt:

Die Sache ist frei von Sachmängeln,
– wenn sie sich für die vertraglich vorausgesetzte Verwendung eignet; sonst
– wenn sie sich für die gewöhnliche Verwendung eignet und so beschaffen ist, wie dies bei gleichartigen Sachen üblich ist und der Käufer es nach Art der Sache erwarten kann (BGB § 434 (1).

Beispiele:
- Neue Sachen dürfen keine Fehler haben, verdorben oder beschädigt sein.
- Gebrauchte Sachen müssen die für derartige Sachen übliche Beschaffenheit haben. (Von einem Jahreswagen z. B. kann der Käufer erwarten, dass er so beschaffen ist, wie das bei Jahreswagen üblich ist.)
- Hersteller und Verkäufer müssen auch für die Eigenschaften einstehen, die sie in ihrer Werbung, in Produktbeschreibungen und Gebrauchsanweisungen hervorheben.

Als Sachmangel gelten auch eine unsachgemäß durchgeführte Montage durch den Hersteller und eine mangelhafte Montageanleitung.

Die Montage klappte trotz fehlerhafter Anleitung. In diesem Fall liegt kein Mangel vor.

■ **Artmängel und Quantitätsmängel**

Artmängel liegen bei Falschlieferungen vor: Beim Stückkauf wird nicht das bestellte Stück, beim Gattungskauf eine andere Gattung geliefert.

Beispiele:
- **Stückkauf**: Statt des ausgesuchten Weihnachtsbaums wird ein anderer geliefert.
- **Gattungskauf**: Statt eines Fernsehers der Marke Grundig wird ein Fernseher der Marke Philips geliefert.

Quantitätsmängel liegen bei Minderlieferungen vor: Eine Lieferung kann weniger Stücke oder eine geringere Menge als vereinbart enthalten. Eine Sache kann auch zu kleine Abmessungen haben.

Beispiele:
- Statt 40 besteller Stühle werden 35 geliefert.
- Statt eines Stahlstabs von 3,90 m Länge wird ein Stab von 3,81 m geliefert.

Das BGB stellt Art- und Quantitätsmängel den Sachmängeln gleich:

Einem Sachmangel steht es gleich, wenn der Verkäufer eine andere Sache oder eine zu geringe Menge liefert (BGB § 434 (3)).

Rechte des Käufers

Bisweilen – z. B. bei Stückkäufen – ist weder eine Reparatur noch eine Ersatzlieferung für die mangelhafte Kaufsache möglich (**Unmöglichkeit der Leistung**, BGB § 275). Dann kann der Verkäufer nicht liefern und der Käufer hat die bekannten Rechte[1]: **Rücktritt vom Kaufvertrag** und ggf. – bei Verschulden des Verkäufers – Anspruch auf **Schadensersatz**.

Ansonsten – und das sind die weitaus meisten Fälle – hat der Verkäufer ein **Recht zur zweiten Andienung**: Der Käufer hat zunächst nur Anspruch auf **Nacherfüllung**. Erst nachrangig kommen in Frage: Vertragsrücktritt, Kaufpreisminderung, Schadensersatz (BGB § 437).

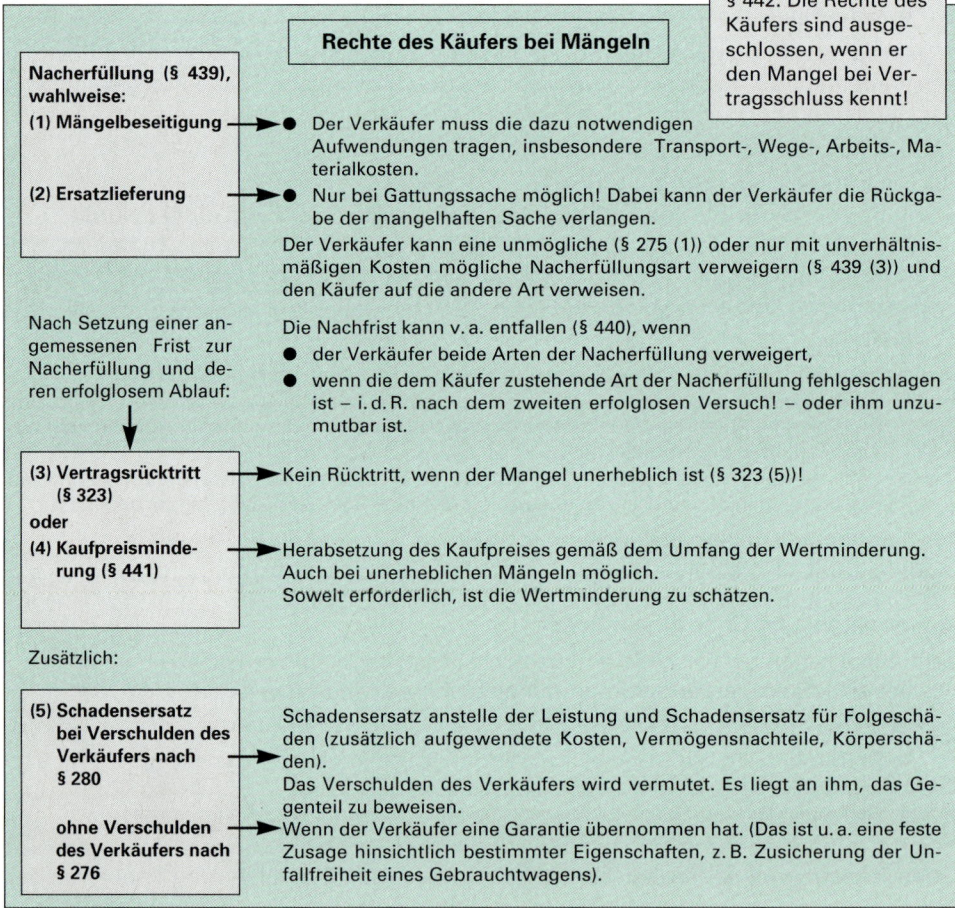

[1] Vgl. S. 271

Die gesetzlichen Käuferrechte können vertraglich abgeändert werden. Im Allgemeinen schränkt der gewerbliche Verkäufer die Rechte des Käufers durch seine Allgemeinen Geschäftsbedingungen stark sein.

Ausnahme: Beim Verbrauchsgüterkauf (Kauf beweglicher Sachen durch einen Verbraucher bei einem Unternehmer) sind vor einer Mängelmitteilung getroffene Vereinbarungen zum Nachteil des Verbrauchers unwirksam (BGB § 475 (1)).

Bei **arglistig verschwiegenen Mängeln** sind vertraglich vereinbarte Haftungsausschlüsse nichtig (BGB § 444).

Für **zweiseitige Handelsgeschäfte** gilt weiterhin:
- Die mangelhafte Ware darf beim Platzkauf (Kauf mit Zusendung innerhalb desselben Ortes) zurückgeschickt werden. Ansonsten muss der Käufer für ihre einstweilige Aufbewahrung sorgen, bis der Verkäufer Verfügungen trifft (BGB § 379). Dies soll dem Verkäufer unnötige Kosten ersparen. Verderbliche Waren darf der Käufer, wenn Gefahr im Verzug ist, unter den gleichen Bedingungen wie beim Annahmeverzug[1] versteigern lassen (HGB § 373, § 379).
- Ist nur der Käufer Kaufmann, so lässt sich aus dem Grundsatz von Treu und Glauben (BGB § 242) schließen, dass für ihn die gleichen Pflichten gelten.

Unternehmerrückgriff

Der Unternehmer, der eine neu hergestellte mangelhafte Sache von einem Verbraucher zurücknehmen oder eine Preisminderung erfahren musste, kann die Rechte nach BGB § 437 gegen seinen eigenen Lieferer geltend machen. Dabei muss er keine Nachfrist setzen. Er kann auch Ersatz der Aufwendungen für eine Nacherfüllung verlangen (BGB § 478).

Voraussetzung: Der Mangel muss schon bei Übergang der Gefahr auf den Unternehmer bestanden haben.

Entsprechendes gilt für die anderen Lieferer in der Lieferkette.

Verjährungsfristen

Wenn der Käufer Mängel vor dem Gefahrenübergang entdeckt, kann er die Lieferung ablehnen. Ansonsten muss er die Mängel dem Verkäufer innerhalb der Verjährungsfrist mitteilen und genau beschreiben (**Mängelrüge**). Allgemeine Angaben („Der Fernseher ist beschädigt") reichen nicht. Oft ruft man an und bestätigt anschließend zur Beweissicherung die Mängelrüge schriftlich.

Grundsätzlich muss nach erfolgter Lieferung der Käufer beweisen, dass ein Mangel schon bei Gefahrübergang vorhanden war.

Ausnahme: Umkehrung der Beweislast beim Verbrauchsgüterkauf: Es gibt die (widerlegbare) Vermutung, dass ein binnen sechs Monaten seit Gefahrübergang auftretender Sachmangel schon bei Gefahrübergang bestand (BGB § 476).

---

[1] Vgl. S. 278 f.

	Verjährungsfristen (Gewährleistungsfristen)		
	bei offenen Mängeln (bei Prüfung erkennbar, z. B. Bruch)	**bei versteckten Mängeln** (nicht ohne weiteres erkennbar, z. B. Materialfehler)	**bei arglistig verschwiegenen Mängeln** (versteckte Mängel, die der Lieferer kannte und absichtlich verheimlichte)
nach BGB § 477 (bürgerlicher Kauf; einseitiger Handelskauf)	Die Mängel sind binnen 2 Jahren nach Ablieferung der Sache zu rügen.		Die Mängel sind binnen 3 Jahren zu rügen.
nach HGB § 377 (zweiseitiger Handelskauf)	Die Mängel sind unverzüglich nach Prüfung der Ware zu rügen.	Die Mängel sind unverzüglich nach Entdeckung des Mangels, jedoch binnen 2 Jahren nach Ablieferung zu rügen.	Die Mängel sind binnen 3 Jahren zu rügen.

Für die Einhaltung der Fristen genügt die rechtzeitige Absendung der Mängelrüge. Die Fristen können vertraglich vereinbart werden (BGB § 202). Da sich mit dem Zeitablauf die Schadensursache zunehmend schwerer ermitteln lässt, findet man in der Praxis häufig Verkürzungen. Eine Verkürzung auf weniger als 2 Jahre (bei gebrauchten Sachen 1 Jahr) ist beim Verbrauchsgüterkauf unwirksam (BGB § 475 (2)).

Verjährung der Rückgriffsansprüche der Unternehmer:
- Aufwendungsersatz: 2 Jahre nach Ablieferung der Sache;
- Aufwendungsersatz und restliche Ansprüche:
  – frühestens 2 Monate nach Erfüllung der Verbraucheransprüche;
  – höchstens 5 Jahre nach Ablieferung der Sache durch den Lieferer an den Unternehmer

Garantie und Kulanz

Die gesetzliche Gewährleistungspflicht darf nicht mit der Garantie verwechselt werden, die ggf. der Hersteller (bisweilen auch der Händler) auf Waren gewährt. Die Garantie beruht auf freiwilliger Basis und beschränkt sich meist auf den kostenlosen Austausch von Teilen.

Sofern die Garantieleistung einen geringeren Umfang haben als die gesetzliche Gewährleistung, sollte der Kunde sie erst nach dem Ablauf der Gewährleistungsfrist in Anspruch nehmen.

Beispiel:

```
Auf Fabrikations- und Materialfehler leisten wir 1 Jahr Garantie ab Kaufdatum. Die Garantie beschränkt sich auf Reparatur oder Austausch der fehlerhaften Teile nach unserer Wahl. Ein Umtausch ist ausgeschlossen.
```

In der Praxis wird der Verkäufer oft auch auf die Forderungen des Kunden eingehen, wenn er gesetzlich oder vertraglich nicht dazu verpflichtet ist. Man spricht dann von **Kulanz**.

Kulanz ist vor allem angebracht, wenn die Forderung des Kunden sachlich gerechtfertigt erscheint, bisweilen sogar bei ungerechtfertigten Ansprüchen. So wird man einen Kunden mit hohem Umsatz wegen einer Reklamationsforderung von wenigen hundert Euro nicht verärgern wollen. Man könnte ihn verlieren!

Arbeitsaufgaben

1. **Eine Druckerei hat dem Glas- und Kunststoffhandel Diekers KG Etiketten mit einem Druckfehler geliefert.**
   a) Um welche Mängel handelt es sich?
   b) Innerhalb welchen Zeitraums muss der Glas- und Kunststoffhandel rügen?
   c) Welches Recht kann Diekers geltend machen?
   d) Fertigen Sie eine unterschriftsreife Mängelrüge an.
   e) Schreiben Sie die Antwort des Lieferers.
      (Benutzen Sie ein Textverarbeitungsprogramm.)

2. **Am 23. Nov. 20.. schreibt die Spirituosenhandlung Kamm + Huber an die Spirituosenfabrik Walter Diekers KG:**

   ```
   Ihre Lieferung vom 19. Nov. 20..
   Mängelrüge

   Sehr geehrte Damen und Herren,

   mit Ihrer letzten Lieferung sind wir nicht zufrieden. Wir bestellten
   30 Flaschen Doppelkorn.

   1. Zwei Flaschen waren zerbrochen.
   2. Alle Flaschen sind nur zu etwa drei Viertel gefüllt.

   Wir bitten um Ersatzlieferung bis 30. Nov. 20... Die Lieferung vom
   19. Nov. 20.. halten wir für die Abholung bereit.
   ```

   a) Liegen hier Sachmängel, Artmängel oder Quantitätsmängel vor?
   b) Handelt es sich um offene, versteckte oder arglistig verschwiegene Mängel?
   c) Innerhalb welcher Fristen muss der Käufer aufgrund der gesetzlichen Vorschriften die Waren prüfen und die Mängel rügen?
   d) Kommen in der Praxis die gesetzlichen Vorschriften stets zur Anwendung?

3. **Marion Mann erhält am 17.02.02 von der Autohandlung Brumm GmbH einen fabrikneuen PKW Marke Bulli XL geliefert. Am 19.03.03 stellt sie fest, dass bei Regen Wasser in den Kofferraum eindringt.**
   a) Welche Mängelart liegt vor?
   b) Kann Frau Mann den Mangel so spät nach Lieferdatum noch rügen und Rechte geltend machen? Nennen Sie den äußersten Termin?
   c) Welche Rechte kann und wird Frau Mann geltend machen?
   d) Der Händler unternimmt die Reparatur des Schadens. Er weist darauf hin, dass er die Materialkosten, nicht aber die Arbeitskosten trägt. Nehmen Sie hierzu Stellung.
   e) Trotz Reparatur dringt weiter Wasser ein. Auch ein zusätzlicher Reparaturversuch bleibt erfolglos. Wie viele Reparaturversuche muss Frau Mann noch zugestehen? Raten Sie ihr, wie sie sinnvollerweise vorgehen sollte.
   f) Der Händler will nicht auf den entstandenen Kosten sitzen bleiben, denn er hat den fehlerhaften Wagen nicht produziert. Was kann er diesbezüglich unternehmen?

4. **Die AGB eines Betriebes der Elektroindustrie enthalten hinsichtlich von Mängeln die folgenden Sätze. Weitere Bestimmungen sind nicht enthalten.**

Beanstandungen und Gewährleistung

Reklamationen irgendwelcher Art anerkennen wir nur innerhalb von 7 Tagen nach Erhalt der Ware.

Für nachweisbar durch unser Verschulden entstandene Mängel infolge von Material- oder Fertigungsfehlern leisten wir Gewähr für die Dauer von 12 Monaten bei normalem Gebrauch innerhalb des Haushaltes, bzw. von 6 Monaten bei gewerblichem Einsatz zum Beispiel in Pensionen, Kantinen, Hotels und Ähnlichem.

Die Garantieleistung erstreckt sich auf eine kostenlose Instandsetzung bzw. nach unserer Wahl auf die Lieferung eines einwandfreien Austausch-Gerätes bei frachtfreier Rückgabe des fehlerhaften Stückes. Darüber hinausgehende Ansprüche können nicht gestellt werden.

---

a) Nennen Sie die hier vorgenommenen Gewährleistungsbeschränkungen.
b) Sind diese Beschränkungen
   ● gegenüber anderen Unternehmen,
   ● gegenüber Verbrauchern
   wirksam?

3.8.3 Annahmeverzug des Käufers

Wenn der *Käufer* die tatsächlich angebotene und fällige Leistung des Verkäufers nicht annimmt, gerät er in *Annahmeverzug* (BGB §§ 293, 294).

Ein wörtliches Angebot genügt,
● wenn der Käufer erklärt hat, er werde die Leistung nicht annehmen (BGB § 295);
● bei Holschulden (BGB § 295).
Ist der Abholtermin kalendermäßig bestimmt, ist ein Angebot überflüssig (BGB § 296).

Bei Zug-um-Zug-Geschäften gerät der Käufer auch in Annahmeverzug, wenn er zwar annahmebereit ist, aber die Zahlung ablehnt (BGB § 298).

Darf der Verkäufer nach BGB § 271 auch schon vor dem vertraglich festgelegten Leistungstermin leisten und nimmt der Käufer nicht an, so gerät er in Annahmeverzug. Allerdings muss er nicht ständig annnahmebereit sein. Ist er vorübergehend an der Annahme verhindert, so gerät er nur in Verzug, wenn der Verkäufer die Leistung eine angemessene Zeit vorher angekündigt hat (BGB § 299).

Ein Verschulden des Käufers ist nicht erforderlich. Die Gefahr geht auf ihn über. Der Verkäufer haftet nur noch für Vorsatz und grobe Fahrlässigkeit (Nichtbeachten der Sorgfaltspflicht). Dies bewirkt, dass der Käufer auch dann den vollen Kaufpreis bezahlen muss, wenn er aufgrund eines Zufalls (nicht vom Lieferer zu vertreten) oder aufgrund leicht fahrlässigen Handelns des Lieferers die Sache nicht oder beschädigt erhält. Hätte er sich nicht in Annahmeverzug gebracht, so hätte der Zufall bzw. die Fahrlässigkeit des Lieferers ja nicht wirksam werden können (BGB § 300).

Rechte des Verkäufers bei Annahmeverzug

────── entweder ────── oder ──────

- Auf Erfüllung bestehen (BGB § 443) – ggf. durch Klage vor Gericht (vor allem dann, wenn er die Ware anderweitig nicht oder nur ungünstiger absetzen kann).
- Ersatz aller Mehraufwendungen für das erfolglose Angebot (z. B. Transportkosten) und die Aufbewahrung (z. B. Lagergeld) und Erhaltung der Ware (z. B. Warenpflege) verlangen (BGB § 304).
- Als Kaufmann kann er die Ware an jedem geeigneten Ort sicher auf Kosten und Gefahr des Käufers hinterlegen (einlagern) (HGB § 373).

- sich durch **Selbsthilfeverkauf** von der Lieferpflicht befreien (BGB § 383).
Dazu lässt er die Ware am Erfüllungsort (als Kaufmann: an einem beliebigen Ort) auf Kosten des Käufers **durch den Gerichtsvollzieher öffentlich versteigern** (BGB § 383), verrechnet den Erlös mit der Forderung, wenn diese fällig ist (BGB § 387), und hinterlegt ggf. einen Rest beim Amtsgericht (BGB § 383). Die Versteigerung ist dem Käufer anzudrohen. Sie ist öffentlich bekannt zu machen. Der Termin ist dem Käufer unverzüglich mitzuteilen. (BGB §§ 383, 384)
Ist bei verderblichen Gütern Gefahr im Verzug, so kann die Androhung unterbleiben (**Notverkauf**, BGB § 384).
- Bei Waren mit einem Börsen- oder Marktpreis[1] kann der Verkäufer den Selbsthilfeverkauf „freihändig" durch einen öffentlich ermächtigten Handelsmakler durchführen lassen (BGB § 385).

Arbeitsaufgaben

1. Am 26. März schreibt die Gebr. Reinhards OHG an ihren Kunden (Fritz Müller Nachf., Haushaltswarengroßhandel, Postfach 26 02 16, 50973 Köln):

```
Annahmeverzug

Wie uns die Spedition Schenkel & Co. mitteilte, haben Sie unsere
gestern angelieferten Waren — 50 Kartons emaillierte Töpfe, auf
Paletten verpackt und in Folien verschweißt — nicht angenommen.
Auf unsere telefonische Anfrage teilte uns Ihre Sekretärin, Frau
Klein, lediglich ohne Angabe von weiteren Gründen mit, es handle
sich um eine ausdrückliche Anweisung Ihres Einkaufsleiters, Herrn
Bungert.

Wir haben kein Verständnis für dieses unbegründete Vorgehen.
Leider können wir die Ware nicht zurücknehmen, da unser Lagerraum
voll beansprucht ist. Es ist uns auch nicht möglich, die Ware
kurzfristig an einen anderen Käufer zu veräußern.

Wir haben deshalb die Spedition Schenkel & Co. beauftragt, die
Waren vorerst in ihren Räumen in Köln, Oberstr. 126, einzulagern
und gegen Übernahme der entsprechenden Kosten für Sie zu Verfügung
zu halten.

Wir bitten Sie nunmehr um umgehende Vertragserfüllung und um Abho-
lung der Paletten. Andernfalls würden wir einen Selbsthilfeverkauf
vornehmen und Ihnen rechtzeitig Ort und Zeit hierfür angeben.
```

---

[1] Börsen sind organisierte Märkte für vertretbare Güter, die nach Maß, Zahl oder Gewicht gehandelt werden und beim Verkauf nicht anwesend sein müssen. Man unterscheidet Wertpapier- (Effekten-), Devisen- und Warenbörsen. Ein Börsen- oder Marktpreis ist gegeben, wenn für Sachen der geschuldeten Art am Verkaufsort aus einer größeren Anzahl von Verkäufen ein Durchschnittspreis ermittelt werden kann. Der erzielte Erlös muss mindestens dem Durchschnittspreis entsprechen.

a) Erläutern Sie den inhaltlichen Aufbau des Briefes.
b) Sind die Voraussetzungen für einen Annahmeverzug gegeben?
c) Verhält sich der Lieferer korrekt gegenüber dem Käufer?
d) Erläutern Sie, wie der angeführte Selbsthilfeverkauf abgewickelt würde.
e) Verfassen Sie ein Antwortschreiben des Käufers.
f) Könnte der Verkäufer vom Käufer auch dann den vollen Kaufpreis verlangen, wenn die Ware während der Einlagerung beim Spediteur beschädigt würde?
g) Welche anderen als die im Brief beschriebenen Maßnahmen könnte der Verkäufer auch ergreifen? Vergleichen Sie das Für und Wider der unterschiedlichen Vorgehensweisen.

2. **Die Firma Weber & Co.** liefert aufgrund eines Kaufvertrages (Abmachung über den Lieferzeitpunkt: „Lieferung am 16. Juni per Lkw frei Haus") mit eigenem Lastzug 500 Sack Erbsen von Dortmund an die Konservenfabrik Gustav Reimer OHG in Berlin. Auf der Autobahn steht der Lastzug wegen eines Unfalls acht Stunden in einem Stau. Er kommt deshalb nicht schon am 16. Juni gegen Abend, sondern erst am Morgen des folgenden Tages beim Kunden an. Dort wird dem Fahrer ohne Angabe von Gründen die Annahme verweigert. Nach einem Anruf bei seiner Firma lagert er die Waren in einem Lagerhaus ein und nimmt Rückfracht mit. Im anschließenden Schriftwechsel stellt sich heraus, dass der Kunde die Lieferung mit der Begründung ablehnt, es handele sich um einen Fixkauf und der Lieferer habe sich im Liefererverzug befunden. (Was er nicht mitteilt, ist, dass er inzwischen eine preisgünstigere Einkaufsmöglichkeit herausgefunden hat.) Die Gustav Reimer OHG verweigert auch die Zahlung, die laut Abmachung „netto Kasse ohne Abzug" erfolgen müsste. Weber & Co. behaupten dagegen, der Kunde befinde sich im Annahme- und Zahlungsverzug.
a) Beurteilen Sie den Fall unter Darlegung der notwendigen Begründungen.
b) Fertigen sie den angedeuteten Schriftwechsel an. (Benutzen Sie ein Textverarbeitungsprogramm.)

3.8.4 Zahlungsverzug und außergerichtliches Mahnverfahren

KONTOAUSZUG/MAHNUNG

Folgende Posten sind zur Zeit fällig: (bei Zahlung bitte Auftrags- und Rechnungs-Nr. angeben)

	Nr.	vom	Soll in EUR	Haben in EUR	Fällig am
RECHNUNG	2679	31.05...	3 415,56		12.06...
ZAHLUNG	63700	27.06...		2 300,00	
FAELLIGE FORDERUNG			841,56		
BITTE ZAHLEN SIE DEN BETRAG INNERHALB VON			5 TAGEN		

Mit Hilfe der EDV kann täglich eine Liste der fälligen Rechnungen ausgedruckt werden. Die Zahlungseingänge müssen überwacht werden, damit der Betrieb selbst zahlungsbereit bleibt, nicht unnötig Kredit aufnehmen muss und nicht durch Verjährung oder Kundeninsolvenz Verlust erleidet. Man wird einen säumigen Schuldner zunächst an die fällige Zahlung „erinnern" (z. B. durch einen Kontoauszug) und sehr höflich dabei vorgehen: Zwar will man sein Geld haben, aber man will nicht den Kunden verlieren. Rechtlich ist diese Zahlungsaufforderung eine Mahnung.

Üblich ist beim Mahnverfahren folgendes Vorgehen:
- Erste Mahnung (evtl. „Erinnerung")
- Zweite Mahnung (Zahlungsfrist angeben!)
- Dritte Mahnung (als Einschreiben versenden!)
- Einzug der Forderung (durch ein Inkassoinstitut)

Spätestens in der **dritten Mahnung** droht man den Einzug der Forderung an. Gewerbliche Auskunfteien („Creditreform", „Schimmelpfeng", „Bürgel" usw.) unterhalten z. B. Inkassoinstitute. Sie sind gefürchtet, weil durch sie die schlechte Zahlungsmoral des Schuldners bekannt werden könnte, wenn sie auch die Zahlung nicht erzwingen können.

Wenn die Zahlung fällig ist, der Kaufer nicht zahlt und der Verkäufer die Zahlung angemahnt hat, gerät der Käufer mit dem Erhalt der Mahnung in Zahlungsverzug (BGB § 286).

Der Verzug tritt auch ohne Mahnung ein, wenn
- der Zahlungstag nach dem Kalender bestimmt ist,
- der Käufer die Zahlung ernsthaft und endgültig verweigert,
- der Käufer eine Rechnung oder gleichwertige Zahlungsaufstellung erhalten hat und dann nicht binnen 30 Tagen zahlt.
Ist der Zeitpunkt des Zugangs der Rechnung unsicher, tritt der Verzug bei Nicht-Verbrauchern 30 Tage nach Fälligkeit und Empfang der Gegenleistung (Kaufsache) ein.

Für Verbraucher gilt dies nur, wenn sie in der Rechnung auf diese Folge hingewiesen wurden.

Der Käufer kommt allerdings nicht in Verzug, solange die Zahlung infolge eines Umstandes unterbleibt, den er nicht verschuldet hat.

Beispiele (Mahnungen):

```
Erinnerung                                              23. Okt. 20..

Sehr geehrter Herr Dorn,
über Ihren Auftrag haben wir uns sehr gefreut.
Sicherlich waren Sie mit unserer Leistung zufrieden.
Dürfen wir Sie daran erinnern, nunmehr die fällige

      Rechnung Nr. 5756 vom 13. Sept. 20.. – 2390,00 EUR

zu begleichen?

Mit freundlicher Empfehlung
Dausenauer Glas AG
```

```
2. Mahnung                                              18. Nov. 20..

Sehr geehrter Herr Dorn,
mit unserem Schreiben vom 23. Okt. 20.. haben wir Sie an unsere offen
stehende Rechnung Nr. 5756 vom 13. Sept. 20.. erinnert. Bisher ist Ihre
Zahlung jedoch nicht bei uns eingegangen.

Bitte bedenken Sie, dass auch wir unseren Verpflichtungen pünktlich
nachkommen müssen.

Wir bitten Sie, den Betrag von 2390,00 EUR bis zum 8. Dez. 20.. zu
überweisen.

Mit freundlichen Grüßen
Dausenauer Glas AG
```

```
Dritte und letzte Mahnung                                    15. Dez. 20..

Trotz eines Erinnerungsschreibens und zweiter Mahnung haben Sie bis
heute unsere

        Rechnung Nr. 5756 vom 13. Sept. 20..

nicht beglichen.
Wir können nicht weiterhin auf Ihre Zahlung warten.
Sollten Sie bis zum 21. Dez. 20.. nicht den Rechnungsbetrag

        in Höhe von .................... 2 390,00 EUR
        und die Mahnkosten .............     30,00 EUR

gezahlt haben, werden wir einen Mahnbescheid beantragen oder aber
Klage einreichen.
Die fälligen Verzugszinsen geben wir Ihnen noch bekannt.

Dausenauer Glas AG
```

Rechte des Verkäufers bei Nichteinhaltung des Zahlungstermins	
bei Zahlungsverzug (Käuferverschulden vorausgesetzt)	**auch ohne Zahlungsverzug** (kein Käuferverschulden vorausgesetzt)
• **Schadensersatz wegen Verzögerung der Zahlung verlangen** (BGB § 280), z. B. Mahnkosten, eigene Kreditzinsen, Verzugszinsen für die Dauer des Zahlungsverzugs, und (wenn Vorauszahlung vereinbart war) bis zur Zahlung die **Lieferung der Kaufsache verweigern**	• **angemessene Nachfrist setzen; nach erfolglosem Ablauf: vom Vertrag zurücktreten** (BGB § 233). Fristsetzung erntbehrlich wenn – der Käufer die Zahlung ernsthaft und endgültig verweigert, – besondere Umstände den sofortigen Rücktritt rechtfertigen

Die Höhe der Verzugszinsen kann vereinbart werden. Ohne Vereinbarung beträgt sie 5 Prozentpunkte über dem Basiszinssatz (wenn kein Verbraucher am Geschäft beteiligt ist: 8 Prozentpunkte).

3.8.5 Gerichtliches Mahnverfahren

Zahlt der Schuldner trotz Mahnungen nicht, so kann der Gläubiger ihn durch das Gericht mahnen lassen. Das gerichtliche Mahnverfahren erfolgt mit einem Mahnbescheid. Der notwendige Formularsatz ist im Handel erhältlich. Der Gläubiger füllt ihn aus und richtet ihn an das im jeweiligen Bundesland für das Mahnverfahren zuständige Zentrale Amtsgericht (in Nordrhein-Westfalen die Amtsgerichte Hagen und Euskirchen).

Der Ablauf des Verfahrens ist auf der folgenden Seite dargestellt.

Der Gerichtsvollzieher nimmt bei der **Zwangsvollstreckung** (ZPO §§ 704 ff., 803 ff.) Geld, Schmuck und Kostbarkeiten als Faustpfand in Besitz. Andere Gegenstände beschlagnahmt er durch Aufkleben von Pfandsiegelmarken. (Persönliche und dem Haushalt und der Erwerbstätigkeit dienende Gegenstände sind nicht pfändbar, z. B. Kleidung, Betten, Küchengeräte, Handwerkszeug.) Die gepfändeten Gegenstände werden versteigert.

Auch Forderungen (z. B. Lohn-, Gehalts-, Mietforderungen) werden gepfändet. Sie dürfen dann nicht an den Schuldner ausgezahlt werden, sondern sind dem Gläubiger zu überweisen. Auch hier sind bestimmte Beträge unpfändbar.

Bei Grundstücken erfolgt die Zwangsvollstreckung durch Zwangsversteigerung, Zwangsverwaltung oder Eintragung einer Sicherungshypothek ins Grundbuch.

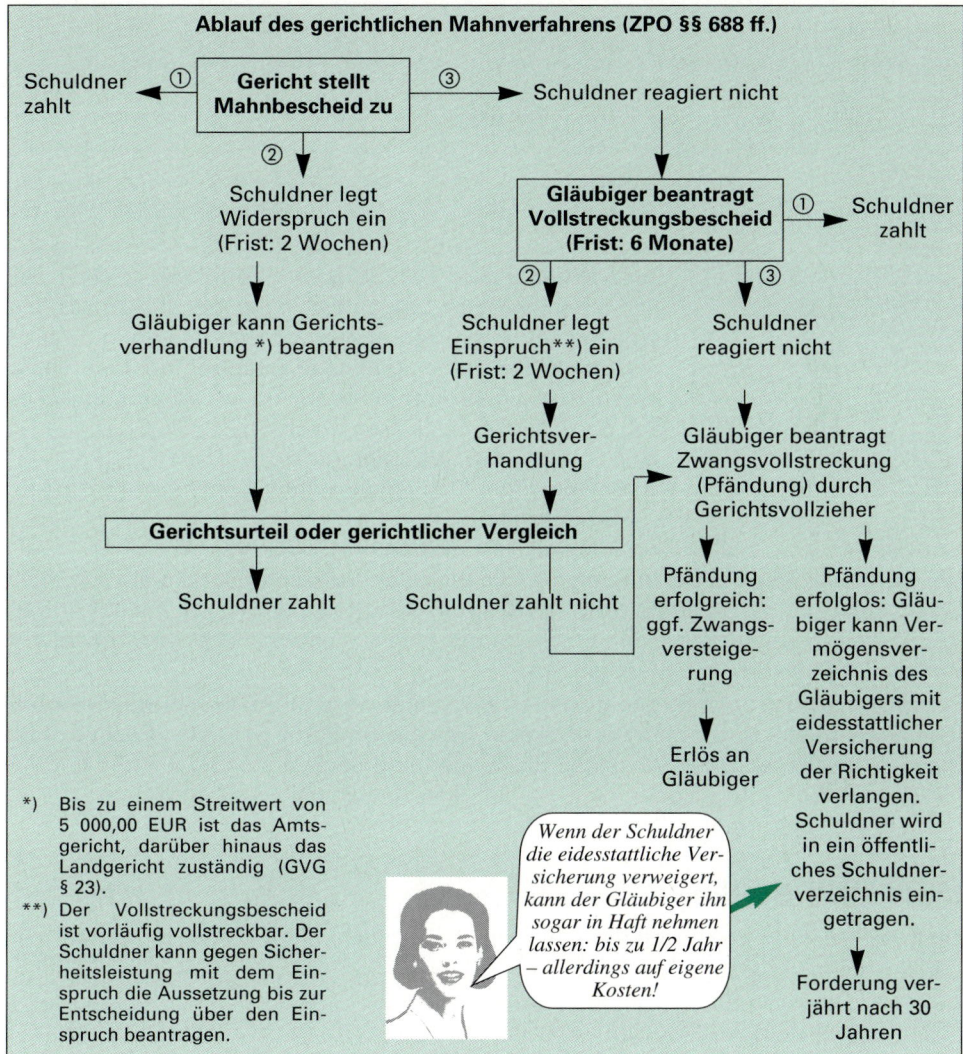

3.8.6 Klageverfahren

Der Gläubiger kann den säumigen Schuldner auch im Zivilprozess auf Zahlung verklagen. Bei Klagen bis 5 000,00 EUR Streitwert ist das Amtsgericht, darüber hinaus das Landgericht zuständig (GVG § 23)[1]. Bis 767,00 EUR Streitwert muss vorher eine außergerichtliche Schlichtung durch einen gerichtlich vereidigten Schlichter versucht werden.

---

[1] Zum Gerichtsstand vgl. S 257.

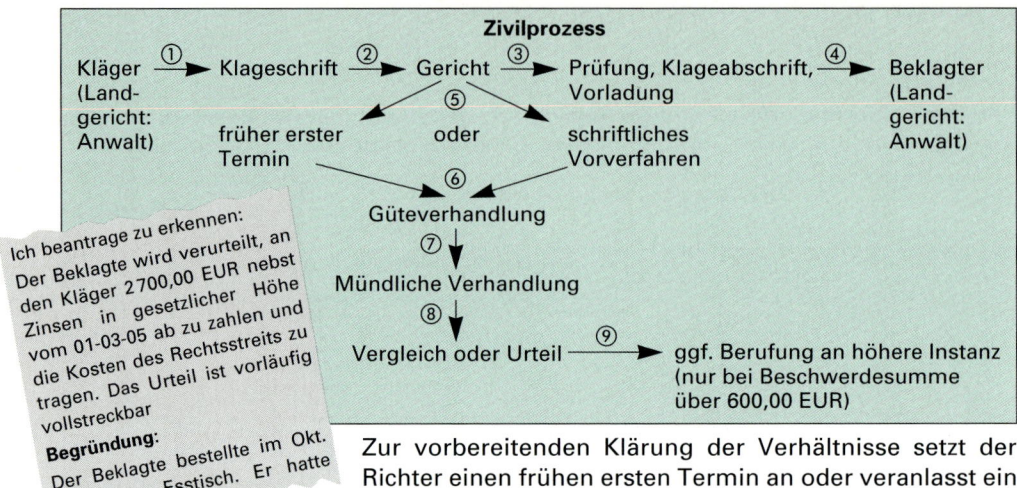

Zur vorbereitenden Klärung der Verhältnisse setzt der Richter einen frühen ersten Termin an oder veranlasst ein schriftliches Vorverfahren. In der Gütehandlung lotet er die Möglichkeit einer gütlichen Einigung aus. Ist dieser Versuch erfolglos, kommt es zur Hauptverhandlung. Dies soll den Sachverhalt klären durch

- das Vortragen der Standpunkte,
- Beweismittel (Zeugenaussagen, Gutachten, Urkunden, Augenschein).

Die Parteien können einen Vergleich schließen oder der Richter spricht ein streitiges Urteil. Erscheint der Beklagte nicht zum Termin, verurteilt das Gericht ihn auf Antrag des Klägers (Versäumnisurteil). Erscheint der Kläger nicht, so weist das Gericht auf Antrag des Beklagten die Klage ab.

Prozesse sind risikobehaftet und können sehr teuer werden. An sich muss die unterlegene Partei alle Kosten tragen (Prozess-, Beweisaufnahme-, Urteils-, Sachverständigen-, Anwaltsgebühren, Auslagen für Zeugen und Sachverständige). Kann der unterliegende Beklagte nicht zahlen, so hält sich das Gericht an den Kläger. Oft ist deshalb eine außergerichtliche Einigung vernünftiger.

Arbeitsaufgaben

1. **Betrachten Sie den Geschäftsfall in Aufgabe 1 auf Seite 261. Die Pelzer GmbH & Co. hat die bestellten Hubtische am 18. Juni an die Maschinenfabrik Klemm GmbH ausgeliefert. Rechnungsdatum ist der 18. Juni. Am 25. Juli ist die Zahlung noch nicht bei Pelzer eingegangen.**
    a) Wann hätte die Zahlung eingehen müssen?
    b) Ist Klemm am 25. Juli bereits in Zahlungsverzug?
    c) Fertigen Sie eine unterschriftsreife 1. Mahnung („Erinnerung") an.
    d) Klemm zahlt trotz zweier Mahnungen nicht. Fertigen Sie eine unterschriftsreife „letzte Mahnung" an.
    e) Bei welchem Gericht muss Pelzer Klemm auf Zahlung verklagen?
    f) Wie wird Pelzer vor Gericht die Forderung beweisen?
    g) Schildern Sie den Ablauf des Klageverfahrens Pelzer GmbH & Co. gegen Maschinenfabrik Klemm GmbH. (Benutzen Sie ein Textverarbeitungsprogramm.)
2. **Betrachten Sie den auf Seite 285 abgebildeten Antrag auf Erlass eines Mahnbescheids.**
    a) Auf wessen Antrag ergeht der Mahnbescheid?
    b) Gegen wen ist der Mahnbescheid gerichtet?
    c) Welche Forderungen werden geltend gemacht?
    d) Welches Gericht ist für den Mahnbescheid zuständig?

e) Auf welche Arten kann der Schuldner auf den Mahnbescheid reagieren? Erläutern Sie, wie das Verfahren dann jeweils fortgesetzt werden kann.
f) Welches Gericht wäre bei einem Widerspruch auf den Mahnbescheid (bzw. bei einem Einspruch auf den Vollstreckungsbescheid) zuständig?
g) Welche Möglichkeit verbleibt dem Gläubiger noch im Fall einer erfolglosen Pfändung des Schuldners?

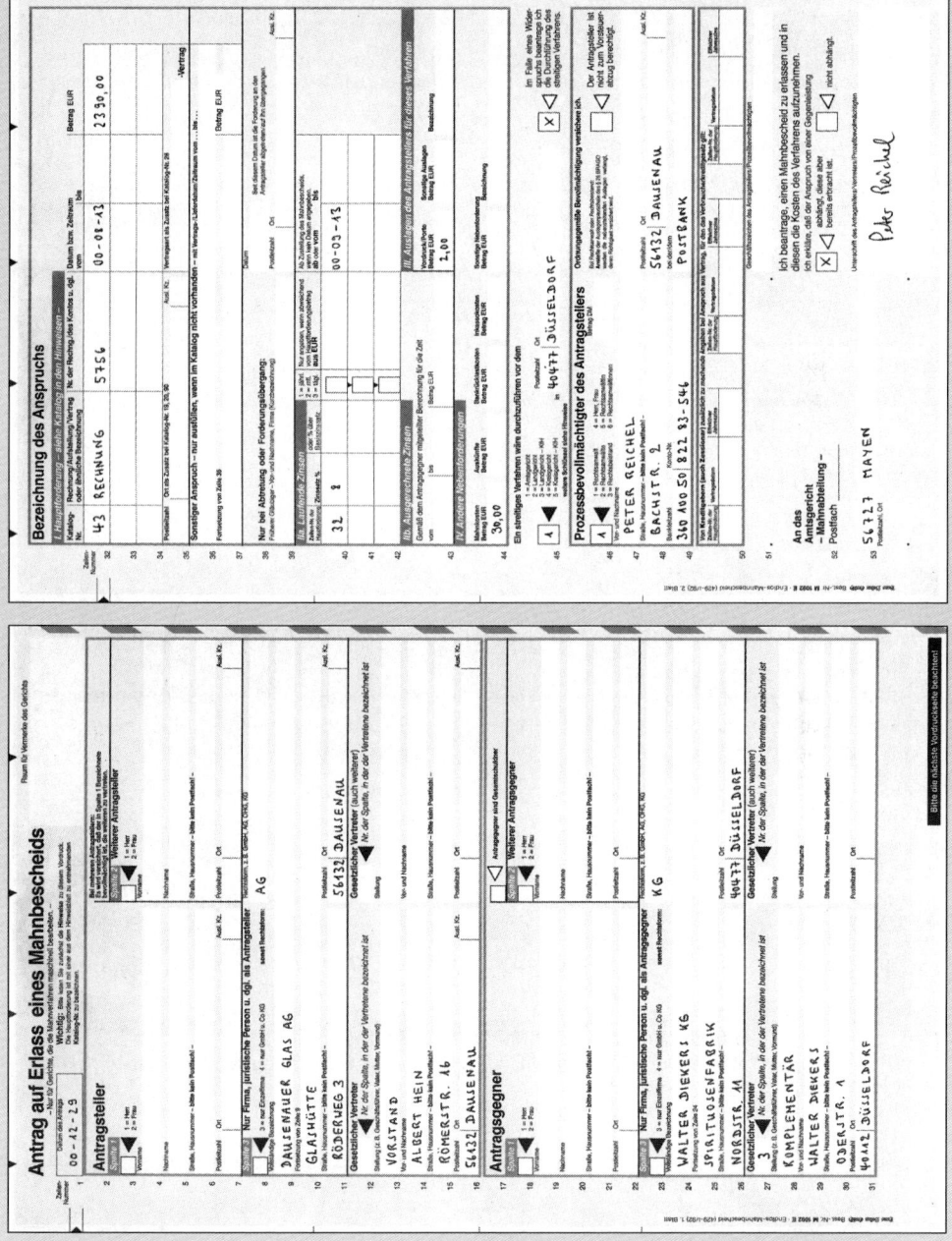

3. Betrachten Sie noch einmal die Bestellung der Elegius GmbH auf Seite 272. Elegius hat bis zum 15. Okt. noch nicht bezahlt. Er zahlt auch trotz mehrerer Mahnungen nicht.
Besorgen Sie sich das Formular eines Mahnbescheides und füllen Sie diesen aus.

3.9 Verjährung von Forderungen

Wer Forderungen hat, muss sich darum kümmern. Die Gerichte gewähren ihre Hilfe nur eine bestimmte Zeit. Danach verjährt die Forderung. Das bedeutet:

Die Forderung besteht weiter, jedoch hat der Schuldner ein Leistungsverweigerungsrecht (BGB § 214). Der Gläubiger kann den Schuldner nach Ablauf der Verjährungsfrist nicht gerichtlich zur Leistung zwingen. Trotz Verjährung erbrachte Leistungen kann der Schuldner aber nicht zurückfordern.

Besitzt der Gläubiger ein Pfand, so kann er dieses auch nach der Verjährung noch durch Versteigerung verwerten.

Vorteile der Verjährung:
- Quittungen müssen nur begrenzte Zeit aufbewahrt werden.
- Der Gläubiger wird zur Ordnung und Überwachung der Forderungen gezwungen.
- Die Rechtssicherheit wird erhöht.

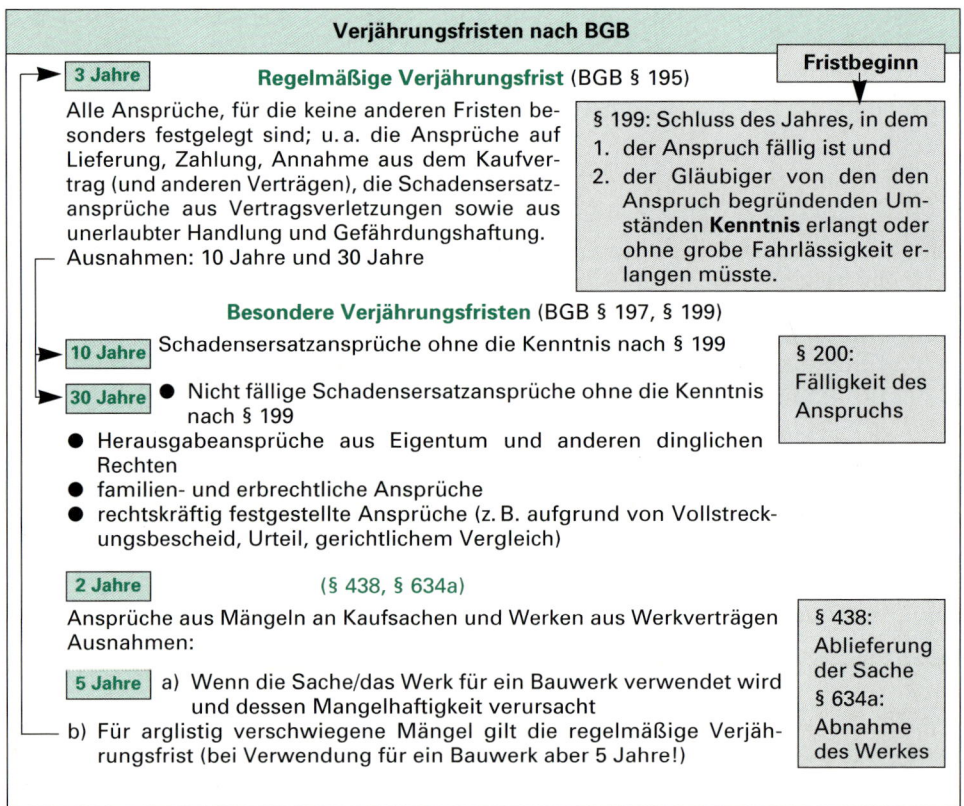

Daneben gibt es weitere spezielle Verjährungsfristen (z. B. Steuerschulden 5 Jahre, Steuerbetrug 10 Jahre).

Vertragspartner können die Verjährungsfristen auch vertraglich vereinbaren, aber nicht über 30 Jahre hinaus verlängern (BGB § 202).

Die Verjährung wird durch **Neubeginn** und **Hemmung** hinausgeschoben.

Neubeginn und Hemmung der Verjährung

Neubeginn der Verjährung (BGB § 212)

Die Verjährung beginnt erneut, wenn
1. der Schuldner den Anspruch durch Abschlagszahlung, Zinszahlung, Sicherheitsleistung oder in anderer Weise anerkennt oder
2. eine gerichtliche oder behördliche Vollstreckungshandlung vorgenommen oder beantragt wird.

Neubeginn bedeutet: Die Verjährungsfrist beginnt erneut zu laufen.

Fälligkeit
Verjährungsfrist 3 Jahre
Neubeginn durch Abschlagszahlung

17.10.02　　31.12.02　　10.03.03　　　　　　　　　　　31.12.05　　10.03.06
　　　　　　24:00 Uhr

Hemmung der Verjährung

1. solange, wie Schuldner und Gläubiger über den Anspruch verhandeln, bis eine Partei die Verhandlungen verweigert. Die Verjährung tritt frühestens drei Monate nach dem Ende der Hemmung ein (BGB § 203),
2. während der Zeit der Rechtsverfolgung, z.B. durch Klageerhebung, Zustellung des Mahnbescheids, Anspruchsanmeldung im Insolvenzverfahren (BGB § 204). Die Hemmung endet sechs Monate nach der rechtskräftigen Entscheidung oder – bei Stillstand des Verfahrens – der letzten Verfahrenshandlung,
3. solange der Schuldner aufgrund einer Vereinbarung mit dem Gläubiger vorübergehend die Leistung verweigern darf (BGB § 205),
4. solange der Gläubiger innerhalb der letzten sechs Monate der Verjährungsfrist durch höhere Gewalt an der Rechtsverfolgung gehindert ist (BGB § 206).

Hemmung bedeutet: Die genannten Zeiten werden nicht in die Verjährungsfrist eingerechnet.

Fälligkeit
Verjährungsfrist 3 Jahre
Hemmung für 194 Tage
Frist läuft weiter

17.10.02　　31.12.02　　10.03.03　　20.09.03　　　　　31.12.05　　13.07.06
　　　　　　24:00 Uhr　　Verhand-　　Verhandlungs-
　　　　　　　　　　　　lungen　　　abbruch

Arbeitsaufgaben

1. **Wann verjähren folgende Forderungen?**
    a) – Forderung auf Lieferung aus dem Kauf eines Neuwagens; vereinbarter Liefertermin 15.01.02.
    – Forderung auf Zahlung des Kaufpreises; vereinbarter Zahlungstermin = Liefertermin.
    – Schadensersatzforderung wegen Lieferungsverzugs; tatsächliche Lieferung am 30.03.02.
    – Alternativ: Forderung auf den Ersatz von Mehraufwendungen wegen Annahmeverzugs (Dauer 30 Tage).
    – Alternativ: Schadensersatzforderung wegen Zahlungsverzugs; tatsächlicher Zahlungstermin 07.09.02.
    – Forderung auf Beseitigung von Mängeln am gelieferten Computer; Lieferung 30.03.02.
    – Forderung auf Schadensersatz wegen dieser Mängel.
    – Forderung auf Zahlung des Kaufpreises und Schadensersatz gemäß Gerichtsurteil, rechtskräftig am 18.02.03.
    – Forderung auf Schadensersatz wegen Aufbruchs und Diebstahls des Wagens am 18.06.02. Der Dieb wird am 25.06.02 gefasst. (Alternative: Der Dieb wird nicht gefasst.)

287

b) Forderung auf Neulieferung und Schadensersatz für verzogene Fenster, Vertragsabschluss 06.02.02, Lieferung 15.03.02
c) Forderung auf Schadensersatz wegen eines vom Verkäufer verschwiegenen Unfallschadens eines Gebrauchtwagens; Vertragsabschluss 06.02.02, Lieferung 10.02.02.

2. **Die Peter Marx KG kaufte am 25.11.02 von Otto Zweck e. K. einen Bürocomputer. Die Zahlung sollte binnen 30 Tagen nach Lieferung (Liefertermin 29.11.) erfolgen. Sie wurde nicht geleistet.**
   a) Wann verjährt der Anspruch auf Zahlung?
   b) Nach der zweiten Mahnung bittet Marx am 04.03.03 um Stundung für zwei Monate. Zweck gewährt die Stundung am 10.03. Wann verjährt nun der Anspruch auf Zahlung?
   c) Die unerledigte Rechnung bleibt bei Zweck wegen Organisationsmängeln im Mahnwesen lange vergessen. Am 17.02.06 wird sie entdeckt. Marx verweigert die Zahlung. Zweck erhebt Klage. Am 25.07.06 wird Marx rechtskräftig zur Zahlung verurteilt. Wann verjährt nun der Anspruch auf Zahlung?

3.10 Weitere Vertragsarten im Überblick

3.10.1 Dienstvertrag

Gesetzliche Regelung: BGB §§ 611 ff.
Vertragspartner: Dienstherr und Dienstverpflichteter
Vertragsinhalt: Leistung von Diensten jeder Art – einmalig oder dauerhaft – gegen Entgelt. Der Dienstverpflichtete kann Selbstständiger oder Arbeitnehmer sein.

Ich gebe Nachhilfe in Buchführung.

Beispiele:
- Erteilung von Nachhilfe durch einen Studenten während eines halben Jahres (dauerhaft; Selbstständiger)
- Beauftragung eines Rechtsanwalts mit einer Prozessvertretung (einmalig; Selbstständiger)
- Einstellung eines kaufmännischen Angestellten (dauerhaft; Arbeitnehmer)

Pflichten des Dienstverpflichteten	Pflichten des Dienstherrn
• den Weisungen des Dienstherrn gehorchen; • die Interessen des Dienstherrn wahrnehmen (Bemühungs- und Sorgfaltspflicht, Treue, Verschwiegenheit). Aber: **keine Haftung, wenn der gewünschte Erfolg nicht eintritt;** • mangels anderer Vereinbarung den Dienst persönlich erbringen.	• das vereinbarte Entgelt zahlen (nach geleistetem Dienst!); • nötige Schutzmaßnahmen am Arbeitsplatz treffen; • bei Beendigung des Dienstverhältnisses auf Verlangen ein Zeugnis ausstellen.

Auf unbestimmte Zeit eingegangene Dienstverhältnisse können durch übereinstimmende Willenserklärung der Vertragspartner (Aufhebungsvertrag) oder durch einseitige Erklärung (Kündigung) gelöst werden. So genannte „Dienstverhältnisse höherer Art" (z. B. mit Rechtsanwalt, Steuerberater, Arzt) können jederzeit beendet werden.

Der **Arbeitsvertrag** ist ein Dienstvertrag, der das Dienstverhältnis zwischen einem Arbeitgeber und einem Arbeitnehmer regelt.

3.10.2 Werkvertrag

Gesetzliche Regelung: BGB § 631 ff.
Vertragspartner: Besteller und Unternehmer
Vertragsinhalt: Herstellung oder Veränderung einer Sache oder ein anderer durch Arbeit oder Dienstleistung herbeizuführender Erfolg. Einen gegebenenfalls benötigten Stoff liefert der Besteller.

Beispiel:
- Eine Heizungsanlage soll repariert werden.
- Ein Transport soll durch einen Frachtführer ausgeführt werden.
- Ein Haus soll gebaut werden.

Pflichten des Unternehmers	Pflichten des Bestellers
• das Werk mit den vereinbarten Eigenschaften mängelfrei und fristgemäß herstellen (im Gegensatz zum Dienstvertrag **Haftung für den vertraglich festgelegten Erfolg**) • dem Besteller Besitz und Eigentum am Werk verschaffen	• ggf. an der Herstellung mitwirken (z. B. Beladen des LKW) • das Werk abnehmen (sofern dies aufgrund der Beschaffenheit möglich ist) • die vereinbarte Vergütung zahlen

Für den Vertragsinhalt sowie Lieferungs-, Annahme- und Zahlungsverzug gelten im Wesentlichen die gleichen Bestimmungen wie beim Kaufvertrag. Bei mangelhafter Lieferung kann der Besteller (BGB § 634):
- Nacherfüllung verlangen (nach Wahl des Unternehmers Mängelbeseitigung oder Neuerstellung) und dafür eine angemessene Nachfrist setzen;
- nach Fristablauf den Mangel selbst beseitigen und Aufwendungsersatz verlangen
  - oder vom Vertrag zurücktreten
  - oder die Vergütung mindern;
- ggf. zusätzlich Schadensersatz verlangen.

Der Besteller verlangt oft vor Auftragserteilung einen **Kostenvoranschlag** (Angebot). Ein verbindlicher Voranschlag darf nicht überschritten werden. Wird bei einem unverbindlichen Kostenvoranschlag die genannte Summe wesentlich (etwa ab 10–15%) überschritten, so muss der Anbieter den Besteller sofort informieren. Dieser kann dann den Vertrag kündigen. Er muss nur die bis dahin geleistete Arbeit vergüten (BGB § 650). Das Gleiche gilt für eine Kündigung aus einem anderen Grund, die bis zur Fertigstellung des Werkes jederzeit möglich ist (BGB § 649).

3.10.3 Werklieferungsvertrag

Gesetzliche Regelung: BGB § 651
Der Werklieferungsvertrag ist ein Werkvertrag. Besonderheit: Der Unternehmer stellt eine bewegliche Sache her und liefert sie.

Beispiele:
- Bestellung eines Porträts beim Maler
- Bestellung eines Bootes bei der Werft

Maßanzug

Für den Werkvertrag gelten die Bestimmungen über den Kaufvertrag.
Für den Kostenvoranschlag gilt das oben Gesagte.
Für nicht vertretbare Sachen besteht Mitwirkungspflicht (z. B. Anprobe beim Maßanzug) und Abnahmepflicht.

3.10.4 Leihvertrag

Gesetzliche Regelung: BGB §§ 598 ff.
Vertragspartner: Verleiher und Entleiher
Vertragsinhalt: Unentgeltliche Überlassung von Sachen zum vertraglich vereinbarten Gebrauch und zur anschließenden Rückgabe. Der Entleiher darf die Sache ohne Erlaubnis keinem Dritten überlassen.

Bitte in drei Wochen zurück!

Wörter wie Auto„verleih", Kostüm„verleih" sind missverständlich. Die Sache wird in diesen Fällen gegen Entgelt überlassen. Es liegt deshalb kein Leihvertrag, sondern ein Mietvertrag vor.

3.10.5 Mietvertrag

Gesetzliche Regelung: BGB §§ 535 ff.
Vertragspartner: Vermieter und Mieter
Vertragsinhalt: Entgeltliche Überlassung von Sachen zum vertraglich vereinbarten Gebrauch und zur anschließenden Rückgabe. Der Mieter darf die Sache ohne Erlaubnis keinem Dritten überlassen.

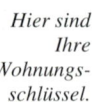

Hier sind Ihre Wohnungsschlüssel.

Ursprünglich stand der Mietvertrag über Wohnraum im Vordergrund. Heute gibt es viele andere Mietgegenstände, z. B. Autos, Ferienwohnungen, Bücher, Bekleidung, Sportartikel.

Pflichten des Vermieters	Pflichten des Mieters
● Überlassung der Sache in vertragsgemäßem Zustand ● Erhaltung der Sache in vertragsgemäßem Zustand	● vertragsgemäße Zahlung der Miete ● sorgfältige Behandlung der Sache ● Benachrichtigung des Vermieters bei Schäden ● Duldung von Maßnahmen zur Erhaltung der Sache

Eine für den Betrieb wichtige Sonderform des Mietvertrags ist der Leasingvertrag[1].

3.10.6 Pachtvertrag

Gesetzliche Regelung: BGB §§ 581 ff.
Vertragspartner: Verpächter und Pächter
Vertragsinhalt: Wie beim Mietvertrag. Aber: Dem Pächter steht während der Pachtzeit neben dem Gebrauch der Sache auch der „Genuss der Früchte" zu.

> **Beispiele:**
> ● Der Pächter von landwirtschaftlichem Grund darf die Ernte verwerten.
> ● Der Pächter von Baugrund darf bauen und ggf. vermieten.
> ● Der Pächter einer Gaststätte darf diese bewirtschaften.

Die rechtlichen Vorschriften für die Miete gelten weitgehend auch für die Pacht.

3.10.7 Kreditvertrag

Gesetzliche Regelung: BGB §§ 488 ff.
Vertragspartner: Kreditgeber und Kreditnehmer
Vertragsinhalt: Überlassung von Geld mit der Vereinbarung einer Zinszahlung und der Rückerstattung bei Fälligkeit.

Zinslose Kredite sind meist Gefälligkeitskredite.

---

[1] Vgl. S. 361

> **Beispiele:**
> - Die Hendrix GmbH überzieht am Monatsende ihr Bankkonto, um die fälligen Löhne und Gehälter bezahlen zu können. Die Kontoauffüllung erfolgt nach und nach durch eingehende Kundenzahlungen.
> - Das Ehepaar Reichel nimmt bei seiner Bank ein Darlehen zur Finanzierung eines Autokaufs auf. Die Rückzahlung erfolgt in festen Monatsraten.

Neben dem Geldkredit gibt es den Sachkredit (BGB §§ 607 ff.). Dabei werden für empfangene Sachgüter gleichartige Güter zurückerstattet.

> **Beispiel:**
> - Frau Meier „leiht" sich bei Frau Schulz ein Pfund Butter zum Kuchenbacken. Sie gibt am nächsten Tag ein anderes Pfund Butter zurück.

Arbeitsaufgaben

1. **Jemand lässt bei einem Maler ein Porträt malen.**
   a) Um was für eine Vertragsart handelt es sich?
   b) Welche Pflichten ergeben sich für die Vertragspartner?

2. **Jemand gibt beim Schreiner die Herstellung von Zimmertüren in Auftrag. Der Schreiner gibt einen verbindlichen Kostenvoranschlag in Höhe von 1 500,00 EUR ab.**
   a) Was für ein Vertrag liegt vor?
   b) Welche Pflichten ergeben sich für die Partner?
   c) Während der Herstellung (die Türen sind noch nicht furniert) ruft der Schreiner an und sagt, er müsse wegen einer Erhöhung der Holzpreise nunmehr 2 000,00 EUR verlangen. Wie verhält sich der Besteller?
   d) Die Türen werden schließlich geliefert. Es stellt sich heraus, dass drei Türen klemmen und zwei weitere erhebliche Schrammen aufweisen. Wie verhält sich der Besteller?

3. **Frau Schuh hat von ihrer Tante einen wertvollen Ring geerbt. Leider ist dieser zu klein, und sie lässt ihn daher vom Juwelier auf ihre Fingergröße dehnen.**
   a) Welchen Vertrag schließt Frau Schuh mit dem Juwelier ab?
   b) Welche Pflichten haben der Juwelier und Frau Schuh?

4. **Herr Müller erhält von Herrn Walter ein Segelboot zur unentgeltlichen Benutzung.**
   a) Welcher Vertrag liegt diesem Rechtsgeschäft zugrunde?
   b) Welche Rechte und Pflichten hat Herr Müller?
   c) Welche Rechte und Pflichten hat Herr Walter?

5. **Herr Richter erwirbt von Herrn Leidmann die alteingeführte Gaststätte „Zum goldenen Ochsen" und führt diese weiter. Herr Leidmann stellt ihm zusätzlich die benachbarte Wiese zur Verfügung. Auf dieser richtet Herr Richter einen großen Biergarten ein. Herr Leidmann erhält als Entgelt monatlich 2 500,00 EUR.**
   a) Welche Verträge schließen Herr Richter und Herr Leidmann ab?
   b) Welche Rechte und Pflichten ergeben sich für die beiden Vertragspartner?

6. **Frau Adam erhält von ihrer Bank 5 000,00 EUR zur freien Verwendung, rückzahlbar in monatlichen Raten inklusive Zins. Diesen Betrag verwendet sie, um ihr Auto reparieren zu lassen. Sie hatte einen Verkehrsunfall und die rechte Karosserieseite des Autos muss erneuert werden.**
   a) Erklären Sie die einzelnen Verträge, die von Frau Adam in diesem Zusammenhang geschlossen wurden.
   b) Welche Rechte und Pflichten ergeben sich für Frau Adam aus diesen Verträgen?

Sechster Lernabschnitt
Zahlungsverkehr, Finanzierung und Investition

1 Zahlungsarten

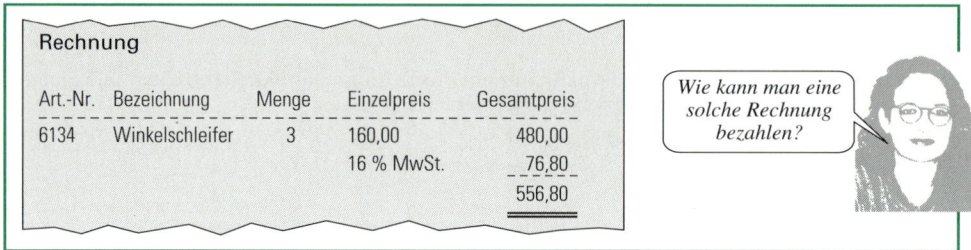

- **Man kann Schulden mit *Bargeld* (Banknoten oder Münzen) bezahlen.** Banknoten sind gesetzliches Zahlungsmittel. Nur sie müssen in jeder Höhe angenommen werden.

- **Man kann auch bargeldlos (mit *Buchgeld*) bezahlen.** Buchgeld sind Guthaben auf Konten bei Kreditinstituten. Aufgrund von Zahlungsaufträgen (z. B. Überweisungen) werden geschuldete Beträge vom Konto des Schuldners abgebucht und dem Konto des Gläubigers gutgeschrieben.

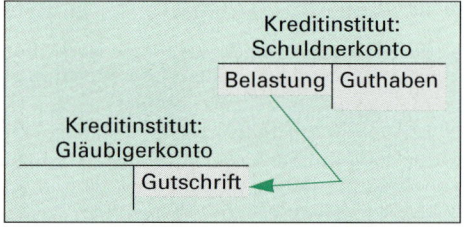

- **Bei halbbarer Zahlung** steht nur einer der beiden Parteien ein Konto zur Verfügung: Entweder zahlt der Schuldner Bargeld auf das Konto des Gläubigers ein oder dem Gläubiger wird Bargeld vom Konto des Schuldners ausgezahlt.

2 Bargeldzahlung

2.1 Risiko, Arbeitsaufwand, Quittung

Mit Bargeld zahlt man meist im Einzelhandel. Man übergibt das Geld persönlich an der Kasse. Es entstehen Risiken und hoher Arbeitsaufwand. Das Geld muss gezählt, geordnet, gebündelt werden; kann gefälscht sein; kann gestohlen/geraubt werden; muss verschlossen und sicher aufbewahrt werden; muss ausreichend und gestückelt vorhanden sein, muss ggf. zur Bank transportiert werden; bringt in der Kasse keine Zinsen.

Der Schuldner kann eine schriftliche Quittung (z. B. Quittungsvordruck, Kassenbon, quittierte Rechnung) verlangen (BGB § 368). Sie beweist die Zahlung, ist Buchungsbeleg und Nachweis für das Finanzamt. Der einfache Kassenbon genügt den Anforderungen des Finanzamts nur, wenn der Kaufgegenstand und die Mehrwertsteuer aufgeführt sind.

Beispiel: Quittungsvordruck

Merke: Wer eine Quittung überbringt, gilt als berechtigt, die Zahlung entgegenzunehmen. (BGB § 370)

2.2 Expressbrief, Postanweisung

Wenn Zahler und Zahlungsempfänger sich nicht am selben Ort befinden, muss der Zahler das Geld zuschicken. Dazu kann er einen **Expressbrief** benutzen. Der Brief wird in der Postfiliale gegen einen **Einlieferungsbeleg Express** aufgegeben und am nächsten Tag zugestellt. Zur Sicherung kann der Absender eine Transportversicherung bis zum Wert von wahlweise 2 556,46 EUR oder 25 564,59 EUR abschließen. Die Gebühren sind hoch (mindestens 6,39 EUR). Eigenhändige Zustellung (Auslieferung nur an den genannten Empfänger), Rückschein (Rücksendung einer Auslieferungsquittung), Zustellung gegen Unterschrift und Transportversicherung werden jeweils gesondert berechnet.

Beträge bis zu 1 533,88 EUR können auch bei der Postfiliale mit einer **Postanweisung** bar eingezahlt werden. Sie werden dem Empfänger durch den Postzusteller bar ausgezahlt. Auch hier fallen recht hohe Gebühren an.

Expressbrief und Postanweisung sind umständlich und teuer. Sie kommen deshalb im geschäftlichen Zahlungsverkehr so gut wie nicht vor.

3 Girokonten und Girokreise

3.1 Girokonten

Girokonten[1] **werden von Kreditinstituten für natürliche und juristische Personen für die Abwicklung des halbbaren und bargeldlosen Zahlungsverkehrs geführt. Auf diesen Konten werden Geldbeträge gebucht, über die der Kontoinhaber jederzeit und ohne Einschränkung verfügen kann (Sichteinlagen).**

Rechtlich ist ein Girokonto ein Kontokorrent (Konto in laufender Rechnung[2], das in begrenztem Umfang und nach vorheriger Genehmigung überzogen, d. h. für kurzfristige Kredite benutzt werden kann. Der Kontovertrag verpflichtet den Kontoinhaber, für Deckung (Guthaben oder Kredit) auf dem Konto zu sorgen.

---

[1] (ital.) giro = Kreis
[2] (ital.) conto corrente = laufende Rechnung

Über jede Veränderung auf dem Girokonto und den neuen Kontostand wird der Kontoinhaber durch einen Kontoauszug unterrichtet.

Beispiel:

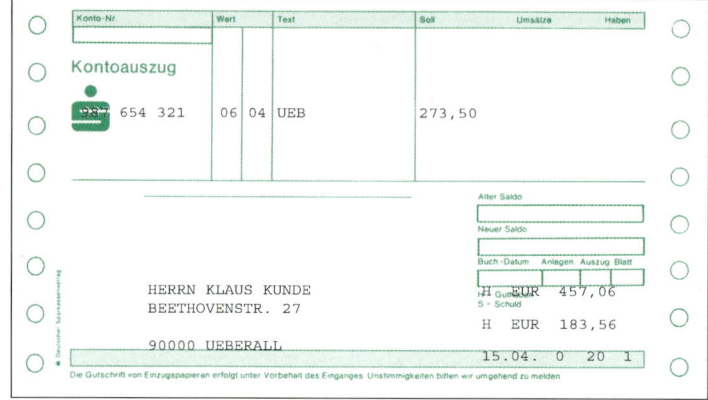

3.2 Girokreise

Die kontoführenden Kreditinstitute haben sich zu Girokreisen (Gironetzen, Überweisungsnetzen) zusammengeschlossen. Wichtige Gironetze sind:

1. **Gironetz der Sparkassen (Spargironetz)**
   Jede Sparkasse unterhält ein Konto bei ihrer regionalen Zentrale, der Girozentrale. Die Girozentralen führen ihrerseits gegenseitig Konten.

2. **Gironetz der Genossenschaftsbanken (Deutscher Genossenschaftsring)**
   Die Genossenschaftsbanken unterhalten wie die Sparkassen regionale Zentralen.

3. **Gironetze der Großbanken**
   Die Banken (z. B. die Deutsche Bank, Dresdner Bank, Commerzbank, HypoVereinsbank) benutzen ihre jeweilige Zentrale als Abrechnungsstelle.

4. **Gironetz der Deutschen Postbank AG**
   Die Niederlassungen der Postbank führen gegenseitig Konten.

5. **Gironetz der Deutschen Bundesbank**
   Die Landeszentralbanken sind die Hauptverwaltungen der deutschen Bundesbank in den Bundesländern. Sie führen gegenseitig Konten. Außerdem muss jedes Kreditinstitut ein Konto bei seiner Landeszentralbank (LZB) unterhalten.

Auf diese Weise entsteht für den innerdeutschen Zahlungsverkehr ein geschlossenes System, welches Zahlungen von jedem beliebigen Girokonto auf jedes andere Girokonto ermöglicht.

Für Zahlungen innerhalb der EU steht das EU-weite Zahlungssystem TARGET[1] zur Verfügung. Es verknüpft die 15 nationalen Zahlungssysteme der EU-Staaten und den Zahlungsverkehrsmechanismus der Europäischen Zentralbank.

---

[1] Trans-European automated real-time gross settlement express transfersystem

4 Halbbare Zahlung

Halbbare Zahlungen erfolgen durch Zahlschein und Barscheck. Der Postgiroverkehr kennt außerdem die Zahlungsanweisung[1] und die Zahlungsanweisung zur Verrechnung.

4.1 Zahlschein

Mit dem Zahlschein können am Bank- oder Postschalter Bareinzahlungen auf das Konto eines Empfängers bei einem beliebigen Kreditinstitut getätigt werden.

Beispiel:

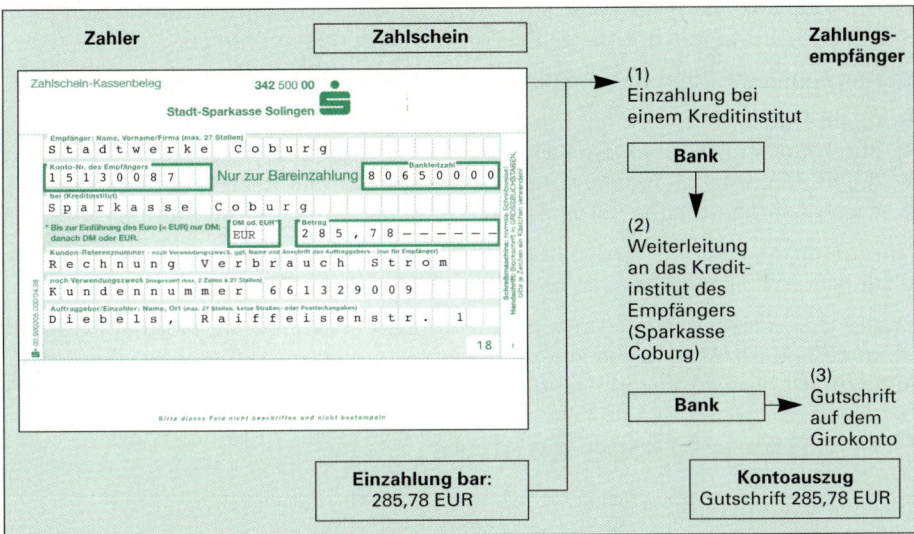

Das Geld wird über die Gironetze dem Kreditinstitut des Empfängers zugeleitet. Die beauftragten Kreditinstitute berechnen dem Einzahler unterschiedliche, aber immer verhältnismäßig hohe Preise.

Zahlscheine werden häufig von Außendienstmitarbeitern mit Inkassovollmacht benutzt. Diese können damit die kassierten Beträge sofort auf das Firmenkonto einzahlen.

Der Zahlschein ist auch beteiligt, wenn eine bestellte Ware durch Brief oder Paket per **Nachnahme** versandt wird. Der Warenversender beauftragt dann die Post, die Sendung dem Empfänger nur gegen Barzahlung des Nachnahmebetrags (Kaufpreis, Beförderungs- und Zahlungskosten) auszuliefern. Die Post zahlt den vereinnahmten Betrag mit einem beigefügten Zahlschein auf das Konto des Warenversenders ein.

Neben dem Zahlschein gibt das Formular „Überweisung/Zahlschein". Der Zahler kann hier zusätzlich seine Bank und Kontonummer eintragen. Tut er dies, so wird das Papier als Überweisung gehandhabt. Viele Firmen fügen ihren Rechnungen an Privatkunden solche Formulare bei. Sie haben bereits den Namen des Kunden, ihre Bankverbindung, den Rechnungsbetrag und die Rechnungsnummer eingedruckt.

Vorteile:
- *Keine Fehler beim Ausfüllen*
- *Einwandfreie Buchungsunterlagen*

---

[1] Äußerst selten, deshalb hier nicht behandelt.

4.2 Barscheck

Mit Hilfe des Barschecks kann der Zahlungsempfänger Bargeld vom Konto des Zahlers abheben. Das Vorgehen wird auf Seite 305 beschrieben.

4.3 Zahlungsanweisung zur Verrechnung (ZzV)

Die Zahlungsanweisung zur Verrechnung wird von Postbankkunden mit umfangreichem Zahlungsverkehr benutzt, wenn ihnen die Konten der Zahlungsempfänger unbekannt sind. Der Postbankkunde stellt die Formulare mit seinem Computer auf Endlospapier aus (Höchstbetrag 1533,88 EUR) und sendet die beschrifteten Formulare an seine Postbank-Niederlassung ein. Diese belastet die Zahlungsanweisungen dem Konto des Ausstellers und sendet sie an die Zahlungsempfänger.

Diese können die Zahlungsanweisungen auf verschiedenen Wegen einlösen:

- durch Gutschrift auf einem Postbank-Girokonto,
- durch Gutschrift auf einem Konto bei einem Kreditinstitut,
- durch Weitergabe an einen Dritten zur Gutschrift auf dessen Konto,
- durch Auszahlung des Betrages am Postschalter (gilt nur für natürliche Personen).

Nur im letzten Fall liegt eine halbbare Zahlung vor. Bei den drei erstgenannten Einlösungsmöglichkeiten handelt es sich um bargeldlose Zahlungen.

Zahlungsanweisungen zur Verrechnung können der Niederlassung der Postbank auf Magnetbändern, Magnetkassetten oder Disketten übersandt werden. Die Niederlassung druckt die ZzV aus und sendet sie den Empfängern zu.

5 Bargeldlose Zahlung

5.1 Bankleitzahl

Bargeldlose Zahlungen erfolgen durch Überweisung, Lastschrift und Verrechnungsscheck. Von besonderer Bedeutung ist dabei die **Bankleitzahl**.

Beispiel: Aufbau der Bankleitzahl

Kennzahl der zuständigen Landeszentralbank (Ortskennnummer) → 3 0 5
Kontonummer des Kreditinstituts bei der zuständigen Landeszentralbank
(5 = Nummer der Bankengruppe) → 5 0 0
interne Nummerierung der Bank (z. B. für Filialen) → 0 0

Die Bankleitzahl legt durch Ortskennnummer und Bankengruppe die „Adresse" des Kreditinstituts fest. Damit ist sie die Grundlage für die Bestimmung des Überweisungsweges.

5.2 Überweisung

Durch die Überweisung überträgt der Zahler bargeldlos (durch bloße Umbuchung) einen Geldbetrag von seinem Girokonto auf das Girokonto des Zahlungsempfängers.

Der Überweisungsauftrag an die Bank kann eine **Einzelüberweisung** beinhalten, wie sie in der folgenden Grafik dargestellt ist. Er kann auch eine **Sammelüberweisung** sein. In diesem Fall werden auf Grund eines Auftrags beliebig viele Überweisungen an unterschiedliche Empfänger ausgeführt. Für jeden Empfänger wird ein Überweisungsträger erstellt. Ein Sammelauftrag über die Gesamtsumme wird beigefügt. Nur er wird unterschrieben (Arbeitsersparnis!). Die Bank berechnet nur die Kosten für eine Überweisung (Kostenersparnis!).

Beispiel: Einzelüberweisung

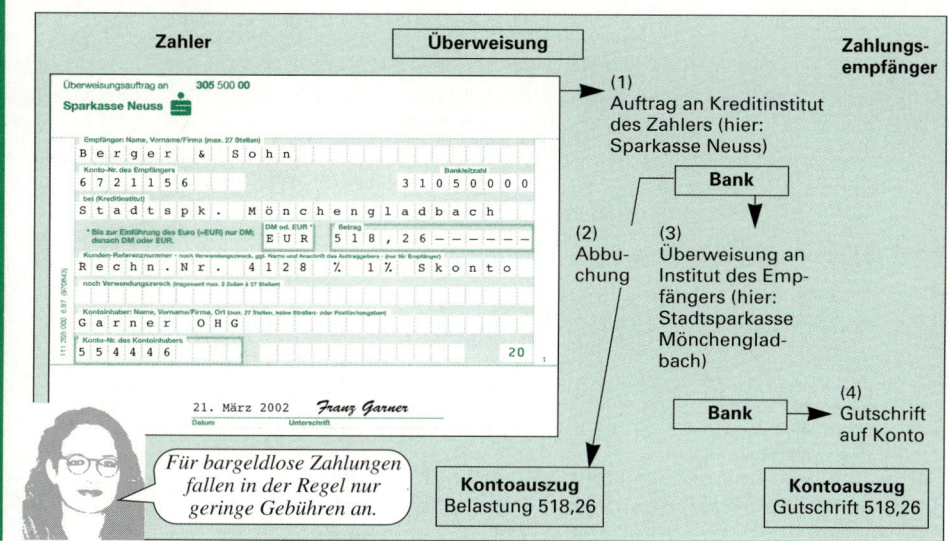

Eilüberweisung
Die Banken leiten die Überweisungen auf elektronischem Weg über ihre eigenen Gironetze und die LZB weiter. Bis zur Gutschrift auf dem Empfängerkonto können 2–3 Tage vergehen. Schneller geht es, wenn das beauftragte Institut die Gutschrift per Telefon oder Telefax direkt zur Empfängerbank schickt. Die Verrechnung erfolgt anschließend über die Zentralen und die LZBs.

Dauerüberweisung (Dauerauftrag)
Der Kunde weist mit einem Dauerauftrag sein Kreditinstitut an, **Zahlungen in gleich bleibender Höhe** und **regelmäßigen Zeitabständen** auszuführen. Daueraufträge sind z. B. sinnvoll für Mietzahlungen, Versicherungsprämien, Beiträge oder Überträge auf Sparkonten. Das Kreditinstitut speichert den Auftrag und führt die Zahlung zu den gewünschten Terminen aus. Der Kunde hat dadurch eine wesentliche Arbeitserleichterung. Vor allem wird die Zahlung niemals vergessen.

5.3 Lastschrifteinzugsverfahren

Beim Lastschrifteinzugsverfahren lässt der Zahlungsempfänger durch Vermittlung seines Kreditinstitutes den ihm zustehenden Betrag vom Konto des Schuldners abbuchen.

Dazu erhält der Zahlungsempfänger vom Zahlungpflichtigen eine widerrufliche Einzugsermächtigung. Diese Vollmacht wird vom Kreditinstitut nicht nachgeprüft, sie ist aber bei Unstimmigkeiten vorzulegen, damit der Zahlungsempfänger nachweisen kann, dass er das Lastschriftverfahren nicht missbraucht.

Der Gläubiger füllt das Lastschriftformular mit den Daten des Zahlungspflichtigen aus. Das mit dem Einzug beauftragte Kreditinstitut schreibt ihm den Lastschriftbetrag gut und belastet über den Verrechnungsweg das Konto des Schuldners.

Beispiel:

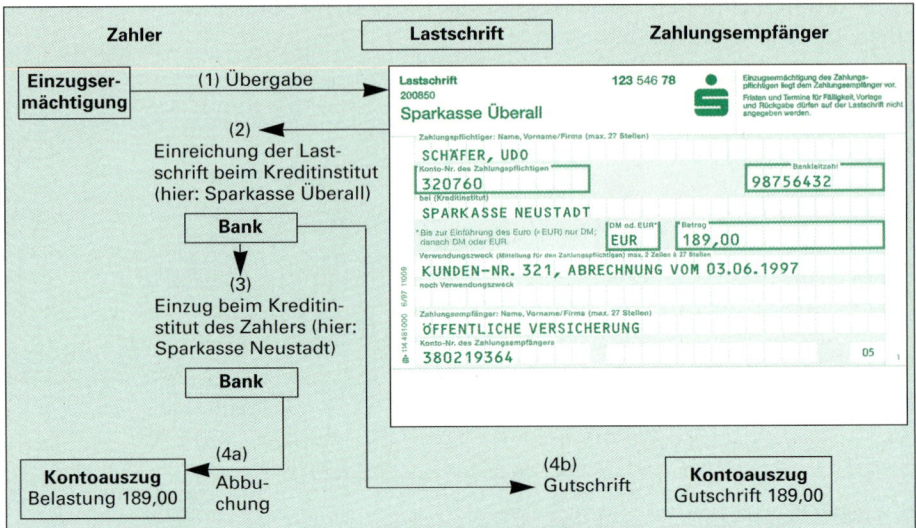

Das Kreditinstitut muss die Abbuchung selbst dann rückgängig machen, wenn der Betrag tatsächlich geschuldet wird!

Der Schuldner kann der Abbuchung binnen 6 Wochen widersprechen. Der Betrag wird ihm dann zinsneutral gutgeschrieben und dem Zahlungsempfänger rückbelastet. Dieses Widerspruchsrecht soll einen Missbrauch des Verfahrens durch den Gläubiger verhindern. Bestand gar keine Einzugsermächtigung, so gilt die 6-Wochen-Frist nicht.

Die Lastschrift wird im Gegensatz zur Dauerüberweisung benutzt, wenn die Beträge sich ändern und die Zahlungstermine unterschiedlich sind. Das Lastschriftverfahren wird aber häufig auch bei gleich bleibenden Zahlungen angewendet, weil es die Kontrolle des Zahlungseinganges beim Zahlungsempfänger wesentlich vereinfacht. Nicht bezahlte Lastschriften können sofort beim Schuldner reklamiert werden.

Eine Variante des Lastschriftverfahrens ist der Dauerabbuchungsauftrag. Dabei wird nicht der Gläubiger zum Einzug ermächtigt, sondern der Schuldner beauftragt sein Kreditinstitut, die von namentlich genannten Gläubigern eingehenden Lastschriften einzulösen. Vor der Einlösung prüft das Kreditinstitut den Kontostand und das Vorliegen eines Dauerabbuchungsauftrags. Einer Abbuchung kann hier nicht widersprochen werden.

5.4 Belegloser Zahlungsverkehr

Die Kunden der Kreditinstitute können Aufträge beleglos – ohne Formular – erteilen. An die Stelle des Formulars tritt ein Datensatz, den der Auftraggeber dem Kreditinstitut übermittelt. Das Kreditinstitut leitet den Datensatz auf elektronischem Weg an das Empfängerinstitut weiter. Auch beleghafte Aufträge werden von der Bank codiert und elektronisch weitergeleitet.

5.4.1 Datenträgeraustausch (DTA)

Besitzer eines Computers können Einzel- oder Sammelaufträge (Überweisungen und Lastschriften) auf **Magnetbändern**, **Magnetkassetten** oder **Disketten** einliefern. Zusätzlich zu dem Datenträger muss ein Begleitzettel erstellt werden. Er wird unterschrieben und stellt zusammen mit dem Datenträger den rechtsverbindlichen Auftrag an das Kreditinstitut dar.

Umgekehrt können die Kunden ihre Zahlungseingänge zur automatischen Verarbeitung auf magnetischen Datenträgern anfordern. Die Kreditinstitute stellen ihnen hierzu eigene Datenerfassungsprogramme zur Verfügung.

5.4.2 Datenfernübertragung (DFÜ)

Bei Datenfernübertragung erfolgt die Einlieferung der Zahlungsverkehrsaufträge **online**, d.h. ohne Datenträger, unmittelbar zwischen den Computern von Kunden und Kreditinstituten über öffentliche Kommunikationsnetze (Fernsprechnetz, ISDN, TDSL) der Deutschen Telekom AG.

ISDN (Integrated Services Digital Network) ist ein digitales Kommunikationsnetz, über das mehrere Dienste gleichzeitig abgewickelt werden können (z. B. Telefax, Datenübertragung und Telefonieren). Dieses Netz weist eine relativ hohe Übertragungsgeschwindigkeit von 64 000 Bits pro Sekunde auf.

ADSL (Asymmetric Digital Subcriber Line) wird von der Deutschen Telekom AG als T(elekom) D S L vermarktet. Die Daten werden über das Kupferkabel der Telefonleitung übertragen, gewissermaßen auf einer bisher nicht benutzten Frequenz. Voraussetzung ist ein spezielles Kabelmodem. TDSL ist ungefähr 12-mal schneller als ISDN.

5.4.3 Homebanking (Telebanking)

Beim Homebanking[1] wickelt der Bankkunde seinen Zahlungsverkehr von seinem Computer aus ab. Voraussetzung ist ein von der Bank hierfür freigegebenes Konto.

Der Kunde wählt über Online-Dienste (T-Online der Deutschen Telekom oder das Internet) die Adresse seiner Bank an.

Damit nur der Kontoinhaber seinen Kontostand abrufen kann, erhält er eine geheime **persönliche Identifikationsnummer (PIN)**. Diese gibt er zusammen mit der Kontonummer ein.

Für Überweisungen benötigt der Kunde zusätzlich geheime **Transaktionsnummern (TAN)**. Sie stellen seine „elektronische Unterschrift" dar. Der Kunde erhält meist 100 Nummern in verschlossenem Umschlag. Für jede Überweisung („Transaktion") muss er eine Nummer eingeben. Der Computer des Kreditinstituts prüft die Eingabe. Nach drei Fehleingaben sperrt er norma-lerweise den Zugang zum Konto. Dann muss der Kunde persönlich vorsprechen und die Freigabe beantragen. Die Kreditinstitute begrenzen aus Gründen der Sicherheit die Höhe der Überweisungsaufträge.

Mit entsprechender Software kann man auch eingehende Gutschriften mit seinem Buchführungsprogramm direkt weiterverarbeiten. Man nennt dies Cash-Management.

5.4.4 Telefonbanking (Direkt-Banking)

Bei Direkt-Banken erteilt der Kunde der Bank seine Aufträge telefonisch. Teilweise unterhalten diese Banken überhaupt keine Geschäftsstellen. Für seinen Auftrag nennt der Kunde seine Kontonummer und identifiziert sich durch die Angabe eines individuell vereinbarten geheimen Kennworts.

5.4.5 SB-Terminal

Viele Banken haben in ihren Geschäftsstellen Selbstbedienungs-Terminals. Dort kann der Kunde über eine Tastatur seine Auftragsdaten manuell eingeben. Er identifiziert sich durch Eingabe seiner PIN.

---

[1] (engl.) home = (zu) Haus, engl.: banking = Bankgeschäfte abwickeln

5.5 Verrechnungsscheck

Mit Hilfe des Verrechnungsschecks kann der Zahlungsempfänger Geld vom Konto des Zahlers seinem eigenen Konto gutschreiben lassen. Das Vorgehen wird auf Seite 305 beschrieben.

5.6 Kreditkarte

Kreditkarten werden von Kreditkartenorganisationen Firmen und anderen kreditwürdigen Personen mit einem bestimmten Mindestjahreseinkommen gegen Entrichtung einer Jahresgebühr angeboten. Mit dieser Karte kann der Inhaber weltweit bargeldlos Rechnungen bei Vertragsunternehmen der Kreditkartenorganisation begleichen. Insbesondere Geschäftsreisende zahlen häufig mit Kreditkarte. Eurocard, Visa, American Express und Diners Club sind in der Bundesrepublik Deutschland und in Europa die bekanntesten Kreditkarten.

Beispiele:

 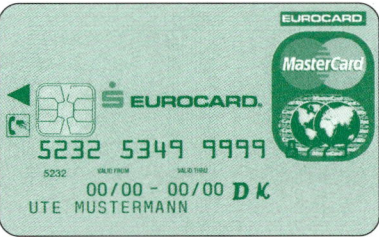 

Mit Kreditkarten bin ich stets zahlungsfähig, ohne Bargeld oder Schecks mitführen zu müssen.

Abwicklung der Zahlung

Der Karteninhaber legt dem Vertragsunternehmen die Kreditkarte vor und unterschreibt einen Leistungsbeleg.

Der Vertragsunternehmer reicht der Kreditkartenorganisation den Beleg ein und erhält eine Gutschrift auf seinem Konto. Eine Provision wird ihm einbehalten.

Die Kreditkartenorganisation schickt dem Karteninhaber monatlich eine detaillierte Sammelrechnung über die fälligen Zahlungen und bucht den Gesamtbetrag im Wege des Lastschrifteinzugsverfahrens von seinem Konto ab.

Die Kreditkarten bieten darüber hinaus **Zusatzleistungen** wie
- Erlass der sonst üblichen Kaution für Mietwagen,
- automatischen Einschluss einer Reiseunfallversicherung.

Außerdem kann man sich bei den meisten Kreditinstituten gegen Vorlage der Kreditkarte **Bargeld auszahlen** lassen oder Bargeld am Geldautomaten abheben. Am Automaten identifiziert sich der Karteninhaber durch Eingabe einer ihm allein bekannten Geheimnummer.

Den Kreditkarten verwandt sind **Kundenkarten**, die Einzelhandelsunternehmen (z. B. Hertie, Quelle, Ikea), Großhandelsunternehmen (z. B. Metro) und andere Unternehmen (z. B. Lufthansa, interRent) ausgeben. Sie ermöglichen ihrem Inhaber bargeldlose Einkäufe, über die er später eine Abrechnung erhält. Die Karten sollen den Kunden an das Unternehmen binden.

5.7 Bankkarte

Der Kontoinhaber erhält von seinem Kreditinstitut eine Bankkarte. Diese enthält auf der Rückseite einen Magnetstreifen, auf dem u. a. die Kontonummer und die Bankleitzahl gespeichert sind. Durch ihn entsteht eine **automatenfähige Multifunktionskarte**.

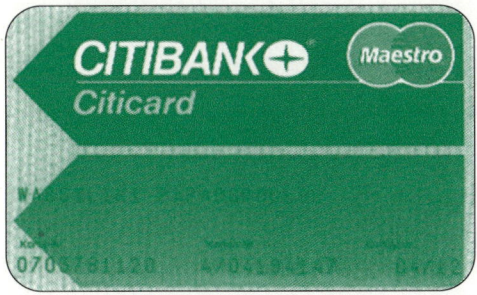 

Bankkarte(Vorderseite)   Bankkarte (Rückseite)

Um sich am Bargeldautomaten und am SB-Terminal auszuweisen, führt der Kontoinhaber seine Bankkarte ein und tippt seine PIN ein. Dann kann er

- **am Automaten seiner Bank**
  - **Kontoauszüge ausdrucken,**
  - **Überweisungen tätigen,**
  - **Daueraufträge einrichten, ändern oder löschen,**
- **am Bargeldautomaten bei jeder beliebigen Bank Bargeld zu Lasten seines Kontos abheben.**

Die Bankkarte kann auch mit einem Chip ausgestattet sein. Dieser ermöglicht es, die Karte an einem Ladeterminal des Kreditinstituts zu Lasten des Girokontos mit einer Geldsumme aufzuladen. Dadurch entsteht eine **Geldkarte**, sozusagen eine elektronische Geldbörse. An Geldkarten-Terminals in Geschäften, Behörden und anderen Zahlstellen kann der Karteninhaber damit Zahlungen tätigen. Das Terminal bucht den Betrag von der Karte ab und schreibt ihn dem Konto des Zahlungsempfängers gut.

Die Bankkarte gestattet auch Zahlungen im Wege des **Electronic Cash** an elektronischen Datenkassen. Zahlreiche Einzelhandelsgeschäfte und Tankstellen sind heute damit ausgestattet.

- Die Kasse ermittelt den Rechnungsbetrag.
- Der Kassierer führt die Karte in den Kartenleser ein.
- Der Kunde gibt seine PIN in ein Identifikations-Terminal ein.
- Die Kasse schaltet eine Verbindung zur Bank, fragt den verfügbaren Betrag auf dem Konto des Kunden ab und vergleicht ihn mit dem Rechnungsbetrag.
- Die Kasse bucht den Rechnungsbetrag vom Kundenkonto ab. (Zur Verhinderung von Spitzenbelastungen geschieht dies i. d. R. zu einem späteren Zeitpunkt.)

Bargeld kann man weltweit an allen Automaten mit dem Maestro-Zeichen abheben.

Das Maestro-Zeichen zeigt auch weltweit die Akzeptanz-Stellen für Electonic Cash an.

An diesen Zeichen kann man erkennen, wo die Geldkarte akzeptiert wird.

Inland: Europa:

Vorteile von Electronic Cash für den Verkäufer:
- Weniger Zeitaufwand für Bargelddisposition und Kassenabschluss, reduzierter Wechselgeldbestand,
- Rationalisierung der Buchhaltung,
- Fortfall zeitaufwendiger Einreichungsformulare,
- rasche Gutschrift der Tageseinnahmen,
- wenige Risiken (Kassenrisiko, Bargeldtransport, automatische Bonitätsprüfung),
- kürzere Wartezeiten an der Kasse.

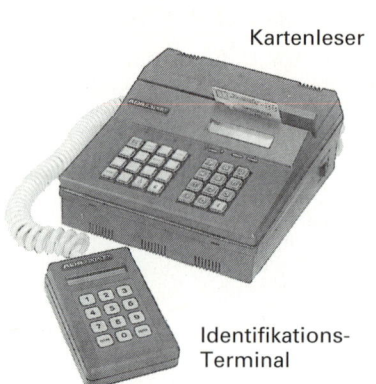

Kartenleser

Identifikations-Terminal

Alternativ oder ergänzend zu Electonic Cash wird von vielen Geschäften in Deutschland das **elektronische Lastschriftverfahren** angeboten. Dabei wird auf die Eingabe der PIN verzichtet. Stattdessen unterschreibt der Kunde einen Lastschriftbeleg. Der Zahlungsbetrag wird ebenfalls vom Konto abgebucht.

5.8 E-Payment

Der Ein- und Verkauf über das Internet (E-Commerce) gewinnt zunehmend an Bedeutung. Auch für die Bezahlung wird das Internet benutzt (E-Payment). Bekannte Systeme sind das POSH-System (Commerzbank und Dresdner Bank) und das SET-System (Sparkassen). Auch andere Banken nuntzen diese Systeme oder haben eigene Systeme. Für die Nutzung eines Systems schließt der Internet-Verkäufer einen Nutzungsvertrag mit der Bank ab.

Abwicklung der Zahlung

| Der Online-Käufer gibt beim Online-Shop als Zahlungsmittel seine Kreditkarte oder seine Kundenkarte an. Er gibt die Kartendaten und die verlangten Geheimkennungen (z. B. PIN, Passwort) in das Bestellformular ein. |

↓

| Die Daten werden verschlüsselt online an das System übertragen. Das System prüft die Zahlungsfähigkeit des Kunden (Bankkonto). Ist sie ausreichend, erhält der Verkäufer sofort eine Zahlungsgarantie. |

↓

| Der Zahlungsbetrag wird eingezogen, wie dies bei Kredit-/Kundenkarte üblich ist. |

Der Verkäufer ist für jede im Online-Shop akzeptierte Kreditkartenart Vertragspartner der entsprechenden Kreditkartenorganisation.

5.9 M-Payment (Mobile Payment)

Auch das Handy kann für Zahlungen benutzt werden. Dazu schließt der Handy-Benutzer einen Vertrag mit einem Anbieter für Zahlungstransaktionen (z. B. Paybox AG). Er erhält eine Geheimnummer (PIN).

Abwicklung der Zahlung

Der Handybesitzer als Käufer teilt dem Verkäufer seine Handy-Nummer mit. Der Verkäufer übermittelt an den Transaktionsanbieter: die Handy-Nr., den Zahlungsbetrag, die eigenen Kontodaten.

↓

Der Transaktionsanbieter ruft den Käufer auf dem Handy an und nennt die Kenndaten der Zahlung. Der Käufer bestätigt mit seiner PIN.

↓

Der Zahlungsbetrag wird durch Lastschrift eingezogen.

Durch Eingabe von Betrag, Empfängerkonto, BLZ und PIN können auch Überweisungen getätigt werden.

Der Transaktionsannieter prüft bei Vertragsabschluss die Zahlungsfähigkeit des Handy-Benutzers, gibt dem Verkäufer aber keine Zahlungsgarantie.

Arbeitsaufgaben

1. **Zahlungen können bar, halbbar oder bargeldlos erfolgen.**
   a) Warum zahlen die meisten Leute in Einzelhandelsgeschäften mit Bargeld?
   b) Einige wenige Einzelhandelsgeschäfte nehmen grundsätzlich nur Bargeld. (Dazu zählt einer der größten deutschen Lebensmittel-Discounter.) Welche Gründe könnten hierfür maßgebend sein?
   c) Welche Zahlungsformen werden im Einzelhandel außerdem häufig angewendet?

2. **Bei der Bargeldzahlung werden – anders als bei der halbbaren oder der bargeldlosen Zahlung – oft Quittungen ausgestellt.**
   Wie lässt sich dieses unterschiedliche Vorgehen erklären?

3. **Die Gebühren der Kreditinstitute sind für die einzelnen Zahlungsformen ganz unterschiedlich hoch.**
   Erkundigen Sie sich nach Gebühren für
   a) Expressbriefe   b) Postanweisungen   c) Zahlscheine   d) Überweisungen
   und begründen Sie die unterschiedlichen Gebühren.

4. **Die folgenden Zahlungen sollen getätigt werden. Der Zahler besitzt ein Girokonto bei der örtlichen Sparkasse und ein Postbankgirokonto.**
   (1) Monatliche Zahlung der Wohnungsmiete (stets 400,00 EUR)
   (2) Zahlung der monatlichen Telefonrechnung (unterschiedliche Beträge)
   (3) Zahlung von 1 000,00 EUR auf ein Konto bei einem anderen Kreditinstitut
   (4) Zahlung von 50,00 EUR auf ein Konto bei demselben Kreditinstitut
   (5) Begleichung einer Liefererrechnung (Wareneinkäufe für 4 000,00 EUR)
   (6) Bezahlung eines Mantels im Bekleidungsgeschäft (300,00 EUR)
   (7) Bezahlung einer Tube Zahnpasta im Drogeriemarkt (1,30 EUR)
   (8) Einzahlung von 4 000,00 EUR Tageseinnahmen von unterwegs auf das Bankkonto durch einen Reisenden mit Inkassovollmacht.
   (9) Bezahlung einer Liefererrechnung (900,00 EUR) an einen Reisenden mit Inkassovollmacht.
   (10) Übersendung von 1 000,00 EUR an einen Verwandten im Urlaub.
   (11) Abhebung vom eigenen Konto (500,00 EUR)
   (12) Rückvergütung von Versicherungsprämien an 120 Kunden, deren Kontoverbindungen nicht bekannt sind
   (13) Zusendung von 16 000,00 EUR an einen Gläubiger. Dabei soll kein vom Finanzamt nachprüfbarer Beleg entstehen.
   (14) Inkasso des Rechnungsbetrages für eine Postsendung bei Übergabe der Sendung an den Empfänger.
   a) Nennen Sie vorteilhafte Zahlungsformen, ggf. mit Alternativen.
   b) Welche der von Ihnen genannten Zahlungsformen existieren nur im Postbankgiroverkehr?
   c) Beschaffen Sie sich die Formulare für die von Ihnen genannten Zahlungsformen und füllen Sie sie aus.

5. **Bestimmte Zahlungsformulare können unterschiedlich verwendet werden.**
   Nennen Sie diese Formulare und die verschiedenen Verwendungsarten.

6. **„Plastikgeld" – z. B. die Kreditkarte – wird immer beliebter.**
   a) Kann jeder Inhaber eines Kontos eine Kreditkarte erwerben?
   b) Für welche Zahlungen eignet sich die Kreditkarte?
   c) Wie wird eine Zahlung per Kreditkarte abgewickelt?
   d) Erkundigen Sie sich bei einer Bank, welche Leistungen eine Kreditkarte insgesamt umfassen kann.
   e) Der Baustoffgroßhandel Küppers GmbH akzeptiert Kreditkarten. Trotzdem würde es keinem seiner gewerblichen Kunden einfallen, mit der Karte zu bezahlen. Erklären Sie den Grund.
   f) Im Einzelhandel „drohen" Kunden bisweilen dem Verkäufer, mit der Kreditkarte zu bezahlen, wenn sie keinen Preisnachlass erhalten. Erläutern Sie den Hintergrund.

7. **Frau Schwarz ist auf dem Land zu Hause. Heute ist sie 25 km weit in die Großstadt gefahren. Dort will sie ihren Wagen voll tanken und im Verbrauchermarkt einkaufen. Vor dem Tanken bemerkt sie, dass sie nur noch 3,75 EUR Bargeld in der Tasche hat. Gott sei Dank hat sie aber ihre ec-Karte nicht vergessen. Auch ihr Handy hat sie dabei.**
   Welche unterschiedlichen Möglichkeiten hat Frau Schwarz, um ihre Kaufabsichten in die Tat umzusetzen? Beschreiben Sie so detailliert wie möglich, wie sie dabei vorgehen muss.

6   Zahlung durch Scheck

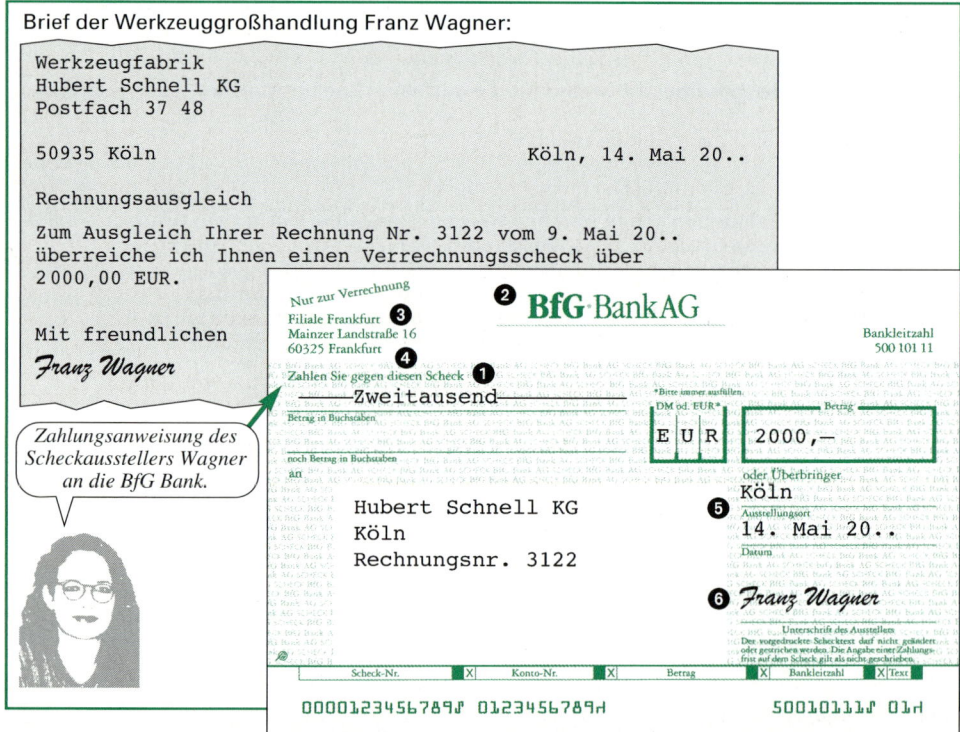

6.1   Scheckverkehr; Bar- und Verrechnungscheck

Der *Scheck* ist eine Anweisung des Kontoinhabers an sein Kreditinstitut, „bei Sicht" (d. h. bei Vorlage) eine bestimmte Geldsumme zu bezahlen.

Mit dem Scheck verfügt der Kontoinhaber (Scheckaussteller) über sein Kontoguthaben. Dabei wendet er sich nicht selbst an das Kreditinstitut, sondern er gibt den Scheck **zahlungshalber** an seinen Gläubiger (Schecknehmer). Dieser bekommt den Scheckbetrag ausbezahlt, sobald er ihn dem angegebenen (= bezogenen) Kreditinstitut vorlegt. Der Betrag wird dem Konto des Ausstellers belastet.

Voraussetzung für die Zahlung mit Schecks ist, dass bei einem Kreditinstitut (Bank, Sparkasse, Postbank) ein Girokonto eingerichtet wurde, dass hierauf ein Guthaben besteht bzw. ein Kredit eingeräumt wurde (dann ist der Scheck „gedeckt") und dass der Aussteller die Scheckformulare des Kreditinstituts benutzt.

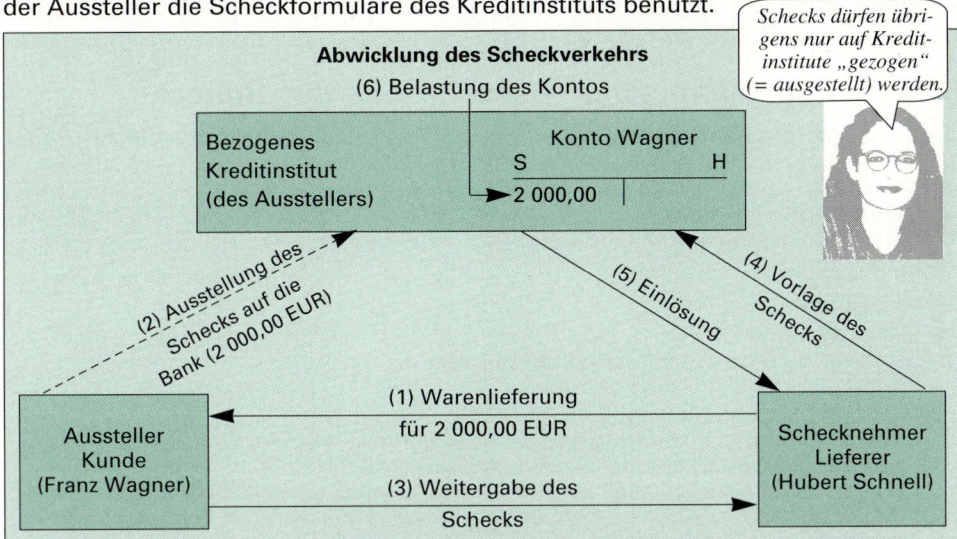

Grundsätzlich ist der in Deutschland gebräuchliche Scheck ein **Barscheck**: Er wird dem Einreicher bar an der Kasse des Kreditinstituts ausgezahlt. Somit dient er dem halbbaren Zahlungsverkehr. Er kann auch für Barabhebungen vom eigenen Konto benutzt werden (Text: „Zahlen Sie an mich selbst ...").

Barschecks werden aufgrund des Vermerks „Zahlen Sie an ... oder Überbringer" an jeden Überbringer – auch an einen unredlichen Finder – bar ausgezahlt. Der Aussteller kann die Barauszahlung durch den Vermerk **„Nur zur Verrechnung"** auf dem Scheck verhindern. Ein solcher **Verrechnungsscheck** wird stets dem Konto des Einreichers gutgeschrieben. Auf diese Weise bleibt der Einreicher nicht anonym.

Beim Verrechnungsscheck fließt kein Bargeld. Er gehört deshalb zum bargeldlosen Zahlungsverkehr.

Der Scheckinhaber muss sich übrigens weder beim Barscheck noch beim Verrechnungsscheck zum Kreditinstitut des Aussteller begeben, um den Scheck einlösen zu lassen. Er kann ihn vielmehr seinem eigenen Kreditinstitut übergeben. Dieses zieht den Scheck für ihn ein und schreibt den Wert seinem Girokonto gut.

6.2 Gesetzliche Bestandteile des Schecks

Das Scheckgesetz vom 14. August 1933 schreibt zwingend vor, welche Bestandteile ein gültiger Scheck enthalten muss:[1]

---
[1] Vgl. den Scheck auf S. 304

- ❶ **Wort „Scheck" im Text** in der Sprache, in der der Scheck ausgestellt ist.
- ❷ **Bezogenes Kreditinstitut** (das Kreditinstitut, das den Scheckbetrag auszahlen soll).
- ❸ **Zahlungsort** (der Sitz des Kreditinstituts).
- ❹ **Unbedingte Anweisung**, eine bestimmte Geldsumme zu zahlen. Die Anweisung muss also ohne jede zusätzliche Bedingung erfolgen.
- ❺ **Ort und Tag der Ausstellung des Schecks**
- ❻ **Unterschrift des Ausstellers** (Aussteller eines Schecks kann nur der Kontoinhaber sein oder jemand, den er dazu bevollmächtigt hat und dessen Unterschriftsprobe bei dem Kreditinstitut hinterlegt ist).

6.3 „Kaufmännische" Bestandteile des Schecks

Die Scheckvordrucke enthalten außerdem weitere Bestandteile, die nicht vorgeschrieben sind.

- **Laufende Schecknummer**
  Sie dient der Kontrolle, z. B. bei Sperrung abhanden gekommener Schecks.
- **Kontonummer**
- **Bankleitzahl**
- **Schecksumme in Ziffern**
  Die Wiederholung in Ziffern ermöglicht eine schnelle Erfassung der Summe.
- **Name des Zahlungsempfängers und Überbringerklausel**
  Das Kreditinstitut kann vom Scheckinhaber vor der Auszahlung des Betrages verlangen, dass er sich ausweist. Es ist dazu aber nicht verpflichtet.
  Die Scheckvordrucke enthalten gewöhnlich den Vermerk „… oder Überbringer" (Überbringerklausel). Diese Klausel besagt, dass das Kreditinstitut an jeden Vorleger auszahlen darf. Sie darf nicht gestrichen werden.

Diese Bestandteile erleichtern die Abwicklung des Scheckverkehrs.

6.4 Inhaber- und Orderscheck

6.4.1 Wertpapiere

Als Wertpapier wird eine Urkunde über Rechte bezeichnet, deren Ausübung an den Besitz der Urkunde gebunden ist[1]. Der aus dem einem Wertpapier Verpflichtete muss Leistungen nur gegen Vorlage und Übergabe des Papiers erbringen.

> **Beispiel: Scheck**
> Der Scheck und verbrieft das Recht auf Auszahlung der Schecksumme. Dazu muss der Scheckinhaber im Besitz des Schecks sein und ihn der Bank übergeben. Ohne Übergabe keine Zahlung!

Die Rechte an und aus Wertpapieren können übertragen werden. So kann der Schecknehmer sein Recht am Scheck und auf Zahlung auf einen Dritten übertragen. Je nachdem, ob es sich um einen Orderscheck oder einen Inhaberscheck handelt, muss er dabei unterschiedlich vorgehen.

---

[1] Urkunden sind grundsätzlich schriftliche Gedankenäußerungen. Das Strafrecht definiert schärfer: Urkunde ist „jeder Gegenstand, der eine Gedankenerklärung enthält, die geeignet und bestimmt ist, im Rechtsverkehr Beweis zu erbringen und die einen Aussteller erkennen lässt" (Creifelds, Rechtswörterbuch, München 2000). Beispiele: Brief, Ausweise, Fahrkarte.

6.4.2 Orderscheck (Namensscheck)

Der Scheck ist nach dem Scheckrecht grundsätzlich ein Orderscheck. Sein Text lautet: „Zahlen Sie ... an XY", ohne den Zusatz „oder Überbringer". In Deutschland ist außerdem auf einem roten Randstreifen das Wort „Orderscheck" eingedruckt.

Der Orderscheck gehört zur Wertpapiergruppe der **Orderpapiere**. Für diese gilt: Das Recht am Papier (Eigentumsrecht) und aus dem Papier (beim Scheck: Zahlungsanspruch) ist einer im Papier genannten Person, nämlich dem Schecknehmer, zugesagt. Diese kann es durch ein Indossament[1] (Übertragungsvermerk auf der Rückseite) auf einen Dritten übertragen. Der Dritte kann das Gleiche tun usw. Der Aussteller haftet so beim Scheck jedem neuen Scheckeigentümer für die Zahlung. Diese kann er nur bei direkten und fälligen Gegenansprüchen verweigern. Man nennt deshalb den Orderscheck eine **„abstrakte"**[2] **Zahlungsanweisung**. Sie ist losgelöst von dem ursprünglichen Warenkauf (oder einem anderen Basisgeschäft).

Der Übertragende heißt Indossant, der Empfänger Indossatar.

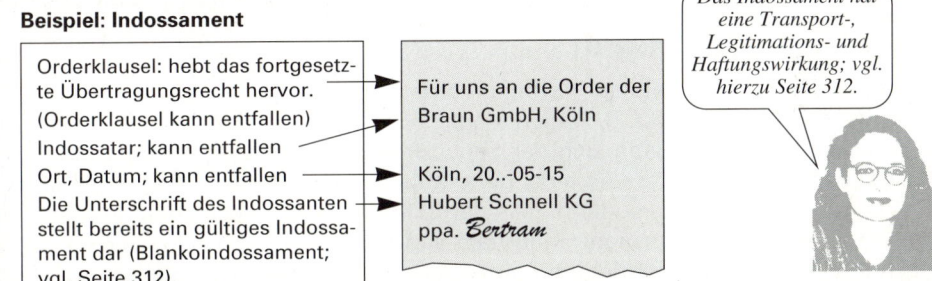

Beispiel: Indossament

Orderklausel: hebt das fortgesetzte Übertragungsrecht hervor. (Orderklausel kann entfallen)
Indossatar; kann entfallen
Ort, Datum; kann entfallen
Die Unterschrift des Indossanten stellt bereits ein gültiges Indossament dar (Blankoindossament; vgl. Seite 312)

Für uns an die Order der Braun GmbH, Köln

Köln, 20..-05-15
Hubert Schnell KG
ppa. *Bertram*

Das Indossament hat eine Transport-, Legitimations- und Haftungswirkung; vgl. hierzu Seite 312.

Auch die Weitergabe des Orderschecks an ein Kreditinstitut zum Einzug erfordert ein Indossament. Dieses spezielle Inkassoindossament kann den Zusatz „zum Einzug" erhalten. Es überträgt dann nur den Scheckbesitz, nicht das Eigentum am Scheck.

In der Praxis ist es nicht üblich, Schecks zahlungshalber an Dritte weiterzugeben. Jedoch müssen die Kreditinstitute bei Orderschecks prüfen, ob die Kette der Indossamente lückenlos und der Einreicher als Scheckeigentümer legitimiert ist.

Orderschecks kommen in Deutschland im Scheckverkehr mit dem Ausland vor (vor allem als im Ausland ausgestellte Schecks). Bisweilen verlangen Unternehmen von ihrer Bank für bestimmte Zwecke Orderscheckformulare (z. B. Versicherungen für ihre Schadenersatzzahlungen).

6.4.3 Inhaberscheck

Die in Deutschland gebräuchlichen Schecks gehören zur Wertpapiergruppe der Inhaberpapiere. Das Recht am und aus dem Papier ist dabei jedem (berechtigten) Inhaber zugesagt, der es – ohne Indossament – durch einfache Einigung und Übergabe auf Dritte übertragen kann. Der Scheck wird durch die eingedruckte Überbringerklausel zum Inhaberscheck. Sie berechtigt das bezogene Kreditinstitut zur Auszahlung des Scheckbetrages an jeden Einreicher ohne Legitimationsprüfung. Die **Bank darf** aber die Legitimation prüfen. Bei erkennbar unberechtigter Vorlage und gefälschter Unterschrift darf sie nicht auszahlen. Auch der Inhaberscheck ist eine abstrakte Zahlunganweisung.

---

[1] (ital.) in dosso = auf dem Rücken. Weitere Einzelheiten zum Indossament finden Sie auf Seite 312.
[2] (lat.) abstractus = weggezogen, losgelöst

6.5 Vorlegungsfristen

Vorlegungsfristen für Schecks (Scheckgesetz Art. 29)
Inlandschecks **8 Tage**. Inlandsschecks sind in der Bundesrepublik Deutschland ausgestellt **Auslandschecks** **20 Tage**, wenn Ausstellungsort und Zahlungsort sich in Europa befinden; Mittelmeeranrainerländer gelten dabei als europäische Länder. **70 Tage**, wenn Ausstellungsort und Zahlungsort sich außerhalb Europas befinden.

Nach Ablauf der Vorlegungsfristen ist das bezogene Kreditinstitut nicht mehr verpflichtet, den Scheck einzulösen. Es kann ihn aber noch einlösen, wenn der Aussteller ihn nicht inzwischen widerrufen hat.

Vordatierte Schecks dürfen sofort, also schon vor dem angegebenen Ausstellungstag, vorgelegt werden und sind dann sofort zahlbar.

6.6 Scheckrückgriff

Wird der Scheck innerhalb der Verlegungsfrist dem bezogenen Kreditinstitut vorgelegt, aber nicht eingelöst (z. B. wegen mangelnder Deckung, Formmängeln, Sperrung durch den Aussteller), kann sich der Scheckinhaber die Nichteinlösung durch den Vermerk „Vorgelegt am ... und nicht bezahlt" auf dem Scheck bescheinigen lassen[1]. Der Scheckinhaber muss sodann, falls der Scheck durch Indossament auf ihn übertragen wurde, seinen Vormann innerhalb von 4 Tagen von der Nichteinlösung benachrichtigen. (Die Benachrichtigung des Ausstellers erfolgt automatisch durch das Kreditinstitut.)

Der Scheckinhaber hat dann gegenüber dem Aussteller und den Vorleuten ein **Rückgriffsrecht**. Er kann von ihnen verlangen:

- Schecksumme,
- Zinsen (2 % über dem Basiszinssatz[2], mindestens 6 % seit dem Tag der Vorlegung),
- $1/3$ % Provision aus dem Scheckbetrag,
- Ersatz der entstandenen Kosten.

Voraussetzung: Beachtung der Vorlegefrist!

Verweigern Aussteller oder Vormann die Zahlung, so kann der Scheckinhaber mit Scheckmahnbescheid oder Scheckklage vorgehen. Sie entsprechen Wechselmahnbescheid und Wechselklage[3].

6.7 Verlust eines Schecks

Geht ein Scheck verloren, so muss man damit rechnen, dass ein unredlicher Finder ihn sofort bei dem bezogenen Kreditinstitut vorlegt, das ihm den Scheckbetrag ohne weiteres auszahlt bzw. auf seinem Konto gutschreibt.

---

[1] Es ist zu beachten, dass die Kreditinstitute sich in ihren AGB das Recht einräumen, bereits erfolgte Belastungen des Kontoinhabers wieder zu stornieren, insbesondere, wenn das Konto nicht gedeckt ist. Der Scheck gilt deshalb erst dann als eingelöst, wenn die Belastung des Ausstellerkontos nicht spätestens am 2. Buchungstag nach der Belastungsbuchung storniert wird.

[2] Ein von der Deutschen Bundesbank vierteljährlich festgesetzter Zinssatz.

[3] Vgl. S. 314

Beim Verlust eines Schecks sollte der Aussteller daher das bezogene Kreditinstitut umgehend benachrichtigen und den Scheck sperren lassen. Das Kreditinstitut muss dieser Aufforderung nachkommen, sogar innerhalb der Vorlegungsfrist[1].

Der Aussteller kann ferner beim Amtsgericht des Zahlungsortes das Aufgebotsverfahren (Amortisation) beantragen, das nach Ablauf einer Aufgebotsfrist zur Kraftloserklärung des Schecks führt.

Grundsätzlich lehnen die Kreditinstitute in ihren „Allgemeinen Geschäftsbedingungen" jede Haftung ab, wenn Schecks durch Nachlässigkeit des Kunden missbräuchlich verwendet werden. Alle Folgen des Verlustes, der missbräuchlichen Verwendung, der Fälschung und Verfälschung von Schecks trägt demnach der Kunde.

Arbeitsaufgabe

Aus einem Brief der Erna Fink OHG an die August Sperber KG: „Zum Ausgleich Ihrer Rechnung Nr. 1112 / 93 senden wir ihnen als Anlage einen Scheck über 1 679,88 EUR auf die X-Bank Y-Hausen ..."

a) Um welche der folgenden Scheckarten wird es sich in diesem Fall wahrscheinlich handeln?
   (1) Orderscheck (Namensscheck), Inhaberscheck
   (2) Barscheck, Verrechnungsscheck
   Erläutern Sie Ihre Ansicht und erklären Sie die wesentlichen Unterschiede zwischen den angeführten Scheckkarten.
b) Besorgen Sie sich ein Scheckformular und stellen Sie den Scheck aus.
c) Welche Eintragungen müssen Sie unbedingt vornehmen? Welche sind nicht vorgeschrieben, aber nützlich?
d) Auf welchem Weg wird die August Sperber KG in den Besitz des Scheckbetrages gelangen?
e) Unter welchen Bedingungen wird die X-Bank den Scheck nicht einlösen?
f) Auf dem Scheckformular finden Sie eine Bankleitzahl aufgedruckt. Was bedeutet diese Zahl und wozu dient sie?
g) Um das Risiko im Falle des Scheckverlusts zu verringern, streichen Sie auf dem Scheck die Wörter „oder Überbringer" durch. Erzielen Sie die gewünschte Wirkung?
h) Der Scheck wird am 24. Mai bei der X-Bank zur Einlösung vorgelegt. Da die Erna Fink OHG sich zurzeit in Zahlungsschwierigkeiten befindet, hat sie in der Zwischenzeit den Scheck sperren lassen.
   ● Was bewirkt die Sperrung des Schecks?
   ● Muss die X-Bank die verlangte Schecksperrung befolgen?
   ● Welche Maßnahmen wird die Walter Fink OHG ergreifen?

7 Zahlung durch Wechsel

7.1 Kreislauf des Wechsels

Die Großhandlung Huth & Söhne bestellt bei der Spirituosenfabrik Walter Diekers KG Spirituosen für 6 000,00 EUR. Die Zahlung ist fällig am 31. Aug. 20... Wegen der sommerlichen Absatzflaute hat die Firma Huth nicht genügend Barmittel, weiß aber aus Erfahrung, dass die bestellten Waren spätestens nach drei Monaten verkauft sein werden. Sie möchte deshalb ein Zahlungsziel von drei Monaten.

Die Firma Diekers dagegen sieht lieber Bargeld. Sie will zwar das Geschäft abschließen, hat aber selbst Verbindlichkeiten gegenüber der Dausenauer Glas AG für einen Flaschenkauf über 8 000,00 EUR. Durch einen Wechsel kann beiden Partnern geholfen werden: Diekers ist bereit, einen Wechsel von Huth in Zahlung zu nehmen. Dausenauer Glas hat sich seinerseits bereit erklärt von Diekers Wechsel anzunehmen.

---

[1] BGH-Urteil vom 13. Juni 1988

Die Firma Diekers stellt den Wechsel aus. Der Wechseltext enthält eine Anweisung an Huth & Söhne, am 30. Nov. an Dausenauer Glas AG die Summe von 6 000,00 EUR zu zahlen. Man sagt: Diekers zieht den Wechsel auf Huth. Ein solcher Wechsel heißt deshalb **gezogener Wechsel** oder **Tratte**[1].

Die Firma Huth & Söhne heißt Bezogener (oder Akzeptant).

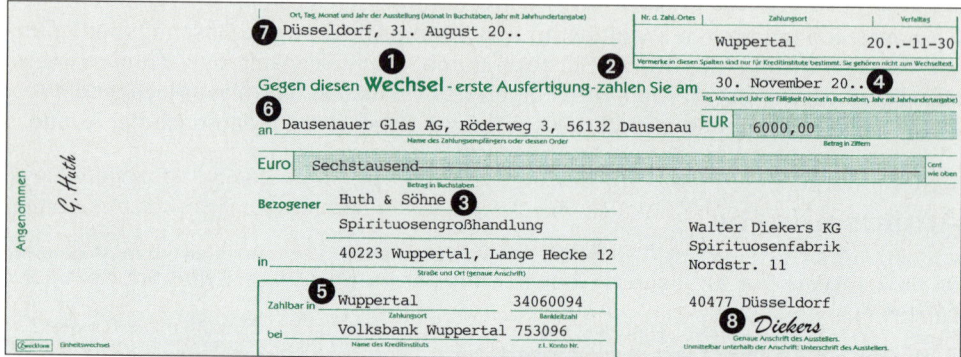

Der gezogene Wechsel ist eine Anweisung des Ausstellers an den Bezogenen, eine bestimmte Summe an einem bestimmten Termin an den Wechselnehmer zu zahlen. Die Zahlungsanweisung darf nicht an eine Bedingung geknüpft sein. Ein Schuldgrund darf nicht gegeben werden.

Das Wechselgesetz schreibt mehrere Bestandteile vor:

❶ **Bezeichnung als Wechsel im Text der Urkunde**

❷ **Unbedingte Anweisung, eine bestimmte Summe zu zahlen**

❸ **Name des Bezogenen**

❹ **Angabe der Verfallzeit**

❺ **Angabe des Zahlungsortes**
Der Wechsel kann an einem beliebigen Ort zahlbar gestellt werden. Fehlt die Angabe, so gilt der beim Namen des Bezogenen angegebene Ort als Zahlungsort. Um die Einlösung zu erleichtern, wird meist die Bank des Bezogenen als Zahlungsort angegeben (sog. Zahlstellenvermerk).

❻ **Angabe des Wechselnehmers**
Der Wechsel kann an eigene oder fremde Order ausgestellt werden.

❼ **Ort und Tag der Ausstellung**

❽ **Eigenhändige Unterschrift des Ausstellers**
Durch seine Unterschrift haftet der Aussteller für die Akzeptierung und Einlösung des Wechsels.

Huth unterschreibt die Tratte am linken Rand und akzeptiert durch dieses **Querschreiben** verbindlich die Anweisung von Diekers. Den akzeptierten Wechsel nennt man ebenso wie die Unterschrift **Akzept**.[2]

---

[1] von (lat.) trahere = ziehen
[2] von (lat.) acceptare = annehmen

Arten des Akzepts		
Kurzakzept	**Vollakzept**	**Avalakzept**[1]
besteht nur aus der Unterschrift des Bezogenen.	enthält Ort, Datum, Unterschrift (notwendig bei Nach-Sichtwechseln).	ist das zusätzliche Akzept eines selbstschuldnerisch haftenden Bürgen. Von ihm kann unmittelbar Zahlung verlangt werden.
Angenommen *Huth*	Angenommen Wuppertal, 1. Sept. 20.. *Huth*	per Aval *Berger*

Banken übernehmen z. B. Wechselbürgschaften, insbesondere im Außenhandel.

Man sollte niemals ein Akzept auf einem leeren oder unvollständig ausgefüllten Wechselformular leisten (sog. Blankoakzept). Insbesondere ist Vorsicht bei fehlendem Eintrag der Wechselsumme geboten!

Durch den Annahmevermerk haftet der Bezogene nach den Bestimmungen des Wechselgesetzes für die Einlösung des Wechsels am Verfalltag.

Diekers erhält das Akzept zurück und gibt es an die Dausenauer Glas AG zur Zahlung weiter. Die Dausenauer Glas AG heißt deshalb **Wechselnehmer** oder **Remittent**[2], der weitergegebene Wechsel trägt den Namen **Rimesse**.

Am 30. Nov. legt die Dausenauer Glas AG den Wechsel dem Bezogenen zur Einlösung vor.

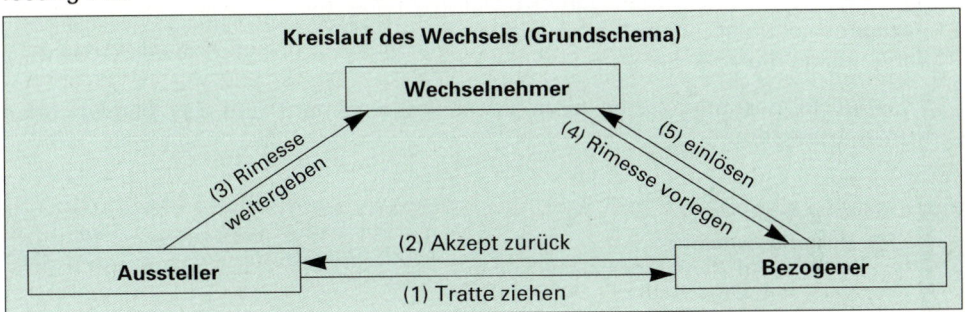

Es ist in der Praxis eigentlich die Ausnahme, dass der Aussteller bereits bei der Wechselziehung einen Wechselnehmer kennt. Er setzt sich deshalb oft selbst als Wechselnehmer ein: „...zahlen Sie ... an mich" oder „... zahlen Sie ... an eigene Order". Er kann den Wechsel durch ein Indossament weitergeben („beordern"). Der Wechsel ist nämlich rechtlich wie der Scheck ein Wertpapier, und zwar ein Orderpapier. Die Ausführungen über die Weitergabe von Orderschecks gelten deshalb sinngemäß auch für den Wechsel.

7.2 Handelswechsel und Finanzwechsel

Der Wechsel im obigen Beispiel wurde ausgestellt, um einen Warenkauf durch die Firma Huth & Söhne zu finanzieren. Ein solcher Wechsel wird als **Handelswechsel** bezeichnet. In der Regel reicht die Zeitspanne bis zum Verfalltag aus, um die Ware weiterzuverkaufen. Mit dem Verkaufserlös kann der Wechsel am Zahlungstag eingelöst werden.

---

[1] (frz.) aval = Bürgschaft
[2] von (lat.) remittere = zurückschicken, übergeben

Einem **Finanzwechsel** liegt kein Warenumsatz zugrunde. Er dient lediglich der kurzfristigen Geldbeschaffung und bietet nicht die Sicherheit des Handelswechsels.

> **Beispiel:**
> Die Säumig OHG verfügt momentan nicht über ausreichende flüssige Mittel zur Begleichung ihrer Schulden. Ein Geschäftsfreund erklärt sich bereit, einen Wechsel der Säumig OHG zu akzeptieren. Diese begleicht damit ihre Lieferverbindlichkeiten und bemüht sich vor dem Zahlungstag das Geld zu beschaffen und dem Bezogenen für die Wechseleinlösung zur Verfügung zu stellen.

Finanzwechsel sind bedeutend weniger sicher als Handelswechsel. Ausnahme: Bisweilen gestatten Banken guten Kunden, Wechsel auf sie zu ziehen. Solche „Bankakzepte" sind besonders sicher und werden deshalb von jedem Lieferer – auch im Ausland – gern in Zahlung genommen.[1]

7.3 Verwendung des Wechsels

- Der Aussteller kann den Wechsel bis zum Verfalltag **aufbewahren**. Er gewährt so seinem Kunden bis zum Verfalltag einen Kredit. Der Wechsel dient als **Kreditmittel**.

- Der Aussteller kann den Wechsel zahlungshalber an einen Lieferer weitergeben. Er dient dann als Zahlungsmittel. Der Lieferer kann ihn wiederum an einen „Nachmann" weitergeben. Jede Weitergabe erfolgt mit einem **Indossament**. Der Bezogene schuldet jedem Nachmann am Zahlungstag die volle Leistung.

> **Wirkungen eines Indossaments**
> 1. Übertragung des Eigentums am Wechsel (**Transportwirkung**);
> 2. der Inhaber kann sich als Eigentümer ausweisen (**Legitimationswirkung**);
> 3. Wer indossiert, haftet den Nachleuten für die Einlösung (**Haftungswirkung**).

Wichtige Indossamentsarten sind das Vollindossament und das Blanko- oder Kurzindossament.

Beispiel: Indossament

❶ **Vollindossament**
enthält den Namen des Nachmannes (ggf. mit Orderklausel), Ort, Datum, Unterschrift.

❷ **Blanko- oder Kurzindossament**
enthält nur die Unterschrift des Vormanns. Das Blankoindossament macht den Wechsel zum Inhaberpapier: Jeder Inhaber kann seinen eigenen Namen oder den seines Nachmanns über die Unterschrift des Vormanns setzen (genügend Platz lassen!) oder aber den Wechsel blanko, also ohne Namensnennung, weitergeben. Man verwendet das Blankoindossament, wenn man nicht sicher ist, ob der Gläubiger den Wechsel in Zahlung nehmen wird.

> Für uns an die Order der Maschinenfabrik Selm GmbH, Bielefeld ❶
>
> Dausenau, 20..-09-12
>
> Dausenauer Glas AG
> ppa.   i. V.
> *Müller*   *Clemens*
>
> Selm GmbH
> Maschinenfabrik ❷
> *Selm*

- Der jeweilige Wechselinhaber kann den Wechsel vor dem Verfalltag an eine Bank **verkaufen**, die ihn diskontiert, d. h. den Gegenwert unter Abzug von Zinsen (Diskont) bis zum Verfalltag auszahlt. Die Banken kaufen nur Handelswechsel an. Auch der Verkauf an die Bank erfordert ein Indossament des Wechselinhabers.

---

[1] Vgl. auch S. 347

Die Banken können sich durch Kreditaufnahme bei der Landeszentralbank (LZB) refinanzieren. Zu den hierfür notwendigen Sicherheiten gehören auch Handelswechsel. Die LZB beleiht sie mit einem Beleihungswert von 98 %.

Die LZB übernimmt auch den Einzug der hereingenommenen Wechsel am Zahlungstag beim Bezogenen.

- Der Wechselinhaber kann den Wechsel vor dem Verfalltag seiner Bank gegen Berechnung einer Provision **zum Einzug einreichen**.

Der Wechselinhaber muss den Wechsel am Zahlungstag oder einem der beiden folgenden Werktage dem Bezogenen am Zahlungsort innerhalb der ortsüblichen Geschäftszeit auf seine Kosten (Holschuld!) zur Einlösung präsentieren, die Zahlung quittieren und den Wechsel aushändigen.

Der Zahlungstag ist der Verfalltag. Wenn dieser auf einen Samstag, Sonntag oder gesetzlichen Feiertag fällt, so ist der nächste Werktag Zahlungstag.

7.4 Notleidender Wechsel

Der Wechsel ist eine durch die besondere Strenge des Wechselgesetzes geschützte Urkunde. Die Wechselstrenge zeigt sich deutlich, wenn der Bezogene den Wechsel nicht einlöst.

- Der Wechselinhaber muss dann am 1. oder 2. Werktag nach dem Zahlungstag **„Protest erheben"**, d. h. sich die Nichteinlösung auf dem Wechsel amtlich bestätigen lassen. Die Protesturkunde kann ausgestellt werden durch den Gerichtsvollzieher oder durch den Notar. Sie wird an den Wechsel geklebt.
- Der Wechselinhaber muss seinen Vormann und den Aussteller binnen 4 Tagen benachrichtigen, jeder Vormann den eigenen Vormann binnen 2 Tagen (**Notifikationspflicht**).
- Der Wechselinhaber kann nun in beliebiger Reihenfolge auf Vorleute und Aussteller **Rückgriff** (Regress) nehmen, d. h. sofortige Zahlung verlangen.

Beispiel: Wechsel-Rückrechnung

Brief des letzten Wechselinhabers Konrad Winters an Maschinenfabrik Selm GmbH (Auszug)

Betreff
Wechsel-Rückrechnung

Den uns in Zahlung gegebenen Wechsel über

6 000,00 EUR zum 30.11.20.. auf Huth & Söhne

erhalten Sie in der Anlage mangels Zahlung protestiert zurück. Mit dem Betrag der folgenden Rückrechnung haben wir Ihr Konto, Wert 30.11.20.., belastet und bitten um Begleichung.

Hochachtungsvoll

Konrad Winters

Wechsel-Rückrechnung

Wechsel-Betrag	6 000,00 EUR
Protestkosten	20,00 EUR
Postspesen für Benachrichtigung und Hersendung	1,60 EUR
7 % Zinsen für 5 Tage	5,83 EUR
1/3 % Provision	20,00 EUR
Gesamtbetrag	6 047,43 EUR

Der Wechselinhaber kann verlangen:

- **Wechselsumme**
- **Protestkosten**
- **Auslagen**
- **Zinsen** seit dem Verfalltag (2 % über dem Basiszinssatz, mindestens aber 6 %)
- **1/3 % Provision** aus der Wechselsumme

- Der beanspruchte Vormann kann gegen Zahlung Wechsel und Quittung verlangen, sein Indossament und das seiner Nachleute durchstreichen und entsprechend auf seine Vorleute zurückgreifen. Der Wechsel landet so letztlich beim Aussteller. (Die Angabe seiner Anschrift kann dem Aussteller ebenfalls Kosten ersparen, weil der Wechsel sofort an ihn zurückgereicht werden kann).
  Werden die Vorleute der Reihe nach in Anspruch genommen, so spricht man von einem **Reihenregress**. Werden Vorleute übersprungen, so liegt ein **Sprungregress** vor. Er verschont die Übersprungenen.

- Wird ein Wechselinhaber beim Rückgriff nicht befriedigt, so kann er gegen seine Vorleute, den Aussteller und den Bezogenen bei einem einzigen Gericht gleichzeitig vorgehen, indem er einen **Wechselmahnbescheid** erwirkt oder eine **Wechselklage** einreicht. Dabei kommt dem Wechselinhaber zugute:
  - Als Beweismittel sind nur die Wechselurkunde selbst, die Protesturkunde und die Aussagen der Parteien zulässig, nicht etwa andere Schriftstücke oder Zeugenaussagen (Urkundenprozess).
  - Der Beklagte kann nur Einwendungen gegen die Wechselurkunde selbst (Fälschung, Formmangel, Unterlassung des Protestes) oder direkte Gegenansprüche gegen den Kläger geltend machen (Stundung, Mängelrüge, Aufrechnung). Man nennt den Wechsel deshalb ein „abstraktes Zahlungsversprechen". Er ist losgelöst von dem ursprünglichen Warengeschäft.

    > **Beispiel:**
    > In unserem Eingangsbeispiel könnten etwa Huth & Söhne gegenüber der Dausenauer Glas AG nicht die Zahlung verweigern, weil sie eine Mängelrüge gegenüber dem Aussteller anzubringen haben. Diese Einrede können sie nur anbringen, wenn Diekers klagt. Jeder spätere Wechselinhaber muss sich auf die Einlösung des Wechsels verlassen können, gleich welche Ansprüche zwischen Aussteller und Bezogenem bestehen.

  - Das Urteil (bzw. der Mahnbescheid nach Fristablauf) wird sofort für vollstreckbar erklärt. Der Schuldner kann gepfändet werden.

Wirtschaftlich bedeutet ein zu Protest gegangener Wechsel für den Bezogenen den **Verlust der Glaubwürdigkeit und der Kreditwürdigkeit**. Er wird in Zukunft nur sehr schwer Kredite bekommen können.

Die Banken halten die „schwarzen Schafe" in Protestlisten fest!

Arbeitsaufgaben

1. Aus einem Schreiben der Walter Diekers KG an die Dausenauer Glas AG:
   „Zum Ausgleich Ihrer Rechnung Nr. 421 vom 20. Jan. 20.. senden wir Ihnen – wie vereinbart – als Anlage unser Akzept über 11 000,00 EUR, zahlbar an eigene Order und fällig am 22. April 20.. bei Deutsche Bank, Düsseldorf, Konto 534 123. Wir bitten um Gutschrift und Empfangsbestätigung."
   a) Fertigen Sie den gezogenen und akzeptierten Wechsel auf einem Wechselformular aus (3-Monats-Wechsel, Kurzakzept).
   b) Aus welchem Grund wurde die Wechselbeziehung höchstwahrscheinlich vereinbart? Darf dieser Grund auf dem Wechsel angegeben werden?
   c) Welche Kosten entstehen für Diekers?
   d) Wie werden die an diesem Wechselgeschäft Beteiligten bezeichnet? Welche weiteren Beteiligten können auftreten?
   e) Warum wurde der Wechsel höchstwahrscheinlich „an eigene Order" ausgestellt? Erläutern Sie den Unterschied gegenüber der „fremden Order".

f) Wie kann Dausenauer Glas den Wechsel verwenden? Welche Bedeutung hat dabei das Indossament?
g) Dausenauer Glas bezahlt mit dem Wechsel eine Rechnung der Krux GmbH. Bringen Sie hierfür ein Kurzindossament an.
h) Krux reicht den Wechsel am 1. Feb. bei der Dresdner Bank, Mainz, zum Diskont ein. Die Bank besteht darauf, dass Krux das Indossament von Dausenauer Glas vervollständigt. Erläutern Sie den Grund und bringen Sie auch das Indossament von Krux an.
i) Die Bank stellt 9 % Diskont in Rechnung. Berechnen Sie den Barwert des Wechsels.
j) Der Wechsel wird zur Refinanzierung der LZB übergeben. Wo und wann wird die LZB ihn zur Einlösung präsentieren?
k) Zu welchen Vorgängen wird es kommen, falls der Wechsel bei Fälligkeit nicht eingelöst werden sollte?
l) Aus welchen Gründen ist Diekers außerordentlich an der pünktlichen Einlösung des Wechsels interessiert?

2. **Der Scheck ist Zahlungsmittel, der Wechsel in erster Linie Kreditmittel.**
   Nennen Sie zwei Punkte, durch die dieser Unterschied deutlich zum Ausdruck kommt.

3. **Man spricht von einer besonderen gesetzlichen „Wechselstrenge".**
   Geben Sie alle Regelungen an, in denen sich diese Strenge äußert.

4. **Der Wechsel wird als „abstraktes Zahlungsversprechen" bezeichnet.**
   Erläutern Sie, was damit gemeint ist.

8 Finanzierung und Investition im Unternehmenskreislauf

> Herr Schramm ist gelernter Bauschlosser. Er hat die Meisterprüfung abgelegt. Seit langem schon träumt er vom eigenen Betrieb. Er hat bereits eine gewisse Summe angespart, als ihm der Zufall noch mit einem hohen Lottogewinn zu Hilfe kommt.
>
> Nun wagt Herr Schramm den Sprung: Mit seinem Geld und einem Bankkredit kann er ein Grundstück, Baumaterial und Arbeitskräfte für einen Werkstattbau, Maschinen und Werkzeuge finanzieren. So legt er das eigene und fremde Kapital in Betriebsvermögen an. Es verbleibt noch ein Betrag, mit dem Herr Schramm Werkstoffe beschaffen kann. Damit beginnt ein Kreislauf von Sachgütern und Geldwerten, der andauern wird, so lange die Unternehmung besteht: Die Werkstoffe werden verarbeitet, die Produkte verkauft. Auch abgenutzte Betriebsmittel werden veräußert. Durch die Verkäufe fließen Geldwerte in den Betrieb zurück. Einen Teil davon muss Herr Schramm dem Betrieb für seinen privaten Lebensunterhalt und für die Rückzahlung des Kredits entziehen, den anderen Teil kann er für den Einkauf neuer Werkstoffe, den Ersatz der abgenutzten Betriebsmittel und den Kauf zusätzlicher Betriebsmittel verwenden. Damit beginnt der Kreislauf von neuem. Reichen die betrieblichen Erlöse nicht zur Durchführung der geplanten Investitionen aus, so kann Herr Schramm dem Betrieb auch neues Kapital in Form von Einlagen oder neuer Kredite zuführen.

Das Betriebsgeschehen zeigt immer wiederkehrende Kreisläufe mit Geld- und Güterströmen.

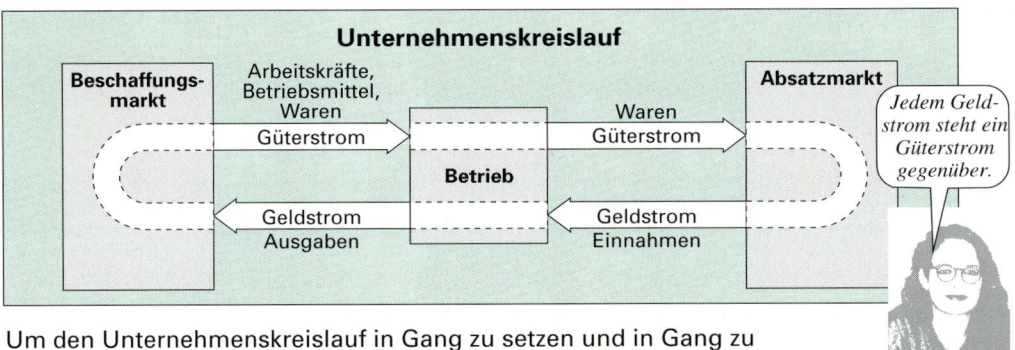

Um den Unternehmenskreislauf in Gang zu setzen und in Gang zu halten, muss Kapital bereitgestellt werden.

Kapital im betriebswirtschaftlichen Sinn sind Mittel – Geldmittel und Sachmittel – die für produktive Zwecke bereitgestellt werden. Kapitalbeschaffung bedeutet *Finanzierung*, Kapitalentzug *Entfinanzierung*.

Die Anlage von Kapital in Vermögensteilen für produktive Zwecke heißt *Investition*. Investition beinhaltet Kapitalbindung. Der umgekehrte Vorgang, die Kapitalfreisetzung, heißt *Desinvestition*.

Finanzierung und Investition		
Die Kapitalbeschaffung erfolgt zuerst durch Einlagen der Eigentümer (Eigenkapital) und Kredite (Fremdkapital). Die bereitgestellten Mittel können Geld- und Sachmittel (Betriebsmittel oder Werkstoffe) sein.	▷	Kapital zuführende Einnahmen durch Eigen- oder Fremdkapital heißen **Außenfinanzierung**.
Die Beschaffung der Betriebsmittel und Werkstoffe bindet das Kapital in Sachwerten.	▷	Kapitalbindung in Sachwerten bedeutet **Sach- oder Realinvestition**.

Durch die Produktion werden Werkstoffe zu Fertigprodukten. Dies bedeutet eine Umschichtung von Vermögenswerten.	▷	Die Umschichtung von Vermögenswerten bedeutet **Uminvestitionen**.
Auch durch den Verkauf der Erzeugnisse und den gelegentlichen Verkauf abgenutzter Betriebsmittel werden die Vermögenswerte umgeschichtet: Es entstehen Forderungen.	▷	Forderungen (ebenso die finanzielle Beteiligung an anderen Unternehmen) sind **Finanzinvestitionen**.
Der Eingang der Forderungen durch Bezahlung der fälligen Rechnungen setzt das gebundene Kapital wieder frei.	▷	Kapitalfreisetzung bedeutet **Desinvestition**.
Die Kapitalfreisetzung ist eine Kapitalbeschaffung von innen her. Das freigesetzte Kapital kann im Betrieb erneut in Sachwerten gebunden oder für Beteiligungen verwendet werden.	▷	Kapital freisetzende Einnahmen bedeuten **Innenfinanzierung**.
Von besonderer Bedeutung ist die Verwendung der freigesetzten Mittel für den Ersatz abgenutzter Betriebsmittel.	▷	Dem Ersatz abgenutzer Betriebsmittel dienen **Ersatzinvestitionen**.
Kapital kann dem Betrieb auch durch Privatentnahmen, Gewinnausschüttung oder Kreditrückzahlung entzogen werden.	▷	Kapitalentzug bedeutet **Entfinanzierung**.

Im Unternehmen vollzieht sich ein ständiger Kreislauf von Finanzierung (Kapitalbeschaffung), Investition (Kapitalbindung) und Desinvestition (Kapitalfreisetzung). Mit der Kapitalbindung sind die Beschaffung, der Einkauf, die Produktion und die Lagerung verbunden. Sie führen zu **Ausgaben und Kapital bindenden Zahlungsströmen**.

Beispiele:
- Bezahlung von Liefererrechnungen für bezogene Werkstoffe
- Bezahlung von Maschineneinkäufen
- Bezahlung von Löhnen

Mit der Kapitalfreisetzung sind der Absatz und der Verkauf verbunden. Sie führen zu Einnahmen und zu **Kapital freisetzenden Zahlungsströmen**.

Beispiele:
- Eingehende Kundenzahlungen für verkaufte Erzeugnisse.
- Eingehende Zahlungen für den Verkauf gebrauchter Maschinen.

Die Kapital bindenden Zahlungsströme liegen gewöhnlich im Zeitablauf vor den Kapital freisetzenden Zahlungsströmen.

Logisch! Zwischen Ein- und Verkauf liegt die Produktion, bei Handelsbetrieben die Lagerung.

Die *Bereitstellung von Kapital* (Finanzierung) überbrückt die Zeitspanne zwischen Kapital bindenden und Kapital freisetzenden Zahlungsströmen.

Finanzierung und Investition hängen eng zusammen. Kapitalverwendung setzt immer Kapitalbeschaffung voraus. Allerdings verlangt eine Kapitalbeschaffung nicht in jedem Fall eine Investition. So kann ein Betrieb einen Kredit aufnehmen um fällige Verbindlichkeiten zu bezahlen. Dann erfolgt keine Investition, sondern eine Umfinanzierung. Umgekehrt kann eine Finanzierung auch ohne Geldmittel erfolgen, wenn ein Teilhaber Sachgüter, z. B. Maschinen, einbringt.

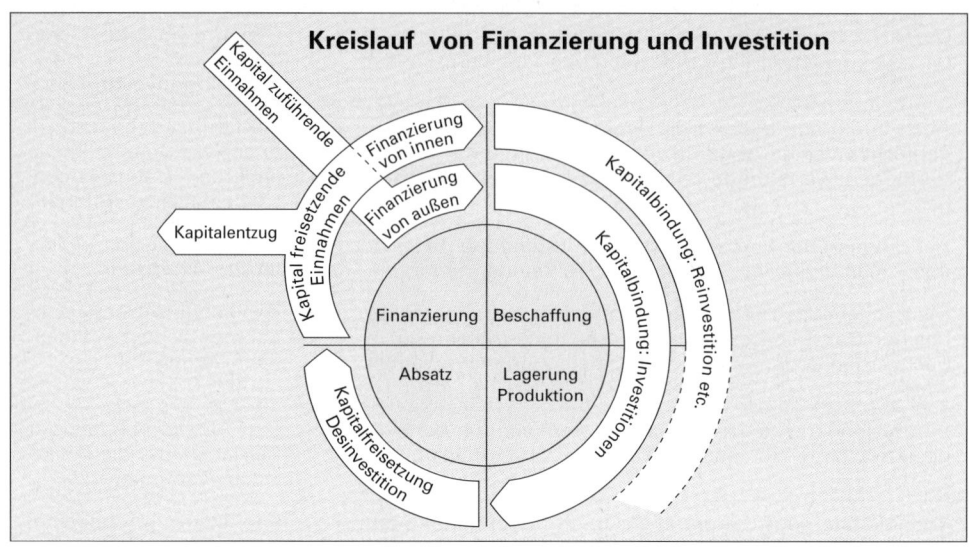

9 Die Bilanz als Spiegel von Investition und Finanzierung

In der Bilanz des Betriebes spiegeln sich die dargestellten Sachverhalte wider.

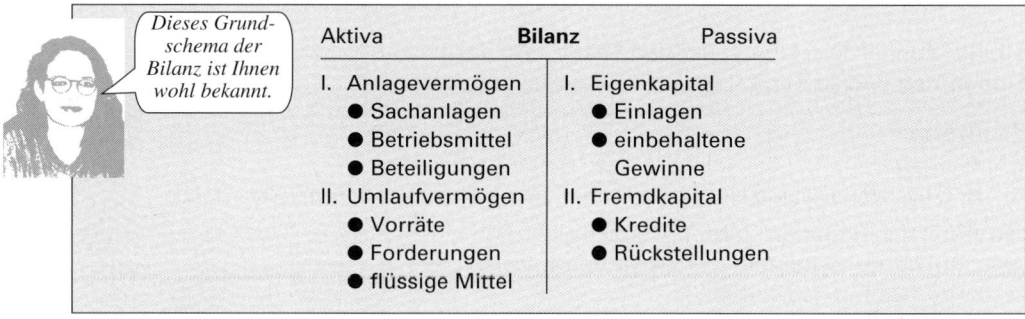

9.1 Passivseite (Finanzierungsseite)

Die Passivseite zeigt die Herkunft der eingesetzten Finanzierungsmittel auf: die Kapitalquellen. Eigenkapital wird von den Eigentümern aufgebracht, Fremdkapital von Gläubigern. Die Passivseite heißt deshalb auch Kapital- oder Finanzierungsseite.

Die auf der Passivseite ausgewiesenen Mittel können dem Betrieb von außen zugeführt worden sein: Einlagen und Kredite. Sie können auch von innen, aus dem Leistungsprozess stammen: Gewinne und Rückstellungen.

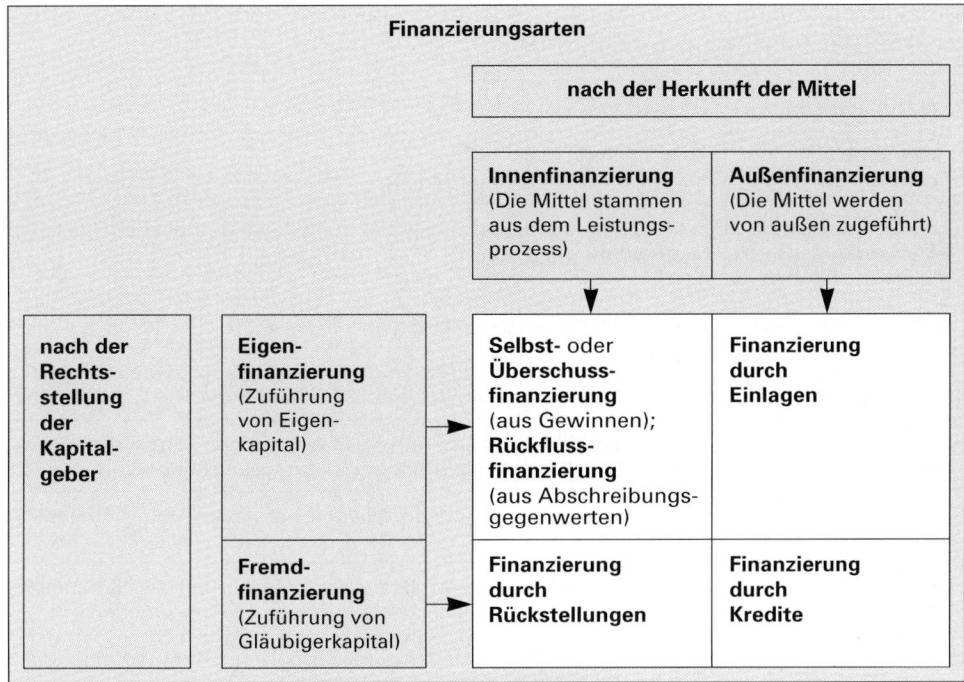

9.2 Aktivseite (Investitionsseite)

Die Aktivseite zeigt die Verwendung der aufgebrachten Finanzierungsmittel auf, ihre Investition in Vermögenswerte: Anlagevermögen und Umlaufvermögen. Die Aktivseite heißt deshalb auch Vermögens- oder Investitionsseite.

Beim Anlagevermögen wie auch beim Umlaufvermögen lassen sich Sach- und Finanzinvestitionen unterscheiden.

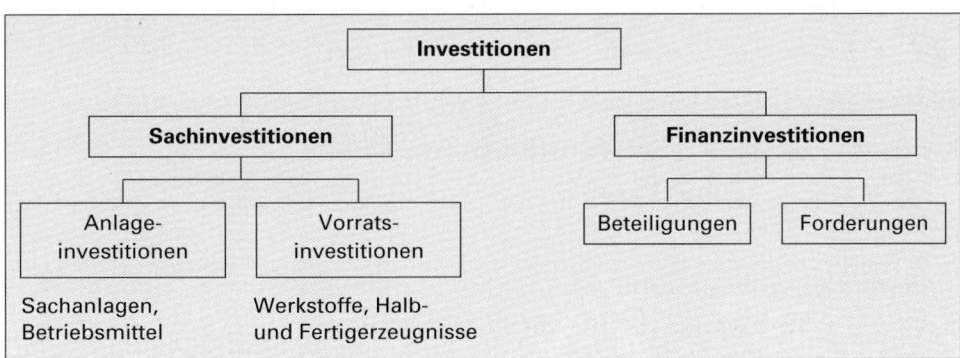

Außerdem enthält die Aktivseite die flüssigen Mittel (Kontoguthaben, Barmittel). Sie sind entweder noch nicht angelegt oder aber in Folge von Verkäufen wieder freigesetzt worden (Desinvestition). Sie stehen für Investitionen zur Verfügung. Dabei sind von besonderer Bedeutung die Abschreibungswerte der Anlagegegenstände. Sie sind – wie alle Kosten – in die Absatzpreise einkalkuliert und fließen so wieder in den Betrieb zurück.

Diese Rückflussfinanzierung ist der Innen- und Eigenfinanzierung zuzurechnen.

Mit jeder Investition werden bestimmte Zwecke oder Ziele verfolgt. Danach unterscheidet man folgende Investitionsarten:

Investitionsarten	Investitionsziele
Gründungsinvestitionen	Bereitstellung des notwendigen Anlage- und Umlaufvermögens bei der Unternehmensgründung
Ersatzinvestitionen (Reinvestitionen)	Ersatz verbrauchter Betriebsmittel durch neue Betriebsmittel (Kapitalerneuerung)
Erweiterungsinvestitionen	Vergrößerung der Kapazität durch zusätzliche oder größere Betriebsmittel (Kapitalneubildung)
Rationalisierungsinvestitionen	Verbesserung der Leistungsfähigkeit durch produktivere oder kostengünstigere Betriebsmittel (Kapitalverbesserung)
Modernisierungsinvestitionen	Anpassung der Betriebsmittel an den technischen Fortschritt; meist verbunden mit Ersatz- oder Rationalisierungsinvestitionen
Umstellungsinvestitionen	Schaffung der Produktionsgrundlagen bei neuen Unternehmenszielen
Sicherungsinvestitionen	Schaffung eines eisernen Bestandes zur Sicherung der laufenden Produktion; Anlage in Sicherheitsbeständen an Finanzmitteln
Sozialinvestitionen	Schaffung von Finanzanlagen zur Absicherung der Mitarbeiter (sie fördern das Gefühl der Zusammengehörigkeit)
Immaterielle Investitionen	Kapitalanlage für Forschung, Werbung, Ausbildung

Arbeitsaufgaben

1. **Investition und Finanzierung bilden im Betrieb einen Kreislauf.**
   Erläutern Sie diesen Kreislauf an Hand der Grafik auf Seite 318. Zeigen Sie dabei, dass die Finanzierung die Zeit zwischen Kapital bindenden und Kapital freisetzenden Zahlungsströmen überbrücken muss.

2. **Zu Beginn des Geschäftsjahres 08 weist die Eröffnungsbilanz der Schraubenfabrik Franz Bresser folgende Bestände auf:**

Aktiva		Bilanz (in EUR)		Passiva
I. Anlagevermögen		I. Eigenkapital		400 000,00
Maschinen	300 000,00	II. Fremdkapital		
Geschäftsausstattung	150 000,00	Darlehen		140 000,00
II. Umlaufvermögen		Verbindlichkeiten		150 000,00
Vorräte	90 000,00			
Forderungen	70 000,00			
Bankguthaben	80 000,00			
	690 000,00			690 000,00

Es vollziehen sich im Laufe des Jahres folgende Vorgänge:
(1) Kauf von Maschinen für 80 000,00 EUR gegen Rechnung,
(2) Kauf von Geschäftsausstattung für 30 000,00 EUR gegen Rechnung,
(3) Einkauf von Vorräten für 220 000,00 EUR gegen Rechnung,
(4) Verbrauch von Vorräten für die Produktion für 215 000,00 EUR,
(5) Verkauf von erstellten Produkten für 350 000,00 EUR gegen Rechnung,
(6) Eingang von Kundenzahlungen für 330 000,00 EUR,
(7) Bezahlung von Verbindlichkeiten 210 000,00 EUR,
(8) Darlehenstilgung 10 000,00 EUR,
(9) Abschreibung von Maschinen 30 000,00 EUR,
(10) Abschreibung von Geschäftsausstattung 15 000,00 EUR,
(11) Entnahme von 50 000,00 EUR durch den Inhaber.

a) Welche Finanzierungs- und Investitionsarten lassen sich bei dieser Unternehmung anhand der Eröffnungsbilanz unterscheiden?
b) Erläutern Sie die Finanzierungs- und Investitionstätigkeit im Ablauf des Geschäftsjahres anhand der Geschäftsfälle.
c) Erstellen Sie das Gewinn- und Verlustkonto, das Privatkonto und das Schlussbilanzkonto. Vergleichen Sie die Anfangs- und Endbestände der Unternehmung und ermitteln Sie:
- den Gesamtumfang und die Änderungen an Anlage-, Vorrats- und Finanzinvestitionen,
- den Umfang der im Geschäftsjahr getätigten Ersatz- und Erweiterungsinvestitonen,
- die Finanzierungsquellen
d) Bestimmte Investitionsarten lassen sich den Unterlagen nicht unmittelbar entnehmen. Nennen Sie diese Investitionsartenund geben Sie an, an welchen Stellen sie ggf. versteckt sind.

3. Alle Finanzierungsvorgänge lassen sich jeweils zwei der folgenden Finanzierungsarten zurechnen: **Eigenfinanzierung, Fremdfinanzierung, Innenfinanzierung, Außenfinanzierung.**
Welche Finanzierungsarten liegen bei folgenden Vorgängen vor?
a) Kapitaleinlage der Gesellschafter
b) Aufnahme eines Hypothekendarlehens
c) Akzeptierung eines Wechsels für ein Importgeschäft
d) Bildung einer Prozessrückstellung
e) Verrechnung von Abschreibungen in den Verkaufspreis
f) Einbehaltung von Gewinnanteilen
g) Überziehung des Bankkontos
h) Bildung stiller Reserven durch überhöhte Abschreibung der Geschäftsausstattung
i) Ausnutzung eines Zahlungszieles von 60 Tagen
j) Barverkauf von Fertigerzeugnissen
k) Einreichung eines Wechsels zum Diskont

10 Investitionsplanung

10.1 Einbettung in die betriebliche Gesamtplanung

Investitionen, insbesondere Anlageinvestitionen, binden über lange Zeit Kapital. Damit ist dieses Kapital einer anderen Gewinn bringenden Verwendung entzogen. Fehlinvestitionen, die nicht zum notwendigen Kapitalrückfluss führen, können sich katastrophal auf den Betrieb auswirken. Sie können ggf. sogar das Insolvenzverfahren nach sich ziehen. Folglich ist darauf zu achten, dass Investitionen Gewinne abwerfen. Sie müssen deshalb gründlich nach Art und Umfang geplant und im Investitionsplan festgehalten werden.

Der Investitionsplan ist eine Aufstellung der für einen bestimmten Zeitraum geplanten Investitionen in einem Betrieb.

Bekanntlich ist die Absatzplanung der grundlegende Ausgangspunkt aller betrieblichen Planungen. Sie liefert die Daten für die Planung von Erträgen und Einnahmen, und an ihr richtet sich die Produktionsplanung aus. Das Absatz- und das Produktionsprogramm sind bestimmend für die Art und Menge der benötigten Bauten, Anlagen, Förderzeuge, Büroausstattungen, Werkzeuge und Materialien, mit anderen Worten: für die Anlage- und Vorratsinvestitionen.

In einer konkreten Situation ist die Investitionsplanung jedoch von betrieblichen Engpassbereichen abhängig: Raum-, Personal- oder Kapitalmangel können gewünschte Investitionen verhindern oder begrenzen. Insbesondere eine gesicherte Finanzierung ist von größter Bedeutung. Deshalb gehen die geplanten Investitionsausgaben stets in die Finanzplanung ein.

Die Finanzplanung erfasst systematisch alle im Planungszeitraum erwarteten Einnahmen, Ausgaben und flüssigen Mittel. Sie ermittelt die Über- und Unterdeckung und plant einen Ausgleich zwischen Einnahmen und Ausgaben.

10.2 Planungsprozess

Bei der Investitionsplanung sind zunächst die **Investitionsziele** festzulegen. Sie sind möglichst weitgehend zu konkretisieren.

Beispiel:
Die Produktionsanlage XY soll durch eine neue Anlage ersetzt werden (Ersatzinvestition). Gleichzeitig soll eine Anpassung an den technischen Fortschritt erfolgen (Modernisierungsinvestition). Insbesondere soll die Geräuschentwicklung 30 Dezibel nicht überschreiten; die Verarbeitungsgenauigkeit muss mindestens 1/1000 mm betragen; die Anlage muss flexibel einsetzbar sein.

Daneben sind alle Daten zu ermitteln, die die Investition begrenzen.

Beispiele:
- gesetzliche Vorschriften
- vorhandener Raum
- vorhandene Energieanschlüsse
- beschaffbare Arbeitsplätze
- Umweltschutz

Anschließend sind **Investitionsgegenstände** (z. B. Anlagen, Maschinen, Transportmittel, Lagerräume) zu suchen, mit denen die Investitionsziele optimal erreicht werden können. Dazu muss eine Vielzahl von Daten über die möglichen Investitionsgegenstände beschafft werden. Es handelt sich einerseits um nicht quantifizierbare, andererseits um quantifizierbare[1] Daten.

---
[1] quantifizierbar = in Messgrößen oder Zahlengrößen umsetzbar

- **Nicht quantifizierbare Daten** können nicht für Investitionsrechnungen benutzt werden. Es handelt sich um **technische und wirtschaftliche Eigenschaften** der Informationsgegenstände. Sie werden mit den gesetzten Investitionszielen und den die Planung begrenzenden Daten verglichen.
- **Quantifizierbare Daten** werden in **Investitionsrechnungen** verarbeitet. Es handelt sich entweder um Kosten und Erträge oder um Ausgaben und Einnahmen, die durch die Investition verursacht werden, sowie um die angestrebte Mindestrendite. Die Verarbeitung dieser Daten liefert Informationen darüber, in welchem Umfang die möglichen Investitionen Kosten einsparen oder Gewinn bzw. Rentabilität bewirken. Man wird sich unter Berücksichtigung der erwähnten Bewertungszahlen sinnvollerweise für die günstigste Alternative entscheiden.

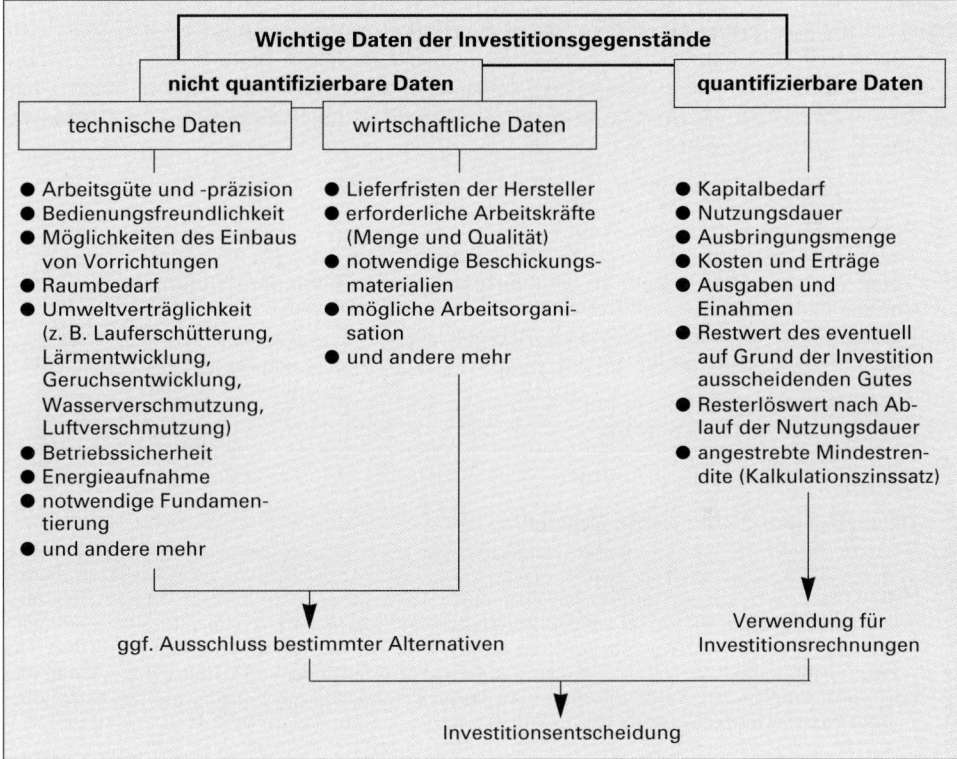

Arbeitsaufgaben

1. **Auf Seite 37 ff. des Lehrbuchs sind die Phasen von Entscheidungsprozessen beschrieben.**
   a) Erläutern Sie das Zustandekommen von Investitionsentscheidungen anhand dieser Ausführungen.
   b) Erläutern Sie die verschiedenen Arten von Daten (Informationen), die für Investitionsentscheidungen benötigt werden.

2. **Wie alle Entscheidungen, so sind auch Investitionsentscheidungen mit Risiken behaftet.**
   a) Nennen Sie mögliche Risiken bei Investitionsentscheidungen und erläutern Sie ihre Ursachen.
   b) Erläutern Sie Möglichkeiten diese Risiken zu begrenzen.

11 Ermittlung des Kapitalbedarfs

> Die Möbelfabrik Hans Lipfert will ihr Produktionsprogramm auf die Herstellung von Gartenmöbeln ausdehnen. Dazu soll eine Fertigungshalle auf dem bestehenden Betriebsgrundstück gebaut werden. Im Rahmen einer Investitionsplanung wird der Bedarf an Produktionsmitteln festgestellt. Man bezieht in die Investitionsplanung verschiedene Investitionsrechnungen ein um zu ermitteln, ob der Investitionsaufwand sich auch lohnen wird. Aus den anfallenden Zahlen ergibt sich der Kapitalbedarf für das notwendige Anlagevermögen. Außerdem wird der Kapitalbedarf für das Umlaufvermögen berücksichtigt. Dies ist notwendig, weil Werkstoffe, Zwischen- und Endprodukte bis zum Eingang der Kundenzahlungen vorfinanziert werden müssen.

11.1 Kapitalbedarf für das Anlagevermögen

Der Kapitalbedarf für das Anlagevermögen wird aus den Anschaffungskosten der langfristig benötigten Wirtschaftsgüter einschließlich aller Nebenkosten errechnet. Er heißt Grundfinanzierung.

    Anschaffungspreis (Rechnungspreis)
− **Preisminderungen** (Rabatte, Skonti)
+ **Anschaffungsnebenkosten** (z. B. Begutachtung, Provisionen, Transport-, Verpackungs-, Versicherungs-, Montage-, Prüf-, Umbaukosten, Zölle und andere Einfuhrabgaben, bei Immobilien auch Notar- und Gerichtskosten, Grunderwerbsteuer)
+ **nachträgliche Anschaffungskosten** (z. B. Erschließungskosten, Kosten ergänzender Geräte)

= **Anschaffungskosten**

Berechnungsgrundlagen sind Angebote, Kostenvoranschläge, Preislisten.

Beispiel:

Die Möbelfabrik Lipfert GmbH ermittelt:

	EUR
Baukosten der Fertigungshalle (schlüsselfertig)	700 000,00
verschiedene Maschinen laut Einzelaufstellung	410 000,00
Transportmittel	60 000,00
Werkzeuge	40 000,00
Nebenkosten für Transport, Einbau usw.	30 000,00
Wert des eisernen Bestands (Mindestbestand)	10 000,00
Kapitalbedarf für das Anlagevermögen	1 250 000,00

Zur Grundfinanzierung rechnet man auch den eisernen Bestand an Werkstoffen, da dieser Bestand langfristig gebunden ist und in der Regel nicht angegriffen werden soll.

Da erst nach der Produktionsaufnahme Kapital freisetzende Einnahmen entstehen, muss der Erstbedarf an Kapital voll durch Mittel der Außenfinanzierung gedeckt werden.

In späteren Wirtschaftsjahren entsteht ein Folgebedarf für Ersatz-, Erweiterungs-, Rationalisierungs- und Modernisierungsinvestitionen. Er kann zumindest zum Teil mit Mitteln der Innenfinanzierung gedeckt werden.

11.2 Kapitalbedarf für das Umlaufvermögen

Um den Kapitalbedarf für das Umlaufvermögen zu ermitteln, müssen möglichst genaue Absatzprognosen vorliegen. Dann können Durchschnittswerte für die täglichen Produktionsmengen und Ausgaben berechnet werden. Die Ausgaben betreffen Material, Fertigungslöhne und die ausgabewirksamen Bestandteile der Gemeinkosten für Fertigung, Lagerung, Verwaltung und Vertrieb. Der Betrieb muss die Mittel dafür so lange bereitstellen, bis sie durch die Einnahmen aus dem Verkauf der Erzeugnisse gedeckt werden. Der zu überbrückende Zeitraum heißt **Kapitalbindungsdauer**. Zahlungsziele für Kunden verlängern, Lieferantenziele verkürzen ihn.

Beispiel:
Die Möbelfabrik Lipfert GmbH rechnet mit folgenden Zeiten:
– durchschnittliche Lagerdauer der Werkstoffe (LW) .... 15 Tage
– durchschnittliche Produktionsdauer (P) .... 3 Tage
– durchschnittliche Lagerdauer der Erzeugnisse (LE) .... 12 Tage
– durchschnittliches Lieferantenziel bei Skonto (LZ) .... 10 Tage
– durchschnittliches Kundenziel bei teilweisem Skonto (KZ) .... 15 Tage

Es ergeben sich folgende Zeiten für die Kapitalbindungsdauer.

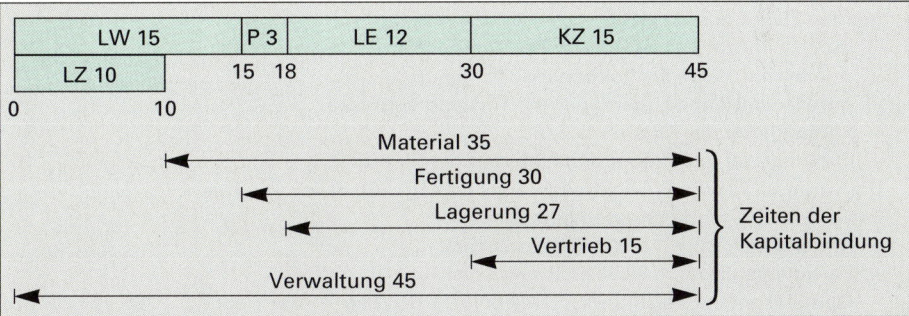

Geht man weiter davon aus, dass täglich 100 Stück produziert werden und dass pro Tag die in der folgenden Tabelle aufgeführten durchschnittlichen Ausgaben entstehen, so ergibt sich der Kapitalbedarf durch die Multiplikation dieser Ausgaben mit der jeweiligen Kapitalbindungsdauer:

	tägliche Ausgaben pro Stück (EUR)	Tagesbedarf (EUR)	Kapitalbindungsdauer (Tage)	Kapitalbedarf (EUR)
Material	20,00	2 000,00	35	70 000,00
Löhne	25,00	2 500,00	30	75 000,00
Gemeinkosten:				
Fertigung		1 500,00	30	45 000,00
Lagerung		100,00	27	2 700,00
Vertrieb		400,00	15	6 000,00
Verwaltung		300,00	45	13 500,00
Kapitalbedarf für das Umlaufvermögen:				212 200,00

Es gilt:

Kapitalbedarf für das Umlaufvermögen = Tagesbedarf · Kapitalbindungsdauer

Diese Berechnung kann allerdings nur als Anhaltspunkt dienen. In der Praxis können sehr leicht Abweichungen von den geplanten Werten und Terminen auftreten. Stehen dann die Mittel für fällige Rechnungen nicht zur Verfügung, kann der Betrieb rasch in unangenehme Zahlungsschwierigkeiten geraten. Eine flexible Finanzplanung soll die ständige Zahlungsfähigkeit sichern. Dazu ist es nötig Soll- und Istwerte häufig (z. B. monatlich) zu vergleichen und Abweichungen festzustellen.

Arbeitsaufgaben

1. Die Möbelfabrik Lipfert benötigt eine CNC-Bandsäge.
   Angebotspreis 110 000,00 EUR frei Werk; 3 % Skonto bei Barzahlung; Montagekosten 5 000,00 EUR; Angebotspreis Absaugvorrichtung einschließlich Montage 25 000,00 EUR; Abnahmekosten der Anlage 1 000,00 EUR.
   Berechnen Sie den Kapitalbedarf für die Investition.

2. Die Stahl GmbH & Co. KG will Staubsauger in ihr Produktionsprogramm aufnehmen. Dazu wären Anlageinvestitionen von 1,5 Mio. EUR nötig. Für das Umlaufvermögen wird mit folgenden Zielen gerechnet:
   - durchschnittliche Lagerdauer der Werkstoffe: .... 10 Tage
   - durchschnittliche Produktionsdauer: .... 3 Tage
   - durchschnittliche Lagerdauer der Fertigerzeugnisse: .... 10 Tage
   - Zahlungsziel der Kunden: .... 30 Tage
   - Zahlungsziel gegenüber den Lieferern bei Skonto: .... 10 Tage

   Die voraussichtliche Produktionsmenge beträgt 100 Stück pro Tag.
   Es wird mit folgenden Kosten gerechnet:
   - Materialkosten: 60,00 EUR pro Stück
   - Fertigungslöhne: 80,00 EUR pro Stück
   - Gemeinkosten: Fertigung: 1 000,00 EUR pro Tag   Vertrieb: 300,00 EUR pro Tag
                   Lagerung: 80,00 EUR pro Tag   Verwaltung: 220,00 EUR pro Tag

   Ermitteln Sie den Kapitalbedarf. (Benutzen Sie ein Tabellenkalkulationsprogramm.)

3. In einer Berufsabschlussprüfung werden folgende Aussagen gemacht:
   a) Mit zunehmender Breite des Produktionsprogramms nimmt der Kapitalbedarf zu, mit zunehmender Tiefe des Produktionsprogramms sinkt er.
   b) Die durchschnittliche Lagerdauer eines Betriebes sinkt von 45 Tagen auf 35 Tage. Damit steigt der Kapitalbedarf für das Anlagevermögen und sinkt der Kapitalbedarf für das Umlaufvermögen.
   c) Die Kunden der Block GmbH erhalten ein Zahlungsziel von 30 Tagen, sie zahlen jedoch durchweg binnen 10 Tagen unter Ausnutzung von 3 % Skonto. Der tatsächliche Kapitalbedarf der Block GmbH ist deshalb größer als der geplante Kapitalbedarf.

   Sind die Behauptungen richtig?

12   Investitionsrechnungen

Investitionsrechnungen sollen den wirtschaftlichen Erfolg einer Investition berechnen. Neben finanzmathematischen Verfahren benutzt man dazu in der Praxis gern folgende Rechnungen:

- Kostenvergleichsrechnung
- Gewinnvergleichsrechnung
- Rentabilitätsrechnung
- Amortisationsrechnung

12.1 Kostenvergleichsrechnung

Die Kostenvergleichsrechnung stellt die jährlichen Kosten einer alten Anlage den geschätzten jährlichen Kosten einer neuen Anlage gegenüber.

Liegen die Kosten der neuen Anlage niedriger, so beeinflusst dies die Entscheidung für sie günstig. Da dieses Verfahren die Erlöse aus der Investition vernachlässigt, lässt sie sich nur für Ersatz- und Rationalisierungsinvestitionen sowie für einen Vergleich zwischen neu zu installierenden Anlagen anwenden.

Beispiel:

Unterstellte Produktionsmenge: 1 000 Stück

	Alte Anlage	Neue Anlage
Betriebskosten (Material, Lohn, Reparaturen, Energie, Hilfsstoffe, Versicherung, Steuern)	435 000,00 EUR	389 000,00 EUR
Abschreibungen Restwert 60 000,00 EUR; Restnutzungsdauer 5 Jahre Beschaffungskosten 140 000,00 EUR; Nutzungsdauer 5 Jahre	12 000,00 EUR	28 000,00 EUR
Zinsen 8% vom Durchschnittswert: 60 000,00 : 2 · 0,08 140 000,00 : 2 · 0,08	2 400,00 EUR	5 600,00 EUR
Summe der Kosten **Kostendifferenz**	449 400,00 EUR	422 600,00 EUR − 26 800,00 EUR

Die Kosten der neuen Anlage liegen unter den Kosten der alten Anlage. Unter Kostengesichtspunkten lohnt sich der Ersatz der alten Anlage.

12.2 Gewinnvergleichsrechnung

Die *Gewinnvergleichsrechnung* stellt die bisherigen Gewinne den auf Grund einer Investition zu erwartenden Gewinnen gegenüber.

Höhere zu erwartende Gewinne begünstigen die Entscheidung für eine neue Anlage. Die Gewinnvergleichsrechnung lässt sich auch für Erweiterungs- und Modernisierungsinvestitionen anwenden.

Die Rechnung unterscheidet sich insofern von der Kostenvergleichsrechnung, als auch die Erlöse mit einbezogen werden. Im Wesentlichen gilt: **Gewinn = Erlöse − Kosten**.

Die **Erlöse** können durch die geplante Investition unterschiedlich beeinflusst werden:

- Wenn mit der neuen Anlage Produkte von höherer Qualität produziert werden, so können ggf. höhere Preise verlangt werden. Der Erlös steigt.

- Wenn mit der neuen Anlage größere Mengen produziert werden, so können diese Mengen eventuell nur zu einem niedrigeren Preis abgesetzt werden. Der Erlös kann stärker, aber auch schwächer als die Kosten steigen, ja sogar sinken. Dementsprechend entwickelt sich auch der Gewinn.

Beispiel (Fortsetzung):

	Alte Anlage	Neue Anlage
Ausbringungsmenge (Stück)	1 000	1 500
Erlös pro Stück	462,00 EUR	422,00 EUR
Gesamterlös	462 000,00 EUR	633 000,00 EUR
variable Kosten (1 000 · 435,00 EUR)	435 000,00 EUR	
(1 500 · 389,00 EUR)		583 500,00 EUR
fixe Kosten	14 400,00 EUR	33 600,00 EUR
Gewinn	**12 600,00 EUR**	**15 900,00 EUR**

Die Investition ist Gewinn bringend. Dies spricht für eine Entscheidung zu ihren Gunsten.

12.3 Rentabilitätsrechnung

Die *Rentabilitätsrechnung* ermittelt die auf Grund einer Investition veränderte Rentabilität (R).

Merke:
$$R = \frac{Gewinn}{durchschn.\ Kapitaleinsatz} \cdot 100$$

Sie ist aufschlussreicher als die Gewinnvergleichsrechnung: Die Rentabilitätskennzahl verwendet zwar auch den Gewinn, setzt ihn aber in Beziehung zum durchschnittlich eingesetzten Kapital. Sie berücksichtigt so die Kapitalverzinsung und macht die Investition vergleichbar mit jeder anderen Anlagealternative.

Beispiel (Fortsetzung):
Die Beschaffungskosten der alten Anlage beliefen sich auf 120 000,00 EUR, die der neuen Anlage auf 140 000,00 EUR. Dann beträgt das jeweils durchschnittlich eingesetzte Kapital 60 000,00 EUR bzw. 70 000,00 EUR. Die Rentabilität berechnet sich wie folgt:

$$R_A = \frac{12\ 600}{60\ 000} \cdot 100 = 21\ \% \qquad R_N = \frac{15\ 900}{70\ 000} \cdot 100 = 22,714\ \%$$

Die Investition erbringt eine höhere Rentabilität. Dies spricht für eine Entscheidung zu ihren Gunsten.

12.4 Amortisationsrechnung

Die *Amortisationsrechnung* ermittelt den Zeitraum, in dem das eingesetzte Kapital über den Gewinn und die jährlichen Abschreibungen zurückfließt (sich amortisiert). Man nennt diesen Zeitraum die Kapitalrückflusszeit (Wiedergewinnungszeit, pay off-period).

$$\text{Kapitalrückflusszeit} = \frac{\text{Kapitaleinsatz}}{\text{durchschnittl. (Jahresgewinn + Abschreibung)}}$$

Der Unternehmer schätzt das mit der Investition verbundene Risiko und legt eine diesem Risiko entsprechende (Soll-) Rückflusszeit fest. Er sieht eine Kapitalanlage dann als günstig an, wenn die errechnete Kapitalrückflusszeit kürzer ist als die Sollrückflusszeit.

Beispiel:
Kapitaleinsatz: 100 000,00 EUR; durchschnittlicher Jahresgewinn 15 000,00 EUR; durchschnittliche Abschreibung 10 000,00 EUR; Soll-Rückflusszeit 5 Jahre.

$$\text{Kapitalrückflusszeit} = \frac{100\ 000}{25\ 000} = 4\ \text{Jahre} < 5\ \text{Jahre}$$

Die Investition ist als günstig anzusehen.

Die Amortisationsrechnung ist in der Praxis weit verbreitet, weil sie einem gewissen Sicherheitsbedürfnis Rechnung trägt. Sie gewichtet die Investition mit schnellem Gewinn schwerer als diejenige, die vielleicht erst nach Ablauf der Kapitalrückflusszeit eine starke Ertragsentwicklung aufweist. Auf jeden Fall sollten ergänzend Rentabilitätsgesichtspunkte herangezogen werden.

Arbeitsaufgaben

1. Der Haushaltsgerätehersteller Stahl GmbH & Co. KG plant den Ersatz einer Produktionsanlage durch eine neue, leistungsfähigere Anlage. Es liegen ihm 2 Angebote vor. Eine Aufstellung über die Anschaffungskosten, die jährlichen laufenden Kosten und die geschätzten Jahreserträge ergibt folgendes Bild:

	alte Anlage	Angebot 1	Angebot 2
Anschaffungsausgabe (EUR)	600 000,00	800 000,00	950 000,00
jährliche Kosten (EUR)	700 000,00	650 000,00	630 000,00
jährliche Erträge (EUR)	800 000,00	850 000,00	850 000,00

Stellen Sie mit Hilfe unterschiedlicher Verfahren fest, ob sich eine Neuinvestition lohnt und welche Alternative vorzuziehen ist.

2. Gegeben sind die Investitionsalternativen A1 und A2.

	A1	A2
Anschaffungsausgabe (EUR)	222 000,00	270 000,00
variable Stückkosten (EUR)	35,00	30,00
fixe Kosten pro Jahr (EUR)	20 000,00	25 000,00
Stückerlöse (EUR)	70,00	70,00
Abschreibungen	10 %	10 %
Soll-Kapitalrückfluss	7 Jahre	7 Jahre
Produktionsmenge	1 500 Stück	2 000 Stück

Beurteilen Sie die Investitionsalternativen nach den unterschiedlichen Methoden der Investitionsrechnung. (Entscheiden Sie, ob die Benutzung eines Tabellenkalkulationsprogramms sinnvoll ist.)

13 Finanzplanung

13.1 Ziele der Finanzplanung

Die *Finanzplanung* erfasst systematisch alle in einem Planungszeitraum erwarteten Einnahmen und Ausgaben sowie die flüssigen Mittel. Sie ermittelt die Über- bzw. Unterdeckung und plant einen Ausgleich zwischen Einnahmen und Ausgaben.

Die Ziele der Finanzplanung sind:
- die Sicherung des finanziellen Gleichgewichts, der Liquidität,
- die Förderung der Rentabilität, der Verzinsung des eingesetzten Kapitals (vgl. S. 365),
- die Förderung der finanziellen Flexibilität (d. h. der Fähigkeit, je nach der gegebenen Situation die passenden Finanzierungsmittel einzusetzen).

Die Sicherung der **Liquidität** ist das **Hauptziel** der Finanzplanung.

Eine Unternehmung ist liquide (im finanziellen Gleichgewicht), wenn sie alle ihre Verbindlichkeiten jederzeit fristgerecht begleichen kann.

Vor allem zwischen dem Liquiditätsziel und dem Rentabilitätsziel besteht dabei ein ständiger Zielkonflikt: Das Streben nach Rentabilität verlangt die produktive Investition der flüssigen Mittel. Hierdurch jedoch werden die Mittel gebunden und können nicht mehr für fällige Zahlungen verwendet werden.

> **Beispiel:**
>
> Eine kleine Unternehmung will Personalcomputer beschaffen. Einschließlich der nötigen Software sind dafür Ausgaben von 25 000,00 EUR notwendig. Es sind jedoch zur Zeit nur eigene Mittel in Höhe von 15 000,00 EUR vorhanden. Der Spielraum für langfristige Darlehen ist ausgeschöpft. Die Finanzierung der restlichen 10 000,00 EUR ist gegenwärtig nur über den Kontokorrentkredit möglich. Die monatliche Zinsbelastung dafür beträgt 100,00 EUR. Die monatliche Kosteneinsparung wird auf 900,00 EUR geschätzt.
>
> Bei Inanspruchnahme des Kontokorrentkredits wird der Liquiditätsspielraum um 10 000,00 EUR eingeschränkt. Andererseits steigt der Gewinn monatlich um 800,00 EUR. Damit steigt auch die Rentabilität. Die Investition würde sich in gut einem Jahr bezahlt machen (12 x 800,00 EUR = 9 600,00 EUR). Auf Grund der erhöhten Rentabilität ist also eine Abtragung der Schuld möglich. Anschließend wächst der monatliche Gewinn um 900,00 EUR.

13.2 Finanzierungsregeln (Finanzierungsgrundsätze)

Es ist nicht nur von Bedeutung zu wissen, in welcher Höhe Kapitalbedarf auftritt, um dann Finanzierungsmittel in gleicher Höhe zu beschaffen. Investition und Finanzierung müssen vielmehr auch zeitlich aufeinander abgestimmt werden.

Was hilft es z. B., wenn man in einem Jahr hohe Investitionsgewinne erwartet, die Löhne aber sofort bezahlen muss?

Finanzierungsregeln **sollen bei der zeitlichen Abstimmung von Investition und Finanzierung Hilfestellung leisten.**

13.2.1 Goldene Finanzierungsregel

> Die Firma Dorn GmbH & Co. hat festgestellt, dass zwischen Ein- und Verkauf i. d. R. etwa zwei Monate liegen. Man ist deshalb dazu übergegangen, mit den Lieferern Zahlungsfristen von 90 Tagen zu vereinbaren. Auf diese Weise muss kein Eigenkapital für den Einkauf eingesetzt werden. Die Vorräte sind mit hoher Wahrscheinlichkeit binnen 3 Monaten verarbeitet, verkauft und bezahlt. Mit dem Erlös können die eigenen Verbindlichkeiten fristgerecht beglichen werden.
> Eine solche Finanzierung ist selbstverständlich beim Kauf von Anlagen nicht möglich. Wenn möglich, versucht man sie mit Erlösüberschüssen zu finanzieren. Fehlbeträge werden mit Bankkrediten abgedeckt, deren Laufzeit der geschätzten Nutzungsdauer der Anlagen entspricht und die in jährlichen Teilbeträgen getilgt werden.

Eigenkapital kann unbedenklich langfristig investiert werden. Fremdkapital dagegen muss fristgerecht zurückgezahlt und deshalb rechtzeitig freigesetzt werden. Deshalb sollen nur Vorräte mit kurzfristigem Fremdkapital finanziert werden: Die gebundenen Mittel fließen durch den Verkauf relativ rasch zurück. Bei Betriebsmitteln dagegen fließt die Beschaffungsausgabe erst im Laufe der Jahre über die in die Erlöse verrechneten Abschreibungen zurück. Die Finanzierung einer Anlage mit einem kurzfristigen Kredit wäre verhängnisvoll, da die Mittel zur Rückzahlung nicht rechtzeitig zur Verfügung stehen würden. Investition und Finanzierung müssen deshalb zeitlich aufeinander abgestimmt werden. Es gilt die sogenannte **„goldene Finanzierungsregel"** (oder „goldene Bankregel"):

Der Zeitraum, für den Kapital in Vermögensteilen gebunden ist, muss dem Zeitraum der Kapitalüberlassung für den bestimmten Zweck entsprechen.

Auch eine über den Investitionszeitpunkt hinausreichende Finanzierung ist problematisch. Sie bedeutet Rückzahlungen und Zinsbelastung, wenn die entsprechenden Anlagen bereits nicht mehr verwendet werden und dementsprechend keine Erlöse mehr hereinbringen.

13.2.2 Goldene Bilanzregel

Die goldene Bilanzregel macht eine ähnliche Aussage wie die goldene Finanzierungsregel:

Das Anlagevermögen (und langfristig gebundene eiserne Bestände) sollen durch Eigenkapital und langfristiges Fremdkapital gedeckt sein.

Goldene Finanzierungsregel und goldene Bilanzregel sollen die Liquidität der Unternehmung sichern: Für die Rückzahlung fälligen Fremdkapitals werden liquide (flüssige) Mittel benötigt.

Kritik an goldener Finanzierungs- und Bilanzregel	
Goldene Finanzierungsregel Die Einhaltung der goldenen Finanzierungsregel sichert die Liquidität nicht, wenn – die getätigte Investition Verluste bringt, – die getätigte Investition zwar ihre Zinsen und Tilgungsleistungen, nicht aber die laufenden Zahlungen für Löhne, Werkstoffe, Steuern usw. erwirtschaftet.	**Goldene Bilanzregel** Die Einhaltung der goldenen Bilanzregel sichert die Liquidität nicht, weil – die Bilanz nicht alle künftigen Ein- und Auszahlungen ausweist (Lohn- und Mietzahlungen, Steuern, Mieteinnahmen usw.), – die Zahlungstermine nicht aus der Bilanz zu ersehen sind, – die Bilanz keine Möglichkeiten der Kapitalbeschaffung zeigt (Einlagen, Kreditverlängerung usw.).

Die Einhaltung der Regeln kann die Liquidität nicht garantieren, aber zu ihrer Aufrechterhaltung beitragen.

13.3 Finanzierungskennziffern

13.3.1 Überblick

Aus dem Jahresabschluss des Betriebes lassen sich Kennziffern ermitteln. Diese ermöglichen Aussagen über die Liquidität, die Rentabilität und die finanzielle Flexibilität des Betriebes. Aufschlussreich ist vor allem die tendenzielle Entwicklung der Kennziffern im Zeitablauf.

Bilanzkennziffern entstehen, wenn man „waagerecht" und „senkrecht" Beziehungen zwischen den folgenden vier Gruppen herstellt:

- Anlagevermögen,
- Umlaufvermögen,
- Eigen- und langfristiges Fremdkapital,
- kurzfristiges Fremdkapital).

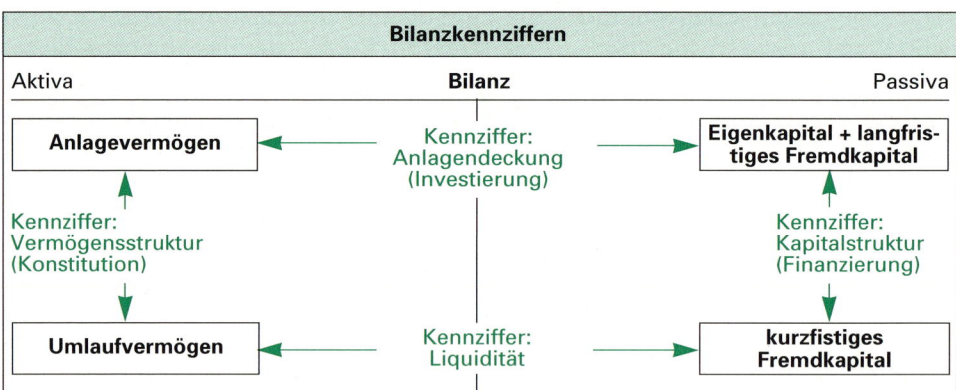

Weitere Kennziffern entstehen, wenn man Zahlen aus der Gewinn- und Verlustrechnung (z. B. Gewinn, Umsatzerlöse) entnimmt und untereinander oder zu Zahlen aus der Bilanz in Beziehung setzt. Es handelt sich vor allem um **Rentabilitätskennziffern** (Eigenkapital-, Gesamtkapital-, Umsatzrentabilität, Cash-flow-Umsatzrentabilität).

Die Rentabilitätskennziffern werden auf S. 365 f. und 373 f. besprochen.

Der beispielhaften Berechnung der Kennziffern soll hier die folgende vereinfachte Bilanz zu Grunde gelegt werden.

Beispiel:

	Aktiva		**Bilanz** (in Mio. EUR)		Passiva
		Vorjahr	Berichtsjahr	Vorjahr	Berichtsjahr
Liquide Mittel 4. Ordnung:	Anlagevermögen	9	13	Eigenkapital	8	8
	Umlaufvermögen:			Fremdkapital:		
Liquide Mittel 3. Ordnung:	Materialien, Produkte	3	7	langfristige Darlehen	3	4
Liquide Mittel 2. Ordnung:	Forderungen	8	7	Liefererverbindlichkeiten	11	16
Liquide Mittel 1. Ordnung:	Zahlungsmittel	2	1			
		22	28		22	28

13.3.2 Anlagendeckung, Vermögensstruktur, Kapitalstruktur

$$\text{Anlagendeckung (Investierung)} = \frac{\text{Eigenkapital + langfristiges Fremdkapital}}{\text{Anlagevermögen}} \cdot 100$$

$$\text{Vermögensstruktur (Konstitution)} = \frac{\text{Anlagevermögen}}{\text{Umlaufvermögen}} \cdot 100$$

$$\text{Kapitalstruktur (Finanzierung)} = \frac{\text{Eigenkapital}}{\text{Fremdkapital}} \cdot 100$$

Die **Anlagendeckung** misst, in welchem Maß der goldenen Bilanzregel entsprochen wird. Ein Wert von 100 bedeutet volle Deckung des Anlagevermögens durch langfristiges Kapital. Er ist ein möglicher Anhaltspunkt für finanzielle Stabilität: Es ist keine Bedrohung der Liquidität dadurch zu befürchten, dass

- in Anlagevermögen gebundenes Kapital kurzfristig zur Rückzahlung fällig wird,
- ggf. zu höheren Zinsen neu beschafft werden muss.

Die **Vermögensstruktur** misst das Verhältnis Anlagevermögen zu Umlaufvermögen. Je größer der Wert ist,
- desto größer ist der Anteil des Anlagevermögens am Gesamtvermögen,
- desto stärker ist der Betrieb mit fixen Kosten belastet,
- desto weniger anpassungsfähig ist der Betrieb in Rezessionsphasen,
- desto schwieriger und langwieriger ist eine ggf. notwendige Freisetzung von Kapital.

Die **Kapitalstruktur** misst das Verhältnis Eigenkapital zu Fremdkapital. Grundsätzlich sollte es mindestens 1:1 betragen. Dieser Wert wird aber in Deutschland fast nirgends erreicht.

Der Eigenkapitalanteil am Gesamtkapital liegt meist unter 30 %!

Je größer die Kennzahl *Kapitalstruktur* ist,
- desto größer ist der Anteil des Eigenkapitals am Gesamtkapital,
- desto mehr sind die Investitionen durch Eigenkapital finanziert,
- desto größer ist die finanzielle Unabhängigkeit von Kreditgebern,
- desto niedriger ist die Belastung mit Zins- und Tilgungszahlungen,
- desto kreditwürdiger ist der Betrieb.

Beispiel:

	Vorjahr	Berichtsjahr
Anlagendeckung	$\frac{8+3}{9} \cdot 100 = 122{,}2\,\%$	$\frac{8+4}{13} \cdot 100 = 92{,}3\,\%$
Vermögensstruktur	$\frac{9}{13} \cdot 100 = 69{,}2\,\%$	$\frac{13}{15} \cdot 100 = 86{,}7\,\%$
Kapitalstruktur	$\frac{8}{14} \cdot 100 = 57{,}14\,\%$	$\frac{8}{20} \cdot 100 = 40\,\%$

Die Situation hat sich im Berichtsjahr gegenüber dem Vorjahr verschlechtert: Eigenkapital und langfristiges Fremdkapital decken das Anlagevermögen nicht mehr. Das Anlagevermögen ist nun teilweise mit kurzfristigem Kapital finanziert. Dies widerspricht der goldenen Finanzierungsregel. Die Vermögensstruktur verschiebt sich zu Gunsten des Anlagevermögens (starke Investitionen im Anlagevermögen), die Kapitalstruktur zu Gunsten des Fremdkapitals (Finanzierung der Investitionen durch Fremdkapital).

Folgen: abnehmende Liquidität, höhere Zins- und Tilgungsbelastung, geringerer Spielraum für weitere Kredite, wachsender Einfluss fremder Kapitalgeber.

13.3.3 Liquidität

Liquiditätskennziffern sollen darüber Aufschluss geben, in welchem Maß die liquiden Mittel erster, zweiter und dritter Ordnung zur Bezahlung der fälligen Verbindlichkeiten ausreichen.

Die **Barliquidität** (Liquidität 1. Grades) gibt den Deckungsgrad der kurzfristigen Verbindlichkeiten durch bare Mittel (Kassenbestand, Bankguthaben) an. Da nur ein Teil der Verbindlichkeiten sofort fällig ist, darf sie unter 100% liegen. Als Faustregel für die Untergrenze gelten 20%.

$$\text{Barliquidität} = \frac{\text{Liquide Mittel 1. Ordnung}}{\text{Kurzfristige Verbindlichkeiten}} \cdot 100$$

Die **Einzugsliquidität** (Liquidität 2. Grades) gibt den Deckungsgrad der kurzfristigen Verbindlichkeiten durch Mittel wieder, die binnen 3 Monaten verfügbar werden (Kundenforderungen, Besitzwechsel, Wertpapiere). Zweifelhafte Forderungen sollten nicht berücksichtigt werden. Die Einzugsliquidität sollte 100% betragen.

$$\text{Einzugsliquidität} = \frac{\text{Liquide Mittel 1. und 2. Ordnung}}{\text{Kurzfristige Verbindlichkeiten}} \cdot 100$$

Die **Umsatzliquidität** (Liquidität 3. Grades) gibt den Deckungsgrad der kurzfristigen Verbindlichkeiten durch Mittel wieder, die durch den künftigen Umsatzprozess flüssig gemacht werden können (Vorräte an Rohstoffen, Halb- und Fertigprodukten, Waren). Dabei ist zu beachten, dass Rohstoffe und Halbfabrikate erst noch verarbeitet werden müssen, also schwerer liquidierbar sind. Nach einer Faustregel sollte die Umsatzliquidität etwa 200% betragen.

$$\text{Umsatzliquidität} = \frac{\text{Liquide Mittel 1., 2. und 3. Ordnung}}{\text{Kurzfristige Verbindlichkeiten}} \cdot 100$$

Beispiel:

	Vorjahr	Berichtsjahr
Bar-liquidität	$\frac{2}{11} \cdot 100 = 18{,}18\%$	$\frac{1}{16} \cdot 100 = 6{,}25\%$
Einzugs-liquidität	$\frac{2+8}{11} \cdot 100 = 90{,}9\%$	$\frac{1+7}{16} \cdot 100 = 50{,}0\%$
Umsatz-liquidität	$\frac{2+8+3}{11} \cdot 100 = 118{,}18\%$	$\frac{1+7+7}{16} \cdot 100 = 93{,}75\%$

Der ungünstige Eindruck, der sich schon bei Anlagendeckung, Vermögens- und Kapitalstruktur andeutete, verfestigt sich: Keine der drei Liquiditätskennziffern erzielt ausreichende Werte. Während Bar- und Einzugsliquidität im Vorjahr noch in die Nähe ausreichender Werte kamen, verschlechtern sie sich im Berichtsjahr enorm. Die Umsatzliquidität, die bereits im Vorjahr völlig unzureichend ist, verschlechtert sich im Berichtsjahr weiter und liegt jetzt sogar unter 100%. Es erscheint sehr fraglich, ob der Betrieb kurzfristig seine Verbindlichkeiten noch pünktlich bezahlen kann.

Die bedeutendste der drei aufgeführten Liquiditätskennziffern ist die Einzugsliquidität. In absoluten Zahlen ausgedrückt, stellt die Einzugsliquidität das **Netto-Geldvermögen** dar.

**Liquide Mittel 1. und 2. Ordnung
– Kurzfristige Verbindlichkeiten**

= Netto-Geldvermögen

Beispiel:

Vorjahr	Berichtsjahr
10	8
–11	–16
–1	–8

Die unzureichende Deckung der kurzfristigen Verbindlichkeiten verstärkt sich im Berichtsjahr beträchtlich.

Die Aussagekraft der **Liquiditätskennziffern** ist begrenzt:

- Die Bilanz weist Forderungen und Verbindlichkeiten nicht aus, für die noch keine Rechnungen vorliegen oder für die keine Rechnungen anfallen (zu erwartende Ausgaben für Einkäufe, Lohnzahlungen, Mieten, Gebühren, Stromkosten, Steuern usw.; zu erwartende Einnahmen aus Vermietungen, Verkäufen usw.). Man spricht deshalb von einer **Stichtagsliquidität**.

- Die Bilanz weist keine Fälligkeitstermine für Forderungen und Verbindlichkeiten aus.

- Die Bilanz zeigt keine Möglichkeiten der Kapitalbeschaffung auf, die gegebenenfalls bestehen (z. B. zusätzliche Kredite oder Einlagen).

- Die Bilanz wird in der Regel erst Monate nach dem Bilanzstichtag erstellt. Die Verhältnisse können sich bis dahin bereits stark verändert haben.

Anhand der Liquiditätskennziffern lässt sich deshalb nicht beurteilen, ob eine Unternehmung zu einem gegebenen Zeitpunkt tatsächlich zahlungsfähig ist.

Die Liquiditätskennziffern geben jedoch im Zeitvergleich Aufschluss darüber, wie sich die Liquiditätslage der Unternehmung ändert, ob sie angespannter wird oder sich entspannt. Sie gestatten damit auch einen gewissen Einblick in die Liquiditätspolitik.

13.4 Aufstellung von Finanzplänen

Finanzpläne werden für einen kürzeren oder längeren Zeitraum erstellt. Für diese Periode werden die Einnahmen und Ausgaben festgelegt. Die Pläne weisen also stets eine **Periodenliquidität** aus. Diese kann von der **Momentanliquidität** zu einem bestimmten Zeitpunkt innerhalb der Perioden abweichen (z. B. von der Stichtagsliquidität, die sich aus der Bilanz ergibt). Sicherheitsbestände an liquiden Mitteln und Kontokorrentkredite sollen gegen solche Abweichungen in Richtung einer Unterdeckung sichern und die Zahlungsunfähigkeit erhalten.

```
                    Arten von Finanzplänen
                              |
                      nach der Fristigkeit
        ┌─────────────────────┼─────────────────────┐
   Kurzfristige          Mittelfristige         Langfristige
   Finanzpläne           Finanzpläne            Finanzpläne

   bis zu 1 Jahr        bis zu 4 Jahren         über 4 Jahre
```

Am häufigsten ist der Jahresfinanzplan. Er wird je nach Bedarf in Quartale oder Monate unterteilt. Vielfach nimmt man auch eine überlappende Planung vor: Der Plan wird für ein Jahr aufgestellt. Ist der erste Monat (bzw. das erste Quartal) abgelaufen, so wird der 13. Monat (bzw. das fünfte Quartal) in die Planung einbezogen.

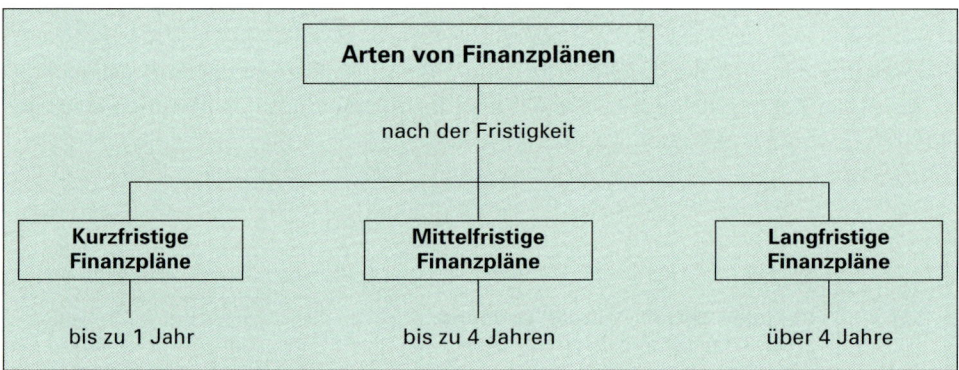

Die überlappende Planung sichert stets einen Gesamtzeitraum von einem Jahr.

Der Finanzplan trennt zwischen ordentlichen und außerordentlichen Einnahmen und Ausgaben.

Einnahmen und Ausgaben im Finanzplan	
Ordentliche Einnahmen und Ausgaben	Außerordentliche Einnahmen und Ausgaben
Sie ergeben sich aus der Umsatztätigkeit der Unternehmung (Materialeinkauf, Lohnzahlung, Erlöse usw.)	Sie ergeben sich aus Finanzmaßnahmen (z. B. Kreditaufnahmen, Einnahmen aus Maschinenverkäufen, Kreditrückzahlung, Gewinnausschüttung, Anlagenkäufe)

Beispiel: Finanzplan (in Tsd. EUR)

	Jahr..			Januar			Februar		
	Soll	Ist	Abweichung	Soll	Ist	Abweichung	Soll	Ist	Abweichung
A Flüssige Mittel	120			10			10		
B Einnahmen									
Ordentliche Einnahmen:									
Verkaufserlöse									
– Produkt A	1080			90	95	+ 5	90	93	+ 3
– Produkt B	860			70	76	+ 6	70	68	– 2
Mieten, Pachten	48			4	4	0	4	4	0
Zinsen	24			2	2	0	2	2	0
Sonstige ordentliche Einnahmen	24			2	3	+ 1	2	2	0
Summe	2016			168	180	+ 12	168	169	+ 1
Außerordentliche Einnahmen:									
Kreditaufnahme	200			–	–	–	100	100	0
Anlagenverkäufe	80			–	–	–	40	35	– 5
Summe	280			–	–	–	140	135	– 5
C Ausgaben									
Ordentliche Ausgaben:									
Materialkäufe	720			60	64	+ 4	60	64	+ 4
Löhne, Gehälter	480			40	40	0	40	40	0
Zinsen	84			7	7	0	7	7	0
Mieten	96			8	8	0	8	8	0
Steuern, Versicherungen	120			10	9	– 1	10	10	0
Werbung	36			3	3	0	3	3	0
Reparaturen	60			5	2	– 3	5	1	– 4
Summe	1596			133	133	0	133	133	0
Außerordentliche Ausgaben:									
Anlagenkäufe	240			–	–	–	120	125	+ 5
Kredittilgung	60			5	5	0	5	5	0
Summe	300			5	5	0	125	130	+5
Über-/Unterdeckung	+ 400			+ 30	+42	+12	+50	+41	– 9

Arbeitsaufgaben

1. **Die zeitliche Abstimmung von Investition und Finanzierung ist für die Erhaltung des finanziellen Gleichgewichts der Unternehmung unerlässlich.**
   a) Was ist unter finanziellem Gleichgewicht zu verstehen?
   b) Erläutern Sie die obige Aussage am Beispiel einer zu beschaffenden Produktionsanlage mit Anschaffungskosten von 400 000,00 EUR.
   c) In welchen der folgenden Fälle ist eine Unternehmung nicht im finanziellen Gleichgewicht?
      (1) Die kurzfristigen Verbindlichkeiten übersteigen die liquiden Mittel 1. und 2. Ordnung.
      (2) Die liquiden Mittel 1. und 2. Ordnung übersteigen die kurzfristigen Verbindlichkeiten.
      (3) Die liquiden Mittel 1. und 2. Ordnung entsprechen den kurzfristigen Verbindlichkeiten.

2. **Für eine Unternehmung ergebe sich folgende Bilanz:**

Aktiva	**Bilanz** (in Tsd. EUR)		Passiva
Anlagevermögen	400	Eigenkapital	300
Rohstoffe, Halbfabrikate	80	Langfristiges Fremdkapital	300
Fertigerzeugnisse	140	Kurzfristiges Fremdkapital	400
Forderungen	200		
Flüssige Mittel	180		
	1000		1000

Berechnen und beurteilen Sie:
a) die Anlagendeckung,
b) die Vermögensstruktur,
c) die Kapitalstruktur,
d) die 3 Liquiditätsgrade und das Netto-Geldvermögen.
Warum lässt sich die Zahlungsfähigkeit der Unternehmung an Hand der Bilanz nicht endgültig beurteilen?

3. Es liegen die folgende Eröffnungsbilanz und die Geschäftsfälle des Jahres vor.

Aktiva		Bilanz (in Tsd. EUR)	Passiva
I. Anlagevermögen		**I. Eigenkapital**	420
Maschinen	400	**II. Fremdkapital**	
Geschäftsausstattung	100	Rückstellungen	50
II. Umlaufvermögen		Verbindlichkeiten	360
Vorräte	200		
Forderungen	90		
Zahlungsmittel	40		
	830		830

Geschäftsfälle	Tsd. EUR
1. Eingang von Kundenzahlungen	20
2. Maschinenkäufe auf Ziel	100
3. Kauf von Vorräten auf Ziel	270
4. Verbrauch an Vorräten	250
5. Verkäufe an Kunden auf Ziel (Abschreibungen in Höhe von 50 sind einkalkuliert)	400
6. Eingang von Kundenzahlungen	390
7. Bezahlung von Verbindlichkeiten	350
8. Abschreibung von Maschinen	50
9. Einstellung in Rückstellungen	20
10. Gewinnentnahme	10

a) Stellen Sie die Schlussbilanz auf.
b) Stellen Sie die Entwicklung von Anlagendeckung, Vermögensstruktur, Kapitalstruktur und Liquidität fest und beurteilen Sie diese Entwicklung kritisch.

4. **Auf Seite 337 ist ein Teil eines Finanzplans abgebildet.**
   a) Erläutern Sie, wie die Finanzplanung in die betriebliche Gesamtplanung eingebettet ist.
   b) Welche Ziele verfolgt der Betrieb mit der Aufstellung eines Finanzplans?
   c) Besteht zwischen den verfolgten Zielen Harmonie oder kommt es zu Zielkonflikten?
   d) Inwiefern unterscheidet sich die Liquidität, die sich aus dem Finanzplan ergibt, von der Liquidität, die als Kennziffer aus der Bilanz entwickelt wird?
   e) In dem dargestellten Finanzplan wird zwischen jeweils zwei Gruppen von Einnahmen und Ausgaben unterschieden. Um welche Gruppen handelt es sich und warum nimmt man eine derartige Unterscheidung vor?
   f) Der Finanzplan dient nicht nur zur Vorherbestimmung von Einnahmen und Ausgaben, sondern auch zu ihrer Kontrolle. Wie erfolgt diese Kontrolle?
   g) Was ist unter Über- bzw. Unterdeckung zu verstehen und wie wird sie im Finanzplan berechnet?
   h) Führen Sie den Finanzplan mit selbstgewählten Zahlen auf einem gesonderten Blatt fort.

14 Die Wahl der Finanzierungsart
14.1 Entscheidungskriterien

Die Mittel für Investitionen können von außerhalb zufließen oder von innen erwirtschaftet werden; sie können von den Eigentümern oder von Fremden zur Verfügung gestellt werden. Je nach dem Fall kann sich eine bestimmte Finanzierungsart aufzwingen oder dem Unternehmer bleibt die Wahl zwischen mehreren Alternativen. Gegebenenfalls schließt die Rechtsform der Unternehmung bestimmte Finanzierungsarten von vornherein aus.

Eine grundlegende Entscheidung betrifft die Wahl zwischen Eigen- und Fremdfinanzierung. Hierzu einige wichtige Entscheidungskriterien vorweg:

Kriterium	Eigenfinanzierung	Fremdfinanzierung
Dauer der Verfügbarkeit	Eigenkapital ist unbegrenzt verfügbar; keine Tilgungslasten	Fremdkapital ist nur für die Zeit der Ausleihung verfügbar, Tilgungslasten schränken die Liquidität ein.
Zinsverpflichtungen	keine Zinszahlungen	Feste Zinsverpflichtungen. Auch dies schränkt die Liquidität ein.
Weitere Kosten	nur bei Kapitalgesellschaften	zahlreiche Formen (z. B. Bankprovisionen, Notar-, Gerichtskosten, Kosten für die Bestellung von Sicherheiten)
Haftung	Eigenkapital haftet für die Schulden des Betriebes (Stärkung der Kreditwürdigkeit!).	Fremdkapital haftet nicht.
Sicherheiten	nicht erforderlich	Kreditgeber verlangen Sicherheiten. Folge: eingeschränkte Verfügungsgewalt über die betroffenen Gegenstände.
Verlustbeteiligung	Eigenkapital ist am Verlust beteiligt (wichtig für Beteiligungen).	Fremdkapital ist nicht am Verlust beteiligt.
steuerliche Absetzbarkeit	Liegt nicht vor.	Aufwendungen für Fremdkapital wirken steuermindernd.
Entscheidungsfreiheit	Die Aufnahme von Gesellschaftern kann die Entscheidungsrechte der bisherigen Inhaber einschränken.	Keine Einschränkungen durch Fremdkapital.
Gewinnbeteiligung	Neue Gesellschafter haben Recht auf Gewinnanteile.	Fremdkapital ist nicht am Gewinn beteiligt.

Einzelheiten hierzu finden Sie in den folgenden Abschnitten.

14.2 Außenfinanzierung mit Eigenkapital[1]

Bei der Außenfinanzierung mit Eigenkapital führen die Eigentümer der Unternehmung Einlagen zu. Auch spätere Beteiligungen von Gesellschaftern sind Einlagen.

Anlässe für die Zuführung von Einlagen können sein:
- Gründung,
- Geschäftserweiterung,
- Modernisierung,
- Rationalisierung,
- Sanierung (Ausgleich von Verlusten),
- Fusion,
- Änderung der Rechtsform (Erreichen des Mindestkapitals).

14.2.1 Mittelzuführung

Einzelunternehmung

Der Einzelunternehmer kann sein Vermögen durch **Kapitaleinlagen** (Geld- oder Sacheinlagen) von beliebiger Höhe vermehren. Die Grenzen werden durch den Umfang seines privaten Vermögens gesetzt. Auch die Höhe der **Kapitalentnahmen** bestimmt der Einzelunternehmer allein.

Offene Handelsgesellschaft

Die Gesellschafter legen im Gesellschaftsvertrag Art und Höhe der Einlagen fest. Ohne besondere Vereinbarung sind gleich hohe Einlagen zu erbringen. Kein Gesellschafter ist verpflichtet, seinen Kapitalanteil zu erhöhen, noch darf er ihn eigenmächtig erhöhen. Andererseits erhöht sein Gewinnanteil ihn automatisch und die gesetzlich erlaubten Privatentnahmen (jährlich bis 4% des Kapitalanteils) mindern ihn.

Der Gesellschaftsvertrag kann in allen genannten Punkten vom Gesetz abweichen und andere Regelungen vorsehen. Er kann z. B. auch eine Nachschusspflicht festlegen.

Wenn neue Gesellschafter aufgenommen werden, so müssen ihre Kapitalanteile neu festgelegt werden.

Wir haben Privatentnahmen von monatlich bis zu 3 000,00 EUR vereinbart.

---

[1] Das Verständnis dieses Kapitels erfordert Grundkenntnisse der Rechtsformen von Unternehmen.

Kommanditgesellschaft

Für die Vollhafter der KG gelten die gleichen Bestimmungen wie für die Gesellschafter der OHG.
Die Änderung von Kommanditeinlagen erfordert eine Änderung des Gesellschaftsvertrags und der Eintragung im Handelsregister.

Gesellschaft mit beschränkter Haftung

Die Satzung der GmbH legt die Höhe des Stammkapitals (mindestens 25 000,00 EUR) und die Höhe der Geschäftsanteile der Gesellschafter (mindestens 100,00 EUR) fest. Die Zuführung der Mittel erfolgt durch die Einbringung der Geschäftsanteile. Die Satzung kann für den Fall späteren Kapitalbedarfs eine beschränkte oder unbeschränkte Nachschusspflicht vorsehen. Eine Erhöhung des Stammkapitals mittels Ausgabe von Geschäftsanteilen an die alten oder an neue Gesellschafter bedarf einer Satzungsänderung, die die Gesellschafterversammlung mit einer Mehrheit von drei Vierteln der Geschäftsanteile beschließen muss. Das jeweilige Stammkapital muss ins Handelsregister eingetragen werden.

Aktiengesellschaft

Die Satzung der AG legt die Höhe des Grundkapitals (mindestens 50 000,00 EUR) und des Nennwertes der Aktien (mindestens 1,00 EUR) fest. Die Kapitalzuführung erfolgt durch den Kauf der Aktien durch die Aktionäre.

Eine Erhöhung des Grundkapitals mittels Ausgabe junger (neuer) Aktien bedarf einer Satzungsänderung, die die Hauptversammlung der Aktionäre mit einer Mehrheit von drei Vierteln der anwesenden Aktiennennwerte beschließen muss.

Die Hauptversammlung der AG kann auch eine Kapitalherabsetzung beschließen, um z. B. Kapital an die Eigentümer zurückzuzahlen (Kapitalentzug).

14.2.2 Beurteilung der Außenfinanzierung mit Eigenkapital

Die Außenfinanzierung mit Eigenkapital stellt eine Möglichkeit dar, der Unternehmung Eigenkapital zuzuführen. Eigenkapital bietet gegenüber Fremdkapital folgende **Vorteile:**

- Eigenkapital steht unbegrenzt zur Verfügung. Es bestehen keine Rückzahlungspflicht und keine Rückzahlungsfristen.

- Eigenkapital belastet nicht mit festen Zahlungsverpflichtungen für Tilgung und Zinsen. So wird die ständige Zahlungsfähigkeit (Liquidität) nicht beeinträchtigt. Zwar muss auch Eigenkapital in Form von Gewinnausschüttung verzinst werden, aber die Höhe dieser Ausschüttungen wird von den Eigentümern selbst bestimmt. Bei der AG können die Satzung oder der Vorstand und der Aufsichtsrat bestimmen, dass Beträge bis zur Hälfte des Jahresüberschusses in die Gewinnrücklagen eingestellt werden. Beträge, die in die gesetzliche Rücklage eingestellt werden, sowie ein Verlustvortrag sind vorher vom Jahresüberschuss abzuziehen.

- Eigenkapital ist haftendes Kapital. Die Zuführung von Eigenkapital erhöht somit gleichzeitig die Kreditwürdigkeit und erleichtert die Beschaffung von Fremdkapital.

Die **Finanzierung mit voll haftendem Eigenkapital** (OHG) bedeutet gleichzeitig auch das Recht auf Geschäftsführung und Vertretung. Der Einzelunternehmer, der einen Gesellschafter aufnehmen will, aber auch die Gesellschafter einer bestehenden OHG werden es sich sehr gründlich überlegen, ob sie zu einer so weitreichenden Beeinträchtigung ihrer eigenen Rechte bereit sind. Gerade bei der OHG ist ein enges Vertrauensverhältnis der Gesellschafter unbedingt nötig.

Teilhafter (KG) haben nur beschränkte Mitsprache- und Kontrollrechte. Sie sind in der Regel nur dann „zu bekommen", wenn es der Unternehmung gut geht und eine höhere Verzinsung der Kapitalanlage als auf dem Kapitalmarkt erzielt wird. Fremdkapital ist folglich in diesem Fall kostengünstiger zu erhalten. Der Nachteil bei der Aufnahme von Fremdkapital besteht darin, dass es auch bei schlechterer Geschäftslage zu festen Zins- und Tilgungsleistungen verpflichtet.

Bei der GmbH sind neue Gesellschafter oft nur zu erhalten, wenn diese mehr als 50 % der Geschäftsanteile bekommen und auf diese Weise entscheidend Einfluss auf die Unternehmung nehmen können.

> **Beispiel:**
> Die Maschinenfabrik Hörner GmbH stellt Walzwerke her. Die Produktion muss auf Grund des zunehmenden Wettbewerbs immer mehr vorfinanziert werden. Da es sich oft um Beträge von 100 Millionen EUR und mehr handelt, reicht die Finanzkraft des mittelständischen Unternehmens nicht mehr aus. Ein Großkonzern beteiligt sich mit 51% der Geschäftsanteile.

Die Möglichkeit der Beteiligungsfinanzierung ist also sehr stark von der Rechtsform der Unternehmung abhängig. Die größten Vorteile hat dabei die Aktiengesellschaft. Sie kann durch die Ausgabe junger Aktien leicht große Kapitalmengen erhalten. Kapitalanleger sind verhältnismäßig leicht zu finden, weil die Aktie beweglich ist und jederzeit an der Börse verkauft werden kann – ein Vorgang, von dem die AG selbst nicht berührt wird.

Uneingeschränkt gilt dies natürlich nur für börsennotierte AGs.

Arbeitsaufgaben

1. **Aussagen über die Außenfinanzierung mit Eigenkapital:**
   a) OHG und KG haben ein festes Grundkapital, das von den Gesellschaftern aufgebracht wird.
   b) Die Rücklagen weisen bei einer Kapitalgesellschaft das zugewachsene Kapital aus.
   c) Eine Kapitalerhöhung erfolgt bei einer GmbH durch Privateinlagen der Gesellschafter, die ihre Stammeinlage mehren.
   d) Die Höhe des gezeichneten Kapitals ist bei einer AG durch die Satzung festgelegt.
   e) Eine Kapitalerhöhung stellt eine Zuführung von Gewinnen zu den Rücklagen dar.
   f) Für die Aktionäre einer AG besteht Nachschusspflicht.
   Welche dieser Aussagen sind richtig, welche falsch?

2. **Herr Mager ist Inhaber einer Textilfabrik.** Er benötigt für eine Geschäftserweiterung dringend neues Kapital in Höhe von 600 000,00 EUR. Ein Kredit würde ihn zu sehr mit Zins- und Tilgungszahlungen belasten. Er sucht Gesellschafter und denkt
   a) an die Gründung einer OHG,
   b) an die Gründung einer GmbH.
   Wie vollzieht sich in beiden Fällen die Kapitalbeschaffung und welche Vor- und Nachteile ergeben sich jeweils für Herrn Mager?

3. **Die Prüfer KG ist in Zahlungsschwierigkeiten.** Sie inseriert in der Zeitung: „Kommanditeinlage gesucht ..."
   a) Wie beurteilen Sie die Chance die gewünschte Einlage zu erhalten?
   b) Welche anderen Finanzierungsmöglichkeiten stehen noch offen?

14.3 Außenfinanzierung mit Fremdkapital (Kreditfinanzierung)

14.3.1 Kreditarten

> Bei der Hauser OHG ist Zahltag. 178 000,00 EUR an Löhnen und Gehältern sind auszuzahlen. Einen solch hohen Betrag weist das Bankkonto zur Zeit nicht auf. Trotzdem überweist die Bank das Geld im Rahmen eines bestehenden Kontokorrentkredits. Auch für Wareneinkäufe wird das Konto häufig überzogen.
> In den nächsten Tagen ist die Anschaffung eines Lkw im Wert von 50 000,00 EUR fällig. Hierfür stellt die Bank ein Darlehen in Höhe von 30 000,00 EUR zur Verfügung.

Kreditarten

nach der Verwendung des Kredits
- Betriebskredit (zur Deckung eines vorübergehenden Geldbedarfs)
- Saisonkredit (zur Finanzierung von Saisongeschäften)
- Investitionskredit (zur Finanzierung von Anlagegegenständen)
- Zwischenkredit (zur Vorfinanzierung eines langfristigen Kredits)

nach der Fristigkeit des Kredits
- Kurzfristiger Kredit (bis 3 Monate, teilweise 1 Jahr)
- Mittelfristiger Kredit (bis 4 Jahre)
- Langfristiger Kredit (über 4 Jahre)

nach der Herkunft des Kredits
- Bankkredit (z. B. Kontokorrentkredit, Darlehen, Diskontkredit, Lombardkredit, Kreditleihe)
- Kredit von Privatpersonen und Betrieben (z. B. Schuldscheindarlehen, Obligationen)
- Lieferantenkredit (Einräumung eines Zahlungsziels)
- Kundenkredit (z. B. Leistung einer Anzahlung)
- Kredite der öffentlichen Hand (z. B. auf Grund öffentlicher Förderprogramme)

nach der rechtlichen Sicherung des Kredits
- Personalkredit
  - Blankokredit (ohne besondere Sicherung)
  - Zessionskredit (durch Abtretung von Forderungen gesichert)
  - Bürgschaftskredit (durch Bürgschaft eines Dritten gesichert)
- Realkredit (dinglich gesicherter Kredit)
  - durch Sicherungsübereignung gesicherter Kredit
  - Lombardkredit (durch Verpfändung von Waren oder Wertpapieren gesicherter Kredit)
  - Grundschuld- und Hypothekarkredit (durch Grundpfandrechte gesicherter Kredit)
  - durch Eigentumsvorbehalt gesicherter Kredit

nach dem übertragenen Kreditgegenstand
- Sachkredit (Naturalkredit) (Dem Kreditnehmer fließt ein Sachwert zu.)
- Geldkredit (Dem Kreditnehmer fließt ein Geldwert zu.)
- Kreditleihe (Der Kreditnehmer erhält Sicherheiten, mit denen er Sach- und Geldkredite aufnehmen kann.)

14.3.2 Überprüfung der Kreditwürdigkeit

Bei größeren Kreditbeträgen wird der Kreditgeber Auskünfte über den Kreditnehmer bei öffentlichen Registern (Handels-, Genossenschaftsregister, Schuldnerverzeichnis), Auskunfteien, Geschäftsfreunden und Bankverbindungen des Schuldners einholen. Banken geben allerdings nur sehr begrenzte Auskünfte, Geschäftsfreunde sind meist wenig geneigt negative Sachverhalte bekannt zu geben.

Gewerbliche Auskunfteien geben verlässlichere Informationen. Da sie die Auskünfte gegen Bezahlung liefern, sind sie an möglichst vielen Kunden interessiert. Dieses Ziel ist nur erreichbar, wenn die Auskünfte zutreffen. Wirtschaftsauskunfteien verwerten täglich Informationen

- von Industrie- und Handelskammern,
- von öffentlichen Registern,
- aus Zeitungsberichten, Geschäftsberichten,
- aus eigenen Recherchen (z. B. Befragungen),
- aus Protestlisten über Wechselproteste,
- aus Insolvenzverfahren,
- aus Bilanzveröffentlichungen.

Folgende Auskunfteien bieten z. B. ihre Dienste an: Creditreform, Schimmelpfeng und Bürgel. Die Banken und die Kredit gebende gewerbliche Wirtschaft unterhalten eine eigene Auskunfteinrichtung: die Schufa (Schutzgemeinschaft für allgemeine Kreditsicherung e.V.).

Merke: Sicherheiten können fehlende Kreditwürdigkeit nicht ersetzen.

Die Prüfung der Kreditwürdigkeit kann folgendes Ergebnis haben:

- Der Kreditnehmer gilt als zuverlässig, geschäftstüchtig, branchenkundig, fleißig **(persönliche Kreditwürdigkeit)**.
- Die wirtschaftlichen Verhältnisse des Kreditnehmers sind geordnet, die Vermögenslage gilt als gut, der Betrieb hat eine ordentliche Führung und Verwaltung **(sachliche Kreditwürdigkeit)**.

14.3.3 Rechtliche Sicherung von Krediten

Der Kreditgeber wird vor der Kreditgewährung die Kreditwürdigkeit des Kreditnehmers prüfen.

- Bei einem **einfachen Personalkredit** (auch **Blankokredit** genannt) erfolgt darüber hinaus keine weitere Absicherung. Er ist kurzfristig und nicht für Anlageinvestitionen geeignet.
- Beim **verstärkten Personalkredit** haften neben der Person des Kreditnehmers auch weitere Personen. Sicherungsmittel sind Wechsel, Bürgschaft, Zession, Garantien.
- Eine weiter gehende Sicherung wird durch de**n Realkredit** erreicht. Er überträgt bestimmte

Beispiel: Kreditauskunft:

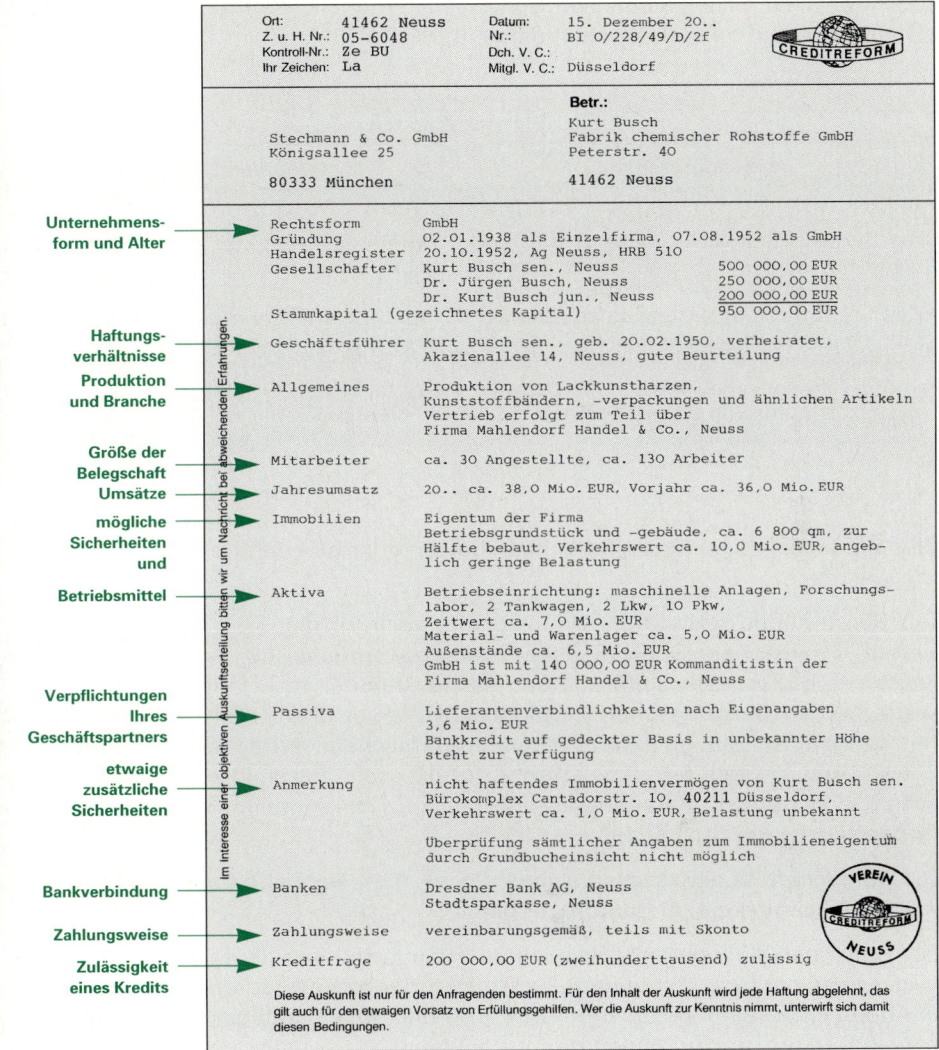

Rechte an Sachen vom Kreditnehmer auf den Kreditgeber (sog. **dingliche Sicherung**). Sicherungsmittel sind Sicherungsübereignung, Verpfändung beweglicher Sachen, Grundpfandrechte, Eigentumsvorbehalt.

14.3.4 Kreditsicherung durch Bürgschaft

Eine *Bürgschaft* entsteht, wenn sich eine Person (der Bürge) gegenüber dem Gläubiger eines anderen vertraglich verpflichtet, für die Erfüllung der Verbindlichkeiten des anderen einzustehen (BGB § 765).

Die Bürgschaft ist ein einseitig verpflichtender Vertrag, für den die Schriftform vorgeschrieben ist. Vollkaufleute können sich auch mündlich verbürgen, wenn die Bürgschaft für sie ein Handelsgeschäft darstellt (HGB § 350).

Bürgschaftsarten	
Ausfallbürgschaft	**Selbstschuldnerische Bürgschaft**
Der Bürge ist erst zur Leistung verpflichtet, wenn der Gläubiger den Ausfall des Hauptschuldners durch eine erfolglos betriebene Zwangsvollstreckung nachweist (so genannte Einrede der **Vorausklage**) oder wenn gegen den Hauptschuldner das Insolvenzverfahren eröffnet ist oder anzunehmen ist, dass die Zwangsvollstreckung erfolglos sein wird.	Der Bürge haftet wie der Hauptschuldner selbst; er hat nicht die Einrede der Vorausklage. Die Bürgschaft eines Vollkaufmanns ist, wenn sie ein Handelsgeschäft darstellt, stets eine selbstschuldnerische Bürgschaft (HGB § 349). Kreditinstitute verlangen stets selbstschuldnerische Bürgschaften.

Eine Bürgschaft kann für bestehende Schulden oder für künftige Schulden übernommen werden.

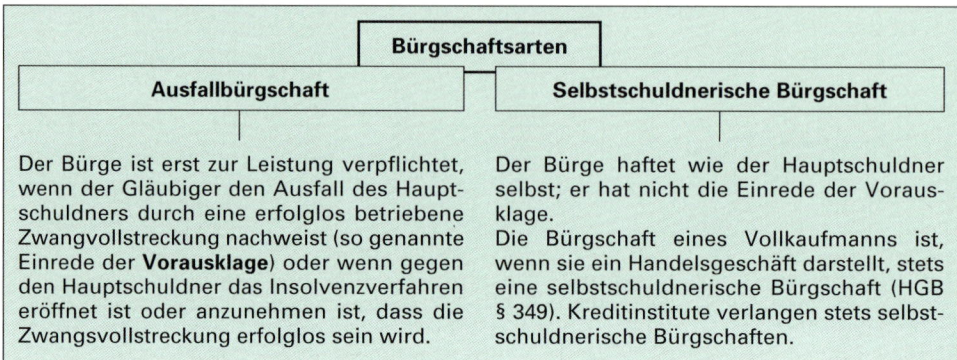

Der Bürge haftet in Höhe der Hauptschuld, auch für die Zinsen, Provisionen, Spesen, Schadenersatzansprüche, Kosten (z. B. Prozesskosten), die der Hauptschuldner zu vertreten hat. Die Bürgschaftsverbindlichkeit steigt also mit der Hauptschuld, ggf. bis zu einem im Bürgschaftsvertrag festgesetzten Höchstbetrag. Andererseits fällt und erlischt die Bürgschaftsschuld auch mit der Hauptschuld (z. B. durch Erfüllung der Hauptschuld, Erlass, Aufrechnung mit einer Gegenforderung). Es gilt deshalb:

Die *Bürgschaft* ist ein akzessorisches[1] Recht, d. h. ein Nebenrecht, welches nur in Abhängigkeit von einem Hauptrecht gilt.

Der Bürge hat alle Einreden, die auch der Hauptschuldner hat (z. B. die Einreden der Verjährung, der Schuldstundung, der Aufrechnung mit Gegenforderungen). Wird er in Anspruch genommen, so geht die Forderung vom Gläubiger auf ihn über und er hat ein Rückgriffsrecht auf den Hauptschuldner.

14.3.5 Kreditsicherung durch Kreditleihe

Die *Kreditleihe* ist ein Kreditgeschäft, bei dem eine Bank ihrem Kunden keine Geldmittel zu Verfügung stellt, sondern sich verpflichtet für ihn zu zahlen, wenn er seinen Verpflichtungen gegenüber einem Gläubiger nicht nachkommt. Damit überträgt die Bank ihre Kreditwürdigkeit auf den Kunden.

Die Kreditleihe dient auf diese Weise als Sicherheit für einen anderen Kredit oder für bestimmte Vorausleistungen.

---

[1] (lat.) accedere = hinzutreten

Man unterscheidet den Akzeptkredit und das Garantiegeschäft.

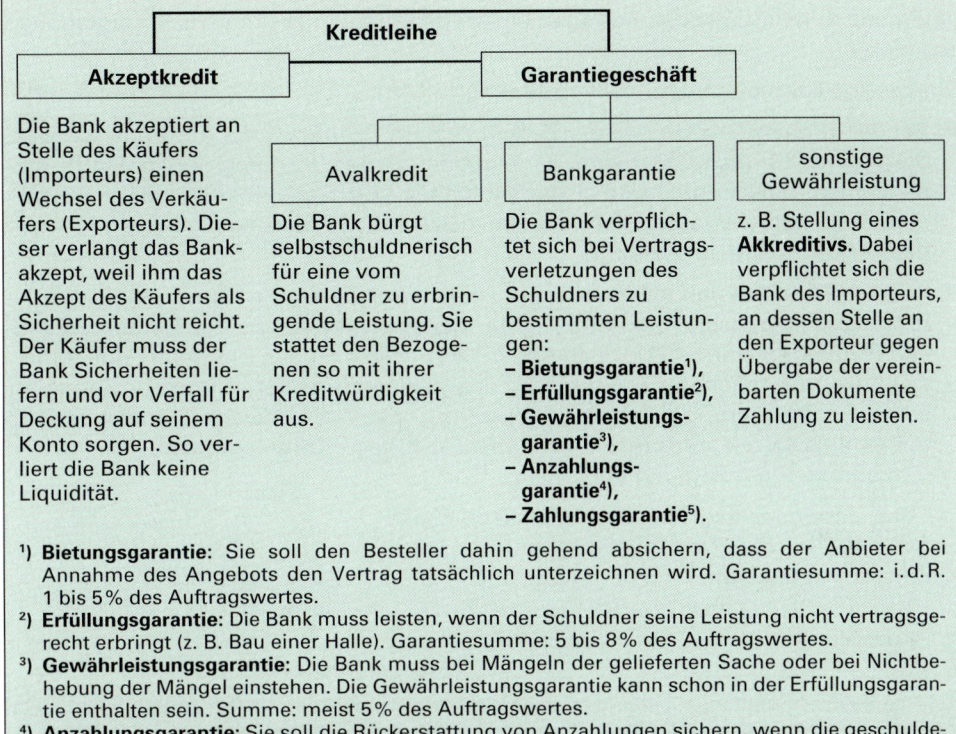

1) **Bietungsgarantie:** Sie soll den Besteller dahin gehend absichern, dass der Anbieter bei Annahme des Angebots den Vertrag tatsächlich unterzeichnen wird. Garantiesumme: i.d.R. 1 bis 5% des Auftragswertes.
2) **Erfüllungsgarantie:** Die Bank muss leisten, wenn der Schuldner seine Leistung nicht vertragsgerecht erbringt (z. B. Bau einer Halle). Garantiesumme: 5 bis 8% des Auftragswertes.
3) **Gewährleistungsgarantie:** Die Bank muss bei Mängeln der gelieferten Sache oder bei Nichtbehebung der Mängel einstehen. Die Gewährleistungsgarantie kann schon in der Erfüllungsgarantie enthalten sein. Summe: meist 5% des Auftragswertes.
4) **Anzahlungsgarantie:** Sie soll die Rückerstattung von Anzahlungen sichern, wenn die geschuldete Leistung nicht vertragsgemäß erbracht wird.
5) **Zahlungsgarantie:** Die Bank verpflichtet sich zur Zahlung oder Wechseleinlösung, wenn der Käufer seinen Zahlungsverpflichtungen nicht nachkommt.

14.3.6 Kreditsicherung durch Zession

Eine Forderung kann von einem Gläubiger durch Vertrag auf eine andere Person übertragen werden (Abtretung, Zession). Dadurch tritt der neue Gläubiger an die Stelle des bisherigen (BGB § 398). Er hat die gleichen Rechte und muss deshalb auch alle Einreden des Schuldners gegen sich gelten lassen. Der Abtretende heißt auch Zedent, der neue Gläubiger Zessionar.

Beim *Zessionskredit* tritt der Schuldner eigene Forderungen zur Sicherung eines Kredits an den Kreditgeber ab.

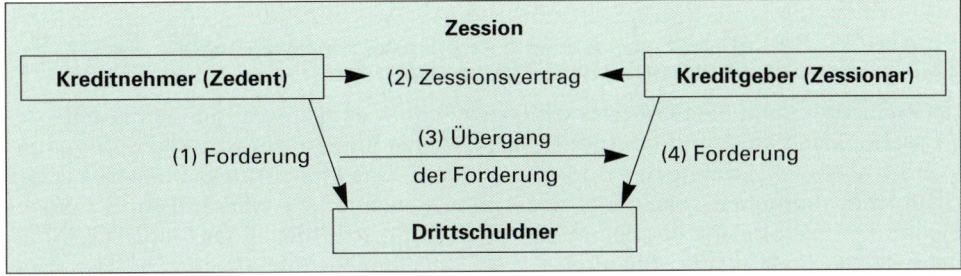

Durch eine **Sicherungsabrede** im Zessionsvertrag verpflichtet sich der Kreditgeber, über die abgetretenen Forderungen lediglich zur Sicherung seiner Forderung zu verfügen und mit eingehenden Beträgen die Kreditverbindlichkeiten des Kreditnehmers abzudecken.

Die Zession kann offen oder still erfolgen:

- Bei der **offenen Zession** teilt der Zedent seinem Schuldner die Abtretung der Forderung mit. Der Schuldner kann dann mit befreiender Wirkung nur an den Zessionar zahlen. Dieser sollte sich sicherheitshalber vom Schuldner bestätigen lassen, dass er von der Abtretung Kenntnis hat, dass er die Forderung nicht bestreitet und dass er keine Gegenrechte hat.

- Bei der **stillen Zession** teilt der Zedent seinem Schuldner die Abtretung der Forderung nicht mit. So soll eine Störung der Beziehung zwischen Zedent und Schuldner vermieden werden. Der Schuldner zahlt weiter an den Zedenten, der seinerseits die vertraglichen Zahlungen an den Zessionar leistet. Wenn der Zessionar seine Kreditforderung gefährdet sieht, kann er den Drittschuldner von der Zession in Kenntnis setzen (vertraglich nicht ausschließbares **Offenlegungsrecht**) und von ihm unmittelbare Zahlung verlangen.

Für den Zessionar liegt stets ein gewisses Risiko darin, dass er die Zahlungsfähigkeit des Drittschuldners nicht kennt.

Merke: Vor allem die stille Zession birgt Unsicherheiten.

> **Beispiele:**
> – Im Zessionsvertrag (stille Zession) wurde vereinbart, dass der Zedent die vom Drittschuldner erhaltenen Zahlungen an den Zessionar abführen soll. Der Zedent zahlt jedoch nicht, obwohl er vom Drittschuldner ordnungsgemäß Zahlung erhält.
> – Der Zedent tritt eine still abgetretene Forderung ein weiteres Mal, diesmal offen, ab. Der Drittschuldner zahlt an den zweiten Zessionar, da er von der ersten Abtretung nichts weiß. Der Zedent erfüllt seinerseits seine Zahlungsverpflichtungen gegenüber dem Erstzessionar nicht.

In beiden Fällen ist die Abtretung für den Zessionar wertlos: Der gutgläubige Drittschuldner hat in Unkenntnis der stillen Zession an den ersten Gläubiger bzw. an den Zweitzessionar gezahlt. Die Zahlung befreit ihn von seiner Verpflichtung (BGB § 407, § 408).

> **Weitere Beispiele:**
> – Der Zedent tritt nicht existierende oder mit einem gesetzlichen oder vertraglichen Abtretungsverbot belegte Forderungen ab.
> – Der Drittschuldner kann Forderungen des Zedenten mit eigenen Gegenforderungen aufrechnen.

14.3.7 Kreditsicherung durch Pfandrecht

Der Gläubiger kann eine Forderung sichern, indem er sich vom Schuldner eine bewegliche Sache als Pfand übergeben lässt. Hierzu eignen sich vor allem Warenbestände, Schmuck, Edelmetalle oder Wertpapiere. Das Pfand muss in den Besitz des Gläubigers übergehen (man nennt es deshalb „Faustpfand"), während der Schuldner Eigentümer bleibt. Zahlt der Schuldner fristgerecht, so erhält er das Pfand zurück. Im gegenteiligen Fall tritt die „Pfandreife" ein: Der Gläubiger kann den Verkauf des Pfandes androhen und es nach Ablauf einer Wartefrist von einem Monat verkaufen. Die Vorschriften über den Pfandverkauf entsprechen im Wesentlichen den Vorschriften über den Selbsthilfeverkauf bei Annahmeverzug des Käufers (BGB §§ 1204, 1220, 1221, 1228, 1233 ff.).

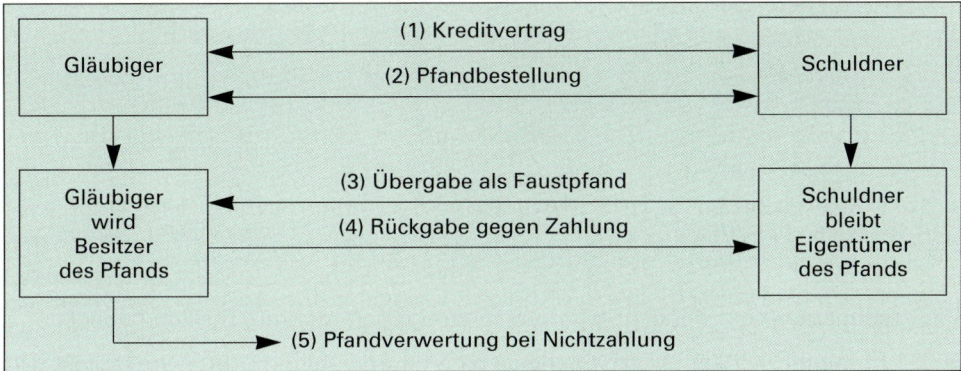

Voraussetzung für eine Pfandbestellung ist stets das Bestehen einer Forderung. Das Pfandrecht ist wie die Bürgschaft ein akzessorisches Recht. Im Insolvenzverfahren des Schuldners hat der Gläubiger das Recht auf Absonderung zwecks Pfandverwertung.

14.3.8 Kreditsicherung durch Sicherungsübereignung

Eine *Sicherungsübereignung* liegt vor, wenn ein Schuldner seinem Gläubiger zur Sicherung der Forderung das Eigentum an einer Sache überträgt.

Die Übertragung des Eigentums an beweglichen Gütern erfordert die Übergabe des betreffenden Gutes. Dies ist problematisch, wenn der Kreditnehmer die Sachen für seinen Betrieb benötigt (z. B. Maschinen, Kraftfahrzeuge). Auch müsste das Kreditinstitut die Gegenstände lagern. Man vereinbart deshalb, dass das Eigentum zwar auf den Kreditgeber übergehen, der Besitz aber beim Kreditnehmer bleiben soll (Besitzkonstitut, BGB § 930).

Gerät der Schuldner mit der Zahlung in Verzug, so kann der Gläubiger die Herausgabe der übereigneten Sache verlangen und diese verkaufen. Bei vertragsgerechter Leistung erhält der Schuldner das Eigentum nach der Tilgung des Kredits zurück.

Die Übertragung des Eigentumsrechtes an der Sache hat nur den Zweck die Forderungen aus dem Kreditvertrag zu decken. Es handelt sich um ein **beschränktes Eigentumsrecht**, das der Kreditgeber nur geltend machen kann, wenn der Kreditnehmer seinen Verpflichtungen nicht nachkommt (sog. **Treuhandeigentum**).

Wichtig ist, dass die Sache in dem Vertrag genau bestimmt ist. Formulierungen wie „alle Maschinen gelten als sicherungsübereignet" sind ungeeignet. Bei Schüttgut oder einem mengenmäßig großen Warenbestand ist auch eine Raumsicherungsübereignung möglich. Hierbei gelten alle Waren in einem genau bestimmten Raum als sicherungsübereignet. Der Kreditnehmer muss entnommene Waren durch neue ersetzen.

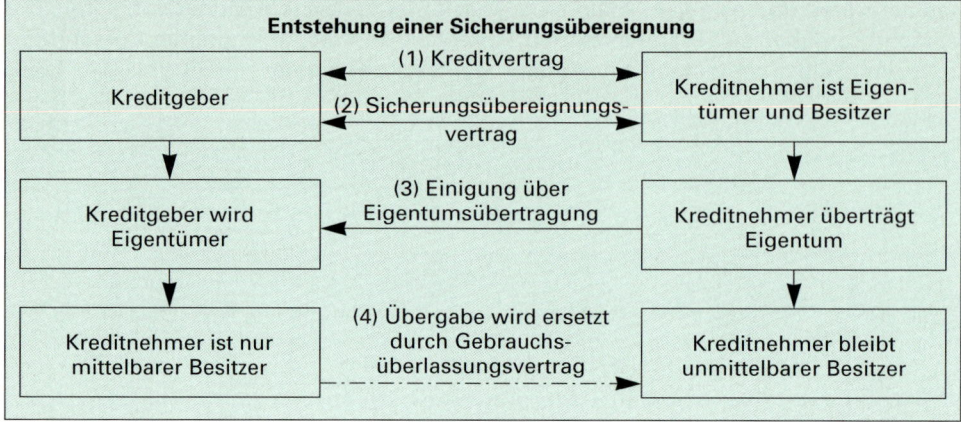

Der Kreditgeber muss bei der Sicherungsübereignung mehrere **Risiken** bedenken:

- Der Kreditnehmer könnte die **Sache** an einen gutgläubigen Dritten **verkaufen**.

  Beispiel:
  Unternehmer Trüger verkauft seinen sicherungsübereigneten PKW an einen gutgläubigen Dritten und übergibt ihm den Fahrzeugbrief.
  Der Kreditgeber hat das Nachsehen. Er hat außerdem grob fahrlässig gehandelt, da er sich nicht seinerseits durch Verwahrung des Fahrzeugbriefs abgesichert hat.

- Der **Kreditnehmer** ist vielleicht noch **nicht Eigentümer** der Sache, da sie noch dem Eigentumsvorbehalt unterliegt.
  Auch in diesem Fall handelt der Kreditgeber grob fahrlässig, wenn er sich nicht an Hand von Quittungen, Überweisungen usw. vom Erlöschen des Eigentumsvorbehalts überzeugt.

- Die Sache ist **schon** einmal **sicherungsübereignet**.

- Die Sache ist **nicht exakt bestimmt**.

- Die Sache **unterliegt dem Vermieterpfandrecht**, da sie sich in gemieteten Räumen befindet. Der Kreditgeber wird in diesem Fall eine Erklärung des Vermieters über den Verzicht auf sein Pfandrecht verlangen.

- Die Sache **unterliegt starker Abnutzung** oder **starkem Preisverfall** oder ist so speziell, dass sie gar nicht verwertet werden kann.
  Eine solche Sache wird nicht oder zu einem sehr niedrigen Satz beliehen. Die Banken setzen die Beleihungssätze wegen des erhöhten Risikos ohnehin verhältnismäßig niedrig an.

Besonders geeignet für die Sicherungsübereignung sind Kraftfahrzeuge, Warenlager, Produktionsmittel (wie Maschinen). Im Insolvenzverfahren hat der Kreditgeber einen Anspruch auf Absonderung, damit er die übereignete Sache verwerten kann.

14.3.9 Kreditsicherung durch Eigentumsvorbehalt

Der Eigentumsvorbehalt, der meist in den Allgemeinen Geschäftsbedingungen erklärt wird, ist das übliche Mittel, durch das sich der Verkäufer von Waren beim Zielkauf vor Forderungsausfällen zu schützen sucht.

Einzelheiten siehe Seite 268.

14.3.10 Kreditsicherung durch Hypothek und Grundschuld

Immobilien (unbebaute und bebaute Grundstücke) sind wegen ihres im Zeitablauf erfahrungsgemäß stabilen Wertes besonders für die Absicherung langfristiger Kredite geeignet. Hierzu dienen die Hypothek und die Grundschuld als Grundpfandrechte.

Hypothek und *Grundschuld* **sind Pfandrechte an Grundstücken. Da das Grundstück dem Pfandnehmer nicht als Faustpfand übergeben werden kann, wird die Übergabe durch die Eintragung des Pfandrechts in das Grundbuch ersetzt.**

Das Grundbuch ist ein öffentliches Verzeichnis aller Grundstücke, das vom Amtsgericht geführt wird. Es enthält vor allem die Eigentumsverhältnisse sowie die auf dem Grundstück ruhenden Lasten, Beschränkungen und Grundpfandrechte. Die Reihenfolge der Eintragungen bestimmt ihren Rang. Dies bedeutet z. B., dass Forderungen auf Grund einer erstrangigen Eintragung voll befriedigt sein müssen, bevor die Rechte aus der zweitrangigen Eintragung zum Zuge kommen. Die Eintragungen im Grundbuch gelten als richtig. Damit genießt das Grundbuch **vollen öffentlichen Glauben**. Dies ist ein Vorzug, den nicht alle öffentlichen Register haben.

Das Handelsregister z. B. genießt nur beschränkten öffentlichen Glauben. Vgl. S. 392.

Ein Grundpfandrecht kann durch die alleinige Eintragung ins Grundbuch bestellt werden (**Buchhypothek, Buchgrundschuld**) oder durch die zusätzliche Ausfertigung einer Urkunde, des Hypothekenbriefs bzw. Grundschuldbriefs, nach der erfolgten Eintragung (**Briefhypothek, Briefgrundschuld**). Bei Briefhypothek und Briefgrundschuld erwirbt der Hypotheken- bzw. Grundschuldgläubiger die Hypothek/Grundschuld erst mit der Übergabe des Briefs. Durch den Brief wird auch eine Abtretung und Verpfändung des Rechtes ohne Änderung der Grundbucheintragungen ermöglicht.

Die *Hypothek* ist ein Pfandrecht an einem Grundstück, das stets zur Sicherung einer Forderung eingetragen wird (BGB § 1113). Sie setzt also ein rechtsgültiges Schuldverhältnis voraus (akzessorisches Recht). Für die Hypothekenschuld haftet einerseits das Grundstück (dingliche Haftung) und andererseits der Schuldner selbst mit seinem gesamten Vermögen (persönliche Haftung).

Ohne Forderung (der Kredit wird nicht ausgezahlt) oder bei erloschener Forderung steht die Hypothek dem Grundstückseigentümer zu und wird kraft Gesetzes zu einer Eigentümergrundschuld (siehe unten).

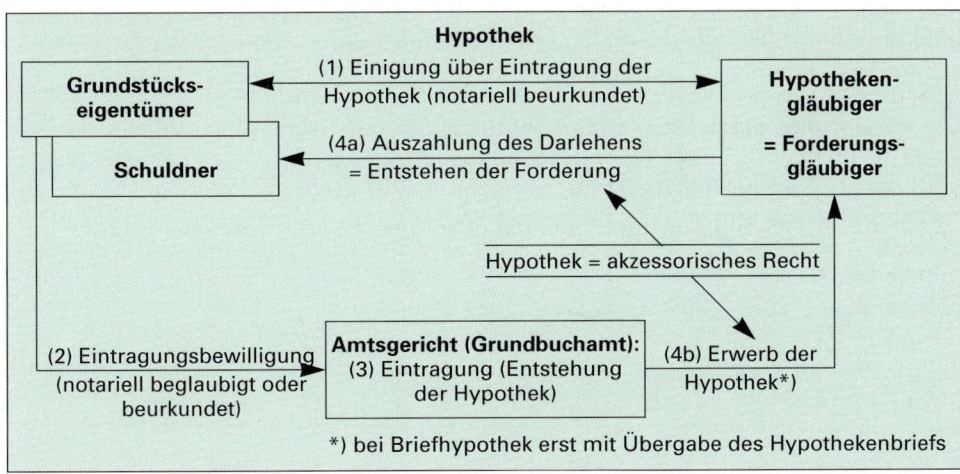

Die *Grundschuld* ist ein Grundpfandrecht, auf Grund dessen an den Begünstigten eine bestimmte Geldsumme aus dem Grundstück zu zahlen ist (BGB § 1191). Eine bestehende Forderung wird im Gegensatz zur Hypothek nicht vorausgesetzt (abstraktes Recht). Insofern haftet für die Grundschuld nur das Grundstück (dingliches Recht). Die Grundschuld wird, wenn nichts anderes vereinbart ist, nach Kündigung mit einer Frist von 6 Monaten fällig.

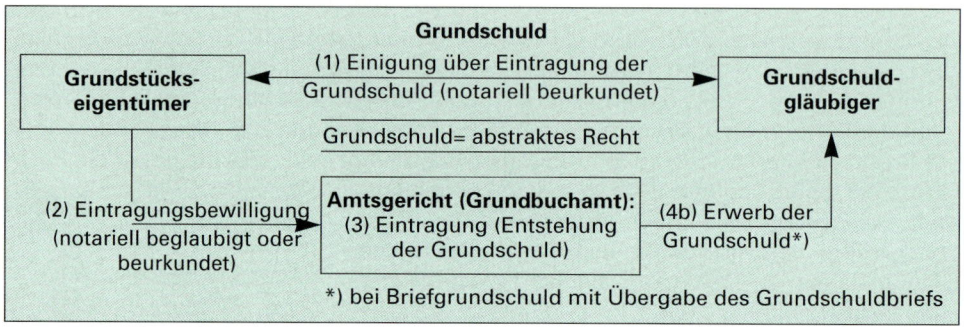

In der Praxis wird eine Grundschuld fast ausschließlich zur Sicherung von Forderungen bewilligt (**Fremdgrundschuld**). Dabei sollte der Zweck der Grundschuld in einer Sicherungsvereinbarung festgelegt werden.

> **Beispiel:**
> „Die Grundschuld dient zur Sicherung aller Forderungen der Bank aus der Geschäftsverbindung." Im Gegensatz zur Hypothek erlischt **diese** Grundschuld nicht mit der Rückzahlung eines Kredits. Der Schuldner kann ihre Rückübertragung erst nach der Tilgung seiner sämtlichen Verbindlichkeiten gegenüber der Bank verlangen.

Das Fehlen des persönlichen Anspruchs aus der Grundschuld ist unerheblich. Dieser Anspruch ergibt sich bereits aus dem Kreditvertrag.

Von der Fremdgrundschuld ist die **Eigentümergrundschuld** zu unterscheiden. Dabei lässt der Grundstückseigentümer eine (möglichst erstrangige) Grundschuld auf seinen eigenen Namen eintragen. Bei Kreditbedarf kann er die Grundschuld verpfänden oder abtreten. Nach der Rückzahlung des Kredits steht sie ihm wieder für entsprechende Verwendung zur Verfügung.

Die **Verwertung eines Grundpfandrechts** erfolgt auf Grund eines vollstreckbaren Titels (Gerichtsurteil oder Zwangsvollstreckungsklausel im Grundpfandrechtsvertrag) durch **Zwangsvollstreckung**. Die Zwangsvollstreckung kann im Wege der **Zwangsversteigerung** und der **Zwangsverwaltung** durch einen gerichtlich bestellten Verwalter erfolgen. Bei der Versteigerung wird der Gläubiger aus dem Versteigerungserlös, bei der Verwaltung aus den laufenden Erträgen aus dem Grundstück befriedigt.

Arbeitsaufgaben

1. **Sie erhalten von Gebr. Sailer die folgende Bitte um Auskunft.**

   > Sehr geehrte Damen und Herren,
   >
   > die auf dem beiliegenden Blatt genannte Firma hat uns einen Auftrag über 6 000,00 EUR erteilt und bittet um ein Zahlungsziel von 30 Tagen.
   >
   > Der Besteller hat Sie uns als Referenz angegeben. Da der Kunde uns bisher unbekannt ist, wären wir Ihnen für eine möglichst genaue Auskunft verbunden. Vor allem interessieren uns der Ruf und das Ansehen des Inhabers sowie die Größe, der Umsatz und die Zahlungsweise der Firma. Des Weiteren bitten wir Sie um ein Krediturteil.
   >
   > Wir sichern Ihnen für Ihre Auskünfte absolute Verschwiegenheit zu und danken Ihnen im Voraus für Ihre Mühe.
   >
   > Mit freundlichen Grüßen

   a) Nennen Sie die wesentlichen Teile dieser Bitte um Auskunft.
   b) Warum wird der Name des Kunden im Brief nicht genannt?
   c) Schreiben Sie eine Antwort auf die Bitte um Auskunft. Sie soll nach Möglichkeit alle Punkte der Anfrage beantworten. Des Weiteren wird vertrauliche Behandlung der Angaben erbeten. Der Brief enthält den Hinweis auf Unverbindlichkeit der Auskunft.
   d) Wir nehmen an, dass der Kunde bei Gebr. Sailer Waren auf Ziel kaufen will. Welches Kreditsicherungsmittel ist hierfür in der kaufmännischen Praxis gang und gäbe? Erläutern Sie die Absicherung, die durch dieses Mittel eintritt.
   e) Gesetzt den Fall, die Zahlungsweise des Kunden würde als schleppend beurteilt. Welche Absicherung wäre für diesen Fall ratsam?

2. **Als Hersteller von Teppichböden haben Sie die folgende Auskunft über die Firma Heike Hünersen erhalten.**

   > **Rechtsform:** Einzelfirma
   > **Gründung:** 10. Oktober 1976
   > **Eintragung ins Handelsregister:** 15. Dezember 1976; Ag Ansbach unter HRA 740
   > **Inhaber:** Heike Hünersen, Kauffrau, Heilsbronn
   >
   > **Allgemeines:**
   > Das Unternehmen wurde von Heike Hünersen in Heilsbronn gegründet. Gegenstand ist die Herstellung von Jalousien und Kehlleisten sowie der Großhandel mit Nadelfilz-Teppichböden. In Heilsbronn, Fürther Straße 9, befinden sich modern ausgestattete Betriebsräume. Auslieferungslager werden in Amberg/Opf., Königsallee 4, und Ansbach/Mfr., Steinweg 9, unterhalten. Zur Zeit liegt ein guter Auftragsbestand vor. Nach einigen Angaben wird mit 4 Angestellten und 16 Arbeitern ein Jahresumsatz von etwa 4 Mio. EUR erzielt. Die kaufmännische und technische Leitung liegt in den Händen des Ehemanns der Inhaberin, Kurt Hünersen, der auch Prokura zeichnet.
   >
   > **Persönliches:**
   > Heike Hünersen, geborene Hecht, wurde am 14. November 1941 in Heilsbronn geboren. Sie ist mit Kurt Hünersen, geboren am 14. März 1938 in Erlangen, verheiratet. Die Eheleute leben in Gütertrennung; sie haben ein Kind, das 1963 geboren wurde. In persönlicher Hinsicht liegt gegen Heike Hünersen Nachteiliges nicht vor.
   > Der Ehemann, der seit 1958 in der gleichen Branche selbstständig war, geriet in finanzielle Schwierigkeiten. Ein über sein Vermögen am 15. Januar 1974 eröffnetes Vergleichsverfahren wurde am 1. Dezember 1974 aufgehoben. Es gelangten 35 % in drei Raten zur Verteilung.
   >
   > **Vermögenslage:**
   > Haus- und Grundeigentum ist in Heilsbronn für Heike Hünersen nicht eingetragen. Die Miete für die Betriebsräume an obiger Anschrift beträgt monatlich etwa 4 700,00 EUR, die für die Wohnung an gleicher Anschrift etwa 700,00 EUR. In der Betriebseinrichtung und den Kraftfahrzeugen sind etwa 140 000,00 EUR investiert. Den Wert des Warenlagers schätzt man auf etwa 180 000,00 EUR. Inwieweit hierauf noch Verpflichtungen ruhen ist

> nicht bekannt. Die Barmittel sind knapp, jedoch betragen die Außenstände 49 000,00 EUR. Zum Betriebsvermögen gehören Wertpapiere mit einem Kurswert von ca. 17 000,00 EUR.
>
> **Krediturteil:**
> Zahlungen erfolgen z. T. mit Zielüberschreitungen bis zu 90 Tagen. Ende 20.. hörten wir auch von gerichtlichen Maßnahmen. Zu einer ungedeckten Kreditgabe kann nicht geraten werden.
>
> **Bankverbindung:**
> Gewerbe- und Landwirtschaftsbank Ansbach eG, Zweigst. Heilsbronn.

    a) Welche Einrichtungen sind in der Lage, derartige Auskünfte zu erteilen?
    b) Wie wird der Kreditnehmer persönlich beurteilt?
    c) Wie wird die sachliche Kreditwürdigkeit beurteilt?
    d) Im Krediturteil werden „gerichtliche Maßnahmen" erwähnt. Was könnte damit gemeint sein?
    e) Die Liquiditätslage des Kreditnehmers erscheint trotz guter Auftragslage angespannt. Auf welche Gründe könnte dies ggf. zurückzuführen sein?

3. Ein ausländischer Kunde wünscht als Zahlungsbedingung für eine Warenlieferung die Kondition „Dokumente gegen Akzept". Dies bedeutet, dass er gegen ein Wechselakzept vom Exporteur die Verschiffungspapiere und damit das Verfügungsrecht über die Sendung erhält. Der Exporteur verlangt jedoch das Akzept der Bank des Importeurs sowie ein zusätzliches Avalakzept seiner eigenen Bank.
Begründen Sie dieses Verlangen des Exporteurs.

4. Erika Muster hat eine Boutique eröffnet. Für ihre Wareneinkäufe und laufenden Geschäftsausgaben gewährt ihre Bank ihr einen Kontokorrentkredit; sie kann, je nach Bedarf, Kreditbeträge bis zum Betrag von 50 000,00 EUR auf ihrem Geschäftsgirokonto jederzeit in Anspruch nehmen und tilgen. Als Sicherheit lässt sich die Bank eine Bürgschaft von Frau Musters Vater mit einem Höchstbetrag von 75 000,00 EUR geben. Außerdem tritt Frau Muster alle Forderungen aus Warenverkäufen in Form einer stillen Zession an die Bank ab.
    a) Welche Verpflichtung übernimmt der Vater durch seine Bürgschaft?
    b) Welche Art der Bürgschaft wird die Bank verlangen? Erläutern Sie die Gründe.
    c) Warum wird der Bürgschaftshöchstbetrag höher als der Kreditbetrag festgelegt?
    d) Erläutern Sie an diesem Beispiel den Begriff des „akzessorischen Rechtes" und geben Sie zwei weitere Beispiele für akzessorische Rechte.
    e) Auf welche Weise wird die Bank durch die stille Zession gesichert?
    f) Mit welchen Vor- und Nachteilen ist die stille Zession – im Vergleich zur offenen Zession – für die Vertragspartner verbunden?

5. **Kredite können dinglich gesichert werden.**
In welchen Fällen liegt eine dingliche Sicherung vor?
    a) Sicherungsübereignung einer Maschine,
    b) Übernahme einer Ausfallbürgschaft,
    c) Übernahme einer selbstschuldnerischen Bürgschaft,
    d) Sicherung eines Darlehens durch eine Hypothek,
    e) Sicherung eines Darlehens durch eine Grundschuld,
    f) Sicherung eines Kredits durch einen Wechsel,
    g) Übergabe eines Faustpfands,
    h) Kreditsicherung durch Abtretung einer Forderung.

6. Die Schmelzer GmbH, eine Marmeladen- und Konfitürenfabrik, benötigt zur Erweiterung der Fertigungskapazitäten ein Darlehen von 300 000,00 EUR. Der Kredit soll dinglich gesichert werden.
    a) Eine GmbH gilt wegen der beschränkten Haftung grundsätzlich als wenig kreditwürdig. Wie lässt sich dieses Hindernis in der Praxis jedoch leicht umgehen?
    b) Nennen Sie Gegenstände der GmbH oder der Gesellschafter, die sich jeweils für eine Verpfändung, für eine Sicherungsübereignung und für eine Hypothek bzw. Grundschuld besonders eignen. Begründen Sie die jeweils spezielle Eignung.
    c) Wer ist Eigentümer, wer Besitzer
       (1) beim Pfandrecht, (2) bei der Sicherungsübereignung?
    d) Im vorliegenden Fall wird unter anderem ein LKW sicherungsübereignet. Gleichzeitig wird aber ein Besitzkonstitut vereinbart. Welchen Vorteil erzielt dadurch der Kreditnehmer?

e) Auf das Betriebsgrundstück der Schmelzer GmbH soll ein erstrangiges Grundpfandrecht mit Brief eingetragen werden.
- Welche Bedeutung hat die „erstrangige Eintragung"?
- Welche praktischen Vorteile bietet der Brief?
- Man überlegt, ob die Absicherung durch eine Hypothek oder eine Grundschuld erfolgen soll. Bei der Prüfung dieser Frage erkennt man, dass diese beiden Grundpfandrechte zwar grundsätzlich recht unterschiedlich konzipiert sind, dass diese Unterschiede aber durch die praktische Vertragsgestaltung fast verschwinden. Erläutern Sie diesen Sachverhalt.

14.3.11 Kurzfristige Kreditfinanzierung

Zur kurzfristigen Kreditfinanzierung zählen vor allem

- die Kundenanzahlungen,
- der Lieferantenkredit,
- der Diskontkredit,
- der Kontokorrentkredit,
- der Wechselkredit,
- der Lombardkredit.

Kundenanzahlungen

Anzahlungen sind bei Großaufträgen (Schiffbau, Maschinenbau, Wohnungsbau usw.) üblich, da der Hersteller das gesamte Projekt – teilweise wegen langer Produktionsdauer – nicht allein finanzieren kann. Häufig wird ein Drittel des Kaufpreises bei Auftragserteilung, ein Drittel bei Lieferung und ein Drittel mit vereinbartem Ziel fällig. Um das Risiko abzuwenden, dass der Lieferer seinen Verpflichtungen nicht nachkommt, verlangt der Kunde häufig als Sicherheit eine Bankgarantie.

Kontokorrentkredit

Ein *Kontokorrentkredit* entsteht, wenn in einem festgelegten Abrechnungszeitraum auf einem Konto Kreditbeträge in schwankender Höhe bis zu einer Obergrenze (Kreditlimit) in Anspruch genommen, zurückgezahlt und wieder beansprucht werden können.

Beispiel:
Das Konto des Kaufmanns K. bei der Handelsbank weist im 1. Vierteljahr 20.. die folgenden Buchungen auf:

Buchungs-datum	Vorgang	Wert	Soll	Haben
2. Jan.	Saldovortrag	31. Dez.		2 000,00 EUR
19. Jan.	Überweisung	20. Jan.	5 000,00 EUR	
21. Jan.	Barabhebung	21. Jan.	1 500,00 EUR	
28. Jan.	Scheckeinlösung	2. Feb.		3 000,00 EUR
15. Feb.	Überweisung	15. Feb.	4 500,00 EUR	
21. Feb.	Effektenkauf	21. Feb.	2 000,00 EUR	
3. März	Überweisung	5. März		6 000,00 EUR
19. März	Bareinzahlung	19. März		2 500,00 EUR
			13 000,00 EUR	13 500,00 EUR

Die folgende Zeichnung zeigt die Kontobewegungen und Kontobestände im Zeitablauf deutlich auf. Die Bank hat eine Kreditgrenze (Kreditlimit) von 5 000,00 EUR eingeräumt.

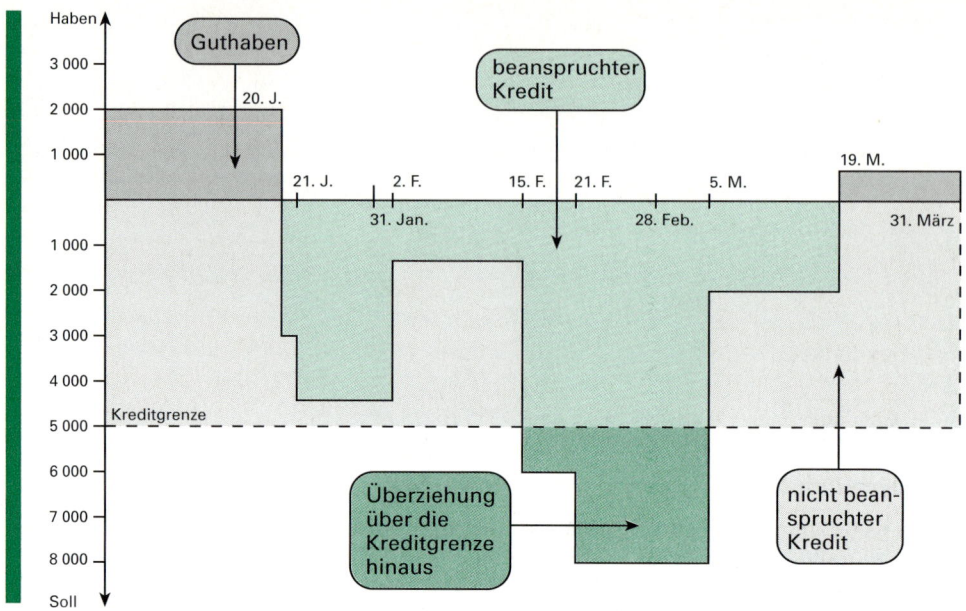

Kontokorrente kommen im Waren- und Dienstleistungsverkehr (Liefererkredite) wie im Bankverkehr vor. Die Banken richten sich bei der Einräumung des Kreditlimits nach dem Umsatz. Der Kontokorrentkredit dient in der Regel der Finanzierung des kurzfristigen Finanzbedarfs. Die vereinbarte Frist ist längstens 6 Monate, kann jedoch stillschweigend verlängert werden. Dadurch erhält der Kredit in der Praxis einen langfristigen Charakter. Wesentliche **Vorteile des Kontokorrentkredits** sind:
- stetige Anpassung an den jeweiligen Finanzbedarf,
- stetige Anpassung der Zinsbelastung an den Finanzbedarf,
- bequeme Inanspruchnahme durch Barabhebung, Überweisung, Scheck, Lastschrifteinzugsverfahren sowie entsprechend bequeme Tilgung.

Verwendungsmöglichkeiten des Kontokorrentkredits
Betriebskredit
Dient der Deckung eines vorübergehenden Geldbedarfs, z. B. dem Wareneinkauf oder der Entlohnung von Arbeitskräften.
Saisonkredit
Dient der Finanzierung von Saisongeschäften wie z. B. dem Einkauf der Herbstkollektion im Frühjahr bis zum Verkauf Ende des Jahres.
Zwischenkredit
Dient der Finanzierung eines Bauvorhabens bis zur Ablösung durch ein längerfristiges Darlehen in Form eines Hypothekarkredites.

Zur Sicherung des Kontokorrentkredits werden häufig Pfandrechte bestellt oder Sicherungsübereignungen vorgenommen.

Lieferantenkredit

Der *Lieferantenkredit* entsteht, indem der Lieferer seinem Kunden für gelieferte Waren ein Zahlungsziel einräumt.

Der Kredit ergibt sich sozusagen „nebenbei" aus dem Kaufvertrag, als Mittel der Absatzförderung. Er wird in der Regel ohne Formalitäten gewährt und nur durch den

Eigentumsvorbehalt gesichert. Die Verzinsung ist im Kaufpreis bereits enthalten, weil bei vorzeitiger Zahlung (innerhalb von 8 bis 10 Tagen) meist bis zu 3% Skonto abgezogen werden dürfen. Dieser Skontoabzug macht den Lieferantenkredit zu einem der teuersten Kredite überhaupt. Wenn nicht genügend flüssige Mittel vorhanden sind, sollte der Kunde sein Bankkonto überziehen, um in den Genuss des Skontoabzugs zu gelangen.

Beispiel:

Zahlungsbedingungen für eine Warenlieferung: „30 Tage netto oder 10 Tage mit 3% Skonto" Kreditdauer: 20 Tage 3% / 20 Tage = 54% p. a.	Kosten des Bankkredits über den um das Skonto reduzierten Rechnungsbetrag: 11% p. a.
Gewinn bei Skontoabzug: 54% p. a. − 11% p. a. = 43% p. a.	

Sie rechnen:
x % | 360 Tage
20 Tage | 3 %

Wechselkredit

Der Handelswechsel dient der **Finanzierung von Wareneinkäufen**. Auch bei der Zahlung mit Wechsel entsteht folglich ein Lieferantenkredit: Der Warenverkäufer (Wechselaussteller) räumt dem Käufer (Bezogener) für die Laufzeit des Wechsels (gewöhnlich bis zu drei Monaten) ein Zahlungsziel ein. Der Einkauf wird durch den Weiterverkauf der Waren bzw. der daraus gefertigten Produkte finanziert.

Nachteil: Der Käufer verliert die Vergünstigung des Skontoabzugs. Deshalb ist dieser Kredit vor allem für Betriebe von Bedeutung, deren Liquidität gering ist und die nicht genügend Sicherheiten besitzen, um Bankkredite beanspruchen zu können. Allerdings gibt es auch hier wieder einen Ausweg.

Diskontkredit

Beim *Diskontkredit* werden die Wechselforderungen eines Bankkunden gegenüber dem Bezogenen bis zum Zahlungstag des Wechsels vom Kreditinstitut vorfinanziert.

Die Banken vereinbaren mit ihren Kunden meist einen Höchstbetrag, bis zu dem sie Wechsel einreichen können (Diskontkontingent).

Von der Wechselsumme ziehen die Kreditinstitute Zinsen für die Restlaufzeit (= Diskont) ab.

Der Wechseleinreicher stellt den Diskont seinem Wechselkunden in Rechnung. Die Kosten des Kredits trägt somit der Warenkäufer, der ja die Zahlung durch Wechsel gewünscht hat.

Der Diskontkredit gestattet es dem Betrieb, in den Besitz von Geldmitteln zu gelangen, obwohl er seinem Käufer ein längeres Zahlungsziel einräumt.

Man geht davon aus, dass der Bezogene die gegen Wechsel gekauften Waren bis zum Zahlungstag verarbeitet und weiterverkauft hat, sodass er aus dem Erlös den Wechsel einlösen kann. Aus Sicherheitsgründen kaufen die Banken nur Handelswechsel an.

Lombardkredit

Ein *Lombardkredit* liegt vor, wenn ein Kreditgeber (in der Regel ein Kreditinstitut) einen Kredit gegen die Verpfändung von wertbeständigen, leicht verkäuflichen beweglichen Sachen gewährt.

Der Zweck des Lombardkredits kann z. B. die Überbrückung vorübergehender Zahlungsengpässe oder die Überbrückung der Zeitspanne zwischen Einkauf und Verkauf sein.

Um das Kreditrisiko zu verringern, beleihen die Banken die Sachen nur mit einem Teil ihres Wertes:

Art des Lombards	Pfand	Beleihungsgrenze
Effektenlombard	Effekten	Festverzinsliche 80%, Aktien 60% des Kurswertes
Wechsellombard	Wechsel	90% der Wechselsumme
Warenlombard	Handelswaren	50% des Marktwerts
Edelmetalllombard	Gold, Silber	50% des Marktwerts

Der Zinssatz für Lombardkredite heißt Lombardsatz.

Effekten, Wechsel, Edelmetalle werden der Bank übergeben. Dies ist bei Warenvorräten nicht möglich. Entweder bleiben die Waren deshalb an einem räumlich getrennten Ort im Warenlager des Kreditnehmers unter Mitverschluss der Bank oder sie werden in einem Lagerhaus eingelagert. Die Bank erhält den Lagerschein. Nur gegen diesen Schein darf die Ware herausgegeben werden.

Auf die gleiche Weise lassen sich auch schwimmende Waren durch Übergabe des Konnossements bzw. des Ladescheins verpfänden.

14.3.12 Langfristige Kreditfinanzierung

Darlehen

Ein *Darlehen* ist ein Kredit, bei dem eine einmalige Auszahlung in festgelegter Höhe erfolgt.

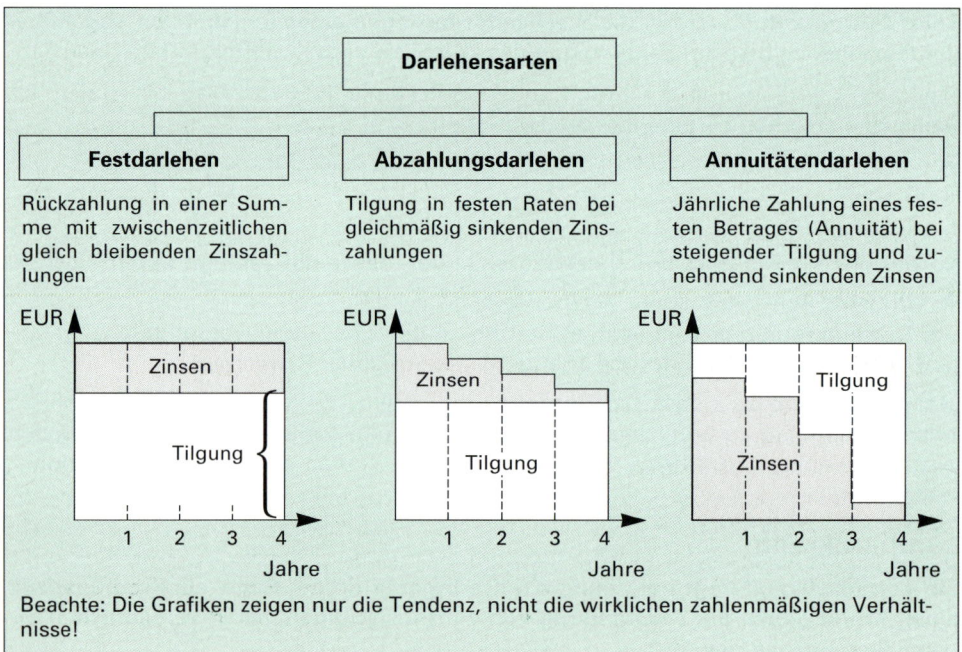

Beachte: Die Grafiken zeigen nur die Tendenz, nicht die wirklichen zahlenmäßigen Verhältnisse!

Im Gegensatz zum Kontokorrent kann beim Darlehen über zurückgezahlte Beträge nicht erneut verfügt werden.

Darlehen dienen als längerfristige Kredite meist der Finanzierung des Anlagevermögens. Sie werden je nach Höhe und Laufzeit durch Bürgschaften, Lombardierungen, Sicherungsübereignungen oder Grundpfandrechte abgesichert.

Die Zinsen für die einzelnen Jahre werden von der Restschuld am Ende des jeweiligen Jahres berechnet. Beim Annuitätendarlehen erzielt man eine gleich bleibende Annuität, indem man die durch die fortlaufende Tilgung ersparten Zinsen auf die jährlichen Tilgungsraten aufschlägt.

Beispiele:

1. Abzahlungsdarlehen
Darlehenssumme 10 000,00 EUR, 10% Zins, Laufzeit 4 Jahre

	Tilgungsplan			
Jahr	Restschuld zu Jahresbeginn EUR	Zinsen EUR	Tilgung EUR	Annuität EUR
1	10 000,00	1 000,00	2 500,00	3 500,00
2	7 500,00	750,00	2 500,00	3 250,00
3	5 000,00	500,00	2 500,00	3 000,00
4	2 500,00	250,00	2 500,00	2 750,00

2. Annuitätendarlehen
Darlehenssumme 10 000,00 EUR, 10% Zins, 20% Tilgung im 1. Jahr.

200,00 EUR Zinsersparnis. Erhöhung der Tilgungsrate um diesen Betrag!

	Tilgungsplan			
Jahr	Restschuld zu Jahresbeginn EUR	Zinsen EUR	Tilgung EUR	Annuität EUR
1	10 000,00	1 000,00	2 000,00	3 000,00
2	8 000,00	800,00	2 200,00	3 000,00
3	5 800,00	580,00	2 420,00	3 000,00
4	3 380,00	338,00	2 662,00	3 000,00
5	718,00	71,80	718,00	789,80

Die letzte Annuität ist wegen der minderen Restschuld kleiner.

Industrieobligationen und Wandelschuldverschreibungen

Der Staat, Banken und Großunternehmen benötigten für Anlagezwecke häufig sehr hohe Kreditsummen, die einzelne Banken nicht aufbringen können oder wollen. Es werden deshalb Obligationen (Anleihen) aufgelegt, die man in viele kleine Anteilscheine (Teilschuldverschreibungen) zu mindestens 100,00 EUR oder einem Vielfachen davon stückelt. Über diese Stücke werden Urkunden ausgestellt, die über die Banken an Kapitalanleger verkauft werden. Sie beweisen die Forderung und verbriefen unter anderem das Recht auf Zinsen und Rückzahlung zum festgelegten Zeitpunkt. Eine Kündigung ist nicht möglich. Die Schuldverschreibungen sind jedoch Wertpapiere und können als solche jederzeit an der Börse zum Tageskurs verkauft werden.

Die von der gewerblichen Wirtschaft ausgegebenen Obligationen heißen *Industrieobligationen*.

Industrieobligationen sind nicht an eine bestimmte Rechtsform gebunden, werden aber fast nur von großen Aktiengesellschaften ausgegeben, da sie sich wegen hoher Ausgabekosten nur bei Anleihebeträgen von mehreren Millionen EUR rentieren.

Wandelschuldverschreibungen **sind Obligationen, die dem Eigentümer die Wahl zwischen Rückzahlung des Anleihebetrags am Fälligkeitstag oder (unter festgelegten Bedingungen) Eintausch in Aktien einräumen.**

Die **Sicherung von Anleihen** erfolgt in der Regel durch die Eintragung eines Grundpfandrechts ins Grundbuch.

Schuldscheindarlehen

Schuldscheine **sind Urkunden, mit denen der Schuldner eine bestimmte Leistung, z. B. eine Geldleistung, verspricht.**

Schuldscheine sind aber keine Wertpapiere, sondern lediglich Beweisurkunden über die bestehende Forderung. Die Forderung kann durch Zession des Schuldscheins übertragen werden.

Schuldscheindarlehen werden meist nicht von Banken, sondern von Versicherungen gegeben, die langfristiges Kapital anlegen wollen. Als Kreditnehmer kommen nur erstklassige große Unternehmen in Frage. Schuldscheindarlehen ersparen die hohen Ausgabekosten von Anleihen, ihr Zinssatz liegt aber meist 0,25 bis 0,5 Prozent höher. Die Absicherung erfolgt ebenfalls durch Grundpfandrechte.

14.3.13 Factoring

Das Factoring soll Unternehmen mit hohen Außenständen Liquidität verschaffen.

Der Factor, **in der Regel eine Factoring-Gesellschaft (Factoring-Bank), kauft die Forderung einer Unternehmung (Klient genannt) auf und bevorschusst sie. Er übernimmt die Eintreibung der Forderung beim Kunden.**

Gekauft werden Forderungen mit offenen Zahlungszielen bis zu 90 Tagen (Export 120 Tage). Der Factor berechnet seinem Klienten Zinsen für die Vorschüsse sowie eine Umsatzgebühr.

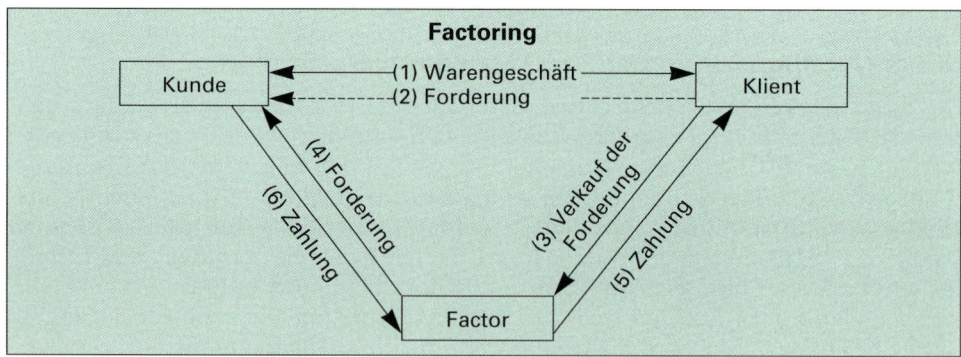

Aufgaben des Factors, je nach Vertragsgestaltung
Dienstleistungsfunktion Rechnungsausstellung (Fakturierung), Mahnverfahren **Finanzierungsfunktion** sofortige Bevorschussung der Forderung gegen Factorgebühren an Stelle eines Zinses **Risikofunktion** Risikoübernahme für Forderungsverluste gegen Prämie (sog. echtes Factoring). Beim unechten Factoring werden die Forderungen nur erfüllungshalber angekauft.

Die Kosten des Factoring sind durch die Risikoprämie etwas höher als die üblichen Kreditkosten. Berücksichtigt man, dass Verwaltungsarbeiten wie Fakturierung oder Mahnverfahren mit übernommen werden, so kann die Kosteneinsparung erheblich größer sein als die zu zahlenden Gebühren. Banken kaufen Forderungen aber nur unter bestimmten Bedingungen an. Es muss ein bestimmter Mindestumsatz vorhanden sein (Factoring wird erst ab einem Jahresumsatz von 0,5 bis 1 Million EUR lohnend). Es darf sich nur um Forderungen gegen Wiederverkäufer handeln.

14.3.14 Forfaitierung

Die Forfaitierung hat große Ähnlichkeit mit dem Factoring:

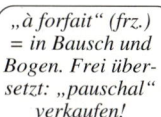

„à forfait" (frz.) = in Bausch und Bogen. Frei übersetzt: „pauschal" verkaufen!

- Ein Kreditinstitut kauft die Forderung eines Exporteurs.
- Das Kreditinstitut übernimmt voll das Risiko des Zahlungseingangs.
- Es werden nur Einzelforderungen gekauft.
- Das Kreditinstitut übernimmt keine Dienstleistungsfunktion.
- Es muss sich um eine erstklassige Forderung handeln.
- Die Forderung muss zusätzlich gesichert sein (etwa durch eine Ausfuhrkreditversicherung).

14.3.15 Leasing als Finanzierungsalternative

Der Baustoffproduzent Küppers GmbH benötigt einen neuen Kran-Lkw. Zur Bezahlung des Preises von 90000,00 EUR stehen zur Zeit 30000,00 EUR an Eigenmitteln zur Verfügung, den Rest müsste die Bank finanzieren. Allerdings ist wegen hoher Kreditaufnahmen für Betriebserweiterungen der Kreditspielraum schon ausgeschöpft, ebenso wie die Möglichkeiten der Kreditsicherung. Darüber hinaus würde man das vorhandene Eigenkapital lieber für die Finanzierung von Materialeinkäufen einsetzen, um noch besser Skonti ausnutzen zu können. Der Kundenberater der Hausbank schlug letzte Woche vor, den Lkw nicht zu kaufen, sondern zu leasen ...

Leasing[1] **ist die vertragliche Einräumung eines zeitlich begrenzten Nutzungsrechts an Gebäuden oder beweglichen Anlagegütern durch einen Leasing-Geber gegenüber einem Leasing-Nehmer. Rechtlich handelt es sich um einen Mietvertrag.**

---

[1] (engl.) to lease = (ver-)mieten, (ver-)pachten

Arten von Leasing-Verträgen	
	nach der Art des Leasing-Gegenstandes
Immobilien-Leasing:	Mieten von Gebäuden
Mobilien-Leasing:	Mieten von beweglichen Gütern (z. B. Maschinen, Fahrzeuge, EDV-Anlagen, Handtuchautomaten)
	nach dem Leasing-Geber
direktes Leasing:	Der Hersteller des Objektes ist Leasing-Geber.
indirektes Leasing:	Eine Leasing-Gesellschaft (meist Tochter-Gesellschaft einer Bankenorganisation) ist Leasing-Geber.
	nach der Kündigungsmöglichkeit
Operate-Leasing:	Vertrag kurzfristig kündbar (Leasing-Geber trägt das Risiko der Investition; setzt mehrmals verwertbare Güter voraus, z. B. Kfz, EDV-Anlage).
Finance-Leasing:	Vertrag während der Grundmietzeit nicht kündbar (Leasing-Nehmer trägt das Risiko der Investition).
	nach der Option bei Vertragsablauf
optionsloser Vertrag:	Rückgabe des Objekts nach Vertragsablauf.
Vertrag mit Kaufoption:	Leasing-Nehmer kann das Objekt auf der Basis des Restbuchwertes oder Verkehrswertes kaufen.
Vertrag mit Tauschoption:	Leasing-Nehmer kann das Objekt gegen ein neues eintauschen.
Vertrag mit Verlängerungsoption:	Leasing-Nehmer kann Verlängerung der Mietzeit auf der Basis des Restwertes oder Verkehrswertes verlangen.

Typische Leasing-Laufzeiten:
- Ausrüstungsgegenstände: 2–6 Jahre
- komplette Industrieanlagen: bis zu 14 Jahren
- Gebäude: bis zu 30 Jahren

Der Leasing-Nehmer zahlt dem Leasing-Geber während der Grundmietzeit eine monatliche Leasing-Rate. Diese enthält Kosten, die zum Teil auch beim Kauf des Objektes anfallen würden:

Zusammensetzung der Leasing-Rate
● **Abschreibungen**
● **Kapitalverzinsung** (meist mindestens 2% mehr als beim Kauf)
● **anteilige Verwaltungskosten**
● **Risikozuschlag für Ausfälle**
● **Wartungs- und Reparaturkosten** (wenn der Leasing-Geber laut Vertrag Wartung und Reparatur übernimmt)
● ggf. **Versicherungsprämie** (wenn der Leasing-Geber den Gegenstand nicht selbst versichert)
● **Gewinn** des Leasing-Gebers

Der Leasing-Nehmer trägt regelmäßig die Risiken, die im Zusammenhang mit der Nutzung des Objektes stehen: die Verlustgefahr, die Gefahr des vorzeitigen Verschleißes und die Gefahr der Beschädigung. Er ist also so gestellt wie ein Käufer.

Insbesondere wegen der in der Leasing-Rate enthaltenen höheren Verzinsung und des Gewinnzuschlages sind die Kosten beim Leasing meist höher als beim Kauf. Leasing-Raten betragen bei 5-Jahresverträgen monatlich etwa 2%, bei 3-Jahresverträgen etwa 3% vom Anschaffungswert. Ob Leasing sich lohnt, muss daher in jedem Einzelfall genau geprüft werden. Trotz der höheren Kosten wiegt oft eine Reihe von Vorteilen schwerer:

● Beim Kauf wird Kapital in Höhe des Kaufpreises gebunden. Dem Betrieb fehlen diese bis dahin liquiden Mittel. Beim Leasing wird nur in Höhe der Leasing-Rate Kapital gebunden. Das freibleibende Kapital kann zur Finanzierung des Umlauf-

vermögens (Waren, Materialien) eingesetzt werden; dieses wird schneller umgeschlagen und bringt rascher Gewinn.
- Der Kreditspielraum bleibt erhalten, da kein Kredit für das Investitionsobjekt aufgenommen werden muss.
- Der Leasing-Geber prüft zwar die Kreditwürdigkeit des Leasing-Nehmers; da er Eigentümer des Leasing-Objektes bleibt, müssen aber keine Sicherheiten gestellt werden.
- Auf Grund der günstigen Mietzeiten wird die Investitionstätigkeit des Betriebes flexibler: Die Anlagen befinden sich immer auf einem aktuellen Stand der Technik. Ggf. ist der Leasing-Vertrag sogar kurzfristig kündbar (Operate-Leasing).
- Die Leasing-Rate ist über die gesamte Grundmietzeit unveränderlich, unabhängig von Zinssatzänderungen. Der Betrieb hat folglich eine feste Kalkulationsgrundlage.
- Wenn die Grundmietzeit zwischen 40% und 90% der gewöhnlichen Nutzungsdauer liegt, so darf der Leasing-Nehmer die Leasing-Rate steuerlich voll als Aufwand verrechnen. Damit sinken die gewinnabhängigen Steuern. (Grundmietzeit < 40%: Der Leasing-Nehmer wird steuerlich wie ein Käufer auf Raten behandelt; Grundmietzeit > 90%: Der Leasing-Nehmer wird wie ein Käufer behandelt, der mit Bankdarlehen finanziert.)
- Der Verwaltungsaufwand ist niedriger als bei gekauften Anlagen.
- Durch eventuelle Wartungs- und Beratungsverträge kann der Betrieb am Knowhow des Leasing-Gebers teilhaben.

Merke: Leasing lohnt sich oft für Gewerbetreibende, nicht aber für Verbraucher!

Arbeitsaufgaben

1. **Kontokorrentkredit und Darlehen sind unterschiedlich gestaltet und verfolgen unterschiedliche Zwecke.**
   Erläutern Sie diesen Satz an Hand von zwei Beispielen aus Ihrem Betrieb.

2. **Der Kontokorrentkredit ist rechtlich gesehen ein kurzfristiger Kredit.**
   Zeigen Sie, dass der Kontokorrentkredit in der Praxis jedoch leicht langfristigen Charakter annehmen kann.

3. **Kredite verursachen unterschiedlich hohe Kosten.**
   Welche Kosten entstehen für die Inanspruchnahme
   a) eines Kontokorrentkredits,
   b) eines Darlehens,
   c) eines Diskontkredits,
   d) eines Lombardkredits?
   Erkundigen Sie sich bei der Bank nach der momentanen Höhe dieser Kosten. Welche dieser Kreditarten würden Sie dementsprechend vorziehen, wenn Sie einen Wareneinkauf für die Dauer von 3 Monaten finanzieren wollen?

4. **Sie beziehen Waren im Wert von 6 000,00 EUR.**
   Zahlungsbedingungen: 30 Tage netto Kasse oder binnen 10 Tagen mit 3 % Skonto. Sie haben den Betrag im Moment nicht zur Verfügung, können jedoch einen Kontokorrentkredit zu 12 % pro anno in Anspruch nehmen.
   Welche Zahlungsweise ziehen Sie vor? Begründen Sie Ihre Entscheidung durch eine Rechnung.

5. **Die Banken beleihen Festverzinsliche mit 80 % des Kurswertes.**
   Ein Kunde hat einen Kredit von 20 000,00 EUR aufgenommen und Festverzinsliche mit einem Kurswert von 25 000,00 EUR als Sicherheit gegeben. Der Kurswert fällt um 10 %.
   Für wie viel Euro Kurswert muss der Bankkunde Sicherheiten nachreichen?

6. Ein Pfand muss in den Besitz des Gläubigers übergehen. In einem bestimmten Fall sei der Kredit gebende Pfandnehmer eine Bank, die Warenvorräte nicht lagern kann und will.
   Nennen Sie Möglichkeiten, trotzdem Warenvorräte zwecks Erlangung eines Krediets an die Bank zu verpfänden.

7. Zwei Darlehen von 100 000,00 EUR werden zu folgenden Bedingungen vergeben:
   a) Abzahlungsdarlehen, Laufzeit 10 Jahre, 10 % Zins,
   b) Annuitätendarlehen, 8 % anfängliche Tilgung, 10 % Zins.
   Stellen Sie beide Tilgungspläne auf. (Benutzen Sie ein Tabellenkalkulationsprogramm.)

8. Die Kieser OHG ist in Zahlungsschwierigkeiten. Drei große Kunden haben ihre Außenstände nicht bezahlt: Männel KG 60 000,00 EUR, Gebr. Köhler 65 000,00 EUR, Schwier GmbH 45 000,00 EUR. Kiesers Kreditlimit bei der Bank ist fast voll ausgeschöpft, Männel und Köhler haben das Insolvenzverfahren beantragt, Schwier wird wahrscheinlich in zwei Monaten wieder flüssig sein. Kieser selbst hat Einkäufe für 90 000,00 EUR bei der Kappes AG getätigt. Das Zahlungsziel beträgt 30 Tage, bei sofortiger Zahlung könnten 3 % Skonto abgezogen werden.
   a) Wie kann Kieser seinem Kunden Schwier helfen und sich dabei selbst Liquidität verschaffen?
   b) Wie kann Kieser an Kappes unter Abzug von Skonto zahlen und sich gleichzeitig refinanzieren?
   c) Kiesers Hausbank ist an einer Factoring-Bank beteiligt. Der Kundenberater rät Kieser für die Zukunft zum echten Factoring, um Zahlungsausfällen von Kunden vorzubeugen. Erläutern Sie dieses System.

9. Die Metalltuche GmbH, Köln, möchte für einen Außendienstmitarbeiter einen Pkw Moyota Mundo beschaffen. Alternativen: Leasing oder Kauf. Folgende Angebote liegen vor:

Leasingangebot des Moyota-Händlers:	Kreditangebot der Sparkasse:
Mundo 1.6, 75 kw/102 PS, Drei-Wege-KAT Vertragszeit: 36 Monate Jährliche Fahrleistung: 25 000 km Nettowerte (ohne MwSt): Fahrzeugpreis: 20 900,00 EUR Monatl. Leasingrate: 3 % vom Fahrzeugpreis Restwert nach 36 Monaten: 7 747,41 EUR	Darlehen in Höhe von 90 % des Fahrzeugpreises (ohne MwSt), Laufzeit: 36 Monate; Auszahlung: 100 %, Zinsen: Durchgehend 15 % vom Anfangskredit, Tilgung: Am Ende der beiden ersten Jahre jeweils 5 % der Kreditsumme, Rest am Ende der Laufzeit

a) Wie viel Euro betragen die Leasingangaben insgesamt und durchschnittlich pro Jahr?
b) Wie viel Euro betragen beim Kreditkauf die Kreditkosten?
c) Wie viel Euro betragen beim Kreditkauf die Gesamtbelastung und die durchschnittliche jährliche Belastung? (Einrechnen: sämtliche Ausgaben und kalkulatorische Zinsen in Höhe von 4,25 % für den Eigenkapitaleinsatz abzüglich Restwert des Pkw)
d) Welche Alternative (Leasing oder Kauf) ist teurer? Um wie viel Prozent ist sie zu teuer?
e) Welche Günde könnten die Metalltuche GmbH trotzdem zur Wahl der teureren Alternative bewegen? Diskutieren Sie über das Pro und Kontra. Ziehen Sie dabei ggf. weitere Unterlagen heran (z. B. Unterlagen zu den steuerlichen Auswirkungen).

14.3.16 Beurteilung der Kreditfinanzierung

Vor- und Nachteile der Kreditfinanzierung	
Vorteile	**Nachteile**
– keine Einschränkung der Verfügungs- und Leitungsrechte (wie bei Aufnahme von Gesellschaftern) – Fremdkapitalzinsen wirken als Aufwand steuermindernd	– befristete Verfügbarkeit – Einschränkung der Liquidität durch Tilgungs- und Zinszahlung – Notwendigkeit von Sicherheiten (beschränkte Verfügbarkeit von Vermögensteilen)

Wichtig ist eine wohl überlegte Wahl zwischen Darlehen und Kontokorrentkrediten. Letztere sind teurer und kurzfristig kündbar. Sie eignen sich deshalb für die Überbrückung eines Spitzenbedarfs, Darlehen dagegen für einen längerfristigen Kreditbedarf.

Kreditfinanzierung und Rechtsform

Kreditgewährung setzt stets Kreditwürdigkeit voraus. Unter sonst gleichen Verhältnissen ist die OHG wegen der unbeschränkten, unmittelbaren und solidarischen Haftung der Gesellschafter vergleichsweise kreditwürdig, die GmbH ist es wegen der beschränkten Haftung bedeutend weniger. Die AG ist trotz beschränkter Haftung wegen der strengen gesetzlichen Vorschriften über Rechnungslegung und Gewinnverwendung am kreditwürdigsten.

Kreditfinanzierung und Rentabilität

Eine Kreditaufnahme lohnt sich stets, wenn Rückzahlung und Zinszahlung gesichert sind und die Investition des Kredits einen zusätzlichen Gewinn bringt. Dann steigt die Rentabilität des eingesetzten Eigenkapitals.

Rentabilität ist die prozentuale Verzinsung des eingesetzten Kapitals:

$$\text{Rentabilität} = \frac{\text{Gewinn}}{\text{eingesetztes Kapital}} \cdot 100$$

Mit der Rentabilitätskennziffer kann man die Verzinsung des eingesetzten Eigenkapitals (Eigenkapital- oder Unternehmerrentabilität) und des Gesamtkapitals (Gesamtkapital- oder Unternehmensrentabilität) angeben.

$$\text{Eigenkapitalrentabilität} = \frac{\text{bereinigter Gewinn}}{\text{Eigenkapital}} \cdot 100$$

Dabei gilt:

    Gewinn (bei der AG der Jahresüberschuss)
+ außerordentliche Aufwendungen ⟵ *Beträge mit einmaligem Charakter herausrechnen!*
− außerordentliche Erträge ⟵
− kalkulatorischer Unternehmerlohn ⟵ *Nur bei Einzelunternehmen und Personengesellschaften!*

= **bereinigter Gewinn**

Der kalkulatorische Unternehmerlohn ist der Betrag, den die mitarbeitenden Geschäftsinhaber in der Einzelunternehmung und in den Personengesellschaften normalerweise als Gehalt beziehen würden. Er ist abzuziehen, denn er ist Entgelt für die Arbeitsleistung des Unternehmers und hat mit der Verzinsung des Kapitals nichts zu tun. Andernfalls wäre kein Rentabilitätsvergleich zwischen Personen- und Kapitalgesellschaften möglich, weil in den Kapitalgesellschaften die Geschäftsführer bzw. der Vorstand tatsächlich ein Gewinn minderndes Gehalt beziehen.

Beispiel:
Das Gewinn- und Verlustkonto der Metzer OHG weist folgende Zahlen aus:

S	G. u. V. (in EUR)		H
A. o. Aufwendungen	200 000,00	A. o. Erträge	250 000,00
Andere Aufwendungen	1 000 000,00	Andere Erträge	1 270 000,00
Jahresüberschuss	320 000,00		
	1 520 000,00		1 520 000,00

Die beiden Gesellschafter kalkulieren einen Unternehmerlohn von jeweils 80 000,00 EUR. Das durchschnittliche Eigenkapital betrug im Geschäftsjahr 1 280 000,00 EUR.

$$\text{Eigenkapitalrentabilität} = \frac{110\,000}{1\,280\,000} \cdot 100 = 8{,}59\,(\%)$$

Auf jeweils 100,00 EUR Eigenkapital entfallen 8,59 EUR Gewinn. Durch Vergleich mit der Rentabilität anderer Anlageformen lässt sich die Vorteilhaftigkeit der Kapitalanlage im eigenen Betrieb feststellen. Auch ein Vergleich der Rentabilität in verschiedenen Geschäftsjahren ist sinnvoll.

Die Gesamtkapitalrentabilität errechnet sich wie folgt:

$$\text{Gesamtkapitalrentabilität} = \frac{\text{bereinigter Gewinn + Fremdkapitalzinsen}}{\text{Gesamtkapital}} \cdot 100$$

Das Fremdkapital erwirtschaftet nicht nur einen Teil des Gewinns auf das Eigenkapital, sondern auch seine Zinsen. Diese sind deshalb in der Formel zu berücksichtigen. Man benutzt die Gesamtkapitalrentabilität, um zu ermitteln, ob die Aufnahme zusätzlichen Fremdkapitals lohnend ist. Dies ist der Fall, wenn die Eigenkapitalrentabilität steigt.

Die Eigenkapitalrentabilität wächst, solange der Zinssatz für Fremdkapital kleiner als die Gesamtkapitalrentabilität ist.[1]

Beispiel:
Ein Unternehmen arbeitet mit 150 000,00 EUR Eigenkapital und 50 000,00 EUR Fremdkapital. Jeder EUR Kapital verursacht 0,20 EUR Kosten und 0,30 EUR Ertrag. Für das Fremdkapital sind außerdem 8 % Zinsen zu zahlen. Lohnt sich die Aufnahme zusätzlichen Fremdkapitals von 50 000,00 EUR, wenn die damit vorzunehmende Investition die gleichen Kosten und Erträge wie vorher verursacht und wenn dieses Kapital a) 8 %, b) 10 %, c) 12 % Zinsen kostet?

---

[1] Diese Erkenntnis wird in der Literatur als „Leverage-Effekt" („Hebelwirkung") der zunehmenden Verschuldung bezeichnet.

	EUR	a) p = 8 % EUR	b) p = 10 % EUR	c) p = 12 % EUR
+ Eigenkapital + Fremdkapital	150 000,00 50 000,00	150 000,00 100 000,00	150 000,00 100 000,00	150 000,00 100 000,00
= Gesamtkapital	200 000,00	250 000,00	250 000,00	250 000,00
Ertrag – Kosten – Altzins – Neuzins	60 000,00 40 000,00 4 000,00	75 000,00 50 000,00 4 000,00 4 000,00	75 000,00 50 000,00 4 000,00 5 000,00	75 000,00 50 000,00 4 000,00 6 000,00
= Gewinn	16 000,00	17 000,00	16 000,00	15 000,00
Gesamt- kapital- rentabilität	$\frac{20\,000}{200\,000} \cdot 100$ = 10 %	$\frac{25\,000}{250\,000} \cdot 100$ = 10 % > p	$\frac{25\,000}{250\,000} \cdot 100$ = 10 % = p	$\frac{25\,000}{250\,000} \cdot 100$ = 10 % < p
Eigen- kapital- rentabilität	$\frac{16\,000}{150\,000} \cdot 100$ = 10 2/3 %	$\frac{17\,000}{150\,000} \cdot 100$ = 11 1/3 %	$\frac{16\,000}{150\,000} \cdot 100$ = 10 2/3 %	$\frac{15\,000}{150\,000} \cdot 100$ = 10 %
Die Eigenkapitalrentabilität		wächst	bleibt gleich	sinkt

Arbeitsaufgaben

1. Der Unternehmer Florian Geyer will seinen Betrieb beträchtlich erweitern. Da er nur einen geringen Teil des notwendigen Kapitals durch Gewinn und Einlagen selbst aufbringen kann, verbleiben zwei Möglichkeiten: Aufnahme eines Gesellschafters oder Kreditaufnahme.
Stellen Sie die grundsätzlichen Vor- und Nachteile dieser beiden Finanzierungsformen einander gegenüber.

2. Zum Jahresabschluss ergeben sich bei einer Unternehmung folgende Zahlen auf dem Gewinn- und Verlustkonto und in der Bilanz (zusammengefasst):

S	G. u. V. (in EUR)		H
Zinsen Weitere Aufwendungen Gewinn	40 000,00 110 000,00 50 000,00	Erträge	200 000,00
	200 000,00		200 000,00

A	Bilanz (in EUR)		P
Anlagevermögen Umlaufvermögen	270 000,00 430 000,00	Eigenkapital Fremdkapital	300 000,00 400 000,00
	700 000,00		700 000,00

a) Lohnt sich die Aufnahme von 100 000,00 EUR zusätzlichem Fremdkapital, wenn für Erträge, Aufwendungen und Zinsen die gleichen Verhältnisse und Zinssätze weitergelten sollen?

b) Von welchem Zinssatz an steigt bei zusätzlicher Fremdkapitalaufnahme die Rentabilität des Eigenkapitals nicht mehr?

14.4 Innenfinanzierung

14.4.1 Innenfinanzierung mit Eigenkapital
Rückflussfinanzierung

Der Tiefbauunternehmer Carl Schneider hat einen Bagger für 180 000,00 EUR angeschafft. Die Nutzungsdauer wird auf 6 Jahre geschätzt, die jährliche Einsatzzeit auf 1 500 Stunden. Der jährliche Abschreibungsbetrag beläuft sich bei linearer Abschreibung auf 30 000,00 EUR (180 000,00 EUR : 6).	
Schneider kalkuliert seinen Angebotspreis für eine Arbeitsstunde:	
Arbeitslohn (einschl. Lohnnebenkosten)	35,00 EUR
Kraftstoff (10 l à 0,7 EUR)	7,00 EUR
Abschreibungen (30 000,00 EUR : 1 500)	20,00 EUR
Weitere Geschäftskosten	40,00 EUR
	102,00 EUR
Gewinnzuschlag 15%	15,30 EUR
Angebotspreis	117,30 EUR

In den Betriebsmitteln ist Kapital gebunden. Die einsatzbedingte Wertminderung der Betriebsmittel wird durch die Abschreibungen erfasst. Wie alle anderen Kosten müssen sie in die Absatzpreise einkalkuliert werden. Diese führen der Unternehmung die Abschreibungswerte wieder zu und bewirken eine Freisetzung des gebundenen Kapitals. Am Ende der Nutzungsdauer sollte so viel Kapital zurückgeflossen sein, dass das Anlagegut wiederbeschafft werden kann.

Rückflussfinanzierung **ist Finanzierung aus Abschreibungswerten.**

Sind mehrere Anlagegegenstände vorhanden, so können die eingehenden Abschreibungswerte bereits vor dem Ende der Nutzungsdauer der einzelnen Betriebsmittel zur Finanzierung von Erweiterungsinvestitionen benutzt werden **(Kapazitätserweiterungseffekt).**

Beispiel:
Ein Betrieb beschafft sich in vier aufeinander folgenden Jahren je eine Maschine im Wert von 1 000,00 EUR mit einer vierjährigen Nutzungsdauer. Die Abschreibung soll je Maschine jährlich 250,00 EUR betragen.

Maschinen	Jahr (Ende)				
	1	2	3	4	5
	EUR	EUR	EUR	EUR	EUR
1	250,00	250,00	250,00	250,00	250,00
2		250,00	250,00	250,00	250,00
3			250,00	250,00	250,00
4				250,00	250,00
Jährliche Abschreibung	250,00	500,00	750,00	1 000,00	1 000,00
Liquide Mittel	250,00	750,00	1 500,00	2 500,00	2 500,00
– Reinvestionen	–	–	–	1 000,00	1 000,00
Freigesetzte Mittel	250,00	750,00	1 500,00	1 500,00	1 500,00

Während der ersten vier Jahre beträgt der Kapitalbedarf jährlich 1 000,00 EUR. Ende des vierten Jahres muss die erste Maschine ersetzt werden, die zweite Ende des fünften Jahres usw. Ab dem vierten Jahr entspricht die Abschreibung der Reinvestition von 1 000,00 EUR. Die Abschreibungsbeträge der ersten drei Jahre stehen zur Neuinvestition zur Verfügung. Dieser **freigesetzte** Betrag könnte zur Erweiterung der **Kapazität** verwendet werden.

Selbstfinanzierung

● **Offene Selbstfinanzierung**

Offene Selbstfinanzierung **liegt vor, wenn Teile des Gewinns einbehalten werden.**
Nicht entnommene Gewinne von Einzelunternehmen und Vollhaftern von Personengesellschaften fließen den Kapitalkonten dieser Personen zu. Die Gewinnanteile von Kommanditisten stellen Verbindlichkeiten dar. Sie können gegebenenfalls als Fremdkapital in der Unternehmung verbleiben. Bei den Kapitalgesellschaften und Genossenschaften fließen nicht ausgeschüttete Gewinne den **Gewinnrücklagen** zu. Die Aktiengesellschaft ist sogar zur Bildung **gesetzlicher Rücklagen** verpflichtet. Darin ist einzustellen (AktG §150): der zwanzigste Teil des um einen Verlustvortrag aus dem Vorjahr geminderten Jahresüberschusses, bis die gesetzliche Rücklage und die Kapitalrücklagen zusammen den zehnten oder den in der Satzung bestimmten höheren Teil des Grundkapitals erreichen. Weitere (freiwillige) Rücklagen sind möglich. Gewinnanteile können auch auf den Gewinn des nächsten Jahres vorgetragen werden (Gewinnvortrag) und sind dann verteilungsfähig. Gewinnrücklagen können grundsätzlich nur aus dem versteuerten Gewinn gebildet werden.

● **Stille Selbstfinanzierung**

Die Möbelfabrik Herschel GmbH schreibt ihre Betriebsmittel innerbetrieblich für die Zwecke der Kostenrechnung nach der Leistung ab. In der Gewinn- und Verlustrechnung, die für das Finanzamt maßgeblich ist, wendet sie jedoch die Abschreibung vom Buchwert mit dem höchsten steuerlich zulässigen Abschreibungssatz an. Da der Maschinenpark sehr neu ist, ergeben sich bei der Abschreibung vom Buchwert höhere Abschreibungsbeträge.

Innerbetriebliche Erfolgsermittlung bei Abschreibung nach der Leistung (in Tsd. EUR)

S			H
Abschreibungen	10	Erträge	700
Andere Aufwendungen	600		
Gewinn	90		700
	700		700

G. u. V. bei Abschreibung vom Buchwert (in Tsd. EUR)

S			H
Abschreibungen	30	Erträge	700
Andere Aufwendungen	600		
Gewinn	70		700
	700		700

Bezogen auf den tatsächlichen Wertverlust der Betriebsmittel hat die Unternehmung in diesem Beispiel einen Gewinn von 90 000,00 EUR erwirtschaftet. Auf Grund der Abschreibung vom Buchwert beträgt der offiziell ausgewiesene Gewinn jedoch nur 70 000,00 EUR. 20 000,00 EUR werden als Aufwand ausgewiesen. Sie sind damit auch der Gewinnausschüttung entzogen und können zur Finanzierung von Investitionsvorhaben verwendet werden.

*Diese Mittel sind nicht in der Bilanz ausgewiesen. Daher: **stille Selbstfinanzierung**.*

Das Beispiel zeigt, dass die stille Selbstfinanzierung durch die Unterbewertung von Aktiva ermöglicht wird. Sie führt zur Bildung **stiller Rücklagen**. Die stillen Rücklagen werden zu einem späteren Zeitpunkt aufgelöst, z. B. wenn die Abschreibungsbeträge vom Buchwert niedriger werden als die kalkulatorischen Abschreibungsbeträge oder wenn die betreffenden Vermögensgegenstände verkauft werden.

Der **Vorteil der stillen Selbstfinanzierung** gegenüber der offenen Selbstfinanzierung liegt darin, dass die Bildung der offen ausgewiesenen Gewinnrücklagen aus dem versteuerten Gewinn erfolgt, während bei der stillen Form diese Beträge überhaupt nicht als Gewinn ausgewiesen und deshalb zunächst auch nicht versteuert werden. Die Steuern werden vielmehr bis zur Auflösung der stillen Rücklagen sozusagen gestundet. Dies bedeutet größere Finanzierungskraft, höhere Liquidität und Zinsvorteile.

Ebenso wie die Unterbewertung von Aktivposten führt die Überbewertung von Passivposten zu stillen Rücklagen[1].

Stille Selbstfinanzierung **entsteht durch die Bildung stiller Rücklagen**

- **auf Grund der Unterbewertung von Aktiva,**
- **auf Grund der Überbewertung von Passiva.**

14.4.2 Innenfinanzierung mit Fremdkapital

> Der Messgeräteherstelller Paul Kühne hat einen Großauftrag über 1 200 000,00 EUR erhalten. Er hat sich dabei jedoch verpflichten müssen 3 Jahre lang kostenlos anfallende Reparaturen zu übernehmen, die auf Herstellungsmängeln beruhen. Hierfür bildet er im Jahr des Vertragsabschlusses eine Garantierückstellung von 4 % (= 48 000,00 EUR).
> Im selben Jahr stellt Herr Kühne einen neuen Produktionsleiter ein, dem er eine betriebliche Pensionszusage macht (monatlich 2 000,00 EUR, zu zahlen ab dem 65. Lebensjahr). Hierfür wird jährlich eine Pensionsrückstellung gebildet.

Innenfinanzierung **mit Fremdkapital erfolgt durch die Bildung von Rückstellungen**.

Rückstellungen sind Verbindlichkeiten, die dem Grunde nach bereits feststehen und insofern als Aufwand in dem Geschäftsjahr zu buchen sind, in dem sie verursacht werden, aber deren Höhe und Fälligkeit am Bilanzstichtag noch nicht bekannt sind. Als Verbindlichkeiten stellen sie Fremdkapital dar.

Vorsicht! Rückstellungen (Fremdkapital) nicht mit Rücklagen (Eigenkapital) verwechseln!

---

[1] Siehe S. 371

Rückstellungen sind nach HGB § 249 zu bilden für:

- ungewisse Verbindlichkeiten (zu erwartende Gewerbesteuernachzahlungen, zu erwartende Inanspruchnahme aus Bürgschaften, Garantieverpflichtungen usw.);
- drohende Verluste aus schwebenden Geschäften (z. B. wegen laufender Prozesse);
- im Geschäftsjahr unterlassene Aufwendungen für Instandhaltung, die binnen 3 Monaten nach dem Bilanzstichtag nachgeholt werden, oder für Abraumbeseitigung, die im folgenden Geschäftsjahr nachgeholt werden;
- Gewährleistungen aus Kulanz.

Rückstellungen dürfen auch für genau umschriebene Aufwendungen gebildet werden, die diesem oder einem früheren Geschäftsjahr zuzuordnen sind und am Abschlusstag wahrscheinlich oder sicher, aber der Höhe oder dem Zeitpunkt nach unbestimmt sind. Dies gilt vor allem für laufende Pensionen und Pensionsanwartschaften.

Die jeweilige Rückstellung wird auf einem Aufwandskonto gegengebucht. Damit wird der ausgewiesene Gewinn gemindert. Der betreffende Betrag ist damit auch der Gewinnausschüttung entzogen, verbleibt in der Unternehmung und kann zur Finanzierung von Investitionen verwendet werden.

Von besonderer Bedeutung sind die **Pensionsrückstellungen**, da sie der Unternehmung sehr langfristig zur Verfügung stehen. Die Zahlung der Pensionen kann eventuell sogar aus erneut gebildeten Rückstellungen geleistet werden. Der Staat verlangt deshalb die Beachtung finanzmathematischer Regeln beim Ansatz von Pensionsrückstellungen.

Andere Rückstellungen sind in der Höhe anzusetzen, die bei vernünftiger kaufmännischer Beurteilung notwendig ist. Hier verbleibt dem Unternehmen ein Bewertungsspielraum. So können Prozessrückstellungen oder Gewährleistungsrückstellungen höher als notwendig angesetzt werden. Der Effekt ist der gleiche wie bei überhöhten Abschreibungen: Verminderung des ausgewiesenen Gewinns und Steuerstundung bis zur Auflösung der Rückstellung. Dies bedeutet auch hier größere Finanzierungskraft, höhere Liquidität und Zinsvorteile.

Die **überhöhte Rückstellung** (Überbewertung von Passiva) führt wie die Unterbewertung von Aktiva zu einer stillen Rücklage. Der überhöhte Teil der Rückstellung hat damit den Charakter von Eigenkapital. Er wäre eigentlich Gewinn. Somit ist er der Selbstfinanzierung zuzurechnen.

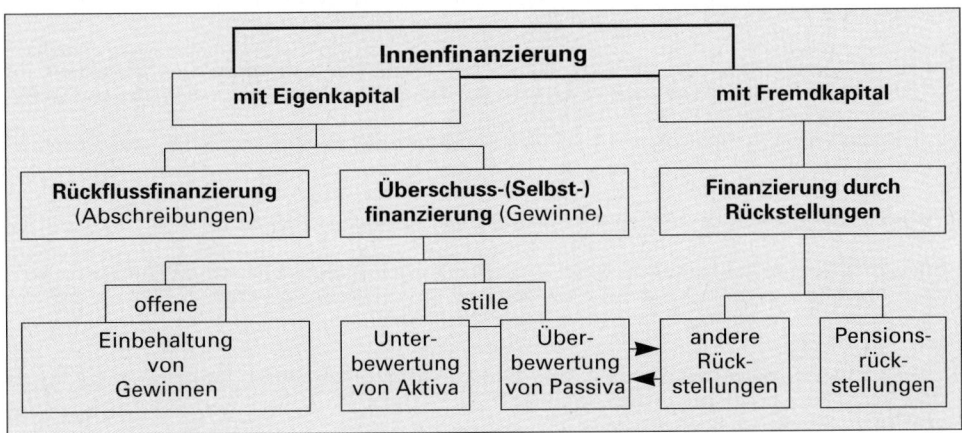

14.4.3 Beurteilung der Innenfinanzierung

Vorteile der Innenfinanzierung

Innenfinanzierung bedeutet für die Unternehmung Mittelzuführung aus eigener Kraft, ohne Verpflichtung gegenüber Kapitalgebern. Sie gestattet den Ersatz verbrauchter Vermögensgegenstände und die Bildung zusätzlichen Vermögens von innen her. Damit schützt sie die Unternehmung vor Substanzverlusten und ermöglicht ihr Wachstum. Schulden können ohne Substanzverlust zurückgezahlt und der Anteil des Eigenkapitals am Gesamtvermögen erhöht werden. Dies bedeutet einerseits eine Stärkung der Finanzkraft, andererseits eine Erhöhung der Kreditwürdigkeit. Finanzierungskosten und irgendwelche lästige Formalitäten entstehen nicht.

Der Kapitalmarkt muss nicht in Anspruch genommen, das Privatvermögen der Eigentümer nicht angegriffen werden. Im Gegensatz zur Aufnahme neuer Gesellschafter verschieben sich die Entscheidungsbefugnisse nicht.

Für Klein- und Mittelbetriebe ist die Innenfinanzierung oft die einzige Möglichkeit Kapital zu beschaffen. Leider wird der nötige Umfang dadurch eingeschränkt, dass Gewinne von den Eigentümern zur Deckung des privaten Lebensunterhalts entnommen werden müssen.

Die stille Selbstfinanzierung führt über den Weg der Steuerstundung zu höherer Finanzkraft und Liquidität. Sie eröffnet bei Aktiengesellschaften auch Möglichkeiten der Dividendenpolitik: In gewinnreichen Jahren werden stille Rücklagen gebildet, die in gewinnarmen Jahren zum Zwecke der Dividendenzahlung aufgelöst werden können.

Nachteile der Innenfinanzierung

Die Bildung erheblicher stiller Rücklagen führt dazu, dass die Bilanz als Instrument der Rechenschaftslegung erheblich an Aussagekraft verliert. Die Unternehmung stellt sich schlechter dar als sie ist. Andererseits kann die Möglichkeit stille Reserven aufzulösen zu einer zu guten Selbstdarstellung führen und Fehler der Geschäftsleitung verschleiern.

Arbeitsaufgaben

1. Innenfinanzierung kommt in unterschiedlichen Formen vor.
   Erläutern Sie die Unterschiede zwischen
   a) Außenfinanzierung und Innenfinanzierung,
   b) Rückflussfinanzierung und Selbstfinanzierung,
   c) stiller und offener Selbstfinanzierung,
   d) Innenfinanzierung durch Abschreibungen und durch Rückstellungen.

2. Eine Unternehmung will in drei aufeinander folgenden Jahren je eine Maschine für 2 000,00 EUR kaufen. Die Maschinen haben jeweils eine vierjährige Nutzungsdauer. Die Abschreibung soll 500,00 EUR jährlich betragen.
   a) Erläutern Sie anhand dieses Beispiels den Kapazitätserweiterungseffekt der Abschreibungen.
   b) Am Ende welchen Jahres kommt hier der Kapazitätserweiterungseffekt zum Tragen?

3. Bewertungsspielräume können die Bildung stiller Rücklagen zulassen.
   Geben Sie an, wie die folgenden Vermögenswerte und Verbindlichkeiten am Bilanzstichtag bewertet werden können und welche Möglichkeiten zur Bildung stiller Rücklagen bestehen.
   a) Rohstoffe
   b) unbebaute Grundstücke
   c) Maschinen
   d) ein Messgerät (Anschaffungswert 400,00 EUR zzgl. MwSt.)
   e) Pensionsrückstellungen
   f) Prozessrückstellungen

4. „Stille Rücklagen verschaffen bei ihrer Bildung erhöhte Liquidität, führen aber später zu stärkeren Einschränkungen der Liquidität."
   Erläutern Sie diesen Satz.

14.4.4 Kennziffern für die Finanzierungskraft der Unternehmung

Umsatzrentabilität (Umsatzverdienstrate)

Die Umsatzrentabilität ist eine wichtige Kennzahl für die Selbstfinanzierungskraft der Unternehmung. Sie ist das prozentuale Verhältnis von bereinigtem Gewinn und Umsatz. Sie gibt also an, über wie viel Prozent des Umsatzes die Unternehmung als Gewinn für Investitionen, Schuldentilgungen und Gewinnausschüttungen verfügt:

$$\text{Umsatzrentabilität} = \frac{\text{bereinigter Gewinn}}{\text{Umsatzerlöse}} \cdot 100$$

Die Umsatzrentabilität heißt auch Umsatzverdienstrate: Sie gibt an, wie viel EUR Verdienst (Gewinn) auf jeweils 100,00 EUR Umsatz entfallen.

Beispiel:
Umsatzerlöse: 800 000,00 EUR
bereinigter Gewinn: 96 000,00 EUR

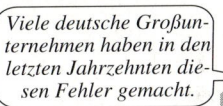

$$\text{Umsatzrentabilität} = \frac{96\,000}{800\,000} \cdot 100 = 12\%$$

Eine zu niedrige Umsatzrentabilität signalisiert eine zu geringe Gewinnspanne. Dies ist z. B. der Fall, wenn das Ziel der Umsatzmaximierung um jeden Preis verfolgt wird.

Viele deutsche Großunternehmen haben in den letzten Jahrzehnten diesen Fehler gemacht.

Cashflow und Cashflow-Umsatzrentabilität

Der Gewinn kann durch die Abschreibungspolitik und durch die Bildung und Auflösung von Rückstellungen stark manipuliert werden. Er ist deshalb nur sehr bedingt für die Beurteilung der wirklichen Selbstfinanzierungskraft der Unternehmung geeignet. Eine andere Kennziffer, der Cashflow (Kassenzufluss) erfasst den tatsächlichen Mittelzufluss aus dem Inneren der Unternehmung genauer:

> Jahresüberschuss[1]
> \+ Abschreibungen auf Anlagen
> \+ Zuführungen zu langfristigen Rückstellungen (Pensionsrückstellungen)
> = Cashflow

Der Cashflow kann – wie der Gewinn – zu Eigen- und Gesamtkapital sowie zum Umsatz ins prozentuale Verhältnis gesetzt werden. So zieht man an Stelle der Umsatzrentabilität gern die sogenannte Cashflow-Umsatzrentabilität heran:

$$\text{Cashflow-Umsatzrentabilität} = \frac{\text{Cashflow}}{\text{Umsatzerlöse}} \cdot 100$$

Beispiel:

Aktiva		Bilanz (in Tsd. EUR)	Passiva
Anlagevermögen	5 000	Eigenkapital	4 200
Vorräte	500	Langfristiges Fremdkapital	2 000
Forderungen, Bankguthaben	350	Kurzfristiges Fremdkapital	2 800
	9 000		9 000

---

[1] bei Einzelunternehmungen und Personengesellschaften gekürzt um den Unternehmerlohn

Gewinn- und Verlustrechnung (in Tsd. EUR):

Umsatzerlöse	4000
Bestandsveränderungen an unfertigen und fertigen Erzeugnissen	200
Gesamtleistung	4200
– Aufwand für Werkstoffe	1000
– Löhne und Gehälter	900
– Soziale Aufwendungen	400
– Zuführung zu Pensionsrückstellungen	150
– Abschreibungen auf Anlagen	600
– Zinsen	400
– Steuern	250
= Jahresüberschuss	500

Berechnung des Cashflow:

Jahresüberschuss	500
+ Abschreibungen auf Anlagen	600
+ Zuführung zu Pensionsrückstellungen	150
= Cashflow	1250

$$\text{Cashflow-Umsatzverdienstrate} = \frac{1250}{4000} \cdot 100 = 31{,}25\%$$

Von jeweils 100,00 EUR Umsatzerlösen fließen 31,25 EUR flüssige Mittel zurück.

$$\text{Cashflow-Eigenkapitalrentabilität} = \frac{\text{Cashflow}}{\text{Eigenkapital}} \cdot 100$$

Beispiel:

$$\text{Cashflow-Eigenkapitalrentabilität} = \frac{1250}{4200} \cdot 100 = 29{,}76\%$$

Auf jeweils 100,00 EUR eingesetztes Eigenkapital fließen 29,76 EUR an flüssigen Mitteln zurück.

$$\text{Cashflow-Gesamtkapitalrentabilität} = \frac{\text{Cashflow} + \text{Zinsen}}{\text{Gesamtkapital}} \cdot 100$$

Beispiel:

$$\text{Cashflow-Gesamtkapitalrentabilität} = \frac{1250 + 400}{9000} \cdot 100 = 18{,}33\%$$

Auf jeweils 100,00 EUR Gesamtkapital fließen 18,33 EUR an flüssigen Mitteln zurück.

Entschuldungsgrad

Der Entschuldungsgrad zeigt an, in welcher Zeit die Unternehmung bei unveränderter innerer Finanzierungskraft ihre Schulden abzahlen kann. Dazu setzt man die Schulden (effektive Verschuldung) und Finanzierungskraft (Cashflow) in Beziehung zueinander:

$$\text{Entschuldungsgrad} = \frac{\text{Effektive Verschuldung}}{\text{Cashflow}}$$

Die effektive Verschuldung errechnet sich wie folgt:

> **Langfristige Schulden**
> **+ Kurzfristige Schulden**
> **− Monetäres Umlaufvermögen (Forderungen, flüssige Mittel)**
>
> **= Effektive Verschuldung**

Beispiel:

Aus der Bilanz und Gewinn- und Verlustrechnung des obigen Beispiels ergibt sich:

$$\text{Entschuldungsgrad} = \frac{2\,000 + 2\,800 - 350}{1\,250} = 3{,}56$$

Gleich bleibende Innenfinanzierungskraft vorausgesetzt, kann die Unternehmung ihre Schulden in gut 3 $^1/_2$ Jahren abtragen.

Arbeitsaufgabe

Die Bilanzen und Gewinn- und Verlustkonten des Galvanisierungsbetriebes Franz Werter enthalten in zwei aufeinander folgenden Jahren (01 und 02) folgende Zahlen (in Tsd. EUR).

A			Bilanz		P	
	01	02			01	02
Anlagevermögen	700	720	Eigenkapital		500	600
Rohstoffe, Halbfabrikate	400	450	Langfristiges Fremdkapital		400	300
Forderungen, Bank	100	130	Kurzfristiges Fremdkapital		300	400
	1200	1300			1200	1300

S			G. u. V.		H	
	01	02			01	02
A. o. Aufwand	80	70	A. o. Ertrag		50	50
Pensionsrückstellung	10	10	Umsatzerlöse		1000	1050
Abschreibung auf Anlagen	60	60	Andere Erträge		90	100
Zinsen	50	45				
Andere Aufwendungen	740	800				
Gewinn	200	215				
	1140	1200			1140	1200

Der kalkulatorische Unternehmerlohn beträgt 100 000,00 EUR.
Berechnen Sie für beide Geschäftsjahre folgende Kennziffern und beurteilen Sie deren Entwicklung:
 a) Eigenkapitalrentabilität,
 b) Gesamtkapitalrentabilität,
 c) Umsatzrentabilität,
 d) Cashflow-Eigenkapitalrentabilität,
 e) Cashflow-Gesamtkapitalrentabilität,
 f) Cashflow-Umsatzverdienstrate,
 g) Entschuldungsgrad.

15 Zahlungsunfähigkeit

15.1 Zahlungsschwierigkeiten

Unternehmungen können in Schwierigkeiten geraten, die ihren Fortbestand gefährden. Man spricht dann von einer **notleidenden Unternehmung**.

Gefährlich wird es vor allem, wenn Illiquidität auftritt. Dann stehen nicht mehr genügend liquide und leicht liquidierbare Mittel zur Verfügung, um fällige Schulden fristgerecht zu begleichen. Bisweilen lässt sich der Liquiditätsmangel noch beheben, z. B. wenn die Bank noch bereit ist mit einem Kredit auszuhelfen. Andernfalls ist die Unternehmung zahlungsunfähig.

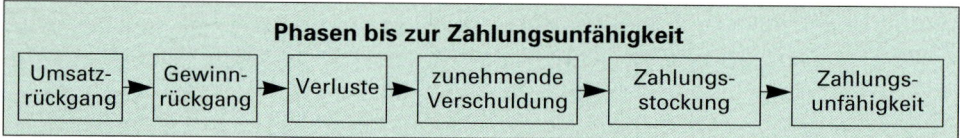

Sie wissen: Die wichtigste Liquiditätskennziffer ist die Einzugsliquidität. Vgl. S. 334

Zahlungsunfähigkeit (Insolvenz) liegt vor, wenn die Unternehmung Liquiditätsengpässe nicht mehr beheben und die fälligen Schulden nicht mehr begleichen kann.

Häufig führen folgende Phasen zur Zahlungsunfähigkeit:

Phasen bis zur Zahlungsunfähigkeit

Umsatzrückgang → Gewinnrückgang → Verluste → zunehmende Verschuldung → Zahlungsstockung → Zahlungsunfähigkeit

Innerbetriebliche Ursachen können sein:
Kapitalmangel, nicht absetzbare Produkte, ungeeignetes Vertriebssystem, ungünstig kalkulierte Preise, Überkapazität u. a. m.

Außerbetriebliche Ursachen können sein:
schlechte Konjunkturlage, Forderungsausfälle, verschärfte Konkurrenz, Nachfrageänderungen u. a. m.

Maßnahmen zur Erhaltung der Unternehmung können sein:
- Verkauf der Unternehmung,
- Sanierung,
- Vergleich.

15.2 Verkauf der Unternehmung

Manchmal gelingt es die Unternehmung insgesamt zu verkaufen. Der Käufer übernimmt alle Vermögenswerte und Schulden. Er eignet sich durch die Übernahme das Know-how, die Absatzorganisation, den Kundenstamm und den „guten Namen" des Unternehmens an und verstärkt so insgesamt seine Marktstellung. Der Gesamtwert der Unternehmung – man nennt ihn auch den „Goodwill" (Firmenwert) – ist meist höher als das reine Sachvermögen. Daher ist der Verkauf der ganzen Unternehmung für den Unternehmer günstiger als ihre Auflösung und die Veräußerung der einzelnen Vermögenswerte.

15.3 Sanierung

Als *Sanierung* bezeichnet man alle organisatorischen und finanziellen Maßnahmen, die die drohende zwangsweise Auflösung des Unternehmens abwenden und seinen Bestand sichern sollen. Sie gehen weitgehend zu Lasten der Eigentümer.

Die wichtigste Sanierungsmaßnahme ist die ausreichende Zuführung von zusätzlichem Eigenkapital: Die Eigentümer oder neue Gesellschafter leisten Einlagen. In kritischen Lagen ist es aber oft schwierig, neue Gesellschafter zu finden.

Sanierungsmaßnahmen werden nur dann endgültig Erfolg haben, wenn die Schwachstellen beseitigt werden, die die Zahlungsschwierigkeiten herbeigeführt haben.

15.4 Vergleich

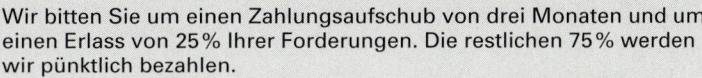

Aus einem Schreiben der Peter Obermann OHG an ihre Gläubiger

Leider müssen wir Sie um einen Vergleich bitten.

Durch die Insolvenz dreier Kunden mussten wir in den letzten drei Monaten erhebliche Forderungsausfälle hinnehmen, die wir auch durch die Kreditzusage unserer Bank nicht voll abdecken können. Wir gewähren Ihnen gern Einsicht in unsere Bücher. Sie werden erkennen, dass einzig der genannte Sachverhalt uns in diese Lage gebracht hat.

Wir bitten Sie um einen Zahlungsaufschub von drei Monaten und um einen Erlass von 25 % Ihrer Forderungen. Die restlichen 75 % werden wir pünktlich bezahlen.

Sie können sicher sein, dass wir uns durch Aufträge an Sie für Ihr Entgegenkommen erkenntlich zeigen werden.

Oft müssen auch die Gläubiger großzügig ihren Anteil zur Sanierung beitragen, indem sie auf einen Teil ihrer Forderungen verzichten oder einer Stundung zustimmen. Dann kommt es zum Vergleich.

Der *Vergleich* ist eine Vereinbarung zwischen dem Schuldner und seinen Gläubigern zur Abwendung der Unternehmensauflösung durch Insolvenz.

Die Gläubiger werden zum Vergleich bereit sein, wenn sie sich vom Fortbestand der Unternehmung mehr Nutzen versprechen als von ihrer Auflösung.

Beispiele:
- Man will das Unternehmen als wichtigen Kunden behalten.
- Bei Auflösung der Unternehmung im Insolvenzverfahren ist der Verlust aller Forderungen zu erwarten. Dies kann auch die Existenz der Gläubiger gefährden. Beim Fortbestand der Unternehmung besteht die Chance der Rückzahlung.
- Das Unternehmen geriet durch unverschuldete äußere Umstände in die Notlage (z. B. große Forderungsausfälle durch Zahlungseinstellung von Kunden). Es wird aber insgesamt als positiv bewertet und kann leicht saniert werden.

Die Gläubiger sollten sich aber nur unter folgenden Bedingungen auf einen Vergleich einlassen:

- Sie sollten auf **Gleichbehandlung** bestehen. Andernfalls könnte der Schuldner ggf. einzelne Gläubiger bevorzugen (z. B. ihnen Vermögensgegenständen verpfänden). Deshalb sollte ein Treuhänder (z. B. ein Wirtschaftsprüfer) den Vergleich durchführen.
- Der Schuldner muss vollständige und nachprüfbare Unterlagen vorlegen.
- Art und Umfang des vorhandenen Vermögens müssen genau ermittelt werden.
- Die Vergleichsvereinbarung soll eine **Besserungsklausel** enthalten. Sie besagt, dass Nachzahlungen erfolgen, wenn das Unternehmen wieder Gewinne erwirtschaftet.

- Die Vergleichsvereinbarung soll eine **Wiederauflebensklausel** enthalten. Sie stellt die Forderungen in der ursprünglichen Höhe wieder her, wenn es nachfolgend zu einem Insolvenzverfahren kommt. Andernfalls kann der Gläubiger nur die Restforderung nach Abzug des Verzichtanteils im Insolvenzverfahren anmelden.

Arten des Vergleichs		
Stundungsvergleich	**Erlassvergleich**	**Liquidationsvergleich**
Zahlungsaufschub durch die Gläubiger	Erlass eines Teils der Forderungen durch die Gläubiger	Die Gläubiger erhalten das Vermögen des Schuldners zur Verwertung. Sie erlassen die Schulden, die den Liquidationserlös übersteigen.

Vorteile des privaten Vergleichs: relativ rasche Abwicklung, Vermeidung von Gerichtskosten, keine Veröffentlichung in Handelsregister und Zeitung.

*Stimmen nicht alle Gläubiger zu, so kann der Schuldner noch versuchen **Einzelvergleichsverträge** mit einzelnen Gläubigern abzuschließen.*

15.5 Insolvenzverfahren

Amtsgericht Charlottenburg

Beschluss

Geschäftsnummer: 106 N 823/01
Über das Vermögen der Atlanta Plus Bau GmbH,
Kurfürstendamm 125a, 10711 Berlin
1. wird heute, am 1. Oktober 20.., um 15:00 Uhr das Insolvenzverfahren eröffnet, weil die Schuldnerin zahlungsunfähig und überschuldet ist.
2. Zum Insolvenzverwalter wird bestellt:
RA Dr. Wolfgang Schröder, Genthiner Str. 148, 10785 Berlin
3. Der Insolvenzverwalter wird gemäß § 8 Abs. 3 InsO[1] beauftragt, die in dem Verfahren vorzunehmenden Zustellungen durchzuführen mit Ausnahme der Zustellungen an den Gemeinschuldner.
4. Insolvenzforderungen (§ 38 InsO) sind beim Insolvenzverwalter schriftlich bis zum 1. Dezember 20.. anzumelden.
5. Termin zur Berichterstattung und zur Beschlussfassung über die Beibehaltung des ernannten oder die Wahl eines neuen Verwalters und die Wahl eines Gläubigerausschusses: 11. Oktober 20.. um 08:55 Uhr im Amtsgericht, Raum 101
6. Prüfungstermin ist der 24. Januar 20.. um 09:10 Uhr im Amtsgericht, Raum 101. Gläubiger, deren Forderungen im Prüfungstermin festgestellt werden, erhalten keine Benachrichtigung über den Ausgang des Prüfungstermins.
7. Die Gläubiger werden aufgefordert, dem Insolvenzverwalter unverzüglich mitzuteilen, welche Sicherungsrechte sie an beweglichen Sachen oder Rechten der Schuldnerin beanspruchen. Personen, die Verpflichtungen gegenüber der Schuldnerin haben, werden aufgefordert, nicht mehr an die Schuldnerin, sondern an den Insolvenzverwalter zu leisten.

Buhr, Richterin am Amtsgericht

15.5.1 Aufgaben und Ziele des Verfahrens

Das Insolvenzverfahren kann v. a. über das Vermögen jeder natürlichen oder juristischen Person oder einer Gesellschaft eröffnet werden. Es wird durch die **Insolvenzordnung (InsO)** geregelt und hat folgende **Aufgaben**:

---

[1] Insolvenzordnung

- Ermittlung der Gläubiger und ihrer Forderungen
- Ermittlung des vorhandenen Vermögens des Schuldners
- Verwendung des Vermögens zur Befriedigung der Gläubiger

Die Insolvenzordnung nennt die **Ziele des Verfahrens:**

InsO § 1: Das Insolvenzverfahren dient dazu, die Gläubiger eines Schuldners gemeinschaftlich zu befriedigen, indem das Vermögen des Schuldners verwertet und der Erlös verteilt oder in einem Insolvenzplan eine abweichende Regelung insbesondere zum Erhalt des Unternehmens getroffen wird. Dem redlichen Schuldner wird Gelegenheit gegeben sich von seinen restlichen Verbindlichkeiten zu befreien.

Konkret: **Entweder** *Auflösung des Unternehmens, Verwertung des Vermögens und Verteilung an die Gläubiger* **oder** *Erlass eines Teils der Schulden (wenn Aussichten bestehen das Unternehmen zu sanieren).*

15.5.2 Ablauf des Insolvenzverfahrens

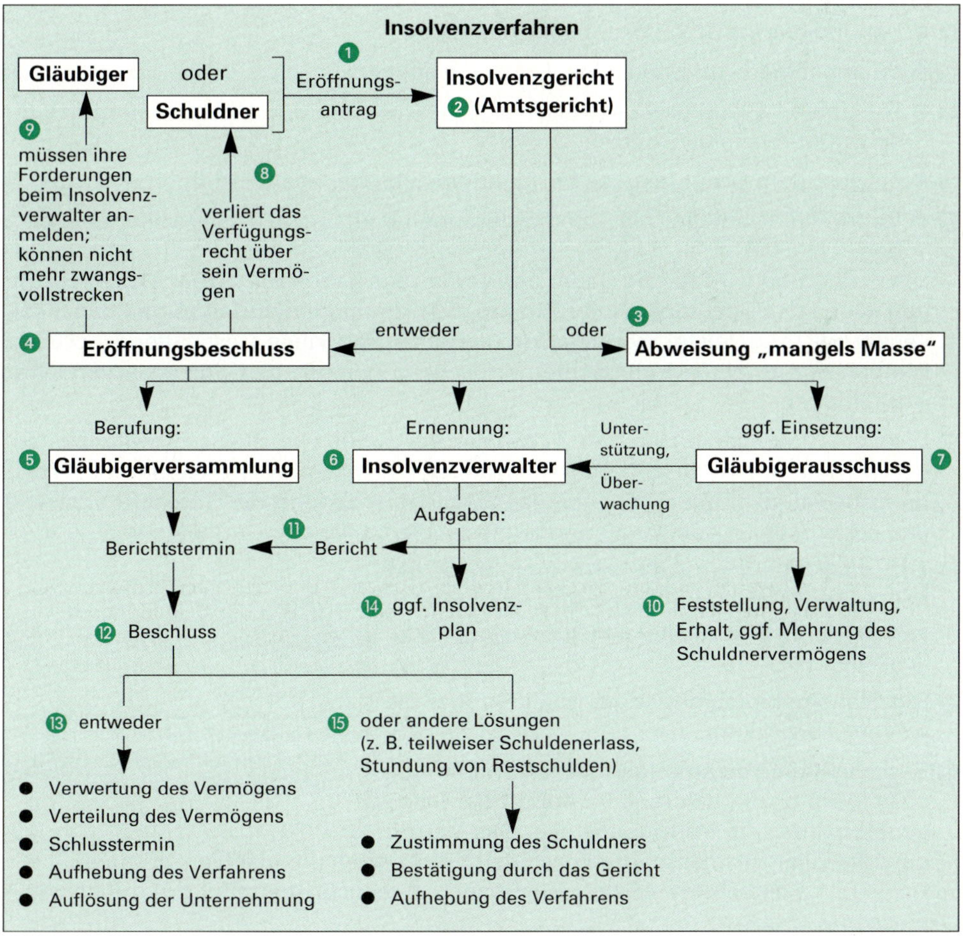

Insolvenzverfahren

Gläubiger oder **Schuldner** — Eröffnungsantrag ❶ → **Insolvenzgericht** ❷ **(Amtsgericht)**

❾ müssen ihre Forderungen beim Insolvenzverwalter anmelden; können nicht mehr zwangsvollstrecken

❽ verliert das Verfügungsrecht über sein Vermögen

❹ **Eröffnungsbeschluss** ← entweder | oder → ❸ **Abweisung „mangels Masse"**

Berufung: ❺ **Gläubigerversammlung**

Ernennung: ❻ **Insolvenzverwalter**

Unterstützung, Überwachung

ggf. Einsetzung: **Gläubigerausschuss** ❼

Berichtstermin ← Bericht ⓫

Aufgaben:
⓮ ggf. Insolvenzplan

❿ Feststellung, Verwaltung, Erhalt, ggf. Mehrung des Schuldnervermögens

⓬ Beschluss

⓭ entweder
- Verwertung des Vermögens
- Verteilung des Vermögens
- Schlusstermin
- Aufhebung des Verfahrens
- Auflösung der Unternehmung

⓯ oder andere Lösungen (z. B. teilweiser Schuldenerlass, Stundung von Restschulden)
- Zustimmung des Schuldners
- Bestätigung durch das Gericht
- Aufhebung des Verfahrens

❶ Antragsberechtigt sind die Gläubiger und der Schuldner. Eröffnungsgründe sind:
- die **Zahlungsunfähigkeit** des Schuldners,
- beim Antrag durch Gläubiger auch die **drohende Zahlungsunfähigkeit**,
- bei juristischen Personen auch die **Überschuldung**. Sie liegt vor, wenn das Vermögen die bestehenden Verbindlichkeiten nicht deckt.

❷ Zuständig für das Insolvenzverfahren ist das **Amtsgericht** am Wohnsitz des Schuldners, bei Gesellschaften und juristischen Personen das Amtsgericht am Geschäftssitz.

❸ Das Gericht weist den Insolvenzantrag **mangels Masse** ab, wenn das Vermögen des Schuldners voraussichtlich nicht ausreichen wird, um die Kosten des Verfahrens zu decken. Die Gläubiger können/müssen nun wieder versuchen, auf dem Weg von Einzelvollstreckungen ihre Forderungen einzutreiben. Das Unternehmen des Schuldners ist auf Grund verschiedener gesetzlicher Vorschriften aufzulösen (z. B. LöschG § 2, AktG § 262, GmbHG § 66).

❹ • Das **Gericht eröffnet das Insolvenzverfahren**,
- veranlasst die Eintragung der Eröffnung in das Handelsregister sowie ihre Veröffentlichung,

❺ • beruft die erste Gläubigerversammlung ein,

❻ • ernennt einen vorläufigen Insolvenzverwalter,

❼ • kann einen Gläubigerausschuss zur Unterstützung und Überwachung des Insolvenzverwalters einsetzen,

❽ • entzieht dem Schuldner das Verfügungsrecht über sein Vermögen,

❾ • fordert die Gläubiger auf, ihre Forderungen beim Insolvenzverwalter anzumelden.
Die Verjährung wird für die Dauer des Verfahrens gehemmt. Zwangsvollstreckungen gegen den Schuldner sind nicht möglich. Zahlungen dürfen nur an den Insolvenzverwalter geleistet werden. Der Schuldner darf keine Geschäftspost öffnen. Die von ihm erteilten Vollmachten erlöschen. Er muss dem Insolvenzverwalter Auskunft geben.

❿ Die erste Gläubigerversammlung *kann* den vorläufigen Insolvenzverwalter bestätigen oder durch einen anderen ersetzen. Der **Insolvenzverwalter** hat die Verfügungsgewalt über das Vermögen des Schuldners. Er führt die Geschäfte während des Verfahrens. Er soll das Vermögen feststellen, verwalten, erhalten und

⓫ ggf. durch günstige Geschäfte mehren. Er berichtet der Gläubigerversammlung über die Ursachen der Insolvenz und schlägt Lösungsmöglichkeiten vor.

Übrigens „Ein Beschluss der Gläubigerversammlung kommt zustande wenn die Summe der Forderungsbeträge der zustimmenden Gläubiger mehr als die Hälfte der Forderungsbeträge der abstimmenden Gläubiger beträgt." (InsO § 76).
Na, alles klar?

⓬ Die Gläubigerversammlung beschließt über die weitere Abwicklung.

⓭ Beschließt die Versammlung die Unternehmung aufzulösen (zu liquidieren), veräußert der Insolvenzverwalter die Vermögensteile. Das Vermögen (die Insolvenzmasse) wird nach den Vorschriften der Insolvenzordnung in der folgenden Reihenfolge verteilt (siehe auch Übersicht: Verteilung der Insolvenzmasse):

- **Nicht pfändbares Vermögen** gehört nicht zur Insolvenzmasse.
- **Fremdes Eigentum** im Besitz des Schuldners ebenfalls nicht. Es wird **ausgesondert**. Das restliche Vermögen bildet die Insolvenzmasse,
- Gläubiger mit **Pfandrechten**, Sicherungsübereignung und -zession und einem Zurückbehaltungsrecht nach HGB können die Sicherungsgegenstände **abgesondert** verwerten. Nur ein Erlösüberschuss geht in die Insolvenzmasse ein.
- Gläubiger mit **Gegenforderungen** können diese gegen die Forderungen des Schuldners **aufrechnen**.
- Anschließend sind vorrangig die Forderungen der **Massegläubiger** zu befriedigen. Dies sind die Kosten des Insolvenzverfahrens (Gerichtskosten, Vergütungen und Auslagen des Insolvenzverwalters und des Gläubigerausschusses) und sonstige Verbindlichkeiten, die nach Insolvenzeröffnung aufgrund der Handlungen des Insolvenzverwalters entstehen.
- Erst jetzt sind die Forderungen der **Insolvenzgläubiger** zu befriedigen, die schon vor der Verfahrenseröffnung bestanden. Sie waren beim Insolvenzverwalter anzumelden.
- **Nachrangige Insolvenzgläubiger** werden zum Schluss berücksichtigt: zuerst Zinsforderungen der Insolvenzgläubiger seit Verfahrenseröffnung; dann Kosten für die Teilnahme der Insolvenzgläubiger am Verfahren (z. B. Anwaltskosten); dann weitere in der Insolvenzordnung genannte Kosten. Die nachrangigen Insolvenzgläubiger gehen in der Regel leer aus.

Nach der Verteilung des Vermögens findet ein Schlusstermin statt. Das Gericht hebt das Insolvenzverfahren auf. Die Unternehmung wird aufgelöst.

⓮ Die Gläubigerversammlung *kann* im Lauf des Insolvenzverfahrens den Insolvenzverwalter beauftragen einen **Insolvenzplan** auszuarbeiten. Auch der Schuldner kann einen solchen Plan vorlegen. Das Ziel des Insolvenzplans ist vor allem die flexible, wirtschaftlich effektive Abwicklung der Insolvenz:

⓯ - In erster Linie kommt hier die **Erhaltung und Sanierung der Unternehmung** in Betracht. Sie setzt grundsätzlich einen teilweisen Schuldenerlass (wie beim Vergleich) und weitere Stundungen voraus. Der Schuldner bleibt Träger des Unternehmens und muss künftige Erträge für die Befriedigung der Gläubiger zur Verfügung stellen. Der Schuldner muss dem Insolvenzplan zustimmen.
- Der Insolvenzplan kann auch vorsehen:
  - die **Auflösung des Unternehmens und die Sanierung von Unternehmensteilen**. Gewinn versprechende Teile können z. B. auf ein neues, gesundes Unternehmen übertragen werden;
  - den **Verkauf des Unternehmens**;
  - die **Auflösung des Unternehmens** (siehe oben) und die optimale Verwertung des Vermögens.

Die Gläubigerversammlung muss dem Insolvenzplan zustimmen. Das Gericht muss ihn bestätigen.

15.5.3 Folgen des Insolvenzverfahrens

Ein Insolvenzverfahren hat für die Betroffenen immer schlimme Auswirkungen, unabhängig davon, ob es zur Auflösung oder Sanierung der Unternehmung führt.

Verteilung der Insolvenzmasse (Verteilungsverzeichnis)

Gesamtvermögen	500 000,00 EUR
– **Nicht pfändbares Vermögen** (Sachen, die der Schuldner für eine bescheidene Lebensführung benötigt)	30 000,00 EUR
	470 000,00 EUR
– **Aussonderung** von Vermögen, das der Schuldner besitzt, dessen Eigentümer er aber nicht ist (z.B. Eigentumsvorbehalt, Miete, Pacht, Leihe)	20 000,00 EUR
Insolvenzmasse laut § 35 InsO	450 000,00 EUR
– **Absonderung** der Gläubigerforderungen mit einem Pfandrecht z. B. Hypothek, Grundschuld, Sicherungsübereignung, Sicherungszession	70 000,00 EUR
	380 000,00 EUR
– **Aufrechnung** von Gegenforderungen (Schuldner und Gläubiger hatten wechselseitig gegeneinander Forderungen)	25 000,00 EUR
	355 000,00 EUR
– **Massegläubiger**	
• Gerichtskosten und Vergütung an den Insolvenzverwalter	40 000,00 EUR
• Ansprüche aus Geschäften, die der Insolvenzverwalter vorgenommen hat.	21 000,00 EUR
• Lohn- und Gehaltsforderungen seit Eröffnung des Verfahrens....	51 000,00 EUR
	243 000,00 EUR
– **Insolvenzgläubiger** Lohn- und Gehaltsforderungen vor Eröffnung der Insolvenz, Forderungen des Staates (z. B. Steuern, Sozialversicherung), Forderungen aus Verträgen	1 000 000,00 EUR

Damit ergibt sich eine Insolvenzquote von

$$\frac{243\,000 \cdot 100}{1\,000\,000} = 24{,}3\,\%$$

Jeder Insolvenzgläubiger erhält 24,3 % seiner Forderungen.

– **nachrangige Insolvenzgläubiger** noch ausstehende Forderungen. Da keine Masse mehr vorhanden ist, gehen sie leer aus	100 000,00 EUR

Gesamtvermögen
EURO 500 000,00

Nicht pfändbares Vermögen
EURO 470 000,00

Aussonderung
EURO 450 000,00

Absonderung
EURO 380 000,00

Aufrechnung
EURO 355 000,00

Insolvenzmasse lt. InsO § 35

Massegläubiger
EURO 243 000,00

Folgen des Insolvenzverfahrens

für den Schuldner

Während des Verfahrens sind die Rechte des Schuldners erheblich eingeschränkt. Er verliert das Verfügungsrecht über sein Vermögen, muss dem Insolvenzverwalter jederzeit Auskunft geben und sich nach Anordnung des Gerichts zur Verfügung halten. Verletzt er seine Mitwirkungspflichten, kann er in Haft genommen werden.

Im Fall der Sanierung sind die erlassenen Schulden erloschen. Bei der Unternehmensauflösung jedoch besteht eine Haftung von 30 Jahren für alle nicht befriedigten Forderungen. Die Gläubiger können während dieser Zeit immer wieder versuchen ihre Forderungen durch Pfändung einzutreiben. Der Bewegungsspielraum für neue unternehmerische Tätigkeiten ist stark eingeschränkt, die Kreditwürdigkeit dahin. Der Schuldner wird nur schwer neue Kapitalgeber finden

Ausnahme: Das Gericht hat eine Restschuldbefreiung gewährt (siehe unten).

für die Gläubiger

Die Gläubiger erleiden in der Regel hohe Forderungsausfälle, wenn ihre Forderungen nicht gesichert sind (z. B. durch Pfandrechte). Dies kann auch ihre Existenz gefährden und unter Umständen zu weiteren Insolvenzen führen.

für die Beschäftigten

Die Beschäftigten verlieren bei der Auflösung Arbeitsplatz und Einkommen. Selbst bei einer (Teil-)Sanierung sind viele Arbeitsplätze gefährdet.

Nur nicht ausbezahlte Löhne und Gehälter für die letzten drei Monate vor der Verfahrenseröffnung werden vom Arbeitsamt gezahlt (Insolvenzgeld). Oft aber haben die Arbeitnehmer schon länger auf Teile des Arbeitsentgelts verzichtet um ihre Arbeitsplätze zu retten.

15.5.4 Restschuldbefreiung

Ist der Schuldner eine natürliche Person, so kann er unter bestimmten Voraussetzungen von den im Insolvenzverfahren nicht erfüllten Schulden befreit werden. Er muss dies beim Amtsgericht beantragen (ggf. schon mit dem Antrag auf Eröffnung des Insolvenz-Verfahrens, spätestens im Berichtstermin),

Voraussetzungen
- Antrag des Schuldners
- Abtretung des pfändbaren Einkommens für 7 Jahre
- Redlichkeit des Schuldners

Nur dem redlichen Schuldner soll Restschuldbefreiung erteilt werden. Sie ist deshalb von vornherein zu versagen, wenn

- der Schuldner wegen einer Insolvenzstraftat vorbestraft ist,
- schuldhaft unrichtige oder unvollständige Angaben über seine wirtschaftlichen Verhältnisse macht,
- während des Insolvenzverfahrens Auskunfts- oder Mitwirkungspflichten verletzt,

v. a. Verheimlichung oder Beiseiteschaffen von Vermögen, Vortäuschen von Schulden, Verstoß gegen Buchführungs- und Bilanzpflicht, Vernichtung oder Fälschung von Büchern und Bilanzen, Spekulationsgeschäfte, Verspielen und Verwetten von Unternehmensvermögen

- im letzten Jahr vor dem Antrag auf Eröffnung des Insolvenzverfahrens unangemessene Verbindlichkeiten begründet oder Vermögen verschwendet hat,
- in den letzten 10 Jahren schon Restschuldbefreiung erteilt oder versagt wurde.

Während der Laufzeit der Abtretungserklärung muss der Schuldner eine angemessene Erwerbstätigkeit ausüben oder sich ernsthaft darum bemühen. Er darf keine Bezüge verheimlichen und muss eingehende Gelder (z. B. aus einer selbstständigen

Ablauf des Verfahrens
Antrag des Schuldners
↓
Anhörung von Gläubigern und Insolvenzverwalter durch das Gericht im Schlusstermin
↓
Gerichtsbeschluss über den Antrag
↓
Ernennung eines Treuhänders durch das Gericht
↓
Ansammlung der abgetretenen Beträge auf einem Treuhandkonto
↓
Jährliche Auszahlung an die Gläubiger
↓
Endgültige Befreiung von der nach 7 Jahren noch bestehenden Restschuld

Tätigkeit) an den Treuhänder abführen. Alle Einzelheiten sollten im Insolvenzplan festgehalten werden.

Verstößt der Schuldner gegen seine Pflichten oder begeht er eine Insolvenzstraftat, so versagt das Gericht auf Antrag eines Gläubigers die Restschuldbefreiung. Bei ordnungsmäßigem Verhalten erteilt es sie nach Ablauf der 7 Jahre. Damit erlöschen die Restforderungen **aller** Insolvenzgläubiger.

Die Restschuldbefreiung kann auf Antrag eines Insolvenzgläubigers auch nachträglich widerrufen werden, wenn die Voraussetzungen für sie nicht vorgelegen haben (Wiederauflebensklausel).

Exkurs: Verbraucherinsolvenzverfahren

Ich heiße Heinz Mager. Als ich ausreichend verdiente, habe ich Auto und Möbel mit Krediten gekauft. Seit ich arbeitslos bin, kann ich die Schulden nicht mehr zurückzahlen. Wegen der ständig wachsenden Zinsrückstände, Verzugszinsen, Mahn- und Anwaltskosten der Gläubiger wachsen die Schulden immer mehr, selbst wenn ich noch Zahlungen leiste. Diese reichen nicht einmal für die Zinsen. Ich bin 32. Werde ich bis zum Ende meines Lebens nie mehr meine Schulden los?

Wer keine oder nur eine geringfügige selbstständige Tätigkeit ausübt (also der Kleingewerbetreibende), kann bei Zahlungsunfähigkeit das sog. Verbraucherinsolvenzverfahren beantragen. Dieses ermöglicht ebenfalls die Restschuldbefreiung. Es läuft in folgenden Schritten ab:

● Zunächst muss der Schuldner eine **außergerichtliche Einigung** mit seinen Gläubigern versuchen. Eine anerkannte Beratungsstelle muss dies bescheinigen.

● Scheitert die Einigung, kann der Schuldner ein **Insolvenzverfahren beantragen**. Er muss die Bescheinigung der Beratungsstelle, ein Vermögensverzeichnis und eine Aufstellung aller Gläubiger und Schulden beifügen. Gleichzeitig muss er Restschuldbefreiung beantragen. Das Gericht versucht Gläubiger und Schuldner zu einem Schuldenbereinigungsplan zu bewegen.

● Scheitert dies, kommt es zum **vereinfachten Insolvenzverfahren**: Ein Treuhänder verwaltet das Vermögen des Schuldners und teilt es unter die Gläubiger auf.

● Anschließend folgt die im Vorkapitel dargestellte **7-jährige Wohlverhaltensphase**.

● Nach ordnungsmäßigem Ablauf dieser Phase erfolgt die **Restschuldbefreiung**.

Arbeitsaufgaben

1. **Auf Seite 378 finden Sie den Gerichtsbeschluss zur Eröffnung eines Insolvenzverfahrens über das Vermögen der Atlanta Plus Bau GmbH.**
   a) Nennen Sie eine Reihe von Ursachen, die zu der Insolvenz der Unternehmung geführt haben können.
   b) Wäre es im vorliegenden Fall möglich gewesen, vor der Beantragung des Insolvenzverfahrens zunächst einen außergerichtlichen Vergleich mit den Gläubigern anzustreben?
   c) Worauf lässt die Tatsache schließen, dass das Insolvenzverfahren überhaupt eröffnet wurde?
   d) Warum dürfen die Schuldner der Atlanta nicht mehr an letztere zahlen?
   e) Welche wesentlichen Aufgaben sind dem Insolvenzverwalter übertragen?
   f) Es werden u. a. Gläubiger mit Sicherungsrechten erwähnt. Welche Sicherungsrechte sind beim Insolvenzverfahren von besonderer Bedeutung und welche Vorteile bieten sie den betreffenden Gläubigern?
   g) Wie ist zu verfahren, wenn die Gläubiger die Auflösung der Unternehmung beschließen?
   h) Welche weiteren Möglichkeiten bestehen anstelle der Auflösung und welche Bedeutung hat dabei der Insolvenzplan?
   i) Könnte der Insolvenzplan im vorliegenden Fall eine Restschuldbefreiung der Schuldnerin vorsehen und Regelungen darüber treffen?

2. **Bei einem Insolvenzverfahren werden folgende Zahlen ermittelt:**
   Betriebliches Vermögen .... 90 000,00 EUR
   Privates Vermögen .... 110 000,00 EUR
   Nicht pfändbares Vermögen .... 15 000,00 EUR
   Verpfändetes Vermögen .... 25 000,00 EUR
   Gegenseitige Forderungen .... 5 000,00 EUR
   Masseverbindlichkeiten .... 50 000,00 EUR
   Sonstige Forderungen .... 185 000,00 EUR
   Errechnen Sie die Insolvenzquote.

3. **Die Liquidation im Insolvenzverfahren nützt niemandem.**
   Erläutern Sie die Schäden, die im Fall der Liquidation entstehen.

Siebter Lernabschnitt
Rechtsformen der Unternehmen

1 Kaufmannseigenschaft und Firma

Handelsgeschäfte sind alle Geschäfte eines Kaufmanns, die zum Betriebe seines Handelsgewerbes gehören.

Diese Vorschrift des § 343 HGB ist Ihnen schon aus dem Vertragsrecht bekannt. Sie wissen auch, dass für Handelsgeschäfte – also Geschäfte von Kaufleuten für ihr Handelsgewerbe – die Vorschriften des HGB vorrangig anzuwenden sind. Für die Geschäfte der Nichtkaufleute, die bürgerlichen Rechtsgeschäfte, gelten hingegen die des BGB. Bisher ist jedoch noch nicht geklärt, wer eigentlich Kaufmann ist: Ist es etwa jeder, der Waren ein- und verkauft? Oder jeder, der die Prüfung zum „Bürokaufmann", „Großhandelskaufmann" usw. bestanden hat? Können ein Handwerker oder ein Landwirt Kaufmann sein? Ist Herr Meier, der zu Haus auf seinem PC kleine Computerprogramme erstellt und verkauft, Kaufmann oder muss sein Geschäft erst eine bestimmte Größe haben, damit er die Kaufmannseigenschaft erwirbt?

1.1 Kaufmann und Handelsgewerbe

HGB § 1 legt fest:

(1) Kaufmann Im Sinne dieses Gesetzbuchs ist, wer ein Handelsgewerbe betreibt.

(2) Handelsgewerbe ist jeder Gewerbebetrieb, es sei denn, dass das Unternehmen nach Art und Umfang einen in kaufmännischer Weise eingerichteten Geschäftsbetrieb nicht erfordert.

Jede selbstständige, auf Gewinn gerichtete Berufstätigkeit gilt grundsätzlich als Gewerbe. Voraussetzung: Sie ist nicht gesetzes- oder sittenwidrig. Ausnahmen sind nur die freien Berufe (wissenschaftliche und künstlerische Berufe wie Arzt, Anwalt, Architekt u. a.), die Urproduktion (insbesondere Land- und Forstwirtschaft), der Unterricht und die Kindererziehung gegen Entgelt (GewO § 6).

- Alle Gewerbebetriebe sind der Gewerbeordnung (GewO) und einer Vielzahl anderer gewerberechtlicher Bestimmungen unterworfen.
- In GewO § 1 wird jedermann der Betrieb eines Gewerbes gestattet (**Gewerbefreiheit**). Zugleich werden die Ausnahmen und Beschränkungen festgelegt.
- Der Beginn eines Gewerbes ist bei der zuständigen Ortsbehörde anzuzeigen. (GewO § 14).
- Der Gewerbetreibende ist gewerbesteuerpflichtig.

Jeder Gewerbebetrieb, der nach Art und Umfang einen in kaufmännischer Weise eingerichteten Geschäftsbetrieb erfordert, ist laut HGB § 1 ein **Handelsgewerbe**. Sein Inhaber gilt als **Kaufmann**. Das HGB nennt ihn **„Istkaufmann"**. Die Kaufmannseigenschaft hat weitreichende Konsequenzen für ihn:

- Er muss sein Unternehmen beim Amtsgericht in das Handelsregister eintragen lassen.
- Er muss sein Unternehmen unter einer Firma (einem kaufmännischen Namen) nach den Vorschriften des HGB führen.
- Er kann Prokuristen ernennen.
- Er kann kaufmännisches Personal nach den Vorschriften des HGB beschäftigen.
- Er kann mit anderen Kaufleuten eine offene Handelsgesellschaft oder eine Kommanditgesellschaft gründen.

- Er ist zur Buchführung nach den Vorschriften des HGB verpflichtet.
- Für ihn gelten alle Vorschriften des HGB, insbesondere diejenigen über die Handelsgeschäfte.

Kaufmann kann nur ein selbstständiger Gewerbetreibender sein. Begriffe wie „Büro-, Industriekaufmann" usw. bezeichnen lediglich einen Ausbildungsberuf.

1.2 Kleingewerbetreibende, Kannkaufleute

Wann genau ein Unternehmen nach Art und Umfang einen in kaufmännischer Weise eingerichteten Geschäftsbetrieb erfordert, lässt sich nicht schematisch beantworten. Nützliche Kriterien sind v.a. die Beschäftigung von kaufmännischen Angestellten, das Vorhandensein einer Lohn-/Gehaltsbuchhaltung oder einer Kontokorrentbuchhaltung sowie die Notwendigkeit komplizierter Abrechnungen (etwa bei einem Optiker).

Kleingewerbetreibende, die die Kaufmannseigenschaft für sich ablehnen, müssen im Zweifelsfall darlegen und beweisen, dass ihr Unternehmen nach Art und Umfang einen in kaufmännischer Weise eingerichteten Geschäftsbetrieb nicht erfordert. Für sie gilt – wie für Nicht-Gewerbetreibende – ausschließlich das BGB. Kleingewerbetreibende können sich jedoch, wenn es ihnen nützlich erscheint, ins Handelsregister eintragen lassen. Dann werden sie Kaufleute mit allen Rechten und Pflichten und können sich im Streitfall nicht mehr auf ihre Eigenschaft als Kleingewerbetreibende berufen. Das HGB nennt sie „Kannkaufleute". Eine spätere Löschung im Handelsregister ist möglich, wenn das Unternehmen nicht in der Zwischenzeit nach Art und Umfang einen in kaufmännischer Weise eingerichteten Geschäftsbetrieb erforderlich macht.

Beispiel:
Herr Gerber erstellt in seinem Arbeitszimmer auf seinem Computer für zwei Unternehmen Programme. Er hat diese Tätigkeit als Gewerbe angemeldet. Personal hat er nicht. Für seine Dienstleistungen und Verträge findet das Werkvertragsrecht des BGB Anwendung.

Das Unternehmen wächst: Das Arbeitszimmer wird zu klein. Gerber mietet Räume, stellt zwei Programmierer und eine Sekretärin ein und nimmt Kredite für die neue Geschäftsausstattung auf. Die Umsätze steigen stark an. Gerber muss sein Unternehmen ins Handelsregister eintragen lassen. Er ist damit Kaufmann. Jetzt sind alle Käufe für ihn Handelskäufe nach HGB §§ 343 ff. Bei Mängeln muss er z. B. unverzüglich rügen (HGB § 377). Für alle seine Geschäfte gelten die Bestimmungen des HGB.

Auch **Land- und Forstwirte** können ihren Betrieb oder einen damit verbundenen Nebenbetrieb (z. B. ein Sägewerk) ins Handelsregister eintragen lassen. Sie werden dann ebenfalls **Kannkaufleute**. Eine spätere Löschung der Handelsregistereintragung ist nur für den Nebenbetrieb möglich, wenn er ein Kleingewerbe darstellt. (HGB § 3)

1.3 Handelsgesellschaften, Formkaufleute

HGB § 6 (1) sagt aus, dass auch alle Handelsgesellschaften Kaufleute sind. Dies betrifft die offene Handelsgesellschaft (OHG), die Kommanditgesellschaft (KG), die Aktiengesellschaft (AG), die Kommanditgesellschaft auf Aktien (KGaA) und die Gesellschaft mit beschränkter Haftung (GmbH).

Die **OHG und die KG** sind keine juristischen Personen. Jedoch gibt das Recht Ihnen gewisse Eigenschaften einer juristischen Person. So können sie z. B. selbst klagen und verklagt werden. Sie selbst gelten als Kaufleute, darüber hinaus auch Ihre voll haftenden Gesellschafter. OHG und KG setzen immer das Bestehen eines Handelsgewerbes voraus.

Wenn ein von mindestens zwei Personen betriebenes Unternehmen nach Art und Umfang keinen kaufmännischen Geschäftsbetrieb erfordert, besteht ein Wahlrecht: Das Unternehmen kann als Gesellschaft bürgerlichen Rechts (GbR) geführt werden. Es kann aber auch als OHG oder KG ins Handelsregister eingetragen werden.

AG, KGaA und GmbH sind juristische Personen. Insofern sind sie selbst Kaufleute, auch wenn ihre Gesellschafter diese Eigenschaft nicht besitzen. Das Gleiche gilt auch für die **eingetragene Genossenschaft**[1] (eG). Sie alle setzen nicht das Bestehen eines Handelsgewerbes voraus, sondern können zu jedem gesetzlich zugelassenen Zweck gegründet werden. Sie gelten als Kaufleute sozusagen aufgrund ihrer Rechtsform. Deswegen bezeichnet man sie als **Formkaufleute**.

Beispiele:
- *Treuhand Wirtschaftsprüfungs-AG*
- *Knall & Fall Architektur GmbH*

Kaufleute		
Istkaufleute	**Kannkaufleute**	**Formkaufleute**
■ selbstständige Gewerbetreibende, deren Betrieb nach Art und Umfang einen in kaufmännischer Weise eingerichteten Geschäftsbetrieb erfordert ■ OHG und KG	■ Kleingewerbetreibende bei freiwilliger Eintragung ins Handelsregister ■ Land und Forstwirte bei freiwilliger Eintragung ins Handelsregister	Unternehmen in den Rechtsformen AG, KGaA, GmbH, eG

1.4 Firma des Kaufmanns

Der Kaufmann wird mit einer Firma ins Handelsregister eingetragen. Sie ist der Name, unter dem er seine Geschäfte betreibt und die Unterschrift abgibt. Unter seiner Firma kann er klagen und verklagt werden. (HGB § 17)

Die Firma darf nicht verwechselt werden mit einem Markennamen oder einer gebräuchlichen Bezeichnung des Unternehmens und sonstigen Geschäftsnamen, die zu Reklamezwecken oder von Kleingewerbetreibenden benutzt werden.

Beispiele:
Firma:	Volkswagenwerk AG
gebräuchliche Unternehmensbezeichnung:	VW
Markenname:	NIVEA
Geschäftsname zu Reklamezwecken:	Hotel zur Sonne
Geschäftsname von Kleingewerbetreibenden:	Reudenbachs fahrende Werkstatt

Die Firma besteht aus dem **Firmenkern** (Hauptbestandteil) und eventuellen **Firmenzusätzen** zur Kennzeichnung von Zweigniederlassungen, zur Offenlegung der Rechtsform und zur Kennzeichnung des Gegenstands der Unternehmung.

Arten der Firma		
Personenfirma	**Sachfirma**	**Phantasiefirma**
enthält mindestens einen Namen, der auf den oder die Inhaber hinweist	ist dem Gegenstand der Unternehmung entnommen	ist nicht dem Gegenstand der Unternehmung entnommen
Beispiel: Frederic Basten e. K. Adam Opel AG	**Beispiel:** Werkzeugbau OHG Metallbau e. K.	**Beispiel:** Pepsosprit GmbH Plitschplatsch KG

---

[1] Genossenschaften werden in das Genossenschaftsregister beim Amtsgericht eingetragen.

Die Unternehmung kann sich nach Belieben für eine Personen-, Sach- oder Phantasiefirma oder auch für eine Mischform entscheiden. Sie muss jedoch einen Zusatz enthalten, der ihre Rechtform erkennen lässt und damit auch die Haftungsverhältnisse gegenüber Dritten darlegt.

Erlaubte Rechtsformenzusätze

- eingetragener Kaufmann, eingetragene Kauffrau (e. Kfm., e.Kfr., e. K.)
- offene Handelsgesellschaft (oHG, OHG)
- Kommanditgesellschaft (KG)
- Aktiengesellschaft (AG)
- Kommanditgesellschaft auf Aktien (KGaA)
- Gesellschaft mit beschränkter Haftung (GmbH)
- eingetragene Genossenschaft (eG)

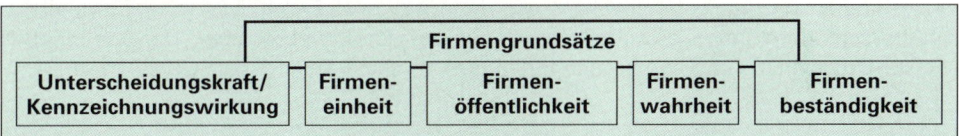

Die Zusätze können ausgeschrieben sein oder die Form einer allgemein verständlichen Abkürzung haben.

1.5 Firmengrundsätze

Die meisten Notwendigkeiten und Möglichkeiten, die das HGB mit dem Begriff der Firma verbindet, lassen sich durch folgende Grundsätze ausdrücken:

```
                        Firmengrundsätze
Unterscheidungskraft/  Firmen-   Firmen-        Firmen-   Firmen-
Kennzeichnungswirkung  einheit   öffentlichkeit wahrheit  beständigkeit
```

Unterscheidungskraft und Kennzeichnungswirkung

Die Firma muss zur Kennzeichnung des Kaufmanns geeignet sein und Unterscheidungskraft besitzen (HGB § 18). Jede neue Firma muss sich deshalb von allen an demselben Ort oder in derselben Gemeinde bereits eingetragenen Firmen deutlich unterscheiden, ggf. durch einen Firmenzusatz (HGB § 30).

Einen umfassenderen Schutz gewährt das Gesetz gegen den unlauteren Wettbewerb, indem es alle Firmenbezeichnungen (und darüber hinaus auch die anderen geschäftlichen Namen und besonderen Bezeichnungen) im gesamten Bundesgebiet vor missbräuchlicher Verwendung schützt (UWG § 16). Geschädigte können auf Unterlassung und Schadenersatz klagen.

Firmeneinheit

Ein und dasselbe Unternehmen darf nur unter der einen, im Handelsregister eingetragenen Firma geführt werden.

Firmenöffentlichkeit

Der Kaufmann muss seine Firma und den Ort seines Geschäftes ins Handelsregister eintragen lassen (HGB § 29).

Firmenwahrheit

- Bei der Gründung der Unternehmung muss eine Personenfirma mit dem bürgerlichen Namen des Inhabers/der Gesellschafter übereinstimmen, eine Sachfirma den tatsächlichen Verhältnissen entsprechen.
- Die angegebenen Gesellschaftsverhältnisse müssen stimmen.
- Die Firma darf keine Angaben enthalten, die über die geschäftlichen Verhältnisse irreführen können, welche für die angesprochenen Verkehrskreise wesentlich sind.

Beispiel:
Wer nur an Endverbraucher verkauft, darf nicht die Angabe „Großhandel" aufnehmen.

Firmenbeständigkeit

Der Erwerber oder Erbe einer Unternehmung kann mit Genehmigung des bisherigen Inhabers den alten Firmennamen fortführen, selbst wenn dieser eine Personenfirma darstellt. Mit dieser zulässigen „Firmenunwahrheit" berücksichtigt der Gesetzgeber, dass ein eingeführter Firmenname einen Wert darstellt und einen Kundenstamm verbürgt. Die Zustimmung zur Fortführung der Firma muss deshalb oft mit teurem Geld erkauft werden. Eine Veräußerung lediglich der Firma ohne das Unternehmen ist nicht zulässig. Die alte Firma kann auch mit einem Zusatz fortgeführt werden.

Firmenbeständigkeit geht vor Firmenwahrheit!

> **Beispiel:**
> Peter Franken e. K. oder: Peter Franken Nachf. e. K. oder Peter Franken, Inh. Erwin Ebert e. K.

Wer ein Unternehmen unter der alten Firma fortführt, haftet Dritten gegenüber für die Geschäftsschulden des früheren Inhabers. Ausnahme: Eine abweichende Vereinbarung wird ins Handelsregister eingetragen oder vom Erwerber oder Veräußerer dem Dritten mitgeteilt. Das Gleiche gilt für die neuen Gesellschafter, wenn eine Einzelunternehmung in eine OHG oder KG umgewandelt wird (sogar dann, wenn die Firma nicht fortgeführt wird!). Andererseits gehen die Geschäftsforderungen auf den Erwerber über. Der alte Inhaber selbst haftet seinen Gläubigern noch fünf Jahre für seine Schulden. (HGB §§ 25–28).

Arbeitsaufgaben

1. Gegeben seien die Unternehmen
   - (1) **Ernst Mommser Chemiewerke KG**
   - (2) **Brennstoffhandel Angelika Arendt e. K.**
   - (3) **Bernd Schröder Bau- und Möbelschreinerei**
   - (4) **Bobby Schneller Landwirtschaft und Milcherzeugung**
   - (5) **Deutsche Geländefahrzeugbau AG**
   - (6) **Getränkekiosk Schnelle Ecke**
   - (7) **Wohnungsbaugenossenschaft eG**

   a) Welche dieser Unternehmen sind gewerbliche Unternehmen?
   b) Welche Unternehmen sind Handelsgewerbe?
   c) Bei welchen Unternehmen haben
      (1) nur die Inhaber, (2) nur die Unternehmung, (3) beide
      die Kaufmannseigenschaft?
   d) Welche der Nichtkaufleute können die Kaufmannseigenschaft erwerben? Wie ist dabei vorzugehen?
   e) Welche Personen/Unternehmen sind Istkaufmann, welche Kannkaufmann, welche Formkaufmann?
   f) Alle Unternehmen seien am 15. Mai gegründet worden und bei allen erfolgt die Eintragung in das zuständige Register am 15. Juni. An welchem Tage wurde die jeweilige Kaufmannseigenschaft erworben?
   g) Welches Register ist für die jeweiligen Unternehmen zuständig?
   h) Nennen Sie Rechte und Pflichten, die die genannten Kaufleute, nicht aber die anderen Unternehmer (vor Ihrer Eintragung ins Handelsregister) haben.

2. **Die drei Kaufleute Gernot Haber, Erich Orloff und Rolf Schöne überlegen, ob sie eine Schraubenfabrik als OHG, KG oder GmbH gründen sollen.**
   a) Erfinden Sie für jede dieser Rechtsformen verschiedene mögliche Firmennamen.
   b) Unterscheiden Sie bei den von Ihnen genannten Firmenbezeichnungen Firmenkern und Firmenzusätze.
   c) Erläutern Sie anhand der genannten Firmenbezeichnungen die Grundsätze der Firmenwahrheit, der Firmeneinheit und der Firmenöffentlichkeit.
   d) Die drei Herren einigen sich darauf, die Unternehmung unter der Firma Haber OHG zu führen. Bei der Anmeldung zum Handelsregister erfahren sie, dass bereits eine Unternehmung mit der gleichen Firma eingetragen ist.
      – Welche Konsequenzen ergeben sich hieraus?
      – Wie können die Firmengründer die Schwierigkeiten umgehen?

2 Handelsregister und Genossenschaftsregister

2.1 Begriff des Registers; Eintragungen

Das *Handelsregister* ist ein amtliches Verzeichnis aller Kaufleute, das vom Amtsgericht für dessen Bezirk geführt wird (HGB § 8). Es hat zwei Abteilungen: Abteilung A für Einzelunternehmungen und Personengesellschaften, Abteilung B für Kapitalgesellschaften.

Für Genossenschaften wird ein Genossenschaftsregister geführt. (GenG § 10)

Handelsregister und Genossenschaftsregister sind **öffentliche Verzeichnisse**. Dies bedeutet:

- Jedermann kann die Register (und die von den Kaufleuten eingereichten Schriftstücke) einsehen und – gegen Gebühr – Abschriften verlangen.
- Eintragungen werden im Bundesanzeiger und in einem weiteren Blatt (in der Regel in der örtlichen Tageszeitung) veröffentlicht.

In die Spalten der Abteilungen A und B des Handelsregisters werden folgende Tatbestände eingetragen (siehe Spaltenüberschriften in den Beispielen).

Beispiele:

Amtsgericht Vilsendorf — HR A 7093

Nr. der Eintragung	a) Firma b) Ort der Niederlassung (Sitz der Gesellschaft) c) Gegenstand des Unternehmens (bei juristischen Personen)	Geschäftsinhaber Persönlich haftende Gesellschafter Vorstand Abwickler	Prokura	Rechtsverhältnisse	a) Tag der Eintragung und Unterschrift b) Bemerkungen
1	2	3	4	5	6
1	a) Förder- und Lagertechnik GmbH & Co. Kommanditgesellschaft b) Vilsendorf	Förder- und Lagertechnik Gesellschaft mit beschränkter Haftung; Vilsendorf		Kommanditgesellschaft, die am 21. Mai 1999 begonnen hat. Kommanditisten sind: Jürgen Schuster, geb. 24.08.43, Bünde, mit einer Einlage von 5 000,– EURO Brigitte Schuster, geb. Keßler, geb. 17.05.52, Bünde, mit einer Einlage von 5 000,– EURO	a) 21. Mai 1999 *Hansen*

Amtsgericht Vilsendorf — HR B 3174

Nr. der Eintragung	a) Firma b) Sitz c) Gegenstand des Unternehmens	Grund- oder Stammkapital	Vorstand Persönlich haftende Gesellschafter Geschäftsführer Abwickler	Prokura	Rechtsverhältnisse	a) Tag der Eintragung und Unterschrift b) Bemerkungen
1	2	3	4	5	6	7
1	a) Förder- und Lagertechnik Gesellschaft mit beschränkter Haftung b) Vilsendorf c) Die Vermittlung, der Erwerb und Verkauf von Fördersystemen aller Art, insbesondere von Aufzügen, Förderbändern und Lagersystemen (Regale), sowie die Montage der vorstehenden Anlagen und Durchführung des Reperatur-Service. Die Gesellschaft ist berechtigt, Zweigniederlassungen zu errichten, andere Unternehmen gleicher oder ähnlicher Art zu übernehmen, zu vertreten oder sich an solchen Unternehmen zu beteiligen, sowie deren Geschäftsführung unter Übernahme der unbeschränkten Haftung zu übernehmen.	50 000,– EURO	Jürgen Schuster, geb. 10.10.61, Bünde		Gesellschaft mit beschränkter Haftung. Gesellschaftsvertrag vom 21. Dez. 1998. Ist nur ein Geschäftsführer vorhanden, so vertritt dieser die Gesellschaft allein. Sind mehrere Geschäftsführer vorhanden, so wird die Gesellschaft jeweils von zwei Geschäftsführern gemeinsam oder von einem Geschäftsführer in Gemeinschaft mit einem Prokuristen vertreten. Bei Vorhandensein mehrerer Geschäftsführer kann die Gesellschafterversammlung einem, mehreren oder jedem von ihnen Einzelvertretungsbefugnis erteilen.	a) 31. Jan. 1999 *Hansen* b) Ges. Vertrag Bl. 5 f

In die Spalte „Rechtsverhältnisse" werden auch Insolvenzverfahren und Liquidation (Auflösung der Unternehmung) eingetragen.

Eintragungen erfolgen aufgrund von Anmeldungen beim Registergericht des Amtsgerichts am Sitz der Unternehmung. Die Anmeldung muss schriftlich erfolgen und die Unterschrift notariell beglaubigt sein. Das Registergericht kann Ordnungsstrafen verhängen, um die Anmeldung einer eintragungspflichtigen Tatsache zu erzwingen. Eintragungspflichtig sind auch alle Änderungen der eingetragenen Tatsachen.

Die Unterschriften der zeichnungsberechtigten Personen werden beim Registergericht hinterlegt.

Übrigens: Löschungen im Register erfolgen, indem die Eintragungen rot unterstrichen werden.

2.2 Bedeutung der Handelsregistereintragungen

Das Handelsregister soll jedem Interessierten, vor allem aber den Unternehmungen untereinander, **Informationen** und damit eine gewisse **Rechtssicherheit** geben.

Man unterscheidet Eintragungen mit rechtserzeugender (konstitutiver) und solche mit rechtsbekundender (deklaratorischer) Wirkung.

Handelsregistereintragungen
Rechtserzeugende (konstitutive Eintragungen)
Die eingetragenen Tatsachen werden erst durch die Eintragung selbst wirksam. Vorher hatten sie noch keine Gültigkeit. Dies gilt insbesondere ● für die Gültigkeit der Firma, ● für die Kaufmannseigenschaft der Kann- und Formkaufleute, ● für die Eintragung von Kleingewerbetreibenden als OHG oder KG.
Rechtsbekundende (deklaratorische) Eintragungen
Die Eintragung bezeugt nur einen Sachverhalt, der auch schon vor der Eintragung rechtsgültig war. Dies gilt insbesondere ● für die Kaufmannseigenschaft der Istkaufleute, ● für die Erteilung und Entziehung der Prokura.

Die Sicherheit, die das Handelsregister verleiht, besteht in folgenden Tatsachen (HGB § 15):

● Jedermann muss eine eingetragene und bekannt gemachte Tatsache gegen sich gelten lassen, selbst wenn er sie nicht kennt. Eine Ausnahme sind nur Rechtshandlungen, die innerhalb von 15 Tagen nach der Bekanntmachung vorgenommen wurden, sofern der Dritte beweist, dass er die Tatsache weder kannte noch kennen musste.

● Niemand kann einem Dritten eine eintragungspflichtige (löschungspflichtige) Tatsache, die er nicht eintragen (löschen) lässt, entgegenhalten. Ausnahme: Der Dritte kannte die Tatsache.

Auf die Aussage und das Schweigen des Handelsregisters kann vertraut werden, wenn man guten Glaubens ist, d. h. wenn man den von der Eintragung abweichenden Sachverhalt nicht kennt (sog. beschränkter öffentlicher Glauben des Handelsregisters).

Beispiel:
Kaufmann Pelzer hat eine Geldforderung gegenüber Herrn Schröder. Pelzer übereignet am 15. April sein Geschäft mit allen Bilanzwerten an Herrn Lehmann. Damit tritt er auch seine Forderung an Lehmann ab. Die Übereignung wird am 18. April ins Handelsregister eingetragen.

Fall 1: Schröder zahlt am 17. April an Pelzer, da er von dem Geschäftsübergang nicht weiß. Am 25. April verlangt Lehmann seinerseits Zahlung. Schröder muss nicht zahlen, denn die eintragungspflichtige Tatsache des Geschäftsübergangs war am 17. April nicht eingetragen (Schweigen des Registers).

Fall 2: Wie Fall 1, aber Schröder weiß durch Rundschreiben von dem Geschäftsübergang. Nun kann er bei einer Zahlung an Pelzer nicht mehr auf das Schweigen des Registers vertrauen. Lehmann kann ihm gegenüber auf Zahlung bestehen.

Fall 3: Schröder zahlt in Unkenntnis der Geschäftsübergabe am 20. April an Pelzer. Nun kann Lehmann seinerseits Zahlung verlangen, weil infolge der Handelsregistereintragung die Abtretung der Forderung als bekannt gilt (Aussage des Registers).

Fall 4: Schröder weist seine Bank am 14. April an, am 19. April an Pelzer zu zahlen. Er verreist anschließend für 10 Tage ins Ausland. Lehmann kann nicht seinerseits Zahlung verlangen, denn die Eintragung musste Schröder nicht bekannt sein.

Arbeitsaufgaben

1. **Die Firma Esser KG ist eine renommierte Werkzeuggroßhandlung in Essen, die auch für verschiedene Werkzeughersteller als Handelsvertreter oder Kommissionär tätig ist. Vor wenigen Tagen ist der Geschäftsführer der Eisenbard GmbH in Bielefeld an sie herangetreten. Die Eisenbard GmbH stellt Präzisionsmessinstrumente her und sucht einen neuen Absatzmittler für das westliche Ruhrgebiet, weil ihr bisheriger Vertreter seinen Vertrag gekündigt hat. Die Esser KG zeigt Interesse. Zunächst ist beiden Unternehmen daran gelegen, sich über den möglichen Geschäftspartner zu informieren.**
   a) Ist das Handelsregister/Genossenschaftsregister geeignet, zur Informationsbeschaffung beizutragen?
   b) Wo werden die zuständigen Register geführt?
   c) In welchem Register (und ggf. in welcher Abteilung) befinden sich die gesuchten Eintragungen?
   d) Welche Informationen können die Eisenbard GmbH und die Esser KG finden?
   e) Können beide Unternehmen davon ausgehen, dass die gefundenen Informationen ihre Richtigkeit haben?

2. **4 Tage nach der Eröffnung eines Brennstoffhandels ließ Angelika Arendt ihre Firma ins Handelsregister eintragen. 3 Jahre später ließ sie ihren Angestellten Erwin Schneider als Prokuristen eintragen.**
   a) Haben die genannten Eintragungen konstitutive oder deklaratorische Bedeutung?
   b) Erläutern Sie die Begriffe „konstitutiv" und „deklaratorisch".
   c) Nennen Sie andere Eintragungen mit konstitutivem bzw. deklaratorischem Charakter.
   d) Als Herr Schneider nach 6 Jahren aus der Unternehmung ausscheidet, lässt Frau Arendt die Prokura löschen. Wie kann sie dabei vorgehen?
   e) Ein Geschäftspartner, der sich über die Firma von Frau Arendt erkundigen will, sieht, dass die Prokuraeintragung betreffend Herrn Schneider rot unterstrichen ist. Was schließt er hieraus?

3. **Dem Prokuristen Ferdinand Fiesling wurde am 20. April vom Firmeninhaber Peter Patron die Prokura durch mündliche Erklärung entzogen. Die Löschung im Handelsregister erfolgte auf Antrag von Herrn Patron am 22. April. Am 21. April bestellte Herr Fiesling bei der Firma Egon Reinert e. K. noch schnell für 20 000,00 EUR Seife, die für die eigene Firma völlig nutzlos war, zur sofortigen Lieferung. Der LKW mit der Seife traf noch am selben Tag ein. Herr Patron, völlig außer sich, lehnte die Annahme ab. Reinert bestand jedoch auf Abnahme, da ein rechtsgültiger Kaufvertrag zustande kommen sei.**
   a) Wer ist im Recht, Reinert oder Patron?
   b) Wie beurteilen Sie den Sachverhalt, wenn Fiesling bei seinem Telefonat mit der Verkaufsabteilung von Reinert durchblicken ließ, dass ihm zwar die Prokura entzogen worden sei, dass er jedoch vor der Löschung im Handelsregister noch schnell dieses „wichtige" Geschäft tätigen müsse?

3 Rechtsformen der Unternehmung

Unternehmungen können in verschiedenen Rechtsformen betrieben werden.

Die Rechtsform ist der gesetzlich beschriebene Rahmen, in dem sich die Unternehmung entfalten darf. Sie ist die rechtliche Verfassung der Unternehmung.

Man unterscheidet im Privatrecht die **Einzelunternehmung** und verschiedene Arten von **Gesellschaftsunternehmungen**. Die Einzelunternehmung wird von einer einzelnen natürlichen Person betrieben. Gesellschaftsunternehmungen entstehen i. d. R. durch den vertraglichen Zusammenschluss von mindestens zwei natürlichen oder juristischen Personen zur Erreichung eines gemeinsamen Zwecks. (Bei Kaufleuten ist dies z. B. der gemeinsame Betrieb eines Handelsgewerbes.) Ausnahmen stellen die „Ein-Mann-GmbH" und die „Ein-Mann-AG" dar[1].

3.1 Einzelunternehmung

Die Einzelunternehmung ist ein Unternehmen im Eigentum einer einzelnen natürlichen Person. Diese hat das Recht, die Geschäfte zu führen und die Unternehmung nach außen zu vertreten. Für die Unternehmensschulden haftet sie mit Ihrem gesamten Vermögen.

Die Gründung der Einzelunternehmung ist nicht an eine bestimmte Form gebunden.

Ein Mindestkapital ist nicht erforderlich. Liegt ein Handelsgewerbe vor, so sind die Eintragung ins Handelsregister und das Führen einer Firma vorgeschrieben.

Zahlenmäßig überwiegt die Einzelunternehmung gegenüber allen anderen Rechtsformen in Deutschland. Dabei handelt es sich überwiegend um Kleinbetriebe und mittelständische Betriebe mit weniger als fünf Beschäftigten.

Vor- und Nachteile der Einzelunternehmung	
Vorteile	**Nachteile**
• Der Einzelunternehmer hat die alleinige Entscheidungsbefugnis. Dies ermöglicht schnelle Entscheidungen und rasche Reaktionen auf neue Gegebenheiten. • Meinungsverschiedenheiten sind ausgeschlossen. • Der Einzelunternehmer muss seinen Gewinn nicht teilen.	• Der Einzelunternehmer muss das Eigenkapital allein aufbringen (begrenzte Finanzierungsmöglichkeiten). Dies kann notwendige oder gewünschte Betriebserweiterungen verhindern. • Der Einzelunternehmer trägt das Verlustrisiko allein. • Der Einzelunternehmer haftet auch mit seinem gesamten Privatvermögen für die Unternehmensschulden. • Die Gefahr von Fehlentscheidungen ist größer als bei Gesellschaftsunternehmen.

3.2 Gründe für die Bildung von Gesellschaftsunternehmungen

Die Gründung von Gesellschaftsunternehmungen wird notwendig, wenn das Eigenkapital einer Person für die geplante Betriebsgröße nicht ausreicht oder wenn die unternehmerische Mitarbeit mehrerer Personen erforderlich ist.

Vielfach werden aus unterschiedlichen Gründen auch Einzelunternehmungen in Gesellschaftsunternehmungen umgewandelt:

---

[1] Vgl. S. 407 und 413; 415

- Notwendigkeit neuer Unternehmensleiter wegen Krankheit, Alter, Tod des Unternehmers;
- Notwendigkeit neuer Fachleute oder Führungskräfte;
- Aufnahme von Familienmitgliedern (Sohn, Tochter);
- Kapitalzuführung durch neue Gesellschafter;
- Vergrößerung der Kreditbasis durch Vergrößerung des haftenden Eigenkapitals;
- Risikoverteilung auf mehrere Gesellschafter;
- Beschränkung der Haftung auf das eingebrachte Kapital (bei GmbH und AG);
- Vergrößerung der Marktmacht durch Zusammenschluss mehrerer Unternehmen.

3.3 Grundmerkmale von Gesellschaftsunternehmungen

Die Gesellschaftsunternehmen sind zwei unterschiedlichen Gruppen zuzuordnen:

- den **Gesellschaften**. Diese sind nicht rechtsfähig. Ihr Grundtyp ist die Gesellschaft bürgerlichen Rechts (GbR). Davon abgeleitet wurden die Partnerschaft[1] (für freie Berufe), die Partenreederei[1] (für die Seeschifffahrt) sowie die OHG, KG und stille Gesellschaft (für Handelsgewerbe).
- den **Vereinen**. Diese sind juristische Personen und somit rechtsfähig. Grundtypen sind:
  - der nicht auf einen wirtschaftlichen Geschäftsbetrieb ausgerichtete **Idealverein** (BGB § 21). Er wird rechtsfähig durch Eintragung ins Vereinsregister beim Amtsgericht (eingetragener Verein, e. V.).

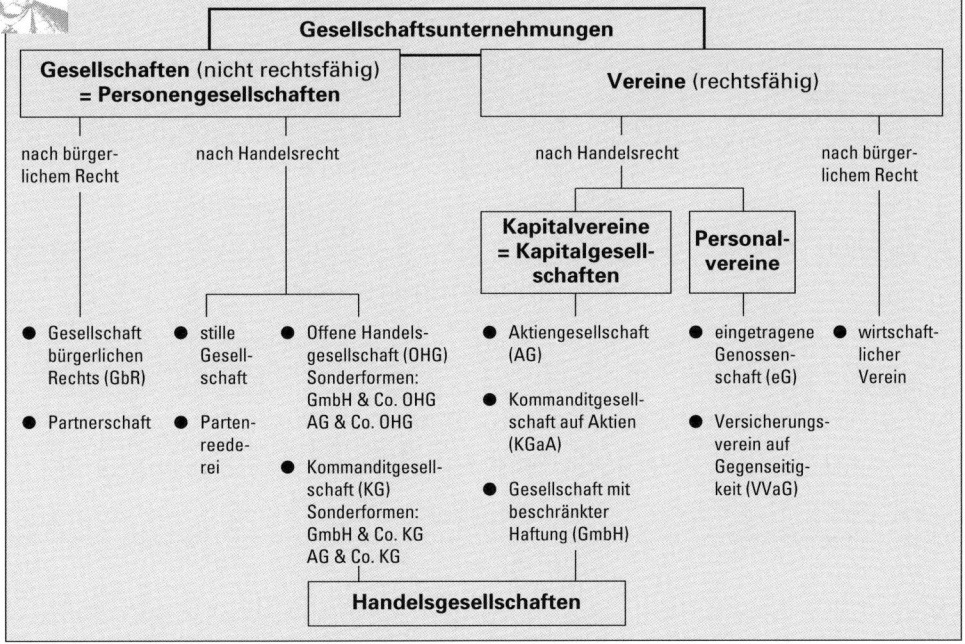

Merke: Die Kapitalvereine AG, KGaA und GmbH werden – eigentlich unkorrekt – meist als **Kapitalgesellschaften** bezeichnet. Darum stellt man ihnen zur deutlicheren Unterscheidung die eigentlichen Gesellschaften unter dem Begriff **Personengesellschaften** gegenüber.

---

[1] Wird in diesem Buch nicht weiter angesprochen, da sie Handelsgewerbe nicht betrifft.

- der auf einen wirtschaftlichen Geschäftsbetrieb ausgerichtete **wirtschaftliche Verein**[1] (BGB § 22). Er wird rechtsfähig durch staatliche Verleihung. Von ihm abgeleitet wurden die handelsrechtlichen Personalvereine (eG und VVaG[2]) und Kapitalvereine (AG, KGaA und GmbH).

Eigenschaften von Gesellschaften und Vereinen	
Gesellschaften	**Vereine**
● Nicht die Gesellschaft, sondern die **Gesellschafter** sind **rechtsfähig**.	● Der **Verein selbst** ist juristische Person und damit **rechtsfähig**. Das aufgebrachte Vermögen ist „verselbstständigt".
● Die Gesellschaft ist **nicht** von vornherein **auf wechselnden Mitgliederbestand** ausgerichtet.	● Der Verein ist von vornherein auf **wechselnden Mitgliederbestand** ausgerichtet.
● Die **Gesellschafter** selbst nehmen die nötigen **Handlungen** für die Gesellschaft vor.	● Der Verein handelt nicht durch seine Mitglieder, sondern er hat eine „abstrakte Organisation", d. h. er **handelt durch** selbstständige **Organe**.

Bei der Gründung einer Gesellschaftsunternehmung regeln die Gesellschafter ihre Rechte und Pflichten in einem **Gesellschaftsvertrag**. Darin sollten zumindest Abmachungen enthalten sein über

- die Höhe der Kapitalbeteiligung (Einlagen),
- die Verteilung von Gewinn und Verlust,
- die Berechtigung zur Geschäftsführung und zur Vertretung der Gesellschaft,
- die Haftung der Gesellschafter,
- die Dauer der Gesellschaft bzw. die Auflösung und Kündigung.

Der Gesellschaftsvertrag einer Kapitalgesellschaft heißt **„Satzung"**, der einer Genossenschaft **„Statut"**.

Soweit die Gesetze nicht zwingende Vorschriften enthalten, sind die Gesellschafter in ihren Vereinbarungen frei. Solche zwingenden Vorschriften beziehen sich vor allem auf die Haftung und auf das Recht zur Geschäftsführung und Vertretung der Gesellschaft.

Geschäftsführung und Vertretungsbefugnis	
Geschäftsführung	**Vertretungsbefugnis**
Sie betrifft das **Innenverhältnis** der Unternehmung: Wer die Geschäfte führt, ist den anderen Gesellschaftern gegenüber zur Vornahme aller Handlungen berechtigt, die der gewöhnliche Betrieb des Handelsgewerbes mit sich bringt.	Sie betrifft das **Außenverhältnis** der Unternehmung: Wer die Vertretungsmacht hat, ist berechtigt Dritten gegenüber rechtswirksame Willenserklärungen abzugeben, durch die die Unternehmung berechtigt oder verpflichtet wird.

---

[1] Er ist äußerst selten. Er wird nur zugelassen, wenn im konkreten Fall die Organisation der Unternehmung als AG, KGaA oder GmbH unzumutbar ist oder bundesgesetzliche Sonderregelungen die Rechtsform zulassen.
[2] Betrifft nur Versicherungsunternehmen und wird deshalb in diesem Buch nicht behandelt.

Grundsätzlich gilt: Nur wer für die Schulden der Unternehmung voll – mit seiner Einlage und mit seinem privaten Vermögen – haftet, ist auch automatisch berechtigt, die Geschäfte zu führen und die Gesellschaft zu vertreten. Dies zeigt sich deutlich bei der Unterscheidung zwischen Personen- und Kapitalgesellschaften.

Personen- und Kapitalgesellschaften

Personengesellschaften

Nicht die Gesellschaft ist rechtsfähig, sondern nur die Gesellschafter sind es.
Folge:
Gesellschafter haften als natürliche Personen für die Schulden der Gesellschaft. Mindestens ein Gesellschafter muss mit seinem gesamten Vermögen haften.
Folge:
Nur voll haftende Gesellschafter führen die Geschäfte und vertreten die Unternehmung. Dies bedingt ein enges persönliches Verhältnis zwischen den Gesellschaftern.

Kapitalgesellschaften

Die Gesellschaft selbst ist rechtsfähig. Sie ist eine juristische Person. (Das aufgebrachte Vermögen ist „verselbstständigt".)
Folge:
Die Gesellschaft haftet nur mit ihrem eigenen Vermögen, also mit den Einlagen der Gesellschafter, für ihre Schulden. Es gibt keine voll haftenden Gesellschafter (Ausnahme: KGaA).
Folge:
Nicht die Gesellschafter, sondern ein eigens hierfür gebildetes Organ führt die Geschäfte und vertritt die Unternehmung. Nicht die persönliche Arbeitsteilung, sondern die Kapitalbeteiligung steht im Vordergrund.

Man erkennt, dass die Wahl der Rechtsform von großer Bedeutung ist für die **Haftung** der Gesellschafter, die **Geschäftsführung**, die **Vertretung** der Gesellschaft.

Darüber hinaus hat die gewählte Rechtsform Einfluss auf

- die Möglichkeit der **Beschaffung von Eigen- und Fremdkapital**[1],

- die **Verteilung von Gewinn und Verlust,**

- die **Besteuerung** der Unternehmung und der Gesellschafter[2],

- die **Publizitätspflicht** (Pflicht zur Veröffentlichung des Jahresabschlusses[3],

- die **Anzahl der Gesellschafter,**

- die **Mitbestimmung** der Arbeitnehmer.

---

[1] Vgl. S. 340 ff., 365

[2] Alle gewerblichen Unternehmen zahlen Gewerbesteuer. Dabei besteht für Einzelunternehmen und Personengesellschaften, nicht aber für Kapitalgesellschaften und Genossenschaften, ein Freibetrag von 24 500,00 EUR. Der Gewinn des Einzelunternehmers und der Gesellschafter von Personengesellschaften unterliegt der individuellen Einkommensteuer, während Kapitalgesellschaften und Genossenschaften als juristische Personen einer eigenen Einkommensteuer, der Körperschaftsteuer, unterliegen.

[3] Kapitalgesellschaften und Genossenschaften müssen ihren Jahresabschluss stets offen legen. Einzelunternehmer und Personengesellschaften müssen dies laut Publizitätsgesetz nur, wenn die Unternehmung zwei der drei folgenden Merkmale aufweist: Bilanzsumme > 65 Mio. EUR, Umsatzerlöse >130 Mio. EUR, Zahl der Arbeitnehmer > 5 000.

Arbeitsaufgaben

1. **Folgende Vereinigungen sind gegeben:**
   GbR, stille Gesellschaft, OHG, KG, AG, GmbH, KGaA, eG, e. V.
   a) Was bedeuten die Abkürzungen?
   b) Welche dieser Vereinigungen sind juristische Personen?
   c) Welche dieser Vereinigungen haben selbst die Kaufmannseigenschaft?
   d) Welche dieser Vereinigungen unterliegen dem Handelsrecht?
   e) Welche dieser Vereinigungen sind Personengesellschaften?
   f) Welche dieser Vereinigungen sind Kapitalgesellschaften?
   g) Welche dieser Vereinigungen sind Handelsgesellschaften?

2. **Das Amtsgericht in Köln erhält am 13. Mai 20.. folgendes Schreiben (Auszug):**

   > Umwandlung
   >
   > Durch Aufnahme von Herrn Franz Schneider, geb. 17. Sept 1965, Kaufmann, Poststr. 8, 51143 Köln, als vollhaftenden Gesellschafter wandeln wir mit Wirkung vom 15. Mai 20.. die Einzelunternehmung Emil Schneider — bisheriger Inhaber: Emil Schneider, Kaufmann, Immermannstr. 19, 51143 Köln — in eine Offene Handelsgesellschaft mit der Firma
   >
   > **Emil Schneider & Co. OHG** um.
   >
   > Der Sitz der Gesellschaft bleibt in 51143 Köln, Immermannstr. 19. Geschäftsgegenstand ist weiterhin die Fertigung von Maschinenschrauben.
   >
   > Wir beantragen die Eintragung ins Handelsregister.

   a) Welche Gründe könnten den Inhaber veranlasst haben seine Einzelunternehmung in eine Gesellschaftsunternehmung umzuwandeln?
   b) Welche Vorteile könnte er erzielen, welche Nachteile müsste er gegebenenfalls in Kauf nehmen?
   c) Wandelt er seine Unternehmung in eine Personengesellschaft oder in eine Kapitalgesellschaft um?
   d) Was bedeutet dies im Hinblick auf die Haftung, die Geschäftsführungsbefugnis und die Vertretungsbefugnis?
   e) In welcher Form genau muss der Antrag an das Amtsgericht gestellt werden?

3.4 Personengesellschaften[1]

3.4.1 Gesellschaft bürgerlichen Rechts (GbR)
BGB §§ 705–740

Hätten Sie gedacht, dass Sie eine GbR bilden, wenn Sie mit zwei Bekannten eine Lottogemeinschaft eingehen?

Und wie verhält es sich in folgenden Fällen?
- Eine Schulklasse vereinbart eine Klassenfahrt nach München.
- Zwei Unternehmen vereinbaren, gemeinsam ein Brückenbauprojekt durchzuführen.
- Vier arbeitslose Lehrer mieten gemeinsam zwei Räume zwecks Hausaufgabenbetreuung an.
- Zwei Kleingewerbetreibende betreiben gemeinsam einen Kiosk.

Auch auf diese vier Fälle sind die BGB-Voschriften über die Gesellschaft anzuwenden.

---

[1] Die GmbH & Co. OHG/KG sowie die AG & Co. OHG/KG werden des besseren Verständnisses wegen erst im Anschluss an die Kapitalgesellschaften behandelt.

Die GbR ist eine vertragliche Vereinigung von mindestens zwei Personen zur Erreichung eines gemeinsamem Zwecks.

Merkmale der GbR
Gründung
Durch Gesellschaftsvertrag. Eine bestimmte Form ist nicht vorgeschrieben. Die GbR wird nicht ins Handelsregister eingetragen, hat keine Firma und zahlt keine Gewerbesteuer.
Kapitaleinlage
Mangels anderer Abmachungen haben die Gesellschafter gleiche Beiträge zu leisten. Die Beiträge werden gemeinsames Vermögen („Vermögen zur gesamten Hand"). Der einzelne Gesellschafter kann nicht mehr über seinen Anteil allein verfügen.
Geschäftsführung und Vertretung
Sie werden mangels anderer Abmachungen gemeinsam bewirkt.
Gewinn- und Verlustverteilung
Mangels anderer Abmachungen erhalten die Gesellschafter, unabhängig von der Höhe ihrer Einlage, den gleichen Anteil an Gewinn und Verlust.
Haftung
Jeder Gesellschafter haftet für die Schulden der Gesellschaft **unbeschränkt** (mit seinem gesamten Vermögen), **gesamtschuldnerisch** (für die gesamten Schulden der Gesellschaft, also Mithaftung für alle Gesellschafter) und **unmittelba**r (der Gläubiger kann seine Forderung unmittelbar an ihn richten).
Auflösung
Die Gesellschaft wird aufgelöst durch: Zeitablauf, Erreichen oder Unmöglichwerden des vereinbarten Zwecks, gerichtliche Entscheidung aus wichtigem Grund (z. B. grobe Pflichtverletzung eines Gesellschafters); Beschluss der Gesellschafter; Tod, Insolvenzverfahren oder Kündigung eines Gesellschafters. Die Kündigung ist mangels anderer Abmachung jederzeit ohne Frist möglich. Nach Begleichung der Schulden werden die Einlagen zurückerstattet und der Gewinn verteilt. Ein Fehlbetrag ist nach den Gundsätzen der Verlustverteilung zu tragen.

Merke: Kaufleute können für den gemeinsamen Betrieb ihres Handelsgewerbes keine GbR, sondern nur Gesellschaften nach Handelsrecht bilden!

Kaufmännische Unternehmen gehen eine GbR ein z. B. zwecks Bildung einer **Arbeitsgemeinschaft** (gemeinsame Erstellung eines Bauvorhabens) oder einer **Interessengemeinschaft** (Kooperation in Teilbereichen, z. B. gemeinsame Forschung und Entwicklung, Werbung, Nutzung von EDV-Anlagen, Öffentlichkeitsarbeit, Durchführung von Marktuntersuchungen, Ausbeutung von Rohstoffvorkommen).

3.4.2 Offene Handelsgesellschaft (OHG)
HGB §§ 105–160

Die *OHG* ist eine Unternehmung, die von mindestens zwei Gesellschaftern durch Vertrag gegründet wird. Die Gesellschafter betreiben ein Handelsgewerbe unter einer gemeinsamen Firma. Jeder von ihnen haftet für die Schulden der Gesellschaft mit seinem betrieblichen und seinem privaten Vermögen.

> *Obwohl keine bestimmte Form vorgeschrieben ist, wird der OHG-Vertrag in der Praxis natürlich stets schriftlich geschlossen.*

Gesellschaftsvertrag

zwischen Emil Schuster, Kaufmann, Hermesstr. 16, 40233 Düsseldorf
und Ernst Obermann, Kaufmann, Grabengasse 37, 40213 Düsseldorf.

Es wird vereinbart:

1. Wir errichten unter der Firma
   „Schuster & Obermann – Schraubenfabrikation OHG"
   eine Offene Handelsgesellschaft mit Sitz in Düsseldorf, Stahlstr. 2–5.
2. Der Zweck der Gesellschaft ist die Fabrikation von Maschinenschrauben.
3. Die Gesellschaft beginnt an 1. April 20..
4. Herr Schuster bringt eine Einlage von 2 865 000,00 EUR gemäß beiliegendem Inventarverzeichnis ein.
   Herr Obermann bringt eine Einlage von 754 000,00 EUR gemäß beiliegendem Inventarverzeichnis ein. Er leistet außerdem bis zum 1. Juni 20.. eine Bareinlage von 700 000,00 EUR auf das Konto 471 112 bei der Stadtsparkasse Düsseldorf.
5. Zur Geschäftsführung und Vertretung sind die Gesellschafter einzeln ermächtigt.
6. Vom Jahresgewinn werden 50 % im Verhältnis der zum jeweiligen Zeitpunkt bestehenden Kapitaleinlagen verteilt. Der Rest wird zur Hälfte aufgeteilt. Die gleiche Regelung gilt für einen Verlust.
7. Jeder Gesellschafter darf monatlich einen Betrag von 5 000,00 EUR als Vorschuss auf seinen Gewinnanteil entnehmen. Weitere Gewinnentnahmen sind zulässig, wenn die Gesamtentnahme 50 % des Gewinnanteils nicht übersteigt.
8. Kündigt ein Gesellschafter, so kann der andere Gesellschafter das Geschäft mit allen Aktiva und Passiva übernehmen. Er muss dem ausscheidenden Gesellschafter den Kapitalanteil auszahlen, der sich aus der Auseinandersetzungsbilanz zum Tag der Auflösung ergibt. Von diesem Betrag sind 20 % sofort und anschließend nach jedem weiteren Jahr 20 % zuzüglich 5 % Zinsen fällig.

Düsseldorf den 15. März 20..

Emil Schuster   *Ernst Obermann*
(Emil Schuster)   (Ernst Obermann)

Merkmale der OHG

Gründung, Firma

Es sind **mindestens zwei Gesellschafter** erforderlich.
Die Gründung erfolgt durch einen **Gesellschaftsvertrag**. Üblich ist der schriftliche Vertrag.
Die OHG beginnt mit der Geschäftsaufnahme, bei Kleingewerbetreibenden und Vermögensverwaltungsgesellschaften mit der Eintragung ins Handelsregister.
Die OHG führt eine Firma (Personen-, Sach- oder Phantasiefirma) mit dem Zusatz „offene Handelsgesellschaft" oder „OHG".

Kapitaleinlage

Jeder Gesellschafter ist verpflichtet die vereinbarte, ansonsten eine gleiche hohe Kapitaleinlage zu erbringen. Diese Einlage kann erfolgen in bar, in Sachwerten (z. B. Grundstücke, Gebäude, Maschinen, Fahrzeuge) oder in Rechtswerten (z. B. Patente). Die Einlagen werden zwar auf getrennten Kapitalkonten verbucht, werden aber gemeinsames Vermögen („Vermögen zur gesamten Hand").

Rechte und Pflichten der Gesellschafter

Die besonderen Rechte und Pflichten ergeben sich aus dem Gesellschaftsvertrag. Ohne besondere Vereinbarung gelten die Vorschriften des HGB:

- Recht auf Geschäftsführung und Vertretung der Gesellschaft (Beschränkung auf bestimmte Gesellschafter möglich),
- Recht auf Gewinnanteil und Privatentnahmen,
- Recht auf Kündigung und Anteil am Liquidationserlös,
- Pflicht zur Erbringung der Einlage,
- Pflicht zur Geschäftsführung,
- Haftpflicht,
- Pflicht zum Tragen des Verlustanteils,
- Konkurrenzverbot.

Geschäftsführung

Jeder Gesellschafter ist allein zur Geschäftsführung innerhalb der Gesellschaft berechtigt und auch verpflichtet **(Einzelgeschäftsführungsbefugnis)**. Außergewöhnliche Handlungen (z. B. Grundstückskauf, Einrichtung einer Filiale, Bestellung eines Prokuristen) bedürfen jedoch der Zustimmung aller Gesellschafter.

Vertraglich können aber Gesellschafter von der Geschäftsführung ausgeschlossen werden.

Vertretung

Jeder Gesellschafter ist allein zur Vertretung der OHG (nach außen) berechtigt **(Einzelvertretungsbefugnis)**. Verträge, die ein einzelner Gesellschafter für die OHG abschließt, sind also bindend, es sei denn, im Handelsregister sind abweichende Regelungen der Vertretungsbefugnis vermerkt. Mögliche Regelungen sind:

- Die Gesellschafter dürfen die Firma nur gemeinsam vertreten.
- Einzelne Gesellschafter sind von der Vertretungsmacht ausgeschlossen.
- Ein Gesellschafter mit Einzelvertretungsbefugnis kann nur zusammen mit einem Prokuristen die Firma vertreten.

Aus wichtigem Grund (grobe Pflichtverletzung, Unfähigkeit zur ordentlichen Geschäftsführung bzw. Vertretung) können die Geschäftsführungsbefugnis und/oder die Vertretungsbefugnis einem Gesellschafter auf Antrag der übrigen Gesellschafter durch Gerichtsbeschluss entzogen werden.

Gewinnanteil und Privatentnahmen

Jeder Gesellschafter hat das Recht auf Anteil am erwirtschafteten Gewinn. Bei ausreichendem Gewinn erhält jeder Gesellschafter zunächst 4 % auf seinen Kapitalanteil. Der Gewinnrest wird nach Köpfen aufgeteilt. Die Gesellschaftsverträge sehen oft andere Regelungen vor.

Beispiel: Jahresgewinn: 79 000,00 EUR (= 19,75 % vom Gesamtkapital)

Gesell-schafter	Kapital (EUR)	4 % vom Kapital (EUR)	Rest nach Köpfen (EUR)	Gewinn-anteil (EUR)
A	100 000,00	4 000,00	21 000,00	25 000,00
B	80 000,00	3 200,00	21 000,00	24 200,00
C	220 000,00	8 800,00	21 000,00	29 800,00
Summe	400 000,00	16 000,00	63 000,00	79 000,00

Der Gewinnanteil wird jedem Gesellschafter auf dessen Kapitalkonto gutgeschrieben. Der Gewinn erhöht also den Kapitalanteil eines Gesellschafters.

Privatentnahmen sind während des Geschäftsjahres jederzeit bis zu 4 % des Kapitalanteils möglich. Dies gilt auch, wenn die OHG einen Jahresverlust gemacht hat. Der die 4 % übersteigende Gewinnanteil kann ebenfalls entnommen werden.

Verlustanteil

Ein Jahresverlust wird nach Köpfen aufgeteilt. Der Verlustanteil wird dem Kapitalkonto des jeweiligen Gesellschafters belastet. Die Gesellschaftsverträge sehen oft andere Regelungen vor.

Haftung

Jeder der Gesellschafter haftet für die Schulden der OHG. Die Haftung ist

- **unbeschränkt:** Er haftet mit seinem gesamten betrieblichen und privaten Vermögen (Vollhafter).
- **unmittelbar (direkt, persönlich):** Jeder Gläubiger kann seine Forderungen gegen die Gesellschaft oder unmittelbar gegen einen oder mehrere Gesellschafter richten.
- **solidarisch (gesamtschuldnerisch):** Jeder Gesellschafter haftet für die anderen Gesellschafter mit. Richtet ein Gläubiger gegen einen der Gesellschafter seine Forderungen, so hat dieser gegenüber den anderen Gesellschaftern einen Ausgleichsanspruch. Tritt ein Gesellschafter in eine bestehende OHG ein, so haftet die Gesellschaft gegenüber Dritten auch für schon bestehende Gesellschaftsschulden.[1]

Die Haftungsvorschriften sind zwingendes Recht!

Kündigung und Auflösung

Die OHG wird aufgelöst durch Zeitablauf, Gesellschafterbeschluss, Liquidation im Insolvenzverfahren oder gerichtliche Entscheidung auf Antrag eines Gesellschafters (wenn ein wichtiger Grund vorliegt, u. a. vorsätzliche oder grob fahrlässige Pflichtverletzung eines anderen Gesellschafters). Das Gesellschaftsvermögen wird in Geld umgesetzt; die Schulden werden bezahlt; ein verbleibender Erlös wird im Verhältnis der Kapitalanteile aufgeteilt.

Zur Vermeidung von Streitigkeiten sollte man die Kündigung und Abfindung unbedingt im Gesellschaftsvertrag regeln.

Tod und Kündigung eines Gesellschafters (Kündigungsfrist: 6 Monate zum Ende des Geschäftsjahres) lösen die OHG nicht auf. Der Gesellschafter oder seine Erben sind mit den Anteilen abzufinden, die sie bei Auflösung der OHG erhalten würden.

Konkurrenzverbot (Wettbewerbsverbot)

Kein Gesellschafter darf ohne Einwilligung der anderen Gesellschafter in **derselben Branche eigene Geschäfte** machen oder sich als persönlich haftender Gesellschafter beteiligen. Geschieht dies doch, so haben die übrigen Gesellschafter ein Recht auf Schadenersatz. Sie können ihn aus der OHG ausschließen.

Die OHG ist eine Unternehmensform, die in der Regel den vollen Einsatz der Gesellschafter und ein großes Vertrauen untereinander fordert. Sie ist leicht zu gründen, da ein Mindestkapital nicht vorgeschrieben ist. Wegen der Vollhaftung der Gesellschafter ist sie im Allgemeinen sehr kreditwürdig. Sie ist aus diesen Gründen für kleinere und mittlere Betriebe besonders geeignet.

3.4.3 Kommanditgesellschaft (KG)
(HGB §§ 161–177)

Der alte Einzelunternehmer Franz Weiß hat drei Kinder: Ein Sohn ist Prokurist im Geschäft, ein Sohn ist Arzt mit eigener Praxis, eine Tochter ist Geologin.
Herr Weiß möchte die Unternehmung an seine Kinder vererben. Die Umwandlung in eine OHG wäre jedoch ungünstig: Der Mediziner und die Tochter sind geschäftsunkundig und möchten auch nicht mit ihrem ganzen Vermögen für ein Geschäft haften, das sie nicht führen können. Hier bietet sich die Rechtsform der KG an.

Die *KG* ist wie die OHG eine Gesellschaft, in der die Gesellschafter unter gemeinsamer Firma ein Handelsgewerbe betreiben. Mindestens ein Gesellschafter ist *Komplementär* (Vollhafter), der mit seinem gesamten Vermögen haftet, und mindestens ein Gesellschafter ist *Kommanditist* (Teilhafter), der nur mit seiner Einlage haftet.

---
[1] Vgl. S. 390

Merkmale der KG

Gründung, Firma
Gründung und Beginn der KG: wie OHG. Die Firma muss den Zusatz „Kommanditgesellschaft" oder „KG" enthalten. Wenn sie eine Personenfirma ist, darf sie nur Namen von Vollhaftern enthalten.

Auch eine juristische Person – meist eine GmbH – kann Vollhafter sein. Dann entsteht eine GmbH & Co. KG[1].

Kapitaleinlage
Die Gesellschafter haben die **Einlagepflicht** nach Vertrag (wie OHG). Jede Veränderung der Einlage von Kommanditisten ist zum Handelsregister anzumelden. Die Kommanditeinlagen gehen wie die Einlagen der Komplementäre in das Gesellschaftsvermögen über, werden aber getrennt verbucht.

Rechte und Pflichten der Komplementäre
Die Komplementäre haben im Wesentlichen die gleichen Rechte und Pflichten **wie die OHG-Gesellschafter** (Geschäftsführung, Vertretung, Privatentnahmen, Haftung, Konkurrenzverbot). Besonderheiten bei Gewinn- und Verlustverteilung (siehe unten).

Rechte und Pflichten der Kommanditisten
Die Kommanditisten haben weder das Recht noch die Pflicht zur Geschäftsführung und Vertretung (zwingende Vorschrift!). Sie können aber Prokuristen werden. Entgegen HGB § 52 kann ihnen die Prokura nur aus wichtigem Grund entzogen werden.

Die Kommanditisten sind nicht zur Mitarbeit im Betrieb verpflichtet und unterliegen nicht dem **Wettbewerbsverbot**. Sie dürfen aber nichts unternehmen, was die KG direkt schädigt (Treuepflicht).

Die Teilhafter haben das Recht auf **Gewinnanteil**. Sie erhalten wie die Vollhafter zunächst 4 % des Kapitalanteils. Ein Gewinnrest wird unter Voll- und Teilhafter in „angemessenem Verhältnis" verteilt. Am **Verlust** sind die Teilhafter ebenfalls in angemessenem Verhältnis (bis zur Höhe ihrer Einlage) beteiligt. Um Streitigkeiten zu vermeiden, sollten im Gesellschaftsvertrag genaue Abmachungen erfolgen.

Nicht entnommene Gewinnanteile wachsen der Kommanditeinlage nicht zu, sondern sind Verbindlichkeiten der KG. Die Kommanditisten haben **kein Recht auf Privatentnahme**.

Die Kommanditisten haben ein **Informationsrecht**: Sie können am Schluss des Geschäftsjahres eine Abschrift der Bilanz verlangen und zur Prüfung die Bücher einsehen.

Die Kommanditisten haben ein **Recht auf Widerspruch** bei außergewöhnlichen Geschäften.

Kündigung, Auflösung
Kündigung und Auflösung vollziehen sich wie bei der OHG. Beim Tod eines Kommanditisten werden seine Erben an seiner Stelle Kommanditisten.

Den Vollhaftern ermöglicht die Aufnahme von Kommanditisten die Erhöhung des Eigenkapitals, ohne dem Geldgeber Einfluss auf die Leitung einzuräumen und ohne den Betrieb mit Zinsen zu belasten. Für den Kommanditisten kann es angenehm sein, sich an der Gesellschaft zu beteiligen, ohne Arbeitskraft einzusetzen und voll zu haften. Andererseits ist das Risiko ziemlich groß. Deshalb sind erhebliche Gewinnerwartungen notwendig, um Kommanditeinlagen zu erhalten.

Die KG eignet sich deshalb ihrer Struktur nach besonders für Familiengesellschaften, etwa indem ein Vater einen vollberechtigten Partner aufnimmt, während die übrigen Kinder Kommanditisten werden.

---

[1] Das Verständnis der GmbH & Co. KG setzt Kenntnisse über die Kapitalgesellschaften voraus. Sie wird, obwohl sie eine Personengesellschaft ist, deshalb erst im Anschluss an die Kapitalgesellschaften behandelt (vgl. S. 416).

3.4.4 Stille Gesellschaft
(HGB §§ 230–237)

Die Firma Friedhelm Bach braucht dringend eine „Finanzspritze". Zwar laufen die Geschäfte gut, aber gerade deshalb müsste der Geschäftsumfang erweitert werden. Herr Bach könnte einen Kredit oder einen Gesellschafter aufnehmen. Er überlegt:

Nachteile des Kredits:
- Er kostet Zinsen.
- Er haftet nicht.
- Er muss zurückgezahlt werden.

Vorteile eines Kredits:
- Er bewirkt keine Mitbestimmung anderer Personen.
- Die Zinsen sind Aufwendungen und wirken steuermindernd.

Vorteile eines Gesellschafters:
- Er nimmt am Verlust teil.
- Er haftet.
- Er verlangt keine Rückzahlung der Einlage.

Nachteil eines Gesellschafters:
- Er will über die Geschäfte der Gesellschaft mitbestimmen.
- Er nimmt am unversteuerten Gewinn teil.

Aber Herr Bach findet noch einen anderen Weg, der einen gewissen Kompromiss zwischen den Vor- und Nachteilen darstellt: Sein Freund Dieter Spranger bietet sich als stiller Teilhaber an.

Durch die Aufnahme eines **stillen Teilhabers** bleibt die Firma **unverändert**. Die Gesellschaft ist also nach außen nicht zu erkennen (sog. Innengesellschaft). Name und Beteiligung des stillen Teilhabers werden nicht ins Handelsregister eingetragen. Seine Einlage geht in das Vermögen des Geschäftsinhabers über. Er haftet nicht für die Schulden der Gesellschaft. Er ist angemessen (Gesellschaftsvertrag!) am Gewinn zu beteiligen. Eine Verlustbeteiligung kann bis zur Höhe der Einlage vereinbart werden. Wird sie ausgeschlossen, so kann der stille Teilhaber im Insolvenzverfahren sogar seine Einlage voll als Forderung geltend machen. Auf diese Weise wird die stille Einlage eine Art Darlehen mit Gewinnbeteiligung.[1] Bei Auflösung der Gesellschaft erfolgt wie bei der OHG eine Auseinandersetzung. Beim Tode des stillen Teilhabers wird die Gesellschaft nicht aufgelöst, sondern die Einlage wird vererbt. Der stille Teilhaber kann lediglich die Jahresbilanz anhand der Geschäftsbücher prüfen. Er hat kein Recht auf Geschäftsführung und Vertretung, nicht einmal ein Widerspruchsrecht bei außergewöhnlichen Handlungen, und kein Recht auf Privatentnahmen.

Arbeitsaufgaben

1. Der Umsatz des Einzelunternehmers Axel Feist hat sich so vergrößert, dass der Inhaber es für zweckmäßig hält, den Betrieb zu erweitern. Sein technischer Mitarbeiter Herr Düren könnte ein geeignetes Grundstück einbringen und einen nennenswerten Barbetrag zur Verfügung stellen. Herr Feist bietet Herrn Düren die Aufnahme als Gesellschafter an. Der Gesellschaftsvertrag sieht unter anderem folgende Bestimmungen vor:

---

[1] Damit weist die stille Gesellschaft Merkmale eines Gläubigerverhältnisses auf. Sie ist keine Handelsgesellschaft, sondern eine „unvollkommene Gesellschaft", weil nur der tätige Teilhaber ein Handelsgewerbe betreibt.
Das Steuerrecht kennt neben dem beschriebenen typischen stillen Teilhaber den atypischen stillen Teilhaber. Er erhält bei der Auflösung der Gesellschaft einen schuldrechtlichen Anspruch, durch den er so gestellt wird, als ob das Geschäftsvermögen den Gesellschaftern gemeinsam gehörte.

I. Herr Feist nimmt Herrn Düren als Gesellschafter in sein Unternehmen auf. Die hierdurch entstandene OHG wird unter der Firmenbezeichnung „Axel Feist" weitergeführt.
II. Herr Feist bringt in die OHG seinen Betrieb ein, und zwar so, wie er bis zum 31. Dez. 01 geführt wurde. Der Einbringung wird die berichtigte Bilanz zum 31. Dez. 01 zugrunde gelegt. Das darin ausgewiesene Eigenkapital beträgt 480 000,00 EUR.
Herr Düren bringt sein Grundstück Jahnstr. 12 ein. Der Wert wird mit 178 000,00 EUR festgelegt. Außerdem leistet Herr Düren eine Bareinlage von 132 000,00 EUR. Er haftet nicht für die bisherigen Verbindlichkeiten der Firma „Axel Feist".
III. Die OHG beginnt am 1. Jan. 02. Sie soll zunächst bis zum 31. Dez. 11 bestehen. Das Gesellschaftsverhältnis verlängert sich anschließend jeweils um 1 Jahr, wenn es nicht von einem der beiden Gesellschafter mit neunmonatiger Frist gekündigt wird.
IV. Kündigt ein Gesellschafter, so ist der andere berechtigt das Unternehmen zu übernehmen und unter der bisherigen Firma weiterzuführen.
V. Für die Gewinn- und Verlustverteilung sowie für die Verzinsung der Privatentnahmen und ausstehenden Einlagen gelten die gesetzlichen Bestimmungen.

a) Ist die vorgesehene Firma der Gesellschaft zulässig?
b) Welche Form erfordert dieser Gesellschaftsvertrag? Welche Form ist auf jeden Fall zweckmäßig?
c) Hat die Eintragung ins Handelsregister hier deklaratorische oder konstitutive Bedeutung?
d) Herr Düren ist kaufmännisch nicht vorgebildet. Machen Sie ihm den Unterschied zwischen der beschränkten und der unbeschränkten Haftung klar.
e) Geben Sie weitere Erläuterungen zur Haftung der beiden Gesellschafter.
f) Kann Herr Düren im Gesellschaftsvertrag die Haftung für die bei seinem Eintritt in die Gesellschaft bestehenden Verbindlichkeiten ausschließen? Nehmen Sie hierzu Stellung.
g) Das eingebrachte Grundstück geht in das Gesellschaftsvermögen ein. Welche rechtlichen Konsequenzen ergeben sich daraus für Herrn Düren?
h) Warum soll das Geschäft beim Ausscheiden eines Gesellschafters von dem anderen übernommen werden?
i) Herr Düren, der von Buchführung nichts versteht, überlässt Herrn Feist die Aufstellung der Bilanz der OHG zum Ende des ersten Geschäftsjahrs. Haftet er trotzdem für die Richtigkeit der Bilanz?
j) Herr Düren kann wider Erwarten bis zum 1. Januar 02 nicht den vollen Betrag von 132 000,00 EUR flüssig machen. Die noch ausstehenden 45 000,00 EUR kann er der OHG erst zum 30. Sept. 02 zur Verfügung stellen. Im Jahre 02 werden folgende Privatentnahmen vorgenommen:
Herr Feist 1 500,00 EUR, Herr Düren 800,00 EUR, jeweils am Monatsende.
Der Jahresgewinn für das Jahr 02 beträgt laut Gewinn- und Verlustrechnung 105 000,00 EUR. Stellen Sie die Gewinnverteilungstabelle für das Jahr 02 auf.
k) Welche weiteren Punkte sollten nach Ihrer Ansicht noch im Gesellschaftsvertrag eingehend geregelt werden?

2. Herr Feist und Herr Düren (siehe Aufgabe 1) nehmen nach Ablauf von zwei Jahren noch einen stillen Gesellschafter in ihre OHG auf. Er bringt 100 000,00 EUR ein.
a) Welche Gründe könnten dazu führen, dass dieses Kapital nicht über einen Bankkredit beschafft wird?
b) Ist der stille Gesellschafter am Vermögenszuwachs der Gesellschaft beteiligt?

3. Sieben Jahre nach der Gründung der OHG verstirbt Herr Feist (siehe Aufgabe 1). Die Gesellschafter hatten im Gesellschaftsvertrag unter anderem festgelegt, dass beim Tode eines Gesellschafters dessen Erben Kommanditisten werden sollen. Bei Herrn Feist sind dies seine Ehefrau und seine beiden Söhne.
a) Erläutern Sie den Sinn der genannten Bestimmung.
b) Erläutern Sie, welche Änderungen sich durch den Tod von Herrn Feist ergeben
● in der Haftung für die Verbindlichkeiten der Unternehmung,
● im Recht auf Geschäftsführung und Vertretung,
● bei der Gewinnverteilung.

3.5 Kapitalgesellschaften (Kapitalvereine)

3.5.1 Aktiengesellschaft (AG)

(Aktiengesetz, AktG)

Wollen Sie Miteigentümer bei Gerber werden? Dann geben Sie Ihrer Bank einen Kaufauftrag über Aktien. Sie wird diese an der Börse für Sie kaufen. Am nächsten Tag gehört Ihnen vielleicht schon ein kleiner Teil an einem großen Unternehmen

WKN 654123 Stück 1

Gerber Motorenwerke

Nr. 675934

Der Inhaber dieser Stammaktie ist mit Einem EURO an der Gerber Motorenwerke Aktiengesellschaft, Essen, nach Maßgabe der Satzung als Aktionär beteiligt.

Eine Aktie

Essen, im April 2001
Gerber Motorenwerke Aktiengesellschaft
Der Aufsichtsrat   Der Vorstand
Dr. Peters   *Fischer*
                                   Wolf
                                   Kontrollunterschrift

Aktie

Allerdings: Diese Aktie mit einem Nennwert von Einem Euro wird zur Zeit zu einem Kurs von 12,40 EUR gehandelt.

Die AG ist die wichtigste Rechtsform für das **Großunternehmen**. Sie nahm ihren Aufschwung im 19. Jahrhundert, als in der Zeit der großen Industrialisierung wenige Personen das notwendige Kapital für die großen Schifffahrts-, Eisenbahn-, Industrieunternehmungen, Versicherungen usw. nicht mehr aufbringen konnten. Man sammelte deshalb über die Banken von vielen (oft zigtausend) Personen Kapital und gab ihnen dafür Anteilscheine **(Aktien)** an der zu gründenden Unternehmung. Jeder Aktionär (Aktieneigentümer) ist folglich Miteigentümer seiner AG.

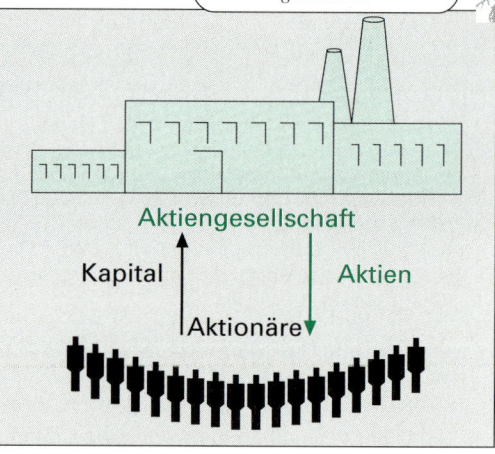

Bei der Gründung der AG ist das **Grundkapital** festzulegen. Es muss mindestens 50 000,00 EUR betragen. Jede Aktie ist Bruchteil des Grundkapitals.

Beispiel:
Grundkapital = 200 000,00 EUR. Es werden 200 000 Aktien ausgegeben. Folglich stellt jede Aktie 1/200 000 des Grundkapitals dar.

In der Bilanz heißt das Grundkapital übrigens gezeichnetes Kapital.

In diesem Beispiel beträgt der Bruchteilswert jeder Aktie 1,00 EUR. Dies ist zugleich der niedrigste gesetzlich zulässige Bruchteilswert.

Der Bruchteilswert der Aktie **kann** auch in Euro festgelegt werden. Er heißt dann **Nennbetrag** (oder Nennwert, Nominalwert). Er ist auf der Aktie aufgedruckt und muss mindestens 1,00 EUR betragen. Höhere Nennbeträge müssen auf volle Euro lauten.

Eine Aktienausgabe „unter Nennbetrag" ist verboten, eine solche „über Nennbetrag" die Regel.

Der niedrige Mindestnennbetrag/Mindestbruchteilswert macht den Aktienkauf für breite Schichten erschwinglich. So können AGs enorme Geldmittel von Kapitalanlegern sammeln.

Der Aktionär kann seine Aktie jederzeit verkaufen. Spezielle Märkte für den Aktienhandel sind die Effektenbörsen (Wertpapierbörsen). Die Aktien von etwa 670 der rund 2 200 deutschen AGs sind zum Handel an Börsen zugelassen (börsennotierte AGs). Der Inhaber börsennotierter Aktien kann sich so jederzeit Liquidität verschaffen. Auch aus diesem Grund sind sie eine beliebte Anlageform.

Der beim Aktienverkauf erzielte Preis, der **Kurswert** der Aktie, weicht meist erheblich vom Nennwert/Bruchteilswert ab. Die Gründe: Der Aktionär ist nicht nur am Grundkapital beteiligt, sondern am gesamten zugewachsenen Vermögen der AG. Angebot und Nachfrage – und damit der Preis – werden außerdem von Gewinnerwartungen, Wachstumsaussichten und nicht zuletzt von der Spekulation der Anleger bestimmt.

Die *AG* ist eine Handelsgesellschaft, deren Grundkapital in Aktien zerlegt und von Aktionären aufgebracht ist. Sie ist eine eigene Rechtspersönlichkeit (juristische Person) und haftet gegenüber Dritten nur mit dem Gesellschaftsvermögen. Die Aktionäre haften nicht persönlich für die Schulden der AG.

Merkmale der AG

Gründung, Firma

1. Aufstellung einer notariell beurkundeten Satzung (Gesellschaftsvertrag) durch die Gründer (eine oder mehrere Personen). **Mindestinhalt der Satzung**:
   - Firma (mit dem Zusatz „Aktiengesellschaft" oder „AG") und Sitz der Gesellschaft
   - Gegenstand der Unternehmung
   - Höhe des Grundkapitals
   - Aktiennennwerte/Bruchteilswerte; Aktiengattungen (Stamm-, Vorzugsaktien); Zahl der Aktien jedes Nennwertes und jeder Gattung, Art der Aktien (Inhaber-, Namensaktien)
   - Zahl der Vorstandsmitglieder
   - Bestimmungen über die Form der Bekanntmachungen der AG (Sie erfolgen v. a. in den *Gesellschaftsblättern*. Pflichtblatt ist der Bundesanzeiger. Die Satzung kann weitere Blätter festlegen.)

2. Die Gründer übernehmen sämtliche Aktien und bestellen notariell beurkundet den ersten Aufsichtsrat und den Abschlussprüfer für das erste Geschäftsjahr. Außerdem ist eine genaue Gründungsprüfung vorgeschrieben. Der erste Aufsichtsrat bestellt den ersten Vorstand.
   Durch die Aktienübernahme entsteht eine **Vorgesellschaft** in Form einer GbR. Die Gründer sind hier voll haftende Gesellschafter.

3. Alle Gründer, Vorstands- und Aufsichtsratsmitglieder melden die Gesellschaft zum Handelsregister an. Durch die Eintragung entsteht die AG als juristische Person und Kaufmann (konstitutive Wirkung). Die Eintragung wird bekannt gemacht, die Aktienurkunden werden ausgegeben.
   Voraussetzung für die Anmeldung zum Handelsregister: Alle Sacheinlagen müssen voll, die Geldeinlagen zu mindestens einem Viertel jedes Aktiennennwertes geleistet sein. Rückständige Aktionäre können nach Ablauf einer Nachfrist ihrer Aktien und der geleisteten Einzahlungen zugunsten der AG für verlustig erklärt werden (sog. Kaduzierung[1]). Bei einer Aktienausgabe über dem Nennwert müssen die Aktionäre auch das Aufgeld (Agio) einzahlen. Dieses fließt in die Kapitalrücklage.

---
[1] (lat.) caducus = hinfällig, nichtig

Kapital

Das gesamte Eigenkapital einer AG setzt sich zusammen aus:
- gezeichnetem Kapital (= Grundkapital)
- Kapitalrücklage (besteht aus Zuzahlungen in das Eigenkapital, z. B. dem Agio)
- Gewinnrücklagen (gesetzliche Rücklage[1], Rücklage für eigene Anteile, satzungsmäßige Rücklagen, andere Gewinnrücklagen)
- Gewinn-/Verlustvortrag (Gewinnrest/Verlust, der in die Rechnung des folgenden Jahres übernommen wird)
- Jahresüberschuss/-fehlbetrag

Man unterscheidet folgende **Aktienarten:**
- *nach der Übertragbarkeit:*
  - **Inhaberaktien** können durch einfache Übergabe übertragen werden (z. B. Verkauf, Schenkung). Der jeweilige Eigentümer ist sodann Anteilseigner. Inhaberaktien sind Wertpapiere in der Form von Inhaberpapieren.
  - **Namensaktien** sind auf eine bestimmte Person ausgestellt und können nur durch Indossament übertragen werden. Der Aktiengesellschaft ist die Eigentumsübertragung zu melden. Die jeweiligen Aktionäre werden im Aktienbuch der Gesellschaft notiert. Namensaktien sind Wertpapiere in der Form von Orderpapieren. Es besteht heute eine Tendenz zur Ausgabe von Namensaktien. Sie erleichtern und verbilligen die Beziehungen zwischen Aktionären und AG (Investor-Relations), z. B. die Einladung zur Hauptversammlung.[2]
  Die Satzung kann die Übertragung an die Zustimmung des Vorstands (oder auch an die des Aufsichtsrates oder der Hauptversammlung) binden (**vinkulierte**[3] oder **gebundene Namensaktien**).
- *nach den Rechten aus dem Aktienbesitz:*
  - **Stammaktien** sind die Aktien, die dem Aktionär die normalen Rechte (siehe unten) einräumen.
  - **Vorzugsaktien** räumen dem Aktionär besondere Rechte ein (z. B. Recht auf erhöhte Dividende (Gewinnanteil). Im Gegenzug ist es möglich, solche Aktien ohne Stimmrechte in der Hauptversammlung zu versehen. Aktien mit mehreren Stimmen in der Hauptversammlung sind dagegen gesetzlich nicht erlaubt.

Organe

Als juristische Person handelt die Aktiengesellschaft durch Organe.

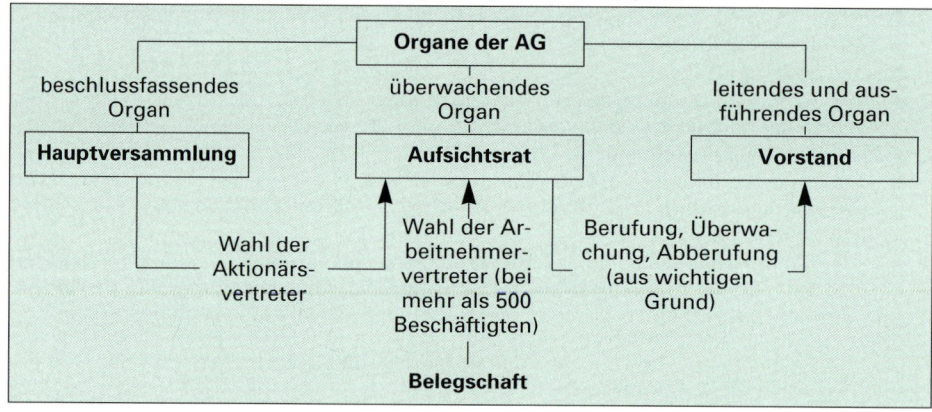

Vorstand

Der Vorstand wird vom Aufsichtsrat für höchstens 5 Jahre bestellt. Eine erneute Bestellung ist möglich. Er besteht aus mindestens einer Person, bei AGs mit mehr als 1 533 875,60 EUR Grundkapital aus mindestens zwei Personen. Der Aufsichtsrat kann einen Vorstandsvorsitzenden ernennen.

Der **Vorstand leitet die AG** in eigener Verantwortung (unabhängig von Weisungen der Aktionäre). Er **führt die Geschäfte** und **vertritt die AG** nach außen. Wenn die Satzung nichts Abweichendes bestimmt, sind sämtliche Vorstandsmitglieder nur gemeinschaftlich zur Geschäftsführung und Vertretung befugt. Die Vertretungsbefugnis ist unbeschränkbar. Hin-

[1] Vgl. S. 369; 411 [2] Vgl. S. 410 [3] (lat.) vinculum = Fessel

sichtlich der Geschäftsführungsbefugnisse können die Satzung, der Aufsichtsrat, die Hauptversammlung und die Geschäftsordnungen des Vorstands und des Aufsichtsrats Beschränkungen vornehmen.

Weitere wichtige Aufgaben des Vorstands sind:
- vierteljährliche Berichterstattung an den Aufsichtsrat über den Gang der Geschäfte und die Lage der Gesellschaft sowie weitere Berichte aus wichtigen Anlässen
- Erstellung des Jahresabschlusses und Lageberichts
- Vorschlag über die Verwendung des Bilanzgewinns
- Einberufung der ordentlichen Hauptversammlung in den ersten acht Monaten des Geschäftsjahres
- Beantragung des Insolvenzverfahrens

Die Vorstandsmitglieder sind Angestellte. Als Vergütung erhalten sie ein festes Gehalt und zusätzlich eine Gewinnbeteiligung (Tantieme), die sich nach der Satzung oder ihrem Anstellungsvertrag richtet.

Vorstandsmitglieder unterliegen einem ähnlichen Wettbewerbsverbot wie OHG-Gesellschafter.

Sogar in den Vorstand berufene Aktionäre sind Angestellte!

Aufsichtsrat

Der Aufsichtsrat ist das oberste Kontrollorgan der AG. Er wird von der Hauptversammlung der Aktionäre für 4 Jahre gewählt. Bei mehr als 500 Beschäftigten wird er nach den Vorschriften von Betriebsverfassungsgesetz, Mitbestimmungsgesetz und Montanmitbestimmungsgesetz von Hauptversammlung und Belegschaft gewählt.

\	Zusammensetzung des Aufsichtsrates		
gesetzliche Grundlage	Zahl der Mitglieder	Vertreter der Gesellschafter	Arbeitnehmervertreter
Betriebsverfassungsgesetz (gilt für Kapitalgesellschaften bis 2 000 Arbeitnehmer)	eine durch 3 teilbare Zahl	$^2/_3$ der Mitglieder	$^1/_3$ der Mitglieder
Mitbestimmungsgesetz (gilt für Kapitalgesellschaften mit mehr als 2 000 Arbeitnehmern)		bis 10 000 Arbeitnehmer:	
	12	6	6 (1 leitender Angestellter, 3 Arbeitnehmer, 2 Gewerkschaftsvertreter)
Bei Stimmengleichheit hat der Vorsitzende im 2. Wahlgang ein doppeltes Stimmrecht. Er ist stets ein Vertreter der Gesellschafter.		bis 20 000 Arbeitnehmer:	
	16	8	8 (1 leitender Angestellter, 5 Arbeitnehmer, 2 Gewerkschaftsvertreter)
		über 20 000 Arbeitnehmer:	
	20	10	10 (1 leitender Angestellter, 6 Arbeitnehmer, 3 Gewerkschaftsvertreter)
Montanmitbestimmungsgesetz (gilt für Kapitalgesellschaften des Bergbaus und der Eisen- und Stahlerzeugung mit mehr als 1 000 Arbeitnehmern)	11	4 und 1 weiteres Mitglied	4 und 1 weiteres Mitglied
		Hinzuwahl eines „neutralen Mitglieds" durch die übrigen Aufsichtsratsmitglieder	
	Beträgt das gezeichnete Kapital mehr als 10 225 828 (25 564 594) Euro, so kann der Aufsichtsrat aus 15 (21) Mitgliedern bestehen.		

Wichtige Aufgaben des Aufsichtsrats sind:
- Bestellung des Vorstands und Überwachung seiner Geschäftsführung
- ggf. Abbestellung des Vorstands (nur aus wichtigem Grund möglich)
- Prüfung des Jahresabschlusses, des Lageberichts und des Gewinnverteilungsvorschlags des Vorstands

- Berichterstattung an die Hauptversammlung über diese Prüfung
- Einberufung einer außerordentlichen Hauptversammlung, „wenn das Wohl der Gesellschaft es erfordert" (AktG § 111).

Satzung oder Hauptversammlung können dem Aufsichtsrat eine Vergütung für seine Tätigkeit (auch in Form einer Tantieme) gewähren.

Aufsichtsratsmitglieder sind keine Angestellte, sondern selbstständig tätig. Eine Person darf höchstens 10 Aufsichtsratsmandate ausüben.

Hauptversammlung

Die Hauptversammlung (HV) ist die **Versammlung der Aktionäre** und gilt als das beschließende Organ. Mindestens einmal jährlich hat eine ordentliche Hauptversammlung stattzufinden, zu deren Teilnahme die Aktionäre spätestens einen Monat vorher öffentlich durch Anzeigen in den Gesellschaftsblättern eingeladen werden.

Wenn alle Aktionäre namentlich bekannt sind (z. B. bei Namensaktien) genügt eine direkte Einladung durch eingeschriebenen Brief.

Die Aktionäre üben ihr Mitwirkungsrecht in der Hauptversammlung aus. Ihnen steht ein Stimmrecht nach Aktiennennbeträgen zu.

Ausübung des Stimmrechts	
selbst	**durch Vertreter**
Die Aktionäre können selbst ihr Stimmrecht ausüben, indem sie sich über ihre Verwahrstelle für die Aktien eine Stimmrechtskarte besorgen lassen.	Depotstimmrecht. Die Aktionäre können Banken beauftragen, ihr Stimmrecht wahrzunehmen. Dazu müssen sie eine Stimmrechtsermächtigung geben. Sie können die Banken verpflichten, nach ihren Weisungen zu stimmen.

Wichtige Aktienmehrheiten:
- *75 % = qualifizierte Mehrheit (erforderlich für Grundlagenbeschlüsse, Satzungsänderungen)*
- *50 % + 1 Aktie = einfache Mehrheit (erforderlich für alle anderen Beschlüsse)*
- *25 % + 1 Aktie = Sperrminorität (erforderlich zur Verhinderung von unerwünschten Grundlagenbeschlüssen)*

Die Hauptversammlung ist **beschlussfähig,** soweit Anteilseigner vertreten sind.

Das Protokoll der Hauptversammlung von börsennotierten AGs muss notariell beurkundet und zum Handelsregister eingereicht werden. Für andere AGs gilt dies nur für Beschlüsse, die mit 3/4-Mehrheit getroffen werden müssen.

Rechte der Hauptversammlung (§ 119 AktG):
- Wahl der Mitglieder des Aufsichtsrates nach den Mitbestimmungsregeln,
- Beschlussfassung über die Verwendung des Bilanzgewinns,
- Entlastung der Mitglieder des Vorstandes und Aufsichtsrates von ihrer Haftpflicht,
- Bestellung der Abschlussprüfer,
- Beschlussfassung über Satzungsänderungen (3/4-Mehrheit!), dazu gehört auch die Beschlussfassung über Kapitalerhöhung oder Kapitalherabsetzung,
- Bestellung von Gründungsprüfern,
- Auflösung der Gesellschaft (3/4-Mehrheit),
- Entscheidungen über Vorlagen des Vorstandes, wenn dieser es verlangt.

Außerdem kann jeder Aktionär in der Hauptversammlung vom Vorstand Auskünfte verlangen.

Rechte und Pflichten der Aktionäre

Rechte der Aktionäre
- Recht auf Teilnahme an der Hauptversammlung
- Stimmrecht und Recht auf Auskunft in der Hauptversammlung
- Anspruch auf Anteil am Bilanzgewinn (Dividende)
- Recht auf Bezug junger Aktien (Bezugsrecht)
- Recht auf Anteil am Liquidationserlös

Pflichten der Aktionäre
- Leistung der (bei Gründung) übernommenen Kapitaleinlage
- Haftung mit dem Wert der eigenen Aktien

Rechnungslegung, Jahresabschluss

Jahresabschluss

3 Monate nach Ablauf eines Geschäftsjahres muss der Vorstand den fertigen Jahresabschluss und Lagebericht vorlegen. (Der Jahresabschluss besteht aus Bilanz, Gewinn- und Verlustrechnung und Anhang.) Für kleine AGs gilt: 6 Monate; kein Lagebericht erforderlich.

- Wirtschaftsprüfer prüfen die Beachtung der Bewertungsvorschriften sowie anderer aktienrechtlicher Bestimmungen bei großen AGs. Bei mittelgroßen AGs genügt eine Prüfung durch vereidigte Buchprüfer.
- Der Aufsichtsrat erhält den Abschluss, den Prüfungsbericht und den Vorstandsvorschlag über die Verwendung des Bilanzgewinns zugestellt.
- Der Aufsichtsrat beschließt über die Billigung.
- Es besteht Publizitätspflicht, d. h., je nach Größe der AG müssen der Jahresabschluss oder Teile davon zum Handelsregister eingereicht und ggf. im Bundesanzeiger veröffentlicht werden.

Für die AG gilt nach HGB § 267 folgende Zuordnung, wenn an zwei aufeinanderfolgenden Bilanzstichtagen zwei der drei genannten Merkmale erfüllt sind:[1]

Größenklasse / Merkmale	Kleine AG	Mittelgroße AG	Große AG[2]
Bilanzsumme	bis 3,438 Mio. EUR	bis 13,75 Mio. EUR	über 13,75 Mio. EUR
Umsatzerlöse	bis 6,875 Mio. EUR	bis 27,5 Mio. EUR	über 27,5 Mio. EUR
Arbeitnehmer	bis 50	bis 250	über 250
Offenlegung (Publizitätspflicht):			
Umfang	Bilanz u. Anhang (verkürzt)	Bilanz, GuV-Rechnung (verkürzt), Anhang, Lagebericht	Bilanz, GuV-Rechnung, Anhang, Lagebericht
Form	Einreichung zum Handelsregister, Hinweis im Bundesanzeiger	Einreichung zum Handelsregister, Hinweis im Bundesanzeiger	Veröffentlichung im Bundesanzeiger, Einreichung zum Handelsregister
Frist	12 Monate	12 Monate	12 Monate
Prüfung:			
Jahresabschluss und Lagebericht	nein	ja	ja

Gewinnverwendung

Das Aktiengesetz schreibt für die Gewinnverwendung das folgende Vorgehen vor:

Jahresüberschuss
- Einstellung in die gesetzlichen Rücklagen (5 % des um einen Verlustvortrag geminderten Jahresüberschusses, bis die gesetzliche Rücklage und die Kapitalrücklage zusammen 10 % des Grundkapitals betragen).
- Einstellung in andere Gewinnrücklagen durch den Vorstand (maximal 50 % des Restbetrages, wenn die Satzung keinen höheren oder niedrigeren Betrag bestimmt).
= Bilanzgewinn
- weitere Einstellungen in andere Gewinnrücklagen durch die Hauptversammlung
- Dividendenausschüttung
= Gewinnvortrag

---

[1] Diese Zuordnung gilt auch für die KGaA und die GmbH sowie für Personenhandelsgesellschaften, bei denen keine natürliche Person Vollhafter ist (z. B. GmbH & Co. KG).
[2] Große Gesellschaften sind auch alle AGs, deren Aktien zum Börsenhandel zugelassen sind.

> **Auflösung der AG**
> - durch Ablauf der in der Satzung festgelegten Vertragsdauer
> - durch Beschluss der Hauptversammlung (3/4-Mehrheit)
> - durch Eröffnung des Insolvenzverfahrens
> - durch Ablehnung der Eröffnung des Insolvenzverfahrens mangels Masse

Die AG ist nach wie vor die typische Rechtsform für Großunternehmen. Die kleine Stückelung der Aktie, das damit verbundene begrenzte Risiko und die Möglichkeit jederzeitigen Verkaufs sichern den großen AGs einen großen Anlegerkreis.

Darüber hinaus können Aktiengesellschaften Anleihen auflegen, sodass sie auch hier verhältnismäßig einfach und in größerem Umfang Fremdkapital erhalten können. Durch ihre eigene Unternehmungsgröße und durch Kapitalverflechtungen untereinander haben sie häufig die Möglichkeit, das Marktgeschehen entscheidend zu beeinflussen.

Eine kleine AG-Reform erfolgte 1994 durch das **Gesetz für kleine Aktiengesellschaft und zur Deregulierung des Aktienrechts.** Sie will die AG auch für mittelständische Unternehmen attraktiver machen, ihnen die direkte Eigenkapitalfinanzierung der AG bei Erhalt der Selbstständigkeit ermöglichen und sie unabhängiger von Krediten machen. Das Gesetz brachte z. B. folgende Erleichterungen:

- Zulassung der Gründung durch eine Person (bis dahin 5 Personen)
- Verzicht auf Hinterlegung des Gründungsprüferberichts bei der IHK
- Weniger Formalien bei der HV (Einberufung mittels Einschreiben, Beschränkung der notariellen Beurkundung auf Beschlüsse mit 3/4-Mehrheit)
- Ausschluss des Bezugsrechts bei Kapitalerhöhungen bis 10 %
- Freiheit von Mitbestimmung im Aufsichtsrat bei bis zu 500 Beschäftigten (vorher nur bei Familiengesellschaften)

3.5.2 Gesellschaft mit beschränkter Haftung (GmbH)
(GmbH-Gesetz)

> Die Bäcker Anita Steiger und Karl Rosenthal und der Kaufmann Matthias Hansen wollen eine Großbäckerei für Vollkorn-Backwaren gründen. Eines der zu lösenden Probleme ist die Wahl der optimalen Rechtsform. Einerseits wollen alle drei die Geschäfte führen. Dies wäre bei der OHG möglich. Andererseits wollen sie aber nicht mit ihrem gesamten Vermögen für die Schulden der Gesellschaft haften. Denn dies könnte im Fall der Zahlungsunfähigkeit ihre gesamte Existenz ruinieren. Sie denken deshalb an die Gründung einer GmbH, obwohl sie wissen, dass die eingeschränkte Haftung bei dieser Rechtsform mit zusätzlichen Kosten und Pflichten erkauft werden muss.

Die GmbH ist eine Handelsgesellschaft, deren Stammkapital in Stammeinlagen zerlegt ist. Sie ist eine eigene Rechtspersönlichkeit (juristische Person). Sie haftet gegenüber Dritten nur mit ihrem Vermögen. Die Gesellschafter haften nicht persönlich für die Schulden der GmbH.

Wie bei der AG ist die Haftung auf das Vermögen der juristischen Person beschränkt.

Darüber hinaus bestehen weitere Ähnlichkeiten:

- Die GmbH hat eine **Satzung**.

- Die GmbH hat ähnliche **Organe** wie die AG. Ein Aufsichtsrat ist aber nur bei mehr als 500 Beschäftigten vorgeschrieben. Für seine Zusammensetzung gelten die bekannten Mitbestimmungsgesetze.

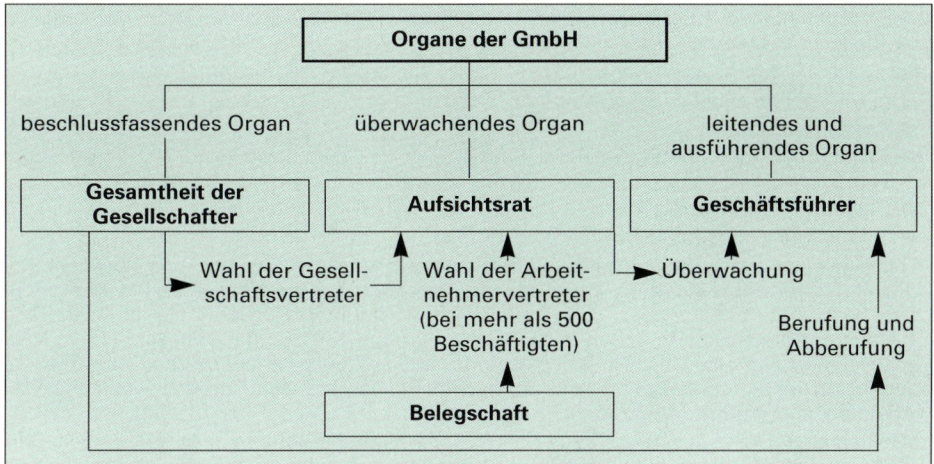

- Den Aktien entsprechen **Stammeinlagen** der Gesellschafter. Sie bestimmen den Umfang ihres Geschäftsanteils. Sie lauten aber nicht auf einen festen Nennbetrag, sondern ihre Höhe kann frei vereinbart werden. Sie müssen nur mindestens 100,00 EUR betragen und durch 50 teilbar sein.

  Die Stammeinlagen können in Urkunden verbrieft sein, veräußert und vererbt werden. Sie sind aber keine Wertpapiere und nicht börsenfähig. Die Veräußerung erfolgt durch Abtretung in notariell beurkundeter Form. Zur Erschwerung des Gesellschafterwechsels bindet die Satzung die Abtretung oft an die Genehmigung der GmbH.

- Die GmbH hat ebenfalls ein festes gezeichnetes Kapital. Es heißt **Stammkapital** und muss mindestens 25 000,00 EUR betragen.

Merkmale der GmbH
Gründung, Firma
1. Aufstellung einer notariell beurkundeten Satzung durch die Gründer (eine oder mehrere Personen). **Mindestinhalt der Satzung:** ● Firma (mit dem Zusatz „Gesellschaft mit beschränkter Haftung" oder „GmbH" und Sitz der Gesellschaft) ● Gegenstand der Unternehmung ● Höhe des Stammkapitals und Betrag der Stammeinlagen
2. Die Gründer übernehmen sämtliche Stammeinlagen und bestellen den/die Geschäftsführer. Durch die Übernahme der Einlagen entsteht eine Vorgesellschaft in Form einer GbR. Eine Gründungsprüfung findet nicht statt.
3. Alle Geschäftsführer melden die Gesellschaft zum Handelsregister an. Durch die Eintragung entsteht die GmbH als juristische Person und Kaufmann (konstitutive Wirkung). Voraussetzung für die Anmeldung zum Handelsregister: Jede Stammeinlage muss zu mindestens 25 % eingezahlt sein, soweit nicht Sacheinlagen vereinbart sind. Der Gesamtbetrag aller eingebrachten Stammeinlagen muss mindestens 12 500,00 EUR ausmachen. Bei einer Ein-Mann-Gründung muss für den nicht eingezahlten Teil der Geldeinlage eine Sicherung bestellt sein.

Kapital

Die Einbringung der Stammanteile wird nach Beschlussfassung durch die Gesellschafter von der Gesellschaft angefordert. Wenn die Satzung es vorsieht, fordert die Geschäftsführung die Einbringung an. Mit der Einzahlung rückständige Gesellschafter können nach Ablauf einer Nachtfrist ihres Geschäftsanteils und geleisteter Teilzahlungen zugunsten der GmbH für verlustig erklärt werden (Kaduzierung).

Das gesamte **Eigenkapital** der GmbH setzt sich wie das der AG zusammen aus:
- gezeichnetem Kapital (Stammkapital)
- Kapitalrücklage
- Gewinnrücklagen (Eine gesetzliche Rücklage ist im Gegensatz zur AG nicht vorgeschrieben!)
- Gewinn-/Verlustvortrag
- Jahresüberschuss/-fehlbetrag

Um eine spätere Kapitalbeschaffung zu erleichtern, kann die Satzung eine Nachzahlungspflicht (**Nachschusspflicht**) der Gesellschafter vorsehen. Sie kann auf einen bestimmten Betrag beschränkt oder unbeschränkt sein. (Vorsicht bei Eintritt in eine bereits bestehende GmbH!) Die Nachschüsse gehen in die Kapitalrücklage ein. Von der unbeschränkten Nachschusspflicht kann ein Gesellschafter sich nur befreien, indem er auf seinen Geschäftsanteil zugunsten der GmbH verzichtet (Abandonrecht[1]). Bei beschränkter Nachschusspflicht ist kein Abandon, aber Kaduzierung möglich.

Wie bei der AG kann das gezeichnete Kapital durch **Kapitalerhöhung** geändert werden. Dafür sind von den bisherigen oder neuen Gesellschaftern zusätzliche Stammeinlagen zu leisten.

Geschäftsführung

In kleineren Unternehmen bestellen sich die GmbH-Gesellschafter i. d. R. selbst zu Geschäftsführern (sog. Personal-GmbH). Damit sind sie einerseits selbstständige Unternehmer, andererseits Angestellte. Als solche beziehen sie ein Gehalt.

Der große Vorteil der GmbH: Volle Handlungsfreiheit bei beschränkter Haftung!

Größere GmbHs befinden sich oft als „Tochterunternehmen" im Eigentum anderer Unternehmen, oder diese sind zumindest an Ihnen beteiligt. Die Muttergesellschaft setzt dann Nicht-Gesellschafter als Geschäftsführer ein (Kapital-GmbH).

Die Geschäftsführer werden durch die Satzung oder Gesellschafterbeschluss bestellt. Sie können jederzeit abberufen werden. Sie leiten die GmbH, aber nicht wie der AG-Vorstand in eigener Verantwortung. Sie sind vielmehr im Rahmen von Recht und Satzung den Weisungen der Gesellschafter unterworfen. Es ist zweckmäßig den Umfang ihrer Aufgaben im Dienstvertrag genau festzulegen.

Wichtige Aufgaben sind:
- Leitung des laufenden Betriebsgeschehens
- Durchführung der Gesellschafterbeschlüsse
- Aufstellung des Jahresabschlusses und Erfüllung der Pflichten bei der Abschlussprüfung und Offenlegung des Jahresabschlusses
- Vertretung der GmbH nach außen

Ohne anderweitige Regelung vertreten die Geschäftsführer die GmbH gemeinsam. Ihre Vertretungsbefugnis kann gegenüber Dritten nicht beschränkt werden. Im Innenverhältnis sind sie jedoch verpflichtet, Beschränkungen aufgrund der Satzung oder aufgrund von Gesellschafterbeschlüssen einzuhalten.

Aufsichtsrat

Die Aufgaben des Aufsichtsrats in der GmbH können weitgehend in der Satzung festgelegt werden. Ist dies nicht der Fall, so hat er im Wesentlichen folgende Aufgaben:

- Der Aufsichtsrat kann sich jederzeit von der Geschäftsführung einen Bericht über die Angelegenheiten der Gesellschaft und die Beziehungen zu verbundenen Unternehmen vorlegen lassen.
- Er kann die Bücher prüfen.
- Er prüft den von den Geschäftsführern vorgelegten Jahresabschluss und Lagebericht.

---

[1] (frz.) abandonner = weggeben, preisgeben

Gesamtheit der Gesellschafter

GmbH-Gesellschafter haben eine wesentlich stärkere Stellung als Aktionäre. Sie können selbst ihre Aufgaben in der Satzung festlegen. Unterlassen sie dies, so nennt GmbHG § 46 insbesondere folgende Aufgaben:

- Feststellung des Jahresabschlusses und Verwendung des Ergebnisses
- Einforderung von Einzahlungen auf die Stammeinlagen
- Rückzahlung von Nachschüssen
- Teilung sowie Einziehung von Geschäftsanteilen
- Bestellung, Entlastung, Abberufung von Geschäftsführern
- Maßregeln zur Prüfung und Überwachung der Geschäftsführung
- Bestellung von Prokuristen und Gesamthandlungsbevollmächtigten
- Geltendmachung von Ersatzansprüchen gegen Geschäftsführer und Mitgesellschafter
- Vertretung der GmbH in Prozessen gegen die Geschäftsführer

Die Gesellschafter können weiterhin Nachschüsse einfordern und im Innenverhältnis die Vertretungsbefugnis der Geschäftsführer beschränken. Sie wählen die Gesellschaftsvertreter für den Aufsichtsrat und beschließen mit 3/4-Mehrheit über Satzungsänderungen (insbesondere Kapitalerhöhungen und -herabsetzungen) sowie die Auflösung der Gesellschaft.

Die Gesellschafter fassen ihre Beschlüsse in einer **Gesellschafterversammlung**. Die Einladung dazu ergeht durch die Geschäftsführer mittels eingeschriebenen Briefs mit Frist von einer Woche. Eine Versammlung ist nicht nötig, wenn sich alle Gesellschafter schriftlich mit der zu treffenden Bestimmung oder mit schriftlicher Stimmabgabe einverstanden erklären. Je 50 Euro Geschäftsanteil gewähren ein Stimmrecht. Die Beschlüsse werden mit der einfachen Mehrheit der abgegebenen Stimmen gefasst.

Grundlegende Rechte und Pflichten der Gesellschafter

Rechte:	Pflichten:
• Teilnahme an der Gesellschafterversammlung und Stimmrecht	• Leistung der Stammeinlage
• Anteil am Bilanzgewinn	• Leistung beschlossener Nachschüsse
• Anteil am Liquidationserlös	• Haftung mit dem Wert der Stammeinlage

Jahresabschluss

Der Jahresabschluss wird von den Geschäftsführern vorgelegt und von den Gesellschaftern festgestellt. Für Fristen, Prüfung und Offenlegung gelten die gleichen Vorschriften wie bei der AG. Es besteht keine Pflicht zur Bildung gesetzlicher Rücklagen.

Auflösung der GmbH

- durch Ablauf der vereinbarten Vertragsdauer
- durch Gesellschafterbeschluss (3/4-Mehrheit)
- durch Gerichtsurteil
- durch Eröffnung eines Insolvenzverfahrens

Man trifft die GmbH häufig als Familiengesellschaft oder als Ein-Mann-GmbH. Aber auch sonst ist sie aus folgenden Gründen eine der häufigsten Rechtsformen für mittelständische Unternehmen:

- Die Gründung ist mit wenig Kapital möglich.
- Die Haftung ist auf die Stammeinlage beschränkt.
- Die Gesellschafter haben sehr weitgehende Handlungsfreiheit
- Die Gründungs- und Verwaltungskosten sind niedriger als bei der AG.

Man sagt deshalb gern: „Die GmbH ist die AG des kleinen Mannes."

Die Haftungsbeschränkung kann allerdings für Gläubiger nachteilig sein. Deshalb ist die GmbH vergleichsweise wenig kreditwürdig. Die Banken z. B. sichern sich bei Krediten an eine GmbH regelmäßig ab, indem sie mit den Gesellschaftern zusätzlich deren persönliche Haftung vereinbaren.

3.6 Kommanditgesellschaft auf Aktien (KGaA)
(AktG §§ 278-290)

Die *KGaA* ist eine Kombination von Kommanditgesellschaft und Aktiengesellschaft. Mindestens ein *Komplementär* haftet gegenüber Dritten unbeschränkt. Anstelle der Kommanditisten gibt es *Kommanditaktionäre*. Sie sind an dem in Aktien zerlegten Grundkapital beteiligt, ohne persönlich für die Schulden der KGaA zu haften.

Für das Rechtsverhältnis der Komplementäre gelten die Vorschriften über die KG, im Übrigen die Vorschriften des Aktiengesetzes.

Diese Rechtsform ist jedoch sehr selten. Sie wird gewählt, wenn z. B. eine Familienunternehmung (in der Form einer KG) großen Kapitalbedarf (über die Ausgabe von Aktien) decken will, ohne jedoch den entscheidenden Einfluss in der Unternehmung verlieren zu wollen. Die Komplementäre sind kraft Gesetz der Vorstand der Gesellschaft, der hier – anders als bei der AG – vom Aufsichtsrat nicht bestellt wird und somit nicht abberufen werden kann.

Beispiel: Der Waschmittelhersteller Henkel KGaA

3.7 Weitere Gesellschaftsunternehmungen
3.7.1 GmbH & Co. KG und ähnliche Konstruktionen

> Die Pumpenfabrik Quack GmbH & Co. KG ist eine Kommanditgesellschaft. Ihr Komplementär ist die Quack GmbH. Einziger Gesellschafter und zugleich Geschäftsführer der Quack GmbH ist Hubert Quack. Die rechtliche Konstruktion der GmbH & Co. KG gestattet es ihm, allein die Geschäfte zu führen, ohne andererseits mit seinem privaten Vermögen für die Schulden der KG haften zu müssen. Hubert Quack ist zugleich Kommanditist. Kommanditisten sind auch seine Brüder Andreas und Hans, die lediglich ihr väterliches Erbteil in der Unternehmung angelegt haben, ansonsten jedoch eine Anwaltspraxis betreiben.

Auch eine juristische Person, z. B eine GmbH oder eine AG, kann vollhaftender Gesellschafter der OHG und KG sein. Wie das Beispiel zeigt, lassen sich so uneingeschränkte Geschäftsführung und beschränkte Haftung miteinander verbinden. Deshalb wird insbesondere die Rechtsform der GmbH & Co. KG häufig gewählt. Auch die Belastung mit Einkommensteuer ist oft günstiger als bei der reinen GmbH.[1]

> **Beispiele:**
>
> **Quack GmbH & Co. KG**
>
> Komplementär:
>   Quack GmbH
>   Stammkapital: 25 000,00 EUR
>   Gesellschafter: Hubert Quack
>
> Kommanditisten:
> – Hubert Quack: 250 000,00 EUR
> – Andreas Quack: 250 000,00 EUR
> – Hans Quack: 250 000,00 EUR
>
> Eigenkapital von Ouack GmbH & Co. KG: 775 000,00 EUR
>
> **Edelweiß GmbH, Mertens & Co. OHG**
> Gesellschafter:
> – Edelweiß GmbH, Stammkapital: 600 000,00 EUR
>   Gesellschafter: Xaver Rabe, Peter Ungemuth
> – Ernst Mertens: 300 000,00 EUR
> – Erna Waberle: 300 000,00 EUR
>
> Eigenkapital von Edelweiß GmbH, Mertens & Co. OHG: 1 200 000,00 EUR

---

[1] Dieser komplizierte steuerrechtliche Zusammenhang kann hier nicht näher erläutert werden.

Bei der GmbH & Co. KG besteht die Tendenz das Stammkapital der GmbH niedrig anzusetzen. Auch die Mitbestimmung der Arbeitnehmer im Aufsichtsrat lässt sich ausschalten:

- Bei einer GmbH & Co. KG mit bis zu 2 000 Arbeitnehmern hält man die Arbeitnehmerzahl der GmbH unter 500. Dann muss kein Aufsichtsrat gebildet werden.
- Bei mehr als 2 000 Arbeitnehmern gilt dies nur, wenn nicht die Mehrheit der Kommanditanteile zugleich die Mehrheit der GmbH-Anteile innehat. Andernfalls werden die Arbeitnehmer der GmbH zugerechnet und es ist ein Aufsichtsrat nach dem Mitbestimmungsgesetz zu bilden. Hat allerdings die GmbH selbst mehr als 500 Arbeitnehmer, so unterbleibt die Zurechnung, und es ist nur ein Aufsichtsrat nach Betriebsverfassungsgesetz zu bilden.

Bei der GmbH & Co. OHG ist die GmbH oft der Hauptgesellschafter mit der größten Einlage. Durch die gewählte Rechtsform wird eine unverhältnismäßig hohe Haftung ihrer Gesellschafter vermieden.

Ein Nachteil der GmbH & Co. KG/OHG bzw. AG & Co. KG/OHG für die weiteren Gesellschafter besteht darin, dass die Geschäftsanteile bzw. Aktien verkauft werden und auf diese Weise andere, unerwünschte Personen in der Geschäftsführung auftauchen können.

3.7.2 Genossenschaft (eG)

(Gesetz betreffend die Erwerbs- und Wirtschaftsgenossenschaften, GenG)

Die *Genossenschaft* ist ein wirtschaftlicher Verein mit nicht geschlossener Mitgliederzahl. Sie hat das Ziel, den Erwerb oder die Wirtschaft ihrer Mitglieder zu fördern. Sie ist eine eigene Rechtspersönlichkeit (juristische Person) und Vollkaufmann (Formkaufmann) im Sinne des HGB.

Der Aufbau einer Genossenschaft ähnelt dem einer AG. Die Genossenschaft ist jedoch keine Erwerbsunternehmung; sie will nicht einen maximalen Gewinn erzielen. Ihre Zielsetzung hat vielmehr einen **sozialen Charakter**: Die Mitglieder wollen gemeinschaftlich ihre wirtschaftlichen Interessen wahrnehmen, weil der Einzelne in der Regel dazu nicht in der Lage ist. Genossenschaften gründen somit auf dem **Solidaritätsgedanken**.

Arten von Genossenschaften
Erwerbsgenossenschaften
Die Genossen besitzen einen Erwerbsbetrieb und wollen das Einkommen hieraus mit Hilfe der Genossenschaft erhöhen oder sichern. – **Einkaufsgenossenschaften** (gemeinschaftlicher Einkauf von Handwerkern, Landwirten, Einzelhändlern) – **Produktionsgenossenschaften** (gemeinsame Verarbeitung, z. B. Wein, Milch) – **Betriebsgenossenschaften** (gemeinsame Benutzung genossenschaftlicher Einrichtungen, wie z. B. Mähdrescher) – **Verkehrsgenossenschaften** (Laderaumvermittlung, Frachtberechnung, Versicherungsdienst) – **Absatz- und Verwertungsgenossenschaften** (gemeinschaftliche Sammlung, Lagerung, Absatz von Erzeugnissen) – **Kreditgenossenschaften** (Erlangung zinsgünstiger Darlehen; z. B. Volksbanken, Spar- und Darlehenskassen, Raiffeisenbanken; ursprünglich für Handwerker und Landwirte)

Wirtschaftsgenossenschaften

Die Genossen sind Verbraucher, die ihr vorhandenes Einkommen besser verwenden wollen (Förderung der Wirtschaftsführung).
- **Konsumgenossenschaften** (günstige Güterbeschaffung für Haushalte)
- **Baugenossenschaften** (günstige Beschaffung von Wohnungen für Mitglieder)

Merkmale der Genossenschaft

Gründung, Firma, Mitgliedschaft

Für die Gründung einer Genossenschaft sind mindestens 7 Personen (Genossen) erforderlich. Die Genossen stellen ein Statut (Satzung) auf.

Die Firma muss den Zusatz „eingetragene Genossenschaft" oder „eG" enthalten.

Die Genossenschaft muss beim Amtsgericht in das **Genossenschaftsregister** eingetragen werden. Die Eintragung hat konstitutive Wirkung: Mit ihr entsteht die eG als juristische Person.

Die Mitgliedschaft in einer Genossenschaft wird durch schriftliche Beitrittserklärung und Eintragung in die Liste der Genossen (beim Registergericht) erworben. Der Vorstand entscheidet über die Aufnahme und beantragt die Eintragung. Die Zahl der Genossen ist nach oben nicht begrenzt. Die Mitgliedschaft kann mit mindestens dreimonatiger Frist zum Ende des Geschäftsjahres gekündigt werden. Ausschluss und Tod beenden sie ebenfalls.

Einlagen, Eigenkapital

Die Mitglieder zeichnen Geschäftsanteile, deren Höhe sich nach den Statut bestimmt. Davon ist unbedingt eine **Mindesteinlage** (nach dem Gesetz mindestens 10 % des Geschäftsanteils) einzuzahlen. Die tatsächlichen Einzahlungen plus gutgeschriebene Gewinnanteile minus abgezoger Verlustanteile ergeben das Geschäftsguthaben.

> **Beispiel:**
> Mindesteinlage: 50,00 EUR (eingezahlt)
> Geschäftsguthaben: 200,00 EUR (einschl. Gewinngutschriften)
> Geschäftsanteil: 500,00 EUR (gezeichnet)

Das Statut kann vorsehen, dass Genossen auch mehrere Geschäftsanteile übernehmen.

Die Genossenschaft hat folglich kein festes Grund- oder Stammkapital. Ihr **Eigenkapital** setzt sich zusammen aus:
- Geschäftsguthaben
- Rücklagen (gesetzliche Rücklagen, andere Ergebnisrücklagen)
- Jahresüberschuss

Organe

Vorstand: Der Vorstand leitet die Genossenschaft und vertritt sie nach außen. Er erstellt den Jahresabschluss. Er muss aus mindestens 2 Genossen bestehen. Wenn das Statut nichts anderes bestimmt, vertreten sie die Genossenschaft gemeinschaftlich.

Aufsichtsrat: Der Aufsichtsrat überwacht die Geschäftsführung des Vorstands und prüft den Jahresabschluss. Er besteht aus mindestens 3 Genossen.

Generalversammlung: Die Generalversammlung ist die Versammlung der Genossen. Jeder Genosse hat eine Stimme, auch wenn er mehrere Geschäftsanteile besitzt. Das Statut kann bis zu drei Stimmen für Genossen vorsehen, die den Geschäftsbetrieb besonders fördern (nicht für Beschlüsse, für die 3/4-Mehrheit erforderlich ist). Ab 1 500 Mitgliedern kann, ab 3 000 Mitglieder muss die Generalversammlung aus mindestens 50 gewählten Vertretern der Genossen bestehen, die selbst Genossen sind (Vertreterversammlung).

Die Generalversammlung
- wählt den Vorstand und den Aufsichtsrat,
- beschließt über den Jahresabschluss, den auf die Genossen entfallenden Gewinn- oder Verlustbetrag sowie über die Entlastung des Vorstands und Aufsichtsrats,
- beschließt über Änderungen des Statuts mit 3/4-Mehrheit.

Jahresabschluss, Gewinn und Verlust

Gewinn und Verlust werden nach dem Verhältnis der Geschäftsguthaben verteilt. Ein Gewinn wird so lange dem Geschäftsguthaben zugeschrieben, bis der Geschäftsanteil erreicht ist. Das Statut kann einen anderen Verteilungsmaßstab vorsehen. Die Generalversammlung kann Gewinnanteile in andere Ergebnisrücklagen einstellen.

Der Vorstand muss den Jahresabschluss unverzüglich nach der Generalversammlung zum Genossenschaftsregister einreichen. Je nach Größe der Genossenschaft muss der Jahresabschluss gegebenenfalls in den Genossenschaftsblättern veröffentlicht werden.

Haftung

Für die Verbindlichkeiten der Genossenschaft haftet den Gläubigern nur das Vermögen der Genossenschaft.

Für den Fall, dass die Gläubiger im Insolvenzverfahren nicht befriedigt werden, kann das Statut vorsehen:
- eine unbeschränkte Nachschusspflicht der Genossen,
- die Nachschusspflicht bis zu einer Haftungssumme (mindestens in Höhe des Geschäftsanteils),
- keine Nachschusspflicht.

Jede Genossenschaft gehört einem Prüfungsverband an, der zum Schutz der Genossen mindestens alle 2 Jahre die Geschäftsführung, die Vermögenslage und die Einrichtungen der Genossenschaft prüft.

Arbeitsaufgaben

1. **Auf Seite 406 ist eine Aktie der Gerber Motorenwerke AG abgebildet. Nehmen wir an, der Auszubildende Ulli Ullmann besitze 100 dieser Aktien.**
   a) Stellen diese Aktien Inhaber- oder Orderpapiere dar?
   b) Wie kann Herr Ullmann das Eigentum an den Aktien auf eine andere Person übertragen?
   c) Der Text der Aktie besagt, dass es sich um eine Stammaktie handelt. Erläutern Sie diesen Begriff sowie die Rechte, die Herr Ullmann aufgrund dieser Aktie hat. Gibt es Aktien, die diese Rechte nicht vermitteln?
   d) Mit welchem Betrag ist Herr Ullmann an der Gerber Motorenwerke AG beteiligt? Kann man diesen Betrag in jedem Fall auf einer Aktie ablesen?
   e) Mit welchem Fachausdruck wird der genannte „Beteiligungswert" bezeichnet? Stellt die Summe dieser „Beteiligungswerte" aller herausgegebenen Aktien das Eigenkapital der Gerber Motorenwerke AG dar?
   f) Die Aktien der Gerber Motorenwerke AG sind an mehreren deutschen Börsen zum Börsenhandel zugelassen. An jeder Börse ergibt sich der Preis (der Kurs) der Aktie aus Angebot und Nachfrage. Er wird für jeden Börsentag in den Zeitungen veröffentlicht. Für welchen Preis hätte Herr Ullmann seine Aktien am 25. März (24. März) verkaufen können?

	25.03.	24.03.	52 Wo hoch	52 Wo tief
FBP Holding*	160,00 G	161,00 G	175,10	157,48
GarantSchuh VA°	70,50 b	71,20 b	74,00	68,45
Gerber*	12,40 b	12,35 b	13,29	12,10
Gesco*	17,55 G	17,50 G	24,08	16,00
Henkel St°	61,50 G	61,76 G	81,30	52,66

   Erläuterungen: * Kurs in EUR f. Nennw. von 1,00 EUR/ ° Kurs in Euro f. nennw.lose Aktie/ b bezahlt. Unlimitierte und zum festgestellten Kurs limitierte Kaufaufträge voll erfüllt./ G Geld. Nur Nachfrage, kein Umsatz

   g) Nehmen Sie Stellung zu der Frage, ob ein Gläubiger der AG bei deren Zahlungsunfähigkeit seine Forderung bei den Aktionären, also z. B. bei Herrn Ullmann, eintreiben kann.

2. Erika Zimmermann besitzt 10 Aktien der BASF[1], eines der größten deutschen Chemieunternehmen. In der Frankfurter Allgemeinen Zeitung, einem der Gesellschaftsblätter der AG, findet sie die folgende Einladung zur Hauptversammlung.

BASF Aktiengesellschaft
Ludwigshafen am Rhein

Wir berufen hiermit unsere diesjährige

ordentliche Hauptversammlung

ein auf Dienstag, den 2. Juli 20.., 10.00 Uhr,
im BASF Feierabendhaus, Ludwigshafen am Rhein, Leuschnerstraße 47

Tagesordnung
1. Vorlage des Jahresabschlusses der BASF Aktiengesellschaft und des Konzernabschlusses für 20..; Vorlage des Lageberichts der BASF Aktiengesellschaft und des Konzernlageberichts für 20..; Vorlage des Berichts des Aufsichtsrates.
2. Beschlussfassung über die Gewinnverwendung
3. Entlastung des Aufsichtsrats
4. Entlastung des Vorstands
5. Neuwahl des Aufsichtsrats
6. Satzungsänderungen
7. Wahl des Abschlussprüfers für das Geschäftsjahr 20..

Die vollständige Tagesordnung mit Vorschlägen zur Beschlussfassung ist im Bundesanzeiger Nr. ... vom 16. Mai 20.. enthalten. Wir bitten, dieser Bekanntmachung Einzelheiten über die Tagesordnung und über die Hinterlegung von Aktien zur Teilnahme an der Hauptversammlung zu entnehmen. Letzter Hinterlegungstag ist Donnerstag, der 27. Juni 20..

Allen Kreditinstituten, die BASF-Aktien verwahren, haben wir die Kurzfassung unseres Geschäftsberichts für das Jahr 20.. mit der Bitte um Weiterleitung an jeden BASF-Aktionär übersandt. Wir bitten diejenigen Aktionäre, die ihre BASF-Aktien durch eine Bank verwahren lassen und von dieser wider Erwarten nicht bis Mitte Juni 20.. den Kurzbericht erhalten haben, ihn bei ihrer Bank anzufordern.

Ludwigshafen am Rhein, den 17. Mai 20..
BASF Aktiengesellschaft
Der Vorstand

---

a) Was bedeutet das Wort „Gesellschaftsblätter"?
b) Welches Organ der AG lädt zur Hauptversammlung ein?
c) Was muss Frau Zimmermann tun, um an der Hauptversammlung teilnehmen zu können?
d) Berichten Sie über die Rechte, die Frau Zimmermann in der Hauptversammlung hat.
e) Wie kann Frau Zimmermann vorgehen, wenn sie sich zwar an der Beschlussfassung durch die Hauptversammlung beteiligen, aber nicht persönlich an der Hauptversammlung teilnehmen will?
f) Wenn die Satzung nichts anderes vorsieht, leitet der Vorsitzende des Aufsichtsrats (und nicht etwa der Vorstandsvorsitzende) die Hauptversammlung. Begründen Sie dies, und gehen Sie dabei genauer auf die Aufgaben von Vorstand und Aufsichtsrat allgemein ein. Erläutern Sie in diesem Zusammenhang auch die Bedeutung der Tagungsordnungspunkte 1, 3 und 4.
g) Gemäß Tagesordnungspunkt 2 beschließt die Hauptversammlung über die Gewinnverwendung. Bedeutet dies, dass die Hauptversammlung über die Verwendung des gesamten Jahresüberschusses verfügen kann? Nehmen Sie hierzu genauer Stellung.
h) In welchem Umfang unterliegt der der Hauptversammlung vorgelegte Jahresabschluss der Publizitätspflicht?

---

[1] Abkürzung von Badische Anilin- und Sodafabrik

3. Thomas Münzer ist Einzelunternehmer. Er hat einen EDV-Handel mit 4 Angestellten. Die Auftragslage ist gut. Herr Münzer kann mit seinem Verdienst zufrieden sein. Er überlegt jedoch, ob er seine Einzelunternehmung in eine GmbH oder eine GmbH & Co. KG umwandeln soll.
   a) Welche Gründe könnten Herrn Münzer veranlassen, die Rechtsformen der GmbH bzw. GmbH & Co. KG denen der OHG bzw. KG vorzuziehen?
   b) Warum wird Herr Münzer die Rechtsformen der AG und der KGaA von vornherein für sein Unternehmen ausschließen? Nehmen Sie in diesem Zusammenhang auch Stellung zu der Aussage: „Die GmbH ist die AG des kleinen Mannes."
   c) Welche Rechtsform – GmbH oder GmbH & Co. KG – wird Herr Münzer vorziehen,
      - wenn er genügend Kapital für Betriebserweiterungen beschaffen kann und weiterhin allein entscheiden will;
      - wenn er nicht genügend Kapital beschaffen kann, aber doch im Wesentlichen allein entscheiden will;
      - wenn er die Entscheidungsbefugnis teilen will?
   d) Wie müsste Herr Münzer bei der Umwandlung in eine GmbH im Einzelnen vorgehen?

4. Die Computerexperten Beate Pink (Stammeinlage 180 000,00 EUR), Adam Riese (300 000,00 EUR), Albert Hahn (240 000,00 EUR) sowie die Datex AG (750 000,00 EUR) sind Gesellschafter der Riese Computer-Vertrieb GmbH. Die Stammeinlagen sind voll eingebracht. Die GmbH beschäftigt 480 Mitarbeiter. Die Bilanzsumme beträgt 5 900 000,00 EUR. Die Umsatzerlöse belaufen sich auf 52 Mio. EUR. Die Satzung bestimmt unter anderem:
   Pink, Riese und Hahn sind ausschließlich Geschäftsführer der GmbH. Nachschüsse können mit einer 3/4-Mehrheit der Stimmen der Gesellschafter eingefordert werden. Die Veräußerung von Geschäftsanteilen sowie die Aufnahme neuer Gesellschafter erfordert eine 3/4-Mehrheit der Stimmen der Gesellschafter.
   a Es liegt eine verhältnismässig große Unternehmung vor. Stellen Sie begründete Überlegungen darüber an, welcher Anlass zur Gründung der GmbH geführt haben könnte und warum die Unternehmung nicht als AG gegründet wurde.
   b) Erläutern Sie die Möglichkeiten der GmbH, zusätzliches Eigenkapital zu beschaffen;
   c) Kann die Datex AG als Mehrheitsgesellschafter einen Geschäftsführer abberufen oder einen neuen Geschäftsführer bestellen?
   d) Wie wird ein Gewinn von 2 100 000,00 EUR auf die Gesellschafter aufgeteilt?
   e) In welchem Umfang ist die GmbH publizitätspflichtig?
   f) Es ist auf mittlere Sicht notwendig, 30 neue Mitarbeiter einzustellen. Die Gesellschafter sehen darin einen Anlass, die GmbH in eine GmbH Co. KG umzuwandeln. Begründen Sie dieses Vorgehen. Machen Sie Vorschläge zum (aus der Sicht der Gesellschafter) zweckmäßigen Größenverhältnis der KG und der GmbH als ihrer Komplementärin.

5. Die Genossenschaftsidee hat seit dem vorigen Jahrhungert einen enormen Aufschwung genommen. Als Selbsthilfeeinrichtungen der wirtschaftlich Schwachen gegen die Macht der Großbetriebe erdacht, sind die Genossenschaften selbst zu einem Machtfaktor geworden. In vielen Bereichen geht kaum noch etwas ohne sie. Ein Beispiel ist die Landwirtschaftliche Verwertungsgenossenschaft Eifel eG, die von ihren Genossen, den Vieh züchtenden Landwirten, das gesamte Viehangebot zu festen Preisen aufkauft und an den Markt bringt. Sie organisiert die Viehverwertung im großen Stil, indem sie die Produktion der einzelnen Landwirte zusammenfasst, welche mit wenigen Tieren nicht am Markt operieren können. Ohne die Genossenschaft müssten die Landwirte einzeln mit Händlern und örtlichen Metzgern über den Preis verhandeln – oft zu ihrem Nachteil. Der Metzger würde nur die guten Tiere nehmen, die Genossenschaft nimmt auch die schlechteren. Die Landwirte sagen, dass sie das recht persönliche Verhältnis in der Genossenschaft schätzen, dass sie ihnen bekannte Leute ihres Vertrauens wählen können, dass die Willensbildung in der Genossenschaft – anders als in der AG beispielsweise – nicht an der Kaptialbeteiligung ausgerichtet sei und dass die Gewinne der Genossenschaft ihnen letzten Endes selbst wieder zugute kommen.
   a) Erläutern Sie anhand dieses Beispiels den Charakter der Genossenschaft als Selbsthilfeeinrichtung.
   b) Überlegen Sie, inwiefern das angeführte „recht persönliche Verhältnis" durch die Struktur und das Zustandekommen von Vorstand und Aufsichtsrat bedingt sein könnte.
   c) Erläutern Sie, auf welche Weise die Genossen an den Gewinnen der Genossenschaft teilhaben.
   d) Erläutern Sie die angedeuteten Unterschiede in der Beschlussbildung von AG und eG.

Achter Lernabschnitt
Wirtschaftsordnung

1 Idealtypische Wirtschaftsordnungen

1.1 Grundprobleme und Prinzipien der Wirtschaftsordnung

1. Die Baumwollspinnerei Engels & Co. hat wegen steigender Nachfrage nach ihren Garnen die Absicht einen Zweigbetrieb zu eröffnen. Hierfür sucht sie einen geeigneten Standort, plant selbstständig die Größe ihres Maschinenparks und die Zahl der notwendigen Mitarbeiter, schließt Verträge mit zukünftigen Lieferern ab und will versuchen, am Markt ihre Artikel zu möglichst günstigen Preisen abzusetzen.
2. In einem sozialistischen Land hat die staatliche Planungsbehörde beschlossen, die Produktion von Konsumgütern zu erhöhen, unter anderem auch die Fabrikation von Textilien. Die Behörde beschließt, je 5 neue Spinnereien, Webereien und Nähereibetriebe zu gründen. Sie sucht geeignete Standorte, legt die Investitionen fest, bestimmt die Lieferer und die Abnehmerbetriebe und schreibt jedem Betrieb die Höhe der Produktion und die Preise vor. Sie bestimmt auch darüber, welche Orte und Geschäfte letzten Endes mit den fertigen Textilien beliefert werden sollen.

In modernen Volkswirtschaften leben Menschen mit unterschiedlichsten Fähigkeiten, Berufen, Bedürfnissen. Die Existenzbedingungen aller Betriebe, vom Einmann-Handwerksbetrieb bis zum multinationalen Konzern, hängen weitgehend von der volkswirtschaftlichen Güterproduktion – dem Sozialprodukt – ab: Höhe, Zusammensetzung, Art und Weise der Entstehung und der Verteilung.

Für jede Volkswirtschaft ergeben sich hinsichtlich des Sozialprodukts folgende **Problemstellungen:**

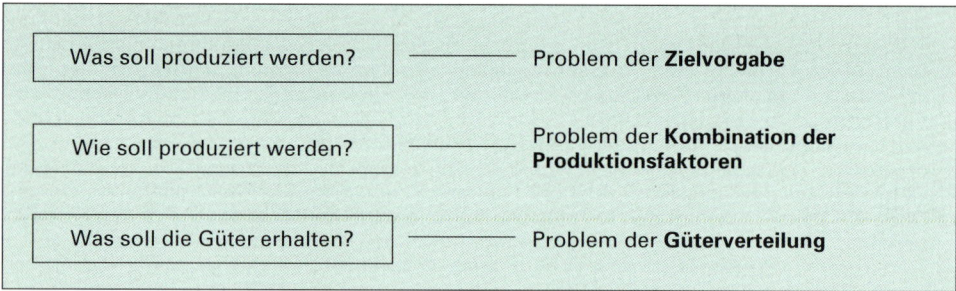

Die Kompliziertheit des modernen arbeitsteiligen Wirtschaftsgeschehens erfordert eine grundsätzliche Ordnung. Diese Ordnung legt letztlich fest, wer die notwendigen Entscheidungen treffen darf und auf welche Weise die in der Wirtschaft Tätigen Beziehungen zueinander aufnehmen können: Ist es z. B. der Staat, der alles lenken und leiten soll, oder sind es die einzelnen Haushalte und Betriebe, die für sich planen und dann ihre Pläne untereinander abstimmen?

Unter Berücksichtigung der volkswirtschaftlichen Problemstellungen entwickelten sich zwei entgegengesetzte **Organisationsprinzipen der Wirtschaftsordnung:**

Organisationsprinzipien der Wirtschaftsordnung

Prinzip der dezentralen Planung (Individualplanung)	Prinzip der zentralen Planung (Kollektivplanung)
Die **einzelnen Wirtschaftsteilnehmer** planen und entscheiden selbstständig	Eine **zentrale Behörde** plant das Wirtschaftsgeschehen und trifft die Entscheidungen
Ergebnis: Wirtschaftsordnung der freien Marktwirtschaft	**Ergebnis: Wirtschaftsordnung der Zentralverwaltungswirtschaft**
Kennzeichen: • dezentrale Planung und Lenkung • Privateigentum an den Produktionsmitteln • Handeln nach dem Grundsatz des größtmöglichen Gewinns • freie Preisbildung im Wettbewerb am Markt	Kennzeichen: • zentrale Planung und Lenkung • Staats- und Genossenschaftseigentum an den Produktionsmitteln • Handeln nach dem Grundsatz der Planerfüllung • staatliche Festsetzung von Mengen und Preisen

In der Realität kommt keine der beiden Wirtschaftsordnungen in Reinform vor. Es handelt sich um Modelle. Zentralverwaltungswirtschaften enthalten in Ansätzen auch marktwirtschaftliche Elemente und in Marktwirtschaften hat der Staat eine gewisse zentrale Lenkung und Kontrolle der Wirtschaft übernommen. Manche Volkswirtschaftler sind der Auffassung, dass sich die bestehenden unterschiedlichen Wirtschaftssysteme weiter entwickeln und auf ein gemeinsames System zustreben.

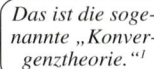
Das ist die sogenannte „Konvergenztheorie."[1]

1.2 Freie Marktwirtschaft

1.2.1 Liberalismus

Der Liberalismus[2] ist eine weltanschauliche Richtung, die den einzelnen Menschen und sein Recht auf Freiheit in den Vordergrund rückt. Diese Bewegung setzte Ende des 18. Jahrhunderts ein.

Grundelemente des Liberalismus			
Geistige Grundlagen	**Grundlegende Aussagen**	**Anwendung auf die Wirtschaft**
Lehre vom Naturrecht des Menschen	Alle Menschen haben bebestimmte Grundrechte	Forderungen nach Recht auf Privateigentum (auch an Produktionsmitteln).
Gedanken der Aufklärung	Die Menschen verhalten sich grundsätzlich vernünftig.	Der Mensch richtet sein wirtschaftliches Handeln am ökonomischen Prinzip aus. Er ist ein „homo oeconomicus".
Lehre vom Individualismus	Die Menschen sollen in ihrer persönlichen Entfaltung frei sein.	Forderung nach Freiheit des wirtschaftlichen Handelns: Vertragsfreiheit, Wettbewerbsfreiheit, Gewerbefreiheit.

---

[1] (lat.) Konvergenz = Annäherung, Übereinstimmung
[2] (lat.) liberalis = die Freiheit betreffend

Nach den Gedanken des Liberalismus strebt jeder Wirtschaftsteilnehmer die **Maximierung des eigenen Nutzens** an. Dabei soll er sich bei der Abgabe und beim Erwerb von Leistungen am Markt im freien Wettbewerb mit seinen Konkurrenten messen. Der Leistungsstärkere soll zum Zuge kommen. Damit wird der Egoismus des einzelnen Menschen zur Antriebskraft der Wirtschaft schlechthin. Die klassischen Liberalen waren der Ansicht, dass die so entstehende Maximierung des individuellen Nutzens in der Summe auch den höchsten Gesamtnutzen für die Volkswirtschaft und eine soziale Harmonie bewirke.

Die *ideale Wirtschaftsordnung* war für den Liberalismus die *freie Marktwirtschaft*, in der alle Wirtschaftssubjekte ihre Wirtschaftshandlungen in eigener Verantwortung planen, sich Ziele setzen und ihre Entscheidungen an den jeweils gegebenen Marktverhältnissen ausrichten, z. B. an den Marktpreisen und am Verhalten der Nachfrager und Anbieter. Oberstes Ziel ist der größtmögliche Nutzen oder Gewinn.

1.2.2 Elemente der freien Marktwirtschaft

Elemente der freien Marktwirtschaft
Wettbewerbsfreiheit
Die Konkurrenz ermöglicht die Lenkung der Produktionsmittel in produktive Verwendungszwecke. Wettbewerbsfreiheit setzt voraus, dass keine Einschränkungen existieren und offene Märkte mit Zugang für jedermann vorhanden sind (Wettbewerbswirtschaft).
Vertragsfreiheit
Wenn grundsätzlich individuelle Entscheidungen getroffen werden, dann muss jeder wirtschaftlich Handelnde die Möglichkeit haben, nach eigenem Ermessen Verträge abzuschließen. Dies beinhaltet auch die freie Preisvereinbarung zwischen Verkäufer und Käufer.
Gewerbefreiheit
Sie umfasst die Niederlassungsfreiheit, die Freiheit der Berufswahl und Berufsausübung und die freie Wahl des Arbeitsplatzes.
Privateigentum
Schnelles Handeln ist nur möglich, wenn aufgrund von privatem Eigentum (auch an den Produktionsmitteln) entsprechende Verfügungen getroffen werden können.
Neutralität des Staates
Der Staat soll möglichst nicht in das Wirtschaftsgeschehen eingreifen. Grundsatz: „Laissez faire, laissez aller, le monde va de lui-même! (Lasst nur gewähren, die Welt läuft schon von allein!) Der Staat soll lediglich über die Rechtsordnung, die Sicherheit, die Erziehung und die marktwirtschaftlichen Grundordnungen wachen.

Kritiker sprechen hier vom „Nachtwächterstaat."

1.2.3 Aufgaben des Marktes

Das am Markt erzielte Ergebnis zeigt an, ob der einzelne Wirtschaftsteilnehmer erfolgreich gewirtschaftet hat.

Der Markt erfüllt folgende Aufgaben:

- **Ausgleichsaufgabe**
  Der Markt bringt Angebot und Nachfrage zum Ausgleich.

- **Informationsaufgabe**
  Der Markt zeigt den Wirtschaftsteilnehmern an, wie das Verhältnis von Angebot und Nachfrage ist. Dementsprechend können die Wirtschaftsteilnehmer handeln:

als Nachfrager sich z. B. für ein anderes Gut entscheiden, als Anbieter z. B. die Produktion ausdehnen oder ein neues Gut entwickeln.

- **Lenkungsaufgabe**
Der Markt lenkt die Wirtschaftskräfte in die Produktionszweige, in denen sie besonders produktiv sind.

> **Beispiel** für den Marktmechanismus:
> Das Ziel der Unternehmung ist die Gewinnmaximierung. Der Unternehmer sucht deshalb nach Gewinn bringenden Marktlücken. Der Konsument seinerseits zieht daraus den Vorteil einer besseren Güterversorgung. Allerdings kann der erfinderische Unternehmer verhältnismäßig hohe Preise verlangen. Hohe Gewinne locken andere Unternehmer an, diese oder ähnliche Güter ebenfalls zu produzieren. Das steigende Angebot behebt schließlich die Knappheit des Gutes und lässt den Preis sinken.

In der freien Marktwirtschaft unterliegt auch die Arbeit der freien Preisbildung. Sie wird als eine Ware angesehen, die im Preis steigt und fällt.

Hier wird's kritisch. Denn: Der Träger der Arbeit ist schließlich der Mensch.

1.2.4 Vor- und Nachteile der Marktwirtschaft

Im vollkommen freien Wettbewerb des 19. Jahrhunderts zeigten sich auch die Vor- und Nachteile dieses Systems: Die Gewinnaussichten, die Möglichkeit freier Entfaltung sowie die Konkurrenz reizten zu ständig neuen Erfindungen und wirtschaftlichen Höchstleistungen. Der technische Fortschritt vollzog sich immer rascher und mit ihm stiegen die Gewinne und Vermögen.

Andererseits blieb derjenige auf der Strecke, der sich im Konkurrenzkampf nicht behaupten konnte. Kleine Unternehmer mussten vielfach aufgeben oder sich zusammenschließen. Es entstanden Mammutunternehmen, oft Monopole. Der Wettbewerb stellte sich selbst in Frage.

Benachteiligt waren aber auch die Arbeitnehmer. Sie strömten zu Hunderttausenden in die Städte. Das Überangebot an Arbeitskräften und die fortschreitende Ersetzung von Arbeit durch Maschinen ließen die Löhne in manchen Fällen sogar auf das Existenzminimum sinken. Es entstand ein ausgebeutetes Arbeiterproletariat, ohne Unterstützung durch Gewerkschaften, ungeschützt gegen Unfälle, Krankheit, Arbeitslosigkeit und ohne Versorgung im Alter.

Die Nachteile des Systems liegen vor allem in folgenden Tendenzen:

Nachteile der freien Marktwirtschaft
Tendenz zur Selbstauflösung des freien Wettbewerbs
Verantwortlich hierfür ist der Prozess des Unternehmenswachstums, der Unternehmenskonzentration, der Vermögens- und Machtkonzentration und der damit verbundenen Ausschaltung kapitalschwächerer Mitbewerber.
Tendenz zur unsozialen Klassengesellschaft
Der Klasse der Kapitalisten (Eigentümer der Produktionsmittel) steht das Proletariat gegenüber, das nur seine Arbeitskraft besitzt. Da der Staat keine Mindestlöhne garantiert, ist die Entlohnung nur den Gesetzen von Angebot und Nachfrage unterworfen. Das aufgrund des Bevölkerungswachstums hohe Arbeitskräfteangebot führt zu niedrigen Löhnen am Rande des Existenzminimums, die nicht dem Wert der tatsächlichen Leistung entsprechen, sowie zu sozialer Not. Ein staatliches Sozialversicherungssystem existiert nicht.

> **Tendenz zu strukturellen Ungleichgewichten**
> Die Produktionsfaktoren werden stets in die gewinnbringendsten Verwendungszwecke gelenkt. Daher bleiben wichtige, weniger Gewinn bringende Bereiche unversorgt (z. B. Krankenpflege). Das gleiche gilt für naturbenachteiligte Regionen.

1.3 Zentralverwaltungswirtschaft

1.3.1 Sozialismus

Während der Liberalismus sich auf die Lehre vom Individualismus stützt, betont der Sozialismus als weltanschauliche Richtung den **Kollektivismus**.

Der Kollektivismus verlangt den Vorrang der Gemeinschaft vor der Einzelpersönlichkeit und die unbedingte Unterwerfung des einzelnen unter die Ziele der Gemeinschaft (Subordinations- und Unterordnungsprinzip).

Der moderne Sozialismus entstand im 19. Jahrhundert als Reaktion auf die Missstände der frühindustriellen, vom Liberalismus geprägten Gesellschaft. Er forderte eine gemeinwirtschaftliche Gesellschaftsordnung, in der die Produktionsmittel „sozialisiert" d. h. in Gemeineigentum übergegangen sind.

Die **ideale Wirtschaftsordnung** für den Sozialismus ist die **Zentralverwaltungswirtschaft,** in der die Entscheidungsbefugnisse über das wirtschaftliche Handeln nicht bei den einzelnen Wirtschaftsteilnehmern, sondern bei einer zentralen Planungsbehörde liegen.

1.3.2 Elemente der Zentralverwaltungswirtschaft

Elemente der Zentralverwaltungswirtschaft
Zentrale Planung und Produktion
Die zentrale Planungsbehörde bestimmt die Art der zu erstellenden Güter sowie die Mengen und Preise (einschließlich der Löhne, Zinsen und Mieten).
Zentrale Planung der Verteilung
Die zentrale Planungsbehörde bestimmt die Empfänger der erstellten Leistungen. Insbesondere wird auch der Außenhandel zentral gelenkt.
Kollektiveigentum
Das Privateigentum an den Produktionsmitteln wird aufgehoben und durch Staats- bzw. Kollektiveigentum ersetzt. Dies gilt auch für Banken und Versicherungen.
Planerfüllung
Die Wirtschaftseinheiten werden auf die Erfüllung der vorgegebenen Planwerte verpflichtet. Oberstes Ziel der Wirtschaftspolitik ist die Planerfüllung.

Markt und Preise verlieren ihre Lenkungsfunktion.

Der Preis ist nur noch eine Verrechnungsgröße.

1.3.3 Planungsprozess

Der Planungsprozess läuft in groben Zügen wie folgt ab:

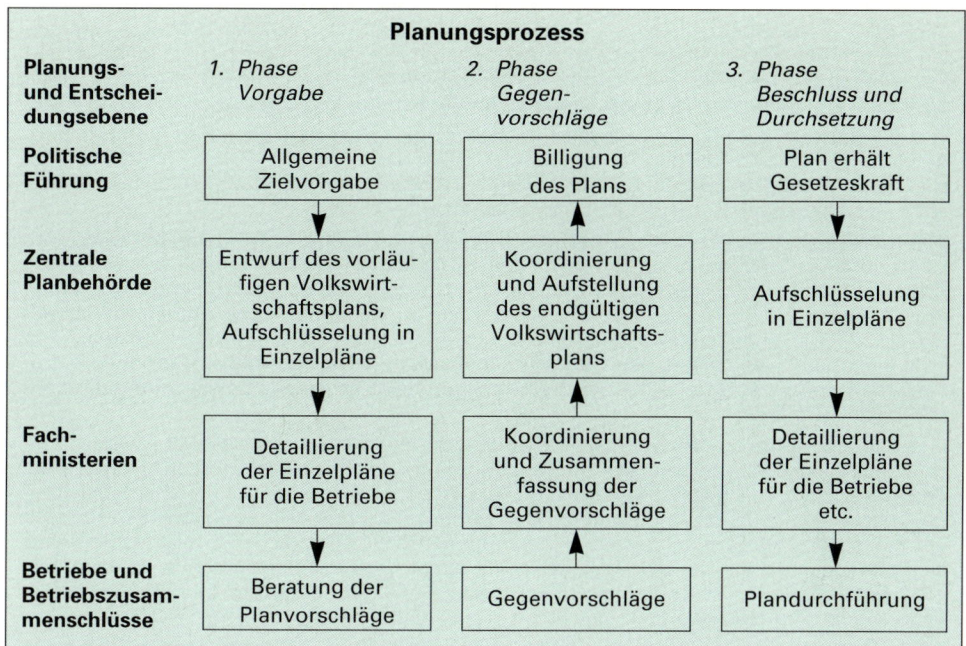

(Quelle: Wirtschaft 4 – Wirtschaftsordnungen im Vergleich – Informationen zur politischen Bildung Nr. 180)

Die Pläne in einer Zentralverwaltungswirtschaft werden lang- und mittelfristig erstellt.

Pläne in einer Zentralverwaltungswirtschaft	
Langfristige Pläne (15–20 Jahre)	**Mittelfristige Pläne** (5 Jahre)
• vorausschauende Analyse (Prognose) • Festlegung der Hauptrichtung der wirtschaftlichen und sozialen Entwicklung	• Wachstumsziele • Strategien und Mittel zur Erreichung der Ziele • Richtung von Wissenschaft und Technik • Zusammensetzung des Produktionssortiments • Produktivität- und Wirtschaftlichkeitsziele • besondere Entwicklung- und Produktionsziele • Zielsetzung im Außenhandel

1.3.4 Vor- und Nachteile der Zentralverwaltungswirtschaft

Die Zentralverwaltungswirtschaft vermeidet die sozialen Missstände der freien Marktwirtschaft: rücksichtslosen Konkurrenzkampf und Ausbeutung der wirtschaftlich Schwachen. Sie führt insofern zu einer größeren **sozialen Gerechtigkeit**.

Allerdings werden diese Vorteile durch schwer wiegende **Nachteile** erkauft:

„Der Staat erteilt jedem einzelnen Betrieb fest umrissene Aufgaben. Nach seinem Plan sollen sie sich genau mit denen anderer Betriebe ergänzen. Aufgrund einer bis in die letzten Einzelheiten vorgeschriebenen Zusammenarbeit sollen die Endprodukte entstehen, ohne dass sich an irgendeiner Stelle ein Leerlauf, ein Verlust ergeben könnte.

Wie die Beispiele zur Genüge beweisen, ist eine solche peinlich genau dirigierte Zusammenarbeit einer vielgliedrigen Wirtschaft nur unzulänglich zu verwirklichen. In einem industrialisierten Land scheitert die totale Planung letztlich an der Vielfalt der Produkte und dem nicht einzuplanenden Verhalten der Verbraucher.

Allein der Ausfall einer einzigen Position kann die ganze Planung umwerfen. Wenn beispielsweise die Schrauben zur Montage in einem Traktorenwerk nur von einer bestimmten Fabrik geliefert werden dürfen, verursacht eine Störung der Schraubenherstellung einen Produktionsausfall im Traktorenwerk. In einer freien Wirtschaftsordnung können die Schrauben schnell von einem anderen Hersteller – auch aus dem Ausland – bezogen werden. Nicht so in einer Befehlswirtschaft, denn die Schrauben aus anderen Fabriken sind für andere Produktionen ‚verplant'. Und der Kauf im Ausland würde das schwache Devisenkonto des Landes weiter vermindern.

In der totalen zentralen Verwaltungswirtschaft fehlt der persönliche Anreiz zu wirtschaftlicher Betätigung. Es gibt kein persönliches Eigentum an Produktionsmitteln. Sie gehören dem ‚Volk'. Dem Volk aber ist kein Mitspracherecht oder eine Möglichkeit die Betriebsleitungen einzusetzen, eingeräumt. Auch darüber verfügt der Staat. Die Direktionen setzen sich aus fest besoldeten Staatsangestellten zusammen. Am wirtschaftlichen Erfolg des Betriebes sind sie nicht beteiligt. Der Betriebsleiter handelt ohne große eigene Initiative, vielmehr wie der Staat es befiehlt. Dieser Gehorsam verringert seine Verantwortung. Er wälzt sie weitgehend auf die Anordnungen der Zentrale ab.

Die Anstrengung des Einzelnen erschöpft sich ebenso in der Ausführung der notwendigsten Arbeiten. Selbst wenn er sein ‚Soll' übererfüllt und mehr als andere verdient, bleibt ihm die Möglichkeit genommen, sich für einen Mehrverdienst Wünsche nach eigenem Geschmack zu erfüllen. Durch die Lenkung der Produktion entscheidet der Staat zugleich über die Wünsche des Einzelnen."

(Quelle: Beloch, Horst: Über die Wirtschaft, Wiesbaden o. J. S. 80 f.)

Die soziale Gerechtigkeit wird teuer erkauft und dadurch unterhöhlt. Durch fehlenden Leistungsantrieb werden phantasielose Einheitsgüter bei oft minderer Qualität angeboten; falsche Einschätzung der Bedürfnisse der Bevölkerung führt zu Planungen am Bedarf vorbei. Die Planung kann meist nicht eingehalten werden, ein Gütermangel entsteht.

Was hab ich davon, wenn ich nicht kaufen kann, was ich möchte, sondern was vorhanden ist?

1.4 Kritik an den idealtypischen Wirtschaftsordnungen

Die den idealtypischen Wirtschaftsordnungen zugrunde liegenden Auffassungen vom Menschen sind einseitig und verkennen das wirkliche Wesen des Menschen:

- Der **Liberalismus** glaubt an die völlige Überlegenheit des Einzelnen über die Gemeinschaft. Er baut auf den rücksichtslosen Eigennutz und die schrankenlose Freiheit. Der Einzelne braucht die Gesellschaft nur aus Zweckmäßigkeitsgründen, z. B. weil Arbeitsteilung Vorteile bringt. Das Recht des Stärkeren führt zum Chaos in der Gesellschaft.

- Der **Kollektivismus** beansprucht andererseits für die Gemeinschaft unbedingten Vorrang vor dem Einzelnen. Dieser muss seine Interessen vollständig den Gemeinschaftsinteressen unterordnen. Die kollektivistische Ordnung führt deshalb zu Zwangsausübung und Bevormundung zu Lasten persönlicher Freiheit und Menschenwürde.

In Wirklichkeit vereinigt das Wesen des Menschen beide Pole:
- Als **Einzelwesen** verfolgt der Mensch seine eigenen Interessen und Ziele.
- Als **soziales Wesen** kennt der Mensch eine natürliche Hinordnung zur Gemeinschaft. Ohne die Gemeinschaft verkümmern seine wesentlichen intellektuellen Anlagen, die z. B. auf die sprachliche Kommunikation, die Kultur, die Kunst gerichtet sind, und seine Gefühle, die z. B. mit Begriffen wie Zuwendung, Anerkennung, Dank verbunden sind.

Grundsätze, die die beiden Pole des Menschen in ihrer Einheit berücksichtigen und deshalb geeigneter sind einer realen Wirtschaftsordnung zugrunde zu liegen, sind das **Solidaritätsprinzip**[1] und das **Subsidiaritätsprinzip**[2]:

Sozialprinzipien	
Solidaritätsprinzip	**Subsidiaritätsprinzip**
Der Mensch ist auf die Gemeinschaft bezogen, die Gemeinschaft umgekehrt auf ihre Glieder. Der Einzelne muss für das Wohl der Gemeinschaft sorgen, die Gemeinschaft für das Wohl der Glieder.	Der Mensch ist grundsätzlich frei und eigenverantwortlich. Der Staat darf ihm seine Aufgaben grundsätzlich nicht abnehmen. Der Staat muss aber Hilfe zur Selbsthilfe geben und einspringen, wenn eine Aufgabe die Kräfte des Einzelnen übersteigt.

Beide Prinzipien finden sich in der Sozial- und Wirtschaftsverfassung der Bundesrepublik Deutschland wieder. Für die Wirtschaft gilt grundsätzlich das Subsidiaritätsprinzip. Das Solidaritätsprinzip ist z. B. in der Sozialversicherung verwirklicht.

Arbeitsaufgaben

1. **Freie Marktwirtschaft und Zentralverwaltungswirtschaft weisen wesentliche Unterschiede auf.**
   a) Erarbeiten Sie solche Unterschiede anhand eines Schemas nach dem folgenden Muster.

	Freie Marktwirtschaft	Zentralverwaltungswirtschaft
Funktionsweise	?	?
Elemente	?	?
Vorteile	?	?
Nachteile	?	?

   b) Für welches Wirtschaftssystem gelten jeweils die folgenden Aussagen?
   - Die Preise gleichen nicht Angebot und Nachfrage aus, sondern machen nur unterschiedliche Güter vergleichbar.
   - Jeder einzelne Unternehmer plant das Geschehen in seinem Betrieb.
   - Wer an den Bedürfnissen der Nachfrager vorbeiproduziert, verliert jeden Absatz und muss aus dem Markt ausscheiden.
   - Am Markt bilden sich die Preise durch das Zusammenspiel von Angebot und Nachfrage.
   - Der Wettbewerb kann durch die Bildung privater Monopole ausgeschaltet werden.
   - Fehlplanungen in einem Wirtschaftsbereich pflanzen sich automatisch in anderen Wirtschaftsbereichen fort.

---

[1] (lat.) solidarisch = sich gegenseitig verpflichtet fühlend
[2] (lat.) subsidiär = unterstützend

- Wenn ein Lieferer ausfällt, besorgt sich der Nachfrager die gewünschten Güter bei einem anderen Lieferer.
- Arbeitsplätze werden vom Staat zugewiesen.
- Das Privateigentum an Produktionsmitteln ist garantiert.
- Die Konsumenten entscheiden im Rahmen ihres verfügbaren Einkommens über die Verteilung der produzierten Güter.
- Alle Einfuhren und Ausfuhren müssen staatlich genehmigt werden.

2. Ferdinand Lasalle, ein deutscher Arbeiterführer im 19. Jahrhundert, bezeichnete den liberalen Staat wegen seines Verhältnisses zur Wirtschaft als „Nachtwächterstaat".
   a) Was wollte Lasalle mit dieser Bezeichnung ausdrücken?
   b) Welche Vor- und Nachteile ergeben sich aus diesem Verhältnis zur Wirtschaft?

3. Der englische Nationalökonom Adam Smith schrieb 1776 in seinem Buch „Untersuchungen über das Wesen und die Ursachen des Volkswohlstandes":
   „Jeder Einzelne ist stets darauf bedacht, die vorteilhafteste Anlage für das Kapital, über das er zu gebieten hat, ausfindig zu machen. Er hat allerdings nur seinen eigenen Vorteil und nicht den des Volkes im Auge; aber gerade die Bedachtnahme auf seinen eigenen Vorteil führt ganz von selbst dazu, dass er diejenige Anlage bevorzugt, welche zugleich für die Gesellschaft die vorteilhafteste ist ...
   Wenn er (der Unternehmer) diesen Gewerbefleiß so lenkt, dass sein Produkt den größten Wert erhält, so bezweckt er lediglich seinen eigenen Gewinn und wird ... von einer unsichtbaren Hand geleitet einen Zweck zu fördern, der ihm keinesfalls vorschwebte. Das Volk hat davon keinen Schaden ... Oft fördert er durch die Verfolgung seines eigenen Interesses das der Gesellschaft weit wirksamer, als wenn er es zu fördern wirklich beabsichtigte. Ich habe niemals gesehen, dass Leute, die zum allgemeinen Besten Handel zu treiben vorgaben, viel Gutes ausgerichtet hätten."
   a) Wie verhalten sich nach Smith Egoismus und Gemeinnutz zueinander?
   b) Nach Smith führt die liberale Marktwirtschaft zum höchsten Volkswohlstand. Erläutern Sie die Gründe.
   c) Die liberale Wirtschaft ist allerdings keine soziale Wirtschaft. Erläutern Sie dies am Beispiel der Lohnbildung, wie sie im Folgenden von David Ricardo beschrieben wird:

   > Arbeit hat ... ihren natürlichen und ihren Marktpreis. Der natürliche Preis ist ... nötig den Arbeiter in den Stand zu setzen... sich zu erhalten ...
   > Der Marktpreis ist derjenige Preis, der wirklich für die Arbeit ... bezahlt wird. Die Arbeit ist teuer, wenn sie selten ist, und billig, wenn sie reichlich ist ...
   > Wenn sich die Zahl der Arbeiter durch den Antrieb, welcher ein hoher Lohn für die Bevölkerungszunahme bildet, vermehrt, sinkt der Lohn wieder auf seinen natürlichen Preis und bisweilen infolge eines Rückschlages darunter.
   > Steht der Marktpreis der Arbeit unter ihrem natürlichen Preis, so gestaltet sich die Lage der Arbeiter am elendsten, ...
   > Erst nachdem die Nachfrage nach Arbeit gestiegen ist, wird der Marktpreis der Arbeit wieder auf ihren natürlichen Preis steigen und der Arbeiter wird die bescheidenen Annehmlichkeiten haben, die ihm die natürliche Lohnrate zu gewähren pflegt."

   David Ricardo (1772–1823), Grundsätze der Volkswirtschaft und Besteuerung, London 1817.

4. „Dies schließt nicht aus, dass ein sozialistisches System in den Bereichen hohe Wirkungen erzielen kann und auch erzielt, denen die Zentrale aus politischen Gründen Vorrang einräumt und auf die sie ihre Mittel konzentriert. Diese Erfolge werden aber mit übermäßig hohen Kosten und Reibungsverlusten erkauft, weil das Lenkungssystem unbeweglich und unwirksam ist. Die Vergesellschaftung der Produktionsmittel bedeutet also keine Befreiung des Individuums, sondern vor allem Bürokratisierung und Bevormundung des Bürgers durch einen kollektiven Marktapparat".
   a) Inwiefern bewirkt die Vergesellschaftung der Produktionsmittel von der Idee her eine Befreiung des Individuums?
   b) Die Zentralverwaltungswirtschaft, wie sie z. B. in der ehemaligen Sowjetunion und der ehemaligen DDR praktiziert wurde, hat in der Praxis tatsächlich zu Bürokratisierung und Bevormundung des Bürgers geführt. Inwiefern ergibt sich eine solche Entwicklung zwangsläufig?
   c) Erläutern Sie anhand des Planungsprozesses die Ursache für die hohen Kosten und Reibungsverluste in der Zentralverwaltungswirtschaft.

2 Die Wirtschaftsordnung der Bundesrepublik Deutschland: die „soziale[1] Marktwirtschaft"

„Der Begriff der sozialen Marktwirtschaft kann als eine ordnungspolitische Idee definiert werden, deren Ziel es ist, auf der Basis der Wettbewerbswirtschaft die freie Initiative mit einem gerade durch die marktwirtschaftliche Leistung gesicherten sozialen Fortschritt zu verbinden."

Quelle: Alfred Müller-Armak, Artikel „Soziale Marktwirtschaft", in Handwörterbuch der Sozialwissenschaften, Stuttgart 1956, S. 390

2.1 Ziele der sozialen Marktwirtschaft

Den Rahmen für unsere Wirtschaftsordnung bildet das Grundgesetz (GG):

GG Art. 14:
(1) Das Eigentum und das Erbrecht werden gewährleistet. Inhalt und Schranken werden durch Gesetze bestimmt.
(2) Eigentum verpflichtet. Sein Gebrauch soll zugleich dem Wohle der Allgemeinheit dienen.
(3) Eine Enteignung ist nur zum Wohle der Allgemeinheit zulässig.

GG Art. 20:
(1) Die Bundesrepublik Deutschland ist ein demokratischer und sozialer Bundesstaat.

Das Grundgesetz schreibt damit keine bestimmte Wirtschaftsordnung vor, sondern gibt nur Daten vor, die nicht angetastet werden dürfen: Das Recht auf Eigentum ebenso wie dessen soziale Verpflichtung. Innerhalb dieser Rahmendaten kann jede Bundesregierung eine ihr zweckmäßig erscheinende Wirtschaftspolitik verfolgen. Alle bisherigen Bundesregierungen haben sich bemüht, ihre Wirtschaftspolitik am Modell der sozialen Marktwirtschaft auszurichten.

Die *soziale Marktwirtschaft* will die Wirkungsweise der Marktkräfte mit den Ansprüchen persönlicher Freiheit und sozialer Gerechtigkeit vereinbaren.

Die obersten Ziele der sozialen Marktwirtschaft sind:

- **Mehrung der persönlichen Freiheit.** Dies bedeutet im wirtschaftlichen Sinn eine bestmögliche Bedürfnisbefriedigung und Mehrung des persönlichen Wohlstands, denn damit wächst die Freiheit des Einzelnen.

- **Gerechtigkeit.** Der wachsende Wohlstand soll gerecht verteilt werden.

- **Soziale Sicherheit.** Der soziale Besitzstand darf nicht gefährdet werden.

Die soziale Marktwirtschaft glaubt diese Ziele am besten erreichen zu können, indem sie an den Spielregeln von Angebot und Nachfrage festhält. Um die Nachteile der reinen Marktwirtschaft auszuschalten, wirkt jedoch der Staat in beschränktem Umfang auf das Wirtschaftsgeschehen ein. Er will so den Wettbewerb ordnen, damit er zum Wohle aller wirksam wird und erhalten bleibt.

Eine Mehrung der persönlichen Freiheit ist nur in sozialer Sicherheit sinnvoll.

---

[1] (lat.) socius = Genosse, Gefährt; sozial bedeutet: gesellschaftlich, menschlich, hilfsbereit; gesellschaftlich gesinnt, voll Gemeinsinn.

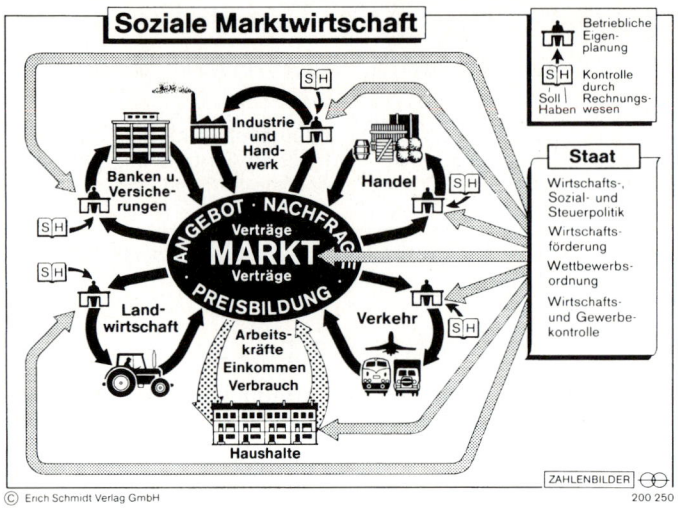

2.2 Elemente der sozialen Marktwirtschaft

Wie schon der Name sagt, werden in der sozialen Marktwirtschaft die Elemente der freien Marktwirtschaft um soziale Elemente ergänzt.

Elemente der sozialen Marktwirtschaft	
Marktwirtschaftliche Elemente	**Soziale Elemente**
Wettbewerbsfreiheit	Der Staat greift ein, wenn die Freiheitsrechte des einen die des anderen beeinträchtigen. So greift er regulierend in das Marktgeschehen ein (Monopolkontrolle, Kartellgesetzgebung) und sorgt dafür, dass der wachsende Wohlstand gerechter verteilt wird (Vermögensbildungspolitik zur breiten Streuung des Eigentums; Herstellung von Chancengleichheit, vor allem im Bildungsbereich; unterschiedliche Besteuerung).
Vertragsfreiheit	Arbeitnehmer und Arbeitgeber dürfen sich zu Vereinigungen zusammenschließen. Gewerkschaften und Arbeitgeberverbände haben Tarifautonomie: Sie können die Löhne frei aushandeln.
Privateigentum	Der Gebrauch des Privateigentums darf nicht gegen das Wohl der Allgemeinheit gerichtet sein. Hier gewinnen z. B. Fragen des Umweltschutzes immer mehr Bedeutung.

Zur Sicherung der sozialen Marktwirtschaft wird die Wirtschaftspolitik des Staates vor allem in folgenden Bereichen tätig:

- Einkommens- und Sozialpolitik,
- Ordnungs- und Wettbewerbspolitik.

2.3 Einkommens- und Sozialpolitik

> Die „Sozialstaatsklausel"des Grundgesetzes fordert nicht die Einrichtung eines totalen Wohlfahrtsstaates; sie impliziert auch nicht die Forderung nach einer ausschließlich staatlich gelenkten und organisierten Wirtschaftsordnung. Sie erstrebt aber die annähernd gleichmäßige Förderung des Wohles aller Bürger und die annähernd gleichmäßige Verteilung der Lasten."

Quelle: Dieter Hesselberger: Das Grundgesetz, Kommentar für die politische Bildung, Neuwied 1975, S. 114

Die Maßnahmen des Staates soziale Gerechtigkeit annähernd zu erreichen, um damit den sozialen Frieden zu sichern, betreffen vor allem:

- wirtschaftspolitische Maßnahmen, welche die Höhe der Einkommen berühren – **Einkommens- und Verteilungspolitik,**
- wirtschaftspolitische Maßnahmen zur Verbesserung der Lebenslage gesellschaftlich schwacher und schutzbedürftiger Personengruppen – **traditionelle Sozialpolitik.**

> **GG Art. 1:**
> (1) Die Würde des Menschen ist unantastbar. Sie zu achten und zu schützen ist Verpflichtung aller staatlichen Gewalt.
> ...

Wie aus dem ersten Kapitel des Grundgesetzes hervorgeht, ist der Staat verpflichtet die Würde eines Menschen zu achten und zu schützen. Reichen Einkommen und Vermögen nicht aus das **Existenzminimum** zu sichern, kann die materielle Not die Würde des Menschen beeinträchtigen. Die **Sozialhilfe** soll dem Betroffenen „die Führung eines Lebens ermöglichen, das der Würde des Menschen entspricht" (§ 1 Bundessozialhilfegesetz).

Solche **Transferzahlungen** (Einkommensübertragungen) werden auch mit anderen Begründungen vorgenommen. Kindergeld, Wohngeld und Zuschüsse zur Rentenversicherung sind nur Beispiele.

Einkommenserhöhungen können indirekt erfolgen, indem bestimmten Gruppen **Steuervergünstigungen** gewährt werden (z. B. Steuerfreibeträge für Behinderte, für Kinder).

Daneben sorgt die **Progression des Einkommensteuertarifs** dafür, dass niedrige Einkommen nur schwach, hohe Einkommen relativ stark besteuert werden. Erbschaftsteuer und Schenkungsteuer werden ebenfalls mit dem Ziel eingesetzt, soziale Gerechtigkeit zu erreichen.

Im Agrarbereich erfolgte viele Jahre eine Einkommenssicherung über vom Staat festgelegte **Mindestpreise**, die den Landwirten für bestimmte Produkte (z. B. Milch) garantiert wurden. Dieses **nicht marktkonforme Mittel** hatte dazu geführt, dass mehr produziert wurde, als auf dem Markt absetzbar war, und der Staat die Überschüsse (Angebotsüberhang) aufkaufen und einlagern musste. Seit 1993 erhalten die Landwirte direkte Unterstützungszahlungen.

Staatlich Maßnahmen müssen die Marktregeln beachten!

Daneben kommen auch **indirekte Einkommenssicherungen** vor, die nicht mehr zur Einkommenspolitik gehören. Gewährt der Staat beispielsweise einem insolvenzgefährdeten Industrieunternehmen einen Zuschuss oder ein zinsgünstiges Darlehen, sichert er damit Arbeitsplätze und indirekt das Einkommen der Arbeitnehmer. Die Möglichkeit die soziale Existenz seiner Bürger zu sichern, muss nicht immer mit Ausgaben verbunden sein. Die zwangsweise Mitgliedschaft in der **Sozialversicherung** (Kranken-, Pflege-, Renten-, Unfall- und Arbeitslosenversicherung) gewährt den Betroffenen materiellen Schutz, der durch alle Mitglieder selbst aufgebracht wird. Dies gilt jedoch nur, solange und soweit keine staatlichen Zuschüsse erforderlich sind.

Es bleibt schließlich der Bereich der Gesetze, die den Arbeitnehmern **sozialen Schutz** gewähren sollen: Kündigungsschutzgesetz, Arbeitsplatzschutzgesetz (für Wehrdienstleistende), Jugendarbeitsschutzgesetz, Mutterschutzgesetz, Schwerbehindertengesetz usw.

2.4 Ordnungs- und Wettbewerbspolitik

2.4.1 Aufgaben und Ziele

Die Ordnungspolitik schränkt die wirtschaftliche Freiheit durch ordnende Maßnahmen ein oder fördert sie durch solche Maßnahmen. Sie umfasst insbesondere die Wettbewerbspolitik, die der Aufrechterhaltung eines gesunden Wettbewerbs dient.

> **Beispiele:**
> - **Konsumfreiheit**
>   Das Energiesicherungsgesetz gibt die Möglichkeit den Verbrauch an Energien zu beschränken und die Art der Verwendung festzulegen.
> - **Wettbewerbsfreiheit**
>   Das Gesetz gegen Wettbewerbsbeschränkungen (Kartellgesetz) gibt dem Staat Eingriffsmöglichkeiten, wenn Unternehmen wettbewerbsbehindernde Absprachen treffen oder solche Verträge schließen.
> - **Gewerbefreiheit**
>   Die Gewerbeordnung verlangt für zahlreiche Gewerbe behördliche Genehmigungen (z. B. für Munitionsfabriken, chemische Werke, Spielhallen, private Krankenanstalten) oder den Nachweis von Sachkunde (z. B. für Apotheken, Lebensmittelgeschäfte). Die Niederlassungsfreiheit wird durch Umweltschutzgesetze eingeschränkt.
> - **Freiheit der Berufswahl**
>   Die Arbeitsämter helfen durch Maßnahmen der Arbeitsmarktförderung bei der Arbeitsplatzsuche und -sicherung.
> - **Freiheit der Eigentumsnutzung**
>   Die Mitbestimmungsgesetze schränken die alleinige Entscheidungsbefugnis der Eigentümer von Privatkapital ein.

Der Wettbewerb

- sichert die individuelle wirtschaftliche Freiheit,
- garantiert den funktionierenden Marktmechanismus der Güterverteilung,
- sichert die optimale Versorgung der Konsumenten,
- ermöglicht den optimalen Einsatz der Produktionsfaktoren.

Kartelle, wirtschaftliche Macht, marktbeherrschende Unternehmen und Zusammenschlüsse können den Wettbewerb außer Kraft setzen. Um das zu verhindern, wurde 1958 das **Kartellgesetz** (Gesetz gegen Wettbewerbsbeschränkungen, GWB) erlassen.

2.4.2 Kartellverbot

Kartelle sind vertragliche Zusammenschlüsse von Unternehmen des gleichen Wirtschaftszweiges, die in der Regel den Wettbewerb beschränken oder ausschließen sollen.

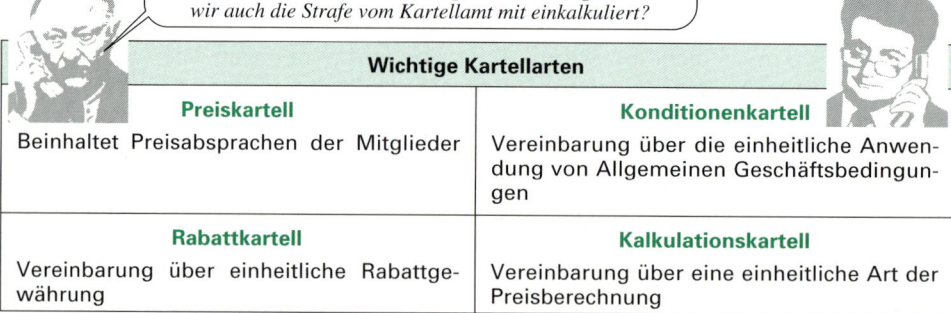

Es bleibt also bei unserer Preisabsprache. – Übrigens, haben wir auch die Strafe vom Kartellamt mit einkalkuliert?

Wichtige Kartellarten	
Preiskartell	**Konditionenkartell**
Beinhaltet Preisabsprachen der Mitglieder	Vereinbarung über die einheitliche Anwendung von Allgemeinen Geschäftsbedingungen
Rabattkartell	**Kalkulationskartell**
Vereinbarung über einheitliche Rabattgewährung	Vereinbarung über eine einheitliche Art der Preisberechnung

Rationalisierungskartell	
soll die Leistungsfähigkeit wirtschaftlicher Abläufe in technischer, betriebswirtschaftlicher oder organisatorischer Hinsicht verbessern. Dazu gehören:	
● *Normen- und Typenkartell* Vereinbarung über die einheitliche Anwendung von Normen und Typen	● *Spezialisierungskartell* Vereinbarung über die Spezialisierung auf bestimmte Bauteile, Baugruppen oder Produkte
Gebietskartell	**Produktionskartell (Quotenkartell)**
Vereinbarung über die Aufteilung des Absatzgebietes unter den Mitgliedern	Vereinbarung über festgelegte Produktionsmengen (Quoten) für die einzelnen Mitglieder
Ausfuhrkartell (Expertkartell)	**Einfuhrkartell (Importkartell)**
Vereinbarung exportierender Unternehmen über einheitliche Preise oder Konditionen auf Auslandsmärkten	Vereinbarung unter Importeuren über Preise oder Konditionen für den Import
Strukturkrisenkartell	**Syndikat**
Vereinbarung über die Absatzmengen bei einem nachhaltigen Nachfragerückgang. Zweck: Planmäßige Anpassung an die Nachfrage unter Berücksichtigung von Gesamtwirtschaft und Gesamtwohl	Gründung einer gemeinsamen Verkaufsgesellschaft. Diese nimmt die Kundenaufträge entgegen, leitet sie nach einem festgelegten Schlüssel weiter. Auch die Zahlungen erfolgen an das Syndikat.

Das Kartellgesetz erklärt Verträge und abgestimmte Verhaltensweisen für unwirksam, die durch Wettbewerbsbeschränkungen die Produktion oder die Marktverhältnisse beeinflussen können. Somit sind Kartellabsprachen – insbesondere Preis-, Produktions-, Gebiets- und Kalkulationskartelle – nichtig.

Das Gesetz sieht jedoch Ausnahmen vom Kartellverbot vor:

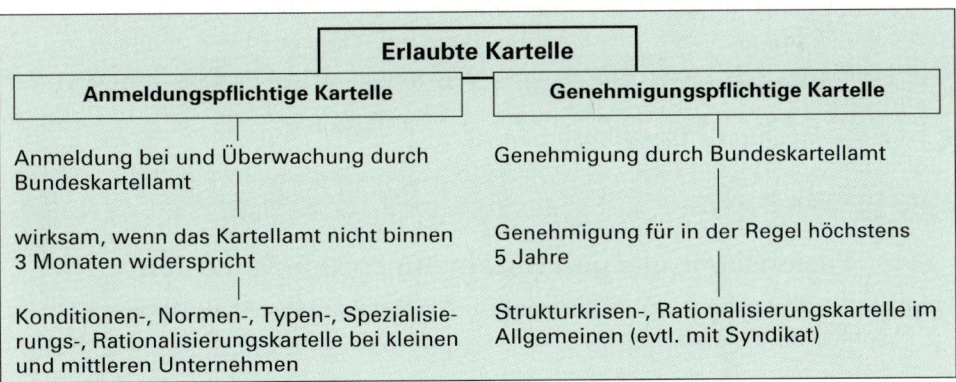

Der Bundeswirtschaftsminister kann ein an sich verbotenes Kartell erlauben, wenn die Beschränkungen des Wettbewerbs im Interesse des Gemeinwohls liegt.

2.4.3 Missbrauchsaufsicht gegenüber marktbeherrschenden Unternehmen

Die Kartellbehörde kann marktbeherrschenden Unternehmen ein missbräuchliches Verhalten untersagen und Verträge für unwirksam erklären.

Marktbeherrschende Unternehmen nach dem Kartellgesetz	
Ein Unternehmen gilt als marktbeherrschend, wenn es als Anbieter oder Nachfrager bestimmter Leistungen ● keinem wesentlichen Wettbewerb ausgesetzt ist oder ● eine überragende Marktstellung hat (z. B. Marktanteil, Finanzkraft, Marktzugang, Verflechtungen). Unter den gleichen Voraussetzungen gelten auch mehrere Unternehmen ohne wesentlichen Wettbewerb untereinander als marktbeherrschend.	Darüber hinaus kann das Kartellamt Marktbeherrschung in folgenden Fällen vermuten: Zahl der Unternehmen Marktanteil 1 mind. 1/3 bis zu 3 mind. 1/2 bis zu 5 mind. 2/3 Die betroffenen Unternehmen können jedoch nachweisen, dass sie nicht marktbeherrschend sind.

Ein missbräuchliches Verhalten liegt insbesondere vor, wenn marktbeherrschende Unternehmen

- die Wettbewerbsmöglichkeiten anderer Unternehmen erheblich und ohne sachlich gerechtfertigten Grund beeinträchtigen;
- Entgelte oder Geschäftsbedingungen fordern, die sie bei wirksamem Wettbewerb nicht fordern könnten;
- ungünstigere Entgelte oder Geschäftsbedingungen fordern, als sie selbst auf vergleichbaren Märkten von vergleichbaren Abnehmern fordern, und wenn der Unterschied nicht sachlich gerechtfertigt ist;
- anderen Unternehmen den entgeltlichen Zugang zu ihren eigenen Netzen oder anderen Infrastruktureinrichtungen verwehren. (Voraussetzung: Das andere Unternehmen kann ohne die Mitbenutzung nicht als Wettbewerber tätig werden.)

Marktbeherrschende Unternehmen dürfen keine anderen Unternehmen
- **diskriminieren,** z. B. unbillig im Geschäftsverkehr behindern; ohne sachliche Rechtfertigung unterschiedlich behandeln; ohne sachliche Rechtfertigung Vorzugsbedingungen verlangen; ständig Waren unter Einkaufspreis anbieten;
- **boykottieren,** z. B. Unternehmen ihnen gegenüber zu Liefer- oder Bezugssperren auffordern;
- **benachteiligen oder bevorteilen,** um sie zu einen vom Kartellgesetz verbotenen Verhalten zu veranlassen.

Übrigens: Betroffene können ihre Anzeige auch anonym beim Kartellamt einreichen, um Geschäftsnachteile zu vermeiden.

2.4.4 Fusionskontrolle und Unternehmenskonzentration

In folgenden Fällen liegt ein Zusammenschluss nach GWB liegt vor:	Ein Zusammenschluss ist dem Kartellamt vor seinem Vollzug zu melden,
● Ein Unternehmen erwirbt das Vermögen eines anderen Unternehmens ganz oder zu einem wesentlichen Teil; ● es erwirbt durch Rechte, Verträge oder andere Mittel die Kontrolle über ein anderes Unternehmen; ● es erwirbt a) 25% oder b) 50% der Kapitalanteile oder Stimmrechte eines anderen Unternehmens.	● wenn im vorausgehenden Geschäftsjahr alle beteiligten Unternehmen zusammen weltweit Umsätze von mehr als 500 Mio. EUR erzielen und ● wenn mindestens ein beteiligtes Unternehmen in Deutschland Umsätze von über 25 Mio. EUR erzielte.

Ist zu erwarten, dass der Zusammenschluss eine marktbeherrschende Stellung begründet oder verstärkt, so ist er vom Bundeskartellamt zu untersagen.

Ausnahme: Die betreffenden Unternehmen weisen nach, dass der Zusammenschluss den Wettbewerb verbessert und dass diese Verbesserungen die Nachteile der Marktbeherrschung überwiegen.

Das Kartellamt kann auch Auflagen für einen Zusammenschluss machen.

Beispiel:
Als ein großes Versandhandelsunternehmen zahlungsunfähig wurde, erklärte sich ein Warenhauskonzern bereit sich zu beteiligen. Obwohl eine marktbeherrschende Stellung entstand, genehmigte das Kartellamt den Zusammenschluss im Interesse der Erhaltung der Arbeitsplätze. Es machte aber die Auflage, einen bisher zum Versandhandelsunternehmen gehörenden Reiseveranstalter auszugliedern.

2.5 Vertragsfreiheit für Arbeitnehmer

2.5.1 Tarifvertrag, Tarifautonomie

Arbeitgeber und Arbeitnehmer haben das Recht, sich in Organisationen zusammenzuschließen. Dies garantiert Art. 9 (3) des Grundgesetzes.

Dieses Recht heißt **Koalitionsfreiheit.**

Die Arbeitgeber gleicher Wirtschaftszweige organisieren sich in **Fachverbänden**. Ihr Dachverband ist die Bundesvereinigung der Deutschen Arbeitgeberverbände (BDA).

Die Arbeitnehmer organisieren sich ihrerseits in **Gewerkschaften**.

Das Tarifvertragsgesetz gesteht den Gewerkschaften einerseits und den einzelnen Arbeitgebern sowie den Arbeitgeberverbänden andererseits das Recht zu, **Tarifverträge** abzuschließen.

Tarifverträge **sind kollektive (für alle angeschlossenen Mitglieder verbindliche) Arbeitsverträge. Sie enthalten Abmachungen über Löhne, Gehälter und andere arbeitsrechtliche Regelungen.**

Der Tarifvertrag regelt neben dem Einzelarbeitsvertrag die Arbeitsverhältnisse. Er ist geltendes Recht. Solange der Tarifvertrag gilt, ist der Arbeitsfrieden gesichert. Für

Kann der Arbeitgeber 12 Euro zahlen, wenn der Stundenlohn laut Tarif 11 Euro beträgt?

Jawohl. Er kann auch ohne Zustimmung der Gewerkschaft wieder auf 11 Euro runtergehen.

Die tariflichen Vereinbarungen darf er aber nicht unterschreiben.

alle besteht eine Friedenspflicht, die es verbietet Arbeitskämpfe zu führen. Der Tarifvertrag enthält jedoch nur Mindestbedingungen. Zugunsten der Arbeitnehmer kann der Arbeitgeber jeweils anderes vereinbaren.

Das Tarifvertragsgesetz gibt den Tarifvertragsparteien die **Tarifautonomie**. Darunter versteht man das Recht, Tarifverträge frei von staatlichen Eingriffen abzuschließen. Der Staat darf nicht einmal dann in Tarifverhandlungen eingreifen, wenn abzusehen ist, dass die Ergebnisse schädliche Auswirkungen auf die Wirtschaftslage haben können (z. B. auf die Geldwertstabilität). Er soll nur dafür sorgen, dass die Spielregeln für beide Parteien gleich sind. Lohnstopp, Preisstopp oder die Beseitigung des privaten Eigentums würden die Tarifautonomie zerstören.

2.5.2 Arten von Tarifverträgen

Häufig lassen sich die Ergebnisse von Tarifverhandlungen nur schwer in einem einzelnen Vertrag zusammenfassen So sind z. B. für bestimmte Vereinbarungen unterschiedliche Laufzeiten anzutreffen. Lohnvereinbarungen haben kürzere Laufzeiten als Urlaubsregelungen.

Wäre es dann nicht sinnvoll, unterschiedliche Probleme in unterschiedlichen Tarifverträgen zu regeln?

Genau das macht man! Deshalb gibt es Lohn- bzw. Gehaltstarifverträge und Manteltarifverträge.

Arten von Tarifverträgen	
Lohntarifvertrag (Gehaltstarifvertrag[1])	**Manteltarifvertrag**
regelt:	regelt:
– Löhne und Gehälter	– Vermögenswirksame Leistungen
– Lohngruppen, Zulagen, Zuschläge	– Urlaubsregelungen
– Lohnfortzahlung	– Arbeitszeit
– Akkordlohn	– Rationalisierungsschutz
– Erfolgsbeteiligung	– Arbeitsschutz

Lohn-/Gehaltstarifverträge enthalten nur Regelungen über Vergütungen, während **Manteltarifverträge** als Rahmentarife Einzelfragen wie Sonderzuschläge und vermögenswirksame Leistungen regeln. Solche Vereinbarungen haben meistens einen größeren Geltungsbereich und eine längere Geltungsdauer. Ein gemeinsamer Vertrag würde neue Verhandlungen verlängern, da dann über alle Fragen gleichzeitig verhandelt werden müsste.

Gültigkeit der Tarifverträge
Persönlicher Geltungsbereich
Ein Tarifvertrag gilt nur für die Arbeitnehmer, die der tarifschließenden Gewerkschaft angehören und die bei einem Arbeitgeber des tarifschließenden Verbandes beschäftigt sind. So sind nur 40 % der Arbeitnehmer tarifgebunden. Nichtorganisierte haben demnach keinen Anspruch auf die Anwendung des Tarifvertrages! Sie können aber in ihren Arbeitsverträgen Bezug auf die Tarifverträge nehmen. So können sie auch ohne Mitgliedschaft die Vorteile

---

[1] In der chemischen Industrie wurde 1988 zum ersten Mal ein einheitlicher „Entgelttarifvertrag" für Arbeiter und Angestellte geschlossen.

wahrnehmen. Die Arbeitgeber werden dazu bereit sein, um ihre Arbeitnehmer nicht in die Gewerkschaft zu drängen. In der Praxis werden über 90 % aller Arbeitsverträge durch tarifvertragliche Regelungen gestaltet. Tarifverträge dürfen nach der geltenden Rechtsprechung keine „Außenseiterklauseln" enthalten, die eine Ungleichbehandlung von nicht organisierten Arbeitnehmern vorsehen.

Eine Allgemeinverbindlichkeitserklärung auch für nicht organisierte Betriebe und Arbeitnehmer ist durch den Bundesarbeitsminister möglich, wenn die tarifgebundenen Arbeitgeber mindestens 50 % der unter diesen Tarifabschluss fallenden Arbeitnehmer beschäftigen und wenn die Allgemeinverbindlichkeitserklärung im öffentlichen Interesse liegt.

Fachlicher Geltungsbereich

Tarifverträge gelten nur für einzelne Industriezweige oder Betriebe. Gewerkschaften sind an möglichst vielen Tarifbereichen interessiert, da sich so eher Verbesserungen durchsetzen lassen.

Räumlicher Geltungsbereich

Ein Tarifvertrag kann außer der fachlichen Begrenzung auch räumlich eingeschränkt sein. Man unterscheidet Bundestarifverträge, Regionaltarifverträge oder Bezirkstarifverträge. In zeitlicher Hinsicht tendiert man immer mehr zu kurzen Laufzeiten.

2.6 Ökologische Verpflichtungen

Eine soziale Marktwirtschaft verdient ihren Namen nur, wenn sie dem Gemeinwohl verpflichtet ist. Dies schließt ein, dass sie dazu beitragen muss die natürlichen Lebensgrundlagen der menschlichen Gesellschaft zu erhalten und eine lebenswerte Umwelt zu sichern.

Die Praxis scheint zu zeigen, dass eine soziale Marktwirtschaft in einer demokratischen Gesellschaft besser als eine Zentralverwaltungswirtschaft in der Lage ist die Umweltprobleme zu lösen. Seit dem Zerfall des Ostblocks zeigen sich in erschreckendem Ausmaß die Umweltsünden in den Ländern, deren Wirtschaft von zentralen Plänen gelenkt wurde.

Beispiel:
- In der ehemaligen DDR wurde vorwiegend mit Braunkohle geheizt, die Smog erzeugte.
- Katalysatoren für Kraftfahrzeuge waren unbekannt.
- Die Industrie – insbesondere die Chemie – ließ nahe zu alle Giftstoffe ungefiltert in Luft, Wasser und Boden ab.

Die Folge sind Umweltschäden, deren Beseitigung Kosten von Zigmilliarden EUR verursacht.

Die Gründe sind zu suchen in

- einseitiger Ausrichtung der Wirtschaft auf Produktivität;
- fehlendem Gewinnanreiz, fehlender Initiative;
- unzureichender Wettbewerbsfähigkeit auf dem Weltmarkt;
- chronischem Mangel an international anerkanntem Geld;
- Unterdrückung abweichender Meinungsäußerungen.

Eine soziale Marktwirtschaft in demokratischer Grundordnung ermöglicht hingegen einen Prozess gegenseitiger Befruchtung, der zu einem hohen Grad an Umweltbewusstsein führt. In der Bundesrepublik Deutschland hat seit der zweiten Hälfte der sechziger Jahre etwa folgender Prozess stattgefunden:

```
Erkenntnis wachsender Umweltverschmutzung
                    ↓
Entstehung ökologisch ausgerichteter Gruppen: Bürgerinitiativen,
       Umweltschutzorganisationen und Parteien
                    ↓
       zunehmender Druck auf etablierte Parteien
                    ↓
       wachsendes Umweltbewusstsein in der Öffentlichkeit
                    ↓
            staatliche Umweltschutzvorschriften
                    ↓
          zunehmender Druck auf die Wirtschaft
                    ↓
    wachsendes Umweltbewusstsein in der Wirtschaft und Gesellschaft
```

Durch diesen Prozess wandelt sich die Industrie vom Umweltbremser zum Umweltmotor: Man will Gewinne machen; Gewinne lassen sich aber in Zukunft nur noch mit umweltschonenden Produkten und Verfahren erzielen. Schwarze Schafe müssen mit empfindlichen Strafen rechnen.

Arbeitsaufgaben

1. **Die Wirtschaftsordnung der Bundesrepublik Deutschland heißt „soziale Marktwirtschaft".**
   a) Erläutern Sie, was mit diesem zusammengesetzten Begriff ausgedrückt werden soll.
   b) In welcher Weise erfahren die Elemente der freien Marktwirtschaft in der sozialen Marktwirtschaft weitreichende Abänderungen?
   c) Lässt das Grundgesetz für die Bundesrepublik Deutschland auch eine freie Marktwirtschaft und eine Zentralverwaltungswirtschaft in Reinform als Wirtschaftsordnung zu?
   d) Nennen Sie Maßnahmen aus den Bereichen der Einkommenspolitik, Sozialpolitik, Strukturpolitik und Ordnungspolitik, mit denen der Staat in der sozialen Marktwirtschaft die Nachteile der freien Marktwirtschaft zu beschneiden sucht.

2. **In der Bundesrepublik Deutschland sehen gesetzliche Vorschriften unter anderem folgende Möglichkeiten und Maßnahmen vor:**
   (1) Der Erwerb von Wohneigentum zum Zwecke der Selbstnutzung wird steuerlich gefördert.
   (2) Eltern erhalten Kindergeld.
   (3) Bei einer Abschwächung der Wirtschaftstätigkeit, die die Stabilität des Preisniveaus, die Vollbeschäftigung, den Ausgleich der Zahlungsbilanz und ein angemessenes Wirtschaftswachstum gefährdet, hat der Staat die Planung geeigneter Investitionsmaßnahmen so zu beschleunigen, dass mit ihrer Durchführung kurzfristig begonnen werden kann.
   (4) Unternehmen, die sich in Fördergebieten niederlassen, können staatliche Investitionszuschüsse erhalten, die sich je nach Ort zwischen 15 und 25 % der Investitionssumme bewegen. Fördergebiete sind Schwerpunktorte in strukturschwachen Regionen. Ob ein Gebiet Fördergebiet wird, richtet sich nach der Arbeitslosenquote, dem Einkommensniveau und der vorhandenen Infrastruktur.
   Geben Sie die Bereiche der Politik an, zu denen diese Möglichkeiten und Maßnahmen gehören (Einkommens-, Sozial-, Konjunktur-, Struktur-, Ordnungs-, Wettbewerbspolitik) und erläutern Sie die Zielsetzung.

3. **Soziale Marktwirtschaft erfordert, dass der Staat bei schwerwiegenden Störungen der Wirtschaftstätigkeit regulierend eingreift.**
   Es seien folgende Störungen gegeben:
   (1) Ein von Ihnen gekauftes Fahrrad weist Mängel auf.
   2) Ein Atomkraftwerk hat nach Expertenaussagen Sicherheitsmängel.
   (3) Die Zahl der Arbeitslosen steigt über die Fünf-Millionen-Grenze.
   (4) Ein Unternehmen muss schließen, weil es keinen Absatz für seine Produkte findet.
   (5) Die Zahl der Arbeitslosen ist in einer bestimmten Region besonders hoch.
   Beurteilen Sie, bei welchen dieser Störungen ein staatlicher Eingriff erforderlich wird.

4. „Kann der Trend zu immer mehr Staat gestoppt werden? Er muss. In der Welt und in der Geschichte unseres Landes gibt es genug Beispiele dafür, dass den Problemen, die uns jetzt und in Zukunft bedrängen – Wachstumsschwäche, Arbeitslosigkeit, Finanznöte des Staates und der sozialen Sicherung – mit noch mehr Bürokratie, Lenkung und „Umverteilung" nicht beizukommen ist. Diese Einsicht ist, leider, heute nur bei einem Teil der Politiker und bei den Gewerkschaften nur in Einzelfällen vorhanden."
(Aus Kurs 79, hrsg. vom Arbeitgeberverband Neuss und Umgegend e. V., Neuss 1979, S. 6)
   a) Die Aussage stammt aus dem Jahr 1979. Sie verfolgen sicher aufmerksam die Nachrichten im Fernsehen und in der Zeitung. Gibt die Aussage auch heute – mehr als 20 Jahre später – die Meinung der Unternehmer wieder?
   b) Welche Mängel weist die soziale Marktwirtschaft heute aus der Sicht der Unternehmer auf? Erläutern Sie die Mängel und versuchen Sie, Ursachen anzugeben.
   c) Diskutieren Sie über Lösungsmöglichkeiten.

5. Das Kartellgesetz verlangt, dass Kartellverträge schriftlich geschlossen werden müssen. Abgestimmte Verhaltensweisen und sog. „Frühstückskartelle" (Abreden, die quasi nebenbei „beim Frühstück" getroffen werden, sind also verboten).
   Warum verlangt das Kartellgesetz einen schriftlichen Abschluss von Kartellverträgen?

6. Vier Chemiewerke stellen als einzige ein bestimmtes Medikament her. Sie verabreden, dieses Medikament zum Preis von 10,00 EUR zu verkaufen.
   Erläutern Sie die rechtliche Problematik.

7. Zwei Hersteller von speziellen elektronischen Geräten, die einzigen Anbieter, schließen sich durch Fusion zusammen.
   a) Was versteht man unter einer Fusion und wodurch unterscheidet sie sich von einem Kartell?
   b) Wie wird die Kartellbehörde im vorliegenden Fall reagieren?
   c) Wie ist die Reaktion der Kartellbehörde zu begründen?

8. Arbeitgeber und Gewerkschaften werden teils als „Tarifpartner", teils als „Tarifparteien" bezeichnet.
   Was soll mit diesen Bezeichnungen ausgedrückt werden und welche charakterisiert nach Ihrer Ansicht das Verhältnis der beiden Gruppen zueinander zutreffender?

9. Während einer Tarifrunde vertrat der Bundeswirtschaftsminister in der Öffentlichkeit sehr entschieden den Standpunkt, aufgrund der wirtschaftlichen Lage in Deutschland dürften die Lohn- und Gehaltserhöhungen auf keinen Fall „eine 4 vor dem Komma haben". Die Gewerkschaften protestierten heftig und behaupteten, die Tarifautonomie sei durch diese Äußerungen gefährdet.
   a) Was ist unter Tarifautonomie zu verstehen?
   b) Ist der Gewerkschaftsvorwurf nach Ihrer Ansicht gerechtfertigt?

10. Sie erhalten als nicht gewerkschaftlich organisierter Arbeitnehmer von der IG-Metall den neuen Tarifvertrag und lesen auf dem Umschlag: „Nach dem Gesetz haben nur Gewerkschaftsmitglieder Anspruch auf die Erfüllung des Tarifvertrages."
    a) Welche Arten von Tarifverträgen sind zu unterscheiden?
    b) Trotz des angedeuteten fehlenden Anspruchs gelangen Nicht-Gewerkschaftsmitglieder meist in den Genuss der vereinbarten Tarifvereinbarungen. Begründen Sie dies.

11. **Abfallvermeidung**
Industrie hat Chancen genutzt

HANDELSBLATT, Sonntag, 1. Dezember 1991, Düsseldorf. Die erste Stufe der von Bundesumweltminister Töpfer durchgesetzten Verordnung zur Rücknahme von Verpackungsabfall ist zum 1. Dezember in Kraft getreten: Hersteller und Vertreiber müssen nun Transportverpackungen wie Fässer, Kanister, Kartonagen, und Folien zurücknehmen und einer Wiederverwertung zuführen. Gleich vier Entsorgungssysteme treten an, nachdem Gespräche über den Aufbau einer flächendeckenden Organisation scheiterte. Die betroffenen Branchen haben die Töpfer-Direktive als Chance begriffen. Allenthalben wurde über Möglichkeiten nachgedacht, das Verpackungsaufkommen zu verringern. umweltverträglichere Materialien einzusetzen und verwertende Stoffkreisläufe zu schaffen.

Soziale Marktwirtschaft beinhaltet auch immer eine ökologische Verpflichtung.
a) Erläutern Sie am Beispiel des abgedruckten Zeitungsartikels, wie die Wirtschaftssubjekte diese Verpflichtung erfüllen können.
b) Der abgedruckte Artikel ist inzwischen ein Jahrzehnt alt. Informieren Sie sich und berichten Sie darüber, welche Vorschriften und Entsorgungswege inzwischen für Umverpackungen und Verkaufsverpackungen bestehen (Stichwörter: Verpackungsverordnung, Duales System, Gelbe Tonne).

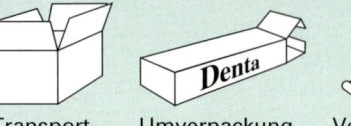
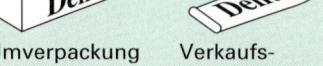

Transport-   Umverpackung   Verkaufs-
verpackung   verpackung

3 Ziele der Wirtschaftspolitik

„Wie nett, ihr weisen Professoren – Blumen, nichts als Blumen!"

3.1 Stabilitätsgesetz

> Wenn in einer Volkswirtschaft die Unternehmen mit einer wachsenden Nachfrage rechnen, erhoffen sie sich höhere Gewinne und werden die Produktion steigern. Bleiben aber die Gewinne aus, weil in Wirklichkeit die Nachfrage hinter den Erwartungen zurückbleibt, so sind Güternachfrage und Güterangebot nicht im Gleichgewicht. Die Unternehmen fahren die Produktion zurück und entlassen Arbeitskräfte. Das Einkommen der Haushalte sinkt und bewirkt einen weiteren Nachfragerückgang. Neue Produktionseinschränkungen folgen ...
> Ein Ungleichgewicht liegt andererseits auch vor, wenn die Güternachfrage das Güterangebot übersteigt. Dann steigen die Güterpreise und mit ihnen die Gewinne der Unternehmer. Die Arbeitnehmer verlangen Lohnerhöhungen: Sie wollen die Preissteigerungen durch höhere Einkommen ausgleichen und darüber hinaus ihren Anteil am größeren Wohlstand haben. Höhere Löhne aber sind für die Unternehmen höhere Kosten. Sie führen zu neuen Preissteigerungen. Eine Spirale aus Preis- und Lohnerhöhungen setzt sich in Gang. Gefährlich wird es, wenn irgendwann die Kosten nicht mehr aufgefangen werden können oder die Nachfrage zurückgeht. Dann kommt es zwangsläufig wieder zu Produktionseinschränkungen. ...

Die Hauptziele der sozialen Marktwirtschaft:
- Mehrung der persönlichen Freiheit und des Wohlstands,
- gerechte Verteilung des wachsenden Wohlstands,
- soziale Sicherheit

erfordern einen möglichst störungsfreien Verlauf der Wirtschaftstätigkeit. Nur wenn das Gleichgewicht in der Volkswirtschaft erhalten bleibt und dabei die Güterproduktion gleichmäßig wächst, kann der gesamtwirtschaftliche Wohlstand steigen und gerecht verteilt werden.

Schwankungen in der Wirtschaftstätigkeit einer Volkswirtschaft sind in der Regel unerwünscht, da diese Schwankungen sowohl die Beschäftigung, die Produktion als auch das Volkseinkommen betreffen. In der Bundesrepublik Deutschland kommt eine Kombination von wirtschaftspolitischen Maßnahmen zur globalen Beeinflussung solcher Schwankungen zur Anwendung.

Grundlage für die so genannte **Globalsteuerung** ist das Gesetz zur Förderung der Stabilität und des Wachstums der Wirtschaft (kurz Stabilitätsgesetz) von 1967. Es enthält die gesetzliche Verpflichtung des Staates, seine wirtschafts- und finanzpolitischen Maßnahmen auf die Erfordernisse der gesamtwirtschaftlichen Ziele auszurichten.

> **Stabilitätsgesetz § 1**
> „Bund und Länder haben bei ihren wirtschafts- und finanzpolitischen Maßnahmen die Erfordernisse des gesamtwirtschaftlichen Gleichgewichts zu beachten. Die Maßnahmen sind so zu treffen, dass sie im Rahmen der marktwirtschaftlichen Ordnung gleichzeitig zu Stabilität des Preisniveaus, zu einem hohen Beschäftigungsstand und außenwirtschaftlichem Gleichgewicht bei stetigem und angemessenem Wirtschaftswachstum beitragen."

3.2 Stabilität des Preisniveaus

Unter dem Preisniveau in einer Volkswirtschaft versteht man die durchschnittliche Höhe der Preise für Güter und Dienstleistungen.

Wenn das Preisniveau stabil bleibt, so bleibt auch der Geldwert stabil: Das Geld behält seine Kaufkraft. Ein nachhaltiger Anstieg des Preisniveaus heißt Inflation.[1]

Nun haben in einer wachsenden Wirtschaft die Preise immer eine gewisse Tendenz zur Inflation. Da Wirtschaftswachstum ebenfalls ein wichtiges wirtschaftspolitisches Ziel darstellt, lässt sich eine absolute Preisstabilität kaum erreichen. Man begnügt sich deshalb mit einer relativen Preisniveaustabilität. Sie gilt allgemein dann als erreicht, wenn das Preisniveau im Jahr um nicht mehr als 2 % steigt.

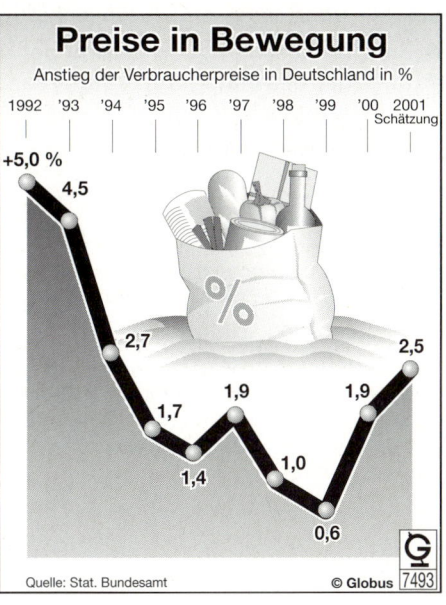

[1] (lat.) inflatio = Aufblähung

3.3 Hoher Beschäftigungsstand

Der Beschäftigungsstand einer Volkswirtschaft wird gewöhnlich mithilfe der so genannten Arbeitslosenquote gemessen:

$$\text{Arbeitslosenquote} = \frac{\text{Zahl der Arbeitslosen}}{\text{Zahl der Erwerbspersonen}} \cdot 100$$

Die Arbeitslosenquote zeigt an, wie viel Prozent der Erwerbspersonen arbeitslos sind. Dabei umfasst die Zahl der Erwerbspersonen alle beschäftigten Arbeiter, Angestellten, Beamten und Selbstständigen sowie die bei den Arbeitsämtern als arbeitslos Gemeldeten.

Absolute **Vollbeschäftigung** liegt vor, wenn niemand arbeitslos ist. Für die Bundesrepublik Deutschland gilt jedoch aufgrund einer Untersuchung der Bundesanstalt für Arbeit in Nürnberg als gesichert, dass die Arbeitslosenquote nicht unter etwa 0,7 % gesenkt werden kann. Die Bundesregierung spricht deshalb von Vollbeschäftigung, wenn die Arbeitslosenquote nicht größer als 0,8 % ist. International sieht man den Produktionsfaktor Arbeit sogar als vollbeschäftigt an, wenn die Arbeitslosenquote nicht größer als 2 % ist.

Auch die Zahl der offenen Stellen wird gern zur Bestimmung der Vollbeschäftigung herangezogen. Man kann auf Vollbeschäftigung schließen, wenn die Zahl der offenen Stellen etwa gleich der Zahl der Arbeitslosen ist.

	Auslastung des Produktionsfaktors Arbeit		
	Unterbeschäftigung	**Vollbeschäftigung**	**Überbeschäftigung**
Arbeitslosenquote	größer als 2%	0,8–2%	kleiner als 0,8%
Verhältnis Arbeitslose und offene Stellen	Mehr Arbeitslose als offene Stellen	Zahl der Arbeitslosen = Zahl der offenen Stellen	Weniger Arbeitslose als offene Stellen

Sowohl Über- als auch Unterbeschäftigung sind volkswirtschaftlich problematisch:
- Bei Überbeschäftigung hemmt der Arbeitskräftemangel die Produktion.
- Die Unterbeschäftigung bringt finanzielle und soziale Probleme für die von der Arbeitslosigkeit Betroffenen.

Deshalb strebt die Wirtschaftspolitik einen „hohen" Beschäftigungsstand an. Allerdings verzichtet die Bundesregierung seit 1980 darauf, einen festen Prozentsatz als Zielgröße anzugeben.

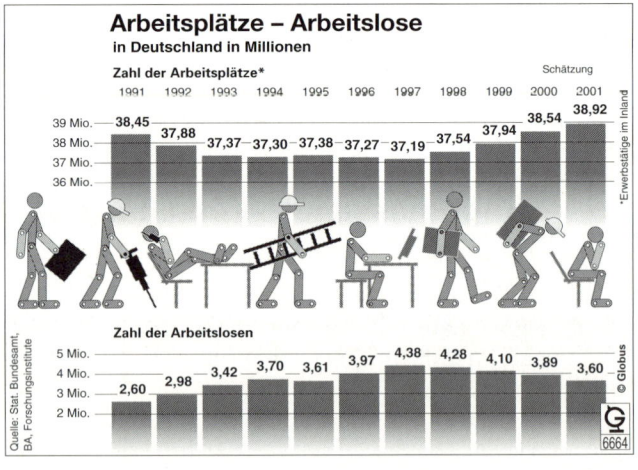

3.4 Außenwirtschaftliches Gleichgewicht

Jede Volkswirtschaft betreibt Außenhandel:

- Man importiert Waren und Dienstleistungen, die im Inland benötigt werden, aber nicht vorhanden sind. Man importiert auch Güter, die zwar im Inland vorhanden, aber aus dem Ausland preisgünstiger zu beziehen sind.
- Ausländische Volkswirtschaften handeln genauso. Dies führt bei der inländischen Volkswirtschaft zu Exporten.

Der Saldo aus Exporten und Importen heißt **Außenbeitrag**.

Wenn die Güterpreise im Ausland stärker steigen als im Inland, steigt die Auslandsnachfrage nach inländischen Gütern. Das Inland erzielt **Exportüberschüsse**. Die höhere Nachfrage führt auch im Inland zu höheren Preisen. Es kommt zu einer sog. **importierten Inflation**.

Wenn umgekehrt das Ausland billiger als das Inland anbietet, werden mehr ausländische Güter importiert. Es entstehen **Importüberschüsse**. Die Nachfrage nach inländischen Gütern sinkt, die inländischen Anbieter finden ggf. nicht genügend Absatz. Die Beschäftigung kann zurückgehen und die **Arbeitslosigkeit** ansteigen.

Solche negativen Einflüsse aus dem Ausland können nur ausgeschaltet werden, wenn die Importe und Exporte von Waren und Dienstleistungen sich in etwa die Waage halten. Dieses **außenwirtschaftliche Gleichgewicht** ist ein wichtiges Ziel der Wirtschaftspolitik.

Außenwirtschaftliche Ungleichgewichte entstehen nicht nur durch Preisunterschiede gleicher oder ähnlicher Güter. Sie können auch zustande kommen, wenn sich die zwischen den Volkswirtschaften ausgetauschten Güter stark unterscheiden. Weichen die Preise dieser Güter stark voneinander ab (z. B. die Preise importierter Südfrüchte und die Preise exportierter elektronischer Geräte), so ist ein außenwirtschaftliches Gleichgewicht kaum möglich.

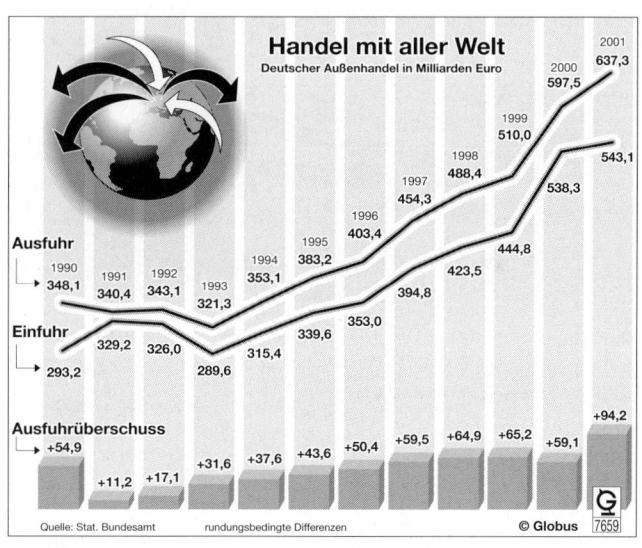

3.5 Angemessenes Wirtschaftswachstum

Man spricht von einer wachsenden Wirtschaft, wenn das **Bruttoinlandsprodukt steigt**.

Das Bruttoinlandsprodukt ist der Gesamtwert aller im Inland erwirtschafteten Leistungen (Wertschöpfung).

Vergleichen Sie hierzu Seite 95.

Die Stärke des Wachstums wird durch die Wachstumsrate ausgedrückt. Sie bezeichnet die prozentuale Veränderung des Bruttoinlandsprodukts gegenüber dem Vorjahr.

$$\text{Wachstumsrate} = \frac{\text{Veränderungen des Bruttoinlandsprodukts}}{\text{Bruttoinlandsprodukt des Vorjahres}} \cdot 100$$

Was als „angemessen" anzusehen ist, muss letztlich politisch entschieden werden. In der Bundesrepublik Deutschland wurde bisher im Allgemeinen ein Wachstum von mindestens 3 % angestrebt. Allerdings konnte dieses Ziel in den letzten Jahren nicht immer erreicht werden.

Das Bruttoinlandsprodukt wird in einem Geldwert ausgedrückt. Es kann daher zweierlei bedeuten:

- entweder ein Mehr an produzierten Gütern:

  Dies bedeutet ein reales (wirkliches) Wachstum des Bruttoinlandsprodukts und eine Steigerung des materiellen Wohlstands.

- oder einen Anstieg des Preisniveaus:

  Dies bedeutet ein lediglich normales (vorgebliches) Wachstum des Bruttoinlandsprodukts.

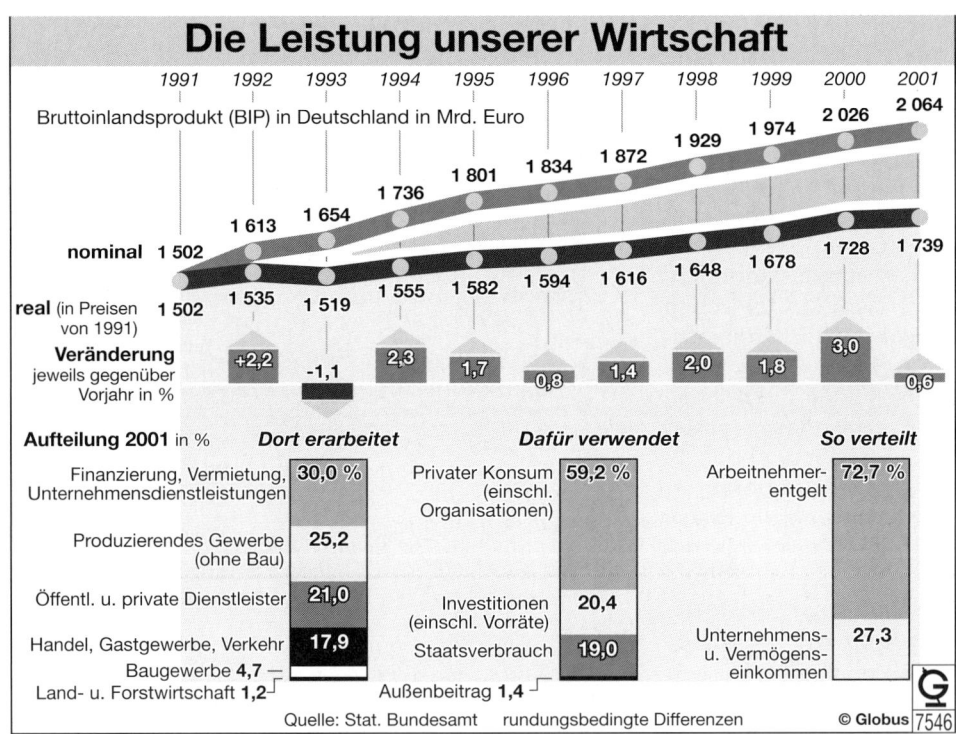

Seit mehreren Jahren wird darüber diskutiert, ob ein **quantitatives (mengenmäßiges) Wachstum** noch länger ein erstrebenswertes Ziel sein kann. Ein solches Wachstum bringt Vorteile bei der Beschäftigung, aber Nachteile für die Umwelt. Deshalb erhebt sich die Forderung nach verstärktem **qualitativen Wachstum**. Dieses könnte sich in konsequentem Umweltschutz, einem verbesserten Bildungsangebot und einer weiter verbesserten Alters- und Gesundheitsvorsorge ausdrücken.

3.6 Zielkonflikte

Ein *Zielkonflikt* liegt dann vor, wenn die Förderung eines wirtschaftspolitischen Zieles das Erreichen anderer Ziele gefährdet.

Strebt man eines der vier wirtschaftspolitischen Ziele an, so wirkt sich dies tatsächlich auf mindestens ein anderes Ziel ungünstig aus. Um anzudeuten, dass es schon magischer Fähigkeiten bedürfte, alle vier Ziele gleichzeitig zu erreichen, spricht man vom **„magischen Viereck"**.

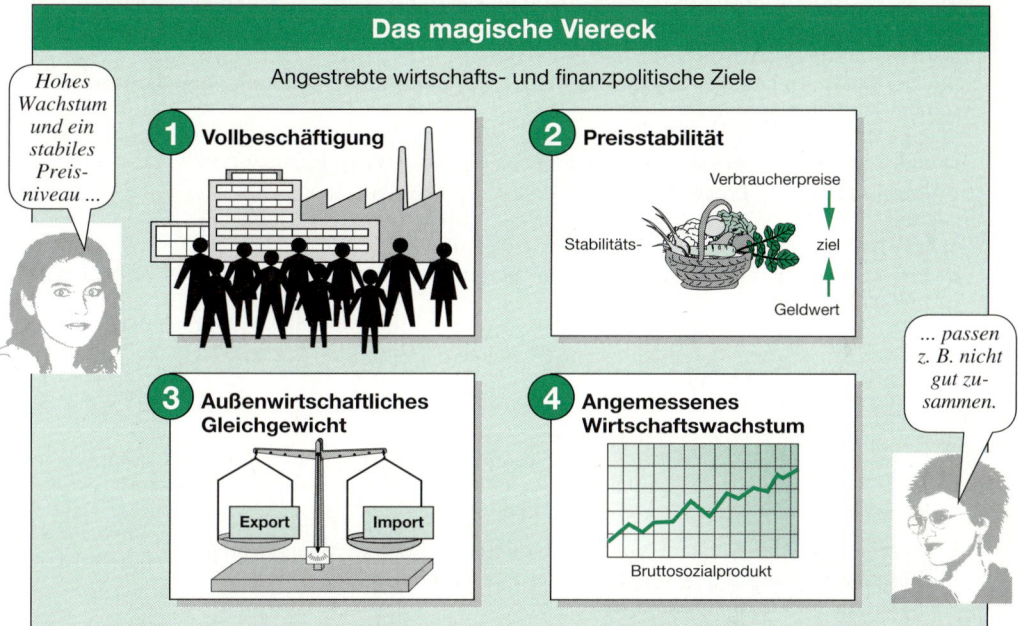

Beispiel:
1. **Unterbeschäftigung bei Zielerreichung der drei übrigen Ziele**
   Bei Unterbeschäftigung könnte man versuchen die Beschäftigungssituation durch exportfördernde Maßnahmen zu verbessern. Es entstehen Exportüberschüsse und die inländische Geldmenge vergrößert sich bei knapperem Güterangebot. Es kommt zu Preissteigerungen. Die Vollbeschäftigung wird zu Lasten der Ziele Preisstabilität und außenwirtschaftliches Gleichgewicht erreicht.
2. **Inflation bei Zielerreichung der drei übrigen Ziele**
   Zur Inflationsbekämpfung kann der Staat versuchen durch Kürzung seiner eigenen Ausgaben und Steuererhöhungen die Nachfrage nach Gütern zu verringern. Der Nachfragerückgang veranlasst jedoch die Unternehmen die Produktion einzuschränken. Dies führt zu Unterbeschäftigung.
3. **Exportüberschüsse bei Zielerreichung der drei übrigen Ziele**
   Exportüberschüsse bewirken Preissteigerungen im Inland. Durch Exportbesteuerung oder Importförderung kann man ggf. die Überschüsse abbauen. Diese Maßnahmen gefährden aber die Vollbeschäftigung im Inland.

Die *Wirtschaftspolitik* setzt deshalb ihre *Instrumente* zugunsten der Ziele ein, die am stärksten gefährdet sind. Dabei sind Maßnahmen vorzuziehen, die die anderen Ziele möglichst wenig gefährden.

Die politischen Institutionen – Regierungen der EU-Länder, Parlamente, Europäische Zentralbank – sollten zweckmäßigerweise zusammenarbeiten, um eine Übereinstimmung über die vorrangig anzustrebenden Ziele zu finden.

Arbeitsaufgaben

1. **Das Stabilitätsgesetz sagt aus:**
   „§ 1: Bund und Länder haben bei ihren wirtschafts- und finanzpolitischen Maßnahmen die Erfordernisse des gesamtwirtschaftlichen Gleichgewichts zu beachten. Die Maßnahmen sind so zu treffen, dass sie ... zur Stabilität des Preisniveaus, zu einem hohen Beschäftigungsstand und außenwirtschaftlichem Gleichgewicht bei stetigem und angemessenem Wirtschaftswachstum beitragen.
   § 2: (1) Die Bundesregierung legt Im Januar eines jeden Jahres dem Bundestag und dem Bundesrat einen Jahreswirtschaftsbericht vor. Der Jahreswirtschaftsbericht enthält:
   (1) die Stellungnahme zu dem Jahresgutachten des Sachverständigenrates ... zur Begutachtung der gesamtwirtschaftlichen Entwicklung ...
   (2) eine Darlegung der für das laufende Jahr von der Bundesregierung angestrebten wirtschafts- und finanzpolitischen Ziele ...
   (3) eine Darlegung der für das laufende Jahr geplanten Wirtschafts- und Finanzpolitik.
   a) Was ist unter „gesamtwirtschaftlichem Gleichgewicht" zu verstehen?
   b) Beschreiben Sie Situationen, in denen kein gesamtwirtschaftliches Gleichgewicht vorliegt.
   c) Wie beurteilen Sie die zur Zeit gegebene gesamtwirtschaftliche Lage?
   d) Erläutern Sie in jeweils einem bis zwei Sätzen die vier im Gesetz genannten wirtschaftspolitischen Ziele.
      - Sind die vier Ziele Selbstzweck oder sollen sie übergeordneten Zielen dienen?
      - Nennen Sie gegebenenfalls diese Oberziele und erläutern Sie, inwiefern die Unterziele ihnen dienen können.
   e) Das Gesetz schreibt keine exakten Zahlen vor, die für die vier Ziele zu erreichen sind. Welche Gründe könnten dafür vorliegen?
   f) Das Gesetz gestattet es der Bundesregierung nicht ihre Wirtschaftspolitik zu „improvisieren". Sie muss viel mehr geplant und in mehreren Schritten vorgehen. Erläutern Sie diese Schritte und begründen Sie die strengen Vorschriften.

2. **Es werden alternativ folgende wirtschaftspolitische Maßnahmen getroffen:**
   (1) Vergabe von Aufträgen zum Bau neuer Autobahnen
   (2) Senkung der Einkommensteuer
   (3) Erhöhung der Einkommensteuer
   (4) Erhöhung der wichtigsten Einfuhrzölle
   (5) Erhöhung der Zinsen
   Wie wirken diese Maßnahmen auf die vier Ziele des magischen Vierecks
   a) bei Unterbeschäftigung,
   b) bei Vollbeschäftigung?

3. **Dem „quantitativen Wachstum" wird als Alternative zunehmend das „qualitative Wachstum" gegenübergestellt.**
   a) Erläutern Sie beide Begriffe.
   b) Geben Sie Gefahren an, die ein ungezügeltes quantitatives Wachstum mit sich bringt.
   c) Nennen Sie geeignete Maßnahmen zur Verhinderung eines schädlichen quantitativen Wachstums.

4 Gesamtwirtschaftliche Ungleichgewichte

4.1 Entstehung von Ungleichgewichten

In der Marktwirtschaft planen die Unternehmen selbstständig Art und Umfang der Produktion, des Güterangebots. Ihr Angebot richtet sich vor allem nach den Gewinnerwartungen und der Nachfrage.

Die Haushalte planen selbstständig Art und Umfang des Konsums, der Güternachfrage und des Sparens.

In einer Marktwirtschaft gilt folgender Zusammenhang:

- Die gesamtwirtschaftliche Nachfrage bestimmt die Höhe der Produktion (des Inlandsprodukts).
- Die Höhe der Produktion bestimmt die Kapazitätsauslastung der Produktionsfaktoren (die Beschäftigung).
- Aus der Entlohnung der beschäftigten Produktionsfaktoren entsteht das Volkseinkommen.
- Die Höhe des Einkommens bestimmt maßgeblich die Höhe der Nachfrage.

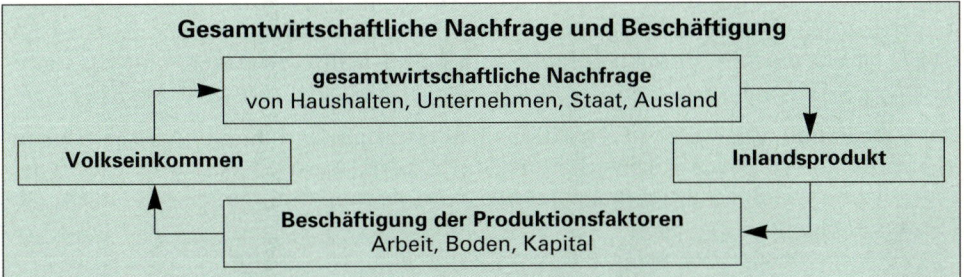

Da die Wirtschaftssubjekte in marktwirtschaftlichen Systemen ihre Entscheidungen selbstständig treffen, stimmen gesamtwirtschaftliches Angebot und gesamtwirtschaftliche Nachfrage nicht überein.

Ein Gleichgewicht wäre purer Zufall!

Ein *Ungleichgewicht* wird stets *Anpassungsmaßnahmen* der betroffenen Wirtschaftssubjekte hervorrufen.

Beispiele:

1. Ist die Konsumgüternachfrage kleiner als das Konsumgüterangebot, so „bleiben die Unternehmen auf ihren Vorräten sitzen"; es entstehen ihnen ungeplante Vorratsinvestitionen.[1] Die Anpassungsmaßnahmen können unterschiedlicher Art sein:
   - Die Konsumgüterbetriebe erzielen Gewinneinbußen. Sie fragen deshalb weniger Arbeitskräfte nach (Folge: Unterbeschäftigung, Arbeitslosigkeit) und/oder bestellen weniger Investitionsgüter (Folge: Gewinnminderung bei der Investitionsgüterindustrie, Entlassung von Arbeitskräften, Unterbeschäftigung, Arbeitslosigkeit). Das Volkseinkommen sinkt, darauf sinkt die Nachfrage weiter ... Die Störungen setzen sich fort.
   - Die Konsumgüterbetriebe senken die Preise. Darauf steigt die Nachfrage der Haushalte wieder.
2. Ist die Konsumgüternachfrage größer als das Konsumgüterangebot, so stellen die Unternehmen gegebenenfalls zusätzliche Arbeitskräfte ein, um das Angebot zu steigern. Die zusätzliche Kaufkraft erzeugt neue Nachfrage. Es folgen wieder Neueinstellungen usw. Wenn Vollbeschäftigung herrscht, können Lieferfristen entstehen. Die Haushalte

[1] Vgl. S. 93

sparen gezwungenermaßen (Zwangssparen[1]). Wahrscheinlich ist auch, dass die Unternehmen die Preise erhöhen. Auch in diesem Fall können die Haushalte nicht die geplanten Gütermengen kaufen und müssen zwangssparen. Möglicherweise setzen sie daraufhin Lohnerhöhungen durch. Diese stellen zusätzliche Kosten dar und führen zu neuen Preiserhöhungen. Auch hier setzen sich die Störungen fort.

Die Beispiele zeigen: Gesamtwirtschaftliche Ungleichgewichte schlagen sich immer in zwei wichtigen Wirtschaftsbereichen nieder:

- in der Beschäftigungssituation: Sie zeigen sich als Unterbeschäftigung oder als Überbeschäftigung.

- im Preisniveau: Sie zeigen sich als Inflation oder als Deflation.

4.2 Unter- und Überbeschäftigung

4.2.1 Unterbeschäftigung des Produktionsfaktors Arbeit

Eine Person gilt als *arbeitslos,* wenn sie zwar *arbeitsfähig* und *arbeitswillig* ist, aber trotzdem keine Arbeit findet.

Arbeitslosigkeit entsteht, wenn die Anzahl der bereitstehenden Arbeitsplätze geringer ist als die Anzahl der Personen, die bereit sind eine Beschäftigung auszuüben.

Der Beschäftigungsgrad des Produktionsfaktors Arbeit wird durch die **Arbeitslosenquote** gemessen. Auch das Verhältnis von Arbeitslosenzahl und offenen Stellen kennzeichnet die Beschäftigungssituation[2]. Das folgende Diagramm verdeutlicht den Zusammenhang:

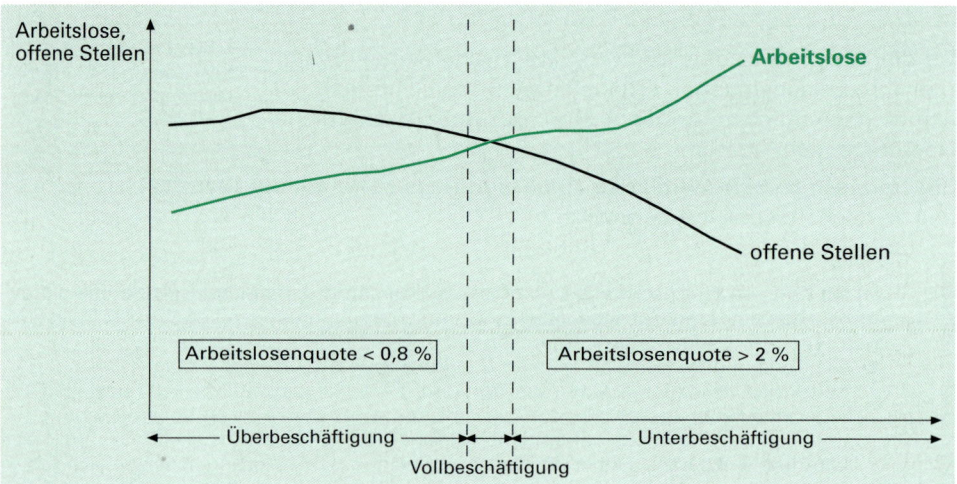

[1] Vgl. S. 54
[2] Vgl. S. 444

4.2.2 Arten der Arbeitslosigkeit

Die Arbeitslosigkeit kann auf verschiedene Ursachen zurückgeführt werden:

Arbeitslosigkeit	
verdeckte Arbeitslosigkeit	**offene Arbeitslosigkeit**
– nicht registrierte – qualitativ verdeckte	– friktionelle[1] – konjunkturelle – saisonale – strukturelle

Verdeckte Arbeitslosigkeit liegt vor, wenn ein Arbeitsloser von der amtlichen Arbeitsmarktstatistik nicht erfasst wird.

> **Beispiele:**
> - Erwerbstätige scheiden vorzeitig aus dem Erwerbsprozess aus und melden sich nicht arbeitslos, weil der Lebensunterhalt durch eine Rente oder Pension gesichert ist.
> - Arbeitswillige Jugendliche finden keine Arbeitsstelle und besuchen deshalb weiter die Schule.

Betrachten Sie hierzu einmal das Modell der Altersteilzeit (Seite 539)!

Qualitativ verdeckte Arbeitslosigkeit liegt dann vor, wenn ein Beschäftigter eine Tätigkeit ausübt, die unter seinen beruflichen Fähigkeiten liegt.

Offene Arbeitslosigkeit (Arbeitslosigkeit im Sinne der amtlichen deutschen Arbeitsmarktstatistik) liegt vor, wenn der Arbeitssuchende arbeitsfähig und arbeitswillig ist, sich persönlich beim Arbeitsamt als arbeitslos gemeldet hat und der Arbeitsvermittlung zur Verfügung steht.

- **Friktionelle Arbeitslosigkeit** entsteht, wenn bei einem Arbeitsplatzwechsel zwischen der Aufgabe des bisherigen und der Annahme des neuen Arbeitsplatzes ein Zeitraum verstreicht, der eine kurze Dauer (laut Bundesanstalt für Arbeit 1 Monat) nicht überschreitet. Diese Form der Arbeitslosigkeit nennt man auch Fluktuationsarbeitslosigkeit. Sie ist gesamtwirtschaftlich ohne Bedeutung.

- **Saisonale Arbeitslosigkeit** entsteht unabhängig von der jeweiligen konjunkturellen Lage durch Saisoneinflüsse, die jahreszeitlich bedingt sind, z. B. schlechte Witterungsbedingungen (Bauindustrie, Landwirtschaft, Tourismus).

- **Konjunkturelle Arbeitslosigkeit** hat ihre Ursachen in der allgemeinen Abschwächung der Wirtschaftstätigkeit. In der Phase des Konjunkturabschwungs bleiben die Produktionsmöglichkeiten in der Wirtschaft aufgrund mangelnder Nachfrage unausgenutzt. Dies führt zur Unterbeschäftigung bei den Produktionskapazitäten und der menschlichen Arbeitskraft.

- **Strukturelle Arbeitslosigkeit** ist letztlich in Strukturveränderungen der Wirtschaft begründet. Die **regionale Arbeitslosigkeit** ist in wirtschaftlich schwächer entwickelten Gebieten zu finden, wie etwa in den neuen Bundesländern oder im Bayerischen Wald. Die **altersbedingte Arbeitslosigkeit** entsteht durch die verringerte Arbeitskraft älterer Menschen, die durch größere Erfahrung nur teilweise ausgeglichen werden kann. **Branchenbedingte Arbeitslosigkeit** entsteht, wenn

---
[1] (lat.) frictio = Reibung; friktionell = reibungsbedingt

ganze Wirtschaftszweige sich in einer Krise befinden. Man denke etwa an die Schwierigkeiten der Stahl-, Werft- und Textilindustrie. **Ausbildungsbedingte Arbeitslosigkeit** bedeutet, dass ungelernteArbeitskräfte als erste gekündigt werden, wenn die Auftragslage sich abschwächt. Sie sind bei einem Anziehen der Konjunktur am leichtesten wieder einzustellen. Qualifizierte Fachkräfte dagegen sind knapp. Man versucht sie deshalb so langewie möglich zu halten. **Technologische Arbeitslosigkeit** wird durch die unternehmerischen Bemühungen um Rationalisierung und Automation ausgelöst, durch welche menschliche Arbeitskraft in steigendem Maße durch Maschinen ersetzt wird.

4.2.3 Kennzeichen, Ursachen und Wirkungen von Über- und Unterbeschäftigung

Die folgende Übersicht zeigt die **unterschiedlichen Beschäftigungssituationen** und deren **Ursachen und Wirkungen** auf:

	Beschäftigungssituationen	
	Überbeschäftigung Die Wirtschaft fragt auf dem Arbeitsmarkt mehr Arbeitskräfte nach, als vorhanden sind.	**Unterbeschäftigung** Die Wirtschaft fragt auf dem Arbeitsmarkt weniger Arbeitskräfte nach als vorhanden sind.
Kennzeichen	● Die Zahl der offenen Stellen ist größer als die der unbesetzten Stellen ● Die tatsächlich gezahlten Löhne sind höher als die zwischen Gewerkschaften und Arbeitgeberverbänden ausgehandelten Tariflöhne. ● Ausländische Arbeitnehmer werden angeworben. ● Die Zahl der geleisteten Überstunden nimmt zu.	● Die Zahl der offenen Stellen ist kleiner als die Zahl der Arbeitslosen ● Die Unternehmer sind nur bereit die Tariflöhne zu zahlen. ● Einige Unternehmen führen Kurzarbeit ein, indem sie ihre Arbeitskräfte weniger als die tarifliche Wochenstundenzahl beschäftigen. ● Überstunden werden abgebaut oder nicht zugelassen.
Ursachen	● Die Nachfrage nach Gütern ist größer als das Angebot. ● Die Exporte sind gestiegen, da die inländischen Produkte billiger im Vergleich zu ausländischen Produkten sind	● Die Nachfrage nach Gütern ist kleiner als das Angebot. ● Die Importe haben gegenüber den Exporten zugenommen.
Wirkungen	● Da die Löhne wegen gestiegener Nachfrage nach Arbeitskräften steigen, steigt auch die Nachfrage nach Konsumgütern. Es kommt zu weiteren Preissteigerungen. ● Die vorhandenen Produktionskapazitäten sind ausgelastet. Die Unternehmen tätigen Investitionen, was wiederum die Nachfrage erhöht.	● Die Arbeitslosen und die zunehmende Kurzarbeiterzahl führen zu einem Nachfrageausfall. Die Rezession tritt ein oder wird noch verstärkt. ● Die vorhandenen Kapazitäten sind nicht ausgelastet. Die Wirtschaft tätigt nur noch Ersatzinvestitionen und keine Erweiterungsinvestitionen.

4.3 Inflation und Deflation

4.3.1 Geldwert

Je niedriger das Preisniveau ist, desto mehr Güter kann man für eine bestimmte Menge Geld kaufen, desto höher ist **die Kaufkraft** des Geldes. In der Kaufkraft drückt sich also der Wert des Geldes in einer Volkswirtschaft (der Binnenwert des Geldes) aus. Man sagt:

Die *Kaufkraft* ist diejenige *Gütermenge*, die für eine *Geldeinheit* gekauft werden kann.

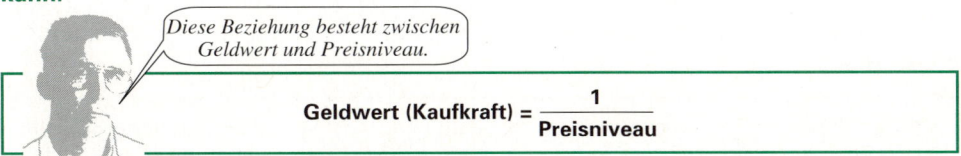

Diese Beziehung besteht zwischen Geldwert und Preisniveau.

$$\text{Geldwert (Kaufkraft)} = \frac{1}{\text{Preisniveau}}$$

Das Preisniveau wird durch **Indexziffern** gemessen. Dazu erfasst das Statistische Bundesamt den Durchschnittswert einer repräsentativen Auswahl von Waren und Dienstleistungen – einen „Warenkorb" von etwa 750 Gütern – für ein bestimmtes Basisjahr. Der Durchschnittswert wird gleich 100% gesetzt (Index). Jedes Jahr ermittelt man den Wert des Warenkorbs neu. Beträgt er z. B. in den folgenden Jahren 104% und 107%, so ist das Preisniveau gegenüber dem Basisjahr um 4% bzw. 7% gestiegen. Der Warenkorb wird von Zeit zu Zeit an die veränderten Gebrauchsgewohnheiten angepasst, zuletzt 1991, dann 1995.

Das Statistische Bundesamt berechnet Preisindizes für verschiedene Personen- und Einkommensgruppen. Am wichtigsten sind

- der Preisindex für die Lebenshaltung aller privaten Haushalte,
- der Preisindex für die Lebenshaltung eines 4-Personen Arbeitnehmer-Haushalts mit mittlerem Einkommen.

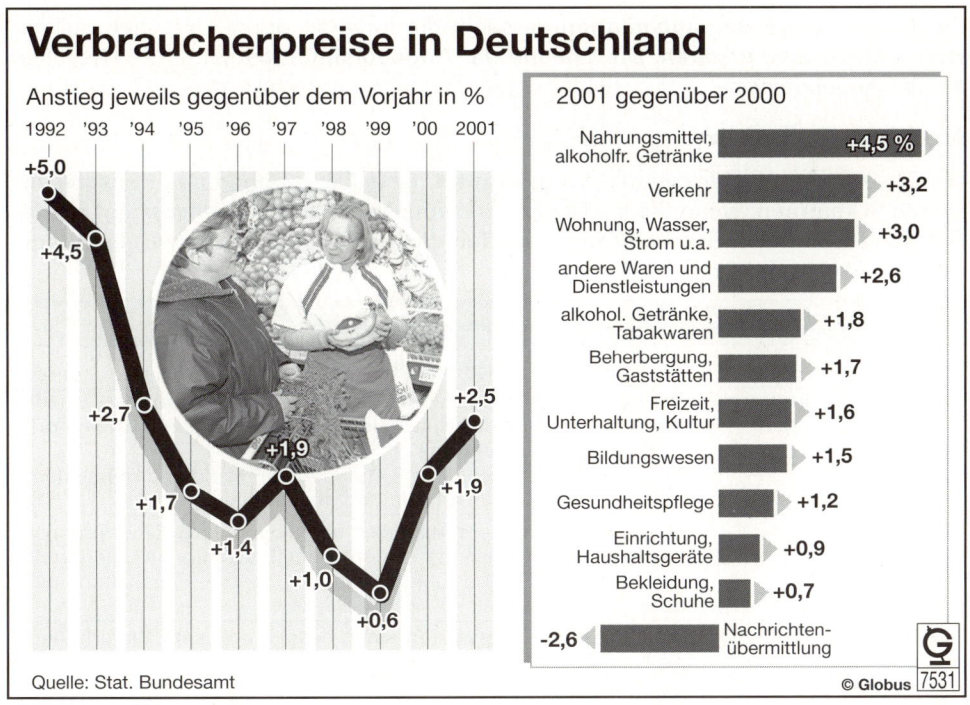

4.3.2 Inflation

Die Wirtschaft befindet sich in einer *Inflation*, wenn der Wert des Geldes sinkt. Inflation ist ein Prozess ständiger Preissteigerungen.

Der Konsument stellt fest, dass er für eine bestimmte Geldeinheit weniger Güter als vorher erhält. Äußeres **Kennzeichen der Inflation** ist der nachhaltige **Anstieg des Preisniveaus**.

Während der großen Inflation nach dem Ersten Weltkrieg kostete ein Brot 20 Milliarden Mark. Geldscheine mit Milliarden- und Billionenbeträgen waren für den täglichen Einkauf notwendig.

(Quelle: Bundesarchiv, Koblenz)

Die **Theorie der Nachfrageinflation** versucht die Inflation durch Ursachen auf der Nachfrageseite zu erklären. Die **Theorie der Angebotsinflation** sucht die Ursachen auf der Angebotsseite.

Nachfrageinflation

Die *Theorie der Nachfrageinflation* behauptet, dass Erhöhungen des Preisniveaus zustande kommen, wenn die am Markt wirksame Nachfrage schneller steigt als das Güterangebot. Die Preiserhöhungen schaffen dann einen Ausgleich zwischen Angebot und Nachfrage.

Inflationsverursachende Nachfrage	
Quellen der Nachfrageinflation	
❶ Erhöhung der Haushaltsnachfrage	1. Einkommenssteigerungen vergrößern die verfügbare Geldmenge. Wenn die Haushalte nicht mehr sparen, steigt die Konsumgüternachfrage. 2. Die Haushalte rechnen mit steigenden Preisen und ziehen deshalb ihre Einkäufe vor. Die Nachfrage steigt.
❷ Erhöhung der Staatsnachfrage	Der Staat tätigt höhere Ausgaben für Konsum (z. B. Erhöhung der Gehälter der Staatsbediensteten) oder Investitionen. Hierdurch steigt die verfügbare Geldmenge in privaten Haushalten und Unternehmen.
❸ Erhöhung der Unternehmensnachfrage	Die Unternehmen erwarten einen besseren Absatz. Sie erhöhen die Nachfrage nach Investitionsgütern.
❹ Erhöhung der Auslandsnachfrage	Steigen die Preise im Ausland schneller als im Inland, werden vom Ausland mehr inländische Güter nachgefragt, Folge: die Inflation wird vom Ausland ins Inland „importiert".

Bei allgemeiner volkswirtschaftlicher **Unterbeschäftigung** wird eine höhere Nachfrage allerdings nicht zur Inflation führen: Die Produktion kann dann gesteigert werden. Das höhere Güterangebot erlaubt die Befriedigung der Nachfrage ohne Preissteigerung. Das Sozialprodukt steigt real.

Je mehr zunächst einzelne Wirtschaftszweige, dann die gesamte Volkswirtschaft in den Zustand der **Vollbeschäftigung** kommen, desto weniger ist eine Produktions- und Angebotserhöhung möglich: Die Kapazitäten sind ausgelastet. Eine Nachfragesteigerung führt zur Erhöhung des Preisniveaus. Das Sozialprodukt steigt am Ende nur noch nominal.

Angebotsinflation

Die *Theorie der Angebotsinflation* behauptet, dass Erhöhungen des Preisniveaus durch Kostensteigerungen bei der Produktion zustande kommen.

Geht man davon aus, dass die Kostensteigerungen in die Kalkulation eingehen, so werden die Absatzprodukte zu einem höheren Preis angeboten.

Ursachen der Kostensteigerung sind:

- **steigende Löhne:** Werden Löhne auf die Preise überwälzt, fordern Gewerkschaften in der Regel neue Lohnerhöhungen. Die **Lohn-Preis-Spirale** setzt sich in Gang. Sie besagt, dass Löhne und Preise sich gegenseitig immer schneller in die Höhe treiben.
- **steigende Zinsen:** Zinsen sind Finanzierungskosten der Unternehmung. Man versucht sie ebenfalls zu überwälzen.
- **steigende Rohstoffpreise:** Güter, zu deren Herstellung große Rohstoffmengen benötigt werden, sind besonders preisempfindlich.

Werden die Rohstoffe aus dem Ausland bezogen, so kann auch die Angebotsinflation importiert werden.

Eine **Angebotsinflation** entsteht in der Regel, wenn:

- die Kostensteigerungen nicht durch Rationalisierungen aufgefangen werden können,
- die erhöhten Preisforderungen am Markt tatsächlich durchgesetzt werden können. Ist dies nicht der Fall, so wird häufig auf einen Teil des Gewinns oder auch auf Deckung eines Teils der fixen Kosten verzichtet,

Die *Angebotsinflation* tritt *auch bei Unterbeschäftigung* auf: Die Unternehmen haben keine oder kaum Gewinne, die Umsätze sind niedrig. Durch Preiserhöhungen versucht man die Kosten aufzufangen und die Umsatzsumme zu halten.

In der Praxis lässt sich häufig nicht nachvollziehen, ob eine Inflation durch Nachfrage- oder Kostenwirkungen verursacht wird. Meist spielen beide Komponenten eine Rolle.

> **Beispiel:**
> „Lohn-Preis-Spirale", „Preis-Lohn-Spirale"
>
>
>
> „Grausam, wie der Hase den armen Fuchs hetzt."

Erscheinungsformen der Inflation

Erscheinungsformen der Inflation	
offene Inflation	
Die Preise steigen ungehindert und offen entsprechend dem Verhältnis von Angebot und Nachfrage.	
schleichende Inflation	**galoppierende Inflation**
Verhältnismäßig niedrige, aber oft über lange Zeit anhaltende Preissteigerungen. Jährliche Entwertungsrate bis etwa 8 %; kann bei nur geringen Steigerungen anregend wirken, da sie für Anbieter mit der Erwartung steigender Gewinne verbunden sein kann.	Rasche Entwertung mit jährlicher Entwertungsrate über 8%. Galoppierende Inflation führt rasch zu Einkommens- und Geldvermögensverlusten mit entsprechend negativen Folgen für die Volkswirtschaft.
verdeckte Inflation	
Der Staat verhindert durch Verordnung von Höchstpreisen eine offene Preissteigerung. Die Höchstpreise liegen unter den Gleichgewichtspreisen. Folge: Nachfrageüberhang, der nicht befriedigt wird. Die angebotene Menge ist kleiner als beim Gleichgewichtspreis, die Güterversorgung schlechter.	

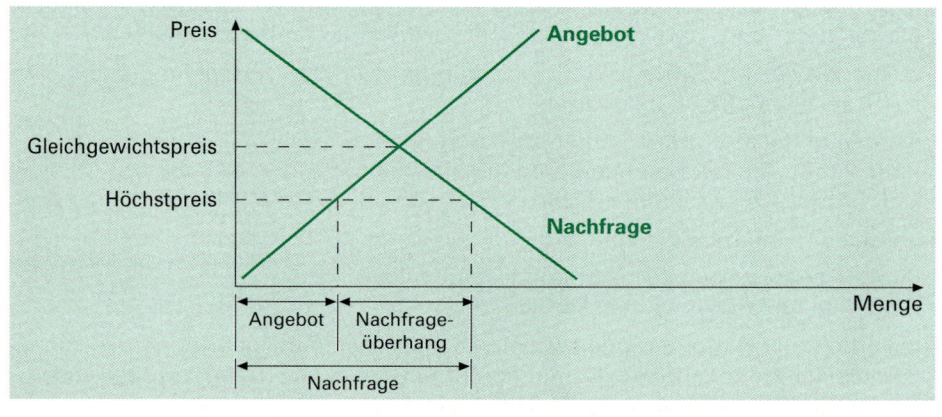

Auswirkungen der Inflation

Die Wirtschaftspolitik bekämpft die Inflation, weil sie zu einschneidenden **Folgen** führt:

- Geldvermögen werden entwertet.
- Gläubiger erhalten entwertetes Geld zurück, Schuldner werden ungerecht entlastet.
- Die Spareigung geht zurück: Die Wirtschaft erhält nicht genügend Geld zu Investitionszwecken.
- Man legt sein Geld in wertbeständigem Sachvermögen an. *Das ist die berühmte „Flucht in die Sachwerte."*
- Kapitalknappheit, Nachfrage nach Sachwerten, steigender Konsum, steigende Kosten heizen die Inflation weiter an.
- Zu Beginn der Inflation führen die Preissteigerungen häufig zu Gewinnsteigerungen bei den Unternehmen, da die Löhne, Energiepreise und Transporttarife oft erst mit zeitlicher Verzögerung angepasst werden. Dies führt zu Investitionserhöhungen mit weiteren Preissteigerungen. Können die Kosten schließlich nicht

mehr überwälzt und am Markt durchgesetzt werden, so folgen Produktionseinschränkungen, die zu Arbeitslosigkeit, Nachfrageausfällen und Depression führen.

Theorien zur Inflationsbekämpfung

Teils wird gefordert die Inflation von der Nachfrageseite her zu bekämpfen, teils von der Angebotsseite her vorzugehen.

Inflationsbekämpfung		
von der Nachfrageseite		von der Angebotsseite
Eine Gruppe von Wissenschaftlern, die **Fiskalisten,** behauptet, die Inflation werde durch die Steigerung der Nachfrage verursacht, die zur Geldvermehrung führe. Deshalb müsse der Staat mit Hilfe der Fiskalpolitik (Ausgaben- und Steuerpolitik) vorgehen und die Nachfrage verringern: **Senkung der Staatsausgaben, Steuererhöhungen**	Eine Gruppe von Wissenschaftlern, die **Monetaristen,** behauptet, die Inflation werde durch die Vermehrung der Geldmenge verursacht, die zur Nachfrageerhöhung führe. Deshalb müsse der Staat mit Hilfe der Geldmengenpolitik die Geldmenge reduzieren: **Krediteinschränkungen, Zinsverteuerungen**	Die Anhänger der **Angebotstheorie** wollen, dass der Staat durch Einflussnahme auf die Tarifpartner oder sogar durch Zwangsmaßnahmen (Lohn- und Preisstopp) die Kostensteigerungen bremst, die inflationsverursachend sind.

4.3.3 Deflation

Eine *Deflation*[1] liegt vor, wenn der Geldwert anhaltend steigt bzw. wenn das Preisniveau anhaltend absinkt.

Wie die Weltwirtschaftskrise der 30er Jahre (über sechs Mio. Arbeitslose allein in Deutschland) zeigt, sind die Auswirkungen der Deflation noch gravierender als die der Inflation: Die Erwartung stetig sinkender Absatzpreise (und damit sinkender Gewinne bzw. steigender Verluste) veranlasst die Unternehmen zu Investitionseinschränkungen und Entlassungen. Die Folge sind Einkommens- und Steuerverluste. Diese führen zu Nachfrageeinschränkungen, diese wiederum zu Investitionseinschränkungen usw.

Die Deflation wird einerseits von der Nachfrageseite, andererseits von der Angebotsseite her erklärt.

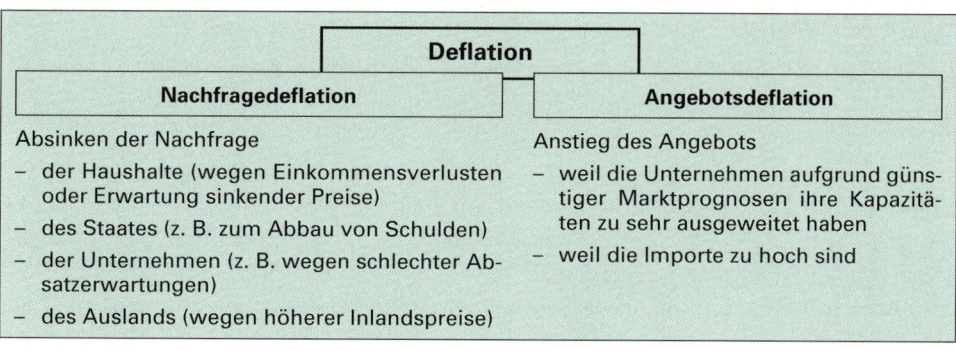

---

[1] (lat.) deflatio = Abschwellung

Eine **Deflation** mit realen Preissenkungen tritt heute aus folgenden Gründen kaum auf:

- Der Staat kann den Ausfall privater Nachfrage durch zusätzliche Staatsnachfrage auffangen (notfalls durch Kreditaufnahme); auch kann die Notenbank, wenn die Geldmenge langsamer als das Güterangebot steigt, die Geldmenge erhöhen.

- Die Preise tendieren heute eher nach oben: Die untere Preisgrenze für Produktionsfaktoren liegt weitgehend fest (z. B. durch Tarifverträge oder langfristige Lieferverträge). Bei rückläufiger Nachfrage steigen die Stückkosten. Zur Sicherung des Gewinns werden gestiegene Produktionskosten durch höhere Preise ausgeglichen.

Ansätze für die **deflatorische Entwicklung** liegen heutzutage vor, wenn bei inflatorischer Wirtschaftslage zunehmend Nachfragerückgänge erfolgen und die geld- und fiskalpolitischen Maßnahmen des Staates gegebenenfalls auch auf eine Zurückdrängung des Geldstroms ausgerichtet sind.

Wenn das Sozialprodukt nicht mehr wächst, aber auch noch nicht sinkt, spricht man von einem **Stillstand** oder einer Stagnation. In der Stagnation versuchen die Unternehmen, Gewinneinbußen durch Preiserhöhungen auszugleichen. So setzt sich die Inflation fort, wenn auch vielleicht nicht mehr so stark.

Aus der Verbindung von Inflation und Stagnation wurde das Wort **Stagflation** gebildet.

Als *Stagflation* bezeichnet man eine stagnierende Wirtschaft bei gleichzeitig steigendem Preisniveau.

Die Bekämpfung der Stagflation ist äußerst schwierig, weil die Zielkonflikte[1], die bei der Bekämpfung wirtschaftlicher Ungleichgewichte auftreten, hier doppelt zum Tragen kommen.

Arbeitsaufgaben

1. Das folgende Schema zeigt wesentliche gesamtwirtschaftliche Beziehungen.

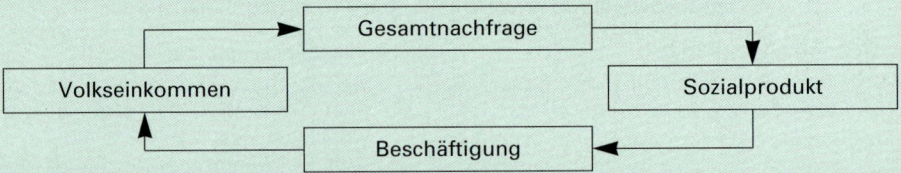

a) Erläutern Sie diese Beziehungen.
b) Formulieren Sie anhand des Schemas drei Beispiele für das Entstehen von Ungleichgewichten.

---

[1] Vgl. S. 447

2. Arbeitslosigkeit, offene Stellen (alte Bundesländer bis 1990, Gesamtdeutschland ab 1991)

Jahr	Arbeitslose in 1 000	Arbeitslosenquote in %	offene Stellen in 1 000
1970	148,8	0,7	794,8
1975	1 074,2	4,7	236,2
1980	888,9	3,8	308,3
1983	2 258,2	9,1	75,8
1986	2 228,0	9,0	153,9
1989	2 037,8	7,9	251,4
1991	1 689,0	6,3	331,4
1993	2 270,3	8,2	243,3
1995	3 612,0	10,4	183,1
1998	4 279,0	12,3	186,1
2000	3 889,0	10,7	101,1

(Quelle: BMWI (Bundesminister für Wirtschaft), Leistung in Zahlen)

a) Welche Jahre zeigen Situationen der Überbeschäftigung bzw. der Unterbeschäftigung?
b) Beschaffen Sie sich aktuellsten Zahlen und vervollständigen Sie das Schema.
c) Zeichnen Sie die Zahl der offenen Stellen und die Zahl der Arbeitslosen in ein Koordinatensystem und beschreiben Sie die Entwicklung.

3.

a) Erläutern Sie die Aussage der Karikatur.
b) Beschreibt die Karikatur einen für unsere Gegenwart typischen Sachverhalt?
c) Roboter werden teils als „Jobkiller", teils als „Jobknüller" beschrieben. Nehmen Sie zu diesem gegensätzlichen Standpunkt Stellung.
d) Nennen Sie weitere Ursachen der Arbeitslosigkeit als die in der Karikatur angedeutete Ursache.
e) Eine gute Ausbildung wird heute als beste Vorsorge gegen Arbeitslosigkeit angesehen. Nehmen Sie hierzu Stellung.

4. Die folgende Grafik zeigt die Preis- und Kaufkraftentwicklung in Deutschland.

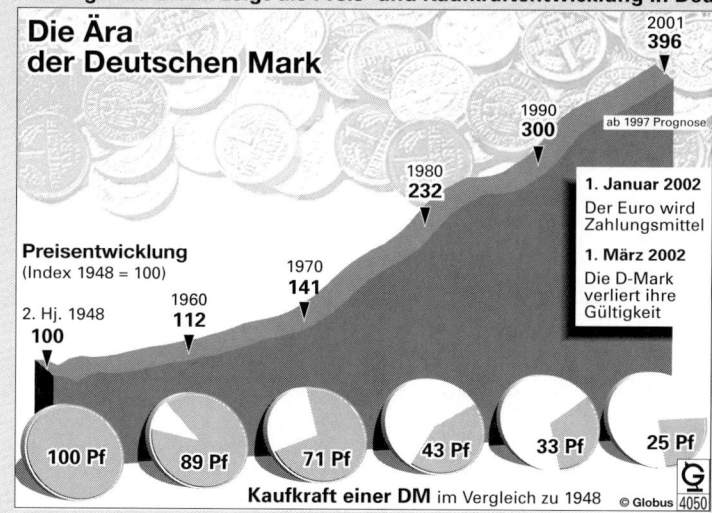

a) Die Preisentwicklung ist in Form von Indexziffern angegeben. Erläutern Sie dies.
b) Die angegebenen Indexziffern basieren auf dem Jahr 1948. Man sagt aber, dass der Preisindex von Zeit zu Zeit auf eine neue Grundlage gestellt werden muss. Begründen Sie diese Notwendigkeit und beurteilen Sie, ob die dargestellten Indexziffern tatsächlich die Kaufkraftentwicklung völlig richtig darstellen können.
c) Warum hat sich trotz sinkender Kaufkraft der Lebensstandard beträchtlich erhöht?

5. **Inflation und Deflation sind gefährliche Störungen des gesamtwirtschaftlichen Gleichgewichts.**
Geben Sie einen Überblick über diese Störungen, indem Sie ein Schema nach folgendem Muster erstellen.

	Inflation	Deflation
Erscheinungsformen	?	?
Ursachen	?	?
Wirkungen	?	?
Möglichkeiten der Bekämpfung	?	?

6. **Die Inflation kann in unterschiedlichen Erscheinungsformen auftreten.**
Entscheiden Sie, um welche Erscheinungsformen der Inflation es sich jeweils in den folgenden Beispielen handelt:
a) Der Staat gibt Lebensmittelmarken und Bezugsscheine für langlebige Wirtschaftsgüter aus. Die Preise aller Produkte sind staatlich festgesetzt.
b) In einem Land herrschen Preissteigerungsraten von 40% gegenüber den Vorjahrespreisen.
c) Die Konsumenten besitzen große Geldvermögen. Es besteht aber ein zu geringes Angebot, um die Nachfrage zu befriedigen. Preissteigerungen sind nicht zulässig.

7. **Das Jahreseinkommen eines Arbeitnehmers betrug im laufenden Jahr 30 000,00 EUR brutto. Damit war es 8 % höher als im Vorjahr. Der Preisindex für die Lebenshaltung stieg im gleichen Zeitraum um 20 % auf 170 %.**
a) Ermitteln Sie das Bruttogehalt im Vorjahr.
b) Wie hoch hätte das Bruttogehalt steigen müssen, damit der Arbeitnehmer nicht von der Inflation betroffen worden wäre?

5 Probleme der Konjunktur

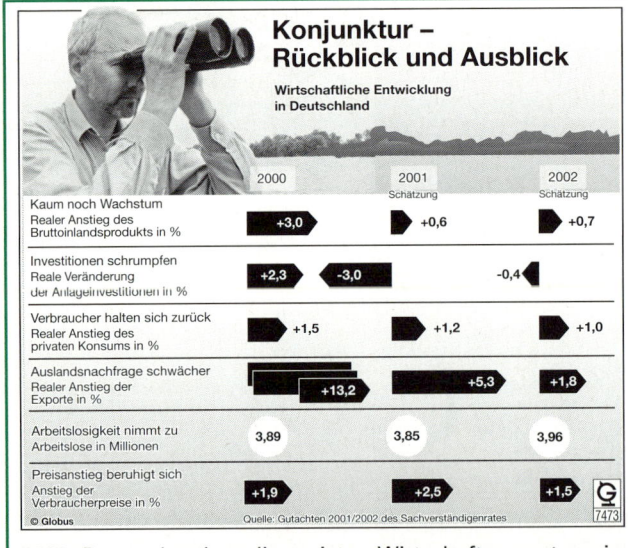

Mit der deutschen Konjunktur ist zurzeit nicht viel Staat zu machen. Der Sachverständigenrat zur Begutachtung der gesamtwirtschaftlichen Entwicklung veranschlagt das Wirtschaftswachstum für das Jahr 2001 auf 0,6 %. Und auch im Jahr 2002 wird es nicht besser aussehen (plus 0,7 %). Damit liegt Deutschland am Ende der europäischen Wachstumsskala. Die Ursache für diese Schwäche liegt vor allem bei den Investitionen: minus 3 % 2001 und minus 0,4 % 2002. Ohne ausreichende Investitionen gibt es keine Arbeitsplätze; die Zahl der Arbeitslosen dürfte daher wieder steigen – auf fast vier Millionen im Jahr 2002. Dennoch sehen die meisten Wirtschaftsexperten einen Silberstreif am Horizont. Ab Mitte 2002 könnt der Konjunkturmotor wieder anspringen. Voraussetzung: Die USA überwinden ihre gegenwärtige Rezension, und die Weltwirtschaft kommt wieder ins Lot.
Statistische Angaben: Sachverständigengutachten 2001/2002

5.1 Konjunktur, Trend, Saisonschwankungen

Gesamtwirtschaftliche Ungleichgewichte bewirken, dass das Sozialprodukt niemals gleichmäßig wächst. Vielmehr vollzieht sich dieses Wachstum in periodischen Auf- und Abschwüngen. Diese folgen im Ablauf weniger Jahre immer wieder aufeinander. Man bezeichnet derartige Schwankungen mit dem Ausdruck **Konjunktur**.

Ein *Konjunkturzyklus* umfasst die wirtschaftliche Entwicklung von einem Tiefstand bis zum nächsten Tiefstand. Er verläuft in folgenden Phasen:

Tiefstand (Depression) → *Aufschwung* (Expansion) → *Hochkonjunktur* (Prosperität) → *Abschwung* (Rückschlag, Rezession).

Die Auf- und Abbewegungen der Konjunktur schlängeln sich langfristig um einen **Trend**. Dieser steigt und fällt ebenfalls. Das langfristige Wirtschaftswachstum hat folglich die Form von so genannten **„langen Wellen"**.

Man vermutet, dass der Trend durch große strukturelle Änderungen der Wirtschaft bestimmt wird:

- ab 1800: Industrielle Revolution,
- ab 1850: Eisenbahnbau,
- ab 1890: Elektrizität, Chemie, Motor,
- ab 1950: Atomkraft,
- ab 1985: Telematik

*Von **Tele**kommunikation und Infor**matik**; bezeichnet alle modernen computergestützten Informationstechnologien.*

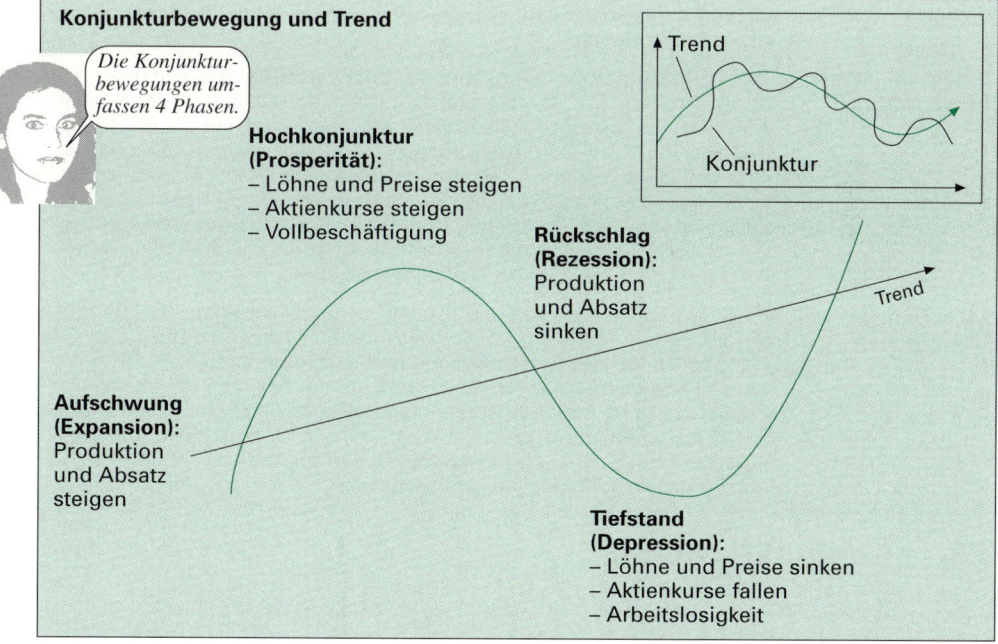

Neben den Konjunkturbewegungen und den langen Wellen gibt es noch **Saisonschwankungen**. Sie sind z. B. begründet in Witterungsbedingungen (Bauwirtschaft), Jahreszeiten (Erntezeiten, Modewechsel, Reisezeit usw.) oder Käufergewohnheiten (Weihnachtsgeschäft). Saisonschwankungen sind vorhersehbar und damit kalkulierbar.

5.2 Beschreibung der Konjunkturphasen

Konjunkturphasen	
Phasen	**Beschreibung**
Tiefstand (Depression)	In der Depression fehlt es den Unternehmen an ausreichendem Absatz und Gewinn. Deshalb ist der Stand der **Arbeitslosigkeit** verhältnismäßig hoch. Früher sanken in Depressionsphasen die Löhne und Preise. Aufgrund tarifvertraglicher Bindungen sind Lohnsenkungen heutzutage nur begrenzt möglich, dementsprechend **steigen** die **Preise** – wenn auch schwächer – weiter. Die **Aktienkurse** sind **niedrig**. **Kreditmittel** stehen **reichlich** zur Verfügung, werden aber wegen der geringen Absatzchancen von den Unternehmen kaum in Anspruch genommen. **Unternehmenszusammenbrüche** sind häufig.
Aufschwung (Expansion)	Ein Aufschwung wird ausgelöst, wenn in einzelnen Branchen die Nachfrage wieder ansteigt. Dies kann durch eine **verstärkte Auslandsnachfrage** bedingt sein, durch **zusätzliche Investitionen** des Staates (Straßen-, Schul-, Krankenhausbau usw.) oder durch eine steigende Nachfrage der Verbraucher. Arbeitskräfte werden vermehrt eingestellt. Die betroffenen Wirtschaftszweige – oft sind es **Schlüsselindustrien,** wie die Bauwirtschaft – haben **vermehrten Bedarf** an Rohstoffen und Maschinen, sodass auch die Grundstoff- und Investitionsgüterindustrie wieder mehr produzieren und gegebenenfalls Arbeitskräfte einstellen kann. Kredite werden wieder stärker beansprucht. Die **Erträge steigen,** die Kosten (Einkaufspreise, Löhne, Zinsen) ziehen allmählich nach. Gewinnt der Aufschwung an **Eigendynamik,** kommt es zur **Auslastung der Kapazitäten** und verstärkten Investitionen. Einkommen und Nachfrage steigen auf breiter Basis, Arbeitskräfte werden allmählich knapp. Die **Aktienkurse steigen.**
Hochkonjunktur (Prosperität)	Die Produktionssteigerung führt zu **Vollbeschäftigung,** sogar zu Arbeitskräftemangel – **Überbeschäftigung** –. Aufgrund **steigender Kosten** wird immer stärker rationalisiert, die Kosten werden auf die Preise abgewälzt, die **Kredite** werden **knapp,** die **Zinsen steigen,** ebenso die Grundstückspreise (man flüchtet „in die Sachwerte"). Sind diese Erscheinungen sehr ausgeprägt, spricht man von einem **Boom.** Zu dem Zeitpunkt, an dem die Kosten nicht mehr überwälzt werden können, überhöhte Preise nicht mehr gezahlt werden und die Aktienkurse fallen, findet der **Übergang zum Abschwung** statt.
Abschwung (Rezession)	Einzelne Betriebe können die Kosten nicht mehr tragen. Sie melden Vergleich oder Insolvenz an. Die betroffenen Lieferanten bzw. Zulieferer verzeichnen Auftragsrückgänge und Gewinneinbußen. Die **Investitionsgüternachfrage** sinkt. Die betroffenen Betriebe drosseln die Produktion und entlassen gegebenenfalls Arbeitskräfte. Die **Kreditnachfrage sinkt**. Einkommensausfälle führen zu **sinkender Konsumgüternachfrage**. Die **Unternehmenszusammenbrüche** häufen sich. **Massenarbeitslosigkeit** kann die Folge sein.

5.3 Konjunkturpolitik

5.3.1 Konjunkturpolitische Maßnahmen der Bundesregierung

Der Staat besitzt heute verschiedene Mittel, um die Konjunktur zu steuern:

Die Artikel 73 und 74 des Grundgesetzes geben dem Bund das Recht zur Gesetzgebung auf den verschiedenen Gebieten der Wirtschaft.

Durch Artikel 109 GG hat der Bund weiterhin das Recht, zur Wahrung der vier wirtschaftspolitischen Ziele in die Haushaltswirtschaft der Bundesländer einzugreifen:

Der Bund kann durch Gesetz
- gemeinsame Grundsätze für das Haushaltsrecht aufstellen,
- eine mehrjährige Finanzplanung von Bund, Ländern und Gemeinden erzwingen,
- Bund und Länder verpflichten unverzinsliche Guthaben bei der Bundesbank zu unterhalten (Konjunkturausgleichsrücklagen).

Die Bundesregierung kann mit Zustimmung des Bundesrates wirtschaftspolitische Maßnahmen auch durch Rechtsverordnung ergreifen.

Der Staat kann vor allem durch seine Haushaltspolitik (Staatseinnahmen und -ausgaben) Einfluss auf die Konjunktur nehmen, ebenso durch die Steuerpolitik (Fiskalpolitik). In der Hochkonjunktur wird er Maßnahmen ergreifen, die die Konjunktur dämpfen. Bereits bei einem sich abzeichnenden Abschwung (Rezession) werden Maßnahmen zur Anregung der Konjunktur erforderlich. So kann ein Abgleiten in den Tiefstand (Depression) vermieden werden.

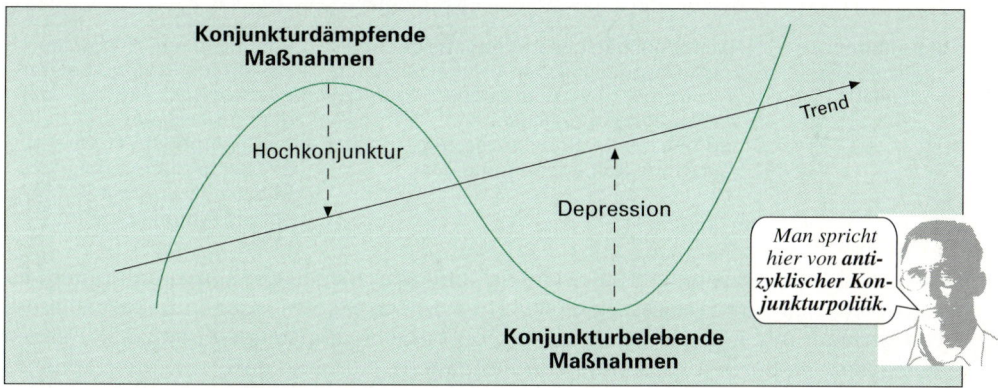

Konjunkturdämpfende Maßnahmen

Konjunkturdämpfende Maßnahmen werden in der Hochkonjunktur ergriffen, wenn Preise, Löhne und Zinsen steigen und Überbeschäftigung herrscht. Die gesamtwirtschaftliche Nachfrage übersteigt das Angebot.

- Bereits beschlossene Ausgaben werden zurückgestellt, die dafür vorgesehenen Mittel werden in eine sog. Konjunkturausgleichsrücklage eingezahlt.
- Die Aufnahme von Krediten durch den Staat wird verringert. Kredite aus zurückliegenden Jahren werden vorzeitig getilgt.
- Zur Dämpfung der privaten Nachfrage kann vorübergehend die Einkommensteuer angehoben werden.

Konjunkturbelebende Maßnahmen

Abschwung und erst recht Depression sind gekennzeichnet durch steigende Arbeitslosigkeit und rückläufiges Wirtschaftswachstum.

- Der Staat beschließt zusätzliche Ausgaben (z. B. Bauten, Subventionen). Diese werden finanziert aus Mitteln der Konjunkturausgleichsrücklage und durch zusätzliche Kreditaufnahme.
- Die private Nachfrage kann durch eine vorübergehende Senkung der Lohn- und Einkommensteuer angeregt werden.
- Investitionen der Wirtschaft werden steuerlich begünstigt.

Fiskalpolitische Maßnahmen		
	zur Konjunkturbelebung	zur Konjunkturdämpfung
Ausgabenpolitik	Erhöhung der Staatsausgaben (Staatsnachfrage)	Senkung der Staatsausgaben (Staatsnachfrage)
Einnahmen (Steuer-) politik	Steuersenkungen, z. B. Senkung der Einkommen- und Körperschaftsteuer laut Stabilitätsgesetz um bis zu 10%; Erhöhung des Satzes der degressiven Abschreibung; Einräumung der Möglichkeit von Sonderabschreibungen, z. B. für Energiesparmaßnahmen	Steuererhöhungen, z. B. Erhöhung der Einkommen- und Körperschaftsteuer laut Stabilitätsgesetz um bis zu 10%; Senkung des Satzes der degressiven Abschreibung
Budgetpolitik a) Kreditpolitik	Kreditaufnahme (zur Finanzierung zusätzlicher Staatsausgaben), z. B. aufgrund Stabilitätsgesetz zusätzliche Kreditaufnahme von 2 556 459 400 EUR möglich	Senkung der Kreditnachfrage
b) Konjunkturausgleichsrücklage	Nach Stabilitätsgesetz Freigabe der in der Konjunkturausgleichsrücklage stillgelegten Mittel für Ausgabenerhöhungen; Verwendungsmöglichkeiten: Baumaßnahmen, Investitionsförderung in der Wirtschaft, Schuldentilgung	Bildung einer Konjunkturausgleichsrücklage bei der Bundesbank: Mittel, die durch Streckung von Baumaßnahmen frei werden, 3% der Steuereinnahmen, Mittel aus Zuschlägen bei der Einkommensteuer

Gewöhnlich ist die Konjunkturbelebung erfolgreicher als die Konjunkturdämpfung. Es ist beispielsweise verhältnismäßig einfach, zusätzliche Staatsausgaben zu beschließen. Eine Verringerung stößt dagegen auf erhebliche Schwierigkeiten. Ein großer Teil der Staatsausgaben besteht aus Löhnen und Gehältern, die kaum gekürzt werden können. Unter einer Beschränkung der öffentlichen Investitionen leidet die Versorgung der Bevölkerung mit kollektiven Leistungen. Auf Steuererhöhungen kann die Bevölkerung durch verringertes Sparen reagieren, die Nachfrage geht nicht zurück.

5.3.2 Geldpolitische Maßnahmen der Europäischen Zentralbank (EZB)

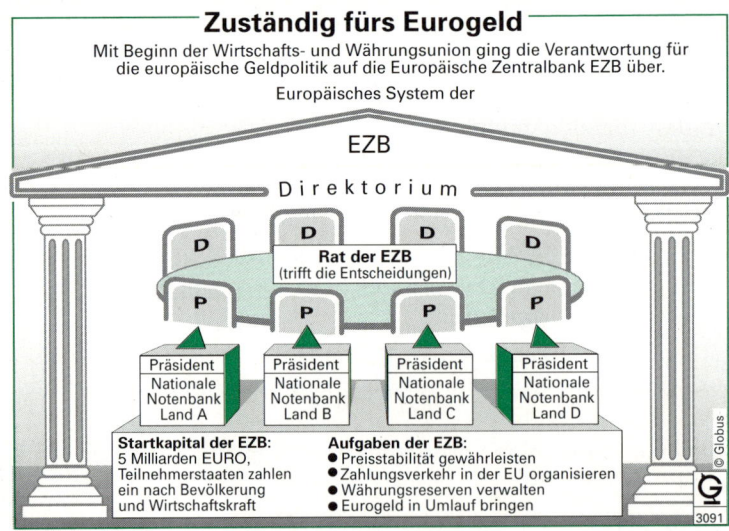

Alle Staaten besitzen eine staatliche Bank, die allein befugt ist Banknoten herauszugeben: die **Zentralbank**. Bis Ende 1998 war dies in Deutschland die **Deutsche Bundesbank**. Sie war auch zur Sicherung des Geldwertes verpflichtet. Die hierzu notwendigen geldpolitischen Maßnahmen traf sie autonom. Das bedeutet: Sie war an keinerlei Weisungen der Bundesregierung gebunden.

Seit 1999 haben die Staaten der Europäischen Union (EU) eine gemeinsame Währung: den Euro. Die Zentralbanken der Mitgliedsstaaten bestehen weiter, sind aber im **Europäischen System der Zentralbanken** zusammengeführt. Sie sind der **Europäischen Zentralbank (EZB)** in Frankfurt/M. unterstellt. Die EZB soll jetzt die Stabilität des Geldwertes sichern und ist dabei autonom gegenüber allen Weisungen von Regierungen und Organen der EU. Sie ist die alleinige Trägerin geldpolitischer Maßnahmen (Mindestreserve-, Zins- und Offenmarktpolitik).

Die Zentralbank versucht, über die Menge des umlaufenden Geldes und über die Höhe ihrer Zinsen die Geld- und Gütermärkte mit dem Ziel möglichst großer Stabilität zu beeinflussen: Geht es der Konjunktur schlecht, wird die Zentralbank z. B. mehr Geld verleihen und einen niedrigen Zins dafür nehmen. In der Hochkonjunktur, wenn steigende Preise drohen, macht sie das Geld knapper, vergibt weniger Kredite und verlangt höhere Zinsen.

Mindestreservepolitik

Die Kreditinstitute dürfen nicht alle Gelder wieder ausleihen, die ihre Kunden eingezahlt haben. Einen bestimmten Prozentsatz (Mindestreservesatz) müssen sie bei der Zentralbank verzinslich festlegen: die sog. **Mindestreserve**. Durch autonomes Heben und Senken des Mindestreservesatzes kann die EZB den festzulegenden Teil (das Mindestreservesoll) bestimmen.

Jede Änderung der Mindestreserve wirkt unmittelbar auf die Kreditinstitute: Sie schränkt die Möglichkeit der Kreditvergabe ein oder weitet sie aus. Insofern beeinflusst sie auch die Höhe der Zinsen.

Herr Maier, ich habe gehört, dass die EZB die Mindestreserve gesenkt hat.

Dann werden wohl bald die Zinsen sinken.

Wirkungen der Mindestreservepolitik	
Erhöhung der Mindestreserve	**Senkung der Mindestreserve**
• Die Überschussreserven der Kreditinstitute sinken. • Das Kreditangebot wird knapp. • Das Zinsniveau steigt. • Das Geldvolumen sinkt. • Die Nachfrage sinkt. • Das Angebot wird größer. Das Güterpreisniveau sinkt. **Die Konjunktur flacht ab.**	• Die Überschussreserven steigen. • Das Kreditangebot steigt. • Das Zinsniveau sinkt. • Das Geldvolumen steigt. • Die Nachfrage nimmt zu. • Das Angebot steigt. Das Güterpreisniveau steigt. **Die Konjunktur nimmt einen Aufschwung.**

Zinspolitik

Die Kreditinstitute erhalten von ihren Kunden (Haushalten und Unternehmen) Einlagen. Andererseits müssen sie ständig wieder Beträge auszahlen.

Beispiel:

Unternehmen X verfügt auf seinem Konto bei Bank A über ein Guthaben von 50 000,00 EUR. Als eine Rechnung von Lieferer Y über 20 000,00 EUR fällig wird, weist es Bank A an, den Betrag auf das Konto von Y bei Bank B zu überweisen. Dadurch fließt bei A Geld ab, bei B entsteht eine Einlage.

Unternehmen Y muss seinerseits eine Rechnung von Lieferer Z über 60 000,00 EUR begleichen. Da es nicht über ausreichend Guthaben verfügt, nimmt es bei Bank B einen Kredit über 40 000,00 EUR auf. Bank B schreibt ihm den Betrag auf dem Konto gut und überweist dann 60 000,00 EUR auf das Konto des Lieferanten bei der Bank C. Bei Bank B ist jetzt Geld abgeflossen, bei C haben sich die Einlagen erhöht.

Jedes Kreditinstitut muss natürlich immer über ausreichende Mittel verfügen um die Wünsche der Kunden erfüllen zu können. Es muss immer liquide sein. Wenn die Auszahlungs-/Überweisungswünsche der Kunden die vorhandenen Mittel des Kreditinstituts übersteigen, gerät dieses in einen Liquiditätsengpass. Es muss sich dann ganz kurzfristig den fehlenden Betrag am Geldmarkt beschaffen, ihn dort ausleihen.

In der Banksprache: Das Kreditinstitut muss sich refinanzieren.

Als Geldmarkt bezeichnet man Angebot, Nachfrage und Handel mit kurzfristigen Geldern. Teilnehmer sind vor allem die Kreditinstitute und die Zentralbank. Letztere ist der weitaus größte Anbieter an Refinanzierungsmitteln. Deshalb übt sie durch ihre Zinspolitik großen Einfluss aus.

Die Zentralbank betreibt Zinspolitik, indem sie ihren Zinssatz für kurzfristige Gelder herauf- oder herabsetzt.

Die Kreditinstitute, die sich Liquidität bei der Zentralbank verschaffen, geben die Verteuerung und Verbilligung der Kredite an ihre eigenen Kunden weiter. Auch andere Zinssätze ziehen in der Regel nach: Kontokorrent-, Diskont-, Lombardzinsen, später auch Darlehens- und Guthaben- sowie Anleihezinsen. Dadurch erhält der Geldmarktzinssatz die Wirkung eines **Leitzinssatzes**.

Die Zentralbank steuert den Geldmarkt über zwei Instrumente:
- **Spitzenrefinanzierungsfazilität**[1]. Sie ermöglicht den Kreditinstituten, sich für einen Tag benötigtes Zentralbankgeld gegen Zinszahlung zu beschaffen. Der entsprechende Zinssatz stellt die Obergrenze der Zentralbankzinsen dar. Hat eine Bank am Abend ihr Zentralbankkonto überzogen, gilt das als Antrag auf einen Kredit über Nacht. Als Sicherheit müssen sie Wertpapiere bei der Zentralbank hinterlegen. Die Spitzenrefinanzierungsfazilität führt dem Geldkreislauf Liquidität zu.
- **Einlagefazilität**: Sie ermöglicht den Kreditinstituten, für einen Tag nicht benötigtes Geld bei der Zentralbank verzinslich anzulegen. Damit entzieht sie dem Geldkreislauf Liquidität. Der Zinssatz für die Einlagefazilität gilt als Untergrenze für die Geldmarktzinsen der Zentralbank.

Zinssenkungen sollen die Wirtschaftstätigkeit anregen: Sie könnten die Unternehmen veranlassen, mehr Kredite für Einkäufe aufzunehmen. Dann steigt der Geldumlauf in der Volkswirtschaft. Solange Unterbeschäftigung herrscht, können Produktion und Güterangebot erhöht werden, ohne dass eine Gefahr für Preissteigerungen besteht. Allerdings hat es sich in der Praxis gezeigt, dass die Unternehmen in Zeiten wirtschaftlicher Depression nicht gern Kredite aufnehmen. Sie befürchten, das zusätzliche Güterangebot nicht absetzen zu können. Deshalb müssen zu der Zinssenkung weitere Ankurbelungsmaßnahmen hinzutreten.

---

[1] facility (engl.) = Möglichkeit; hier: Kreditmöglichkeit

Zinserhöhungen sollen eine erhitzte Konjunktur dämpfen: Sie könnten die Kreditnachfrage für den Kauf von Konsum- und Investitionsgütern einschränken. Die sinkende Güternachfrage könnte auch zu Preissenkungen führen. Aber auch hier sieht die Praxis oft anders aus: Bei guten Absatzerwartungen können höhere Kreditkosten leicht verkraftet und auf die Preise abgewälzt werden. Die Kreditnachfrage sinkt also nicht. Es ist sogar möglich, dass höhere Zinsen zusätzliches Auslandskapital anlocken. Dann steigt die Geldmenge sogar noch. Auch hier sind folglich ergänzende Maßnahmen notwendig.

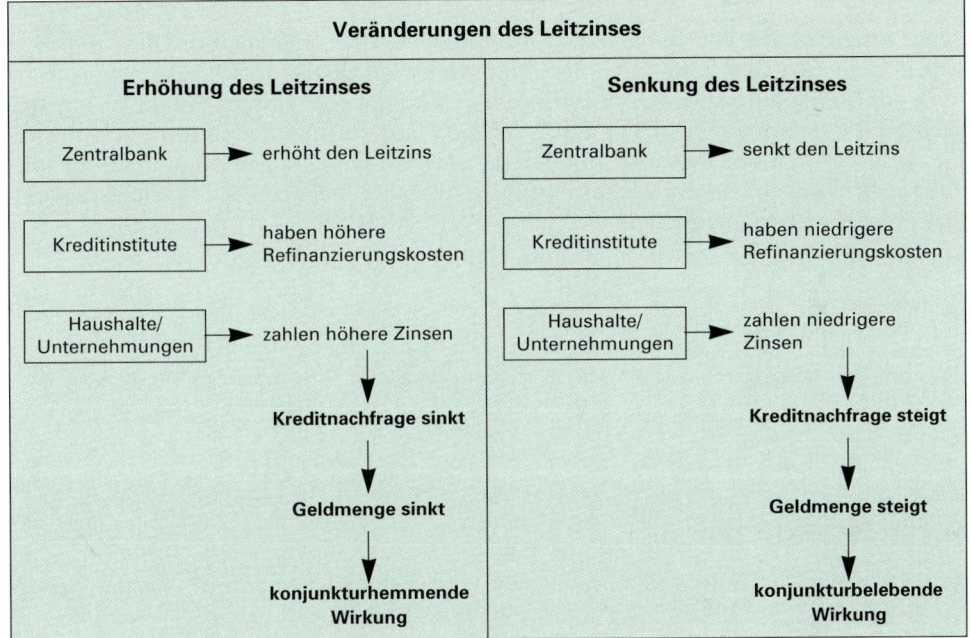

Offenmarktpolitik

Die Europäische Zentralbank tätigt Geschäfte mit Wertpapieren: Sie kauft Wertpapiere von ihren Geschäftspartnern oder sie verkauft ihnen Wertpapiere. Da jedermann Zugang zum Markt für Wertpapiere hat, bezeichnet man ihn als einen offenen Markt.

Offenmarktpolitik ist der Kauf und Verkauf von Wertpapieren durch die Europäische Zentralbank zum Zweck der Geldmengensteuerung.

Diese Geschäfte sind auf den An- und Verkauf von staatlichen Anleihen und Schuldverschreibungen beschränkt.

Wenn die EZB von den Kreditinstituten Wertpapiere kauft, so fließt durch die Verlaufserlöse Liquidität in den Bankensektor. Dadurch erhöht sich die Geldmenge. Es müssen weniger Kredite aufgenommen werden. Es entsteht eine Tendenz zu Zinssenkungen. Dies hat eine konjunkturanregende Wirkung.

Verkauft die EZB Wertpapiere an die Kreditinstitute, so fließt Liquidität ab. Die Geldmenge vermindert sich. Es entsteht eine Tendenz zu Zinssteigerungen. Dies hat eine konjunkturhemmende Wirkung.

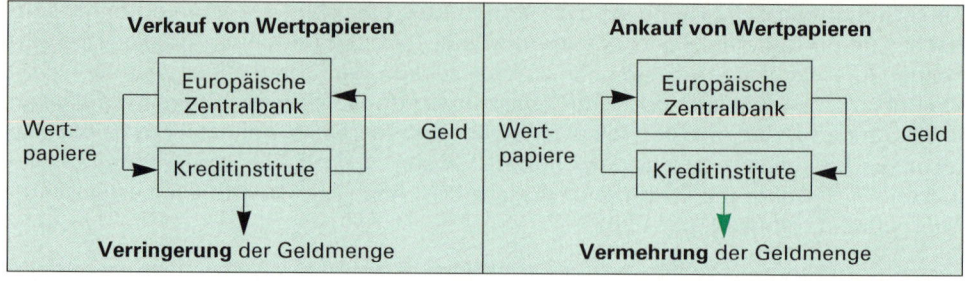

Je nachdem, ob die Zentralbank die Geldmenge länger- oder kürzerfristig verändern will, erfolgen die Geschäfte mit einer länger- oder kürzerfristigen Rückkaufsverpflichtung oder ohne eine solche. Am wichtigsten sind die sog. **Hauptrefinanzierungsgeschäfte**. Sie haben eine Laufzeit von 2 Wochen und verschaffen den Kreditinstituten für diese Zeitspanne Liquidität, mit der sie arbeiten können. Die Kreditinstitute können regelmäßig auf diese Geschäfte zurückgreifen. Deshalb sind sie für sie eine wichtige (Re-)Finanzierungsquelle.

Eine Schwierigkeit bleibt für die Geldpolitik der Zentralbank:

> Die Europäische Zentralbank kann – wie die Bundesbank – nur die kurzfristigen Zinsen festlegen, also für Kredite mit Laufzeiten bis drei Monate. Für Hausbauer und Unternehmen sind aber die langfristigen Zinsen von einem bis zu zehn und mehr Jahren sehr viel wichtiger. Die bilden sich am Markt. Diese durch Reden, Hoffnungen, Drohungen und die Festlegung der kurzfristigen Zinsen zu beeinflussen, bleibt die Kunst der Geldpolitik.
> (Rheinische Post, 5. Nov. 1999)

Arbeitsaufgaben

1. **Die folgende Grafik zeigt das prozentuale Wirtschaftswachstum in der Bundesrepublik Deutschland über den Zeitraum von 40 Jahren.**

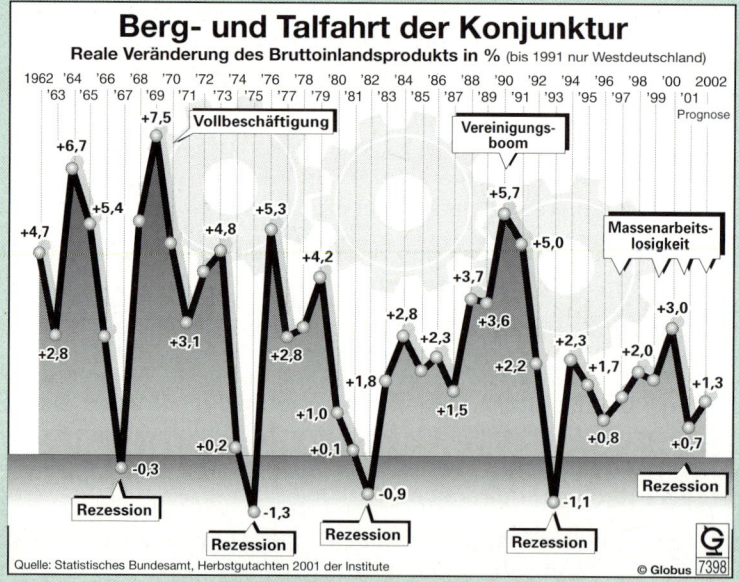

Erläutern Sie die Aussage der Grafik.

2. **Unternehmer und Staat sind an Daten interessiert, die es ihnen erlauben die Konjunkturaussichten einzuschätzen. Derartige Daten heißen Konjunkturindikatoren. Wichtige Indikatoren sind Daten zur Entwicklung des Sozialprodukts (z. B. der Kapazitätsauslastungsgrad der Industrie und die Wachstumsquote des Sozialprodukts), Daten über die Beschäftigung (z. B. die Arbeitslosenquote) und Daten über die Preisentwicklung (z. B. die Preissteigerungsrate).** Entscheiden Sie anhand der folgenden Zahlen, in welcher Konjunkturphase die Volkswirtschaft sich befindet.
   a) Für das Jahr 2,   b) für das Jahr 3,   c) für das Jahr 6,   d) für das Jahr 10.

   Konjunkturindikatoren

Indikator \ Jahr	1	2	3	4	5	6	7	8	9	10	11	12
Kapazitätsauslastungsgrad (%)	96,4	94,8	91,5	95	98,6	100	98,8	98,1	99,1	96,7	92,5	94,9
Arbeitslosenquote (%)	0,7	0,8	2,1	1,5	0,9	0,7	0,8	1,1	1,2	2,6	4,7	4,6
Preissteigerungsrate (%)	+3,3	+3,5	+1,7	+1,7	+1,9	−3,4	+5,3	+5,5	+6,9	+7,0	+6,0	+4,5
Wachstumsquote (%)	+5,5	+2,5	−0,1	+6,5	+7,9	+5,9	+3,3	+3,6	+4,9	+0,4	−1,9	+5,1

3. **Es sei angenommen, dass sich die Volkswirtschaft in einer Rezession befindet.**
   a) Erläutern Sie wesentliche Merkmale einer Rezession.
   b) Nennen und erläutern Sie Möglichkeiten
      ● der Bundesregierung,   ● der Europäischen Zentralbank
      zur Bekämpfung der Rezession.

4. **Geldpolitik und Fiskalpolitk sollen sich ergänzen.**
   Nennen Sie in die gleiche Richtung zielende Maßnahmen der Geld- und Fiskalpolitik, die in der Hochkonjunktur zur Anwendung kommen können.

5. **Grundgesetz Art. 115: „... Die Einnahmen aus Krediten dürfen die Summe der im Haushaltsplan veranschlagten Ausgaben für Investitionen nicht überschreiten; Ausnahmen sind nur zulässig zur Abwehr einer Störung des gesamtwirtschaftlichen Gleichgewichts. ..."**
   a) Welche Konsequenzen kann der Rückgang der öffentlichen Investitionen für die staatliche Konjunkturpolitik haben?
   b) Angenommen, die Kreditaufnahme des Staates scheidet für eine Konjunkturankurbelung aus. Welche fiskalpolitischen Maßnahmen sind dann noch für die Konjunkturpolitik übrig?

6. **Die nationalen Zentralbanken, wie z. B. die Deutsche Bundesbank, sind an Weisungen der Europäischen Zentralbank gebunden, sie sind jedoch unabhängig und autonom gegenüber ihrer Regierung.**
   Diskutieren Sie das Für und Wider der Unabhängigkeit der Deutschen Bundesbank. Berücksichtigen Sie dabei die Möglichkeit, dass eine Bundesregierung Konjunktur fördernde Maßnahmen ergreift, während die Deutsche Bundesbank weisungsgemäß Konjunktur dämpfende Maßnahmen durchführt.

7. **Nehmen Sie an, die Konjunktur sei durch folgende Merkmale gekennzeichnet:**
   – hohe Preissteigerungsraten,
   – Überbeschäftigung,
   – zu hohe Staatsausgaben.
   Erklären Sie, welche geldpolitischen Instrumente zur Konjunktursteuerung einzusetzen sind. Berücksichtigen Sie dabei eventuelle unerwünschte Wirkungen.

8. **In einer Volkswirtschaft soll es 700 Mrd. Geldeinheiten reservepflichtige Einlagen bei Kreditinstituten geben. Nun beschließt der Zentralbankrat eine Erhöhung des Reservesatzes.**
   Beschreiben Sie die liquiditätspolitische Wirkung dieser Maßnahme.

9. **Die Europäische Zentralbank beschließt folgende geldpolitische Maßnahmen:**
   – Senkung der Mindestreservesätze um 10%,
   – Senkung der Abgabesätze für Offenmarkt-Papiere,
   – Senkung des Lombardsatzes.
   a) Erklären Sie, wie die einzelnen Maßnahmen auf die Menge des Zentralbankgeldes wirken.
   b) Beschreiben Sie die konjunkturpolitischen Wirkungen dieser Maßnahmen.

10. **Wenn die Europäische Zentralbank Offenmarkt-Papiere auf dem Markt verkaufen möchte, benötigt sie dazu Wertpapiere.**
    a) Von welcher Institution erhält die Europäische Zentralbank diese Papiere?
    b) Welche Wirkung verspricht sich die Europäische Zentralbank von dem Verkauf?

6 Probleme des Wachstums
6.1 Zielsetzungen der Wachstumspolitik

Die *Aufgabe der Wachstumspolitik* besteht darin, ein angemessenes Wachstum des Bruttosozialprodukts zu bewirken.

Unter **„angemessenem" Wirtschaftswachstum** versteht man in der Regel eine jährliche Zunahme von mindestens 3 % gegenüber einem festgelegten Basisjahr.

Mit der Steigerung des Sozialprodukts werden zwei **grundlegende Ziele** angestrebt:
- Mehrung des materiellen Wohlstands
- Erhöhung der volkswirtschaftlichen Beschäftigung.

Wohlstandsmehrung

Ein höheres Bruttoinlandsprodukt bedeutet eine höhere volkswirtschaftliche Güterproduktion, wenn die Steigerung nicht nur durch höhere Preise zustande kommt. Entscheidend ist deshalb letztlich das reale Bruttoinlandsprodukt. Eine höhere Güterproduktion bedeutet eine bessere Versorgung mit Gütern zur Bedürfnisbefriedigung und damit steigenden materiellen Wohlstand.

Erhöhung der Beschäftigung

Die Erfahrung zeigt, dass immer dann, wenn die Wirtschaft wächst, auch die Beschäftigung zunimmt, wenn auch oft mit zeitlicher Verzögerung. Wachstum schafft Arbeitsplätze. Rutscht die Wirtschaft hingegen in eine Rezession, werden Arbeitsplätze abgebaut.

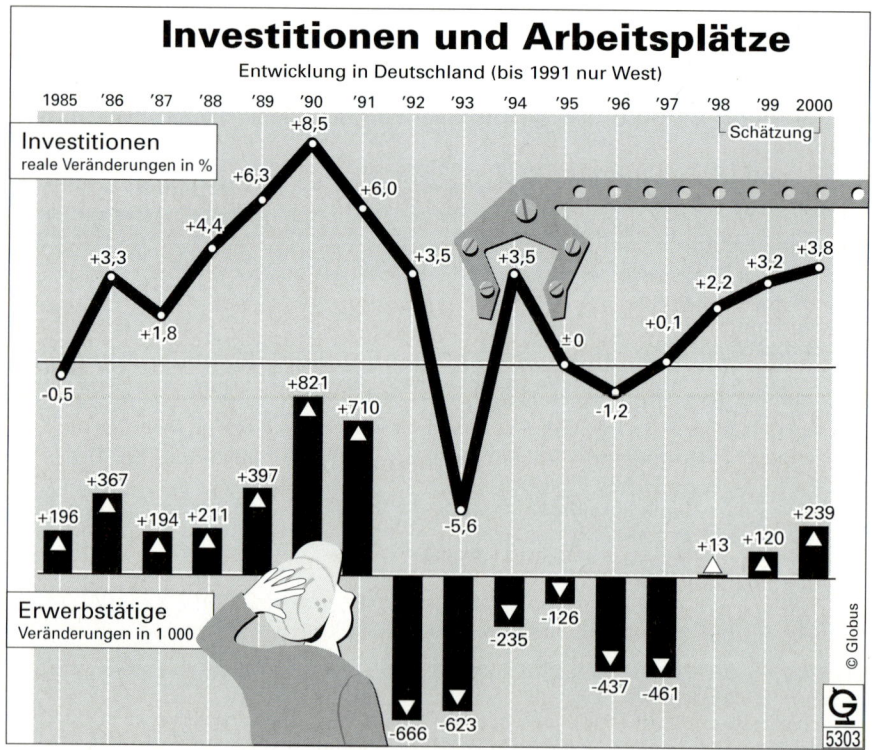

6.2 Wachstumspolitik

6.2.1 Voraussetzungen für Wachstum

Ein hohes Leistungsvermögen der Produktionsfaktoren Arbeit, Boden und Kapital ist Voraussetzung für ein angemessenes Wirtschaftswachstum.

- Der **Faktor Arbeit** ist in einer Volkswirtschaft wachstumsfördernd, wenn die Erwerbspersonen hohe Fähigkeiten besitzen.
- Der **Faktor Boden** ist in einer Volkswirtschaft wachstumsfördernd, wenn Überfluss an fruchtbarem Land und an Bodenschätzen besteht.
- Der **Faktor Kapital** ist in einer Volkswirtschaft wachstumsfördernd, wenn die Produktionsmittel ein hohes technisches Niveau haben und wenn die Sparquote ausreicht, um die notwendigen Investitionen zu ermöglichen.

6.2.2 Maßnahmen der Wachstumspolitik

In Deutschland gehen vom Faktor Boden nur in beschränktem Umfang Wachstumsimpulse aus: Wir verfügen – abgesehen von Kohle – kaum über Rohstoffe und der Boden ist eher knapp. Umso wichtiger sind Arbeit und Kapital. Vom Staat sind deshalb zu fordern:

- Förderung einer zeitgemäßen Ausbildung von hoher Qualität durch die Bildungspolitik;
- Förderung der Finanzkraft der Unternehmen durch die Subventionspolitik;
- Förderung von Sparfähigkeit und Spareigung der Bevölkerung durch die Spar- und Vermögenspolitik.
- Förderung des technischen Fortschritts durch die Innovations- und Wettbewerbspolitik.

Bildungspolitik

Nur ein attraktives und ausreichendes Bildungsangebot an allgemein und berufsbildenden Schulen und Hochschulen sichert die Fähigkeiten, die an modernen Arbeitsplätzen benötigt werden. Ausgaben für Wissen und Können sind immaterielle Investitionen in die Volkswirtschaft. Das Wissen muss wegen des raschen technischen Fortschritts in immer kürzeren Zeitabständen erneuert werden.

In Deutschland betragen die Bildungsausgaben etwa 10 % des Bruttosozialprodukts.

Subventionspolitik

Subventionen sind staatliche Zuschüsse an Unternehmen, die im internationalen Wettbewerb stehen und aufgrund ihrer Kostensituation nicht zu konkurrenzfähigen Preisen anbieten können. Subventionen dürfen nicht dauerhaft gewährt werden, da sie den Wettbewerb verfälschen. Tendenziell ist mit einem Abbau der Subventionen zu rechnen. Zur Zeit werden in Deutschland z. B. die Luftfahrtindustrie (Airbus), die Landwirtschaft und der Kohlebergbau in Milliardenhöhe subventioniert.

Spar- und Vermögenspolitik

Kreditinstitute benötigen Spargelder der Haushalte. Sie stellen diese den Unternehmen für Investitionszwecke zur Verfügung. Der Staat kann die Sparfähigkeit und die

Sparneigung der Haushalte durch finanzielle Anreize erhöhen. Dies geschieht auf dreierlei Art:

```
                    Sparförderung
         ┌──────────────┼──────────────┐
    Sparprämien    Arbeitnehmer-    Sonderausgabenabzug
                    sparzulagen
```

- Für Einzahlungen auf Bausparverträge bis zu 512,00 EUR (Verheiratete: 1 024,00 EUR jährlich gewährt der Staat eine **Sparprämie** von 10 %.

  Voraussetzung: Das zu versteuernde Einkommen überschreitet nicht den Betrag von 25 600,00 EUR, bei Verheirateten 51 200,00 EUR.

- Nach dem 5. Vermögensbildungsgesetz erhalten Arbeitnehmer mit einem zu versteuernden Einkommen bis zu 17 900,00 EUR, bei Verheirateten 35 800,00 EUR eine staatliche Arbeitnehmersparzulage für Bausparleistungen und für Beteiligungen an Produktivvermögen. Solche Beteiligungen sind z. B. Aktien, Aktienfondsanteile, GmbH-Anteile, stille Einlagen. Die Sparleistungen sind vom Arbeitgeber einzubehalten und zu überweisen.

	Höchstfördersumme	Arbeitnehmer-sparzulage
Bausparen	480,00 EUR	10%
Beteil. an Produktivvermögen	408,00 EUR	20%

- Lebensversicherungsprämien können (bis zu bestimmten Höchstbeträgen) als sog. Sonderausgaben vom Gesamtbetrag der Einkünfte abgezogen werden. Sie mindern das zu versteuernde Einkommen und somit die Einkommensteuer.

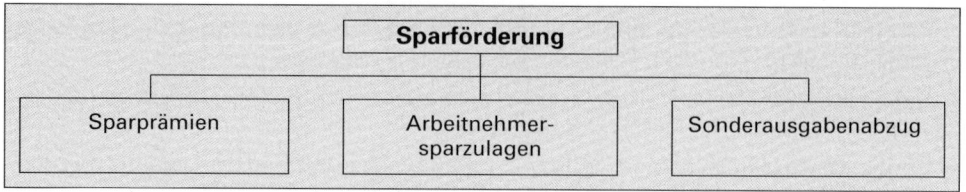

Vgl. Seite 512 bis 514!

- Zinsen sind in Höhe des Sparerfreibetrages von 1 550,00 EUR (Ehegatten: 3 100,00 EUR) von der Einkommensteuer freigestellt.

Innovations- und Wettbewerbspolitik

Deutschland gehört neben den USA und Japan zur Spitzengruppe in der Technologie. Um seine internationale Wettbewerbsfähigkeit zu halten, muss es führend bei der Verwirklichung von Innovationen bleiben. Von besonderer Bedeutung sind:

- **Produktinnovationen:** Sie führen zur Herstellung neuer oder modernisierter Produkte.
- **Verfahrensinnovationen:** Sie bewirken produktivere und kostengünstigere Fertigungsverfahren (z. B. Industrieroboter).

Der Staat fördert Forschungsvorhaben in Erfolg versprechenden Bereichen durch entsprechende finanzielle Zuschüsse. Außerdem erhalten junge innovative Unternehmer in sog. Gründungszentren eine zeitlich begrenzte Möglichkeit (meist 5 Jahre), zu günstigen Bedingungen (z. B. niedrigen Mieten) ihr Unternehmen und ihre Produkte am Markt einzuführen.

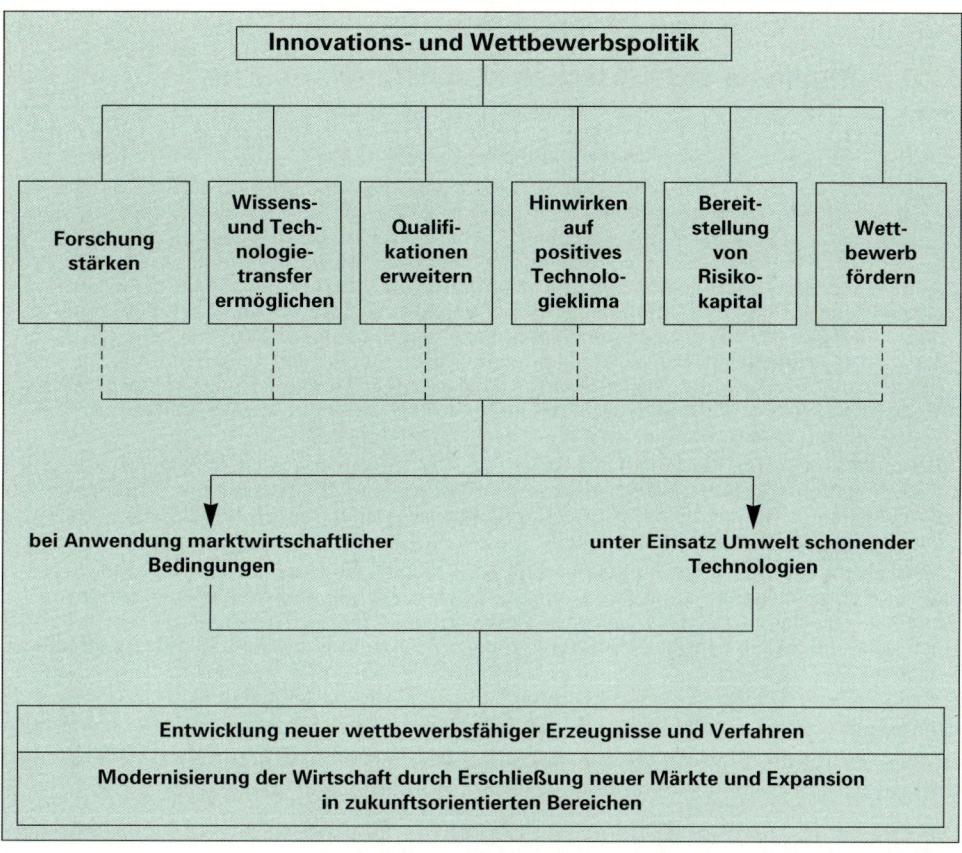

Expandierende zukunftsorientierte Bereiche
Spitzentechnologien – Kommunikationstechnologien   – Roboter- und Sensortechnik – Mikroprozessoren (Chips)   – Recyclingverfahren – Gentechnologien   – Energieeinsparungstechnologien – Oberflächentechnologien
Weiterentwicklung „alter Produkte" Durch den Einsatz neuer Technologien können z. B. – Qualitätsverbesserungen, – Funktionserweiterungen, – Designverbesserungen bei bereits vorhandenen Produkten erreicht werden.
Soziale Dienste Der Dienstleistungssektor wird durch die zunehmende Nachfrage älterer Menschen begünstigt (z. B. mehr mobile Sozialstationen).
Umwelttechnologie Durch ein verstärktes Umweltbewusstsein werden vermehrt Produkte nachgefragt, die Umwelt schonend hergestellt werden und nach Verbrauch wieder verwertbar sind.

6.3 Grenzen des Wachstums

6.3.1 Probleme des Wirtschaftswachstums

> *Überlegen Sie doch einmal:* Für wen ist nicht der eigene Wagen, vielleicht auch Zweitwagen, ein erstrebenswertes Ziel?
>
> Wer freut sich nicht über die Annehmlichkeiten aus der Steckdose, von der Küche mit Kühl- und Gefrierschrank, Spülmaschine, Dunstabzugshaube, Kaffeemaschine, Küchenmaschine bis zum Staubsauger, zur elektrischen Bohrmaschine und zur Elektrozahnbürste? Wer träumt nicht von der eigenen Kellerbar mit Stereoanlage und elektronisch gesteuerten Lichteffekten? Für die Herstellung und für den Betrieb all dieser Annehmlichkeiten sind immer größere Mengen an Energie erforderlich. Dies bedeutet zum Beispiel den Bau neuer Kraftwerke, die das Landschaftsbild verunstalten, die Wolkenbildung mit ihren Kühltürmen vergrößern, die Luftverschmutzung erhöhen und das Wasser der Flüsse aufheizen, die Bildung immer größerer Mengen an Wohlstandsabfällen, die mit hohen Kosten beseitigt werden müssen, größere Verkehrsdichte, mehr Straßen, die die Landschaft zerschneiden.
>
> Unter diesen Umständen rückt heute gegenüber der rein materiellen Wohlstandssteigerung die Erhöhung der **Lebensqualität** mehr in den Vordergrund. Sie umfasst unter anderem die Bereitstellung einer möglichst guten öffentlichen sozialen Infrastruktur, soziales Verhalten des Einzelnen und eine intakte Umwelt.
>
> Aber lassen sich diese Ziele ohne höheren Energieeinsatz erreichen? Wenig zu produzieren, bedeutet brachliegende Kapazitäten, ausbleibende Gewinne und Arbeitslosigkeit. Lebensqualität lässt sich nur durch wachsende Aufwendungen für die Reinerhaltung der Luft und des Wassers, für die Lärmbekämpfung und die Beseitigung von Abfall- und Reststoffen erreichen.

Wachstum fördert den Wohlstand und schafft Arbeitsplätze. In zunehmendem Maße hat sich aber gezeigt, dass ein rein quantitatives, auf die mengenmäßige Steigerung der Güterproduktion gerichtetes Wachstum problematisch ist.

Die Erde ist ein begrenzter Raum mit begrenzten Ressourcen. Weiteres Ausbeuten von Rohstoffen und fortschreitende Naturzerstörung führen zum Zusammenbruch des ökologischen Systems.

Die *Grenzen des Wachstums* liegen in den Realitäten der Ökologie. Das *Wachstum* muss *qualitativ* ausgerichtet werden.

Auch auf anderen Gebieten führt das fortschreitende Wachstum zu Problemen: Da Wachstumsprozesse nicht gleichmäßig erfolgen, kommt es zu Änderungen in der Wirtschaftsstruktur. Zudem müssen Fragen der Einkommens- und Vermögensverteilung gelöst werden.

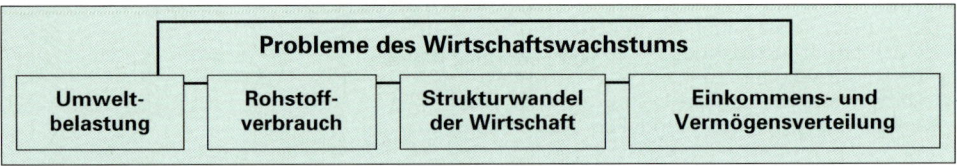

6.3.2 Ökologische Wachstumstheorie und Umweltschutz

Einen Gegenpol zur traditionellen ökonomischen Wachstumstheorie bildet die **ökologische Wachstumstheorie**. Sie bezieht die Auswirkungen von Produktion und Konsum auf die natürliche Umwelt mit ein. Ihr Ausgangspunkt waren die Untersuchungen und Veröffentlichungen des **Club of Rome**.

> Dem Club of Rome gehören Wissenschaftler, Industrielle und hohe Beamte aus 30 Ländern an. Sie beauftragten schon 1970 den amerikanischen Professor Dennis Meadows, die künftige Entwicklung von Bevölkerungs- und Wirtschaftswachstum, Nahrungsmittel- und Industrieproduktion, Rohstoffvorräten und Umweltverschmutzung zu untersuchen. Der Club of Rome legte die Ergebnisse der Untersuchungen in seinem ersten **Buch „Die Grenzen des Wachstums"** (1972) nieder. Darin wurden folgende Behauptungen aufgestellt:
> - Die Weltbevölkerung wird sich bis zum Jahre 2000 auf etwa 7 Milliarden Menschen vermehren.
> - Etwa vom Jahre 2050 an kann die Weltbevölkerung nicht mehr ausreichend ernährt werden.
> - Die steigende Industrieproduktion führt dazu, dass zwischen den Jahren 2000 und 2150 die wichtigsten Rohstoffe erschöpft sind.
> - Die ständig wachsende industrielle Produktion beschleunigt das Tempo der Umweltverschmutzung übermäßig stark. Die Grenze der Belastbarkeit der Erde wird überschritten.
>
> Der Club of Rome leitet daraus folgende **Forderungen** ab:
> - **Forderung nach Kontrolle des Bevölkerungswachstums**
> - **Forderung nach gleichgewichtiger Verteilung der Industrieproduktion unter den Ländern**
> - **Forderung nach Kontrolle der Umweltbelastung und konsequentem Umweltschutz**
> - **Forderung nach sparsamem und kontrolliertem Abbau der Rohstoffe**
>
> Veränderte Entwicklungen haben das Meadows-Modell in einigen Bereichen widerlegt. So konnten z. B. alternative Energie- und Rohstoffquellen erschlossen werden. Es ist jedoch das Verdienst von Meadows, auf die Probleme einseitigen wirtschaftlichen Wachstums aufmerksam gemacht zu haben. Er konnte das Bewusstsein dafür wecken, dass ein sparsamer Umgang mit Rohstoffen notwendig ist und dass die Umwelt nicht mit Abfall jeder Art belastet werden darf.

Heute versucht man quantitativen Wachstumskonzepten Konzepte eines **qualitativen Wachstums** an die Seite zu stellen. Wachstum soll nicht nur den materiellen Wohlstand, sondern die Lebensqualität insgesamt steigern.

Als Berechnungsgrundlage für das qualitative Wachstum ist das Bruttoinlandsprodukt nicht geeignet. Stattdessen benutzt man den sog. **„Net Economic Welfare"**, den **„Wirtschaftlichen Nettowohlstand"**.

Bei Berechnung des Net Economic Welfare geht man vom herkömmlichen Sozialprodukt aus. Alle so genannten „sozialen Kosten" (z. B. die Kosten für den Umweltschutz) sowie Kosten für die staatliche Verteidigung, Polizei und Verwaltung werden abgezogen, weil in diesen Positionen keine Wohlstandssteigerung gesehen wird.

Umgekehrt werden zum Inlandsprodukt die Leistungen hinzuaddiert, die die Lebensqualität erhöhen, aber bisher nicht im Bruttoinlandsprodukt erfasst wurden (z. B. die Arbeit im Haushalt).

Net Economic Welfare		
vom/zum ⟶ **Bruttoinlandsprodukt**	**(–) abziehen**	**(+) hinzurechnen**
	Soziale Kosten, z. B. Umweltschutzmaßnahmen, Ausgaben für die staatliche Verschuldung	Private Dienste, für die kein Marktpreis ermittelt wird, z. B. Haushaltsarbeit, immaterielle Werte, z. B. Freizeit

Die Nettonutzenrechnung stößt ebenfalls auf große praktische Probleme, weil soziale Kosten, die Werte der Produktion in den Haushalten und die Werte für Freizeit sehr schlecht erfasst und gemessen werden können.

Das Statistische Bundesamt hat die Kritik am herkömmlichen Konzept des Inlandsprodukts bereits aufgegriffen und will in absehbarer Zukunft sowohl die Produktion im privaten Haushalt als auch die Umweltschutzkosten berücksichtigen.

Die Bundesregierung definierte Umweltschutz bereits in ihrem Umweltprogramm von 1971:

Umweltschutz ist die Gesamtheit aller Maßnahmen, die notwendig sind, um dem Menschen eine Umwelt zu sichern, wie er sie für seine Gesundheit und für ein menschenwürdiges Dasein braucht, um Boden, Luft und Wasser, Pflanzen- und Tierwelt vor nachteiligen Wirkungen menschlicher Eingriffe zu schützen und um Schäden und Nachteile aus menschlichen Eingriffen zu beseitigen.

In einem Industrieland sind diese Ziele nur mit einem hohen Aufwand zu erreichen, sodass der Umweltschutz selbst zu einem bedeutenden Wirtschaftsfaktor geworden ist. Die Entwicklung dieses Marktes lässt darauf hoffen, dass Wachstumseinbußen in bestimmten Sektoren der Wirtschaft durch überdurchschnittliche Wachstumsraten im Umweltbereich kompensiert werden.

Aus dem Umweltschutz ergeben sich positive Beschäftigungseffekte.

Positive Beschäftigungseffekte des Umweltschutzes entstehen durch Aufwendungen der öffentlichen Hand für:

- Investitionen und Sachmittel,
- Betrieb von Anlagen,
- Abfall- und Abwasserbewältigung und
- Bürokratie.

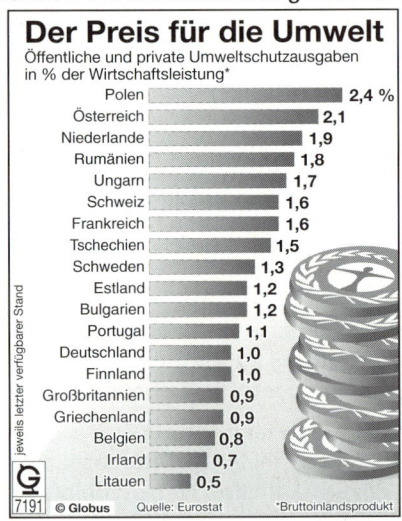

Arbeitsaufgaben

1. In einer Volkswirtschaft liegen folgende Zahlen vor:

	Jahr 1	Jahr 2
Bruttoinlandsprodukt	200 Mrd. EUR	218 Mrd. EUR
Stand des Lebenshaltungskostenindex (Basis: 100%)	140%	147%
Bevölkerungszahl	20 Mio.	20,4 Mio.

a) Berechnen Sie das nominale Wachstum des Bruttoinlandsprodukts.
b) Berechnen Sie das reale Wachstum des Bruttoinlandsprodukts.
c) Welche der berechneten Zahlen drückt die veränderte Güterversorgung in der Volkswirtschaft aus?
d) Quantitatives Wachstum an sich stellt keinen Wert dar. Welche übergeordneten Ziele sollen durch quantitatives Wachstum erreicht werden?
e) Um wie viel Prozent ist der Wohlstand der Volkswirtschaft rein rechnerisch im Durchschnitt gestiegen/gefallen?
f) Lässt sich das quantitative Wachstum in diesem Beispiel nach allgemeinen Maßstäben als angemessen bezeichnen?
g) Angenommen, 20 % der Haushalte der Volkswirtschaft seien Unternehmerhaushalte. Sie beziehen in Jahr 1 50 % des Volkseinkommens. Die Arbeitnehmerhaushalte beziehen die restlichen 50 %. In Jahr 2 beziehen die Arbeitgeberhaushalte 49 %. Kann man unter diesen Umständen von einer Wohlstandssteigerung des gesamten Volkes sprechen?

2. **Deutschland ist arm an Rohstoffen. Es gehört trotzdem zu den wohlhabendsten Volkswirtschaften der Erde.**
   a) Auf welchen Produktionsfaktoren beruht dieser Wohlstand?
   b) Nennen Sie politische Möglichkeiten, die geeignet sind Voraussetzungen für ein angemessenes Wirtschaftswachstum zu schaffen.

3. **Technischer Fortschritt und Innovationen werden als treibende Kräfte für Wirtschaftswachstum bezeichnet.**
   a) Arbeitsplätze wurden durch den technischen Fortschritt verändert. Nennen Sie Beispiele.
   b) Arbeitsplätze wurden durch den technischen Fortschritt vernichtet. Nennen Sie Beispiele.
   c) Erläutern Sie, warum Innovationen das Wirtschaftswachstum und die Beschäftigung fördern können.
   d) Erklären Sie, inwieweit Innovationen unter Umständen Arbeitslosigkeit verursachen.
   e) Worin sehen Sie die Hauptaufgaben von Forschung und Entwicklung?
   f) Betrachten Sie die nebenstehende Karikatur. Welche Gefahr sieht der Karikaturist?

„Und nun passen Sie mal auf, was passiert, wenn ich das Ding hier einstecke!"

4. **Wirtschaftswachstum vollzieht sich nicht in allen Branchen im gleichen Schritt.**
   a) Erläutern Sie diese Aussage anhand der folgenden „historischen" Grafik.

   b) Welche Möglichkeiten hat der Staat, einerseits Krisenbranchen, andererseits starke Wachstumsbranchen zu fördern?

5. **In den Wirtschaftswissenschaften wird immer wieder betont, dass das Inlandsprodukt nur einen begrenzten Aussagewert hinsichtlich des Wohlstandes einer Volkswirtschaft haben kann.** Führen Sie zwei unterschiedliche Begründungen für diese Feststellung an.

6. „Aber wir schaffen doch nur notwendige Arbeitsplätze."
   Diskutieren Sie anhand der Karikatur den Sinn und Unsinn quantitativen Wachstums.

7. „Wir haben die Erde nicht von unseren Vorfahren geerbt, sondern von unseren Kindern geliehen."
   Diskutieren Sie diese alte Indianerweisheit unter Berücksichtigung qualitativer und quantitativer Wachstumsforderungen der heutigen Gesellschaft.

8. **Die Grenzen des quantitativen Wachstums sind absehbar.**
   a) Welche Merkmale bestimmen aufgrund der Untersuchungen des Club of Rome die Grenzen des Wachstums?
   b) Dem quantitativen Wachstum wird das qualitative Wachstum gegenübergestellt. Nennen Sie wesentliche Merkmale eines qualitativen Wachstums.
   c) Welche Bedeutung hat der „Net Economic Welfare" hinsichtlich des qualitativen Wachstums?
   d) Welche Konsequenzen ergeben sich für die Wirtschaftspolitik einer hochentwickelten Volkswirtschaft aus den Erkenntnissen des Net Economic Welfare?

7 Probleme der Einkommens- und Vermögensverteilung

7.1 Einkommensverteilung

„Wenn Sie mir keine Gehaltserhöhung geben, Chef, dann erzähle ich überall herum, ich hätte eine gekriegt."
(*Quelle: Wirtschaftswoche*)

„Gib mir bitte auch etwas ab!"
(*Quelle: IG-Metall-Information*)

7.1.1 Funktionelle und personelle Einkommensverteilung

Die Haushalte setzen für die Erstellung des Inlandsprodukts Produktionsfaktoren ein. Für diesen Einsatz beziehen sie Einkommen. Die Höhe des Einkommens ist entscheidend für den materiellen Wohlstand des einzelnen Haushalts, denn für das Einkommen kann er produzierte Güter kaufen.

Den Produktionsfaktoren werden folgende Einkommensarten zugerechnet:

Arbeit:	Lohn, Gehalt	⟶ sog. **Arbeitseinkommen**
Boden:	Grundrente (Pacht)	
Kapital:		⟶ sog. **Besitzeinkommen**
Sachkapital (Anlagen):	Miete	
Geldkapital:	Zins	
Unternehmertätigkeit:	Gewinn	⟶ sog. **Resteinkommen**

Die Verteilung des Volkseinkommens auf die Produktionsfaktoren heißt *funktionelle Einkommensverteilung*.

Die amtliche Statistik fasst die Faktoreinkommen zu zwei Gruppen zusammen und berechnet ihren prozentualen Anteil am Volkseinkommen:

- **Einkommen aus unselbstständiger Arbeit**
  (Bruttoentgelte einschl. Arbeitgeberanteile zur Sozialversicherung und zusätzliche Sozialaufwendungen der Arbeitgeber)

$$\text{Lohnquote} = \frac{\text{Einkommen aus unselbstständiger Arbeit}}{\text{Volkseinkommen}} \cdot 100$$

- **Einkommen aus Unternehmertätigkeit und Vermögen**
  (Gewinne, Mieten, Pachten, Zinsen)

$$\text{Gewinnquote} = \frac{\text{Einkommen aus Unternehmertätigkeit und Vermögen}}{\text{Volkseinkommen}} \cdot 100$$

Die Lohnquote bewegt sich in Deutschland seit 1965 um Werte zwischen 65 und 75 %. Ihre Erhöhung ist ein Ziel der Gewerkschaften, das sie in den Tarifverhandlungen mit den Arbeitgebern und Arbeitgeberverbänden anstreben.

Sagt die Lohnquote eigentlich etwas über den Wohlstand der Arbeitnehmerhaushalte aus?

Zumindest nichts Endgültiges. Denn oft beziehen die Arbeitnehmerhaushalte weitere Einkommen, z. B. Mieten, Zinsen, Dividenden, Renten, ...

Um eine Aussage über den Wohlstand der Haushalte machen zu können, muss man wissen, wie das Volkseinkommen sich auf die Haushalte verteilt.

Die Verteilung des Volkseinkommens auf die Haushalte heißt *personelle Einkommensverteilung*.

7.1.2 Primärverteilung und Sekundärverteilung

Die Entlohnung der Produktionsfaktoren ergibt sich aus dem Zusammenspiel von Angebot und Nachfrage auf dem Markt, bei Löhnen und Gehältern im Besonderen weitgehend aufgrund von Verhandlungen der Tarifparteien. Damit ist sie ein Spiegelbild der Leistung, die die Produktionsfaktoren für die Produktion erbringen.

Die Verteilung des Einkommens nach dem Leistungsprinzip *heißt Primärverteilung*.

Speziell beim Arbeitseinkommen stellt sich die Frage nach dem **gerechten Lohn**. Dabei ist grundsätzlich anerkannt:

- Schwierigere Arbeiten sind höher zu entlohnen **(Anforderungsgerechtigkeit)**.
  In der Praxis werden die Anforderungen an Arbeitsplätze durch Arbeitswertstudien ermittelt.

- Bei gleicher Schwierigkeit muss die bessere Leistung höher entlohnt werden **(Leistungsgerechtigkeit)**.
  Je nachdem, wie die Leistung tatsächlich berücksichtigt wird, spricht man von Zeitlohn (Entlohnung nach der Arbeitszeit), Akkordlohn (Entlohnung nach der mengenmäßigen Leistung), Prämienlohn (Zeitlohn mit Leistungsprämien für verschiedene Leistungsarten).

- Soziale Verhältnisse des Arbeitnehmers (z. B. Alter, Familienstand) sollen angemessen berücksichtigt werden **(Sozialgerechtigkeit)**.
  Dies geschieht in der Praxis vielfach durch tarifvertragliche und freiwillige Sozialleistungen.

Das Leistungsprinzip benachteiligt vor allem weniger leistungsfähige Menschen (z. B. Alte, Kranke, Notleidende). Es führt in der Praxis zu einer allzu ungleichen Einkommensverteilung und entspricht nicht den Grundsätzen des Sozialstaates.

Der Sozialstaat nimmt eine Umverteilung von Teilen des Primäreinkommens vor. Man nennt sie *Sekundärverteilung*.

Im Rahmen der Umverteilung gewährt der Staat Bürgern, die kein Einkommen oder nur ein geringes Einkommen beziehen können, sog. Transferleistungen (Sozialleistungen). *Vgl. Seite 97 f.*
Diese erhöhen das Einkommen und tragen zur Sicherung des Grundbedarfs bei. Derartige Maßnahmen sind umso wichtiger, je wachstumsorientierter die industrialisierte Volkswirtschaft ist. Die Kluft zwischen wohlhabenden und ärmeren Haushalten, die an den Wachstumserfolgen nicht direkt beteiligt sind, würde sonst zu groß. *Vgl. Seite 517*

Wichtigstes Mittel der Umverteilung ist die Lohn- und Einkommensteuer:

Die Einkommen werden progressiv besteuert, d. h. hohe Einkommen werden mit einem wesentlich höheren Steuersatz belegt als niedrige Einkommen.

Geld, das der Staat dem einen nimmt, kann er anderen geben. Wichtige Transferleistungen sind z. B.:

- **Kindergeld** (wird für jedes Kind gezahlt)
- **Erziehungsgeld** (für Elternteile, die für die beiden ersten Lebensjahre des Kindes die Erwerbstätigkeit unterbrechen)
- **Wohngeld** (für einkommensschwache Wohnungsinhaber)
- **Sozialhilfe** (für Menschen in einer Notlage, die ihnen die Führung eines menschenwürdigen Lebens nicht ermöglicht)
- **Stipendien** nach dem Bundesausbildungsförderungsgesetz
- **Kriegsopferrenten**
- **Staatszuschüsse zur Rentenversicherung** zwecks Anpassung des Altersruhegeldes an die allgemeine Einkommensentwicklung

Entscheidend für die Haushalte ist ihr **verfügbares Einkommen**. Dieses bezeichnet die Einkommenssumme, die dem Haushalt im gegebenen Wirtschaftszeitraum zur Verfügung steht. Es errechnet sich wie folgt:

    Bruttoeinkommen (Lohn/Gehalt, Mieten, Pachten, Zinsen, Gewinne)
−   direkte Steuern (Einkommen-, Kirchensteuer)
−   Arbeitnehmeranteil zur Sozialversicherung
+   Transfereinkommen

=   **verfügbares Einkommen**

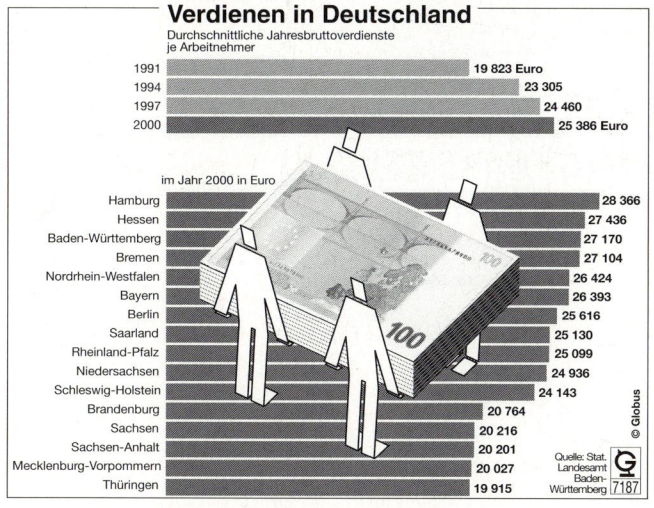

7.2 Vermögensverteilung

Schwieriger Aufstieg

7.2.1 Geld- und Produktivvermögen

In den sechziger Jahren wurde festgestellt, dass 1,7 % der Bevölkerung über 70 % des Produktivvermögens (betriebliches Sachvermögen) in der Bundesrepublik Deutschland verfügten. Diese Vermögensverteilung rief heftige Kritik hervor.

Bei dieser Kritik wurde übersehen, dass das Produktivvermögen nur eine mögliche Form von Vermögen ist. Sie macht nur etwa 19 % des Volksvermögens aus.

Seit den sechziger Jahren hat die Vermögensbildung in Arbeitnehmerhand kräftig zugenommen. Der Anteil der Arbeitnehmer an den privaten Ersparnissen liegt über

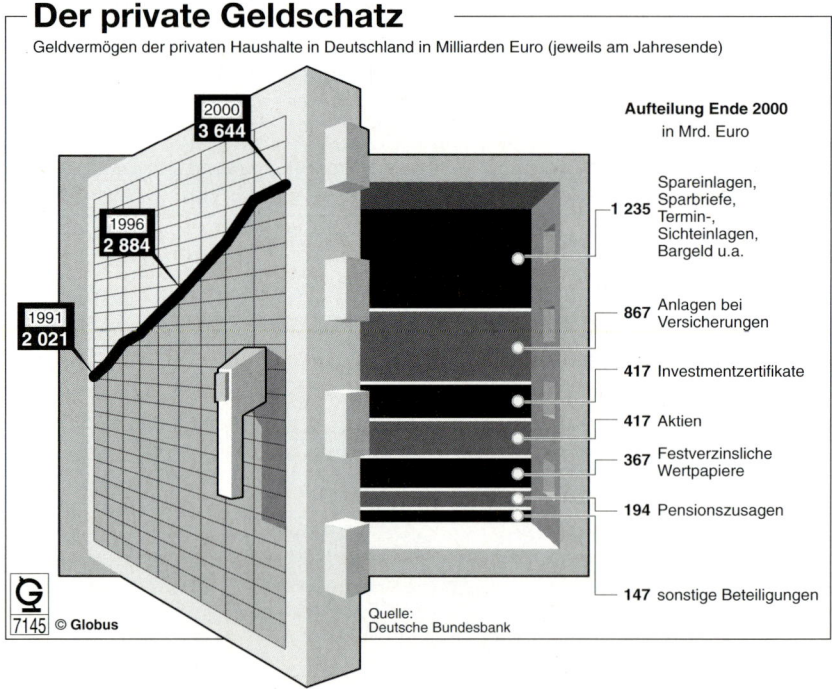

dem der Selbstständigen. Die ungleiche Verteilung des Produktivvermögens zeigt nur, dass die Arbeitnehmer ihr Vermögen größtenteils in Form von Sparkonten, Lebensversicherungen, Bausparverträgen, also in Form von Geldvermögen bilden. Gewerbliches Vermögen, also Produktivvermögen, ist in der Hand von Arbeitnehmern gering vertreten. Vermögen in Form von Maschinen, Anlagen und Betrieben ist nicht ohne Risiko. Es verliert an Wert, wenn Verluste entstehen. Die Mehrheit der Arbeitnehmer bevorzugt Vermögensbildung in risikolosen Formen.

7.2.2 Ansätze der Vermögenspolitik

Die Vermögenspolitik dient der Fähigkeit zum Sparen. Das Einkommen muss so hoch sein, dass **Sparfähigkeit** vorliegt. Vermögensbildung gelingt nur, wenn der **Wille zum Sparen** vorhanden ist.

Durch **Eingriffe in die Einkommensverteilung** wird die Sparfähigkeit erhöht. Der Staat besteuert höhere Einkommen stärker als niedrigere.

Die Einnahmen aus der Besteuerung höherer Einkommen kann dann der Sparförderung für die Bezieher geringer Einkommen dienen.

Der Staat und die Sozialpartner nehmen Einfluss auf die Vermögensbildung:

- Die Vermögensbildung wird durch **staatliche Sparförderung,** z. B. Prämien, Sparzulagen oder steuerliche Anreize, gefördert. Damit nur Bezieher geringer und mittlerer Einkommen die Sparförderung beanspruchen, werden Einkommensgrenzen festgelegt.[1]

- Für die Bildung von Wohneigentum gibt es Steuervorteile bei der Einkommensteuer. Außerdem werden zinsgünstige Darlehen vergeben.

- Der Staat versucht die Bildung großer Vermögen zu bremsen, indem er Erbschaft- und Schenkungsteuer erhebt. Zudem fördert er die Bildung von **Vermögen in Arbeitnehmerhand.** Der Staat selbst „privatisierte" staatliche Großunternehmungen. So wurden für das Volkswagenwerk, die Preußag und die Veba **Volksaktien** ausgegeben, deren Kauf an eine Einkommensgrenze gebunden war.

- Die tarifliche **Vermögenspolitik der Sozialpartner** sichert den Arbeitnehmern Zusatzleistungen und fördert somit ihre Sparfähigkeit. So sehen viele Tarifverträge vor, dass der Arbeitgeber ganz oder teilweise die vermögenswirksamen Sparleistungen (bis jährlich 480,00 EUR) für den Arbeitnehmer übernimmt. Diese werden dann Gehaltsbestandteil.

Die Förderung von Vermögensbildung hat die Verteilung des Produktivvermögens nicht wesentlich geändert. Arbeitnehmervermögen setzt sich überwiegend aus Geldvermögen zusammen. Teilweise wird nach Ablauf der Sperrfrist für Anlagevermögen das angesparte Geld konsumiert.

---

[1] Vgl. S. 472

Arbeitsaufgaben

1. **Die folgende Tabelle zeigt die Entwicklung der Lohnquote über einen längeren Zeitraum hinweg.**

Entwicklung der Lohnquote (alte Bundesländer, ab 1994 Gesamtdeutschland)		
	Verteilung des Volkseinkommens	
Jahr	Bruttoeinkommen aus unselbstständiger Arbeit in % = Lohnquote	Bruttoeinkomen aus Unternehmertätigkeit und Vermögen in %	Anteil der Arbeitnehmer an der Gesamtzahl der Erwerbstätigen in %
1960	60,1	39,9	77
1965	65,3	34,4	81
1970	68,0	32,0	83
1975	74,1	25,9	85
1980	75,8	24,2	88
1985	73,0	27,0	88
1990	69,9	30,1	89
1994	72,6	27,3	89
2000	72,0	28,0	90

Quelle: Statistisches Bundesamt

   a) Erläutern Sie den Begriff Lohnquote.
   b) Welcher zweite Quotenbegriff ist für die Verteilungsstatistik von Bedeutung? Erläutern Sie auch diesen.
   c) Entspricht der Name dieser zweiten Quote den von ihr erfassten wirtschaftlichen Größen?
   d) Was sagt die Tabelle über den prozentualen Anteil der Arbeitnehmer an der Gesamtzahl der Erwerbstätigen aus?
   e) Zeigen dieser Anteil und die Lohnquote die gleiche Entwicklung?
   f) Trotz der Entwicklung der Lohnquote ist der Wohlstand der Arbeitnehmerhaushalte im Durchschnitt gestiegen. Wie lässt sich dies begründen?

2. **Arbeit soll gerecht entlohnt werden.**

   > Erna B. (39) und Dieter K. (34) tun die gleiche Arbeit. Beide sind Telefonisten in einer westfälischen Firma. Erna B. bringt für ihren Beruf mehr mit als ihr männlicher Kollege: sie spricht englisch. Trotzdem bekommt sie nur 934,00 EUR im Monat. Er verdient 1058,00 EUR, 124,00 EUR mehr.
   > Am Büfett eines Kaufhaus-Restaurants arbeiten ein Mann und eine Frau. Auch sie tun die gleiche Arbeit, aber sie bekommt nur 600,00 EUR, er hat 785,00 EUR, also 185,00 EUR mehr.
   > Zwei Fälle, die für die Situation einer übergroßen Zahl von Frauen im Berufsleben stehen. Das statistische Landesamt in Kiel hat errechnet, dass in den 46 Industriebranchen in Schleswig-Holstein die Frauen im Durchschnitt 1/3 weniger für die gleiche Arbeit erhalten als die Männer.

   a) Sind Sie der Ansicht, dass in den beschriebenen Fällen eine gerechte Entlohnung vorliegt? Begründen Sie Ihre Ansicht.
   b) Einen objektiv gerechten Lohn kann es nicht geben. Begründen Sie dies.
   c) Welche Grundsätze sollte eine gerechte Entlohnung berücksichtigen?
   d) Es wird gemeinhin als ungerecht und darüber hinaus als unvorteilhaft empfunden, wenn jeder für seine Tätigkeit die gleiche Entlohnung erhielte. Nennen Sie hierfür Gründe.

3. **Einkommensverteilung ist oft eine Machtfrage.**
   Erläutern Sie dies anhand der folgenden Grafik: Wer sind die Parteien und wie läuft der Verteilungskampf ab?

4. Folgender Sachverhalt sei gegeben:

Name	Familienstand	zu versteuerndes Einkommen (EUR)	Steuer (EUR)	Steuer bei einer Einkommenssteigerung von 1 000,00 EUR
Meier	ledig	3 500,00	0,00	0,00
Müller	ledig	7 000,00	0,00	166,68
Lehmann	ledig	20 000,00	3 241,60	3 532,52
Schulz	verheiratet	20 000,00	1 241,42	1 475,59
Schmidt	ledig	62 000,00	20 201,14	20 683,29
Wagner	verheiratet	62 000,00	13 531,85	13 882,60

Schulz hat 2 Kinder. Er erhält hierfür Kindergeld in Höhe von 154,00 EUR je Kind monatlich.

a) Errechnen Sie die unterschiedlichen Grenzsteuersätze (Steuer in Prozent von der Einkommenssteigerung).
b) Erläutern Sie, wie sich die Grenzsteuersätze mit steigendem Einkommen entwickeln.
c) Begründen Sie eingehend die unterschiedliche Besteuerung der oben angeführten Personen. Welche Wirkungen ergeben sich für das verfügbare Einkommen?
d) Nennen Sie weitere Transferleistungen, die Meier und Müller ggf. noch beziehen könnten.

5. **2000 besaß jeder Bundesbürger im Durchschnitt ein Geldvermögen von 44 296,00 EUR.**

a) Nennen Sie unterschiedliche Formen von Geldvermögen.
b) Seit alters her gilt das Sparbuch als Basis für jede Vermögensbildung. In den letzten Jahren allerdings sind andere Sparformen stärker in den Vordergrund getreten. Welche Gründe sind hierfür maßgebend?
c) Viele Haushalte besitzen neben dem Geldvermögen ein erhebliches Sachvermögen. Um welche Sachwerte handelt es sich dabei bei den meisten Haushalten?
d) Aus welchen Gründen fördert der Staat die Vermögensbildung?
e) Welche Formen der Vermögensbildung werden heute vom Staat bevorzugt gefördert?
f) Nehmen Sie Stellung zur Aussage der Grafik „Schwieriger Aufstieg" auf Seite 482.

6. **Eine Reihe von Unternehmen hat Modelle entwickelt, nach denen die eigenen Arbeitnehmer eine Gewinnbeteiligung erhalten. Die Gewinnanteile werden meist nicht ausgezahlt, sondern dienen der Beteiligung der Arbeitnehmer am Kapital des Unternehmens.**

> **Was ist das? Beteiligungsmodelle**
> Die betriebliche Vermögensbeteiligung in der Bundesrepublik Deutschland, seit 1950 auf freiwilliger Grundlage entwickelt, hat eine Vielfalt von Beteiligungsformen für Mitarbeiter hervorgebracht. Die häufigsten Typen:
> - **Belegschaftsaktie.** Der Mitarbeiter erwirbt zu einem Vorzugskurs Aktienkapital an der Gesellschaft und erhält jährlich eine erfolgsabhängige Dividende. Dieses Modell – es gilt nur für Aktiengesellschaften – stellt 21,5 Prozent der praktizierten Beteiligungsmodelle.
> - **Stille Beteiligung.** Die Mitarbeiter werden zu stillen Gesellschaftern mit Kapitalbeteiligung. Das eingesetzte Kapital wird dabei entweder am Unternehmensgewinn beteiligt oder nach Vereinbarung verzinst. Grundsätzlich sind Haftung und Verlustbeteiligung auf die Höhe der Kapitaleinlage beschränkt (32,5 Prozent der Modelle).
> - **Mitarbeiterdarlehen.** Der Arbeitnehmer stellt dem Unternehmen Geld (in der Regel Gewinnbeteiligungsmittel) zur Verfügung und wird zum Gläubiger des Betriebes. Er erhält dafür eine Zinszusage und bekommt den Gesamtbetrag nach einer vereinbarten Laufzeit zurück (32,5 Prozent der Modelle).

a) Welche Vorteile bringt die Beteiligung am Unternehmenskapital zum einen dem Unternehmen, zum andern dem Arbeitnehmer?
b) Die Gewerkschaften begrüßen ihrerseits solche Beteiligungsmodelle nicht gerade mit Enthusiasmus. Welche Gründe könnten dafür vorliegen?

8 Nord-Süd-Problem

> „Die Länder, in denen die durch die moderne Industrie hervorgerufenen Vor- und Nachteile fehlen, werden allgemein als unterentwickelt bezeichnet."
> Eine solche Definition sagt nicht sehr viel aus, sie deutet indes darauf hin, dass wir den Zustand der Unterentwicklung von der Warte der modernen Industriegesellschaft aus beurteilen. ... Das Elend und die Unterdrückung breitester Bevölkerungsschichten in den Entwicklungsländern lässt ... eine Entwicklung, die zumindest das Hungerproblem beseitigt und die Grundrechte der Menschen verwirklicht, als die Weltaufgabe Nr. 1 erscheinen. (Baßeler u. a., Grundlagen und Probleme der Volkswirtschaft, Köln, 11. Aufl. 1988, S. 699 f.)

8.1 Entwicklungsländer

Die Länder der Erde unterscheiden sich erheblich hinsichtlich ihrer wirtschaftlichen Leistungsfähigkeit und ihres Wohlstandes. Man unterscheidet zwei große Gruppen:

- **die Industrieländer** („Länder des Nordens")
- **die Entwicklungsländer** („Länder des Südens")

Nord-Süd-Wohlstandsgefälle		
	Norden	Süden
Anteil an der Weltbevölkerung	24%	76%
Anteil an der Weltwirtschaftsleistung und am Welteinkommen	80%	20%
Durchschnittseinkommen pro Kopf und Tag	35,00 EUR	3,00 EUR

Der Begriff Entwicklungsland bürgerte sich vor Jahren ein, nachdem man nicht länger von „unterentwickelten Ländern" sprechen wollte. Beides meint dasselbe: Staaten mit sehr geringem Inlandsprodukt, niedrigem Pro-Kopf-Einkommen, hohen Geburtenraten, Monokulturen in der Landwirtschaft, niedrigem Ausbildungsstand.

Ein weiterer Begriff wurde geprägt: die Dritte Welt. Damit meinte man die Staaten, die weder dem kapitalistischen Westen noch dem sozialistischen Osten zuzurechnen waren. Und seit der Erdölkrise 1974 und den rasant gestiegenen Erdölpreisen spricht man sogar von einer „Vierten Welt". Damit sind die Länder gemeint, die zu den Ärmsten der Armen zählen.

Sinnvoll erscheint die Aufteilung nach den Merkmalen Rohstoffvorkommen und Bevölkerungsdichte. Danach kann man die Entwicklungsländer wiederum einteilen in:

- rohstoffreiche und bevölkerungsarme Länder (z. B. Kuwait, Saudi Arabien),
- rohstoffreiche und bevölkerungsreiche Länder (z. B. Brasilien),
- rohstoffarme und bevölkerungsarme Länder (z. B. Staaten der Sahelzone),
- rohstoffarme und bevölkerungsreiche Länder (z. B. Bangladesch).

Diese Einteilung ermöglicht es die Probleme der verschiedenen Gruppen von Entwicklungsländern unterschiedlich zu beurteilen und nach problemgerechten Lösungen zu suchen.

8.2 Probleme der Entwicklungsländer

Fast alle Entwicklungsländer waren einstmals Kolonien der heute hoch entwickelten Staaten. Die Kolonialstaaten richteten die Wirtschaft ihrer Kolonien nach ihren Bedürfnissen aus; sie änderten die Wirtschaftsstrukturen, die größtenteils auf Selbstversorgung ausgerichtet waren, und führten oft Monokulturen ein. Sie änderten die sozialen Verhältnisse und die Besitzverhältnisse, wenn dies für das Mutterland zweckmäßig schien. Die Kolonialstaaten entzogen den Kolonien Teile des Inlandsprodukts. Die Mutterländer wurden reicher und die Kolonien wurden ärmer. Dieser Unterschied konnte bis heute nicht ausgeglichen werden, er wurde sogar z. T. noch größer.

Die Entwicklungsländer sind von den Industriestaaten wirtschaftlich abhängig. Sie benötigen teure industrielle Erzeugnisse, die sie mit den Erlösen aus dem Verkauf von Rohstoffen und Agrarprodukten kaum bezahlen können.

Neben die wirtschaftlichen Ursachen treten Probleme, die einer Leistungsgesellschaft in unserem Sinne im Wege stehen: ungünstige klimatische Verhältnisse, niedriges Bildungsniveau, andere Mentalität, Mangelkrankheiten, religiöse Einflüsse, anspruchsloser Konsum, niedrige landwirtschaftliche Produktivität usw.

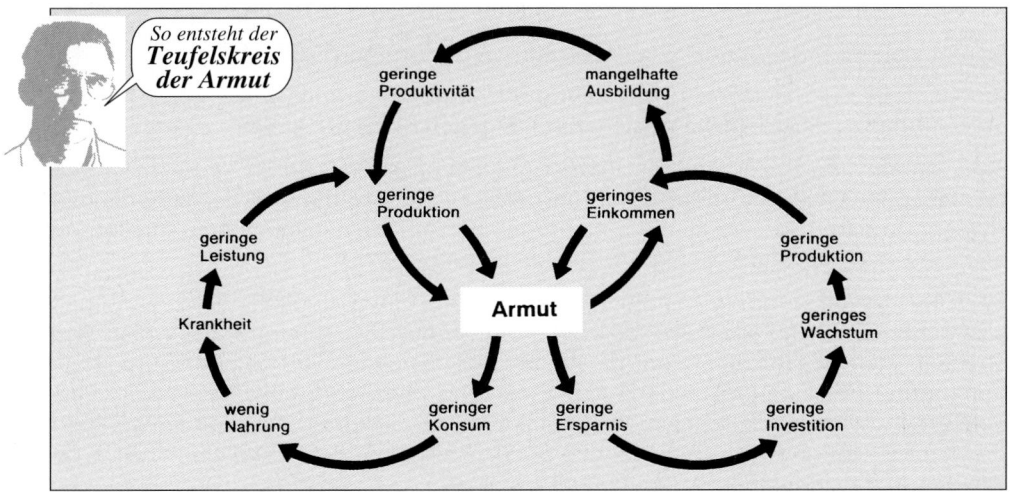

8.3 Bevölkerungsexplosion

Die Bevölkerung der Erde hat sich in den letzten Jahrzehnten geradezu explosionsartig vermehrt.

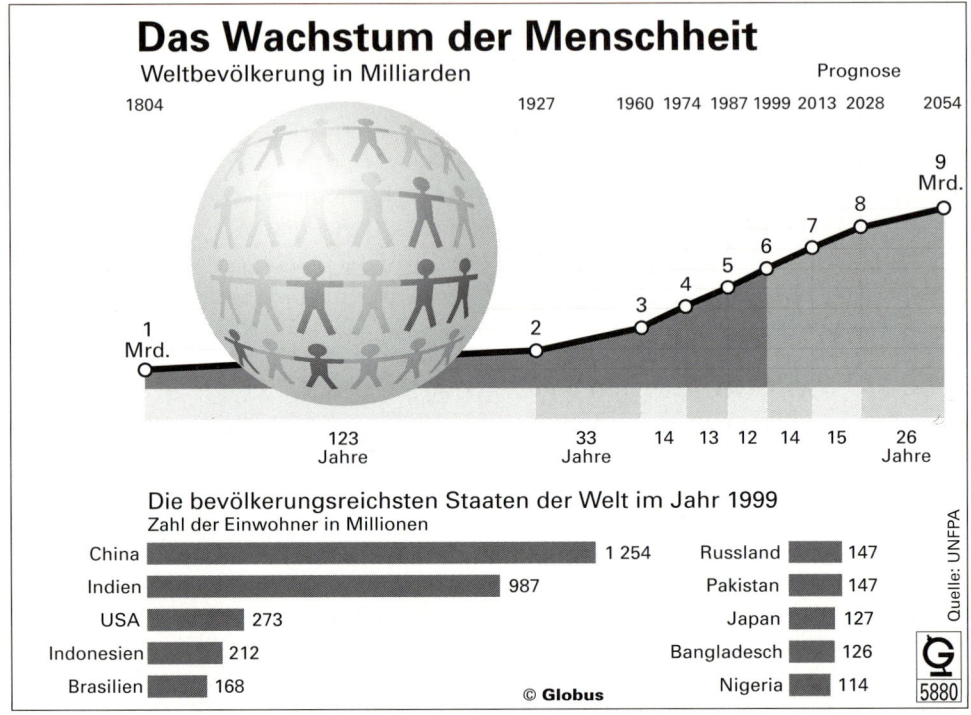

Um 1800 wurde die Erde von etwa 1 Mrd. Menschen bevölkert, 1900 waren es schon 1,6 Mrd. und 1999 wurde die 6-Mrd.-Grenze erreicht. Diese Entwicklung verläuft in einzelnen Teilen der Erde unterschiedlich:

Während der durchschnittliche jährliche Zuwachs der Weltbevölkerung etwa 1,3 % beträgt, liegen die vorausberechneten Wachstumsraten für Afrika bei 2,6% und für Lateinamerika bei 1,9 %.

Zum Vergleich Europa: 0,1 %

Es gibt viele Gründe für den Kinderreichtum in der Dritten Welt.

Kinder stellen in der *Dritten Welt* häufig die *Alterssicherung* für die Erwachsenen bzw. Alten dar, da staatliche Absicherungen gegen Krankheit und im Alter fehlen.

Eine weitere Ursache ist in dem Rückgang der Sterblichkeit durch Verbesserungen im Gesundheitswesen, in der Ernährung, Wasserversorgung und der allgemeinen Hygiene zu sehen, bei anhaltend hoher Fruchtbarkeit. Eine ausreichende Aufklärung und Geburtenkontrolle fehlt in den meisten Ländern.

Bei einem Bevölkerungswachstum von 2–3 % in den Entwicklungsländern verdoppelt sich die Bevölkerung alle 25 bis 30 Jahre. Der Produktionsapparat müsste sich also ebenfalls etwa alle 30 Jahre verdoppeln, um nur das gegenwärtige äußerst niedrige Versorgungsniveau aufrechtzuerhalten. Eine wirksame Geburtenkontrolle wäre deshalb enorm wichtig. Gelingt sie nicht, so bleibt nur zu hoffen, dass mit steigendem Pro-Kopf-Einkommen die Geburtenrate in den Entwicklungsländern sinken wird, so wie dies in den Industrieländern der Fall war.

8.4 Zerstörung von Lebensräumen

Umweltzerstörung ist in den Industrieländern Folge des Wohlstands, in den Entwicklungsländern ist sie hauptsächlich Folge der Armut:

Die Bevölkerung der Entwicklungsländer hat sich in den letzten 20 Jahren verdoppelt, die Äckerböden und Weiden sind aber nicht in gleichem Maße vermehrbar. Neue Äcker werden deshalb oft auf Böden angelegt, die für die Kultivierung nicht geeignet sind.

> **Beispiel:**
>
> Millionen von Menschen ohne Landbesitz drängen in die Wälder, brennen sie nieder, um in der Asche anzupflanzen, was sie zum Leben brauchen. Nach wenigen Jahren ist der Boden unfruchtbar geworden, eine neue Brandrodung erfolgt.
>
> Ackerbau an brandgerodeten Flächen, aber auch an Steilhängen und in Trockengebieten führt zu Erosion (so nennt man die Abtragung der oberen Bodenschicht durch Wasser und Wind), künstliche Bewässerung zur Versalzung der Böden und zum Ansteigen des Grundwassers. Zu kurze Brachzeiten führen zu Nährstoffverarmung der Böden.

Durch Erosion gehen jährlich schätzungsweise 20 Millionen Hektar Wald- und Weidefläche verloren. Es kommt zur Wüstenbildung. Am stärksten gefährdet ist die Sahelzone Afrikas. Hier hat sich die Sahara in den letzten zwanzig Jahren um 100 km nach Süden ausgedehnt.

Auch der vermehrte Anbau von Monokulturen für den Export (z. B. Erdnüsse und Baumwolle im Sahelgebiet) kann zur Wüstenbildung führen. Dies erfolgt direkt durch zu tiefes Pflügen, indirekt dadurch, dass der Anbau von Getreide und Gemüse für den Eigenbedarf auf ungeeignete Böden verdrängt wird.

Ein Fünftel der Landfläche der Erde ist von geschlossenem Wald bedeckt. Jahr für Jahr nimmt die Waldfläche schätzungsweise um 170 000 km^2 ab, fast ausschließlich in Asien, Afrika und Südamerika. Das ist 1 % des gesamten Waldbestandes. Dabei geht mehr als Holz verloren: Im tropischen Regenwald leben auf 7 % der Erdfläche etwa 50 % aller tierischen Arten. Wenn die Zerstörung ungebremst weitergeht, ist in 50 Jahren der Regenwald verschwunden. Man glaubt, dass dies zu erheblichen Klimaveränderungen auf der ganzen Erde mit katastrophalen Auswirkungen führen wird.

8.5 Möglichkeiten der Entwicklungshilfe

Entwicklungshilfe darf nicht aus Almosen bestehen. Vielmehr muss versucht werden den Entwicklungsländern eine Hilfe zur Selbsthilfe zu geben. Dabei ist darauf zu achten, dass diese Staaten unter Berücksichtigung ihrer sozialen und kulturellen Verhältnisse den Weg der Entwicklung selbst bestimmen können. Das Anlernen und das Beraten, die Vermittlung von technischem Wissen (Know-how) muss angeboten, darf aber nicht aufgedrängt werden.

Die Länder der Dritten Welt fordern **eine neue Weltwirtschaftsordnung**. Die „Erklärung über die Errichtung einer neuen Weltwirtschaftsordnung" wurde 1974 von der 6. UN-Sondergeneralversammlung verabschiedet. Sie enthält folgende wesentliche Forderungen:

- **Entwicklungshilfe**
  Vermehrte und stetigere öffentliche Entwicklungshilfe ohne politische und militärische Bedingungen. Erschließung neuer Finanzierungsquellen (unter anderem durch Erstattung von Einnahmen der Industrieländer aus Zöllen).

- **Handel**
  Verbesserter Zugang der Entwicklungsländer zu den Märkten der Industrieländer. Ausbau des Handels mit Fertigwaren.
- **Währung**
  Größeres Mitspracherecht bei der Reform des Weltwährungssystems.
- **Rohstoffe**
  Stabile, lohnende und gerechte Preise für Rohstoffe. Verbesserung der Wettbewerbsfähigkeit von Naturprodukten mit Kunststoffen. Langfristige Rohstoffabkommen. Bildung von Rohstoffkartellen.
- **Technologie**
  Übertragung von technischem Know-how an die Entwicklungsländer.

Erst in jüngster Zeit wächst auch in Asien, Afrika und Lateinamerika die Einsicht, dass Entwicklung ohne Rücksicht auf die Umwelt langfristig mehr schadet als hilft.

Seit Anfang der siebziger Jahre bemühen sich international besetzte Gremien (z. B. der Vereinten Nationen) um eine weltweite Basis für den Umweltschutz. Zuschüsse und Kredite der Geberländer (wie Deutschland) und der internationalen Organisationen (wie der Weltbank) werden schon jetzt meist an die Auflage geknüpft, nur umweltverträgliche Projekte zu verwirklichen.

Arbeitsaufgaben

Der Begriff „Entwicklungsländer" orientiert sich am Stand der Industrieländer: Man meint damit Länder, die nicht den Entwicklungsstand der Industrieländer erreicht haben

a) Erläutern Sie die wesentlichen Merkmale von Entwicklungsländern und ziehen Sie dabei die folgenden Statistiken heran.

Bruttoinlandsprodukt je Einwohner (in US-Dollar)	
Alle Entwicklungsländer	750
darunter:	
42 Länder mit niedrigem Einkommen	320
54 Länder mit mittlerem Einkommen	1 930
6 Länder mit hohem Einkommen	8 380
zum Vergleich:	
Deutschland	18 480

Anteile der Rohstoffe an der gesamten Warenstruktur der Entwicklungsländer	
98 bis 100 %:	9 Länder (davon 7 in Afrika)
80 bis 97 %:	30 Länder (davon 18 in Afrika)
50 % und weniger:	25 Länder (davon 10 in Asien)
Dritte Welt im Durchschnitt: 43 %	

Bevölkerungswachstum 1988–2000	A	B	
		1988	2000
Entw.-Länder	1,9	3 982	4 961
darunter:			
Kenia	3,4	22	34
Nigeria	3,1	110	159
Äthiopien	2,9	47	70
Bangladesch	2,4	109	145
Indien	1,8	816	1 007
Brasilien	1,8	144	178
China	1,3	1 088	1 275
Argentinien	1,1	32	36
zum Vergleich:			
Deutschland	0,0	61	61

A = Durchschnittliches jährliches Bevölkerungswachstum 1988–2000 (in %)
B = Bevölkerung (in Millionen)

Gesundheitswesen			
	A	B	C
Entw.-Länder	4790	62	67
darunter:			
Äthiopien	78 970	47	135
Burkina Faso	57 220	47	137
Mosambik	37 960	48	139
Mali	25 390	47	168
Somalia	16 080	47	130
Mauretanien	12 120	46	125
Indonesien	9 460	61	68
Thailand	6 290	65	30
Indien	2 520	58	97
Mexiko	1 240	69	46
Brasilien	1 080	65	61
Zum Vergleich:			
Deutschland	380	75	8
	1900:	46	226
	1925:	58	105

A = Einwohner je Arzt
B = Lebenserwartung bei der Geburt in Jahren
C = Säuglingssterbeziffer (Anzahl der Säuglinge, die je 1 000 Lebendgeburten vor Vollendung des ersten Lebensjahres sterben)

b) Nennen Sie eine sinnvolle Gruppeneinteilung der Entwicklungsländer und geben Sie die Gruppe mit den größten Problemen an.
c) Erläutern Sie den sog. „Teufelskreis der Armut".
d) Welche Probleme zwischen Industrie- und Entwicklungsländern werden in den beiden Zeichnungen karikiert?

„Ist Dir klar, dass ich Dich in der Hand habe?"   Nord-Süd-Dialog

e) Beurteilen Sie den Forderungskatalog der Dritten Welt. Welche Maßnahmen können Ihres Erachtens den Entwicklungsländern am besten helfen?
f) Welche neuen Probleme entstehen für die gesamte Welt im Fall einer zunehmenden Industrialisierung der Entwicklungsländer und wie kann man diesen Problemen entgegenwirken?

9 Überstaatliche Zusammenschlüsse und Konferenzen

9.1 Freihandel und Protektionismus

9.1.1 Freihandel

Der Außenhandel verbindet die einheimische Volkswirtschaft mit anderen Volkswirtschaften.

Freihandel liegt vor, wenn grundsätzlich alle Güter ohne Handelsbeschränkungen importiert und exportiert werden können.

Wer handelt, also eigene Güter gegen fremde Güter tauscht, erhofft sich davon eine Mehrung seines Nutzens. Das gleiche gilt auch für die gesamte Volkswirtschaft: Der Handel mit dem Ausland soll den Nutzen, den Wohlstand der eigenen Volkswirtschaft steigern. Eine Volkswirtschaft exportiert in der Regel die Güter, die nicht zur Bedürfnisbefriedigung im Inland benötigt werden. Fehlende Güter werden importiert.

Die **Gründe** für den **Import** sind:

- mangelnde Rohstoffvorkommen für die eigene Güterproduktion,
- Bedarf an Fertigprodukten aufgrund fehlender Produktionsausstattung und fehlenden Know-hows.

Darüber hinaus ist es günstig im Inland solche Güter zu produzieren, die kostengünstiger als im Ausland erstellt werden können. Das Ausland verfährt entsprechend. Auf diese Weise wird insgesamt mehr produziert. Die Überschüsse werden getauscht und erhöhen den Wohlstand.

*Merke: Grundsätzlich bewirkt Freihandel in **allen** Teilnehmerländern eine Wohlstandsmehrung.*

Ein **totaler Freihandel** kann auch **Nachteile** für das einzelne Land bewirken:

- Arbeitsplätze können gefährdet werden, weil Industrie ins kostengünstigere Ausland abwandert,
- die Exportindustrie kann in große Abhängigkeit von der Auslandsnachfrage geraten,
- einseitige Produktionsstrukturen und Monokulturen können entstehen,
- in Krisenzeiten sind Erpressungen durch das Ausland möglich.

9.1.2 Protektionismus

Kein Land verzichtet auf Maßnahmen zum Schutz der eigenen Wirtschaft. Derartige Maßnahmen stellen **Handelshemmnisse** dar. Man fasst sie unter dem Begriff Protektionismus[1] zusammen.

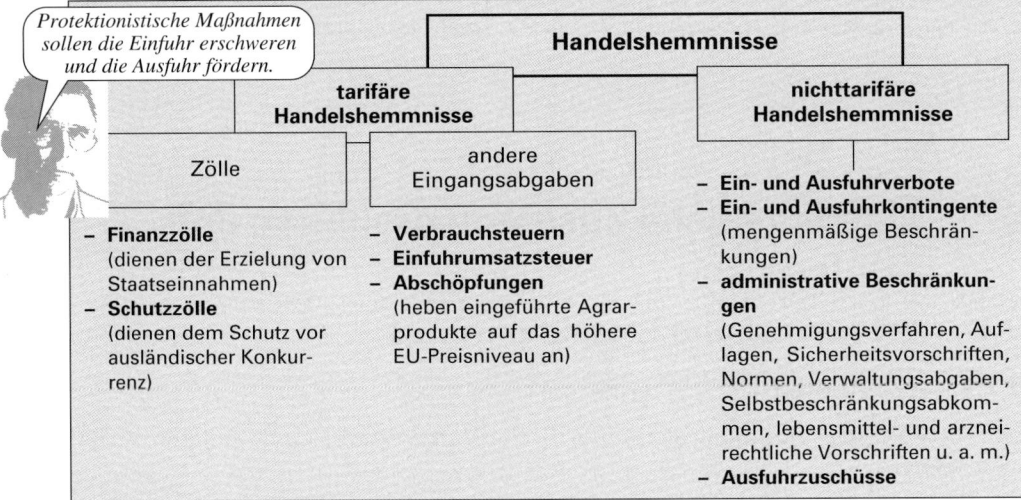

Protektionistische Maßnahmen sollen die Einfuhr erschweren und die Ausfuhr fördern.

Handelshemmnisse

- **tarifäre Handelshemmnisse**
  - Zölle
    - **Finanzzölle** (dienen der Erzielung von Staatseinnahmen)
    - **Schutzzölle** (dienen dem Schutz vor ausländischer Konkurrenz)
  - andere Eingangsabgaben
    - **Verbrauchsteuern**
    - **Einfuhrumsatzsteuer**
    - **Abschöpfungen** (heben eingeführte Agrarprodukte auf das höhere EU-Preisniveau an)
- **nichttarifäre Handelshemmnisse**
  - **Ein- und Ausfuhrverbote**
  - **Ein- und Ausfuhrkontingente** (mengenmäßige Beschränkungen)
  - **administrative Beschränkungen** (Genehmigungsverfahren, Auflagen, Sicherheitsvorschriften, Normen, Verwaltungsabgaben, Selbstbeschränkungsabkommen, lebensmittel- und arzneirechtliche Vorschriften u. a. m.)
  - **Ausfuhrzuschüsse**

Nachteile protektionistischer Maßnahmen

- Im Inland werden Waren produziert, die billiger aus dem Ausland bezogen werden können,
- der Verbraucher muss Stützungsmaßnahmen für Exportgüter über die Steuern finanzieren,

---

[1] (lat.) protegere = schützen

- das Ausland kann zu „Vergeltungsmaßnahmen" herausgefordert werden,
- bei Freihandel werden die Exporteinnahmen des Auslands oft wieder für Importe ausgegeben. Dies entfällt bei Protektionismus.

9.1.3 Konvertibilität und Wechselkurs

Das gesetzliche Zahlungsmittel eines Landes ist die Währung. Eine Währung ist **konvertibel,** wenn sie für die laufenden Geschäfte frei ein- und ausgeführt und gegen ausländische Zahlungsmittel (Devisen) getauscht werden darf.

Devisen werden für den Kauf ausländischer Güter benötigt. Bei Konvertibilität der jeweiligen Währung kann man sie über die Banken an der Devisenbörse kaufen. Ihr Preis wird durch den Wechselkurs ausgedrückt.

Der Wechselkurs kommt grundsätzlich in zwei Formen vor:

Devisenkurse		
Devisen/Noten	Geld/EU	Brief/EU
1 US-Dollar	1,1197	1,1273
1 Brit. Pfund	1,6223	1,6329
1 Kan. Dollar	0,6996	0,7055
100 Schw. Franken	68,0090	68,1940
100 Dän. Kronen	13,3880	13,4600
100 Norw. Kronen	12,6420	12,7190
100 Schwed. Kronen	10,5760	10,6290
100 Jap. Yen	0,9302	0,9344
1 Austr. Dollar	0,5741	0,5807
1 Neuseel. Dollar	0,4673	0,4726
100 Bulg. Lewa***	51,3500	51,4500
100 Israel. Shekel***	0,2621	0,2691
100 Tsch. Kronen	2,9603	3,0321
100 000 Türk. Lira	0,1400	0,1400
100 Slowak. Kronen*	2,2826	2,3691
100 Forint*	0,3946	0,4029
1 Südafr. Rand*	0,1152	0,1185

- *Preisnotierung:* **Der Wechselkurs bezeichnet den Preis für eine bestimmte Menge (1, 100 oder 1 000) ausländischer Währungseinheiten in inländischer Währung.**

    > Beispiel:
    > 1 US-$ = 0,9679 EUR

- *Mengennotierung:* **Der Wechselkurs bezeichnet die Menge ausländischer Währungseinheiten, die man für 1 inländische Währungseinheit erhält.**

    > Beispiel:
    > 1,00 EUR = 1,0892 US-$

Bis Ende 1998 wurde in Deutschland die Preisnotierung angewendet. Mit der Einführung des Euro am 1. Jan. 1999 hat die Europäische Zentralbank festgelegt, dass bei Devisenkursen europaweit die Mengennotierung anzuwenden ist.

Der Devisenkurs richtet sich wie alle Preise nach Angebot und Nachfrage; er kann steigen und fallen. Man spricht dann von **flexiblen Wechselkursen.**

> Beispiel:
> Wenn z. B. die Güterpreise in „Euroland" stärker steigen als in den USA, wird man in Europa mehr US-Güter und folglich auch mehr Dollar nachfragen. Der Dollar-Kurs (als Mengennotierung) wird sinken. Vorher: 1,00 EUR = 1,1 US-$; nachher: 1,00 EUR = 1,05 US-$. Der Euro verliert also gegenüber dem Dollar an Wert, der Dollar steigt im Wert.
> Der sinkende Dollar-Kurs bewirkt eine Verteuerung der US-Güter. Die Nachfrage nach diesen Gütern geht wieder zurück. Damit wird auch der Dollar-Kurs (als Mengennotierung) wieder steigen.

Starke Kursausschläge können die Kalkulation bei Export- und Importgeschäften sehr risikoreich machen. Dies würde den Außenhandel behindern. Deshalb greift die Zentralbank oft in die Kursbildung ein. Durch diese Eingriffe entstehen relativ **feste Wechselkurse.**

> Beispiel:
> Bei großer Dollar-Nachfrage müsste der Dollar-Kurs sinken. Dann bietet die Europäische Zentralbank aus ihren eigenen Beständen Dollar an. Wegen des größeren Angebots bleibt der Kurs stabil.

Auch feste Wechselkurse haben Nachteile. Man erkennt es leicht an unserem Beispiel: Da die Dollar-Nachfrage nicht gebremst wird, steigen in den USA die Güterpreise (importierte Inflation). „Euroland" seinerseits verliert immer mehr Devisenvorräte. Devisenmangel kann letztlich verhindern, dass man dringend benötigte Güter im Ausland kaufen kann. In dieser misslichen Lage befinden sich vor allem die armen Länder der Dritten Welt.

9.1.4 Liberalisierung des Welthandels

Nach langen Phasen des Protektionismus begann nach dem Zweiten Weltkrieg wieder eine Phase der Liberalisierung des Welthandels. Die Beseitigung von Handelshemmnissen und die Zusammenarbeit zwischen den Volkswirtschaften wird unter anderem angestrebt durch:

- den Internationalen Währungsfonds (IWF)
- die Welthandelsorganisation (WTO)
- die Organisation für wirtschaftliche Zusammenarbeit und Entwicklung (OECD)
- Die Bildung von Freihandelszonen, Zoll-, Wirtschafts- und Währungsunionen.

Andererseits entstanden Organisationen, die zum gemeinsamen Schutz ihrer Wirtschaftsinteressen Einschränkungen des freien Handels betreiben. Ein Beispiel ist die Organisation erdölexportierender Länder (OPEC).

9.2 OECD

Die OECD (Organization for Economic Cooperation and Development – Organisation für wirtschaftliche Zusammenarbeit und Entwicklung) ist aus der OEEC (Organization of European Economic Cooperation) entstanden. Deren Aufgabe war der Wiederaufbau der kriegszerstörten Volkswirtschaften Westeuropas, die Koordinierung der nationalen Aufbaupläne sowie eine Liberalisierung des Handels- und Zahlungsverkehrs. Sie wurde 1961 zur OECD erweitert.

Der OECD gehören an: alle Länder der EU und der EFTA, Australien, Japan, Kanada, Neuseeland, die Türkei, die USA. Sitz der Organisation ist Paris.

Ziele der OECD sind:

- Abstimmung der wirtschaftspolitischen Maßnahmen der Mitglieder (insbesondere der Konjunktur- und Währungspolitik)
- Förderung des Wachstums und der sozialen Entwicklung
- Ausweitung des Welthandels
- Hilfe für die Entwicklungsländer.

Die OECD kann einstimmig Beschlüsse fassen, die dann für alle Mitglieder verbindlich sind. Bei Stimmenthaltung eines Landes gelten die Beschlüsse nur für die übrigen Mitglieder. Die OECD kann auch Empfehlungen an die Mitglieder richten und mit Mitgliedern, Drittländern und internationalen Organisationen Vereinbarungen abschließen.

Oberstes Organ ist der Rat. Er tritt jährlich zu einer Ministersitzung zusammen. Zur Vorbereitung seiner Arbeit setzt er einen Exekutivausschuss ein. Er ernennt einen Generalsekretär, der das Sekretariat leitet und die Tätigkeiten der Organe koordiniert. Zur Bewältigung der zahlreichen Aufgaben der OECD sind zahlreiche Ausschüsse aus Vertretern der Mitgliedsländer gebildet worden.

Im Ausschuss Wirtschaftspolitik werden Stellungnahmen, Empfehlungen und Prognosen zur Konjunktur-, Struktur- und Währungspolitik der Mitgliedsländer ausgearbeitet. Einzeluntersuchungen über besondere wirtschaftliche Probleme und Jahresberichte über die Wirtschaftslage der OECD-Länder sind Aufgabe des Prüfungsausschusses für Wirtschafts- und Entwicklungsfragen. Eine herausragende Bedeutung hat der 1960 gegründete Entwicklungshilfeausschuss. Er bemüht sich darum die Hilfe an die Entwicklungsländer zu verstärken und ihren Nutzeffekt zu steigern, und fördert handels- und zollpolitische Maßnahmen zugunsten der Länder der Dritten Welt.

9.3 Welthandelsorganisation (WTO)

Ein Umsichgreifen protektionistischer Verhaltensweisen wurde Mitte der 70er Jahre dafür verantwortlich gemacht, dass der Welthandel seine Schwungkraft verlor. In den 80er Jahren setzte ein Umdenken ein. Viele Staaten orientierten sich wieder stärker an den Grundsätzen der Marktwirtschaft, um die heimischen Probleme Arbeitslosigkeit, geringes Wachstum und Inflation zu lösen. 1995 wurde zur Förderung des Welthandels die neue Welthandelsorganisation WTO (World Trade Organization) gegründet. Vorläufer der WTO war das GATT (General Agreement on Tariffs and Trade) das Allgemeine Zoll- und Handelsabkommen, das auf folgenden Prinzipien basierte:

- **Prinzip der Meistbegünstigung**
  Der Grundsatz fordert, dass Handelsvorteile, die ein Land einem anderen Land einräumt, allen GATT-Mitgliedern zugute kommen sollen, um jede Handelsdiskriminierung auszuschließen.

  > **Beispiel:**
  > Die Schweiz als GATT-Mitglied gestattet Kanada die zollfreie Einfuhr von Rapshonig. Dann muss die Schweiz jedem anderen GATT-Mitglied das gleiche Recht einräumen. Ausnahmen davon sind nur für Zoll- und Wirtschaftsunionen wie die EU zugelassen.

- **Prinzip der Wechselseitigkeit**
  Wenn ein Land einem anderen handelspollitische Vergünstigungen einräumt, soll auch der Vertragspartner umgekehrt gleichwertige Leistungen erbringen.

  > **Beispiel:**
  > Die Schweiz erlaubt Kanada die zollfreie Einfuhr. Dann muss Kanada dies umgekehrt auch der Schweiz erlauben.

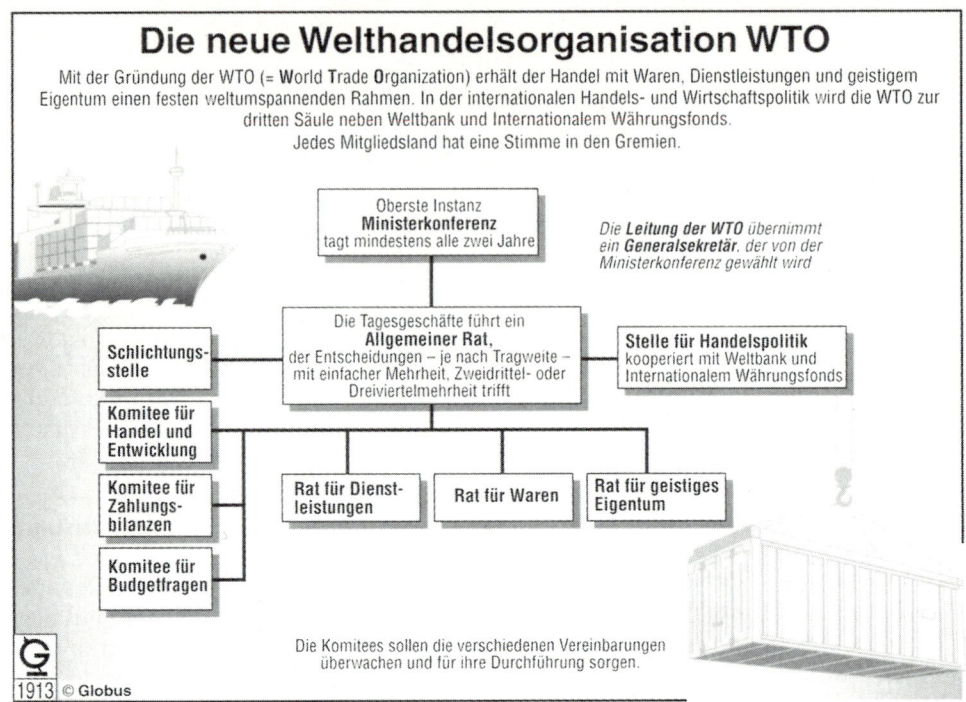

Seit 1965 sind die Industrieländer durch eine Erweiterung des GATT-Abkommens aufgefordert, ihre Märkte durch einen vollkommenen Zollabbau für Einfuhren aus den Entwicklungsländern zu öffnen.

*Die EU z. B. gestattet zollfreie Einfuhren aus etwa 60 AKP-Staaten (**A**frika, **K**aribik, **P**azifik).*

9.4 Freihandelszonen

Freihandelszonen sind *Zusammenschlüsse mit Zollfreiheit und Abbau der Einfuhrbeschränkungen* zwischen den Mitgliedsländern, wobei jedes Mitgliedsland seine individuellen Zölle gegenüber Drittländern beibehält.

Dies gilt z. B. für die EFTA (European Free Trade Association – Europäische Freihandelszone). Von den Mitgliedern Dänemark, Finnland, Großbritannien, Island, Liechtenstein, Norwegen, Österreich, Portugal, Schweden, Schweiz traten alle außer Island, Liechtenstein, Norwegen und der Schweiz der EU bei.

9.5 Europäische Union (EU)

Ziele der EU

Die Europäische Gemeinschaft (EG) trägt seit November 1993 den Namen Europäische Union (EU). Sie wurde 1965 aus den drei Gemeinschaften EGKS (Europäische Gemeinschaft für Kohle und Stahl; Montanunion), EWG (Europäische Wirtschaftsgemeinschaft) und EURATOM (Europäische Atomgemeinschaft) gebildet. Außer den Gründungsmitgliedern Belgien, Bundesrepublik Deutschland, Frankreich, Italien, Luxemburg, Niederlande gehören der EU heute Dänemark, Finnland, Griechenland, Großbritannien, Irland, Österreich, Portugal, Schweden und Spanien an.

Das Endziel der EU ist eine politische Union in Form eines Staatenbundes oder vielleicht sogar eines Bundesstaates. Vorstufen dazu sind die Schaffung einer Zollunion, einer Wirtschaftsunion und einer Währungsunion.

Erste Stufe: Zollunion

Im Gegensatz zur EFTA bilden die EU-Länder seit 1968 eine **Zollunion**:

Beim Warenverkehr zwischen *EU-Ländern* werden *keine Zölle* erhoben. Nach außen erheben die Mitgliedsländer keine individuellen Zölle, sondern es besteht ein gemeinsamer Zolltarif mit etwa 3 700 Positionen.

Der gemeinsame Zolltarif findet Anwendung gegenüber Drittländern, mit denen die EU keine Präferenzabkommen geschlossen hat. Zollfrei sind auch die Einfuhren aus den AKP-Staaten sowie der Warenverkehr zwischen EU und EFTA. Die Herkunft der Waren wird durch Ursprungsnachweise bezeugt.

Zweite Stufe: Wirtschaftsunion (gemeinsamer Markt)

Seit 1993 ist die EU auch eine Wirtschaftsunion.

Die *Wirtschaftsunion* ist ein gemeinsamer Markt, in dem Personen, Waren, Dienstleistungen und Kapital ohne Beschränkung verkehren können.

Die Schaffung der Wirtschaftsunion wurde erst durch eine weit gehende Anpassung aller Steuer- und Wirtschaftsgesetze der Mitgliedstaaten ermöglicht.

Eine Harmonisierung der Mehrwertsteuersätze ist jedoch bisher noch nicht gelungen. Sie betragen in den einzelnen EU-Ländern zwischen 15 und 25 %. Deswegen gilt folgende Übergangsregelung:

- Bei **Lieferungen von Unternehmen an Unternehmen** wird – wie bisher – im Lieferland keine Umsatzsteuer erhoben. Dafür erhebt das Käuferland die Erwerbsteuer (früher: Einfuhrumsatzsteuer).
- Bei **Lieferungen von Unternehmen an Endverbraucher** eines anderen EU-Landes erhebt das Lieferland seine Umsatzsteuer.

EU und EFTA (mit Ausnahme der Schweiz) bilden darüber hinaus seit 1993 den **Europäischen Wirtschaftsraum (EWR)**. Er hat den unbeschränkten Personen-, Waren-, Dienstleistungs- und Kapitalverkehr (mit Ausnahmen) in allen EU- und EFTA-Ländern zum Ziel. Allerdings sind – anders als in der EU – eine Harmonisierung der indirekten Steuern, ein Abbau der Grenzkontrollen und eine gemeinsame Außenwirtschaftspolitik nicht vorgesehen.

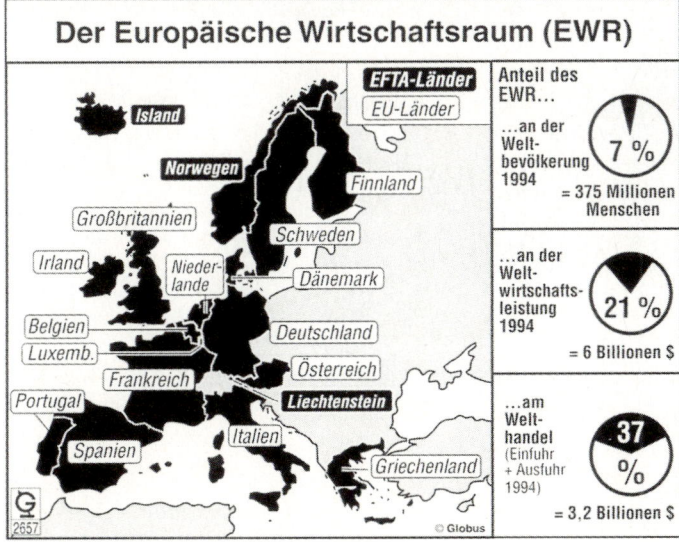

Dritte Stufe: Währungsunion

Wer im Ausland kauft, muss in der Regel in

der Fremdwährung bezahlen. Er kauft die benötigten Währungseinheiten bei der Bank. Die Preise für Auslandswährungen (die Wechselkurse) steigen oder fallen häufig. Solche Wechselkursschwankungen bedeuten immer ein erhebliches Risiko für Auslandsgeschäfte.

> **Beispiel:**
> Ein deutscher Importeur bestellte 1998 Waren für 100 000 US-$ zur Lieferung und Zahlung in 3 Monaten. Bei Vertragsabschluss betrug der Dollar-Wechselkurs (Preisnotierung): 1 $ = 1,60 DM. Dies bedeutete einen Kaufpreis von 160 000 DM. Nach drei Monaten war der Kurs auf 1,90 DM gestiegen. Dementsprechend war eine Summe von 190 000 DM für die Zahlung nötig.

Durch die Schaffung einer gemeinsamen Währung – des Euro – zum 1. Januar 1999 schlossen 11 von 15 EU-Staaten Wechselkursschwankungen untereinander endgültig aus. Belgien, Deutschland, Finnland, Frankreich, Irland, Italien, Luxemburg, die Niederlande, Österreich, Portugal und Spanien bilden seitdem eine Währungsunion. Griechenland kam 2002 hinzu. Zwar wurden Euro-Banknoten und -Münzen erst im Januar 2002 ausgegeben, aber die bisherigen nationalen Währungen sind schon ab 1999 nur noch Untereinheiten des Euro.

1,00 EUR sind 1,95583 DM, 1,00 DM sind 0,511292 EUR. Mit diesem Kursen können alle Beträge umgerechnet werden.

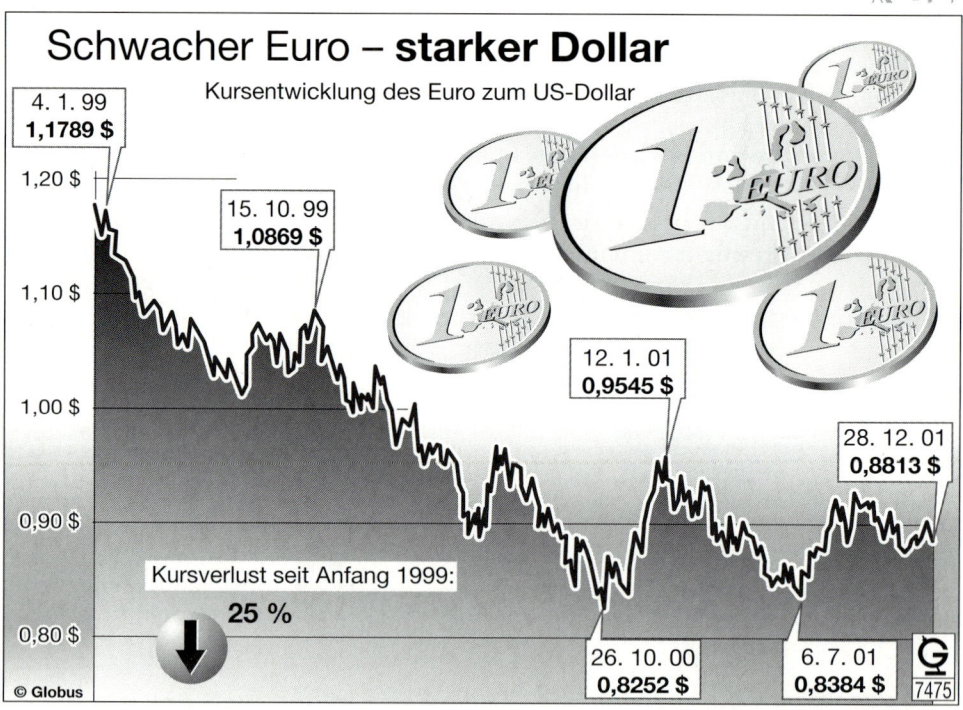

Erst mit der Währungsunion – mit dem gemeinsamen Geld Euro – ist der gemeinsame EU-Binnenmarkt wirklich vollendet.

Dabei ist von großer Bedeutung, dass die Europäische Zentralbank politisch unabhängig und allein der Stabilität des Geldwertes verpflichtet ist. Andernfalls könnte die EU leicht zu einer Inflationsgemeinschaft werden.

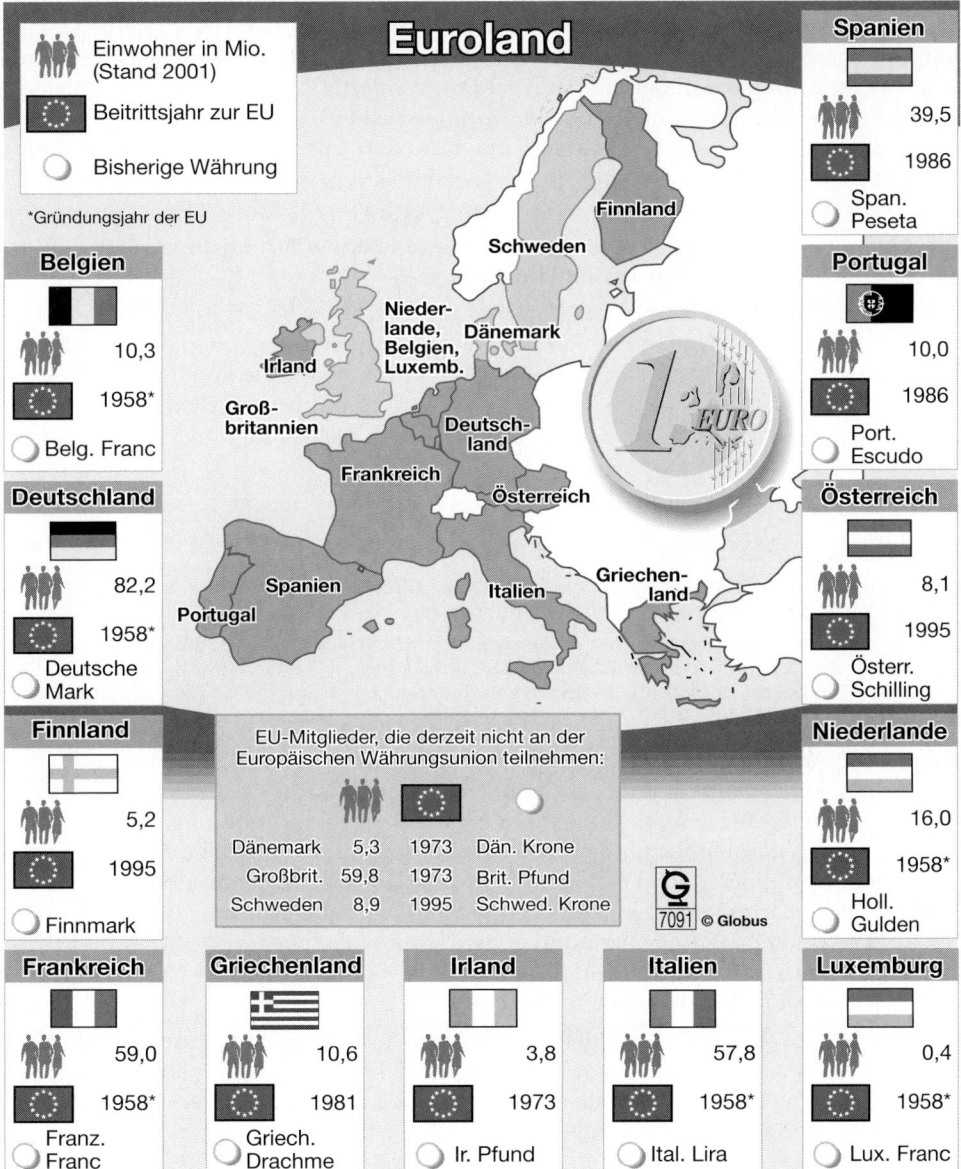

Dänemark, Großbritannien und Schweden wollen aus innenpolitischen Gründen nicht teilnehmen.

Dänemark hat seine Währung durch feste Leitkurse (Paritäten) mit dem Euro verbunden. Es darf davon nur 2,25 % nach oben oder nach unten abweichen. Großbritannien und Schweden haben sich nicht festgelegt. Die Kurse ihrer Währung können schwanken.

9.6 Internationaler Währungsfonds (IWF)

Zur Förderung des freien Welthandels wurde 1944 in **Bretton Woods** (New Hampshire, USA) ein **internationales Währungsabkommen** unterzeichnet. Es sollte auch devisenarmen Ländern die Teilnahme am Welthandel und damit Wohlstandssteigerung erleichtern. In dem Abkommen wurde festgelegt, dass die angeschlossenen Währungen zumindest gegenüber Ausländern konvertibel sein sollten. Sie mussten eine **feste Parität zum Dollar** (Leitwährung) einhalten. Die Notenbanken sollten Wechselkursabweichungen von mehr als 1 % nach oben und unten durch Devisenankäufe und -verkäufe verhindern. Als Gegenleistung waren die USA verpflichtet, jederzeit Dollarbestände anderer Notenbanken in Gold umzutauschen.

Durch eine **gemeinsame Kasse, den Internationalen Währungsfonds** mit Sitz in Washington, wurde das System funktionsfähig:

Die Mitgliedsländer mussten eine aufgrund ihrer Wirtschaftskraft berechnete Quote einzahlen: $1/4$ in Gold, $3/4$ in eigener Währung. Aus der so entstandenen Kasse konnten devisenarme Mitglieder sog. „Ziehungen" vornehmen: Sie konnten gegen Hingabe eigener Währung Kredite in fremder Währung anfordern. Dies war so lange möglich, bis sie das Doppelte ihrer Quote eingezahlt hatten. Binnen 5 Jahren waren die Kredite zurückzuzahlen.

> **Beispiel:**
>
> In Land A steigen die Preise stärker als in B. A importiert deshalb verstärkt Güter aus B. Folge: Der Wert der B-Währung steigt, der Wert der A-Währung sinkt. Die Notenbank von A muss durch Devisenverkäufe den Kurs stützen. Besitzt sie keine ausreichenden Devisenbestände, so kann sie welche durch Ziehungen beim IWF beschaffen.
>
> Einerseits kann A durch die Ziehungen weiter Güter von B kaufen. Andererseits muss es nach 5 Jahren den Kredit zurückzahlen. Die dafür nötigen Devisen erhält es nur, wenn es durch Konjunktur dämpfende Maßnahmen die Preissteigerungen im Inland bekämpft und gegenüber B billiger wird.

Das System funktionierte 20 Jahre lang und führte zu einer beispiellosen Entwicklung des Welthandels. Dann stiegen die Importe der USA immer mehr an (durch Vietnamkrieg, Militärhilfe, Entwicklungshilfe und hohe Direktinvestitionen im Ausland) und störten ihr außenwirtschaftliches Gleichgewicht fundamental. Es wurden zunehmend Dollar zur Einlösung in Gold vorgelegt. Die Goldbestände der USA schmolzen. 1971 wurde die Goldeinlösungspflicht der USA aufgehoben, bis 1973 wurde der Dollar zweimal abgewertet. Dann gaben die Notenbanken der wichtigsten Industrieländer ihre Wechselkursinterventionen auf und gingen zu flexiblen Wechselkursen über. Die einheitliche Währungsordnung hatte ihr Ende gefunden.

Der Welthandel war bis zum Ende der sechziger Jahre enorm angestiegen. Man befürchtete, dass viele Länder aus Devisenmangel ihre Verpflichtungen nicht würden erfüllen können. Deshalb schuf der IWF schon 1970 zusätzlich zu den normalen Ziehungsrechten sog. **Sonderziehungsrechte (SZR)**. Sonderziehungen sind Gutschriften, die allen Mitgliedern des Fonds entsprechend ihren Quoten ohne Gegenleistung zugeteilt werden: Geld, das „aus dem Nichts kommt". Sie berechtigen die Notenbanken zum Bezug fremder Währungen. Alle Mitgliedsländer müssen Sonderziehungen als Zahlung annehmen. Sonderziehungen stellen folglich eine Art Währungsreserve und Zahlungsmittel (Buchgeld) zwischen den Notenbanken dar. Seit 1978 sind die Quoten der Mitgliedsländer auch nicht mehr zu $1/4$ in Gold, sondern in SZR einzuzahlen. Die restlichen ³/₄ werden weiter in nationaler Währung eingezahlt. Großenteils handelt es sich um ‚schwache' Währungen, die aufgrund von nationalen Wohlfahrts-, Entwicklungs- und Rüstungsprogrammen der Inflation unterliegen. Dies gilt insbesondere für die meisten Entwicklungsländer.

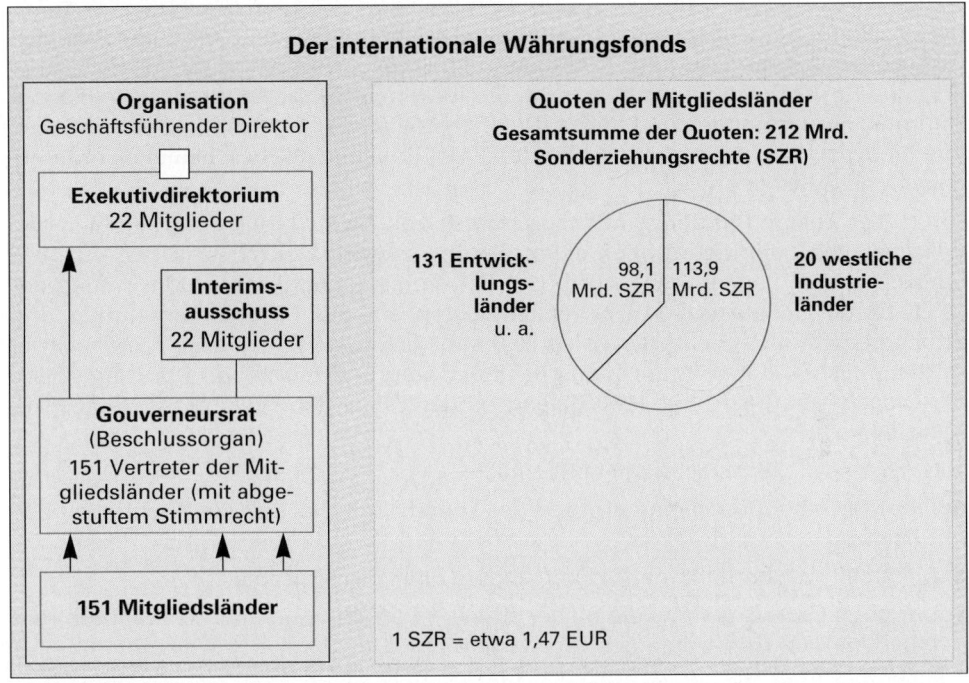

Der IWF erfüllt heute eine bedeutende Aufgabe, indem er Ländern mit Devisenmangel kurz- und mittelfristige Kredite, ggf. in mehreren Tranchen (Abschnitten) gewährt.

- Die erste Kredittranche entspricht der 25-%-Beitragsquote.
- Nach Ausschöpfung der ersten Tranche können drei weitere Tranchen von jeweils 25 % für einen Zeitraum von drei bis höchstens fünf Jahren beansprucht werden.
- Bei „hartnäckigen außen- oder binnenwirtschaftlichen Strukturverzerrungen" kann zusätzlich eine „erweiterte Strukturanpassungsfazilität" bis zu 140 % der Beitragsquote gewährt werden.

Die Kreditgewährung ist mit zunehmend härteren Stabilitätsauflagen für das Nehmerland verknüpft:

- Abbau des Staatshaushaltsdefizits (vor allem durch Subventionskürzungen)
- Abwertung der Währung zur Förderung der Exporte und Senkung der Importe
- Zinserhöhung, Steuererhöhung, Krediteinschränkungen zur Bekämpfung der Inflation

Mit solchen Auflagen greift der IWF tief in das wirtschaftliche und soziale Leben der hochverschuldeten Entwicklungsländer ein. Man wirft ihm vor, die auferlegte Sparpolitik (z. B. Streichung von Subventionen für Grundnahrungsmittel) vergrößere das Elend der Menschen und ermögliche den Ländern bestenfalls die Zahlung der fälligen Zinsen. Eine bessere Hilfe für die Dritte Welt sei ein zumindest teilweiser Erlass der drückenden Schulden.

Ende September 1999 wurde erstmals ein Schuldenerlass von 70 Mrd. Dollar beschlossen. Darüber hinaus sind die Industrieländer zu einem weiter gehenden Schuldenerlass bereit.

9.7 Organisation der Öl exportierenden Länder (OPEC)

Bis zu Beginn der siebziger Jahre wurde der Weltölmarkt von den multinationalen Ölkonzernen Exxon, Standard Oil of California, Texaco, Gulf, Mobil, British Petroleum (BP) und Royal Dutch/Shell beherrscht. Sie förderten weitgehend das Öl selbst, bestimmten Fördermengen und Preise. Die Industrieländer konnten ihren wachsenden Energiebedarf günstig decken, die Förderländer erhielten nur bescheidene Förderabgaben und Gewinnanteile.

Um diesen Zustand zu überwinden, gründeten Irak, Iran, Kuwait, Saudi-Arabien und Venezuela 1960 die Organization of Petroleum Exporting Countries – OPEC. Ab 1975 umfasste sie 15 Länder. 1971 wurde der Rohölpreis erstmals unter Mitwirkung der OPEC-Länder festgesetzt. 1974 verstaatlichten sie die Förderunternehmen und erhöhten den Rohöl-Richtpreis von 2,89 $ auf 11,65 $ je Barrel (Fass). Trotz scharfer Anpassungsmaßnahmen der Industrieländer aufgrund der neuen Marktlage blieb die Ölnachfrage hoch. Bis 1980 gelang es der OPEC den Preis auf 28 $ hochzuschrauben.

Jetzt aber sank die Ölnachfrage beträchtlich:

- Eine weltweite Rezession aufgrund des Ölpreis-Schocks ließ die Nachfrage nach Öl sinken.
- Mineralöl wurde zunehmend durch andere Energieträger ersetzt.
- Der hohe Ölpreis machte die bisher zu teure Förderung in anderen Ländern rentabel (Mexiko, Großbritannien, Norwegen).

Die OPEC musste deshalb ab 1982 die Ölförderung einschränken, Förderquoten festlegen und 1983 erstmalig den Richtpreis senken. Dabei wurde es zunehmend schwieriger, die festgesetzten Quoten und Preise bei den Mitgliedern durchzusetzen.

Da die Weltölvorräte begrenzt sind, ist es aber nicht ausgeschlossen, dass der Einfluß der OPEC wieder zunehmen wird.

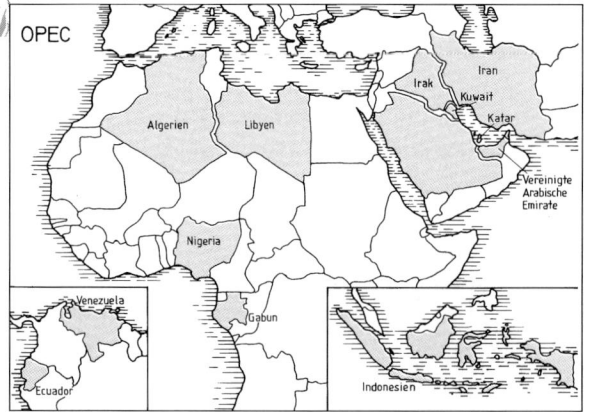

Im Jahre 1999 konnten die OPEC-Länder eine Preissteigerung von über 14 Dollar durchsetzen.

Preis für Opec-Öl über 23 Dollar

WIEN (dpa). Der Preis für Öl ... hat ... seinen Anstieg fortgesetzt. Ein Barrel (159 Liter) habe nach Angaben des Opec-Sekretariats im Durchschnitt 23,33 Dollar ... gekostet. Der ... Preissprung wird auf die Einhaltung der ... Förderkürzungen zurückgeführt. Bis Ende 2000 stieg der Ölpreis auf über 30 Dollar. Mit der einsetzenden Weltrezession senkte die OPEC den Preis. Anfang 2002 lag er unter 20 Dollar.
(*Rheinische Post, 16. Nov. 1999*)

Arbeitsaufgaben

1. **Es wird behauptet, dass Freihandel den Wohlstand der beteiligten Länder erhöht. Dabei spielen insbesondere Kostenvorteile eine wesentliche Rolle.**
   a) Erläutern Sie die Wohlstandsmehrung anhand des folgenden Modells mit 2 Ländern: 2 Länder können an einem 8-Stunden-Tag von 2 Gütern folgende Mengen produzieren. Die Kosten pro Einheit sind in Arbeitsstunden ausgedrückt.

	Land A		Land B	
	Menge/Tag	Kosten/Std.	Menge/Tag	Kosten/Std.
Gut 1	8 Einheiten	1,0 Stunden	16 Einheiten	0,5 Stunden
Gut 2	16 Einheiten	0,5 Stunden	8 Einheiten	1,0 Stunden

   Jedes Land soll so viel wie möglich von dem jeweils kostengünstigsten Gut produzieren und Tauschhandel betreiben.
   b) In der Wirklichkeit praktizieren fast alle Länder protektionistische Maßnahmen in Form von tarifären und nichttarifären Handelshemmnissen.
   - Erläutern Sie, was man unter diesen Handelshemmnissen versteht und welche Vor- und Nachteile man sich davon verspricht.
   - In vielen Entwicklungsländern ist jegliche Einfuhr genehmigungspflichtig. Begründen Sie dies.
   - Entwicklungsländer exportieren häufig Rohstoffe und landwirtschaftliche Produkte zu niedrigen Preisen. Andererseits müssen sie teure Fertigprodukte einführen. Inwiefern sind diese Länder im Welthandel von vornherein benachteiligt?

2. **Der Binnenwert einer Währung wird durch die Kaufkraft des Geldes bestimmt, der Außenwert durch den Wechselkurs.**
   a) Erläutern Sie noch einmal den (schon aus einem früheren Kapitel bekannten) Begriff der Kaufkraft.
   b) Erläutern Sie den Begriff des Wechselkurses.
   c) In einem Land A steigt das Preisniveau doppelt so schnell wie in einem Land B. Ergeben sich Auswirkungen auf die Wechselkurse? Wenn ja, welcher Art?
   d Wie kann die Notenbank von Land A den Wechselkurs ihrer Währung stabilisieren?
   e) Woran kann eine derartige Stabilisierung auf längere Sicht scheitern?

3. **Die OECD und die WTO sind Organisationen, die ähnliche Ziele auf unterschiedliche Weise fördern sollen.**
   a) Nennen Sie die Zielsetzungen der beiden Organisationen.
   b) Erläutern Sie die unterschiedlichen Vorgehensweisen.

4. **Die EU in ihrer Gesamtheit ist eine Zoll- und Wirtschaftsunion.**
   a)
   - Wodurch unterscheidet sich eine Zollunion (z. B. die EU) von einer Freihandelszone (z. B. der EFTA)?
   - Welcher dieser Zusammenschlüsse ist weiter gehend?
   b)
   - Welche zusätzlichen Bedingungen müssen erfüllt sein, damit aus einer Zollunion eine Wirtschaftsunion wird?
   - Welche Vorteile bringt die Wirtschaftsunion gegenüber der Zollunion?

5. **Man sagt, dass die Wirtschaftsunion nur bei Vollendung der Währungsunion voll zur Geltung kommen kann. Seit Januar 1999 ist die Währungsunion vollzogen, ab 2002 gibt es einheitliche Banknoten.**
   a) Bis Ende 2001 war der Umtausch in eine andere Währung mit Kosten verbunden. Die EU-Kommission schätzt die Kosten auf etwa 13 bis 19 Mrd. EUR. Versuchen Sie Kosten aufzuzeigen, von denen vor allem Unternehmungen betroffen sind.
   b) Die Europäische Zentralbank ist von politischen Institutionen unabhängig. Warum ist dies für die Geldwertstabilität von größter Bedeutung?

6. **Der Internationale Währungsfonds war ursprünglich mit dem Ziel gegründet worden, Staaten bei kurzfristigen Devisenschwierigkeiten zu helfen.**
   Mit welchen Mitteln suchte man dieses Ziel zu erreichen?

7. **Heute ist der IWF zur wichtigsten internationalen Organisation zur Bekämpfung der Schuldenkrise der Entwicklungsländer geworden.**
   a) Wie ist es zu erklären, dass die Entwicklungsländer hoch verschuldet sind?
   b) Welche Schwierigkeiten entstehen aufgrund der Verschuldung beim internationalen Handel?
   c) Wie verhilft der IWF Ländern mit Devisenmangel zu internationaler Liquidität?
   d) Unter welchen Auflagen werden solche Hilfen vergeben?
   e) Die Auflagen des IWF bei der Kreditvergabe sind äußerst umstritten, sowohl in den Industrieländern wie in den Entwicklungsländern. Hierzu einige Texte:

Medizinmann IWF
Im traditionellen Afrika gibt es Medizinmänner, die alle Patienten, ob sie an Unterernährung oder Fettleibigkeit litten, zur Ader ließen. Die wirtschaftlichen Medizinmänner, (...) die heute in die Dritte Welt kommen, scheinen nicht viel klüger zu sein. Sie empfehlen allen Ländern, die Schwierigkeiten haben, das Rezept der Deflationspolitik. Dem Land wird empfohlen, seine Währung sofort und erheblich abzuwerten; den Export auszuweiten und die Importe zu reduzieren; staatliche Ausgaben zu kürzen und öffentliche Einnahmen zu steigern, ohne Rücksicht auf gesellschaftliche oder wirtschaftliche Konsequenzen; den Zinssatz heraufzusetzen; alle Subventionen abzubauen; Löhne einzufrieren und den Import zu liberalisieren.
Dies wäre vielleicht ein angemessenes Rezept für die USA oder für die Mitglieder der EG, das kann ich nicht beurteilen. Sicherlich waren diese Hilfsmittel ursprünglich für deren Krankheiten gedacht. Länder wie Brasilien, Mexiko, Marokko, Sudan, Ghana oder Tansania jedoch brauchen eine Injektion von Ressourcen und keinen Aderlass. Und wenn diese Dritte-Welt-Länder das Rezept noch akzeptieren, werden die zusätzlichen Mittel, die ihnen zur Verfügung gestellt werden, es den Ländern bestenfalls ermöglichen, ihrem Schuldendienst nachzukommen.
Julius Nyerere, in: Frankfurter Rundschau vom 01.08.1985

Kritik am IWF
Die Hauptlast der IWF-Sanierungsprogramme tragen die Schwächsten, die am wenigsten für die Verschuldungskrise verantwortlich sind: Die Arbeiter und Angestellten, deren Löhne nicht mehr den horrenden Inflationsraten angepasst werden und deren schwindende Kaufkraft nicht mehr zur Versorgung mit lebensnotwendigen Gütern und Dienstleistungen ausreicht, die Masse der Habenichtse, die durch die Kürzung von Subventionen noch tiefer ins Elend gestürzt werden: die Kleinbauern, die massenweise Opfer von Landvertreibungen werden, weil die Regierungen den Agrokonzernen große Landflächen überlassen, um die Exportproduktion und die Devisenerlöse zur Schuldentilgung zu erhöhen. Man kann es nicht anders sagen: Die armen Massen der Dritten Welt müssen für das Wohlergehen der Banken in der Ersten Welt bluten.
F. Nuscheier: Lern- und Arbeitsbuch Entwicklungspolitik, Bonn 1987

Ein 70-Milliarden-Erlass für die Ärmsten der Armen
Sonst als harte ökonomische Ordnungsmacht geschmäht, hat sich der IWF verpflichtet, bis 2015 die Zahl der Menschen, die in äußerster Armut leben, zu halbieren, jedem Menschen eine Basisbildung zu vermitteln, die Sterblichkeit unter Kindern und Säuglingen um zwei Drittel zu vermindern. Die harten Sanierungsprogramme, die der IWF den überschuldeten und wirtschaftlich zerrütteten Entwicklungsländern in der Regel auferlegt, dürften nun nicht mehr vorwiegend auf Kosten der Ärmsten gehen.
Erstmals sichtbar soll der neue Kurs bei der Kölner Schuldeninitiative werden. Über 70 Milliarden Dollar wollen die Industrieländer den 41 ärmsten Staaten der Welt erlassen. Bei der Jahrestagung von IWF und Weltbank in Washington geht es nun um die 24 Milliarden Dollar, die noch in den Büchern der beiden Finanzinstitute stehen. Grundsätzlich sind beide Organisationen und die sie tragenden Länder zum großzügigen Schuldenerlass bereit.
(Rheinische Post, 28. Sept. 1999)

- Erläutern Sie die „alte" Politik des IWF. Warum hat sie verheerende Folgen für die Entwicklungsländer?
- Eröffnet die „neue" Politik (ab 1999) des IWF den Entwicklungsländern nach Ihrer Ansicht eine Chance?
- In dem folgenden Text werden mit Erfolg ähnliche Maßnahmen ergriffen, wie der IWF sie von seinen Kreditnehmern verlangt hat. Versuchen Sie zu erklären, warum solche Maßnahmen in Frankreich Erfolg haben, in Entwicklungsländern aber die Probleme noch vergrößern können.

Anpassungszwang: Das Beispiel Frankreich

Die 1981 ins Amt gekommene französische Regierung begann mit einem wirtschaftspolitischen Kraftakt: Sie wollte die Binnenwirtschaft entgegen dem damaligen weltwirtschaftlichen Trend auf Wachstumskurs bringen. Zur Stimulierung der Nachfrage wurde eine bunte Palette expansiver Maßnahmen ergriffen, darunter eine starke Ausweitung der Geldmenge und mehrfache Erhöhung des Mindestlohnes.

Das Programm sah zunächst nach einem Erfolg aus: Die französische Wirtschaft wuchs schneller als der EG-Durchschnitt; die Arbeitslosenquote stieg langsamer an. Bald zeigte sich jedoch um so drastischer die außenwirtschaftliche Schattenseite: Verschlechterung der Zahlungsbilanz, Rückgang der Devisenreserve. Der Franc-Kurs ließ sich nicht länger durchhalten.

Damit blieben Frankreich nur zwei Möglichkeiten:

- weitere scharfe Franc-Abwertung oder
- Stabilisierung der heimischen Wirtschaft durch ein energisches Spar- und Stabilitätsprogramm.

Die französische Regierung entschied sich für die zweite Alternative. Schon bald begann sich der Stabilitätskurs auszuzahlen.

Auch in den Folgejahren wurde trotz wechselnder Regierungen unbeirrt an dieser Politik festgehalten. Heute gilt diese Episode französischer Wirtschaftspolitik als ein Musterbeispiel erfolgreicher binnenwirtschaftlicher Stabilisierung unter außenwirtschaftlichen Anpassungszwängen.

---

8. **Die OPEC ist eine Organisation, die zum Schutz der Interessen der Mitgliedsländer den freien Handel einschränken und die Marktkräfte beschneiden will.**
Begründen Sie diese Aussage. Zeigen Sie zugleich am Beispiel der OPEC, dass sich auf längere Sicht die Marktkräfte durchsetzen.

Neunter Lernabschnitt
Steuern und Versicherungen

1 Steuern

1.1 Staatseinnahmen und Steuerarten

Zur Finanzierung seiner vielfältigen Ausgaben (z. B. für Investitionen, Personal, Sozialleistungen, Subventionen) verfügt der Staat über Einnahmequellen, die sog. „öffentlichen Abgaben".

Öffentliche Abgaben	
Gebühren Gesetzlich geregelte Entgelte für eine gesonderte, individuelle Inanspruchnahme der Verwaltung (z. B. für Passausstellung, Unterschriftsbeglaubigung, Prozessdurchführung vor Gericht).	*Merke:* *unmittelbare* *Gegenleistung*
Beiträge Abgaben zur Abgeltung staatlicher Leistungen, an denen der Beitragszahler nur mittelbar teilhat, die er also nicht individuell in Auftrag gegeben hat (z. B. Straßenanliegerbeiträge, Sozialversicherungsbeiträge).	*mittelbare* *Gegenleistung*
Steuern Geldleistungen, die nicht eine Gegenleistung für eine besondere staatliche Leistung darstellen, sondern zur Erzielung staatlicher Einkünfte auferlegt werden. Das Gesetz knüpft die Leistungspflicht an bestimmte Tatbestände. Steuerpflichtig ist jeder, auf den diese Tatbestände zutreffen. Die Erzielung von Einkünften kann auch Nebenzweck sein. Zu den Steuern gehören auch die Zölle. (Abgabenordnung § 3)	*keine* *Gegenleistung*

Reichen die öffentlichen Abgaben nicht aus, so finanziert der Staat die restlichen Ausgaben durch Kreditaufnahme.

Die Steuern bilden den Hauptbestandteil der Staatseinnahmen. Sie stehen zu:

- **dem Bund:** Versicherung-, Mineralöl-, Kaffee-, Branntwein-, Schaumweinsteuer, Ergänzungsabgabe
- **Bund und Ländern:** Körperschaft-, Umsatz-, Einkommensteuer. Sie sind **Gemeinschaftssteuern.**
- **den Ländern:** Erbschaft- und Schenkung-, Kfz-, Grunderwerb-, Bier-, Rennwett- und Lotterie-, Feuerschutzsteuer, Spielbankabgabe
- **den Gemeinden:** Grund-, Vergnügung-, Schankerlaubnis- , Hunde-, Jagd- und Fischerei-, Getränke-, Gewerbesteuer (mit Umlage an Bund und Land)

Hinzu kommen diejenigen **Religionsgemeinschaften**, die als Körperschaften des öffentlichen Rechts Kirchensteuer von ihren Mitgliedern erheben dürfen.

Steuerarten nach dem Gegenstand der Besteuerung

Besitzsteuern

Personalsteuern: Sie erfassen den Ertrag aus dem Einkommen und dem Vermögen von Personen. Dabei wird die Leistungsfähigkeit dieser Personen anhand festgelegter Kriterien berücksichtigt.
Arten: Einkommensteuer, Körperschaftsteuer, Erbschaft- und Schenkungsteuer, Kirchensteuer
Realsteuern (Ertragsteuern): Sie umfassen die Erträge von Objekten (z. B. Unternehmen) ohne Rücksicht auf die Personen, denen die Erträge zufließen.
Arten: Gewerbesteuer, Grundsteuer

Verbrauchsteuern

Sie erfassen die steuerliche Leistungsfähigkeit nicht unmittelbar bei der Entstehung des Einkommens wie die Personalsteuern, sondern mittelbar bei seiner Verwendung (dem Verbrauch). Damit wird auch derjenige erfasst, der z. B. keine Einkommensteuer zahlt. Die Steuer ist vom Hersteller oder Importeur zu entrichten, der sie in den Verkaufspreis einkalkuliert. Folglich wird letztlich der Verbraucher mit der Steuer belastet.
Arten: Mineralöl-, Bier-, Tabak-, Kaffee-, Schaumwein-, Branntweinsteuer. Vielfach wird auch die Umsatzsteuer als eine Verbrauchsteuer im weiteren Sinn bezeichnet.

Verkehrsteuern

Sie besteuern die Vorgänge des Rechtsverkehrs (Rechtsakte, die jemandem Rechte an einer Sache oder Dienstleistung einräumen). Sie knüpfen in der Regel an ein laufendes Geschäft an und nicht wie die Besitzsteuern an das Ergebnis. Sie werden deshalb auch ohne Rücksicht auf die steuerliche Leistungsfähigkeit des Steuerpflichtigen erhoben.
Arten: Umsatzsteuer (zugleich Verbrauchsteuer), Einfuhrumsatzsteuer, Grunderwerbsteuer, Kraftfahrzeugsteuer, Versicherungsteuer, Lotteriesteuer.

Zölle

Sie erfassen den grenzüberschreitenden Warenverkehr bei der Einfuhr. (Die Europäische Union kennt keine Ausfuhr- und Transit- (= Durchfuhr-)Zölle.)
Arten: Wertzölle (nach dem Zollwert berechnet), Gewichtszölle (selten; nach dem Gewicht berechnet), gemischte Zölle (nach dem Gewicht, aber mit Mindestwert).

Steuerarten nach der Überwälzbarkeit

Direkte Steuern

Sie werden direkt von denen erhoben, die nach dem Willen des Gesetzgebers die Steuern auch tragen sollen. Alle Besitzsteuern sind direkte Steuern.

Indirekte Steuern

Sie werden von Wirtschaftseinheiten erhoben, die nach dem Willen des Gesetzgebers die Steuern nicht selbst tragen, sondern sie über den Preis offen oder verdeckt auf andere abwälzen sollen. Die Verbrauchsteuern und Verkehrsteuern (außer Kfz-Steuer) sind indirekte Steuern.

Arbeitsaufgabe

Gegeben sind folgende steuerlich relevante Sachverhalte.
(1) Der Fahrer der Unix GmbH tankt an der Tankstelle Benzin.
(2) Die Unix GmbH überweist ihrer Angestellten Frau Lampe das Gehalt.
(3) In der Großhandlung Franz Schneider e. K. fällt ein Gewinn von 220 000,00 EUR an.
(4) In der Motorenbau GmbH fällt ein Gewinn von 650 000,00 EUR an.
(5) Der Auszubildende Frank Engels erhält von Erbonkel Gustav 20 000,00 EUR als Geschenk.
(6) Der Aktionär Egon Schuster erhält eine Dividendenzahlung von 2 500,00 EUR.
(7) Erwin Ermert genehmigt sich zwei Bierchen in der Gastwirtschaft.
(8) Die Unix GmbH kauft Schreibtische bei der Büromöbel GmbH.

(9) Die Unix GmbH ist Halter von 10 Geschäfts-PKWs.
(10) Die Unix GmbH kauft ein Grundstück für den Bau einer Lagerhalle.
(11) Die Unix GmbH ist Eigentümer von insgesamt 30 000 m² an Grundstücken.
a) Welche Steuern sind jeweils zu zahlen?
b) Welche dieser Steuern sind Besitz-, Verbrauch-, Verkehrsteuern?
c) Welche dieser Steuern sind direkte, welche indirekte Steuern?
d) Diese Steuern werden in der Buchführung unterschiedlich behandelt. Welche sind aktivierungspflichtige Steuern, Betriebsteuern, Privatsteuern, Durchlaufsteuern?

1.2 Steuergrundsätze und Steuergerechtigkeit

Ein Arbeiter in der optischen Industrie, ledig, kinderlos, mit einem zu versteuernden Jahreseinkommen von 15 850,00 EUR zahlte im Vorjahr 2 088,12 EUR an Lohnsteuer.
Sein verheirateter Vorarbeiter zahlte bei einem zu versteuernden Jahreseinkommen von 23 520,00 EUR fast den gleichen Betrag, nämlich 2 073,80 EUR.

Das Steuerrecht ist ein eigenständiges Rechtswesen mit umfangreichen Gesetzen, einer eigenen Verwaltung und Gerichtsbarkeit. Zur Vereinheitlichung des Steuerwesens gibt es eine Reihe von Grundsätzen, die **Steuergerechtigkeit** schaffen sollen:

Grundsätze der Besteuerung

Grundsatz der Steuerdeckung
Der Staat soll sich nicht mehr und nicht weniger Steuern nehmen, als er benötigt.

Grundsatz der Steuerverwaltung
Die Erhebungskosten sollen so gering wie möglich sein. Die Steuer muss einfach und jedem verständlich sein. Die Abwicklung soll ohne Reibungen erfolgen.

Grundsätze der Steuerbemessung
Leistungsfähigkeit: Der Bürger soll entsprechend seinen Einkommensverhältnissen und Vermögenswerten besteuert werden. Er soll die Steuer ohne wirtschaftliche Gefährdung tragen können.
Steuergerechtigkeit: Die Steuer soll alle Steuerzahler in gleichem Verhältnis treffen. Die Belastung der Steuerpflichtigen soll im Vergleich zueinander übereinstimmen.

Die direkten Steuern entsprechen diesen Grundsätzen am ehesten:

- Wer über ein hohes Einkommen verfügt, muss in Kauf nehmen, dass er aufgrund höherer Leistungsfähigkeit auch verhältnismäßig mehr Steuern bezahlen muss als ein Bezieher eines geringeren Einkommens.

- Wer bei gleichem Einkommen höhere soziale Lasten zu tragen hat (Familie), muss geringer besteuert werden.

Die indirekten Steuern, vor allem die Verbrauchsteuern und die Umsatzsteuer, können vom sozialen Gesichtspunkt aus als ungerecht angesehen werden: Da für jeden Verbraucher der gleiche Steuersatz gilt, werden die ärmeren Bevölkerungsschichten, die den größten Teil ihres Einkommens für den Verbrauch aufwenden müssen, im Verhältnis zu stark besteuert. Von der Umsatzsteuer, die dem Aufkommen nach an zweiter Stelle steht, der Mineralölsteuer und der Tabaksteuer abgesehen, ist allerdings das Aufkommen aus den Verbrauchsteuern niedrig (Bagatellsteuern).

Wichtig vor allem ist, dass die Steuerlast die zumutbare Grenze der Belastbarkeit nicht übersteigt. Andernfalls kann es zu negativen Auswirkungen kommen.

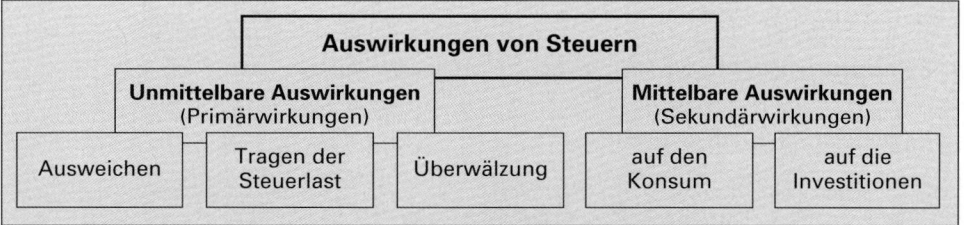

Unmittelbare Wirkungen (Primärwirkungen)

- **Rechtmäßige Steuerausweichung:** Das Unternehmen verlagert die Produktion ins Ausland, wo die Steuern niedriger sind.

- **Unrechtmäßige Steuerausweichung:**
  - Der Unternehmer verkürzt seine Steuererklärung durch unvollständige Angaben.
  - Der Unternehmer führt Aufträge ohne Rechnung aus.
  - Arbeitnehmer leisten verbotene Schwarzarbeit.

- **Sofortige Zahlung der Steuern:** Das kann bei fehlender Vorsorge Nachteile für die Liquidität der Unternehmung haben.

- **Überwälzung auf die Abnehmer:** Die Steuer wird in die Preiskalkulation eingerechnet, wenn es der Markt erlaubt. Der Konsument trägt dann die Steuer des Unternehmers.

Mittelbare Auswirkungen (Sekundärwirkungen)

Die mittelbaren Auswirkungen umfassen die Produktionsbedingungen sowie die Konsum-, Investitions- und Sparentscheidungen. Damit sind letztlich die Beschäftigung und das Wachstum der Volkswirtschaft betroffen.

- **Wirkungen auf den Konsum**

Die endgültigen Wirkung hängt von der Art der Steuerlast, dem jeweiligen Anteil der Verbrauchsausgaben am gesamten Einkommen, den Einkommenserwartungen sowie den Kreditmöglichkeiten ab.

Die unteren Einkommensbezieher werden bei Steuererhöhungen die Konsumausgaben eher einschränken. Da sie nur wenig oder gar nicht sparen können, ist die Ausgabensumme vorgegeben. Die Bezieher mittlerer Einkommen werden versuchen den Konsumanteil aufrechtzuerhalten, indem sie den Sparanteil senken. Steigen aber ihre Einkommenserwartungen, werden die Konsumausgaben trotz Steuererhöhung zunehmen. Andererseits werden alle Arbeitnehmer bei höheren Steuern versuchen, höhere Lohnforderungen zu stellen.

- **Wirkungen auf die Investitionen**

Ertragsabhängige Steuern können mehr als die ertragsunabhängigen Steuern die Investitionsentscheidungen beeinträchtigen. Unternehmer werden Investitionen unterlassen, wenn sie durch die steuerbedingte Gewinnminderung eine gewünschte Mindestverzinsung des Kapitaleinsatzes nicht erreichen können. Dies gilt besonders für risikoreiche Investitionen.

Arbeitsaufgaben

1. **Steuergerechtigkeit ist ein wichtiger Besteuerungsgrundsatz.**
   a) Entspricht es Ihrer Auffassung von Steuergerechtigkeit, dass der Vorarbeiter im Eingangsbeispiel zu diesem Abschnitt nicht wesentlich mehr Steuern zahlen musste als der geringer verdienende Arbeiter?
   b) Diskutieren Sie darüber, ob die Umsatzsteuer eine „gerechte" Steuer ist.
   c) Welchen Besteuerungsgrundsätzen entspricht die Umsatzsteuer, wenn die dem Grundsatz der Gerechtigkeit weniger entsprechen sollte?

2. **Die Steuer muss den Grundsatz der Leistungsfähigkeit berücksichtigen.**
   Diskutieren Sie dazu folgende Fälle:
   a) Ein Arbeitnehmer lehnt Überstunden ab mit der Begründung: „Ich mache mich doch für das Finanzamt nicht kaputt. Von jedem zusätzlich verdienten Euro muss ich 0,30 EUR Steuern zahlen."
   b) Ein bekannter deutscher Sänger sagte eine Tournee in der Bundesrepublik Deutschland ab. Die Begründung lautete: Die Steuer würde aufgrund der Progression die Hälfte der Einnahmen wegnehmen.
   Entscheiden Sie, wie viel Prozent der höchste Steuersatz betragen sollte.

3. **Aufgrund von Steueränderungen treten folgende Wirkungen ein:**
   a) Erhöhung der Lebenshaltungskosten,
   b) Verbesserung der Investitionstätigkeit,
   c) Erhöhung des Konsums.
   Welche Steueränderungen könnten die Ursache sein?

4. **Die Einkommensteuer berücksichtigt die persönlichen Verhältnisse.**
   Nennen Sie möglichst viele Tatbestände, die sie dabei beachten sollte.

1.3 Einkommensteuer

„Das deutsche Steuerrecht gilt im internationalen Vergleich als recht kompliziert. So ist es nicht verwunderlich, wenn unsere Arbeitnehmer den Mitarbeitern in der Lohnbuchhaltung häufig Fragen stellen. Vor kurzem kam ein neu eingestellter lediger Arbeiter mit einem Bruttolohn von 1 881,00 EUR: Er habe gehört, sein Steuersatz liege einschließlich Solidaritätszuschlag und Kirchensteuer bei etwa 28 %. Das bedeute Abzüge von monatlich 527,00 EUR allein für Steuern. Wir konnten ihn beruhigen: Die tatsächlichen Steuerabzüge lagen bei 296,00 EUR. Der junge Mann verwechselte sein Bruttoeinkommen mit dem zu versteuernden Einkommen und den Grenzsteuersatz mit dem Durchschnittssteuersatz. Er hatte keine Ahnung von Werbungskosten und Sonderausgaben und wusste auch nicht, dass er deren Höhe beeinflussen konnte, um Steuern zu sparen."

1.3.1 Berechnungsschema für das zu versteuernde Einkommen

Die Einkommensteuer wird vom Einkommen der natürlichen Personen berechnet. (Das Einkommen juristischer Personen unterliegt hingegen der Körperschaftsteuer.) Besteuert werden **sieben Einkunftsarten**, die in EStG § 2 aufgeführt sind.

Unbeschränkt (mit ihren gesamten Einkünften) einkommensteuerpflichtig sind alle natürlichen Personen mit Wohnsitz oder gewöhnlichem Aufenthalt im Inland.
Beschränkt steuerpflichtig sind alle anderen natürlichen Personen: Nur ihre inländischen Einkünfte unterliegen der Einkommensteuer (EStG § 1).

Das zu versteuernde Einkommen ist jeweils für ein Steuerjahr zu ermitteln. Es wird nach folgendem Schema berechnet:

Berechnungsschema für das zu versteuernde Einkommen[1]

Gewinneinkünfte:
1. **Einkünfte aus Land- und Forstwirtschaft**
2. **Einkünfte aus Gewerbebetrieb** (Handelsgewerbe, Kleingewerbe[2])
3. **Einkünfte aus selbstständiger Arbeit** (aus freiberuflicher Tätigkeit)

+ *Überschusseinkünfte:*
4. **Einkünfte aus nichtselbstständiger Arbeit** (Tätigkeit als Arbeitnehmer)
5. **Einkünfte aus Kapitalvermögen** (Zinsen, Dividenden und ähnliche Einkünfte)
6. **Einkünfte aus Vermietung und Verpachtung** (von bebauten und unbebauten Grundstücken)
7. **sonstige Einkünfte im Sinn des § 22 EStG** (z. B. Renten, Spekulationsgewinne, Abgeordnetenbezüge)

= **Summe der Einkünfte**
− Altersentlastungsbetrag
= **Gesamtbetrag der Einkünfte**
− Sonderausgaben
− außergewöhnliche Belastungen
= **Einkommen**
− Kinderfreibeträge, Betreuungsfreibeträge
− Haushaltsfreibetrag
= **zu versteuerndes Einkommen**

Nicht zu den sieben Einkunftsarten gehören z. B. und sind folglich steuerfrei: Lotterie-, Lotto-, Toto-, Rennwettgewinne; Erbschaften, Schenkungen, Schmerzensgeld; Preisverleihungen ohne den Charakter eines leistungsbezogenen Entgelts; Gewinne aus der Veräußerung privater Vermögensgegenstände (mit im EStG genannten Ausnahmen).

Übrigens: Verluste bei einzelnen der 7 Einkunftsarten werden bis zu einer Obergrenze von 51 500,00 EUR bei Ledigen bzw. 103 000,00 EUR bei Verheirateten mit Gewinnen bei anderen Einkunftsarten verrechnet.

*Bei Ehegatten wird mangels gegenteiliger Erkärung das Einkommen beider Partner addiert und gemeinsam versteuert (**Zusammenveranlagung**)*

1.3.2 Ermittlung des Gesamtbetrags der Einkünfte

Die Einkünfte aus Land- und Forstwirtschaft, Gewerbebetrieb und selbstständiger Tätigkeit sind die Gewinne aus diesen Einkunftsarten.

Der Gewinn ist grundsätzlich anhand der Buchführung zu ermitteln.

Wer nicht gesetzlich zur Buchführung verpflichtet ist (z. B. Freiberufler), kann als Gewinn den Überschuss der Betriebseinnahmen über die Betriebsausgaben (= Aufwendungen) ansetzen. Die Vorschriften über die Absetzung für Abnutzung (Abschreibung) muss er beachten.

Die Einkünfte aus nichtselbstständiger Arbeit, Kapitalvermögen und Vermietung und Verpachtung sowie die sonstigen Einkünfte sind für jede Einkunftsart zu ermitteln als Überschuss der Einnahmen über die Werbungskosten.

Werbungskosten sind Aufwendungen zur Erwerbung, Sicherung und Erhaltung der Einnahmen.

Die Werbungskosten sind bei der Einkunftsart abzuziehen, bei der sie erwachsen sind. Bei Arbeitnehmern gehören alle Aufwendungen dazu, die durch die Berufstätigkeit veranlaßt worden sind.

Beispiele: Werbungskosten

- **Bei Einkünften aus Kapitalvermögen:**
  Kontoführungs- und andere Bankgebühren, Depotgebühren, Schuldzinsen für die Finanzierung der Geldanlage u. a. m. Ohne Nachweis höherer Kosten wird von Amts wegen ein Pauschbetrag von 51,00 EUR (Ehegatten 102,00 EUR) abgezogen.

---

[1] Schema verkürzt um mehrere hier nicht relevante Sachverhalte
[2] Vgl. S. 387

- **Bei Einkünften aus Vermietung und Verpachtung:**
  Schuldzinsen, Instandhaltungskosten, Fahrtkosten, Absetzung für Abnutzung[1] (AfA), Ausgaben für Hausverwaltung, städtische Abgaben u. a. m.
- **Bei Einkünften aus nichtselbstständiger Arbeit:**
  Kosten für Arbeitsmittel, Fortbildungskosten, Gewerkschaftsbeiträge, Mehraufwendungen für doppelte Haushaltsführung (wegen einer Zweitwohnung am Arbeitsort), Verpflegungsmehraufwand und Familienheimfahrten, Kosten für Fahrten zwischen Wohnung und Arbeitsstätte u. a. m. Für solche Fahrten sind als verkehrsmittelunabhängige Entfernungspauschale 0,36 EUR für die ersten 10 Kilometer und 0,40 EUR für jeden weiteren Entfernungskilometer anzusetzen (maximal 5 112,00 EUR; darüber nur bei Nachweis). Wenn keine höheren Kosten nachgewiesen werden, wird für die Werbungskosten pauschal von Amts wegen ein sog. **Arbeitnehmer-Pauschbetrag** von 1 044,00 EUR abgezogen.

Von den Einkünften aus Kapitalvermögen verbleiben 1 550,00 EUR (Ehegatten: 3 100,00 EUR) steuerfrei (**Sparer-Freibetrag**[2]).

Von den Einkünften für nichtselbstständige Arbeit bleiben steuerfrei: Zuschläge für Nachtarbeit (20 bis 6 Uhr) bis 25 % (40 % von 0 bis 4 Uhr bei Arbeitsaufnahme vor 0 Uhr), für Sonntagsarbeit bis 50 %, für Arbeit am 31. Dezember ab 14 Uhr und an gesetzlichen Feiertagen bis 125 %, am 24. Dezember ab 14 Uhr, an den Weihnachtstagen und am 1. Mai bis 150 % des Grundlohns.

Eine **geringfügige Beschäftigung**[3] ist steuerfrei, wenn der Arbeitnehmer keine anderen (in der Summe positiven) steuerpflichtigen Einkünfte hat.

Steuerpflichtige, die im Steuerjahr mindestens 65 Jahre alt werden, erhalten einen Alters-Entlastungsbetrag als Freibetrag. Er beträgt 40 % vom Arbeitslohn (abzüglich Versorgungsbezüge, z. B. Beamtenpension) und der positiven Summe aller anderen Einkünfte, höchstens aber 1 908,00 EUR.

Arbeitsaufgaben

1. In Übereinstimmung mit der Buchführung und der Gewinn- und Verlustrechnung ergeben sich bei der Wurstfabrik Kunibert Schweindrich für das Steuerjahr folgende Zahlen:
   Eigenkapital am Jahresbeginn   820 000,00 EUR   Privateinlagen   10 000,00 EUR
   Eigenkapital am Jahresende   940 000,00 EUR   Privatentnahmen   50 000,00 EUR
   Herr Schweindrich (68 Jahre) erzielt weiterhin Einkünfte aus der Vermietung von Wohnhäusern in Höhe von 30 000,00 EUR. Seine Ehefrau Isolde (45 Jahre) hat Geld in Wertpapieren angelegt und erzielt Einkünfte in Höhe von 23 000,00 EUR. Das Ehepaar wählt die Zusammenveranlagung zur Einkommensteuer.
   a) Aus welchen Einkunftsarten erzielt das Ehepaar Schweindrich Einkünfte?
   b) Handelt es sich um Gewinn- oder um Überschusseinkünfte?
   c) Ermitteln Sie den Gesamtbetrag der Einkünfte.
   d) Welche Wirkung hat die gemeinsame Veranlagung zur Einkommensteuer?

2. Marianne Meuser, 34 Jahre, unverheiratet, erzielt im Steuerjahr Einnahmen aus mehreren Quellen:
   (1) Bruttomieteinnahmen (Grundmiete und auf die Mieter umgelegte Nebenkosten) für ein Mietshaus mit 3 Wohnungen: 14 650,00 EUR.
   Werbungskosten:
   AfA: 3 000,00 EUR; Grundschuldzinsen: 7 500,00 EUR; sonstige Werbungskosten: 4 000,00 EUR.
   (2) Lottogewinn von 64 000,00 EUR am 10. Jan.
   (3) Verkauf des PKW für 4 500,00 EUR.
   (4) Zinseinnahmen 1 200,00 EUR.
   (5) Gehalt aus der Tätigkeit als kaufmännische Angestellte: brutto 28 300,00 EUR.

---

[1] Steuerrechtlicher Ausdruck für Abschreibung
[2] Freibeträge sind Einkommensbeträge, die steuerfrei bleiben.
[3] Siehe S. 532

Für die Fahrt zur Arbeitsstätte wurde der eigene PKW an 220 Tagen benutzt. Entfernung zur Arbeitsstätte: 10 km. Weiterhin fielen an: Kosten für einen Fortbildungslehrgang in Höhe von 200,00 EUR und für Fachliteratur in Höhe von 45,00 EUR; Gewerkschaftsbeiträge: 120,00 EUR.
a) Welche der aufgeführten Einnahmen sind steuerfrei?
b) Erläutern Sie anhand der obigen Angaben den Unterschied zwischen Einnahmen und Einkünften.
c) Aus welchen Einkunftsarten bezieht Frau Meuser Einkünfte?
d) Welche Rolle spielen Werbungskosten und Freibeträge bei der Ermittlung der Einkünfte?
e) Ermitteln Sie den Gesamtbetrag der Einkünfte.

1.3.3 Ermittlung des Einkommens

Zur Ermittlung des Einkommens dürfen weitere Beträge vom Gesamtbetrag der Einkünfte abgezogen werden.

Sonderausgaben

Sonderausgaben sind der privaten Lebensführung zuzurechnende Aufwendungen. Der Staat gestattet trotzdem aus wirtschafts- und sozialpolitischen Gründen ihren Abzug.

Derartige Gründe sind z. B.:

- Verminderte Leistungsfähigkeit des Steuerpflichtigen durch die Aufwendungen
- Förderung der Lebens- und Altersvorsorge durch Versicherungen
- Förderung der Spendentätigkeit für bestimmte förderungswürdige Zwecke

Sonderausgaben sind teils in unbeschränkter, teils in beschränkter Höhe abzugsfähig.

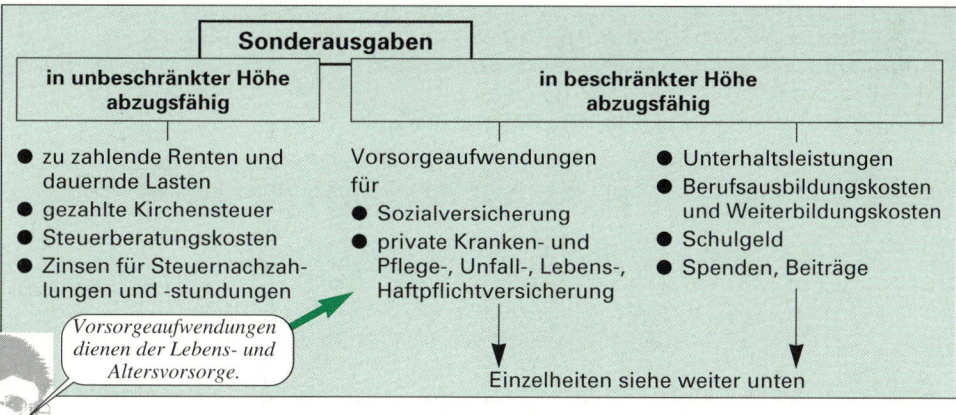

Mangels Nachweis höherer Aufwendungen wird für Sonderausgaben ohne Vorsorgeaufwendungen automatisch ein Pauschbetrag von 36,00 EUR (Ehegatten 72,00 EUR) abgezogen.

- **Vorsorgeaufwendungen**

Mangels Nachweis höherer Aufwendungen erhalten Bezieher von Arbeitslohn eine Vorsorgepauschale.

Berechnung der Vorsorgepauschale				
	20 % des Brutto-lohns, aber ↓ höchstens:	zuzüglich höchstens	zuzüglich die Hälfte bis zu höchstens	Beamte: 20 % des Bruttolohns, höchstens
Ledige: Ehegatten:	❶ 3 068 EUR 6 136 EUR jeweils abzüglich 16 % des Bruttolohns	❷ 1 334 EUR 2 668 EUR soweit der Teilbetrag nach ❶ überschritten wird	❸ 1 334 EUR : 2 = 667 EUR 2 668 EUR : 2 = 1 334 EUR soweit die Teilbeträge nach ❷ und ❸ überschritten werden	1 134 EUR 2 268 EUR

Die Vorsorgepauschale ist auf den nächsten durch 36 ohne Rest teilbaren vollen EUR-Betrag abzurunden.

Durch die 16 %-Kürzung wird berücksichtigt, dass die Hälfte der Vorsorgeaufwendungen für die Sozialversicherung vom Arbeitgeber aufgebracht wird.

Beispiel: Vorsorgepauschale (Angestellter, ledig, Bruttolohn 18 000 EUR)

	EUR	EUR	EUR	Zeile
20 % von 18 000			3 600	1
höchstens		3 068		2
minus 16 % von 18 000		− 2 880		3
		= 188		4
anzusetzen: niedrigerer Betrag aus Zeile 1 oder 4			− 188	5
			188	
			= 3 412	6
Grundhöchstbetrag			− 1 334	7
anzusetzen: der niedrigere Betrag aus Zeile 6 oder 7			+ 1 334	8
übersteigender Betrag		2 078		9
davon die Hälfte		1 039		10
die Hälfte des Grundhöchstbetrags aus Zeile 7		667		11
anzusetzen: der niedrigere Betrag aus Zeile 10 oder 11			+ 667	12
			= 2 189	13
abgerundet auf volle, durch 36 ohne Rest teilbare EUR			= 2 160	14

Höhere Aufwendungen können bis zu folgenden Grenzen abgezogen werden:

Höchstabzugsgrenzen für Vorsorgeaufwendungen					
	Vorwegabzug	zusätzliche Beträge bis höchstens	zusätzlich für freiwillige Pflegeversicherung bis höchstens	zusätzlich die Hälfte der ❶+❷+❸ übersteigenden Beträge bis höchstens	maximaler Gesamtabzug
Ledige: Ehegatten:	❶ 3 068 EUR 6 136 EUR	❷ 1 334 EUR 2 668 EUR	❸ 184 EUR 368 EUR	❹ 1 334 EUR : 2= 667 EUR 2 668 EUR : 2= 1 334 EUR	❺ 5 253 EUR 10 506 EUR
		jeweils abzüglich 16 % der Einnahmen aus nichtselbstständiger Arbeit ohne Versorgungsbezüge				

Die Höchstgrenzen werden nur erreicht, wenn keine Einnahmen aus nichtselbstständiger Arbeit vorliegen.

Beispiel: Höchstbeträge für Vorsorgeaufwendungen
Selbstständiger Kaufmann, verheiratet; gezahlte Versicherungsprämien: freiwillige Pflegeversicherung 500 EUR, Krankenversicherung 11 000 EUR, Lebens- und Berufsunfähigkeitsversicherung 7 500 EUR, Haftpflichtversicherung 150 EUR, Unfallversicherung 100 EUR

	EUR	EUR	EUR	Zeile
Pflegeversicherung	500			1
Höchstbetrag	368			2
anzusetzen: niedrigerer Betrag von Zeile 1 und 2			368	3
übersteigende Beträge		132		4
übrige Versicherungsbeträge		+ 18 750		5
Summe		= 18 882		6
Vorwegabzug	6 136			7
Kürzung 16 %	0			8
verbleibender Betrag	6 136	− 6 136	+ 6 136	9
verbleiben		= 12 746		10
Grundhöchstbetrag		− 2 668		11
anzusetzen: niedrigerer Betrag von Zeile 10 und 11			+ 2 668	12
übersteigender Betrag		= 10 078		13
davon die Hälfte		5 039		14
hälftiger Grundhöchstbetrag		1 334		15
anzusetzen: niedrigerer Betrag von Zeile 14 und 15			+ 1 334	16
Summe			= 10 506	17

● **Andere beschränkt abzugsfähige Sonderausgaben**

Art der Aufwendungen	Abzugsfähigkeit
Unterhaltsleistungen an den geschiedenen oder dauernd getrennt lebenden Ehegatten.	unter bestimmten Voraussetzungen bis zu 13 805 EUR
Aufwendungen für die Berufsausbildung oder Weiterbildung in einem nicht ausgeübten Beruf (für den Steuerpflichtigen oder seinen Ehegatten)	bis zu 920 EUR (bei auswärtiger Unterbringung mit eigenem Hausstand bis zu 1 227 EUR)
Schulgeld für ein Kind an einer staatlich anerkannten Ersatz- oder Ergänzungsschule	30% des Entgelts (außer Beherbergung, Betreuung, Verpflegung)
Spenden für kirchliche und religiöse Zwecke	5% der Einkünfte oder 2‰ der Summe aus Umsatz, Löhnen und Gehältern
Spenden für wissenschaftliche, mildtätige und als förderungswürdig anerkannte kulturelle Zwecke	10% / 2‰
Mitgliedsbeiträge und Spenden an politische Parteien und unabhängige Wählervereinigungen	bis zu 1 534 EUR (Ehegatten 3 068 EUR): Abzug des halben Betrages von der Einkommensteuer (EStG § 34g); bis zu weiteren 1 534 EUR (Ehegatten 3 068 EUR): Abzug als Sonderausgaben

Außergewöhnliche Belastungen

Außergewöhnliche Belastungen sind größere Aufwendungen, als sie die überwiegende Mehrzahl der Steuerpflichtigen gleicher Einkommens- und Vermögensverhältnisse und gleichen Familienstands hat, die zwangsläufig entstehen.

Zwangsläufig bedeutet: Der Steuerpflichtige kann sich den Aufwendungen aus rechtlichen, tatsächlichen oder sittlichen Gründen nicht entziehen. Sie müssen notwendig und in der Höhe angemessen sein. Sie sind grundsätzlich unter Berücksichtigung einer zumutbaren Eigenbelastung abzugsfähig. Zu den außergewöhnlichen Belastungen gehören z. B. Scheidungskosten, nicht erstattete Krankheits- und Kurkosten, Pflegekosten für den Steuerpflichtigen, Kinderbetreuungskosten.

Zumutbare Belastung für	Einkünfte (in EUR)		
	bis 15 340	bis 51 130	über 51 130
Steuerpflichtige ohne Kinder:			
Alleinstehende	5 %	6 %	7 %
Ehegatten	4 %	5 %	6 %
mit bis 2 Kindern	2 %	3 %	4 %
mit mehr Kindern	1 %	1 %	2 %
	der Einkünfte = zumutbare Belastung		

Für bestimmte Fälle werden Freibeträge gewährt. Hierzu gehört der **Ausbildungsfreibetrag** für Kinder in Berufsausbildung. Er beträgt 924 EUR für volljährige Kinder bei auswärtiger Unterbringung. Eigenes Einkommen über 1 848 EUR wird angerechnet, BAföG und Ausbildungsbeihilfen werden voll angerechnet.

Unterhaltsleistungen an gesetzlich Unterhaltsberechtigte können bis zu 7 188 EUR abgezogen werden. Eigenes Einkommen über 624 EUR wird jedoch angerechnet.

1.3.4 Ermittlung des zu versteuernden Einkommens

Das zu versteuernde Einkommen ergibt sich nach Abzug des Kinderfreibetrags und des Haushaltsfreibetrags vom Einkommen.

Bei Steuerpflichtigen mit Kindern soll das Einkommen in Höhe des Existenzminimums der Kinder von Steuern freigestellt werden. Dies erfolgt entweder durch einen **Kinderfreibetrag** von 3 648 EUR je Kind und einen **Betreuungsfreibetrag** von 2 160 EUR je Kind oder durch die Zahlung von **Kindergeld**. Das Kindergeld beträgt monatlich je 154 EUR für das erste und zweite, 179 EUR für das dritte und für jedes weitere Kind.

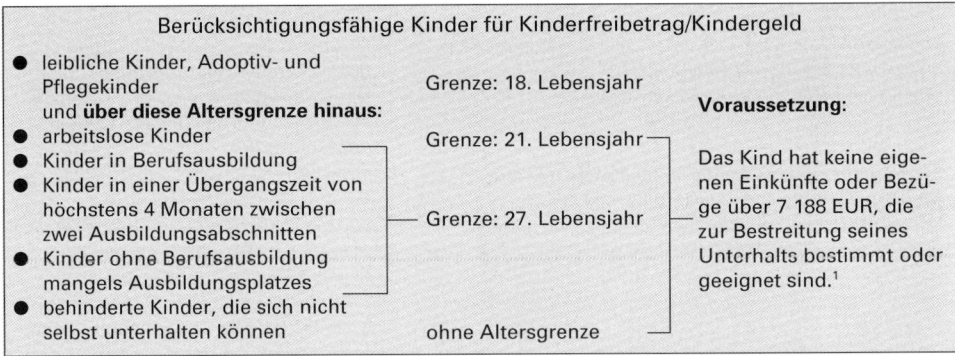

Wurde während des Jahres Kindergeld bezogen, so stellt das Finanzamt bei der Einkommensteuerveranlagung fest, ob die Kinderfreibeträge/Betreuungsfreibeträge günstiger sind. Nur dann gewährt es die Freibeträge, korrigiert aber die Einkommensteuerschuld um das gezahlte Kindergeld.

---

[1] Für jeden Monat, in dem kein Kindergeldanspruch bestand, verringert sich der Betrag um ein Zwölftel.

Beispiel: Kindergeld und Kinderfreibeträge/Betreuungsfreibeträge (Steuer nach Splittingtabelle¹)

	Fall 1	Fall 2
Einkommen	30 000,00	110 000,00
ESt **vor** Freibeträgen	3 706,00 ❶	33 596,00 ❶
− 2 Kinder-/Betreu.-freibeträge	− 11 616,00	− 11 616,00
= zu versteuerndes Einkommen	= 18 384,00	98 384,00
ESt **nach** Freibeträgen	856,00 ❷	28 160,00 ❷
Kindergeld	3 696,00 ❸	3 996,00 ❸
Differenz ❸ − ❶	− 8,00 ❹	(−) 29 900,00 ❹
	ESt-Schuld ist ❶	ESt-Schuld ist ❷

Das Beispiel zeigt auch: Kinderfreibeträge sind erst bei höheren Einkommen günstiger.

Alleinstehende, deren Steuer nicht nach dem Splitting-Verfahren berechnet wird, erhalten einen **Haushaltsfreibetrag** von 2 340 EUR (ab 2003: 1 188 EUR; ab 2005 : 0 EUR), wenn sie für mindestens ein Kind, das in ihrer Wohnung im Inland gemeldet ist, Kindergeld oder einen Kinderfreibetrag erhalten.

1.3.5 Ermittlung der Steuerbeträge

Das zu versteuernde Einkommen wird nach dem **Einkommensteuertarif** versteuert (EStG § 32a). Dieser umfasst mehrere Zonen:

- **Nullzone:** Ihre Obergrenze ist der Grundfreibetrag. Bis zum **Grundfreibetrag** ist das Einkommen steuerfrei.

- **Progressionszonen:** Einkommensteile, die den Grundfreibetrag übersteigen, werden zunächst mit einem niedrigen Steuersatz besteuert. Der Steuersatz steigt für zusätzliche Einkommensteile an, bis ein Spitzensteuersatz erreicht ist.

- **Proportionalzone:** In dieser Zone wird das zusätzliche Einkommen stets mit dem Spitzensteuersatz besteuert.

Für drei Jahre 2002 bis 2005 gelten folgende Zahlen:

Jahr	Grundfreibetrag	Eingangssteuersatz	Spitzensteuersatz ab EUR
2002	7 235 EUR	19,9 %	48,5 %/55 008 EUR
2003/4	7 426 EUR	17 %	47 %/52 293 EUR
2005	7 664 EUR	15 %	42 %/52 152 EUR

Die genannten Steuersätze sind **Grenzsteuersätze**. Sie geben an, mit welchem Prozentsatz zusätzliches Einkommen besteuert wird. Im Gegensatz dazu gibt der **Durchschnittssteuersatz** an, mit wie viel Prozent das Gesamteinkommen belastet ist.

Beispiel:

	zu versteuerndes Einkommen	Einkommensteuer
a)	40 032 EUR	10 173 EUR
b)	40 068 EUR	10 187 EUR
Zuwachs	36 EUR	14 EUR

$\frac{10\,173}{40\,032} \cdot 100 = 25{,}41\,\%;$ auf das *Gesamteinkommen* entfallen 25,41 % Steuern.

$\frac{14}{36} \cdot 100 = 38{,}89\,\%;$ auf den *Einkommenszuwachs* von 36 EUR entfallen 38,89 % Steuern.

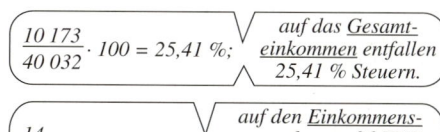

---
¹ Siehe unten.

Die tarifliche Einkommensteuer lässt sich aus **Einkommensteuertabellen** ablesen. Zu unterscheiden sind die **Grundtabelle** und die **Splittingtabelle** (für Ehegatten, die gemeinsam zur Einkommensteuer veranlagt werden). Beim Splittingverfahren wird die Steuer vom halben zu versteuernden Einkommen berechnet und verdoppelt.

Beispiel:

Zu versteuerndes Einkommen: 39 400 EUR
a) Steuer nach der Grundtabelle: 9 913 EUR
b) Steuer nach der Splittingtabelle: 6 304 EUR;
oder: 39 400 EUR : 2 = 19 700 EUR;
dafür Steuer nach der Grundtabelle:
3 152 EUR; 3 152 EUR · 2 = 6 304 EUR

Grundtabelle		Splittingtabelle	
Zu versteuerndes Einkommen bis EUR	Tarifliche Einkommensteuer EUR	Zu versteuerndes Einkommen bis EUR	Tarifliche Einkommensteuer EUR
19 691	3 142	39 167	6 220
19 727	3 152	39 239	6 242
19 763	3 162	39 311	6 262
19 799	3 173	39 383	6 284
39 383	9 899	39 455	6 304
39 419	9 913	39 527	6 324
39 455	9 928	39 599	6 346
39 491	9 942	39 671	6 366

Die Steuerbeträge lassen sich bis zum Erreichen des Spitzensteuersatzes ablesen. Für höhere Einkommen beträgt die Steuer in 2002: 48,5 % – 9 872 EUR (19 744 EUR), 2003/4: 47 % – 9 232 EUR (18 464 EUR), 2005: 42 % – 7 914 EUR (15 828 EUR).

Für die Berechnung ist das zu versteuernde Einkommen auf den nächsten durch 36 (72) teilbaren Betrag nach unten abzurunden.

Die Einkünfte der Gewerbetreibenden sind nicht nur mit Einkommensteuer, sondern auch mit Gewerbesteuer belastet. Darum wird die Gewerbesteuer in Höhe des 1,8 fachen des Gewerbesteuermessbetrags[1] auf die Einkommensteuerschuld angerechnet.

Zusätzlich zur Einkommensteuer werden **eine Ergänzungsabgabe (Solidaritätszuschlag)** von 5,5 % und für Kirchenmitglieder die **Kirchensteuer** (je nach Bundesland 8 oder 9 %) erhoben. Bemessungsgrundlage ist die Einkommensteuer, die unter Berücksichtigung von Kinderfreibeträgen und Betreuungsfreibeträgen festzusetzen wäre.

Beispiel:

Ehegatten, zusammen veranlagt, 2 Kinderfreibeträge, Einkommen 39 600 EUR; während des Jahres wurde Kindergeld gezahlt. Besteuerung nach der Splittingtabelle.

```
  Einkommen                       39 600
    ESt vor Kinderfreibeträgen                             6 346,00   ❶
– 2 K. u. B. freibeträge         – 11 616
= zu versteuerndes Einkommen    = 27 984
    ESt nach Kinderfreibeträgen    3 184,00;  davon 5,5 % SolZ   175,12  ❷
                                               und 9 % Kirchensteuer   286,56  ❸
  Kindergeld                       3 696
  gesamte Steuerschuld ❶ + ❷ + ❸                          6 807,68
```

Der Solidaritätszuschlag wird aber nur erhoben, wenn die Einkommensteuer 972 EUR (bei zusammen veranlagten Ehegatten 1 944 EUR) übersteigt. Um einen „Fallbeileffekt" zu vermeiden, wird bei höheren Einkommensteuerbeträgen der Solidaritätszuschlag nur insoweit erhoben, als er 20 % des Unterschiedsbetrags nicht übersteigt.

---

[1] Vgl. S. 526

Beispiel: Begrenzung des Solidaritätszuschlags

Die Einkommensteuer beträgt	1 000,00 EUR
Der Unterschiedsbetrag ist	1 000,00 EUR – 972,00 EUR = 28,00 EUR
Der Solidaritätszuschlag betägt	20 % von 28,00 EUR = 5,60 EUR

Arbeitsaufgaben

1. **Fortsetzung von Arbeitsaufgabe 1 (Seite 512)**
   Das Ehepaar Schweindrich hat im Steuerjahr gezahlt: Kirchensteuer 4 696,00 EUR, Steuerberatungskosten 4 000,00 EUR, private Krankenversicherung 8 900,00 EUR, Lebensversicherung 3 990,00, Haftpflichtversicherung 307,00 EUR, Unfallversicherung 317,00 EUR, Unterhaltsleistungen an den geschiedenen Ehegatten des Herrn Schweindrich 33 230,00 EUR, Schulgeld (Internat) 7 700,00 EUR, Mitgliedsbeiträge und Spenden an politische Parteien 2 050,00 EUR, Krankheitskosten (nicht von der Krankenkasse erstattet) 6 140,00 EUR.
   Das Ehepaar Schweindrich hat eine 17-jährige Tochter. Zahlung von Kindergeld wurde nicht beantragt.
   a) Ermitteln Sie das zu versteuernde Einkommen.
   b) Ermitteln Sie die Einkommen- und Kirchensteuerschuld (9 %) sowie den Solidaritätszuschlag. (Suchen Sie die notwendige Steuertabelle im Internet.)

2. **Fortsetzung von Arbeitsaufgabe 2 (Seite 512)**
   Frau Meuser hat im Steuerjahr gezahlt: Kirchensteuer 500,00 EUR, Steuerberatungskosten 307,00 EUR, Sozialversicherungsbeiträge 5 545,75 EUR, Haftpflichtversicherungen 291,00 EUR, Unfall- und Berufsunfähigkeitsversicherung 368,00 EUR, Spenden an die Deutsche Krebshilfe 120,00 EUR, nicht erstattete Kurkosten 870,00 EUR.
   a) Ermitteln Sie das zu versteuernde Einkommen.
   b) Ermitteln Sie die Einkommen- und Kirchensteuerschuld (9 %) sowie den Solidaritätszuschlag. (Suchen Sie die notwendige Steuertabelle im Internet.)

3. Herr Fegers, Gesellschafter einer Familien-OHG, schildert Ihnen folgende Situation: Sein zu versteuerndes Einkommen betrug im vorletzten Jahr 40 392,00 EUR, im letzten Jahr 40 903,00 EUR. Für das vorletzte Jahr musste er 10 318,00 EUR Einkommensteuer zahlen, für das letzte Jahr 10 522,00 EUR. Dies bedeutet 204,00 EUR Steuern für 511,00 EUR zusätzliches Einkommen. Herr Fegers kommt zu dem Schluss, dass unter diesen Umständen bei einem zu versteuernden Einkommen von 14 023,00 EUR gar keine Einkommensteuer anfallen dürfte. Es wundert ihn sehr, dass sein Sohn, der 13 550,00 EUR zu versteuern hat, trotzdem 1 482,00 EUR Steuern zahlen muss. Sein Bruder jedoch, der etwa das gleiche zu versteuernde Einkommen hat wie er selbst, muss lediglich 6 786,00 EUR Einkommensteuer zahlen.
   a) Berechnen Sie den für Herrn Fegers geltenden Grenzsteuersatz und den Durchschnittssteuersatz.
   b) Herr Fegers ist natürlich nicht so dumm, wie er sich stellt. Er kennt die Zusammenhänge ebenso gut wie Sie. Erläutern Sie den Fehler in seiner Rechnung.
   c) Erläutern Sie die wahrscheinlichen Ursachen für die unterschiedliche Besteuerung von Herrn Fegers und seinem Bruder.
   d) Das Beispiel lässt erkennen, dass die Einkommensteuer soziale Sachverhalte berücksichtigt. Nehmen Sie hierzu Stellung.

1.3.6 Erhebungsverfahren der Einkommensteuer

Als Selbstständiger muss ich vierteljährliche Einkommensteuervorauszahlungen leisten.

Mit so was habe ich als Arbeitnehmer nichts am Hut. Ich bezahle bloß Lohnsteuer.

Weit gefehlt! Auch die Lohnsteuer ist grundsätzlich nichts anderes als eine Vorauszahlung auf die Einkommensteuer. Und sie ist nicht nur alle Vierteljahre fällig, sondern sofort bei jeder Lohn- oder Gehaltszahlung. Auch bei Kapitalerträgen hält der Staat sofort die Hand auf: Bei der Auszahlung von Zinsen muss die Bank sofort eine Kapitalertragsteuer einbehalten.

Allgemein gilt: Zwar wird die Einkommensteuer vom Jahreseinkommen berechnet, aber der Staat verlangt in jedem Fall Vorauszahlung. Der Grund: Er will die Leistungsfähigkeit des Steuerpflichtigen möglichst nahe am Zeitpunkt der Einkommenszahlung erfassen.

Veranlagte Einkommensteuer

Grundsätzlich sind alle Einkünfte eines Jahres dem Finanzamt bis zum 31. Mai des Folgejahres durch eine Einkommensteuererklärung auf Vordruck anzugeben. (**Deklarationsverfahren**[1]). Anhand der Erklärung wird die Steuer ermittelt (**Veranlagungsverfahren**). Für die Zukunft werden Einkommensteuervorauszahlungen für die durch das Deklarationsverfahren erfassten Einkommensteile berechnet. Sie sind vierteljährlich am 10. März, 10. Juni, 10. Sept. und 10. Dez. jedes Jahres zu leisten.

Eine Steuerveranlagung erfolgt nicht, wenn der Steuerpflichtige ausschließlich Einkünfte aus nichtselbstständiger Arbeit und andere Einkünfte von höchstens 410 EUR hat (EStG § 46). Sie erfolgt in diesem Fall trotzdem, wenn

- der Steuerpflichtige nebeneinander von mehreren Arbeitgebern Arbeitslohn bezogen hat,
- Ehegatten beide Arbeitslohn bezogen und einer nach Steuerklasse V oder VI besteuert wurde,
- steuerfreie Lohnersatzleistungen (z. B. Arbeitslosen-, Krankengeld) bezogen wurden,
- Freibeträge in die Lohnsteuerkarte eingetragen wurden.

Kapitalertragsteuer

Einkünfte aus Kapitalvermögen unterliegen der Kapitalertragsteuer, einer besonderen Erhebungsform der Einkommensteuer. Sie ist durch die Zins zahlende Stelle einzubehalten und an das Finanzamt abzuführen. Damit hat sie den Charakter einer „Quellensteuer" (Einbehaltung an der „Quelle").

Steuersätze	
● Gewinnanteile[2] (z. B. Dividenden):	25 %
● Zinsen aus Kapitalforderungen (z. B. Sparkonten, Obligationen)	30 %
● Zinsen aus Tafelgeschäften (Bareinlösung von Zinsscheinen am Bankschalter)	35 %

Die abgeführten Beträge stellen nur Vorauszahlungen auf die Einkommensteuerschuld dar. Sie sind auf der Einkommensteuererklärung anzugeben und werden auf die Einkommensteuerschuld angerechnet, bei Überzahlung zurückgezahlt.

---

[1] (lat.) declarare = klarmachen, erklären, bekanntgeben
[2] Gewinnanteile sind zur Hälfte steuerfrei (sog. Halbeinkünfteverfahren). Dies gilt auch für Gewinne aus dem Verkauf von Aktien und anderen Wertpapieren.

Der Steuerpflichtige kann dem konto- oder depotführenden Kreditinstitut einen Freistellungsauftrag bis zur Höhe von 1 601 EUR (Ehegatten: 3 202 EUR; Sparer-Freibetrag und Werbungskosten-Pauschbetrag) erteilen. Dann werden ihm Kapitalerträge bis zu dieser Höhe ohne Steuerabzug ausgezahlt.

Lohnsteuer

Die Lohnsteuer ist eine besondere Erhebungsart der Einkommensteuer für Einkünfte aus nichtselbstständiger Arbeit. Sie bemisst sich nach dem Jahresarbeitslohn, wird aber als Vorauszahlung bei jeder Lohnzahlung im **Abzugsverfahren** durch den Arbeitgeber einbehalten und abgeführt. Dabei wird die Steuer jeweils mit dem Teilbetrag der Jahreslohnsteuer berechnet, die sich ergibt, wenn man den Arbeitslohn des Zahlungszeitraums auf einen Jahresarbeitslohn umrechnet. Mit der Lohnsteuer sind der Solidaritätszuschlag und die Kirchensteuer einzubehalten. Der Solidaritätszuschlag wird nur erhoben, wenn die Lohnsteuer in Klasse III monatlich 156 EUR, sonst 78 EUR übersteigt.

Lohnsteuerkarte

Der Arbeitnehmer muss dem Arbeitgeber eine Lohnsteuerkarte vorlegen. Sie wird von der Gemeindeverwaltung ausgestellt. Die Karte enthält u. a. Angaben über die persönlichen Verhältnisse des Arbeitnehmers, die die Höhe des Steuerabzugs

Nur bei kurzfristiger und geringfügiger Beschäftigung gemäß EStG § 40e muss keine Lohnsteuerkarte vorgelegt werden.

maßgeblich bestimmen: Steuerklasse und Kinderfreibeträge. Am Jahresende werden die Arbeitsentgelte und Steuerabzüge vom Arbeitgeber auf der Karte bescheinigt. Diese dient dem Arbeitnehmer gegenüber dem Finanzamt bei einer etwaigen Einkommensteuerveranlagung als Einkommens- und Steuernachweis. Für jedes weitere Arbeitsverhältnis ist eine eigene Lohnsteuerkarte auszustellen.

Lohnsteuerklassen nach EStG § 38 b

Steuerklasse I
Arbeitnehmer, die a) ledig sind, b) verheiratet, verwitwet oder geschieden sind und bei denen die Voraussetzungen für die Steuerklasse III oder IV nicht erfüllt sind.

Steuerklasse II
Die unter Steuerklasse I bezeichneten Arbeitnehmer, wenn ihnen der Haushaltsfreibetrag zusteht.

Steuerklasse III
Verheiratete Arbeitnehmer, wenn entweder der Ehegatte keinen Arbeitslohn bezieht oder auf Antrag in die Steuerklasse V eingereiht ist. Voraussetzung:
Beide Ehegatten sind unbeschränkt steuerpflichtig und leben nicht dauernd getrennt.

Steuerklasse IV
Ehegatten, die beide Arbeitslohn beziehen. Voraussetzung wie bei Steuerklasse III.

Steuerklasse V
Arbeitnehmer, deren Ehegatte auf Antrag in Steuerklasse III eingereiht ist. Voraussetzung wie bei Steuerklasse III.

Steuerklasse VI
Arbeitnehmer mit mehr als einem Arbeitsverhältnis, für den Lohnsteuerabzug aus dem zweiten und weiteren Arbeitsverhältnis. (Eintragung auf einer zweiten, ggf. weiteren Lohnsteuerkarten)

Ehegatten – beide Arbeitnehmer – können also die Kombination III-V oder IV-IV wählen. Bei der Wahl von III-V ist eine anschließende Veranlagung zur Einkommensteuer zwingend vorgeschrieben. Die Wahl von III-V ist i. d. R. günstiger, wenn ein Ehegatte erheblich mehr verdient als der andere. Jedoch ist der Einzelfall zu prüfen! Mutterschaftsgeld und Arbeitslosengeld hängen z. B. vom letzten Nettoverdienst ab. Und das ist bei III höher als bei IV.

● Lohnsteuertabelle

Zur Vereinfachung des Lohnsteuerabzugs gibt es Monats-, Wochen- und Tageslohnsteuertabellen. Sie setzen die Steuer mit 1/12, 7/360 und 1/360 der Jahresbeträge an. Die Lohnsteuertabellen sind aus der Einkommensteuertabelle erstellt.

In die Lohnsteuertabelle sind die folgenden Steuer mindernden Beträge bereits eingearbeitet.

	Steuerklasse					EUR
● Grundfreibetrag	I	II		IV		7 235
			III			14 470
● Arbeitnehmer-Pauschbetrag	I	II	III	IV	V	1 044
● Sonderausgaben-Pauschbetrag	I	II		IV		36
			III			72
● Vorsorgepauschale	I	II	III	IV		abhängig vom Bruttolohn
● Kinderfreibetrag je Kind (nur für			III			3 648
Solidaritätszuschlag und	I	II		IV		1 824
Kirchensteuer)						
● Haushaltsfreibetrag		II				2 340

Am Beispiel des folgenden Lohnsteuertabellenauszugs lässt sich die unterschiedliche Besteuerung aufgrund der Zuordnung zu einer Lohnsteuerklasse erkennen.

Beispiel: Monatslohnsteuertabelle (Auszug)

Allgemeine Monatslohnsteuertabelle 2002

Monatsarbeitslohn in EUR bis	Steuerklasse	Lohnsteuer in EUR	Steuerklasse	Bemessungsgrundlage für Solidaritätszuschlag und Kirchensteuer bei ... Kinderfreibeträgen – ohne Gewähr –											
				EUR	0,5	1	1,5	2	2,5	3	3,5	4	4,5	5	5,5	6
1 076,99	V	241,83	I	39,08	0,00	0,00	0,00	0,00	0,00	0,00	0,00	0,00	0,00	0,00	0,00	0,00
	VI	269,50	II	0,00	0,00	0,00	0,00	0,00	0,00	0,00	0,00	0,00	0,00	0,00	0,00	0,00
			III	0,00	0,00	0,00	0,00	0,00	0,00	0,00	0,00	0,00	0,00	0,00	0,00	0,00
			IV	39,08	11,91	0,00	0,00	0,00	0,00	0,00	0,00	0,00	0,00	0,00	0,00	0,00
1 559,99	V	407,66	I	167,08	104,58	46,00	0,00	0,00	0,00	0,00	0,00	0,00	0,00	0,00	0,00	0,00
	VI	440,83	II	116,66	157,25	3,25	0,00	0,00	0,00	0,00	0,00	0,00	0,00	0,00	0,00	0,00
			III	0,00	0,00	0,00	0,00	0,00	0,00	0,00	0,00	0,00	0,00	0,00	0,00	0,00
			IV	167,08	135,00	104,58	75,16	46,00	18,91	0,00	0,00	0,00	0,00	0,00	0,00	0,00
1 847,99	V	521,33	I	248,00	180,75	117,41	58,66	4,50	0,00	0,00	0,00	0,00	0,00	0,00	0,00	0,00
	VI	557,83	II	193,75	129,58	69,41	14,41	0,00	0,00	0,00	0,00	0,00	0,00	0,00	0,00	0,00
			III	37,83	0,00	0,00	0,00	0,00	0,00	0,00	0,00	0,00	0,00	0,00	0,00	0,00
			IV	248,00	213,50	180,75	149,00	117,41	87,58	58,66	30,16	4,50	0,00	0,00	0,00	0,00
2 225,99	V	687,50	I	360,58	287,16	217,66	152,91	91,25	33,58	0,00	0,00	0,00	0,00	0,00	0,00	0,00
	VI	728,33	II	301,33	231,08	164,75	103,08	44,66	0,00	0,00	0,00	0,00	0,00	0,00	0,00	0,00
			III	114,50	59,00	6,50	0,00	0,00	0,00	0,00	0,00	0,00	0,00	0,00	0,00	0,00
			IV	360,58	322,91	287,16	252,33	217,66	184,75	152,91	121,75	91,25	62,25	33,58	7,58	0,00
3 338,99	V	1 225,50	I	747,41	655,91	568,33	485,66	406,00	330,16	259,16	191,25	127,33	68,00	12,58	0,00	0,00
	VI	1 267,66	II	673,66	585,33	500,91	421,41	344,83	272,25	204,41	139,58	78,83	22,83	0,00	0,00	0,00
			III	420,33	353,50	290,16	228,66	167,83	110,33	55,00	2,83	0,00	0,00	0,00	0,00	0,00
			IV	747,41	700,58	655,91	612,16	568,33	526,50	485,66	444,83	406,00	368,08	330,16	294,25	259,16
3 458,99	V	1 283,66	I	794,08	700,58	611,08	526,50	444,83	367,08	294,25	224,33	158,41	97,16	39,08	0,00	0,00
	VI	1 325,91	II	718,75	628,41	542,08	460,66	382,16	307,58	237,83	171,08	108,33	50,25	0,00	0,00	0,00
			III	453,66	385,83	321,50	259,16	197,33	138,83	82,33	27,66	0,00	0,00	0,00	0,00	0,00
			IV	794,08	746,25	700,58	655,91	611,08	568,33	526,50	484,66	444,83	406,00	367,08	330,16	294,25

- **Freibeträge auf der Lohnsteuerkarte**

Auf Antrag des Arbeitnehmers trägt das Finanzamt weitere Freibeträge in die Lohnsteuerkarte ein. Möglich sind z. B. Freibeträge für Behinderte, Hinterbliebene, Wohneigentumsförderung, Verluste aus anderen Einkunftsarten, Baukindergeld sowie erhöhte Werbungskosten, Sonderausgaben und außergewöhnliche Belastungen.

Übrigens: Bei mehr als einem Arbeitsverhältnis können die Freibeträge auf mehrere Lohnsteuerkarten verteilt werden.

Für die Eintragung von Werbungskosten, Sonderausgaben und außergewöhnlichen Belastungen gilt:

- Die Gesamtaufwendungen müssen 600 EUR überschreiten.
- Werbungskosten werden nur mit dem Betrag berücksichtigt, der 1 044 EUR übersteigt.
- Für Vorsorgeaufwendungen ist keine Eintragung möglich. Sie sind bereits durch die Vorsorgepauschale berücksichtigt. Erhöhte Vorsorgeaufwendungen können nur bei einer Veranlagung zur Einkommensteuer geltend gemacht werden.

Für den Fall einer Eintragung von Freibeträgen in die Lohnsteuerkarte ist die Abgabe einer Einkommensteuererklärung und damit die Veranlagung zur Einkommensteuer zwingend vorgeschrieben.

Lohnsteuerjahresausgleich und Antragsveranlagung

Die während des Jahres einbehaltene Lohnsteuer muss nicht der Jahressteuer entsprechen. Dies ist vor allem der Fall, wenn

- die Höhe des Arbeitslohns im Laufe des Jahres schwankte,
- die Steuerklasse im Laufe des Jahres wechselte,
- im Laufe des Jahres Kinderfreibeträge eingetragen wurden.

Jeder Arbeitgeber mit mindestens 10 Arbeitnehmern ist dann am Jahresende verpflichtet einen **Lohnsteuerjahresausgleich** durchzuführen: Er ermittelt den Jahresarbeitslohn und die darauf entfallende Jahreslohnsteuer und zahlt zu viel gezahlte Lohnsteuer zurück.

Soweit der Arbeitgeber den Lohnsteuerjahresausgleich nicht durchgeführt hat, führt das Finanzamt ihn im Rahmen einer Einkommensteuer-Veranlagung durch. Der Arbeitnehmer beantragt sie durch Abgabe einer Einkommensteuererklärung (**Antragsveranlagung**).

Die Antragsveranlagung bewirkt eine Steuerrückzahlung auch dann,

Beachten Sie, dass in gesetzlich festgelegten Fällen auch eine Veranlagungspflicht besteht.[1]

- wenn nicht das ganze Jahr ein Arbeitsverhältnis bestand,
- wenn beide Ehegatten ein Arbeitsverhältnis hatten,
- wenn zusätzliche Freibeträge, Werbungskosten, Sonderausgaben, außergewöhnliche Belastungen geltend gemacht werden können.

---

[1] Vgl. S. 520

Arbeitsaufgaben

1. **Fortsetzung von Arbeitsauftrag 1 (Seite 512)**
   Das Ehepaar Schweindrich hat im Steuerjahr vierteljährlich Steuervorauszahlungen geleistet, davon Einkommensteuer 52 332,00 EUR, Solidaritätszuschlag 2 878,25 EUR, Kirchensteuer 4 696,05 EUR.
   Berechnen Sie den Betrag der Steuernachzahlung/Steuererstattung.

2. Ein Steuerpflichtiger, Lohnsteuerklasse I, hatte im Steuerjahr folgende Einnahmen aus unselbstständiger Tätigkeit (keine weiteren Einnahmen) sowie Lohnsteuerabzüge:

Jan. bis Juni, Aug. bis Okt., Dez. je 3 100 EUR; Summe:	15 850 EUR	Lohnsteuer 10 x 211,97 EUR =	2119,70 EUR
Juli	3 042 EUR	Lohnsteuer	694,54 EUR
Nov.	3 170 EUR	Lohnsteuer	740,35 EUR
	22 062 EUR		3 554,59 EUR

   In der Einkommensteuertabelle findet er bei einem zu versteuernden Einkommen von 22 062,00 EUR einen Einkommensteuerbetrag von 4 226,34 EUR. Er glaubt, nun sei eine saftige Steuernachzahlung fällig. Wo liegt sein Denkfehler?

3. Die Einkommensteuer nimmt Rücksicht auf die finanzielle Belastung der Steuerpflichtigen durch Kinder.
   a) Nennen Sie die im Text dieses Buches erwähnten Steuerentlastungen für Kinder und erläutern Sie die jeweiligen Einkommenswirkungen.
   b) Ihr Finanzamt hält Broschüren zur Information des Steuerzahlers bereit. Besorgen Sie sich Informationen über die Steuervergünstigungen durch Kinder und berichten Sie umfassend darüber.

4. Anhand folgender Daten ist für das Ehepaar Schramm eine Veranlagung zur Einkommensteuer durchzuführen:

   - **Ehemann:** Karl Schramm, geb. 7. April 1959, Berger Str. 7, Bergheim, Steuerklasse III/3 (d. h. 3 Kinderfreibeträge), verheiratet seit dem 2. Februar 1982.
     Bruttogehälter: 10 Monate je 2 225 EUR, 1 Monat 3 337 EUR, 1 Monat 3 456 EUR

einbehaltene Sozialversicherungsbeiträge	6 415 EUR
Werbungskosten:	
Fahrtkosten (eigener PKW), 20 km an 225 Tagen;	
Fortbildungslehrgang: Kursgebühr 235 EUR, Fahrtkosten 55 EUR,	
Verpflegungsmehraufwand (Pauschale):	
3 Tage à 24 EUR, 2 Tage à 12 EUR	386 EUR
Fachliteratur	70 EUR
Reisekosten für Dienstreise	56 EUR
Kontoführungsgebühr (Gehaltskonto) pauschal	15 EUR
Zinserträge	2 242 EUR

   - **Ehefrau:** Elfriede Schramm, geb. 8. Oktober 1962, Sekretärin, halbtags beschäftigt, Steuerklasse V
     Bruttogehälter: 10 Monate je 1 074 EUR, 1 Monat 1 585 EUR, 1 Monat 1 841 EUR

einbehaltene Sozialversicherungsbeiträge	3 116 EUR
Werbungskosten:	
Fahrtkosten (Bus); 11 Monatskarten à 36 EUR	396 EUR
Kontoführungsgebühr (Gehaltskonto) pauschal	15 EUR
Zinserträge	562 EUR

     Weiterhin werden in die Steuererklärung eingesetzt:

KFZ-Haftpflichtversicherung	223 EUR
Familienhaftpflichtversicherung	51 EUR
verbundene Lebensversicherung	307 EUR
Spende an das Rote Kreuz	26 EUR
Beiträge an politische Parteien	49 EUR
nicht erstattete Krankheitskosten (Zahnersatz, Brillen)	2 015 EUR
Unterstützung der Mutter des Ehemanns	614 EUR

a) Erstellen Sie beispielhaft jeweils eine einzelne Lohnabrechnung für Herrn und Frau Schramm. Gehen Sie hinsichtlich der Krankenversicherung von den Beitragssätzen Ihrer eigenen Kasse aus. (Denken Sie ggf. an die Beitragsbemessungsgrenze. Steuertabelle siehe S. 522)
b) Ermitteln Sie die Jahresbruttogehälter und die einbehaltenen Steuern.
c) Erkundigen Sie sich beim Finanzamt, welche Unterlagen Sie für die Steuererklärung benötigen, und beschaffen Sie die Formulare.
d) Füllen Sie die Formulare für die Steuererklärung aus.
e) Ermitteln Sie das zu versteuernde Einkommen, die Einkommen- und Kirchensteuer und den Solidaritätszuschlag. (Suchen Sie die notwendige Steuertabelle im Internet.)
f) Ermitteln Sie die Beträge der Steuernachzahlung/Steuererstattung für jede Steuerart und insgesamt.

5. **Ein Aktionär erhält eine Nettodividende nach Abzug von 25 % Kapitalertragsteuer von 1 080,00 EUR**
a) Ermitteln Sie den zu versteuernden Gesamtertrag.
b) Errechnen Sie die Steuernachzahlung bei einem persönlichen Steuersatz von 40 %.

1.4 Körperschaftsteuer

Die Körperschaftsteuer ist die Einkommensteuer juristischer Personen. Ihre Gewinne werden pauschal mit einem Steuersatz von 25 % versteuert.

1.5 Umsatzsteuer

Die Umsatzsteuer besteuert den von Unternehmen erzielten Umsatz an Waren und Dienstleistungen sowie die unentgeldlichen Wertabgaben (u. a. den Eigenverbrauch) des Unternehmens und die Wareneinfuhr (Einfuhrumsatzsteuer). Steuerfrei sind vor allem die Ausfuhr und Umsätze der Banken, der Post, der Ärzte und Krankenanstalten und der Sozialversicherung. Der volle Steuersatz beträgt 16 %, der ermäßigte Steuersatz (z. B. für Lebensmittel und Bücher) 7 %.

Der Unternehmer ist gegenüber dem Finanzamt steuerpflichtig. Da er aber die Steuer auf seinen Nettopreis aufschlägt, überwälzt er sie nach dem Willen des Gesetzgebers auf den Käufer.

Die Umsatzsteuer ist also eine indirekte Steuer.

Die heutige Umsatzsteuer ist technisch eine **Mehrwertsteuer:** Sie besteuert die **Wertschöpfung (Mehrwert),** die ein Gut auf der jeweiligen Produktions- oder Handelsstufe erfährt. Technisch wird dies dadurch ermöglicht, dass jeder Verkäufer seinem Kunden die Mehrwertsteuer auf den Gesamtpreis seiner Leistung berechnet, aber von der vereinnahmten Steuersumme die von ihm selbst bei Einkäufen gezahlte Umsatzsteuer (die so genannte **Vorsteuer**) abziehen kann. Der Rest (**Zahllast**) ist mit einer Umsatzsteuervoranmeldung für den laufenden Monat bis zum 10. des folgenden Monats an das Finanzamt abzuführen. Ein Vorsteuerüberhang über 512,00 EUR wird auf Antrag vom Finanzamt erstattet, ein Betrag unter 512,00 EUR wird mit dem Folgemonat verrechnet.

Beispiel:

	Verkaufs-preis	16% USt. vom Verkaufspreis	minus Vorsteuer	= Zahllast
Hersteller	1 000,00	160,00	–	160,00
Großhändler	1 500,00	240,00	160,00	80,00
Einzelhändler	2 000,00	320,00	240,00	80,00
Verbraucher		↓	↓	320,00 ↓
		Verbindlichkeiten	**Forderungen**	**Finanzamt**
		gegenüber dem Finanzamt		

Der Unternehmer muss für jedes Kalenderjahr dem Finanzamt eine Umsatzsteuererkärung einreichen.

1.6 Gewerbesteuer

Die Gewerbesteuer ist eine **Gemeindesteuer. Jeder Gewerbebetrieb wird unabhängig von seiner Rechtsform zur Gewerbesteuer herangezogen. Steuergegenstand ist der Gewerbeertrag.**

Die Gewerbesteuer ist gedacht als Gegenleistung des Betriebs für die Mehraufwendungen, die einer Gemeinde durch den Gewerbebetrieb entstehen (z. B. Abwasserbeseitigung). Deshalb wird das tatsächlich erzielte Ergebnis in einen Gewerbeertrag umgerechnet, den ein „Standardbetrieb" mit eigenem Kapital und eigenen Maschinen, aber in fremden Räumen erzielen würde.

Berechnung der Gewerbesteuer (stark vereinfacht)

Gewinn aus dem Gewerbebetrieb laut Steuerbilanz	
+ Hinzurechnungen (z. B. Zinsen für Dauerschulden; Renten; die halbe Miete für die Benutzung fremder Anlagegüter)	
– Kürzungen (z. B. 1,2 % des Einheitswertes des zum Betriebsvermögen gehörenden Grundbesitzes)	
= **Gewerbeertrag** z. B.	86 000,00 EUR
– Freibetrag	24 500,00 EUR
= **Verbleibender Betrag**	61 500,00 EUR
davon 5 % (Steuermesszahl) – 1 200 EUR =	1 875,00 EUR **(Steuermessbetrag)**
Steuermessbetrag x Hebesatz (z. B. 400 %) = Gewerbsteuer = 7 500,00 EUR	

Der Hebesatz wird vom Gemeinderat festgesetzt und ist deshalb von Gemeinde zu Gemeinde unterschiedlich. Er gibt an, wie viel Prozent des Steuermessbetrages die Gewerbesteuer beträgt. Unternehmen mit an sich gleicher Ertragskraft werden aufgrund unterschiedlicher Hebesätze ungleich belastet. Dies kann zu Wettbewerbsnachteilen bzw. -vorteilen führen.

Arbeitsaufgaben

1. Ein Waldbesitzer verkauft für 500,00 EUR + 16 % MwSt Holz an ein Sägewerk. Dieses verkauft die hergestellten Bretter für 1 000,00 EUR + 16 % MwSt an eine Möbelfabrik. Diese wiederum verkauft daraus hergestellte Möbel für 1 500,00 EUR + 16 % MwSt.
   a) Übertragen Sie das folgende Schema auf ein gesondertes Blatt und zeichnen Sie die Wirkungsweise der Mehrwertsteuer ein.

1. Stufe	?	→	Mehrwert EUR	?	→	Finanzamt	EUR	?
2. Stufe	?	→	Mehrwert EUR	?	→	Finanzamt	EUR	?
3. Stufe	?	→	Mehrwert EUR	?	→	Finanzamt	EUR	?
						Summe	EUR	?

   b) Erläutern Sie an diesem Beispiel, dass die Mehrwertsteuer für den Gewerbebetrieb eine Durchlaufsteuer ist, die ihn nicht belasten soll, dass aber der Endverbraucher die gesamte Steuerlast trägt.
   c) Eine Erhöhung der Mehrwertsteuer wird in der öffentlichen Diskussion stets als sozial ungerecht dargestellt. Begründen Sie diese Auffassung.

2. Die Wirtschaftsverbände haben in der Vergangenheit immer wieder darauf hingewiesen, die Gewerbesteuer stelle für die Unternehmen eine unangemessene Belastung dar. Außerdem könne die Gewerbesteuer künstliche Wettbewerbsverzerrungen bewirken.
   Begründen Sie die beiden genannten Kritikpunkte.

2 Versicherungen

2.1 Risiken

> Die Lebensmittelgroßhandlung König wird in der letzten Zeit von einer Pechsträhne verfolgt:
> - Ein firmeneigener Lkw hatte einen Unfall, bei dem eine Ladung von 20 t Obst in Gläsern vernichtet wurde.
> - Ein Kunde, auf dessen Konto noch 12 000,00 EUR offenstanden, beantragte das Insolvenzverfahren. Die Forderung ist wahrscheinlich uneinbringlich.
> - Vor vier Monaten wurde ein großer Posten Dosengemüse gekauft. Aufgrund einer Anzeige stellte sich bei Untersuchungen durch die Gesundheitsbehörden heraus, dass die Konserven salmonellenverseucht waren. Die Ursache konnte nicht ermittelt werden. Der gesamte Posten musste vernichtet werden.
> - Ein neuer Artikel wurde in das Sortiment aufgenommen. Um den Absatz anzukurbeln, beteiligt sich die Firma König mit 8 000,00 EUR an einer Werbekampagne. Der Hersteller musste das Insolvenzverfahren anmelden. Die Werbekosten waren verloren.
> - Über die Feiertage fiel aufgrund eines Defekts die Kühlanlage aus. Dadurch wurden gelagerte Fleischvorräte unverkäuflich.
> - Letzte Woche wurde im Lager eingebrochen. Es wurden teure Delikatessen entwendet.
> - Der Umsatz bei exotischen Obst- und Gemüsesorten ist aufgrund der schlechten Konjunkturlage stark zurückgegangen. Die Kunden weichen auf einheimische Obst- und Gemüsesorten aus. Diese bringen aber nicht so viel Gewinn.

Wie die Beispiele zeigen, unterliegt der Betrieb zahlreichen Risiken.

Ein *Risiko* ist die Gefahr, durch ein möglicherweise eintretendes Ereignis Schaden zu erleiden.

Allgemeine Risiken berühren jeden Betrieb, unabhängig von seiner Branchenzugehörigkeit: z. B. die Gefahr Schäden durch Brand, Sturm, Wasserrohrbruch, Diebstahl oder Einbruch zu erleiden.

Branchentypische Risiken berühren vor allem die Betriebe, die eine gleiche Gattung von Leistungen erstellen: Warenrisiken bei Handelsbetrieben, Produktionsrisiken bei Fertigungsbetrieben, Transportrisiken bei Verkehrsbetrieben u. a. m.

Nicht nur der Betrieb, sondern jeder Mensch ist ständig Risiken ausgesetzt: Unfall-, Krankheits-, Vermögensrisiken. Der Staat hat in seiner Sozialgesetzgebung vor allem die typischen **Arbeitnehmerrisiken** berücksichtigt: Risiken durch die Folgen von Arbeitslosigkeit und Arbeitsunfähigkeit durch Krankheit, Arbeitsunfall, Alter.

Hier liegt das Aufgabengebiet der Sozialversicherung.

2.2 Risikoabdeckung

Versicherbare Risiken werden zweckmäßigerweise durch den Abschluss entsprechender Versicherungen abgedeckt. Diese sollen bei Schadenseintritt durch Versicherungsleistungen den Schaden vergüten oder mildern.

Unter *Versicherung* versteht man die gegenseitige Deckung eines zufälligen, schätzbaren Bedarfs gleichartig bedrohter Wirtschaftseinheiten.

Für den Versicherungsvorgang gilt das **Prinzip der Zufälligkeit und Schätzbarkeit**, wobei das „Gesetz der großen Zahl" angesprochen wird. Es ist das eigentliche Grundgesetz der Versicherung und bedeutet, dass nicht feststehen darf, ob und in welchem Umfang das zu versichernde Ereignis (z. B. Tod, Unfall) eintritt. Andererseits muss aber geschätzt werden können, wie oft und in welchem Umfang der Versicherungsfall in einem bestimmten Zeitraum auftreten kann.

Nicht versicherbar ist deshalb z. B. das Unternehmerrisiko. Es besteht darin, aufgrund nicht beeinflussbarer wirtschaftlicher Ereignisse, z. B. aufgrund der Konjunkturlage, Verluste zu erleiden.

2.3 Versicherungsarten (Überblick)

Die Zahl der Versicherungsarten ist sehr groß. Folgende Übersicht kann nur die wichtigsten davon angeben.

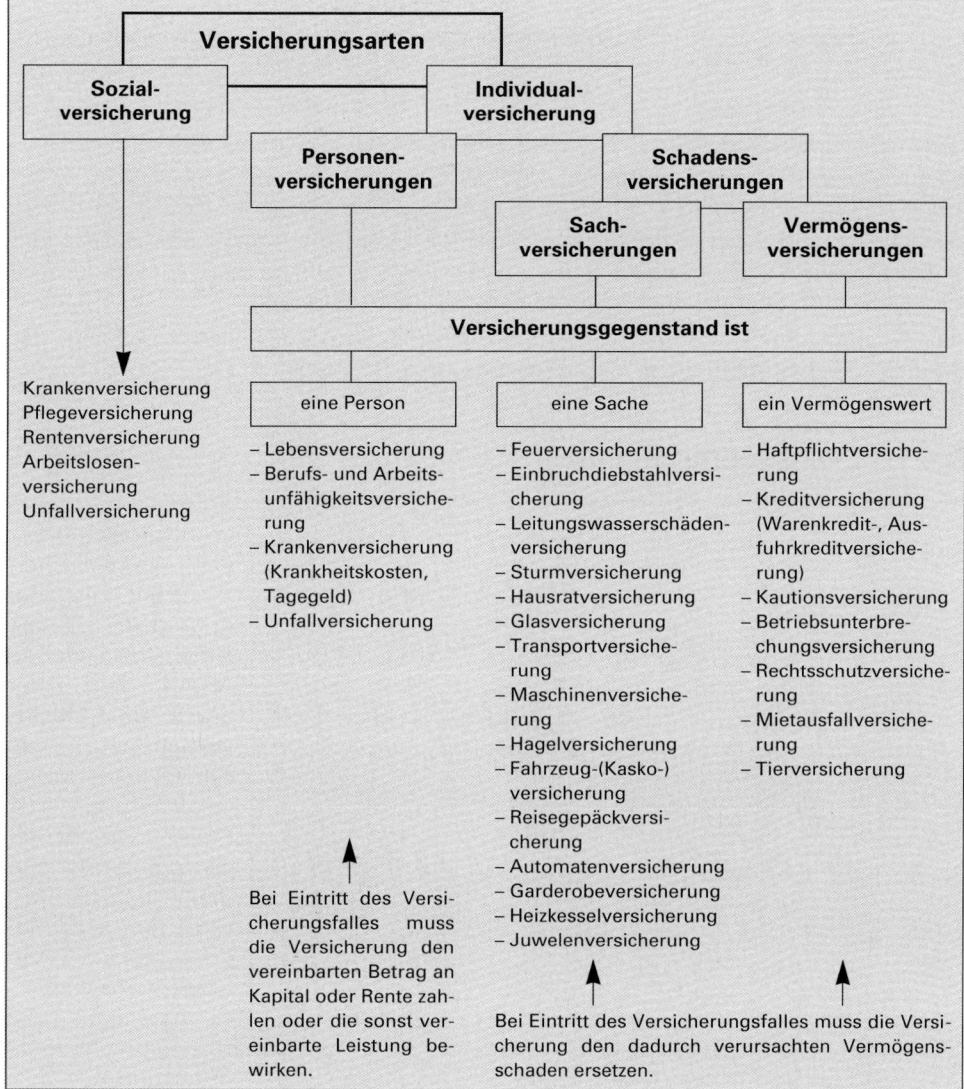

Man unterscheidet zwischen Sozialversicherung und Individualversicherung.

- Die **Sozialversicherung** ist eine gesetzliche Pflichtversicherung in Form von Kranken-, Renten-, Arbeitslosen-, Pflege- und Unfallversicherung. Grundsätzlich sind Arbeitnehmer versichert, bei einzelnen Versicherungen aber auch andere Bevölkerungskreise.

- Alle anderen Versicherungen sind **Individualversicherungen**. Sie kommen durch den freiwilligen Abschluss eines **Versicherungsvertrages** zustande. Vertragspartner sind Versicherer und Versicherungsnehmer. Oft, aber nicht immer, ist der Versicherungsnehmer zugleich der Versicherte. Dem Versicherten steht die Versicherungsleistung zu. Über den Inhalt des Versicherungsvertrags wird eine Urkunde, die **Versicherungspolice,** ausgestellt.

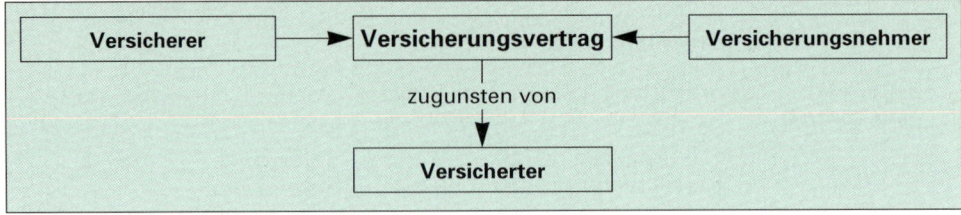

Versicherer sind meist Aktiengesellschaften und Versicherungsvereine auf Gegenseitigkeit (VVaG). Bei der VVaG sind die Versicherten zugleich Mitglieder und haben eine ähnliche Stellung wie die Genossen einer Genossenschaft.

Alle privaten Versicherungsunternehmen unterliegen der staatlichen **Aufsicht des Bundesaufsichtsamts für das Versicherungswesen** in Berlin.

2.4 Sozialversicherung

Arbeitnehmer sind **grundsätzlich** vor den Folgen von Krankheit, Pflegebedürftigkeit, Unfall, Arbeitslosigkeit und Armut im Alter durch eine **Pflichtversicherung** geschützt: die Sozialversicherung. Der Staat verpflichtet sie, sich an der Gemeinschaft der Versicherten auf Gegenseitigkeit (**Solidargemeinschaft**) zu beteiligen. Die Zwangsversicherung ist erforderlich, weil viele Menschen sich freiwillig nicht versichern und im Notfall der Gemeinschaft zur Last fallen würden. In bestimmten Umfang ist die Sozialversicherung weiteren Personenkreisen geöffnet.

2.4.1 Zweige und Träger der Sozialversicherung

Die gesetzliche Grundlage der Sozialversicherung ist das **Sozialgesetzbuch (SGB)**. Davon sind folgende Teile fertiggestellt: SGB I (Allgemeiner Teil), SGB III (Arbeitsförderung), SGB IV (Gemeinsame Vorschriften für die Sozialversicherung), SGB V (Krankenversicherung), SGB VI (Rentenversicherung), SGB VII (Unfallversicherung), SGB X (Verwaltungsverfahren), SGB XI (Pflegeversicherung).

Diese Einteilung nennt bereits die fünf Zweige der Sozialversicherung: Kranken-, Pflege-, Unfall-, Renten-, Arbeitslosenversicherung. Die Versicherungsträger sind selbstständige Rechtspersönlichkeiten (Körperschaften und Anstalten des öffentlichen Rechts).

Die Versicherungsträger haben das Recht der Selbstverwaltung: In der Kranken-, Pflege-, Renten- und Unfallversicherung wählen Arbeitgeber und Arbeitnehmer für eine Amtszeit von sechs Jahren je die Hälfte der Mitglieder einer Vertreterversammlung. Diese beschließt als „Parlament" des Versicherungsträgers die Satzung, verabschiedet den Haushalt und bestellt den Vorstand. Dem Vorstand obliegen die Geschäftsführung und Vertretung der Versicherung. Bei der Bundesanstalt für Arbeit werden die Organe der Selbstverwaltung nicht gewählt, sondern aufgrund von Vorschlagslisten der Gewerkschaften, der Arbeitgeber und der öffentlichen Körperschaften berufen.

2.4.2 Grundlegende Merkmale

Private Versicherungen (Individualversicherungen) arbeiten nach dem Individualprinzip, die Sozialversicherung arbeitet nach dem **Solidaritätsprinzip**.

> **Beispiel:** Krankenversicherung
>
> Bei der privaten Krankenversicherung werden die Arten der Versicherungsleistungen und die Höhe der Kostenerstattung vereinbart (z. B. 20 %, 40 %, 100 %). Diese Sachverhalte, das Alter des Versicherten und ggf. Selbstbeteiligungen bestimmen die Prämienhöhe. Erhöhte Risiken (z. B. bei Versicherungsabschluss bestehende chronische Erkrankungen) werden von der Versicherung ausgeschlossen oder führen zu Prämienzuschlägen. Jedes Familienmitglied wird gesondert versichert.
>
> Bei der gesetzlichen Krankenversicherung sind die Versicherungsleistungen gesetzlich festgelegt. Die Beitragshöhe richtet sich bei den pflichtversicherten Arbeitnehmern nach dem Bruttolohn, unabhängig vom persönlichen Risiko. Nicht erwerbstätige Ehegatten und Kinder sind kostenlos mitversichert.

Die Unfallversicherungsbeiträge für Beschäftigte trägt allein der Arbeitgeber, die Beiträge bei den vier anderen Versicherungen tragen Arbeitgeber und Arbeitnehmer jeweils zur Hälfte. Die Beitragshöhe ist bei diesen vier Versicherungen durch sog. **Beitragsbemessungsgrenzen** nach oben begrenzt. Sie liegen z. B. 2002 für Renten- und Arbeitslosenversicherung bei 4 500,00 EUR, bei Kranken- und Pflegeversicherung bei 3 375,00 EUR monatlichem Bruttolohn. Übersteigende Einkommensteile bleiben beitragsfrei.

Die Beitragsbemessungsgrenze von Kranken- und Pflegeversicherung beträgt immer 75 % der Rentenversicherung.

Beiträge 2002 (vom Bruttolohn)	
Rentenversicherung	19,1 %
Arbeitslosenversicherung	6,5 %
Pflegeversicherung	1,7 %
Krankenversicherung etwa	13–14 %
(unterschiedlich je nach Kasse)	

Eine **geringfügige Beschäftigung** (nicht als Zweitjob!) unter 15 Wochenstunden bei max. 325,00 EUR Monatsentgelt ist für den Arbeitnehmer versicherungsfrei. Der Arbeitgeber zahlt pauschal 12 % Renten- und 10 % Krankenversicherungsbeitrag. Für den Arbeitnehmer entsteht aber kein Leistungsanspruch an die Krankenversicherung.

Jeder Beschäftigte erhält von seinem Rentenversicherungsträger einen **Sozialversicherungsausweis** und ein **Versicherungsnachweisheft**. Beide muss er dem Arbeitgeber vorlegen. Der Arbeitgeber meldet den Beschäftigten bei dessen Krankenkasse an und führt monatlich die gesamten Sozialversicherungsbeiträge an sie ab. Die Krankenkasse ist also auch Einzugsstelle für Renten- und Arbeitslosenversicherung.

2.4.3 Unfallversicherung

Unfallversicherung
Aufgaben
• **Verhütung von Arbeitsunfällen** (Zu diesem Zweck geben die Berufsgenossenschaften Unfallverhütungsvorschriften heraus und betreiben Unfallforschung. Die Unfallverhütungsvorschriften sind im Betrieb an geeigneter Stelle auszuhängen.)
• **Wiederherstellung der Erwerbsfähigkeit** nach einem versicherten Unfall
• **Ausgleich des Schadens** durch Körperverletzung oder Tötung durch einen versicherten Unfall
Versicherte
Pflichtversicherte:
• aufgrund eines Arbeits-, Dienst- oder Ausbildungsverhältnisses Beschäftigte
• Heimarbeiter, Hausgewerbetreibende, Unternehmer in Landwirtschaft, Schifffahrt, Fischerei
• Kinder in Kindergärten, Schüler, Studenten
• arbeitende Gefangene
• Nothelfer (z. B. Lebensretter, Unfallhelfer, Blutspender und im Gesundheits-, Veterinär- und Wohlfahrtswesen Tätige)
Freiwillig Versicherte:
Unternehmer und ihre im Betrieb tätigen Ehegatten
Finanzierung
durch Beiträge der Arbeitgeber für ihre Arbeitnehmer, weiterhin durch Beiträge des Bundes und der Länder.
Die Höhe der Beiträge richtet sich nach
• der Gefahrenklasse, in die jeder Arbeitnehmer eingestuft wird,
• der Lohnsumme, die der Arbeitgeber zahlt.
Pflichten der Arbeitnehmer
Beachtung der Unfallverhütungsvorschriften (z. B. Tragen von Schutzhelmen, Schutzbrillen, Sicherheitsschuhen, Sichern von Geräten, Leitern, Beachtung von Warnzeichen u. a. m.).

Pflichten der Arbeitgeber
- Meldung der Zu- und Abgänge von Arbeitnehmern an die Berufsgenossenschaft
- Abführung der Beiträge an die Berufsgenossenschaft
- Meldung von Arbeitsunfällen an die Berufsgenossenschaft binnen drei Tagen
- Unternehmen mit mehr als 20 Beschäftigten: Bestellung eines Sicherheitsbeauftragten. Dieser soll den Unternehmer bei der Durchführung des Unfallschutzes unterstützen und sich laufend von der ordnungsgemäßen Benutzung der vorgegebenen Schutzvorrichtungen überzeugen.

Leistungsvoraussetzungen
Vorliegen eines/einer
- **Arbeitsunfalls** (Unfall während der Arbeit)
- **Wegeunfalls** (Unfall auf dem grundsätzlich kürzesten Weg zur Arbeit und von der Arbeit)
- **Berufskrankheit** (Erkrankung bei bestimmten gesundheitsschädlichen Tätigkeiten; (z. B. Staublunge bei Bergleuten)

Freizeitunfälle können nur durch eine private Unfallversicherung abgedeckt werden.

> So entschied das Bundessozialgericht: Versichert sind z. B.: der Weg zu Kantine oder Restaurant bis zur Tür (nicht das Essen selbst!), der Weg zur Bank zwecks Gehaltsabhebung, das Tapezieren eines auf Anweisung des Arbeitgebers in der Privatwohnung unterhaltenen Büroraums.

Leistungen
- **Unfallverhütung** durch Erstellung von Unfallverhütungsvorschriften, Unfallforschung und Aufklärung
- **Heilbehandlung** nach Arbeitsunfällen und bei Berufskrankheiten
- **Verletztengeld** (bei Arbeitsunfähigkeit oder Maßnahmen der Heilbehandlung)
- **Umschulung** auf einen anderen Beruf nach Arbeitsunfällen und bei Berufskrankheiten (Rehabilitation). Zweck: Vermeidung langjähriger Rentenzahlungen.
- **Rentenzahlung:**
  - *Vollrente* bei vollständiger Erwerbsunfähigkeit,
  - *Teilrente* bei mindestens 20 % Erwerbsunfähigkeit,
  - *Hinterbliebenenrente*

2.4.4 Rentenversicherung

Rentenversicherung

Aufgaben
Finanzielle Absicherung gegen die Folgen von Erwerbsminderung, Alter und Tod

Versicherte
Pflichtversicherte:
- Angestellte, Arbeiter, Auszubildende
- Wehr- und Ersatzdienstleistende
- selbstständige Handwerker und Landwirte; andere Selbstständige unter bestimmten Voraussetzungen
- Behinderte

Freiwillig Versicherte:
Ehemals Versicherungpflichtige nach Wegfall der Versicherungspflicht (z. B. Hausfauen/Hausmänner nach Aufgabe der Berufstätigkeit; Arbeitnehmer, die sich selbstständig machen) Angestellte (einschließlich kaufmännische Auszubildende) sind bei der Bundesversicherungsanstalt für Angestellte in Berlin versichert, Arbeiter (einschließlich gewerbliche Auszubildende) bei der jeweiligen Landesversicherungsanstalt.

Finanzierung
- durch Beiträge von Arbeitgebern und Versicherten[1] sowie der Bundesanstalt für Arbeit (für Arbeitslose)

> *Merke: Bei privaten Rentenversicherungen sparen die Versicherten ihre spätere Rente gemeinsam an. Bei gesetzlichen Rentenversicherungen dagegen gilt der sog.* **Generationenvertrag***: Die erwerbstätige Generation bezahlt mit ihren laufenden Beiträgen die laufenden Rentenzahlungen!*

---
[1] Vgl. S. 532

● durch Zuschüsse des Bundes. Der Bund ist zur Zahlung von Zuschüssen (aus Steuermitteln) verpflichtet, wenn die Beitragseinnahmen nicht ausreichen.

Pflichten der Arbeitnehmer

Versicherungsnachweisheft und Sozialversicherungausweis besorgen und dem Arbeitgeber vorlegen.

Pflichten der Arbeitgeber

- Meldung von Zu- und Abgängen an die Krankenkasse
- Berechnung der Beiträge, Abführung an die Krankenkasse
- Erstellung der Versicherungsnachweise

Leistungen	Leistungsvoraussetzungen
● **Altersrente**	
– Regelaltersrente	(1) Vollendung des 65. Lebensjahres (2) Erfüllung einer Versicherungszeit von 5 Jahren (allgemeine Wartezeit)
– Altersrente für langjährig Versicherte	(1) Vollendung des 63. Lebensjahres (Diese Altersgrenze wird für Versicherte mit Geburtsdatum nach dem 31. Dez. 1936 stufenweise bis auf 65 Jahre angehoben. Vorzeitige Rente ist mit einem Abschlag von 0,3 % pro Monat möglich.) (2) Erfüllung einer Wartezeit von 35 Jahren
– Altersrente für Schwerbehinderte, Berufsunfähige, Erwerbsunfähige	(1) Vollendung des 60. Lebensjahres (2) Erfüllung der Wartezeit von 35 Jahren
– Altersrente wegen Erwerbslosigkeit oder nach Altersteilzeitarbeit[1]	(1) Vollendung des 60. Lebensjahres (Diese Altersgrenze wird für Versicherte mit Geburtsdatum nach dem 31. Dez. 1936 stufenweise bis auf 65 Jahre angehoben. Vorzeitige Rente ist mit einem Abschlag von 0,3 % pro Monat möglich.) (2) Arbeitslosigkeit bei Rentenbeginn und 52 Wochen in den letzten anderthalb Jahren davor; oder: Ausübung von 24 Monaten Altersteilzeitarbeit (3) Entrichtung von Pflichtbeiträgen während 8 Jahren in den letzten 10 Jahren vor Rentenbeginn (4) Erfüllung einer Wartezeit von 15 Jahren
● **Rehabilitationsmaßnahmen** Dies sind medizinische, berufsfördernde und ergänzende Leistungen mit dem Ziel, ein Ausscheiden von Kranken und Behinderten aus dem Berufsleben zu verhindern oder sie dauerhaft wiedereinzugliedern.	Erfüllung einer Wartezeit von 15 Jahren oder Bezug einer Rente; alternativ dazu eine Reihe weiterer Kriterien gemäß SGB VI § 11.

Übrigens: Eine Verlängerung der Lebensarbeitszeit über das 65. Lebensjahr hinaus ist möglich. Für jedes zusätzliche Jahr steigt die Altersrente um 6 %!

Außerdem werden Renten wegen teilweiser Erwerbsminderung, Erwerbsunfähigkeit und wegen Todes (z. B. Witwen-, Witwer-, Waisenrente) gezahlt.

Renten wegen Alters können auch als **Teilrente** in Anspruch genommen werden (ein Drittel, die Hälfte oder zwei Drittel der erreichten Vollrente). Dies eröffnet die Möglichkeit auf Teilzeitarbeit überzugehen und so einen gleitenden Übergang in den Ruhestand einzuleiten. Vor Vollendung des 65. Lebensjahres darf das Entgelt für die Teilzeitarbeit dabei höchstens 762,87 EUR (572,16 EUR, 381,44 EUR) betragen.

Bestehende Renten werden jährlich zum 1. Juli durch Bundesgesetz der allgemeinen Einkommensentwicklung angepasst (sog. **Rentendynamisierung**).

---

[1] Vgl. S. 539

Die zunehmende Überalterung der Gesellschaft führt für die gesetzliche Rentenversicherung zu großen Finanzierungsproblemen. Eine Absenkung des Rentenniveaus erscheint in Zukunft unvermeidbar. Das Rentenreformgesetz von 2001 fördert deshalb durch Steuererleichterungen (Abzugsfähigkeit von Vorsorgeaufwendungen[1]) und staatliche Zulagen die **private Altersvorsorge**.

Die staatlich geförderte Rente ist als „Riester-Rente" bekannt geworden. W. Riester war der für die Reform zuständige Arbeitsminister.

Geförderte Anlageformen: Staatlich zertifizierte Anlagen, die zu lebenslangen Rentenzahlungen führen; v. a. private Rentenversicherungen und betriebliche Altersvorsorge in Form von Pensionskassen, Pensionsfonds, Direktversicherungen (vom Arbeitgeber zugunsten des Arbeitnehmers abgeschlossen)

Jahr	erforderliche Einzahlung	Grundzulage	Zulage pro Kind
2002/3	1 % vom Bruttolohn	38 EUR	46 EUR
2004/5	2 %	76 EUR	92 EUR
2006/7	3 %	114 EUR	138 EUR
ab 2008	4 %	154 EUR	185 EUR

Förderungsberechtigte: Personen, die Pflichtbeiträge zur gesetzlichen Rentenversicherung zahlen

2.4.5 Krankenversicherung

Die Pflichtversicherten können ihre Krankenkasse frei wählen und sich deshalb über die Leistungen der verschiedenen Kassen genau informieren.

Krankenversicherung

Aufgaben
- Krankheitsvorsorge
- Erhaltung und Wiederherstellung der Gesundheit
- Finanzielle Absicherung im Krankheitsfall

Versicherte
- **Pflichtversicherte:**
  – Arbeiter und Angestellte mit einem Einkommen bis zur Versicherungspflichtgrenze (75 % der Beitragsbemessungsgrenze der Rentenversicherung)
  – Auszubildende
  – als arbeitslos Gemeldete
  – unter bestimmten Bedingungen Rentner, Selbstständige, Studenten
- **Freiwillig Versicherte:**
  – Aus der Versicherungspflicht Ausgeschiedene (wenn sie unmittelbar vorher mindestens 12 Monate oder in den letzten 5 Jahren mindestens 2 Jahre versichert waren)
  – Personen, die erstmals eine berufliche Tätigkeit aufnehmen und über der Versicherungspflichtgrenze liegen
  – Personen, die aus der Familienversicherung herausfallen

> Nicht berufstätige Ehegatten und Kinder sind ohne zusätzlichen Beitrag mitversichert (Familienversicherung), Kinder bis 18 Jahre (ohne Erwerbstätigkeit bis 23 Jahre, in Ausbildung bis 25 Jahre, bei Behinderung ohne Altersgrenze)

Finanzierung
- durch Beiträge der versicherten Arbeitnehmer (hälftig von Arbeitgeber und Arbeitnehmer zu zahlen)
- durch Beiträge der Bundesanstalt für Arbeit für Empfänger von Arbeitslosengeld und Arbeitslosenhilfe
- durch Beiträge der anderen Versicherten

Pflichten der Arbeitnehmer
- Bei Krankheit unverzügliche Vorlage einer ärztlichen Arbeitsunfähigkeitsbescheinigung beim Arbeitgeber

---

1 Vgl. S. 513

- Zahlung der festgelegten Eigenanteile an Krankenhaus-, Kur-, Heilmittel- und Zahnersatzkosten

Pflichten der Arbeitgeber

- Meldung von Zu- und Abgängen an die Krankenkasse
- Berechnung der Beiträge, Abführung an die Krankenkasse

Leistungsvoraussetzungen

- Beitragszahlung
- Eintritt des Leistungsfalles (Krankheit, Schwangerschaft, Geburt, Tod)

Leistungen

SGB I § 21 und SGB V § 11 legen die Leistungen der Krankenkassen gesetzlich fest (sog. **Regelleistungen**):

- Leistungen zur Förderung der Gesundheit, zur Verhütung und Früherkennung von Krankheiten (Vorsorgeuntersuchungen für Kinder bis 6 Jahre, Krebsvorsorgeuntersuchungen für Frauen ab 20 Jahre, Männer ab 45 Jahre)
- Bei Krankheit Krankenbehandlung, insbesondere
  a) ärztliche und zahnärztliche Behandlung (bei Zahnersatz nur Zuschüsse),
  b) Versorgung mit Arznei-, Verband-, Heil- und Hilfsmitteln (mit Eigenanteilen der Versicherten)
  c) häusliche Krankenpflege (Krankenschwester) und Haushaltshilfe
  d) Krankenhaushilfe (ab 18 Jahre Zuzahlung von 9,00 EUR pro Tag für maximal 14 Tage)
  e) medizinische und ergänzende Leistungen zur Rehabilitation
  f) Betriebshilfe für Landwirte
  g) Krankengeld (ab der 7. Krankheitswoche in Höhe von 70 % des regelmäßigen Arbeitsentgelts, maximal 90 % des Nettoentgelts)
- Mutterschaftshilfe (notwendige Leistungen und Mutterschaftsgeld in der Schutzfrist)
- Hilfe zur Familienplanung, Leistungen bei nicht rechtswidriger Sterilisation/Schwangerschaftsabbruch
- Sterbegeld (Zuschuss zu den Bestattungskosten; für das Mitglied 1 050,00 EUR, sonst 525,00 EUR)

Über die Regelleistungen hinaus kann die Kassensatzung **Mehrleistungen** vorsehen (z. B. Zuschüsse zu Heilkuren, zusätzliche Leistungen bei Zahnersatz oder häuslicher Krankenpflege). Der Versicherte kann bei Behandlungen grundsätzlich zwischen **Sachleistungen** und **Geldleistungen** wählen (Sachleistung: Der Arzt rechnet direkt mit der Kasse ab; Geldleistung: Der Patient erhält eine Arztrechnung, die von der Kasse erstattet wird.)

2.4.6 Pflegeversicherung

Immer mehr Menschen erreichen ein hohes Alter, werden dann aber oft zu Pflegefällen. Zur Kostendeckung wurden bis 1995 herangezogen: das Einkommen und Vermögen (über 1 278,23 EUR) des Pflegebedürftigen, das Einkommen der Verwandten ersten Grades (Eltern, Kinder) oberhalb von Freigrenzen und die Sozialhilfe. Die Pflegeversicherung wurde eingerichtet, um soziale Härten zu vermeiden und den Staat von Sozialhilfe zu entlasten.

Pflegeversicherung
Aufgaben
Finanzielle Absicherung im Pflegefall
Versicherte
Arbeiter, Angestellte, Beamte
Finanzierung
durch Beiträge (wie Krankenversicherung)
Pflichten der Arbeitnehmer
Stellen des Antrags auf Pflege

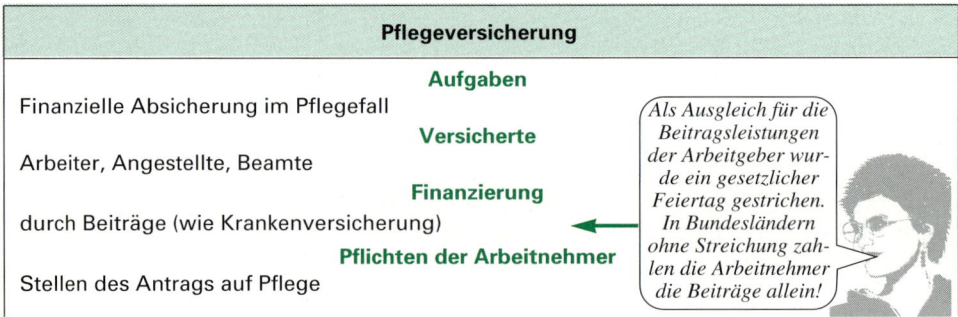

Als Ausgleich für die Beitragsleistungen der Arbeitgeber wurde ein gesetzlicher Feiertag gestrichen. In Bundesländern ohne Streichung zahlen die Arbeitnehmer die Beiträge allein!

wie Krankenversicherung

- Beitragszahlung
- Eintritt des Pflegefalls
- **Häusliche Pflege**

Plichten der Arbeitgeber

Leistungsvoraussetzungen

Leistungen

		monatliche Sachleistungen (häusliche Pflegehilfe)	stattdessen: Pflegegeld
Stufe I	erheblich Pflege-bedürftige	bis 384,00 EUR	bis 205,00 EUR
Stufe II	Schwerpflege-bedürftige	bis 921,00 EUR	bis 410,00 EUR
Stufe III	Schwerstpflege-bedürftige	bis 1 432,00 EUR	bis 665,00 EUR
	in Härtefällen	bis 1 918,00 EUR	

Sach- und Geldleistungen können kombiniert werden.
Für höchstens 4 Wochen pro Jahr werden die Kosten für eine Ersatzpflegekraft bis 1 432,00 EUR übernommen. Nicht gewerbsmäßige Pflegepersonen (z. B. Verwandte, Freunde des Pflegebedürftigen) sind in der gesetzlichen Unfallversicherung versichert. Die Pflegeversicherung zahlt auch Beiträge an die Rentenversicherung, wenn die Pflegeperson höchstens 30 Wochenstunden erwerbstätig ist.

- **Teilstationäre Pflege in Einrichtungen der Tages- und Nachtpflege**

  monatliche Aufwendungen

Stufe I	bis 384,00 EUR
Stufe II	bis 921,00 EUR
Stufe III	bis 1 432,00 EUR

- **Vollstationäre Pflege in vollstationären Einrichtungen**

  Erstattung der reinen Pflegekosten bis zu 1 432,00 EUR monatlich (Härtefälle bis 1 688,00 EUR). Die Kosten für Verpflegung und Unterhalt werden nicht übernommen.

2.4.7 Arbeitslosenversicherung und Bundesanstalt für Arbeit

Die Bundesanstalt für Arbeit in Nürnberg (BA) ist Träger der Arbeitslosenversicherung. Ihre nachgeordneten Behörden sind die Landesarbeitsämter und die örtlichen Arbeitsämter. Das 3. Sozialgesetzbuch weist der BA insgesamt eine umfassende aktive Arbeitsmarktpolitik zu. Sie soll dazu beitragen, Arbeitslosigkeit von vornherein zu verhindern sowie die Erhaltung und Schaffung von Arbeitsplätzen zu fördern.

Aufgaben der Bundesanstalt für Arbeit

Beschäftigungspolitik	Erhaltung und Schaffung von Arbeitsplätzen	Leistungen an Arbeitslose
– Arbeitsmarktbeobachtung – Arbeitsmarkt- und Berufsforschung – Arbeitsvermittlung und Ausbildungsplatzvermittlung – Berufsberatung – Förderung der beruflichen Bildung: Zuschüsse und Darlehen für berufliche Ausbildung und Umschulung, Kostenübernahme und Unterhaltsgeld für berufliche Fortbildung	– Kurzarbeitergeld – Förderung der ganzjährigen Beschäftigung in der Bauwirtschaft: – Überbrückungsgeld – Winterausfallgeld – Arbeitsbeschaffung, z. B. durch Altersteilzeit	– Arbeitslosengeld: Hauptbetrag, Familienzuschläge – Arbeitslosenhilfe – Krankenpflege-, Renten-, Unfallversicherungsschutz – Insolvenzgeld

Arbeitslosenversicherung

Aufgaben
- Finanzielle Absicherung im Falle der Arbeitslosigkeit
- Vermittlung einer neuen Arbeitsstelle

Versicherte
Arbeiter, Angestellte, Auszubildende

Finanzierung
- durch Beiträge (hälftig von Arbeitnehmern und Arbeitgebern)
- durch Zuschüsse des Bundes. Der Bund ist zur Zahlung von Zuschüssen (aus Steuermitteln) verpflichtet, wenn die Beitragseinnahmen nicht ausreichen.

Pflichten der Arbeitnehmer
- Unverzügliche persönliche Meldung der Arbeitslosigkeit beim Arbeitsamt
- Annahme einer vom Arbeitsamt angebotenen zumutbaren Arbeitsstelle

Pflichten der Arbeitgeber
- Meldung von Zu- und Abgängen an die Krankenversicherung
- Berechnung der Beiträge, Abführung an die Krankenkasse
- Anmeldung von Massenentlassungen beim Arbeitsamt
- Beantragung von Kurzarbeit beim Arbeitsamt
  (Kurzarbeit setzt einen unvermeidbaren Arbeitsausfall von mehr als 10 % der Arbeitszeit innerhalb von 4 Wochen für mindestens ein Drittel der Belegschaft voraus.)

> Zumutbarkeitsmerkmal ist nur der erzielbare Verdienst:
>
> | Arbeitslosigkeit | zumutbare Arbeit |
> |---|---|
> | bis 3 Monate | mit bis 20 % Lohnminderung |
> | bis 6 Monate | mit bis 30 % Lohnminderung |
> | über 6 Monate | jede Arbeit mit Nettolohn über dem Arbeitslosengeld |

Leistungsvoraussetzungen (für Arbeitslosengeld)
- Mindestens 12 Monate beitragspflichtige Tätigkeit in den letzten 3 Jahren unmittelbar vor der Arbeitslosigkeit. Dann entsteht ein Anspruch auf Arbeitslosengeld für 6 Monate. Ein längerer Bezug von Arbeitslosengeld setzt eine längere Beschäftigung in den letzten 7 Jahren voraus, ggf. abhängig vom Lebensalter.
- Persönliche Antragstellung beim Arbeitsamt
- Verfügbarkeit für die Arbeitsvermittlung
- Keine selbst herbeigeführte Arbeitslosigkeit, z. B durch eigene Kündigung oder Aufhebungsvertrag. (Bei selbst herbeigeführter Arbeitslosigkeit mindert sich der Arbeitslosengeldanspruch mindestens um ein Viertel der Gesamtanspruchsdauer. Außerdem wird das Arbeitslosengeld für die ersten 12 Wochen der Arbeitslosigkeit gesperrt (Härtefälle: 6 Wochen).)
- Arbeitsfähigkeit und Arbeitswilligkeit

Leistungen
- **Berufsberatung**
- **Arbeitsvermittlung**
- **bei Insolvenzverfahren des Arbeitgebers: Insolvenzgeld** (Löhne und Gehälter, die in den letzten 3 Monaten vor Insolvenzeröffnung nicht mehr gezahlt wurden)
- **bei Kurzarbeit: Kurzarbeitergeld** (zum teilweisen Ausgleich des Lohnausfalles bei Kurzarbeit), höchstens bis zu 6 Monaten; bei außergewöhnlichen Verhältnissen auf dem gesamten Arbeitsmarkt Verlängerung durch das Bundesarbeitsministerium bis auf 24 Monate möglich.
- **bei Arbeitslosigkeit:**
  - **Arbeitslosengeld:** 67 % des letzten Nettolohns für Arbeitslose mit mindestens einem Kind; 60 % des letzten Nettolohns für die übrigen Arbeitslosen

Monate Beschäftigung	Alter	Monate Arbeitslosengeld
16		8
20		10
24		12
28	45	14
32	45	16
36	45	18
40	47	20
44	47	22
48	52	24
52	52	26
56	57	28
60	57	30
64	57	32

- **Arbeitslosenhilfe** bei Wegfall des Anspruchs auf Arbeitslosengeld ohne zeitliche Begrenzung: 57 % des letzten Nettolohns für Arbeitslose mit mindestens einem Kind, 53 % des letzten Nettolohns für die übrigen Arbeitslosen
  Voraussetzung für Arbeitslosenhilfe ist Bedürftigkeit. Eigenes Einkommen und – nach Abzug von Freibeträgen – auch Einkommen des Ehegatten oder Lebenspartners sowie eigenes Vermögen über 4 100,00 EUR werden angerechnet.
- Beiträge für die Kranken-, Pflege-, Renten- und Unfallversicherung (für die Wege zum Arbeitsamt, das Abholen der Geldleistungen, ärztliche Untersuchungen, Vorstellung bei Arbeitgebern u. Ä.).
- **Überbrückungsgeld** für maximal ein halbes Jahr in Höhe der zuvor bezogenen Arbeitslosenunterstützung erhalten Arbeitslose, die sich selbstständig machen wollen.
- **Leistungen für Altersteilzeit:**
  Arbeitnehmer ab 55 Jahre können aufgrund Tarifvertrag, Betriebsvereinbarung oder vertraglicher Abmachung mit ihrem Arbeitgeber für 5 Jahre von Vollzeitarbeit auf Teilzeitarbeit (mindestens 18 Wochenstunden) übergehen.[1] Dabei sollen sie 70 % ihres Nettolohns erhalten und in der Rentenversicherung auf der Basis von 90 % des Vollverdienstes abgesichert werden. Die BA erstattet dem Arbeitgeber die Aufstockungsbeiträge, wenn der frei werdende Arbeitsplatz mit einem Arbeitslosen oder Ausgebildeten wiederbesetzt wird. Nach mindestens 2 Jahren Altersteilzeit besteht Anspruch auf Altersrente. Allerdings wird die bisherige Altersgrenze von 60 Jahren schrittweise angehoben.[2]

2.4.8 Finanzierungsprobleme

Kranken-, Renten- und Arbeitslosenversicherung leiden schon seit einigen Jahren an wachsenden Finanzierungsproblemen. Die Gründe sind:

- **sinkende Beitragseinnahmen** aufgrund zunehmender Arbeitslosigkeit, Schwarzarbeit, zunehmender versicherungsfreier geringfügiger Beschäftigung
- **wachsende Ausgaben**
  - der *Arbeitslosenversicherung* aufgrund zunehmender Arbeitslosigkeit,
  - der *Rentenversicherung* aufgrund steigender Lebenserwartung und zahlreicher versicherungsfremder Leistungen,
  - der *Krankenversicherung* aufgrund zunehmender Erkrankungen, steigender Lebenserwartung, zunehmenden Einsatzes teurer Medizintechnik in Praxen und Krankenhäusern, Verteuerung des Personaleinsatzes, zunehmenden Medikamentenverbrauchs.

Wichtige bisherige Entlastungsmaßnahmen:

- **Krankenversicherung**: Einführung der Pflegeversicherung, zugleich zusätzliche Beiträge, höhere Eigenbeteiligung (z. B. für Krankenhaus, Medikamente, Zahnersatz)
- **Rentenversicherung**: starke Beitragserhöhungen (z. B. 1991: 17,7 %, 1998: 20,3 %[3]; Rentenabschläge bei vorzeitigem Rentenbezug. Absenkung des Rentenniveaus für den sog. Eckrentner (45 Versicherungsjahre, Durchschnittseinkommen) von 70 % bis 2030 auf 64 % des Durchschnittseinkommens.

2.4.9 Sozialgerichte

> Sozialversicherungsträger haben nicht immer Recht, wenn sie eine beantragte Leistung ablehnen. Das beweisen zahlreiche Verfahren vor den Sozialgerichten bis hin zum Bundessozialgericht, vor dem sich Versicherte in fast jedem dritten Fall durchsetzen.

---

[1] Ab Januar 2000 ist auch die Halbierung eines bestehenden Teilzeitarbeitsverhältnisses möglich. Voraussetzung: Das neue Arbeitsentgelt liegt über 325,00 EUR.
[2] Vgl. S. 534
[3] Ab 2001 sinkt der Satz zwar auf 19,1 %; dies jedoch nur aufgrund höherer Bundeszuschüsse, die durch die Erträge aus einer Ökosteuer auf Energieverbrauch finanziert werden.

Die Sozialgerichte sind für Streitigkeiten auf den Gebieten der Sozialversicherung, der Bundesanstalt für Arbeit und der Kriegsopferversorgung zuständig. Dem gerichtlichen Verfahren geht ein Vorverfahren voraus.

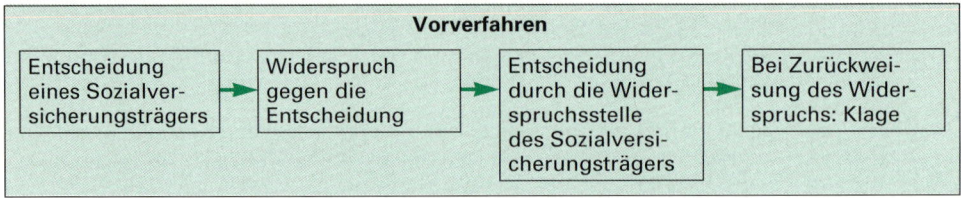

Wie bei den Arbeitsgerichten sind drei Instanzen zu unterscheiden:

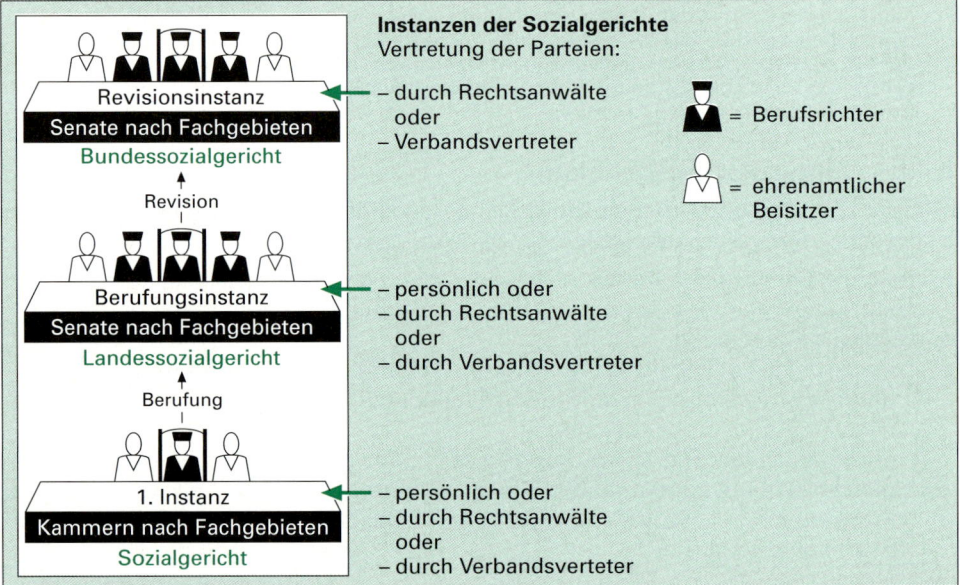

Im Gegensatz zum Urteilsverfahren beim Arbeitsgericht erforscht das Sozialgericht den Sachverhalt von Amts wegen. Es ist nicht an Beweisanträge der Parteien gebunden.

Das **Verfahren** ist für die Versicherten in allen Instanzen **kostenfrei** (auch im Fall der Niederlage): Sie sollen nicht durch Gerichtskosten oder Gebühren für Sachverständigengutachten davon abgehalten werden, die Entscheidung eines Sozialversicherungsträgers anzufechten. Nur wer einen Anwalt in Anspruch nimmt und den Prozess verliert, muss die Anwaltsgebühren selbst tragen.

Arbeitsaufgaben

1. **Von der Sozialversicherung sagt man, sie arbeite nach dem Solidaritätsprinzip.**
   Welche der folgenden Aussagen vertragen sich nicht mit dem Solidaritätsprinzip?
   a) Für sog. „schlechte Risiken" kann ein höherer Beitrag/eine höhere Prämie verlangt werden.
   b) Unabhängig vom Alter werden gleiche Beiträge/Prämien gezahlt.
   c) Familienangehörige sind kostenlos mitversichert.
   d) Der Versicherer kann entscheiden, ob er den Versicherungsvertrag schließen will.
   e) Für alle Arbeitnehmer und Studenten besteht Versicherungszwang.
   f) Die Versicherungsleistungen richten sich nach den Vereinbarungen im Versicherungsvertrag.

2. Im Dezember 20.. bezieht Frau Bella, krankenversichert bei einer Ersatzkasse (Beitragssatz 13,2 %), ein Bruttogehalt von 5 000,00 EUR.
   Wieviel EUR beträgt ihr Arbeitnehmeranteil
   a) für die Rentenversicherung,
   b) für die Arbeitslosenversicherung,
   c) für die Krankenversicherung,
   d) für die betriebliche Unfallversicherung,
   e) für die Pflegeversicherung?

3. Auf dem Weg von der Arbeit nach Hause verursacht Herr Pech einen folgenschweren Verkehrsunfall. Aufgrund seiner Schnittverletzungen an den Augen wird er wahrscheinlich vier Monate in einer Spezialklinik verbringen müssen. Höchstwahrscheinlich kann er seinen Beruf als Mechaniker nicht mehr ausüben. Welche Kosten entstehen Ihm durch einen Unfall? Wird er eine Rente erhalten? Wer zahlt diese Rente, die Unfallversicherung oder die Angestelltenversicherung? Wer zahlt die Kosten für die Heilbehandlung? Wer unterstützt ihn, wenn er eventuell umgeschult werden müsste? Schließlich ist er erst 38 Jahre alt...
   Beantworten Sie die Fragen, die sich Herrn Pech stellen.

4. Ein Auszubildender hat an einer Maschine eine Sicherheitseinrichtung überbrückt. Der Meister macht ihm Vorhaltungen über die möglichen Unfallgefahren und die dadurch entstehenden Kosten der Versicherung. Darauf behauptet der Mann, dass er die Versicherungsbeiträge je doch alleine bezahlen müsse.
   a) Wer muss für die Beiträge zur Unfallversicherung aufkommen?
   b) Wonach richtet sich die Höhe der Beitragssätze?

5. Aus einem Brief an die Unfallversicherung: „... teilen wir Ihnen vorsorglich mit, dass unser Mitarbeiter H. Blum auf dem Weg zu unserer Firma schwer verunglückt Ist. Der Weg zur Arbeit wurde von zu Hause aus angetreten ..."
   a) Muss die Unfallversicherung für die Kosten aufkommen?
   b) Welche Kostenarten können für die Unfallversicherung entstehen, wenn sie im oben aufgeführten Fall die Kosten tragen muss?

6. Der Vater einer Familie mit drei Kindern im Alter von 12, 14 und 18 Jahren (zurzeit Auszubildende) erleidet einen Betriebsunfall. Nach einer neunwöchigen Intensivbehandlung im Krankenhaus verstirbt der Familienvater.
   Beschreiben Sie, welche Sozialversicherungsleistungen der Verunglückte, seine Ehefrau und die Kinder zu erwarten haben.

7. Mit Krankheiten ist nicht nur die Krankenversicherung befasst.
   Erläutern Sie, unter welchen Umständen auch andere Zweige der Sozialversicherung Leistungen im Krankheitsfall erbringen.

8. Ein Arbeitskollege stellt folgende Behauptungen auf:
   a) Bei Krankheit des Arbeitnehmers zahlt die Krankenkasse zunächst 6 Wochen den Lohn weiter, anschließend Krankengeld (maximal 76 Wochen).
   b) Sowohl die Rentenversicherung als auch die Unfallversicherung befassen sich mit Rehabilitationsmaßnahmen.
   c) Die Unfallversicherung erbringt keine Leistungen bei Berufskrankheiten.
   d) Bei Aufnahme einer Arbeitstätigkeit muss der Arbeitnehmer dem Arbeitgeber sein Versicherungsheft vorlegen.
   Hat der Kollege recht?

9. Gehen Sie davon aus, dass Ihr Arbeitskollege vor acht Wochen schwer erkrankte.
   Beschreiben Sie, welche Leistungen er von seiner Krankenversicherung zu erwarten hat.

10. Frau Immerfleißig, die 3 800,00 EUR verdient, möchte aus der Sozialversicherung austreten. Sie ist der Meinung, dass sie alle Risiken selbst auffangen kann.
    a) Wie hoch ist ihr Arbeitnehmeranteil für die einzelnen Versicherungen? (Legen Sie die Beiträge Ihrer eigenen Krankenversicherung zugrunde).
    b) Kann Sie austreten?

11. Frau Gabler hat vor zwei Jahren Ihr Fachhochschulstudium abgeschlossen und ist seitdem bei der Firma Rauh & Borstig beschäftigt.
    a) Am 13. Febr. wird Ihr fristgerecht gekündigt. Sie findet zunächst keinen neuen Arbeitsplatz. Welche Leistung kann sie vom Arbeitsamt beziehen?

b) Wie lange kann sie diese Leistung maximal beziehen?
c) Welche Voraussetzungen müssen für den Bezug der Leistung erfüllt sein?
d) Welche Wirkung hätte eine von Frau Gabler selbst herbeigeführte Arbeitslosigkeit (z. B. durch eigene Kündigung)?
e) Welche Leistung kann Frau Gabler ggf. erhalten, wenn Ihr Anspruch auf die oben genannte Leistung entfällt?
f) An welche Voraussetzung ist die Leistung gebunden?
g) Wie lange wird diese Leistung maximal gezahlt?

12. **Ein arbeitsloser Autoverkäufer nimmt eine Stelle bei einer Autofirma an: 1 400,00 EUR monatliches festes Gehalt, Dienstwagen und 200 Liter Freibenzin. Bei Arbeitsbeginn gefallen ihm die Bedingungen nicht mehr und er meldet sich wieder arbeitslos.**
Untersuchen Sie, gegen welche Bestimmungen des Arbeitsamtes er verstoßen hat.

13. **Die Rentenversicherung arbeitet nach dem sog. „Generationsvertrag".**
Herr Schramm ist Angestellter und zahlt monatlich 240,00 EUR Beitrag zur Rentenversicherung. Er möchte wissen, wie sich der Generationsvertrag für ihn persönlich auswirkt. Erläutern Sie es Ihm.

14. **Herr Ebert ist kaufmännischer Angestellter. Er ist 58 Jahre alt und möchte so früh wie möglich „in Rente gehen".**
a) Wie lautet die amtliche Bezeichnung der angesprochenen Rente?
b) Welche Institution wird diese Rente zahlen?
c) Ab welchem Alter kann Herr Ebert frühestens diese Rente beziehen?
d) Herr Ebert hat gehört, seine Rente sei „dynamisch". Erläutern Sie Ihm, was dies bedeutet.

15. **Frau Roland (82) lebte bis vor kurzem mit im Haushalt ihres Sohnes. Mit Teilen Ihrer Rente von 1 130,00 EUR unterstützte sie die Haushaltskasse. Den Rest verbrauchte sie für Ihren persönlichen Bedarf. Nachdem sie schwer krank geworden war, konnte sie nicht mehr im Haus versorgt werden. Sie musste in ein Altenpflegeheim. Es entstehen Kosten von 2 700,00 EUR pro Monat.**
a) Wer trägt die Kosten für die Pflege von Frau Roland?
b) Sicher sind Ihnen ähnliche Fälle aus Ihrem Verwandten- oder Freundeskreis bekannt. Versuchen Sie auch hier die finanziellen Belastungen zu ermitteln.

2.5 Individualversicherung

Die Lebensmittelgroßhandlung Schmitz eröffnet eine Filiale mit 30 Beschäftigten.

Für die Filiale wird ein optimaler Versicherungsschutz angestrebt, das Stammhaus ist bereits versichert. Im Betriebsgebäude, in den Lagervorräten und in den Fahrzeugen sind große Werte gebunden. Eine Vernichtung würde den Fortbestand des Betriebes gefährden.

Deshalb überlegt man, ob folgende Sachversicherungen abgeschlossen werden sollten:

- Gebäudeversicherung (gegen Feuer-, Leitungswasser- und Sturmschäden) sowie Glasversicherung (für Scheiben und Glastüren);
- Feuer- und Leitungswasserschadenversicherung sowie Einbruchdiebstahlversicherung für die Warenvorräte. Transportschäden an den Waren sollen durch eine Transportversicherung gedeckt werden.
- Kaskoversicherung für Unfallschäden an den Fahrzeugen.

Auch einige Vermögensversicherungen erscheinen ratsam:

- Eine Betriebs-, Gebäude- und Grundstückshaftpflichtversicherung soll für Dritten zugefügte Schäden eintreten. Eine Kfz-Haftpflichtversicherung ist ohnehin gesetzlich vorgeschrieben.
- Eine Warenkreditversicherung soll vor Forderungsausfällen schützen.
- Eine Betriebsunterbrechungsversicherung soll die laufenden Kosten tragen, wenn der Betrieb stillsteht (z. B. aufgrund eines Feuers).

2.5.1 Wesen der Individualversicherung

Die Sozialversicherung arbeitet nach dem Solidaritätsprinzip (gemeinschaftliche Vorsorge), die Individualversicherung nach dem Individualprinzip:

- Der Einzelne trifft individuelle Vorsorge gegen Risiken.
- Er sichert sich freiwillig durch privatrechtlichen Vertrag ab.
- Er sichert sich in dem Umfang ab, den er persönlich für ausreichend erachtet.
- Die Prämienhöhe richtet sich nach dem persönlichen Risiko.
- Die Versicherungsleistungen werden vertraglich vereinbart.

Die **Sozialversicherung** schützt die Arbeitnehmer des Betriebes gegen die Folgen aus Alter, Krankheit, Arbeitslosigkeit und Arbeitsunfällen. Das Gleiche gilt für die **Personenversicherungen** als Untergruppe der Individualversicherung. Sie sollen die Person des Unternehmers gegen die gleichen Folgen schützen.

Klar! Der Unternehmer ist ja in der Regel nicht in der Sozialversicherung versichert.

Sachversicherungen und Vermögensversicherungen sind geeignet, Risiken des Betriebes selbst abzudecken.

Die Leistungen der Versicherung werden aus den Prämienzahlungen der Versicherungsnehmer und den Erträgen aus diesem Vermögen aufgebracht. Versicherungen sollen Schäden vergüten und mildern. Zu den Aufgaben der Versicherungen gehören:

- Vorschreiben von Sicherungseinrichtungen,
- Erforschung von Schadensursachen,
- Erstellung von Sicherheitsvorschriften,
- Auszahlung der Versicherungsleistung bei Schadenseintritt.

2.5.2 Wichtige betriebliche Versicherungen

Sachversicherungen

Die **Feuerversicherung** versichert im Eigentum des Versicherungsnehmers befindliche Gebäude oder Gegenstände (z. B. Warenvorräte) gegen Brand, Blitzschlag, Explosion und Absturz von Luftfahrzeugen, gegen unmittelbare Folgeschäden (z. B. durch Löschen, Niederreißen, Ausräumen, Abhandenkommen, Regen, Ruß, Rauch, Versengen) und mittelbare Folgeschäden (z. B. Aufräumkosten, Mietverluste).

Die **Leitungswasserschadenversicherung** deckt Schäden durch Rohrbruch, Überdruck, Frost, technische Mängel, Zersetzen der Leitungen durch Kalk. Versicherbar sind

- Gebäude (einschließlich Nachbargebäuden und fremdem Hausrat);
- eigene Waren, Maschinen, Fabrikeinrichtungen und gewerbliche Einrichtungen;
- Hausrat und kaufmännische Einrichtungen;
- fremde Waren und gewerbliche Einrichtungen;

Nicht versichert sind z. B. Schäden durch Regen, Grundwasser, Hochwasser, Rückstauwasser.

Die **Einbruchdiebstahlversicherung** ersetzt Schäden, die entstehen, wenn ein Dieb einbricht oder mittels falscher Schlüssel eindringt und Gegenstände entwendet oder beschädigt.

Die **Transportversicherung** ersetzt Schäden, die an Gütern während des Transports entstehen.

Arten:
- Binnentransportversicherung (Land-, Wasser-, Lufttransporte);
- Seetransportversicherung;
- durchgehende Transportversicherung.

Die **Glasversicherung** ersetzt Schäden an Fensterscheiben, Glastüren, Glasdächern, Schaukästen, Leuchtröhren usw.

Die **Sturmversicherung** ersetzt Sturmschäden an Gebäuden und deren Inhalt.

Die **Gebäudeversicherung** ist eine kombinierte Versicherung, die Feuer-, Leitungswasserschäden- und Sturmschäden für das Gebäude umfasst. (In einigen Bundesländern, z. B. in Baden-Württemberg, besteht Versicherungspflicht.)

Vermögensversicherungen

Die **Haftpflichtversicherung** leistet bis zur Höhe der vertraglich festgelegten Deckungssumme Schadenersatz, zu dem der Versicherte verpflichtet ist, und wehrt ungerechtfertigte Ansprüche ab. Für den Kaufmann sind vor allem die Betriebshaftpflichtversicherung, die Gebäude- und Grundstückshaftpflichtversicherung, die Kfz-Haftpflichtversicherung und unter Umständen die Gewässerschädenhaftpflichtversicherung (für Schäden durch Verunreinigung von Gewässern, z. B. durch Öl) von Bedeutung.

Die **Kreditversicherung** soll Forderungsverluste ausgleichen. Um den Versicherungsnehmer zu einer sorgfältigen Kreditwürdigkeitsprüfung anzuhalten, muss er stets einen Teil des Schadens (mindestens 20%) selbst tragen.

- Die **Warenkreditversicherung** (Delkredereversicherung) deckt das wirtschaftliche Risiko aufgrund von Zahlungsunfähigkeit des Schuldners bei Inlandslieferungen.
- Die **Ausfuhrkreditversicherung** deckt das wirtschaftliche Risiko und das politische Risiko (z. B. Forderungsverluste durch Krieg, staatliches Zahlungsverbot, Moratorium) bei der Warenausfuhr.

Die **Betriebsunterbrechungsversicherung** ist eine Ergänzung zur Feuerversicherung. Letztere ersetzt nur die Sachwerte, aber nicht den Ausfall, der durch die Unterbrechung der betrieblichen Leistungserstellung entsteht. Die Betriebsunterbrechungsversicherung übernimmt die laufenden Kosten (z. B. Löhne, Gehälter, Zinsen, Konventionalstrafen aufgrund Lieferungsverzug) und den entgangenen Gewinn.

Die **Rechtsschutzversicherung** trägt unter bestimmten Voraussetzungen die Gerichts- und Anwalts-, Zeugen- und Sachverständigenkosten für zivil- und strafrechtliche Verfahren.

Betriebe schließen aber in der Regel keine Rechtsschutzversicherung ab, sondern bilden Rückstellungen für Prozesskosten.

Kraftverkehrsversicherung

Die Kraftverkehrsversicherung ist wie die Gebäudeversicherung eine kombinierte Versicherung.

Kraftverkehrsversicherung		
Vermögensversicherung		
Kfz-Haftpflichtversicherung – gesetzlich vorgeschrieben – leistet Schadensersatz an Dritte – wehrt unbegründete Ansprüche ab		
Sachversicherung		
Fahrzeug-(Kasko-)versicherung tritt bei – Beschädigung – Verlust oder – Zerstörung des Fahrzeuges ein		**Kfz-Gepäckversicherung** ersetzt den – Verlust oder – die Beschädigung von im Fahrzeug mitgeführten Gegenständen
Personenversicherung		
Kfz-Unfallversicherung entschädigt versicherte Insassen, die bei der Benutzung des Kraftfahrzeuges einen Unfall erleiden		

2.5.3 Wirtschaftliche Überlegungen beim Abschluss von Versicherungen

Wer einen Versicherungsvertrag abschließt, wird eine Reihe von Überlegungen anstellen, um das Verhältnis von Kosten und Nutzen der Versicherung so günstig wie möglich zu gestalten:

- **Welche Risiken lassen sich überhaupt versichern?**

   Beispiel:
   Weil das allgemeine Unternehmerrisiko nicht abschätzbar ist, lässt es sich nicht über eine Versicherung abdecken.

- **Rechtfertigt der mögliche Risikoumfang eine Versicherung?**

   Beispiel:
   Die Wahrscheinlichkeit, dass ein Gebäude durch Feuer vernichtet wird, ist recht klein. Wenn dieser Fall jedoch eintritt, werden große Werte vernichtet, die den Betrieb finanziell ruinieren können. Die Gewährung einer Hypothek oder Grundschuld ist stets an den Abschluss einer Gebäudeversicherung gebunden. Aus diesen Gründen ist es ratsam, eine Gebäudeversicherung abzuschließen.

- **Rechtfertigt die Wahrscheinlichkeit eines Schadens eine Versicherung?**

   Beispiel:
   Schäden bei einem Seetransport treten verhältnismäßig häufig auf. Außerdem schränken die Reedereien in ihren Reedereibedingungen ihre Haftung stark ein. Es ist deshalb üblich, für einen Seetransport eine Versicherung abzuschließen.

- **Rechtfertigen die Kosten den Abschluss einer Versicherung?**

   Jede Versicherung verursacht Kosten in Form der Versicherungsprämien. Sie sind die Leistung, die der Versicherungsnehmer für den Versicherungsschutz geben muss. Ist die Wahrscheinlichkeit eines Schadens klein und ein eventuell eintretender Schaden in seiner Höhe leicht zu verkraften, wird man auf den Abschluss einer Versicherung verzichten.

> **Beispiel:**
> Das Betriebsgebäude ist sehr solide gebaut, sodass Sturmschäden kaum zu befürchten sind. Deshalb wird auf den Abschluss einer Sturmversicherung verzichtet.

In jedem Fall versucht der Betrieb die Versicherungsprämien so niedrig wie möglich zu halten.

> **Beispiel 1:**
> Die Vollkaskoversicherung für ein Betriebsfahrzeug kostet jährlich 600,00 EUR Prämie. Im Versicherungsvertrag wird deshalb eine **Selbstbeteiligung** im Schadensfall in Höhe von 500,00 EUR vereinbart. Dies bedeutet, dass der Versicherte bei jedem Fahrzeugschaden Kosten bis zu 500,00 EUR selbst tragen muss. Beträge bis zu dieser Höhe sind für den Betrieb leicht zu verkraften. Für die Versicherung bedeutet die Selbstbeteiligung andererseits eine beträchtliche Minderung ihres Risikos. Sie kann die Prämie deshalb um 40% ermäßigen.
>
> **Beispiel 2:**
> Die **Einbruchdiebstahlversicherung** kann als **Vollwertversicherung** abgeschlossen werden und erstreckt sich dann auf alle versicherbaren Gegenstände.
> Es kommt selten vor, dass Diebe das gesamte Lager leerräumen. Um Prämien zu sparen, könnte der Betrieb eine **Bruchteilversicherung** abschließen. Auf die normale Prämie werden Rabatte bis zu 20% gewährt.
> Bei erheblichem Risiko könnte dagegen eine **Versicherung auf „Erstes Risiko"** vorteilhafter sein. Diese deckt alle Schäden bis zur Höhe der Versicherungssumme unabhängig vom vorhandenen Warenwert.

- **Über welche Dauer soll der Versicherungsvertrag abgeschlossen werden?**

Eine Versicherung ist nur sinnvoll, solange ein Risiko besteht. Wird nicht für eine ausreichende Zeit versichert, so muss der Kaufmann das Risiko selbst tragen. Überschreitet die Versicherungszeit die Risikodauer, werden unnötige Prämien bezahlt. Eventuell ist es von Vorteil zu bestimmten Zeitpunkten die Versicherung wechseln zu können.

> **Beispiele:**
> – Ein Kunde aus Übersee wünscht eine Lieferung CIF[1] Bestimmungshafen. Wir schließen für diesen Versand eine Transportversicherung ab.
> – Die Glasversicherung ist für ein Jahr abgeschlossen. Wird nicht drei Monate vor Ablauf gekündigt, so verlängert sich der Vertrag jeweils um ein weiteres Jahr.

- **Ist die Versicherung sofort leistungsbereit?**

Die Versicherungen treten nur für Risiken ein, die nach Versicherungsbeginn begründet werden. Sie versuchten deshalb unter Umständen Wartefristen durchzusetzen.

> **Beispiel:**
> Eine Rechtsschutzversicherung soll abgeschlossen werden. Die Versicherungsgesellschaft versucht eine Wartefrist von 6 Monaten durchzusetzen, um sicherzustellen, dass sie nicht in Rechtsstreitigkeiten verwickelt wird, die ihre Ursache schon vor Versicherungsbeginn hatten. Der Versicherungsnehmer seinerseits legt auf sofortige Leistungsbereitschaft der Versicherung Wert.

Es hängt von der Stärke der Vertragspartner ab, wer sich letzten Endes durchsetzen kann.

- **Wird durch die Versicherung volle Schadendeckung erzielt?**

Der Schadenersatz soll nicht zu einer Bereicherung des Geschädigten führen. Deshalb wird höchstens der Wert ersetzt, den die Sache bei Eintritt des Schadens-

---

[1] Incoterms-Lieferbedingung: der Versender trägt Kosten, Versicherung und Fracht (**C**ost, **I**nsurance, **F**reight) bis zum Bestimmungshafen.

ereignisses hat (Versicherungswert), auch wenn die Versicherungssumme höher liegt. Liegt der Versicherungswert über der Versicherungssumme, so wird der Schaden nur im Verhältnis von Versicherungssumme zu Versicherungswert ersetzt.

Beispiel Feuerversicherung:

Versicherungs-summe (S) (EUR)	Versicherungs-wert (W) (EUR)	Schaden (EUR)	Verhältnis S : W	Entschädigung (EUR)
a) 100 000,00	100 000,00	60 000,00	1 : 1	60 000,00
b) 100 000,00	80 000,00	50 000,00	5 : 4	50 000,00
c) 100 000,00	120 000,00	60 000,00	5 : 6	50 000,00

a) Es liegt eine **Vollversicherung** vor.
b) Es liegt eine **Überversicherung** vor.
c) Es liegt eine **Unterversicherung** vor.

Nur die Vollversicherung ist sinnvoll: Die Überversicherung führt zu unnötigen Prämienzahlungen, die Unterversicherung deckt den Schaden nicht.

Wird die Versicherung als „Neuwertversicherung" abgeschlossen, stellen die Wiederbeschaffungskosten bzw. Wiederherstellungskosten den Versicherungswert dar. Um nicht unterversichert zu sein, muss man ständig überprüfen, ob diese Kosten steigen. Dann passt man zweckmäßigerweise die Versicherungssumme an.

Bei **gleitender Neuwertversicherung** wird die Versicherungssumme automatisch den steigenden Kosten angepaßt. Eine Unterversicherung wird somit ausgeschaltet.

Auch bei den anderen Sachversicherungen ist auf Vollversicherung zu achten.

Beispiel Einbruchdiebstahlversicherung (Bruchteilversicherung):

Versicherungssumme (EUR)	Bruchteil	Warenwert (EUR)	Schaden (EUR)	Schadensquote	Entschädigung (EUR)
200 000,00	25 %	200 000,00	40 000,00	20 %	40 000,00
200 000,00	25 %	240 000,00	40 000,00	16 $^2/_3$ %	33 333,33
200 000,00	25 %	200 000,00	60 000,00	30 %	40 000,00
200 000,00	25 %	240 000,00	60 000,00	25 %	40 000,00

- **Risikoart,**
- **Risikoumfang,**
- **Wahrscheinlichkeit des Schadens,**
- **Versicherungskosten:** Kostendeckung durch – Selbstbeteiligung
  – Bruchteilversicherung
- **Versicherungsdauer,**
- **Leistungsbereitschaft der Versicherung,**
- **Schadensdeckung durch Vollversicherung.**

Denken Sie daran: Diese Punkte sind beim Versicherungsabschluss zu beachten.

Arbeitsaufgaben

1. Ein Unternehmer äußert sich im Gespräch mit Ihnen wie folgt:
   Er habe seit seiner Geschäftseröffnung vor gut einem Jahr enorme Verkaufserfolge aufgrund seiner scharf kalkulierten Preise. Allerdings könne er diese Preise nur halten, weil er die Kosten rigoros drücke. Zum Beispiel verzichte er weitgehend auf eine Abdeckung seiner Risiken durch Versicherungen. Als Unternehmer müsse er Bereitschaft zum Risiko haben. Sein Umsatz erlaube ihm darüber hinaus, sich allmählich ein eigenes Liquiditätspolster zur Abdeckung seiner Risiken aufzubauen.
   Decken Sie die Fehler in dieser Argumentation auf.

2. Herr Rau wird beim unachtsamen Überqueren der Straße von einem Wagen erfasst und schwer verletzt. Er muss monatelang im Krankenhaus behandelt werden, wird berufsunfähig und muss auch noch den Schaden des Unfallgegners bezahlen. Dieser prozessiert gegen ihn, um den Schadenersatz möglichst hochzuschrauben. Sein Prozess geht, nachdem er Berufung eingelegt hat, in die zweite Instanz. Der Streitwert liegt bei 50 000,00 EUR.

Rechtsanwalts- und Gerichtskosten in Zivilverfahren (Kosten im Falle des Unterliegens: eigener Anwalt, gegnerischer Anwalt, Gerichtsgebühren)		
Streitwert in EURO	Kosten I. Instanz zirka	Kosten I., u. II. Instanz zirka
155	310	
770	670	1 540
2 560	1 490	3 330
5 120	2 560	6 140
25 570	6 140	13 810
51 200	9 060	20 970
512 000	31 200	71 600
Hinzu kommen Umsatzsteuer, Nebenkosten und darüber hinaus weitere hohe Kosten, wenn das Gericht Sachverständige oder Zeugen vernimmt.		

   a) Mit welchen Kosten muss Herr Rau rechnen, wenn er den Prozess verlieren sollte?
   b) Wie kann er sich absichern?
   c) Erläutern Sie an diesem Beispiel das Wesen der Versicherung.

3. Folgende Versicherungsschäden treten auf:
   a) Eine Lagerhalle brennt aus.
   b) Durch den Brand kann zwei Monate lang nicht gearbeitet werden.
   c) Bei starkem Seegang reißen sich im Schiff ordnungsgemäß verstaute Flüssigkeitsbehälter los. Der Inhalt läuft aus.
   d) Auf einer Hühnerfarm wird ein Drittel des Tierbestandes von der Hühnerpest befallen.
   e) Der Fahrer des Gabelstaplers beschädigt auf dem Betriebsgelände den Wagen des Kunden Schreiber.
   f) Nach einem nicht von unserem Fahrer verschuldeten Verkehrsunfall will die gegnerische Versicherung den Schadenersatz für unser Betriebsfahrzeug drücken. Wir prozessieren deshalb vor Gericht.
   g) An unserem Betriebs-Lkw wurde in der Nacht die Windschutzscheibe mit einem Stein eingeworfen.
   h) Ein ausländischer Kunde beantragt das Insolvenzverfahren. Unsere Forderung beträgt noch 7 000,00 EUR.
   i) In der Lagerhalle bricht ein Brand aus. Ein Teil des Gebäudes und der Warenvorräte wird vernichtet.
   j) Aufgrund eines Wasserrohrbruchs wird ein Teil der Warenvorräte unbrauchbar.
   Welche Versicherungsarten decken diese Schäden ab?

4. Ein Kollege hat in einer Versicherungspolice die folgenden versicherungsrechtlichen Begriffe gefunden und „natürlich" nicht verstanden.
   a) Selbstbeteiligung
   b) Vollwertversicherung
   c) Bruchteilversicherung
   d) Versicherung auf Erstes Risiko
   e) Unter-, Voll-, Überversicherung
   f) gleitende Neuwertversicherung
   Erläutern Sie ihm diese Begriffe.

5. a) Ein Gebäude ist für eine Versicherungssumme von 500 000,00 EUR versichert. Durch einen Blitzschlag entsteht ein Schaden von 200 000,00 EUR. Sachverständige stellen fest, dass der Wert des Gebäudes inzwischen 600 000,00 EUR beträgt.
   b) Die Versicherungssumme für eine Einbruchdiebstahlversicherung für ein Lager beträgt 300 000,00 EUR. Versichert ist ein Bruchteil von 20%. Es entsteht ein Schaden in Höhe von 60 000 EUR. Zu dieser Zeit sind Vorräte im Wert von 360 000,00 EUR gelagert.
   Wie beurteilen Sie den Versicherungsschutz?

Abkürzungsverzeichnis

a. a. O.	1. am angegebenen Ort 2. Convention Internationale concernant le transport de Marchandises par chemin de fer (Internationales Übereinkommen über den Eisenbahnfrachtverkehr)	GATT	General Agreement on Tariffs and Trade (Allgemeines Zoll- und Handelsabkommen)
		GewO	Gewerbeordnung
		GG	Grundgesetz
Abs.	Absatz	GmbH	Gesellschaft mit beschränkter Haftung
Ag	Amtsgericht	GmbHG	GmbH-Gesetz
AG	Aktiengesellschaft	griech.	griechisch
AGB	Allgemeine Geschäftsbedingungen	G.u.V.	Gewinn- und Verlustkonto
AKP-Staaten	Afrika-, Karibik-, Pazifik-Staaten	GVG	Gerichtsverfassungsgesetz
		GWB	Gesetz gegen Wettbewerbsbeschränkungen (Kartellgesetz)
AktG	Aktiengesetz	H	Haben
AOK	Allgemeine Ortskrankenkasse	HGB	Handelsgesetzbuch
Art.	Artikel	HKZ	Handlungskostenzuschlag
ausschl.	ausschließlich	HRA	Handelsregister Abteilung A
BA	Bundesanstalt für Arbeit	HRB	Handelsregister Abteilung B
BANF	Bestellanforderung	hrsg.	herausgegeben
BBiG	Berufsbildungsgesetz	i. d. R.	in der Regel
bfn	brutto für netto	IHK	Industrie- und Handelskammer
BGB	Bürgerliches Gesetzbuch	InsO	Insolvenzordnung
BLZ	Bankleitzahl	ISO	International Organization for Standardization (Internationale Organisation für Normung)
BÜK	Bürokaufmann/-frau		
BWL	Betriebswirtschaftslehre		
bzw.	beziehungsweise	IWF	Internationaler Währungsfonds
cbm	Kubikmeter	Jg.	Jahrgang
CD	Compact Disc („Kompaktplatte")	KfB	Kaufmann/-frau für Bürokommunikation
CEN	Comité Européen de Normalisation (Europäisches Komitee für Normung)	KFZ	Kraftfahrzeug
		kg	Kilogramm
CIM	1. Computer Integrated Manufacturing (computerintegrierte Fertigung);	KG	Kommanditgesellschaft
		KGaA	Kommanditgesellschaft auf Aktien
Co.	Kompanie	km	Kilometer
CRM	Customer Relationship Management (Kundenbeziehungs-Management)	kWh	Kilowattstunde(n)
		l	Liter
d. h.	das heißt	lat.	lateinisch
DIHK	Deutscher Industrie- und Handelskammertag	LöschG	Löschungsgesetz
		LKW, Lkw	Lastkraftwagen
DIN	Deutsches Institut für Normung	LZB	Landeszentralbank
DM	Deutsche Mark	m^2	Quadratmeter
Dr.	Doktor	m^3	Kubikmeter
DVD	Digital Versatile Disc („digitale vielseitige Platte")	Mill.	Million(en)
		Mio.	Million(en)
E-	electronic (z.B. E-Business)	MwSt	Mehrwertsteuer
EDV	elektronische Datenverarbeitung	Nr.	Nummer
EFTA	European Free Trade Association (Europäische Freihandelszone)	OECD	Organization for Economic Cooperation and Development (Organisation für wirtschaftliche Zusammenarbeit und Entwicklung)
eG	eingetragene Genossenschaft		
EG	Europäische Gemeinschaft		
einschl.	einschließlich	o. J.	ohne Jahresangabe
e.K.	eingetragener Kaufmann	OHG	Offene Handelsgesellschaft
e.Kfm.	eingetragener Kaufmann	OPEC	Organization of Petroleum Exporting Countries (Organisation Öl exportierender Länder)
e.Kfr.	eingetragene Kauffrau		
engl.	englisch		
ESt	Einkommensteuer	PC	Personalcomputer
EStG	Einkommensteuergesetz	PIN	persönliche Identifikationsnummer
EU	Europäische Union	PKW, Pkw	Personenkraftwagen
EUR	Euro	PPS	Produktionsplanung und -steuerung
EWR	Europäischer Wirtschaftsraum	qm	Quadratmeter
EZB	Europäische Zentralbank	RA	Rechtsanwalt
f.	und folgende(r) Seite/Paragraf	S	Soll
ff.	und folgende Seiten/Paragrafen	S.	Seite
frz.	französisch	SGB	Sozialgesetzbuch
g	Gramm	SolZ	Solidaritätszuschlag

t	Tonne(n)	UWG	Gesetz gegen den unlauteren Wettbewerb
TAN	Transaktionsnummer		
Tg.	Tag(e)	vgl.	vergleiche
Tsd.	tausend	VVaG	Versicherungsverein auf Gegenseitigkeit
u. a.	und andere(s); unter anderem	WTO	World Trade Organization (Welthandelsorganisation)
u. a. m.	und andere(s) mehr		
u.U.	unter Umständen	z. B.	zum Beispiel
usw.	und so weiter	ZPO	Zivilprozessordnung

Sachwortverzeichnis

A

Abandonrecht 414
Abbauboden 49
ABC-Analyse 222
Absatz 27, 123, 170 f.
Absatzdurchführung 123
Absatzforschung 133, 138
Absatzkontrolle 123
Absatzmarkt 28 f.
Absatzmarktforschung 130, 133 ff.
Absatzorgane 169
Absatzorganisation 169
Absatzplanung 123
absatzpolitische Instrumente 130
Absatzstatistik 213
Absatzstrategien 126 f.
Absatzsysteme 169
Absatzwege 181 ff.
Absatzwerbung 157 ff.
Absatzwirtschaft 123
Abschlussprüfung 18, 20
Abschlussreisender 172
Abschlussvertreter 177
Abschlussvollmacht 171
Abschlusszeugnis 14
Abschöpfungen 492
Abschöpfungspreis 152
Abschreibungen 90, 95, 368
Abschwung 461 f.
Absetzung für Abnutzung 511
Absonderung 381 f.
Abteilung 32
Abzahlungsdarlehen 358 f.
Abzahlungsgeschäft 189
Abzahlungskauf 260
Abzugsverfahren (ESt) 521
AG 341, 387, 406
AGB 253, 261, 264 f.
Agio 407
AIDA-Formel 158
Akkreditiv 347
Aktie 406 ff.
Aktiengesellschaft 341, 387, 406
Aktionär 406
Aktivgeschäft 35
Aktivseite (Bilanz) 319
Akzept 310
Akzeptant 310
Akzeptkredit 347
akzessorisch 346, 349, 351
Alleinanbieter 149
Allfinanz-Geschäft 35
AllgemeineGeschäftsbedingungen 230, 253, 261, 264 f.

Altersentlastungsbetrag 512
Altersrente 534
Altersteilzeit 534, 537, 539
Amortisation 309
Amortisationsrechnung 328
Anbauboden 48
Anfechtbarkeit 248
Anfrage 229, 251
Angebot 66 ff., 230, 250, 289
Angebotsdeflation 457
Angebotsinflation 454 f.
Angebotskurve 67 f.
Angebotsüberhang 68
Angebotsvergleich 231
Anlageinvestition 55, 319
Anlagendeckung 332 f.
Anleihe 359
Annahme 250 ff.
Annahmeverzug 278
Annuitätendarlehen 358 f.
Anschaffungskosten 324
Anschaffungsnebenkosten 324
Anstalt 240
Antrag 250 ff.
Antragsveranlagung (ESt) 523
Anzahlung 260
Anzahlungsgarantie 347
Arbeit 45 ff.
Arbeitnehmer-Pauschbetrag 512, 522
Arbeitnehmerrisiken 528
Arbeitnehmersparzulage 472
Arbeitsamt 537
Arbeitsbeginn (Jugendliche) 22
Arbeitseinkommen 479
Arbeitsende (Jugendliche) 22
Arbeitsgemeinschaft 399
Arbeitskräfte 45
Arbeitslosengeld 537 f.
Arbeitslosenhilfe 537, 539
Arbeitslosenquote 444, 450
Arbeitslosenversicherung 531, 537
Arbeitslosigkeit 450 ff.
Arbeitsteilung 76 ff.
Arbeitsunfall 533
Arbeitsvertrag 288
Arbeitszeit (Jugendliche) 22
Arbeitszerlegung 77, 107
arglistige Täuschung 249

Artikel 142
Artikeldaten 191
Artikeldatenbank 212
Artikelstammsatz 212 f.
Artmängel 272 f.
Artteilung 76
ärztliche Untersuchung (Jugendliche) 23
Aufgabengliederung 77
Aufgebotsverfahren (Scheck) 309
Aufgeld 407
Aufhebungsvertrag 288
Auflassung 268
Auflösung 399, 402 f., 412, 415
Aufrechnung 381 f.
Aufschwung 461 f.
Aufsichtsrat 408 f., 413 f., 417 f.
Auftrag 250
Auftragsabwicklung 191
Auftragsabwicklungsprozess 32
Auftragsbestätigung 250
Auftragsdaten 191
Auftragsfertigung 102
Auftragsprüfung 192
Ausbildender 15 ff.
Ausbilder 15 ff.
Ausbildung 13 ff.
Ausbildungsberuf 17
Ausbildungsbetrieb 14
Ausbildungsfreibetrag 516
Ausbildungsordnung 16 f.
Ausbildungsverhältnis 17 ff.
Ausbildungsverzeichnis 18
Ausfallbürgschaft 346
Ausfuhrkartell 435
Ausfuhrkontingente 492
Ausfuhrkreditversicherung 529, 544
Ausfuhrverbote 492
Ausfuhrzuschüsse 492
Ausgabenpolitik 464
Auskunft 345
Auskunftei 343
Ausland 95
Außenbeitrag 95, 445
Außendienst 114 f.
Außenfinanzierung 316, 319, 340 ff.
außenwirtschaftliches Gleichgewicht 445
außergewöhnliche Belastungen 515
Aussonderung 381 f.
Aussonderungsrecht 268
Auszubildender 15 ff.
Automation 109

Avalakzept 311
Avalkredit 347

B

Bahnfrachtbrief 198 f.
Bahntrans-Express 197
Bankgarantie 347
Bankkarte 301
Bankkredit 343
Bankleitzahl 296
Banknote 292
Bareinkaufspreis 225
Bargeld 292
bargeldlose Zahlung 296
Bargeldzahlung 292
Barliquidität 334
Barscheck 296, 305
Barverkaufspreis 148
Barzahlungsrabatt 151
Baukastensystem 108
Bausteine 108
Baustellenfertigung 108
Bedarf 60
Bedarfsdeckungsprinzip 97
Bedarfsermittlung 212 ff.
Bedarfsforschung 133, 136
Bedürfnisse 58
Bedürfnisstruktur 58 f.
Beförderungskosten 258
Befrachtungsmakler 179
Befragung 134 f.
Beglaubigung 248
Beiträge 506
Beitragsbemessungsgrenze 532
Belegschaftsaktie 486
Beobachtung 135
Beratungsfunkltion 34
Berichtsheft 19
Berufsabschlussprüfung 20
Berufsausbildung 13 ff.
Berufsausbildungsverhältnis 17 ff.
Berufsausbildungsvertrag 18 ff.
Berufsbildungsgesetz 15 ff.
Berufsgenossenschaft 531 ff.
Berufskrankheit 533
Berufsschulabschluss 14
Berufsschulbesuch 15, 22
Berufsschule 14 f.
Beschaffung 27, 212 ff.
Beschaffungskosten 220
Beschaffungsmarkt 28 f.
Beschaffungsplanung 212
Beschäftigungspolitik 537

552

Beschäftigungsverbot (Jugendliche) 22
Besitz 242 f.
Besitzdiener 243
Besitzeinkommen 479
Besitzkonstitut 267, 349
Besitzsteuern 507
Besserungsklausel 377
Bestellbestand 213
Bestellpunktverfahren 218
Bestellrhythmusverfahren 218
Bestellung 193, 250
Bestellungsannahme 193, 250, 252
Bestimmungskauf 255
Beteiligungsmodelle 486
Betreuer 240
Betreuungsfreibetrag 516
Betrieb 24
Betriebsausgaben 511
Betriebseinnahmen 511
Betriebskredit 343, 356
Betriebsmaterialien 214
Betriebsmittel 45
Betriebsorganisation 41
Betriebsstoffe 45, 214
Betriebsunterbrechungsversicherung 529, 544
Betriebsverfassungsgesetz 409
Beurkundung 248
Bevölkerungsexplosion 488
Bezirksvertreter 177
Bezogener 310
Bezugskosten 225
Bezugsquellenermittlung 223
Biersteuer 507
Bietungsgarantie 347
Bilanz 318
Bilanzkennziffern 332
Bildungspolitik 471
Bindung 251
Binnenschiff 194, 200, 208
Blankoakzept 311
Blankoindossament 312
Blankokredit 343
Boden 45, 48 ff.
Bodenertragsgesetz 48 f.
Bonität 235
Börse 279
Branchen 78
Branntweinsteuer 507
Briefgrundschuld 351
Briefhypothek 351
Bringschuld 257
Bruchteilversicherung 546
Bruttobedarf 216

Bruttoinlandsprodukt 90, 95, 98, 445
Bruttoinvestition 55
Bruttonationaleinkommen 95, 99
Buchgeld 292
Buchgrundschuld 351
Buchhypothek 351
Budgetpolitik 464
Bundesanstalt für Arbeit 537
Bundesausschuss für Berufsbildung 18
Bundessozialgericht 540
Bundesversicherungsanstalt für Angestellte 533
Bürgerliches Gesetzbuch 238
bürgerliches Recht 238
bürgerliches Rechtsgeschäft 246
Bürgschaft 346
Bürgschaftskredit 343

C
Call-Center 129
Cashflow 373 f.
Cashflow-Eigenkapitalrentabilität 374
Cashflow-Gesamtkapitalrentabilität 374
Cashflow-Umsatzrentabilität 373
Charge 103
Chargenfertigung 101 f.
Charter 200 f.
Charterpartie 201
CIM 198
CMR 200
CNC-Anlage 109
Collico-Kiste 210
Comité Européen de Normalisation 254
Container 210
Containerverkehr 198
Controlling 38
Courtage 179
Customer Relationship Management 129

D
Darlehen 358
Daten 39
Datenbank 39, 235
Datenfernübertragung 299
Datenträgeraustausch 298
Dauerabbuchungsauftrag 298
Dauerauftrag 297
Dauerüberweisung 297
Deckungsbeitrag 150
Deflation 452, 457 f.

Deklarationsverfahren (ESt) 520
Delkredereprovision 177 f.
Depotstimmrecht 410
Depression 461 f.
Desinvestition 316 f., 319
Deutsche Bahn AG 196
Deutsche Bundesbank 294, 465
Deutsche Post AG 195, 202
Deutsches Institut für Normung 254
Devisen 493
Dienstleistungen 63
Dienstleistungsbetrieb 28, 31, 33, 35, 113
Dienstvertrag 288
DIN 254
Direktabsatz 182
Direkt-Banking 299
direkte Steuern 507
Direktwerbung 162
Diskont 312, 357
Diskontkontingent 357
Diskontkredit 357
Distributionsmix 130
Distributionspolitik 130, 169
Diversifikation 127 f., 144
Dividende 408
DNC-Anlagen 109
Drohung 249
Duales Ausbildungssystem 14
Durchschnittssteuersatz 517
Durchsetzung 38

E
E-Business 234
E-Commerce 234
Effektenbörse 407
Effektenmakler 179
EFTA 496
eG 388
eidesstattliche Versicherung 283
Eigenfinanzierung 319, 339
Eigenkapital (eG) 418
Eigenkapital (GmbH) 414
Eigenkapitalrentabilität 365
Eigentum 242 f.
Eigentümergrundschuld 351 f.
Eigentumsvorbehalt 268, 350
Eigenverkehr 194
Eignung (zur Ausbildung) 15

Eilüberweisung 297
Einbauteile 45, 214
Einbruchdiebstahlversicherung 529, 544
Einfirmenvertreter 175
Einfuhrkartell 435
Einfuhrkontingente 492
Einfuhrumsatzsteuer 492, 507
Einführungswerbung 159
Einfuhrverbote 492
Einigung 267
Einkaufsabwicklung 226
Einkaufskommissionär 178
Einkommensteuererklärung 520, 523
Einkommen 479, 511, 513, 516
Einkommenskonto Haushalte 91
Einkommenspolitik 432 f.
Einkommensteuer 397, 507, 510 ff.
Einkommensteuertabelle 518
Einkommensteuertarif 517
Einkommensverteilung 479 ff.
Einkunftsarten 510
Einlagefazilität 466
Einlagen 340, 399, 400, 403, 404, 418
Einnahmen 511
Einnahmenpolitik 464
Einstandspreis 225
Einzelbüro 114
Einzelfertigung 101 f.
Einzelhandel 79
Einzelkosten 147 f.
Einzelüberweisung 296
Einzelunternehmung 340, 394
Einzelwerbung 161
Einzugsermächtigung 297
Einzugsliquidität 334
Eisenbahngüterverkehr 196
eiserner Bestand 218
elastische Nachfrage 146 f.
E-Learning 234
Electronic Cash 301
elektronisches Lastschriftverfahren 302
E-Logistic 234
E-Mail 227
Empfangsbedürftigkeit 244, 251
Entfinanzierung 316 f.
Entgelttarifvertrag 438

553

Entscheidung 37
Entscheidungsprozess 36
Entschuldungsgrad 374
Entstehungsrechnung 88
Entwicklungshilfe 489
Entwicklungsländer 486 f.
E-Payment 234, 302
E-Procurement 234
Erbschaftsteuer 507
E-Recruiting 234
Erfüllungsgarantie 347
Erfüllungsgeschäft 245, 266 f.
Erfüllungsort 256
Erfüllungsstörungen 270 ff.
Ergänzungsabgabe 518
Ergiebigkeitsgrad 75
Erhebungsverfahren (ESt) 520
Erinnerungswerbung 159
Erlass 84
Erlassvergleich 378
Erlös 24
Erlösmaximierung 25
Ersatzinvestition 55, 317, 320
Ersatzlieferung 274
Ertragsteuern 507
Erweiterungsinvestition 55, 320
Erwerbsgenossenschaft 417
Erwerbsstruktur 79
Erwerbstätige 48
Erziehungsgeld 481
EU-Ökozeichen 121
Eurail-Express 198
Euro 465, 498
Europäische Union 496
Europäische Zentralbank 294, 464 ff.
Europäischer Wirtschaftsraum 189, 497
Europäisches System der Zentralbanken 465
Europa-Patent 186
evolutionäre Volkswirtschaft 92
Existenzbedürfnisse 59
Existenzgüter 65
Expansion 461 f.
Expansionswerbung 159
Exportkartell 435
Expressbrief 293
Expressgut 197
Express-Paket 202
externe Kosten 73
EZB 464 ff.

F
Fachkompetenz 13
Fachverband 437
Factoring 360
Fahrlässigkeit 256, 278
Fahrzeugversicherung 545
Familienversicherung 535
Faustpfand 348
Fernabsatzgeschäft 189
Fertigung 27
Fertigungstypen 101
Fertigungsverfahren 101 ff.
Festdarlehen 358
Feuerversicherung 529, 543
Finanzierung 28, 314 ff., 316 ff., (Kennziffer) 332 f.
Finanzierungsgrundsätze 331
Finanzierungskennziffern 332
Finanzierungsregeln 331
Finanzinvestition 317, 319
Finanzplan 336 f.
Finanzplanung 322, 330 ff., 463
Finanzwechsel 311 f.
Finanzzölle 492
Firma 388 ff., 400, 403, 407, 413, 418
Firmenbeständigkeit 389
Firmeneinheit 389
Firmengrundsätze 389
Firmenkern 388
Firmenöffentlichkeit 389
Firmenwahrheit 389
Firmenwert 376
Firmenzusatz 388
Fiskalisten 457
Fiskalpolitik 463 f.
fixe Kosten 103, 147
Fixhandelskauf 271
Fixkauf 260
Fixum 172
Flexible Fertigungssysteme 109
Fließbandfertigung 107
Fließfertigung 106 f.
Fließinsel 108
Flugzeug 201, 208
Forfaitierung 361
Formalziel 24 f.
formelle Gruppe 41
Formfreiheit 247
Formkaufmann 387 f.
Formzwang 248
Frachtbasis 258
Frachtbrief 198 ff.
Frachtbriefdoppel 198

Frachtführer 194, 208
Frachtgut 197
Frachtparität 258
Frachtvertrag 195
Fragebogen 134
Franchisegeber 175
Franchisenehmer 175
Franchising 175
Frankogrenze 151
Freibetrag (ESt) 523
Freihandel 491
Freihandelszone 496
Freistellungsauftrag 521
Freizeichnungsklausel 251
Freizeit (Jugendliche) 22
Fremdfinanzierung 319, 339
Fremdgrundschuld 352
Fremdverkehr 194
Führungsaufgaben 37
Führungs-Informationssystem 38
Führungsprozess 36
Fungibilität 254
Funktionsbereiche 26 f.
Funktionsrabatt 151

G
Garantie 276
Garantiegeschäft 347
Garantieleistung 153
GATT 495
Gattung 255
Gattungskauf 255
GbR 388, 395, 398
Gebäudeversicherung 544
Gebietskartell 435
Gebrauchsgüter 64
Gebrauchsmuster 186
Gebühren 506
Gefahr 256, 278
Gefährdungshaftung 85, 256
Gehaltstarifvertrag 438
Geldkapital 53
Geldkarte 301
Geldkredit 291, 343
Geldmarkt 466
Geldpolitik 464
Geldvermögen 482
Geldwert 452 f.
Gemeinkosten 147 f.
Gemeinkostenzuschlag 148
Gemeinlastprinzip 83
gemeinsamer Markt 497
Gemeinschaftswerbung 161
Generalversammlung 418
Generationenvertrag 533
Genossenschaft 388, 417

Genossenschaftsregister 391, 418
geplante Investitionen 93
geplantes Sparen 93
Gerichtsgebrauch 237
Gerichtsstand 257
geringfügige Beschäftigung 512, 532
Gesamtkapitalrentabilität 365 f.
gesamtwirtschaftliches Produktionskonto 89
Geschäftsanteil 341, 418
Geschäftsfähigkeit 239
Geschäftsführer 413
Geschäftsführung 396, 399, 401, 403, 408, 414
Geschäftsguthaben 418
Geschäftsleitung 27
Geschäftsprozess 31 ff.
geschlossene Volkswirtschaft 87, 89
Geschmacksmuster 187
Gesellschaft 395
Gesellschaft bürgerlichen Rechts 388, 395, 398
Gesellschaft mit beschränkter Haftung 341, 365, 387, 395, 412 ff.
Gesellschafterversammlung 415
Gesellschaftsunternehmung 394 ff.
Gesellschaftsvertrag 400
Gesetz 84, 237
Gesetz der Massenproduktion 103
Gesetz gegen den unlauteren Wettbewerb 184
gesetzliche Rücklagen 369
gesetztes Recht 237
Gestaltungsrechte 242
Gewährleistungsfrist 276
Gewährleistungsgarantie 347
Gewerbe 386
Gewerbeaufsichtsamt 22
Gewerbeertrag 526
Gewerbefreiheit 386
Gewerbefreiheit 424, 434
Gewerbesteuer 397
Gewerbesteuer 507, 518, 526
Gewerkschaft 437
Gewinn 25
Gewinn 511

Gewinnanteil 401, 403
Gewinnbeteiligung 404
Gewinneinkünfte 511
Gewinnmaximierung 24
Gewinnquote 480
Gewinnrücklage 408
Gewinnrücklagen 369
Gewinnungsbetrieb 31
Gewinnvergleichsrechnung 327
Gewinnverteilung 399, 401,
Gewinnverteilung 418
Gewinnverwendung (AG) 411
Gewinnvortrag 369
Gewohnheitsrecht 237
gezeichnetes Kapital 408, 413
Girokonto 293
Girokreise 294
Gironetze 294
Glasversicherung 529, 544
Gläubigerversammlung 379 ff.
Gleichgewichtspreis 68
Globalsteuerung 443
GmbH & Co. KG 416
GmbH 341, 365, 387, 395, 412 ff.
GmbH-Gesellschafter 415
goldene Bilanzregel 331
goldene Finanzierungsregel 331
Goodwill 376
Grenzsteuersatz 717
Großhandel 79
Großraumbüro 115
Grundbuch 351
Grundbucheintragung 268
Grunderwerbsteuer 507
Grundfinanzierung 324
Grundfreibetrag 517, 522
Grundfunktionen 24, 26
Grundkapital 341, 406 f.
Grundnutzen 137, 140
Grundpfandrecht 351, 360
Grundschuld 351 f.
Grundschuldkredit 343
Grundsteuer 507
Grundstoffindustrie 79
Grundtabelle (ESt) 518
Gründung 399, 400, 403, 407, 413, 418
Gründung 418
Gründungsinvestition 320
Gruppenbüro 114
Gruppenfertigung 108
gute Sitten 248
Güteklasse 254

Güter 62
Güterkraftverkehr 194, 199
Güterversand 194

H
Haftpflichtversicherung 529, 544
Haftung 256, 270, 351, 399, 401, 419
Haftungsprovision 177
halbbare Zahlung 292, 295
Halbeinkünfteverfahren 520
Handelsbetrieb 28, 33, 79
Handelsbrauch 237
Handelsgeschäft 246
Handelsgesellschaft 387, 395
Handelsgewerbe 386
Handelshemmnisse 492
Handelsklasse 254
Handelsmakler 179
Handelsrecht 238
Handelsregister 391 ff.
Handelsvertreter 176
Handelswechsel 311, 357
Handlungskompetenz 13
Handlungskostenzuschlag 148
Handlungsreisender 171
Handwerk 79
Handwerkskammer 17
Hauptfinanzierungsgeschäfte 468
Hauptversammlung 408, 410
Haushaltsfreibetrag 517, 522
Haustürgeschäft 189
Hebesatz 526
Heilbehandlung 533
Heimarbeitsplatz 115
Hemmung der Verjährung 286 f.
Hersteller-Verkaufsstand 183
Herstellkosten 148
heterogene Güter 65
Hilfsstoffe 45, 214
Hochkonjunktur 461 f.
Holschuld 257
Homebanking 299
homogene Güter 65
Horten 54
Hotline 155
Huckepackverkehr 198
Hypothek 351
Hypothekarkredit 343

I
IATA 201
IC-Kurierdienst 197

Idealverein 395
Image 125
Immissionsschutzgesetze 84
Immobilien 242
Importkartell 435
indirekte Steuern 507
Individualbedürfnisse 60
Individualgüter 65
Individualprinzip 531
Individualversicherung 529, 542
Indossament 307, 311 f.
Industrie 79
Industrie- und Handelskammer 17
Industrieobligation 359 f.
Industrieroboter 109
Inflation 443, 452, 454 ff.
Inflationsbekämpfung 457
Informationen 63
Informationsfunktion 34
informelle Gruppe 41
Inhaberaktie 408
Inhaberpapier 307
Inhaberscheck 306 f.
Initiativaufgabe 37
Inkassoindossament 307
Inkassovollmacht 172
Inlandsprodukt 45, 87 f.
Innendienst 114
Innenfinanzierung 317, 319, 368 ff.
Innengesellschaft 404
Innovationspolitik 472 f.
Insolvenz 376
Insolvenzgeld 537 f.
Insolvenzgläubiger 381
Insolvenzmasse 380 ff.
Insolvenzordnung 378
Insolvenzplan 381
Insolvenzverfahren 268, 378 ff.
Insolvenzverwalter 379 f.
InterCargo 197
Interessengemeinschaft 399
International Organization for Standardization 254
Internationaler Währungsfonds 500
interne Kosten 73
Interview 135
Investieren 53
Investierung 332 f
Investition 24, 53, 55 f., 314 ff.
Investitionsgüterindustrie 79
Investitionskredit 343

Investitionsplan 322
Investitionsplanung 321 ff.
Investitionsrechnung 326
Investitionsziele 322
Irrtum 249
ISDN 299
Istkaufmann 386, 388
IWF 500 f.

J
Jahresabschluss (AG) 411, (GmbH) 415, (eG) 418
Jugendarbeitsschutz 22
juristische Personen 239 f.
Just-in-Time-System 205

K
Kaduzierung 407, 414
Kaffeesteuer 507
Kalkulation 147 f.
Kalkulationskartell 434
Kammer 17
Kannkaufmann 387 f.
Kapazitätserweiterungseffekt 368
Kapital 45, 52 ff., 316 f., 408, 414
Kapitalbedarf 324
Kapitalbildung 53
Kapitalbindungsdauer 325
Kapitaleinlage 340, 399, 400, 403, 404, 418
Kapitalentnahmen 340
Kapitalerhöhung 414
Kapitalertragsteuer 520
Kapitalgesellschaft 395, 397, 406
Kapital-GmbH 414
Kapitalrückflusszeit 328
Kapitalrücklage 369, 407 f.
Kapitalstruktur 332 f.
Kapitalverein 395
Kartell 434 f.
Kartellgesetz 185
Kartellverbot 434 f.
Kaskoversicherung 545
Kauf auf Abruf 233, 260
Kauf auf Probe 255
Kauf gegen Andienung 260
Kauf nach Besicht 255
Kauf nach Muster 255
Kauf nach Probe 255
Kauf zur Ansicht 255
Kauf zur Probe 255
Käufermarkt 29, 124, 149
Kaufkraft 60, 452 f.
Kaufmann 246, 386 ff.

555

Kaufmannsgehilfen-
prüfung 14
Kaufvertrag 232 f.,
250 ff.
Kernsortiment 143
KG 341, 387, 395
KGaA 387, 395
Kinderfreibetrag 516,
522
Kindergeld 481, 516
Kirchensteuer 507, 518,
521
Klageverfahren 283
Kleinbehälter 210
Kleingewerbe 387
Koalitionsfreiheit 437
Kollektivbedürfnisse 60
Kollektiveigentum 426
Kollektivgüter 65
Kollektivismus 426, 428
Kommanditgesellschaft
341, 387, 395, 402
Kommanditgesellschaft
auf Aktien 387, 395
Kommanditist 402 f.,
Kommissionär 178
Kommissionierung 193
Kommittent 178
Kommunikationsmix
130
Kommunikationspolitik
130, 157
Kompetenz 13
Komplementär 402 f.,
Komplementärgüter
64 f.
Konditionenkartell 434 f.
Konditionenpolitik 130,
146, 153
Konflikt 42
Konfliktregelung 43
Konjunktur 460 ff.
Konjunkturausgleichs-
rücklage 463 f.
Konjunkturforschung
133, 137
Konjunkturpolitik 462 ff.
Konjunkturzyklus 461
konkludente Handlung
247, 252
Konkurrenzforschung
133, 137
Konkurrenzverbot 402
Konnossement 201
Konsignationslager 178
Konstitution 332 f.
Konstruktion 214
Konstruktionsstückliste
216
Konsumfreiheit 434
Konsumgüter 65
Konsumgüterindustrie
79
Konsumquote 54
Konsumverzicht 53
Konto 293

Kontoauszug 294
Kontokorrent 293, 356
Kontokorrentkredit 355 f.
Kontokorrentvorbehalt
269
Kontrolle 38
Konventionalstrafe 271
Konvertibilität 493
Körperschaft 240
Körperschaftsteuer 397,
507, 525
Kosten 24, 103, 147
Kostenminimierung 25
Kostenvergleich-
srechnung 327
Kostenvoranschlag 289
Kraftfahrzeugsteuer 507
Kraftverkehrs-
versicherung 544
Krankenbehandlung 536
Krankengeld 536
Krankenversicherung
531, 535
Kredit 343
Kreditauskunft 345
Kreditfinanzierung
343 ff.
Kreditinstitut 28, 35, 79
Kreditkarte 300
Kreditleihe 343, 346 f.
Kreditlimit 355
Kreditpolitik 464
Kreditsicherung 344 ff.
Kreditversicherung 529,
544
Kreditvertrag 290
Kreditwürdigkeit 344
Kreislaufwirtschaft 83
Kreislaufwirtschafts-
gesetz 84
Kulanz 276
Kulturbedürfnisse 60
Kulturgüter 65
Kundenanzahlung 355
Kundendaten 191
Kundendatenbank 191
Kundendienst 155
Kundenkarte 300
Kundenkredit 343
Kundenpflege 155 f.
Kundenservice 155
Kündigung 402 f.
Kündigung (Berufs-
ausbildung) 20
Kündigung (Dienst-
verhältnis) 288
Kurierdienst 203
Kurswert 407
Kurzakzept 311
Kurzarbeit 538
Kurzarbeitergeld 537 f.
Kurzindossament 312

L

Lademittel 210
Ladeschein 201

Ladung 200
Lagebericht 411
Lagerbestand 217
Lagerkosten 220
Lagerung 27
Landesarbeitsamt 537
Landessozialgericht 540
Landesversicherungs-
anstalt 533
Landeszentralbank 294,
296
Landwirtschaftskammer
17
Lastschrift 297 f.
Lastschrifteinzugs-
verfahren 297
Leasing 361
Lebensqualität 474
Leihvertrag 289
Leistungsmix 130
Leistungsort 256
Leistungspolitik 130,
139
Leitung 27
Leitungswasser-
schadenversicherung
529, 543
Leitwährung 500
Leitzins 466 f.
Lernkompetenz 13
Leverage-Effekt 366
Liberalisierung 494
Liberalismus 423, 428
Lieferantenkredit 343,
356
Liefererskonto 225
Lieferungsverzug 270,
289
Lieferzeit 259
Linienschifffahrt 201
Liquidationsvergleich
378
Liquidität 330, 332, 334 f.
Liquiditätskennziffer 335
Listeneinkaufspreis 225
Listenverkaufspreis 148
Logistik 205
Logo 187
Lohn-Preis-Spirale 455
Lohnquote 479
Lohnsteuerjahres-
ausgleich 523
Lohnsteuer 521
Lohnsteuerkarte 521
Lohnsteuerklassen 521
Lohnsteuertabelle 522
Lohntarifvertrag 438
Lombardkredit 343, 357
Lotteriesteuer 507
Luftfrachtbrief 202
Luxusbedürfnisse 60
Luxusgüter 65

M

Maestro 301
magisches Viereck 447

Mahnbescheid 282
Mahnung 270, 280
Mahnverfahren 280 ff.
Maklergebühr 179
Management 40
Management-Informa-
tionssystem 38, 40
Mängel 272 ff.
Mängelbeseitigung 274,
289
mangelhafte Lieferung
272
Mängelrüge 275
Manteltarifvertrag 438
Marke 187, 254
Marketing 124 ff.
Marketinginstrumente
130
Marketing-Mix 130
Marketing-Ziele 125
Markt 28 f., 66
Marktanalyse 133
Marktanteil 164
Marktbeobachtung 133
Marktdurchdringung
127 f.
Marktdurchdringungs-
preis 153
Marktentwicklung 127 f.
Markterkundung 133
Marktforschung 133 ff.
Marktführer 149
Marktprognose 133, 138
Marktsegment 140
Markttransparenz 67
Marktwirtschaft 423 ff.
Maschinenbelegung
193
Massegläubiger 381
Massenfertigung 101,
103
Massenwerbung 162
Materialannahme 228
Materialien 45, 214
Materialprüfung 228
Materialstammsatz 215
Maximalprinzip 70
Mehrfachfertigung 101
Mehrfirmenvertreter
177
Mehrwert 525
Mehrwertsteuer 525
Meinungsforschung
136 f.
Meinungswerbung 157
Meistbegünstigung 495
Meldebestand 213,
218 f.
Mengenausgleichs-
funktion 34
Mengennotierung 493
Mengenplanung 219
Mengenrabatt 151
Mengenteilung 76
Methodenkompetenz 13
Mietvertrag 290

Mindestabnahmemenge 151
Mindestlagerbestand 218
Mindestreserve 465
Mindestreservepolitik 465
Mineralölsteuer 507
Minimalprinzip 70
Mischkalkulation 150
Missbrauchsaufsicht 435
Mitarbeiterdarlehen 486
Mitbestimmungsgesetz 409
Mitgliedsbeiträge 515
Mobbing 42
Mobile Payment 302
Mobilien 242
Modell 27
Modernisierungsinvestition 320
Monetaristen 457
Monokultur 489
Montanmitbestimmungsgesetz 409
Motivforschung 136 f.
M-Payment 303
Mutterschaftshilfe 536

N
Nacherfüllung 265, 274, 289
Nachfrage 61, 66 ff.
Nachfragedeflation 457
Nachfrageinflation 454
Nachfragekurve 67 f.
Nachfrageüberhang 68
Nachfrist 271, 274 f., 282, 289
nachgiebiges Recht 238
Nachnahme 202, 261, 295
Nachrichtenbetrieb 79
Nachschusspflicht 340 f., 414
Nachtwächterstaat 424
Namensaktie 408
Namensscheck 307
Nationaleinkommen 87 ff., 90 f., 95
Naturalkredit 343
Naturalrabatt 256
natürliche Personen 239
Nennbetrag 407
Nennwert (Aktien) 341
Nennwert 407
Net Economic Welfare 475
Nettobedarf 216
Nettoinlandsprodukt 90, 95, 98
Nettoinvestition 55
Nettonationaleinkommen 95, 99

Neubeginn der Verjährung 286 f.
Neuwertversicherung 547
Nichtigkeit 248
Nominalwert 407
Nord-Süd-Problem 486
Normenkartell 435
Normung 254
Notifikationspflicht 313
Notverkauf 279
Nutzen 62

O
objektives Recht 237
Objektzentralisation 107, 116
Obligation 359
OECD 494 f.
offene Handelsgesellschaft 340, 365, 387, 395, 399 ff.
offene Volkswirtschaft 95
Offenlegung 411
Offenmarktpolitik 467
öffentlicher Glauben 351, 392
öffentliches Recht 237
Öffentlichkeitsarbeit 157
OHG 340, 365, 387, 395, 399 ff.,
Öko-Audit 120 f.
Ökobilanz 119 f.
Ökologie 72
ökologisches Prinzip 70 f.
ökonomisches Prinzip 70
Ökosteuer 84
Oligopol 149
Online-Einkauf 234
Online-Shop 129, 235
OPEC 502
optimale Bestellmenge 219 ff.
Orderpapier 307, 408
Orderscheck 306 f.
Ordnungspolitik 434
Organe (AG) 408
Organe (eG) 418
Organe (GmbH) 413
Organigramm 26
Organisation 41
Organisationskonflikt 43
Organisationsschaubild 26
Outsourcing 206

P
Pachtvertrag 290
Päckchen 202
Paketdienst 203
Paketschein 202 f.
Palette 210
Panel 135
Partenreederei 395

Partie 102
Partiefertigung 101 f.
Partnerschaft 395
Passivgeschäft 35
Passivseite (Bilanz) 318
Patent 186
Patentrecht 238
pay-off-period 328
Pensionsrückstellungen 371
Personal-GmbH 414
Personalkredit 343 f.
Personalsteuern 507
Personalverein 395
Personen 239 ff.
Personenfirma 388
Personengesellschaft 395, 397 ff.
Personenversicherungen 529, 543
persönliche Identifikationsnummer 299
Pfand 348
Pfandrecht 348, 351, 381
Pfändung 283
Pflegeversicherung 531, 536
Pflichtversicherung 530
Phantasiefirma 388
PIN 299
Planerfüllung 426
Platzgeschäft 256
Platzkauf 275
Plibox 210
Polypol 67
Portfolio-Matrix 127
Postanweisung 293
Postpaket 202
PPS-System 214
Präferenzen 67
Preis 62, 67, 146 ff.
Preisbildung 67
Preisbindung 185
Preisdifferenzierung 152
Preisindex 453
Preiskalkulation 147 f.
Preiskartell 434
Preis-Lohn-Spirale 455
Preisminderung 265, 274
Preisnachlass 153
Preisniveau 443, 453 f.
Preisnotierung 493
Preisplanung 225
Preispolitik 130, 146
Preispositionierung 153
Preissetzung 149
Preisstabilität 443
Preisstaffelung 152
Preisstellungssysteme 150 f.
Preisstrategie 152
Preisuntergrenze 149 f.
Primärbedürfnisse 59
Primäreinkommen 95
Primärforschung 134

Primärverteilung 480
private Altersvorsorge 535
Privateigentum 424, 432
Privatentnahmen 340, 401, 403
Privatrecht 238
Probezeit 20
Product-Placement 160
Produktaufmachung 140
Produktelimination 141
Produktentwicklung 127 f.
Produktgestaltung 140
Produkthaftung 188
Produktinnovation 140, 472
Produktionsfaktoren 44 ff.
Produktionsgüter 64
Produktionskonten 89
Produktionsteilung 78
Produktionswert 90
Produktivvermögen 482
Produktlebenszyklus 126
Produktmarkierung 140
Produktmaterialien 214
Produktplatzierung 160
Produktpolitik 130, 139
Produktqualität 140
Produktvariation 140
Produktverpackung 141
Progression (Steuer) 433
Prosperität 461 f.
Protektionismus 492
Protest (Wechsel) 313
Provision 172, 177
Prozessteam 33
Prozessverantwortlicher 33
Publicrelations 157
Publizitätsgesetz 397
Publizitätspflicht 397, 411
Pull-Instrumente 131
Punktmarkt 67
Push-Instrumente 131

Q
Qualitätsausgleichsfunktion 34
Qualitätsmanagement 30
Quantitätsausgleichsfunktion 34
Quantitätsmängel 272 f.
Quellensteuer 520
Querschreiben 310
Quittung 292
Quotenverfahren 134

R
Rabatt 151, 256
Rabattkartell 434

557

Rackjobbing 183
Rahmenvertrag 233
Ramschkauf 255
Random-Verfahren 134
Randsortiment 143
Ratenkauf 260
Rationalisierung 24, 80
Rationalisierungs-
  investition 55, 320
Rationalisierungskartell
  435
Raumausgleichs-
  funktion 34
Raumladung 200
Realinvestition 316
Realkapital 53
Realkredit 343 f.
Realsteuern 507
Rechnungsprüfung 228
Rechte 63
Rechtsfähigkeit 239 f.
Rechtsform 386, 394 f.
Rechtsgeschäft 244 ff.
Rechtsmängel 272 f.
Rechtsnorm 236 f.
Rechtsobjekt 242
Rechtsordnung 237
Rechtsschutzversiche-
  rung 529, 544
Rechtssubjekt 239
Rechtsverordnung 84,
  237
Recycling 49, 51, 72, 83
Rehabilitation 533 f.
Reihenregress 314
Reinvestition 320
Remittent 311
Rentabilität 328, 330,
  365
Rentabilitätskennziffern
  332, 365
Rentabilitätsrechnung
  328
Renten 533 f.
Rentendynamisierung
  534
Rentenversicherung
  531, 533
Reparaturmaterial 45,
  214
Resteinkommen 479
Restschuldbefreiung
  383 f.
Rezession 461 f.
Rimesse 311
Risiko 527 f.
Risiko-Management 85
Rohstoffe 45, 214
Rohstoffrückgewinnung
  49, 51
Rückflussfinanzierung
  319, 368
Rückgaberecht 153
Rückgriff (Scheck) 308
Rückgriff (Wechsel) 313
Rücklagen 369

Rückschein 202
Rückstellungen 319,
  370 f.
Rücktritt vom Vertrag
  271, 274
Ruhepause
  (Jugendliche) 22

S

Sachen 242
Sachenrechte 242
Sachfirma 388
Sachgüter 63
Sachinvestition 316, 319
Sachkapital 53
Sachkredit 291, 343
Sachleistungsbetrieb
  28, 31
Sachmängel 272 f.
Sachversicherungen
  529, 543
Sachziel 25
Saisonkredit 343, 356
Saisonschwankungen
  461
sales force 129
Salespromotion 165
Sammelladung 200, 204
Sammelüberweisung
  296
Sammelwerbung 161
Sanierung 376, 381
Satzung 84, 237, 341,
  396, 407, 412, 414,
  418
SB-Terminal 299
Schadensersatz 271,
  274, 289
Schaumweinsteuer 507
Scheck 304 ff.
Scheckklage 308
Scheckmahnbescheid
  308
Scheckrückgriff 308
Schenkungsteuer 507
Scherzgeschäft 248 f.
Schickschuld 257
Schiffsmakler 179
schlüssige Handlung
  247, 252
Schriftform 248
Schufa 344
Schuldenerlass 502
Schuldnerverzeichnis
  283
Schuldrechte 242
Schuldschein 360
Schuldscheindarlehen
  360
Schulgeld 515
Schutzzölle 492
Schweigen 252
Schweinezyklus 69
Seeschiff 201, 208
Sekundärbedürfnisse 60
Sekundärforschung 134

Sekundärverteilung 480
Selbsteintrittsrecht 179,
  204
Selbstfinanzierung 319,
  369
Selbsthilferecht 243
Selbsthilfeverkauf 279
Selbstkosten 147 f.
selbstschuldnerische
  Bürgschaft 346
Serie 102
Serienfertigung 101 f.
Servicepolitik 130, 155
Shop in the shop 183
Sicherungsabrede 348
Sicherungsinvestition
  320
Sicherungsübereignung
  349, 381
Sicherungs-
  vereinbarung 352
Sichteinlage 293
Signatur 248
Skonto 151
Sofortkauf 260
Solidargemeinschaft
  530
Solidaritätsprinzip 429,
  531
Solidaritätszuschlag
  518, 521
Sonderausgaben 513
Sonderausgabenabzug
  472
Sonderrabatt 151
Sonderziehungsrechte
  500
Sorten 142
Sortenartikel 102
Sortenfertigung 101 f.
Sortiment 142
Sortimentsbereinigung
  145
Sortimentsbildung 143
Sortimentsbindung 174
Sortimentsbreite 143
Sortimentsdimensionen
  143
Sortimentseinheiten
  142
Sortimentserstellungs-
  funktion 34
Sortimentserweiterung
  144
Sortimentspolitik 130,
  142 ff.
Sortimentsstruktur 142
Sortimentstiefe 143
Sortimentsverbreite-
  rung 144
Sortimentsvertiefung
  144
Sozialbedürfnisse 60
soziale Marktwirtschaft
  431 ff.
Sozialgericht 539 f.

Sozialgesetzbuch 530
Sozialhilfe 433, 481
Sozialinvestition 320
Sozialismus 426
Sozialkompetenz 13
Sozialpolitik 432 f.
Sozialversicherung 433,
  529 ff.
Sozialversicherungs-
  ausweis 532
Sparen 53 f.
Sparer-Freibetrag 512
Sparförderung 472, 483
Sparprämien 472
Sparprinzip 70
Sparquote 54
Sparsamkeitsgrad 75
Spediteur 203 ff., 208
Speditionsübernahme
  204
Speditionsversicherung
  209
Spenden 515
Sperrpapier 198, 200,
  202
Spezialisierung 80
Spezialisierungskartell
  435
Spezieskauf 254
Spezifikationskauf 255
Spitzenrefinanzierungs-
  fazilität 466
Splittingtabelle 518
Sponsoring 157
Sprungregress 314
Staat 97 ff.
Staatliches Amt für
  Arbeitsschutz 22
Stabilisierungswerbung
  159
Stabilitätsauflagen 501
Stabilitätsgesetz 442
Stagflation 458
Stammaktie 408
Stammeinlage 412 f.
Stammkapital 341,
  412 f.
Standards 254
Standort 51
Standortboden 51
stationäre
  Volkswirtschaft 88
Statut 396, 418
Sterbegeld 536
Steuer 506 ff.
Steuerausweichung 509
Steuergrundsätze 508
Steuermessbetrag 526
Steuerpolitik 464
Steuerüberwälzung 509
Steuerveranlagung
  (ESt) 520 f., 523
Steuervergünstigungen
  433
Stichprobe 134
Stichtagsliquidität 335

Stiftung 240
stille Beteiligung 486
stille Gesellschaft 395, 404
stiller Teilhaber 404
Streugebiet 164
Streumedien 159
Streuzeit 163
Strukturkrisenkartell 435
Stückgut 197, 200 f.
Stückkauf 254
Stückliste 216
Stücklistenauflösung 216
Stücklistenverfahren 215
Stundungsvergleich 378
Sturmversicherung 529, 544
subjektives Recht 242
Subsidiaritätsprinzip 429
Substitutionsgüter 64
Subventionen 97
Subventionspolitik 471
Syndikat 176, 435

T
Tabaksteuer 507
Taktzeit 107
TAN 299
Tantieme 409 f.
Tara 255
TARGET 294
Tarifautonomie 437 f.
Tarifvertrag 437 f.
Taschengeldparagraph 240
Tatsachenforschung 136 f.
Tausenderpreis 163
TDSL 299
technische Regelwerke 84
Teilhafter 342, 402
Teillieferungskauf 260
Teilmarkt 140
Teilschuldverschreibung 359
Telefax 227
Telefonbanking 299
Terminkauf 260
Terminüberwachung 228
Terminverfolgung 193
Test 136
Testmarkt 136, 165
Tilgung 358 f.
T-Online 299
Trampschifffahrt 201
Transaktionsnummer 299
Transferleistungen 97
Transferzahlungen 433
Transportversicherung 209, 544

Tratte 310
Treibhauseffekt 49
Trend 461
Treu und Glauben 267, 275
Treuepflicht 172
Treuhandeigentum 349
Treurabatt 151
Typen 254
Typenkartell 435

U
Überbeschäftigung 444, 450 ff.
Überbringerklausel 306 f.
Überbrückungsgeld 537, 539
Übergabe 267
Überschuldung 380
Überschusseinkünfte 511
Überschussfinanzierung 319
Überversicherung 547
Überweisung 296 f.
Uminvestition 316
Umsatz 24
Umsatzbonus 151
Umsatzliquidität 334
Umsatzrentabilität 373
Umsatzsteuer 507, 525
Umsatzverdienstrate 373
Umschulung 533
Umstellungsinvestition 320
Umverteilung 99
Umwelt 71 ff., 439
Umweltbelastungen 72
Umweltbetriebsprüfung 120
Umweltbilanz 119
Umweltgesetze 84
Umwelthaftungsgesetz 85
Umweltkonflikte 73
Umweltmanagement 117 ff.
Umweltmaßnahmen 84
Umweltschutz 476
Umweltschutz-Beauftragter 119
Umweltstraftaten 85
Umweltverträglichkeitsprüfung 84
unelastische Nachfrage 146 f.
Unfallverhütung 533
Unfallverhütungsvorschriften 532
Unfallversicherung 531 f,
Ungleichgewicht 449
unlauterer Wettbewerb 184

Unmöglichkeit 271, 274
Unterbeschäftigung 444, 450 ff., 455
Unterhaltsleistungen 515 f.
Unternehmen 24
Unternehmensrentabilität 365
Unternehmensziele 24
Unternehmerrentabilität 365
Unternehmerrückgriff 275
Unternehmung 24, 26
Unterversicherung 547
Urerzeugung 78
Urheberrecht 238
Urkunde 306
Urkundenprozess 314
Urlaub (Jugendliche) 22
Urteil 284

V
variable Kosten 103, 147
Veranlagungsverfahren (ESt) 520
Verarbeitung 79
Verarbeitungsbetrieb 31
Verbraucherinsolvenzverfahren 384
Verbraucherverträge 189
Verbrauchsgüter 64
Verbrauchsgüterkauf 275
Verbrauchsteuern 492
Verbrauchsteuern 507
Verbrauchsverfahren 215
Veredelungsbetrieb 31
Verein 395
Verfahrensinnovation 472
Verfrachter 195
verfügbares Einkommen 99, 481
Verfügbarkeitsprüfung 192
Vergleich 284, 377 f.
Verhaltensforschung 137
Verjährung 286
Verjährungsfrist 275 f., 286
Verkauf 123
Verkäufermarkt 29, 124
Verkaufsanbahnung 191
Verkaufsförderung 165 f.
Verkaufskommissionär 178
Verkehrsbetrieb 28, 79
Verkehrssitte 237
Verkehrsteuern 507
Verletzengeld 533
Verlustanteil 401, 403

Verlustverteilung 399, 401,
Vermittlungsreisender 172
Vermittlungsvertreter 177
Vermögen 482
Vermögensänderungskonto 91
Vermögensstruktur 332 f.
Vermögensversicherungen 529, 544
Vermögensverteilung 482
Verordnung über Preisangaben 185
Verpackung 209
Verpackungskosten 259
Verpflichtungsgeschäft 245
Verrechnungsscheck 300, 305
Verrichtungszentralisation 106, 116
Versandanzeige 228
Versandpapiere 193
Verschulden 256
Verschuldenshaftung 85, 256
Verschwiegenheitspflicht 172
Versendungskauf 257
Versicherung 527 ff.
Versicherungsarten 528 f.
Versicherungsbetrieb 79
Versicherungsmakler 179
Versicherungsnachweisheft 532
Versicherungspflichtgrenze 535
Versicherungspolice 529
Versicherungssumme 547
Versicherungsteuer 507
Versicherungsträger 531
Versicherungsverein auf Gegenseitigkeit 395, 530
Versicherungsvertrag 529
Versicherungswert 547
Versteigerung 279
Verteilungspolitik 433
Verteilungsrechnung 88
vertikale Preisbindung 175
Vertrag 245, 250
Vertragsfreiheit 424, 432
Vertragshändler 174
Vertragsrücktritt 265, 274, 282, 289

559

Vertragsstrafe 265, 271
vertretbar 242
Vertretung 396, 399,
    401, 403, 408, 414
Vertrieb 123, 170 f.
Vertriebsbindung 174
Verursacherprinzip 82 f.
Verwaltung 27
Verwaltungsanordnung
    84
Verwaltungs-
    zentralisation 116
Verwendungsrechnung
    88
Verzug 270, 281
vinkulierte Namensaktie
    408
Volkseinkommen 99
volkswirtschaftliche
    Kapazität 45
Vollakzept 311
Vollbeschäftigung 444,
    455
Vollhafter 402
Vollindossament 312
vollständige Konkurrenz
    67 f.
Vollstreckungsbescheid
    283
Vollversicherung 547
Vollwertversicherung
    546
Vorausklage 346
Vorauszahlung 260
Vorlegungsfrist
    (Scheck) 308
Vorleistungen 89
Vorratsinvestition 55,
    319
Vorsorgeaufwendungen
    513 f.
Vorsorgepauschale
    513 f., 522
Vorsorgeprinzip 82
Vorsorgeuntersuchung
    536
Vorstand 408 f., 418
Vorsteuer 525
Vorsteuerüberhang 525

Vorzugsaktie 408
VVaG 395, 530

W
Wachstum 470 ff.
Wachstumsgrenzen 474
Wachstumspolitik 470 ff.
Wachstumsrate 446
Wagenladung 197
Währungsunion 497
Wandelschuld-
    verschreibung 359 f.
Wanderprinzip 108
Warenannahme 228
Warenbörse 254, 279
Warengruppen 142
Warenkorb 235
Warenkreditversiche-
    rung 529, 544
Warenmakler 179
Warenprüfung 228
Warensendung 202
Warentest 136
Wasserhaushaltsgesetz
    85
Wechsel 309, 357
Wechselklage 308, 314
Wechselkredit 357
Wechselkurs 493
Wechselmahnbescheid
    308, 314
Wechselnehmer 311
Wegeunfall 533
Welthandels-
    organisation 495
Weltwirtschaftsordnung
    489
Werbeagentur 161, 164
Werbebudget 161
Werbeelemente 159
Werbeerfolg 164 f.
Werbeetat 161
Werbegrundsätze 160
Werbekampagne 164
Werbemedien 163
Werbemittel 159, 163
Werbesubjekt 158
Werbeträger 159
Werbeziele 158, 161

Werbungskosten 511
Werklieferungsvertrag
    289
Werkstatt 105 f.
Werkstättenfertigung
    105 f.
Werkstattfertigung 105
Werkstoffe 45
Werksvertretung 175
Werkverkehr 195, 208
Werkvertrag 288
Wertpapier 306
Wertpapierbörse 407
Wertschöpfung 445, 525
Wettbewerb 434
Wettbewerbsfreiheit
    424, 432, 434
Wettbewerbspolitik 434,
    472 f.
Wettbewerbsverbot 172,
    402 f.
Widerspruchsklage 268
Wiederauflebensklausel
    378, 384
Wiedergewinnungszeit
    328
Wiederverkäuferrabatt
    151
Willenserklärung 244 f.,
    250 ff.
Winterausfallgeld 537
Wirtschaften 70
Wirtschaftsbereiche 78 f.
Wirtschaftsgenossen-
    schaft 418
Wirtschaftskreislauf
    86 ff.
Wirtschaftsordnung
    422 ff.
Wirtschaftssektoren 87
Wirtschaftsunion 497
Wirtschaftswachstum
    445
Wohngeld 481

Z
Zahllast 525
Zahlschein 295
Zahlstellenvermerk 310

Zahlungsanweisung zur
    Verrechnung 296
Zahlungsfrist 153
Zahlungsgarantie 347
Zahlungsort (Scheck)
    306
Zahlungsort (Wechsel)
    310
Zahlungssystem 235
Zahlungstermin 260
Zahlungsunfähigkeit
    376 ff.
Zahlungsverkehr 292
Zahlungsverzug 280 ff.
Zahlungsziel 225
Zeitausgleichsfunktion
    34
Zeitmanagement 30
Zeitplanung 217
Zentralverwaltungs-
    wirtschaft 423, 426 ff.
Zession 347 f.
Zessionskredit 343
Zeugnis (Berufsaus-
    bildung) 20
Ziehungen 500
Ziele 24 ff.
Zieleinkaufspreis 225
Zielkauf 260
Zielkonflikt 25, 43, 447
Zielverkaufspreis 148
Zins 290, 358 f.
Zinspolitik 465 ff.
Zivilprozess 283
Zölle 507
Zollunion 497
Zufall 270
Zusammenveranlagung
    511
Zusatznutzen 137, 140
Zusendung unbestellter
    Waren 251
Zuständige Stelle 17
Zwangsvollstreckung
    282, 352
Zweckkauf 271
zwingendes Recht 237
Zwischenkredit 343, 356
Zwischenspediteur 204